# NOVO ESTATUTO
# DA FUNÇÃO PÚBLICA

**FRANCISCO PIMENTEL**
Licenciado em Direito pela Universidade Católica Portuguesa de Lisboa
Inspector Superior Principal
Inspecção Administrativa Regional dos Açores

# NOVO ESTATUTO DA FUNÇÃO PÚBLICA

*NA SEQUÊNCIA DA REFORMA DA ADMINISTRAÇÃO PÚBLICA*

(Colectânea de legislação)

# NOVO ESTATUTO DA FUNÇÃO PÚBLICA

AUTOR
FRANCISCO PIMENTEL

EDITOR
EDIÇÕES ALMEDINA. SA
Av. Fernão Magalhães, n.º 584, 5.º Andar
3000-174 Coimbra
Tel.: 239 851 904
Fax: 239 851 901
www.almedina.net
editora@almedina.net

PRÉ-IMPRESSÃO I IMPRESSÃO I ACABAMENTO
G.C. GRÁFICA DE COIMBRA, LDA.
Palheira – Assafarge
3001-453 Coimbra
producao@graficadecoimbra.pt

Fevereiro, 2010

DEPÓSITO LEGAL
305315/10

Os dados e as opiniões inseridos na presente publicação
são da exclusiva responsabilidade do(s) seu(s) autor(es).

Toda a reprodução desta obra, por fotocópia ou outro qualquer
processo, sem prévia autorização escrita do Editor, é ilícita
e passível de procedimento judicial contra o infractor.

---

*Biblioteca Nacional de Portugal – Catalogação na Publicação*

PORTUGAL. Leis, decretos, etc.

Novo estatuto da Função Pública na sequência da
reforma da Administração Pública : colectânea de
legislação / compil. Francisco Pimentel. - (Colectâ-
neas de legislação)
ISBN 978-972-40-4087-5

I – PIMENTEL, Francisco

CDU  35.08

*À minha mãe,*
*guia e protectora de sempre,*
*como devem ser todas as mães do mundo*

# NOTA INTRODUTÓRIA

1. A Reforma da Administração Pública encetada pelo XVII Governo Constitucional presidido pelo Eng. José Sócrates traduziu-se na publicação de uma série de diplomas legais que alterou de forma significativa o estatuto jurídico-laboral dos trabalhadores da Administração Pública, isto é, o seu Estatuto da Função Pública, sem que, com isso, se chegasse, contudo, a pôr em causa o sistema ou paradigma de carreira que o caracteriza. Neste contexto, «Novo Estatuto da Função Pública» é, primeira e fundamentalmente, uma compilação de toda esta legislação.

2. A génese jurídica da Reforma da Administração Pública teve lugar, como se sabe, com a publicação da Lei n.º 12-A/2008, de 27 de Fevereiro, diploma que define e regula os regimes de vinculação, de carreiras e de remunerações dos trabalhadores que exercem funções públicas. Através desta lei, ao mesmo tempo que se determinava, de forma imperativa, que doravante as relações jurídicas de emprego público só se podiam constituir por uma de três formas ou modalidades, a saber, por contrato de trabalho em funções públicas, por nomeação ou por comissão de serviço, fixava-se o contrato de trabalho em funções públicas como modalidade regra de constituição de todas as relações jurídicas de emprego público que não se encontrassem especificamente reservadas à nomeação e à comissão de serviço. Isto é, ao se restringir, nos seus artigos 9.º e seguintes, o âmbito de aplicação das figuras da nomeação e da comissão de serviço apenas aos trabalhadores da Administração que exercem funções de autoridade e soberania ou aos que desempenhem cargos de direcção ou que se encontrem a frequentar acções de formação ou académicas, respectivamente, acabou-se aí por eleger de forma clara e expressa o contrato de trabalho em funções públicas como a modalidade regra de constituição da relação jurídica de emprego público. Contudo, a lei ao determinar o contrato como a modalidade regra de constituição de uma relação jurídica de emprego público teve a originalidade de não só pretender, com ela, determinação, abranger as relações jurídicas a constituir no futuro, como também de abarcar todas as que se encontravam há longo tempo constituídas, convolando assim, ope legis, os respectivos vínculos de nomeação em contrato na medida em que as funções exercidas pelos trabalhadores em causa não se ajustassem ao novo figurino legal criado, aspecto este que suscitou reparos críticos de inconstitucionalidade por parte de alguma doutrina por se entender que, com isso, se punha em causa o princípio da não retroactividade das leis.

3. Independentemente disto, e de outros juízos de valor que escusamos tecer aqui e agora, por não considerarmos nem oportunos nem relevantes para o objectivo desta obra, o que nos importa realçar de imediato é que a partir do dia 1 de Janeiro de 2009 passaram a existir na nossa Administração Pública dois tipos (principais) de trabalhadores que exercem funções públicas, a saber, os contratados, que abarcam a esmagadora maioria dos 700.000 efectivos, e os nomeados, detentores de estatutos jurídico laborais que, não obstante alguma convergência e partilha de normas em comum, comportam ainda algumas apreciáveis e importantes diferenças.

4. É, pois, para a existência desta diferenciação legal que chamamos a atenção, alertando-se assim para o facto de se continuar a aplicar aos trabalhadores nomeados o regime de férias, faltas e licenças contido no Dec.-Lei n.º 100/99, de 31 de Março, bem como o regime de duração e horário de trabalho previsto no Dec.-Lei n.º 259/98, de 18 de Agosto, enquanto que aos trabalhadores contratados se aplica o que, sobre estas mesmas matérias, se dispõe na Lei n.º 59/2008, de 11 de Setembro, que aprovou o Regime do Contrato de Trabalho em Funções Públicas. Eis a razão para o «Novo Estatuto da Função Pública» incluir no seu seio estes, e outros, diplomas legais conexos anteriores.

5. Outro aspecto importante, para o qual se chama igualmente a atenção, tem a ver com o facto do Regime do Contrato em Funções Públicas se aplicar apenas aos trabalhadores contratados. Com excepção das suas disposições em matérias de direitos de personalidade, de igualdade e não discriminação, de protecção de património genético, de protecção na parentalidade (esta matéria está hoje prevista e regulada no Código do Trabalho recentemente publicado), de trabalhador-estudante, de segurança, higiene e saúde no trabalho, de constituição de comissões de trabalhadores, de liberdade sindical e do direito à greve, que se aplicam simultaneamente aos trabalhadores contratados e nomeados, por força do disposto no artigo 8.º da Lei Preambular n.º 59/2008, de 11 de Setembro, que aprovou aquele Regime, todas as suas demais normas aplicam-se exclusivamente aos trabalhadores contratados.

6. Por último, e tendo em conta as Autonomias Político-Administrativas dos Açores e da Madeira e o facto de elas comportarem Administrações Públicas Regionais Autónomas, optou-se por incluir nesta colectânea de legislação os respectivos diplomas regionais que procederam à adaptação da Reforma da Administração Pública às suas realidades específicas.

7. Resta, assim, fazer votos que esta compilação contribua para facilitar a tarefa de todos aqueles que, no dia a dia, têm de consultar e aplicar o «Novo Estatuto da Função Pública» aos trabalhadores da Administração Pública, sejam eles contratados ou nomeados.

Angra do Heroísmo, 22 de Outubro de 2009

*Francisco Pimentel*

# DURAÇÃO E HORÁRIO DE TRABALHO DOS TRABALHADORES NOMEADOS

## Decreto-Lei n.º 259/98, de 18 de Agosto

*(Com a redacção actualizada na sequência da Declaração de Rectificação n.º 13-E/98, de 31 de Agosto, do Dec.-Lei n.º 169/2006, de 17 de Agosto, e da Lei n.º 64-A/2008, de 31 de Dezembro, que aprovou o Orçamento do Estado para 2009)*

Com a publicação do Decreto-Lei n.º 187/88, de 27 de Maio, consagrou-se, pela primeira vez na Administração Pública, um instrumento legal que, de modo sistemático, reuniu os princípios fundamentais enformadores do regime jurídico da duração de trabalho.

Decorridos cerca de 10 anos sobre a sua aplicação, impõe-se adaptar este regime às transformações sócio-laborais que se têm vindo a verificar, bem como às alterações que a experiência vem ditando, no sentido de melhorar o funcionamento e a operacionalidade dos serviços e organismos da Administração Pública, tendo em vista a sua adequação às necessidades e à disponibilidade dos cidadãos.

De entre as alterações introduzidas merecem realce: a distinção entre o período de funcionamento e o período de atendimento, com a obrigatoriedade de afixação pública deste, a uniformização da duração do horário de trabalho, sem prejuízo da fixação de um período transitório, a consagração da audição dos trabalhadores, através das suas organizações representativas, na fixação das condições de prestação de trabalho, a faculdade da abertura dos serviços em dias de feiras e mercados relevantes, a criação do regime de prestação de trabalho sujeito apenas ao cumprimento de objectivos, situação que facilita a concretização do designado «teletrabalho», o alargamento do âmbito de aplicação do trabalho a meio tempo e a atribuição dos dirigentes máximos dos serviços da responsabilidade de gestão dos regimes de prestação de trabalho, entre outras.

As alterações, ora propostas, foram negociadas com as organizações representativas dos trabalhadores da função pública, no quadro do acordo salarial para 1996 e compromissos de médio e longo prazos.

Foram ouvidos os órgãos de Governo próprio das Regiões Autónomas e a Associação Nacional de Municípios Portugueses.

Assim:

No uso da autorização legislativa concedida pelo n.º 1 do artigo único da Lei n.º 11/98, de 24 de Fevereiro, e nos termos do n.º 5 do artigo 112.º. e da alínea b) do n.º 1 do artigo 198.º da Constituição, o Governo decreta o seguinte:

# CAPÍTULO I
## Objecto, âmbito e princípios gerais

ARTIGO 1.º – **Objecto e âmbito**

1 – O presente diploma estabelece as regras e os princípios gerais em matéria de duração e horário de trabalho na Administração Pública.

2 – O regime instituído no presente diploma aplica-se a todos os serviços da Administração Pública, incluindo os institutos públicos que revistam a natureza de serviços personalizados ou de fundos públicos.

ARTIGO 2.º – **Período de funcionamento**

1 – Entende-se por período de funcionamento o período diário durante o qual os serviços exercem a sua actividade.

2 – Sem prejuízo do disposto no artigo 10.º, o período normal de funcionamento dos serviços não pode iniciar-se antes das 8 horas, nem terminar depois das 20 horas, sendo obrigatoriamente afixado de modo visível aos *trabalhadores nomeados\**.

*(\* Redacção introduzida pelo art. 25.º, n.º 2 da Lei n.º 64-A/2008, de 31 de Dezembro)*

ARTIGO 3.º – **Período de atendimento**

1 – Entende-se por período de atendimento o período durante o qual os serviços estão abertos para atender o público, podendo este período ser igual ou inferior ao período de funcionamento.

2 – O período de atendimento deve, tendencialmente, ter a duração mínima de sete horas diárias, abranger o período da manhã e da tarde e ter obrigatoriamente afixadas, de modo visível ao público, nos locais de aten-dimento, as horas do seu início e do seu termo.

3 – Na definição e fixação do período de atendimento deve atender-se aos interesses dos utentes dos serviços e respeitar-se os direitos dos respectivos *trabalhadores nomeados\**.

4 – Os serviços podem estabelecer um período excepcional de atendimento, sempre que o interesse do público fundamentadamente o justifique, designa-damente nos dias de feiras e mercados localmente relevantes, ouvindo-se as

organizações representativas dos trabalhadores e sem prejuízo do disposto nos artigos 26.º e 33.º.

5 – Fora dos períodos de atendimento, os serviços colocam ao dispor dos utentes meios adequados a permitir a comunicação, através da utilização de tecnologias próprias que permitam o seu registo para posterior resposta.

*(\* Redacção introduzida pelo art. 25.º, n.º 2 da Lei n.º 64-A/2008, de 31 de Dezembro)*

Artigo 4.º – **Regimes de prestação de trabalho**

O trabalho pode, de acordo com as atribuições do serviço ou organismo e com a natureza da actividade desenvolvida, ser prestado nos seguintes regimes:

*a)* Sujeito ao cumprimento do horário diário;

*b)* Sujeito ao cumprimento de objectivos definidos.

Artigo 5.º – **Fixação e compatibilização dos períodos de funcionamento e de atendimento com os regimes de prestação de trabalho**

Compete ao dirigente máximo dos serviços fixar os períodos de funcionamento e atendimento dos serviços, assegurando a sua compatibilidade com a existência de diversos regimes de prestação de trabalho, por forma a garantir o regular cumprimento das missões que lhes estão cometidas.

Artigo 6.º – **Responsabilidade da gestão dos regimes de prestação de trabalho**

1 – Compete ao dirigente máximo do serviço, em função das atribuições e competências de cada serviço ou organismo:

*a)* Determinar os regimes de prestação de trabalho e horários mais adequados;

*b)* Aprovar o número de turnos e respectiva duração;

*c)* Aprovar as escalas nos horários por turnos;

*d)* Autorizar os horários específicos previstos no artigo 22.º

2 – As matérias constantes nas alíneas a) e b) do número anterior devem ser fixadas em regulamento interno após consulta prévia dos *trabalhadores nomeados\**, através das suas organizações representativas.

3 – Compete ao pessoal dirigente e de chefia autorizar os *trabalhadores nomeados\** hierarquicamente dependentes a ausentar-se do serviço durante o período de presença obrigatória.

*(\* Redacção introduzida pelo art. 25.º, n.º 2 da Lei n.º 64-A/2008, de 31 de Dezembro)*

## CAPÍTULO II
## Duração do trabalho

Secção I – **Regime geral da duração de trabalho**

Artigo 7.º – **Duração semanal do trabalho**

1 – A duração semanal do trabalho nos serviços abrangidos pelo presente diploma é de trinta e cinco horas.

2 – O disposto no número anterior não prejudica a existência de regimes de duração semanal inferior já estabelecidos, nem os que se venham a estabelecer mediante despacho conjunto do membro do Governo responsável pelo serviço e do membro do Governo que tiver a seu cargo a Administração Pública.

Artigo 8.º – **Limite máximo do período normal de trabalho**

1 – O período normal de trabalho diário tem a duração de sete horas.

2 – O limite previsto no número anterior não é aplicável no caso de horários flexíveis.

Artigo 9.º – **Semana de trabalho e descanso semanal**

1 – A semana de trabalho é, em regra, de cinco dias.

2 – Os *trabalhadores nomeados** têm direito a um dia de descanso semanal, acrescido de um dia de descanso complementar que devem coincidir com o domingo e o sábado, respectivamente.

3 – Os dias de descanso referidos no número anterior podem deixar de coincidir com o domingo e o sábado nos seguintes casos:
   a) Pessoal dos serviços que encerrem a sua actividade noutros dias da semana;
   b) Pessoal dos serviços cuja continuidade de actividade não possa ser interrompida;
   c) Pessoal dos serviços de limpeza e de outros serviços preparatórios ou complementares que devem necessariamente ser efectuados nos dias de descanso do restante pessoal;
   d) Pessoal dos serviços de inspecção de actividades que não encerrem ao sábado e ao domingo;
   e) Pessoal de outros serviços em que o interesse público o justifique, designadamente nos dias de feiras ou de mercados.

4 – Quando a natureza do serviço ou razões de interesse do público o exijam, pode o dia de descanso complementar ser gozado, segundo opção do trabalhador, do seguinte modo:
   a) Dividido em dois períodos imediatamente anteriores ou posteriores ao dia de descanso semanal;

*Duração e Horário de Trabalho dos Trabalhadores Nomeados* 13

*b)* Meio-dia imediatamente anterior ou posterior ao dia de descanso semanal, sendo o tempo restante deduzido na duração normal de trabalho dos restantes dias úteis, sem prejuízo da duração semanal de trabalho.

*(\* Redacção introduzida pelo art. 25.º, n.º 2 da Lei n.º 64-A/2008, de 31 de Dezembro)*

SECÇÃO II – **Regimes especiais da duração de trabalho**

ARTIGO 10.º – **Regime dos serviços de funcionamento especial**

1 – Nos serviços de regime de funcionamento especial, a semana de trabalho é de cinco dias e meio, sendo reconhecido ao respectivo pessoal o direito a um dia de descanso semanal, acrescido de meio-dia de descanso semanal complementar.

2 – Consideram-se serviços de regime de funcionamento especial:

*a)* Os serviços de laboração contínua;
*b)* Os estabelecimentos de ensino;
*c)* Os serviços de saúde e os serviços médico-legais;
*d)* Os mercados e demais serviços de abastecimento;
*e)* Os cemitérios;
*f)* Os serviços de luta contra incêndios e de ambulâncias;
*g)* Os serviços de recolha e tratamento de lixos;
*h)* Os museus, palácios, monumentos nacionais, sítios e parques arqueológicos, salas de espectáculo e serviços de produção artística, dependentes do Ministério da Cultura;
*i)* Os serviços de leitura das bibliotecas, arquivos e secções abertos ao público dependentes do Ministério da Cultura;
*j)* Os postos de turismo.

3 – Nos serviços de regime de funcionamento especial, o meio dia de descanso complementar é sempre gozado no período imediatamente anterior ou posterior ao dia de descanso semanal o qual, por determinação do dirigente máximo do serviço, pode deixar de coincidir com o domingo.

4 – Relativamente a certos grupos profissionais que exerçam funções nos serviços de regime de funcionamento especial, pode, em alternativa, ser determinada a adopção do regime previsto nos n.ºˢ 2 a 4 do artigo anterior por despacho do dirigente máximo do serviço.

5 – O regime da semana de cinco dias deve ser progressivamente estendido aos serviços com regime de funcionamento especial, por portaria do membro do Governo competente, do Ministro das Finanças e do membro do Governo que tutela a Administração Pública, desde que daí não resulte o encerramento dos serviços aos utentes nem agravamento dos encargos com o pessoal.

## Artigo 11.º – **Regime do trabalho a meio tempo**

1 – Os *trabalhadores nomeados\** podem requerer o exercício de funções a tempo parcial, o qual corresponde a um período normal de trabalho semanal inferior ao praticado a tempo completo, podendo aquele ser autorizado desde que não implique qualquer prejuízo para o serviço e as características da actividade desenvolvida pelos requerentes o permitam.

2 – Deve ser dada preferência, para o exercício de funções a tempo parcial, aos trabalhadores com responsabilidades familiares, com capacidade de trabalho reduzida, com deficiência ou doença crónica ou que frequentem estabelecimentos de ensino médio ou superior.

3 – Conforme haja sido requerido, o trabalho a tempo parcial pode ser prestado em todos ou em alguns dias da semana, sem prejuízo do descanso semanal, devendo a autorização fixar o número de dias de trabalho, assim como a indicação do período normal de trabalho diário e semanal com referência comparativa ao trabalho a tempo completo.

4 – O trabalhador a tempo parcial pode passar a trabalhar a tempo completo, ou o inverso, por período determinado, renovável, mediante autorização do dirigente máximo do órgão ou serviço.

5 – Quando a passagem de trabalho a tempo completo para trabalho a tempo parcial, nos termos do número anterior, se verificar por período determinado até ao máximo de três anos, o trabalhador tem direito a retomar a prestação de trabalho a tempo completo.

6 – As reduções de duração de trabalho a tempo parcial superiores a seis meses conferem aos órgãos ou serviços a possibilidade de nomear transitoriamente um trabalhador, por período idêntico ao autorizado para a redução, com vista ao desempenho de funções no restante tempo parcial.

7 – No caso previsto no n.º 5, o *trabalhador nomeado\** não pode retomar antecipadamente a prestação de trabalho a tempo completo quando, nos termos do número anterior, se tenha verificado a sua substituição por um *trabalhador nomeado\** transitoriamente e enquanto esta nomeação durar.

8 – O limite anual de horas de trabalho extraordinário para fazer face a acréscimos eventuais de trabalho, aplicável a trabalhador a tempo parcial, é de oitenta horas por ano ou o correspondente à proporção entre o respectivo período normal de trabalho e o de trabalhador a tempo completo, quando superior.

9 – O trabalhador a tempo parcial tem direito à remuneração base prevista na lei, em proporção do respectivo período normal de trabalho semanal, e ao subsídio de refeição, excepto quando a sua prestação de trabalho diário seja inferior a metade da duração diária do trabalho a tempo completo, sendo então calculado em proporção do respectivo período normal de trabalho semanal.

10 – São ainda calculados, em proporção do período normal de trabalho semanal do trabalhador a tempo parcial, os suplementos remuneratórios devidos pelo exercício de funções em postos de trabalho que apresentem condições

mais exigentes de forma permanente, bem como os prémios de desempenho, previstos na lei.

11 – O trabalho a tempo parcial conta, proporcionalmente, para efeitos de antiguidade na carreira e categoria.

*(\* Redacção introduzida pelo art. 25.º, n.º 2 da Lei n.º 64-A/2008, de 31 de Dezembro)*

Artigo 12.º – **Outros regimes especiais de duração de trabalho**

1 – Sempre que a política de emprego público o justifique, designadamente a renovação dos efectivos da Administração Pública, podem ser estabelecidos outros regimes de trabalho a tempo parcial.

2 – Quando as características de risco, penosidade e insalubridade decorrentes da actividade exercida o exijam, devem ser fixados regimes de duração semanal inferiores aos previstos no presente diploma.

## CAPÍTULO III

**Regimes de trabalho e condições da sua prestação**

Secção I – **Princípios gerais**

Artigo 13.º – **Horário de trabalho**

1 – Entende-se por horário de trabalho a determinação das horas do início e do termo do período normal de trabalho diário ou dos respectivos limites, bem como dos intervalos de descanso.

2 – O período normal de trabalho diário é interrompido por um intervalo de descanso de duração não inferior a uma hora nem superior a duas, excepto em casos excepcionais devidamente fundamentados, de modo que os não prestem mais do que cinco horas de trabalho consecutivo, salvo no caso de jornada contínua.

3 – Pode ser fixado para *trabalhadores nomeados\** portadores de deficiência, pelo respectivo dirigente máximo e a pedido do interessado, mais do que um intervalo de repouso e com duração diferente da prevista no número anterior, mas sem exceder no total o limite nele estabelecido.

4 – Ao pessoal encarregado da limpeza dos serviços deve ser fixado um horário especial que recaia apenas num dos períodos do dia e evite a completa coincidência do exercício das suas funções com os períodos normais do serviço ou plataformas fixas.

*(\* Redacção introduzida pelo art. 25.º, n.º 2 da Lei n.º 64-A/2008, de 31 de Dezembro)*

## Novo Estatuto da Função Pública

Artigo 14.º – **Modo de verificação dos deveres de assiduidade e de pontualidade**

1 – Os *trabalhadores nomeados\** devem comparecer regularmente ao serviço às horas que lhes forem designadas e aí permanecer continuamente, não podendo ausentar-se salvo nos termos e pelo tempo autorizados pelo respectivo superior hierárquico, sob pena de marcação de falta, de acordo com a legislação aplicável.

2 – O cumprimento dos deveres de assiduidade e pontualidade, bem como do período normal de trabalho, deve ser verificado por sistemas de registo automáticos, mecânicos ou de outra natureza.

3 – No caso de horários flexíveis, a verificação a que se refere o número anterior deve ser feita, no local de trabalho, através de sistemas de registo automáticos ou mecânicos.

4 – Nos serviços com mais de 50 trabalhadores, a verificação dos deveres de assiduidade e de pontualidade é efectuada por sistemas de registo automáticos ou mecânicos, salvo casos excepcionais, devidamente fundamentados e autorizados pelo dirigente máximo do serviço, com a anuência do respectivo Ministro da tutela e do membro do Governo que tenha a seu cargo a Administração Pública, mediante despacho conjunto.

*(\* Redacção introduzida pelo art. 25.º, n.º 2 da Lei n.º 64-A/2008, de 31 de Dezembro)*

Secção II – **Modalidades de horário de trabalho**

Artigo 15.º – **Modalidades de horário**

1 – Em função da natureza das suas actividades, podem os serviços adoptar uma ou, simultaneamente, mais do que uma das seguintes modalidades de horário de trabalho:

a) Horários flexíveis;
b) Horário rígido;
c) Horários desfasados;
d) Jornada contínua;
e) Trabalho por turnos.

2 – Para além dos horários referidos no número anterior, podem ser fixados horários específicos de harmonia com o previsto no artigo 22.º.

Artigo 16.º – **Horários flexíveis**

1 – Horários flexíveis são aqueles que permitem aos *trabalhadores nomeados\** de um serviço gerir os seus tempos de trabalho, escolhendo as horas de entrada e de saída.

2 – A adopção de qualquer horário flexível está sujeita às seguintes regras:

*Duração e Horário de Trabalho dos Trabalhadores Nomeados* 17

a) A flexibilidade não pode afectar o regular e eficaz funcionamento dos serviços, especialmente no que respeita às relações com o público;
b) É obrigatória a previsão de plataformas fixas da parte da manhã e da parte da tarde, as quais não podem ter, no seu conjunto, duração inferior a quatro horas;
c) Não podem ser prestadas, por dia, mais de nove horas de trabalho;
d) O cumprimento da duração do trabalho deve ser aferido à semana, à quinzena ou ao mês.

3 – O débito de horas, apurado no final de cada período de aferição, dá lugar à marcação de uma falta, que deve ser justificada nos termos da legislação aplicável, por cada período igualou inferior à duração média diária do trabalho.

4 – Relativamente aos *trabalhadores nomeados\** portadores de deficiência, o excesso ou débito de horas apurado no final de cada um dos períodos de aferição pode ser transportado para o período imediatamente seguinte e nele compensado, desde que não ultrapasse o limite de cinco e dez horas, respectivamente, para a quinzena e para o mês.

5 – Para efeitos do disposto no n.º 3, a duração média do trabalho é de sete horas e, nos serviços com funcionamento ao sábado de manhã, a que resultar do respectivo regulamento.

6 – As faltas a que se refere o n.º 3 são reportadas ao último dia ou dias do período de aferição a que o débito respeita.

*(\* Redacção introduzida pelo art. 25.º, n.º 2 da Lei n.º 64-A/2008, de 31 de Dezembro)*

ARTIGO 17.º – **Horário rígido**

1 – Horário rígido é aquele que, exigindo o cumprimento da duração semanal do trabalho, se reparte por dois períodos diários, com horas de entrada e de saída fixas idênticas, separados por um intervalo de descanso.

2 – O horário rígido é o seguinte:
a) Serviços de regime de funcionamento comum que encerram ao sábado: Período da manhã – das 9 horas às 12 horas e 30 minutos; Período da tarde – das 14 horas às 17 horas e 30 minutos;
b) Serviços de regime de funcionamento especial que funcionam ao sábado de manhã:
Período da manhã – das 9 horas e 30 minutos às 12 horas e 30 minutos de segunda-feira a sexta-feira, e até às 12 horas aos sábados;
Período da tarde – das 14 horas às 17 horas e 30 minutos de segunda-feira a sexta-feira.

3 – A adopção do horário rígido não prejudica o estabelecido no 11.º 3 do artigo 13.º

ARTIGO 18.º – **Horários desfasados**

Horários desfasados são aqueles que, embora mantendo inalterado o período normal de trabalho diário, permitem estabelecer, serviço a serviço ou para determinado grupo ou grupos de pessoal, e sem possibilidade de opção, horas fixas diferentes de entrada e de saída.

ARTIGO 19.º – **Jornada contínua**

1 – A jornada contínua consiste na prestação ininterrupta de trabalho, salvo um período de descanso nunca superior a trinta minutos, que, para todos os efeitos, se considera tempo de trabalho.

2 – A jornada contínua deve ocupar, predominantemente, um dos períodos do dia e determinar uma redução do período normal de trabalho diário nunca superior a uma hora, a fixar na regulamentação a que se refere o n.º 2 do artigo 6.º.

3 – A jornada contínua pode ser adoptada nos casos previstos no artigo 22.º e em casos excepcionais devidamente fundamentados.

ARTIGO 20.º – **Trabalho por turnos**

1 – O trabalho por turnos é aquele em que, por necessidade do regular e normal funcionamento do serviço, há lugar à prestação de trabalho em pelo menos dois períodos diários e sucessivos, sendo cada um de duração não inferior à duração média diária do trabalho.

2 – A prestação de trabalho por turnos deve obedecer às seguintes regras:
*a)* Os turnos são rotativos, estando o respectivo pessoal sujeito à sua variação regular;
*b)* Nos serviços de funcionamento permanente não podem ser prestados mais de seis dias consecutivos de trabalho;
*c)* As interrupções a observar em cada turno devem obedecer ao princípio de que não podem ser prestadas mais de cinco horas de trabalho consecutivo;
*d)* As interrupções destinadas a repouso ou refeição, quando não superiores a 30 minutos, consideram-se incluídas no período de trabalho;
*e)* O dia de descanso semanal deve coincidir com o domingo, pelo menos uma vez em cada período de quatro semanas;
*f)* Salvo casos excepcionais, como tal reconhecidos pelo dirigente do serviço e aceites pelo interessado, a mudança de turno só pode ocorrer após o dia de descanso.

ARTIGO 21.º – **Subsídio de turno**

1 – O pessoal em regime de trabalho por turnos, desde que um dos turnos seja total ou parcialmente coincidente com o período nocturno, tem direito a um subsídio correspondente a um acréscimo de remuneração.

Duração e Horário de Trabalho dos Trabalhadores Nomeados 19

2 – O montante do subsídio de turno é variável em função do número de turnos adoptados, bem como do carácter permanente ou não do funcionamento do serviço.

3 – As percentagens fixadas para o subsídio de turno incluem a remuneração devida por trabalho nocturno.

4 – A prestação de trabalho em regime de turnos confere direito a atribuição de um subsídio correspondente a um acréscimo de remuneração calculada sobre o vencimento fixado no índice remuneratório da categoria onde o trabalhador estiver posicionado de acordo com as seguintes percentagens:

a) A *25% a 22% quando o regime de turnos for permanente, total ou parcial;

b) A *22% a 20% quando o regime de turnos for semanal prolongado, total ou parcial;

c) A *20% a 15% quando o regime de turnos for semanal total ou parcial.

5 – As percentagens de acréscimo de remuneração referidas no número anterior são estabelecidas no regulamento interno a que se refere o n.º 2 do artigo 6.º, tendo em conta o regime de turnos.

6 – O regime de turnos será permanente quando o trabalho for prestado em todos os sete dias da semana, semanal prolongado quando for prestado em todos os cinco dias úteis e no sábado ou domingo e semanal quando for prestado apenas de segunda-feira a sexta-feira.

7 – O regime de turnos será total quando for prestado em, pelos menos, três períodos de trabalho diário e parcial quando for prestado apenas em dois períodos.

8 – A percepção do subsídio de turno não afasta a remuneração por trabalho extraordinário e em dias de descanso semanal ou complementar, nos termos da lei geral, sempre que haja necessidade de prolongar o período de trabalho.

9 – Só há lugar a subsídio de turno enquanto for devido o vencimento de exercício.

10 – O subsídio de um turno está sujeito ao desconto da quota legal para a Caixa Geral de Aposentações e intervém no cálculo da pensão de aposentação pela forma prevista na alínea b) do n.º 1 do artigo 47.º do Estatuto da Aposentação.

(* *Declaração de Rectificação n.º 13-E/98, de 31 de Agosto*)

Artigo 22.º – **Horários específicos**

1 – Os dirigentes dos serviços devem fixar aos trabalhadores-estudantes, nos termos da Lei n.º 116/97, de 4 de Novembro, horários de trabalho adequados à frequência das aulas e às inerentes deslocações para os respectivos estabelecimentos de ensino.

2 – De igual modo, aos *trabalhadores nomeados** com descendentes ou afins na linha recta descendente, adoptandos ou adaptados a cargo, com idade inferior a 12 anos ou que sejam portadores de deficiência e se encontrem em

20       *Novo Estatuto da Função Pública*

alguma das situações previstas no **artigo 5.º do Decreto-Lei n.º 170/80, de 29 de Maio, devem ser fixados, nos termos do artigo 15.º da Lei n.º 4/84, de 5 de Abril, alterada pela Lei n.º 17/95, de 9 de Junho, pelo Decreto-Lei n.º 194/96, de 16 de Outubro, e pela Lei n.º 102/97, de 13 de Setembro, horários de trabalho ajustados, na medida do possível, ao acompanhamento dos mesmos.

3 – No interesse dos *trabalhadores nomeados*\*, podem ainda ser fixados horários específicos sempre que outras circunstâncias relevantes, devidamente fundamentadas, o justifiquem.

4 – Os horários referidos nos números anteriores são fixados pelos dirigentes dos serviços, a requerimento dos interessados, e podem incluir, para além da jornada contínua, regimes de flexibilidade mais amplos, sem prejuízo da observância do disposto no artigo 13 º.

5 – Podem ainda ser fixados outros horários específicos sempre que circunstâncias relevantes relacionadas com a natureza das actividades desenvolvidas, devidamente fundamentadas e sujeitas a consulta prévia dos *trabalhadores nomeados*\*, através das suas organizações representativas, o justifiquem.

*(\* Redacção introduzida pelo art. 25.º, n.º 2 da Lei n.º 64-A/2008, de 31 de Dezembro)*

*(\*\* Estas remissões devem considerar-se, hoje, como feitas para o Dec.-Lei n.º 133-B/97, de 30 de Maio, que revogou o Dec.-Lei n.º 170/80, de 29 de Maio, e para o Código do Trabalho, em matéria de parentalidade, respectivamente)*

SECÇÃO III – **Não sujeição a horário de trabalho**
**e isenção de horário de trabalho**

ARTIGO 23.º – **Não sujeição a horário de trabalho**

1 – Entende-se por não sujeição a horário de trabalho a prestação de trabalho não sujeita ao cumprimento de qualquer das modalidades de horário previstas no presente diploma, nem à observância do dever geral de assiduidade e de cumprimento da duração semanal de trabalho.

2 – A adopção de qualquer regime de prestação de trabalho não sujeita a horário obedece às seguintes regras:

    *a)* Concordância expressa do *trabalhador nomeado*\* relativamente às tarefas e aos prazos da sua realização;

    *b)* Destinar-se à realização de tarefas constantes do plano de actividades do serviço, desde que calendarizadas, e cuja execução esteja atribuída ao *trabalhador nomeado*\* não sujeito a horário;

    *c)* Fixação de um prazo certo para a realização da tarefa a executar, que não eleve exceder o limite máximo de 10 dias úteis;

    *d)* Não autorização ao mesmo *trabalhador nomeado*\* mais do que uma vez por trimestre.

*Duração e Horário de Trabalho dos Trabalhadores Nomeados* 21

3 – O não cumprimento da tarefa no prazo acordado, sem motivos justificados, impede o *trabalhador nomeado\** de utilizar este regime durante o prazo de um ano a contar da data do incumprimento.

4 – A não sujeição a horário de trabalho não dispensa o contacto regular do *trabalhador nomeado\** com o serviço, nem a sua presença no local do trabalho, sempre que tal se mostre necessário.

*(\* Redacção introduzida pelo art. 25.º, n.º 2 da Lei n.º 64-A/2008, de 31 de Dezembro)*

Artigo 24.º – **Isenção de horário de trabalho**

1 – Gozam da isenção de horário de trabalho o pessoal dirigente, bem como os chefes de repartição e de secção e o pessoal de categorias legalmente equiparadas, bem como o pessoal cujas funções não conferem direito a trabalho extraordinário.

2 – A isenção de horário não dispensa a observância do dever geral de assiduidade, nem o cumprimento da duração semanal de trabalho legalmente estabelecida.

## CAPÍTULO IV
**Trabalho extraordinário, nocturno,
em dias de descanso e em feriados**

Secção I – **Trabalho extraordinário**

Artigo 25.º – **Noção**

1 – Considera-se extraordinário o trabalho que for prestado:
*a)* Fora do período normal de trabalho diário;
*b)* Nos casos de horário flexível, para além do número de horas a que o trabalhador se encontra obrigado em cada um dos períodos de aferição ou fora do período de funcionamento normal do serviço.

2 – Não há lugar a trabalho extraordinário no regime de isenção de horário e no regime de não sujeição a horário de trabalho.

Artigo 26.º – **Prestação de trabalho extraordinário**

1 – Só é admitida a prestação de trabalho extraordinário quando as necessidades do serviço imperiosamente o exigirem, em virtude da acumulação anormal ou imprevista de trabalho ou da urgência na realização de tarefas especiais não constantes do plano de actividades e, ainda, em situações que resultem de imposição legal.

2 – Salvo o disposto no número seguinte, os *trabalhadores nomeados\** não podem recusar-se ao cumprimento de trabalho extraordinário.

3 – Não são obrigados à prestação de trabalho extraordinário os *trabalhadores nomeados** que:

*a)* Sejam portadores de deficiência;

*b)* Estejam em situação de gravidez;

*c)* Tenham à sua guarda descendentes ou afins na linha recta, adoptandos ou adoptados de idade inferior a 12 anos ou que, sendo portadores de deficiência, careçam de acompanhamento dos progenitores;

*d)* Gozem do estatuto de trabalhador-estudante;

*e)* Invoquem motivos atendíveis.

*(\* Redacção introduzida pelo art. 25.º, n.º 2 da Lei n.º 64-A/2008, de 31 de Dezembro)*

ARTIGO 27.º – **Limites ao trabalho extraordinário**

1 – O trabalho extraordinário não pode exceder duas horas por dia, nem ultrapassar \*cem horas por ano.

2 – A prestação de trabalho extraordinário não pode determinar um período de trabalho diário superior a nove horas.

3 – Os limites fixados nos números anteriores podem, no entanto, ser ultra passados:

*a)* Em casos especiais, regulados em diploma próprio, a negociar com as associações sindicais;

*b)* Quando se trate de motoristas, telefonistas e outro pessoal auxiliar que seja indispensável manter ao serviço;

*c)* Quando se trate de pessoal administrativo e auxiliar que preste serviço nos gabinetes dos membros do Governo ou equiparados e de pessoal da Presidência da República destacado para, normal ou eventualmente, prestar apoio ao Gabinete do Presidente da República;

*d)* Em circunstâncias excepcionais e delimitadas no tempo, mediante autorização do membro do Governo competente ou, quando esta não for possível, mediante confirmação da mesma entidade, a proferir nos 15 dias posteriores à ocorrência.

4 – Nos casos das alíneas b) e d) a não oposição dos trabalhadores vale como assentimento à prestação do trabalho.

5 – Na administração local, os limites fixados nos n.ᵒˢ 1 e 2 do presente artigo podem ser ultrapassados quando se trate de pessoal administrativo ou auxiliar que preste apoio às reuniões ou sessões dos órgãos autárquicos, bem como motoristas, telefonistas e outro pessoal auxiliar ou operário, cuja manutenção em serviço seja expressamente fundamentada e reconhecida como indispensável.

*(\* Redacção do Dec.-Lei n.º 169/2006, de 17 de Agosto)*

# Artigo 28.º – Compensação do trabalho extraordinário

1 – As horas extraordinárias são compensadas, de acordo com a opção do *trabalhador nomeado\**, por um dos seguintes sistemas:

a) Dedução posterior no período normal de trabalho, conforme as disponibilidades de serviço, a efectuar dentro do ano civil em que o trabalho foi prestado, acrescida de 25% ou de 50%, respectivamente, nos casos de trabalho extraordinário diurno e nocturno;

b) Acréscimo na retribuição horária, com as seguintes percentagens: 25% para a primeira hora de trabalho extraordinário diurno, 50% para as horas subsequentes de trabalho extraordinário diurno, 60% para a primeira hora de trabalho extraordinário nocturno e 90% para as restantes horas de trabalho extraordinário nocturno.

2 – Na remuneração por trabalho extraordinário só são de considerar, em cada dia, períodos mínimos de meia hora, sendo sempre remunerados os períodos de duração inferior como correspondentes a meia hora.

3 – Quando o trabalho extraordinário diurno se prolongar para além das 20 horas, a meia hora que abranger o período de trabalho diurno e nocturno é remunerada como extraordinária diurna ou nocturna, consoante não haja ou haja efectiva prestação de trabalho para além daquele limite horário, conferindo, ainda, direito ao subsídio de refeição.

4 – As percentagens referidas na alínea b) do n.º 1 para o trabalho extraordinário nocturno são mantidas quando, no prosseguimento daquele, se transitar para trabalho extraordinário diurno.

5 – Nos primeiros oito dias do mês seguinte àquele em que foi realizado trabalho extraordinário, o *trabalhador nomeado\** deve comunicar aos serviços o sistema por que tenha optado.

*(\* Redacção introduzida pelo art. 25.º, n.º 2 da Lei n.º 64-A/2008, de 31 de Dezembro)*

# Artigo 29.º – Compensação por dedução do período normal de trabalho

1 – O sistema previsto na alínea a) do n.º 1 do artigo anterior pode revestir uma das seguintes formas:

a) Dispensa, até ao limite de um dia de trabalho por semana;

b) Acréscimo do período de férias no mesmo ano ou no ano seguinte até ao limite máximo de cinco dias úteis seguidos.

2 – Nos horários flexíveis, a compensação das horas extraordinárias faz-se, em regra, por dedução no período normal de trabalho, salvo quando se mostrar inviável por razões de exclusiva conveniência do serviço e nos casos previstos na alínea d) do n.º 3 do artigo 27.º, em que o pessoal mantém o direito de opção.

3 – As horas extraordinárias que não possam scr compensadas nos termos dos números anteriores são remuneradas de acordo com o disposto na alínea b) do n.º 1 do artigo anterior.

24     *Novo Estatuto da Função Pública*

Artigo 30.º – **Limites remuneratórios**

1 – Os *trabalhadores nomeados\** não podem, em cada mês, receber por trabalho extraordinário mais do que um terço do índice remuneratório respectivo, pelo que não pode ser exigida a sua realização quando implique a ultrapassagem desse limite.

2 – Exceptua-se do disposto no número anterior o pessoal referido na alínea c) do n.º 3 do artigo 27.º, bem como os motoristas afectos a directores-gerais ou a pessoal de cargos equiparados, os quais podem receber pelo trabalho extraordinário realizado até 60% do vencimento do índice remuneratório respectivo.

3 – O disposto nos números anteriores não prejudica os limites fixados para o pessoal operário e auxiliar afecto às residências oficiais do Presidente da República e do Primeiro-Ministro, nos termos da legislação em vigor.

4 – Na administração local podem ser abonadas importâncias até 60% do respectivo índice remuneratório do pessoal administrativo ou auxiliar que preste apoio a reuniões ou sessões dos órgãos autárquicos, bem como aos motoristas, telefonistas e outro pessoal auxiliar, afectos, por deliberação expressa, ao serviço da presidência dos órgãos executivos e ainda aos motoristas afectos a pessoal de cargos equiparados a director-geral.

*(\* Redacção introduzida pelo art. 25.º, n.º 2 da Lei n.º 64-A/2008, de 31 de Dezembro)*

Artigo 31.º – **Registo de horas extraordinárias**

Os serviços devem preencher e enviar mensalmente à Direcção-Geral do Orçamento em impresso próprio a indicação do número de horas extraordinárias por cada *trabalhador nomeado\**, o respectivo fundamento legal e as correspondentes remunerações.

*(\* Redacção introduzida pelo art. 25.º, n.º 2 da Lei n.º 64-A/2008, de 31 de Dezembro)*

Secção II – **Trabalho nocturno**

Artigo 32.º – **Noção e regime**

1 – Considera-se trabalho nocturno o prestado entre as 20 horas de um dia e as 7 horas do dia seguinte.

2 – O trabalho nocturno pode ser normal ou extraordinário.

3 – A retribuição do trabalho normal nocturno é calculada através da multiplicação do valor da hora normal de trabalho pelo coeficiente 1,25.

4 – O disposto no número anterior não se aplica às categorias cujas funções, pela sua natureza, só possam ser exercidas em período predominantemente nocturno, salvo casos excepcionais devidamente autorizados pelos

Ministros da tutela, das Finanças e do membro do Governo responsável pela Administração Pública, mediante despacho conjunto.

### SECÇÃO III – **Trabalho em dias de descanso semanal, de descanso complementar e em feriados**

ARTIGO 33.º – **Regime**

1 – A prestação de trabalho em dia de descanso semanal, de descanso complementar e em feriado pode ter lugar nos casos e nos termos previstos no artigo 26.º, não podendo ultrapassar a duração normal de trabalho diário.

2 – O trabalho prestado em dia de descanso semanal é compensado por um acréscimo de remuneração calculado através da multiplicação do valor da hora normal de trabalho pelo coeficiente 2 e confere ainda direito a um dia completo de descanso na semana de trabalho seguinte.

3 – A prestação de trabalho em dia de descanso complementar ou feriado é compensada apenas pelo acréscimo de remuneração referido no número anterior.

4 – Nos casos em que o feriado recaia em dia de descanso semanal aplica--se na íntegra o regime previsto no n.º 2.

5 – O regime previsto nos n.ºs 2, 3 e 4 pode ser aplicado ao pessoal dirigente e de chefia, desde que a prestação de trabalho seja autorizada pelo membro do Governo competente.

6 – O disposto no n.º 1 é aplicável aos *trabalhadores nomeados** que se deslocam ao estrangeiro em representação do Estado Português.

7 – A prestação de trabalho efectuada nos termos do número anterior confere o direito a um dia completo de descanso, a gozar de acordo com a conveniência do serviço.

(* *Redacção introduzida pelo art. 25.º, n.º 2 da Lei n.º 64-A/2008, de 31 de Dezembro)*

### SECÇÃO IV – **Autorização e responsabilização**

ARTIGO 34.º – **Autorização**

1 – A prestação de trabalho extraordinário e em dia de descanso semanal, descanso complementar e feriado deve ser previamente autorizado pelo dirigente do respectivo serviço ou organismo ou pelas entidades que superintendem nos gabinetes a que alude a alínea c) do n.º 3 do artigo 27.º

2 – Exceptuam-se do disposto no número anterior, quanto aos feriados, os serviços que, por força da actividade exercida, laborem normalmente nesse dia.

3 – Os *trabalhadores nomeados** interessados devem ser informados, salvo casos excepcionais, com a antecedência de quarenta e oito horas, da

necessidade de prestarem trabalho extraordinário e em dia de descanso semanal ou complementar e em feriado.

*(\* Redacção introduzida pelo art. 25.º, n.º 2 da Lei n.º 64-A/2008, de 31 de Dezembro).*

Artigo 35.º – **Responsabilização**

1 – Os dirigentes devem limitar ao estritamente indispensável a autorização de trabalho nas modalidades previstas no presente capítulo.

2 – Os *trabalhadores nomeados\** que tenham recebido indevidamente quaisquer abonos são obrigados à sua reposição, pela qual ficam solidariamente responsáveis os dirigentes dos respectivos serviços.

*(\* Redacção introduzida pelo art. 25.º, n.º 2 da Lei n.º 64-A/2008, de 31 de Dezembro)*


## CAPÍTULO V

### Disposições finais e transitórias

Artigo 36.º – **Cálculo da remuneração horária normal**

A remuneração horária é calculada através da fórmula (RxI2) / (52xN), sendo R o vencimento mensal auferido e N o número de horas correspondente à normal duração semanal do trabalho.

Artigo 37.º – **Pessoal dirigente**

1 – As referências feitas no presente diploma aos dirigentes máximos dos serviços entendem-se reportadas aos secretários-gerais, directores-gerais e pessoal de cargos equiparados, bem como ao pessoal dirigente directamente dependente de qualquer membro do Governo.

2 – As competências atribuídas no presente diploma aos dirigentes máximos dos serviços são, na administração local, cometidas:

    *a)* Ao presidente da câmara municipal – nas câmaras municipais;

    *b)* Ao presidente do conselho de administração – nas associações de municípios e nos serviços municipalizados;

    *c)* À junta de freguesia – nas juntas de freguesia;

    *d)* Ao presidente da mesa da assembleia distrital – nas assembleias distritais.

Artigo 38.º – **Pessoal docente, saúde e justiça**

Mantêm-se em vigor os regimes de trabalho e condições da sua prestação fixados em legislação especial para o pessoal docente e da saúde e, bem assim, para o sector da justiça, sem prejuízo do previsto artigo 15.º.

### Artigo 39.º – **Pessoal dos grupos operário e auxiliar**

1 – Para o pessoal dos grupos operário e auxiliar, a duração semanal do trabalho é, transitoriamente, a seguinte:

*a)* Em 1998: trinta e sete horas semanais;

*b)* Em 1999: trinta e seis horas semanais.

2 – A duração semanal de trabalho referida no número anterior produz efeitos a partir do dia 1 de Janeiro de cada ano.

3 – O disposto no n.º 1 não prejudica a existência de regimes de duração semanal de trabalho inferiores já estabelecidos.

4 – O limite máximo do período normal de trabalho diário é, em função da duração semanal, o constante do anexo A ao presente diploma, que dele faz parte integrante.

5 – O horário rígido a que se refere o artigo 17.º do presente diploma é, nos anos de 1997 a 1999, o que consta dos anexos B e C ao presente diploma, que dele fazem parte integrante, consoante se trate de serviços de regime de funcionamento normal que encerrem ao sábado ou de serviços de regime de funcionamento especial que funcionam ao sábado de manhã, respectivamente.

6 – Transitoriamente até à generalização da duração de trabalho de trinta e cinco horas semanais, no caso de horários flexíveis devem seguir-se as seguintes regras:

*a)* É obrigatória a previsão das plataformas fixas da parte da manhã e da parte da tarde, as quais não podem ter, no seu conjunto, duração inferior a quatro horas, no caso de horários até trinta e sete horas, e de cinco horas, nos restantes casos;

*b)* Não podem ser prestados, por dia, mais de nove horas de trabalho, no caso de horários até trinta e sete horas, ou de dez horas, nos restantes casos.

7 – Para efeitos do disposto no n.º 3 do artigo 16.º, a duração média de trabalho é de sete ou oito horas para o pessoal abrangido por uma duração semanal inferior a trinta e sete horas, ou superior a este limite, respectivamente, e ainda a que resultar do respectivo regulamento, nos serviços com funcionamento ao sábado de manhã.

8 – Em caso de jornada contínua, até à generalização da duração de trabalho de trinta e cinco horas semanais, a redução referida no n.º 2 do artigo 19.º do presente diploma não pode ser superior a uma hora ou a uma hora e trinta minutos por dia, conforme a duração semanal de trabalho seja, respectivamente, inferior, ou não, a trinta e sete horas.

9 – Ao pessoal a quem, nos termos do artigo 7.º do Decreto-Lei n.º 159//96, de 4 de Setembro, foi concedido um crédito de não trabalho de três dias é mantido o direito ao subsídio de refeição durante o uso deste crédito.

10 – O crédito de não trabalho de três dias, referido no número anterior, que não foi usado até ao termo do ano civil de 1996, por razões de conveniência de serviço ou interesse relevante do próprio trabalhador, deve ser gozado durante o ano civil de 1997.

11 – Os créditos de não trabalho que não foram usados até ao termo do ano civil de 1996 podem ser gozados seguida ou interpoladamente, repartidos por meios dias ou não, e ser associados ao gozo de férias ou a um período de faltas, de qualquer natureza, mantendo-se, também, o direito ao subsídio de refeição.

ARTIGO 40.º – **Revisão do regime de trabalho a meio tempo e da não sujeição a horário de trabalho**

Os regimes de trabalho a meio tempo e da não sujeição a horário de trabalho, constantes dos artigos 8.º e 23.º, serão obrigatoriamente revistos no prazo máximo de dois anos a contar da data da entrada em vigor do presente diploma.

ARTIGO 41.º – **Legislação revogada**

É revogada a Lei n.º 17/89, de 5 de Julho, e o Decreto-Lei n.º 167/80, de 29 de Maio, o Decreto-Lei n.º 235/81, de 6 de Agosto, o Decreto-Lei n.º 187/ /88, de 27 de Maio, o Decreto-Lei n.º 263/91, de 26 de Julho, e o Decreto-Lei n.º 159/96, de 4 de Setembro.

ARTIGO 42.º – **Entrada em vigor**

O presente diploma entra em vigor no dia seguinte ao da sua publicação.

## ANEXO A

| Ano | Duração semanal | Limite máximo do período normal de trabalho diário | | | | |
|---|---|---|---|---|---|---|
| | | Dias da semana | | | | |
| | | Segunda--Feira | Terça--Feira | Quarta--Feira | Quinta--Feira | Sexta--Feira |
| 1997 | 38 | 8 | 8 | 8 | 7 | 7 |
| 1998 | 37 | 8 | 8 | 7 | 7 | 7 |
| 1999 | 36 | 8 | 7 | 7 | 7 | 7 |

## ANEXO B

| Dia da semana | Manhã | | | Tarde | | |
|---|---|---|---|---|---|---|
| | 1997 | 1998 | 1999 | 1997 | 1998 | 1999 |
| Segunda--feira | 8.30-12.30 | 8.30-12.30 | 9-12.30 | 14-18 | 14-18 | 14-18 |
| Terça-feira | 8.30-12.30 | 9-12.30 | 9-12.30 | 14-18 | 14-18 | 14-18 |
| Quarta-feira | 9-12.30 | 9-12.30 | 9-12.30 | 14-18 | 14-18 | 14-17.30 |
| Quinta-feira | 9-12.30 | 9-12.30 | 9-12.30 | 14-18 | 14-17.30 | 14-17.30 |
| Sexta-feira | 9-12.30 | 9-12.30 | 9-12.30 | 14-17.30 | 14-17.30 | 14-17.30 |

## ANEXO C

| Dia da semana | Manhã | | | Tarde | | |
|---|---|---|---|---|---|---|
| | 1997 | 1998 | 1999 | 1997 | 1998 | 1999 |
| Segunda--feira | 9-12.30 | 9.30-12.30 | 9.30-12.30 | 14-17.30 | 14-17.30 | 14-17.30 |
| Terça-feira | 9-12.30 | 9.30-12.30 | 9.30-12.30 | 14-17.30 | 14-17 .30 | 14-17.30 |
| Quarta-feira | 9-12.30 | 9-12.30 | 9-12.30 | 14-17.30 | 14-17.30 | 14-17.30 |
| Quinta-feira | 9-12.30 | 9-12.30 | 9-12.30 | 14-17.30 | 14-17.30 | 14-17.30 |
| Sexta-feira | 9-12.30 | 9-12.30 | 9-12.30 | 14-17.30 | 14-17.30 | 14-17.30 |
| Sábado | 9-12 | 9-12 | 9-12 | – | – | – |

# FÉRIAS, FALTAS E LICENÇAS DOS TRABALHADORES NOMEADOS

## Decreto-Lei n.º 100/99, de 31 de Março

*(Actualizado com as alterações introduzidas pela Lei n.º 117/99, de 11 de Agosto, pelo Dec.-Lei n.º 503/99, de 20 de Novembro, pelo Dec.-Lei n.º 70--A/2000, de 5 de Maio, pelo Dec.-Lei n.º 157/2001, de11 de Maio, pelo Dec.--Lei n.º 169/2006, de 17 de Agosto, pelo Dec.-Lei n.º 181/2007, de 9 de Maio, pela Lei n.º 59/2008, de 11 de Setembro, e pela Lei n.º 64-A/2008, de 31 de Dezembro (Orçamento do Estado para 2009)).*

O regime de férias, faltas e licenças dos *funcionários e agentes* da Administração Pública foi aprovado pelo Decreto-Lei n.º 497/88, de 30 de Dezembro, e sucessivamente alterado por legislação avulsa, como é o caso do Decreto-Lei n.º 178/95, de 26 de Julho, e do Decreto-Lei n.º 101-A/96, de 26 de Julho.

No acordo salarial para 1996 e compromissos de médio e longo prazos, o Governo e as organizações sindicais confluíram na revisão do regime de férias, faltas e licenças dos *funcionários e agentes*, desde logo com destaque para as matérias relativas à aquisição do direito a férias, regime das ausências por motivo de greve e actividade sindical, reformulação do regime da perda de vencimento de exercício em caso de faltas por doença e condições da sua recuperação.

No quadro daquele compromisso, o Governo e as organizações sindicais consensualizaram posições.

Inserindo-se a matéria na reserva relativa de competência da Assembleia da República, a esta o Governo submeteu a necessária proposta de autorização legislativa.

Após a pertinente e alargada discussão pública, a Assembleia da República concedeu ao Governo a por este peticionada autorização legislativa, a qual se encontra vazada na Lei n.º 76/98, de 19 de Novembro.

E assim, tendo sido também ouvidos os órgãos de governo próprio das Regiões Autónomas, a Associação Nacional de Municípios Portugueses e a Associação Nacional de Freguesias, edita-se o decreto-lei que aprova o regime de férias, faltas e licenças dos *funcionários e agentes* da Administração Pública.

32           *Novo Estatuto da Função Pública*

Um dos objectivos prosseguidos é a concentração harmonizada de legislação dispersa por vários diplomas. Na verdade, embora se mantenham, no essencial, as figuras típicas do regime de férias, faltas e licenças, introduz-se um conjunto de melhorias no regime vigente, as quais visam as condições de prestação de trabalho dos *funcionários e agentes.*

De entre as inovações introduzidas merecem saliência:

a) O novo regime adoptado para o gozo de férias no 1.º ano de serviço, garantindo-se, no ano civil de ingresso, o gozo de 6 dias úteis de férias após a prestação de um mínimo de 60 dias de trabalho;

b) O regime de recuperação de vencimento perdido na sequência de faltas por doença;

c) Os ajustamentos introduzidos no regime de verificação domiciliária da doença, em especial nos casos em que a doença não exige permanência no domicílio;

d) A revisão dos efeitos das faltas por isolamento profiláctico, na situação de equiparado a bolseiro e ao abrigo da Assistência a Funcionários Civis Tuberculosos;

e) A revisão dos limites de faltas por conta do período de férias;

f) A revisão das condições de concessão da licença sem vencimento até 90 dias;

g) A revisão da licença sem vencimento para o desempenho de funções em organismos internacionais;

h) O reconhecimento da possibilidade de apresentação a concurso para os funcionários em situação de licença sem vencimento de longa duração,

Especial destaque merece, ainda, o tratamento dado às ausências por greve, que deixam de ser qualificadas como faltas, suprimindo-se a referência às ausências por actividade sindical que constam de diploma próprio.

Assim:

No uso da autorização legislativa concedida pela Lei n.º 76/98, de 19 de Setembro, e nos termos da alínea b) do n.º 1 do artigo 198.º da Constituição, o Governo decreta, para valer como lei geral da República, o seguinte:

# CAPÍTULO I
## Âmbito

Artigo 1.º – **Âmbito de aplicação**

O presente diploma aplica-se aos *trabalhadores nomeados\**, ainda que em regime de tempo parcial, da administração central, regional e local, incluindo os institutos públicos que revistam a natureza de serviços personalizados ou de fundos públicos.

*(\* Redacção dada pelo art. 26.º, n.º 3 da Lei n.º 64-A/2008, de 31 de Dezembro)*

## CAPÍTULO II
### Férias

ARTIGO 2.º* – **Direito a férias**

1 – O pessoal abrangido pelo presente diploma tem direito, em cada ano civil, a um período de férias calculado de acordo com as seguintes regras:
   *a*) 25 dias de férias até completar 39 anos de idade;
   *b*) 26 dias úteis de férias até completar 49 anos de idade;
   *c*) 27 dias úteis de férias até completar 59 anos de idade;
   *d*) 28 dias úteis de férias a partir dos 59 anos de idade.

2 – A idade relevante para efeitos de aplicação do número anterior é aquela que o *trabalhador nomeado*** completar até 31 de Dezembro do ano em que as férias se vencem.

3 – Sem prejuízo do disposto no n.º 1, o pessoal abrangido pelo presente diploma tem ainda direito a mais um dia útil de férias por cada 10 anos de serviço efectivamente prestado.

4 – O direito a férias adquire-se com a constituição da relação jurídica de emprego público.

5 – O direito a férias deve efectivar-se de modo a possibilitar a recuperação física e psíquica dos *trabalhadores nomeados*** e assegurar-lhes as condições mínimas de disponibilidade pessoal, de integração na vida familiar e de participação social e cultural.

6 – O direito a férias vence-se no dia 1 de Janeiro de cada ano e reporta--se, em regra, ao serviço prestado no ano civil anterior.

7 – Os dias de férias podem ser gozados em meios-dias, no máximo de quatro meios-dias, seguidos ou interpolados, por exclusiva iniciativa do trabalhador.

8 – O direito a férias é irrenunciável e imprescritível e o seu gozo efectivo não pode ser substituído por qualquer compensação económica, ainda que com o acordo do interessado, salvo nos casos expressamente previstos no presente diploma.

9 – Durante as férias não podes ser exercida qualquer actividade remunerada, salvo se a mesma já viesse sendo legalmente exercida.

*(* Na redacção dada pelo Dec.-Lei n.º 157/2001, de 11 de Maio)*

*(** Redacção dada pelo art. 26.º, n.º 3 da Lei n.º 64-A/2008, de 31 de Dezembro)*

# — // —

## DEC. -LEI N.º 157/2001,
## de 11 de Maio

### (...)

ARTIGO 2.º

A aplicação do disposto no n.º 1 do artigo 2.º do Decreto-Lei n.º 100/99, de 31 de Março, na redacção dada pelo n.º 1 do artigo 1.º do presente diploma é feita de forma progressiva, até 2003, de acordo com as seguintes regras:

a) 23, 24 e 25 dias úteis de férias até completar 39 anos de idade, respectivamente, nos anos de 2001, 2002 e 2003;

b) 24, 25 e 26 dias úteis de férias até completar 49 anos de idade, respectivamente, nos anos de 2001, 2002 e 2003;

c) 25, 26 e 27 dias úteis de férias até completar 59 anos de idade, respectivamente, nos anos de 2001, 2002 e 2003;

d) 26, 27 e 28 dias úteis de férias a partir dos 59 anos de idade, respectivamente, nos anos de 2001, 2002 e 2003.

ARTIGO 3.º

O presente diploma produz efeitos desde 1 de Janeiro de 2001.

—//—

ARTIGO 3.º* – **Direito a férias relativo ao 1.º ano de serviço**

No ano civil de ingresso, decorrido um período de 60 dias de prestação efectiva de serviço, o *trabalhador nomeado** tem direito a dois dias úteis de férias por cada um dos meses completos de serviço até 31 de Dezembro.

(* Redacção dada pela Lei n.º 117/99, de 11 de Agosto)

(** Redacção dada pelo art. 26.º, n.º 3 da Lei n.º 64-A/2008, de 31 de Dezembro)

ARTIGO 4.º* – **Retribuição durante as férias**

1 – Durante o período de férias, o *trabalhador nomeado*** é abonado das remunerações a que teria direito se se encontrasse em serviço efectivo, à excepção do subsídio de refeição.

2 – O gozo de férias em períodos de meios-dias, nos termos previstos no n.º 7 do artigo 2.º, implica a perda de um dia de subsídio de refeição por cada dois meios-dias de férias.

3 – Além das remunerações mencionadas no n.º 1, o *trabalhador nomeado*** tem ainda direito a subsídio de férias nos termos da legislação em

Férias, Faltas e Licenças dos Trabalhadores Nomeados          35

vigor, calculado através da multiplicação da remuneração base diária pelo coeficiente 1,365.

4 – O período de férias relevante, em cada ano civil, para efeitos do abono do subsídio de férias não pode exceder 22 dias úteis.

5 – Nos casos previstos no artigo anterior, o pagamento do subsídio de férias é efectuado no mês de Junho ou em conjunto com a remuneração mensal do mês anterior ao do gozo das férias, quando a aquisição do respectivo direito ocorrer em momento posterior.

*( \* Redacção dada pelo Dec.-Lei n.º 157/2001, de 11 de Maio)*

*(\*\* Redacção dada pelo art. 26.º, n.º 3 da Lei n.º 64-A/2008, de 31 de Dezembro)*

ARTIGO 5.º\* – **Marcação das férias**

1 – As férias podem ser gozadas seguida ou interpoladamente, não podendo ser gozados, seguidamente, mais de 22 dias úteis, sem prejuízo dos direitos já adquiridos pelo pessoal abrangido pelo presente diploma, nem, no caso de gozo interpolado, um dos períodos pode ser inferior a metade dos dias de férias a que o *trabalhador nomeado\** \*tenha direito.

2 – Sem prejuízo do disposto no número anterior e salvo os casos de conveniência de serviço devidamente fundamentada, não pode ser imposto ao *trabalhador nomeado\*\** o gozo interpolado das férias a que tem direito.

3 – Salvo o disposto na parte final do n.º 1 e sem prejuízo dos casos de conveniência de serviço, devidamente fundamentada, a Administração não pode limitar o número de períodos de férias que o *trabalhador nomeado\** \*pretenda gozar.

4 – As férias devem ser marcadas de acordo com os interesses das partes, sem prejuízo de se assegurar, em todos os casos, o regular funcionamento dos serviços.

5 – Na falta de acordo, as férias são fixadas pelo dirigente competente entre 1 de Junho e 30 de Setembro, podendo ser ouvidas as organizações representativas dos trabalhadores que abranjam o local de trabalho em que o interessado desempenha funções.

6 – Na fixação das férias devem ser rateados, se necessário, os meses mais pretendidos, de modo a beneficiar alternadamente cada interessado, em função do mês gozado nos dois anos anteriores.

7 – Sem prejuízo do disposto no número anterior, aos cônjuges que trabalhem no mesmo serviço ou organismo é dada preferência na marcação de férias em períodos coincidentes.

8 – Sem prejuízo do disposto no n.º 2 do presente artigo, a preferência prevista no número anterior é extensiva ao pessoal cujo cônjuge, caso seja também *trabalhador nomeado\*\**, tenha, por força da lei ou pela natureza do serviço, de gozar férias num determinado período do ano.

9 – O disposto nos n.ºs 7 e 8 é aplicável às pessoas que vivam há mais de dois anos em condições análogas às dos cônjuges.

*( \* Redacção dada pelo Dec.-Lei n.º 157/2001, de 11 de Maio)*

*(\*\* Redacção dada pelo art. 26.º, n.º 3 da Lei n.º 64-A/2008, de 31 de Dezembro)*

## Artigo 6.º – **Mapa de férias**

1 – Até 30 de Abril de cada ano, os serviços devem elaborar o mapa de férias e dele dar conhecimento aos respectivos *trabalhadores nomeados\**.

2 – Salvo nos casos previstos no presente diploma, o mapa de férias só pode ser alterado, posteriormente a 30 de Abril, por acordo entre os serviços e os interessados.

*(\* Redacção dada pelo art. 26.º, n.º 3 da Lei n.º 64-A/2008, de 31 de Dezembro).*

## Artigo 7.º\* – **Duração especial das férias**

1 – Ao *trabalhador nomeado\*\** que goze a totalidade do período normal de férias vencidas em 1 de Janeiro de um determinado ano até 31 de Maio e ou de 1 de Outubro a 31 de Dezembro é concedido, no próprio ano ou no ano imediatamente a seguir, consoante a sua opção, um período de cinco dias úteis de férias, o qual não pode ser gozado nos meses de Julho, Agosto e Setembro.

2- Sem prejuízo do disposto na parte final do número anterior, o período complementar de férias pode ser gozado imediatamente a seguir ao período normal de férias, desde que não haja inconveniente para o serviço.

3 – O disposto no n.º 1, só é aplicável nos casos em que o *trabalhador nomeado\*\** tenha direito a, pelo menos, 15 dias de férias, não relevando, para este efeito, o período complementar previsto nesse número.

4 – O período complementar de cinco dias úteis de férias não releva para efeitos de atribuição de subsídio de férias.

5 – Nos casos de acumulação de férias o período complementar de férias só pode ser concedido verificada a condição imposta pelo n.º 1º.

6 – As faltas por conta do período de férias não afectam o direito ao período complementar de férias, desde que as não reduzam a menos de 15 dias.

*(\* Redacção dada pela Lei n.º 117/99, de 11 de Agosto).*

*(\*\* Redacção dada pelo art. 26.º, n.º 3 da Lei n.º 64-A/2008, de 31 de Dezembro).*

## Artigo 8.º – **Gozo de férias**

Salvo nos casos previstos no presente diploma, as férias devem ser gozadas no decurso do ano civil em que se vencem.

## Artigo 9.º – **Acumulação de férias**

1 – As férias respeitantes a determinado ano podem, por conveniência de serviço, ou por acordo entre o *trabalhador nomeado\** e a Administração, ser gozadas no ano civil imediato, seguidas ou não das férias vencidas neste.

2 – No caso de acumulação de férias por conveniência de serviço, o *trabalhador nomeado\** não pode, salvo acordo nesse sentido, ser impedido de gozar metade dos dias de férias a que tiver direito no ano a que as mesmas se reportam.

*Férias, Faltas e Licenças dos Trabalhadores Nomeados* 37

3 – A invocação da conveniência de serviço deve ser casuística e devidamente fundamentada.

*(\* Redacção dada pelo art. 26.º, n.º 3 da Lei n.º 64-A/2008, de 31 de Dezembro)*

Artigo 10.º – **Interrupção das férias**

1 – As férias são interrompidas por motivo de maternidade, paternidade e adopção nos termos do disposto no *artigo 5.º do Decreto-Lei n.º 194/96, de 16 de Outubro (actualmente esta remissão deve considerar-se como feita para o art. 65.º, n.º 3 do Código do Trabalho, aprovado pela Lei n.º 7/2009, de 12 de Fevereiro).*

2 – As férias são, igualmente, interrompidas por doença e para assistência a familiares doentes, situações a que se aplicam, com as necessárias adaptações, os respectivos regimes.

3 – Ultrapassado o prazo de cinco dias úteis previsto no n.º 3 do artigo 30.º, salvo se por motivo fundamentado, as férias são interrompidas apenas a partir da data da entrada no serviço do documento comprovativo da doença.

4 – Os restantes dias de férias serão gozados em momento a acordar com o dirigente do serviço até ao termo do ano civil imediato ao do regresso ao serviço.

5 – Por razões imperiosas e imprevistas, decorrentes do funcionamento do serviço, pode ainda ser determinado o adiamento ou a interrupção das férias, sem prejuízo do disposto no n.º 2 do artigo anterior, por despacho fundamentado do dirigente máximo do serviço, podendo o período correspondente à interrupção ser gozado, com as devidas adaptações, nos termos do número anterior.

6 – O adiamento ou a interrupção das férias dos dirigentes máximos dos serviços, nas condições previstas no número anterior, é determinado por despacho fundamentado do respectivo membro do Governo.

7 – Nos casos previstos nos n.ºs 5 e 6, o *trabalhador nomeado\** tem direito:

*a)* Ao pagamento das despesas de transporte efectuadas;

*b)* A uma indemnização igual ao montante das ajudas de custo por inteiro, relativas aos dias de férias não gozados, nos termos da tabela em vigor para as deslocações no continente, salvo se outra mais elevada for de atribuir ao *trabalhador nomeado\**, no caso de este o demonstrar inequivocamente.

8 – O disposto na alínea b) do número anterior aplica-se independentemente do local em que o *trabalhador nomeado\** gozar férias.

*(\* Redacção dada pelo art. 26.º, n.º 3 da Lei n.º 64-A/2008, de 31 de Dezembro)*

Artigo 11.º – **Alteração do período de férias**

O disposto nos n.ºs 7 e 8 do artigo anterior é aplicável às situações de alteração de férias por conveniência de serviço.

38          *Novo Estatuto da Função Pública*

Artigo 12.º – **Impossibilidade de gozo de férias**

O disposto no n.º 4 do artigo 10.º é aplicável aos casos em que o *trabalhador nomeado\** não pode gozar, no respectivo ano civil, a totalidade ou parte das férias já vencidas, nomeadamente por motivo de maternidade, paternidade, adopção ou doença.

*(\* Redacção dada pelo art. 26.º, n.º 3 da Lei n.º 64-A/2008, de 31 de Dezembro)*

Artigo 13.º – **Repercussão das faltas e licenças nas férias**

1 – As faltas justificadas nos termos do presente diploma não implicam desconto nas férias, salvo as previstas na alínea t) do n.º 1 do artigo 21.º

2 – As faltas injustificadas descontam nas férias do ano civil seguinte, na proporção de um dia de férias por cada falta.

3 – As licenças repercutem-se nas férias, nos termos do presente diploma.

4 – Da aplicação do disposto nos números anteriores não pode resultar um período de férias inferior a oito dias úteis consecutivos.

Artigo 14.º – **Férias em caso de suspensão de funções em virtude de cumprimento do serviço militar**

1 – Se o *trabalhador nomeado\** for cumprir serviço militar antes de ter gozado as férias a que tenha direito, é abonado, nos 60 dias subsequentes ao início do cumprimento do serviço militar, da remuneração correspondente ao período de férias não gozado, bem como o respectivo subsídio, se ainda o não tiver percebido.

2 – Para além do disposto no número anterior, o *trabalhador nomeado\** tem direito a receber a remuneração correspondente ao período de férias relativo ao tempo de serviço prestado no ano em que se verificar a suspensão de funções, bem como o subsídio de férias correspondente.

3 – O *trabalhador nomeado\** que, no ano de regresso ao serviço, após a prestação de serviço militar, apresentar documento comprovativo de que não gozou, nesse ano, a totalidade ou parte das férias tem direito, respectivamente, a 25\*\* dias úteis de férias ou aos dias restantes, não podendo verificar-se em qualquer caso duplicação de férias ou dos correspondentes abonos.

*(\* Redacção dada pelo art. 26.º, n.º 3 da Lei n.º 64-A/2008, de 31 de Dezembro)*

*(\*\* Redacção da nossa responsabilidade que se impõe por força do disposto no art. 1.º do Dec.-Lei n.º 157/2001, de 11 de Maio, que passou o período mínimo de férias de 22 para 25 dias)*

Artigo 15.º – **Férias em caso de comissão de serviço e requisição em entidades sujeitas a regime diferente do da função pública**

1 – O *trabalhador nomeado\** que seja autorizado a exercer funções em comissão de serviço ou requisição em entidades sujeitas a regime diferente do

*Férias, Faltas e Licenças dos Trabalhadores Nomeados* 39

vigente na função pública deve gozar as férias a que tenha direito antes do início da comissão de serviço ou requisição.

2 – Quando não seja possível gozar férias nos termos previstos no número anterior, tem direito a receber, nos 60 dias subsequentes ao início da comissão de serviço ou da requisição, a remuneração correspondente ao período de férias não gozado e o respectivo subsídio, se ainda o não tiver percebido.

3 – Para além do disposto nos números anteriores, o *trabalhador nomeado**\** tem direito a receber, nos 60 dias subsequentes ao início de qualquer daquelas situações, uma remuneração correspondente ao período de férias relativo ao tempo de serviço prestado nesse ano, bem como o subsídio de férias correspondente.

4 – O *trabalhador nomeado**\** que, no ano de regresso ao serviço, após a comissão de serviço ou requisição, apresentar documento comprovativo de que não gozou, nesse ano, a totalidade ou parte das férias tem direito, respectivamente, aos dias de férias que lhe cabem nos termos do artigo 2.º, n.º 1, ou aos dias restantes, não podendo verificar-se em qualquer caso duplicação de férias ou dos correspondentes abonos.

(*\* Redacção dada pelo art. 26.º, n.º 3 da Lei n.º 64-A/2008, de 31 de Dezembro)*

ARTIGO 16.º – **Férias em caso de cessação definitiva de funções**

1 – No caso de a cessação definitiva de funções ocorrer antes do gozo de férias já vencidas, o *trabalhador nomeado**\** tem direito a receber a remuneração correspondente ao período de férias, bem como ao correspondente subsídio.

2 – Se a cessação ocorrer antes de gozado, total ou parcialmente, o período de férias vencido em 1 de Janeiro desse ano, o *trabalhador nomeado**\** tem ainda direito à remuneração prevista no n.º 2 do artigo 14.º do presente diploma.

3 – O disposto do n.º 1 anterior é aplicável a todas as férias a que o *trabalhador nomeado**\** tenha direito e que não tenha podido gozar até à data da cessação de funções.

4 – O período de férias a que se referem os números anteriores, ainda que não gozado, conta para efeitos de antiguidade, salvo disposição legal em contrário.

(*\* Redacção dada pelo art. 26.º, n.º 3 da Lei n.º 64-A/2008, de 31 de Dezembro)*

ARTIGO 17.º – **Contacto em período de férias**

Antes do início das férias, o *trabalhador nomeado**\** deve indicar, se possível, ao respectivo serviço a forma como poderá ser eventualmente contactado.

(*\* Redacção dada pelo art. 26.º, n.º 3 da Lei n.º 64-A/2008, de 31 de Dezembro)*

# CAPÍTULO III
## Faltas

Secção I – **Disposições gerais**

### Artigo 18.º – **Conceito de falta**

1 – Considera-se falta a não comparência do *trabalhador nomeado\** durante a totalidade ou parte do período de trabalho a que está obrigado, bem como a não comparência em local a que o mesmo deva deslocar-se por motivo de serviço.

2 – No caso de horários flexíveis, considera-se ainda como falta o período de tempo em débito apurado no final de cada período de aferição.

3 – As faltas contam-se por dias inteiros, salvo quando do presente diploma ou da legislação específica resultar o contrário.

*(\* Redacção dada pelo art. 26.º, n.º 3 da Lei n.º 64-A/2008, de 31 de Dezembro)*

### Artigo 19.º – **Ausências por motivo de greve**

1 – A ausência por exercício do direito à greve rege-se pelo disposto na *Lei n.º 65/77, de 26 de Agosto, alterada pela Lei n.º 30/92, de 20 de Outubro* **(esta remissão deve considerar-se hoje prejudicada, devendo entender-se como feita para o Regime de Contrato de Trabalho em Funções Públicas, aprovado pela Lei n.º 59/2008, de 11 de Setembro, mais concretamente para os artigos 392.º e seguintes do Anexo I – «Regime»),** considera-se justificada e implica sempre a perda das remunerações correspondentes ao período de ausência, mas não desconta para efeito de antiguidade, nem no cômputo do período de férias.

2 – As ausências durante o período de greve presumem-se motivadas pelo exercício do respectivo direito, salvo indicação em contrário dada pelo trabalhador.

### Artigo 20.º – **Tipos de faltas**

As faltas podem ser justificadas ou injustificadas.

Secção II – **Das faltas justificadas**

### Artigo 21.º – **Faltas justificadas**

1 – Consideram-se justificadas, desde que observado o respectivo condicionalismo legal, as seguintes faltas:

a) Por casamento;
b) Por maternidade ou paternidade;
c) Por nascimento;
d) Para consultas pré-natais e amamentação;

*Férias, Faltas e Licenças dos Trabalhadores Nomeados* 41

e) Por adopção;
f) Por falecimento de familiar;
g) Por doença;
h) Por doença prolongada;
i) Por acidente em serviço ou doença profissional;
j) Para reabilitação profissional;
l) Para tratamento ambulatório, realização de consultas médicas e exames complementares de diagnóstico;
m) Para assistência a familiares;
n) Por isolamento profiláctico;
o) Como trabalhador-estudante;
p) Como bolseiro ou equiparado;
q) Para doação de sangue e socorrismo;
r) Para cumprimento de obrigações;
s) Para prestação de provas de concurso;
t) Por conta do período de férias;
u) Com perda de vencimento;
v) Por deslocação para a periferia;
x) Por motivos não imputáveis ao trabalhador nomeado;
z) Por motivo de participação nos órgãos e estruturas de administração e gestão dos estabelecimentos de ensino nos termos previstos na lei.

2 – Nos casos em que a junção de meios de prova ou processos de justificação específicos não estejam legalmente previstos, o dirigente pode exigir, quando entender insuficiente a mera declaração, solicitação ou comunicação do interessado, a apresentação dos meios adequados à prova da ocorrência dos motivos justificativos das faltas.

SUBSECÇÃO I – **Faltas por casamento**

ARTIGO 22.º – **Faltas por casamento**

1 – Por ocasião do casamento, o *trabalhador nomeado*\* pode faltar 11 dias úteis seguidos.

2 – O exercício da faculdade prevista no número anterior depende de comunicação ao dirigente do serviço feita com, pelo menos, 15 dias de antecedência relativamente à data em que pretende iniciar o período de faltas.

3 – As faltas por casamento são equiparadas a serviço efectivo, mas implicam a perda do subsídio de refeição.

*(\* Redacção dada pelo art. 26.º, n.º 3 da Lei n.º 64-A/2008, de 31 de Dezembro)*

42        *Novo Estatuto da Função Pública*

SUBSECÇÃO II – **Faltas por maternidade ou paternidade**

ARTIGO 23.º – **Faltas por maternidade ou paternidade**

*A redacção original deste preceito encontra-se hoje totalmente prejudicada em virtude do regime jurídico sobre a protecção da maternidade e da paternidade, agora rebaptizado de protecção na parentalidade, se encontrar actualmente previsto e regulado no Código do Trabalho, aprovado pela Lei n.º 7/2009, de 12 de Fevereiro (anteriormente esta mesma matéria constava do Regime de Contrato de Trabalho em Funções Públicas, aprovado pela Lei n.º 59/2008, de 11 de Setembro; contudo, por força do disposto no art. 22.º deste último diploma, esta mesma matéria foi revogada e substituída por aquele Código do Trabalho, que entrou em vigor, neste particular, em 1 de Maio de 2009).*

SUBSECÇÃO III – **Faltas por nascimento**

ARTIGO 24.º – **Faltas por nascimento**

*(Este preceito deve considerar-se como estando tacitamente revogado pelo disposto no art. 43.º do Código do Trabalho, na sequência da remissão operada pelos arts. 8.º, al. d) e 22.º da Lei n.º 59/2008, de 11 de Setembro, que aprovou o RCTFP).*

SUBSECÇÃO IV – **Faltas para consultas pré-natais e amamentação**

ARTIGO 25.º – **Faltas para consultas pré-natais e amamentação**

*(As faltas para consultas pré-natais e amamentação regem-se hoje pelo disposto no Código do Trabalho, aprovado pela Lei n.º 7/2009, de 12 de Fevereiro).*

SUBSECÇÃO V – **Faltas por adopção**

ARTIGO 26.º – **Faltas por adopção**

*(As faltas por adopção regem-se hoje pelo disposto no Código do Trabalho, aprovado pela Lei n.º 7/2009, de 12 de Fevereiro).*

SUBSECÇÃO VI – **Faltas por falecimento de familiar**

ARTIGO 27.º – **Faltas por falecimento de familiar**

1 – Por motivo de falecimento de familiar, o *trabalhador nomeado\** pode faltar justificadamente:

*Férias, Faltas e Licenças dos Trabalhadores Nomeados* 43

*a)* Até cinco dias consecutivos, por falecimento do cônjuge não separado de pessoas e bens ou de parente ou afim no 1.º grau da linha recta;

*b)* Até dois dias consecutivos, por falecimento de parente ou afim em qualquer outro grau da linha recta e no 2.º e 3.º graus da linha colateral.

2 – O disposto na primeira parte da alínea a) do número anterior é também aplicável em caso de falecimento de pessoa que viva há mais de dois anos em condições análogas à dos cônjuges com o *trabalhador nomeado\**.

*(\* Redacção dada pelo art. 26.º, n.º 3 da Lei n.º 64-A/2008, de 31 de Dezembro)*

Artigo 28.º – **Contagem, forma de justificação e efeitos**

1 – As faltas a que se refere o artigo anterior têm início, segundo opção do interessado, no dia do falecimento, no do seu conhecimento ou no da realização da cerimónia fúnebre e são utilizadas num único período.

2 – A ausência ao serviço por motivo de falecimento de familiar ou equiparado deve ser participada no próprio dia em que a mesma ocorra ou, excepcionalmente, no dia seguinte e justificada por escrito logo que o *trabalhador nomeado\** se apresente ao serviço.

3 – As faltas por falecimento de familiar ou equiparado são consideradas serviço efectivo, mas implicam a perda do subsídio de refeição.

*(\* Redacção dada pelo art. 26.º, n.º 3 da Lei n.º 64-A/2008, de 31 de Dezembro)*

Subsecção VII – **Faltas por doença**

Artigo 29.º – **Regime**

1 – O *trabalhador nomeado\** pode faltar ao serviço por motivo de doença devidamente comprovada.

2 – Salvo nos casos de internamento hospitalar, as faltas por doença determinam a perda do vencimento de exercício apenas nos primeiros 30 dias de ausência, seguidos ou interpolados, em cada ano civil.

3 – As faltas por doença descontam na antiguidade para efeitos de carreira quando ultrapassem 30 dias seguidos ou interpolados em cada ano civil.

4 – O disposto no número anterior não se aplica às faltas por doença dadas por deficientes quando decorrentes da própria deficiência.

5 – As faltas por doença implicam sempre a perda do subsídio de refeição.

6 – O dirigente máximo do serviço pode, a requerimento do interessado e tendo em conta a assiduidade e o mérito evidenciado no desempenho de funções, nomeadamente através da última classificação de serviço, autorizar o abono do vencimento de exercício perdido nos termos do n.º 2.

*(\* Redacção dada pelo art. 26.º, n.º 3 da Lei n.º 64-A/2008, de 31 de Dezembro)*

44         *Novo Estatuto da Função Pública*

ARTIGO 30.º – **Justificação da doença**

1 – O *trabalhador nomeado** impedido de comparecer ao serviço por motivo de doença deve indicar o local onde se encontra e apresentar documento comprovativo no prazo de cinco dias úteis.

2 – A doença deve ser comprovada mediante declaração passada por estabelecimento hospitalar, centro de saúde, incluindo as modalidades de atendimento complementar e permanente, ou instituições destinadas à prevenção ou reabilitação de toxicodependência ou alcoolismo, integrados no serviço Nacional de Saúde, de modelo a aprovar por portaria conjunta dos membros do Governo responsáveis pelas áreas da saúde e da Administração Pública.

3 – A doença pode, ainda, ser comprovada, através do preenchimento do modelo referido no número anterior, por médico privativo dos serviços, por médico de outros estabelecimentos públicos de saúde, bem como por médicos ao abrigo de acordos com qualquer dos subsistemas de saúde da Administração Pública no âmbito da especialidade médica objecto do respectivo acordo.

4 – Nas situações de internamento, a comprovação pode, igualmente, ser efectuada por estabelecimento particular com autorização legal funcionamento, concedida pelo Ministério da Saúde.

5 – A falta de entrega do documento comprovativo da doença nos termos do n.º 1 implica, se não for devidamente fundamentada, a injustificação das faltas até à data da entrada do documento comprovativo nos serviços.

6 – Os documentos comprovativos da doença podem ser entregues directamente nos serviços ou enviados aos mesmos através do correio, devidamente registados, relevando, neste último caso, a data da respectiva expedição para efeitos de cumprimento dos prazos de entrega fixados neste artigo, se a data da sua entrada nos serviços for posterior ao limite dos referidos prazos.

7 – O documento comprovativo da doença pode ainda ser remetido por via electrónica pelas entidades referidas nos n.os 2, 3 e 4, no momento da certificação da situação de doença, ao serviço em que o *trabalhador nomeado** exerce funções ou a organismo ao qual seja cometida a competência de recolha centralizada de tais documentos, sendo de imediato facultado ao *trabalhador nomeado** cópia do referido documento ou documento comprovativo desse envio.

*(* Redacção dada pelo art. 26.º, n.º 3 da Lei n.º 64-A/2008, de 31 de Dezembro)*

ARTIGO 31.º – **Meios de prova**

1 – A declaração de doença deve ser devidamente assinada pelo médico, autenticada pelas entidades com competência para a sua emissão nos casos previstos no n.º 2 do artigo anterior e conter:

    *a)* A identificação do médico;

    *b)* O número de cédula profissional do médico;

*Férias, Faltas e Licenças dos Trabalhadores Nomeados*  45

c) A identificação do acordo com um subsistema de saúde ao abrigo do qual é comprovada a doença;
d) O número do bilhete de identidade do *trabalhador nomeado*\*;
e) A identificação do subsistema de saúde e o número de beneficiário do *trabalhador nomeado*\*;
f) A menção da impossibilidade de comparência ao serviço;
g) A duração previsível da doença;
h) O facto de ter havido ou não lugar a internamento;
i) A menção expressa de que a doença não implica a permanência na residência ou local em que se encontra doente, quando for o caso.

2 – Quando tiver havido lugar a internamento e este cessar, o *trabalhador nomeado*\* deve apresentar-se ao serviço com o respectivo documento de alta ou, no caso de ainda não estar apto a regressar, proceder à comunicação e apresentar documento comprovativo da doença nos termos do disposto no artigo anterior, contando-se os prazos respectivos a partir do dia em que teve alta.

3 – Cada declaração de doença é válida pelo período que o médico indicar como duração previsível da doença, o qual não pode exceder 30 dias.

4 – Se a situação de doença se mantiver para além do período previsto pelo médico, deve ser entregue nova declaração, sendo aplicável o disposto nos n.ᵒˢ 1 e 5 do artigo anterior.

*(\* Redacção dada pelo art. 26.º, n.º 3 da Lei n.º 64-A/2008, de 31 de Dezembro)*

### Artigo 32.º\* – **Doença ocorrida no estrangeiro**

1 – O *trabalhador nomeado*\*\* que adoeça no estrangeiro deve, por si ou por interposta pessoa, comunicar o facto ao serviço no prazo de sete dias úteis contados nos termos do artigo 72.º do Código do Procedimento Administrativo.

2 – Salvo a ocorrência de motivos que o impossibilitem ou dificultem em termos que afastem a sua exigibilidade, os documentos comprovativos de doença ocorrida no estrangeiro devem ser visados pela autoridade competente da missão diplomática ou consular da área onde o interessado se encontra doente e entregues ou enviados ao respectivo serviço no prazo de 20 dias úteis contados nos termos do artigo 72.º do Código do Procedimento Administrativo.

3 – Se a comunicação e o documento comprovativo de doença foram enviados através do correio, sob registo, releva a data da respectiva expedição para efeitos do cumprimento dos prazos referidos nos números anteriores, se a data da sua entrada nos serviços for posterior ao limite daqueles prazos.

4 – A falta de comunicação referida no n.º 1 ou da entrega dos documentos comprovativos da doença nos termos dos números anteriores implica, se não for devidamente fundamentada, a injustificação das faltas dadas até à data da recepção da comunicação ou da entrada dos documentos.

*(\* Artigo alvo de aditamento por via da Lei n.º 117/99, de 11 de Agosto)*

*(\*\* Redacção dada pelo art. 26.º, n.º 3 da Lei n.º 64-A/2008, de 31 de Dezembro)*

46    *Novo Estatuto da Função Pública*

ARTIGO 33.º – **Verificação domiciliária da doença**

1 – Salvo nos casos de internamento, de atestado médico passado nos termos do n.º 2 do artigo 30.º e de doença ocorrida no estrangeiro, pode o dirigente competente, se assim o entender, solicitar a verificação domiciliária da doença.

2 – Quando a doença não implicar a permanência no domicílio, o respectivo documento comprovativo deve conter referência a esse facto.

3 – Nos casos previstos no número anterior, o *trabalhador nomeado**\** deve fazer acompanhar o documento comprovativo da doença da indicação dos dias e das horas a que pode ser efectuada a verificação domiciliária, num mínimo de três dias por semana e de dois períodos de verificação diária, de duas horas e meia cada um, compreendidos entre as 9 e as 19 horas.

4 – Se o interessado não for encontrado no seu domicílio ou no local onde tiver indicado estar doente, todas as faltas dadas são injustificadas, por despacho do dirigente máximo do serviço, se o *trabalhador nomeado**\** não justificar a sua ausência, mediante apresentação de meios de prova adequados, no prazo de dois dias úteis a contar do conhecimento do facto, que lhe será transmitido por carta registada, com aviso de recepção.

5 – Se o parecer do médico competente para a inspecção domiciliária for negativo, serão consideradas injustificadas todas as faltas dadas desde o dia seguinte ao da comunicação do resultado da inspecção feita através de carta registada, com aviso de recepção, e considerada a dilação de três dias úteis, e até ao momento em que efectivamente retome funções.

*(\* Redacção dada pelo art. 26.º, n.º 3 da Lei n.º 64-A/2008, de 31 de Dezembro)*

ARTIGO 34.º – **Verificação domiciliária da doença pela ADSE**

1 – A verificação domiciliária da doença do *trabalhador nomeado**\** nas zonas definidas por portaria do Ministro das Finanças é efectuada por médicos do quadro da ADSE ou por ela convencionados ou credenciados, neste caso por contrato de avença, de remuneração a fixar por despacho do Ministro das Finanças.

2 – O dirigente máximo do serviço requisita directamente à ADSE, por escrito ou pelo telefone, um médico para esse efeito, que efectuará um exame médico adequado, enviando logo as indicações indispensáveis.

*(\* Redacção dada pelo art. 26.º, n.º 3 da Lei n.º 64-A/2008, de 31 de Dezembro)*

ARTIGO 35.º – **Verificação domiciliária da doença pelas autoridades de saúde**

1 – Fora das zonas a que se refere o n.º 1 do artigo anterior, a verificação domiciliária da doença do *trabalhador nomeado**\** é feita pelas autoridades de saúde da área da sua residência habitual ou daquela em que ele se encontre doente.

*Férias, Faltas e Licenças dos Trabalhadores Nomeados* 47

2 – Sempre que da verificação domiciliária da doença efectuada fora daquelas zonas resultarem despesas de transporte, deve o serviço de que depende o *trabalhador nomeado*\* inspeccionado promover a sua satisfação pela adequada verba orçamental.

*(\* Redacção dada pelo art. 26.º, n.º 3 da Lei n.º 64-A/2008, de 31 de Dezembro)*

ARTIGO 36.º – **Intervenção da junta**

1 – Com excepção dos casos de internamento, bem como daqueles em que o *trabalhador nomeado*\* se encontre doente no estrangeiro, há lugar à intervenção da junta médica quando:

a) O *trabalhador nomeado*\* tenha atingido o limite de 60 dias consecutivos de faltas por doença e não se encontre apto a regressar ao serviço;

b) A actuação do *trabalhador nomeado*\* indicie, em matéria de faltas por doença, um comportamento fraudulento.

2 – No caso previsto na alínea b) do número anterior, o dirigente do serviço deve fundamentar o pedido de intervenção da junta.

*(\* Redacção dada pelo art. 26.º, n.º 3 da Lei n.º 64-A/2008, de 31 de Dezembro)*

ARTIGO 37.º – **Pedido de submissão à junta médica**

1 – Para efeitos do disposto na alínea a) do artigo anterior, o serviço de que dependa o *trabalhador nomeado*\* deve, nos 5 dias imediatamente anteriores à data em que se completarem os 60 dias consecutivos de faltas por doença, notificá-lo para se apresentar à junta médica, indicando o dia, hora e local onde a mesma se realizará.

2 – Se a junta médica considerar o interessado apto para regressar ao serviço, as faltas dadas no período de tempo que mediar entre o termo do período de 60 dias e o parecer da junta são consideradas justificadas por doença.

3 – Para efeitos do disposto no artigo anterior, o período de 60 dias consecutivos de faltas conta-se seguidamente mesmo nos casos em que haja transição de um ano civil para o outro.

*(\* Redacção dada pelo art. 26.º, n.º 3 da Lei n.º 64-A/2008, de 31 de Dezembro)*

ARTIGO 38.º – **Limite de faltas**

1 – A junta pode justificar faltas por doença dos *trabalhadores nomeados*\* por períodos sucessivos de 30 dias, até ao limite de 18 meses, sem prejuízo do disposto nos artigos 49.º e 50.º

2 – O disposto no número anterior não prejudica a possibilidade de o serviço denunciar, no seu termo, os contratos de pessoal celebrados ao abrigo da legislação em vigor sobre a matéria.

*(\* Redacção dada pelo art. 26.º, n.º 3 da Lei n.º 64-A/2008, de 31 de Dezembro)*

# 48       *Novo Estatuto da Função Pública*

ARTIGO 39.º – **Submissão a junta médica independentemente da ocorrência de faltas por doença**

1 – Quando o comportamento do *trabalhador nomeado\** indiciar perturbação psíquica que comprometa o normal desempenho das suas funções, o dirigente máximo do serviço, por despacho fundamentado, pode mandar submetê-lo ajunta médica, mesmo nos casos em que o *trabalhador nomeado\** se encontre em exercício de funções.

2 – A submissão à junta médica considera-se, neste caso, de manifesta urgência.

3 – O *trabalhador nomeado\** pode, se o entender conveniente, indicar o seu médico assistente para integrar a junta médica.

*(\* Redacção dada pelo art. 26.º, n.º 3 da Lei n.º 64-A/2008, de 31 de Dezembro)*

ARTIGO 40.º – **Falta de elementos clínicos e colaboração de médicos especialistas**

1 – Se a junta não dispuser de elementos suficientes que lhe permitam deliberar, deve conceder ao *trabalhador nomeado\** um prazo para obtenção dos mesmos, decorrido o qual este deve submeter-se novamente à junta.

2 – O *trabalhador nomeado\** é obrigado, nos prazos fixados pela junta, a:

*a)* Submeter-se aos exames clínicos que aquela considerar indispensáveis, que são, a sua solicitação, marcados pela mesma, e integralmente suportadas pela ADSE;

*b)* Apresentar-se à junta com os elementos por ela requeridos.

3 – O não cumprimento do disposto no número anterior implica a injustificação das faltas dadas desde o termo do período de faltas anteriormente concedido, a menos que não seja imputável ao *trabalhador nomeado\** a obtenção dos exames fora do prazo.

4 – Sempre que seja necessário, a junta médica pode requerer a colaboração de médicos especialistas e de outros peritos ou recorrer aos serviços especializados dos estabelecimentos oficiais, sendo os encargos suportados nos termos previstos na alínea a) do n.º 2.

*(\* Redacção dada pelo art. 26.º, n.º 3 da Lei n.º 64-A/2008, de 31 de Dezembro)*

ARTIGO 41.º – **Obrigatoriedade de submissão à junta médica**

1 – O *trabalhador nomeado\** que, nos termos dos artigos anteriores, deva ser submetido a junta médica pode apresentar-se a) serviço antes que tal se tenha verificado, salvo nos casos previstos nos artigos 36.º, alínea b), e 39.º

2 – Salvo impedimento justificado, a não comparência à junta médica para que o *trabalhador nomeado\** tenha sido convocado implica que sejam consideradas injustificadas as faltas dadas desde o termo d0 período de faltas anteriormente concedido.

*Férias, Faltas e Licenças dos Trabalhadores Nomeados* 49

3 – O *trabalhador nomeado\** que, nos termos do artigo 39.º, tenha sido mandado apresentar à junta médica e a ela não compareça é considerado na situação de faltas injustificadas a partir da data em que a mesma deveria realizar-se, salvo se a não comparência for devidamente justificada, perante o serviço de que depende, no prazo de dois dias úteis a contar da data da não comparência.

*(\* Redacção dada pelo art. 26.º, n.º 3 da Lei n.º 64-A/2008, de 31 de Dezembro)*

ARTIGO 42.º – **Parecer da junta médica**

1 – O parecer da junta médica deve ser comunicado ao *trabalhador nomeado\** no próprio dia e enviado de imediato ao respectivo serviço.

2 – A junta deve pronunciar-se sobre se o *trabalhador nomeado\** se encontra apto a regressar ao serviço e, nos casos em que considere que aquele se não encontra em condições de retomar a actividade, indicar a duração previsível da doença, com respeito do limite previsto no artigo 38.º, e marcar a data de submissão *é,* nova junta.

3 – No caso previsto no n.º 1 do artigo 40.º, as faltas dadas pelo *trabalhador nomeado\** que venha a ser considerado apto para regressar ao serviço, desde a data do pedido da submissão à junta médica, são equiparadas a serviço efectivo.

*(\* Redacção dada pelo art. 26.º, n.º 3 da Lei n.º 64-A/2008, de 31 de Dezembro)*

ARTIGO 43.º – **Interrupção das faltas por doença**

1 – O *trabalhador nomeado\** que se encontre na situação de faltas por doença concedidas pela junta ou a aguardar a primeira apresentação à junta só pode regressar ao serviço antes do termo do período previsto mediante atestado médico que o considere apto a retomar a actividade, sem prejuízo de posterior apresentação à junta médica.

2 – Para efeitos do número anterior, a intervenção da junta considera-se de manifesta urgência.

*(\* Redacção dada pelo art. 26.º, n.º 3 da Lei n.º 64-A/2008, de 31 de Dezembro)*

ARTIGO 44.º – **Cômputo do prazo de faltas por doença**

Para efeitos do limite máximo de 18 meses de faltas por doença previsto no n.º 1 do artigo 38.º, contam-se sempre, ainda que relativos a anos civis diferentes:

*a)* Todas as faltas por doença, seguidas ou interpoladas, quando entre elas não mediar um intervalo superior a 30 dias, no qual não se incluem os períodos de férias;

*b)* As faltas justificadas por doença correspondentes aos dias que medeiam entre o termo do período de 30 dias consecutivos de faltas por doença e o parecer da junta médica que considere o *trabalhador nomeado\** capaz para o serviço.

*(\* Redacção dada pelo art. 26.º, n.º 3 da Lei n.º 64-A/2008, de 31 de Dezembro)*

## Artigo 45.º – Fim do prazo de faltas por doença do pessoal contratado em regime de contrato administrativo de provimento

1 – Findo o prazo de 18 meses de faltas por doença, e sem prejuízo do disposto no artigo 51.º, ao pessoal contratado em regime de contrato administrativo de provimento que não se encontre em condições de regressar ao serviço é aplicável, desde que preencha os requisitos para a aposentação, o disposto na alínea a) do n.º 1 do artigo 47.º, salvo se optar pela rescisão do contrato.

2 – Ao pessoal que ainda não reúna os requisitos para a aposentação é rescindido o contrato.

3 – Se o contratado tiver prestado mais de três anos de serviço efectivo, pode ser novamente contratado se as necessidades do serviço o justificarem e desde que o requeira no triénio posterior à rescisão, independentemente do disposto sobre restrições à admissão de pessoal na Administração Pública.

4 – A readmissão depende de parecer favorável da competente junta médica.

## Artigo 46.º  Junta médica

1 – A junta médica a que se refere a presente subsecção funcionará na dependência da ADSE, sem prejuízo do disposto no n.º 3.

2 – A composição, competência e funcionamento da junta médica referida no número anterior são fixados em decreto regulamentar.

3 – Os ministérios que tiverem serviços desconcentrados e, bem assim, as autarquias locais poderão criar juntas médicas sedeadas junto dos respectivos serviços.

### Subsecção VIII – Junta médica da Caixa Geral de Aposentações

## Artigo 47.º – Fim do prazo de faltas por doença do pessoal provido por nomeação

1 – Findo o prazo de 18 meses na situação de faltas por doença, o pessoal nomeado pode, sem prejuízo do disposto no artigo 51.º

*a)* Requerer, no prazo de 30 dias e através do respectivo serviço, a sua apresentação à junta médica da Caixa Geral de Aposentações, reunidas que sejam as condições mínimas para a aposentação;

*b)* Requerer a passagem à situação de licença sem vencimento até 90 dias, por um ano ou de longa duração, independentemente do tempo de serviço prestado.

2 – No caso previsto na alínea a) do número anterior e até à data da decisão da junta médica da Caixa Geral de Aposentações, o *trabalhador nomeado\** é considerado na situação de faltas por doença, com todos os direitos e deveres à mesma inerentes.

*Férias, Faltas e Licenças dos Trabalhadores Nomeados* 51

3 – O *trabalhador nomeado\** que não requerer, no prazo previsto, a sua apresentação à junta médica da Caixa Geral de Aposentações passa automaticamente à situação de licença sem vencimento de longa duração.

4 – O *trabalhador nomeado\** que não reunir os requisitos para apresentação à junta médica da Caixa Geral de Aposentações deve ser notificado pelo respectivo serviço para, no dia imediato ao da notificação, retomar o exercício de funções, sob pena de ficar abrangido pelo disposto na parte final do número anterior.

5 – Passa igualmente à situação de licença sem vencimento de longa duração o *trabalhador nomeado\** que, tendo sido considerado apto pela junta médica da Caixa Geral de Aposentações, volte a adoecer sem que tenha prestado mais de 30 dias de serviço consecutivos, nos quais não se incluem férias.

6 – O *trabalhador nomeado\** está obrigado a submeter-se aos exames clínicos que a junta médica da Caixa Geral de Aposentações determinar, implicando a recusa da sua realização a injustificação das faltas dadas desde a data que lhe tiver sido fixada para a respectiva apresentação.

7 – O regresso ao serviço do *trabalhador nomeado\** que tenha passado a qualquer das situações de licença previstas na alínea b) do n.º 1 não está sujeito ao decurso de qualquer prazo.

8 – Os processos de aposentação previstos neste artigo têm prioridade absoluta sobre quaisquer outros, devendo tal prioridade ser invocada pelos serviços quando da remessa do respectivo processo à Caixa Geral de Aposentações.

*(\* Redacção dada pelo art. 26.º, n.º 3 da Lei n.º 64-A/2008, de 31 de Dezembro).*

Artigo 48.º – **Submissão à junta médica da Caixa Geral de Aposentações no decurso da doença**

O *trabalhador nomeado\** pode, no decurso da doença, requerer a sua apresentação a junta médica da Caixa Geral de Aposentações, aplicando-se, com as devidas adaptações, o disposto, respectivamente, nos artigos 47.º e 45.º, conforme os casos.

*(\* Redacção dada pelo art. 26.º, n.º 3 da Lei n.º 64-A/2008, de 31 de Dezembro)*

Subsecção IX – **Faltas por doença prolongada**

Artigo 49.º – **Faltas por doença prolongada**

1 – As faltas dadas por doença incapacitante que exija tratamento oneroso e ou prolongado conferem ao *trabalhador nomeado\** o direito à prorrogação, por 18 meses, do prazo máximo de ausência previsto no artigo 38.º.

2 – As doenças a que se refere o n.º 1 são definidas por despacho conjunto dos Ministros das Finanças e da Saúde\*\*.

52  *Novo Estatuto da Função Pública*

3 – As faltas dadas ao abrigo da Assistência a Funcionários Civis Tuberculosos regem-se pelo disposto no Decreto-Lei n.º 48 359, de 27 de Abril de 1968.

4 – As faltas a que se referem os números anteriores não descontam para efeitos de antiguidade, promoção e progressão.

*(\* Redacção dada pelo art. 26.º, n.º 3 da Lei n.º 64-A/2008, de 31 de Dezembro).*

*(\*\* Vd. Despacho Normativo n.º A-179/89, de 12 de Setembro, sobre Doenças Incapacitantes).*

—//—

## DOENÇAS INCAPACITANTES

### Despacho Conjunto n.º A-179/89-IX de 12 de Setembro

As faltas dadas por doença incapacitante que exija tratamento oneroso e prolongado, previstas no *artigo 48.º do Decreto-Lei n.º 497/88, de 30 de Dezembro\**, conferem aos funcionários e agentes o direito à prorrogação, por dezoito meses, do prazo máximo de ausência previsto no artigo 36.º do mesmo diploma.

A definição das referidas doenças deverá ser, nos termos da lei, efectuada por despacho conjunto dos Ministros das Finanças e da Saúde.

Nestes termos, ao abrigo do *n.º 2 do artigo 48.º do Decreto-Lei n.º 497/ /88, de 30 de Dezembro\**, determina-se:

São consideradas doenças incapacitantes para efeitos do *n.º 1 do artigo 48.º do Decreto-Lei n.º 497/88, de 30 de Dezembro\**, as seguintes:

Sarcoidose.

Doença de Hansen.

Tumores malignos.

Hemopatias graves.

Doenças graves e invalidantes do sistema nervoso central e periférico e dos órgãos dos sentidos.

Cardiopatias reumatismais crónicas graves.

Hipertensão arterial maligna.

Cardiopatias isquémicas graves.

Coração pulmonar crónico.

Cardiomiopatias graves.

Acidentes vasculares cerebrais com acentuadas limitações.

Vasculopatias periféricas graves.

Doença pulmonar crónica obstrutiva grave.

Hepatopatias graves.

Doenças difusas do tecido conectivo.

Espondilite anquilosante.

Artroses graves invalidantes.

Pelo Ministro das Finanças, o Secretário de Estado do Orçamento, a Ministra da Saúde, em 12 de Setembro de 1989.

(* Estas remissões devem considerar-se hoje como reportadas ao art. 49.º do Dec.-Lei n.º 100/99, de 31 de Março)

—//—

SUBSECÇÃO X

**Faltas por acidente em serviço ou doença profissional**

ARTIGO 50.º – **Regime**

................................................................................................................

**(Revogado pelo Dec.-Lei n.º 503/99, de 20 de Novembro)**

SUBSECÇÃO XI – **Faltas para reabilitação profissional**

ARTIGO 51.º – **Regime aplicável**

1 – O *trabalhador nomeado\** que for considerado, pela junta médica a que se refere o artigo 46.º, incapaz para o exercício das suas funções, mas apto para o desempenho de outras às quais não possa ser afecto através de mobilidade interna, tem o dever de se candidatar a todos os procedimentos concursais para ocupação de postos de trabalho previstos nos mapas de pessoal dos órgãos ou serviços, desde que reúna os requisitos exigidos e se encontre nas condições referidas nos n.ºs 2 e 3 do artigo 61.º da Lei n.º 12-A/2008, de 27 de Fevereiro, aplicáveis com as necessárias adaptações, bem como o direito de frequentar acções de formação para o efeito\*\*.

2 – *(Revogado)*

3 – *(Revogado)*

4 – *(Revogado)*

5 – Enquanto não haja reinício de funções nos termos do n.º 1, o *trabalhador nomeado\** encontra-se em regime de faltas para reabilitação profissional.

6 – *(Revogado)*

7 – As faltas para reabilitação produzem os efeitos das faltas por doença, salvo quanto à perda do vencimento de exercício.

8 – *(Revogado)*

*(\* Redacção dada pelo art. 26.º, n.º 3 da Lei n.º 64-A/2008, de 31 de Dezembro; o seu n.º 4 manda aplicar também este preceito revisto, com as necessárias adaptações, aos trabalhadores contratados)*

## 54     *Novo Estatuto da Função Pública*

*(\*\* O n.º 1 deste artigo, na redacção dada pelo artigo 26.º da Lei n.º 64-A/2008, de 31 de Dezembro, é adaptado, na Região Autónoma dos Açores, por força do disposto no DLR n.º 17/2009/A, de 14 de Outubro, nos seguintes termos:*

*«1 – O trabalhador nomeado, que for considerado pela junta médica a que se refere o artigo 46.º, incapaz para o exercício das suas funções, mas apto para o desempenho de outras às quais não possa ser integrado através do regime da mobilidade por afectação, tem o dever de se candidatar a todos os procedimentos concursais para ocupação de lugares previstos nos quadros de pessoal da administração regional, desde que reúna os requisitos exigidos e dentro dos limites da afectação consagrados na legislação regional sobre mobilidade»)*

SUBSECÇÃO XII – **Faltas para tratamento ambulatório, realização de consultas médicas e exames complementares de diagnóstico**

ARTIGO 52.º **Faltas para tratamento ambulatório, realização de consultas médicas e exames complementares de diagnóstico**

1 – O *trabalhador nomeado\** que, encontrando-se ao serviço, careça, em virtude de doença, deficiência ou acidente em serviço, de tratamento ambulatório que não possa efectuar-se fora do período normal de trabalho pode faltar durante o tempo necessário para o efeito.

2 – Para poder beneficiar do regime de faltas previsto no número anterior, o *trabalhador nomeado\** tem de apresentar declaração passada por qualquer das entidades referidas nos n.ºˢ 1 e 2 do artigo 30.º, a qual deve indicar a necessidade de ausência ao serviço para tratamento ambulatório e os termos em que a fruirá.

3 – O *trabalhador nomeado\** tem de apresentar, no serviço de que depende, um plano de tratamento ou, na sua falta e, neste caso, por cada ausência para tratamento, documento comprovativo da sua presença no local da realização do mesmo.

4 – As horas utilizadas devem ser convertidas, através da respectiva soma, em dias completos de faltas, as quais são consideradas, para todos os efeitos legais, como serviço efectivo.

5 – O disposto nos n.ºˢ 1, 3 e 4 é aplicável, com as devidas adaptações, às situações de ausência para realização de consultas médicas e exames complementares de diagnóstico.

*(\* Redacção dada pelo art. 26.º, n.º 3 da Lei n.º 64-A/2008, de 31 de Dezembro)*

*Férias, Faltas e Licenças dos Trabalhadores Nomeados*

Artigo 53.º – **Tratamento ambulatório, realização de consultas médicas e exames complementares de diagnóstico do cônjuge, ascendentes, descendentes e equiparados**

1 – O disposto no artigo anterior é extensivo à assistência ao cônjuge ou equiparado, ascendentes, descendentes, adoptandos, adoptados e enteados, menores ou deficientes, em regime de tratamento ambulatório, quando comprovadamente o *trabalhador nomeado\** seja a pessoa mais adequada para o fazer.

2 – As horas utilizadas são justificadas e convertidas através da respectiva soma em dias completos de faltas e produzem os efeitos das faltas para assistência a familiares.

3 – O disposto nos números anteriores é aplicável, com as devidas adaptações, às situações de ausência para realização de consultas médicas e exames complementares de diagnóstico.

*(\* Redacção dada pelo art. 26.º, n.º 3 da Lei n.º 64-A/2008, de 31 de Dezembro)*

Subsecção XIII – **Faltas para assistência a familiares**

Artigo 54.º \* – **Regime geral**

*1 – As faltas para assistência a familiares doentes regem-se hoje pelo disposto no Regime de Contrato de Trabalho em Funções Públicas, aprovado pela Lei n.º 59/2008, de 11 de Setembro, e no Código do Trabalho, aprovado pela Lei n.º 7/2009, de 12 de Fevereiro (redacção nossa).*

*2 – As faltas para assistência especial a filhos, filhos do cônjuge ou de pessoa em união de facto que com este residam e adoptados, menores de 3 anos, regem-se pelo disposto, na parte aplicável, na legislação referida no número anterior.*

*3 – Nos casos previstos no número anterior, o trabalhador nomeado\*\* tem direito ao período de férias que normalmente lhe corresponderia caso não tivesse havido lugar às faltas para assistência especial nele prevista.*

*4 – O disposto nos números anteriores não prejudica o gozo de um período mínimo de oito dias úteis de férias consecutivos.*

*5 – As faltas a que se refere o presente artigo implicam ainda a perda do subsídio de refeição.*

*(\* Redacção dada pela Lei n.º 117/99, de 11 de Agosto)*

*(\*\* Redacção dada pelo art. 26.º, n.º 3 da Lei n.º 64-A/2008, de 31 de Dezembro)*

Subsecção XIV – **Faltas por isolamento profiláctico**

Artigo 55.º – **Processo de justificação**

1 – As faltas dadas por *trabalhador nomeado\** que, embora não atingido por doença infecto-contagiosa ou já restabelecido da mesma, estiver impedido

de comparecer ao serviço em cumprimento de determinação emitida pela autoridade sanitária da respectiva área, ao abrigo da legislação em vigor sobre doenças dessa natureza, são justificadas mediante declaração passada por aquela autoridade.

2 – A declaração referida no número anterior deve conter obrigatoriamente a menção do período de isolamento e ser enviada aos serviços, pela autoridade sanitária, no prazo de oito dias úteis contados desde a primeira falta dada por aquele motivo.

(* *Redacção dada pelo art. 26.º, n.º 3 da Lei n.º 64-A/2008, de 31 de Dezembro*)

### ARTIGO 56.º – **Impossibilidade de determinação do termo do período de isolamento**

1 – Se a autoridade sanitária não puder determinar data certa para termo do período de isolamento, deve marcar os exames laboratoriais ou de outra natureza que entender serem necessários e fixar prazo para apresentação, pelo interessado, dos resultados desses exames.

2 – A mesma autoridade deve comunicar ao *trabalhador nomeado** e ao serviço de que este dependa a data certa para termo do período de isolamento logo que sejam apresentados os resultados dos exames.

3 – O prazo a que se refere o n.º 1 pode ser prorrogado, tendo em consideração a marcação e obtenção dos exames necessários.

(* *Redacção dada pelo art. 26.º, n.º 3 da Lei n.º 64-A/2008, de 31 de Dezembro*)

### ARTIGO 57.º – **Efeitos**

As faltas dadas por isolamento profiláctico são equiparadas a serviço efectivo.

### ARTIGO 58.º – **Injustificação das faltas**

São consideradas injustificadas as faltas dadas entre o termo do prazo determinado pela autoridade sanitária para apresentação dos resultados dos exames referidos no artigo 56.º e a data de apresentação dos mesmos, quando o atraso for da responsabilidade do *trabalhador nomeado**, e deverá ser comunicado aos serviços, pela autoridade sanitária, nos mesmos termos do n.º 2 do artigo 55.º.

(* *Redacção dada pelo art. 26.º, n.º 3 da Lei n.º 64-A/2008, de 31 de Dezembro*)

SUBSECÇÃO XV – **Faltas ao abrigo do Estatuto de Trabalhador-Estudante**

### ARTIGO 59.º – **Faltas dadas como trabalhador-estudante**

**1 –** *As faltas dadas pelo trabalhador nomeado* como trabalhador--estudante regem-se pelo disposto nos artigos 52.º a 58.º do Anexo I – «Regime»*

*Férias, Faltas e Licenças dos Trabalhadores Nomeados*     57

*e 87.º a 96.º do Anexo II – «Regulamento», que constituem o Regime do Contrato de Trabalho em Funções Públicas, aprovado pela Lei n.º 59/2008, de 11 de Setembro (redacção nossa).*

**2 – Ao trabalhador nomeado\* não matriculado em estabelecimento de ensino é aplicável o** *disposto no artigo 54.º do Anexo I – «Regime» e no art. 91.º do Anexo II – «Regulamento», que constituem o Regime do Contrato de Trabalho em Funções Pública, aprovado pela Lei n.º 59/2008, de 11 de Setembro (redacção nossa)*, **para prestação de exames ou provas de avaliação, desde que satisfaça as seguintes condições:**

*a*) **Indique, por cada disciplina, os dias pretendidos para a realização de provas de exame, testes ou provas de avaliação de conhecimentos, sempre que possível com a antecedência mínima de dois dias úteis;**

**Comprove que os dias solicitados para a prestação das provas foram de facto utilizados para esse fim.**

*(\* Redacção dada pelo art. 26.º, n.º 3 da Lei n.º 64-A/2008, de 31 de Dezembro)*

SUBSECÇÃO XVI – **Faltas dadas na situação de bolseiro ou equiparado**

ARTIGO 60.º – **Faltas dadas como bolseiro ou equiparado**

As faltas dadas por *trabalhador nomeado\** na situação de bolseiro ou de equiparado a bolseiro consideram-se justificadas e produzem os efeitos previstos nos Decretos-Leis n.ºs 220/84, de 4 de Julho, 272/88, de 3 de Agosto, e 282//89, de 23 de Agosto.

1 – O *trabalhador nomeado\** que pretenda dar sangue benevolamente tem direito a faltar ao serviço pelo tempo necessário para o efeito, mediante prévia autorização.

2 – A autorização referida no número anterior só pode ser denegada com fundamento em motivos urgentes e inadiáveis decorrentes do funcionamento do serviço.

3 – As faltas por motivo de doação de sangue não implicam a perda de quaisquer direitos ou regalias.

*(\* Redacção dada pelo art. 26.º, n.º 3 da Lei n.º 64-A/2008, de 31 de Dezembro)*

SUBSECÇÃO XVII – **Faltas para doação de sangue e socorrismo**

ARTIGO 61.º – **Faltas para doação de sangue**

ARTIGO 62.º – **Faltas por socorrismo**

1 – O *trabalhador nomeado\** que pertença a associações de bombeiros voluntários ou a associações humanitárias, designadamente a Cruz Vermelha Portuguesa, tem direito a faltar ao serviço durante os períodos necessários para

58     *Novo Estatuto da Função Pública*

acorrer a incêndios ou quaisquer outros acidentes ou eventos em que a sua presença seja exigida pelos regulamentos aplicáveis.

2 – As faltas previstas no número anterior são justificadas mediante apresentação de declaração da respectiva associação no prazo de dois dias úteis contados após o regresso ao serviço do *trabalhador nomeado\**.

3 – As faltas para socorrismo não implicam a perda de quaisquer direitos ou regalias.

*(\* Redacção dada pelo art. 26.º, n.º 3 da Lei n.º 64-A/2008, de 31 de Dezembro)*

SUBSECÇÃO XVIII – **Faltas para cumprimento de obrigações**

ARTIGO 63.º – **Regime**

1 – Consideram-se justificadas as faltas motivadas pelo cumprimento de obrigações legais ou por imposição de autoridade judicial, policial ou militar.

2 – As faltas previstas no número anterior não importam a perda de quaisquer direitos e regalias.

ARTIGO 64.º – **Situação de prisão**

1 – As faltas dadas por motivo de prisão preventiva consideram-se justificadas e determinam a perda de vencimento de exercício e do subsídio de refeição.

2 – A perda do vencimento de exercício e do subsídio de refeição é reparada em caso de revogação ou extinção da prisão preventiva, salvo se o *trabalhador nomeado\** vier a ser condenado definitivamente.

3 – O cumprimento de pena de prisão por *trabalhador nomeado\** implica a perda total do vencimento e a não contagem do tempo para qualquer efeito.

4 – Nos casos em que, na sequência da prisão preventiva, o *trabalhador nomeado\** venha a ser condenado definitivamente, aplica-se, ao período de prisão preventiva que não exceda a pena de prisão que lhe for aplicada, o disposto no número anterior.

*(\* Redacção dada pelo art. 26.º, n.º 3 da Lei n.º 64-A/2008, de 31 de Dezembro)*

SUBSECÇÃO XIX – **Faltas para prestação de provas de concurso**

ARTIGO 65.º – **Regime**

1 – O *trabalhador nomeado\** tem direito a faltar ao serviço pelo tempo necessário para prestação de provas de concurso público no âmbito dos serviços abrangidos pelo artigo 1.º do presente diploma, bem como de organismos internacionais, desde que se trate de lugares reservados a cidadãos de nacionalidade portuguesa ou sejam considerados de interesse para o País.

2 – As faltas referidas no número anterior não determinam a perda de quaisquer direitos ou regalias.

*(\* Redacção dada pelo art. 26.º, n.º 3 da Lei n.º 64-A/2008, de 31 de Dezembro)*

*Férias, Faltas e Licenças dos Trabalhadores Nomeados* 59

SUBSECÇÃO XX – **Faltas por conta do período de férias**

ARTIGO 66.º – **Regime**

1 – O *trabalhador nomeado\** pode faltar 2 dias por mês por conta do período de férias, até ao máximo de 13 dias por ano, os quais podem ser utilizados em períodos de meios dias.

2 – As faltas previstas no número anterior relevam, segundo opção do interessado, no período de férias do próprio ano ou do seguinte.

*(\* Redacção dada pelo art. 26.º, n.º 3 da Lei n.º 64-A/2008, de 31 de Dezembro)*

ARTIGO 67.º – **Processo de justificação**

1 – O *trabalhador nomeado\** que pretenda faltar ao abrigo do disposto no artigo anterior deve participar essa intenção ao superior hierárquico competente, por escrito, na véspera, ou, se não for possível, no próprio dia, oralmente, podendo este recusar, fundamentadamente, a autorização, atento o interesse do serviço.

2 – A participação oral deve ser reduzida a escrito no dia em que o trabalhador nomeado regressar ao serviço.

*(\* Redacção dada pelo art. 26.º, n.º 3 da Lei n.º 64-A/2008, de 31 de Dezembro)*

SUBSECÇÃO XXI – **Faltas com perda de vencimento**

ARTIGO 68.º – **Regime**

1 – O *trabalhador nomeado\** pode faltar excepcionalmente, mediante autorização do respectivo dirigente, a qual deve ser solicitada nos termos dos n n.ᵒˢ 1 e 2 do artigo 67.º

2 – As faltas referidas no número anterior não podem ultrapassar seis dias em cada ano civil e um dia por mês.

3 – As faltas previstas neste artigo descontam para todos os efeitos legais, sendo o desconto da remuneração e do subsídio de refeição correspondentes aos dias de faltas efectuado no vencimento do mês de Dezembro ou no último vencimento percebido nos casos de suspensão ou cessação definitiva de funções.

*(\* Redacção dada pelo art. 26.º, n.º 3 da Lei n.º 64-A/2008, de 31 de Dezembro)*

SUBSECÇÃO XXII – **Faltas por deslocação para a periferia**

ARTIGO 69.º – **Faltas por deslocação para a periferia**

1 – O *trabalhador nomeado\** que se desloque para a periferia ao abrigo do disposto no *Decreto-Lei n.º 190/99, de 5 de Junho\*\**, tem direito a faltar até cinco dias seguidos.

60     *Novo Estatuto da Função Pública*

2 – As faltas referidas no número anterior não determinam a perda de quaisquer direitos ou regalias.

*(\* Redacção dada pelo art. 26.º, n.º 3 da Lei n.º 64-A/2008, de 31 de Dezembro)*

*(\*\* Redacção da nossa responsabilidade resultante do facto deste diploma ter revogado e substituído o Dec.-Lei n.º 45/84, de 3 de Fevereiro, e redacção resultante do disposto no art. 26.º da Lei n.º 64-A/2008, de 31 de Dezembro)*

SUBSECÇÃO XXIII – **Faltas por motivos não imputáveis ao trabalhador nomeado**

ARTIGO 70.º – **Faltas por motivos não imputáveis ao trabalhador nomeado**

1 – São consideradas justificadas as faltas determinadas por facto qualificado como calamidade pública pelo Conselho de Ministros.

2 – Consideram-se igualmente justificadas as faltas ocasionadas por factos não imputáveis ao *trabalhador nomeado\** e determinadas por motivos não previstos no presente diploma que impossibilitem o cumprimento do dever de assiduidade ou o dificultem em termos que afastem a sua exigibilidade.

3 – O *trabalhador nomeado\** impedido de comparecer ao serviço nos termos do número anterior deve, por si ou por interposta pessoa, comunicar o facto ao dirigente competente logo que possível, preferencialmente no próprio dia ou no dia seguinte, devendo apresentar justificação por escrito no dia em que regressar ao serviço.

4 – As faltas previstas nos n.ºˢ 1 e 2 são equiparadas a serviço efectivo.

*(\* Redacção dada pelo art. 26.º, n.º 3 da Lei n.º 64-A/2008, de 31 de Dezembro)*

SECÇÃO III – **Faltas injustificadas**

ARTIGO 71.º – **Faltas injustificadas**

1 – Consideram-se injustificadas:

*a)* Todas as faltas dadas por motivos não previstos no n.º 1 do artigo 21.º;

*b)* As faltas dadas ao abrigo do n.º 1 do artigo 21.º, não justificadas nos termos do presente capítulo, designadamente quando não seja apresentada a prova prevista no n.º 2 do mesmo artigo ou quando o motivo invocado seja comprovadamente falso.

2 – As faltas injustificadas, para além das consequências disciplinares a que possam dar lugar, determinam sempre a perda das remunerações correspondentes aos dias de ausência, não contam para efeitos de antiguidade e descontam nas férias nos termos do artigo 13.º.

3 – O *trabalhador nomeado\** que invocar motivos falsos para justificação das faltas pode ainda incorrer em infracção criminal nos termos da respectiva legislação.

*(\* Redacção dada pelo art. 26.º, n.º 3 da Lei n.º 64-A/2008, de 31 de Dezembro)*

# CAPÍTULO IV
## Licenças

SECÇÃO I – **Disposições gerais**

ARTIGO 72.º – **Conceito de licença**

Considera-se licença a ausência prolongada do serviço mediante autorização.

ARTIGO 73.º – **Tipos de licenças**

1 – As licenças podem revestir as seguintes modalidades:
*a)* Licença sem vencimento até 90 dias;
*b)* Licença sem vencimento por um ano;
*c)* Licença sem vencimento de longa duração;
*d)* Licença sem vencimento para acompanhamento do cônjuge colocado no estrangeiro;
*e)* Licença sem vencimento para exercício de funções em organismos internacionais.

2 – A concessão das licenças depende de prévia ponderação da conveniência de serviço e, no caso das alíneas b) e e), da ponderação do interesse público, sendo motivo especialmente atendível a valorização profissional do *trabalhador nomeado\**.

*(\* Redacção dada pelo art. 26.º, n.º 3 da Lei n.º 64-A/2008, de 31 de Dezembro)*

ARTIGO 73.º-A\* – **Autorização**

1 – A concessão das licenças previstas nos artigos 76.º e 78.º carece do despacho do dirigente máximo do serviço, comunicado ao respectivo membro do Governo.

2 – O membro do Governo previsto no número anterior pode, no prazo de 10 dias e por motivos de conveniência de serviço, obstar a que sejam concedidas as referidas licenças.

*(\* Artigo aditado pelo Dec.-Lei n.º 169/2006, de 17 de Agosto)*

SUBSECÇÃO I – **Licença sem vencimento até 90 dias**

ARTIGO 74.º – **Regime**

1 – O *trabalhador nomeado\** pode requerer, em cada ano civil, licença sem vencimento com a duração máxima de 90 dias, a gozar seguida ou interpoladamente.

2 – O limite máximo previsto no número anterior é aplicável mesmo nos casos em que, no decurso da licença, ocorra o final de um ano civil e o início do imediato.

62      *Novo Estatuto da Função Pública*

3 – O *trabalhador nomeado*\* a quem a licença tenha sido concedida pode requerer o regresso antecipado ao serviço.

*(\* Redacção dada pelo art. 26.º, n.º 3 da Lei n.º 64-A/2008, de 31 de Dezembro)*

ARTIGO 75.º – **Efeitos da licença**

1 – A licença sem vencimento implica a perda total das remunerações e o desconto na antiguidade para efeitos de carreira, aposentação e sobrevivência.

2 – Quando o início e o fim da licença ocorram no mesmo ano civil, o *trabalhador nomeado*\* tem direito, no ano seguinte, a um período de férias proporcional ao tempo de serviço prestado no ano da licença.

3 – Quando a licença abranja dois anos civis, o *trabalhador nomeado*\* tem direito, no ano de regresso e no seguinte, a um período de férias proporcional ao tempo de serviço prestado, respectivamente, no ano da suspensão de funções e no ano de regresso à actividade.

4 – O disposto no número anterior não prejudica o gozo de um período de oito dias úteis de férias consecutivos.

*(\* Redacção dada pelo art. 26.º, n.º 3 da Lei n.º 64-A/2008, de 31 de Dezembro)*

SUBSECÇÃO II – **Licença sem vencimento por um ano**

ARTIGO 76.º – **Regime**

1 – Quando circunstâncias de interesse público o justifiquem, pode ser concedida aos *trabalhadores nomeados*\* licença sem vencimento pelo período de um ano, renovável até ao limite de três anos.

2 – *(Revogado)*.

3 – Quando as circunstâncias de interesse público que determinaram a concessão da licença cessarem, *o trabalhador nomeado*\* pode requerer o regresso antecipado ao serviço.

*4 – O disposto na presente subsecção não se aplica aos agentes referidos no artigo 1.º.*

*(\* Redacção dada pelo art. 26.º, n.º 3 da Lei n.º 64-A/2008, de 31 de Dezembro; por força da entrada em vigor da LVCR, que pôs fim à figura de agente administrativo, é de considerar o n.º 4 deste preceito como tacitamente revogado)*

ARTIGO 77.º – **Efeitos da licença**

1 – A licença sem vencimento por um ano implica a perda total das remunerações e o desconto na antiguidade para efeitos de carreira, aposentação e sobrevivência.

2 – O período de tempo de licença pode, no entanto, contar para efeitos de aposentação, sobrevivência e fruição dos benefícios da ADSE se o interessado mantiver os correspondentes descontos com base na remuneração auferida à data da sua concessão.

*Férias, Faltas e Licenças dos Trabalhadores Nomeados* 63

3 – O *trabalhador nomeado\** deve gozar as férias a que tem direito, no ano civil de passagem à situação de licença sem vencimento por um ano, antes do início da mesma.

4 -Quando haja manifesta impossibilidade do cumprimento do disposto no número anterior, o *trabalhador nomeado\** tem direito a receber, nos 60 dias subsequentes ao início daquela situação, a remuneração correspondente ao período de férias não gozado, bem como o respectivo subsídio, e a gozar as férias vencidas em 1 de Janeiro desse ano.

5 – No ano de regresso e no seguinte, o *trabalhador nomeado\** tem direito a um período de férias proporcional ao tempo de serviço prestado no ano da suspensão de funções.

6 – O disposto no número anterior não prejudica o gozo de um período mínimo de oito dias úteis de férias.

*(\* Redacção dada pelo art. 26.º, n.º 3 da Lei n.º 64-A/2008, de 31 de Dezembro)*

SUBSECÇÃO III – **Licença sem vencimento de longa duração**

ARTIGO 78.º – **Regime**

1 – Sem prejuízo do disposto na alínea b) do n.º 1 do artigo 47.º, os *trabalhadores nomeados\** com provimento definitivo e pelo menos cinco anos de serviço efectivo prestado à Administração, ainda que em diversas situações e interpoladamente, podem requerer licença sem vencimento de longa duração.

2 – *(Revogado)*.

3 – Os *trabalhadores nomeados\** em gozo de licença sem vencimento de longa duração não podem ser providos em lugares dos quadros dos serviços e organismos abrangidos pelo âmbito de aplicação do presente diploma, enquanto se mantiverem naquela situação.

*(\* Redacção dada pelo art. 26.º, n.º 3 da Lei n.º 64-A/2008, de 31 de Dezembro)*

ARTIGO 79.º – **Duração da licença**

A licença prevista no artigo anterior não pode ter duração inferior a um ano.

ARTIGO 80.º\* – **Efeitos da licença**

1 – A concessão da licença determina abertura de vaga e a suspensão do vínculo com a Administração, a partir da data do despacho referido no n.º 2 do artigo 78.º, sem prejuízo do disposto no artigo 82.º.

2 – A licença sem vencimento de longa duração implica a perda total da remuneração e o desconto na antiguidade para efeitos de carreira, aposentação e sobrevivência, sem prejuízo do disposto no número seguinte.

3 – O *trabalhador nomeado\*\** pode requerer que lhe continue a ser contado o tempo para efeitos de aposentação e sobrevivência, mediante o pagamento, nos termos legais aplicáveis, das respectivas quotas.

64          *Novo Estatuto da Função Pública*

4 – O disposto no número anterior é aplicável às situações de licença de longa duração que estejam em curso à data da entrada em vigor do presente diploma, apenas relevando, para efeitos daquela contagem, o tempo que vier a decorrer após a sua vigência.

*(\* Redacção dada pelo Dec.-Lei n.º 157/2001, de 11 de Maio)*

*(\*\* Redacção dada pelo art. 26.º, n.º 3 da Lei n.º 64-A/2008, de 31 de Dezembro)*

### Artigo 81.º – Férias nos anos de início e termo da licença sem vencimento de longa duração

1 – O *trabalhador nomeado\** deve gozar as férias a que tem direito no ano civil de passagem à situação de licença sem vencimento de longa duração antes do início da mesma.

2 – Quando haja manifesta impossibilidade do cumprimento do disposto no número anterior, o *trabalhador nomeado\** tem direito a receber, nos 60 dias subsequentes ao início daquela situação, a remuneração correspondente ao período de férias não gozado, bem como ao respectivo subsídio.

3 – Para além do disposto no número anterior, o *trabalhador nomeado\** tem direito a receber a remuneração correspondente ao período de férias relativo ao tempo de serviço prestado nesse ano, bem como o subsídio de férias correspondente.

4 – Após o regresso ao serviço, o *trabalhador nomeado\** tem direito a gozar férias nos termos do disposto nos artigos 2.º e 3.º.

*(\* Redacção dada pelo art. 26.º, n.º 3 da Lei n.º 64-A/2008, de 31 de Dezembro)*

### Artigo 82.º – Regresso da situação de licença sem vencimento de longa duração

1 – O *trabalhador nomeado\** em gozo de licença sem vencimento de longa duração só pode requerer o regresso ao serviço ao fim de um ano nesta situação, cabendo-lhe uma das vagas existentes ou a primeira da sua categoria que venha a ocorrer no serviço de origem, podendo, no entanto, candidatar-se a concurso interno geral para a categoria que detêm, ou para categoria superior, se preencher os requisitos legais, desde que o faça depois de ter manifestado vontade de regressar ao serviço efectivo, e sem prejuízo do disposto do artigo 83.º.

3 – O regresso do *trabalhador nomeado\** da situação de licença sem vencimento de longa duração faz-se mediante despacho do respectivo membro do Governo publicado no Diário da República, quando se trate de *trabalhadores nomeados\** da administração central, ou no jornal oficial, quando se trate de *trabalhadores nomeados\** da administração regional.

*(\* Redacção dada pelo art. 26.º, n.º 3 da Lei n.º 64-A/2008, de 31 de Dezembro)*

Artigo 83.º – **Inspecção médica**

O regresso ao serviço de *trabalhador nomeado\** que tenha estado na situação de licença sem vencimento de longa duração por período superior a dois anos só pode ocorrer após inspecção médica pela entidade competente para inspeccionar os candidatos ao exercício de funções públicas.

*(\* Redacção dada pelo art. 26.º, n.º 3 da Lei n.º 64-A/2008, de 31 de Dezembro)*

Subsecção IV – **Licença sem vencimento para acompanhamento do cônjuge colocado no estrangeiro**

Artigo 84.º\* – **Licença sem vencimento para acompanhamento do cônjuge colocado no estrangeiro**

O *trabalhador nomeado\*\** tem direito a licença sem vencimento para acompanhamento do respectivo cônjuge, quando este, tenha ou não a qualidade de trabalhador nomeado, for colocado no estrangeiro por período de tempo superior a 90 dias ou indeterminado, em missões de defesa ou representação de interesses do País ou em organizações internacionais de que Portugal seja membro.

*(\* Redacção dada pela Lei n.º 117/99, de 11 de Agosto)*

*(\*\* Redacção dada pelo art. 26.º, n.º 3 da Lei n.º 64-A/2008, de 31 de Dezembro)*

Artigo 85.º – **Concessão e efeitos de licença**

1 – A licença é concedida pelo dirigente competente, a requerimento do interessado devidamente fundamentado.

2 – A concessão da licença por período superior a um ano a titular de um lugar do quadro determina a abertura de vaga.

3 – À licença prevista na presente subsecção aplica-se o disposto nos n.ᵒˢ 5 e 6 do artigo 77.º, se tiver sido concedida por período inferior a dois anos, e o disposto no artigo 80.º, se tiver sido concedida por período igualou superior àquele.

4 – O período de tempo de licença não conta para quaisquer efeitos, excepto para aposentação, sobrevivência e fruição dos benefícios da ADSE, se o *trabalhador nomeado\** mantiver os correspondentes descontos com base na remuneração auferida à data da sua concessão.

*(\* Redacção dada pelo art. 26.º, n.º 3 da Lei n.º 64-A/2008, de 31 de Dezembro)*

Artigo 86.º – **Duração da licença**

1 – A licença tem a mesma duração que a da colocação do cônjuge no estrangeiro, sem prejuízo do disposto nos números seguintes.

2 – A licença pode iniciar-se em data posterior à do início das funções do cônjuge no estrangeiro, desde que o interessado alegue conveniência nesse sentido.

3 – O regresso do *trabalhador nomeado*\* à efectividade de serviço pode ser antecipado a seu pedido.

*(\* Redacção dada pelo art. 26.º, n.º 3 da Lei n.º 64-A/2008, de 31 de Dezembro)*

Artigo 87.º – **Requerimento para regressar ao serviço**

1 – Finda a colocação do cônjuge no estrangeiro, o *trabalhador nomeado*\* pode requerer ao dirigente máximo do respectivo serviço o regresso à actividade no prazo de 90 dias a contar da data do termo da situação de colocação daquele no estrangeiro.

2 – O não cumprimento do disposto no número anterior determina, conforme os casos, a exoneração ou a rescisão do contrato.

*(\* Redacção dada pelo art. 26.º, n.º 3 da Lei n.º 64-A/2008, de 31 de Dezembro)*

Artigo 88.º – **Situação após o termo da licença**

1 – No caso de ter sido preenchida a respectiva vaga, o *trabalhador nomeado*\* fica a aguardar, na situação de supranumerário, com todos os direitos inerentes à efectividade de funções, a primeira vaga existente ou que venha a ocorrer da sua categoria no serviço de origem.

2 – Ao regresso da situação de licença para acompanhamento do cônjuge colocado no estrangeiro é aplicável o disposto no n.º 2 do artigo 82.º

3 – O *trabalhador nomeado*\* no gozo de licença sem vencimento cuja categoria foi, entretanto, revalorizada ou extinta tem direito, ao regressar, a ser integrado, respectivamente, na categoria resultante da revalorização ou noutra categoria equivalente à que possuía à data do início da licença.

4 – *O disposto no n.º 2 aplica-se, com as necessárias adaptações, aos agentes*\*.

*(\* Redacção dada pelo art. 26.º, n.º 3 da Lei n.º 64-A/2008, de 31 de Dezembro; por força da entrada em vigor da LVCR, que pôs fim à figura de agente administrativo, é de considerar o n.º 4 deste preceito como tacitamente revogado)*

Subsecção V – **Licença sem vencimento para exercício de funções em organismos internacionais**

Artigo 89.º – **Princípios gerais**

1 – A licença sem vencimento para exercício de funções em organismos internacionais pode ser concedida aos *trabalhadores nomeados*\*, revestindo, conforme os casos, uma das seguintes modalidades:

*a)* Licença para o exercício de funções com carácter precário ou experimental com vista a uma integração futura no respectivo organismo;

*b)* Licença para o exercício de funções na qualidade de *trabalhador nomeado*\* do quadro de organismo internacional.

*Férias, Faltas e Licenças dos Trabalhadores Nomeados* 67

2 – O disposto na presente subsecção aplica-se aos agentes que tenham o contrato administrativo como forma normal de provimento*.

*(\* Redacção dada pelo art. 26.º, n.º 3 da Lei n.º 64-A/2008, de 31 de Dezembro; por força da entrada em vigor da LVCR, que pôs fim à figura de agente administrativo, é de considerar o n.º 2 deste preceito como tacitamente revogado)*

### Artigo 90.º – Licença para exercício de funções com carácter precário ou experimental em organismo internacional

1 – A licença prevista na alínea a) do artigo anterior tem a duração do exercício de funções com carácter precário ou experimental para que foi concedida, implicando a cessação das situações de requisição ou de comissão de serviço.

2 – A licença implica a perda total da remuneração, contando, porém, o tempo de serviço respectivo para todos os efeitos legais.

3 – O *trabalhador nomeado\** continuará a efectuar os descontos para a aposentação ou reforma, sobrevivência e ADSE com base na remuneração auferida à data do início da licença.

4 – À licença prevista no presente artigo aplica-se o disposto nos n.ºˢ 4, 5 e 6 do artigo 77.º e no n.º 2* do artigo 82.º

5 – A concessão de licença por período superior a dois anos determina a abertura de vaga, tendo o *trabalhador nomeado\**, no momento do regresso, direito a ser provido em vaga da sua categoria e ficando como supranumerário do *mapa\*\** enquanto a mesma não ocorrer.

*(\* Redacção dada pelo art. 26.º, n.º 3 da Lei n.º 64-A/2008, de 31 de Dezembro)*

*(\*\* Correcção da nossa responsabilidade resultante da entrada em vigor da LVCR, que substituiu a figura de quadro de pessoal pela de mapa de pessoal)*

### Artigo 91.º – Licença para exercício de funções como funcionário ou agente de organismo internacional

1 – A licença prevista na alínea b) do artigo 89.º é concedida pelo período de exercício de funções e determina a abertura de vaga.

2 – O *trabalhador nomeado\** tem, quando do seu regresso, direito a ser provido em vaga da sua categoria, ficando como supranumerário do *mapa\*\** enquanto a mesma não ocorrer.

3 – É aplicável à licença prevista neste artigo o disposto nos n.ºˢ 2 e 3 do artigo anterior, no artigo 81.º e no artigo 82.º.

*(\* Redacção dada pelo art. 26.º, n.º 3 da Lei n.º 64-A/2008, de 31 de Dezembro)*

*(\*\* Correcção da nossa responsabilidade resultante da entrada em vigor da LVCR, que substituiu a figura de quadro de pessoal pela de mapa de pessoal)*

68  *Novo Estatuto da Função Pública*

Artigo 92.º – **Concessão das licenças**

1 – O despacho de concessão das licenças previstas nesta subsecção é da competência conjunta do Ministro dos Negócios Estrangeiros e do membro do Governo responsável pelo serviço a que pertence o requerente.

2 – O exercício de funções nos termos do artigo 89.º implica que o interessado faça prova, no requerimento a apresentar para concessão da licença ou para o regresso, da sua situação face à organização internacional, mediante documento comprovativo a emitir pela mesma.

## CAPÍTULO V
### Listas de antiguidade

Artigo 93.º – **Organização das listas de antiguidade**

1 – Os serviços e organismos devem organizar em cada ano listas de anti-guidade dos seus *trabalhadores nomeados**, com referência a 31 de Dezembro do ano anterior.

2 – As listas de antiguidade devem ordenar os *trabalhadores nomeados** pelas diversas categorias e, dentro delas, segundo a respectiva antiguidade, devendo conter ainda as seguintes indicações:

*a)* Data da aceitação, da posse ou do início do exercício de funções na categoria;

*b)* Número de dias descontados nos termos da lei;

*c)* Tempo contado para antiguidade na categoria referido a anos, meses e dias e independentemente do serviço ou organismo onde as funções foram prestadas.

3 – As listas são acompanhadas das observações que se mostrem necessárias à boa compreensão do seu conteúdo ou ao esclarecimento da situação dos *trabalhadores nomeados** por elas abrangidos.

*(* Redacção dada pelo art. 26.º, n.º 3 da Lei n.º 64-A/2008, de 31 de Dezembro)*

Artigo 94.º – **Cálculo da antiguidade**

1 – Para efeitos do disposto na alínea c) do n.º 2 do artigo anterior, a antiguidade dos *trabalhadores nomeados** é calculada em dias, devendo o tempo apurado ser depois convertido em anos, meses e dias e considerar-se o ano e o mês como períodos de, respectivamente, 365 e 30 dias.

2 – Os dias de descanso semanal e complementar e feriados contam para efeitos de antiguidade, excepto se intercalados em licenças ou sucessão de faltas da mesma natureza que, nos termos da lei, não sejam consideradas serviço efectivo.

*(* Redacção dada pelo art. 26.º, n.º 3 da Lei n.º 64-A/2008, de 31 de Dezembro)*

## Regime de Férias, Faltas e Licenças dos Trabalhadores Nomeados

ARTIGO 95.º – **Aprovação e distribuição das listas de antiguidade**

1 – As listas de antiguidade, depois de aprovadas pelos dirigentes dos serviços, devem ser afixadas em local apropriado, de forma a possibilitar a consulta pelos interessados.

2 – A afixação pode ser substituída pela inclusão das listas em publicação oficial dos respectivos serviços.

3 – Até 31 de Março de cada ano, deve ser publicado no Diário da República o aviso da afixação ou publicação das listas de antiguidade.

ARTIGO 96.º – **Reclamação das listas**

1 – Da organização das listas cabe reclamação, a deduzir no prazo de 30 dias consecutivos a contar da data da publicação do aviso a que se refere o n.º 3 do artigo anterior.

2 – A reclamação pode ter por fundamento omissão, indevida graduação ou situação na lista ou erro na contagem de tempo de serviço.

3 – A reclamação não pode fundamentar-se em contagem de tempo de serviço ou em outras circunstâncias que tenham sido consideradas em listas anteriores.

4 – As reclamações são decididas pelo dirigente dos serviços, no prazo de 30 dias úteis, depois de obtidos os necessários esclarecimentos e prestadas as convenientes informações.

5 – As decisões são notificadas ao reclamante no prazo de oito dias úteis, por ofício entregue por protocolo ou remetido pelo correio, com aviso de recepção.

ARTIGO 97.º – **Recurso da decisão sobre a reclamação**

1 – Das decisões sobre as reclamações cabe recurso para o membro do Governo competente, a interpor no prazo de 30 dias consecutivos a contar da data da recepção da notificação.

2 – A decisão do recurso é notificada ao recorrente, aplicando-se o disposto no n.º 5 do artigo anterior.

ARTIGO 98.º – **Prazos de reclamação e recurso dos trabalhadores nomeados que se encontrem a prestar serviço fora do continente**

Os prazos estabelecidos no n.º 1 do artigo 96.º e no n.º 1 do artigo anterior são fixados em 60 dias consecutivos para os *trabalhadores nomeados*\* que prestem serviço nas Regiões Autónomas, em Macau ou no estrangeiro.

(*\* Redacção dada pelo art. 26.º, n.º 3 da Lei n.º 64-A/2008, de 31 de Dezembro*)

ARTIGO 99.º – **Instrumento de gestão da assiduidade**

1 – Cada serviço deve elaborar em duplicado, no fim de cada mês, uma relação manual ou informatizada, com discriminação das faltas e licenças de

70          *Novo Estatuto da Função Pública*

cada *trabalhador nomeado\** e sua natureza, cujo original é submetido a visto do responsável máximo, servindo o duplicado de base à elaboração das folhas de vencimento.

2 – Por despacho do membro do Governo que tenha a seu cargo a função pública, serão estabelecidas as orientações genéricas necessárias à elaboração, por parte de cada departamento ministerial, das relações a que se refere o número anterior, para efeitos de apuramentos estatísticos.

3 – O cômputo dos dias de férias a que o *trabalhador nomeado\** tem direito em cada ano civil é realizado com base nas relações mensais de assiduidade relativas ao ano anterior.

*( \* Redacção dada pelo art. 26.º, n.º 3 da Lei n.º 64-A/2008, de 31 de Dezembro)*

## CAPÍTULO VI
### Disposições finais e transitórias

Artigo 100.º – **Relevância dos dias de descanso semanal e feriados**

Os dias de descanso semanal ou complementar e os feriados, quando intercalados no decurso de uma licença ou de uma sucessão de faltas da mesma natureza, integram-se no cômputo dos respectivos períodos de duração, salvo se a lei se referir expressamente a dias úteis.

Artigo 101.º – **Regresso da situação de licença sem vencimento de longa duração, da licença para acompanhamento do cônjuge colocado no estrangeiro e da licença para o exercício de funções em organismos internacionais**

*(Revogado pelo art. 26.º da Lei n.º 64-A/2008, de 31 de Dezembro)*

Artigo 101-A.º \* – **Licença especial para desempenho de funções em associação sindical**

1 – A requerimento da associação sindical interessada, e para nela prestar serviço, pode ser concedida licença sem vencimento a *trabalhador nomeado\*\** que conte mais de 3 anos de antiguidade no exercício de funções públicas.

2 – O requerimento previsto no número anterior é instruído com declaração expressa do trabalhador manifestando o seu acordo.

3 – A licença prevista no n.º 1 tem a duração de um ano e é sucessiva e tacitamente renovável.

*( \* Artigo aditado pelo art. 13.º da Lei n.º 59/2008, de 11 de Setembro, que aprovou o RCTFP)*

*( \*\* Redacção dada pelo art. 26.º, n.º 3 da Lei n.º 64-A/2008, de 31 de Dezembro)*

Artigo 102.º – **Situações de licença ilimitada existentes à data da entrada em vigor deste diploma**

O regime constante dos artigos 90.º e 91.º é aplicável aos *trabalhadores nomeados*\* que se encontrem nas situações de licença ali previstas, mediante requerimento dos interessados aos membros do Governo competentes, a formular no prazo de 90 dias contados da data da entrada em vigor do presente diploma.

*(\* Redacção dada pelo art. 26.º, n.º 3 da Lei n.º 64-A/2008, de 31 de Dezembro)*

Artigo 103.º – **Situações de exercício de funções em organismos internacionais existentes à data da entrada em vigor deste diploma**

1 – A situação dos *trabalhadores nomeados*\* que, à data da entrada em vigor do presente diploma, se encontrem a exercer funções em organismos internacionais continuará a reger-se pelo disposto no Decreto-Lei n.º 39.018, de 3 de Dezembro de 1952, salvo se o presente diploma for mais favorável.

2 – Até à publicação de legislação própria, aplicam-se, com as devidas adaptações, aos trabalhadores dos entes públicos não abrangidos por este diploma as disposições dos artigos 84.º e 89.º a 91.º do presente diploma.

*(\* Redacção dada pelo art. 26.º, n.º 3 da Lei n.º 64-A/2008, de 31 de Dezembro)*

Artigo 104.º – **Entidades e órgãos competentes na administração local**

1 – As competências que no presente diploma são cometidas ao membro ou membros do Governo são, na administração local, referidas aos seguintes órgãos e entidades:

Presidente da câmara municipal, nos municípios;

Presidente da assembleia distrital, nas assembleias distritais;

Conselho de administração, nos serviços municipalizados;

Conselho de administração, nas associações de municípios;

Comissão administrativa, nas federações de municípios;

Junta de freguesia, nas freguesias.

2 – Exceptuam-se do disposto no n.º 1 as competências conferidas pelo n.º 2 do artigo 99.º e pelo n.º 2 do artigo 105.º aos membros do Governo neles mencionados.

Artigo 105.º – **Junta de recurso**

1 – Quando a junta da Caixa Geral de Aposentações, contrariamente ao parecer da junta médica competente, considerar o *trabalhador nomeado*\* apto para o serviço, pode este ou o serviço de que depende requerer a sua apresentação a uma junta de recurso.

2 – A junta de recurso a que se refere o número anterior é constituída por um médico indicado pela Caixa Nacional de Previdência, um médico indicado

pela ADSE ou pelas entidades a que alude o n.º 3 do artigo 46.º e um professor universitário das faculdades de medicina, que presidirá (designado por despacho do Ministro das Finanças).

*(\* Redacção dada pelo art. 26.º, n.º 3 da Lei n.º 64-A/2008, de 31 de Dezembro)*

Artigo 106.º

O novo regime de recuperação de vencimento de exercício produz efeitos a 1 de Janeiro de 1998.

Artigo 107.º – **Revogação**

São revogados, pelo presente diploma, a segunda parte do artigo 16.º do Decreto-Lei n.º 48.359, de 27 de Abril de 1968, o Decreto-Lei n.º 497/88, de 30 de Dezembro, o Decreto-Lei n.º 178/95, de 26 de Julho, e o Decreto-Lei n.º 101-A/96, de 26 de Julho.

# REGIME DOS ACIDENTES EM SERVIÇO E DAS DOENÇAS PROFISSIONAIS

## Decreto-Lei n.º 503/99, de 20 de Novembro

1 – O regime dos acidentes em serviço e das doenças profissionais no âmbito da Administração Pública consta fundamentalmente do Decreto-Lei n.º 38.523, de 23 de Novembro de 1951, reconhecendo-se que se encontra manifestamente desajustado, tendo em conta a evolução social e legislativa entretanto ocorridas.

Por outro lado, o regime geral constante da Lei n.º 2127, de 3 de Agosto de 1965, que vem sendo aplicável, em alguns aspectos e situações, por remissão legal à Administração Pública, foi alterado pela Lei n.º 100/97, de 13 de Setembro, em cujo âmbito de aplicação não se incluem directamente os trabalhadores ao serviço da Administração Pública.

2 – A Constituição da República Portuguesa, no artigo 63.º, reconhece o direito à segurança social, que abrange a protecção nos acidentes de trabalho e nas doenças profissionais. Por sua vez, o artigo 59.º da Constituição consagra o direito de todos os trabalhadores à assistência e justa reparação, quando vítimas de acidente de trabalho ou de doença profissional, bem como à prestação de trabalho em condições de segurança, higiene e saúde, o que envolve a adopção de políticas de prevenção dos acidentes de trabalho e das doenças profissionais.

3 – De realçar, ainda, que se tiveram em conta os normativos comunitários e internacionais vigentes, em especial o Código Europeu de Segurança Social, o Regulamento (CE) n.º 1408/71 e as Convenções n.ᵒˢ 102 e 121, a Recomendação n.º 121 e o Relatório da Reunião n.º 261, de Novembro de 1964, da Organização Internacional do Trabalho (OIT).

4 – O presente diploma acolhe, na generalidade, os princípios consagrados na referida Lei n.º 100/97 (lei geral), adaptando-os às especificidades da Administração Pública, e assenta nos seguintes princípios:

   *a)* Adopção dos conceitos e regras da lei geral respeitantes à caracterização ou descaracterização do acidente e, bem assim, à qualificação da doença profissional, introduzindo-se dois conceitos novos – o de incidente e o de acontecimento perigoso;

*b)* Garantia do direito às mesmas prestações, quer em espécie, quer de natureza pecuniária;

*c)* Aplicação deste regime a todos os trabalhadores ao serviço da Administração Pública, com excepção dos vinculados por contrato individual de trabalho com ou sem termo, obrigatoriamente enquadrados no regime geral de segurança social;

*d)* Atribuição à entidade empregadora da responsabilidade pela reparação dos danos emergentes dos acidentes e doenças profissionais, bem como da competência exclusiva para a qualificação do acidente;

*e)* Manutenção do princípio da não transferência da responsabilidade para entidades seguradoras, salvo em casos devidamente justificados, desde que mais vantajosos, e que salvaguardem os direitos garantidos pelo presente diploma;

*f)* Intervenção do Centro Nacional de Protecção contra os Riscos Profissionais na qualificação das doenças profissionais;

*g)* Atribuição à Caixa Geral de Aposentações da responsabilidade pela reparação em todos os casos de incapacidade permanente;

*h)* Afectação de verbas do orçamento dos serviços autónomos ou do orçamento do Ministério das Finanças, no capítulo consignado à Secretaria-geral, para fazer face aos encargos resultantes da aplicação deste regime.

5 – Comparativamente com o anterior regime de reparação, salientam-se as seguintes modificações:

*a)* Afasta-se a solução prevista no Estatuto da Aposentação para os subscritores da Caixa Geral de Aposentações, pensão extraordinária de aposentação ou reforma, consubstanciada no acréscimo à pensão ordinária de uma parcela indemnizatória que tinha em conta o número de anos e meses que faltassem para o tempo máximo de serviço contável para aposentação e o grau de desvalorização atribuído;

*b)* Assegura-se, por sua vez, uma efectiva reparação da desvalorização na capacidade geral de ganho, ao contrário do que se verificava nos casos em que o trabalhador viesse a completar 36 anos de serviço no momento da aposentação, adoptando-se a forma de indemnização consagrada no regime geral;

*c)* Estabelece-se uma diferente constituição das juntas médicas para verificação das incapacidades temporárias ou permanentes, que, no caso de acidente, passam a integrar peritos médico-legais, prevendo-se ainda a possibilidade de o sinistrado indicar um médico da sua escolha, em qualquer dos casos;

*d)* Consagra-se o direito de recurso da decisão da junta médica que intervém nas situações de incapacidade temporária;

*e)* Atribui-se a competência para a qualificação da doença profissional ao Centro Nacional de Protecção contra os Riscos Profissionais, organismo tutelado pelo Ministério do Trabalho e da Solidariedade;

*Regime dos Acidentes em Serviço e das Doenças Profissionais*　　75

*f)* Regulam-se as situações decorrentes de acidente ou de doença profissional, em caso de acumulação de actividades profissionais, enquadradas ou não num mesmo regime de protecção social de inscrição obrigatória;

*g)* Prevê-se a figura da acção para o reconhecimento do direito ou interesse legalmente protegido como meio de garantir a efectivação dos direitos dos trabalhadores contra os actos ou omissões relativos à aplicação do presente regime.

Com o presente diploma o XIII Governo Constitucional dá cumprimento ao Acordo Salarial para 1996 e Compromissos de Médio e Longo Prazos (Mesa Parcelar n.º 13).

Foram observados os procedimentos decorrentes da Lei n.º 23/98, de 26 de Maio.

Foram ouvidas a Associação Nacional de Municípios Portugueses (ANMP) e a Associação Nacional de Freguesias (ANAFRE), bem como os órgãos de governo próprios das Regiões Autónomas.

Assim:

No uso da autorização legislativa concedida pelo artigo 1.º da Lei n.º 105/ /99, de 26 de Julho, e nos termos da alínea b) do n.º 1 do artigo 198.º da Constituição, o Governo decreta, para valer como lei geral da República, o seguinte:

## CAPÍTULO I
### Disposições gerais

Artigo 1.º* – **Objecto**

O presente decreto-lei estabelece o regime jurídico dos acidentes de trabalho e das doenças profissionais ocorridos ao serviço de entidades empregadoras públicas.

(* *Redacção dada pela Lei n.º 59/2008, de 11 de Setembro, que aprovou o RCTFP*)

Artigo 2.º* – **Âmbito de aplicação**

1 – O disposto no presente decreto-lei é aplicável a todos os trabalhadores que exercem funções públicas, nas modalidades de nomeação ou de contrato de trabalho em funções públicas, nos serviços da administração directa e indirecta do Estado.

2 – O disposto no presente decreto-lei é também aplicável aos trabalhadores que exercem funções públicas nos serviços das administrações regionais e autárquicas e nos órgãos e serviços de apoio do Presidente da República, da Assembleia da República, dos tribunais e do Ministério Público e respectivos órgãos de gestão e de outros órgãos independentes.

76       *Novo Estatuto da Função Pública*

3 – O disposto no presente decreto-lei é ainda aplicável aos membros dos gabinetes de apoio quer dos membros do Governo quer dos titulares dos órgãos referidos no número anterior.

4 – Aos trabalhadores que exerçam funções em entidades públicas empresariais ou noutras entidades não abrangidas pelo disposto nos números anteriores é aplicável o regime de acidentes de trabalho previsto *no Código do Trabalho, aprovado pela Lei n.º 99/2003, de 27 de Agosto,* devendo as respectivas entidades empregadoras transferir a responsabilidade pela reparação dos danos emergentes de acidentes de trabalho nos termos previstos naquele Código *(esta remissão deve ser vista cum grano salis no contexto do novo Código do Trabalho, aprovado pela Lei n.º 7/2009, de 12 de Fevereiro).*

5 – O disposto nos números anteriores não prejudica a aplicação do regime de protecção social na eventualidade de doença profissional aos trabalhadores inscritos nas instituições de segurança social.

6 – As referências legais feitas a acidentes em serviço consideram-se feitas a acidentes de trabalho.

*(\* Redacção dada pela Lei n.º 59/2008, de 11 de Setembro, que aprovou o RCTFP)*

### Artigo 3.º – **Conceitos**

1 – Para efeitos de aplicação do presente diploma, considera-se:

a) Regime geral – o regime jurídico dos acidentes de trabalho e das doenças profissionais constante da Lei n.º 100/97, de 13 de Setembro, e legislação complementar;

b) Acidente em serviço – o acidente de trabalho que se verifique no decurso da prestação de trabalho pelos trabalhadores da Administração Pública;

c) Doença profissional – a lesão corporal, perturbação funcional ou doença que seja consequência necessária e directa da actividade exercida pelo trabalhador e não represente normal desgaste do organismo;

d) Empregador ou entidade empregadora – dirigente máximo do serviço ou organismo da Administração Pública que tenha a competência própria prevista na lei para gestão e administração do pessoal;

e) Incidente – todo o evento que afecta determinado trabalhador, no decurso do trabalho ou com ele relacionado, de que não resultem lesões corporais diagnosticadas de imediato, ou em que estas só necessitem de primeiros socorros;

f) Acontecimento perigoso – todo o evento que, sendo facilmente reconhecido, possa constituir risco de acidente ou de doença para os trabalhadores, no decurso do trabalho, ou para a população em geral;

g) Participação – o procedimento previsto na lei, mediante o qual são prestadas as informações relativas ao acontecimento perigoso, ao incidente, ao acidente em serviço ou à doença profissional;

*Regime dos Acidentes em Serviço e das Doenças Profissionais* 77

*h)* Registo – o procedimento mediante o qual é anotada a informação relativa aos incidentes, acidentes em serviço, doenças profissionais e acontecimentos perigosos;

*i)* Incapacidade temporária parcial – a situação em que o sinistrado ou doente pode comparecer ao serviço, embora se encontre ainda impossibilitado para o pleno exercício das suas funções habituais;

*j)* Incapacidade temporária absoluta – a situação que se traduz na impossibilidade temporária do sinistrado ou doente comparecer ao serviço, por não se encontrar apto para o exercício das suas funções;

*l)* Incapacidade permanente parcial – a situação que se traduz numa desvalorização permanente do trabalhador, que implica uma redução definitiva na respectiva capacidade geral de ganho;

*m)* Incapacidade permanente absoluta – a situação que se traduz na impossibilidade permanente do trabalhador para o exercício das suas funções habituais ou de todo e qualquer trabalho;

*n)* Alta – a certificação médica do momento a partir do qual se considera que as lesões ou doença desapareceram totalmente ou se apresentam insusceptíveis de modificação com terapêutica adequada;

*o)* Recidiva – lesão ou doença ocorridas após a alta relativa a acidente em serviço em relação às quais seja estabelecido nexo de causalidade com o mesmo;

*p)* Agravamento – lesão ou doença que, estando a melhorar ou estabilizadas, pioram ou se agravam;

*q)* Recaída – lesão ou doença que, estando aparentemente curadas, reaparecem.

2 – Na administração local, considera-se empregador ou entidade empregadora:

*a)* O presidente da câmara, nas câmaras municipais;

*b)* O conselho de administração, nos serviços municipalizados e nas associações de municípios;

*c)* A junta de freguesia, nas juntas de freguesia;

*d)* O presidente da mesa da assembleia distrital, nas assembleias distritais;

*e)* A junta metropolitana, nas juntas metropolitanas.

Artigo 4.º – **Reparação**

1 – Os trabalhadores têm direito, independentemente do respectivo tempo de serviço, à reparação, em espécie e em dinheiro, dos danos resultantes de acidentes em serviço e de doenças profissionais, nos termos previstos neste diploma.

2 – Confere ainda direito à reparação a lesão ou doença que se manifeste durante o tratamento de lesão ou doença resultante de um acidente em serviço ou doença profissional e que seja consequência de tal tratamento.

3 – O direito à reparação em espécie compreende, nomeadamente:

78      *Novo Estatuto da Função Pública*

*a)* Prestações de natureza médica, cirúrgica, de enfermagem, hospitalar, medicamentosa e quaisquer outras, incluindo tratamentos termais, fisioterapia e o fornecimento de próteses e ortóteses, seja qual for a sua forma, desde que necessárias e adequadas ao diagnóstico ou ao restabelecimento do estado de saúde físico ou mental e da capacidade de trabalho ou de ganho do sinistrado e à sua recuperação para a vida activa;

*b)* O transporte e estada, designadamente para observação, tratamento, comparência a juntas médicas ou a actos judiciais;

*c)* A readaptação, reclassificação e reconversão profissional.

4 – O direito à reparação em dinheiro compreende:

*a)* Remuneração, no período das faltas ao serviço motivadas por acidente em serviço ou doença profissional;

*b)* Indemnização em capital ou pensão vitalícia correspondente à redução na capacidade de trabalho ou de ganho, no caso de incapacidade permanente;

*c)* Subsídio por assistência de terceira pessoa;

*d)* Subsídio para readaptação de habitação;

*e)* Subsídio por situações de elevada incapacidade permanente;

*l)* Despesas de funeral e subsídio por morte;

*g)* Pensão aos familiares, no caso de morte.

### Artigo 5.º – **Responsabilidade pela reparação**

1 – O empregador ou entidade empregadora é responsável pela aplicação do regime dos acidentes em serviço e doenças profissionais previsto neste diploma.

2 – O serviço ou organismo da Administração Pública ao serviço do qual ocorreu o acidente ou foi contraída a doença profissional é responsável pelos encargos com a reparação dos danos deles emergentes, nos termos previstos no presente diploma.

3 – Nos casos em que se verifique incapacidade permanente ou morte, compete à Caixa Geral de Aposentações a avaliação e a reparação, nos termos previstos neste diploma.

### Artigo 6.º – **Pagamento de despesas**

1 – Os serviços, organismos e fundos autónomos da Administração Pública e os que, independentemente do grau de autonomia, tenham receitas próprias que possam ser afectadas a esse fim devem inscrever, nos respectivos orçamentos, verbas destinadas ao pagamento das despesas decorrentes dc acidentes em serviço e doenças profissionais.

2 – *As despesas decorrentes de acidentes em serviço e doenças profissionais, respeitantes aos serviços não abrangidos pelo número anterior, são suportadas por verba a inscrever no orçamento do Ministério das Finanças,*

*no capítulo consignado à Secretaria-Geral, que deve transferir para aqueles as verbas correspondentes às despesas entretanto documentadas, no prazo de 90 dias consecutivos a contar da apresentação do respectivo pedido\*.*

3 – *Sem prejuízo do disposto no número anterior, as despesas com a prestação de primeiros socorros e outras despesas, designadamente de carácter urgente, são suportadas pelo orçamento de cada serviço, podendo para o efeito ser autorizada a constituição de fundos de maneio ou permanentes, consoante o grau de autonomia que o serviço detenha\*.*

4 – Os estabelecimentos da rede oficial de saúde que prestem assistência aos trabalhadores abrangidos pelo presente diploma devem, no prazo de seis meses a contar da mesma, apresentar a facturação das despesas efectuadas ao respectivo serviço ou organismo para efeitos de pagamento.

5 – As despesas com saúde resultantes de acidentes em serviço e doenças profissionais não são abrangi das pelo esquema de benefícios concedidos pela Direcção-Geral de Protecção Social aos Funcionários e Agentes da Administração Pública, adiante designada por ADSE, devendo as despesas por esta suportadas ser objecto de reembolso nos termos do número seguinte.

6 – As despesas com acidentes em serviço e doenças profissionais, que tenham sido eventualmente suportadas pelo próprio ou por outras entidades, são objecto de reembolso pelas entidades legalmente responsáveis pelo seu pagamento, no prazo, respectivamente, de 30 e de 90 dias consecutivos, contado a partir da data da apresentação dos documentos.

7 – Para efeitos do disposto nos números anteriores, nas prescrições médicas e respectivos documentos de facturação deve constar a situação de acidente em serviço ou doença profissional.

*(\* Nota: Os n.ᵒˢ 2 e 3 deste artigo mantêm a sua aplicação suspensa por força do disposto no art. 35.º do Dec.-Lei n.º 50-C/2007, de 6 de Março, que procede à repristinação das «normas que permitem à Secretaria-Geral do Ministério das Finanças e da Administração Pública continuar a pagar directamente aos interessados as despesas decorrentes de acidentes em serviço e doenças profissionais»; cfra. Dec.-Lei n.º 77/2001, de 5 de Março)*

## CAPÍTULO II

### Acidentes em serviço

Secção I – **Da qualificação e participação do acidente**

Artigo 7.º – **Qualificação do acidente em serviço**

1 – Acidente em serviço é todo o que ocorre nas circunstâncias em que se verifica o acidente de trabalho, nos termos do regime geral, incluindo o ocorrido no trajecto de ida e de regresso para e do local de trabalho.

80    *Novo Estatuto da Função Pública*

2 – Se a lesão corporal, perturbação funcional ou doença for reconhecida a seguir a um acidente, presume-se consequência deste.

3 – Caso a lesão corporal, perturbação funcional ou doença não seja reconhecida a seguir a um acidente, compete ao sinistrado ou aos beneficiários legais provar que foi consequência dele.

4 – Pode considerar-se ainda como acidente em serviço o incidente ou o acontecimento perigoso de que venha a resultar lesão corporal, perturbação funcional ou doença, em que se comprove a existência do respectivo nexo de causalidade.

5 – A predisposição patológica ou a incapacidade anterior ao acidente não implica a sua descaracterização, nem prejudica o direito à reparação, salvo quando tiverem sido ocultadas.

6 – Não se considera acidente em serviço aquele em que se verifique qualquer das condições de descaracterização do acidente de trabalho previstas no regime geral, sem prejuízo da obrigação de o empregador garantir a prestação dos primeiros socorros ao trabalhador e o seu transporte ao local onde possa ser clinicamente assistido.

7 – A qualificação do acidente compete à entidade empregadora, no prazo máximo de 30 dias consecutivos, contado da data em que do mesmo teve conhecimento e, nos casos previstos no n.º 4, da data em que se comprovou a existência do respectivo nexo de causalidade.

8 – Excepcionalmente e em casos devidamente fundamentados, o prazo referido no número anterior pode ser prorrogado.

ARTIGO 8.º – **Participação do acidente, do incidente e do acontecimento perigoso pelo trabalhador**

1 – Ocorrido um acidente, o trabalhador, por si ou interposta pessoa, deve participá-lo, por escrito ou verbalmente, no prazo de dois dias úteis ao respectivo superior hierárquico, salvo se este o tiver presenciado.

2 – A participação por escrito deve, em princípio, ser feita mediante utilização de impresso próprio fornecido pelo serviço.

3 – No caso de o estado do trabalhador acidentado ou outra circunstância, devidamente comprovada, não permitir o cumprimento do disposto no n.º 1, o prazo nele referido contar-se-á a partir da cessação do impedimento.

4 – Ocorrido um incidente, o trabalhador deve participá-lo, por escrito, no impresso referido no n.º 2, ao seu superior hierárquico, no prazo de dois dias úteis.

5 – O acontecimento perigoso é participado, nos termos do número anterior, à entidade empregadora.

6 – O prazo para a participação do acidente caracterizado nos termos do n.º 4 do artigo anterior conta-se a partir da comprovação clínica da respectiva lesão corporal, perturbação funcional ou doença.

## Regime dos Acidentes em Serviço e das Doenças Profissionais

ARTIGO 9.º – **Participação institucional**

1 – O superior hierárquico deve participar, no impresso referido no artigo anterior, ao respectivo dirigente máximo os acidentes e incidentes ocorridos com os seus trabalhadores, bem como os acontecimentos perigosos, no prazo de um dia útil a contar da data em que, dos mesmos, teve conhecimento.

2 – Os serviços de saúde, públicos ou privados, que tenham prestado assistência a um acidentado devem participar a ocorrência à entidade empregadora do mesmo, no prazo de um dia útil, pela via mais expedita.

3 – O empregador deve participar o acidente:

a) No prazo de vinte e quatro horas após a ocorrência, à respectiva delegação ou subdelegação do Instituto de Desenvolvimento e Inspecção das Condições de Trabalho, no caso de acidente mortal ou que evidencie uma situação particularmente grave;

b) No prazo de seis dias úteis após o conhecimento da ocorrência, ao delegado de saúde concelhio da área onde tenha ocorrido o acidente;

c) Nos termos da legislação em vigor, ao competente departamento de estatística do ministério responsável pela área do trabalho;

d) No prazo de seis dias úteis após o conhecimento da ocorrência, à ADSE;

e) No prazo de seis dias úteis, à Caixa Geral de Aposentações, nos casos previstos no n.º 5 do artigo 20.º.

4 – O empregador deve ainda participar, de imediato, o acidente, o incidente e o acontecimento perigoso aos respectivos serviços de segurança e saúde no trabalhe, tendo em vista assegurar o respectivo registo, a adopção de medidas correctivas, sempre que necessárias, e, no caso de acidente com incapacidade superior a três dias, a elaboração do respectivo relatório.

SECÇÃO II – **Da reparação**

SUBSECÇÃO I – **Prestações em espécie**

ARTIGO 10.º – **Primeiros socorros**

1 – A entidade empregadora deve assegurar a existência dos mecanismos indispensáveis de assistência aos sinistrados que sejam vítimas de acidente.

2 – Logo que ocorra um acidente, o superior hierárquico ou quem o substitua deve garantir ao sinistrado a prestação imediata dos primeiros socorros e adequado transporte para hospital ou outro serviço de saúde onde possa receber tratamento.

3 – Quando o acidente ocorra fora do local habitual de trabalho, os primeiros socorros devem ser assegurados pelo responsável do serviço onde o acidente se tenha verificado, que comunicará, de imediato, a ocorrência ao superior hierárquico do acidentado ou a quem o substitua.

ARTIGO 11.º – **Assistência médica**

1 – A assistência médica, com excepção dos socorros de urgência, deve ser prestada, sempre que possível, em instituições ou serviços oficiais prestadores de cuidados de saúde, tendo em conta a natureza das lesões e a proximidade da residência do sinistrado.

2 – Quando não seja possível a prestação dos cuidados de saúde de harmonia com o previsto no número anterior, o estabelecimento oficial de saúde deve promover a transferência do sinistrado para estabelecimento de saúde do sector privado e suportar o acréscimo de encargos que daí possa resultar.

3 – No caso de internamento, este verifica-se em enfermaria, podendo o sinistrado, quando possível, ser tratado em quarto particular, suportando ele a diferença das despesas.

4 – A assistência referida no n.º 1 pode, no entanto, ser prestada, por opção do sinistrado, em estabelecimento de saúde privado não integrado no serviço nacional de saúde.

5 – O recurso à assistência médica no estrangeiro só pode verificar-se quando for devidamente comprovada pelos serviços competentes do Ministério da Saúde a impossibilidade de tratamento em território nacional, nos termos previstos na lei para os utentes do serviço nacional de saúde.

6 – O sinistrado deve submeter-se às prescrições médicas e cirúrgicas necessárias à cura da lesão ou doença e à recuperação da capacidade para o trabalho.

7 – Em caso de intervenção cirúrgica, o sinistrado tem o direito de a ela não ser submetido sem previamente consultar um médico da sua escolha, excepto nos casos de urgência e dos que, pela demora desta formalidade, possam pôr em perigo a vida do sinistrado ou agravar as suas lesões.

8 – O sinistrado pode escolher o cirurgião privado que o venha a operar, suportando o acréscimo dos encargos eventualmente daí resultantes.

9 – A recusa do sinistrado à observação das prescrições médicas ou cirúrgicas só é justificada por motivos religiosos ou quando, pela sua natureza ou pelo estado do sinistrado, ponham em risco a vida deste.

10 – Se o sinistrado, sem justificação, não se submeter às prescrições clínicas ou cirúrgicas, perde os direitos e regalias previstos neste diploma, excepto os relativos à reparação por incapacidade permanente, e desde que a junta médica prevista no artigo 38.º reconheça que a incapacidade para o trabalho subsistiria em qualquer caso.

11 – Quando o sinistrado optar por assistência médica particular, tem direito ao pagamento da importância que seria despendida em estabelecimento do serviço nacional de saúde, devendo, para efeitos de reembolso, apresentar os documentos justificativos de todas as despesas efectuadas com o tratamento das lesões, doença ou perturbação funcional resultantes do acidente.

*Regime dos Acidentes em Serviço e das Doenças Profissionais* 83

Artigo 12.º – **Boletim de acompanhamento médico**

1 – A situação clínica do sinistrado, até à alta, deve ser registada, conforme os casos, pelo médico que o assista ou pela junta médica, no boletim de acompanhamento médico de modelo próprio, fornecido pelo serviço ou organismo em que o mesmo exercia funções à data do acidente.

2 – O registo referido no número anterior deve conter, nomeadamente, os seguintes elementos:

    *a*) A identificação do sinistrado e do serviço ou organismo onde exerce funções;

    *b*) A sintomatologia, as lesões ou doenças diagnosticadas e o eventual tipo de incapacidade;

    *c*) Eventuais restrições temporárias para o exercício da actividade habitual;

    *d*) Data do internamento, quando ocorra, e da respectiva alta;

    *e*) Data da alta e, se for caso disso, respectivo grau de incapacidade permanente proposto.

3 – Para efeitos do n.º 1 e caso se revele necessário, incumbe ao empregador garantir a entrega do boletim de acompanhamento médico ao trabalhador ou à entidade prestadora da assistência médica.

Artigo 13.º – **Aparelhos de prótese e ortótese**

1 – O direito aos aparelhos de prótese e ortótese previstos na alínea a) do n.º 3 do artigo 4.º abrange, também, os destinados à correcção ou compensação visual, auditiva ou ortopédica, bem como a prótese dentária e, ainda, a estética, se justificada.

2 – A aquisição, renovação ou substituição dos aparelhos referidos no número anterior carecem de prescrição médica fundamentada.

3 – Quando do acidente resultar a inutilização ou a danificação de prótese ou ortótese de que o trabalhador já era portador, este tem direito à respectiva reparação ou substituição.

4 – Todas as despesas resultantes da aquisição, manutenção, reparação ou substituição dos aparelhos referidos nos números anteriores constituem encargo do serviço ou organismo ao serviço do qual ocorreu o acidente, salvo nos casos de manifesta negligência na sua utilização.

Artigo 14.º – **Transportes e estada**

1 – Sempre que o sinistrado necessitar de assistência médica, observação ou tratamento ou de comparecer a juntas médicas ou a actos judiciais, a entidade empregadora deve assegurar o necessário transporte.

2 – De entre os transportes adequados ao estado de saúde do trabalhador, deve optar-se pelo que envolva menor encargo.

3 – No caso de deslocação da residência ou do local onde o trabalhador se encontre com vista a assistência médica, observação, tratamento, comparência

a juntas médicas ou a actos judiciais que implique estada, este tem direito ao pagamento da correspondente despesa, até ao limite do valor previsto para as ajudas de custo dos funcionários e agentes com remuneração superior ao valor do índice 405 da escala salarial do regime geral, salvo se a sua condição de saúde, medicamente fundamentada, justificar despesas de montante mais elevado.

4 – O pagamento das despesas com transporte e estada para comparência a actos judiciais será objecto de reposição, caso o pedido do sinistrado venha a ser julgado totalmente improcedente.

5 – Nos casos referidos nos números anteriores, quando o médico assistente ou a junta médica declarar que o estado de saúde do trabalhador o exige, há lugar ao pagamento das despesas de um acompanhante nas mesmas condições das estabelecidas para o trabalhador.

Subsecção II – Prestações em dinheiro

### Artigo 15.º – Direito à remuneração e outras regalias

No período de faltas ao serviço, em resultado de acidente, o trabalhador mantém o direito à remuneração, incluindo os suplementos de carácter permanente sobre os quais incidam descontos para o respectivo regime de segurança social, e ao subsídio de refeição.

### Artigo 16.º – Subsídio por assistência de terceira pessoa

1 – Confere direito ao subsídio por assistência de terceira pessoa a situação resultante de acidente que não permita ao trabalhador praticar com autonomia os actos indispensáveis à satisfação das necessidades básicas da vida quotidiana sem a assistência permanente de outra pessoa.

2 – Consideram-se necessidades básicas os actos relativos à alimentação, locomoção e cuidados de higiene pessoal.

3 – A situação referida no n.º 1 é certificada pelo médico assistente ou pela junta médica nos casos, respectivamente, de incapacidade temporária absoluta ou permanente.

4 – A assistência de terceira pessoa considera-se permanente quando implique um atendimento de, pelo menos, seis horas diárias, podendo ser assegurada através da participação sucessiva e conjugada de várias pessoas, incluindo a prestação no âmbito do apoio domiciliário.

5 – O familiar do dependente ou quem com ele coabite, que lhe preste assistência permanente, é considerado terceira pessoa.

6 – Não se considera terceira pessoa quem se encontre igualmente carecido de autonomia para a realização dos actos básicos da vida diária.

*Regime dos Acidentes em Serviço e das Doenças Profissionais*　　　85

ARTIGO 17.º – **Condições de atribuição e montante do subsídio por assistência de terceira pessoa**

1 – A atribuição do subsídio depende de requerimento do interessado ou de quem o represente, dirigido à entidade responsável pelo seu pagamento, acompanhado da certificação médica e de declaração passada por quem lhe preste assistência.

2 – O montante mensal do subsídio corresponde ao valor da remuneração paga a quem preste a assistência, com o limite da remuneração mínima mensal garantida para os trabalhadores do serviço doméstico.

3 – Na falta de prova de pagamento da remuneração, o montante do subsídio corresponde ao valor estabelecido para prestação com idêntica finalidade, no âmbito do regime jurídico das prestações familiares.

4 – O pagamento do subsídio inicia-se no mês seguinte ao da apresentação do requerimento, com efeitos a partir da data da efectiva prestação da assistência, e cessa no fim do mês da verificação do facto determinante da extinção do direito.

5 – O direito ao subsídio suspende-se durante o internamento em hospital ou estabelecimento similar, por período superior a 30 dias consecutivos, em hospital ou estabelecimento similar, desde que não determine encargo, para o trabalhador.

ARTIGO 18.º – **Despesas de funeral e subsídio por morte**

1 – Se do acidente resultar a morte do trabalhador, as despesas com o funeral são encargo do serviço ou organismo até ao limite de quatro vezes a remuneração mínima mensal garantida mais elevada, que será aumentado para o dobro se houver trasladação.

2 – O pagamento referido no número anterior é feito a quem provar ter efectuado as despesas de funeral e não é acumulável com outro benefício de idêntica finalidade, com excepção do previsto no artigo 14.º do Decreto-Lei n.º 223/95, de 8 de Setembro, na parte em que este exceda o montante daquele, com o limite da quantia efectivamente despendida.

3 – O subsídio por morte destina-se a compensar o acréscimo de encargos resultante do falecimento de um membro do agregado familiar, em consequência de acidente em serviço, sendo de montante igual a 12 vezes a remuneração mínima mensal garantida mais elevada e é atribuído nos termos seguintes:

*a)* Ao cônjuge ou à pessoa que vivia em união de facto com o falecido, nas condições referidas no n.º 1 do artigo 2020.º do Código Civil;

*b)* Aos filhos, incluindo os nascituros, os adoptados plena ou restritamente e os enteados com direito à prestação de alimentos que tiverem direito à pensão prevista no artigo 34.º

4 – Os beneficiários a que se refere cada uma das alíneas do número anterior recebem metade ou a totalidade do subsídio por morte, consoante concorram ou não com beneficiários previstos na outra alínea.

5 – O subsídio por morte referido no n.º 3 é acumulável com o previsto no Decreto-Lei n.º 223/95, de 8 de Setembro, na parte em que este exceda aquele.

6 – Se o falecimento, em consequência de acidente em serviço, ocorrer na situação de aposentação, as prestações previstas nos números anteriores são pagas pela Caixa Geral de Aposentações.

SUBSECÇÃO III – **Incapacidade temporária**

ARTIGO 19.º – **Faltas ao serviço**

1 – As faltas ao serviço, resultantes de incapacidade temporária absoluta motivadas por acidente, são consideradas como exercício efectivo de funções, não implicando, em caso algum, a perda de quaisquer direitos ou regalias, nomeadamente o desconto de tempo ele serviço para qualquer efeito.

2 – As faltas por acidente em serviço devem ser justificadas, no prazo de cinco dias úteis, a contar do 1.º dia de ausência ao serviço, mediante apresentação dos seguintes documentos:

a) Declaração emitida pelo médico que o assistiu ou por estabelecimento de saúde, quando ao sinistrado tenham sido prestados cuidados que não determinem incapacidade para o exercício de funções por período superior a três dias;

b) Boletim de acompanhamento médico previsto no artigo 12.º

3 – No caso de o estado do trabalhador acidentado ou de outra circunstância, devidamente comprovada, não permitir o cumprimento do prazo previsto no número anterior, este contar-se-á a partir da cessação do impedimento.

4 – No caso de a ausência ao serviço por motivo de acidente exceder 90 dias consecutivos, é promovida, pela entidade empregadora, a apresentação do sinistrado a exame de junta médica com competência para justificar as faltas subsequentes, sem prejuízo da possibilidade de verificação do seu estado de saúde pela mesma junta, sempre que a entidade empregadora o julgue conveniente.

5 – Para efeitos do n.º 1, consideram-se motivadas por acidente em serviço as faltas para realização de quaisquer exames com vista à qualificação do acidente ou para tratamento, bem como para a manutenção, substituição ou reparação de próteses e ortóteses a que se refere o artigo 13.º, desde que devidamente comprovadas, e as ocorridas até à qualificação do acidente nos termos do n.º 7 do artigo 7.º ou entre o requerimento e o reconhecimento da recidiva, agravamento ou recaída previsto no artigo 24.º.

6 – As faltas para comparência a actos judiciais, desde que devidamente comprovadas, consideram-se justificadas e não implicam a perda de quaisquer direitos ou regalias.

*Regime dos Acidentes em Serviço e das Doenças Profissionais* 87

Artigo 20.º – **Alta**

1 – Quando o trabalhador for considerado clinicamente curado ou as lesões ou a doença se apresentarem insusceptíveis de modificação com terapêutica adequada, o médico assistente ou a junta médica prevista no artigo 21.º, conforme os casos, dar-lhe-á alta, formalizada no boletim de acompanhamento médico, devendo o trabalhador apresentar-se ao serviço no 1.º dia útil seguinte, excepto se lhe tiver sido reconhecida uma incapacidade permanente absoluta para o trabalho habitual ou para todo e qualquer trabalho, caso em que se consideram justificadas as faltas dadas até à realização da junta médica da Caixa Geral de Aposentações.

2 – Se após a alta concedida pelo médico assistente o trabalhador não se sentir em condições de retomar a sua actividade habitual, pode requerer à entidade empregadora a sua apresentação à junta médica prevista no artigo 21.º, que deverá realizar-se no prazo máximo de 15 dias úteis, considerando--se justificadas as faltas dadas até à sua realização.

3 – A junta médica prevista no número anterior deve declarar se o sinistrado está em condições de retomar o serviço ou indicar a data de apresentação a nova junta médica, devendo a respectiva decisão ser notificada pessoalmente ao interessado, no próprio dia, e à entidade empregadora, pela via mais expedita, no prazo de dois dias úteis.

4 – Após a alta, caso a ausência ao serviço tiver sido superior a 30 dias consecutivos, o trabalhador deve ser examinado pelo médico do trabalho, para confirmação da sua aptidão relativa ao respectivo posto de trabalho, devendo, no caso de ser declarada inaptidão temporária, ser presente à junta médica prevista no artigo 21.º e, no caso de declaração de incapacidade permanente, ser comunicado o facto à Caixa Geral de Aposentações, sem prejuízo do disposto no artigo 23.º.

5 – Após a alta, se for reconhecido ao acidentado uma incapacidade permanente ou se a incapacidade temporária tiver durado mais de 36 meses, seguidos ou interpolados, a entidade empregadora deve comunicar o facto à Caixa Geral de Aposentações, que o submeterá a exame da respectiva junta médica para efeitos de confirmação ou de verificação de eventual incapacidade permanente resultante do acidente e de avaliação do respectivo grau de desvalorização.

6 – No caso de não ter sido reconhecida ao acidentado uma incapacidade permanente e este não se conformar com tal decisão, pode requerer à Caixa Geral de Aposentações, no prazo de 90 dias consecutivos após a alta, a realização de junta médica, para os fins previstos no número anterior.

Artigo 21.º – **Junta médica**

1 – A verificação e confirmação da incapacidade temporária, a atribuição da alta ou a sua revisão, previstas nos artigos 19.º e 20.º, e a emissão do parecer referido no artigo 23.º competem a uma junta médica composta por dois médicos da ADSE, um dos quais preside, e um médico da escolha do sinistrado.

88 *Novo Estatuto da Função Pública*

2 – Caso se demonstre necessário, a ADSE poderá fazer substituir um dos seus representantes na junta médica por um perito médico-legal.

3 – A constituição e o funcionamento da junta prevista no número anterior são da responsabilidade da ADSE, que deverá promover a sua realização na secção que corresponda à área de residência do sinistrado.

4 – Compete à entidade empregadora ao serviço da qual ocorreu o acidente requerer à ADSE a realização do exame da junta médica e suportar os respectivos encargos, incluindo os relativos à eventual participação do médico indicado pelo sinistrado.

5 – Se o sinistrado não indicar à ADSE o médico da sua escolha, no prazo de 10 dias úteis contado da notificação da data da realização da junta médica, este será substituído por um médico designado pela ADSE.

6 – Os hospitais, estabelecimentos de saúde ou quaisquer outras entidades devem prestar à junta médica a informação que lhes seja solicitada e fornecer-lhes os elementos de natureza clínica relativos aos trabalhadores sinistrados.

7 – As decisões da junta médica são notificadas ao sinistrado e à respectiva entidade empregadora.

### Artigo 22.º – **Junta de recurso**

1 – O sinistrado pode solicitar à entidade empregadora a realização de junta de recurso, mediante requerimento fundamentado com parecer médico, no prazo de 10 dias úteis a contar da notificação da decisão da junta médica referida no artigo 21.º.

2 – A junta de recurso tem a mesma composição da junta médica prevista no artigo anterior, devendo ser integrada por médicos diferentes, à excepção do médico da escolha do sinistrado, que pode ser o mesmo.

3 – À junta de recurso aplica-se o disposto nos n.ºs 2, 3, 4 e 6 do artigo anterior.

4 – A junta médica, cuja decisão é objecto de recurso, deve facultar ao sinistrado, a solicitação deste, as informações constantes do respectivo processo no prazo de dois dias úteis.

5 – Se a junta de recurso declarar o sinistrado em condições de regressar ao serviço, as faltas dadas até à notificação dessa decisão são consideradas justificadas.

### Artigo 23.º* – **Reintegração profissional**

1 – No caso de incapacidade temporária parcial que não implica ausência ao serviço, o superior hierárquico deve atribuir ao sinistrado trabalho compatível com o seu estado, em conformidade com o parecer do médico que o assista, do médico do trabalho ou da junta médica, dispensando-o do serviço para comparecer às consultas e tratamentos que tenha de efectuar dentro do seu horário de trabalho.

*Regime dos Acidentes em Serviço e das Doenças Profissionais*  89

2 – O trabalho compatível inclui a atribuição de tarefas e a duração e o horário de trabalho adequados ao estado de saúde do trabalhador.

3 – Quando se verifique incapacidade permanente que impossibilite o trabalhador de exercer plenamente as suas anteriores funções ou quando destas possa resultar o agravamento do seu estado de saúde, este tem direito a ocupação em funções compatíveis com o respectivo estado, a formação profissional, a adaptação do posto de trabalho e a trabalho a tempo parcial e o dever de se candidatar a todos os procedimentos concursais para ocupação de postos de trabalho previstos nos mapas de pessoal dos órgãos ou serviços, desde que reúna os requisitos exigidos e se encontre nas condições referidas nos n.ᵒˢ 2 e 3 do artigo 61.º da Lei n.º 12-A/2008, de 27 de Fevereiro, aplicáveis com as necessárias adaptações.

4 – As situações referidas no número anterior não implicam, em caso algum, a redução de remuneração nem perda de quaisquer regalias.

5 – Enquanto não haja reinício de funções nos termos do n.º 3, é aplicável o regime de faltas previsto nos artigos 15.º e 19.º.

*(\* Redacção dada pelo art. 27.º da Lei n.º 64-A/2008, de 31 de Dezembro)*

Artigo 24.º – **Recidiva, agravamento e recaída**

1 – No caso de o trabalhador se considerar em situação de recidiva, agravamento ou recaída, ocorrida no prazo de 10 anos contado da alta, deve apresentar à entidade empregadora requerimento de submissão à junta médica referida no artigo 21.º, fundamentado em parecer médico.

2 – O reconhecimento da recidiva, agravamento ou recaída pela junta médica determina a reabertura do processo, que seguirá, com as necessárias adaptações, os trâmites previstos para o acidente confere ao trabalhador o direito à reparação prevista no artigo 4.º.

# CAPÍTULO III
## Doenças profissionais

Secção I – **Da qualificação e participação da doença profissional**

Artigo 25.º – **Doença profissional**

São doenças profissionais as constantes da lista de doenças profissionais publicada no Diário da República e as lesões, perturbações funcionais ou doenças não incluídas na referida lista, desde que sejam consequência necessária e directa da actividade exercida pelo trabalhador e não representem normal desgaste do organismo.

Artigo 26.º – **Qualificação da doença profissional**

1 – O diagnóstico e a caracterização como doença profissional e, se for caso disso, a atribuição da incapacidade temporária ou a proposta do grau de incapacidade permanente são da responsabilidade dos serviços médicos do Centro Nacional de Protecção contra os Riscos Profissionais, adiante designado por Centro Nacional.

2 – A confirmação e a graduação da incapacidade permanente são da competência da junta médica prevista na alínea b) do n.º 1 do artigo 38.º.

Artigo 27.º – **Participação da doença profissional**

1 – Os médicos devem participar obrigatoriamente ao Centro Nacional todos os casos clínicos em que seja de presumir a existência de doença profissional, em impresso próprio fornecido por aquele, no prazo de oito dias úteis a contar da data do diagnóstico.

2 – O trabalhador deve entregar ao respectivo superior hierárquico cópia da participação referida no número anterior ou declaração ou atestado médico de que conste o diagnóstico presuntivo, no prazo de dois dias úteis, contado da data da participação ou da emissão do documento médico.

Artigo 28.º – **Participação institucional**

1 – Sem prejuízo das demais comunicações previstas na lei, o Centro Nacional deve comunicar os casos por ele confirmados de doença profissional às seguintes entidades:

a) Entidade empregadora;
b) Caixa Geral de Aposentações;
c) ADSE;
d) Delegado de saúde concelhio.

2 – Nos casos de existência de indícios inequívocos de especial gravidade da situação laboral, a participação a que se reterem as alíneas a) e d) do número anterior deve ser antecipada, relativamente à confirmação da doença, a fim de serem tomadas as necessárias medidas de prevenção.

3 – O Centro nacional deve também comunicar à respectiva entidade empregadora qualquer caso não confirmado de doença profissional.

4 – Recebida a comunicação prevista na alínea a) do n.º 1, a entidade empregadora deve participar:

a) Nos termos da legislação em vigor, ao competente departamento do ministério responsável pela área do trabalho;
b) Aos respectivos serviços de segurança e saúde no trabalho.

Secção II – **Da reparação**

Artigo 29.º – **Prestações em espécie**

1 – Às doenças profissionais aplica-se, com as necessárias adaptações, o disposto nos artigos 11.º a 14.º, 23.º e 24.º.

2 – No caso de doença profissional de carácter evolutivo, não se aplica o prazo previsto no n.º 1 do artigo 24.º.

Artigo 30.º – **Faltas ao serviço**

1 – As faltas ao serviço motivadas por doença profissional regulam-se, com as necessárias adaptações, pelo disposto nos n.ᵒˢ 1, 3 e 6 do artigo 19.º.

2 – As faltas com fundamento em doença profissional devem ser comprovadas pela cópia da participação ao Centro Nacional referida no artigo 27.º ou, até à sua apresentação, por declaração ou atestado médico com o diagnóstico presuntivo, no prazo máximo de cinco dias úteis contado a partir do 1.º dia de ausência ao serviço.

3 – As faltas subsequentes são justificadas mediante a apresentação do boletim de acompanhamento médico previsto no artigo 12.º.

4 – Consideram-se motivadas por doença profissional as faltas para realização de quaisquer exames com vista à qualificação da doença ou para tratamento, desde que devidamente comprovadas, bem como as ocorridas até à alta dada pelo médico assistente ou pela junta médica prevista no artigo 21.º ou entre o requerimento e o reconhecimento do agravamento ou recaída.

5 -No diagnóstico e caracterização da doença profissional previstos no artigo 26.º deve o Centro Nacional certificar, sempre que possível, quais os períodos de faltas ao serviço anteriores ao diagnóstico presuntivo que foram determinados pela doença profissional, para efeitos de aplicação do presente diploma.

6 – As faltas não consecutivas, medicamente atestadas, como tendo origem em doença profissional participada nos termos do artigo 27.º, dadas até à conclusão do processo pelo Centro Nacional ou pela Caixa Geral de Aposentações, são consideradas faltas por doença profissional.

7 – Sempre que as faltas por incapacidade temporária excedam 18 meses, a entidade empregadora deve promover a apresentação do trabalhador à junta médica prevista no artigo 21.º.

8 – A junta médica pode confirmar a situação de incapacidade temporária, a sua duração previsível e marcar a data de submissão a nova junta, se for caso disso.

9 – Para efeitos do limite máximo de faltas previstas no n.º 7, contam-se todas as faltas, seguidas ou interpoladas, quando entre estas não se verifique um intervalo superior a 30 dias, excluindo o período de férias.

10 – No caso de a incapacidade temporária exceder 36 meses, seguidos ou interpolados, a entidade empregadora deve comunicar o facto à Caixa Geral

de Aposentações, que submeterá o trabalhador a exame da respectiva junta médica para efeitos de confirmação ou de verificação de eventual incapacidade permanente e avaliação do respectivo grau de desvalorização.

11 – Se o Centro Nacional não propuser uma incapacidade permanente e o trabalhador não se conformar, pode requerer à Caixa Geral de Aposentações, no prazo de 90 dias consecutivos após a comunicação prevista na alínea a) do n.º 1 do artigo 28.º, a realização de junta médica para os fins previstos no número anterior.

12- Às faltas dadas pelo trabalhador que, após a comunicação do Centro Nacional prevista no n.º 3 do artigo 28.º, não se sentir em condições de retomar a sua actividade habitual, é aplicável o disposto na lei relativamente às faltas por doença.

### Artigo 31.º – **Alta**

O disposto nos n.ºˢ 1 a 4 do artigo 20.º é aplicável, com as necessárias adaptações, às doenças profissionais.

### Artigo 32.º – **Prestações em dinheiro**

Às doenças profissionais aplica-se, com as necessárias adaptações, o disposto nos artigos 15.º a 18.º.

### Artigo 33.º – **Cessação do direito à reparação**

1 – O direito à reparação previsto no presente diploma cessa na data da recepção pela entidade empregadora da comunicação do Centro Nacional, prevista no artigo 28.º, caso este não confirme o diagnóstico da doença profissional.

2 – A cessação do direito referido no número anterior não prejudica os efeitos produzidos até àquela data.

## CAPÍTULO IV
### Responsabilidade da Caixa Geral de Aposentações

### Artigo 34.º – **Incapacidade permanente ou morte**

1 – Se do acidente em serviço ou da doença profissional resultar incapacidade permanente ou morte, haverá direito às pensões e outras prestações previstas no regime geral.

2 – Quando a lesão ou doença resultante de acidente em serviço ou doença profissional for agravada por lesão ou doença anterior, ou quando esta for agravada pelo acidente ou doença profissional, a incapacidade avaliar-se-á como se tudo dele resultasse, salvo se, por lesão ou doença anterior, o trabalhador já estiver a receber pensão ou tiver recebido um capital de remição.

*Regime dos Acidentes em Serviço e das Doenças Profissionais* 93

3 – No caso de o trabalhador estar afectado de incapacidade permanente anterior ao acidente ou doença profissional, a reparação será apenas a correspondente à diferença entre a incapacidade anterior e a que for calculada como se tudo fosse imputado ao acidente ou doença profissional.

4 – As pensões e outras prestações previstas no n.º 1 são atribuídas e pagas pela Caixa Geral de Aposentações, regulando-se pelo regime nele referido quanto às condições de atribuição, aos beneficiários, ao montante e à fruição.

5 – No cálculo das pensões é considerada a remuneração sujeita a desconto para o respectivo regime de segurança social.

6 – A pensão por morte referida no n.º 1 não é acumulável com a pensão de preço de sangue ou com qualquer outra destinada a reparar os mesmos danos, sem prejuízo do disposto no n.º 3 do artigo 41.º.

7 – Se do uso da faculdade de recusa de observância das prescrições médicas ou cirúrgicas prevista no n.º 9 do artigo 11.º resultar para o sinistrado uma incapacidade permanente com um grau de desvalorização superior ao que seria previsível se o tratamento tivesse sido efectuado, a indemnização devida será correspondente ao grau provável de desvalorização adquirida na situação inversa.

8 – Se não houver beneficiários com direito a pensão por morte, não há lugar ao respectivo pagamento.

ARTIGO 35.º – **Subsídio por assistência de terceira pessoa**

1 – O subsídio por assistência a terceira pessoa é concedido e pago pela Caixa Geral de Aposentações a partir da passagem à situação de aposentação.

2 – À atribuição do subsídio aplica-se, com as necessárias adaptações, o disposto nos artigos 16.º e 17.º.

ARTIGO 36.º – **Subsídio para readaptação de habitação**

1 – Quando seja atribuída uma incapacidade permanente absoluta pela junta médica da Caixa Geral de Aposentações e por esta reconhecida a necessidade de readaptação da habitação do trabalhador, este tem direito a um subsídio para pagamento das respectivas despesas.

2 – O subsídio é de montante correspondente às despesas com a readaptação da habitação, até ao limite de 12 vezes a remuneração mínima mensal garantida mais elevada, em vigor à data do acidente ou da atribuição da incapacidade permanente resultante de doença profissional.

3 – O subsídio é pago pela Caixa Geral de Aposentações, no prazo de 30 dias contado da data da apresentação da prova dos encargos suportados.

ARTIGO 37.º – **Subsídio por situações de elevada incapacidade permanente**

A incapacidade permanente absoluta ou a incapacidade permanente parcial que impliquem uma redução na capacidade geral de ganho igualou superior a

94     *Novo Estatuto da Função Pública*

70% conferem ao sinistrado ou doente direito a um subsídio cujo valor é igual a 12 vezes a remuneração mínima mensal garantida em vigor à data do acidente ou da atribuição da incapacidade permanente resultante de doença profissional, na proporção do grau de incapacidade fixado, sendo pago de uma só vez.

ARTIGO 38.º – **Juntas médicas**

1 – A confirmação e a graduação da incapacidade permanente é da competência da junta médica da Caixa Geral de Aposentações, que terá a seguinte composição:

    *a*) No caso de acidente em serviço, um médico da Caixa Geral de Aposentações, que preside, um perito médico-legal e um médico da escolha do sinistrado;

    *b*) No caso de doença profissional, um médico da Caixa Geral de Aposentações, que preside, um médico do Centro Nacional e um médico da escolha do doente.

2 – Se o sinistrado ou o doente não indicar o médico da sua escolha no prazo de 10 dias úteis contado da notificação da data da realização da junta médica, este será substituído por um médico designado pela Caixa Geral de Aposentações.

3 – A composição e funcionamento das juntas médicas é da responsabilidade da Caixa Geral de Aposentações, que requisitará o perito médico-legal ao respectivo instituto de medicina legal ou o médico ao Centro Nacional e suportará os inerentes encargos, incluindo os relativos à eventual participação do médico indicado pelo sinistrado ou doente.

4 – Os encargos relativos à participação do médico indicado pelo sinistrado ou doente não podem ultrapassar um quarto da remuneração mínima mensal garantida mais elevada, sendo os relativos aos demais médicos os constantes das respectivas tabelas, caso existam, ou fixados por despacho do Ministro das Finanças.

5 – A determinação das incapacidades permanentes é efectuada de acordo com a Tabela Nacional de Incapacidades por Acidentes de Trabalho e Doenças Profissionais.

6 – Nos casos previstos na alínea a) do n.º 1, em que o sinistrado seja militar ou equiparado, o perito médico-legal é substituído, sempre que possível, por um médico indicado pelo competente serviço de saúde militar, com formação específica em medicina legal.

7 – As decisões da junta médica são notificadas ao trabalhador e à entidade empregadora.

ARTIGO 39.º – **Juntas de recurso**

1 – O sinistrado ou o doente pode solicitar à Caixa Geral de Aposentações a realização de junta de recurso, mediante requerimento, devidamente funda-

mentado, a apresentar no prazo de 60 dias consecutivos a contar da notificação da decisão da junta médica.

2 – A junta de recurso tem a mesma composição da competente junta médica prevista no artigo anterior, devendo ser integrada por médicos diferentes dos que intervieram na junta inicial, à excepção do médico da escolha do sinistrado ou doente, que pode ser o mesmo.

3 – À junta de recurso aplica-se o disposto no artigo anterior.

Artigo 40.º – **Revisão da incapacidade e das prestações**

1 – Quando se verifique modificação da capacidade de ganho do trabalhador proveniente de agravamento, recidiva, recaída ou melhoria da lesão ou doença que deu origem à reparação, ou de intervenção clínica ou de aplicação de prótese ou ortótese, as prestações da responsabilidade da Caixa Geral de Aposentações poderão ser revistas e, em consequência, aumentadas, reduzidas ou extintas, de harmonia com a alteração verificada.

2 – As prestações podem ser revistas por iniciativa da Caixa Geral de Aposentações ou mediante requerimento do interessado, fundamentado em parecer médico.

3 – A revisão pode ser efectuada no prazo de 10 anos contado da data da fixação das prestações:

*a*) Uma vez em cada semestre, nos dois primeiros anos;

*b*) Uma vez por ano, nos anos subsequentes.

4 – No caso de doença profissional de carácter evolutivo, a revisão pode ser requerida a todo o tempo, excepto nos dois primeiros anos, em que só poderá ser requerida uma vez no fim de cada ano.

5 – A verificação da modificação da capacidade geral de ganho é da competência da correspondente junta médica prevista no artigo 38.º.

6 – A não comparência injustificada do sinistrado ou doente a exame da junta médica referida no número anterior determina a suspensão das prestações devidas nos termos do presente diploma a partir do dia I do mês seguinte ao da primeira falta e até à submissão do interessado a novo exame, que deverá realizar-se no prazo máximo de 30 dias consecutivos a contar da não comparência.

Artigo 41.º – **Acumulação de prestações**

1 – As prestações periódicas por incapacidade permanente não são acumuláveis:

*a*) Com remuneração correspondente ao exercício da mesma actividade, em caso de incapacidade permanente absoluta resultante de acidente;

*b*) Com remuneração correspondente a actividade exercida em condições de exposição ao mesmo risco, sempre que esta possa contribuir para o aumento de incapacidade já adquirida.

2 – O incumprimento do disposto no número anterior determina a perda das prestações correspondentes ao período do exercício da actividade, sem prejuízo de revisão do grau de incapacidade nos termos do presente diploma.

3 – São acumuláveis, sem prejuízo das regras de acumulação próprias dos respectivos regimes de protecção social obrigatórios:

*a)* As pensões por incapacidade permanente com as atribuídas por invalidez ou velhice;

*b)* A pensão por morte com a pensão de sobrevivência, na parte em que esta exceda aquela.

ARTIGO 42.º – **Actualização das pensões**

Os valores das pensões previstas no presente diploma são actualizados nos mesmos termos em que o forem os das correspondentes pensões do regime geral.

ARTIGO 43.º – **O Reembolso**

A Caixa Geral de Aposentações é reembolsada das despesas e prestações que tenha suportado, caso o serviço ou o organismo da Administração Pública possua autonomia administrativa e financeira.

## CAPÍTULO V
### Outras responsabilidades

ARTIGO 44.º – **Responsabilização**

1 – O dirigente máximo ou superior hierárquico que não cumpra, ainda que por mera negligência, as obrigações impostas neste diploma incorre, consoante a gravidade da infracção, nas sanções disciplinares de multa ou suspensão, previstas no Estatuto Disciplinar, ou cessação da comissão de serviço, nos termos da lei.

2 – A aplicação das sanções previstas no número anterior não prejudica a responsabilidade civil ou criminal, nos termos da lei.

3 – O trabalhador com vínculo à Administração que, fraudulentamente, tente beneficiar ou beneficie de qualquer protecção ou reparação prevista no presente diploma incorre em infracção disciplinar punível com as penas de suspensão ou de inactividade, conforme a gravidade da infracção, nos termos do Estatuto Disciplinar.

4 – No caso de trabalhador vinculado por contrato individual de trabalho, aplicam-se, com as necessárias adaptações, as disposições correspondentes às previstas no número anterior.

5 – O dirigente ou superior hierárquico que tenha sido conivente ou encobridor de situação fraudulenta, por forma a conseguir para o trabalhador

*Regime dos Acidentes em Serviço e das Doenças Profissionais*　　97

qualquer prestação em espécie ou em dinheiro ao abrigo deste diploma, incorre nas penas de suspensão ou cessação da comissão de serviço referidas no n.º 1, consoante a gravidade da infracção.

6 – Sem prejuízo das sanções referidas nos números anteriores, o Estado exercerá obrigatoriamente o direito de regresso relativamente aos responsáveis, nos casos em que se comprove que a violação das obrigações previstas neste diploma determinou o pagamento de indemnizações ou a concessão de quaisquer benefícios.

7 – Na administração local, a responsabilidade do empregador de acordo com o regime jurídico da tutela administrativa não prejudica a sua responsabilização civil e criminal nos termos gerais, em caso de incumprimento do presente diploma.

ARTIGO 45.º – **Seguro de acidente em serviço**

1 – Os serviços e organismos não devem, em princípio, transferir a responsabilidade pela reparação dos acidentes em serviço prevista neste diploma para entidades seguradoras.

2 – Os serviços e organismos referidos no artigo 2.º que entendam vantajosa a celebração de contratos de seguro podem realizá-los, excepcionalmente, mediante autorização prévia dos Ministros das Finanças e da tutela ou dos competentes secretários regionais, sob proposta devidamente fundamentada, sendo tal autorização igualmente exigível em caso de alteração dos mesmos.

3 – Os serviços e organismos da administração local podem transferir a responsabilidade por acidentes em serviço prevista neste diploma para entidades seguradoras.

4 – Os contratos de seguro que venham a ser celebrados devem respeitar a apólice uniforme de seguro de acidentes em serviço para os trabalhadores da Administração Pública, a estabelecer mediante convenção entre o Instituto de Seguros de Portugal, o membro do Governo que tenha a seu cargo a Administração Pública e o Ministro das Finanças.

5 – É aplicável à apólice uniforme referida no número anterior o disposto nos n.ºs 2 e 3 do artigo 38.º da Lei n.º 100/97, de 13 de Setembro.

6 – A apólice uniforme deve garantir as prestações e despesas previstas neste diploma, sendo nulas as cláusulas adicionais que impliquem a redução de quaisquer direitos ou regalias.

ARTIGO 46.º – **Responsabilidade de terceiros**

1 – Os serviços e organismos que tenham pago aos trabalhadores ao seu serviço quaisquer prestações previstas no presente diploma têm direito de regresso, contra terceiro civilmente responsável pelo acidente ou doença profissional, incluindo seguradoras, relativamente às quantias pagas.

2 – O direito de regresso abrange, nomeadamente, as quantias pagas a título de assistência médica, remuneração, pensão e outras prestações de carácter remuneratório respeitantes ao período de incapacidade para o trabalho.

3 – Uma vez proferida decisão definitiva sobre o direito às prestações da sua responsabilidade, a Caixa Geral de Aposentações tem direito de regresso contra terceiro responsável, incluindo seguradoras, por forma a dele obter o valor do respectivo capital, sendo o correspondente às pensões determinado por cálculo actuarial.

4 – Nos casos em que os beneficiários das prestações tenham já sido indemnizados pelo terceiro responsável, não há lugar ao seu pagamento até que nelas se esgote o valor da indemnização correspondente aos danos patrimoniais futuros, sem prejuízo do direito de regresso referido no número anterior, relativamente à eventual responsabilidade não abrangida no acordo celebrado com terceiro responsável.

5 – Quando na indemnização referida no número anterior não seja discriminado o valor referente aos danos patrimoniais futuros, presume-se que o mesmo corresponde a dois terços do valor da indemnização atribuída.

Artigo 47.º – **Exercício do direito de regresso**

1 – Nas acções cíveis em que seja formulado pedido de indemnização por danos decorrentes de acidente em serviço ou de doença profissional, o autor, se se tratar de trabalhador da Administração Pública ou de subscritor da Caixa Geral de Aposentações, deve indicar na petição inicial a respectiva qualidade, sendo notificado o organismo ou serviço no qual ocorreu o acidente, ou a Caixa Geral de Aposentações, conforme os casos, para, no prazo da contestação, deduzir pedido de reembolso das quantias a que se refere o artigo anterior.

2 – Quando o acta de terceiro dê origem a processo crime e o Ministério Público deduza acusação ou se pronuncie sobre acusação particular, deve ser indicado o vínculo do trabalhador à Administração Pública e a sua eventual qualidade de subscritor da Caixa Geral de Aposentações.

3 – O serviço ou organismo ao serviço do qual ocorreu o acidente ou foi contraída a doença profissional e a Caixa Geral de Aposentações são tidos como lesados nos termos e para os efeitos do artigo 74.º do Código de Processo Penal, observando-se, nesta matéria, o disposto nos artigos 71.º a 84.º do mesmo diploma.

Artigo 48.º – **Acção para reconhecimento do direito**

1 – O interessado pode intentar, no prazo de um ano, nos tribunais administrativos, acção para reconhecimento do direito ou interesse legalmente protegido contra os actos ou omissões relativos à aplicação do presente diploma, que segue os termos previstos na lei de processo nos tribunais administrativos e tem carácter de urgência.

2 – Nas acções referidas no número anterior, o interessado está isento de custas, sendo representado por defensor oficioso a nomear pelo tribunal, nos termos da lei, salvo quando tiver advogado constituído.

3 – O prazo referido no n.º 1 conta-se:

a) Da data da notificação, em caso de acto expresso;

b) Da data da formação de acto tácito de indeferimento da pretensão formulada.

Artigo 49.º – **Acumulação de actividades**

1 – Quando um trabalhador, autorizado nos termos da lei a exercer simultaneamente actividade em mais de um serviço ou organismo abrangido pelo disposto no n.º 1 do artigo 2.º, for vítima de um acidente ao serviço de um deles, deve observar-se o seguinte:

a) A entidade empregadora ao serviço da qual ocorreu o acidente é responsável pela aplicação do regime constante deste diploma;

b) O respectivo serviço ou organismo é responsável pelos encargos emergentes do acidente, com excepção dos relativos às remunerações correspondentes à outra actividade;

c) A entidade empregadora ao serviço da qual não ocorreu o acidente deve garantir ao trabalhador, na parte que lhe diga respeito, os direitos e garantias previstos nos artigos 15.º, 19.º, 23.º e 24.º;

d) A entidade ao serviço da qual ocorreu o acidente deve comunicar, de imediato, o facto à outra entidade empregadora interessada, bem como prestar-lhe todas as informações relativas à situação do sinistrado.

2 – Quando um trabalhador vinculado à Administração Pública e autorizado, nos termos da lei, a exercer simultaneamente outra actividade pela qual não se encontre abrangido pelo regime estabelecido neste diploma for vítima de um acidente ao serviço de uma das entidades empregadoras, deve observar--se o seguinte:

a) Se o acidente ocorrer no exercício da actividade sujeita ao regime do presente diploma, a outra entidade empregadora deve garantir ao sinistrado os direitos estabelecidos no respectivo regime jurídico aplicável, correspondentes aos previstos na alínea c) do número anterior;

b) Se o acidente ocorrer no exercício de actividade a que corresponda regime diferente do presente diploma, a outra entidade deve observar o disposto na alínea c) do número anterior;

c) O disposto na alínea d) do número anterior é aplicável aos casos de acumulação de funções públicas com actividade privada.

3 – A entidade empregadora que tenha suportado encargos da responsabilidade de outra fica com direito de regresso ou de reembolso nos termos da legislação aplicável.

4 – O disposto nos números anteriores é aplicável, com as necessárias adaptações, às doenças profissionais.

5 – Nos casos de acumulação referidos nos números anteriores, se do acidente ou doença resultar incapacidade permanente ou morte, a pensão ou capital de remição, calculados com base na remuneração auferida pelo sinistrado ou doente, são fixados tendo em conta a paga pelas diversas entidades empregadoras, ficando, porém, a Caixa Geral de Aposentações com o direito a receber das restantes entidades responsáveis a respectiva quota-parte.

ARTIGO 50.º – **Serviços de segurança e saúde no trabalho**

1 – Os serviços de segurança e saúde no trabalho devem, nomeadamente:
a) Propor e organizar os meios destinados à prestação dos primeiros socorros;
b) Analisar as causas dos acidentes em serviço, doenças profissionais, incidentes e acontecimentos perigosos e propor as correspondentes medidas de natureza preventiva;
c) Elaborar as estatísticas relativas aos eventos referidos na alínea anterior;
d) Elaborar relatórios sobre os acidentes em serviço que tenham ocasionado ausência superior a três dias úteis.

2 – Os serviços de segurança e saúde no trabalho devem manter actualizados os seguintes elementos:
a) Lista dos factos referidos na alínea b) do número anterior;
b) Lista dos acidentes em serviço que tenham originado ausência ao serviço;
c) Lista de todas as situações de falta por doença e do correspondente número de dias de ausência ao serviço e, no caso de doença profissional, a respectiva identificação;
d) Lista das medidas propostas ou das recomendações formuladas.

3 – O dirigente máximo do serviço ou organismo onde ainda não tenham sido implementados serviços de segurança e saúde no trabalho deve assegurar o cumprimento do disposto nos números anteriores.


## CAPÍTULO VI
### Disposições finais e transitórias

ARTIGO 51.º – **Formulários obrigatórios**

1 – Os impressos relativos à participação do acidente, incidente e acontecimento perigoso e ao boletim de acompanhamento médico constam dos anexos I e 11 ao presente diploma, do qual fazem parte integrante, e podem ser reproduzidos por meios informáticos ou outros.

2 – Os restantes modelos para os registos e participações referidos neste diploma que não constem de legislação específica são da responsabilidade das entidades competentes.

### Artigo 52.º – **Prescrição**

1 – As prestações fixadas pela Caixa Geral de Aposentações prescrevem no prazo de cinco anos contado do respectivo vencimento.

2 – O prazo de prescrição não começa a correr enquanto os beneficiários não forem notificados da fixação das prestações.

### Artigo 53.º – **Aplicação subsidiária**

Em tudo o que não se encontre especificamente regulado neste diploma aplicam-se, subsidiariamente, as regras do Código do Procedimento Administrativo.

### Artigo 54.º – **Alteração do Estatuto da Aposentação**

Os artigos 36.º, 37.º, 39.º, 40.º, 49.º, 89.º, 101.º e 118.º do Estatuto da Aposentação, aprovado pelo Decreto-Lei n.º 498/72, de 9 de Dezembro, passam a ter a seguinte redacção:

### «Artigo 36.º – **Formas de aposentação**

1 – A aposentação pode ser voluntária ou obrigatória.

2 – A aposentação é voluntária quando tem lugar a requerimento do subscritor, nos casos em que a lei a faculta; é obrigatória quando resulta de simples determinação da lei ou de imposição da autoridade competente.

### Artigo 37.º – **Condições de aposentação**

1 – A aposentação pode verificar-se, independentemente de qualquer outro requisito, quando o subscrito r contar, pelo menos, 60 anos de idade e 36 de serviço.

2 – Há ainda lugar a aposentação quando o subscritor, tendo, pelo menos, cinco anos de serviço:

3 –

4 –

### Artigo 39.º – **Aposentação voluntária**

1 – A aposentação depende necessariamente de requerimento do interessado nos casos previstos no n.º 1 do artigo 37.º e no artigo 40.º

2 – A aposentação pode ser requerida pelo subscritor nas hipóteses previstas na alínea a) do n.º 2 do artigo 37.º.

3 –

4 –

## Artigo 40.º – **Aposentação de antigo subscritor**

1 – A eliminação da qualidade de subscritor não extingue o direito de requerer a aposentação nos casos previstos no n.º 1 e nas alíneas a) e b) do n.º 2 do artigo 37.º, quando a cessação definitiva de funções ocorra após cinco anos de subscritor.

2 –

3 –

## Artigo 49.º – **Subscritores em serviço militar**

No caso de aposentação por incapacidade motivada pela prestação de serviço militar, a pensão, observado o disposto nos artigos anteriores, tem por base as remunerações correspondentes a esse serviço, se forem superiores às do cargo pelo qual o subscritor é aposentado.

## Artigo 89.º – **Exame médico**

1 – O subscritor será submetido a exame da junta médica da Caixa sempre que, preenchidos os demais requisitos da aposentação, esta dependa da verificação da incapacidade.

2 –

## Artigo 101.º – **Revisão das resoluções**

1 – As resoluções finais podem, oficiosamente ou mediante requerimento, ser objecto de revisão quando, por facto não imputável ao interessado, tenha havido falta de apresentação, em devido tempo, de elementos de prova relevantes.

2 –

## Artigo 118.º – **Casos de reforma**

Transitam para a situação de reforma os subscritores que estejam nas condições do n.º 1 do artigo 37.º e o requeiram e aqueles que, verificados os requisitos mínimos de idade e de tempo de serviço exigidos pelo n.º 2 do artigo 37.º:

a) Atinjam o limite de idade;

b) Sejam julgados incapazes de todo o serviço militar, mediante exame da junta médica dos competentes serviços de saúde militar;

c) Revelem incapacidade para o desempenho das funções do seu posto, mediante o exame médico referido na alínea anterior;

d) Sejam punidos com a pena disciplinar de separação do serviço ou de reforma, ainda que em substituição de outra sanção mais grave;

e) Sejam mandados reformar por deliberação do Conselho de Ministros, nos termos de lei especial;

f) Devam ser reformados, segundo a lei, por efeito da aplicação de outra pena.»

*Regime dos Acidentes em Serviço e das Doenças Profissionais* 103

Artigo 55.º – **Pessoal militar e militarizado**

1 – O capítulo IV, relativo à responsabilidade da Caixa Geral de Aposentações, aplica-se aos militares das Forças Armadas, incluindo os que se encontram no cumprimento do serviço militar obrigatório, bem como ao pessoal das forças de segurança não abrangido pelo artigo 2.º, com ressalva dos números seguintes.

2 – O disposto no número anterior não se aplica aos deficientes das Forças Armadas a que se refere o Decreto-Lei n.º 43/76, de 20 de Janeiro.

3 – O disposto no artigo 37.º não se aplica aos grandes deficientes das Forças Armadas, nos termos do disposto no Decreto-Lei n.º 314/90, de 13 de Outubro.

4 – Na determinação da remuneração a considerar para efeitos do n.º 5 do artigo 34.º será observado o seguinte:

a) Tratando-se de remuneração inferior à que corresponde a um marinheiro do quadro permanente, é esta que se considera;

b) O limite mínimo a que se refere a alínea anterior será substituído pela remuneração correspondente ao posto de alferes dos quadros permanentes, quando se trate de alunos da Academia Militar, da Escola Naval, da Academia da Força Aérea ou de outros cursos de preparação para oficiais daqueles quadros, ou de furriel dos quadros permanentes, quando se trate de alunos de cursos de alistamento ou preparação para sargento, que não estejam a prestar serviço militar obrigatório.

Artigo 56.º – **Regime transitório**

1 – O presente diploma aplica-se:

a) Aos acidentes em serviço que ocorram após a respectiva entrada em vigor;

b) Às doenças profissionais cujo diagnóstico final se faça após a data referida na alínea anterior;

c) Às situações de recidiva, recaída ou agravamento decorrentes de acidentes em serviço, ocorridos antes da data referida nas alíneas anteriores, com excepção dos direitos previstos nos artigos 34.º a 37.º relativos às incapacidades permanentes da responsabilidade da Caixa Geral de Aposentações.

2 – As disposições do Estatuto da Aposentação revogadas ou alteradas mantêm-se em vigor em relação às pensões extraordinárias de aposentação ou reforma, bem como às pensões de invalidez atribuídas ou referentes a factos ocorridos antes da entrada em vigor do presente diploma.

3 – Os serviços, organismos e fundos autónomos continuam a suportar os encargos da sua responsabilidade, nos termos da legislação anterior, relativamente aos acidentes, doenças e demais situações não abrangidos pelo n.º 1.

Artigo 57.º – **Revogação**

1 – São revogadas todas as disposições legais e regulamentares que contrariem o presente diploma, designadamente:

a) O Decreto-Lei n.º 38 523, de 23 de Novembro de 1951;
b) O Decreto-Lei n.º 45 004, de 27 de Abril de 1963;
c) Os artigos 1.º, n.º 1, alíneas b) e e), e 4.º, n.º 2, do Decreto-Lei n.º 74//70, de 2 de Março;
d) O artigo 50.º do Decreto-Lei n.º 100/99, de 31 de Março;
e) O artigo 7.º do Decreto Regulamentar n.º 41/90, de 29 de Novembro.

2 – São revogados os artigos 38.º, 41.º, n.º 3, 54.º, 55.º, 60.º, 61.º, 62.º, 94.º, 119.º, 123.º e 127.º a 131.º do Estatuto da Aposentação, aprovado pelo Decreto-Lei n.º 498/72, de 9 de Dezembro.

3 – As referências feitas na lei ao Decreto-Lei n.º 38.523, de 23 de Novembro de 1951, devem entender-se como reportadas ao presente diploma.

Artigo 58.º – **Entrada em vigor**

O presente diploma entra em vigor no dia 1 do 6.º mês seguinte á data da sua publicação.

# REGIME COMUM DE MOBILIDADE ENTRE SERVIÇOS DOS FUNCIONÁRIOS E AGENTES DA ADMINISTRAÇÃO PÚBLICA

## Lei n.º 53/2006, de 7 de Dezembro

**(Actualizado com as alterações introduzidas pela Lei n.º 11/2008, de 20 de Fevereiro, e pela Lei n.º 64-A/2008, de 31 de Dezembro)**

A Assembleia da República decreta, nos termos da alínea *c*) do artigo 161.º da Constituição, o seguinte:

## CAPÍTULO I
### Objecto, âmbito e instrumentos de mobilidade

ARTIGO 1.º – **Objecto**

1 – A presente lei estabelece o regime comum de mobilidade entre serviços dos funcionários e agentes da Administração, visando o seu aproveitamento racional.

2 – O disposto no número anterior não prejudica a vigência dos instrumentos e normativos específicos de mobilidade aplicáveis a corpos especiais, a carreiras de regime especial e a pessoal que exerça funções nos serviços periféricos externos do Estado.

ARTIGO 2.º – **Âmbito de aplicação**

1 – A presente lei aplica-se a todos os serviços da administração directa e indirecta do Estado, com excepção das entidades públicas empresariais.

2 – Aos serviços periféricos externos do Estado são apenas aplicáveis as disposições da presente lei relativas a instrumentos de mobilidade geral.

3 – A presente lei aplica-se aos serviços da administração regional e autárquica, com excepção das respectivas entidades públicas empresariais, directa

e imediatamente no que respeita ao reinício de funções em serviço de pessoal colocado em situação de mobilidade especial e mediante adaptação por diplomas próprios nas restantes matérias.

ARTIGO 3.º

*(Revogado pelo art. 32.º, n.º 4 da Lei n.º 64-A/2008, de 31 de Dezembro, que aprovou o OGE para 2009)*

## CAPÍTULO II
### Mobilidade geral

ARTIGO 4.º

*(Revogado pelo art. 32.º, n.º 4 da Lei n.º 64-A/2008, de 31 de Dezembro, que aprovou o OGE para 2009)*

ARTIGO 5.º

*(Revogado pelo art. 32.º, n.º 4 da Lei n.º 64-A/2008, de 31 de Dezembro, que aprovou o OGE para 2009)*

ARTIGO 6.º

*(Revogado pelo art. 32.º, n.º 4 da Lei n.º 64-A/2008, de 31 de Dezembro, que aprovou o OGE para 2009)*

ARTIGO 7.º

*(Revogado pelo art. 32.º, n.º 4 da Lei n.º 64-A/2008, de 31 de Dezembro, que aprovou o OGE para 2009)*

ARTIGO 8.º

*(Revogado pelo art. 32.º, n.º 4 da Lei n.º 64-A/2008, de 31 de Dezembro, que aprovou o OGE para 2009)*

ARTIGO 9.º

*(Revogado pelo art. 32.º, n.º 4 da Lei n.º 64-A/2008, de 31 de Dezembro, que aprovou o OGE para 2009)*

ARTIGO 10.º

*(Revogado pelo art. 32.º, n.º 4 da Lei n.º 64-A/2008, de 31 de Dezembro, que aprovou o OGE para 2009)*

## CAPÍTULO III
## Mobilidade especial

Secção I – **Procedimentos geradores dos instrumentos de mobilidade especial**

Artigo 11.º – **Enumeração**

1 – O pessoal que tenha a qualidade de funcionário ou agente dos serviços que sejam objecto de extinção, fusão e reestruturação ou de racionalização de efectivos pode ser mantido no respectivo serviço, sujeito a instrumentos de mobilidade ou colocado em situação de mobilidade especial, de acordo com os seguintes procedimentos:

*a)* Em caso de extinção;
*b)* Em caso de fusão;
*c)* Em caso de reestruturação;
*d)* Em caso de racionalização de efectivos.

2 – O disposto no número anterior é igualmente aplicável quando o objecto das modalidades de reorganização de serviços sejam subunidades orgânicas que se integrem em serviço ou dele dependam, estabelecimentos públicos periféricos sem personalidade jurídica e, no caso de racionalização de efectivos, os recursos humanos integrados no mesmo grupo de pessoal, na mesma carreira ou na mesma área funcional.

3 – Para efeitos do presente capítulo, considera-se «serviço integrador» aquele que integre atribuições ou competências transferidas de outro serviço ou pessoal que, por mobilidade especial, lhe é reafecto.

4 – Nos casos previstos nos n.$^{os}$ 1 e 2 e durante o decurso dos respectivos processos, o regime da colocação em situação de mobilidade especial constante da presente secção não impede a opção voluntária por essa situação desde que obtida a anuência do dirigente máximo do serviço.

5 – Fora dos casos previstos nos n.$^{os}$ 1 e 2 pode ser proferido despacho pelos membros do Governo responsáveis pelas finanças e pela Administração Pública, publicado no *Diário da República,* definindo, por períodos temporais, os grupos de pessoal, carreiras ou categorias e escalões etários do pessoal que pode solicitar colocação em situação de mobilidade especial.

Artigo 12.º – **Procedimento em caso de extinção**

1 – O procedimento regulado no presente artigo aplica-se aos casos de extinção de serviços.

2 – No decurso do processo de extinção decorre igualmente o período de mobilidade voluntária do pessoal, durante o qual não podem ser recusados os pedidos de mobilidade geral formulados por outros serviços.

3 – Para apoio à mobilidade voluntária referida no número anterior a lista do pessoal do serviço extinto é publicada, por determinação do seu dirigente

108        *Novo Estatuto da Função Pública*

máximo, na bolsa de emprego público (BEP) até cinco dias úteis após o início do processo.

4 – A mobilidade voluntária relativamente ao pessoal seleccionado para execução das actividades do serviço extinto que devam ser asseguradas até à extinção produz efeitos na data em que se conclua o respectivo processo.

5 – Sem prejuízo do disposto nos números anteriores, o pessoal que exerça funções no serviço extinto em regime de comissão de serviço, comissão de serviço extraordinária, requisição, destacamento ou de outro instrumento de mobilidade geral, a título transitório, regressa ao serviço de origem ou cessa funções, conforme o caso, na data da conclusão do processo.

6 – O pessoal do serviço extinto que exerça funções noutro serviço num dos regimes referidos no número anterior mantém-se no exercício dessas funções, excepto se também este serviço tiver sido extinto ou nele tiver sido sujeito a instrumento de mobilidade ou colocado em situação de mobilidade especial.

7 – O pessoal do serviço extinto que se encontre em qualquer situação de licença sem vencimento mantém-se nessa situação, aplicando-se-lhe o respectivo regime e sendo colocado em situação de mobilidade especial quando cessar a licença.

8 – Concluído o processo de extinção, o membro do Governo aprova, por despacho publicado no *Diário da República,* a lista nominativa do pessoal que, não tendo obtido colocação nos termos do n.º 2 nem se encontrando nas situações previstas nos n.ᵒˢ 5 e 6, é colocado em situação de mobilidade especial, a qual produz efeitos, sem prejuízo do disposto no número anterior, à data daquela conclusão.

9 – *O exercício de funções, nos termos do n.º 6, que se tenha iniciado antes da publicação do diploma que tenha determinado a extinção do serviço de origem implica o provimento automático, por opção do interessado, em lugar vago ou a criar e a extinguir quando vagar do quadro de pessoal do serviço onde exerce funções, com a natureza do vínculo e na carreira, categoria, escalão e índice que o funcionário ou agente detinha no serviço extinto, excepto quando, entretanto, tenha sido integrado por tempo indeterminado em outro serviço\*.*

10 – Em caso de impossibilidade legal de aplicação do disposto no número anterior, pode o interessado optar pelo seu provimento automático em idênticas condições às ali previstas no quadro de pessoal da secretaria-geral ou departamento governamental de recursos humanos do ministério em que o serviço extinto se integrava.

11 – O disposto nos n.ᵒˢ 9 e 10 é apenas aplicável quando o quadro de pessoal do serviço preveja a carreira e a categoria que o funcionário ou agente detinha no serviço extinto.

12 – Em caso contrário, por opção do interessado, o provimento automático opera-se em lugar vago ou a criar e a extinguir quando vagar de carreira prevista no quadro de literárias e profissionais do funcionário ou agente, sendo

este posicionado na categoria, escalão e índice determinados nos termos da lei geral.

13 – *Sem prejuízo do disposto na alínea b) do n.º 8 do artigo 6.º, quando não seja exercida qualquer das opções previstas nos números anteriores, bem como quando o exercício de funções nos termos do n.º 6 se tenha iniciado após a publicação do diploma que tenha determinado a extinção do serviço de origem, o funcionário ou agente é colocado, no termo do exercício transitório de funções, em situação de mobilidade especial \*.*

*(\* Redacção introduzida pelo art. 1.º da Lei n.º 11/2008, de 20 de Fevereiro)*

### Artigo 13.º – **Procedimento em caso de fusão**

1 – O procedimento regulado no presente artigo aplica-se aos casos de fusão de serviços.

2 – O diploma que determina ou concretiza a fusão fixa os critérios gerais e abstractos de selecção do pessoal necessário à prossecução das atribuições ou ao exercício das competências transferidas e que deve ser reafecto ao serviço integrador.

3 – Com a entrada em vigor do diploma orgânico do serviço integrador inicia-se o procedimento de reafectação de pessoal, devendo o dirigente máximo do serviço integrador, ouvido o dirigente máximo do serviço extinto, elaborar:

a) Lista de actividades e procedimentos que devem ser assegurados para a prossecução e o exercício das atribuições e competências a transferir e para a realização de objectivos, em conformidade com as disponibilidades orçamentais existentes;

b) Lista dos postos de trabalho necessários para assegurar as actividades e procedimentos referidos na alínea anterior, por subunidade orgânica ou estabelecimento público periférico sem personalidade jurídica, quando se justifique, identificando a carreira e as áreas funcional, habilitacional e geográfica, quando necessárias, com a respectiva fundamentação e em conformidade com as disponibilidades orçamentais existentes;

c) Mapa comparativo entre o número de efectivos existentes no serviço extinto, o número dos efectivos anteriormente afectos à prossecução das atribuições ou ao exercício das competências transferidas e o número de postos de trabalho referido na alínea anterior.

4 – As listas e o mapa referidos no número anterior são apresentados, para aprovação, ao membro do Governo de que dependa o serviço integrador, bem como aos membros do Governo responsáveis pelas finanças e pela Administração Pública.

5 – As listas referidas nos números anteriores, após aprovação, são publicitadas em locais próprios do serviço que se extingue, após o que se iniciam as operações de selecção do pessoal a reafectar quando o número de postos de trabalho seja inferior ao número dos efectivos anteriormente afectos à prossecução das atribuições ou ao exercício das competências transferidas.

6 – Para selecção do pessoal a reafectar aplicam-se os métodos referidos nos artigos 16.º a 18.º

7 – O pessoal a reafectar, seleccionado, quando necessário, pelas operações e métodos referidos nos números anteriores, é reafecto ao serviço integrador com efeitos à data que seja fixada no despacho do dirigente máximo desse serviço que proceda à reafectação.

8 – O pessoal que exerça funções no serviço extinto, em regime de comissão de serviço, comissão de serviço extraordinária, requisição, destacamento ou de outro instrumento de mobilidade geral, a título transitório, quando não seja reafecto nos termos do número anterior regressa ao serviço de origem ou cessa funções, conforme o caso, na data fixada naquele número.

9 – O pessoal do serviço extinto que exerça funções noutro serviço num dos regimes referidos no número anterior mantém-se no exercício dessas funções, excepto se também este serviço tiver sido extinto ou nele tiver sido sujeito a instrumento de mobilidade ou colocado em situação de mobilidade especial.

10 – O pessoal do serviço extinto que se encontre em qualquer situação de licença sem vencimento mantém-se nessa situação, aplicando-se-lhe o respectivo regime e sendo colocado em situação de mobilidade especial quando cessar a licença.

11 – O pessoal do serviço extinto que, cumulativamente, não seja reafecto nos termos do n.º 7 e não se inclua no disposto nos n.ºs 8 e 9 é colocado em situação de mobilidade especial, por lista nominativa aprovada pelo dirigente referido no n.º 7 ou pelo dirigente máximo responsável pela coordenação do processo, conforme os casos, a publicar no *Diário da República*, a qual produz efeitos, sem prejuízo do disposto no número anterior, à data da reafectação do restante pessoal ao serviço integrador.

12 – Após a reafectação referida no n.º 7, o procedimento referido no artigo 15.º pode ser aplicado ao restante pessoal do serviço integrador.

13 – É correspondentemente aplicável o disposto nos n.ºs 9 a 13 do artigo anterior.

14 – Sem prejuízo da aplicação do disposto nos n.ºs 9 a 12 do artigo anterior, o pessoal do serviço extinto que se manteve em exercício de funções em comissão serviço ou através de outro instrumento de mobilidade, ao abrigo da Lei n.º 2/2004, de 15 de Janeiro, alterada pela Lei n.º 51/2005, de 30 de Agosto, ou do Decreto-Lei n.º 262/88, de 23 de Julho, e que cesse essa mesma comissão de serviço ou esse outro instrumento de mobilidade deve ser reafecto ao serviço integrador, para o qual foram transferidas as atribuições a que o funcionário esteve por último afecto*.

*(\* Redacção introduzida pelo art. 32.º da Lei n.º 64-A/2008, de 31 de Dezembro, que aprovou o OGE para 2009)*

Artigo 14.º – **Procedimento em caso de reestruturação**

1 – O procedimento regulado nos n.ᵒˢ 2 a 6 aplica-se aos casos de reestruturação de serviços sem transferência de atribuições ou competências.

2 – Com a entrada em vigor do acto que procede à reestruturação o dirigente máximo do serviço elabora:

a) Lista de actividades e procedimentos que devem ser assegurados para a prossecução e o exercício das atribuições e competências e para a realização de objectivos, em conformidade com as disponibilidades orçamentais existentes;

b) Lista dos postos de trabalho necessários para assegurar as actividades e procedimentos referidos na alínea anterior, por subunidade orgânica ou estabelecimento público periférico sem personalidade jurídica, quando se justifique, identificando a carreira e as áreas funcional, habilitacional e geográfica, quando necessárias, com a respectiva fundamentação e em conformidade com as disponibilidades orçamentais existentes;

c) Mapa comparativo entre o número de efectivos existentes no serviço e o número de postos de trabalho referido na alínea anterior.

3 – As listas e o mapa referidos no número anterior são apresentados, para aprovação, ao membro do Governo de que dependa o serviço, bem como aos membros do Governo responsáveis pelas finanças e pela Administração Pública.

4 – Quando o número de postos de trabalho seja inferior ao número de efectivos existentes no serviço há lugar à colocação de pessoal em situação de mobilidade especial.

5 – Para efeitos do número anterior, inclui-se nos efectivos existentes no serviço o pessoal que aí exerça funções a qualquer dos títulos referidos no n.º 8 do artigo anterior, deles se excluindo o pessoal mencionado nos n.ᵒˢ 9 e 10 do mesmo artigo.

6 – Para selecção do pessoal a colocar em situação de mobilidade especial aplicam-se os métodos referidos nos artigos 16.º a 18.º

7 – O procedimento regulado nos números seguintes aplica-se aos casos de reestruturação de serviços com transferência de atribuições ou competências para serviços diferentes.

8 – O diploma que determina ou concretiza a reestruturação fixa os critérios gerais e abstractos de selecção do pessoal necessário à prossecução das atribuições ou ao exercício das competências transferidas e que deve ser reafecto ao serviço integrador.

9 – Com a entrada em vigor do diploma orgânico do serviço integrador inicia-se o procedimento de reafectação de pessoal, devendo o dirigente máximo do serviço integrador, ouvido o dirigente máximo do serviço reestruturado, elaborar:

a) Lista de actividades e procedimentos que devem ser assegurados para a prossecução e o exercício das atribuições e competências a transferir e para a realização de objectivos, em conformidade com as disponibilidades orçamentais existentes;

b) Lista dos postos de trabalho necessários para assegurar as actividades e procedimentos referidos na alínea anterior, por subunidade orgânica ou estabelecimento público periférico sem personalidade jurídica, quando se justifique, identificando a carreira e as áreas funcional, habilitacional e geográfica, quando necessárias, com a respectiva fundamentação e em conformidade com as disponibilidades orçamentais existentes;

c) Mapa comparativo entre o número de efectivos existentes no serviço reestruturado, o número dos efectivos anteriormente afectos à prossecução das atribuições ou ao exercício das competências transferidas e o número de postos de trabalho referido na alínea anterior.

10 – As listas e o mapa referidos no número anterior são apresentados, para aprovação, ao membro do Governo de que dependa o serviço integrador, bem como aos membros do Governo responsáveis pelas finanças e pela Administração Pública.

11 – As listas referidas nos números anteriores, após aprovação, são publicitadas em locais próprios do serviço reestruturado, após o que se iniciam as operações de selecção do pessoal a reafectar quando o número de postos de trabalho seja inferior ao número dos efectivos anteriormente afectos à prossecução das atribuições ou ao exercício das competências transferidas.

12 – Para selecção do pessoal a reafectar aplicam-se os métodos referidos nos artigos 16.º a 18.º

13 – O pessoal a reafectar, seleccionado, quando necessário, pelas operações e métodos referidos nos números anteriores, é reafecto ao serviço integrador com efeitos à data que seja fixada no despacho conjunto dos dirigentes máximos dos serviços integrador e reestruturado que proceda à reafectação.

14 – Após a reafectação, o procedimento referido no artigo seguinte pode ser aplicado ao restante pessoal do serviço reestruturado, bem como ao do serviço integrador.

ARTIGO 15.º – **Procedimento em caso de racionalização de efectivos**

1 – O procedimento regulado no presente artigo aplica-se aos casos de racionalização de efectivos.

2 – Com a entrada em vigor da decisão que determina a racionalização de efectivos, o dirigente máximo do serviço elabora:

a) Lista de actividades e procedimentos que devem ser assegurados para a prossecução e o exercício das atribuições e competências e para a realização de objectivos, em conformidade com as disponibilidades orçamentais existentes;

b) Lista dos postos de trabalho necessários para assegurar as actividades e procedimentos referidos na alínea anterior, por subunidade orgânica ou estabelecimento público periférico sem personalidade jurídica,

*Regime Comum de Mobilidade entre Serviços dos Funcionários ...* 113

quando se justifique, identificando a carreira e as áreas funcional, habilitacional e geográfica, quando necessárias, com a respectiva fundamentação e em conformidade com as disponibilidades orçamentais existentes;

*c)* Mapa comparativo entre o número de efectivos existentes no serviço e o número de postos de trabalho referido na alínea anterior.

3 – As listas e o mapa referidos no número anterior são apresentados, para aprovação, ao membro do Governo de que dependa o serviço, bem como aos membros do Governo responsáveis pelas finanças e pela Administração Pública.

4 – Quando o número de postos de trabalho seja inferior ao número de efectivos existentes no serviço, há lugar à colocação de pessoal em situação de mobilidade especial.

5 – Para efeitos do número anterior, inclui-se nos efectivos existentes no serviço o pessoal que aí exerça funções a qualquer um dos títulos referidos no n.º 8 do artigo 13.º, deles se excluindo o pessoal mencionado nos n.ᵒˢ 9 e 10 do mesmo artigo.

6 – No caso referido no n.º 4, a aprovação dos membros do Governo referida no n.º 3 equivale ao acto de reconhecimento de que o pessoal que está afecto ao serviço é desajustado face às suas necessidades permanentes ou à prossecução de objectivos.

7 – Para selecção do pessoal a colocar em situação de mobilidade especial aplicam-se os métodos referidos nos artigos 16.º a 18.º

### Artigo 16.º – **Métodos de selecção**

1 – Para selecção do pessoal a reafectar ou a colocar em situação de mobilidade especial, aplica-se um dos seguintes métodos:

*a)* Avaliação do desempenho;

*b)* Avaliação profissional.

2 – A aplicação de um dos métodos referidos no número anterior é feita de acordo com os seguintes critérios:

*a)* Quando o pessoal da mesma carreira tenha sido objecto de avaliação, no último ano em que esta tenha tido lugar, através do mesmo sistema de avaliação do desempenho, aplica-se o método referido na alínea *a)* do número anterior;

*b)* Quando o pessoal da mesma carreira tenha sido objecto de avaliação, no último ano em que esta tenha tido lugar, através de diferentes sistemas de avaliação do desempenho, aplica-se o método referido na alínea *b)* do número anterior.

3 – O procedimento de selecção é aberto por despacho do dirigente responsável pelo processo de reorganização, o qual fixa o universo de pessoal a ser abrangido e o seu âmbito de aplicação por carreira e por áreas funcional, habilitacional e geográfica, bem como os prazos para a sua condução e conclusão, sendo publicitado em locais próprios do serviço onde o pessoal exerça funções.

4 – Fixados os resultados finais da aplicação dos métodos referidos no n.º 1, são elaboradas listas nominativas, por ordem decrescente de resultados.

5 – Em caso de empate, o pessoal é ordenado em função da antiguidade, sucessivamente, na carreira e na função pública, da maior para a menor antiguidade.

6 – A identificação e ordenação do pessoal são feitas em função do âmbito fixado nos termos do n.º 3, distinguindo as situações de funcionário e de agente.

7 – O resultado final de cada funcionário e agente e o seu posicionamento na respectiva lista são-lhes dados a conhecer por documento escrito.

8 – A reafectação de pessoal segue a ordem constante das listas, começando-se pelas relativas aos funcionários e, esgotadas estas, recorrendo-se às dos agentes, por forma que o número de efectivos que sejam reafectos corresponda ao número de postos de trabalho identificados.

9 – A colocação de pessoal em situação de mobilidade especial segue a ordem inversa à constante das listas, começando-se pelas relativas aos agentes e, esgotadas estas, recorrendo-se às dos funcionários, por forma que o número de efectivos que se mantêm em exercício de funções corresponda ao número de postos de trabalho identificados.

ARTIGO 17.º – **Aplicação do método de avaliação do desempenho**

A aplicação do método de avaliação do desempenho é feita, inde-pendentemente da categoria do pessoal, nos seguintes termos:

  *a)* Recorrendo à última classificação qualitativa atribuída e, em caso de igualdade, à classificação quantitativa;

  *b)* Em caso de empate, recorrendo, sucessivamente, à classificação atribuída nos anos anteriores, incluindo, se necessário, a obtida em diferente categoria ou carreira ou através de diferente sistema de avaliação do desempenho, operando-se, neste caso, as equivalências necessárias, nos termos da legislação geral sobre avaliação do desempenho.

ARTIGO 18.º – **Aplicação do método de avaliação profissional**

1 – A aplicação do método de avaliação profissional é feita, independentemente da categoria do pessoal, com o objectivo de determinar o nível de adequação das suas características e qualificações profissionais às exigências inerentes à prossecução das atribuições e ao exercício das competências do serviço, bem como aos correspondentes postos de trabalho.

2 – O nível de adequação referido no número anterior é determinado pela avaliação, numa escala de 0 a 10 valores, dos seguintes factores:

  *a)* Nível de conhecimentos profissionais relevantes para os postos de trabalho em causa;

  *b)* Nível de experiência profissional relevante para os postos de trabalho em causa.

*Estabelece o Regime Comum de Mobilidade entre Serviços dos Funcionários ...* 115

3 – A avaliação dos factores referidos no número anterior tem por base a audição do funcionário ou agente e a análise do seu currículo e do respectivo desempenho profissional efectuadas pelos dois superiores hierárquicos imediatos anteriores ao início do procedimento.

4 – O despacho referido no n.º 3 do artigo 16.º pode determinar que a avaliação dos factores referidos no n.º 2 se realize, conjuntamente ou não, através da prestação de provas, podendo ainda fixar escalas de valores e formas de cálculo da pontuação final diferentes das previstas nos n.ºs 2 e 7.

5 – No caso previsto na primeira parte do número anterior não é aplicável o disposto no n.º 3.

6 – Pode ainda integrar a avaliação referida no n.º 2 o nível de adaptação aos postos de trabalho em causa, demonstrada através da realização de provas adequadas ao conteúdo funcional da carreira.

7 – O nível de adequação exprime-se numa pontuação final que resulta da média aritmética simples dos valores atribuídos aos factores indicados nos n.ºs 2 e 6.

8 – A pontuação final está sujeita a aprovação pelo dirigente responsável pelo processo de reorganização ou pelo titular de cargo de direcção superior de 2.º grau em quem delegue.

ARTIGO 19.º – **Forma de colocação em situação de mobilidade especial**

1 – Sem prejuízo do disposto nos n.ºs 7, 8 e 13 do artigo 12.º e nos n.ºs 10, 11 e 13 do artigo 13.º, a colocação em situação de mobilidade especial faz-se por lista nominativa que indique o vínculo, carreira, categoria, escalão e índice dos funcionários ou agentes, aprovada por despacho do dirigente responsável pelo processo de reorganização, a publicar no *Diário da República*.

2 – Sem prejuízo das disposições legais ressalvadas no número anterior, a lista nominativa produz efeitos no dia seguinte ao da sua publicação.

ARTIGO 20.º – **Relevância da categoria**

A referência a carreira constante da presente secção é substituída por referência a categoria quando a cada uma das categorias da carreira corresponda, legalmente, um número determinado de efectivos.

SECÇÃO II – **Reafectação**

ARTIGO 21.º – **Regime**

1 – A reafectação consiste na integração de funcionário ou agente em outro serviço, a título transitório ou por tempo indeterminado, neste caso em lugar vago ou a criar e a extinguir quando vagar, nos termos previstos nos artigos 13.º e 14.º

Novo Estatuto da Função Pública

2 – A reafectação é feita sem alteração de vínculo e, sendo o caso, de instrumento de mobilidade ao abrigo do qual o funcionário ou agente exercia transitoriamente funções, operando-se para a mesma carreira, categoria e escalão.

### Secção III – Enquadramento do pessoal em situação de mobilidade especial

Artigo 22.º – **Processo**

O pessoal colocado em situação de mobilidade especial enquadra-se num processo que compreende as seguintes fases:
  a) Fase de transição;
  b) Fase de requalificação;
  c) Fase de compensação.

Artigo 23.º – **Fase de transição**

1 – A fase de transição decorre durante o prazo de 60 dias, seguidos ou interpolados, após a colocação do funcionário ou agente em situação de mobilidade especial.

2 – A fase de transição destina-se a permitir que o funcionário ou agente reinicie funções, nos termos da presente lei, sem necessidade de proceder à frequência de acções de formação profissional que o habilitem a esse reinício.

3 – Durante a fase de transição o funcionário ou agente mantém a remuneração base mensal correspondente à categoria, escalão e índice detidos no serviço de origem.

4 – O disposto no n.º 2 não impede que, por sua iniciativa, por indicação da entidade gestora da mobilidade ou no âmbito de procedimento de selecção para reinício de funções, o funcionário ou agente frequente acções de formação profissional.

5 – A frequência de acções de formação profissional por iniciativa da Administração Pública constitui encargo desta.

Artigo 24.º – **Fase de requalificação**

1 – A fase de requalificação decorre durante o prazo de 10 meses, seguidos ou interpolados, após terminada a fase de transição.

2 – A fase de requalificação destina-se a reforçar as capacidades profissionais do funcionário ou agente, criando melhores condições de empregabilidade e de reinício de funções e podendo envolver, ouvido o interessado, a identificação das suas capacidades, motivações e vocações, a orientação profissional, a elaboração e execução de um plano de requalificação, incluindo acções de formação profissional, a avaliação dos resultados obtidos e o apoio ao reinício de funções.

3 – Sem prejuízo do disposto no n.º 5, durante a fase de requalificação o funcionário ou agente aufere remuneração no valor de cinco sextos da remuneração base mensal correspondente à categoria, escalão e índice detidos no serviço de origem.

4 – A frequência de acções de formação profissional deve corresponder a necessidades identificadas por serviços e, preferencialmente, inserir-se em procedimentos concretos de selecção para reinício de funções em serviço.

5 – A frequência de acções de formação profissional, após selecção e como condição para reinício de funções, confere direito, durante o seu decurso, à remuneração base mensal correspondente à categoria, escalão e índice detidos no serviço de origem, acrescida de subsídio de refeição.

6 – É correspondentemente aplicável o disposto no n.º 5 do artigo anterior.

Artigo 25.º – **Fase de compensação**

1 – A fase de compensação decorre por tempo indeterminado, após terminada a fase de requalificação.

2 – A fase de compensação destina-se a apoiar o funcionário ou agente cujo reinício de funções não tenha ocorrido em fases anteriores, podendo envolver a frequência de acções de formação profissional, em especial se inseridas em procedimentos concretos de selecção para reinício de funções em serviço.

3 – Durante a fase de compensação o funcionário ou agente aufere remuneração no valor de quatro sextos da remuneração base mensal correspondente à categoria, escalão e índice detidos no serviço de origem.

4 – É correspondentemente aplicável o disposto no n.º 5 do artigo 23.º e no n.º 5 do artigo anterior.

Artigo 26.º – **Cessação e suspensão do processo**

1 – O processo previsto na presente secção cessa relativamente a cada funcionário ou agente colocado em situação de mobilidade especial quando:

a) Reinicie o exercício de funções em qualquer serviço por tempo indeterminado;

b) Se aposente;

c) Se desvincule voluntariamente da Administração Pública;

d) Sofra uma pena disciplinar expulsiva da Administração Pública.

2 – O processo previsto na presente secção suspende-se relativamente a cada funcionário ou agente colocado em situação de mobilidade especial quando:

a) Reinicie o exercício de funções a título transitório em qualquer das modalidades previstas na secção VI;

b) Reinicie o exercício de funções em cargo ou função que, legalmente, só possam ser exercidos transitoriamente;

c) Passe a qualquer situação de licença sem vencimento.

118      *Novo Estatuto da Função Pública*

3 – Quando cesse qualquer das situações previstas no número anterior, o funcionário ou agente é recolocado na fase e no momento do processo em que se encontrava quando a iniciou, excepto quando, entretanto, tenha sido integrado em serviço.

SECÇÃO IV – **Complexo jurídico-funcional do pessoal em situação de mobilidade especial**

ARTIGO 27.º – **Princípios**

1 – O pessoal em situação de mobilidade especial mantém, sem prejuízo de ulteriores alterações, a natureza do vínculo, carreira, categoria, escalão e índice detidos, no serviço de origem, à data da colocação naquela situação.

2 – Para efeitos do disposto no número anterior, não são considerados os cargos, categorias ou funções exercidos a título transitório, designadamente em regimes de comissão de serviço, de requisição, de afectação específica e de estágio de ingresso em carreira, bem como em comissão de serviço extraordinária em serviços em regime de instalação e em substituição.

3 – O pessoal em situação de mobilidade especial não perde essa qualidade quando exerça funções a título transitório, designadamente através dos instrumentos aplicáveis de mobilidade geral, em qualquer das modalidades previstas na secção VI ou em cargo ou função que, legalmente, só possam ser exercidos transitoriamente.

ARTIGO 28.º – **Direitos do pessoal nas fases de transição e de requalificação**

1 – Nas fases de transição e de requalificação, o pessoal em situação de mobilidade especial que não se encontre no exercício de funções goza dos direitos previstos nos números seguintes.

2 – O pessoal referido no número anterior tem direito:

*a)* À remuneração mensal fixada nos termos da secção anterior e do artigo 31.º;

*b)* Aos subsídios de Natal e de férias calculados com base na remuneração a que tiver direito;

*c)* Às prestações familiares, nos termos legais aplicáveis;

*d)* A férias e licenças, nos termos legais aplicáveis;

*e)* À protecção social, nela se incluindo as regalias concedidas pelos serviços sociais na Administração Pública e os benefícios da ADSE ou de outros subsistemas de saúde, nos termos legais aplicáveis;

*f)* De apresentação a concurso para provimento em cargo, categoria ou carreira para que reúna os requisitos legalmente fixados;

*g)* À frequência de cursos de formação profissional;

*h)* A apoio para futuro encaminhamento profissional para o mercado de trabalho privado.

*Regime Comum de Mobilidade entre Serviços dos Funcionários ...* 119

3 – O tempo de permanência em situação de mobilidade especial, para além de considerado para efeitos de aposentação, é-o para efeitos de antiguidade na função pública, na carreira e na categoria.

4 – Para efeitos de desconto de quota para a Caixa Geral de Aposentações e de cálculo da pensão de aposentação ou de sobrevivência, considera-se a remuneração auferida pelo funcionário ou agente nos termos da alínea *a*) do n.º 2, excepto se optar pelo desconto e cálculo relativos à remuneração, relevante para aqueles efeitos, que auferiria se se encontrasse no exercício de funções.

5 – O pessoal referido no n.º 1 tem direito a requerer, a qualquer momento, a sua passagem a qualquer das fases seguintes.

6 – O pessoal em situação de mobilidade especial que se encontre a exercer funções a título transitório goza dos direitos conferidos ao pessoal com idênticas funções da entidade para a qual presta serviço, bem como, sendo o caso, dos previstos nas alíneas *e*) a *h*) do n.º 2 e nos n.ᵒˢ 3 e 5.

ARTIGO 29.º – **Deveres do pessoal nas fases de transição e de requalificação**

1 – Nas fases de transição e de requalificação, o pessoal em situação de mobilidade especial que não se encontre no exercício de funções está sujeito aos deveres previstos nos números seguintes.

2 – O pessoal referido no número anterior mantém os deveres inerentes ao funcionalismo público, com excepção dos que se relacionem directamente com o exercício de funções.

3 – Ao referido pessoal é vedado o exercício de qualquer actividade profissional remunerada, excepto nas modalidades e condições previstas na secção VI ou quando tenha sido previamente autorizado, nos termos legais aplicáveis.

4 – A violação do disposto no número anterior constitui infracção disciplinar grave, punível com pena de demissão, a aplicar mediante procedimento disciplinar.

5 – O pessoal tem o dever de ser opositor ao *procedimento concursal*\* e dele não desistir injustificadamente, desde que se verifiquem cumulativamente as seguintes condições:

a) Seja aberto para categoria não inferior à que detenha no momento da candidatura;

b) Se trate de serviço situado:

   *i*) No concelho do seu anterior local de trabalho ou da sua residência;

   *ii*) Em qualquer concelho confinante com os concelhos de Lisboa e do Porto, no caso de neles residir ou de aí se situar o seu anterior local de trabalho; ou

   *iii*) Em concelho relativamente ao qual se observem as condições previstas no n.º 6 do artigo 4.º, sem prejuízo do disposto no seu n.º 7.

6 – O mesmo pessoal tem igualmente o dever de comparecer à aplicação dos métodos de selecção para reinício de funções para que for convocado, bem como o de frequentar as acções de formação profissional para que for indicado.

120     *Novo Estatuto da Função Pública*

7 – Aquele pessoal tem ainda o dever de aceitar o reinício de funções, a qualquer título e em qualquer das modalidades previstas na secção VI, verificadas as condições referidas no n.º 5.

8 – A desistência injustificada do procedimento de selecção ao qual aquele pessoal é opositor obrigatório e a recusa não fundamentada de reinício de funções em serviço determinam, precedendo procedimento simplificado:

*a)* A redução em 25 pontos percentuais da percentagem aplicada para determinação da remuneração auferida, à data da primeira desistência ou recusa;

*b)* A passagem à situação de licença sem vencimento de longa duração, à data da segunda desistência ou recusa.

9 – As faltas à aplicação de métodos de selecção para reinício de funções nos termos dos artigos 35.º e 36.º que não sejam justificadas com base no regime de faltas dos funcionários e agentes, as recusas não fundamentadas de reinício de funções em entidades diferentes de serviços ou de frequência de acções de formação profissional, bem como a desistência não fundamentada no decurso destas, determinam, precedendo procedimento simplificado:

*a)* A redução em 10% da remuneração auferida, à data da primeira falta, recusa ou desistência;

*b)* A redução em 20% da remuneração auferida, à data da segunda falta, recusa ou desistência;

*c)* A redução em 30% da remuneração auferida, à data da terceira falta, recusa ou desistência;

*d)* A passagem à situação de licença sem vencimento de longa duração, à data da quarta falta, recusa ou desistência.

10 – As reduções referidas nos números anteriores produzem efeitos a partir do 1.º dia do mês seguinte àquele em que foram determinadas.

11 – O referido pessoal tem o dever de comunicar ao serviço a que se encontra afecto qualquer alteração relevante da sua situação, designadamente no que se refere à obtenção de novas habilitações académicas ou qualificações profissionais ou à alteração do seu local de residência permanente.

12 – O pessoal em situação de mobilidade especial que se encontre a exercer funções a título transitório está sujeito aos deveres do pessoal com idênticas funções da entidade para a qual presta serviço, bem como aos previstos nos n.ºˢ 5 e seguintes, quando sejam susceptíveis de fazer cessar a situação de mobilidade especial.

*(\* Redacção introduzida pelo art. 32.º da Lei n.º 64-A/2008, de 31 de Dezembro, que aprovou o OGE para 2009)*

### ARTIGO 30.º – **Direitos e deveres do pessoal na fase de compensação**

1 – Na fase de compensação, o pessoal em situação de mobilidade especial goza, com as necessárias adaptações, dos direitos previstos no artigo 28.º

Regime Comum de Mobilidade entre Serviços dos Funcionários ... 121

2 – Sem prejuízo do disposto nos números seguintes, o referido pessoal está sujeito aos deveres previstos no artigo anterior.

3 – Aquele pessoal pode exercer qualquer actividade profissional remunerada mesmo fora das modalidades e condições previstas na secção VI.

4 – O pessoal está eximido do dever de comparecer à aplicação de métodos de selecção para reinício de funções nos termos dos artigos 35.º e 36.º, bem como do correspectivo dever de aceitar tal reinício.

Artigo 31.º – **Alteração e garantia da remuneração**

1 – A remuneração base mensal considerada para efeitos do cálculo da remuneração prevista nos artigos 23.º a 25.º está sujeita a actualização nos termos em que o seja a remuneração do pessoal em efectividade de serviço.

2 – A remuneração prevista nos artigos 23.º e 24.º, reduzida por aplicação do disposto nos n.ºˢ 8 e 9 do artigo 29.º, substitui, para efeitos de cálculo da remuneração nas fases seguintes do processo, a remuneração base mensal correspondente à categoria, escalão e índice detidos no serviço de origem.

3 – Em qualquer caso, a remuneração não pode ser inferior ao salário mínimo nacional.

Secção V – **Licença extraordinária**

Artigo 32.º – **Regime**

1 – O pessoal em situação de mobilidade especial que se encontre nas fases de requalificação ou de compensação pode requerer licença extraordinária nos termos dos números seguintes.

2 – A duração da licença é fixada caso a caso, em conformidade com o requerido, não podendo ser inferior a um ano.

3 – Independentemente da sua duração, o funcionário ou agente pode fazer cessar a situação de licença passado o primeiro ano, sendo, nesse caso, colocado na fase de compensação.

4 – Sem prejuízo do disposto nos números seguintes, na situação de licença o pessoal não goza dos direitos e não está sujeito aos deveres previstos, respectivamente, nos artigos 28.º e 29.º

5 – No decurso da licença, o funcionário ou agente tem direito a uma subvenção mensal, abonada 12 vezes por ano, de valor correspondente às seguintes percentagens da remuneração ilíquida que auferiria durante o processo em situação de mobilidade especial se não tivesse requerido a licença:

*a)* 70% durante os primeiros cinco anos;
*b)* 60% do 6.º ao 7.º ano;
*c)* 50% a partir do 11.º ano.

122 Novo Estatuto da Função Pública

6 – Para efeitos de contagem dos períodos de tempo referidos no número anterior adiciona-se a duração de todas as licenças extraordinárias que o funcionário ou agente tenha gozado.

7 – Se, no momento em que requerer a licença, a remuneração estiver reduzida por aplicação do disposto nos n.ᵒˢ 8 a 10 do artigo 29.º, é tomada em conta, apenas durante o período de um ano, para base de cálculo da subvenção mensal.

8 – Na situação de licença, o funcionário ou agente apenas pode exercer qualquer actividade profissional remunerada fora das modalidades previstas nos artigos 33.º a 35.º

9 – O exercício de qualquer actividade profissional remunerada nas modalidades previstas nos artigos 33.º a 35.º constitui infracção disciplinar grave, punível com pena de demissão, a aplicar mediante procedimento disciplinar.

10 – O exercício de actividade a que se refere o número anterior faz incorrer quem o autorizou em responsabilidade civil e, sendo o caso, disciplinar, constituindo infracção disciplinar grave, punível com pena de demissão ou de cessação da comissão de serviço, ou equiparadas, a aplicar mediante procedimento disciplinar.

11 – Ao pessoal em situação de licença extraordinária é aplicável, para efeitos de protecção social, designadamente de aposentação e de benefícios da ADSE ou de outros subsistemas de saúde, o regime do pessoal em situação de licença sem vencimento de longa duração, podendo, porém, fazer a opção a que se refere a excepção prevista no n.º 4 do artigo 28.º

12 – *Ao pessoal que opte voluntariamente pela colocação em situação de mobilidade especial nos termos dos n.ᵒˢ 4 e 5 do artigo 11.º é aplicável o disposto nos números anteriores, com as seguintes alterações:*

    *a)* A licença pode ser requerida na fase de transição;

    *b)* Cessada a licença, o funcionário ou agente é colocado na fase e no momento do processo em que se encontrava quando a iniciou;

    *c)* O valor da subvenção mensal corresponde às seguintes percentagens da remuneração ilíquida que o funcionário ou agente auferia à data da licença:

        *i)* 75% durante os primeiros cinco anos;

        *ii)* 65% do 6.º ao 10.º anos;

        *iii)* 55% a partir do 11.º ano;

    *d)* A remuneração ilíquida referida na alínea anterior está sujeita a actualização nos termos em que o seja a remuneração do pessoal em efectividade de serviço;

    *e)* *Para base de cálculo da subvenção mensal não é tomada em conta qualquer redução da remuneração ilíquida por aplicação do disposto nos n.ᵒˢ 8 a 10 do artigo 29.º\*.*

13 – *A concessão da licença extraordinária compete aos membros do Governo responsáveis pelas finanças e pela Administração Pública\*.*

*( \* Redacção introduzida pelo art. 1.º da Lei n.º 11/2008, de 20 de Fevereiro)*

*Regime Comum de Mobilidade entre Serviços dos Funcionários ...* 123

SECÇÃO VI – **Reinício de funções do pessoal
em situação de mobilidade especial**

ARTIGO 33.º – **Reinício de funções em serviço**

1 – O pessoal em situação de mobilidade especial pode reiniciar funções em qualquer serviço, a título transitório ou por tempo indeterminado, desde que reúna os requisitos legalmente fixados para o efeito.

2 – Quando não se trate de cargo ou função que, legalmente, só possam ser exercidos transitoriamente, o exercício de funções a título transitório pelo prazo de um ano determina, por opção do interessado, a sua conversão automática em exercício por tempo indeterminado, em lugar vago, ou a criar e a extinguir quando vagar, do quadro de pessoal do serviço onde exerce funções, com a natureza do vínculo e na carreira, categoria, escalão e índice que o funcionário ou agente detinha na origem.

ARTIGO 34.º

*(Revogado pelo art. 32.º, n.º 4 da Lei n.º 64-A/2008, de 31 de Dezembro, que aprovou o OGE para 2009)*

ARTIGO 35.º – **Reinício de funções em outras pessoas colectivas de direito público**

1 – O pessoal em situação de mobilidade especial pode reiniciar funções em associações públicas ou entidades públicas empresariais.

2 – Nas situações previstas no número anterior, o funcionário ou agente tem direito à remuneração correspondente à categoria, escalão e índice detidos, no serviço de origem, à data da colocação em situação de mobilidade especial, competindo ao serviço a que esteja afecto assegurar 70% dessa remuneração e à pessoa colectiva de direito público o montante remanescente.

3 – Naquelas situações, compete às pessoas colectivas de direito público assegurar o pagamento da diferença, caso a haja, entre a remuneração a que o funcionário ou agente tem direito e a remuneração auferida pelo respectivo pessoal com idênticas funções, acrescida dos correspondentes subsídio de refeição e demais prestações sociais.

4 – A retenção na fonte para efeitos de imposto sobre o rendimento das pessoas singulares e os descontos para efeitos de aposentação e da pensão de sobrevivência, bem como para os subsistemas de saúde, são efectuados pelo serviço a que esteja afecto com base na remuneração total auferida pelo funcionário ou agente.

5 – O exercício de funções nos termos do n.º 1 tem duração não superior a dois anos, findos os quais o funcionário ou agente passa a qualquer situação de licença, desvincula-se voluntariamente da Administração Pública ou cessa funções, sendo, neste caso, aplicado o disposto no n.º 3 do artigo 26.º

124         *Novo Estatuto da Função Pública*

6 – O reinício de funções nos termos do n.º 1 tem lugar por iniciativa do funcionário ou agente, da pessoa colectiva interessada, do serviço a que aquele esteja afecto ou da entidade gestora da mobilidade.

ARTIGO 36.º – **Reinício de funções em instituições particulares de solidariedade social**

O pessoal em situação de mobilidade especial pode reiniciar funções, nos termos do artigo anterior, em instituições particulares de solidariedade social que celebrem protocolo para o efeito com a entidade gestora da mobilidade.

ARTIGO 37.º – **Decisão de reinício de funções**

Compete à entidade gestora da mobilidade, ouvido o funcionário ou agente, tomar a decisão final de reinício de funções em qualquer das modalidades previstas nos artigos 35.º e 36.º

SECÇÃO VII – **Gestão do pessoal em situação de mobilidade especial**

ARTIGO 38.º – **Afectação**

1 – O pessoal em situação de mobilidade especial é afecto à secretaria-geral ou departamento governamental de recursos humanos do ministério em que se integrava o serviço onde, por último, exerceu funções.

2 – Compete à secretaria-geral ou departamento referidos no número anterior:

*a)* Proceder ao pagamento das remunerações e subvenções;

*b)* Praticar os demais actos de administração relativos àquele pessoal.

ARTIGO 39.º – **Entidade gestora da mobilidade**

1 – A entidade gestora da mobilidade é definida em diploma próprio, que regulamenta, designadamente, as respectivas atribuições e competências, bem como os deveres de colaboração que impendem sobre os restantes serviços.

2 – À entidade gestora da mobilidade compete, designadamente:

*a)* Promover ou acompanhar estudos de avaliação das necessidades de recursos humanos da Administração Pública;

*b)* Acompanhar e dinamizar o processo relativo ao pessoal em situação de mobilidade especial, seguindo e zelando pela aplicação de critérios de isenção e transparência e procurando que o seu reinício de funções tenha lugar nas fases mais precoces daquele processo, designadamente:

    *i)* Informando-o quanto aos *procedimentos concursais\** abertos;

    *ii)* Promovendo oficiosamente a sua candidatura aos *procedimentos concursais\** quando se verifiquem as condições previstas no n.º 5 do artigo 29.º, independentemente do cumprimento do correspondente dever que sobre ele recai\*;

    *iii)* Promovendo a sua requalificação nos termos do artigo 24.º;

*Regime Comum de Mobilidade entre Serviços dos Funcionários ...*     125

c) *(Revogado pelo art. 32.º, n.º 4 da Lei n.º 64-A/2008, de 31 de Dezembro, que aprovou o OGE para 2009);*

d) *(Revogado pelo art. 32.º, n.º 4 da Lei n.º 64-A/2008, de 31 de Dezembro, que aprovou o OGE para 2009);*

e) Praticar, quando necessário nos termos da presente lei, os actos relativos ao reinício de funções e à cessação de funções exercidas a título transitório, bem como os de autorização de passagem antecipada a fase posterior do processo;

f) Informar as secretarias-gerais ou departamentos governamentais de recursos humanos da prática dos actos referidos na alínea anterior relativamente ao pessoal que lhes esteja afecto.

*(\* Redacção introduzida pelo art. 32.º, n.º3 da Lei n.º 64-A/2008, de 31 de Dezembro, que aprovou o OGE para 2009)*

ARTIGO 40.º – **Transmissão de informação**

1 – Os dados relativos ao pessoal em situação de mobilidade especial são inseridos, pelas secretarias-gerais ou departamentos governamentais de recursos humanos, na base de dados de recursos humanos da Administração Pública (BDAP), sempre que ocorra carregamento ou actualização de dados, e na BEP, no prazo de oito dias úteis a contar da publicação da lista nominativa que coloque o pessoal naquela situação.

2 – As secretarias-gerais ou departamentos governamentais de recursos humanos informam o funcionário ou agente sobre o carregamento ou actualização referidos no número anterior.

3 – O serviço do Ministério das Finanças e da Administração Pública competente em matéria de tecnologias de informação e comunicação assegura os suportes tecnológicos necessários à gestão daquele pessoal, bem como as comunicações entre os serviços, as secretarias-gerais ou departamentos governamentais de recursos humanos e a entidade gestora da mobilidade.

## CAPÍTULO IV
### Disposições finais e transitórias

ARTIGO 41.º

*(Revogado pelo art. 32.º, n.º 4 da Lei n.º 64-A/2008, de 31 de Dezembro, que aprovou o OGE para 2009)*

ARTIGO 42.º – **Desvinculação voluntária**

Nos termos previstos em diploma próprio, podem ser consideradas propostas de desvinculação voluntária de pessoal em situação de mobilidade especial mediante justa compensação.

ARTIGO 43.º – **Alteração à Lei n.º 23/2004, de 22 de Junho**

Os artigos 16.º e 17.º da Lei n.º 23/2004, de 22 de Junho, passam a ter a seguinte redacção:

«ARTIGO 16.º – [. . .]

1 – Os contratos de trabalho celebrados por pessoas colectivas públicas transmitem-se aos sujeitos que venham a prosseguir as respectivas atribuições, nos termos previstos no Código do Trabalho para a transmissão de empresa ou de estabelecimento.

2 – ..........................................................................................................

3 – ..........................................................................................................

4 – ..........................................................................................................

ARTIGO 17.º – [. . .]

A extinção da pessoa colectiva pública a que o trabalhador pertence determina a caducidade dos contratos de trabalho.»

ARTIGO 44.º – **Aplicação dos procedimentos ao pessoal contratado por tempo indeterminado**

1 – Em caso de extinção, fusão, reestruturação ou racionalização de efectivos de um serviço onde exerça funções pessoal com as qualidades de funcionário ou agente e de trabalhador contratado por tempo indeterminado, que se encontre conjunta e indistintamente afecto à prossecução das mesmas atribuições ou ao exercício das mesmas competências, não pode ser estabelecida qualquer distinção não legalmente prevista que tenha subjacente a natureza jurídica do respectivo vínculo laboral.

2 – Nos casos do número anterior, a decisão sobre a relação jurídica laboral dos trabalhadores contratados por tempo indeterminado é tomada, nos termos da legislação aplicável, após a aplicação dos procedimentos previstos no artigo 11.º

3 – Os procedimentos referidos no número anterior incidem conjunta e indistintamente sobre todo o pessoal previsto no n.º 1.

ARTIGO 45.º – **Aplicação a pessoal de entidades públicas empresariais**

O disposto na presente lei é aplicável, com as necessárias adaptações, ao pessoal que tenha a qualidade de funcionário ou agente, ainda que suspensa por força de acordo de cedência especial, e exerça funções, ou as tenha exercido no período imediatamente anterior à sua colocação em situação de mobilidade especial, em entidades públicas empresariais.

## Artigo 46.º – **Remunerações nas fases do processo**

Para efeitos de aplicação da presente lei, a cinco sextos e a quatro sextos da remuneração base mensal correspondem, respectivamente, 83,3% e 66,7% desta remuneração.

## Artigo 47.º – **Reafectação de pessoal actualmente colocado em situações especiais de mobilidade**

1 – São afectos à Secretaria-Geral do Ministério das Finanças e da Administração Pública os funcionários e agentes actualmente afectos aos quadros transitórios criados junto da Direcção-Geral da Administração Pública ao abrigo da Lei n.º 1/95, de 14 de Janeiro, e dos Decretos-Leis n.os 13/97, de 17 de Janeiro, 14/97, de 17 de Janeiro, 89-F/98, de 13 de Abril, 416/99, de 21 de Outubro, e 493/99, de 18 de Novembro.

2 – São afectos às correspondentes secretarias-gerais os funcionários e agentes actualmente afectos aos quadros transitórios de supranumerários criados junto das secretarias-gerais ao abrigo do Decreto-Lei n.º 193/2002, de 25 de Setembro.

3 – São afectos à Secretaria-Geral do Ministério da Ciência, Tecnologia e Ensino Superior os funcionários e agentes actualmente abrangidos pelos Decretos-Leis n.os 359/88, de 13 de Outubro, e 48/85, de 27 de Fevereiro.

4 – São afectos à Secretaria-Geral do Ministério da Educação os funcionários e agentes actualmente abrangidos pelo Decreto-Lei n.º 407/89, de 19 de Novembro.

5 – Aos funcionários e agentes referidos nos números anteriores aplica-se, para todos os efeitos, o regime aplicável ao pessoal em situação de mobilidade especial.

6 – A afectação prevista nos números anteriores é efectuada sem prejuízo da manutenção das situações vigentes de licença sem vencimento, aplicando-se ao pessoal nestas situações, com as necessárias adaptações, o disposto nos n.os 2 e 3 do artigo 26.º e operando-se a recolocação no início da fase de transição.

7 – Ao pessoal referido nos números anteriores que actualmente aufira remuneração igual ou superior à que decorreria da aplicação das adequadas disposições da secção III do capítulo III são aplicáveis estas disposições legais, iniciando-se a contagem dos prazos nelas previstos com o início de vigência da presente lei.

8 – O pessoal referido nos números anteriores que actualmente aufira remuneração inferior à que decorreria da aplicação das adequadas disposições da secção III do capítulo III são aplicáveis estas disposições legais a contar do momento em que passariam a auferir remuneração superior se mantivessem a remuneração actualmente auferida.

9 – Para efeitos do disposto no número anterior, a contagem dos prazos previstos nas disposições legais nele referidas inicia-se com o início de vigência da presente lei.

10 – Para efeitos do disposto nos números anteriores são efectuadas as transferências orçamentais que se justifiquem.

ARTIGO 48.º – **Revisão**

A presente lei é objecto de revisão na sequência da publicação de um novo regime de vinculação, carreiras e remunerações da Administração Pública.

ARTIGO 49.º – **Norma revogatória**

São revogados:

a) A Lei n.º 1/95, de 14 de Janeiro, e os Decretos-Leis n.ºs 13/97, de 17 de Janeiro, 14/97, de 17 de Janeiro, 89-F/98, de 13 de Abril, 416/99, de 21 de Outubro, e 493/99, de 18 de Novembro, todos no que se refere ao quadro de afectação e ao regime aplicável ao respectivo pessoal;

b) Os artigos 25.º, 26.º, 27.º e 27.º-A do Decreto-Lei n.º 427/89, de 7 de Dezembro, com a redacção resultante dos Decretos-Leis n.ºs 175/95, de 21 de Julho, e 218/98, de 17 de Julho, e da Lei n.º 60-A/2005, de 30 de Dezembro;

c) Os artigos 23.º e 24.º da Lei n.º 23/2004, de 22 de Junho;

d) As disposições ainda vigentes do Decreto-Lei n.º 193/2002, de 25 de Setembro.

ARTIGO 50.º – **Entrada em vigor**

A presente lei entra em vigor no dia seguinte ao da sua publicação.

Aprovada em 19 de Outubro de 2006.

O Presidente da Assembleia da República, *Jaime Gama.*

Promulgada em 22 de Novembro de 2006.

Publique-se.

O Presidente da República, ANÍBAL CAVACO SILVA

Referendada em 23 de Novembro de 2006.

O Primeiro-Ministro, *José Sócrates Carvalho Pinto de Sousa.*

# REGIME DE MOBILIDADE DOS TRABALHADORES QUE EXERCEM FUNÇÕES PÚBLICAS NA ADMINISTRAÇÃO REGIONAL AUTÓNOMA DOS AÇORES

## Decreto Legislativo Regional n.º 17/2009/A, de 14 de Outubro

**(Nota: trata-se de um diploma abrangente na medida em que nele, para além de se estabelecer o regime de mobilidade dos trabalhadores da Administração Regional Autónoma dos Açores (revogando assim o anterior DLR n.º 29/2007/A, de 10 de Dezembro, que regulava precisamente esta matéria), se *«procede à harmonização, na Administração Pública da Região Autónoma dos Açores, dos regimes de vinculação, de carreiras e de remunerações dos trabalhadores que exercem funções públicas», sendo aliás este o seu título identificativo; para mais fácil localização dos preceitos próprios sobre o regime de mobilidade contidos neste diploma optamos por os sinalizar a negrito).**

No âmbito do programa de reformas da Administração Pública, foi aprovado um conjunto de diplomas estruturantes relativos ao modo de organização e gestão dos seus recursos humanos, sendo de destacar os novos regimes de vinculação, de carreiras e de remunerações dos trabalhadores que exercem funções públicas, o regime do contrato de trabalho em funções públicas e respectivo regulamento, assim como a regulamentação da tramitação do procedimento concursal e o sistema integrado de gestão e avaliação do desempenho na Administração Pública.

Muitos daqueles diplomas foram objecto de adaptação à Região, porquanto careciam de uma necessária adequação face à especificidade regional que se verifica quanto ao modo de organização da estrutura da administração regional autónoma.

Com o presente diploma visa-se proceder à imprescindível harmonização da legislação regional por forma a articular e precisar um conjunto de regras neste domínio, surgidas também face às alterações legislativas entretanto ocorridas, designadamente através do diploma do orçamento nacional, tendo

130      *Novo Estatuto da Função Pública*

em vista a necessária coerência e operacionalidade de todo um sistema normativo enquadrador do regime de emprego público.

Pretende-se, pois, dar coerência e harmonia a todo o sistema legislativo existente no âmbito do regime jurídico da função pública, potenciando que os trabalhadores da administração pública regional continuem plenamente integrados no sistema existente, pese embora as profundas particularidades introduzidas, tendo em conta as especificidades da administração regional.

Foi garantido o direito de participação dos trabalhadores nos termos da Lei n.º 23/98, de 26 de Maio.

Assim, a Assembleia Legislativa da Região Autónoma dos Açores decreta, nos termos da alínea *a*) do n.º 1 do artigo 227.º da Constituição da República e do n.º 1 do artigo 37.º do Estatuto Político-Administrativo da Região Autónoma dos Açores, o seguinte:

### Artigo 1.º – **Âmbito de aplicação**

1 – O presente diploma aplica-se aos serviços e organismos da administração regional autónoma, da Região Autónoma dos Açores, incluindo os institutos públicos e os serviços personalizados regionais.

2 – O presente diploma é também aplicável, com as necessárias adaptações, aos actuais trabalhadores com a qualidade de nomeados e que prestam serviço em pessoas colectivas que se encontram excluídas do âmbito de aplicação objectivo da Lei n.º 12-A/2008, de 27 de Fevereiro.

3 – O presente diploma aplica-se também à Assembleia Legislativa da Região Autónoma dos Açores, com as adaptações impostas pela observância das correspondentes competências.

### Artigo 2.º – **Adaptação de nomenclatura**

As referências feitas na legislação regional a funcionários e agentes devem entender-se como reportadas a trabalhadores que exercem funções públicas, isto sem prejuízo das normas que digam respeito exclusivamente aos trabalhadores que possuam a qualidade de nomeados.

### Artigo 3.º – **Alteração à BEP – Açores**

1 – É aditada a alínea *j*) ao n.º 2 do artigo 5.º do Decreto Legislativo Regional n.º 50/2006/A, de 12 de Dezembro, com a redacção que lhe foi dada pelo Decreto Legislativo Regional n.º 27/2008/A, de 24 de Julho, com a seguinte redacção:

«*j*) A lista de antiguidade dos trabalhadores que exercem funções públicas, nos termos da legislação em vigor.»

2 – A alínea *a*) do n.º 3 do artigo 5.º do Decreto Legislativo Regional n.º 50/2006/A, de 12 de Dezembro, com a redacção que lhe foi dada pelo

Decreto Legislativo Regional n.º 27/2008/A, de 24 de Julho, passa a ter a seguinte redacção:

«*a*)A cada serviço utilizador, nos casos das alíneas *a*) e *b*) do n.º 1 e *b*), *d*) a *j*) do n.º 2;»

3 – A alínea *b*) do n.º 1 do artigo 10.º do Decreto Legislativo Regional n.º 50/2006/A, de 12 de Dezembro, com a redacção que lhe foi dada pelo Decreto Legislativo Regional n.º 27/2008/A, de 24 de Julho, passa a ter a seguinte redacção:

«*b*)Se não for possível encontrar um trabalhador com o perfil pretendido ou não existir qualquer pedido de mobilidade naquela bolsa, o serviço ou organismo deve inscrever na BEP – Açores uma oferta de mobilidade, disponibilizando-a pelo período de cinco dias seguidos, aguardando o contacto de trabalhadores eventualmente interessados.»

4 – Para efeitos do disposto no n.º 4 do artigo 91.º da Lei n.º 2/2009, de 12 de Janeiro, que aprova a terceira revisão do Estatuto Político-Administrativo da Região Autónoma dos Açores, os actos referidos no artigo 5.º da BEP – Açores, consideram-se reportados ao *Jornal Oficial* da Região, dele fazendo parte integrante.

Artigo 4.º – **Alterações ao estatuto do pessoal dirigente**

1 – O artigo 3.º do Decreto Legislativo Regional n.º 2/2005/A, de 9 de Maio, com a redacção introduzida pelo Decreto Legislativo Regional n.º 2/ /2006/A, de 6 de Janeiro, passa a ter a seguinte redacção:

«Artigo 3.º – [...]

1 – Os cargos de direcção superior de 1.º e 2.º graus são providos, respectivamente, por despacho conjunto do Presidente do Governo e do membro do Governo Regional competente e por despacho do membro do Governo competente, em regime de comissão de serviço, pelo período do mandato dos respectivos membros do Governo.

2 – As comissões de serviço dos cargos de direcção superior de 1.º grau podem ser renovadas sucessivamente por iguais períodos.

3 – A publicação do despacho de nomeação a que alude o n.º 5 do artigo 19.º da Lei n.º 2/2004, de 15 de Janeiro, reporta-se à BEP – Açores.

4 – *(Anterior n.º 3.)*

5 – *(Anterior n.º 4.)*

6 – *(Anterior n.º 5.)*

7 – Exceptuam-se do disposto nos n.ºs 5 e 6 as nomeações em regime de substituição, nos termos do estatuto do pessoal dirigente.»

2 – O n.º 3 do artigo 5.º do Decreto Legislativo Regional n.º 2/2005/A, de 9 de Maio, passa a ter a seguinte redacção:

«*a*)A cada serviço utilizador, nos casos das alíneas *a*) e *b*) do n.º 1 e *b*), *d*) a *j*) do n.º 2;»

«3 – A publicação do despacho de nomeação a que alude o n.º 10 do artigo 21.º da Lei n.º 2/2004, de 15 de Janeiro, com a redacção que lhe foi dada pela Lei n.º 51/2005, de 30 de Agosto, reporta-se à BEP – Açores.»

3 – O n.º 1 do artigo 10.º do Decreto Legislativo Regional n.º 2/2005//A, de 9 de Maio, passa a ter a seguinte redacção:

«1 – A necessidade de frequência da formação profissional específica a que alude o artigo 12.º da Lei n.º 2/2004, de 15 de Janeiro, com a redacção que lhe foi dada pela Lei n.º 51/2005, de 30 de Agosto, pelos dirigentes da administração regional será determinada, consoante as necessidades, pelos respectivos membros do Governo Regional, sendo assegurada pela direcção regional com competência na matéria, através do Centro de Formação para a Administração Pública dos Açores.»

4 – É aditado o n.º 5 ao artigo 2.º do Decreto Legislativo Regional n.º 2/2005/A, de 9 de Maio, com a seguinte redacção:

«5 – Os cargos de inspector regional que, nos termos dos respectivos diplomas orgânicos, não se encontrem inseridos nos cargos de direcção superior de 1.º grau, integram -se nos restantes cargos dirigentes, de acordo com as regras neles definidas.»

5 – Ao Decreto Legislativo Regional n.º 2/2005/A, de 9 de Maio, são aditados os artigos 3.º-A e 3.º-B, com a seguinte redacção:

«Artigo 3.º-A – **Recrutamento para os cargos de direcção superior**

No caso das secretarias-gerais ou dos serviços e organismos equiparados nos respectivos diplomas orgânicos ou estatutários, os titulares dos cargos de direcção superior são recrutados de entre:

*a*) Pessoal detentor de licenciatura com competência técnica, aptidão e experiência profissional adequada;

*b*) De entre quem seja titular de adequado curso específico a que se refere o n.º 1 do artigo 12.º

Artigo 3.º-B – **Apoio de secretariado**

Os titulares de cargos de direcção superior de 1.º grau podem ser apoiados por um trabalhador que exerça funções de secretariado nos termos do estatuto do pessoal dirigente.»

Artigo 5.º – **Alteração ao Decreto Legislativo Regional n.º 26/2008/A, de 24 de Julho**

São aditados os n.ºs 3, 4, 5, 6, 7 e 8 ao artigo 2.º, os n.ºs 6, 7, 8 e 9 ao artigo 6.º e o n.º 8 ao artigo 11.º, todos do Decreto Legislativo Regional n.º 26/2008/A, de 24 de Julho, que adapta à Região a Lei n.º 12-A/2008, de 27 de Fevereiro, com a seguinte redacção:

# Regime de Mobilidade dos Trabalhadores que Exercem Funções ... 133

«Artigo 2.º – [...]

1 – ........................................................................................................

2 – ........................................................................................................

3 – As referências feitas a mapas de pessoal reportam-se, igualmente, ao quadro de pessoal da Assembleia Legislativa da Região Autónoma dos Açores, aprovado pelo Decreto Legislativo Regional n.º 54/2006/A, de 22 de Dezembro, com as alterações introduzidas pelo Decreto Legislativo Regional n.º 3/2009/ /A, de 6 de Março, sem prejuízo da criação de mapas de pessoal quanto às admissões em regime de contrato de trabalho em funções públicas.

4 – Para efeitos do disposto no artigo 57.º do Decreto Legislativo Regional n.º 54/2006/A, de 22 de Dezembro, com as alterações introduzidas pelo Decreto Legislativo Regional n.º 3/2009/A, de 6 de Março, consideram-se automaticamente criados no mapa de pessoal da Assembleia Legislativa da Região Autónoma dos Açores os postos de trabalho necessários à integração daqueles trabalhadores.

5 – Para efeitos de orçamentação e gestão de recursos humanos a que se refere o artigo 7.º da Lei n.º 12-A/2008, de 27 de Fevereiro, as verbas orçamentais dos órgãos e serviços relativas a despesas com o pessoal visam satisfazer os encargos com os trabalhadores que se lhe encontram afectos ou a afectar, nos termos da legislação regional em vigor.

6 – A proposta de orçamento dos órgãos e serviços será acompanhada de informação que indique o número de postos de trabalho que lhes estão afectos, bem como dos que carecem para o desenvolvimento das respectivas actividades, caracterizando-os em função:

    *a)* Da atribuição, competência ou actividade que o seu ocupante se destine a cumprir ou a executar;

    *b)* Do cargo ou da carreira e categoria e posição remuneratória que lhes correspondam;

    *c)* Dentro de cada carreira e ou categoria, quando imprescindível, da área de formação académica ou profissional de que o seu ocupante é ou deva ser titular.

7 – Na informação referida no número anterior deve igualmente constar o número de postos de trabalho que podem ser disponibilizados tendo em conta as necessidades de afectação a outros órgãos e serviços.

8 – A informação a que se refere este artigo deve igualmente ser remetida ao membro do Governo Regional responsável pela área da Administração Pública.

Artigo 6.º – [...]

1 – ........................................................................................................

2 – ........................................................................................................

3 – ........................................................................................................

4 – *(Revogado.)*

134      *Novo Estatuto da Função Pública*

5 – ...................................................................................................
6 – A determinação do posicionamento remuneratório nos termos do artigo 55.º da Lei n.º 12-A/2008, de 27 de Fevereiro, é antecedida de parecer favorável dos membros do Governo Regional responsáveis pelas áreas das finanças e da Administração Pública, quando esteja em causa posição remuneratória superior à do início de cada carreira ou categoria.

7 – A tramitação do procedimento concursal, incluindo a do destinado a constituir reservas de recrutamento em entidade centralizada, bem como a referente a carreiras especiais à qual aquela tramitação se revele desadequada, é regulamentada por resolução do Governo Regional.

8 – Os métodos de selecção a que se refere a alínea *b*) dos n.ᵒˢ 1 e 2 do artigo 53.º da Lei n.º 12-A/2008, de 27 de Fevereiro, podem ser substituídos por entrevista profissional de selecção nos termos a definir no diploma a que alude o número anterior.

9 – Na tramitação do procedimento concursal não se aplica o disposto na alínea *d*) do n.º 1 do artigo 54.º da Lei n.º 12-A/2008, de 27 de Fevereiro.

Artigo 11.º – [...]
1 – .......................................................................................................
2 – .......................................................................................................
3 – .......................................................................................................
4 – .......................................................................................................
5 – .......................................................................................................
6 – .......................................................................................................
7 – .......................................................................................................
8 – A relevância do tempo de serviço nos termos dos n.ᵒˢ 1 a 6 do presente artigo abrange igualmente os trabalhadores que se mantenham integrados em carreiras subsistentes a que alude o artigo 106.º da Lei n.º 12-A/2008, de 27 de Fevereiro, com efeitos a 1 de Janeiro de 2009.»

Artigo 6.º – **Conversão das substituições em cargos não dirigentes**

Os trabalhadores a que se refere o n.º 3 do artigo 7.º do Decreto Legislativo Regional n.º 26/2008/A, de 24 de Julho, transitam para a modalidade adequada de afectação temporária interna ou externa.

Artigo 7.º – **Atribuição do abono para falhas**

1 – Têm direito a um suplemento remuneratório designado «abono para falhas» os trabalhadores que manuseiam ou tenham à sua guarda, nas áreas de tesouraria ou cobrança, valores, numerário, títulos ou documentos, sendo por eles responsáveis.

2 – As carreiras e categoria, bem como os trabalhadores que, em cada departamento regional, têm direito a «abono para falhas», são determinados por

*Regime de Mobilidade dos Trabalhadores que Exercem Funções ...* 135

despacho conjunto do respectivo membro do Governo Regional e dos membros do Governo Regional responsáveis pelas áreas das finanças e da Administração Pública.

3 – O direito a «abono para falhas» pode ser reconhecido a mais de um trabalhador por cada serviço ou organismo, quando a actividade de manuseamento ou guarda referida no n.º 1 abranja diferentes postos de trabalho.

4 – O montante pecuniário do «abono para falhas» é fixado na portaria referida no n.º 2 do artigo 68.º da Lei n.º 12-A/2008, de 27 de Fevereiro.

ARTIGO 8.º – **Alteração aos quadros regionais de ilha**

O artigo 2.º do Decreto Legislativo Regional n.º 49/2006/A, de 11 de Dezembro, passa a ter a seguinte redacção:

«ARTIGO 2.º

1 – O pessoal que se encontra inserido nos serviços e organismos referidos no artigo anterior integra os quadros regionais de ilha, a aprovar mediante portaria dos membros do Governo Regional com competência nas áreas das finanças e da Administração Pública, com excepção do pessoal dirigente, dos cargos de direcção específica e cargos de chefia que correspondam a unidades orgânicas, os quais constarão de mapa anexo ao diploma orgânico de cada um dos respectivos departamentos governamentais ou dos institutos públicos regionais que revistam a natureza de serviços personalizados ou de fundos públicos.

2 – ...........................................................................................................

3 – ...........................................................................................................

4 – Sempre que se revele necessária a existência de lugares no quadro em regime de função pública para a operacionalidade das figuras de mobilidade dentro ou entre quadros regionais de ilha ou outros quadros de pessoal da administração pública regional, os lugares de origem ocupados pelos trabalhadores acompanhá-los-ão para aquele efeito, bem como as correspondentes dotações orçamentais, nos termos do n.º 6 do artigo 3.º

5 – *(Anterior n.º 4 com a redacção introduzida pelo artigo 9.º do Decreto Legislativo Regional n.º 27/2007/A, de 10 de Dezembro.)»*

ARTIGO 9.º – **Instrumentos de mobilidade**

**1 – A mobilidade opera-se mediante os seguintes instrumentos:**
*a) A afectação de pessoal;*
*b) A cedência de interesse público.*

**2 – É garantida a mobilidade entre os trabalhadores da administração regional autónoma, administração local e administração do Estado.**

**3 – As presentes figuras de mobilidade operam ainda entre o quadro e mapa de pessoal da Assembleia Legislativa da Região Autónoma dos Açores e os quadros de pessoal da administração regional autónoma da Região Autónoma dos Açores e vice-versa.**

4 – Para efeitos do número anterior aplica-se, sempre que necessário e com as devidas adaptações, o disposto no n.º 4 do artigo 2.º do Decreto Legislativo Regional n.º 49/2006/A, de 11 de Dezembro, com a redacção que lhe foi dada pelo artigo 9.º do Decreto Legislativo Regional n.º 27/2007/A, de 10 de Dezembro.

5 – Ao pessoal docente dos estabelecimentos de ensino não superior da Região Autónoma dos Açores, em matéria de mobilidade, aplicam-se as normas específicas consagradas no respectivo estatuto.

ARTIGO 10.º – Afectação de pessoal

1 – A afectação de pessoal reveste as seguintes modalidades:
*a)* Afectação interna;
*b)* Afectação externa;
*c)* Afectação em centrais de serviço.

2 – A afectação interna consiste na mobilidade dentro do mesmo quadro de pessoal da administração regional e a afectação externa consiste na mobilidade entre os quadros de pessoal da mesma administração.

3 – As afectações referidas no número anterior operam na categoria ou intercarreiras ou categorias, bem como dentro da mesma modalidade de constituição da relação jurídica de emprego público por tempo indeterminado ou entre ambas as modalidades.

4 – A afectação na categoria opera -se para o exercício de funções inerentes à categoria de que o trabalhador é titular, na mesma actividade ou em diferente actividade para que detenha habilitação adequada.

5 – A afectação intercarreiras ou categorias opera-se para o exercício de funções não inerentes à categoria de que o trabalhador é titular e inerentes:
*a)* A categoria superior ou inferior da mesma carreira; ou
*b)* A carreira de grau de complexidade funcional igual, superior ou inferior ao da carreira em que se encontra integrado ou ao da categoria de que é titular.

6 – A afectação intercarreiras ou categorias depende da titularidade de habilitação adequada do trabalhador e não pode modificar substancialmente a sua posição.

7 – A mobilidade interna na categoria dos trabalhadores da administração local com relação jurídica de emprego público por tempo indeterminado, nos serviços e organismos da administração regional, poderá consolidar-se definitivamente nos quadros regionais de ilha, mediante despacho dos membros do Governo Regional responsáveis pelas finanças e pela Administração Pública.

8 – A mobilidade interna a que se refere o número anterior poderá ter duração até três anos.

ARTIGO 11.º – **Acordos**

**1 – A afectação interna e externa efectiva-se nos termos e obedece ao disposto no Decreto Legislativo Regional n.º 49/2006/A, de 11 de Dezembro.**

**2 – Sem prejuízo do disposto no número anterior, a afectação interna e externa pode também efectuar-se a requerimento do trabalhador desde que se verifique o interesse e a conveniência da administração regional autónoma.**

**3 – Quando a afectação externa se efectue entre quadros situados em ilhas diferentes o acordo do trabalhador nunca pode ser dispensado.**

**4 – A mobilidade por afectação interna e externa definitiva na categoria, quando opere em diferente actividade, carece sempre do acordo do trabalhador.**

**5 – O acordo do trabalhador não pode igualmente ser dispensado quando a afectação opere para categoria inferior da mesma carreira ou para carreira de grau de complexidade funcional inferior ao da carreira em que se encontra integrado ou ao da categoria de que é titular.**

**6 – Quando a afectação opere para órgão ou serviço, designadamente temporário, que não possa constituir relações jurídicas de emprego público por tempo indeterminado e se preveja que possa ter duração superior a um ano, o acordo do trabalhador nunca pode ser dispensado.**

ARTIGO 12.º – **Duração**

**1 – A mobilidade por afectação interna e externa pode ser definitiva ou temporária.**

**2 – A mobilidade por afectação interna e externa temporária tem duração de um ano, renovável até três anos, excepto quando esteja em causa órgão ou serviço, designadamente temporário, que não possa constituir relações jurídicas de emprego público por tempo indeterminado, caso em que a sua duração é indeterminada.**

**3 – A mobilidade por afectação interna e externa intercarreiras ou categorias, bem como entre modalidades diferentes de constituição da relação jurídica de emprego público, é sempre temporária.**

**4 – Não pode haver lugar, durante o prazo de um ano, a mobilidade por afectação temporária interna ou externa para o mesmo órgão, serviço ou unidade orgânica de trabalhador que se tenha encontrado naquela figura de mobilidade e tenha regressado à situação jurídico-funcional de origem.**

**5 – A mobilidade por afectação quando envolva trabalhadores que tenham mantido o vínculo de nomeação nos termos do artigo 7.º do Decreto Legislativo Regional n.º 26/2008/A, de 24 de Julho, pode operar, por opção daqueles, dentro da mesma modalidade da relação jurídica de emprego público.**

ARTIGO 13.º – **Remuneração**

**1 – O trabalhador em mobilidade por afectação interna ou externa temporária na categoria, em órgão ou serviço diferente pode ser remunerado pela posição remuneratória imediatamente seguinte àquela em que se encontre posicionado na categoria ou, em caso de inexistência, pelo nível remuneratório que suceda ao correspondente à sua posição na tabela remuneratória única.**

**2 – O trabalhador em mobilidade por afectação interna ou externa intercarreiras ou categorias em caso algum é afectado na remuneração correspondente à categoria de que é titular.**

**3 – No caso referido no número anterior, a remuneração do trabalhador é acrescida para o nível remuneratório superior mais próximo daquele que corresponde ao seu posicionamento na categoria de que é titular que se encontre previsto na categoria cujas funções vai exercer, desde que a primeira posição remuneratória desta categoria corresponda a nível remuneratório superior ao nível remuneratório da primeira posição daquela que é titular.**

**4 – Não se verificando a hipótese prevista no número anterior, pode o trabalhador ser remunerado nos termos do n.º 1.**

**5 – Excepto acordo diferente entre os órgãos ou serviços, o trabalhador em mobilidade por afectação interna ou externa temporária é remunerado pelo órgão ou serviço de destino.**

ARTIGO 14.º – **Avaliação do desempenho**

**A menção obtida na avaliação do desempenho, bem como o tempo de exercício de funções em carreira e categoria decorrentes da mobilidade por afectação interna ou externa do trabalhador reportam-se, em alternativa à sua situação jurídico-funcional de origem ou à correspondente à mobilidade em que se encontrou, conforme, entretanto, o trabalhador não venha ou venha, respectivamente a constituir uma relação jurídica por tempo indeterminado, sem interrupção de funções, na última situação jurídico-funcional.**

ARTIGO 15.º – **Afectação em centrais de serviço**

**Os trabalhadores da administração regional autónoma podem ser afectos a centrais de serviços, nos termos a que se refere o artigo 5.º do Decreto Legislativo Regional n.º 49/2006/A, de 11 de Dezembro.**

ARTIGO 16.º – **Cedência de interesse público**

**1 – Há lugar à celebração de acordo de cedência de interesse público quando um trabalhador de entidade excluída do âmbito de aplicação da Lei n.º 12-A/2008, de 27 de Fevereiro, adaptada à Região pelo Decreto Legislativo Regional n.º 26/2008/A, de 24 de Julho, deva exercer funções, ainda que a tempo parcial, em órgão ou serviço a que o presente diploma é aplicável**

e, inversamente, quando um trabalhador de órgão ou serviço deva exercer funções, ainda que no mesmo regime, em entidade excluída daquele âmbito de aplicação.

2 – O acordo pressupõe a concordância escrita do órgão ou serviço, e dos membros do Governo Regional respectivo, das finanças e da Administração Pública, da entidade e do trabalhador e implica, na falta de disposição em contrário, a suspensão do estatuto de origem deste.

3 – A cedência de interesse público sujeita o trabalhador às ordens e instruções do órgão ou serviço ou da entidade onde vai prestar funções, sendo remunerado por estes com respeito pelas disposições normativas aplicáveis ao exercício daquelas funções.

4 – O exercício do poder disciplinar compete à entidade cessionária, excepto quando esteja em causa a aplicação de penas disciplinares expulsivas.

5 – Os comportamentos do trabalhador cedido têm relevância no âmbito da relação jurídica de emprego de origem, devendo o procedimento disciplinar que apure as infracções disciplinares respeitar o estatuto disciplinar de origem.

6 – O trabalhador cedido tem direito:

a) À contagem, na categoria de origem, do tempo de serviço prestado em regime de cedência;

b) A optar pela manutenção do regime de protecção social de origem, incidindo os descontos sobre o montante da remuneração que lhe competiria na categoria de origem;

c) A ocupar, nos termos legais, diferente posto de trabalho no órgão ou serviço ou na entidade de origem ou em outro órgão ou serviço.

7 – No caso previsto na alínea c) do número anterior, o acordo de cedência de interesse público caduca com a ocupação do novo posto de trabalho.

8 – O acordo pode ser feito cessar, a todo o tempo, por iniciativa de qualquer das partes que nele tenham intervindo, com aviso prévio de 30 dias.

9 – Não pode haver lugar, durante o prazo de um ano, a cedência de interesse público para o mesmo órgão ou serviço ou para a mesma entidade de trabalhador que se tenha encontrado cedido e tenha regressado à situação jurídico-funcional de origem.

10 – No caso previsto na primeira parte do n.º 1, o exercício de funções no órgão ou serviço é titulado através da modalidade adequada de constituição da relação jurídica de emprego público.

11 – As funções a exercer em órgão ou serviço correspondem a um cargo ou a uma carreira, categoria, actividade e, quando imprescindíveis, área de formação académica ou profissional.

12 – Quando as funções correspondem a um cargo dirigente, o acordo de cedência de interesse público é precedido da observância dos requisitos e procedimentos legais de recrutamento.

13 – O acordo de cedência de interesse público para o exercício de funções em órgão ou serviço a que o presente diploma é aplicável tem duração até um ano, renovável por iguais períodos, excepto quando tenha sido celebrado para o exercício de um cargo ou esteja em causa órgão ou serviço, designadamente temporário, que não possa constituir relações jurídicas de emprego público por tempo indeterminado, caso em que a sua duração é indeterminada.

14 – No caso previsto na alínea *b*) do n.º 6, o órgão ou serviço ou a entidade comparticipam:

*a*) No financiamento do regime de protecção social aplicável em concreto com a importância que se encontre legalmente estabelecida para a contribuição das entidades empregadoras;

*b*) Sendo o caso, nas despesas de administração de subsistemas de saúde da função pública, nos termos legais aplicáveis.

15 – Quando um trabalhador de órgão ou serviço deva exercer em central sindical ou confederação patronal, ou em entidade privada com representatividade equiparada nos sectores económico e social, o acordo pode prever que continue a ser remunerado, bem como as correspondentes comparticipações asseguradas, pelo órgão ou serviço.

16 – No caso previsto no número anterior, o número máximo de trabalhadores é de quatro por cada central sindical e de dois por cada uma das restantes entidades.

ARTIGO 17.º – **Conversão das requisições, destacamentos, cedências ocasionais e especiais**

Os actuais trabalhadores requisitados, destacados ocasional e especialmente cedidos de, e em órgão ou serviço a que o presente diploma é aplicável, transitam para a modalidade adequada de mobilidade prevista neste diploma.

ARTIGO 18.º – **Alteração ao Decreto Legislativo Regional n.º 7/2008/A, de 24 de Março**

1 – O artigo 21.º do Decreto Legislativo Regional n.º 7/2008/A, de 24 de Março, passa a ter a seguinte redacção:

«ARTIGO 21.º – **Cedência de interesse público**

1 – Os trabalhadores com relação jurídica de emprego público podem exercer funções nas empresas públicas regionais por acordo de cedência de interesse público nos termos da legislação regional em vigor.

2 – Os trabalhadores das empresas públicas regionais podem exercer funções em órgãos ou serviços abrangidos pelo âmbito de aplicação da Lei n.º 12-A/2008, de 27 de Fevereiro, com utilização da modalidade adequada de

*Regime de Mobilidade dos Trabalhadores que Exercem Funções ...* 141

constituição da relação jurídica de emprego público, por acordo de cedência de interesse público nos termos da legislação regional em vigor.

3 – Os trabalhadores referidos no número anterior podem optar pela retribuição base de origem.»

2 – É aditado o artigo 21.º-A ao Decreto Legislativo Regional n.º 7/2008/ /A, de 24 de Março, com a seguinte redacção:

«Artigo 21.º-A – **Comissão de serviço**

1 – Os trabalhadores das empresas públicas regionais podem exercer, em comissão de serviço, funções de carácter específico em outras empresas públicas, mantendo todos os direitos inerentes ao seu estatuto profissional na empresa de origem, incluindo os benefícios de reforma e sobrevivência, considerando-se todo o período da comissão como serviço prestado na empresa de origem.

2 – Os trabalhadores referidos no número anterior podem optar pela retribuição base de origem.

3 – A retribuição e demais encargos dos trabalhadores em comissão de serviço são da responsabilidade da entidade onde se encontrem a exercer funções.»

Artigo 19.º – **Alteração ao Decreto Legislativo Regional n.º 12/2008/A, de 19 de Maio**

Os artigos 14.º e 23.º do Decreto Legislativo Regional n.º 12/2008/A, de 19 de Maio, passam a ter a seguinte redacção:

«Artigo 14.º – [...]

1 – ......................................................................................................................

2 – Podem, ainda, exercer funções de gestor público regional trabalhadores com relação jurídica de emprego público por acordo de cedência de interesse público nos termos da legislação regional em vigor, bem como os trabalhadores de empresas públicas ou privadas por acordo de cedência ocasional nos termos da lei.

3 – *(Anterior n.º 4.)*

Artigo 23.º – **Dissolução por mera conveniência**

1 – ......................................................................................................................

2 – ......................................................................................................................

3 – ......................................................................................................................

4 – Nos casos de regresso ao exercício de funções ou de aceitação, no prazo a que se refere o número anterior, de função ou cargo no âmbito do sector público administrativo ou empresarial da Região Autónoma dos Açores ou no caso de regresso às funções anteriormente desempenhadas pelos gestores nomea-dos em regime de comissão de serviço ou de cedência de interesse público, a

142 *Novo Estatuto da Função Pública*

indemnização eventualmente devida é reduzida ao montante da diferença entre o vencimento como gestor e o vencimento do lugar de origem à data da cessação de funções de gestor, ou do novo vencimento, caso em que deverá ser devolvida a parte da indemnização que eventualmente haja sido paga.»

### Artigo 20.º – **Alteração ao Decreto Legislativo Regional n.º 41/2008/A, de 27 de Agosto**

1 – No n.º 4 do artigo 3.º do Decreto Legislativo Regional n.º 41/2008/ /A, de 27 de Agosto, onde se lê «acordo colectivo de trabalho» deve ler-se «instrumento de regulamentação colectiva de trabalho».

2 – As percentagens que vierem a ser definidas nos termos da resolução a que se refere o n.º 1 do artigo 75.º do Decreto Legislativo Regional n.º 41/ /2008/A, de 27 de Agosto, não incidem sobre o número de trabalhadores mencionados no n.º 7 do artigo 42.º daquele diploma.

3 – Os dirigentes superiores da administração regional não são objecto da avaliação do desempenho a que alude o capítulo II do título III do Decreto Legislativo Regional n.º 41/2008/A, de 27 de Agosto.

### Artigo 21.º – **Adaptação do n.º 1 do artigo 51.º do Decreto-Lei n.º 100/ /99, de 31 de Março**

O n.º 1 do artigo 51.º do Decreto-Lei n.º 100/99, de 31 de Março, na redacção dada pelo artigo 26.º da Lei n.º 64-A/2008, de 31 de Dezembro, é adaptado, na Região Autónoma dos Açores, nos seguintes termos:

«1 – O trabalhador nomeado, que for considerado pela junta médica a que se refere o artigo 46.º, incapaz para o exercício das suas funções, mas apto para o desempenho de outras às quais não possa ser integrado através do regime da mobilidade por afectação, tem o dever de se candidatar a todos os procedimentos concursais para ocupação de lugares previstos nos quadros de pessoal da administração regional, desde que reúna os requisitos exigidos e dentro dos limites da afectação consagrados na legislação regional sobre mobilidade.»

### Artigo 22.º – **Revogação**

São revogados os seguintes diplomas:

*a)* O Decreto Legislativo Regional n.º 13/86/A, de 21 de Abril;
*b)* O Decreto Legislativo Regional n.º 7/89/A, de 20 de Julho;
*c)* O Decreto Legislativo Regional n.º 29/2007/A, de 10 de Dezembro;
*d)* O n.º 4 do artigo 6.º, o n.º 3 do artigo 7.º e o artigo 9.º do Decreto Legislativo Regional n.º 26/2008/A, de 24 de Julho.

### Artigo 23.º – **Republicação**

Os Decretos Legislativos Regionais n.ᵒˢ 50/2006/A, de 12 de Dezembro, 2/2005/A, de 9 de Maio, 26/2008/A, de 24 de Julho, 49/2006/A, de 11 de

Dezembro, 7/2008/A, de 24 de Março, 12/2008/A, de 19 de Maio, e 41/2008/ /A, de 27 de Agosto, com as alterações agora introduzidas, são republicados, respectivamente, como anexos I, II, III, IV, V, VI e VII, ao presente diploma, que dele fazem parte integrante.

ARTIGO 24.º – **Entrada em vigor**

O presente diploma entra em vigor no dia seguinte ao da sua publicação.

Aprovado pela Assembleia Legislativa da Região Autónoma dos Açores, na Horta, em 9 de Julho de 2009.

O Presidente da Assembleia Legislativa, *Francisco Manuel Coelho Lopes Cabral.*

Assinado em Angra do Heroísmo em 1 de Outubro de 2009.

Publique-se.

O Representante da República para a Região Autónoma dos Açores, *José António Mesquita.*

# REGIME DE MOBILIDADE DOS TRABALHADORES QUE EXERCEM FUNÇÕES PÚBLICAS NA ADMINISTRAÇÃO REGIONAL AUTÓNOMA DA MADEIRA

## Decreto Legislativo Regional n.º 9/2008/M, de 27 de Março

Pela Lei n.º 53/2006, de 7 de Dezembro, foi aprovado o regime comum de mobilidade entre serviços dos funcionários e agentes da Administração Pública, dependendo, contudo, a sua aplicação à administração regional autónoma e à administração local, de adaptação por diploma próprio.

A mobilidade dos funcionários e agentes, no âmbito do exercício das normais actividades dos serviços, é uma forma de rentabilizar o capital humano, sem acréscimo do número dos seus elementos e um instrumento de fundamental importância na gestão dos serviços. É certo que o regime contido na Lei n.º 53/2006, no que respeita aos instrumentos de mobilidade geral, mantém instrumentos que já existiam, todavia, particulariza aspectos do seu regime e acrescenta novos instrumentos, como é o caso da afectação específica.

Atendendo à reorganização e modernização de serviços, mostrou-se prudente não apressar a aplicação da Lei n.º 53/2006, à qual se procede agora, na parte relativa à mobilidade geral.

Por outro lado, é fundamental não olvidar a existência, na Região Autónoma da Madeira, de um quadro de mobilidade entre serviços da administração regional e da administração local que não deveria ser prejudicado. Assim, para manter a dita mobilidade, convém que a adaptação agora efectuada também abarque as entidades da administração local sedeadas nesta Região Autónoma.

Foram observados os procedimentos decorrentes da Lei n.º 23/98, de 26 de Maio.

Assim:

A Assembleia Legislativa da Região Autónoma da Madeira, nos termos da alínea *a*) do n.º 1 do artigo 227.º e do n.º 1 do artigo 232.º, ambos da Constituição da República Portuguesa, da alínea *c*) do n.º 1 do artigo 37.º e

146       *Novo Estatuto da Função Pública*

alínea *nn*) do artigo 40.º e n.º 1 do artigo 41.º, ambos do Estatuto Político-
-Administrativo da Região Autónoma da Madeira, aprovado pela Lei n.º 13/91,
de 5 de Junho, na redacção da Lei n.º 130/99, de 21 de Agosto, e alterado pela
Lei n.º 12/2000, de 21 de Junho, e do n.º 3 do artigo 2.º da Lei n.º 53/2006,
de 7 de Dezembro, decreta o seguinte:

ARTIGO 1.º – **Objecto e âmbito**

1 – O presente diploma adapta à administração regional e local da Região
Autónoma da Madeira o regime de mobilidade geral entre serviços dos funcionários e agentes da Administração Pública, previsto na Lei n.º 53/2006, de 7
de Dezembro.

2 – O disposto no presente diploma aplica-se a todos os serviços da
administração regional autónoma e da administração local sedeada na Região
Autónoma da Madeira.

3 – O presente diploma aplica-se aos institutos públicos e fundos públicos
personalizados, estando excluídas as entidades públicas empresariais.

ARTIGO 2.º – **Instrumentos de mobilidade geral**

São instrumentos de mobilidade geral:
*a*) A transferência;
*b*) A permuta;
*c*) A requisição;
*d*) O destacamento;
*e*) A afectação específica;
*f*) A cedência especial.

ARTIGO 3.º – **Transferência**

1 – A transferência consiste na nomeação do funcionário, sem prévia
aprovação em concurso, para lugar vago do quadro de outro serviço:
*a*) Da mesma categoria e carreira;
*b*) De carreira diferente desde que os requisitos habilitacionais exigíveis
    sejam idênticos e haja identidade ou afinidade de conteúdo funcional
    entre as carreiras.

2 – Da transferência não pode resultar o preenchimento de vagas postas
a concurso à data da emissão do despacho que a defere ou determina.

3 – A transferência faz-se a requerimento do funcionário desde que se
verifique o interesse e a conveniência da Administração ou por iniciativa desta
e com o acordo daquele.

4 – O acordo do funcionário é dispensado no caso de a transferência
ocorrer para serviço situado no concelho do seu serviço de origem ou da sua
residência.

Regime de Mobilidade dos Trabalhadores que Exercem Funções Públicas ...    147

5 – A transferência pode ainda ocorrer para qualquer outro concelho, com dispensa do acordo do funcionário, desde que se verifiquem cumulativamente as seguintes condições, aferidas em função da utilização de transportes públicos:

a) Não implique despesas mensais para deslocações entre a residência e o local de trabalho superiores às despesas mensais relativas às deslocações entre a residência e o serviço de origem;

b) O tempo gasto naquelas deslocações não ultrapasse o tempo despendido nas deslocações entre a residência e o serviço de origem.

6 – O disposto no número anterior não é aplicável quando o funcionário invoque e comprove que da transferência lhe adviria prejuízo sério para a sua vida pessoal.

7 – A transferência não depende de autorização do serviço de origem quando ocorra:

a) Para os serviços periféricos da administração regional autónoma, incluindo de institutos públicos e fundos públicos personalizados, e para as autarquias locais;

b) Por iniciativa do funcionário, desde que se verifique fundado interesse do serviço de destino, reconhecido por despacho do respectivo membro do Governo Regional.

8 – A transferência de funcionário nomeado em lugar a extinguir quando vagar faz-se para lugar vago ou para lugar a criar e a extinguir quando vagar no quadro de pessoal do serviço de destino.

Artigo 4.º – **Permuta**

1 – A permuta consiste na nomeação recíproca e simultânea de funcionários pertencentes a quadros de pessoal de serviços distintos, podendo ocorrer para lugar vago do quadro do outro serviço:

a) Da mesma categoria e carreira;

b) De carreira diferente desde que os requisitos habilitacionais exigíveis sejam idênticos e haja identidade ou afinidade de conteúdo funcional entre as carreiras.

2 – À permuta é aplicável, com as necessárias adaptações, o disposto nos n.ᵒˢ 2 a 8 do artigo anterior.

Artigo 5.º – **Requisição e destacamento**

1 – A requisição e o destacamento consistem no exercício de funções a título transitório em serviço diferente daquele a que pertence o funcionário ou agente sem ocupação de lugar do quadro, sendo os encargos suportados pelo serviço de destino, no caso da requisição, e pelo serviço de origem, no caso do destacamento.

2 – A requisição e o destacamento fazem-se param a categoria e carreira que o funcionário ou agente já detém.

148          *Novo Estatuto da Função Pública*

3 – A requisição pode ainda fazer-se para a categoria imediatamente superior da mesma carreira ou para categoria de carreira diferente desde que o funcionário ou agente preencha, em ambos os casos, os requisitos legais para o respectivo provimento.

4 – A requisição e o destacamento fazem-se por períodos até um ano, prorrogáveis até ao limite de três anos.

5 – A requisição e o destacamento não têm limite de duração nos casos em que, de acordo com a lei, as funções só possam ser exercidas naqueles regimes.

6 – O serviço de origem pode condicionar a sua autorização ao compromisso de, findo o período de um ano, se proceder à transferência para o serviço de destino ou ao regresso ao serviço de origem.

7 – O destacamento para outro serviço carece sempre de autorização do serviço de origem.

8 – Decorrido o prazo previsto no n.º 4, procede-se em alternativa:

*a)* Ao regresso obrigatório do funcionário ou agente ao serviço de origem, não podendo ser requisitado ou destacado para o mesmo serviço durante o prazo de um ano;

*b)* À transferência do funcionário para o serviço onde se encontra requisitado ou destacado, para lugar vago do respectivo quadro ou para lugar a criar e a extinguir quando vagar, aplicando-se, com as necessárias adaptações, o disposto no artigo 3.º

9 – Sem prejuízo do disposto no n.º 7, à requisição e ao destacamento é aplicável, com as necessárias adaptações, o disposto nos n.ºs 3 a 7 do artigo 3.º

### Artigo 6.º – **Recusa de transferência ou requisição**

1 – Nos casos em que careçam de autorização do serviço de origem, a transferência e a requisição de funcionários e agentes só podem ser recusadas quando fundamentadas em motivos de imprescindibilidade para o serviço.

2 – A recusa a que se refere o número anterior depende de despacho de homologação do membro do Governo Regional de que depende o serviço, devendo ser comunicada ao serviço e ao funcionário ou agente interessados no prazo de 30 dias contados a partir da data de entrada do pedido no serviço de origem.

3 – A falta de comunicação da recusa dentro do prazo determina o deferimento do pedido.

### Artigo 7.º – **Afectação específica**

1 – Entende-se por afectação específica de funcionário ou agente o exercício de funções próprias da sua categoria e carreira noutro serviço ou pessoa colectiva pública, para satisfação de necessidades específicas e transitórias, se necessário em acumulação com as do serviço de origem.

Regime de Mobilidade dos Trabalhadores que Exercem Funções Públicas ... 149

2 – A afectação específica é determinada por despacho conjunto dos dirigentes máximos dos serviços ou pessoa colectiva pública envolvidos, por sua iniciativa ou a requerimento do funcionário ou agente.

3 – O despacho referido no número anterior fixa o regime de prestação de trabalho do funcionário ou agente a afectar, designadamente em matéria de horário e sem prejuízo do regime de duração semanal de trabalho.

4 – A afectação específica faz-se por períodos até seis meses, prorrogáveis até ao limite de um ano.

5 – Salvo acordo em contrário, constitui encargo do serviço de origem a remuneração das funções exercidas no outro serviço ou pessoa colectiva pública.

6 – À afectação específica é aplicável, com as necessárias adaptações, o disposto nos n.$^{os}$ 4 a 6 do artigo 3.º

ARTIGO 8.º – **Cedência especial**

1 – Mediante acordo de cedência especial entre serviços ou com pessoa colectiva pública, o funcionário ou agente que tenha dado o seu consentimento expresso por escrito pode exercer funções noutro serviço ou pessoa colectiva pública em regime de contrato de trabalho, com suspensão do seu estatuto de funcionário ou agente.

2 – A cedência especial sujeita o funcionário ou agente às ordens e instruções do serviço ou pessoa colectiva pública onde vai prestar funções, sendo remunerado por estes nos termos do acordo.

3 – O exercício do poder disciplinar compete ao serviço ou pessoa colectiva pública cessionários, excepto quando esteja em causa a aplicação de penas disciplinares expulsivas.

4 – Os comportamentos do funcionário ou agente cedido têm relevância no âmbito da relação jurídica de emprego público titulada por nomeação, devendo o procedimento disciplinar que apure as infracções disciplinares respeitar o Estatuto Disciplinar dos Funcionários e Agentes da Administração Pública.

5 – O funcionário ou agente cedido tem direito:

a) À contagem, na categoria de origem, do tempo de serviço prestado em regime de contrato de trabalho;

b) A optar pela manutenção do regime de protecção social da função pública, incidindo os descontos sobre o montante da remuneração que lhe competiria na categoria de origem;

c) A ser opositor aos concursos de pessoal do funcionalismo público para os quais preencha os requisitos legais.

6 – No caso previsto na alínea b) do número anterior, o serviço ou pessoa colectiva pública de destino deve comparticipar:

a) No financiamento da Caixa Geral de Aposentações com a importância que se encontrar legalmente estabelecida para a contribuição das entidades empregadoras no sistema de protecção social da função pública em matéria de pensões;

150 *Novo Estatuto da Função Pública*

*b)* Nas despesas de administração da Assistência na Doença aos Servidores do Estado (ADSE), nos termos legais aplicáveis.

7 – No caso da alínea *c)* do n.º 5 e sem prejuízo de um novo acordo de cedência, o acordo de cedência especial extingue-se pelo provimento na sequência do concurso.

ARTIGO 9.º – **Mobilidade entre a administração regional autónoma e local**

É permitida a mobilidade geral de pessoal de serviços da administração regional autónoma para a administração local sedeada na Região Autónoma da Madeira, bem como desta para aquela.

ARTIGO 10.º – **Competências na administração local**

1 – A aplicação dos instrumentos de mobilidade geral na administração local compete:

*a)* Nos municípios, ao presidente da câmara;
*b)* Nos serviços municipalizados, ao conselho de administração;
*c)* Nas freguesias, à junta de freguesia.

2 – As referências a membro do Governo Regional constantes da alínea *b)* do n.º 7 do artigo 3.º e do n.º 2 do artigo 6.º entendem-se reportadas:

*a)* Nos municípios e nos serviços municipalizados, à assembleia municipal;
*b)* Nas freguesias, à assembleia de freguesia.

ARTIGO 11.º – **Revogação**

É revogado o Decreto Legislativo Regional n.º 9/93/M, de 15 de Julho.

ARTIGO 12.º – **Entrada em vigor**

O presente diploma entra em vigor no dia seguinte ao da sua publicação.

Aprovado em sessão plenária da Assembleia Legislativa da Região Autónoma da Madeira em 13 de Fevereiro de 2008.

O Presidente da Assembleia Legislativa, *José Miguel Jardim d'Olival Mendonça.*

Assinado em 17 de Março de 2008.

Publique-se.

O Representante da República para a Região Autónoma da Madeira, *Antero Alves Monteiro Diniz.*

# SISTEMA INTEGRADO DE GESTÃO E AVALIAÇÃO DO DESEMPENHO NA ADMINISTRAÇÃO PÚBLICA (SIADAP)

## Lei n.º 66-B/2007, de 28 de Dezembro

**(Alterada pela Lei n.º 64-A/2008, de 31 de Dezembro, e complementada pelo disposto no Dec.-Lei n.º 269/2009, de 30 de Setembro )**

A Assembleia da República decreta, nos termos da alínea *c*) do artigo 161.º da Constituição, o seguinte:

## TÍTULO I
### Disposições gerais e comuns

### CAPÍTULO I
### Objecto e âmbito

ARTIGO 1.º – **Objecto**

1 – A presente lei estabelece o sistema integrado de gestão e avaliação do desempenho na Administração Pública, adiante designado por SIADAP.

2 – O SIADAP visa contribuir para a melhoria do desempenho e qualidade de serviço da Administração Pública, para a coerência e harmonia da acção dos serviços, dirigentes e demais trabalhadores e para a promoção da sua motivação profissional e desenvolvimento de competências.

ARTIGO 2.º – **Âmbito de aplicação**

1 – A presente lei aplica-se aos serviços da administração directa e indirecta do Estado, bem como, com as necessárias adaptações, designadamente no que respeita às competências dos correspondentes órgãos, aos serviços da administração regional autónoma e à administração autárquica.

152         *Novo Estatuto da Função Pública*

2 – A presente lei é também aplicável, com as adaptações impostas pela observância das correspondentes competências, aos órgãos e serviços de apoio do Presidente da República, da Assembleia da República, dos tribunais e do Ministério Público e respectivos órgãos de gestão e de outros órgãos independentes.

3 – Sem prejuízo do disposto no artigo 83.º, a presente lei não se aplica às entidades públicas empresariais nem aos gabinetes de apoio quer dos titulares dos órgãos referidos nos números anteriores quer dos membros do Governo.

4 – A presente lei aplica-se ao desempenho:

*a)* Dos serviços;

*b)* Dos dirigentes;

*c)* Dos trabalhadores da Administração Pública, independentemente da modalidade de constituição da relação jurídica de emprego público.

ARTIGO 3.º – **Adaptações**

1 – O SIADAP concretiza-se nos princípios, objectivos e regras definidos na presente lei.

2 – Podem ser aprovados sistemas alternativos ao SIADAP adaptados às especificidades das administrações regional e autárquica, através de decreto legislativo regional e decreto regulamentar, respectivamente.

3 – Por portaria conjunta dos membros do Governo da tutela e responsáveis pelas áreas das finanças e da Administração Pública, podem ser realizadas adaptações ao regime previsto na presente lei em razão das atribuições e organização dos serviços, das carreiras do seu pessoal ou das necessidades da sua gestão.

4 – No caso dos institutos públicos, a adaptação referida no número anterior é aprovada em regulamento interno homologado pelos membros do Governo referidos no número anterior.

5 – Em caso de relações jurídicas de emprego público constituídas por contrato, a adaptação ao regime previsto na presente lei pode constar de *instrumento de regulamentação colectivo de trabalho\**.

6 – As adaptações ao SIADAP previstas nos números anteriores são feitas respeitando o disposto na presente lei em matéria de:

*a)* Princípios, objectivos e subsistemas do SIADAP;

*b)* Avaliação do desempenho baseada na confrontação entre objectivos fixados e resultados obtidos e, no caso de dirigentes e trabalhadores, também as competências demonstradas e a desenvolver;

*c)* Diferenciação de desempenhos, respeitando o número mínimo de menções de avaliação e o valor das percentagens máximas previstos na presente lei.

*(\* Redacção introduzida pelo art. 34.º da Lei n.º 64-A/2008, de 31 de Dezembro, que aprovou o OGE para 2009)*

## CAPÍTULO II
### Definições, princípios e objectivos

Artigo 4.º – **Definições**

Para os efeitos do disposto na presente lei, entende-se por:

*a)* «Competências» o parâmetro de avaliação que traduz o conjunto de conhecimentos, capacidades de acção e comportamentos necessários para o desempenho eficiente e eficaz, adequado ao exercício de funções por dirigente ou trabalhador;

*b)* «Dirigentes máximos do serviço» os titulares de cargos de direcção superior do 1.º grau ou legalmente equiparado, outros dirigentes responsáveis pelo serviço dependente de membro do Governo ou os presidentes de órgão de direcção colegial sob sua tutela ou superintendência;

*c)* «Dirigentes superiores» os dirigentes máximos dos serviços, os titulares de cargo de direcção superior do 2.º grau ou legalmente equiparados e os vice-presidentes ou vogais de órgão de direcção colegial;

*d)* «Dirigentes intermédios» os titulares de cargos de direcção intermédia dos 1.º e 2.º graus ou legalmente equiparados, o pessoal integrado em carreira, enquanto se encontre em exercício de funções de direcção ou equiparadas inerentes ao conteúdo funcional da carreira, os chefes de equipas multidisciplinares cujo exercício se prolongue por prazo superior a seis meses no ano em avaliação e outros cargos e chefias de unidades orgânicas;

*e)* «Objectivos» o parâmetro de avaliação que traduz a previsão dos resultados que se pretendem alcançar no tempo, em regra quantificáveis;

*f)* «Serviço efectivo» o trabalho realmente prestado pelo trabalhador nos serviços;

*g)* «Serviços» os serviços da administração directa e indirecta do Estado, da administração regional autónoma e da administração autárquica, incluindo os respectivos serviços desconcentrados ou periféricos e estabelecimentos públicos, com excepção das entidades públicas empresariais;

*h)* «Trabalhadores» os trabalhadores da Administração Pública que não exerçam cargos dirigentes ou equiparados, independentemente do título jurídico da relação de trabalho, desde que a respectiva vinculação seja por prazo igual ou superior a seis meses, incluindo pessoal integrado em carreira que não se encontre em serviço de funções de direcção ou equiparadas inerentes ao conteúdo funcional dessa carreira;

*i)* «Unidades homogéneas» os serviços desconcentrados ou periféricos da administração directa e indirecta do Estado que desenvolvem o mesmo tipo de actividades ou fornecem o mesmo tipo de bens e ou prestam o mesmo tipo de serviços;

*j)* «Unidades orgânicas» os elementos estruturais da organização interna de um serviço quer obedeçam ao modelo de estrutura hierarquizada, matricial ou mista;

*l)* «Utilizadores externos» os cidadãos, as empresas e a sociedade civil;

*m)* «Utilizadores internos» os órgãos e serviços da administração directa e indirecta do Estado e das administrações regional e autárquica, com excepção das entidades públicas empresariais.

ARTIGO 5.º – **Princípios**

O SIADAP subordina-se aos seguintes princípios:

*a)* Coerência e integração, alinhando a acção dos serviços, dirigentes e trabalhadores na prossecução dos objectivos e na execução das políticas públicas;

*b)* Responsabilização e desenvolvimento, reforçando o sentido de responsabilidade de dirigentes e trabalhadores pelos resultados dos serviços, articulando melhorias dos sistemas organizacionais e processos de trabalho e o desenvolvimento das competências dos dirigentes e dos trabalhadores;

*c)* Universalidade e flexibilidade, visando a aplicação dos sistemas de gestão do desempenho a todos os serviços, dirigentes e trabalhadores, mas prevendo a sua adaptação a situações específicas;

*d)* Transparência e imparcialidade, assegurando a utilização de critérios objectivos e públicos na gestão do desempenho dos serviços, dirigentes e trabalhadores, assente em indicadores de desempenho;

*e)* Eficácia, orientando a gestão e a acção dos serviços, dos dirigentes e dos trabalhadores para a obtenção dos resultados previstos;

*f)* Eficiência, relacionando os bens produzidos e os serviços prestados com a melhor utilização de recursos;

*g)* Orientação para a qualidade nos serviços públicos;

*h)* Comparabilidade dos desempenhos dos serviços, através da utilização de indicadores que permitam o confronto com padrões nacionais e internacionais, sempre que possível;

*i)* Publicidade dos resultados da avaliação dos serviços, promovendo a visibilidade da sua actuação perante os utilizadores;

*j)* Publicidade na avaliação dos dirigentes e dos trabalhadores, nos termos previstos na presente lei;

*l)* Participação dos dirigentes e dos trabalhadores na fixação dos objectivos dos serviços, na gestão do desempenho, na melhoria dos processos de trabalho e na avaliação dos serviços;

*m)* Participação dos utilizadores na avaliação dos serviços.

ARTIGO 6.º – **Objectivos**

Constituem objectivos globais do SIADAP:

a) Contribuir para a melhoria da gestão da Administração Pública em razão das necessidades dos utilizadores e alinhar a actividade dos serviços com os objectivos das políticas públicas;

b) Desenvolver e consolidar práticas de avaliação e auto-regulação da Administração Pública;

c) Identificar as necessidades de formação e desenvolvimento profissional adequadas à melhoria do desempenho dos serviços, dos dirigentes e dos trabalhadores;

d) Promover a motivação e o desenvolvimento das competências e qualificações dos dirigentes e trabalhadores, favorecendo a formação ao longo da vida;

e) Reconhecer e distinguir serviços, dirigentes e trabalhadores pelo seu desempenho e pelos resultados obtidos e estimulando o desenvolvimento de uma cultura de excelência e qualidade;

f) Melhorar a arquitectura de processos, gerando valor acrescentado para os utilizadores, numa óptica de tempo, custo e qualidade;

g) Melhorar a prestação de informação e a transparência da acção dos serviços da Administração Pública;

h) Apoiar o processo de decisões estratégicas através de informação relativa a resultados e custos, designadamente em matéria de pertinência da existência de serviços, das suas atribuições, organização e actividades.

## CAPÍTULO III
### Enquadramento e subsistemas do SIADAP

ARTIGO 7.º – **Sistema de planeamento**

1 – O SIADAP articula-se com o sistema de planeamento de cada ministério, constituindo um instrumento de avaliação do cumprimento dos objectivos estratégicos plurianuais determinados superiormente e dos objectivos anuais e planos de actividades, baseado em indicadores de medida dos resultados a obter pelos serviços.

2 – A articulação com o sistema de planeamento pressupõe a coordenação permanente entre todos os serviços e aquele que, em cada ministério, exerce atribuições em matéria de planeamento, estratégia e avaliação.

ARTIGO 8.º – **Ciclo de gestão**

1 – O SIADAP articula-se com o ciclo de gestão de cada serviço da Administração Pública que integra as seguintes fases:

a) Fixação dos objectivos do serviço para o ano seguinte, tendo em conta a sua missão, as suas atribuições, os objectivos estratégicos plurianuais determinados superiormente, os compromissos assumidos na carta de missão pelo dirigente máximo, os resultados da avaliação do desempenho e as disponibilidades orçamentais;

*b)* Aprovação do orçamento e aprovação, manutenção ou alteração do mapa do respectivo pessoal, nos termos da legislação aplicável;

*c)* Elaboração e aprovação do plano de actividades do serviço para o ano seguinte, incluindo os objectivos, actividades, indicadores de desempenho do serviço e de cada unidade orgânica;

*d)* Monitorização e eventual revisão dos objectivos do serviço e de cada unidade orgânica, em função de contingências não previsíveis ao nível político ou administrativo;

*e)* Elaboração do relatório de actividades, com demonstração qualitativa e quantitativa dos resultados alcançados, nele integrando o balanço social e o relatório de auto-avaliação previsto na presente lei.

2 – Compete, em cada ministério, ao serviço com atribuições em matéria de planeamento, estratégia e avaliação assegurar a coerência, coordenação e acompanhamento do ciclo de gestão dos serviços com os objectivos globais do ministério e sua articulação com o SIADAP.

### Artigo 9.º – **Subsistemas do SIADAP**

1 – O SIADAP integra os seguintes subsistemas:

*a)* O Subsistema de Avaliação do Desempenho dos Serviços da Administração Pública, abreviadamente designado por SIADAP 1;

*b)* O Subsistema de Avaliação do Desempenho dos Dirigentes da Administração Pública, abreviadamente designado por SIADAP 2;

*c)* O Subsistema de Avaliação do Desempenho dos Trabalhadores da Administração Pública, abreviadamente designado por SIADAP 3.

2 – Os Subsistemas referidos no número anterior funcionam de forma integrada pela coerência entre objectivos fixados no âmbito do sistema de planeamento, objectivos do ciclo de gestão do serviço, objectivos fixados na carta de missão dos dirigentes superiores e objectivos fixados aos demais dirigentes e trabalhadores.

*Sistema Integrado de Gestão e Avaliação do Desempenho ...* 157

# TÍTULO II

## Subsistema de Avaliação do Desempenho
## dos Serviços da Administração Pública (SIADAP 1)

### CAPÍTULO I
### Disposições gerais

ARTIGO 10.º – **Quadro de avaliação e responsabilização**

1 – A avaliação de desempenho de cada serviço assenta num quadro de avaliação e responsabilização (QUAR), sujeito a avaliação permanente e actualizado a partir dos sistemas de informação do serviço, onde se evidenciam:

*a)* A missão do serviço;
*b)* Os objectivos estratégicos plurianuais determinados superiormente;
*c)* Os objectivos anualmente fixados e, em regra, hierarquizados;
*d)* Os indicadores de desempenho e respectivas fontes de verificação;
*e)* Os meios disponíveis, sinteticamente referidos;
*f)* O grau de realização de resultados obtidos na prossecução de objectivos;
*g)* A identificação dos desvios e, sinteticamente, as respectivas causas;
*h)* A avaliação final do desempenho do serviço.

2 – O QUAR relaciona-se com o ciclo de gestão do serviço e é fixado e mantido actualizado em articulação com o serviço competente em matéria de planeamento, estratégia e avaliação de cada ministério.

3 – Os documentos previsionais e de prestação de contas legalmente previstos devem ser totalmente coerentes com o QUAR.

4 – A dinâmica de actualização do QUAR deve sustentar-se na análise da envolvência externa, na identificação das capacidades instaladas e nas oportunidades de desenvolvimento do serviço, bem como do grau de satisfação dos utilizadores.

5 – O QUAR é objecto de publicação na página electrónica do serviço.

6 – Os serviços devem recorrer a metodologias e instrumentos de avaliação já consagrados, no plano nacional ou internacional, que permitam operacionalizar o disposto no presente título.

ARTIGO 11.º – **Parâmetros de avaliação**

1 – A avaliação do desempenho dos serviços realiza-se com base nos seguintes parâmetros:

*a)* «Objectivos de eficácia», entendida como medida em que um serviço atinge os seus objectivos e obtém ou ultrapassa os resultados esperados;
*b)* «Objectivos de eficiência», enquanto relação entre os bens produzidos e serviços prestados e os recursos utilizados;

158           *Novo Estatuto da Função Pública*

*c)* «Objectivos de qualidade», traduzida como o conjunto de propriedades e características de bens ou serviços, que lhes conferem aptidão para satisfazer necessidades explícitas ou implícitas dos utilizadores.

2 – Os objectivos são propostos pelo serviço ao membro do Governo de que dependa ou sob cuja superintendência se encontre e são por este aprovados.

3 – Para avaliação dos resultados obtidos em cada objectivo são estabelecidos os seguintes níveis de graduação:

*a)* Superou o objectivo;
*b)* Atingiu o objectivo;
*c)* Não atingiu o objectivo.

4 – Em cada serviço são definidos:

*a)* Os indicadores de desempenho para cada objectivo e respectivas fontes de verificação;
*b)* Os mecanismos de operacionalização que sustentam os níveis de graduação indicados no número anterior, podendo ser fixadas ponderações diversas a cada parâmetro e objectivo, de acordo com a natureza dos serviços.

Artigo 12.º – **Indicadores de desempenho**

1 – Os indicadores de desempenho a estabelecer no QUAR devem obedecer aos seguintes princípios:

*a)* Pertinência face aos objectivos que pretendem medir;
*b)* Credibilidade;
*c)* Facilidade de recolha;
*d)* Clareza;
*e)* Comparabilidade.

2 – Os indicadores devem permitir a mensurabilidade dos desempenhos.

3 – Na definição dos indicadores de desempenho deve ser assegurada a participação das várias unidades orgânicas do serviço.

Artigo 13.º – **Acompanhamento dos QUAR**

Compete ao serviço com atribuições em matéria de planeamento, estratégia e avaliação, em cada ministério:

*a)* Apoiar a identificação dos indicadores de desempenho e os mecanismos de operacionalização dos parâmetros de avaliação referidos no artigo 11.º;
*b)* Apoiar os serviços, designadamente através de guiões de orientação e de instrumentos de divulgação de boas práticas;
*c)* Validar os indicadores de desempenho e os mecanismos de operacionalização referidos no artigo 11.º;
*d)* Monitorizar os sistemas de informação e de indicadores de desempenho e, em especial, os QUAR quanto à fiabilidade e integridade dos dados;

*Sistema Integrado de Gestão e Avaliação do Desempenho ...*  159

*e)* Promover a criação de indicadores de resultado e de impacte ao nível dos programas e projectos desenvolvidos por um ou mais serviços de modo a viabilizar comparações nacionais e internacionais.

## CAPÍTULO II
### Modalidades, procedimentos e órgãos de avaliação

ARTIGO 14.º – **Modalidades e periodicidade**

1 – A avaliação dos serviços efectua-se através de auto-avaliação e de hetero-avaliação.

2 – A auto-avaliação dos serviços é realizada anualmente, em articulação com o ciclo de gestão.

3 – A periodicidade referida no número anterior não prejudica a realização de avaliação plurianual se o orçamento comportar essa dimensão temporal e para fundamentação de decisões relativas à pertinência da existência do serviço, das suas atribuições, organização e actividades.

ARTIGO 15.º – **Auto-avaliação**

1 – A auto-avaliação tem carácter obrigatório e deve evidenciar os resultados alcançados e os desvios verificados de acordo com o QUAR do serviço, em particular face aos objectivos anualmente fixados.

2 – A auto-avaliação é parte integrante do relatório de actividades anual e deve ser acompanhada de informação relativa:

*a)* À apreciação, por parte dos utilizadores, da quantidade e qualidade dos serviços prestados, com especial relevo quando se trate de unidades prestadoras de serviços a utilizadores externos;

*b)* À avaliação do sistema de controlo interno;

*c)* Às causas de incumprimento de acções ou projectos não executados ou com resultados insuficientes;

*d)* Às medidas que devem ser tomadas para um reforço positivo do seu desempenho, evidenciando as condicionantes que afectem os resultados a atingir;

*e)* À comparação com o desempenho de serviços idênticos, no plano nacional e internacional, que possam constituir padrão de comparação;

*f)* À audição de dirigentes intermédios e dos demais trabalhadores na auto-avaliação do serviço.

ARTIGO 16.º – **Comparação de unidades homogéneas**

1 – No caso de o serviço integrar unidades homogéneas sobre as quais detenha o poder de direcção, compete ao dirigente máximo assegurar a

concepção e monitorização de um sistema de indicadores de desempenho que permita a sua comparabilidade.

2 – O sistema de indicadores referido no número anterior deve reflectir o conjunto das actividades prosseguidas e viabilizar a ordenação destas unidades numa óptica de eficiência relativa, para cada grupo homogéneo, em cada serviço.

3 – A qualidade desta monitorização é obrigatoriamente considerada na avaliação do serviço no parâmetro previsto na alínea *c*) do n.º 1 do artigo 11.º

4 – A cada unidade homogénea deve ser atribuída uma avaliação final de desempenho nos termos do artigo 18.º ou, em alternativa, deve ser elaborada lista hierarquizada das unidades homogéneas por ordem de avaliação.

5 – O disposto nos números anteriores é igualmente aplicável, com as devidas adaptações, a serviços centrais que desenvolvem o mesmo tipo de actividades, fornecem o mesmo tipo de bens ou prestam o mesmo tipo de serviços dos que são assegurados por unidades homogéneas.

6 – No caso de as unidades homogéneas constituírem serviços periféricos de ministério, compete ao serviço com atribuições em matéria de planeamento, estratégia e avaliação assegurar o cumprimento do disposto no presente artigo.

### Artigo 17.º – Análise crítica da auto-avaliação

1 – Em cada ministério compete ao serviço com atribuições em matéria de planeamento, estratégia e avaliação emitir parecer com análise crítica das auto-avaliações constantes dos relatórios de actividades elaborados pelos demais serviços.

2 – O resultado desta análise é comunicado a cada um dos serviços e ao respectivo membro do Governo.

3 – Os serviços referidos no n.º 1 devem ainda efectuar uma análise comparada de todos os serviços do ministério com vista a:

*a*) Identificar, anualmente, os serviços que se distinguiram positivamente ao nível do seu desempenho e propor ao respectivo membro do Governo a lista dos merecedores da distinção de mérito, mediante justificação circunstanciada;

*b*) Identificar, anualmente, os serviços com maiores desvios, não justificados, entre objectivos e resultados ou que, por outras razões consideradas pertinentes, devam ser objecto de hetero-avaliação e disso dar conhecimento ao Conselho Coordenador do Sistema de Controlo Interno da Administração Financeira do Estado (SCI) para os efeitos previstos na presente lei.

### Artigo 18.º – Expressão qualitativa da avaliação

1 – A avaliação final do desempenho dos serviços é expressa qualitativamente pelas seguintes menções:

*a*) *Desempenho bom,* atingiu todos os objectivos, superando alguns;

*Sistema Integrado de Gestão e Avaliação do Desempenho ...* 161

*b)* *Desempenho satisfatório,* atingiu todos os objectivos ou os mais relevantes;

*c)* *Desempenho insuficiente,* não atingiu os objectivos mais relevantes.

2 – Em cada ministério pode ainda ser atribuída aos serviços com avaliação de *Desempenho bom* uma distinção de mérito reconhecendo *Desempenho excelente,* a qual significa superação global dos objectivos.

3 – As menções previstas no n.º 1 são propostas pelo dirigente máximo do serviço como resultado da auto-avaliação e, após o parecer previsto no n.º 1 do artigo anterior, homologadas ou alteradas pelo respectivo membro do Governo.

ARTIGO 19.º – **Distinção de mérito**

1 – Em cada ministério podem ser seleccionados os serviços que mais se distinguiram no seu desempenho para atribuição da distinção de mérito, reconhecendo o *Desempenho excelente* até 20 % dos serviços que o integram ou estão sob sua superintendência.

2 – A atribuição da distinção de mérito assenta em justificação circunstanciada, designadamente, por motivos relacionados com:

*a)* Evolução positiva e significativa nos resultados obtidos pelo serviço em comparação com anos anteriores;

*b)* Excelência de resultados obtidos, demonstrada designadamente por comparação com padrões nacionais ou internacionais, tendo em conta igualmente melhorias de eficiência;

*c)* Manutenção do nível de excelência antes atingido, se possível com a demonstração referida na alínea anterior.

3 – Compete, em cada ministério, ao respectivo ministro seleccionar os serviços e atribuir a distinção de mérito, observado o disposto na alínea *a)* do n.º 3 do artigo 17.º e no número anterior.

ARTIGO 20.º – **Hetero-avaliação**

1 – A hetero-avaliação visa obter um conhecimento aprofundado das causas dos desvios evidenciados na auto-avaliação ou de outra forma detectados e apresentar propostas para a melhoria dos processos e resultados futuros.

2 – A hetero-avaliação é da responsabilidade do Conselho Coordenador do SCI, podendo ser realizada por operadores internos, designadamente inspecções-gerais, ou externos, nomeadamente associações de consumidores ou outros utilizadores externos, desde que garantida a independência funcional face às entidades a avaliar.

3 – A hetero-avaliação dos serviços com atribuições em matéria de planeamento, estratégia e avaliação é proposta pelo respectivo ministro.

4 – Na hetero-avaliação referida nos números anteriores não há lugar à atribuição de menção prevista no artigo 18.º

162     *Novo Estatuto da Função Pública*

5 – A hetero-avaliação pode igualmente ser solicitada pelo serviço, em alternativa à auto-avaliação, mediante proposta apresentada ao Conselho Coordenador do SCI, no início do ano a que diz respeito o desempenho a avaliar.

ARTIGO 21.º – **Secção especializada do Conselho Coordenador do SCI**

1 – É criada, no âmbito do Conselho Coordenador do SCI, uma secção especializada com a função de dinamizar e coordenar as hetero-avaliações.

2 – Compete à secção especializada referida no número anterior propor ao Governo a política de hetero-avaliações, definir os termos de referência das avaliações e validar a qualidade do trabalho realizado pelos diversos operadores.

ARTIGO 22.º – **Programa anual de hetero-avaliações**

1 – O Conselho Coordenador do SCI propõe anualmente ao Governo, através dos membros do Governo responsáveis pelas áreas das finanças e da Administração Pública, um programa anual de hetero-avaliações.

2 – O programa anual tem em conta as propostas efectuadas nos termos da alínea *b*) do n.º 3 do artigo 17.º, bem como outras situações que indiciem maior insatisfação por parte dos utilizadores externos e ainda as propostas feitas nos termos do n.º 3 do artigo 20.º que se revelarem pertinentes.

3 – O programa anual deve conter os seguintes elementos:

*a*) Identificação dos serviços a avaliar no ano e respectiva justificação;

*b*) Indicação dos motivos que presidem à selecção dos operadores externos se for este o caso;

*c*) Prazo para a sua realização;

*d*) Critérios de selecção, no caso de a avaliação ser efectuada por operadores externos, e previsão de custos.

4 – Caso a proposta efectuada nos termos do n.º 1 seja aprovada por deliberação do Conselho de Ministros, cabe ao Conselho Coordenador do SCI promover a sua execução, designadamente através de apoio técnico ao processo de selecção dos operadores externos.

ARTIGO 23.º – **Contratação de operadores externos**

1 – O processo de selecção e contratação de operadores externos para avaliação de serviços é desenvolvido pela secretaria-geral do ministério em que o serviço a avaliar se integre.

2 – Os encargos administrativos e financeiros inerentes à hetero-avaliação são suportados pela secretaria-geral prevista no número anterior, excepto nos casos previstos no n.º 3 do artigo 20.º, em que são suportados pelo serviço.

ARTIGO 24.º – **Apresentação de resultados**

1 – Aos serviços avaliados é dado conhecimento do projecto de relatório da hetero-avaliação para que se possam pronunciar.

2 – O relatório da hetero-avaliação deve também ser entregue às organizações sindicais ou comissões de trabalhadores representativas do pessoal do serviço que o solicitem.

3 – O Conselho Coordenador do SCI emite parecer num prazo não superior a 30 dias após pronúncia do serviço avaliado sobre a qualidade dos relatórios de hetero-avaliação e efectua as recomendações que entender pertinentes, salientando os pontos positivos e os susceptíveis de melhoria.

4 – O Conselho Coordenador do SCI procede ao envio do parecer referido no número anterior aos membros do Governo responsáveis pelas áreas das finanças e da Administração Pública e ao ministro sob cuja direcção ou superintendência se encontre o serviço avaliado.

## CAPÍTULO III
### Resultados da avaliação

ARTIGO 25.º – **Divulgação**

1 – Cada serviço procede à divulgação, na sua página electrónica, da auto-avaliação com indicação dos respectivos parâmetros.

2 – No caso de o parecer elaborado nos termos do n.º 1 do artigo 17.º concluir pela discordância relativamente à valoração efectuada pelo serviço em sede de auto-avaliação, ou pela falta de fiabilidade do sistema de indicadores de desempenho, deve o mesmo ser obrigatoriamente divulgado juntamente com os elementos referidos no número anterior.

3 – Cada ministério procede à divulgação, na sua página electrónica, dos serviços aos quais foi atribuída uma distinção de mérito nos termos do artigo 19.º, especificando os principais fundamentos.

ARTIGO 26.º – **Efeitos da avaliação**

1 – Os resultados da avaliação dos serviços devem produzir efeitos sobre:
*a)* As opções de natureza orçamental com impacte no serviço;
*b)* As opções e prioridades do ciclo de gestão seguinte;
*c)* A avaliação realizada ao desempenho dos dirigentes superiores.

2 – Sem prejuízo do disposto no número anterior, a atribuição da menção *Desempenho insuficiente* no processo de auto-avaliação é considerada pelo membro do Governo responsável, para efeitos da aplicação de um conjunto de medidas que podem incluir a celebração de nova carta de missão, na qual expressamente seja consagrado o plano de recuperação ou correcção dos desvios detectados.

3 – Os resultados da hetero-avaliação, realizada com os fundamentos previstos no n.º 1 do artigo 20.º, produzem os efeitos referidos no número anterior.

164      *Novo Estatuto da Função Pública*

4 – A atribuição consecutiva de menções de *Desempenho insuficiente* ou a não superação de desvios evidenciados e analisados em sede de hetero-avaliação podem fundamentar as decisões relativas à pertinência da existência do serviço, da sua missão, atribuições, organização e actividades, sem prejuízo do apuramento de eventuais responsabilidades.

ARTIGO 27.º – **Efeitos da distinção de mérito**

A atribuição da distinção de mérito determina, por um ano, os seguintes efeitos:

a) O aumento para 35% e 10% das percentagens máximas previstas no n.º 5 do artigo 37.º para os dirigentes intermédios no SIADAP 2 e no n.º 1 do artigo 75.º para os demais trabalhadores no SIADAP 3, visando a diferenciação de *Desempenho relevante* e *Desempenho excelente;*

b) A atribuição pelo membro do Governo competente do reforço de dotações orçamentais visando a mudança de posições remuneratórias dos trabalhadores ou a atribuição de prémios;

c) A possibilidade de consagração de reforços orçamentais visando o suporte e dinamização de novos projectos de melhoria do serviço.


CAPÍTULO IV

**Coordenação dos sistemas de avaliação**

ARTIGO 28.º – **Conselho Coordenador da Avaliação de Serviços**

1 – Com o objectivo de assegurar a coordenação e dinamizar a cooperação entre os vários serviços com competências em matéria de planeamento, estratégia e avaliação e de promover a troca de experiências e a divulgação de boas práticas nos domínios da avaliação é criado o Conselho Coordenador da Avaliação de Serviços, a seguir designado abreviadamente por Conselho.

2 – O Conselho é presidido pelo membro do Governo que tem a seu cargo a área da Administração Pública e constituído pelos directores-gerais dos serviços com competência em matéria de planeamento, estratégia e avaliação, pelo inspector-geral de Finanças, pelo director-geral da Administração e do Emprego Público e pelo presidente do conselho directivo da Agência para a Modernização Administrativa.

3 – Compete ao Conselho:

a) Acompanhar o processo de apoio técnico referido no artigo 13.º;

b) Propor iniciativas no sentido da melhoria da actuação dos serviços referidos no número anterior em matéria de avaliação dos serviços;

c) Assegurar a coerência e a qualidade das metodologias utilizadas em todos os ministérios;

d) Fomentar a investigação e formação dos serviços em matéria de avaliação de desempenho;

*Sistema Integrado de Gestão e Avaliação do Desempenho ...*  165

    *e)* Promover a difusão de experiências avaliativas, nacionais ou internacionais, e de sistemas de avaliação em toda a Administração Pública;
    *f)* Estimular a melhoria da qualidade dos sistemas de indicadores de desempenho e dos processos de auto-avaliação;
    *g)* Promover a articulação entre os serviços com competência em matéria de planeamento, estratégia e avaliação e o Conselho Coordenador do SCI;
    *h)* Pronunciar-se sobre questões que lhe sejam submetidas pelo membro do Governo responsável pela área da Administração Pública, designadamente do âmbito de outros subsistemas do SIADAP.

4 – O Conselho pode criar, na sua dependência, grupos de trabalho constituídos por recursos afectos pelos serviços cujos dirigentes máximos nele participam visando o desenvolvimento de projectos ou o acompanhamento da dinâmica de avaliação dos serviços.

5 – A Direcção-Geral da Administração e do Emprego Público presta o apoio técnico e administrativo necessário ao funcionamento do Conselho.

6 – O regulamento de funcionamento do Conselho, incluindo as regras de participação de outras estruturas ou entidades, é aprovado por despacho do membro do Governo previsto no n.º 2.

7 – O regulamento referido no número anterior deve prever as regras relativas à participação de representantes de organizações sindicais quando, nas reuniões do Conselho, são abordadas questões relativas ao SIADAP 1 que tenham impacte na avaliação do desempenho dos trabalhadores ou, nos termos da alínea *h)* do n.º 3, questões relativas a outros subsistemas.


# TÍTULO III

## Subsistema de Avaliação do Desempenho dos Dirigentes da Administração Pública (SIADAP 2)


### CAPÍTULO I

#### Disposições gerais

Artigo 29.º – **Periodicidade**

1 – A avaliação global do desempenho dos dirigentes superiores e intermédios é feita no termo das respectivas comissões de serviço, conforme o respectivo estatuto, ou no fim do prazo para que foram nomeados.

2 – Sem prejuízo do disposto no número anterior, o desempenho dos dirigentes superiores e intermédios é objecto de avaliação intercalar, efectuada anualmente nos termos da presente lei.

3 – O período de avaliação intercalar corresponde ao ano civil, pressupondo o desempenho como dirigente por um período não inferior a seis meses, seguidos ou interpolados.

4 – A avaliação do desempenho dos dirigentes superiores e intermédios realizada nos termos do presente título não produz quaisquer efeitos na respectiva carreira de origem.

5 – A avaliação do desempenho, com efeitos na carreira de origem, dos trabalhadores que exercem cargos dirigentes é realizada anualmente nos termos dos n.$^{os}$ 5 a 7 do artigo 42.º e do artigo 43.º

6 – A avaliação do desempenho do pessoal integrado em carreira que se encontre em exercício de funções de direcção ou equiparadas inerentes ao conteúdo funcional da carreira, quando tal exercício não for titulado em comissão de serviço, é feita anualmente, nos termos do presente título, não sendo aplicável o disposto nos n.$^{os}$ 4 e 5.

## CAPÍTULO II
### Avaliação do desempenho dos dirigentes superiores

Artigo 30.º – **Parâmetros de avaliação**

1 – A avaliação do desempenho dos dirigentes superiores integra-se no ciclo de gestão do serviço e efectua-se com base nos seguintes parâmetros:

a) «Grau de cumprimento dos compromissos» constantes das respectivas cartas de missão, tendo por base os indicadores de medida fixados para a avaliação dos resultados obtidos em objectivos de eficácia, eficiência e qualidade nelas assumidos e na gestão dos recursos humanos, financeiros e materiais afectos ao serviço;

b) «Competências» de liderança, de visão estratégica, de representação externa e de gestão demonstradas.

2 – Para efeitos do disposto na alínea a) do número anterior, os dirigentes superiores do 2.º grau, no início da sua comissão de serviço e no quadro das suas competências legais, delegadas ou subdelegadas, assinam com o dirigente máximo uma carta de missão, a qual constitui um compromisso de gestão onde, de forma explícita, são definidos os objectivos, se possível quantificados e calendarizados, a atingir no decurso do exercício de funções, bem como os indicadores de desempenho aplicáveis à avaliação dos resultados.

3 – A avaliação de desempenho dos membros dos conselhos directivos dos institutos públicos sujeitos ao Estatuto do Gestor Público segue o regime neste estabelecido.

Artigo 31.º – **Avaliação intercalar**

1 – Para efeitos da avaliação intercalar prevista no n.º 2 do artigo 29.º, deve o dirigente máximo do serviço remeter ao respectivo membro do Governo, até 15 de Abril de cada ano, os seguintes elementos:

*a*) Relatório de actividades que integre a auto-avaliação do serviço nos termos previstos no n.º 2 do artigo 15.º;

*b*) Relatório sintético explicitando a evolução dos resultados de eficácia, eficiência e qualidade obtidos face aos compromissos fixados na carta de missão do dirigente para o ano em apreço em relação a anos anteriores e os resultados obtidos na gestão de recursos humanos, financeiros e materiais.

2 – O relatório sintético referido na alínea *b*) do número anterior deve incluir as principais opções seguidas em matéria de gestão e qualificação dos recursos humanos, de gestão dos recursos financeiros e o resultado global da aplicação do SIADAP 2 e do SIADAP 3, incluindo expressamente a distribuição equitativa das menções qualitativas atribuídas, no total e por carreira.

3 – Os dirigentes superiores do 2.º grau devem apresentar ao dirigente máximo do serviço um relatório sintético explicitando os resultados obtidos face aos compromissos assumidos na carta de missão e sua evolução relativamente aos anos anteriores.

4 – Por despacho do dirigente máximo do serviço podem ainda concorrer como elementos informadores da avaliação de cada dirigente superior as avaliações sobre ele efectuadas pelos dirigentes que dele dependam.

5 – A avaliação prevista no número anterior obedece às seguintes regras:

*a*) É facultativa;

*b*) Não é identificada;

*c*) Tem carácter de informação qualitativa e é orientada por questionário padronizado, ponderando 6 pontos de escala em cada valoração.

6 – É obrigatória a justificação sumária para cada valoração escolhida da escala prevista na alínea *c*) do número anterior, excepto para os pontos médios 3 e 4.

7 – As cartas de missão dos dirigentes superiores e o relatório previsto na alínea *b*) do n.º 1 podem obedecer a modelo aprovado por despacho do membro do Governo responsável pela área da Administração Pública.


Artigo 32.º – **Expressão da avaliação**

1 – A avaliação intercalar do desempenho dos dirigentes superiores afere-se pelos níveis de sucesso obtidos nos parâmetros de avaliação, traduzindo-se na verificação do sucesso global com superação do desempenho previsto em alguns domínios, face às exigências do exercício do cargo traduzidas naqueles parâmetros, no cumprimento de tais exigências ou no seu incumprimento.

# Novo Estatuto da Função Pública

2 – Pode ser atribuída aos dirigentes superiores a menção qualitativa de *Desempenho excelente,* a qual significa reconhecimento de mérito, com a superação global do desempenho previsto.

3 – O reconhecimento de mérito previsto no número anterior e os resultados da avaliação que fundamentam a atribuição de prémios de gestão são objecto de publicitação no ministério, pelos meios considerados mais adequados.

4 – A diferenciação de desempenhos dos dirigentes superiores é garantida pela fixação da percentagem máxima de 5 % do total de dirigentes superiores para atribuição de distinção de mérito com reconhecimento de *Desempenho excelente.*

5 – A percentagem prevista no número anterior incide sobre o número de dirigentes superiores do ministério sujeitos ao regime de avaliação previsto no presente capítulo.

6 – Em cada ministério, compete ao respectivo ministro assegurar a harmonização dos processos de avaliação, visando garantir o respeito pela percentagem fixada no n.º 4.

Artigo 33.º – **Avaliadores**

1 – O dirigente máximo do serviço é avaliado pelo membro do Governo que outorgou a carta de missão.

2 – Os dirigentes superiores do 2.º grau são avaliados pelo dirigente máximo que outorgou a carta de missão.

3 – A avaliação dos dirigentes superiores do 2.º grau é homologada pelo competente membro do Governo.

Artigo 34.º – **Efeitos**

1 – A avaliação do desempenho dos dirigentes superiores tem os efeitos previstos no respectivo estatuto, designadamente em matéria de atribuição de prémios de gestão e de renovação ou de cessação da respectiva comissão de serviço.

2 – A não aplicação do SIADAP por razões imputáveis aos dirigentes máximos dos serviços, incluindo os membros dos conselhos directivos de institutos públicos, determina a cessação das respectivas funções.

## CAPÍTULO III

### Avaliação do desempenho dos dirigentes intermédios

Artigo 35.º – **Parâmetros de avaliação**

A avaliação do desempenho dos dirigentes intermédios integra-se no ciclo de gestão do serviço e efectua-se com base nos seguintes parâmetros:

    *a)* «Resultados» obtidos nos objectivos da unidade orgânica que dirige;

*b)* «Competências», integrando a capacidade de liderança e competências técnicas e comportamentais adequadas ao exercício do cargo.

ARTIGO 36.º – **Avaliação intercalar**

1 – A avaliação anual intercalar prevista no n.º 2 do artigo 29.º fundamenta-se na avaliação dos parâmetros referidos no artigo anterior, através de indicadores de medida previamente estabelecidos.

2 – O parâmetro relativo a «Resultados» assenta nos objectivos, em número não inferior a três, anualmente negociados com o dirigente, prevalecendo, em caso de discordância, a posição do superior hierárquico.

3 – Os resultados obtidos em cada objectivo são valorados através de uma escala de três níveis nos seguintes termos:

*a)* «Objectivo superado», a que corresponde uma pontuação de 5;

*b)* «Objectivo atingido», a que corresponde uma pontuação de 3;

*c)* «Objectivo não atingido», a que corresponde uma pontuação de 1.

4 – A pontuação final a atribuir ao parâmetro «Resultados» é a média aritmética das pontuações atribuídas aos resultados obtidos em todos os objectivos.

5 – O parâmetro relativo a «Competências» assenta em competências previamente escolhidas, para cada dirigente, em número não inferior a cinco.

6 – As competências referidas no número anterior são escolhidas, mediante acordo entre avaliador e avaliado, prevalecendo a escolha do superior hierárquico se não existir acordo, de entre as constantes em lista aprovada por portaria do membro do Governo responsável pela área da Administração Pública.

7 – O dirigente máximo do serviço, ouvido o Conselho Coordenador da Avaliação, pode estabelecer por despacho as competências a que se subordina a avaliação dos dirigentes intermédios, escolhidas de entre as constantes na lista referida no número anterior.

8 – Cada competência é valorada através de uma escala de três níveis nos seguintes termos:

*a)* «Competência demonstrada a um nível elevado», a que corresponde uma pontuação de 5;

*b)* «Competência demonstrada», a que corresponde uma pontuação de 3;

*c)* «Competência não demonstrada ou inexistente», a que corresponde uma pontuação de 1.

9 – A pontuação final a atribuir no parâmetro «Competências» é a média aritmética das pontuações atribuídas.

10 – Para a fixação da classificação final são atribuídas ao parâmetro «Resultados» uma ponderação mínima de 75 % e ao parâmetro «Competências» uma ponderação máxima de 25 %.

11 – A classificação final é o resultado da média ponderada das pontuações obtidas nos dois parâmetros de avaliação.

170      *Novo Estatuto da Função Pública*

12 – As pontuações finais dos parâmetros e a avaliação final são expressas até às centésimas e, quando possível, milésimas.

13 – Por despacho do membro do Governo responsável pela Administração Pública, devidamente fundamentado, podem ser fixadas ponderações diferentes das previstas no n.º 10 em função das especificidades dos cargos ou das atribuições dos serviços.

### Artigo 37.º – **Expressão da avaliação final**

1 – A avaliação final é expressa em menções qualitativas em função das pontuações finais em cada parâmetro, nos seguintes termos:

    *a)* *Desempenho relevante,* correspondendo a uma avaliação final de 4 a 5;

    *b)* *Desempenho adequado,* correspondendo a uma avaliação final de desempenho positivo de 2 a 3,999;

    *c)* *Desempenho inadequado,* correspondendo a uma avaliação final de 1 a 1,999.

2 – A atribuição da menção qualitativa de *Desempenho relevante* é, por iniciativa do avaliado ou do avaliador, objecto de apreciação pelo Conselho Coordenador da Avaliação para efeitos de eventual reconhecimento de mérito, significando *Desempenho excelente.*

3 – A iniciativa e o reconhecimento referidos no número anterior devem fundamentar-se, em regra, nos seguintes pressupostos:

    *a)* O dirigente atingiu e ultrapassou todos os objectivos;

    *b)* O dirigente demonstrou em permanência capacidades de liderança, de gestão e compromisso com o serviço público que podem constituir exemplo para os trabalhadores.

4 – O reconhecimento de mérito previsto nos n.[os] 2 e 3 e a menção qualitativa e respectiva quantificação de avaliação que fundamenta a atribuição de prémio de desempenho são objecto de publicitação no serviço pelos meios considerados mais adequados.

5 – A diferenciação de desempenhos é garantida pela fixação da percentagem máxima de 25% para as menções de *Desempenho relevante* e, de entre estas, 5% do total de dirigentes intermédios do serviço para o reconhecimento do *Desempenho excelente,* podendo haver pelo menos um dirigente com tal reconhecimento no caso de a aplicação da referida percentagem resultar em número inferior à unidade.

### Artigo 38.º – **Avaliadores**

1 – Os dirigentes intermédios do 1.º grau são avaliados pelo dirigente superior de quem directamente dependam.

2 – Os dirigentes intermédios do 2.º grau são avaliados pelo dirigente superior ou intermédio do 1.º grau de quem directamente dependam.

3 – Sempre que o número de unidades homogéneas dependentes do mesmo dirigente superior o justifique, este pode delegar a avaliação dos

*Sistema Integrado de Gestão e Avaliação do Desempenho ...* 171

respectivos dirigentes intermédios em avaliadores para o efeito designados de categoria ou posição funcional superior aos avaliados.

4 – Por despacho do dirigente máximo do serviço podem ainda concorrer como elementos informadores da avaliação referida nos números anteriores:

*a)* A avaliação efectuada pelos restantes dirigentes intermédios do mesmo grau e, sendo do 2.º grau, os que exercem funções na mesma unidade orgânica;

*b)* A avaliação efectuada pelos dirigentes e trabalhadores subordinados directamente ao dirigente.

5 – A avaliação prevista nos números anteriores obedece ao disposto nos n.ºs 5 e 6 do artigo 31.º

ARTIGO 39.º – **Efeitos**

1 – A avaliação do desempenho dos dirigentes intermédios tem os efeitos previstos no respectivo estatuto, designadamente em matéria de prémios de desempenho e de renovação, de não renovação ou de cessação da respectiva comissão de serviço.

2 – O reconhecimento de *Desempenho excelente* em três anos consecutivos confere ao dirigente intermédio, alternativamente, o direito a:

*a)* Período sabático com a duração máxima de três meses para realização de estudo sobre temática a acordar com o respectivo dirigente máximo do serviço, cujo texto final deve ser objecto de publicitação;

*b)* Estágio em organismo da Administração Pública estrangeira ou em organização internacional, devendo apresentar relatório do mesmo ao dirigente máximo;

*c)* Estágio em outro serviço público, organização não governamental ou entidade empresarial com actividade e métodos de gestão relevantes para a Administração Pública, devendo apresentar relatório do mesmo ao dirigente máximo do serviço.

3 – O período sabático e os estágios a que se refere o número anterior consideram-se, para todos os efeitos legais, como serviço efectivo.

4 – O reconhecimento de *Desempenho excelente* em três anos consecutivos confere ainda ao dirigente intermédio o direito a cinco dias de férias, no ano seguinte, ou, por opção do dirigente, à correspondente remuneração.

5 – O reconhecimento de *Desempenho relevante* em três anos consecutivos confere ao dirigente intermédio o direito a três dias de férias, no ano seguinte, ou, por opção do dirigente, à correspondente remuneração.

6 – A atribuição da menção de *Desempenho inadequado* constitui fundamento para a cessação da respectiva comissão de serviço.

7 – Sem prejuízo do disposto no n.º 11, a atribuição da menção de *Desempenho inadequado* em dois anos consecutivos ou a não aplicação do SIADAP 3 aos trabalhadores dependentes do dirigente intermédio faz cessar a comissão de serviço ou impede a sua renovação.

172     *Novo Estatuto da Função Pública*

8 – Os anos em que o dirigente receba prémio de desempenho não relevam para os efeitos previstos nos n.[os] 3 e 4.

9 – Sem prejuízo do disposto nos n.[os] 2 a 4, os direitos neles previstos são conferidos ao dirigente quando este tenha acumulado 10 pontos nas avaliações do seu desempenho contados nos seguintes termos:

a) 3 pontos por cada menção de *Desempenho excelente;*

b) 2 pontos por cada menção de *Desempenho relevante.*

10 – Por decreto regulamentar, o Governo pode estabelecer as condições de atribuição de incentivos para formação profissional ou académica como prémio de *Desempenho relevante* e de *Desempenho excelente.*

11 – Sem prejuízo do disposto no número seguinte, a não aplicação do SIADAP 3 por razão imputável ao dirigente intermédio determina a cessação da respectiva comissão de serviço e a não observância não fundamentada das orientações dadas pelo Conselho Coordenador da Avaliação deve ser tida em conta na respectiva avaliação de desempenho, no parâmetro que for considerado mais adequado.

12 – A atribuição de nível de *Desempenho inadequado* ao pessoal integrado em carreira em exercício de funções de direcção ou equiparadas inerentes ao conteúdo funcional da carreira, quando tal exercício não for titulado em comissão de serviço, bem como a não aplicação do SIADAP 3 ao pessoal que lhe está directamente afecto, tem os efeitos previstos no artigo 53.º

ARTIGO 40.º – **Processo de avaliação**

No que não estiver previsto no presente título, ao processo de avaliação intercalar dos dirigentes intermédios aplica -se, com as necessárias adaptações, o disposto no título IV da presente lei.

# TÍTULO IV

## Subsistema de Avaliação do Desempenho dos Trabalhadores da Administração Pública (SIADAP 3)

### CAPÍTULO I

#### Estrutura

SECÇÃO I – **Periodicidade e requisitos para avaliação**

ARTIGO 41.º – **Periodicidade**

1 – A avaliação do desempenho dos trabalhadores é de carácter anual, sem prejuízo do disposto na presente lei para a avaliação a efectuar em modelos adaptados do SIADAP.

2 – A avaliação respeita ao desempenho do ano civil anterior.

## Artigo 42.º* – **Requisitos funcionais para avaliação**

1 – No caso de trabalhador que, no ano civil anterior, tenha constituído relação jurídica de emprego público há menos de seis meses, o desempenho relativo a este período é objecto de avaliação conjunta com o do ano seguinte.

2 – No caso de trabalhador que, no ano civil anterior, tenha relação jurídica de emprego público com, pelo menos, seis meses e o correspondente serviço efectivo, independentemente do serviço onde o tenha prestado, o desempenho é objecto de avaliação nos termos do presente título.

3 – O serviço efectivo deve ser prestado em contacto funcional com o respectivo avaliador ou em situação funcional que, apesar de não ter permitido contacto directo pelo período temporal referido no número anterior, admita, por decisão favorável do Conselho Coordenador da Avaliação, a realização de avaliação.

4 – No caso previsto no n.º 2, se no decorrer do ano civil anterior e ou período temporal de prestação de serviço efectivo se sucederem vários avaliadores, o que tiver competência para avaliar no momento da realização da avaliação deve recolher dos demais os contributos escritos adequados a uma efectiva e justa avaliação.

5 – No caso de quem, no ano civil anterior, tenha relação jurídica de emprego público com pelo menos seis meses mas não tenha o correspondente serviço efectivo conforme definido na presente lei ou estando na situação prevista no n.º 3 não tenha obtido decisão favorável do Conselho Coordenador da Avaliação, não é realizada avaliação nos termos do presente título.

6 – No caso previsto no número anterior releva, para efeitos da respectiva carreira, a última avaliação atribuída nos termos da presente lei ou das suas adaptações.

7 – Se no caso previsto no n.º 5 o titular da relação jurídica de emprego público não tiver avaliação que releve nos termos do número anterior ou se pretender a sua alteração, requer avaliação anual, feita pelo Conselho Coordenador da Avaliação, mediante proposta de avaliador especificamente nomeado pelo dirigente máximo do serviço.

*(\* Pela sua relevância transcreve-se de seguida o disposto no Dec.-Lei n.º 269/2009, de 30 de Setembro, nos seguintes termos:*

—//—

# *Decreto-Lei n.º 269/2009, de 30 de Setembro*

*A plena entrada em vigor da Lei n.º 12-A/2008, de 27 de Fevereiro, representou uma profunda mudança de paradigma nas relações laborais dentro* da *Administração Pública, tendo esta vindo a fazer um enorme esforço no sentido de se adaptar ao novo enquadramento legal.*

*Subsistem, no entanto, alguns focos em que as novas soluções legais ainda não foram totalmente absorvidas pela dinâmica dos órgãos e serviços, designadamente no que respeita ao regime de mobilidade. Assim, e na senda de um anterior regime em que os prazos eram substancialmente mais longos, possibilita-se, excepcionalmente, a prorrogação da actual mobilidade até 31 de Dezembro de 2010, mediante acordo entre o trabalhador e os respectivos serviços de origem e de destino. Com esta prorrogação, excepcional, pretende-se ainda permitir a finalização dos procedimentos concursais de recrutamento pendentes para o preenchimento dos lugares em causa, considerados essenciais para a continuidade do serviço.*

*Por outro lado, revela-se ser esta a oportunidade para – cumprindo-se o direito à avaliação do trabalhador em funções públicas e independentemente dos casos de responsabilização de dirigentes previstos na lei – regular os efeitos de uma eventual não avaliação do desempenho de trabalhadores no ano de 2008. Nos casos em que tal se verifique, designadamente por não aplicação efectiva da legislação aplicável à sua situação funcional em matéria de avaliação de desempenho, por motivos que não lhes possam ser imputáveis e desde que tenham cumprido os respectivos deveres e satisfeito todos os procedimentos legais e regulamentares, é conferida a esses trabalhadores a possibilidade de recurso ao mecanismo da ponderação curricular através de um avaliador designado para o efeito. De resto, esta solução retoma justamente a linha daquela que, consagrada no n.º 4 do artigo 85.º da Lei n.º 66-B/2007, de 28 de Dezembro, procurou por idêntica via salvaguardar a posição do trabalhador não avaliado, pelos mesmos motivos, nos anos de 2004 a 2007.*

*É ainda o tempo de, no contexto da revisão de carreiras especiais, clarificar o âmbito de aplicação do artigo 21.º da Lei n.º 64-A/2008, de 31 de Dezembro.*

*Foram ouvidas a Associação Nacional de Municípios Portugueses, a Associação Nacional de Freguesias e os órgãos de governo próprio das Regiões Autónomas.*

*Foram observados os procedimentos decorrentes da Lei n.º 23/98, de 26 de Maio.*

*Assim:*

*Nos termos da alínea a) do n.º 1 do artigo 198.º da Constituição, o Governo decreta o seguinte:*

### Artigo 1.º – **Duração da mobilidade**

*O prazo previsto no n.º 13 do artigo 58.º e no n.º 1 do artigo 63.º da Lei n.º 12-A/2008, de 27 de Fevereiro, para as situações de mobilidade existentes à data da entrada em vigor do presente decreto-lei, pode ser prorrogado até 31 de Dezembro de 2010, mediante acordo celebrado, respectivamente, nos termos previstos no n.º 2 do artigo 58.º e no n.º 1 do artigo 61.º da mesma lei.*

## Sistema Integrado de Gestão e Avaliação do Desempenho ...

ARTIGO 2.º – **Avaliação no ano de 2008**

*1 – Sem prejuízo do disposto no decreto-lei de adaptação do sistema integrado de gestão e avaliação do desempenho à administração autárquica, os trabalhadores em funções públicas que se integrem em carreiras gerais e preencham os requisitos previstos nos n.ᵒˢ 1 a 4 do artigo 42.º da Lei n.º 66-B/2007, de 28 de Dezembro, que não tenham tido avaliação do desempenho no ano de 2008, designadamente por não aplicação efectiva da legislação aplicável, por motivos que não lhes possam ser imputáveis e tendo cumprido os respectivos deveres e satisfeito todos os procedimentos legais e regulamentares, podem requerer, junto do dirigente máximo do órgão ou serviço, a ponderação curricular nos termos previstos no artigo 43.º da referida lei, por avaliador designado pelo conselho coordenador da avaliação.*

*2 – O requerimento previsto no número anterior deve ser apresentado pelos trabalhadores não avaliados até 31 de Dezembro de 2009.*

*3 – Os dirigentes máximos dos órgãos ou serviços comunicam mensalmente a lista dos requerimentos recebidos nos termos do número anterior aos membros do Governo responsáveis pelas áreas das finanças, administração pública e respectiva tutela.*

*4 – A aplicação da ponderação curricular prevista no n.º 1 obedece à diferenciação de desempenhos, nos termos do artigo 75.º da Lei n.º 66-B/2007, de 28 de Dezembro.*

*5 – Para efeitos do disposto no n.º 1, quando em causa estejam trabalhadores das autarquias locais, o avaliador é designado pelo presidente da câmara, devendo comunicá-lo à Direcção-Geral das Autarquias Locais.*

*6 – Aos trabalhadores cuja avaliação seja efectuada nos termos do disposto no presente artigo são garantidos todos os direitos previstos na Lei n.º 66-B/2007, de 28 de Dezembro, designadamente os previstos nos seus artigos 70.º a 73.º*

*7 – Os critérios a atender para efeitos da ponderação curricular a que se refere o artigo 43.º da Lei n.º 66-B/2007, de 28 de Dezembro, podem ser uniformemente estabelecidos por despacho normativo do membro do Governo responsável pela área da administração pública.*

ARTIGO 3.º – **Oficiais de justiça**

*As matérias constantes do artigo 21.º da Lei n.º 64-A/2008, de 31 de Dezembro, quanto ao grupo de pessoal oficial de justiça, regem-se pelo respectivo estatuto, até ao início da vigência da respectiva revisão.*

ARTIGO 4.º – **Entrada em vigor**

*O presente decreto-lei entra em vigor no dia seguinte ao da sua publicação.*

*Visto e aprovado em Conselho de Ministros de 23 de Julho de 2009.*

# 176 Novo Estatuto da Função Pública

—//—

ARTIGO 43.º – **Ponderação curricular**

1 – A avaliação prevista no n.º 7 do artigo anterior traduz-se na ponderação do currículo do titular da relação jurídica de emprego público, em que são considerados, entre outros, os seguintes elementos:

*a)* As habilitações académicas e profissionais;

*b)* A experiência profissional e a valorização curricular;

*c)* O exercício de cargos dirigentes ou outros cargos ou funções de reconhecido interesse público ou relevante interesse social, designadamente actividade de dirigente sindical.

2 – Para efeitos de ponderação curricular, deve ser entregue documentação relevante que permita ao avaliador nomeado fundamentar a proposta de avaliação, podendo juntar-se declaração passada pela entidade onde são ou foram exercidas funções.

3 – A ponderação curricular é expressa através de uma valoração que respeite a escala de avaliação qualitativa e quantitativa e as regras relativas à diferenciação de desempenhos previstas na presente lei.

4 – A ponderação curricular e a respectiva valoração são determinadas segundo critérios previamente fixados pelo Conselho Coordenador da Avaliação, constantes em acta, que é tornada pública, que asseguram a ponderação equilibrada dos elementos curriculares previstos no n.º 1 e a consideração de reconhecido interesse público ou relevante interesse social do exercício dos cargos e funções nele referidas.

5 – Os critérios referidos no número anterior podem ser estabelecidos uniformemente para todos os serviços por despacho normativo do membro do Governo responsável pela Administração Pública.

ARTIGO 44.º – **Publicidade**

1 – As menções qualitativas e respectiva quantificação quando fundamentam, no ano em que são atribuídas, a mudança de posição remuneratória na carreira ou a atribuição de prémio de desempenho são objecto de publicitação, bem como as menções qualitativas anteriores que tenham sido atribuídas e que contribuam para tal fundamentação.

2 – Sem prejuízo do disposto no número anterior e de outros casos de publicitação previstos na presente lei, os procedimentos relativos ao SIADAP 3 têm carácter confidencial, devendo os instrumentos de avaliação de cada trabalhador ser arquivados no respectivo processo individual.

3 – Com excepção do avaliado, todos os intervenientes no processo de avaliação bem como os que, em virtude do exercício das suas funções, tenham conhecimento do mesmo ficam sujeitos ao dever de sigilo.

4 – O acesso à documentação relativa ao SIADAP 3 subordina-se ao disposto no Código do Procedimento Administrativo e à legislação relativa ao acesso a documentos administrativos.

SECÇÃO II – **Metodologia de avaliação**

ARTIGO 45.º – **Parâmetros de avaliação**

A avaliação do desempenho dos trabalhadores integra-se no ciclo de gestão de cada serviço e incide sobre os seguintes parâmetros:
a) «Resultados» obtidos na prossecução de objectivos individuais em articulação com os objectivos da respectiva unidade orgânica;
b) «Competências» que visam avaliar os conhecimentos, capacidades técnicas e comportamentais adequadas ao exercício de uma função.

ARTIGO 46.º – **Resultados**

1 – O parâmetro «Resultados» decorre da verificação do grau de cumprimento dos objectivos previamente definidos que devem ser redigidos de forma clara e rigorosa, de acordo com os principais resultados a obter, tendo em conta os objectivos do serviço e da unidade orgânica, a proporcionalidade entre os resultados visados e os meios disponíveis e o tempo em que são prosseguidos.

2 – Os objectivos são, designadamente:
a) De produção de bens e actos ou prestação de serviços, visando a eficácia na satisfação dos utilizadores;
b) De qualidade, orientada para a inovação, melhoria do serviço e satisfação das necessidades dos utilizadores;
c) De eficiência, no sentido da simplificação e racionalização de prazos e procedimentos de gestão processual e na diminuição de custos de funcionamento;
d) De aperfeiçoamento e desenvolvimento das competências individuais, técnicas e comportamentais do trabalhador.

3 – Podem ser fixados objectivos de responsabilidade partilhada sempre que impliquem o desenvolvimento de um trabalho em equipa ou esforço convergente para uma finalidade determinada.

4 – Anualmente são fixados pelo menos três objectivos para cada trabalhador que, em regra, se enquadrem em várias áreas das previstas no n.º 2 e tenham particularmente em conta o posto de trabalho do trabalhador.

5 – Para os resultados a obter em cada objectivo são previamente estabelecidos indicadores de medida do desempenho.

ARTIGO 47.º – **Avaliação dos resultados atingidos**

1 – Tendo presente a medição do grau de cumprimento de cada objectivo, de acordo com os respectivos indicadores previamente estabelecidos, a avaliação dos resultados obtidos em cada objectivo é expressa em três níveis:
a) «Objectivo superado», a que corresponde uma pontuação de 5;
b) «Objectivo atingido», a que corresponde uma pontuação de 3;
c) «Objectivo não atingido», a que corresponde uma pontuação de 1.

2 – A pontuação final a atribuir ao parâmetro «Resultados» é a média aritmética das pontuações atribuídas aos resultados obtidos em todos os objectivos.

3 – Embora com desempenho efectivo, sempre que se verifique a impossibilidade de prosseguir alguns objectivos previamente fixados, devido a condicionantes estranhas ao controlo dos intervenientes, e não tenha sido possível renegociar novos objectivos, a avaliação deve decorrer relativamente a outros objectivos que não tenham sido prejudicados por aquelas condicionantes.

4 – A avaliação dos resultados obtidos em objectivos de responsabilidade partilhada previstos no n.º 3 do artigo anterior, em regra, é idêntica para todos os trabalhadores neles envolvidos, podendo, mediante opção fundamentada do avaliador, ser feita avaliação diferenciada consoante o contributo de cada trabalhador.

### ARTIGO 48.º – **Competências**

1 – O parâmetro relativo a «Competências» assenta em competências previamente escolhidas para cada trabalhador em número não inferior a cinco.

2 – As competências referidas no número anterior são escolhidas nos termos dos n.ᵒˢ 6 e 7 do artigo 36.º

### ARTIGO 49.º – **Avaliação das competências**

1 – A avaliação de cada competência é expressa em três níveis:
a) «Competência demonstrada a um nível elevado», a que corresponde uma pontuação de 5;
b) «Competência demonstrada», a que corresponde uma pontuação de 3;
c) «Competência não demonstrada ou inexistente», a que corresponde uma pontuação de 1.

2 – A pontuação final a atribuir ao parâmetro «Competências» é a média aritmética das pontuações atribuídas às competências escolhidas para cada trabalhador.

### ARTIGO 50.º – **Avaliação final**

1 – A avaliação final é o resultado da média ponderada das pontuações obtidas nos dois parâmetros de avaliação.

2 – Para o parâmetro «Resultados» é atribuída uma ponderação mínima de 60% e para o parâmetro «Competências» uma ponderação máxima de 40%.

3 – Por despacho do membro do Governo responsável pela área da Administração Pública, podem ser estabelecidos limites diferentes dos fixados no número anterior em função de carreiras e, por despacho conjunto com o membro do Governo da tutela, podem igualmente ser fixados outros limites diferentes para carreiras especiais ou em função de especificidades das atribuições de serviços ou da sua gestão.

Sistema Integrado de Gestão e Avaliação do Desempenho ... 179

4 – A avaliação final é expressa em menções qualitativas em função das pontuações finais em cada parâmetro, nos seguintes termos:
   a) *Desempenho relevante,* correspondendo a uma avaliação final de 4 a 5;
   b) *Desempenho adequado,* correspondendo a uma avaliação final de desempenho positivo de 2 a 3,999;
   c) *Desempenho inadequado,* correspondendo a uma avaliação final de 1 a 1,999.

5 – À avaliação final dos trabalhadores é aplicável o disposto no n.º 12 do artigo 36.º

ARTIGO 51.º – **Reconhecimento de excelência**

1 – A atribuição da menção qualitativa de *Desempenho relevante* é objecto de apreciação pelo Conselho Coordenador da Avaliação, para efeitos de eventual reconhecimento de mérito significando *Desempenho excelente,* por iniciativa do avaliado ou do avaliador.

2 – A iniciativa prevista no número anterior deve ser acompanhada de caracterização que especifique os respectivos fundamentos e analise o impacte do desempenho, evidenciando os contributos relevantes para o serviço.

3 – O reconhecimento do mérito previsto no n.º 1 é objecto de publicitação no serviço pelos meios internos considerados mais adequados.

4 – Para efeitos de aplicação da legislação sobre carreiras e remunerações, a avaliação máxima nela prevista corresponde à menção qualitativa de *Desempenho excelente.*

SECÇÃO III – **Efeitos da avaliação**

ARTIGO 52.º – **Efeitos**

1 – A avaliação do desempenho individual tem, designadamente, os seguintes efeitos:
   a) Identificação de potencialidades pessoais e profissionais do trabalhador que devam ser desenvolvidas;
   b) Diagnóstico de necessidades de formação;
   c) Identificação de competências e comportamentos profissionais merecedores de melhoria;
   d) Melhoria do posto de trabalho e dos processos a ele associados;
   e) Alteração de posicionamento remuneratório na carreira do trabalhador e atribuição de prémios de desempenho, nos termos da legislação aplicável.

2 – O reconhecimento de *Desempenho excelente* em três anos consecutivos confere ao trabalhador, alternativamente, o direito a:
   a) Período sabático com a duração máxima de três meses para realização de estudo sobre temática a acordar com o respectivo dirigente máximo do serviço, cujo texto final deve ser objecto de publicitação;

180     *Novo Estatuto da Função Pública*

b) Estágio em organismo de Administração Pública estrangeira ou em organização internacional, devendo apresentar relatório do mesmo ao dirigente máximo;

c) Estágio em outro serviço público, organização não governamental ou entidade empresarial com actividade e métodos de gestão relevantes para a Administração Pública, devendo apresentar relatório do mesmo ao dirigente máximo do serviço;

d) Frequência de acções de formação adequada ao desenvolvimento de competências profissionais.

3 – O período sabático, os estágios e as acções de formação a que se refere o número anterior consideram-se, para todos os efeitos legais, como serviço efectivo.

4 – O reconhecimento de *Desempenho excelente* em três anos consecutivos confere ainda ao trabalhador, no ano seguinte, o direito a cinco dias de férias ou, por opção do trabalhador, à correspondente remuneração.

5 – O reconhecimento de *Desempenho relevante* em três anos consecutivos confere ao trabalhador, no ano seguinte, o direito a três dias de férias ou, por opção do trabalhador, à correspondente remuneração.

6 – Aos efeitos da avaliação de desempenho dos trabalhadores aplica-se igualmente o disposto nos n.ºˢ 7 a 9 do artigo 39.º

### Artigo 53.º – **Menção de inadequado**

1 – A atribuição da menção qualitativa de *Desempenho inadequado* deve ser acompanhada de caracterização que especifique os respectivos fundamentos, por parâmetro, de modo a possibilitar decisões no sentido de:

a) Analisar os fundamentos de insuficiência no desempenho e identificar as necessidades de formação e o plano de desenvolvimento profissional adequados à melhoria do desempenho do trabalhador;

b) Fundamentar decisões de melhor aproveitamento das capacidades do trabalhador.

2 – As necessidades de formação identificadas devem traduzir-se em acções a incluir no plano de desenvolvimento profissional.

### Artigo 54.º – **Potencial de desenvolvimento dos trabalhadores**

1 – O sistema de avaliação do desempenho deve permitir a identificação do potencial de evolução e desenvolvimento dos trabalhadores e o diagnóstico das respectivas necessidades de formação, devendo estas ser consideradas no plano de formação anual de cada serviço.

2 – A identificação das necessidades de formação deve associar as necessidades prioritárias dos trabalhadores e a exigência do posto de trabalho que lhe está atribuído, tendo em conta os recursos disponíveis para esse efeito.

## CAPÍTULO II
## Intervenientes no processo de avaliação

ARTIGO 55.º – **Sujeitos**

1 – Intervêm no processo de avaliação do desempenho no âmbito de cada serviço:

a) O avaliador;
b) O avaliado;
c) O conselho coordenador da avaliação;
d) A comissão paritária;
e) O dirigente máximo do serviço.

2 – A ausência ou impedimento de avaliador directo não constitui fundamento para a falta de avaliação.

ARTIGO 56.º – **Avaliador**

1 – A avaliação é da competência do superior hierárquico imediato ou, na sua ausência ou impedimento, do superior hierárquico de nível seguinte, cabendo ao avaliador:

a) Negociar os objectivos do avaliado, de acordo com os objectivos e resultados fixados para a sua unidade orgânica ou em execução das respectivas competências, e fixar os indicadores de medida do desempenho, designadamente os critérios de superação de objectivos, no quadro das orientações gerais fixadas pelo Conselho Coordenador da Avaliação;
b) Rever regularmente com o avaliado os objectivos anuais negociados, ajustá-los, se necessário, e reportar ao avaliado a evolução do seu desempenho e possibilidades de melhoria;
c) Negociar as competências que integram o segundo parâmetro de avaliação, nos termos da alínea b) do artigo 45.º e do artigo 48.º;
d) Avaliar anualmente os trabalhadores directamente subordinados, assegurando a correcta aplicação dos princípios integrantes da avaliação;
e) Ponderar as expectativas dos trabalhadores no processo de identificação das respectivas necessidades de desenvolvimento;
f) Fundamentar as avaliações de *Desempenho relevante* e *Desempenho inadequado,* para os efeitos previstos na presente lei.

2 – O superior hierárquico imediato deve recolher e registar os contributos que reputar adequados e necessários a uma efectiva e justa avaliação, designadamente quando existam trabalhadores com responsabilidade efectiva de coordenação e orientação sobre o trabalho desenvolvido pelos avaliados.

## Artigo 57.º – **Avaliado**

1 – Em cumprimento dos princípios enunciados na presente lei, o avaliado tem direito:

a) A que lhe sejam garantidos os meios e condições necessários ao seu desempenho em harmonia com os objectivos e resultados que tenha contratualizado;

b) À avaliação do seu desempenho.

2 – Constituem deveres do avaliado proceder à respectiva auto-avaliação como garantia de envolvimento activo e responsabilização no processo avaliativo e negociar com o avaliador na fixação dos objectivos e das competências que constituem parâmetros de avaliação e respectivos indicadores de medida.

3 – Os dirigentes dos serviços são responsáveis pela aplicação e divulgação aos avaliados, em tempo útil, do sistema de avaliação, garantindo o cumprimento dos seus princípios e a diferenciação do mérito.

4 – É garantida aos avaliados o conhecimento dos objectivos, fundamentos, conteúdo e funcionamento do sistema de avaliação.

5 – É garantido ao avaliado o direito de reclamação, de recurso e de impugnação jurisdicional.

## Artigo 58.º – **Conselho coordenador da avaliação**

1 – Junto do dirigente máximo de cada serviço funciona um conselho coordenador da avaliação, ao qual compete:

a) Estabelecer directrizes para uma aplicação objectiva e harmónica do SIADAP 2 e do SIADAP 3, tendo em consideração os documentos que integram o ciclo de gestão referido no artigo 8.º;

b) Estabelecer orientações gerais em matéria de fixação de objectivos, de escolha de competências e de indicadores de medida, em especial os relativos à caracterização da situação de superação de objectivos;

c) Estabelecer o número de objectivos e de competências a que se deve subordinar a avaliação de desempenho, podendo fazê-lo para todos os trabalhadores do serviço ou, quando se justifique, por unidade orgânica ou por carreira;

d) Garantir o rigor e a diferenciação de desempenhos do SIADAP 2 e do SIADAP 3, cabendo-lhe validar as avaliações de *Desempenho relevante* e *Desempenho inadequado* bem como proceder ao reconhecimento do *Desempenho excelente;*

e) Emitir parecer sobre os pedidos de apreciação das propostas de avaliação dos dirigentes intermédios avaliados;

f) Exercer as demais competências que, por lei ou regulamento, lhe são cometidas.

2 – O conselho coordenador da avaliação é presidido pelo dirigente máximo do serviço e integra, para além do responsável pela gestão de recursos humanos, três a cinco dirigentes por aquele designados.

3 – Nos serviços de grande dimensão, sem prejuízo da existência do conselho coordenador da avaliação nos termos dos números anteriores, para efeitos de operacionalização do seu funcionamento, podem ser criadas secções autónomas presididas pelo dirigente máximo do serviço, compostas por um número restrito de dirigentes, exercendo as competências previstas nas alíneas *d*) e *e*) do n.º 1.

4 – Nos serviços em que, pela sua natureza ou condicionantes de estrutura orgânica, não for possível a constituição do conselho coordenador da avaliação nos termos dos n.ºs 2 e 3, podem as suas competências legais ser confiadas a uma comissão de avaliação a constituir por despacho do dirigente máximo do serviço, composta por trabalhadores com responsabilidade funcional adequada.

5 – A presidência do conselho coordenador da avaliação ou das secções autónomas previstas no n.º 3 pode ser delegada nos termos da lei.

6 – O regulamento de funcionamento do conselho coordenador da avaliação deve ser elaborado por cada serviço tendo em conta a sua natureza e dimensão.

7 – O conselho coordenador da avaliação tem composição restrita a dirigentes superiores e ao responsável pela gestão de recursos humanos quando o exercício das suas competências incidir sobre o desempenho de dirigentes intermédios e, no caso de se tratar do exercício da competência referida na alínea *e*) do n.º 1, aplica-se, com as devidas adaptações, o disposto nos n.ºs 3 e seguintes do artigo 69.º

### Artigo 59.º – **Comissão paritária**

1 – Junto do dirigente máximo de cada serviço funciona uma comissão paritária com competência consultiva para apreciar propostas de avaliação dadas a conhecer a trabalhadores avaliados, antes da homologação.

2 – A comissão paritária é composta por quatro vogais, sendo dois representantes da Administração, designados pelo dirigente máximo do serviço, sendo um membro do conselho coordenador da avaliação, e dois representantes dos trabalhadores por estes eleitos.

3 – Nos serviços de grande dimensão podem ser constituídas várias comissões paritárias, em que os representantes da Administração são designados de entre os membros das secções autónomas previstas no n.º 3 do artigo anterior e os representantes dos trabalhadores eleitos pelos universos de trabalhadores que correspondam à competência daquelas secções autónomas.

4 – Os vogais representantes da Administração são designados em número de quatro, pelo período de dois anos, sendo dois efectivos, um dos quais orienta os trabalhos da comissão, e dois suplentes.

5 – Os vogais representantes dos trabalhadores são eleitos, pelo período de dois anos, em número de seis, sendo dois efectivos e quatro suplentes, através de escrutínio secreto pelos trabalhadores que constituem o universo de trabalhadores de todo o serviço ou de parte dele, nos termos do n.º 3.

6 – O processo de eleição dos vogais representantes dos trabalhadores deve decorrer em Dezembro e é organizado nos termos de despacho do dirigente máximo do serviço que é publicitado na página electrónica do serviço, do qual devem constar, entre outros, os seguintes pontos:

*a)* Data limite para indicação, pelos trabalhadores, dos membros da mesa ou mesas de voto, referindo expressamente que, na ausência dessa indicação, os mesmos são designados pelo dirigente competente até quarenta e oito horas antes da realização do acto eleitoral;

*b)* Número de elementos da mesa ou mesas de voto, o qual não deve ser superior a cinco por cada mesa, incluindo os membros suplentes;

*c)* Data do acto eleitoral;

*d)* Período e local do funcionamento das mesas de voto;

*e)* Data limite da comunicação dos resultados ao dirigente respectivo;

*f)* Dispensa dos membros das mesas do exercício dos seus deveres funcionais no dia em que tem lugar a eleição, sendo igualmente concedidas facilidades aos restantes trabalhadores pelo período estritamente indispensável para o exercício do direito de voto.

7 – A não participação dos trabalhadores na eleição implica a não constituição da comissão paritária sem, contudo, obstar ao prosseguimento do processo de avaliação, entendendo-se como irrelevantes quaisquer pedidos de apreciação por esse órgão.

8 – Os vogais efectivos são substituídos pelos vogais suplentes quando tenham de interromper o respectivo mandato ou sempre que a comissão seja chamada a pronunciar-se sobre processos em que aqueles tenham participado como avaliados ou avaliadores.

9 – Quando se verificar a interrupção do mandato de pelo menos metade do número de vogais efectivos e suplentes, representantes da Administração, por um lado, ou eleitos em representação dos avaliados, por outro, os procedimentos previstos nos n.$^{os}$ 4 e 5 podem ser repetidos, se necessário, por uma única vez e num prazo de cinco dias.

10 – Nos casos do número anterior, os vogais designados ou eleitos para preenchimento das vagas completam o mandato daqueles que substituem, passando a integrar a comissão até ao termo do período de funcionamento desta.

11 – Nas situações previstas no n.º 9, a impossibilidade comprovada de repetição dos procedimentos referidos não é impeditiva do prosseguimento do processo de avaliação, entendendo-se como irrelevantes quaisquer pedidos de apreciação pela comissão paritária.

### Artigo 60.º – **Dirigente máximo do serviço**

1 – Compete ao dirigente máximo do serviço:

*a)* Garantir a adequação do sistema de avaliação do desempenho às realidades específicas do serviço;

*Sistema Integrado de Gestão e Avaliação do Desempenho ...*

*b)* Coordenar e controlar o processo de avaliação anual de acordo com os princípios e regras definidos na presente lei;
*c)* Fixar níveis de ponderação dos parâmetros de avaliação, nos termos da presente lei;
*d)* Assegurar o cumprimento no serviço das regras estabelecidas na presente lei em matéria de percentagens de diferenciação de desempenhos;
*e)* Homologar as avaliações anuais;
*f)* Decidir das reclamações dos avaliados;
*g)* Assegurar a elaboração do relatório anual da avaliação do desempenho, que integra o relatório de actividades do serviço;
*h)* Exercer as demais competências que lhe são cometidas pela presente lei.
2 – Quando o dirigente máximo não homologar as avaliações atribuídas pelos avaliadores ou pelo conselho coordenador da avaliação, no caso previsto no n.º 5 do artigo 69.º, atribui nova menção qualitativa e respectiva quantificação, com a respectiva fundamentação.
3 – A competência prevista na alínea *e)* do n.º 1 pode ser delegada nos demais dirigentes superiores do serviço.

## CAPÍTULO III
### Processo de avaliação

Artigo 61.º – **Fases**

O processo de avaliação dos trabalhadores compreende as seguintes fases:
*a)* Planeamento do processo de avaliação e definição de objectivos e resultados a atingir;
*b)* Realização da auto-avaliação e da avaliação;
*c)* Harmonização das propostas de avaliação;
*d)* Reunião entre avaliador e avaliado para avaliação de desempenho, contratualização dos objectivos e respectivos indicadores e fixação das competências;
*e)* Validação de avaliações e reconhecimento de *Desempenhos excelentes;*
*f)* Apreciação do processo de avaliação pela comissão paritária;
*g)* Homologação;
*h)* Reclamação e outras impugnações;
*i)* Monitorização e revisão dos objectivos.

Artigo 62.º – **Planeamento**

1 – O planeamento do processo de avaliação, definição de objectivos e fixação dos resultados a atingir obedece às seguintes regras:
*a)* O processo é da iniciativa e responsabilidade do dirigente máximo do serviço e deve decorrer das orientações fundamentais dos documentos

que integram o ciclo de gestão, das competências de cada unidade orgânica e da gestão articulada de actividades, centrada na arquitectura transversal dos processos internos de produção;

*b*) A definição de objectivos e resultados a atingir pelas unidades orgânicas deve envolver os respectivos dirigentes e trabalhadores, assegurando a uniformização de prioridades e alinhamento interno da actividade do serviço com os resultados a obter, a identificação e satisfação do interesse público e das necessidades dos utilizadores;

*c*) A planificação em cascata, quando efectuada, deve evidenciar o contributo de cada unidade orgânica para os resultados finais pretendidos para o serviço;

*d*) A definição de orientações que permitam assegurar o cumprimento das percentagens relativas à diferenciação de desempenhos.

2 – O planeamento dos objectivos e resultados a atingir pelo serviço é considerado pelo conselho coordenador da avaliação no estabelecimento de orientações para uma aplicação objectiva e harmónica do sistema de avaliação do desempenho, para a fixação de indicadores, em particular os relativos à superação de objectivos, e para validar as avaliações de *Desempenho relevante* e *Desempenho inadequado,* bem como o reconhecimento de *Desempenho excelente.*

3 – Na fase de planeamento estabelecem-se as articulações necessárias na aplicação dos vários subsistemas que constituem o SIADAP, nomeadamente visando o alinhamento dos objectivos do serviço, dos dirigentes e demais trabalhadores.

4 – A fase de planeamento deve decorrer no último trimestre de cada ano civil.

Artigo 63.º – **Auto-avaliação e avaliação**

1 – A auto-avaliação tem como objectivo envolver o avaliado no processo de avaliação e identificar oportunidades de desenvolvimento profissional.

2 – A auto-avaliação é obrigatória e concretiza-se através de preenchimento de ficha própria, a analisar pelo avaliador, se possível conjuntamente com o avaliado, com carácter preparatório à atribuição da avaliação, não constituindo componente vinculativa da avaliação de desempenho.

3 – A avaliação é efectuada pelo avaliador nos termos da presente lei, das orientações transmitidas pelo conselho coordenador da avaliação e em função dos parâmetros e respectivos indicadores de desempenho e é presente àquele conselho para efeitos de harmonização de propostas de atribuição de menções de *Desempenho relevante* ou *Desempenho inadequado* ou de reconhecimento de *Desempenho excelente.*

4 – A auto-avaliação e a avaliação devem, em regra, decorrer na 1.ª quinzena de Janeiro.

5 – A auto-avaliação é solicitada pelo avaliador ou entregue por iniciativa do avaliado.

## Artigo 64.º – **Harmonização de propostas de avaliação**

Na 2.ª quinzena de Janeiro, em regra, realizam-se as reuniões do conselho coordenador da avaliação para proceder à análise das propostas de avaliação e à sua harmonização de forma a assegurar o cumprimento das percentagens relativas à diferenciação de desempenhos transmitindo, se for necessário, novas orientações aos avaliadores, na sequência das previstas na alínea *d*) do n.º 1 e no n.º 2 do artigo 62.º e iniciar o processo que conduz à validação dos *Desempenhos relevantes* e *Desempenhos inadequados* e de reconhecimento dos *Desempenhos excelentes*.

## Artigo 65.º – **Reunião de avaliação**

1 – Durante o mês de Fevereiro e após a harmonização referida no artigo anterior, realizam-se as reuniões dos avaliadores com cada um dos respectivos avaliados, tendo como objectivo dar conhecimento da avaliação.

2 – No decurso da reunião, avaliador e avaliado devem analisar conjuntamente o perfil de evolução do trabalhador, identificar as suas expectativas de desenvolvimento bem como abordar os demais efeitos previstos no artigo 52.º

3 – Em articulação com o plano de actividades aprovado para o novo ciclo de gestão e considerando os objectivos fixados para a respectiva unidade orgânica, no decurso da reunião são contratualizados os parâmetros de avaliação nos termos dos artigos seguintes.

4 – A reunião de avaliação é marcada pelo avaliador ou requerida pelo avaliado.

5 – No caso de o requerimento acima referido não obter resposta nos prazos legais, traduzida em marcação de reunião, pode o avaliado requerer ao dirigente máximo a referida marcação.

6 – No caso de não ser marcada reunião nos termos do número anterior, o avaliado pode requerer ao membro do Governo competente que estabeleça as orientações necessárias ao atempado cumprimento do disposto na presente lei.

7 – A situação prevista nos números anteriores é considerada para efeitos de avaliação dos dirigentes envolvidos.

## Artigo 66.º – **Contratualização dos parâmetros**

1 – No início de cada período anual de avaliação, no começo do exercício de um novo cargo ou função, bem como em todas as circunstâncias em que seja possível a fixação de objectivos a atingir, é efectuada reunião entre avaliador e avaliado destinada a fixar e registar na ficha de avaliação tais objectivos e as competências a demonstrar, bem como os respectivos indicadores de medida e critérios de superação.

2 – A reunião de negociação referida no número anterior deve ser precedida de reunião de análise do dirigente com todos os avaliados que integrem a res-

pectiva unidade orgânica ou equipa, sendo a mesma obrigatória quando existirem objectivos partilhados decorrentes de documentos que integram o ciclo de gestão.

### Artigo 67.º – **Contratualização de objectivos**

Sem prejuízo do disposto no artigo 46.º, a contratualização de objectivos a atingir efectua-se de acordo com as seguintes regras:

*a*) Os objectivos a atingir por cada trabalhador devem ser definidos pelo avaliador e avaliado no início do período da avaliação, prevalecendo, em caso de discordância, a posição do avaliador;

*b*) A identificação de resultados de aperfeiçoamento e desenvolvimento individual do trabalhador é obrigatória num dos objectivos, quando resulte de diagnóstico efectuado no âmbito de avaliação do desempenho classificado como *Desempenho inadequado;*

*c*) Os objectivos de aperfeiçoamento e desenvolvimento do trabalhador podem ser de âmbito relacional, de atitudes ou de aquisição de competências técnicas e de métodos de trabalho.

### Artigo 68.º – **Contratualização de competências**

1 – Sem prejuízo do disposto no artigo 48.º, a fixação de competências a avaliar efectua-se de acordo com as seguintes regras:

*a*) As competências a desenvolver pelos trabalhadores são definidas e listadas em perfis específicos, decorrentes da análise e qualificação das funções correspondentes à respectiva carreira, categoria, área funcional ou posto de trabalho, e concretizam-se nos modelos específicos de adaptação do SIADAP 3;

*b*) A identificação das competências a demonstrar no desempenho anual de cada trabalhador é efectuada de entre as relacionadas com a respectiva carreira, categoria, área funcional ou posto de trabalho, preferencialmente por acordo entre os intervenientes na avaliação.

2 – A selecção das competências a avaliar é efectuada de entre as constantes da lista a que se refere o n.º 6 do artigo 36.º sempre que se não verifique o previsto na alínea *a*) do número anterior, traduzido nos instrumentos regulamentares de adaptação do SIADAP.

### Artigo 69.º – **Validações e reconhecimentos**

1 – Na sequência das reuniões de avaliação, realizam-se as reuniões do conselho coordenador da avaliação tendo em vista:

*a*) A validação das propostas de avaliação com menções de *Desempenho relevante* e de *Desempenho inadequado;*

*b*) A análise do impacte do desempenho, designadamente para efeitos de reconhecimento de *Desempenho excelente.*

*Sistema Integrado de Gestão e Avaliação do Desempenho ...*

2 – O reconhecimento de *Desempenho excelente* implica declaração formal do conselho coordenador da avaliação.

3 – Em caso de não validação da proposta de avaliação, o conselho coordenador da avaliação devolve o processo ao avaliador acompanhado da fundamentação da não validação, para que aquele, no prazo que lhe for determinado, reformule a proposta de avaliação.

4 – No caso de o avaliador decidir manter a proposta anteriormente formulada deve apresentar fundamentação adequada perante o conselho coordenador da avaliação.

5 – No caso de o conselho coordenador da avaliação não acolher a proposta apresentada nos termos do número anterior, estabelece a proposta final de avaliação, que transmite ao avaliador para que este dê conhecimento ao avaliado e remeta, por via hierárquica, para homologação.

Artigo 70.º – **Apreciação pela comissão paritária**

1 – O trabalhador avaliado, após tomar conhecimento da proposta de avaliação que será sujeita a homologação, pode requerer ao dirigente máximo do serviço, no prazo de 10 dias úteis, que o seu processo seja submetido a apreciação da comissão paritária, apresentando a fundamentação necessária para tal apreciação.

2 – O requerimento deve ser acompanhado da documentação que suporte os fundamentos do pedido de apreciação.

3 – A audição da comissão paritária não pode, em caso algum, ser recusada.

4 – A comissão paritária pode solicitar ao avaliador, ao avaliado ou, sendo o caso, ao conselho coordenador da avaliação os elementos que julgar convenientes para o seu melhor esclarecimento, bem como convidar avaliador ou avaliado a expor a sua posição, por uma única vez, em audição, cuja duração não poderá exceder trinta minutos.

5 – A apreciação da comissão paritária é feita no prazo de 10 dias úteis contado a partir da data em que tenha sido solicitada e expressa-se através de relatório fundamentado com proposta de avaliação.

6 – O relatório previsto no número anterior é subscrito por todos os vogais e, no caso de não se verificar consenso, deve conter as propostas alternativas apresentadas e respectiva fundamentação.

Artigo 71.º – **Homologação das avaliações**

A homologação das avaliações de desempenho é da competência do dirigente máximo do serviço, deve ser, em regra, efectuada até 30 de Março e dela deve ser dado conhecimento ao avaliado no prazo de cinco dias úteis.

ARTIGO 72.º – **Reclamação**

1 – O prazo para apresentação de reclamação do acto de homologação é de 5 dias úteis a contar da data do seu conhecimento, devendo a respectiva decisão ser proferida no prazo máximo de 15 dias úteis.

2 – Na decisão sobre reclamação, o dirigente máximo tem em conta os fundamentos apresentados pelo avaliado e pelo avaliador, bem como os relatórios da comissão paritária ou do conselho coordenador da avaliação sobre pedidos de apreciação anteriormente apresentados.

ARTIGO 73.º – **Outras impugnações**

1 – Do acto de homologação e da decisão sobre reclamação cabe impugnação administrativa, por recurso hierárquico ou tutelar, ou impugnação jurisdicional, nos termos gerais.

2 – A decisão administrativa ou jurisdicional favorável confere ao trabalhador o direito a ver revista a sua avaliação ou a ser-lhe atribuída nova avaliação.

3 – Sempre que não for possível a revisão da avaliação, designadamente por substituição superveniente do avaliador, é competente para o efeito o novo superior hierárquico ou o dirigente máximo do serviço, a quem cabe proceder a nova avaliação.

ARTIGO 74.º – **Monitorização**

1 – No decorrer do período de avaliação, são adoptados os meios adequados à monitorização dos desempenhos e efectuada a respectiva análise conjunta, entre avaliador e avaliado ou no seio da unidade orgânica, de modo a viabilizar:

    *a)* A reformulação dos objectivos e dos resultados a atingir, nos casos de superveniência de condicionantes que impeçam o previsto desenrolar da actividade;

    *b)* A clarificação de aspectos que se mostrem úteis ao futuro acto de avaliação;

    *c)* A recolha participada de reflexões sobre o modo efectivo do desenvolvimento do desempenho, como acto de fundamentação da avaliação final.

2 – O disposto no número anterior é realizado por iniciativa do avaliador ou a requerimento do avaliado.

ARTIGO 75.º – **Diferenciação de desempenhos**

1 – Sem prejuízo do disposto na alínea *a)* do artigo 27.º, a diferenciação de desempenhos é garantida pela fixação da percentagem máxima de 25% para as avaliações finais qualitativas de *Desempenho relevante* e, de entre estas, 5% do total dos trabalhadores para o reconhecimento de *Desempenho excelente*.

*Sistema Integrado de Gestão e Avaliação do Desempenho ...* 191

2 – As percentagens previstas no número anterior incidem sobre o número de trabalhadores previstos nos n.ᵒˢ 2 a 7 do artigo 42.º, com aproximação por excesso, quando necessário, e devem, em regra, ser distribuídas proporcionalmente por todas as carreiras.

3 – As percentagens referidas nos n.ᵒˢ 1 e 2 devem ser do conhecimento de todos os avaliados.

4 – A atribuição das percentagens é da exclusiva responsabilidade do dirigente máximo do serviço, cabendo-lhe ainda assegurar o seu estrito cumprimento.

5 – O número de objectivos e competências a fixar nos parâmetros de avaliação e respectivas ponderações devem ser previamente estabelecidos, nos termos da presente lei, designadamente nos termos previstos na alínea *c*) do n.º 1 do artigo 58.º, tendo em conta a necessidade de assegurar uma adequada diferenciação de desempenhos.

## TÍTULO V
### Sistema de informação de suporte à gestão de desempenho e acções de controlo

Artigo 76.º – **Gestão e acompanhamento do SIADAP 2 e do SIADAP 3**

1 – O disposto na presente lei em matéria de processos de avaliação e respectivos instrumentos de suporte não impede o seu cumprimento em versão electrónica e, quando for o caso, com utilização de assinaturas digitais.

2 – Compete às secretarias-gerais de cada ministério elaborar relatórios síntese evidenciando a forma como o SIADAP 2 e o SIADAP 3 foram aplicados no âmbito respectivos serviços, nomeadamente quanto à fase de planeamento e quanto aos resultados de avaliação final.

3 – Compete à Direcção-Geral da Administração e do Emprego Pública (DGAEP):

*a*) Acompanhar e apoiar a aplicação da avaliação do desempenho, designadamente através da produção de instrumentos de orientação normativa;

*b*) Elaborar relatório anual que evidencie a forma como o SIADAP foi aplicado na Administração Pública.

4 – Para efeitos do disposto no número anterior, a DGAEP recolhe informação junto dos serviços com competência em matéria de planeamento, estratégia e avaliação e das secretarias-gerais.

5 – Todos os processos de transmissão da informação no âmbito de cada ministério e de alimentação das bases de dados relevantes devem ter suporte electrónico, devendo o tratamento estatístico e ligação aos sistemas de processamento de salários efectuar-se progressivamente de forma automática.

6 – A estrutura e conteúdo dos relatórios referidos nos números anteriores são objecto de normalização através de despacho do membro do Governo responsável pela área da Administração Pública.

Artigo 77.º – **Publicitação de resultados**

1 – Anualmente é divulgado em cada serviço o resultado global da aplicação do SIADAP, contendo ainda o número das menções qualitativas atribuídas por carreira.

2 – Os resultados globais da aplicação do SIADAP são publicitados externamente pela DGAEP, nomeadamente na sua página electrónica.

Artigo 78.º – **Acções de controlo**

A Inspecção-Geral de Finanças realiza auditorias para avaliar a forma como os serviços procedem à aplicação dos subsistemas de avaliação do desempenho.

# TÍTULO VI
## Disposições transitórias e finais

### CAPÍTULO I
#### Disposições transitórias

Artigo 79.º – **Página electrónica**

A informação relativa à aplicação do SIADAP é publicitada, nos termos da presente lei, na página electrónica do serviço e, caso não exista, os documentos com tal informação são publicitados por afixação em local adequado ou são objecto de livre acesso em local publicamente anunciado.

Artigo 80.º – **Regime transitório**

1 – Nos três anos civis após a entrada em vigor da presente lei, a avaliação dos desempenhos neles prestados pode seguir um regime transitório nos termos dos números seguintes, mediante decisão do dirigente máximo do serviço, ouvido o conselho coordenador da avaliação.

2 – O regime transitório pode ser utilizado na avaliação de trabalhadores desde que estejam cumulativamente reunidas as seguintes condições:

*a)* Se trate de trabalhadores a quem, no recrutamento para a respectiva carreira, é exigida habilitação literária ao nível da escolaridade obrigatória ou conferente de diploma do 12.º ano do ensino secundário;

*b)* Se trate de trabalhadores a desenvolver actividades ou tarefas caracterizadas maioritariamente como de rotina, com carácter de permanência,
padronizadas, previamente determinadas e executivas.

3 – O regime transitório assenta na avaliação das «Competências» do
trabalhador, nos termos previstos na alínea *b)* do artigo 45.º

4 – As «Competências» são previamente escolhidas para cada trabalhador,
em número não inferior a oito.

5 – Na escolha das «Competências» aplica-se o disposto nos n.ºˢ 6 e 7
do artigo 36.º e no artigo 68.º, sendo, contudo, obrigatória uma competência
que sublinhe a capacidade de realização e orientação para resultados.

6 – Sempre que para o exercício das suas funções o trabalhador estiver
em contacto profissional regular com outros trabalhadores ou utilizadores, o
avaliador deve ter em conta a percepção por eles obtida sobre o desempenho,
como contributo para a avaliação, devendo registá-la no processo de avaliação
e reflecti-la na avaliação das «Competências».

7 – À avaliação de cada competência no regime transitório aplica-se o
disposto no n.º 1 do artigo 49.º

8 – A cada competência pode ser atribuída ponderação diversa por forma
a destacar a respectiva importância no exercício de funções e assegurar a diferenciação de desempenhos.

9 – A avaliação final é a média aritmética simples ou ponderada das
pontuações atribuídas às competências escolhidas para cada trabalhador.

10 – No regime transitório aplica-se, com as necessárias adaptações, o
disposto nos títulos IV e V.

Artigo 81.º – **Estratégia de aplicação**

1 – Até 30 de Novembro de cada ano, os serviços iniciam ou prosseguem
a construção do QUAR previsto no artigo 10.º e, no quadro das orientações
fixadas pelos respectivos membros do Governo, propõem os objectivos a
prosseguir no ano seguinte e estabelecem os indicadores de desempenho e
respectivas fontes de verificação.

2 – Os serviços que, nos diferentes ministérios, são competentes em
matéria de planeamento, estratégia e avaliação acompanham e validam, nos
termos da presente lei, o cumprimento do disposto no número anterior.

3 – Até 15 de Dezembro de cada ano, os membros do Governo referidos
no n.º 1 aprovam os objectivos anuais de cada serviço.

4 – A estratégia de aplicação do SIADAP relativa aos desempenhos
prestados em 2008 obedece às seguintes regras:

*a)* As acções e decisões previstas nos n.ºˢ 1 e 3 são cumpridas e tomadas
no prazo de 21 e 30 dias respectivamente após a data de entrada em
vigor da presente lei;

*b)* As cartas de missão de dirigentes superiores que à data da entrada em
vigor da presente lei ainda as não tenham recebido por não lhes ser

aplicável a legislação em vigor são subscritas no prazo de 30 dias após aquela data.

Artigo 82.º – **Sistemas específicos de avaliação**

1 – A avaliação do desempenho referente a 2008 nos serviços e organismos, assim como nas carreiras de regime especial e corpos especiais que disponham de um sistema de avaliação de desempenho específico que ainda não tenha sido adaptado ao abrigo do n.º 3 do artigo 2.º ou do artigo 21.º da Lei n.º 10/ /2004, de 22 de Março, efectua-se de acordo com o respectivo sistema específico, até à sua adaptação nos termos do artigo 3.º e do n.º 2 do artigo 86.º

2 – No caso de os sistemas específicos referidos no número anterior não preverem percentagens de diferenciação de desempenhos consagrada no artigo 15.º da Lei n.º 10/2004, de 22 de Março, as menções e quantificações atribuídas são apresentadas ao membro do Governo respectivo para ratificação, visando a verificação do equilíbrio de distribuição das menções pelos vários níveis de avaliação.

## CAPÍTULO II
### Disposições finais

Artigo 83.º – **Extensão do âmbito de aplicação**

O disposto na presente lei em matéria de SIADAP 3, salvo se a lei ou regulamento de adaptação previsto no artigo 3.º dispuser em contrário, é também aplicável, com as necessárias adaptações, aos actuais trabalhadores com a qualidade de funcionário ou agente de pessoas colectivas que se encontrem excluídas do seu âmbito de aplicação.

Artigo 84.º – **Critérios de desempate**

Quando, para os efeitos previstos na lei, for necessário proceder a desempate entre trabalhadores ou dirigentes que tenham a mesma classificação final na avaliação de desempenho, releva consecutivamente a avaliação obtida no parâmetro de «Resultados», a última avaliação de desempenho anterior, o tempo de serviço relevante na carreira e no exercício de funções públicas.

Artigo 85.º – **Avaliações anteriores e conversão de resultados**

1 – Nas situações previstas na lei em que seja necessário ter em conta a avaliação de desempenho ou a classificação de serviço e, em concreto, devam ser tidos em conta os resultados da aplicação de diversos sistemas de avaliação, para conversão de valores quantitativos é usada a escala do SIADAP, devendo ser convertidas proporcionalmente para esta quaisquer outras escalas utilizadas, com aproximação por defeito, quando necessário.

*Sistema Integrado de Gestão e Avaliação do Desempenho ...* 195

2 – Nas situações previstas no número anterior em que só tenha havido atribuição de menção qualitativa ou atribuição de valores quantitativos não sujeitos a percentagens de diferenciação de desempenhos, é realizada ponderação curricular, nos termos do artigo 43.º, por avaliador designado pelo dirigente máximo do serviço.

3 – No caso previsto nos n.ᵒˢ 5 e 6 do artigo 42.º releva ainda, para efeitos da respectiva carreira, a última avaliação atribuída nos termos:

*a)* Do SIADAP aprovado pela Lei n.º 10/2004, de 22 de Março;

*b)* Dos sistemas de avaliação aprovados ao abrigo do n.º 3 do artigo 2.º e do artigo 21.º da lei referida na alínea anterior que estabeleçam percentagens de diferenciação em observância do princípio de diferenciação de desempenhos consagrado no artigo 15.º do mesmo diploma legal;

*c)* Do n.º 3 do artigo 2.º da Lei n.º 15/2006, de 26 de Abril.

4 – No caso de quem não tenha avaliação do desempenho realizada nos anos de 2004 a 2007 inclusive por motivo que não lhe seja imputável, designadamente por não aplicação da legislação aplicável em matéria de avaliação de desempenho face à sua situação funcional, pode ser requerida ponderação curricular, nos termos do artigo 43.º, por avaliador designado pelo dirigente máximo do serviço.

Artigo 86.º – **Revisão de sistemas de avaliação**

1 – Mantêm-se em vigor os sistemas de avaliação aprovados ao abrigo do n.º 3 do artigo 2.º e do artigo 21.º da Lei n.º 10/2004, de 22 de Março, até à sua revisão para adaptação ao disposto na presente lei, a qual deve ocorrer até 31 de Dezembro de 2009, sob pena de caducidade.

2 – Os sistemas de avaliação específicos não abrangidos pelo disposto no número anterior mantêm-se em vigor até à sua revisão para adaptação ao disposto na presente lei, a qual deve ocorrer até 31 de Dezembro de 2008, sob pena de caducidade, sendo a sua aplicação sujeita às regras previstas no artigo 82.º

3 – O decurso dos períodos previstos nos n.ᵒˢ 1 e 2 não prejudica a aplicação do disposto na presente lei em matéria de SIADAP 1 e SIADAP 2 no que respeita aos dirigentes superiores e a aplicação do regime transitório referido no artigo 80.º

4 – Consideram-se adaptados ao correspondente subsistema do SIADAP, sem prejuízo de eventual revisão, nos termos dos artigos 3.º, 5.º e 6.º:

*a)* O sistema de avaliação de desempenho da Assembleia da República (SIADAR) regulado pela Resolução da Assembleia da República n.º 83/2004, de 29 de Dezembro;

*b)* O sistema de avaliação dos estabelecimentos públicos de educação pré-escolar e dos ensinos básico e secundário, previsto na Lei n.º 31/ /2002, de 20 de Dezembro;

## Novo Estatuto da Função Pública

*c)* O sistema de avaliação do desempenho do pessoal docente previsto no Estatuto da Carreira dos Educadores de Infância e dos Professores do Ensino Básico e Secundário, aprovado pelo Decreto -Lei n.º 139- -A/90, de 28 de Abril, e alterado pelos Decretos-Leis n.ᵒˢ 1/98, de 2 de Janeiro, e 15/2007, de 19 de Janeiro;

*d)* O sistema de avaliação de desempenho do pessoal não docente dos estabelecimentos públicos de educação pré-escolar e dos ensinos básico e secundário, aprovado pelo Decreto Regulamentar n.º 4/2006, de 7 de Março;

*e)* Outros sistemas de avaliação cuja adaptação seja reconhecida por portaria conjunta dos membros do Governo da tutela e responsáveis pelas áreas das finanças e da Administração Pública.

ARTIGO 87.º – **Habilitação regulamentar**

O Governo adopta, por portaria, os instrumentos necessários à aplicação da presente lei, designadamente os modelos de fichas de avaliação no âmbito do SIADAP 2, para dirigentes intermédios, e do SIADAP 3.

ARTIGO 88.º – **Norma revogatória**

1 – Sem prejuízo do disposto no número seguinte, são revogados:

*a)* A Lei n.º 10/2004, de 22 de Março;

*b)* A Lei n.º 15/2006, de 26 de Abril;

*c)* O Decreto Regulamentar n.º 19 -A/2004, de 14 de Maio.

2 – O disposto nos diplomas referidos no número anterior é aplicável aos procedimentos de avaliação dos desempenhos prestados até 31 de Dezembro de 2007 e, nos termos dos n.ᵒˢ 1 e 2 do artigo 86.º, aos desempenhos prestados até 31 de Dezembro de 2009 e 31 de Dezembro de 2008, respectivamente.

ARTIGO 89.º – **Entrada em vigor**

A presente lei entra em vigor no dia seguinte ao da sua publicação.

Aprovada em 8 de Novembro de 2007.

O Presidente da Assembleia da República, *Jaime Gama.*

Promulgada em 10 de Dezembro de 2007.

Publique-se.

O Presidente da República, ANÍBAL CAVACO SILVA.

Referendada em 11 de Dezembro de 2007.

O Primeiro-Ministro, *José Sócrates Carvalho Pinto de Sousa.*

# SISTEMA INTEGRADO DE GESTÃO E AVALIAÇÃO DO DESEMPENHO NA ADMINISTRAÇÃO PÚBLICA REGIONAL DOS AÇORES

## Decreto Legislativo Regional n.º 41/2008/A, de 27 de Agosto

### (Alterado pelo DLR n.º 17/2009/A, de 14 de Outubro)

O presente diploma estabelece o sistema integrado de gestão e avaliação do desempenho da administração pública da Região Autónoma dos Açores (SIADAPRA), o qual abrange os funcionários, os agentes e demais trabalhadores, assim como os dirigentes de nível superior e intermédio, bem como os serviços da administração directa e indirecta da administração regional.

Refira-se que a existência de diploma próprio sobre a avaliação corresponde a uma tradição da administração pública regional, dado que há mais de 20 anos vigora o Decreto Regulamentar Regional n.º 11/84/A, de 8 de Março, diploma que agora é expressamente revogado e substituído por este novo regime.

Neste novo diploma são fixados, tal como acontece na legislação nacional, os princípios e objectivos que presidem ao sistema integrado de avaliação de desempenho, os direitos, deveres e garantias dos intervenientes do processo avaliativo, as fases do procedimento, os prazos de reclamação e recurso, a gestão e acompanhamento do sistema assim como a publicitação de dados, tendo em conta as particularidades e características próprias da administração pública regional.

Nesse sentido, estabelece-se uma ampla correspondência de cargos, funções e competências que, na Região, assumem uma especial configuração, por forma a dar uma mais adequada exequibilidade ao sistema de avaliação do desempenho e cria-se o conselho coordenador da avaliação dos serviços regionais, reforçando-se que a avaliação dos serviços se efectue através da auto-avaliação tendo por base os planos de acções de melhoria elaborados no âmbito de aplicação de ferramentas de auto-avaliação, designadamente a CAF, o Moniquor e o Qualis, em articulação com o ciclo de gestão, bem como a criação do conselho coordenador da avaliação, que funciona junto de cada departamento regional.

198     *Novo Estatuto da Função Pública*

Além disso, o presente diploma determina que relativamente aos cargos de direcção específica a que alude o artigo 6.º do Decreto Legislativo Regional n.º 2/2005/A, de 9 de Maio, com a alteração constante do Decreto Legislativo Regional n.º 2/2006/A, de 6 de Janeiro, aplica-se o subsistema de avaliação do desempenho dos dirigentes da Administração Pública (SIADAPRA 2), sendo para o efeito equiparados a dirigentes intermédios e avaliados pelo dirigente de quem dependem directamente.

Este diploma foi objecto de negociação sindical nos termos da legislação em vigor.

Assim, a Assembleia Legislativa da Região Autónoma dos Açores decreta, nos termos da alínea *a*) do n.º 1 do artigo 227.º da Constituição da República e da alínea *c*) do n.º 1 do artigo 31.º do Estatuto Político-Administrativo da Região Autónoma dos Açores, o seguinte:

# TÍTULO I
## Disposições gerais e comuns

## CAPÍTULO I
### Objecto e âmbito

ARTIGO 1.º – **Objecto**

1 – O presente diploma estabelece o sistema integrado de gestão e avaliação do desempenho na administração pública regional dos Açores, adiante designado por SIADAPRA.

2 – O SIADAPRA visa contribuir para a melhoria do desempenho e qualidade de serviço da administração pública regional dos Açores, para a coerência e harmonia da acção dos organismos, dirigentes e demais trabalhadores e para a promoção da sua motivação profissional e desenvolvimento de competências.

ARTIGO 2.º – **Âmbito de aplicação**

1 – O presente diploma aplica-se aos serviços e organismos da administração regional da Região Autónoma dos Açores, incluindo os institutos públicos regionais nas modalidades de serviços personalizados ou de fundos públicos.

2 – O presente diploma aplica-se também com as adaptações impostas pela observância das correspondentes competências à Assembleia Legislativa da Região Autónoma dos Açores.

3 – Sem prejuízo no disposto no artigo 83.º, o presente diploma não se aplica às entidades públicas empresariais nem aos gabinetes de apoio quer do titular do órgão referido no número anterior quer dos membros do Governo.

4 – O presente diploma aplica-se ao desempenho:

a) Dos serviços e organismos;

b) Dos dirigentes;

c) Dos trabalhadores das entidades mencionadas nos n.os 1 e 2 do presente artigo, independentemente da modalidade de constituição da relação jurídica de emprego público.

ARTIGO 3.º – **Adaptações**

1 – O SIADAPRA concretiza-se nos princípios, objectivos e regras definidos no presente diploma.

2 – Por portaria conjunta dos membros do Governo Regional da tutela e responsáveis pelas áreas das finanças e da Administração Pública podem ser realizadas adaptações ao regime previsto no presente diploma em razão das atribuições e organização dos serviços e organismos, das carreiras do seu pessoal ou das necessidades da sua gestão.

3 – No caso dos institutos públicos, a adaptação referida no número anterior é aprovada em regulamento interno homologado pelos membros do Governo aí referidos.

4 – Em caso de relações jurídicas de emprego público constituídas por contrato, a adaptação ao regime previsto no presente diploma pode constar de instrumento de regulamentação colectiva de trabalho*.

5 – As adaptações ao SIADAPRA previstas nos números anteriores são feitas respeitando o disposto na presente lei em matéria de:

a) Princípios, objectivos e subsistemas do SIADAPRA;

b) Avaliação do desempenho baseada na confrontação entre objectivos fixados e resultados obtidos e, no caso de dirigentes e trabalhadores, também as competências demonstradas e a desenvolver;

c) Diferenciação de desempenhos, respeitando o número mínimo de menções de avaliação e o valor das percentagens máximas previstos na presente lei.

*(* Redacção alterada pelo DLR n.º 17/2009/A, de 14 de Outubro)*

## CAPÍTULO II
### Definições, princípios e objectivos

ARTIGO 4.º – **Definições**

Para os efeitos do disposto no presente diploma, entende-se por:

a) «Competências» o parâmetro de avaliação que traduz o conjunto de conhecimentos, capacidades de acção e comportamentos necessários para o desempenho eficiente e eficaz, adequado ao exercício de funções por dirigente ou trabalhador;

b) «Dirigentes máximos do organismo» os titulares de cargos de direcção superior do 1.º grau ou legalmente equiparado, outros dirigentes responsáveis pelo serviço dependente de membro do Governo ou os presidentes de órgão de direcção colegial sob sua tutela ou superintendência;

c) «Dirigentes superiores» os dirigentes máximos dos serviços, os titulares de cargo de direcção superior do 2.º grau ou legalmente equiparados e os vice-presidentes ou vogais de órgão de direcção colegial;

d) «Dirigentes intermédios» os titulares de cargos de direcção intermédia dos 1.º e 2.º graus ou legalmente equiparados, o pessoal integrado em carreira, enquanto se encontre em exercício de funções de direcção ou equiparadas inerentes ao conteúdo funcional da carreira, os chefes de equipas multidisciplinares cujo exercício se prolongue por prazo superior a seis meses no ano em avaliação e outros cargos e chefias de unidades orgânicas;

e) «Cargos de direcção específica» os titulares de cargos de direcção específica dos 1.º e 2.º graus a que se refere o artigo 6.º do Decreto Legislativo Regional n.º 2/2005/A, de 9 de Maio, com as alterações introduzidas pelo Decreto Legislativo Regional n.º 2/2006/A, de 6 de Janeiro;

f) «Objectivos» o parâmetro de avaliação que traduz a previsão dos resultados que se pretendem alcançar no tempo, em regra quantificáveis;

g) «Serviço efectivo» o trabalho realmente prestado pelo trabalhador nos serviços;

h) «Serviços» os serviços e organismos da administração regional autónoma da Região Autónoma dos Açores, incluindo os institutos públicos regionais nas modalidades de serviços personalizados ou de fundos públicos;

i) «Trabalhadores» os trabalhadores dos serviços da administração regional da Região Autónoma dos Açores, incluindo os institutos públicos regionais nas modalidades de serviços personalizados ou de fundos públicos que não exerçam cargos dirigentes ou equiparados, independentemente do título jurídico da relação de trabalho, desde que a respectiva vinculação seja por prazo igual ou superior a seis meses, incluindo pessoal integrado em carreira que não se encontre em serviço de funções de direcção ou equiparadas inerentes ao conteúdo funcional dessa carreira;

j) «Unidades homogéneas» os serviços desconcentrados ou periféricos da administração regional autónoma dos Açores que desenvolvem o mesmo tipo de actividades ou fornecem o mesmo tipo de bens e ou prestam o mesmo tipo de serviços;

l) «Unidades orgânicas» os elementos estruturais da organização interna de um serviço, que obedeçam ao modelo de estrutura hierarquizada, matricial ou mista;

*Sistema Integrado de Gestão e Avaliação do Desempenho na Administração ...* 201

*m)* «Utilizadores externos» os cidadãos, as empresas e a sociedade civil;
*n)* «Utilizadores internos» os órgãos e serviços da administração directa e indirecta da administração regional da Região Autónoma dos Açores, com excepção das entidades públicas empresariais.

ARTIGO 5.º – **Princípios**

O SIADAPRA subordina-se aos seguintes princípios:

*a)* Coerência e integração, alinhando a acção dos serviços e organismos, dirigentes e trabalhadores na prossecução dos objectivos e na execução das políticas públicas;
*b)* Responsabilização e desenvolvimento, reforçando o sentido de responsabilidade de dirigentes e trabalhadores pelos resultados dos serviços e organismos, articulando melhorias dos sistemas organizacionais e processos de trabalho e o desenvolvimento das competências dos dirigentes e dos trabalhadores;
*c)* Universalidade e flexibilidade, visando a aplicação dos sistemas de gestão do desempenho a todos os serviços e organismos, dirigentes e trabalhadores, mas prevendo a sua adaptação a situações específicas;
*d)* Transparência e imparcialidade, assegurando a utilização de critérios objectivos e públicos na gestão do desempenho dos serviços e organismos, dirigentes e trabalhadores, assente em indicadores de desempenho;
*e)* Eficácia, orientando a gestão e a acção dos serviços e organismos, dos dirigentes e dos trabalhadores para a obtenção dos resultados previstos;
*f)* Eficiência, relacionando os bens produzidos e os serviços prestados com a melhor utilização de recursos;
*g)* Orientação para a qualidade nos serviços públicos;
*h)* Comparabilidade dos desempenhos dos serviços e organismos, através da utilização de indicadores que permitam o confronto com padrões nacionais e internacionais, sempre que possível;
*i)* Publicidade dos resultados da avaliação dos serviços e organismos, promovendo a visibilidade da sua actuação perante os utilizadores;
*j)* Publicidade na avaliação dos dirigentes e dos trabalhadores, nos termos previstos no presente diploma;
*l)* Participação dos dirigentes e dos trabalhadores na fixação dos objectivos dos serviços e organismos, na gestão do desempenho, na melhoria dos processos de trabalho e na avaliação dos serviços e organismos;
*m)* Participação dos utilizadores na avaliação dos serviços e organismos.

ARTIGO 6.º – **Objectivos**

Constituem objectivos globais do SIADAPRA:

*a)* Contribuir para a melhoria da gestão da administração pública regional dos Açores em razão das necessidades dos utilizadores e alinhar a

202  *Novo Estatuto da Função Pública*

actividade dos serviços e organismos com os objectivos das políticas públicas;

b) Desenvolver e consolidar práticas de avaliação e auto-regulação da administração pública regional dos Açores;

c) Identificar as necessidades de formação e desenvolvimento profissional adequadas à melhoria do desempenho dos serviços e organismos, dos dirigentes e dos trabalhadores;

d) Promover a motivação e o desenvolvimento das competências e qualificações dos dirigentes e trabalhadores, favorecendo a formação ao longo da vida;

e) Reconhecer e distinguir os serviços e organismos, dirigentes e trabalhadores pelo seu desempenho e pelos resultados obtidos e estimulando o desenvolvimento de uma cultura de excelência e qualidade;

f) Melhorar a arquitectura de processos, gerando valor acrescentado para os utilizadores, numa óptica de tempo, custo e qualidade;

g) Melhorar a prestação de informação e a transparência da acção dos serviços da administração pública regional dos Açores;

h) Apoiar o processo de decisões estratégicas através de informação relativa a resultados e custos, designadamente em matéria de pertinência da existência de serviços, das suas atribuições, organização e actividades.

## CAPÍTULO III
### Enquadramento e subsistemas do SIADAPRA

Artigo 7.º – **Sistema de planeamento**

1 – O SIADAPRA articula-se com o sistema de planeamento de cada departamento governamental, constituindo um instrumento de avaliação do cumprimento dos objectivos estratégicos plurianuais determinados superiormente e dos objectivos anuais e planos de actividades, baseado em indicadores de medida dos resultados a obter pelos serviços.

2 – A articulação com o sistema de planeamento pressupõe a coordenação permanente entre todos os serviços e aquele que, em cada departamento governamental, exerce atribuições em matéria de planeamento, estratégia e avaliação.

3 – Por resolução do Governo Regional serão indicados os serviços com competências em matérias de planeamento, estratégia e avaliação de cada departamento governamental, no prazo de 60 dias após a entrada em vigor do presente diploma.

Artigo 8.º – **Ciclo de gestão**

1 – O SIADAPRA articula-se com o ciclo de gestão de cada serviço da administração pública regional dos Açores que integra as seguintes fases:

*Sistema Integrado de Gestão e Avaliação do Desempenho na Administração ...* 203

a) Fixação dos objectivos do serviço para o ano seguinte, tendo em conta a sua missão, as suas atribuições, os objectivos estratégicos plurianuais determinados superiormente, os compromissos assumidos na carta de missão pelo dirigente máximo, os resultados da avaliação do desempenho e as disponibilidades orçamentais;

b) Aprovação do orçamento e aprovação, manutenção ou alteração do mapa do respectivo pessoal, nos termos da legislação aplicável;

c) Elaboração e aprovação do plano de actividades do serviço para o ano seguinte, incluindo os objectivos, actividades e indicadores de desempenho do serviço de cada unidade orgânica;

d) Monitorização e eventual revisão dos objectivos do serviço de cada unidade orgânica, em função de contingências não previsíveis ao nível político ou administrativo;

e) Elaboração do relatório de actividades, com demonstração qualitativa e quantitativa dos resultados alcançados, nele integrando o balanço social e o relatório de auto-avaliação previsto no presente diploma.

2 – Compete, em cada departamento governamental, ao serviço com atribuições em matéria de planeamento, estratégia e avaliação assegurar a coerência, coordenação e acompanhamento do ciclo de gestão dos serviços com os objectivos globais do departamento e sua articulação com o SIADAPRA.

Artigo 9.º – **Subsistemas do SIADAPRA**

1 – O SIADAPRA integra os seguintes subsistemas:

a) O subsistema de avaliação do desempenho dos serviços da administração pública regional dos Açores, abreviadamente designado por SIADAPRA 1;

b) O subsistema de avaliação do desempenho dos dirigentes da administração pública regional dos Açores, abreviadamente designado por SIADAPRA 2;

c) O subsistema de avaliação do desempenho dos trabalhadores da administração pública regional dos Açores, abreviadamente designado por SIADAPRA 3.

2 – Os subsistemas referidos no número anterior funcionam de forma integrada pela coerência entre objectivos fixados no âmbito do sistema de planeamento, objectivos do ciclo de gestão do serviço, objectivos fixados na carta de missão dos dirigentes superiores e objectivos fixados aos demais dirigentes e trabalhadores.

204 *Novo Estatuto da Função Pública*

# TÍTULO II

## Subsistema de avaliação do desempenho dos serviços da Administração Pública (SIADAPRA 1)

### CAPÍTULO I
### Disposições gerais

ARTIGO 10.º – **Quadro de avaliação e responsabilização**

1 – A avaliação de desempenho de cada serviço assenta num quadro de avaliação e responsabilização (QUAR), sujeito a avaliação permanente e actualizado a partir dos sistemas de informação do serviço e organismo, onde se evidenciam:

*a)* A missão do serviço;

*b)* Os objectivos estratégicos plurianuais determinados superiormente;

*c)* Os objectivos anualmente fixados e, em regra, hierarquizados;

*d)* Os indicadores de desempenho e respectivas fontes de verificação;

*e)* Os meios disponíveis, sinteticamente referidos;

*f)* O grau de realização de resultados obtidos na prossecução de objectivos;

*g)* A identificação dos desvios e, sinteticamente, as respectivas causas;

*h)* A avaliação final do desempenho do serviço e organismo.

2 – O QUAR relaciona -se com o ciclo de gestão do serviço e é fixado e mantido actualizado em articulação com o serviço competente em matéria de planeamento, estratégia e avaliação de cada departamento governamental.

3 – Os documentos previsionais e de prestação de contas legalmente previstos devem ser totalmente coerentes com o QUAR.

4 – A dinâmica de actualização do QUAR deve sustentar-se na análise da envolvência externa, na identificação das capacidades instaladas e nas oportunidades de desenvolvimento do serviço e organismo, bem como do grau de satisfação dos utilizadores.

5 – O QUAR é objecto de publicação no portal do Governo Regional dos Açores.

6 – Os serviços devem recorrer a metodologias e instrumentos de avaliação já consagrados, no plano nacional ou internacional, que permitam operacionalizar o disposto no presente título.

ARTIGO 11.º – **Parâmetros de avaliação**

1 – A avaliação do desempenho dos serviços realiza-se com base nos seguintes parâmetros:

*a)* «Objectivos de eficácia», entendida como medida em que um serviço atinge os seus objectivos e obtém ou ultrapassa os resultados esperados;

*Sistema Integrado de Gestão e Avaliação do Desempenho na Administração ...* 205

b) «Objectivos de eficiência», enquanto relação entre os bens produzidos e serviços prestados e os recursos utilizados;

c) «Objectivos de qualidade», traduzida como o conjunto de propriedades e características de bens ou serviços, que lhes conferem aptidão para satisfazer necessidades explícitas ou implícitas dos utilizadores.

2 – Os objectivos são propostos pelo serviço ao membro do Governo de que dependa ou sob cuja superintendência se encontre e são por este aprovados.

3 – Para avaliação dos resultados obtidos em cada objectivo são estabelecidos os seguintes níveis de graduação:

a) Superou o objectivo;

b) Atingiu o objectivo;

c) Não atingiu o objectivo.

4 – Em cada serviço são definidos:

a) Os indicadores de desempenho para cada objectivo e respectivas fontes de verificação;

b) Os mecanismos de operacionalização que sustentam os níveis de graduação indicados no número anterior, podendo ser fixadas ponderações diversas a cada parâmetro e objectivo, de acordo com a natureza dos serviços.

Artigo 12.º – **Indicadores de desempenho**

1 – Os indicadores de desempenho a estabelecer no QUAR devem obedecer aos seguintes princípios:

a) Pertinência face aos objectivos que pretendem medir;

b) Credibilidade;

c) Facilidade de recolha;

d) Clareza;

e) Comparabilidade.

2 – Os indicadores devem permitir a mensurabilidade dos desempenhos.

3 – Na definição dos indicadores de desempenho deve ser assegurada a participação das várias unidades orgânicas do serviço.

Artigo 13.º – **Acompanhamento dos QUAR**

Compete ao serviço com atribuições em matéria de planeamento, estratégia e avaliação, em cada departamento governamental:

a) Apoiar a identificação dos indicadores de desempenho e os mecanismos de operacionalização dos parâmetros de avaliação referidos no artigo 11.º;

b) Apoiar os serviços, designadamente através de guiões de orientação e de instrumentos de divulgação de boas práticas;

c) Validar os indicadores de desempenho e os mecanismos de operacionalização referidos no artigo 11.º;

206 *Novo Estatuto da Função Pública*

d) Monitorizar os sistemas de informação e de indicadores de desempenho e, em especial, os QUAR quanto à fiabilidade e integridade dos dados;

e) Promover a criação de indicadores de resultado e de impacte ao nível dos programas e projectos desenvolvidos por um ou mais serviços de modo a viabilizar comparações nacionais e internacionais.

## CAPÍTULO II
### Modalidades, procedimentos e órgãos de avaliação

ARTIGO 14.º – **Modalidades e periodicidade**

1 – A avaliação dos serviços efectua-se através de auto-avaliação e de hetero-avaliação.

2 – A auto-avaliação dos serviços é realizada anualmente, tendo por base os planos de acções de melhoria elaborados no âmbito de aplicação de ferramentas de auto-avaliação, designadamente a CAF, o Moniquor e o Qualis, em articulação com o ciclo de gestão.

3 – A periodicidade referida no número anterior não prejudica a realização de avaliação plurianual se o orçamento comportar essa dimensão temporal e para fundamentação de decisões relativas à pertinência da existência do serviço, das suas atribuições, organização e actividades.

ARTIGO 15.º – **Auto-avaliação**

1 – A auto-avaliação tem carácter obrigatório e deve evidenciar os resultados alcançados e os desvios verificados de acordo com o QUAR do serviço, em particular face aos objectivos anualmente fixados.

2 – A auto-avaliação é parte integrante do relatório de actividades anual e deve ser acompanhada de informação relativa:

a) À apreciação, por parte dos utilizadores, da quantidade e qualidade dos serviços prestados, com especial relevo quando se trate de unidades prestadoras de serviços a utilizadores externos;

b) À avaliação do sistema de controlo interno;

c) Às causas de incumprimento de acções ou projectos não executados ou com resultados insuficientes;

d) Às medidas que devem ser tomadas para um reforço positivo do seu desempenho, evidenciando as condicionantes que afectem os resultados a atingir;

e) À comparação com o desempenho de serviços idênticos, no plano nacional e internacional, que possam constituir padrão de comparação;

f) À audição de dirigentes intermédios e dos demais trabalhadores na auto-avaliação do serviço.

Artigo 16.º – **Comparação de unidades homogéneas**

1 – No caso de o serviço integrar unidades homogéneas sobre as quais detenha o poder de direcção, compete ao dirigente máximo assegurar a concepção e monitorização de um sistema de indicadores de desempenho que permita a sua comparabilidade.

2 – O sistema de indicadores referido no número anterior deve reflectir o conjunto das actividades prosseguidas e viabilizar a ordenação destas unidades numa óptica de eficiência relativa, para cada grupo homogéneo, em cada serviço.

3 – A qualidade desta monitorização é obrigatoriamente considerada na avaliação do serviço no parâmetro previsto na alínea c) do n.º 1 do artigo 11.º

4 – A cada unidade homogénea deve ser atribuída uma avaliação final de desempenho nos termos do artigo 18.º ou, em alternativa, deve ser elaborada lista hierarquizada das unidades homogéneas por ordem de avaliação.

5 – O disposto nos números anteriores é igualmente aplicável a serviços centrais que desenvolvem o mesmo tipo de actividades, fornecem o mesmo tipo de bens ou prestam o mesmo tipo de serviços dos que são assegurados por unidades homogéneas.

6 – No caso de as unidades homogéneas constituírem serviços periféricos de departamentos governamentais, compete ao serviço com atribuições em matéria de planeamento, estratégia e avaliação assegurar o cumprimento do disposto no presente artigo.

Artigo 17.º – **Análise crítica da auto-avaliação**

1 – Em cada departamento governamental compete ao serviço com atribuições em matéria de planeamento, estratégia e avaliação emitir parecer com análise crítica das auto-avaliações constantes dos relatórios de actividades elaborados pelos demais serviços.

2 – O resultado desta análise é comunicado a cada um dos serviços e ao respectivo membro do Governo.

3 – Os serviços referidos no n.º 1 devem ainda efectuar uma análise comparada de todos os serviços do departamento governamental com vista a:

a) Identificar, anualmente, os serviços que se distinguiram positivamente ao nível do seu desempenho e propor ao respectivo membro do Governo a lista dos merecedores da distinção de mérito, mediante justificação circunstanciada;

b) Identificar, anualmente, os serviços com maiores desvios, não justificados, entre objectivos e resultados ou que, por outras razões consideradas pertinentes, devam ser objecto de hetero-avaliação e disso dar conhecimento aos membros do Governo Regional com competência nas áreas das finanças e da Administração Pública, para os efeitos previstos no presente diploma.

ARTIGO 18.º – **Expressão qualitativa da avaliação**

1 – A avaliação final do desempenho dos serviços é expressa qualitativamente pelas seguintes menções:

a) *Desempenho bom,* atingiu todos os objectivos, superando alguns;

b) *Desempenho satisfatório,* atingiu todos os objectivos ou os mais relevantes;

c) *Desempenho insuficiente,* não atingiu os objectivos mais relevantes.

2 – Em cada departamento governamental pode ainda ser atribuída aos serviços com avaliação de *Desempenho bom* uma distinção de mérito reconhecendo *Desempenho excelente,* a qual significa superação global dos objectivos.

3 – As menções previstas no n.º 1 são propostas pelo dirigente máximo do serviço como resultado da auto-avaliação e, após o parecer previsto no n.º 1 do artigo anterior, homologadas ou alteradas pelo respectivo membro do Governo.

ARTIGO 19.º – **Distinção de mérito**

1 – Em cada departamento podem ser seleccionados os serviços que mais se distinguiram no seu desempenho para atribuição da distinção de mérito, nos termos que vierem a ser fixados por resolução do Governo Regional.

2 – A atribuição da distinção de mérito assenta em justificação circunstanciada, designadamente por motivos relacionados com:

a) Evolução positiva e significativa nos resultados obtidos pelo serviço em comparação com anos anteriores;

b) Excelência de resultados obtidos, demonstrada designadamente por comparação com padrões nacionais ou internacionais, tendo em conta igualmente melhorias de eficiência;

c) Manutenção do nível de excelência antes atingido, se possível com a demonstração referida na alínea anterior.

3 – Compete, em cada departamento, ao respectivo membro do Governo seleccionar os serviços e atribuir a distinção de mérito, observado o disposto na alínea a) do n.º 3 do artigo 17.º e no número anterior.

ARTIGO 20.º – **Hetero-avaliação**

1 – A hetero-avaliação visa obter um conhecimento aprofundado das causas dos desvios evidenciados na auto-avaliação ou de outra forma detectados e apresentar propostas para a melhoria dos processos e resultados futuros.

2 – A hetero-avaliação é da responsabilidade dos membros do Governo Regional com competência nas áreas das finanças e da Administração Pública, podendo ser realizada por operadores internos, designadamente inspecções regionais, ou externos, nomeadamente associações de consumidores ou outros utilizadores externos, desde que garantida a independência funcional face às entidades a avaliar.

*Sistema Integrado de Gestão e Avaliação do Desempenho na Administração ...* 209

3 – A hetero-avaliação dos serviços com atribuições em matéria de planeamento, estratégia e avaliação é proposta pelo respectivo membro do Governo.

4 – Na hetero-avaliação referida nos números anteriores não há lugar à atribuição de menção prevista no artigo 18.º

5 – A hetero-avaliação pode igualmente ser solicitada pelo serviço, em alternativa à auto-avaliação, mediante proposta apresentada aos membros do Governo a que se refere o n.º 2 deste artigo, no início do ano a que diz respeito o desempenho a avaliar.

ARTIGO 21.º – **Programa anual de hetero-avaliações**

1 – Os membros do Governo Regional responsáveis pelas áreas das finanças e da Administração Pública elaboram um programa anual de hetero-avaliações e promovem a sua execução.

2 – O programa anual tem em conta as propostas efectuadas nos termos da alínea *b*) do n.º 3 do artigo 17.º, bem como outras situações que indiciem maior insatisfação por parte dos utilizadores externos e ainda as propostas feitas nos termos do n.º 3 do artigo 20.º que se revelarem pertinentes.

3 – O programa anual deve conter os seguintes elementos:

*a*) Identificação dos serviços a avaliar no ano e respectiva justificação;

*b*) Indicação dos motivos que presidem à selecção dos operadores externos se for este o caso;

*c*) Prazo para a sua realização;

*d*) Critérios de selecção, no caso de a avaliação ser efectuada por operadores externos, e previsão de custos.

ARTIGO 22.º – **Contratação de operadores externos**

1 – O processo de selecção e contratação de operadores externos para avaliação de serviços é desenvolvido pelos serviços com competências nas áreas administrativas e financeiras dos departamentos governamentais cujos serviços são objecto de hetero-avaliação.

2 – Os encargos administrativos e financeiros inerentes à hetero-avaliação são suportados pelo departamento cujos serviços são objecto de hetero-avaliação.

ARTIGO 23.º – **Apresentação de resultados**

1 – Aos serviços avaliados é dado conhecimento do projecto de relatório da hetero-avaliação para que se possam pronunciar.

2 – O relatório da hetero-avaliação deve também ser entregue às organizações sindicais ou comissões de trabalhadores representativas do pessoal do serviço ou organismo que o solicitem.

3 – Os membros do Governo Regional com competência nas áreas das finanças e da Administração Pública emitem parecer num prazo não superior a 30 dias após pronúncia do serviço avaliado sobre a qualidade dos relatórios

210     *Novo Estatuto da Função Pública*

de hetero-avaliação e efectuam as recomendações que entenderem pertinentes, salientando os pontos positivos e os susceptíveis de melhoria.

## CAPÍTULO III
### Resultados da avaliação

Artigo 24.º – **Divulgação**

1 – Cada serviço procede à divulgação da auto-avaliação com indicação dos respectivos parâmetros no portal do Governo Regional.

2 – No caso de o parecer elaborado nos termos do n.º 1 do artigo 17.º concluir pela discordância relativamente à valoração efectuada pelo serviço em sede de auto-avaliação, ou pela falta de fiabilidade do sistema de indicadores de desempenho, deve o mesmo ser obrigatoriamente divulgado juntamente com os elementos referidos no número anterior.

3 – Cada departamento governamental procede à divulgação, no portal do Governo, das distinções de mérito atribuídas aos respectivos serviços nos termos do artigo 19.º, especificando os principais fundamentos.

Artigo 25.º – **Efeitos da avaliação**

1 – Os resultados da avaliação dos serviços devem produzir efeitos sobre:
*a)* As opções de natureza orçamental com impacte no serviço;
*b)* As opções e prioridades do ciclo de gestão seguinte;
*c)* A avaliação realizada ao desempenho dos dirigentes superiores.

2 – Sem prejuízo do disposto no número anterior, a atribuição da menção *Desempenho insuficiente* no processo de auto-avaliação é considerada pelo membro do Governo responsável, para efeitos da aplicação de um conjunto de medidas que podem incluir a celebração de nova carta de missão, na qual expressamente seja consagrado o plano de recuperação ou correcção dos desvios detectados.

3 – Os resultados da hetero-avaliação, realizada com os fundamentos previstos no n.º 1 do artigo 20.º, produzem os efeitos referidos no número anterior.

4 – A atribuição consecutiva de menções de *Desempenho insuficiente* ou a não superação de desvios evidenciados e analisados em sede de hetero--avaliação podem fundamentar as decisões relativas à pertinência da existência do serviço, da sua missão, atribuições, organização e actividades, sem prejuízo do apuramento de eventuais responsabilidades.

Artigo 26.º – **Efeitos da distinção de mérito**

A atribuição da distinção de mérito determina, por um ano, os seguintes efeitos:

*Sistema Integrado de Gestão e Avaliação do Desempenho na Administração ...* 211

a) O aumento das percentagens máximas da diferenciação de desempenho para os dirigentes intermédios no SIADAP 2 e para os demais trabalhadores no SIADAP 3, visando a diferenciação de *Desempenho relevante* e *Desempenho excelente,* é determinado na resolução a que se refere o n.º 5 do artigo 36.º;

b) A atribuição pelo membro do Governo competente do reforço de dotações orçamentais visando a mudança de posições remuneratórias dos trabalhadores ou a atribuição de prémios;

c) A possibilidade de consagração de reforços orçamentais visando o suporte e dinamização de novos projectos de melhoria do serviço.

## CAPÍTULO IV
### Coordenação dos sistemas de avaliação

ARTIGO 27.º – **Conselho coordenador da avaliação dos serviços públicos regionais**

1 – Com o objectivo de assegurar a coordenação e dinamizar a cooperação entre os vários serviços com competências em matéria de planeamento, estratégia e avaliação e de promover a troca de experiências e a divulgação de boas práticas nos domínios da avaliação é criado o conselho coordenador da avaliação dos serviços públicos regionais, a seguir designado abreviadamente por conselho.

2 – O conselho é presidido pelo membro do Governo Regional que tem a seu cargo a área da Administração Pública ou por quem ele designar, através de despacho, e constituído pelos responsáveis com competência de planeamento, estratégia e avaliação a que se refere o n.º 3 do artigo 7.º do presente diploma, pelo director regional com competências na área da Administração Pública e pelo inspector responsável pela área da inspecção administrativa regional.

3 – Compete ao conselho:

a) Acompanhar o processo de apoio técnico referido no artigo 13.º;

b) Propor iniciativas no sentido da melhoria da actuação dos serviços referidos no número anterior em matéria de avaliação dos serviços;

c) Assegurar a coerência e a qualidade das metodologias utilizadas em todos os departamentos;

d) Fomentar a investigação e formação dos serviços em matéria de avaliação de desempenho;

e) Promover a difusão de experiências avaliativas, nacionais ou internacionais, e de sistemas de avaliação em toda a administração pública regional;

f) Estimular a melhoria da qualidade dos sistemas de indicadores de desempenho e dos processos de auto-avaliação;

g) Promover a articulação entre os serviços com competência em matéria de planeamento, estratégia e avaliação;

212        *Novo Estatuto da Função Pública*

*h*) Pronunciar-se sobre questões que lhe sejam submetidas pelo membro do Governo responsável pela área da Administração Pública, designadamente do âmbito de outros subsistemas do SIADAPRA.

4 – O conselho pode criar, na sua dependência, grupos de trabalho constituídos por recursos afectos pelos serviços cujos dirigentes nele participam visando o desenvolvimento de projectos ou o acompanhamento da dinâmica de avaliação dos serviços.

5 – A Direcção Regional com competências na área da Administração Pública presta o apoio técnico e administrativo necessário ao funcionamento do conselho.

6 – O regulamento de funcionamento do conselho, incluindo as regras de participação de outras estruturas ou entidades, é aprovado por despacho do membro do Governo previsto no n.º 2.

7 – O regulamento referido no número anterior deve prever as regras relativas à participação de representantes de organizações sindicais quando, nas reuniões do conselho, são abordadas questões relativas ao SIADAPRA 1 que tenham impacte na avaliação do desempenho dos trabalhadores ou, nos termos da alínea *h*) do n.º 3, questões relativas a outros subsistemas.

## TÍTULO III

## Subsistema de avaliação do desempenho dos dirigentes da administração pública regional dos Açores (SIADAPRA 2)

### CAPÍTULO I
### Disposições gerais

ARTIGO 28.º – **Periodicidade**

1 – A avaliação global do desempenho dos dirigentes superiores e intermédios é feita no termo das respectivas comissões de serviço, conforme o respectivo estatuto, ou no fim do prazo para que foram nomeados.

2 – Sem prejuízo do disposto no número anterior, o desempenho dos dirigentes superiores e intermédios é objecto de avaliação intercalar, efectuada anualmente nos termos do presente diploma.

3 – O período de avaliação intercalar corresponde ao ano civil, pressupondo o desempenho como dirigente por um período não inferior a seis meses, seguidos ou interpolados.

4 – A avaliação do desempenho dos dirigentes superiores e intermédios realizada nos termos do presente título não produz quaisquer efeitos na respectiva carreira de origem.

*Sistema Integrado de Gestão e Avaliação do Desempenho na Administração ...* 213

5 – A avaliação do desempenho, com efeitos na carreira de origem, dos trabalhadores que exercem cargos dirigentes é realizada anualmente nos termos dos n.ᵒˢ 5 a 7 do artigo 42.º e do artigo 43.º

6 – A avaliação do desempenho do pessoal integrado em carreira que se encontre em exercício de funções de direcção ou equiparadas inerentes ao conteúdo funcional da carreira, quando tal exercício não for titulado em comissão de serviço, é feita anualmente, nos termos do presente título, não sendo aplicável o disposto nos n.ᵒˢ 4 e 5.

## CAPÍTULO II
### Avaliação do desempenho dos dirigentes superiores*

*(\* Atenção: de acordo com o disposto no art. 20.º, n.º 3 do DLR n.º 17/ /2009/A, de 14 de Outubro, «Os dirigentes superiores da administração regional não são objecto da avaliação do desempenho a que alude o capítulo II do título III do Decreto Legislativo Regional n.º 41/2008/A, de 27 de Agosto)*

ARTIGO 29.º – **Parâmetros de avaliação**

1 – A avaliação do desempenho dos dirigentes superiores integra-se no ciclo de gestão do serviço e efectua-se com base nos seguintes parâmetros:

   *a)* «Grau de cumprimento dos compromissos» constantes das respectivas cartas de missão, tendo por base os indicadores de medida fixados para a avaliação dos resultados obtidos em objectivos de eficácia, eficiência e qualidade nelas assumidos e na gestão dos recursos humanos, financeiros e materiais afectos ao serviço;

   *b)* «Competências» de liderança, de visão estratégica, de representação externa e de gestão demonstradas.

2 – Para efeitos do disposto na alínea *a)* do número anterior, os dirigentes superiores do 2.º grau, no início da sua comissão de serviço e no quadro das suas competências legais, delegadas ou subdelegadas, assinam com o dirigente máximo uma carta de missão, a qual constitui um compromisso de gestão onde, de forma explícita, são definidos os objectivos, se possível quantificados e calendarizados, a atingir no decurso do exercício de funções, bem como os indicadores de desempenho aplicáveis à avaliação dos resultados.

3 – A avaliação de desempenho dos membros dos conselhos directivos dos institutos públicos sujeitos ao estatuto do gestor público segue o regime neste estabelecido.

ARTIGO 30.º – **Avaliação intercalar**

1 – Para efeitos da avaliação intercalar prevista no n.º 2 do artigo 28.º, deve o dirigente máximo do serviço remeter ao respectivo membro do Governo, até 15 de Abril de cada ano, os seguintes elementos:

214 *Novo Estatuto da Função Pública*

*a)* Relatório de actividades que integre a auto-avaliação do serviço nos termos previstos no n.º 2 do artigo 15.º;

*b)* Relatório sintético explicitando a evolução dos resultados de eficácia, eficiência e qualidade obtidos face aos compromissos fixados na carta de missão do dirigente para o ano em apreço em relação a anos anteriores e os resultados obtidos na gestão de recursos humanos, financeiros e materiais.

2 – O relatório sintético referido na alínea *b)* do número anterior deve incluir as principais opções seguidas em matéria de gestão e qualificação dos recursos humanos, de gestão dos recursos financeiros e o resultado global da aplicação do SIADAPRA 2 e do SIADAPRA 3, incluindo expressamente a distribuição equitativa das menções qualitativas atribuídas, no total e por carreira.

3 – Os dirigentes superiores do 2.º grau devem apresentar ao dirigente máximo do serviço um relatório sintético explicitando os resultados obtidos face aos compromissos assumidos na carta de missão e sua evolução relativamente aos anos anteriores.

4 – Por despacho do dirigente máximo do serviço podem ainda concorrer como elementos informadores da avaliação de cada dirigente superior as avaliações sobre ele efectuadas pelos dirigentes que dele dependam.

5 – A avaliação prevista no número anterior obedece às seguintes regras:
*a)* É facultativa;
*b)* Não é identificada;
*c)* Tem carácter de informação qualitativa e é orientada por questionário padronizado, ponderando seis pontos de escala em cada valoração.

6 – É obrigatória a justificação sumária para cada valoração escolhida da escala prevista na alínea *c)* do número anterior, excepto para os pontos médios três e quatro.

7 – As cartas de missão dos dirigentes superiores e o relatório previsto na alínea *b)* do n.º 1 podem obedecer a modelo aprovado por despacho do membro do Governo responsável pela área da Administração Pública.

ARTIGO 31.º – **Expressão da avaliação**

1 – A avaliação intercalar do desempenho dos dirigentes superiores afere se pelos níveis de sucesso obtidos nos parâmetros de avaliação, traduzindo-se na verificação do sucesso global com superação do desempenho previsto em alguns domínios, face às exigências do exercício do cargo traduzidas naqueles parâmetros, no cumprimento de tais exigências ou no seu incumprimento.

2 – Pode ser atribuída aos dirigentes superiores a menção qualitativa de *Desempenho excelente,* a qual significa reconhecimento de mérito, com a superação global do desempenho previsto.

3 – O reconhecimento de mérito previsto no número anterior e os resultados da avaliação que fundamentam a atribuição de prémios de gestão são objecto de publicitação no departamento, pelos meios considerados mais adequados.

*Sistema Integrado de Gestão e Avaliação do Desempenho na Administração ...* 215

4 – A diferenciação de desempenhos dos dirigentes superiores serão definidos por resolução do Governo.

5 – A diferenciação a que se refere o número anterior incide sobre o número de dirigentes superiores do departamento sujeitos ao regime de avaliação previsto no presente capítulo.

6 – Em cada departamento, compete ao respectivo membro do Governo assegurar a harmonização dos processos de avaliação, visando garantir o respeito pela diferenciação fixada nos termos do n.º 4.

Artigo 32.º – **Avaliadores**

1 – O dirigente máximo do serviço é avaliado pelo membro do Governo que outorgou a carta de missão.

2 – Os dirigentes superiores do 2.º grau são avaliados pelo dirigente máximo que outorgou a carta de missão.

3 – A avaliação dos dirigentes superiores do 2.º grau é homologada pelo competente membro do Governo.

Artigo 33.º – **Efeitos**

1 – A avaliação do desempenho dos dirigentes superiores tem os efeitos previstos no respectivo estatuto, designadamente em matéria de atribuição de prémios de gestão e de renovação ou de cessação da respectiva comissão de serviço.

2 – A não aplicação do SIADAPRA por razões imputáveis aos dirigentes máximos dos serviços, incluindo os membros dos conselhos directivos de institutos públicos, determina a cessação das respectivas funções.


# CAPÍTULO III
## Avaliação do desempenho dos dirigentes intermédios

Artigo 34.º – **Parâmetros de avaliação**

A avaliação do desempenho dos dirigentes intermédios integra-se no ciclo de gestão do serviço e efectua-se com base nos seguintes parâmetros:

*a)* «Resultados» obtidos nos objectivos da unidade orgânica que dirige;

*b)* «Competências», integrando a capacidade de liderança e competências técnicas e comportamentais adequadas ao exercício do cargo.

Artigo 35.º – **Avaliação intercalar**

1 – A avaliação anual intercalar prevista no n.º 2 do artigo 28.º fundamenta-se na avaliação dos parâmetros referidos no artigo anterior, através de indicadores de medida previamente estabelecidos.

2 – O parâmetro relativo a «Resultados» assenta nos objectivos, em número não inferior a três, anualmente negociados com o dirigente, prevalecendo, em caso de discordância, a posição do superior hierárquico.

3 – Os resultados obtidos em cada objectivo são valorados através de uma escala de três níveis nos seguintes termos:

a) «Objectivo superado», a que corresponde uma pontuação de 5;
b) «Objectivo atingido», a que corresponde uma pontuação de 3;
c) «Objectivo não atingido», a que corresponde uma pontuação de 1.

4 – A pontuação final a atribuir ao parâmetro «Resultados» é a média aritmética das pontuações atribuídas aos resultados obtidos em todos os objectivos.

5 – O parâmetro relativo a «Competências» assenta em competências previamente escolhidas, para cada dirigente, em número não inferior a 5.

6 – As competências referidas no número anterior são escolhidas, mediante acordo entre avaliador e avaliado, prevalecendo a escolha do superior hierárquico se não existir acordo, de entre as constantes em lista aprovada por portaria do membro do Governo Regional responsável pela área da Administração Pública.

7 – O dirigente máximo do serviço, ouvido o conselho coordenador da avaliação, pode estabelecer por despacho as competências a que se subordina a avaliação dos dirigentes intermédios, escolhidas de entre as constantes na lista referida no número anterior.

8 – Cada competência é valorada através de uma escala de três níveis nos seguintes termos:

a) «Competência demonstrada a um nível elevado», a que corresponde uma pontuação de 5;
b) «Competência demonstrada», a que corresponde uma pontuação de 3;
c) «Competência não demonstrada ou inexistente», a que corresponde uma pontuação de 1.

9 – A pontuação final a atribuir no parâmetro «Competências» é a média aritmética das pontuações atribuídas.

10 – Para a fixação da classificação final são atribuídas ao parâmetro «Resultados» uma ponderação mínima de 75% e ao parâmetro «Competências» uma ponderação máxima de 25%.

11 – A classificação final é o resultado da média ponderada das pontuações obtidas nos dois parâmetros de avaliação.

12 – As pontuações finais dos parâmetros e a avaliação final são expressas até às centésimas e, quando possível, milésimas.

13 – Por despacho do membro do Governo responsável pela Administração Pública, devidamente fundamentado, podem ser fixadas ponderações diferentes das previstas no n.º 10 em função das especificidades dos cargos ou das atribuições dos serviços.

Artigo 36.º – **Expressão da avaliação final**

1 – A avaliação final é expressa em menções qualitativas em função das pontuações finais em cada parâmetro, nos seguintes termos:
a) *Desempenho relevante,* correspondendo a uma avaliação final de 4 a 5;
b) *Desempenho adequado,* correspondendo a uma avaliação final de desempenho positivo de 2 a 3,999;
c) *Desempenho inadequado,* correspondendo a uma avaliação final de 1 a 1,999.

2 – A atribuição da menção qualitativa de *Desempenho relevante* é, por iniciativa do avaliado ou do avaliador, objecto de apreciação pelo conselho coordenador da avaliação para efeitos de eventual reconhecimento de mérito, significando *Desempenho excelente.*

3 – A iniciativa e o reconhecimento referidos no número anterior devem fundamentar-se, em regra, nos seguintes pressupostos:
a) O dirigente atingiu e ultrapassou todos os objectivos;
b) O dirigente demonstrou em permanência capacidades de liderança, de gestão e compromisso com o serviço público que podem constituir exemplo para os trabalhadores.

4 – O reconhecimento de mérito previsto nos n.ºs 2 e 3 e a menção qualitativa e respectiva quantificação de avaliação que fundamenta a atribuição de prémio de desempenho são objecto de publicitação no serviço pelos meios considerados mais adequados.

5 – A diferenciação de desempenhos é definida por resolução do Governo Regional.

Artigo 37.º – **Avaliadores**

1 – Os dirigentes intermédios do 1.º grau são avaliados pelo dirigente superior de quem directamente dependam.

2 – Os dirigentes intermédios do 2.º grau são avaliados pelo dirigente superior ou intermédio do 1.º grau de quem directamente dependam.

3 – Sempre que o número de unidades homogéneas dependentes do mesmo dirigente superior o justifique, este pode delegar a avaliação dos respectivos dirigentes intermédios em avaliadores para o efeito designados, de categoria ou posição funcional superior aos avaliados.

4 – Por despacho do dirigente máximo do serviço podem ainda concorrer como elementos informadores da avaliação referida nos números anteriores:
a) A avaliação efectuada pelos restantes dirigentes intermédios do mesmo grau e, sendo do 2.º grau, os que exercem funções na mesma unidade orgânica;
b) A avaliação efectuada pelos dirigentes e trabalhadores subordinados directamente ao dirigente.

5 – A avaliação prevista nos números anteriores obedece ao disposto nos n.ºs 5 e 6 do artigo 30.º

ARTIGO 38.º – **Efeitos**

1 – A avaliação do desempenho dos dirigentes intermédios tem os efeitos previstos no respectivo estatuto, designadamente em matéria de prémios de desempenho e de renovação, de não renovação ou de cessação da respectiva comissão de serviço.

2 – O reconhecimento de *Desempenho excelente* em três anos consecutivos confere ao dirigente intermédio, alternativamente, o direito a:

*a)* Período sabático com a duração máxima de três meses para realização de estudo sobre temática a acordar com o respectivo dirigente máximo do serviço, cujo texto final deve ser objecto de publicitação;

*b)* Estágio em organismo da Administração Pública estrangeira ou em organização internacional, devendo apresentar relatório do mesmo ao dirigente máximo;

*c)* Estágio em outro serviço público, organização não governamental ou entidade empresarial com actividade e métodos de gestão relevantes para a Administração Pública, devendo apresentar relatório do mesmo ao dirigente máximo do serviço.

3 – O período sabático e os estágios a que se refere o número anterior consideram-se, para todos os efeitos legais, como serviço efectivo.

4 – O reconhecimento de *Desempenho excelente* em três anos consecutivos confere ainda ao dirigente intermédio o direito a cinco dias de férias, no ano seguinte, ou, por opção do dirigente, à correspondente remuneração.

5 – O reconhecimento de *Desempenho relevante* em três anos consecutivos confere ao dirigente intermédio o direito a três dias de férias, no ano seguinte, ou, por opção do dirigente, à correspondente remuneração.

6 – A atribuição da menção de *Desempenho inadequado* constitui fundamento para a cessação da respectiva comissão de serviço.

7 – Sem prejuízo do disposto no n.º 11, a atribuição da menção de *Desempenho inadequado* em dois anos consecutivos ou a não aplicação do SIADAPRA 3 aos trabalhadores dependentes do dirigente intermédio faz cessar a comissão de serviço ou impede a sua renovação.

8 – Os anos em que o dirigente receba prémio de desempenho não relevam para os efeitos previstos nos n.ᵒˢ 3 e 4.

9 – Sem prejuízo do disposto nos n.ᵒˢ 2 a 4, os direitos neles previstos são conferidos ao dirigente quando este tenha acumulado 10 pontos nas avaliações do seu desempenho contados nos seguintes termos:

*a)* 3 pontos por cada menção de *Desempenho excelente;*

*b)* 2 pontos por cada menção de *Desempenho relevante.*

10 – Por Resolução, o Governo Regional pode estabelecer as condições de atribuição de incentivos para formação profissional ou académica como prémio de *Desempenho relevante* e de *Desempenho excelente.*

11 – Sem prejuízo do disposto no número seguinte, a não aplicação do SIADAPRA 3 por razão imputável ao dirigente intermédio determina a cessação

da respectiva comissão de serviço e a não observância não fundamentada das orientações dadas pelo conselho coordenador da avaliação deve ser tida em conta na respectiva avaliação de desempenho, no parâmetro que for considerado mais adequado.

12 – A atribuição de nível de *Desempenho inadequado* ao pessoal integrado em carreira em exercício de funções de direcção ou equiparadas inerentes ao conteúdo funcional da carreira, quando tal exercício não for titulado em comissão de serviço, bem como a não aplicação do SIADAPRA 3 ao pessoal que lhe está directamente afecto, tem os efeitos previstos no artigo 53.º

Artigo 39.º – **Processo de avaliação**

No que não estiver previsto no presente título, ao processo de avaliação intercalar dos dirigentes intermédios aplica-se, com as necessárias adaptações, o disposto no título IV do presente diploma.

Artigo 40.º – **Cargos de direcção específica**

Aos cargos de direcção específica a que alude o artigo 6.º do Decreto Legislativo Regional n.º 2/2005/A, de 9 de Maio, com a alteração constante do Decreto Legislativo Regional n.º 2/2006/A, de 6 de Janeiro, aplica-se o subsistema de avaliação do desempenho dos dirigentes da administração pública regional dos Açores (SIADAPRA 2), sendo, para o efeito, equiparados a dirigentes intermédios e avaliados pelo dirigente de quem dependem directamente.


# TÍTULO IV

## Subsistema de avaliação do desempenho dos trabalhadores da administração pública regional dos Açores (SIADAPRA 3)


### CAPÍTULO I
### Estrutura

Secção I – **Periodicidade e requisitos para avaliação**

Artigo 41.º – **Periodicidade**

1 – A avaliação do desempenho dos trabalhadores é de carácter anual, sem prejuízo do disposto no presente diploma para a avaliação a efectuar em modelos adaptados do SIADAPRA.

2 – A avaliação respeita ao desempenho do ano civil anterior.

## Artigo 42.º – **Requisitos funcionais para avaliação**

1 – No caso de trabalhador que, no ano civil anterior, tenha constituído relação jurídica de emprego público há menos de seis meses, o desempenho relativo a este período é objecto de avaliação conjunta com o do ano seguinte.

2 – No caso de trabalhador que, no ano civil anterior, tenha relação jurídica de emprego público com, pelo menos, seis meses e o correspondente serviço efectivo, independentemente do serviço onde o tenha prestado, o desempenho é objecto de avaliação nos termos do presente título.

3 – O serviço efectivo deve ser prestado em contacto funcional com o respectivo avaliador ou em situação funcional que, apesar de não ter permitido contacto directo pelo período temporal referido no número anterior, admita, por decisão favorável do conselho coordenador da avaliação, a realização de avaliação.

4 – No caso previsto no n.º 2, se no decorrer do ano civil anterior e ou período temporal de prestação de serviço efectivo se sucederem vários avaliadores, o que tiver competência para avaliar no momento da realização da avaliação deve recolher dos demais os contributos escritos adequados a uma efectiva e justa avaliação.

5 – No caso de quem, no ano civil anterior, tenha relação jurídica de emprego público com pelo menos seis meses mas não tenha o correspondente serviço efectivo conforme definido no presente diploma ou estando na situação prevista no n.º 3 não tenha obtido decisão favorável do conselho coordenador da avaliação, não é realizada avaliação nos termos do presente título.

6 – No caso previsto no número anterior releva, para efeitos da respectiva carreira, a última avaliação atribuída nos termos do presente diploma ou das suas adaptações.

7 – Se no caso previsto no n.º 5 o titular da relação jurídica de emprego público não tiver avaliação que releve nos termos do número anterior ou se pretender a sua alteração, requer avaliação anual, feita pelo conselho coordenador da avaliação, mediante proposta de avaliador especificamente nomeado pelo dirigente máximo do serviço*.

*(\* De acordo com o disposto no art. 20.º, n.º 2 do DLR n.º 17/2009/A, de 14 de Outubro, «As percentagens que vierem a ser definidas nos termos da resolução a que se refere o n.º 1 do artigo 75.º do Decreto Legislativo Regional n.º 41/2008/A, de 27 de Agosto, não incidem sobre o número de trabalhadores mencionados no n.º 7 do artigo 42.º daquele diploma).*

## Artigo 43.º – **Ponderação curricular**

1 – A avaliação prevista no n.º 7 do artigo anterior traduz-se na ponderação do currículo do titular da relação jurídica de emprego público, em que são considerados, entre outros, os seguintes elementos:

a) As habilitações académicas e profissionais;
b) A experiência profissional e a valorização curricular;

*Sistema Integrado de Gestão e Avaliação do Desempenho na Administração ...* 221

c) O exercício de cargos dirigentes ou outros cargos ou funções de reconhecido interesse público ou relevante interesse social, designadamente actividade de dirigente sindical.

2 – Para efeitos de ponderação curricular, deve ser entregue documentação relevante que permita ao avaliador nomeado fundamentar a proposta de avaliação, podendo juntar-se declaração passada pela entidade onde são ou foram exercidas funções.

3 – A ponderação curricular é expressa através de uma valoração que respeite a escala de avaliação qualitativa e quantitativa e as regras relativas à diferenciação de desempenhos previstas no presente diploma.

4 – A ponderação curricular e a respectiva valoração são determinadas segundo critérios previamente fixados pelo conselho coordenador da avaliação, constantes em acta, que é tornada pública, que asseguram a ponderação equilibrada dos elementos curriculares previstos no n.º 1 e a consideração de reconhecido interesse público ou relevante interesse social do exercício dos cargos e funções nele referidas.

5 – Os critérios referidos no número anterior podem ser estabelecidos uniformemente para todos os serviços por despacho normativo do membro do Governo Regional responsável pela Administração Pública.

Artigo 44.º – **Publicidade**

1 – As menções qualitativas e respectiva quantificação quando fundamentam, no ano em que são atribuídas, a mudança de posição remuneratória na carreira ou a atribuição de prémio de desempenho são objecto de publicitação, bem como as menções qualitativas anteriores que tenham sido atribuídas e que contribuam para tal fundamentação.

2 – Sem prejuízo do disposto no número anterior e de outros casos de publicitação previstos no presente diploma, os procedimentos relativos ao SIADAPRA 3 têm carácter confidencial, devendo os instrumentos de avaliação de cada trabalhador ser arquivados no respectivo processo individual.

3 – Com excepção do avaliado, todos os intervenientes no processo de avaliação bem como os que, em virtude do exercício das suas funções, tenham conhecimento do mesmo ficam sujeitos ao dever de sigilo.

4 – O acesso à documentação relativa ao SIADAPRA 3 subordina-se ao disposto no Código do Procedimento Administrativo e à legislação relativa ao acesso a documentos administrativos.

Secção II – **Metodologia de avaliação**

Artigo 45.º – **Parâmetros de avaliação**

A avaliação do desempenho dos trabalhadores integra-se no ciclo de gestão de cada serviço e incide sobre os seguintes parâmetros:

222          *Novo Estatuto da Função Pública*

a) «Resultados» obtidos na prossecução de objectivos individuais em articulação com os objectivos da respectiva unidade orgânica;

b) «Competências» que visam avaliar os conhecimentos, capacidades técnicas e comportamentais adequadas ao exercício de uma função.

### Artigo 46.º – **Resultados**

1 – O parâmetro «Resultados» decorre da verificação do grau de cumprimento dos objectivos previamente definidos que devem ser redigidos de forma clara e rigorosa, de acordo com os principais resultados a obter, tendo em conta os objectivos do serviço e da unidade orgânica, a proporcionalidade entre os resultados visados e os meios disponíveis e o tempo em que são prosseguidos.

2 – Os objectivos são, designadamente:

a) De produção de bens e actos ou prestação de serviços, visando a eficácia na satisfação dos utilizadores;

b) De qualidade, orientada para a inovação, melhoria do serviço e satisfação das necessidades dos utilizadores;

c) De eficiência, no sentido da simplificação e racionalização de prazos e procedimentos de gestão processual e na diminuição de custos de funcionamento;

d) De aperfeiçoamento e desenvolvimento das competências individuais, técnicas e comportamentais do trabalhador.

3 – Podem ser fixados objectivos de responsabilidade partilhada sempre que impliquem o desenvolvimento de um trabalho em equipa ou esforço convergente para uma finalidade determinada.

4 – Anualmente são fixados pelo menos três objectivos para cada trabalhador que, em regra, se enquadrem em várias áreas das previstas no n.º 2 e tenham particularmente em conta o posto de trabalho do trabalhador.

5 – Para os resultados a obter em cada objectivo são previamente estabelecidos indicadores de medida do desempenho.

### Artigo 47.º – **Avaliação dos resultados atingidos**

1 – Tendo presente a medição do grau de cumprimento de cada objectivo, de acordo com os respectivos indicadores previamente estabelecidos, a avaliação dos resultados obtidos em cada objectivo é expressa em três níveis:

a) «Objectivo superado», a que corresponde uma pontuação de 5;

b) «Objectivo atingido», a que corresponde uma pontuação de 3;

c) «Objectivo não atingido», a que corresponde uma pontuação de 1.

2 – A pontuação final a atribuir ao parâmetro «Resultados» é a média aritmética das pontuações atribuídas aos resultados obtidos em todos os objectivos.

3 – Embora com desempenho efectivo, sempre que se verifique a impossibilidade de prosseguir alguns objectivos previamente fixados, devido a condicionantes estranhas ao controlo dos intervenientes, e não tenha sido possível

*Sistema Integrado de Gestão e Avaliação do Desempenho na Administração ...* 223

renegociar novos objectivos, a avaliação deve decorrer relativamente a outros objectivos que não tenham sido prejudicados por aquelas condicionantes.

4 – A avaliação dos resultados obtidos em objectivos de responsabilidade partilhada previstos no n.º 3 do artigo anterior, em regra, é idêntica para todos os trabalhadores neles envolvidos, podendo, mediante opção fundamentada do avaliador, ser feita avaliação diferenciada consoante o contributo de cada trabalhador.

ARTIGO 48.º – **Competências**

1 – O parâmetro relativo a «Competências» assenta em competências previamente escolhidas para cada trabalhador em número não inferior a cinco.

2 – As competências referidas no número anterior são escolhidas nos termos dos n.ᵒˢ 6 e 7 do artigo 35.º

ARTIGO 49.º – **Avaliação das competências**

1 – A avaliação de cada competência é expressa em três níveis:
a) «Competência demonstrada a um nível elevado», a que corresponde uma pontuação de 5;
b) «Competência demonstrada», a que corresponde uma pontuação de 3;
c) «Competência não demonstrada ou inexistente», a que corresponde uma pontuação de 1.

2 – A pontuação final a atribuir ao parâmetro «Competências» é a média aritmética das pontuações atribuídas às competências escolhidas para cada trabalhador.

ARTIGO 50.º – **Avaliação final**

1 – A avaliação final é o resultado da média ponderada das pontuações obtidas nos dois parâmetros de avaliação.

2 – Para o parâmetro «Resultados» é atribuída uma ponderação mínima de 60% e para o parâmetro «Competências» uma ponderação máxima de 40%.

3 – Por despacho do membro do Governo Regional responsável pela área da Administração Pública, podem ser estabelecidos limites diferentes dos fixados no número anterior em função de carreiras e, por despacho conjunto com o membro do Governo da tutela, podem igualmente ser fixados outros limites diferentes para carreiras especiais ou em função de especificidades das atribuições de serviços ou da sua gestão.

4 – A avaliação final é expressa em menções qualitativas em função das pontuações finais em cada parâmetro, nos seguintes termos:
a) *Desempenho relevante,* correspondendo a uma avaliação final de 4 a 5;
b) *Desempenho adequado,* correspondendo a uma avaliação final de desempenho positivo de 2 a 3,999;
c) *Desempenho inadequado,* correspondendo a uma avaliação final de 1 a 1,999.

5 – À avaliação final dos trabalhadores é aplicável o disposto no n.º 12 do artigo 35.º

Artigo 51.º – **Reconhecimento de excelência**

1 – A atribuição da menção qualitativa de *Desempenho relevante* é objecto de apreciação pelo conselho coordenador da avaliação, para efeitos de eventual reconhecimento de mérito significando *Desempenho excelente,* por iniciativa do avaliado ou do avaliador.

2 – A iniciativa prevista no número anterior deve ser acompanhada de caracterização que especifique os respectivos fundamentos e analise o impacte do desempenho, evidenciando os contributos relevantes para o serviço.

3 – O reconhecimento do mérito previsto no n.º 1 é objecto de publicitação no serviço pelos meios internos considerados mais adequados.

4 – Para efeitos de aplicação da legislação sobre carreiras e remunerações, a avaliação máxima nela prevista corresponde à menção qualitativa de *Desempenho excelente.*

Secção III – **Efeitos da avaliação**

Artigo 52.º – **Efeitos**

1 – A avaliação do desempenho individual tem, designadamente, os seguintes efeitos:
   *a)* Identificação de potencialidades pessoais e profissionais do trabalhador que devam ser desenvolvidas;
   *b)* Diagnóstico de necessidades de formação;
   *c)* Identificação de competências e comportamentos profissionais merecedores de melhoria;
   *d)* Melhoria do posto de trabalho e dos processos a ele associados;
   *e)* Alteração de posicionamento remuneratório na carreira do trabalhador e atribuição de prémios de desempenho, nos termos da legislação aplicável.

2 – O reconhecimento de *Desempenho excelente* em três anos consecutivos confere ao trabalhador, alternativamente, o direito a:
   *a)* Período sabático com a duração máxima de três meses para realização de estudo sobre temática a acordar com o respectivo dirigente máximo do serviço, cujo texto final deve ser objecto de publicitação;
   *b)* Estágio em organismo de Administração Pública estrangeira ou em organização internacional, devendo apresentar relatório do mesmo ao dirigente máximo;
   *c)* Estágio em outro serviço público, organização não governamental ou entidade empresarial com actividade e métodos de gestão relevantes

*Sistema Integrado de Gestão e Avaliação do Desempenho na Administração ...* 225

para a Administração Pública, devendo apresentar relatório do mesmo ao dirigente máximo do serviço;

*d)* Frequência de acções de formação adequadas ao desenvolvimento de competências profissionais.

3 – O período sabático, os estágios e as acções de formação a que se refere o número anterior consideram -se, para todos os efeitos legais, como serviço efectivo.

4 – O reconhecimento de *Desempenho excelente* em três anos consecutivos confere ainda ao trabalhador, no ano seguinte, o direito a cinco dias de férias ou, por opção do trabalhador, à correspondente remuneração.

5 – O reconhecimento de *Desempenho relevante* em três anos consecutivos confere ao trabalhador, no ano seguinte, o direito a três dias de férias ou, por opção do trabalhador, à correspondente remuneração.

6 – Aos efeitos da avaliação de desempenho dos trabalhadores aplica-se igualmente o disposto nos n.$^{os}$ 7 a 9 do artigo 38.º

ARTIGO 53.º – **Menção de inadequado**

1 – A atribuição da menção qualitativa de *Desempenho inadequado* deve ser acompanhada de caracterização que especifique os respectivos fundamentos, por parâmetro, de modo a possibilitar decisões no sentido de:

*a)* Analisar os fundamentos de insuficiência no desempenho e identificar as necessidades de formação e o plano de desenvolvimento profissional adequados à melhoria do desempenho do trabalhador;

*b)* Fundamentar decisões de melhor aproveitamento das capacidades do trabalhador.

2 – As necessidades de formação identificadas devem traduzir-se em acções a incluir no plano de desenvolvimento profissional.

ARTIGO 54.º – **Potencial de desenvolvimento dos trabalhadores**

1 – O sistema de avaliação do desempenho deve permitir a identificação do potencial de evolução e desenvolvimento dos trabalhadores e o diagnóstico das respectivas necessidades de formação, devendo estas ser consideradas no plano de formação anual de cada serviço e organismo.

2 – A identificação das necessidades de formação deve associar as necessidades prioritárias dos trabalhadores e a exigência do posto de trabalho que lhe está atribuído, tendo em conta os recursos disponíveis para esse efeito.

CAPÍTULO II

**Intervenientes no processo de avaliação**

ARTIGO 55.º – **Sujeitos**

1 – Intervêm no processo de avaliação do desempenho no âmbito de cada serviço:

226        *Novo Estatuto da Função Pública*

*a*) O avaliador;
*b*) O avaliado;
*c*) O conselho coordenador da avaliação;
*d*) A comissão paritária;
*e*) O dirigente máximo do serviço.

2 – A ausência ou impedimento de avaliador directo não constitui fundamento para a falta de avaliação.

ARTIGO 56.º – **Avaliador**

1 – A avaliação é da competência do superior hierárquico imediato ou, na sua ausência ou impedimento, do superior hierárquico de nível seguinte, cabendo ao avaliador:

*a*) Negociar os objectivos do avaliado, de acordo com os objectivos e resultados fixados para a sua unidade orgânica ou em execução das respectivas competências, e fixar os indicadores de medida do desempenho, designadamente os critérios de superação de objectivos, no quadro das orientações gerais fixadas pelo conselho coordenador da avaliação;

*b*) Rever regularmente com o avaliado os objectivos anuais negociados, ajustá-los, se necessário, e reportar ao avaliado a evolução do seu desempenho e possibilidades de melhoria;

*c*) Negociar as competências que integram o segundo parâmetro de avaliação, nos termos da alínea *b*) do artigo 45.º e do artigo 48.º;

*d*) Avaliar anualmente os trabalhadores directamente subordinados, assegurando a correcta aplicação dos princípios integrantes da avaliação;

*e*) Ponderar as expectativas dos trabalhadores no processo de identificação das respectivas necessidades de desenvolvimento;

*f*) Fundamentar as avaliações de *Desempenho relevante* e *Desempenho inadequado,* para os efeitos previstos no presente diploma.

2 – O superior hierárquico imediato deve recolher e registar os contributos que reputar adequados e necessários a uma efectiva e justa avaliação, designadamente quando existam trabalhadores com responsabilidade efectiva de coordenação e orientação sobre o trabalho desenvolvido pelos avaliados.

ARTIGO 57.º – **Avaliado**

1 – Em cumprimento dos princípios enunciados no presente diploma, o avaliado tem direito:

*a*) A que lhe sejam garantidos os meios e condições necessários ao seu desempenho em harmonia com os objectivos e resultados que tenha contratualizado;

*b*) À avaliação do seu desempenho.

2 – Constituem deveres do avaliado proceder à respectiva auto-avaliação como garantia de envolvimento activo e responsabilização no processo ava-

Sistema Integrado de Gestão e Avaliação do Desempenho na Administração ... 227

liativo e negociar com o avaliador na fixação dos objectivos e das competências que constituem parâmetros de avaliação e respectivos indicadores de medida.

3 – Os dirigentes dos serviços são responsáveis pela aplicação e divulgação aos avaliados, em tempo útil, do sistema de avaliação, garantindo o cumprimento dos seus princípios e a diferenciação do mérito.

4 – É garantida aos avaliados o conhecimento dos objectivos, fundamentos, conteúdo e funcionamento do sistema de avaliação.

5 – É garantido ao avaliado o direito de reclamação, de recurso e de impugnação jurisdicional.

Artigo 58.º – **Conselho coordenador da avaliação**

1 – Junto de cada departamento governamental funciona um conselho coordenador da avaliação, ao qual compete:

*a)* Estabelecer directrizes para uma aplicação objectiva e harmónica do SIADAPRA 2 e do SIADAPRA 3, tendo em consideração os documentos que integram o ciclo de gestão referido no artigo 8.º;

*b)* Estabelecer orientações gerais em matéria de fixação de objectivos, de escolha de competências e de indicadores de medida, em especial os relativos à caracterização da situação de superação de objectivos;

*c)* Estabelecer o número de objectivos e de competências a que se deve subordinar a avaliação de desempenho, podendo fazê-lo para os trabalhadores dos serviços dependentes ou, quando se justifique, por unidade orgânica ou por carreira;

*d)* Garantir o rigor e a diferenciação de desempenhos do SIADAPRA 2 e do SIADAPRA 3, cabendo-lhe validar as avaliações de *Desempenho relevante* e *Desempenho inadequado* bem como proceder ao reconhecimento do *Desempenho excelente;*

*e)* Emitir parecer sobre os pedidos de apreciação das propostas de avaliação dos dirigentes intermédios avaliados;

*f)* Exercer as demais competências que, por lei ou regulamento, lhe sejam cometidas.

2 – O conselho é presidido pelo dirigente máximo designado para o efeito pelo respectivo membro do Governo Regional e integra o responsável pela gestão dos recursos humanos e demais dirigentes máximos do departamento, assim como o chefe de gabinete quando tenha competências delegadas em matéria de pessoal.

3 – O regulamento de funcionamento do conselho deve ser elaborado por cada departamento.

4 – O Conselho coordenador da avaliação tem composição restrita a dirigentes superiores e ao responsável pela gestão de recursos humanos, quando o exercício das suas competências incidir sobre o desempenho de dirigentes intermédios e, no caso de se tratar do exercício da competência referida na alínea *e)* do n.º 1, aplica-se, com as devidas adaptações, o disposto nos n.ºs 3 e seguintes do artigo 69.º

228 *Novo Estatuto da Função Pública*

Artigo 59.º – **Comissão paritária**

1 – Junto de cada departamento governamental funciona uma comissão paritária com competência consultiva para apreciar propostas de avaliação dadas a conhecer a trabalhadores avaliados, antes da homologação.

2 – A comissão paritária é composta por quatro vogais, sendo dois representantes da administração, designados pelo membro do Governo Regional, sendo um membro do conselho coordenador da avaliação, e dois representantes dos trabalhadores por estes eleitos.

3 – Caso se justifique, dada a natureza e dimensão dos serviços, podem ser constituídas várias comissões paritárias, mediante despacho do membro do Governo Regional, em que os representantes da administração correspondem a um membro do conselho coordenador da avaliação e aos dirigentes máximos daqueles serviços e os representantes dos trabalhadores eleitos pelos universos de trabalhadores que correspondam à competência daqueles serviços.

4 – Os vogais representantes da administração são designados em número de quatro, pelo período de dois anos, sendo dois efectivos, um dos quais orienta os trabalhos da comissão, e dois suplentes.

5 – Os vogais representantes dos trabalhadores são eleitos, pelo período de dois anos, em número de seis, sendo dois efectivos e quatro suplentes, através de escrutínio secreto pelos trabalhadores que constituem o universo de trabalhadores de todo o serviço ou de parte dele, nos termos do n.º 3.

6 – O processo de eleição dos vogais representantes dos trabalhadores deve decorrer em Dezembro e é organizado nos termos de despacho do membro do Governo que é publicitado no portal do Governo Regional, do qual devem constar, entre outros, os seguintes pontos:

*a)* Data limite para indicação, pelos trabalhadores, dos membros da mesa ou mesas de voto, referindo expressamente que, na ausência dessa indicação, os mesmos são designados pelo membro do Governo até quarenta e oito horas antes da realização do acto eleitoral;

*b)* Número de elementos da mesa ou mesas de voto, o qual não deve ser superior a cinco por cada mesa, incluindo os membros suplentes;

*c)* Data do acto eleitoral;

*d)* Período e local do funcionamento das mesas de voto;

*e)* Data limite da comunicação dos resultados ao membro do Governo;

*f)* Dispensa dos membros das mesas do exercício dos seus deveres funcionais no dia em que tem lugar a eleição, sendo igualmente concedidas facilidades aos restantes trabalhadores pelo período estritamente indispensável para o exercício do direito de voto.

7 – A não participação dos trabalhadores na eleição implica a não constituição da comissão paritária sem, contudo, obstar ao prosseguimento do processo de avaliação, entendendo-se como irrelevantes quaisquer pedidos de apreciação por esse órgão.

*Sistema Integrado de Gestão e Avaliação do Desempenho na Administração ...* 229

8 – Os vogais efectivos são substituídos pelos vogais suplentes quando tenham de interromper o respectivo mandato ou sempre que a comissão seja chamada a pronunciar-se sobre processos em que aqueles tenham participado como avaliados ou avaliadores.

9 – Quando se verificar a interrupção do mandato de pelo menos metade do número de vogais efectivos e suplentes, representantes da Administração, por um lado, ou eleitos em representação dos avaliados, por outro, os procedimentos previstos nos n.ᵒˢ 4 e 5 podem ser repetidos, se necessário, por uma única vez e num prazo de cinco dias.

10 – Nos casos do número anterior, os vogais designados ou eleitos para preenchimento das vagas completam o mandato daqueles que substituem, passando a integrar a comissão até ao termo do período de funcionamento desta.

11 – Nas situações previstas no n.º 9, a impossibilidade comprovada de repetição dos procedimentos referidos não é impeditiva do prosseguimento do processo de avaliação, entendendo-se como irrelevantes quaisquer pedidos de apreciação pela comissão paritária.

ARTIGO 60.º – **Dirigente máximo do serviço**

1 – Compete ao dirigente máximo do serviço:

*a)* Garantir a adequação do sistema de avaliação do desempenho às realidades específicas do serviço ou organismo;

*b)* Coordenar e controlar o processo de avaliação anual de acordo com os princípios e regras definidos no presente diploma;

*c)* Fixar níveis de ponderação dos parâmetros de avaliação, nos termos do presente diploma;

*d)* Homologar as avaliações anuais;

*e)* Assegurar o cumprimento no serviço das regras estabelecidas em matéria de percentagens de diferenciação de desempenhos;

*f)* Decidir das reclamações dos avaliados;

*g)* Assegurar a elaboração do relatório anual da avaliação do desempenho, que integra o relatório de actividades do serviço;

*h)* Exercer as demais competências que lhe são cometidas pelo presente diploma.

2 – Quando o dirigente máximo não homologar as avaliações atribuídas pelos avaliadores ou pelo conselho coordenador da avaliação, no caso previsto no n.º 5 do artigo 69.º, atribui nova menção qualitativa e respectiva quantificação, com a correspondente fundamentação.

3 – A competência prevista na alínea *d)* do n.º 1 pode ser delegada nos demais dirigentes superiores do serviço.

## CAPÍTULO III
## Processo de avaliação

ARTIGO 61.º – **Fases**

O processo de avaliação dos trabalhadores compreende as seguintes fases:
a) Planeamento do processo de avaliação e definição de objectivos e resultados a atingir;
b) Realização da auto-avaliação e da avaliação;
c) Harmonização das propostas de avaliação;
d) Reunião entre avaliador e avaliado para avaliação de desempenho, contratualização dos objectivos e respectivos indicadores e fixação das competências;
e) Validação de avaliações e reconhecimento de *Desempenhos excelentes;*
f) Apreciação do processo de avaliação pela comissão paritária;
g) Homologação;
h) Reclamação e outras impugnações;
i) Monitorização e revisão dos objectivos.

ARTIGO 62.º – **Planeamento**

1 – O planeamento do processo de avaliação, definição de objectivos e fixação dos resultados a atingir obedece às seguintes regras:
a) O processo é da iniciativa e responsabilidade do dirigente máximo do serviço e deve decorrer das orientações fundamentais dos documentos que integram o ciclo de gestão, das competências de cada unidade orgânica e da gestão articulada de actividades, centrada na arquitectura transversal dos processos internos de produção;
b) A definição de objectivos e resultados a atingir pelas unidades orgânicas deve envolver os respectivos dirigentes e trabalhadores, assegurando a uniformização de prioridades e alinhamento interno da actividade do serviço com os resultados a obter, a identificação e satisfação do interesse público e das necessidades dos utilizadores;
c) A planificação em cascata, quando efectuada, deve evidenciar o contributo de cada unidade orgânica para os resultados finais pretendidos para o serviço;
d) A definição de orientações que permitam assegurar o cumprimento das percentagens relativas à diferenciação de desempenhos.

2 – O planeamento dos objectivos e resultados a atingir pelo serviço é considerado pelo conselho coordenador da avaliação no estabelecimento de orientações para uma aplicação objectiva e harmónica do sistema de avaliação do desempenho, para a fixação de indicadores, em particular os relativos à superação de objectivos, e para validar as avaliações de *Desempenho relevante* e *Desempenho inadequado,* bem como o reconhecimento de *Desempenho excelente.*

*Sistema Integrado de Gestão e Avaliação do Desempenho na Administração ...* 231

3 – Na fase de planeamento estabelecem -se as articulações necessárias na aplicação dos vários subsistemas que constituem o SIADAPRA, nomeadamente visando o alinhamento dos objectivos do serviço, dos dirigentes e demais trabalhadores.

4 – A fase de planeamento deve decorrer no último trimestre de cada ano civil.

Artigo 63.º – **Auto-avaliação e avaliação**

1 – A auto-avaliação tem como objectivo envolver o avaliado no processo de avaliação e identificar oportunidades de desenvolvimento profissional.

2 – A auto-avaliação é obrigatória e concretiza-se através de preenchimento de ficha própria, a analisar pelo avaliador, se possível conjuntamente com o avaliado, com carácter preparatório à atribuição da avaliação, não constituindo componente vinculativa da avaliação de desempenho.

3 – A avaliação é efectuada pelo avaliador nos termos do presente diploma, das orientações transmitidas pelo conselho coordenador da avaliação e em função dos parâmetros e respectivos indicadores de desempenho e é presente àquele conselho para efeitos de harmonização de propostas de atribuição de menções de *Desempenho relevante* ou *Desempenho inadequado* ou de reconhecimento de *Desempenho excelente*.

4 – A auto-avaliação e a avaliação devem, em regra, decorrer na 1.ª quinzena de Janeiro.

5 – A auto-avaliação é solicitada pelo avaliador ou entregue por iniciativa do avaliado.

Artigo 64.º – **Harmonização de propostas de avaliação**

Na 2.ª quinzena de Janeiro, em regra, realizam-se as reuniões do conselho coordenador da avaliação para proceder à análise das propostas de avaliação e à sua harmonização de forma a assegurar o cumprimento das percentagens relativas à diferenciação de desempenhos transmitindo, se for necessário, novas orientações aos avaliadores, na sequência das previstas na alínea *d*) do n.º 1 e no n.º 2 do artigo 62.º e iniciar o processo que conduz à validação dos *Desempenhos relevantes* e *Desempenhos inadequados* e de reconhecimento dos *Desempenhos excelentes*.

Artigo 65.º – **Reunião de avaliação**

1 – Durante o mês de Fevereiro e após a harmonização referida no artigo anterior, realizam se as reuniões dos avaliadores com cada um dos respectivos avaliados, tendo como objectivo dar conhecimento da avaliação.

2 – No decurso da reunião, avaliador e avaliado devem analisar conjuntamente o perfil de evolução do trabalhador, identificar as suas expectativas de desenvolvimento bem como abordar os demais efeitos previstos no artigo 52.º

3 – Em articulação com o plano de actividades aprovado para o novo ciclo de gestão e considerando os objectivos fixados para a respectiva unidade orgânica, no decurso da reunião são contratualizados os parâmetros de avaliação nos termos dos artigos seguintes.

4 – A reunião de avaliação é marcada pelo avaliador ou requerida pelo avaliado.

5 – No caso de o requerimento acima referido não obter resposta nos prazos legais, traduzida em marcação de reunião, pode o avaliado requerer ao dirigente máximo a referida marcação.

6 – No caso de não ser marcada reunião nos termos do número anterior, o avaliado pode requerer ao membro do Governo competente que estabeleça as orientações necessárias ao atempado cumprimento do disposto no presente diploma.

7 – A situação prevista nos números anteriores é considerada para efeitos de avaliação dos dirigentes envolvidos.

### Artigo 66.º – **Contratualização dos parâmetros**

1 – No início de cada período anual de avaliação, no começo do exercício de um novo cargo ou função, bem como em todas as circunstâncias em que seja possível a fixação de objectivos a atingir, é efectuada reunião entre avaliador e avaliado destinada a fixar e registar na ficha de avaliação tais objectivos e as competências a demonstrar, bem como os respectivos indicadores de medida e critérios de superação.

2 – A reunião de negociação referida no número anterior deve ser precedida de reunião de análise do dirigente com todos os avaliados que integrem a respectiva unidade orgânica ou equipa, sendo a mesma obrigatória quando existirem objectivos partilhados decorrentes de documentos que integram o ciclo de gestão.

### Artigo 67.º – **Contratualização de objectivos**

Sem prejuízo do disposto no artigo 46.º, a contratualização de objectivos a atingir efectua-se de acordo com as seguintes regras:

a) Os objectivos a atingir por cada trabalhador devem ser definidos pelo avaliador e avaliado no início do período da avaliação, prevalecendo, em caso de discordância, a posição do avaliador;

b) A identificação de resultados de aperfeiçoamento e desenvolvimento individual do trabalhador é obrigatória num dos objectivos, quando resulte de diagnóstico efectuado no âmbito de avaliação do desempenho classificado como *Desempenho inadequado;*

c) Os objectivos de aperfeiçoamento e desenvolvimento do trabalhador podem ser de âmbito relacional, de atitudes ou de aquisição de competências técnicas e de métodos de trabalho.

## Artigo 68.º – **Contratualização de competências**

1 – Sem prejuízo do disposto no artigo 48.º, a fixação de competências a avaliar efectua-se de acordo com as seguintes regras:

*a)* As competências a desenvolver pelos trabalhadores são definidas e listadas em perfis específicos, decorrentes da análise e qualificação das funções correspondentes à respectiva carreira, categoria, área funcional ou posto de trabalho, e concretizam -se nos modelos específicos de adaptação do SIADAPRA 3;

*b)* A identificação das competências a demonstrar no desempenho anual de cada trabalhador é efectuada de entre as relacionadas com a respectiva carreira, categoria, área funcional ou posto de trabalho, preferencialmente por acordo entre os intervenientes na avaliação.

2 – A selecção das competências a avaliar é efectuada de entre as constantes da lista a que se refere o n.º 6 do artigo 35.º sempre que se não verifique o previsto na alínea *a)* do número anterior, traduzido nos instrumentos regulamentares de adaptação do SIADAPRA.

## Artigo 69.º – **Validações e reconhecimentos**

1 – Na sequência das reuniões de avaliação, realizam-se as reuniões do conselho coordenador da avaliação tendo em vista:

*a)* A validação das propostas de avaliação com menções de *Desempenho relevante* e de *Desempenho inadequado;*

*b)* A análise do impacte do desempenho, designadamente para efeitos de reconhecimento de *Desempenho excelente.*

2 – O reconhecimento de *Desempenho excelente* implica declaração formal do conselho coordenador da avaliação.

3 – Em caso de não validação da proposta de avaliação, o conselho coordenador da avaliação devolve o processo ao avaliador acompanhado da fundamentação da não validação, para que aquele, no prazo que lhe for determinado, reformule a proposta de avaliação.

4 – No caso de o avaliador decidir manter a proposta anteriormente formulada deve apresentar fundamentação adequada perante o conselho coordenador da avaliação.

5 – No caso de o conselho coordenador da avaliação não acolher a proposta apresentada nos termos do número anterior, estabelece a proposta final de avaliação, que transmite ao avaliador para que este dê conhecimento ao avaliado e remeta, por via hierárquica, para homologação.

## Artigo 70.º – **Apreciação pela comissão paritária**

1 – O trabalhador avaliado, após tomar conhecimento da proposta de avaliação que será sujeita a homologação, pode requerer ao dirigente máximo do serviço, no prazo de 10 dias úteis, que o seu processo seja submetido a

apreciação da comissão paritária, apresentando a fundamentação necessária para tal apreciação.

2 – O requerimento deve ser acompanhado da documentação que suporte os fundamentos do pedido de apreciação.

3 – A audição da comissão paritária não pode, em caso algum, ser recusada.

4 – A comissão paritária pode solicitar ao avaliador, ao avaliado ou, sendo o caso, ao conselho coordenador da avaliação os elementos que julgar convenientes para o seu melhor esclarecimento, bem como convidar avaliador ou avaliado a expor a sua posição, por uma única vez, em audição, cuja duração não poderá exceder trinta minutos.

5 – A apreciação da comissão paritária é feita no prazo de 10 dias úteis contado a partir da data em que tenha sido solicitada e expressa-se através de relatório fundamentado com proposta de avaliação.

6 – O relatório previsto no número anterior é subscrito por todos os vogais e, no caso de não se verificar consenso, deve conter as propostas alternativas apresentadas e respectiva fundamentação.

### Artigo 71.º – **Homologação das avaliações**

A homologação das avaliações de desempenho é da competência do dirigente máximo do serviço, deve ser, em regra, efectuada até 30 de Março e dela deve ser dado conhecimento ao avaliado no prazo de cinco dias úteis.

### Artigo 72.º – **Reclamação**

1 – O prazo para apresentação de reclamação do acto de homologação é de 5 dias úteis a contar da data do seu conhecimento, devendo a respectiva decisão ser proferida no prazo máximo de 15 dias úteis.

2 – Na decisão sobre reclamação, o dirigente máximo do serviço tem em conta os fundamentos apresentados pelo avaliado e pelo avaliador, bem como os relatórios da comissão paritária ou do conselho coordenador da avaliação sobre pedidos de apreciação anteriormente apresentados.

### Artigo 73.º – **Outras impugnações**

1 – Do acto de homologação e da decisão sobre reclamação cabe impugnação administrativa, por recurso hierárquico ou tutelar, ou impugnação jurisdicional, nos termos gerais.

2 – A decisão administrativa ou jurisdicional favorável confere ao trabalhador o direito a ver revista a sua avaliação ou a ser-lhe atribuída nova avaliação.

3 – Sempre que não for possível a revisão da avaliação, designadamente por substituição superveniente do avaliador, é competente para o efeito o novo superior hierárquico ou o dirigente máximo do serviço, a quem cabe proceder a nova avaliação.

*Sistema Integrado de Gestão e Avaliação do Desempenho na Administração ...* 235

Artigo 74.º – **Monitorização**

1 – No decorrer do período de avaliação, são adoptados os meios adequados à monitorização dos desempenhos e efectuada a respectiva análise conjunta, entre avaliador e avaliado ou no seio da unidade orgânica, de modo a viabilizar:

a) A reformulação dos objectivos e dos resultados a atingir, nos casos de superveniência de condicionantes que impeçam o previsto desenrolar da actividade;

b) A clarificação de aspectos que se mostrem úteis ao futuro acto de avaliação;

c) A recolha participada de reflexões sobre o modo efectivo do desenvolvimento do desempenho, como acto de fundamentação da avaliação final.

2 – O disposto no número anterior é realizado por iniciativa do avaliador ou a requerimento do avaliado.

Artigo 75.º – **Diferenciação de desempenhos**

1 – Sem prejuízo do disposto na alínea a) do artigo 26.º, a diferenciação de desempenhos é definida por resolução do Governo Regional*.

2 – As percentagens de diferenciação incidem sobre o número de trabalhadores previstos nos n.ᵒˢ 2 a 7 do artigo 42.º, com aproximação por excesso, quando necessário, e devem, em regra, ser distribuídas proporcionalmente por todas as carreiras.

3 – As percentagens de diferenciação devem ser do conhecimento de todos os avaliados.

4 – A atribuição das percentagens é da exclusiva responsabilidade do dirigente máximo do serviço, cabendo-lhe ainda assegurar o seu estrito cumprimento.

5 – O número de objectivos e competências a fixar nos parâmetros de avaliação e respectivas ponderações devem ser previamente estabelecidos, nos termos do presente diploma, designadamente nos termos previstos na alínea c) do n.º 1 do artigo 58.º, tendo em conta a necessidade de assegurar uma adequada diferenciação de desempenhos.

*(* De acordo com o disposto no art. 20.º, n.º 2 do DLR n.º 17/2009/A, de 14 de Outubro, «As percentagens que vierem a ser definidas nos termos da resolução a que se refere o n.º 1 do artigo 75.º do Decreto Legislativo Regional n.º 41/2008/A, de 27 de Agosto, não incidem sobre o número de trabalhadores mencionados no n.º 7 do artigo 42.º daquele diploma)*

# TÍTULO V

## Sistema de informação de suporte à gestão de desempenho e acções de controlo

ARTIGO 76.º – **Gestão e acompanhamento do SIADAPRA 2 e do SIADAPRA 3**

1 – O disposto no presente diploma em matéria de processos de avaliação e respectivos instrumentos de suporte não impede o seu cumprimento em versão electrónica e, quando for o caso, com utilização de assinaturas digitais.

2 – Compete, em cada departamento, aos serviços com competência em matéria de planeamento, estratégia e avaliação elaborar relatórios síntese evidenciando a forma como o SIADAPRA 2 e o SIADAPRA 3 foram aplicados, nomeadamente quanto à fase de planeamento e quanto aos resultados de avaliação final.

3 – Compete à direcção regional com competência na área da Administração Pública:

*a)* Acompanhar e apoiar a aplicação da avaliação do desempenho, designadamente através da produção de instrumentos de orientação normativa;

*b)* Elaborar relatório anual que evidencie a forma como o SIADAPRA foi aplicado na administração pública regional dos Açores.

4 – Para efeitos do disposto no número anterior, a direcção regional com competência na área da Administração Pública recolhe informação junto dos serviços com competência em matéria de planeamento, estratégia e avaliação.

5 – Todos os processos de transmissão da informação no âmbito de cada departamento, bem como a alimentação das bases de dados relevantes são assegurados pelo sistema de gestão da informação dos recursos humanos da administração pública regional dos Açores.

6 – A estrutura e conteúdo dos relatórios referidos nos números anteriores são objecto de normalização através de despacho do membro do Governo Regional responsável pela área da Administração Pública.

ARTIGO 77.º – **Publicitação de resultados**

1 – Anualmente é divulgado em cada serviço o resultado global da aplicação do SIADAPRA, contendo ainda o número das menções qualitativas atribuídas por carreira.

2 – Os resultados globais da aplicação do SIADAPRA são publicitados no portal do Governo Regional pela direcção regional com competência na área da Administração Pública.

ARTIGO 78.º – **Acções de controlo**

A inspecção com competências na área da inspecção administrativa regional realiza auditorias para avaliar a forma como os serviços e organismos procedem à aplicação dos subsistemas de avaliação do desempenho.

# TÍTULO VI
## Disposições transitórias e finais

### CAPÍTULO I
### Disposições transitórias

ARTIGO 79.º – **Página electrónica**

A informação relativa à aplicação do SIADAPRA é publicitada, nos termos do presente diploma, na Intranet do serviço e, caso não exista, os documentos com tal informação são publicitados por afixação em local adequado ou são objecto de livre acesso em local publicamente anunciado.

ARTIGO 80.º – **Regime transitório**

1 – Nos três anos civis após a implementação do regime de avaliação previsto no presente diploma, a avaliação dos desempenhos pode seguir um regime transitório, mediante decisão do membro do Governo Regional, ouvido o conselho coordenador da avaliação.

2 – O regime transitório pode ser utilizado na avaliação de trabalhadores desde que estejam cumulativamente reunidas as seguintes condições:

*a)* Se trate de trabalhadores a quem, no recrutamento para a respectiva carreira, é exigida habilitação literária ao nível da escolaridade obrigatória ou conferente de diploma do 12.º ano do ensino secundário;

*b)* Se trate de trabalhadores a desenvolver actividades ou tarefas caracterizadas maioritariamente como de rotina, com carácter de permanência, padronizadas, previamente determinadas e executivas.

3 – O regime transitório assenta na avaliação das «Competências» do trabalhador, nos termos previstos na alínea *b)* do artigo 45.º

4 – As «Competências» são previamente escolhidas para cada trabalhador, em número não inferior a oito.

5 – Na escolha das «Competências» aplica-se o disposto nos n.ºs 6 e 7 do artigo 35.º e no artigo 68.º, sendo, contudo, obrigatória uma competência que sublinhe a capacidade de realização e orientação para resultados.

6 – Sempre que para o exercício das suas funções o trabalhador estiver em contacto profissional regular com outros trabalhadores ou utilizadores, o avaliador deve ter em conta a percepção por eles obtida sobre o desempenho, como contributo para a avaliação, devendo registá-la no processo de avaliação e reflecti-la na avaliação das «Competências».

7 – À avaliação de cada competência no regime transitório aplica-se o disposto no n.º 1 do artigo 49.º

8 – A cada competência pode ser atribuída ponderação diversa por forma a destacar a respectiva importância no exercício de funções e assegurar a diferenciação de desempenhos.

9 – A avaliação final é a média aritmética simples ou ponderada das pontuações atribuídas às competências escolhidas para cada trabalhador.

10 – No regime transitório aplica-se, com as necessárias adaptações, o disposto nos títulos IV e V.

### Artigo 81.º – **Estratégia de aplicação**

1 – Até 30 de Novembro de cada ano, os serviços iniciam ou prosseguem a construção do QUAR previsto no artigo 10.º e, no quadro das orientações fixadas pelos respectivos membros do Governo, propõem os objectivos a prosseguir no ano seguinte e estabelecem os indicadores de desempenho e respectivas fontes de verificação.

2 – Os serviços que, nos diferentes departamentos, são competentes em matéria de planeamento, estratégia e avaliação acompanham e validam, nos termos do presente diploma, o cumprimento do disposto no número anterior.

3 – Até 15 de Dezembro de cada ano, os membros do Governo referidos no n.º 1 aprovam os objectivos anuais de cada serviço.

## CAPÍTULO II
### Disposições finais

### Artigo 82.º – **Relevância das classificações de serviço**

As classificações de serviço relevam nos termos que forem fixados no decreto legislativo regional que dispuser sobre o regime de vinculação, carreiras e remunerações dos trabalhadores que exercem funções públicas.

### Artigo 83.º – **Extensão do âmbito de aplicação**

O disposto no presente diploma em matéria de SIADAPRA 3 é também aplicável, com as necessárias adaptações, aos actuais trabalhadores com a qualidade de funcionário ou agente de pessoas colectivas que se encontrem excluídas do seu âmbito de aplicação.

### Artigo 84.º – **Critérios de desempate**

Quando, para os efeitos previstos no presente diploma, for necessário proceder a desempate entre trabalhadores ou dirigentes que tenham a mesma classificação final na avaliação de desempenho, releva consecutivamente a avaliação obtida no parâmetro de «Resultados», a última avaliação de desempenho anterior, o tempo de serviço relevante na carreira e no exercício de funções públicas.

*Sistema Integrado de Gestão e Avaliação do Desempenho na Administração ...* 239

ARTIGO 85.º – **Sistemas de avaliação**

1 – Consideram -se adaptados ao correspondente subsistema do SIADAPRA:

*a)* O sistema de avaliação de desempenho da Assembleia Legislativa da Região Autónoma dos Açores;

*b)* O sistema jurídico de avaliação dos estabelecimentos públicos da educação pré-escolar e dos ensinos básico e secundário da Região, aprovado pelo Decreto Legislativo Regional n.º 29/2005/A, de 6 de Dezembro;

*c)* O sistema de avaliação do desempenho dos conselhos executivos e do pessoal docente previsto no Estatuto da Carreira Docente na Região Autónoma dos Açores, aprovado pelo Decreto Legislativo Regional n.º 21/2007/A, de 30 de Agosto;

*d)* Outros sistemas de avaliação cuja adaptação seja reconhecida por despacho conjunto dos membros do Governo da tutela e responsáveis pelas áreas das finanças e da Administração Pública.

2 – O regime constante do presente diploma aplica-se ao pessoal não docente dos estabelecimentos públicos de educação pré-escolar e dos ensinos básico e secundário, com as especificidades constantes do Decreto Legislativo Regional n.º 11/2006/A, de 21 de Março.

ARTIGO 86.º – **Habilitação regulamentar**

O Governo Regional adopta, por portaria, os instrumentos necessários à aplicação do presente diploma, designadamente os modelos de fichas de avaliação no âmbito do SIADAPRA 2, para dirigentes intermédios, e do SIADAPRA 3.

ARTIGO 87.º – **Norma revogatória**

1 – Sem prejuízo do disposto no número seguinte é revogado o Decreto Regulamentar Regional n.º 11/84/A, de 8 de Março.

2 – O disposto no diploma referido no número anterior é aplicável aos procedimentos de avaliação dos desempenhos prestados até 31 de Dezembro de 2008.

ARTIGO 88.º – **Norma de prevalência**

O regime estabelecido no presente diploma prevalece sobre quaisquer normas que versem sobre a mesma matéria.

ARTIGO 89.º – **Entrada em vigor**

O presente decreto legislativo regional entra em vigor no dia seguinte ao da sua publicação.

Aprovado pela Assembleia Legislativa da Região Autónoma dos Açores, na Horta, em 18 de Junho de 2008.

O Vice-Presidente da Assembleia Legislativa, em exercício,

*Jorge Alberto da Costa Pereira.*

Assinado em Angra do Heroísmo em 31 de Julho de 2008.

Publique-se.

O Representante da República para a Região Autónoma dos Açores, *José António Mesquita.*

# SISTEMA INTEGRADO DE GESTÃO E AVALIAÇÃO DO DESEMPENHO NA ADMINISTRAÇÃO PÚBLICA REGIONAL DA MADEIRA

## Decreto Legislativo Regional n.º 27/2009/M, de 21 de Agosto

A avaliação do desempenho assente sobre objectivos definidos e abarcando também chefias e pessoal dirigente tem sido, desde a entrada em vigor do Decreto Legislativo Regional n.º 11/2005/M, de 29 de Junho, o sistema de avaliação vigente na administração regional autónoma da Madeira. Em consequência, à avaliação do desempenho na administração pública da Região, desde o ano de 2005 em diante, foi já aplicável o referido diploma.

Pelo citado diploma foi determinada a fixação prévia de objectivos e respectivos indicadores de medida, acordados com os trabalhadores, bem como a determinação das competências relevantes para a avaliação, no início do ano a que a mesma respeitava. Tal regime foi inovador, relativamente às práticas da antiga classificação de serviço que, até então vigorara, acabando por induzir novas abordagens e métodos de trabalho nos serviços e organismos públicos.

A avaliação do desempenho perspectivada sobre a definição de objectivos e de indicadores de medida ultrapassa, largamente, a função de instrumento de avaliação do desempenho individual, na medida em que deverá reflectir as próprias estratégias e metas dos organismos, bem como a sua avaliação.

Nesta medida, um sistema de avaliação do desempenho coerente deve integrar a avaliação dos serviços, dos dirigentes e dos demais trabalhadores, assumindo-se como um sistema de gestão dos organismos, desiderato que não foi totalmente alcançado com o Decreto Legislativo Regional n.º 11/2005/M, dada a sua natureza regulamentar da Lei n.º 10/2004, de 22 de Março.

Na verdade, a avaliação integrada, postula a gestão por objectivos e a definição destes em cascata: objectivos do organismo, das unidades orgânicas e dos indivíduos. Também a avaliação dos resultados deve abarcar estas três vertentes.

Como sistema de avaliação, terá o mesmo de obedecer a um corpo normativo que acolha as especificidades e opções da administração regional

242     *Novo Estatuto da Função Pública*

autónoma da Madeira, escopo ao qual se dá corpo com o presente diploma, sem perder de vista que tornar obrigatória esta filosofia de gestão e funcionamento requer o prévio conhecimento dos destinatários de tal regime, de forma a poderem preparar as bases que possibilitem a aplicação do mesmo.

É este o objectivo do presente diploma, que, na observância dos princípios e demais regras essenciais constantes da Lei n.º 66-B/2007, de 28 de Dezembro, ora adaptada às especificidades regionais, estabelece o sistema integrado de gestão e avaliação do desempenho na administração regional autónoma da Madeira (SIADAP-RAM).

Foram cumpridos os procedimentos decorrentes da Lei n.º 23/98, de 26 de Maio.

Assim:

A Assembleia Legislativa da Região Autónoma da Madeira decreta, ao abrigo da alínea *a*) do n.º 1 do artigo 227.º e do n.º 1 do artigo 232.º da Constituição da República Portuguesa, da alínea *c*) do n.º 1 do artigo 37.º, da alínea *qq*) do artigo 40.º e do n.º 1 do artigo 41.º do Estatuto Político--Administrativo da Região Autónoma da Madeira, aprovado pela Lei n.º 13/91, de 5 de Junho, alterado pela Lei n.º 130/99, de 21 de Agosto, e pela Lei n.º 12/2000, de 21 de Junho, e do n.º 2 do artigo 3.º da Lei n.º 66-B/2007, de 28 de Dezembro, o seguinte:

# TÍTULO I
## Disposições gerais e comuns

## CAPÍTULO I
### Objecto e âmbito

ARTIGO 1.º – **Objecto**

1 – O presente diploma estabelece o sistema integrado de gestão e avaliação do desempenho na administração regional autónoma da Madeira, adiante designado por SIADAP-RAM.

2 – O SIADAP-RAM baseia-se na articulação entre a avaliação de serviços, de dirigentes e demais trabalhadores, integrando-se no ciclo de gestão de cada serviço, visando contribuir para a melhoria da qualidade da administração pública regional.

# Sistema Integrado de Gestão e Avaliação do Desempenho na Administração ... 243

ARTIGO 2.º – **Âmbito de aplicação**

1 – O presente diploma aplica-se aos serviços da administração directa e indirecta da Região Autónoma da Madeira, bem como aos serviços de apoio dos órgãos de governo da Região.

2 – O disposto no presente diploma não se aplica aos membros dos gabinetes de apoio dos titulares dos órgãos de governo da Região nem às entidades públicas empresariais, sem prejuízo do que estabelece o artigo 75.º

3 – O regime previsto no presente diploma aplica-se ao desempenho dos serviços, dos dirigentes e dos trabalhadores em geral da administração regional autónoma, independentemente da relação jurídica de emprego público constituída.

ARTIGO 3.º – **Adaptações**

1 – Por portaria conjunta dos membros do Governo Regional da tutela e dos responsáveis pelas áreas das finanças e da administração pública, podem ser realizadas adaptações ao regime previsto no presente diploma derivadas das atribuições e organização dos serviços, das suas carreiras ou das necessidades da sua gestão.

2 – Tratando-se de institutos públicos, a adaptação referida no número anterior é aprovada por regulamento interno, homologado pelos membros do Governo Regional referidos no número anterior.

3 – A adaptação do regime previsto no presente diploma pode constar de acordo colectivo de trabalho, no caso de relações jurídicas de emprego público constituídas por contrato.

4 – As adaptações a que se referem os números anteriores deverão respeitar o disposto no presente diploma em matéria de:

a) Princípios, objectivos e subsistemas do SIADAP-RAM;

b) Avaliação do desempenho baseada na confrontação entre objectivos fixados e resultados obtidos e, no caso de dirigentes e trabalhadores, também as competências demonstradas e a desenvolver;

c) Diferenciação de desempenhos, respeitando o número mínimo de menções de avaliação e o valor das percentagens máximas previstos no presente diploma.

## CAPÍTULO II
### Definições, princípios, objectivos e subsistemas
### do SIADAP-RAM

ARTIGO 4.º – **Definições**

Para os efeitos do disposto no presente diploma, entende(m)-se por:

a) «Competências» o parâmetro de avaliação que traduz o conjunto de conhecimentos, capacidades de acção e comportamentos necessários para o desempenho eficiente e eficaz, adequado ao exercício de funções por dirigente ou trabalhador;

*b)* «Dirigentes máximos do serviço» os titulares de cargos de direcção superior do 1.º grau ou legalmente equiparados, outros dirigentes responsáveis pelo serviço dependentes de membro do Governo Regional ou os presidentes de órgão de direcção colegial sob sua tutela ou superintendência;

*c)* «Dirigentes superiores» os dirigentes máximos dos serviços, os titulares de cargo de direcção superior do 2.º grau ou legalmente equiparados e os vice-presidentes ou vogais de órgão de direcção colegial;

*d)* «Dirigentes intermédios» os titulares de cargos de direcção intermédia dos 1.º e 2.º graus ou legalmente equiparados, o pessoal integrado em carreira, enquanto se encontre em exercício de funções de direcção ou equiparadas inerentes ao conteúdo funcional da carreira, os chefes de equipas multidisciplinares cujo exercício se prolongue por prazo superior a seis meses no ano em avaliação e outros cargos e chefias de unidades orgânicas;

*e)* «Objectivos» o parâmetro de avaliação que traduz a previsão dos resultados que se pretendem alcançar no tempo, em regra quantificáveis;

*f)* «Serviço efectivo» o trabalho realmente prestado pelo dirigente ou trabalhador nos serviços;

*g)* «Serviços» os serviços da administração directa e indirecta da Região Autónoma da Madeira, incluindo os respectivos serviços desconcentrados ou periféricos e estabelecimentos públicos;

*h)* «Trabalhadores» os trabalhadores da administração regional autónoma que não exerçam cargos dirigentes ou equiparados, independentemente do título jurídico da relação de trabalho, desde que a respectiva vinculação seja por prazo igual ou superior a seis meses, incluindo pessoal integrado em carreira que não se encontre em funções de direcção ou equiparadas inerentes ao conteúdo funcional dessa carreira;

*i)* «Unidades homogéneas» os serviços desconcentrados ou periféricos da administração directa e indirecta da Região Autónoma da Madeira que desenvolvem o mesmo tipo de actividades ou fornecem o mesmo tipo de bens e ou prestam o mesmo tipo de serviços;

*j)* «Unidades orgânicas» os elementos estruturais da organização interna de um serviço quer obedeçam ao modelo de estrutura hierarquizada, matricial ou mista;

*l)* «Utilizadores externos» os cidadãos, as empresas e a sociedade civil;

*m)* «Utilizadores internos» os órgãos e serviços da administração directa e indirecta da Região Autónoma da Madeira.

*Sistema Integrado de Gestão e Avaliação do Desempenho na Administração ...* 245

ARTIGO 5.º – **Princípios**

O SIADAP-RAM subordina-se aos seguintes princípios:

*a)* Coerência e integração, alinhando a acção dos serviços, dirigentes e trabalhadores na prossecução dos objectivos e na execução das políticas públicas;

*b)* Responsabilização e desenvolvimento, reforçando o sentido de responsabilidade de dirigentes e trabalhadores pelos resultados dos serviços, articulando melhorias dos sistemas organizacionais e processos de trabalho e o desenvolvimento das competências dos dirigentes e dos trabalhadores;

*c)* Universalidade e flexibilidade, visando a aplicação dos sistemas de gestão do desempenho a todos os serviços, dirigentes e trabalhadores, mas prevendo a sua adaptação a situações específicas;

*d)* Transparência e imparcialidade, assegurando a utilização de critérios objectivos e públicos na gestão do desempenho dos serviços, dirigentes e trabalhadores, assente em indicadores de desempenho;

*e)* Eficácia, orientando a gestão e a acção dos serviços, dos dirigentes e dos trabalhadores para a obtenção dos resultados previstos;

*f)* Eficiência, relacionando os bens produzidos e os serviços prestados com a melhor utilização de recursos;

*g)* Diferenciação do desempenho de serviços, dirigentes e demais trabalhadores;

*h)* Orientação para a qualidade nos serviços públicos;

*i)* Comparabilidade dos desempenhos dos serviços, através da utilização de indicadores que permitam o confronto com padrões nacionais e internacionais, sempre que possível;

*j)* Publicidade dos resultados da avaliação dos serviços, promovendo a visibilidade da sua actuação perante os utilizadores;

*l)* Publicidade na avaliação dos dirigentes e dos trabalhadores, nos termos previstos no presente diploma;

*m)* Participação dos dirigentes e dos trabalhadores na fixação dos objectivos dos serviços, na gestão do desempenho, na melhoria dos processos de trabalho e na avaliação dos serviços;

*n)* Participação dos utilizadores internos e ou externos na avaliação dos serviços.

ARTIGO 6.º – **Objectivos**

Constituem objectivos globais do SIADAP-RAM:

*a)* Contribuir para a melhoria da gestão da administração pública regional em razão das necessidades dos utilizadores e alinhar a actividade dos serviços com os objectivos das políticas públicas;

*b)* Desenvolver e consolidar práticas de avaliação e auto-regulação da administração pública regional;

246 Novo Estatuto da Função Pública

c) Identificar as necessidades de formação e desenvolvimento profissional adequadas à melhoria do desempenho dos serviços, dos dirigentes e dos trabalhadores;

d) Promover a motivação e o desenvolvimento das competências e qualificações dos dirigentes e trabalhadores, favorecendo a formação ao longo da vida;

e) Reconhecer e distinguir serviços, dirigentes e trabalhadores pelo seu desempenho e pelos resultados obtidos e estimulando o desenvolvimento de uma cultura de excelência e qualidade;

f) Melhorar a arquitectura de processos, gerando valor acrescentado para os utilizadores, numa óptica de tempo, custo e qualidade;

g) Melhorar a prestação de informação e a transparência da acção dos serviços da administração pública regional;

h) Apoiar o processo de decisões estratégicas através de informação relativa a resultados e custos, designadamente em matéria de pertinência da existência de serviços, das suas atribuições, organização e actividades.

Artigo 7.º – **Sistema de planeamento e de gestão**

1 – O SIADAP-RAM articula-se com o sistema de planeamento de cada departamento do Governo Regional, constituindo um instrumento de aferição do cumprimento dos respectivos objectivos estratégicos, baseado em indicadores de medida dos resultados a obter pelos serviços e pressupondo a coordenação entre todos eles e aquele que, em cada departamento governamental, exerce atribuições em matéria de planeamento, estratégia e avaliação.

2 – No caso de departamento governamental que não possua serviço com as atribuições referidas no número anterior, deverá o membro do Governo Regional designar, por despacho, a quem caberá tal função, a qual, preferencialmente, deverá ser exercida por serviços do seu Gabinete.

3 – O SIADAP-RAM articula-se ainda, com o ciclo de gestão de cada serviço da administração pública regional, que abrange as seguintes fases:

a) Fixação dos objectivos do serviço para o ano seguinte, tendo em conta a sua missão, as suas atribuições, os objectivos estratégicos plurianuais determinados superiormente, os resultados da avaliação do desempenho e as disponibilidades orçamentais;

b) Aprovação do orçamento e aprovação, manutenção ou alteração do mapa do respectivo pessoal, nos termos da legislação aplicável;

c) Elaboração e aprovação do plano de actividades do serviço para o ano seguinte, incluindo os objectivos, actividades, indicadores de desempenho do serviço e de cada unidade orgânica;

d) Monitorização e eventual revisão dos objectivos do serviço e de cada unidade orgânica, em função de contingências não previsíveis ao nível político ou administrativo;

*Sistema Integrado de Gestão e Avaliação do Desempenho na Administração ...* 247

*e)* Elaboração do relatório de actividades, com demonstração qualitativa e quantitativa dos resultados alcançados, nele integrando o balanço social e o relatório de auto-avaliação previsto no presente diploma.

4 – Compete, em cada departamento do Governo Regional, ao serviço com atribuições em matéria de planeamento, estratégia e avaliação assegurar a coerência, coordenação e acompanhamento do ciclo de gestão dos serviços com os objectivos globais do departamento e a sua harmonização com o SIADAP-RAM.

ARTIGO 8.º – **Subsistemas do SIADAP**

1 – O SIADAP integra os seguintes subsistemas:
*a)* O subsistema de avaliação do desempenho dos serviços da administração pública, abreviadamente designado por SIADAP-RAM 1;
*b)* O subsistema de avaliação do desempenho dos dirigentes da administração pública, abreviadamente designado por SIADAP-RAM 2;
*c)* O subsistema de avaliação do desempenho dos trabalhadores da administração pública, abreviadamente designado por SIADAP-RAM 3.

2 – Os subsistemas referidos no número anterior funcionam de forma integrada pela coerência entre objectivos fixados no âmbito do sistema de planeamento, objectivos do ciclo de gestão do serviço, e objectivos fixados aos dirigentes e trabalhadores.


# TÍTULO II

## Subsistema de avaliação do desempenho dos serviços da administração pública regional (SIADAP-RAM 1)


## CAPÍTULO I

### Disposições gerais

ARTIGO 9.º – **Estrutura do SIADAP-RAM 1**

1 – A avaliação do desempenho de cada serviço assenta nos seguintes elementos, que compõem a estrutura do SIADAP-RAM 1:
*a)* A missão do serviço;
*b)* Os objectivos estratégicos plurianuais determinados superiormente;
*c)* Os objectivos anualmente fixados e, em regra, hierarquizados;
*d)* Os indicadores de desempenho e respectivas fontes de verificação;
*e)* Os meios disponíveis, sinteticamente referidos no plano de actividades;
*f)* O grau de realização de resultados obtidos na prossecução de objectivos;

248 *Novo Estatuto da Função Pública*

*g*) A identificação dos desvios e, sinteticamente, as respectivas causas;
*h*) A avaliação final do desempenho do serviço.

2 – A estrutura do SIADAP-RAM 1 está sujeita a permanente avaliação e actualização, de preferência a partir dos sistemas de informação do serviço, e é fixada e mantida actualizada em articulação com o serviço competente em matéria de planeamento, estratégia e avaliação de cada departamento do Governo Regional, levando em linha de conta, designadamente, o disposto no número seguinte.

3 – A actualização dos elementos que estruturam o SIADAP-RAM 1 deve sustentar-se na análise da envolvência externa, na identificação das capacidades instaladas e nas oportunidades de desenvolvimento do serviço, bem como do grau de satisfação dos utilizadores.

4 – Os documentos previsionais e de prestação de contas legalmente previstos devem ser totalmente coerentes com os elementos estruturantes do SIADAP-RAM 1.

5 – A estrutura do SIADAP-RAM 1 deve ser divulgada pelos serviços através dos meios adequados para o efeito, designadamente através da respectiva página electrónica.

6 – Os serviços devem recorrer a metodologias e instrumentos de avaliação já consagrados, no plano nacional ou internacional, que permitam operacionalizar o disposto no presente título.

ARTIGO 10.º – **Parâmetros de avaliação**

1 – A avaliação do desempenho dos serviços realiza-se atendendo a parâmetros de entre os seguintes:
*a*) «Objectivos de eficácia», entendida como medida em que um serviço atinge os seus objectivos e obtém ou ultrapassa os resultados esperados;
*b*) «Objectivos de eficiência», enquanto relação entre os bens produzidos e serviços prestados e os recursos utilizados;
*c*) «Objectivos de qualidade», traduzida como o conjunto de propriedades e características de bens ou serviços, que lhes conferem aptidão para satisfazer necessidades explícitas ou implícitas dos utilizadores.

2 – Os objectivos são propostos pelo serviço ao membro do Governo Regional de que dependa, ou sob cuja superintendência se encontre, e são por este aprovados.

3 – Para avaliação dos resultados obtidos em cada objectivo são estabelecidos os seguintes níveis de graduação:
*a*) Superou o objectivo;
*b*) Atingiu o objectivo;
*c*) Não atingiu o objectivo.

4 – Em cada serviço são definidos:
*a*) Os indicadores de desempenho para cada objectivo e respectivas fontes de verificação;

*Sistema Integrado de Gestão e Avaliação do Desempenho na Administração ...* 249

b) Os mecanismos de operacionalização que sustentam os níveis de graduação indicados no número anterior, podendo ser fixadas ponderações diversas a cada parâmetro e objectivo, de acordo com a natureza dos serviços.

ARTIGO 11.º – **Indicadores de desempenho**

1 – Os indicadores de desempenho relativos à estrutura do SIADAP-RAM 1 devem obedecer aos seguintes princípios:
a) Pertinência face aos objectivos que pretendem medir;
b) Credibilidade;
c) Facilidade de recolha;
d) Clareza;
e) Comparabilidade.
2 – Os indicadores devem permitir a mensurabilidade dos desempenhos.
3 – Na definição dos indicadores de desempenho deve ser assegurada a participação das várias unidades orgânicas do serviço.

ARTIGO 12.º – **Acompanhamento e coordenação do SIADAP-RAM**

1 – Em cada departamento do Governo Regional, compete ao serviço com atribuições em matéria de planeamento, estratégia e avaliação o acompanhamento do SIADAP-RAM 1, através do apoio à operacionalização dos parâmetros de avaliação dos serviços, identificação, validação e monitorização dos indicadores de desempenho, com vista a garantir a fiabilidade e integridade dos dados, bem como viabilizar comparações nacionais e internacionais.
2 – Cabe ao serviço com competência em matéria de administração pública acompanhar a nível geral a aplicação do SIADAP-RAM, designadamente:
a) Formular recomendações e ou propostas aos serviços e organismos da administração regional autónoma;
b) Solicitar os elementos que entenda necessários, com vista a uma correcta aplicação dos princípios e normas do sistema de avaliação do desempenho;
c) Pronunciar-se sobre questões que lhe sejam submetidas no âmbito de qualquer dos subsistemas do SIADAP-RAM;
d) Desenvolver formação para os serviços em matéria de avaliação de desempenho.

CAPÍTULO II
**Modalidades, procedimentos e órgãos de avaliação**

ARTIGO 13.º – **Modalidades e periodicidade**

1 – A avaliação dos serviços efectua-se através de auto-avaliação e de hetero-avaliação.

250 *Novo Estatuto da Função Pública*

2 – A auto-avaliação dos serviços é realizada anualmente, em articulação com o ciclo de gestão.

3 – A periodicidade referida no número anterior não prejudica a realização de avaliação plurianual se o orçamento comportar essa dimensão temporal e para fundamentação de decisões relativas à pertinência da existência do serviço, das suas atribuições, organização e actividades.

ARTIGO 14.º – **Auto-avaliação**

1 – A auto-avaliação tem carácter obrigatório e deve evidenciar os resultados alcançados e os desvios verificados de acordo com a estrutura do SIADAP-RAM 1 do serviço, em particular face aos objectivos anualmente fixados.

2 – A auto-avaliação é parte integrante do relatório de actividades anual e deve ser acompanhada de informação relativa:

*a)* À apreciação, por parte dos utilizadores internos ou externos, da quantidade e qualidade dos serviços prestados, com especial relevo quando se trate de unidades prestadoras de serviços a utilizadores externos;

*b)* À avaliação do sistema de controlo interno;

*c)* Às causas de incumprimento de acções ou projectos não executados ou com resultados insuficientes;

*d)* Às medidas que devem ser tomadas para um reforço positivo do desempenho do serviço, evidenciando as condicionantes que afectem os resultados a atingir;

*e)* À comparação com o desempenho de serviços idênticos, no plano nacional e internacional, que possam constituir padrão de comparação;

*f)* À audição de dirigentes intermédios e dos demais trabalhadores na auto-avaliação do serviço.

ARTIGO 15.º – **Comparação de unidades homogéneas**

1 – No caso de o serviço integrar unidades homogéneas sobre as quais detenha o poder de direcção, compete ao dirigente máximo assegurar a concepção e monitorização de um sistema de indicadores de desempenho que permita a sua comparabilidade.

2 – O sistema de indicadores referido no número anterior deve reflectir o conjunto das actividades prosseguidas e viabilizar a ordenação destas unidades numa óptica de eficiência relativa, para cada grupo homogéneo, em cada serviço.

3 – A cada unidade homogénea deve ser atribuída uma avaliação final de desempenho nos termos do artigo 17.º

4 – O disposto nos números anteriores é igualmente aplicável, com as devidas adaptações, a serviços centrais que desenvolvem o mesmo tipo de actividades, fornecem o mesmo tipo de bens ou prestam o mesmo tipo de serviços dos que são assegurados por unidades homogéneas.

*Sistema Integrado de Gestão e Avaliação do Desempenho na Administração ...* 251

5 – No caso de as unidades homogéneas constituírem serviços periféricos de departamento do Governo Regional, compete ao serviço com atribuições em matéria de planeamento, estratégia e avaliação assegurar o cumprimento do disposto no presente artigo.

ARTIGO 16.º – **Análise crítica da auto-avaliação**

1 – Em cada departamento do Governo Regional compete ao serviço com atribuições em matéria de planeamento, estratégia e avaliação analisar as auto-avaliações constantes dos relatórios de actividades elaborados pelos demais serviços.

2 – Face ao resultado da análise efectuada é emitido parecer, o qual é comunicado ao serviço e ao respectivo membro do Governo Regional.

3 – Os serviços referidos no n.º 1 devem ainda efectuar uma análise comparada de todos os serviços do respectivo departamento governamental com vista a:

   *a)* Identificar, anualmente, os serviços que se distinguiram positivamente ao nível do seu desempenho e propor ao respectivo membro do Governo a lista dos merecedores da distinção de mérito, mediante justificação circunstanciada;

   *b)* Identificar, anualmente, os serviços com maiores desvios, não justificados, entre objectivos e resultados ou que, por outras razões consideradas pertinentes, devam ser objecto de hetero-avaliação e disso dar conhecimento ao órgão com competência de natureza inspectiva em matéria de controlo da administração financeira da Região Autónoma da Madeira, doravante designado por órgão inspectivo, para os efeitos previstos no presente diploma.

ARTIGO 17.º – **Expressão qualitativa da avaliação**

1 – A avaliação final do desempenho dos serviços é expressa qualitativamente pelas seguintes menções:

   *a)* *Desempenho bom,* atingiu todos os objectivos, superando-os total ou parcialmente;

   *b)* *Desempenho satisfatório,* atingiu todos os objectivos ou os mais relevantes;

   *c)* *Desempenho insuficiente,* não atingiu os objectivos mais relevantes.

2 – Em cada departamento do Governo Regional pode ainda ser atribuída aos serviços com avaliação de *Desempenho bom* uma distinção de mérito reconhecendo *Desempenho excelente,* a qual significa superação global dos objectivos.

3 – As menções previstas no n.º 1 são propostas pelo dirigente máximo do serviço como resultado da auto-avaliação e, após o parecer previsto no n.º 2 do artigo anterior, homologadas ou alteradas pelo respectivo membro do Governo Regional.

252 *Novo Estatuto da Função Pública*

Artigo 18.º – **Distinção de mérito**

1 – Em cada departamento governamental podem ser seleccionados os serviços que mais se distinguiram no seu desempenho para atribuição da distinção de mérito, cabendo ao respectivo membro do Governo Regional, observado o disposto na alínea *a*) do n.º 3 do artigo 16.º, o reconhecimento de *Desempenho excelente,* em regra, a 20 % dos serviços que o integram ou estão sob sua superintendência.

2 – A atribuição da distinção de mérito assenta em justificação circunstanciada, designadamente, por motivos relacionados com:

*a*) Evolução positiva e significativa nos resultados obtidos pelo serviço em comparação com anos anteriores;

*b*) Excelência de resultados obtidos, demonstrada, designadamente, por comparação com padrões nacionais ou internacionais, tendo em conta igualmente melhorias de eficiência;

*c*) Manutenção do nível de excelência antes atingido, se possível com a demonstração referida na alínea anterior.

Artigo 19.º – **Hetero-avaliação**

1 – A hetero-avaliação visa obter um conhecimento aprofundado das causas dos desvios evidenciados na auto-avaliação ou de outra forma detectados e apresentar propostas para a melhoria dos processos e resultados futuros.

2 – A hetero-avaliação é da responsabilidade do órgão inspectivo referido na alínea *b*) do n.º 3 do artigo 16.º, podendo ser realizada por operadores internos ou externos, nomeadamente associações de consumidores, desde que garantida a independência funcional face às entidades a avaliar.

3 – A hetero-avaliação dos serviços com atribuições em matéria de planeamento, estratégia e avaliação é proposta pelo respectivo membro do Governo Regional.

4 – Na hetero-avaliação referida nos números anteriores não há lugar à atribuição de menção prevista no artigo 17.º

5 – A hetero-avaliação pode igualmente ser solicitada pelo serviço, em alternativa à auto-avaliação, mediante proposta apresentada ao órgão inspectivo, no início do ano a que diz respeito o desempenho a avaliar.

Artigo 20.º – **Programa de hetero-avaliações**

1 – O órgão inspectivo propõe ao Governo Regional, através dos membros do Governo responsáveis pelas áreas das finanças e da administração pública, o programa de hetero-avaliações, que terá, em regra, periodicidade anual.

2 – O programa tem em conta as propostas efectuadas nos termos da alínea *b*) do n.º 3 do artigo 16.º, bem como outras situações que indiciem maior insatisfação por parte dos utilizadores externos e ainda as propostas feitas nos termos do n.º 3 do artigo 19.º que se revelarem pertinentes.

*Sistema Integrado de Gestão e Avaliação do Desempenho na Administração ...* 253

3 – O programa anual deve ainda conter os seguintes elementos:
*a*) Identificação dos serviços a avaliar no ano e respectiva justificação;
*b*) Indicação dos motivos que presidem à selecção dos operadores externos, se for este o caso;
*c*) Prazo para a sua realização;
*d*) Critérios de selecção, no caso de a avaliação ser efectuada por operadores externos, e previsão de custos.

4 – A proposta efectuada nos termos do n.º 1 é aprovada por deliberação do conselho do Governo Regional, cabendo ao órgão inspectivo assegurar a sua execução e os correspondentes encargos administrativos e financeiros.

5 – Nos casos previstos nos n.ᵒˢ 3 e 5 do artigo 19.º, os encargos administrativos e financeiros inerentes à hetero-avaliação são suportados pelo respectivo serviço.

Artigo 21.º – **Apresentação de resultados**

1 – Aos serviços avaliados é dado conhecimento do projecto de relatório da hetero-avaliação para que se possam pronunciar.

2 – O relatório da hetero-avaliação deve também ser entregue às organizações sindicais ou comissões de trabalhadores representativas do pessoal do serviço que o solicitem.

3 – O órgão inspectivo emite parecer num prazo não superior a 30 dias após pronúncia do serviço avaliado sobre a qualidade dos relatórios de hetero--avaliação e efectua as recomendações que entender pertinentes, salientando os pontos positivos e os susceptíveis de melhoria.

4 – O órgão inspectivo procede ao envio do parecer referido no número anterior aos membros do Governo Regional responsáveis pelas áreas das finanças e da administração pública, bem como ao membro do Governo de que dependa o serviço avaliado.


CAPÍTULO III
**Resultados da avaliação**

Artigo 22.º – **Divulgação**

1 – Cada serviço procede à divulgação da auto-avaliação através dos meios adequados, designadamente na sua página electrónica.

2 – No caso de o parecer elaborado nos termos do n.º 2 do artigo 16.º concluir pela discordância relativamente à valoração efectuada pelo serviço em sede de auto-avaliação, ou pela falta de fiabilidade do sistema de indicadores de desempenho, deve o mesmo ser obrigatoriamente divulgado juntamente com os elementos referidos no número anterior.

254 *Novo Estatuto da Função Pública*

3 – Cada departamento governamental procede à divulgação, através dos meios referidos no n.º 1, dos serviços aos quais foi atribuída uma distinção de mérito nos termos do artigo 18.º, especificando os principais fundamentos da atribuição.

ARTIGO 23.º – **Efeitos da avaliação**

1 – Os resultados da avaliação do serviço devem produzir efeitos sobre:
*a*) As opções de natureza orçamental com impacto no serviço;
*b*) As opções e prioridades do ciclo de gestão seguinte;
*c*) A avaliação realizada ao desempenho dos dirigentes superiores.

2 – Os resultados da hetero-avaliação, realizada com os fundamentos previstos no n.º 1 do artigo 19.º, produzem os efeitos referidos no número anterior.

3 – A atribuição consecutiva de menções *Desempenho insuficiente* ou a não superação de desvios evidenciados e analisados em sede de hetero-avaliação pode fundamentar as decisões relativas à revisão da sua missão, atribuições, organização e actividades, sem prejuízo do apuramento de eventuais responsabilidades.

ARTIGO 24.º – **Efeitos da distinção de mérito**

A atribuição da distinção de mérito determina, por um ano, os seguintes efeitos:
*a*) O aumento para 35% e 10% das percentagens máximas previstas no n.º 5 do artigo 34.º para os dirigentes intermédios no SIADAP-RAM 2 e no n.º 1 do artigo 71.º para os demais trabalhadores no SIADAP-RAM 3, visando a diferenciação de *Desempenho relevante* e *Desempenho excelente;*
*b*) A atribuição pelo membro do Governo Regional competente do reforço de dotações orçamentais visando a mudança de posições remuneratórias dos trabalhadores ou a atribuição de prémios de desempenho;
*c*) A possibilidade de consagração de reforços orçamentais visando o suporte e dinamização de novos projectos de melhoria do serviço.

# TÍTULO III

## Subsistema de avaliação do desempenho dos dirigentes da administração regional autónoma da Madeira (SIADAP-RAM 2)

### CAPÍTULO I
#### Disposições gerais

ARTIGO 25.º – **Periodicidade**

1 – A avaliação global do desempenho dos dirigentes superiores e inter-médios é feita no termo das respectivas comissões de serviço, conforme o respectivo estatuto, ou no fim do prazo para que foram nomeados.

2 – Sem prejuízo do disposto no número anterior, o desempenho dos dirigentes superiores e intermédios é objecto de avaliação intercalar, efectuada anualmente nos termos do presente diploma.

3 – O período de avaliação intercalar corresponde ao ano civil, pres-supondo o desempenho como dirigente por um período não inferior a seis meses, seguidos ou interpolados.

4 – A avaliação do desempenho dos trabalhadores que exercem cargos dirigentes repercute-se na carreira de origem, nomeadamente para efeitos de alteração do posicionamento remuneratório.

5 – A avaliação do desempenho do pessoal integrado em carreira que se encontre em exercício de funções de direcção ou equiparadas inerentes ao conteúdo funcional da carreira, quando tal exercício não for titulado em comis-são de serviço, é feita anualmente, nos termos do presente título.

### CAPÍTULO II
#### Avaliação do desempenho dos dirigentes superiores e dirigentes máximos

ARTIGO 26.º – **Parâmetros de avaliação**

1 – A avaliação do desempenho dos dirigentes máximos dos serviços e dos dirigentes superiores integra-se no ciclo de gestão do serviço e efectua-se com base no grau de cumprimento dos objectivos assumidos no âmbito do SIADAP-RAM 1, tendo por base os respectivos indicadores de medida fixados para a avaliação dos resultados obtidos, face às competências de liderança, de visão estratégica, de representação externa e de gestão demonstradas.

2 – Para efeitos do disposto no número anterior, aos dirigentes superiores do 2.º grau, no quadro das suas competências legais, ainda que delegadas ou

subdelegadas, são fixados, pelo dirigente máximo do serviço, os objectivos a atingir no decurso do seu mandato, bem como os indicadores de desempenho aplicáveis à avaliação dos resultados, sem prejuízo do disposto no número seguinte.

3 – Relativamente aos dirigentes superiores do 2.º grau, que tenham unidades orgânicas colocadas sob a sua directa dependência, o parâmetro de avaliação reporta-se aos objectivos a prosseguir e aos respectivos indicadores de medida que se encontrem definidos para as respectivas unidades orgânicas.

4 – A avaliação de desempenho dos membros dos conselhos directivos dos institutos públicos sujeitos ao Estatuto do Gestor Público segue o regime aí estabelecido.

ARTIGO 27.º – **Avaliação intercalar**

1 – Para efeitos da avaliação intercalar prevista no n.º 2 do artigo 25.º, deve o dirigente máximo do serviço remeter ao respectivo membro do Governo Regional até 15 de Abril de cada ano os seguintes elementos:

a) Relatório de actividades que integre a auto-avaliação do serviço nos termos previstos no n.º 2 do artigo 14.º;

b) Relatório sintético explicitando a evolução dos resultados de eficácia, eficiência e ou qualidade obtidos no ano em aferição, por comparação com os anos anteriores, bem como os resultados obtidos na gestão de recursos humanos, financeiros e materiais.

2 – O relatório sintético referido na alínea b) do número anterior deve incluir as principais opções seguidas em matéria de gestão e qualificação dos recursos humanos, de gestão dos recursos financeiros e o resultado global da aplicação do SIADAP-RAM 2 e do SIADAP-RAM 3, incluindo a distribuição equitativa das menções qualitativas atribuídas, de modo agregado e por carreira.

3 – Os dirigentes superiores do 2.º grau devem apresentar ao dirigente máximo do serviço um relatório sintético explicitando os resultados obtidos face aos objectivos que lhes foram fixados, de acordo com os respectivos indi-cadores definidos nos termos do n.º 2 ou do n.º 3 do artigo anterior, consoante os casos, e a sua evolução relativamente aos anos anteriores.

4 – Por despacho do dirigente máximo do serviço podem ainda concorrer como elementos informadores da avaliação de cada dirigente superior as avaliações sobre ele efectuadas pelos dirigentes que dele dependam.

5 – A avaliação prevista no número anterior obedece às seguintes regras:

a) É facultativa;

b) Não é identificada;

c) Tem carácter de informação qualitativa e é orientada por questionário padronizado, ponderando 5 pontos de escala em cada valoração, com campo próprio destinado à recolha de sugestões ou comentários.

# Artigo 28.º – Expressão da avaliação

1 – Sem prejuízo do disposto no n.º 8, a avaliação intercalar dos dirigentes que exerçam a função de dirigente máximo do serviço reporta-se ao nível de avaliação final atribuído ao respectivo serviço em sede de SIADAP-RAM 1, nos termos do artigo 17.º, traduzindo-se no sucesso geral com superação de alguns objectivos, no cumprimento ou incumprimento global dos objectivos.

2 – No caso de hetero-avaliação do serviço, a avaliação intercalar do dirigente máximo considera-se de *Bom*, *Satisfatório* ou *Insatisfatório*, consoante os resultados da hetero-avaliação demonstrem a superação, o cumprimento ou o incumprimento global dos objectivos.

3 – A avaliação intercalar dos dirigentes superiores do 2.º grau afere-se pelos níveis de sucesso obtidos nos parâmetros de avaliação, traduzindo-se na verificação do sucesso global com superação do desempenho previsto em alguns domínios, no cumprimento de tais exigências ou no seu incumprimento.

4 – Pode ser atribuída aos dirigentes máximos dos serviços e aos dirigentes superiores a menção qualitativa de *Desempenho excelente,* a qual significa reconhecimento de mérito, com a superação global do desempenho previsto.

5 – O reconhecimento de mérito previsto no número anterior e os resultados da avaliação que fundamentam a atribuição de prémios de gestão são objecto de publicitação no departamento governamental, pelos meios considerados mais adequados.

6 – A diferenciação de desempenhos dos dirigentes máximos dos serviços e dos dirigentes superiores é garantida pela fixação, em regra, da percentagem máxima de 5 % do total desses dirigentes para atribuição de distinção de mérito com reconhecimento de *Desempenho excelente.*

7 – A percentagem prevista no número anterior incide sobre o número de dirigentes superiores e de dirigentes máximos dependentes do departamento do Governo Regional sujeitos ao regime de avaliação previsto no presente capítulo.

8 – Considerando as competências de liderança, visão estratégica e de gestão, evidenciadas pelo dirigente máximo, o membro do Governo Regional pode atribuir-lhe uma avaliação de nível diferente da que cabe ao serviço, a qual será devidamente fundamentada face aos relatórios referidos no n.º 1 e aos elementos mencionados no n.º 2 do artigo anterior.

9 – Compete ao membro do Governo Regional, no âmbito do respectivo departamento governamental, assegurar a harmonização dos processos de avaliação, visando garantir o respeito pela percentagem fixada no n.º 6.

# Artigo 29.º – Avaliadores

1 – A avaliação do dirigente máximo do serviço é atribuída pelo membro do Governo Regional respectivo, fundamentando-se na auto-avaliação ou no resultado da hetero-avaliação em sede de SIADAP-RAM 1.

2 – Os dirigentes superiores do 2.º grau são avaliados pelo dirigente máximo respectivo.

258        *Novo Estatuto da Função Pública*

3 – A avaliação dos dirigentes superiores do 2.º grau é homologada pelo competente membro do Governo Regional.

### Artigo 30.º – **Efeitos**

1 – A avaliação do desempenho dos dirigentes máximos dos serviços e dos dirigentes superiores tem os efeitos previstos no respectivo estatuto, designadamente em matéria de atribuição de prémios de gestão e de renovação ou de cessação da respectiva comissão de serviço.

2 – A não aplicação do SIADAP-RAM por razões imputáveis aos dirigentes máximos dos serviços, incluindo os membros dos conselhos directivos de institutos públicos, determina a cessação das respectivas funções.

## CAPÍTULO III
### Avaliação do desempenho dos dirigentes intermédios

### Artigo 31.º – **Âmbito subjectivo do presente capítulo**

O regime previsto no presente capítulo aplica-se aos dirigentes intermédios que não exerçam funções de dirigente máximo do serviço.

### Artigo 32.º – **Parâmetros de avaliação**

A avaliação do desempenho dos dirigentes intermédios integra-se no ciclo de gestão do serviço e efectua-se com base nos seguintes parâmetros:

*a)* «Resultados», obtidos nos objectivos da unidade orgânica que dirige;

*b)* «Competências», integrando a capacidade de liderança e competências técnicas e comportamentais adequadas ao exercício do cargo.

### Artigo 33.º – **Avaliação intercalar**

1 – A avaliação anual intercalar prevista no n.º 2 do artigo 25.º fundamenta-se na avaliação dos parâmetros referidos no artigo anterior, através de indicadores de medida previamente estabelecidos.

2 – O parâmetro relativo a «Resultados» assenta nos objectivos, em número não inferior a três, anualmente negociados com o avaliado, prevalecendo, em caso de discordância, a posição do superior hierárquico.

3 – Os resultados obtidos em cada objectivo são valorados, através de uma escala de três níveis, nos seguintes termos:

*a)* «Objectivo superado», a que corresponde uma pontuação de 5;

*b)* «Objectivo atingido», a que corresponde uma pontuação de 3;

*c)* «Objectivo não atingido», a que corresponde uma pontuação de 1.

4 – A pontuação final a atribuir ao parâmetro «Resultados» é a média aritmética das pontuações atribuídas aos resultados obtidos em todos os objectivos.

*Sistema Integrado de Gestão e Avaliação do Desempenho na Administração ...* 259

5 – O parâmetro relativo a «Competências» assenta em competências previamente escolhidas, para cada dirigente, em número não inferior a cinco.

6 – As competências referidas no número anterior são escolhidas, mediante acordo entre avaliador e avaliado, prevalecendo a escolha do superior hierárquico se não existir acordo, de entre as fixadas na lista constante do anexo VI da Portaria n.º 1633/2007, de 31 de Dezembro, para os correspondentes grupos de pessoal, considerando-se a referência a ministérios reportada a departamentos do Governo Regional.

7 – O dirigente máximo do serviço, ouvido o conselho coordenador da avaliação, pode estabelecer por despacho as competências a que se subordina a avaliação dos dirigentes intermédios, escolhidas de entre as constantes na lista referida no número anterior.

8 – Cada competência é valorada, através de uma escala de três níveis, nos seguintes termos:

*a)* «Competência demonstrada a um nível elevado», a que corresponde uma pontuação de 5;

*b)* «Competência demonstrada», a que corresponde uma pontuação de 3;

*c)* «Competência não demonstrada ou inexistente», a que corresponde uma pontuação de 1.

9 – A pontuação final a atribuir no parâmetro «Competências» é a média aritmética das pontuações atribuídas.

10 – Para a fixação da classificação final são atribuídas ao parâmetro «Resultados» uma ponderação mínima de 75 % e ao parâmetro «Competências» uma ponderação máxima de 25 %.

11 – A classificação final é o resultado da média ponderada das pontuações obtidas nos dois parâmetros de avaliação.

12 – As pontuações finais dos parâmetros e a avaliação final são expressas até às centésimas e, quando possível, milésimas.

13 – Por despacho do membro do Governo Regional responsável pela administração pública, devidamente fundamentado, podem ser fixadas ponderações diferentes das previstas no n.º 10 em função das especificidades dos cargos ou das atribuições dos serviços.

Artigo 34.º – **Expressão da avaliação final**

1 – A avaliação final é expressa em menções qualitativas em função das pontuações finais em cada parâmetro, nos seguintes termos:

*a) Desempenho relevante,* correspondendo a uma avaliação final de 4 a 5;

*b) Desempenho adequado,* correspondendo a uma avaliação final de desempenho positivo de 2 a 3,999;

*c) Desempenho inadequado,* correspondendo a uma avaliação final de 1 a 1,999.

2 – A atribuição da menção qualitativa de *Desempenho relevante* é obrigatoriamente objecto de apreciação pelo conselho coordenador da avaliação para efeitos de eventual reconhecimento de mérito, significando *Desempenho excelente.*

260  *Novo Estatuto da Função Pública*

3 – O reconhecimento referido no número anterior deve fundamentar-se, em regra, nos seguintes pressupostos:

*a)* O dirigente atingiu e ultrapassou todos os objectivos;

*b)* O dirigente demonstrou em permanência capacidades de liderança, de gestão e compromisso com o serviço público que podem constituir exemplo para os trabalhadores.

4 – O reconhecimento de mérito previsto nos n.os 2 e 3 e a menção qualitativa e respectiva quantificação de avaliação que fundamenta a atribuição de prémio de desempenho são objecto de publicitação no serviço pelos meios considerados mais adequados.

5 – A diferenciação de desempenhos obedece, em regra, à fixação da percentagem máxima de 25% para as menções de *Desempenho relevante* e, de entre estas, 5% do total de dirigentes intermédios do serviço para o reconhecimento do *Desempenho excelente,* podendo haver pelo menos um dirigente com tal reconhecimento no caso de a aplicação da referida percentagem resultar em número inferior à unidade.

Artigo 35.º – **Avaliadores**

1 – Os dirigentes intermédios do 1.º e 2.º grau são avaliados, consoante os casos, pelo dirigente superior ou intermédio do 1.º grau, de quem directamente dependam.

2 – Sempre que o número de unidades homogéneas dependentes do mesmo dirigente superior o justifique, este pode delegar a avaliação dos respectivos dirigentes intermédios em avaliadores para o efeito designados de categoria ou posição funcional superior aos avaliados.

3 – Por despacho do dirigente máximo do serviço podem ainda concorrer como elementos informadores da avaliação referida nos números anteriores:

*a)* A avaliação efectuada pelos restantes dirigentes intermédios do mesmo grau e, sendo do 2.º grau, dos que exercem funções na mesma unidade orgânica;

*b)* A avaliação efectuada pelos dirigentes e trabalhadores sob a sua dependência hierárquica directa.

4 – A avaliação prevista nos números anteriores obedece ao disposto no n.º 5 do artigo 27.º

Artigo 36.º – **Efeitos**

1 – A avaliação do desempenho dos dirigentes intermédios tem os efeitos previstos no respectivo estatuto, designadamente em matéria de prémios de desempenho e de renovação ou de cessação da respectiva comissão de serviço.

2 – O reconhecimento de *Desempenho excelente* em três anos consecutivos confere ao dirigente intermédio, alternativamente, o direito a:

*Sistema Integrado de Gestão e Avaliação do Desempenho na Administração ...* 261

a) Diminuição de um ponto no total exigido pelo n.º 6 do artigo 47.º da Lei n.º 12-A/2008, de 27 de Fevereiro, para efeitos de alteração da posição remuneratória, relativamente à carreira de origem do dirigente;

b) Período sabático com a duração máxima de três meses para realização de estudo sobre temática a acordar com o respectivo dirigente máximo do serviço, cujo texto final deve ser objecto de publicitação;

c) Estágio em organismo de administração pública estrangeira ou em organização internacional, devendo apresentar relatório do mesmo ao dirigente máximo;

d) Estágio em outro serviço público, organização não governamental ou entidade empresarial com actividade e métodos de gestão relevantes para a administração pública, devendo apresentar relatório do mesmo ao dirigente máximo do serviço.

3 – O período sabático e os estágios a que se refere o número anterior consideram-se, para todos os efeitos legais, como serviço efectivo.

4 – O reconhecimento de *Desempenho excelente* em três anos consecutivos confere ainda ao dirigente intermédio o direito a cinco dias de férias adicionais, no ano seguinte, ou, por opção do dirigente, à correspondente remuneração.

5 – O reconhecimento de *Desempenho relevante* em três anos consecutivos confere ao dirigente intermédio o direito a três dias de férias adicionais, no ano seguinte, ou, por opção do dirigente, à correspondente remuneração.

6 – A atribuição da menção de *Desempenho inadequado* em dois anos consecutivos, e ou a não aplicação do SIADAP-RAM 3 aos trabalhadores dependentes do dirigente intermédio por motivos que lhe sejam imputáveis, constitui fundamento para a cessação da respectiva comissão de serviço ou impedimento para a sua renovação.

7 – A inobservância não fundamentada pelo dirigente das orientações dadas pelo conselho coordenador da avaliação em sede do SIADAP-RAM 3 deve ser tida em conta na respectiva avaliação de desempenho, no parâmetro que for considerado mais adequado.

8 – Sem prejuízo do disposto nos n.ºˢ 2 a 4, os direitos neles previstos são ainda conferidos ao dirigente quando este tenha acumulado 10 pontos nas avaliações do seu desempenho, contados nos seguintes termos:

a) Três pontos por cada menção de *Desempenho excelente;*

b) Dois pontos por cada menção de *Desempenho relevante.*

9 – A regulamentação referida no n.º 10 do artigo 39.º da Lei n.º 66-B/2007, de 28 de Dezembro, será aplicável aos dirigentes intermédios dos serviços referidos no n.º 1 do artigo 2.º do presente diploma, com as adaptações que se mostrem necessárias.

10 – A atribuição do nível de *Desempenho inadequado* ao pessoal integrado em carreira em exercício de funções de direcção ou equiparadas inerentes ao conteúdo funcional da carreira, quando tal exercício não for titulado em comissão

262 *Novo Estatuto da Função Pública*

de serviço, bem como a não aplicação do SIADAP-RAM 3 ao pessoal que lhe está directamente afecto têm os efeitos previstos no artigo 50.º

Artigo 37.º – **Remissão**

Ao processo de avaliação intercalar dos dirigentes intermédios aplica-se ainda, com as necessárias adaptações, o disposto no título IV do presente diploma.

# TÍTULO IV

## Subsistema de avaliação do desempenho dos trabalhadores da administração pública regional (SIADAP-RAM 3)

## CAPÍTULO I
### Estrutura

Secção I – **Periodicidade e requisitos para avaliação**

Artigo 38.º – **Periodicidade**

A avaliação do desempenho dos trabalhadores é de carácter anual e respeita ao desempenho do ano civil anterior.

Artigo 39.º – **Requisitos funcionais para avaliação**

1 – No caso de trabalhador que, no ano civil anterior, tenha constituído relação jurídica de emprego público há menos de seis meses, o desempenho relativo a este período é objecto de avaliação conjunta com o do ano seguinte.

2 – No caso de trabalhador que, no ano civil anterior, tenha relação jurídica de emprego público com, pelo menos, seis meses e o correspondente serviço efectivo, independentemente do serviço onde o tenha prestado, o desempenho é objecto de avaliação nos termos do presente título.

3 – O serviço efectivo deve ser prestado em contacto funcional com o respectivo avaliador ou em situação que, apesar de não ter envolvido o contacto directo pelo período temporal referido no número anterior, permita, mediante autorização do conselho coordenador da avaliação, a realização de avaliação, à qual se aplica o disposto no presente diploma, com as especificidades e adaptações dos correspondentes parâmetros que se mostrem necessárias, face ao respectivo período temporal.

4 – No caso previsto no n.º 2, se no decorrer do ano civil anterior e ou período temporal de prestação de serviço efectivo se sucederem vários avalia-

dores, o que tiver competência para avaliar no momento da realização da avaliação deve recolher dos demais os contributos escritos adequados a uma efectiva e justa avaliação.

5 – Sem prejuízo do disposto no n.º 4 do artigo 25.º, o trabalhador que no ano civil anterior tenha relação jurídica de emprego público com pelo menos seis meses mas não tenha o correspondente serviço efectivo conforme definido no presente diploma ou, estando na situação prevista no n.º 3, não tenha obtido decisão favorável do conselho coordenador da avaliação, não é avaliado nos termos do presente título.

6 – No caso previsto no número anterior releva, para efeitos da respectiva carreira, a última avaliação atribuída nos termos do presente diploma ou das suas adaptações.

7 – Se o titular da relação jurídica de emprego público não tiver avaliação relevante para efeitos da aplicação do número anterior, ou se pretender a sua substituição, requer avaliação anual, feita pelo conselho coordenador da avaliação, mediante proposta de avaliador especificamente nomeado pelo dirigente máximo do serviço.

Artigo 40.º – **Ponderação curricular**

1 – A avaliação prevista no n.º 7 do artigo anterior traduz-se na ponderação do currículo do titular da relação jurídica de emprego público, em que são considerados, entre outros, os seguintes elementos:

a) As habilitações académicas e profissionais;
b) A experiência profissional e a valorização curricular;
c) O exercício de cargos dirigentes ou outros cargos ou funções de reconhecido interesse público ou relevante interesse social, designadamente actividade de dirigente sindical.

2 – Para efeitos de ponderação curricular, deve ser entregue documentação relevante que permita ao avaliador nomeado fundamentar a proposta de avaliação, podendo juntar-se declaração passada pela entidade onde são ou foram exercidas funções.

3 – A ponderação curricular é expressa através de uma valoração que respeite a escala de avaliação qualitativa e quantitativa e as regras relativas à diferenciação de desempenhos previstas no presente diploma.

4 – A ponderação curricular e a respectiva valoração são determinadas segundo critérios previamente fixados pelo conselho coordenador da avaliação, constantes em acta, que é tornada pública, que asseguram a ponderação equilibrada dos elementos curriculares previstos no n.º 1 e a consideração de reconhecido interesse público ou relevante interesse social do exercício dos cargos e funções nele referidas.

5 – Os critérios referidos no número anterior podem ser estabelecidos uniformemente para todos os serviços por despacho normativo do membro do Governo Regional responsável pela administração pública.

264     *Novo Estatuto da Função Pública*

Artigo 41.º – **Publicidade**

1 – As menções qualitativas e respectiva quantificação quando fundamentam, no ano em que são atribuídas, a mudança de posição remuneratória na carreira ou a atribuição de prémio de desempenho são objecto de publicitação, bem como as menções qualitativas anteriores que tenham sido atribuídas e que contribuam para tal fundamentação.

2 – Sem prejuízo do disposto no número anterior e de outros casos de publicitação previstos no presente diploma, os procedimentos relativos ao SIADAP-RAM 3 têm carácter confidencial, devendo os instrumentos de avaliação de cada trabalhador ser arquivados no respectivo processo individual.

3 – Com excepção do avaliado, todos os intervenientes no processo de avaliação bem como os que, em virtude do exercício das suas funções, tenham conhecimento do mesmo ficam sujeitos ao dever de sigilo.

4 – O acesso à documentação relativa ao SIADAP-RAM 3 subordina-se ao disposto no Código do Procedimento Administrativo e à legislação relativa ao acesso a documentos administrativos.

Secção II – **Metodologia de avaliação**

Artigo 42.º – **Parâmetros de avaliação**

A avaliação do desempenho dos trabalhadores integra-se no ciclo de gestão de cada serviço e incide sobre os seguintes parâmetros:

*a)* «Resultados», obtidos na prossecução de objectivos individuais em articulação com os objectivos da respectiva unidade orgânica;

*b)* «Competências», que visam avaliar os conhecimentos, capacidades técnicas e comportamentais adequadas ao exercício de uma função.

Artigo 43.º – **Resultados**

1 – O parâmetro «Resultados» decorre da verificação do grau de cumprimento dos objectivos previamente definidos, os quais:

*a)* Devem ser redigidos de forma clara e rigorosa, de acordo com os principais resultados a obter;

*b)* Devem estar alinhados com os objectivos do serviço e da unidade orgânica;

*c)* Devem respeitar a proporcionalidade entre os resultados visados, os meios disponíveis e o tempo em que são prosseguidos.

2 – Os objectivos são, designadamente:

*a)* De produção de bens e actos ou prestação de serviços, visando a eficácia na satisfação dos utilizadores;

*b)* De qualidade, orientada para a inovação, melhoria do serviço e satisfação das necessidades dos utilizadores;

*Sistema Integrado de Gestão e Avaliação do Desempenho na Administração ...*   265

c) De eficiência, no sentido da simplificação e racionalização de prazos e procedimentos de gestão processual e na diminuição de custos de funcionamento;

d) De aperfeiçoamento e desenvolvimento das competências individuais, técnicas e comportamentais do trabalhador.

3 – Podem ser fixados objectivos de responsabilidade partilhada sempre que impliquem o desenvolvimento de um trabalho em equipa ou esforço convergente para uma finalidade determinada.

4 – Anualmente, são fixados pelo menos três objectivos para cada trabalhador, adequados ao seu posto de trabalho e escolhidos de entre as áreas previstas no n.º 2.

5 – Para aferir os resultados a obter em cada objectivo são previamente estabelecidos indicadores de medida do desempenho.

Artigo 44.º – **Avaliação dos resultados atingidos**

1 – Tendo presente a medição do grau de cumprimento de cada objectivo, de acordo com os indicadores previamente estabelecidos, a avaliação dos resultados obtidos em cada objectivo é expressa em três níveis:

a) «Objectivo superado», a que corresponde uma pontuação de 5;

b) «Objectivo atingido», a que corresponde uma pontuação de 3;

c) «Objectivo não atingido», a que corresponde uma pontuação de 1.

2 – A pontuação final a atribuir ao parâmetro «Resultados» é a média aritmética das pontuações atribuídas em todos os objectivos.

3 – Embora com desempenho efectivo, sempre que se verifique a impossibilidade de prosseguir alguns objectivos previamente fixados, devido a condicionantes estranhas ao controlo dos intervenientes, e não tenha sido pos-sível renegociar novos objectivos, a avaliação deve decorrer relativamente a outros objectivos que não tenham sido prejudicados por aqueles condicionantes, sendo a respectiva ponderação distribuída pelos restantes.

4 – A avaliação dos resultados obtidos em objectivos de responsabilidade partilhada previstos no n.º 3 do artigo anterior é, em regra, idêntica para todos os trabalhadores neles envolvidos, podendo, mediante opção fundamentada do avaliador, ser feita avaliação diferenciada consoante o contributo de cada trabalhador.

Artigo 45.º – **Competências**

1 – O parâmetro relativo a «Competências» assenta em competências previamente escolhidas para cada trabalhador em número não inferior a cinco.

2 – As competências referidas no número anterior são escolhidas nos termos dos n.ºs 6 e 7 do artigo 33.º, sem prejuízo da aplicação dos modelos de perfis específicos de competências constantes de adaptação do SIADAP-RAM 3, prevista na alínea a) do n.º 1 do artigo 64.º

266      *Novo Estatuto da Função Pública*

ARTIGO 46.º – **Avaliação das competências**

1 – A avaliação de cada competência é expressa em três níveis:
a) «Competência demonstrada a um nível elevado», a que corresponde uma pontuação de 5;
b) «Competência demonstrada», a que corresponde uma pontuação de 3;
c) «Competência não demonstrada ou inexistente», a que corresponde uma pontuação de 1.

2 – A pontuação final a atribuir ao parâmetro «Competências» é a média aritmética das pontuações atribuídas às competências escolhidas para cada trabalhador.

ARTIGO 47.º – **Avaliação final**

1 – A avaliação final é o resultado da média ponderada das pontuações obtidas nos dois parâmetros de avaliação.

2 – Para o parâmetro «Resultados» é atribuída uma ponderação mínima de 60% e para o parâmetro «Competências », uma ponderação máxima de 40%.

3 – Podem ser estabelecidos limites diferentes dos fixados no número anterior, em função de carreiras gerais ou especiais ou de especificidades das atribuições de serviços ou da sua gestão, por despacho conjunto do membro do Governo Regional responsável pela área da administração pública e do membro do Governo respectivo.

4 – A avaliação final é expressa em menções qualitativas, em função das pontuações finais em cada parâmetro, nos seguintes termos:
a) *Desempenho relevante,* correspondendo a uma avaliação final de 4 a 5;
b) *Desempenho adequado,* correspondendo a uma avaliação final de desempenho positivo de 2 a 3,999;
c) *Desempenho inadequado,* correspondendo a uma avaliação final de 1 a 1,999.

5 – À avaliação final dos trabalhadores é aplicável o disposto no n.º 12 do artigo 33.º

ARTIGO 48.º – **Reconhecimento de excelência**

1 – A atribuição da menção qualitativa de *Desempenho relevante* é objecto de apreciação pelo conselho coordenador da avaliação, para efeitos de eventual reconhecimento de mérito significando *Desempenho excelente.*

2 – O reconhecimento do mérito previsto no número anterior deve fundamentar-se na análise do impacto do desempenho, evidenciando os contributos relevantes para o serviço.

3 – O reconhecimento do mérito é objecto de publicitação no serviço pelos meios internos considerados mais adequados.

4 – Para efeitos de aplicação da legislação sobre carreiras e remunerações, a avaliação máxima nela prevista corresponde à menção qualitativa de *Desempenho excelente.*

Secção III – **Efeitos da avaliação**

Artigo 49.º – **Efeitos**

1 – A avaliação do desempenho individual tem, designadamente, os seguintes efeitos:

a) Identificação de potencialidades pessoais e profissionais do trabalhador que devam ser desenvolvidas;
b) Diagnóstico de necessidades de formação;
c) Identificação de competências e comportamentos profissionais merecedores de melhoria;
d) Melhoria do posto de trabalho e dos processos a ele associados;
e) Alteração de posicionamento remuneratório na carreira do trabalhador e atribuição de prémios de desempenho, nos termos da legislação aplicável.

2 – O disposto nas alíneas a) a c) do número anterior deve ser considerado no plano de formação anual de cada serviço, de acordo com as necessidades prioritárias dos trabalhadores e a exigência dos postos de trabalho respectivos, tendo em conta os recursos disponíveis para esse efeito.

3 – O reconhecimento de *Desempenho excelente* em três anos consecutivos confere ao trabalhador, alternativamente, o direito a:

a) Diminuição de um ponto no total exigido pelo n.º 6 do artigo 47.º da Lei n.º 12-A/2008, de 27 de Fevereiro, para efeitos de alteração da posição remuneratória;
b) Período sabático com a duração máxima de três meses para realização de estudo sobre temática a acordar com o respectivo dirigente máximo do serviço, cujo texto final deve ser objecto de publicitação;
c) Estágio em organismo de administração pública estrangeira ou em organização internacional, devendo apresentar relatório do mesmo ao dirigente máximo;
d) Estágio em outro serviço público, organização não governamental ou entidade empresarial com actividade e métodos de gestão relevantes para a administração pública, devendo apresentar relatório do mesmo ao dirigente máximo do serviço;
e) Frequência de acções de formação adequada ao aprofundamento de competências profissionais.

4 – O período sabático, os estágios e as acções de formação a que se refere o número anterior consideram-se, para todos os efeitos legais, como serviço efectivo.

5 – O reconhecimento de *Desempenho excelente* em três anos consecutivos confere ainda ao trabalhador, no ano seguinte, o direito a cinco dias de férias ou, por opção do trabalhador, à correspondente remuneração.

6 – O reconhecimento de *Desempenho relevante* em três anos consecutivos confere ao trabalhador, no ano seguinte, o direito a três dias de férias ou, por opção do trabalhador, à correspondente remuneração.

268          *Novo Estatuto da Função Pública*

7 – É ainda aplicável aos trabalhadores, com as necessárias adaptações, o disposto no n.º 8 do artigo 36.º

ARTIGO 50.º – **Menção de inadequado**

1 – A atribuição da menção qualitativa de *Desempenho inadequado* deve ser acompanhada de caracterização que especifique por parâmetro os respectivos fundamentos, de modo a possibilitar decisões no sentido de:
 *a)* Analisar os fundamentos de insuficiência no desempenho e identificar as necessidades de formação e o plano de desenvolvimento profissional adequados à melhoria do desempenho do trabalhador;
 *b)* Fundamentar decisões de melhor aproveitamento das capacidades do trabalhador.

2 – As necessidades de formação identificadas devem traduzir-se em acções a incluir no plano de desenvolvimento profissional.


## CAPÍTULO II
### Intervenientes no processo de avaliação

ARTIGO 51.º – **Sujeitos**

1 – Intervêm no processo de avaliação do desempenho no âmbito de cada serviço:
 *a)* O avaliador;
 *b)* O avaliado;
 *c)* O conselho coordenador da avaliação;
 *d)* A comissão paritária;
 *e)* O dirigente máximo do serviço.

2 – A ausência ou impedimento de avaliador directo não constitui fundamento para a falta de avaliação.


ARTIGO 52.º – **Avaliador**

1 – A avaliação é da competência do superior hierárquico imediato ou, na sua ausência ou impedimento, do superior hierárquico de nível seguinte, cabendo ao avaliador:
 *a)* Negociar os objectivos com o avaliado, de acordo com os objectivos e resultados fixados para a sua unidade orgânica ou em execução das respectivas competências, e fixar os indicadores de medida do desempenho, designadamente os critérios de superação de objectivos, no quadro das orientações gerais fixadas pelo conselho coordenador da avaliação;
 *b)* Rever regularmente com o avaliado os objectivos anuais negociados, ajustá-los, se necessário, e reportar ao avaliado a evolução do seu desempenho e possibilidades de melhoria;

*Sistema Integrado de Gestão e Avaliação do Desempenho na Administração ...* 269

c) Negociar as competências que integram o segundo parâmetro de avaliação, nos termos da alínea b) do artigo 42.º e do artigo 45.º;

d) Avaliar anualmente os trabalhadores directamente subordinados, assegurando a correcta aplicação dos princípios integrantes da avaliação;

e) Ponderar as expectativas dos trabalhadores no processo de identificação das respectivas necessidades de desenvolvimento;

f) Fundamentar as avaliações de *Desempenho relevante* e *Desempenho inadequado,* para os efeitos previstos na presente lei.

2 – O superior hierárquico imediato deve recolher e registar os contributos que reputar adequados e necessários a uma justa avaliação, designadamente quando existam trabalhadores com responsabilidade efectiva de acompanhamento e orientação sobre o trabalho desenvolvido pelos avaliados.

Artigo 53.º – **Avaliado**

1 – Em cumprimento dos princípios enunciados no presente diploma, o avaliado tem direito:

a) A que lhe sejam garantidos os meios e condições necessários ao seu desempenho em harmonia com os objectivos e resultados que tenha contratualizado;

b) À avaliação do seu desempenho;

c) Ao acesso ao material utilizado no seu processo de avaliação, designadamente o referido no n.º 2 do artigo anterior e os indicadores de medida utilizados.

2 – Constituem deveres do avaliado:

a) Proceder à respectiva auto-avaliação, como garantia de envolvimento activo e responsabilização no processo de avaliação;

b) Negociar com o avaliador a fixação dos objectivos e das competências que constituem parâmetros de avaliação e respectivos indicadores de medida.

3 – Os dirigentes dos serviços são responsáveis pela aplicação e divulgação aos avaliados, em tempo útil, do sistema de avaliação, garantindo o cumprimento dos seus princípios e a diferenciação do mérito.

4 – É garantido aos avaliados o conhecimento dos objectivos, fundamentos, conteúdo e funcionamento do sistema de avaliação.

5 – É garantido ao avaliado o direito de reclamação, de recurso e de impugnação jurisdicional.

Artigo 54.º – **Conselho coordenador da avaliação**

1 – Junto do dirigente máximo de cada serviço funciona um conselho coordenador da avaliação, ao qual compete:

a) Estabelecer as directrizes necessárias para uma aplicação objectiva e harmónica do SIADAP-RAM 2 e do SIADAP-RAM 3, tendo em consideração os documentos que integram o ciclo de gestão referido no n.º 2 do artigo 7.º;

b) Estabelecer as orientações gerais em matéria de fixação de objectivos, de escolha de competências e de indicadores de medida, com especial ênfase para os relativos à caracterização da situação de superação de objectivos;

c) Estabelecer, se necessário, o número máximo de objectivos e de competências a que se deve subordinar a avaliação de desempenho, podendo fazê-lo para todos os trabalhadores do serviço ou, quando se justifique, por unidade orgânica ou por carreira;

d) Garantir o rigor e a diferenciação de desempenhos do SIADAP-RAM 2 e do SIADAP-RAM 3, cabendo-lhe validar as avaliações de *Desempenho relevante* e *Desempenho inadequado,* bem como proceder ao reconhecimento do *Desempenho excelente;*

e) Emitir parecer sobre as reclamações dos avaliados;

f) Exercer as demais competências que, por lei ou regulamento, lhe são cometidas.

2 – O conselho coordenador da avaliação é presidido pelo dirigente máximo do organismo e integra todos os dirigentes de nível superior e todos ou alguns dirigentes de nível intermédio do 1.º grau, conforme o que for determinado por despacho do dirigente máximo do organismo, incluindo obrigatoriamente o responsável pela área dos recursos humanos, não podendo ter um número inferior a três elementos.

3 – Nos casos de impossibilidade de constituição do conselho de coordenação da avaliação nos termos referidos no número anterior, será o mesmo presidido pelo dirigente máximo do serviço e integrará outros dirigentes independentemente do respectivo nível e grau dos mesmos e, na falta destes, trabalhadores com responsabilidades de coordenação de pessoal, em qualquer dos casos designados internamente por despacho do dirigente máximo do organismo.

4 – Nos serviços de grande dimensão, sem prejuízo da existência do conselho coordenador da avaliação nos termos dos números anteriores, para efeitos de operacionalização do seu funcionamento, podem ser criadas secções autónomas presididas pelo dirigente máximo do serviço, compostas por um número res-trito de dirigentes, exercendo as competências previstas nas alíneas d) e e) do n.º 1.

5 – A presidência do conselho coordenador da avaliação ou das secções autónomas previstas no número anterior pode ser delegada nos termos da lei.

6 – Excepcionalmente, sempre que a estrutura orgânica dos serviços envolvidos assim o recomendar, poderá constituir-se, por despacho do membro do Governo Regional respectivo, um conselho de coordenação da avaliação comum a esses serviços.

7 – Sem prejuízo do disposto no n.º 3, tratando-se do desempenho de dirigentes intermédios, o conselho coordenador da avaliação não pode integrar trabalhadores ou dirigentes intermédios de nível inferior ao do avaliado.

*Sistema Integrado de Gestão e Avaliação do Desempenho na Administração ...* 271

8 – Na impossibilidade de composição do conselho coordenador da avaliação na situação prevista no número anterior, será o mesmo constituído pelos dirigentes máximos dos organismos dependentes do respectivo departamento do Governo Regional.

9 – Às reuniões do conselho coordenador da avaliação aplicam-se as disposições do Código do Procedimento Administrativo relativas às garantias de imparcialidade, nomeadamente o disposto no seu artigo 44.º

ARTIGO 55.º – **Comissão paritária**

1 – Junto do dirigente máximo de cada serviço funciona uma comissão paritária com competência consultiva para apreciar propostas de avaliação dadas a conhecer a trabalhadores avaliados, antes da homologação.

2 – A comissão paritária é composta por quatro vogais efectivos, sendo dois representantes da administração, um dos quais membro do conselho coordenador da avaliação, designados pelo dirigente máximo do serviço, e dois representantes dos trabalhadores por estes eleitos.

3 – Nos serviços de grande dimensão podem ser constituídas várias comissões paritárias, em que os representantes da administração são designados de entre os membros das secções autónomas previstas no n.º 4 do artigo anterior e os representantes dos trabalhadores eleitos pelos universos de trabalhadores que correspondam à competência daquelas secções autónomas.

4 – Os vogais representantes da administração são designados em número de quatro, pelo período de dois anos, sendo dois efectivos, um dos quais orienta os trabalhos da comissão, e dois suplentes.

5 – Os vogais representantes dos trabalhadores são eleitos, pelo período de dois anos, em número de seis, sendo dois efectivos e quatro suplentes, através de escrutínio secreto pelos trabalhadores que constituem o universo de trabalhadores de todo o serviço ou de parte dele, nos termos do n.º 3.

6 – O processo de eleição dos vogais representantes dos trabalhadores deve decorrer em Dezembro e é organizado nos termos de despacho do dirigente máximo do serviço que é publicitado na respectiva página electrónica, do qual devem constar, entre outros, os seguintes pontos:

*a)* Data limite para indicação, pelos trabalhadores, dos membros da mesa ou mesas de voto, referindo expressamente que, na ausência dessa indicação, os mesmos são designados pelo dirigente competente até quarenta e oito horas antes da realização do acto eleitoral;

*b)* Número de elementos da mesa ou mesas de voto, o qual não deve ser superior a cinco por cada mesa, incluindo os membros suplentes;

*c)* Data do acto eleitoral;

*d)* Período e local do funcionamento das mesas de voto;

*e)* Data limite da comunicação dos resultados ao dirigente respectivo;

*f)* Dispensa dos membros das mesas do exercício dos seus deveres funcionais no dia em que tem lugar a eleição, sendo igualmente concedidas facilidades aos restantes trabalhadores pelo período estritamente indispensável para o exercício do direito de voto.

7 – A não participação dos trabalhadores na eleição implica a não constituição da comissão paritária sem, contudo, obstar ao prosseguimento do processo de avaliação, entendendo-se como irrelevantes quaisquer pedidos de apreciação por esse órgão.

8 – Os vogais efectivos são substituídos pelos vogais suplentes quando tenham de interromper o respectivo mandato ou sempre que a comissão seja chamada a pronunciar-se sobre processos em que aqueles tenham participado como avaliados ou avaliadores.

9 – Quando se verificar a interrupção do mandato de pelo menos metade do número de vogais efectivos e suplentes, representantes da administração, por um lado, ou eleitos em representação dos avaliados, por outro, os procedimentos previstos nos n.$^{os}$ 4 e 5 podem ser repetidos, se necessário, por uma única vez e num prazo de cinco dias.

10 – Nos casos do número anterior, os vogais designados ou eleitos para preenchimento das vagas completam o mandato daqueles que substituem, passando a integrar a comissão até ao termo do período de funcionamento desta.

11 – Nas situações previstas no n.º 9, a impossibilidade comprovada de repetição dos procedimentos referidos não é impeditiva do prosseguimento do processo de avaliação, entendendo-se como irrelevantes quaisquer pedidos de apreciação pela comissão paritária.

ARTIGO 56.º – **Dirigente máximo do serviço**

1 – Compete ao dirigente máximo do serviço:

a) Garantir a adequação do sistema de avaliação do desempenho às realidades específicas do serviço;

b) Coordenar e controlar o processo de avaliação anual de acordo com os princípios e regras definidos no presente diploma;

c) Fixar níveis de ponderação dos parâmetros de avaliação, nos termos do presente diploma;

d) Assegurar o cumprimento das regras estabelecidas no presente diploma em matéria de diferenciação de desempenhos;

e) Homologar as avaliações anuais;

f) Decidir das reclamações dos avaliados;

g) Assegurar a elaboração do relatório anual da avaliação do desempenho, que integra o relatório de actividades do serviço;

h) Exercer as demais competências que lhe são cometidas pelo presente diploma.

2 – Quando o dirigente máximo não homologar as avaliações atribuídas pelos avaliadores ou pelo conselho coordenador da avaliação, no caso previsto no n.º 5 do artigo 65.º, atribui nova menção qualitativa e respectiva quantificação, com a respectiva fundamentação.

*Sistema Integrado de Gestão e Avaliação do Desempenho na Administração ...* 273

3 – A competência prevista na alínea *e)* do n.º 1 pode ser delegada nos demais dirigentes superiores do serviço.

## CAPÍTULO III
### Processo de avaliação

ARTIGO 57.º – **Fases**

O processo de avaliação comporta as seguintes fases:
a) Planeamento do processo de avaliação e definição de objectivos e resultados a atingir;
b) Realização da auto-avaliação e da avaliação;
c) Harmonização das propostas de avaliação;
d) Reunião entre avaliador e avaliado para avaliação de desempenho, contratualização dos objectivos e respectivos indicadores e fixação das competências;
e) Validação de avaliações e reconhecimentos de *Desempenho excelente;*
f) Apreciação do processo de avaliação pela comissão paritária;
g) Homologação;
h) Reclamação e outras impugnações;
i) Monitorização e revisão dos objectivos.

ARTIGO 58.º – **Planeamento**

1 – O planeamento do processo de avaliação, definição de objectivos e fixação dos resultados a atingir obedece às seguintes regras:
a) O processo é da iniciativa e responsabilidade do dirigente máximo do serviço e deve decorrer das orientações fundamentais dos documentos que integram o ciclo de gestão, das competências de cada unidade orgânica e da gestão articulada de actividades, centrada na arquitectura transversal dos processos internos de produção;
b) A definição de objectivos e resultados a atingir pelas unidades orgânicas deve envolver os respectivos dirigentes, chefias e trabalhadores, assegurando a uniformização de prioridades e alinhamento interno da actividade do serviço com os resultados a obter, a identificação e satisfação do interesse público e das necessidades dos utilizadores;
c) A planificação em cascata, quando efectuada, deve evidenciar o contributo de cada unidade orgânica para os resultados finais pretendidos para o serviço.

2 – No planeamento do processo de avaliação pode ainda incluir-se a definição de orientações sobre a observância das percentagens relativas à diferenciação de desempenhos.

3 – O planeamento dos objectivos e resultados a atingir pelo serviço é tomado em consideração pelo conselho coordenador da avaliação no esta-

274 *Novo Estatuto da Função Pública*

belecimento das orientações que forem necessárias para uma aplicação objectiva e harmónica do sistema de avaliação do desempenho, para a fixação de indicadores, em particular os relativos à superação de objectivos, e para validar as avaliações de *Desempenho relevante* e *Desempenho inadequado,* bem como o reconhecimento de *Desempenho excelente.*

4 – Na fase de planeamento estabelecem-se as articulações necessárias na aplicação dos vários subsistemas que constituem o SIADAP, nomeadamente visando o alinhamento dos objectivos do serviço, dos dirigentes e demais trabalhadores.

5 – A fase de planeamento deve decorrer no último trimestre de cada ano civil.

ARTIGO 59.º – **Auto-avaliação e avaliação**

1 – A auto-avaliação tem como objectivo envolver o avaliado no processo de avaliação e identificar oportunidades de desenvolvimento profissional.

2 – A auto-avaliação é obrigatória e concretiza-se através de preenchimento de ficha própria, a analisar pelo avaliador, se possível conjuntamente com o avaliado, com carácter preparatório à atribuição da avaliação, não constituindo componente vinculativa da avaliação de desempenho.

3 – A avaliação é efectuada pelo avaliador nos termos do presente diploma, das orientações transmitidas pelo conselho coordenador da avaliação e em função dos parâmetros e respectivos indicadores de desempenho e é presente àquele conselho para efeitos de harmonização de propostas de atribuição de menções de *Desempenho relevante* ou *Desempenho inadequado* ou de reconhecimento de *Desempenho excelente.*

4 – A auto-avaliação e a avaliação devem decorrer na 1.ª quinzena de Janeiro.

5 – A auto-avaliação é solicitada pelo avaliador ou entregue por iniciativa do avaliado.

ARTIGO 60.º – **Harmonização de propostas de avaliação**

Na 2.ª quinzena de Janeiro realizam-se as reuniões do conselho coordenador da avaliação, para proceder à análise das propostas de avaliação e à sua harmonização, de forma a verificar o cumprimento das percentagens relativas à diferenciação de desempenhos transmitindo, se for necessário, novas orientações aos avaliadores, na sequência das previstas no n.º 2 do artigo 58.º, e iniciar o processo que conduz à validação dos desempenhos relevantes e desempenhos inadequados e de reconhecimento dos desempenhos excelentes.

ARTIGO 61.º – **Reunião de avaliação**

1 – Durante o mês de Fevereiro e após a harmonização referida no artigo anterior, realizam-se as reuniões dos avaliadores com cada um dos respectivos avaliados, tendo como objectivo dar conhecimento da avaliação.

Sistema Integrado de Gestão e Avaliação do Desempenho na Administração ... 275

2 – No decurso da reunião, avaliador e avaliado devem analisar conjuntamente o perfil de evolução do trabalhador, identificar as suas expectativas de desenvolvimento bem como abordar os demais efeitos previstos no artigo 49.º

3 – Em articulação com o plano de actividades aprovado para o novo ciclo de gestão e considerando os objectivos fixados para a respectiva unidade orgânica, no decurso da reunião são contratualizados os parâmetros de avaliação nos termos dos artigos seguintes.

4 – A reunião de avaliação é marcada pelo avaliador ou requerida pelo avaliado.

5 – No caso de o requerimento acima referido não obter resposta no prazo de cinco dias úteis, traduzida em marcação de reunião, pode o avaliado requerer ao dirigente máximo a referida marcação.

6 – No caso de não ser marcada reunião nos termos do número anterior, o avaliado pode requerer ao membro do Governo competente que estabeleça as orientações necessárias ao atempado cumprimento do disposto no presente diploma.

7 – A situação prevista nos números anteriores é considerada para efeitos de avaliação dos dirigentes envolvidos.

Artigo 62.º – **Contratualização dos parâmetros**

1 – No início de cada período anual de avaliação, no começo do exercício de um novo cargo ou função, bem como em todas as circunstâncias em que seja possível a fixação de objectivos a atingir, é efectuada reunião entre avaliador e avaliado destinada a fixar e registar na ficha de avaliação tais objectivos e as competências a demonstrar, bem como os respectivos indicadores de medida e critérios de superação.

2 – A reunião de negociação referida no número anterior deve ser precedida de reunião de análise do dirigente com todos os avaliados que integrem a respectiva unidade orgânica ou equipa, sendo a mesma obrigatória quando existirem objectivos partilhados decorrentes de documentos que integram o ciclo de gestão.

Artigo 63.º – **Contratualização de objectivos**

Sem prejuízo do disposto no artigo 43.º, a contratualização de objectivos a atingir efectua-se de acordo com as seguintes regras:

*a)* Os objectivos a atingir por cada trabalhador devem ser acordados entre avaliador e avaliado no início do período da avaliação, prevalecendo, em caso de discordância, a posição do avaliador;

*b)* A identificação de resultados de aperfeiçoamento e desenvolvimento individual do trabalhador é obrigatória num dos objectivos, quando resulte de diagnóstico efectuado no âmbito de avaliação do desempenho classificado como *Desempenho inadequado;*

276 *Novo Estatuto da Função Pública*

*c)* Os objectivos de aperfeiçoamento e desenvolvimento do trabalhador podem ser de âmbito relacional, de atitudes ou de aquisição de competências técnicas e de métodos de trabalho.

Artigo 64.º – **Contratualização de competências**

1 – Sem prejuízo do disposto no artigo 45.º, a fixação de competências a avaliar efectua-se de acordo com as seguintes regras:

*a)* As competências a desenvolver pelos trabalhadores são definidas e listadas em perfis específicos, decorrentes da análise e qualificação das funções correspondentes à respectiva carreira, categoria, área funcional ou posto de trabalho, e concretizam-se nos modelos específicos de adaptação do SIADAP-RAM 3;

*b)* A identificação das competências a demonstrar no desempenho anual de cada trabalhador é efectuada de entre as relacionadas com a respectiva carreira, categoria, área funcional ou posto de trabalho, preferencialmente por acordo entre os intervenientes na avaliação.

2 – A selecção das competências a avaliar é efectua da de entre as constantes da lista a que se refere o n.º 6 do artigo 33.º sempre que se não verifique o previsto na alínea *a)* do número anterior, traduzida nos instrumentos regulamentares de adaptação do SIADAP-RAM.

Artigo 65.º – **Validações e reconhecimentos**

1 – Na sequência das reuniões de avaliação, previstas no artigo 61.º, realizam-se as reuniões do conselho coordenador da avaliação tendo em vista:

*a)* A validação das propostas de avaliação com menções de *Desempenho relevante* e de *Desempenho inadequado;*

*b)* A análise do impacto do desempenho, designadamente para efeitos de reconhecimento de *Desempenho excelente.*

2 – O reconhecimento de *Desempenho excelente* implica declaração formal do conselho coordenador da avaliação.

3 – Em caso de não validação da proposta de avaliação, o conselho coordenador da avaliação devolve o processo ao avaliador, acompanhado da fundamentação da não validação, para que aquele, no prazo que lhe for determinado, reformule a proposta de avaliação.

4 – No caso de o avaliador decidir manter a proposta anteriormente formulada, deve apresentar fundamentação adequada perante o conselho coordenador da avaliação.

5 – No caso de o conselho coordenador da avaliação não acolher a proposta apresentada nos termos do número anterior, estabelece a proposta final de avaliação, que transmite ao avaliador, para que este dela dê conhecimento ao avaliado e remeta, por via hierárquica, para homologação.

## Artigo 66.º – **Apreciação pela comissão paritária**

1 – O trabalhador avaliado, após tomar conhecimento da proposta de avaliação que será sujeita a homologação, pode requerer ao dirigente máximo do serviço, no prazo de 10 dias úteis, que o seu processo seja submetido a apreciação da comissão paritária, apresentando a fundamentação necessária para tal apreciação.

2 – O requerimento deve ser acompanhado da documentação que suporte os fundamentos do pedido de apreciação.

3 – A audição da comissão paritária não pode, em caso algum, ser recusada.

4 – A comissão paritária pode solicitar ao avaliador, ao avaliado ou, sendo o caso, ao conselho coordenador da avaliação os elementos que julgar convenientes para o seu melhor esclarecimento, bem como convidar o avaliador ou avaliado a expor a sua posição, por uma única vez, em audição, cuja duração não poderá exceder trinta minutos.

5 – A apreciação da comissão paritária é feita no prazo de 10 dias úteis contado a partir da data em que tenha sido solicitada e expressa-se através de relatório fundamentado com proposta de avaliação.

6 – O relatório previsto no número anterior é subscrito por todos os vogais e, no caso de não se verificar consenso, deve conter as propostas alternativas apresentadas e respectiva fundamentação.

## Artigo 67.º – **Homologação das avaliações**

A homologação das avaliações de desempenho deve ser efectuada até 30 de Março, dela devendo ser dado conhecimento ao avaliado no prazo de cinco dias úteis.

## Artigo 68.º – **Reclamação**

1 – O prazo para apresentar reclamação do acto de homologação é de 10 dias úteis a contar da data do seu conhecimento, devendo a respectiva decisão ser proferida no prazo máximo de 15 dias úteis, obtido o parecer prévio do conselho coordenador da avaliação.

2 – O avaliado tem o direito de aceder, gratuitamente, aos documentos relativos à sua avaliação, designadamente, através da consulta e ou da obtenção de fotocópias, as quais lhe deverão ser facultadas no prazo de cinco dias úteis.

3 – No caso de o avaliado solicitar a consulta ou fotocópias dos documentos relativos à sua avaliação, o prazo referido no n.º 1 suspende-se, recomeçando a contar-se a partir do dia em que aquelas lhe sejam facultadas.

4 – Na decisão sobre reclamação, o dirigente máximo tem em conta os fundamentos apresentados pelo avaliado e pelo avaliador, bem como o parecer do conselho coordenador da avaliação.

5 – Em caso de ausência de resposta à reclamação no prazo referido no n.º 1, deve a mesma considerar-se indeferida.

278    *Novo Estatuto da Função Pública*

ARTIGO 69.º – **Outras impugnações**

1 – Do acto de homologação e da decisão sobre reclamação cabe impugnação administrativa, por recurso hierárquico ou tutelar, ou impugnação jurisdicional, nos termos gerais.

2 – A decisão administrativa ou jurisdicional favorável confere ao trabalhador o direito a ver revista a sua avaliação ou a ser-lhe atribuída nova avaliação.

3 – Sempre que não for possível a revisão da avaliação, designadamente por substituição superveniente do avaliador, é competente para o efeito o novo superior hierárquico ou o dirigente máximo do serviço, a quem cabe proceder a nova avaliação.

ARTIGO 70.º – **Monitorização**

1 – No decorrer do período de avaliação, são adoptados os meios adequados à monitorização dos desempenhos e efectuada a respectiva análise conjunta, entre avaliador e avaliado ou no seio da unidade orgânica, de modo a viabilizar:

*a)* A reformulação dos objectivos e dos resultados a atingir, nos casos de superveniência de condicionantes que impeçam o previsto desenrolar da actividade;

*b)* A clarificação de aspectos que se mostrem úteis ao futuro acto de avaliação;

*c)* A recolha participada de reflexões sobre o modo efectivo do desenvolvimento do desempenho, como acto de fundamentação da avaliação final.

2 – O disposto no número anterior é realizado por iniciativa do avaliador ou a requerimento do avaliado.

ARTIGO 71.º – **Diferenciação de desempenhos**

1 – Sem prejuízo do disposto na alínea *a)* do artigo 24.º, a diferenciação de desempenhos é garantida, em regra, pela fixação da percentagem máxima de 25% para as avaliações finais qualitativas de *Desempenho relevante* e de, entre estas, 5% do total dos trabalhadores para o reconhecimento de *Desempenho excelente*.

2 – As percentagens previstas no número anterior incidem sobre o número de trabalhadores previstos nos n.os 2 a 7 do artigo 39.º, com aproximação por excesso, quando necessário, e devem, em regra, ser distribuídas proporcionalmente por todas as carreiras.

3 – As percentagens referidas nos n.os 1 e 2 devem ser do conhecimento de todos os avaliados.

4 – O número de objectivos e competências a fixar nos parâmetros de avaliação e respectivas ponderações devem ser previamente estabelecidos, nos

termos da presente lei, designadamente nos termos previstos na alínea *c*) do n.º 1 do artigo 54.º, tendo em conta a necessidade de assegurar uma adequada diferenciação de desempenhos.

5 – Sem prejuízo do disposto no artigo 56.º, ao dirigente máximo do serviço cabe assegurar o cumprimento do que estatui o presente artigo.

## TÍTULO V
### Suporte do sistema de avaliação do desempenho e acções de controlo

ARTIGO 72.º – **Gestão e acompanhamento do SIADAP-RAM 2 e do SIADAP-RAM 3**

1 – O disposto no presente diploma em matéria de processos de avaliação e respectivos instrumentos de suporte não impede o seu cumprimento em versão electrónica e, quando for o caso, com utilização de assinaturas digitais.

2 – No final do período de avaliação, cada organismo deve apresentar ao membro do Governo Regional da tutela o relatório anual sobre a aplicação do SIADAP-RAM 2 e do SIADAP-RAM 3, sem referências nominativas, que evidencie o cumprimento das regras estabelecidas no presente diploma, nomeadamente através da indicação das classificações atribuídas pelas diferentes carreiras.

3 – O relatório referido no número anterior será divulgado nos respectivos serviços.

4 – Do relatório referido no n.º 2, será elaborado, através dos gabinetes dos membros do Governo Regional, um relatório síntese da forma como o SIADAP-RAM 2 e o SIADAP-RAM 3 foram aplicados no âmbito do respectivo departamento governamental, o qual deverá ser enviado em suporte informático à Direcção Regional da Administração Pública e Local.

5 – Os dados globais da aplicação do SIADAP-RAM são publicitados na página electrónica do organismo com competência em matéria de administração pública.

ARTIGO 73.º – **Acções de controlo**

1 – Cabe aos órgãos com funções de auditoria e controlo interno proceder, nos respectivos departamentos governamentais, à avaliação da forma como os subsistemas de avaliação do desempenho são aplicados.

2 – No caso de não existir o órgão referido no número anterior, pode, por despacho do membro do Governo Regional respectivo, ser indicado o serviço que nesse departamento exercerá aquelas competências.

3 – Compete ao órgão inspectivo definido na alínea *b*) do n.º 3 do artigo 16.º realizar auditorias de avaliação sobre a aplicação do SIADAP-RAM nos organismos da administração pública regional.

# TÍTULO VI
## Disposições transitórias e finais

## CAPÍTULO I
### Disposições transitórias

ARTIGO 74.º – **Estratégia de aplicação**

1 – Até 30 de Novembro de cada ano, os serviços iniciam ou prosseguem a construção da estrutura do SIADAP-RAM 1 prevista no artigo 9.º e, no quadro das orientações fixadas pelos respectivos membros do Governo Regional, propõem os objectivos a prosseguir no ano seguinte e estabelecem os indicadores de desempenho e respectivas fontes de verificação.

2 – Os serviços que, nos diferentes departamentos governamentais, são competentes em matéria de planeamento, estratégia e avaliação acompanham e validam, nos termos da presente lei, o cumprimento do disposto no número anterior.

3 – Até 15 de Dezembro de cada ano, os membros do Governo Regional referidos no n.º 1 aprovam os objectivos anuais de cada serviço.

4 – A avaliação do desempenho referente ao ano de 2010 faz-se de acordo com o regime previsto no presente diploma, devendo dar-se cumprimento ao disposto nos n.ºs 1 e 3 no ano de 2009, tendo em vista a avaliação a atribuir em 2011.

5 – A avaliação do desempenho efectuada nos termos dos números anteriores abrange, relativamente aos dirigentes intermédios e demais trabalhadores, todo o serviço prestado no ano de 2010 assim como o serviço prestado e não classificado de 2009.

6 – Nos serviços que disponham de um sistema de avaliação de desempenho específico, a avaliação referente ao ano de 2010 efectua-se de acordo com esses sistemas, até à sua revisão para adaptação nos termos do artigo 3.º, a qual deverá efectivar-se até ao final do ano de 2011, sob pena de caducidade.

## CAPÍTULO II
### Disposições finais

ARTIGO 75.º – **Extensão do âmbito de aplicação**

1 – O SIADAP-RAM 3 é também aplicável, com as necessárias adaptações, aos trabalhadores de pessoas colectivas que se encontrem excluídas do seu âmbito de aplicação, que detivessem a qualidade de funcionário ou agente antes da entrada em vigor da Lei n.º 12-A/2008, de 27 de Fevereiro.

*Sistema Integrado de Gestão e Avaliação do Desempenho na Administração ...* 281

2 – O disposto no número anterior não prejudica a prevalência de sistemas de avaliação específicos, desde que respeitem os princípios, objectivos e critérios de diferenciação de desempenhos estabelecidos no SIADAP-RAM.

ARTIGO 76.º – **Critérios de desempate**

Quando, para os efeitos previstos na lei, for necessário proceder a desempate entre trabalhadores ou dirigentes que tenham a mesma classificação final na avaliação de desempenho, releva consecutivamente a avaliação obtida no parâmetro «Resultados», a avaliação de desempenho imediatamente anterior na vertente quantitativa, o tempo de serviço relevante na carreira e no exercício de funções públicas.

ARTIGO 77.º – **Avaliações anteriores e conversão de resultados**

1 – Nas situações previstas na lei em que seja necessário ter em conta a avaliação de desempenho ou a classificação de serviço e, em concreto, devam ser tidos em conta os resultados da aplicação de diversos sistemas de avaliação, é usada, para conversão de valores quantitativos, a escala do SIADAP-RAM, devendo ser convertidas proporcionalmente para esta quaisquer outras escalas utilizadas, com aproximação por defeito, quando necessário.

2 – Nas situações previstas no número anterior, em que só tenha havido atribuição de menção qualitativa ou atribuição de valores quantitativos não sujeitos a percentagens de diferenciação de desempenhos, é realizada ponderação curricular, nos termos do artigo 40.º, por avaliador designado pelo dirigente máximo do serviço.

3 – No caso previsto nos n.ºˢ 5 e 6 do artigo 39.º releva ainda, para efeitos da respectiva carreira, a última avaliação atribuída nos termos:

a) Do SIADAP aprovado pela Lei n.º 10/2004, de 22 de Março, e regulamentado pelo Decreto Legislativo Regional n.º 11/2005/M, de 29 de Junho;

b) Dos sistemas de avaliação aprovados ao abrigo do artigo 21.º da lei referida na alínea anterior que estabeleçam percentagens de diferenciação em observância do princípio de diferenciação de desempenhos consagrado no artigo 15.º do mesmo diploma legal;

c) Do n.º 3 do artigo 2.º da Lei n.º 15/2006, de 26 de Abril.

4 – No caso de quem não tenha avaliação do desempenho por motivo que não lhe seja imputável, pode ser requerida a ponderação curricular, nos termos do artigo 40.º, a realizar por avaliador designado pelo dirigente máximo do serviço.

5 – As avaliações obtidas pelos dirigentes intermédios e trabalhadores ao abrigo da Lei n.º 10/2004, de 22 de Março, regulamentada, na Região Autónoma da Madeira, pelo Decreto Legislativo Regional n.º 11/2005/M, de 29 de Junho, relevam, consoante os casos, para os efeitos previstos nos n.ºˢ 2, 4, 5 e 8 do artigo 36.º e nos n.ºˢ 3, 5, 6 e 7 do artigo 49.º, reportando-se a avaliação de *Excelente* e *Muito bom,* respectivamente, a *Desempenho excelente* e *Desempenho relevante.*

## Artigo 78.º – **Remissão**

Os modelos de fichas de auto-avaliação, de avaliação, de monitorização do desempenho, de reformulação de objectivos, bem como as listas de competências, são os constantes da Portaria n.º 1633/2007, de 31 de Dezembro, considerando-se reportadas aos departamentos do Governo Regional as referências a ministérios ou a entidades da administração central.

## Artigo 79.º – **Revogação**

1 – São revogados:
*a)* O Decreto Legislativo Regional n.º 11/2005/M, de 29 de Junho;
*b)* A Portaria n.º 54/2006, de 24 de Maio.

2 – As revogações referidas no número anterior produzem-se aquando da aplicação da avaliação do desempenho na administração regional autónoma da Madeira, nos termos previstos no presente diploma.

3 – O disposto nos números anteriores não prejudica a aplicação dos diplomas ali referidos relativamente aos desempenhos prestados até 2011, no caso de serviços que disponham de sistemas de avaliação específicos derivados daquele decreto legislativo regional.

## Artigo 80.º – **Entrada em vigor**

O presente diploma entra em vigor no dia seguinte ao da sua publicação.

Aprovado em sessão plenária da Assembleia Legislativa da Região Autónoma da Madeira em 28 de Julho de 2009.

O Presidente da Assembleia Legislativa, *José Miguel Jardim d'Olival Mendonça.*

Assinado em 11 de Agosto de 2009.

Publique-se.

O Representante da República para a Região Autónoma da Madeira, *Antero Alves Monteiro Diniz.*

# REGIMES DE VINCULAÇÃO, DE CARREIRAS E DE REMUNERAÇÕES DOS TRABALHADORES QUE EXERCEM FUNÇÕES PÚBLICAS

## Lei n.º 12-A/2008, de 27 de Fevereiro

**(Rectificada pela Declaração de Rectificação n.º 22-A/2008, de 24 de Abril, alterada pela Lei n.º 64-A/2008, de 31 de Dezembro, e complementada pelo Dec.-Lei n.º 269/2009, de 30 de Setembro)**

A Assembleia da República decreta, nos termos da alínea *c*) do artigo 161.º da Constituição, o seguinte:

## TÍTULO I
### Objecto e âmbito de aplicação

ARTIGO 1.º – **Objecto**

1 – A presente lei define e regula os regimes de vinculação, de carreiras e de remunerações dos trabalhadores que exercem funções públicas.

2 – Complementarmente, a presente lei define o regime jurídico-funcional aplicável a cada modalidade de constituição da relação jurídica de emprego público.

ARTIGO 2.º – **Âmbito de aplicação subjectivo**

1 – A presente lei é aplicável a todos os trabalhadores que exercem funções públicas, independentemente da modalidade de vinculação e de constituição da relação jurídica de emprego público ao abrigo da qual exercem as respectivas funções.

2 – A presente lei é também aplicável, com as necessárias adaptações, aos actuais trabalhadores com a qualidade de funcionário ou agente de pessoas colectivas que se encontrem excluídas do seu âmbito de aplicação objectivo.

3 – Sem prejuízo do disposto nas alíneas *a*) e e) do n.º 1 do artigo 10.º, a presente lei não é aplicável aos militares das Forças Armadas e da Guarda Nacional Republicana, cujos regimes de vinculação, de carreiras e de remunerações constam de leis especiais.

4 – As leis especiais de revisão dos regimes de vinculação, de carreiras e de remunerações referidas no número anterior obedecem aos princípios subjacentes aos artigos 4.º a 8.º, n.ᵒˢ 1 a 3 do artigo 9.º, artigos 25.º a 31.º, 40.º e 41.º, n.ᵒˢ 1 a 4 do artigo 42.º, n.ᵒˢ 1 e 2 do artigo 43.º, n.º 1 do artigo 45.º, artigos 46.º, 47.º e 50.º, n.ᵒˢ 1 e 3 do artigo 66.º, artigo 67.º, n.ᵒˢ 1 e 2 do artigo 68.º, n.º 1 do artigo 69.º, artigos 70.º, 72.º, 73.º, 76.º a 79.º, 83.º e 84.º, n.º 1 do artigo 88.º, artigos 101.º a 103.º, n.ᵒˢ 1 a 3 do artigo 104.º, artigo 109.º, n.º 1 do artigo 112.º, artigos 113.º e 114.º, n.ᵒˢ 1 a 3 e 6 a 10 do artigo 117.º e artigo 118.º, com as adaptações impostas pela organização das Forças Armadas ou da Guarda Nacional Republicana e pelas competências dos correspondentes órgãos e serviços.

Artigo 3.º – **Âmbito de aplicação objectivo**

1 – A presente lei é aplicável aos serviços da administração directa e indirecta do Estado.

2 – A presente lei é também aplicável, com as necessárias adaptações, designadamente no que respeita às competências em matéria administrativa dos correspondentes órgãos de governo próprio, aos serviços das administrações regionais e autárquicas.

3 – A presente lei é ainda aplicável, com as adaptações impostas pela observância das correspondentes competências, aos órgãos e serviços de apoio do Presidente da República, da Assembleia da República, dos tribunais e do Ministério Público e respectivos órgãos de gestão e de outros órgãos independentes.

4 – A aplicabilidade da presente lei aos serviços periféricos externos do Estado, quer relativamente aos trabalhadores recrutados localmente quer aos que, de outra forma recrutados, neles exerçam funções, não prejudica a vigência:

    *a*) Das normas e princípios de direito internacional que disponham em contrário;

    *b*) Dos regimes legais que sejam localmente aplicáveis; e

    *c*) Dos instrumentos e normativos especiais de mobilidade interna.

5 – Sem prejuízo do disposto no n.º 2 do artigo anterior, a presente lei não é aplicável às entidades públicas empresariais nem aos gabinetes de apoio quer dos membros do Governo quer dos titulares dos órgãos referidos nos n.ᵒˢ 2 e 3.

# TÍTULO II
## Gestão dos recursos humanos

ARTIGO 4.º – **Planificação da actividade e dos recursos**

1 – Tendo em consideração a missão, as atribuições, a estratégia, os objectivos superiormente fixados, as competências das unidades orgânicas e os recursos financeiros disponíveis, os órgãos e serviços planeiam, aquando da preparação da proposta de orçamento, as actividades, de natureza permanente ou temporária, a desenvolver durante a sua execução, as eventuais alterações a introduzir nas unidades orgânicas flexíveis, bem como o respectivo mapa de pessoal.

2 – Os elementos referidos no número anterior acompanham a respectiva proposta de orçamento.

ARTIGO 5.º – **Mapas de pessoal**

1 – Os mapas de pessoal contêm a indicação do número de postos de trabalho de que o órgão ou serviço carece para o desenvolvimento das respectivas actividades, caracterizados em função:

*a*) Da atribuição, competência ou actividade que o seu ocupante se destina a cumprir ou a executar;

*b*) Do cargo ou da carreira e categoria que lhes correspondam;

*c*) Dentro de cada carreira e, ou, categoria, quando imprescindível, da área de formação académica ou profissional de que o seu ocupante deva ser titular.

2 – Nos órgãos e serviços desconcentrados, os mapas de pessoal são desdobrados em tantos mapas quantas as unidades orgânicas desconcentradas.

3 – Os mapas de pessoal são aprovados, mantidos ou alterados pela entidade competente para a aprovação da proposta de orçamento e tornados públicos por afixação no órgão ou serviço e inserção em página electrónica, assim devendo permanecer.

4 – A alteração dos mapas de pessoal que implique redução de postos de trabalho fundamenta-se em reorganização do órgão ou serviço nos termos legalmente previstos.

ARTIGO 6.º – **Gestão dos recursos humanos em função dos mapas de pessoal**

1 – Face aos mapas de pessoal, o órgão ou serviço verifica se se encontram em funções trabalhadores em número suficiente, insuficiente ou excessivo.

2 – Sendo insuficiente o número de trabalhadores em funções, o órgão ou serviço, sem prejuízo do disposto na alínea *b*) do n.º 1 e nos n.ºs 3 e 4 do artigo seguinte, pode promover o recrutamento dos necessários à ocupação dos postos de trabalho em causa.

286 *Novo Estatuto da Função Pública*

3 – O recrutamento referido no número anterior, para ocupação dos postos de trabalho necessários à execução das actividades, opera-se com recurso à constituição de relações jurídicas de emprego público por tempo indeterminado, excepto quando tais actividades sejam de natureza temporária, caso em que o recrutamento é efectuado com recurso à constituição de relações jurídicas de emprego público por tempo determinado ou determinável.

4 – O recrutamento para constituição de relações jurídicas de emprego público por tempo indeterminado nas modalidades previstas no n.º 1 do artigo 9.º inicia-se sempre de entre trabalhadores com relação jurídica de emprego público por tempo indeterminado previamente estabelecida.

5 – O recrutamento para constituição de relações jurídicas de emprego público por tempo determinado ou determinável nas modalidades previstas no n.º 1 do artigo 9.º inicia-se sempre de entre trabalhadores que:

*a)* Não pretendam conservar a qualidade de sujeitos de relações jurídicas de emprego público constituídas por tempo indeterminado; ou

*b)* Se encontrem colocados em situação de mobilidade especial.

6 – Em caso de impossibilidade de ocupação de todos ou de alguns postos de trabalho por aplicação do disposto nos números anteriores, o órgão ou serviço, precedendo parecer favorável dos membros do Governo responsáveis pelas finanças e pela Administração Pública, pode proceder ao recrutamento de trabalhadores com relação jurídica de emprego público por tempo determinado ou determinável ou sem relação jurídica de emprego público previamente estabelecida.

7 – O sentido e a data do parecer referido no número anterior é expressamente mencionado no procedimento de recrutamento ali em causa.

8 – Nas condições previstas no n.º 4 do artigo anterior, sendo excessivo o número de trabalhadores em funções, o órgão ou serviço começa por promover as diligências legais necessárias à cessação das relações jurídicas de emprego público constituídas por tempo determinado ou determinável de que não careça e, quando ainda necessário, aplica às restantes o regime legalmente previsto, incluindo o de colocação de pessoal em situação de mobilidade especial.

9 – O recrutamento previsto no n.º 5 pode ainda ocorrer, quando especialmente admitido na lei, mediante selecção própria estabelecida em razão de aptidão científica, técnica ou artística, devidamente fundamentada.

Artigo 7.º – **Orçamentação e gestão das despesas com pessoal**

1 – As verbas orçamentais dos órgãos ou serviços afectas a despesas com pessoal destinam-se a suportar os seguintes tipos de encargos:

*a)* Com as remunerações dos trabalhadores que se devam manter em exercício de funções no órgão ou serviço;

*b)* Com o recrutamento de trabalhadores necessários à ocupação de postos de trabalho previstos, e não ocupados, nos mapas de pessoal aprovados e, ou, com alterações do posicionamento remuneratório na categoria dos trabalhadores que se mantenham em exercício de funções;

*Regimes de Vinculação, de Carreiras e de Remunerações dos Trabalhadores ...* 287

c) Com a atribuição de prémios de desempenho dos trabalhadores do órgão ou serviço.

2 – Sem prejuízo do disposto no n.º 6 do artigo 47.º, a orçamentação dos tipos de encargos referidos nas alíneas *b*) e *c*) do número anterior é efectuada de forma equitativa entre os órgãos ou serviços e tem por base a ponderação:

a) Dos objectivos e actividades do órgão ou serviço e da motivação dos respectivos trabalhadores, quanto ao referido na alínea *b*) do número anterior;

b) Do nível do desempenho atingido pelo órgão ou serviço no ano anterior ao da preparação da proposta de orçamento, quanto ao referido na alínea *c*).

3 – Compete ao dirigente máximo do órgão ou serviço, ponderados os factores referidos na alínea *a*) do número anterior, decidir sobre o montante máximo de cada um dos tipos de encargos referidos na alínea *b*) do n.º 1 que se propõe suportar, podendo optar, sem prejuízo do disposto no n.º 6 do artigo 47.º, pela afectação integral das verbas orçamentais correspondentes a apenas um dos tipos.

4 – A decisão referida no número anterior é tomada no prazo de 15 dias após o início de execução do orçamento.

5 – Quando não seja utilizada a totalidade das verbas orçamentais destinadas a suportar o tipo de encargos referido na alínea *b*) do n.º 1, a parte remanescente acresce às destinadas a suportar o tipo de encargos referido na alínea *c*) do mesmo número.

## TÍTULO III
## Regimes de vinculação

### CAPÍTULO I
### Constituição da relação jurídica de emprego público

SECÇÃO I – **Requisitos relativos ao trabalhador**

ARTIGO 8.º – **Requisitos**

A constituição da relação jurídica de emprego público depende da reunião, pelo trabalhador, além de outros que a lei preveja, dos seguintes requisitos:

a) Nacionalidade portuguesa, quando não dispensada pela Constituição, convenção internacional ou lei especial;

b) 18 anos de idade completos;

c) Não inibição do exercício de funções públicas ou não interdição para o exercício daquelas que se propõe desempenhar;

# 288 — Novo Estatuto da Função Pública

*d*) Robustez física e perfil psíquico indispensáveis ao exercício das funções*;

*e*) Cumprimento das leis de vacinação obrigatória.

*(\* A robustez física e o perfil psíquico exigidos para o exercício de funções profissionais públicas basta hoje serem comprovados através de simples declaração do próprio candidato, na qual este assegure o cumprimento destes requisitos, de acordo com o que se dispõe no Dec.-Lei n.º 242/2009, de 16 de Setembro, que se transcreve de seguida:*

—*//*—

## Decreto-Lei n.º 242/2009, de 16 de Setembro

*A saúde é hoje entendida como uma responsabilidade conjunta dos cidadãos, sociedade e Estado.*

*O actual sistema de emissão de diferentes tipos de atestados médicos, requeridos pela legislação em vigor para o exercício de funções públicas ou privadas, revela algumas exigências injustificadas que importa eliminar ou simplificar.*

*De facto, não existe, actualmente, fundamento técnico ou de saúde pública para o regime decorrente do Decreto-Lei n.º 319/99, de 11 de Agosto, que impõe a emissão de atestado médico como meio de prova do cumprimento dos requisitos de robustez física, aptidão e perfil psíquico exigidos para o exercício de funções públicas ou para o exercício de actividades privadas.*

*As condições físicas e psíquicas de um trabalhador devem ser avaliadas tendo por base a função concreta que este vai desempenhar, bem como a natureza do posto de trabalho em causa, não fazendo sentido impor indistintamente uma avaliação prévia do estado de saúde geral do candidato por um médico. Deve, pelo contrário, ser equacionado o binómio trabalhador/ posto de trabalho, salvaguardando-se, desta forma, o direito da igualdade de acesso ao trabalho, incluindo a obrigatoriedade de admitir trabalhadores com deficiência ou doença crónica.*

*Considerando, todavia, que a constituição de um vínculo laboral público, nomeadamente, ao abrigo da Lei n.º 12-A/2008, de 27 de Fevereiro, pressupõe o cumprimento dos requisitos de robustez física e perfil psíquico, entende-se ser possível simplificar o actual meio de prova, substituindo o atestado médico por uma declaração subscrita pelo próprio trabalhador.*

*A simplificação que o presente decreto-lei pretende introduzir não pode, no entanto, prejudicar o cumprimento da legislação sobre segurança e saúde no trabalho, em particular das disposições que impõem determinados requisitos específicos em termos de condições físicas ou psíquicas dos trabalhadores, para início ou manutenção do vínculo laboral.*

*Finalmente, o presente decreto-lei materializa uma medida do Programa de Simplificação Administrativa e Legislativa – SIMPLEX 2009, mais concretamente a medida n.º 002 «Atestados médicos mais simples», constituindo uma reforma com benefícios evidentes para os cidadãos e para a eficiência dos serviços, que se vêem, por esta via, desonerados de uma carga burocrática injustificada.*

*Assim:*

*Nos termos da alínea a) do n.º 1 do artigo 198.º da Constituição, o Governo decreta o seguinte:*

### ARTIGO 1.º – **Objecto**

*1 – A robustez física e o perfil psíquico exigidos para o exercício de funções profissionais, públicas ou privadas, são comprovados por declaração do próprio candidato, a qual assegure o cumprimento destes requisitos.*

*2 – A imposição de exame médico para avaliação do estado de saúde do candidato ou do trabalhador depende de legislação especial.*

### ARTIGO 2.º – **Norma revogatória**

*É revogado o Decreto-Lei n.º 319/99, de 11 de Agosto.*

*Visto e aprovado em Conselho de Ministros de 30 de Julho de 2009. – José Sócrates Carvalho Pinto de Sousa – Fernando Teixeira dos Santos – Ana Maria Teodoro Jorge.*

*Promulgado em 31 de Agosto de 2009.*

*Publique-se.*

*O Presidente da República, ANÍBAL CAVACO SILVA.*

*Referendado em 1 de Setembro de 2009.*

*O Primeiro-Ministro, José Sócrates Carvalho Pinto de Sousa.)*

—//—

SECÇÃO II – **Modalidades da relação jurídica de emprego público**

### ARTIGO 9.º – **Modalidades**

1 – A relação jurídica de emprego público constitui-se por nomeação ou por contrato de trabalho em funções públicas, doravante designado por contrato.

2 – A nomeação é o acto unilateral da entidade empregadora pública cuja eficácia depende da aceitação do nomeado.

290      *Novo Estatuto da Função Pública*

3 – O contrato é o acto bilateral celebrado entre uma entidade empregadora pública, com ou sem personalidade jurídica, agindo em nome e em representação do Estado, e um particular, nos termos do qual se constitui uma relação de trabalho subordinado de natureza administrativa.

4 – A relação jurídica de emprego público constitui-se ainda por comissão de serviço quando se trate:

*a)* Do exercício de cargos não inseridos em carreiras, designadamente dos dirigentes;

*b)* Da frequência de curso de formação específico ou da aquisição de certo grau académico ou de certo título profissional antes do período experimental com que se inicia a nomeação ou o contrato para o exercício de funções integrado em carreira, em ambos os casos por parte de quem seja sujeito de uma relação jurídica de emprego público por tempo indeterminado constituída previamente.

Secção III – Nomeação

### Artigo 10.º – **Âmbito da nomeação**

São nomeados os trabalhadores a quem compete, em função da sua integração nas carreiras adequadas para o efeito, o cumprimento ou a execução de atribuições, competências e actividades relativas a:

*a)* Missões genéricas e específicas das Forças Armadas em quadros permanentes;

*b)* Representação externa do Estado;

*c)* Informações de segurança;

*d)* Investigação criminal;

*e)* Segurança pública, quer em meio livre quer em meio institucional;

*f)* Inspecção.

### Artigo 11.º – **Modalidades da nomeação**

1 – A nomeação reveste as modalidades de nomeação definitiva e de nomeação transitória.

2 – A nomeação definitiva é efectuada por tempo indeterminado, sem prejuízo do período experimental previsto e regulado no artigo seguinte.

3 – A nomeação transitória é efectuada por tempo determinado ou determinável.

### Artigo 12.º – **Período experimental da nomeação definitiva**

1 – A nomeação definitiva de um trabalhador para qualquer carreira e categoria inicia-se com o decurso de um período experimental destinado a comprovar se o trabalhador possui as competências exigidas pelo posto de trabalho que vai ocupar.

Regimes de Vinculação, de Carreiras e de Remunerações dos Trabalhadores ...    291

2 – Na falta de lei especial em contrário, o período experimental tem a duração de um ano.

3 – Durante o período experimental, o trabalhador é acompanhado por um júri especialmente constituído para o efeito, ao qual compete a sua avaliação final.

4 – A avaliação final toma em consideração os elementos que o júri tenha recolhido, o relatório que o trabalhador deve apresentar e os resultados das acções de formação frequentadas.

5 – A avaliação final traduz-se numa escala de 0 a 20 valores, considerando-se concluído com sucesso o período experimental quando o trabalhador tenha obtido uma avaliação não inferior a 14 ou a 12 valores, consoante se trate ou não, respectivamente, de carreira ou categoria de grau 3 de complexidade funcional.

6 – Concluído com sucesso o período experimental, o seu termo é formalmente assinalado por acto escrito da entidade competente para a nomeação.

7 – O tempo de serviço decorrido no período experimental que se tenha concluído com sucesso é contado, para todos os efeitos legais, na carreira e categoria em causa.

8 – Concluído sem sucesso o período experimental, a nomeação é feita cessar e o trabalhador regressa à situação jurídico-funcional de que era titular antes dela, quando constituída e consolidada por tempo indeterminado, ou cessa a relação jurídica de emprego público, no caso contrário, em qualquer caso sem direito a indemnização.

9 – Por acto especialmente fundamentado da entidade competente, ouvido o júri, o período experimental e a nomeação podem ser feitos cessar antecipadamente quando o trabalhador manifestamente revele não possuir as competências exigidas pelo posto de trabalho que ocupa.

10 – O tempo de serviço decorrido no período experimental que se tenha concluído sem sucesso é contado, sendo o caso, na carreira e categoria às quais o trabalhador regressa.

11 – As regras previstas na lei geral sobre procedimento concursal para efeitos de recrutamento de trabalhadores são aplicáveis, com as necessárias adaptações, à constituição, composição, funcionamento e competência do júri, bem como à homologação e impugnação administrativa dos resultados da avaliação final.

ARTIGO 13.º – **Regime da nomeação transitória**

1 – Aos pressupostos do recurso à nomeação transitória, ao período experimental e à sua duração e renovação são aplicáveis, com as necessárias adaptações, as disposições adequadas do Regime do Contrato de Trabalho em Funções Públicas (RCTFP) relativas ao contrato a termo resolutivo.

2 – A área de recrutamento da nomeação transitória é constituída pelos trabalhadores que não tenham ou não pretendam conservar a qualidade de

292      *Novo Estatuto da Função Pública*

sujeitos de relações jurídicas de emprego público constituídas por tempo indeterminado, bem como pelos que se encontrem em situação de mobilidade especial.

### Artigo 14.º – **Forma da nomeação**

1 – A nomeação reveste a forma de despacho e pode consistir em mera declaração de concordância com proposta ou informação anterior que, nesse caso, faz parte integrante do acto.

2 – Do despacho de nomeação consta a referência aos dispositivos legais habilitantes e à existência de adequado cabimento orçamental.

### Artigo 15.º – **Aceitação da nomeação**

1 – A aceitação é o acto público e pessoal pelo qual o nomeado declara aceitar a nomeação.

2 – A aceitação é titulada pelo respectivo termo, de modelo aprovado por portaria do membro do Governo responsável pela área da Administração Pública.

3 – No acto de aceitação o trabalhador presta o seguinte compromisso de honra: «Afirmo solenemente que cumprirei as funções que me são confiadas com respeito pelos deveres que decorrem da Constituição e da lei.»

### Artigo 16.º – **Competência**

1 – A entidade competente para a nomeação é-o também para a assinatura do termo de aceitação.

2 – A competência prevista no número anterior pode, a solicitação do órgão ou serviço, ainda que por iniciativa do trabalhador, ser exercida pelo governador civil ou, no estrangeiro, pela autoridade diplomática ou consular.

### Artigo 17.º – **Prazo para aceitação**

1 – Sem prejuízo do disposto em leis especiais, o prazo para aceitação é de 20 dias contado, continuamente, da data da publicitação do acto de nomeação.

2 – Em casos devidamente justificados, designadamente de doença e férias, o prazo previsto no número anterior pode ser prorrogado, por períodos determinados, pela entidade competente para a assinatura do respectivo termo.

3 – Em caso de ausência por maternidade, paternidade ou adopção, de faltas por acidente em serviço ou doença profissional e de prestação de serviço militar, o prazo previsto no n.º 1 é automaticamente prorrogado para o termo de tais situações.

### Artigo 18.º – **Efeitos da aceitação**

1 – A aceitação determina o início de funções para todos os efeitos legais, designadamente os de percepção de remuneração e de contagem do tempo de serviço.

Regimes de Vinculação, de Carreiras e de Remunerações dos Trabalhadores ... 293

2 – Nos casos de ausência por maternidade, paternidade ou adopção e de faltas por acidente em serviço ou doença profissional, a percepção de remuneração decorrente de nomeação definitiva retroage à data da publicitação do respectivo acto.

3 – Nos casos previstos no n.º 3 do artigo anterior, a contagem do tempo de serviço decorrente de nomeação definitiva retroage à data da publicitação do respectivo acto.

ARTIGO 19.º – **Falta de aceitação**

1 – A entidade competente para a assinatura do termo de aceitação não pode, sob pena de responsabilidade civil, financeira e disciplinar, recusar-se a fazê-lo.

2 – Sem prejuízo do disposto em leis especiais, a falta de aceitação do nomeado importa a revogação automática do acto de nomeação sem que possa ser repetido no procedimento em que foi praticado.

SECÇÃO IV – **Contrato**

ARTIGO 20.º – **Âmbito do contrato**

São contratados os trabalhadores que não devam ser nomeados e cuja relação jurídica de emprego público não deva ser constituída por comissão de serviço.

ARTIGO 21.º – **Modalidades do contrato**

1 – O contrato reveste as modalidades de contrato por tempo indeterminado e de contrato a termo resolutivo, certo ou incerto.

2 – O tempo de serviço decorrido no período experimental que se tenha concluído sem sucesso é contado, sendo o caso, na carreira e categoria às quais o trabalhador regressa.

ARTIGO 22.º – **Pressupostos e área de recrutamento do contrato a termo resolutivo**

1 – Os pressupostos do recurso ao contrato a termo resolutivo são os previstos no RCTFP.

2 – A área de recrutamento do contrato a termo resolutivo é constituída pelos trabalhadores que não tenham ou não pretendam conservar a qualidade de sujeitos de relações jurídicas de emprego público constituídas por tempo indeterminado, bem como pelos que se encontrem em situação de mobilidade especial.

294     *Novo Estatuto da Função Pública*

Secção V – **Comissão de serviço**

Artigo 23.º – **Duração e renovação**

1 – Na falta de lei especial em contrário, a comissão de serviço tem a duração de três anos, sucessivamente renovável por iguais períodos.

2 – O tempo de serviço decorrido em comissão de serviço é contado, sendo o caso, na carreira e categoria às quais o trabalhador regressa.

Artigo 24.º – **Posse**

1 – Sem prejuízo do disposto em leis especiais, a aceitação do exercício de cargos em comissão de serviço reveste a forma de posse.

2 – A posse é um acto público, pessoal e solene pelo qual o trabalhador manifesta a vontade de aceitar o exercício do cargo.

3 – É aplicável à comissão de serviço e à posse, com as necessárias adaptações, o disposto no artigo 14.º, nos n.ºˢ 2 e 3 do artigo 15.º, nos artigos 16.º e 17.º, no n.º 1 do artigo 18.º e no artigo 19.º

## CAPÍTULO II
### Garantias de imparcialidade

Artigo 25.º – **Incompatibilidades e impedimentos**

1 – A existência de incompatibilidades e de impedimentos contribui para garantir a imparcialidade no exercício de funções públicas.

2 – Sem prejuízo do disposto na Constituição, nos artigos 44.º a 51.º do Código do Procedimento Administrativo e em leis especiais, as incompatibilidades e os impedimentos a que se encontram sujeitos os trabalhadores, independentemente da modalidade de constituição da relação jurídica de emprego público ao abrigo da qual exercem funções, são os previstos no presente capítulo.

Artigo 26.º – **Incompatibilidade com outras funções**

As funções públicas são, em regra, exercidas em regime de exclusividade.

Artigo 27.º – **Acumulação com outras funções públicas**

1 – O exercício de funções pode ser acumulado com o de outras funções públicas quando estas não sejam remuneradas e haja na acumulação manifesto interesse público.

2 – Sendo remuneradas e havendo manifesto interesse público na acumulação, o exercício de funções apenas pode ser acumulado com o de outras funções públicas nos seguintes casos:

*a)* Inerências;

# Regimes de Vinculação, de Carreiras e de Remunerações dos Trabalhadores ...

*b)* Actividades de representação de órgãos ou serviços ou de ministérios;

*c)* Participação em comissões ou grupos de trabalho;

*d)* Participação em conselhos consultivos e em comissões de fiscalização ou outros órgãos colegiais, neste caso para fiscalização ou controlo de dinheiros públicos;

*e)* Actividades de carácter ocasional e temporário que possam ser consideradas complemento da função;

*f)* Actividades docentes ou de investigação de duração não superior à fixada em despacho dos membros do Governo responsáveis pelas finanças, Administração Pública e educação ou ensino superior e que, sem prejuízo do cumprimento da duração semanal do trabalho, não se sobreponha em mais de um terço ao horário inerente à função principal;

*g)* Realização de conferências, palestras, acções de formação de curta duração e outras actividades de idêntica natureza.

ARTIGO 28.º – **Acumulação com funções privadas**

1 – Sem prejuízo do disposto nos números seguintes, o exercício de funções pode ser acumulado com o de funções ou actividades privadas.

2 – A título remunerado ou não, em regime de trabalho autónomo ou subordinado, não podem ser acumuladas, pelo trabalhador ou por interposta pessoa, funções ou actividades privadas concorrentes ou similares com as funções públicas desempenhadas e que com estas sejam conflituantes.

3 – Estão, designadamente, abrangidas pelo disposto no número anterior as funções ou actividades que, tendo conteúdo idêntico ao das funções públicas desempenhadas, sejam desenvolvidas de forma permanente ou habitual e se dirijam ao mesmo círculo de destinatários.

4 – A título remunerado ou não, em regime de trabalho autónomo ou subordinado, não podem ainda ser acumuladas, pelo trabalhador ou por interposta pessoa, funções ou actividades privadas que:

*a)* Sejam legalmente consideradas incompatíveis com as funções públicas;

*b)* Sejam desenvolvidas em horário sobreposto, ainda que parcialmente, ao das funções públicas;

*c)* Comprometam a isenção e a imparcialidade exigidas pelo desempenho das funções públicas;

*d)* Provoquem algum prejuízo para o interesse público ou para os direitos e interesses legalmente protegidos dos cidadãos.

ARTIGO 29.º – **Autorização para acumulação de funções**

1 – A acumulação de funções nos termos previstos nos artigos 27.º e 28.º depende de autorização da entidade competente.

2 – Do requerimento a apresentar para o efeito deve constar a indicação:

*a)* Do local do exercício da função ou actividade a acumular;

*b)* Do horário em que ela se deve exercer;

296 *Novo Estatuto da Função Pública*

*c)* Da remuneração a auferir, quando seja o caso;
*d)* Da natureza autónoma ou subordinada do trabalho a desenvolver e do respectivo conteúdo;
*e)* Das razões por que o requerente entende que a acumulação, conforme os casos, é de manifesto interesse público ou não incorre no previsto nas alíneas *a)* e *d)* do n.º 4 do artigo anterior;
*f)* Das razões por que o requerente entende não existir conflito com as funções desempenhadas, designadamente por a função a acumular não revestir as características referidas nos n.ºs 2 e 3 e na alínea *c)* do n.º 4 do artigo anterior;
*g)* Do compromisso de cessação imediata da função ou actividade acumulada no caso de ocorrência superveniente de conflito.

3 – Compete aos titulares de cargos dirigentes, sob pena de cessação da comissão de serviço, nos termos do respectivo estatuto, verificar da existência de situações de acumulação de funções não autorizadas, bem como fiscalizar, em geral, a estrita observância das garantias de imparcialidade no desempenho de funções públicas.

ARTIGO 30.º – **Interesse no procedimento**

1 – Os trabalhadores não podem prestar a terceiros, por si ou por interposta pessoa, em regime de trabalho autónomo ou subordinado, serviços no âmbito do estudo, preparação ou financiamento de projectos, candidaturas ou requerimentos que devam ser submetidos à sua apreciação ou decisão ou à de órgãos ou unidades orgânicas colocados sob sua directa influência.

2 – Os trabalhadores não podem beneficiar, pessoal e indevidamente, de actos ou tomar parte em contratos em cujo processo de formação intervenham órgãos ou unidades orgânicas colocados sob sua directa influência.

3 – Para efeitos do disposto nos números anteriores, consideram-se colocados sob directa influência do trabalhador os órgãos ou unidades orgânicas que:

*a)* Estejam sujeitos ao seu poder de direcção, superintendência ou tutela;
*b)* Exerçam poderes por ele delegados ou subdelegados;
*c)* Tenham sido por ele instituídos, ou relativamente a cujo titular tenha intervindo como entidade empregadora pública, para o fim específico de intervir nos procedimentos em causa;
*d)* Sejam integrados, no todo ou em parte, por trabalhadores por ele designados por tempo determinado ou determinável;
*e)* Cujo titular ou trabalhadores neles integrados tenham, há menos de um ano, sido beneficiados por qualquer vantagem remuneratória, ou obtido menção relativa à avaliação do seu desempenho, em cujo procedimento ele tenha intervindo;
*f)* Com ele colaborem, em situação de paridade hierárquica, no âmbito do mesmo órgão ou serviço ou unidade orgânica.

*Regimes de Vinculação, de Carreiras e de Remunerações dos Trabalhadores ...* 297

4 – É equiparado ao interesse do trabalhador, definido nos termos dos n.ᵒˢ 1 e 2, o interesse:

  *a)* Do seu cônjuge, não separado de pessoas e bens, dos seus ascendentes e descendentes em qualquer grau, dos colaterais até ao 2.º grau e daquele que com ele viva nas condições do artigo 2020.º do Código Civil;

  *b)* Da sociedade em cujo capital detenha, directa ou indirectamente, por si mesmo ou conjuntamente com as pessoas referidas na alínea anterior, uma participação não inferior a 10 %.

5 – A violação dos deveres referidos nos n.ᵒˢ 1 e 2 produz as consequências disciplinares previstas no respectivo estatuto.

6 – Para efeitos do disposto no Código do Procedimento Administrativo, os trabalhadores devem comunicar ao respectivo superior hierárquico, antes de tomadas as decisões, praticados os actos ou celebrados os contratos referidos nos n.ᵒˢ 1 e 2, a existência das situações referidas no n.º 4.

7 – É aplicável, com as necessárias adaptações, o disposto no artigo 51.º do Código do Procedimento Administrativo.


## CAPÍTULO III
### Cessação da relação jurídica de emprego público

Artigo 31.º – **Disposições gerais**

1 – Quando previsto em lei especial, e nos termos nela estabelecidos, a não reunião superveniente de qualquer dos requisitos referidos no artigo 8.º faz cessar ou modificar a relação jurídica de emprego público.

2 – Em qualquer caso, na falta de lei especial em contrário, a relação jurídica de emprego público cessa quando o trabalhador complete 70 anos de idade.

Artigo 32.º – **Cessação da nomeação**

1 – A nomeação definitiva cessa por:

  *a)* Conclusão sem sucesso do período experimental, nos termos dos n.ᵒˢ 8, 9 e 10 do artigo 12.º;

  *b)* Exoneração a pedido do trabalhador;

  *c)* Mútuo acordo entre a entidade empregadora pública e o trabalhador, mediante justa compensação;

  *d)* Aplicação de pena disciplinar expulsiva;

  *e)* Morte do trabalhador;

  *f)* Desligação do serviço para efeitos de aposentação.

2 – A exoneração referida na alínea *b)* do número anterior produz efeitos no 30.º dia a contar da data da apresentação do respectivo pedido, excepto

298     *Novo Estatuto da Função Pública*

quando a entidade empregadora pública e o trabalhador acordarem diferentemente.

3 – A causa de cessação referida na alínea *c*) do n.º 1 é regulamentada por portaria dos membros do Governo responsáveis pelas finanças e pela Administração Pública com observância das seguintes regras:

   *a*) A compensação a atribuir ao trabalhador toma como referência a sua remuneração base mensal, sendo o respectivo montante aferido em função do número de anos completos, e com a respectiva proporção no caso de fracção de ano, de exercício de funções públicas;

   *b*) Tal causa gera a incapacidade do trabalhador para constituir uma relação de vinculação, a título de emprego público ou outro, com os órgãos e serviços aos quais a presente lei é aplicável e com entidades públicas empresariais, durante o número de meses igual ao dobro do número resultante da divisão do montante da compensação atribuída pelo da sua remuneração base mensal, calculado com aproximação por excesso*.

4 – À cessação da nomeação transitória são aplicáveis, com as necessárias adaptações, as disposições adequadas do RCTFP relativas ao contrato a termo resolutivo, bem como a da alínea *d*) do n.º 1.

*(\* Redacção introduzida pelo art. 37.º, n.º 1 da Lei n.º 64-A/2008, de 31 de Dezembro, que aprovou o OGE para 2009).*

### Artigo 33.º – **Cessação do contrato**

1 – Concluído sem sucesso o período experimental, o contrato é feito cessar e o trabalhador regressa à situação jurídico-funcional de que era titular antes dele, quando constituída e consolidada por tempo indeterminado, ou cessa a relação jurídica de emprego público, no caso contrário.

2 – O contrato pode cessar pelas causas previstas no RCTFP.

3 – Quando o contrato por tempo indeterminado deva cessar por despedimento colectivo ou por despedimento por extinção do posto de trabalho, a identificação dos trabalhadores relativamente aos quais tal cessação deva produzir efeitos opera-se por aplicação dos procedimentos previstos na lei em caso de reorganização de serviços.

4 – Identificados os trabalhadores cujo contrato deva cessar aplicam-se os restantes procedimentos previstos no RCTFP.

5 – Confirmando-se a necessidade de cessação do contrato, o trabalhador é notificado para, em 10 dias úteis, informar se deseja ser colocado em situação de mobilidade especial pelo prazo de um ano.

6 – Não o desejando, e não tendo havido acordo de revogação nos termos do RCTFP, é praticado o acto de cessação do contrato.

7 – Sendo colocado em situação de mobilidade especial e reiniciando funções por tempo indeterminado em qualquer órgão ou serviço a que a presente lei é aplicável, os procedimentos para cessação do contrato são arquivados sem que seja praticado o correspondente acto.

Regimes de Vinculação, de Carreiras e de Remunerações dos Trabalhadores ... 299

8 – Não tendo lugar o reinício de funções, nos termos do número anterior, durante o prazo de colocação do trabalhador em situação de mobilidade especial, é praticado o acto de cessação do contrato.

9 – O disposto nos n.ᵒˢ 5 a 8 é aplicável, com as necessárias adaptações, à cessação do contrato por tempo indeterminado por:

*a)* Caducidade por impossibilidade superveniente, absoluta e definitiva de a entidade empregadora pública receber o trabalho; ou

*b)* Despedimento por inadaptação.

10 – Para os efeitos previstos no RCTFP, a inexistência de alternativas à cessação do contrato ou de outros postos de trabalho compatíveis com a categoria ou com a qualificação profissional do trabalhador é justificada através de declaração emitida pela entidade gestora da mobilidade.

ARTIGO 34.º – **Cessação da comissão de serviço**

1 – Na falta de lei especial em contrário, a comissão de serviço cessa, a todo o tempo, por iniciativa da entidade empregadora pública ou do trabalhador, com aviso prévio de 30 dias.

2 – Cessada a comissão de serviço, o trabalhador regressa à situação jurídico-funcional de que era titular antes dela, quando constituída e consolidada por tempo indeterminado, ou cessa a relação jurídica de emprego público, no caso contrário, em qualquer caso com direito a indemnização quando prevista em lei especial.

## CAPÍTULO IV
### Contratos de prestação de serviços

ARTIGO 35.º – **Âmbito dos contratos de prestação de serviços**

1 – Os órgãos e serviços a que a presente lei é aplicável podem celebrar contratos de prestação de serviços, nas modalidades de contratos de tarefa e de avença, nos termos previstos no presente capítulo.

2 – A celebração de contratos de tarefa e de avença apenas pode ter lugar quando, cumulativamente:

*a)* Se trate da execução de trabalho não subordinado, para a qual se revele inconveniente o recurso a qualquer modalidade da relação jurídica de emprego público;

*b)* O trabalho seja realizado, em regra, por uma pessoa colectiva;

*c)* Seja observado o regime legal da aquisição de serviços;

*d)* O contratado comprove ter regularizadas as suas obrigações fiscais e com a segurança social.

3 – Considera-se trabalho não subordinado o que, sendo prestado com autonomia, não se encontra sujeito à disciplina e à direcção do órgão ou serviço contratante nem impõe o cumprimento de horário de trabalho.

300 *Novo Estatuto da Função Pública*

4 – Excepcionalmente, quando se comprove ser impossível ou inconveniente, no caso, observar o disposto na alínea *b*) do n.º 2, o membro do Governo responsável pela área das finanças pode autorizar a celebração de contratos de tarefa e de avença com pessoas singulares.

5 – O contrato de tarefa tem como objecto a execução de trabalhos específicos, de natureza excepcional, não podendo exceder o termo do prazo contratual inicialmente estabelecido.

6 – O contrato de avença tem como objecto prestações sucessivas no exercício de profissão liberal, com retribuição certa mensal, podendo ser feito cessar a todo o tempo, por qualquer das partes, mesmo quando celebrado com cláusula de prorrogação tácita, com aviso prévio de 60 dias e sem obrigação de indemnizar.

ARTIGO 36.º – **Incumprimento do âmbito da celebração**

1 – Sem prejuízo da produção plena dos seus efeitos durante o tempo em que tenham estado em execução, os contratos de prestação de serviços celebrados com violação dos requisitos previstos nos n.ºˢ 2 e 4 do artigo anterior são nulos.

2 – A violação referida no número anterior faz incorrer o seu responsável em responsabilidade civil, financeira e disciplinar.

3 – Para efeitos da efectivação da responsabilidade financeira dos dirigentes autores da violação referida no n.º 1 pelo Tribunal de Contas, consideram-se os pagamentos despendidos em sua consequência como sendo pagamentos indevidos.

## CAPÍTULO V
### Publicitação das modalidades de vinculação

ARTIGO 37.º – **Publicação**

1 – São publicados na 2.ª série do *Diário da República,* por extracto:
*a)* Os actos de nomeação definitiva, bem como os que determinam, relativamente aos trabalhadores nomeados, mudanças definitivas de órgão ou serviço e, ou, de categoria;
*b)* Os contratos por tempo indeterminado, bem como os actos que determinam, relativamente aos trabalhadores contratados, mudanças definitivas de órgão ou serviço e, ou, de categoria;
*c)* As comissões de serviço;
*d)* Os actos de cessação das modalidades da relação jurídica de emprego público referidas nas alíneas anteriores.

2 – Dos extractos dos actos e contratos consta a indicação da carreira, categoria e posição remuneratória do nomeado ou contratado.

Artigo 38.º – **Outras formas de publicitação**

1 – São afixados no órgão ou serviço e inseridos em página electrónica, por extracto:

*a)* Os actos de nomeação transitória e as respectivas renovações;

*b)* Os contratos a termo resolutivo, certo ou incerto, e as respectivas renovações;

*c)* Os contratos de prestação de serviços e as respectivas renovações;

*d)* As cessações das modalidades de vinculação referidas nas alíneas anteriores.

2 – Dos extractos dos actos e contratos consta a indicação da carreira, categoria e posição remuneratória do nomeado ou contratado, ou, sendo o caso, da função a desempenhar e respectiva retribuição, bem como do respectivo prazo.

3 – Dos extractos dos contratos de prestação de serviços consta ainda a referência à concessão do visto ou à emissão da declaração de conformidade ou, sendo o caso, à sua dispensabilidade.

## TÍTULO IV
### Regime de carreiras

### CAPÍTULO I
#### Âmbito de aplicação do regime de carreiras

Artigo 39.º – **Âmbito de aplicação**

1 – Sem prejuízo do disposto no número seguinte e no artigo 58.º, o presente título é aplicável às relações jurídicas de emprego público constituídas por tempo indeterminado.

2 – Às nomeações transitórias e aos contratos a termo resolutivo, certo ou incerto, são aplicáveis, com as necessárias adaptações, os artigos 50.º e 51.º, os n.ºs 2, 3 e 4 do artigo 53.º, os artigos 54.º e 55.º e o n.º 1 do artigo 57.º

### CAPÍTULO II
#### Carreiras

Secção I – **Organização das carreiras**

Artigo 40.º – **Integração em carreiras**

Os trabalhadores nomeados definitivamente e contratados por tempo indeterminado exercem as suas funções integrados em carreiras.

302          *Novo Estatuto da Função Pública*

Artigo 41.º – **Carreiras gerais e especiais**

1 – São gerais as carreiras cujos conteúdos funcionais caracterizam postos de trabalho de que a generalidade dos órgãos ou serviços carece para o desenvolvimento das respectivas actividades.

2 – São especiais as carreiras cujos conteúdos funcionais caracterizam postos de trabalho de que apenas um ou alguns órgãos ou serviços carecem para o desenvolvimento das respectivas actividades.

3 – Apenas podem ser criadas carreiras especiais quando, cumulativamente:

*a)* Os respectivos conteúdos funcionais não possam ser absorvidos pelos conteúdos funcionais das carreiras gerais;

*b)* Os respectivos trabalhadores se devam encontrar sujeitos a deveres funcionais mais exigentes que os previstos para os das carreiras gerais;

*c)* Para integração em tais carreiras, e em qualquer das categorias em que se desdobrem, seja exigida, em regra, a aprovação em curso de formação específico de duração não inferior a seis meses ou a aquisição de certo grau académico ou de certo título profissional.

4 – A aprovação e a aquisição referidas na alínea *c)* do número anterior podem ter lugar durante o período experimental com que se inicia a nomeação ou o contrato.

Artigo 42.º – **Carreiras unicategoriais e pluricategoriais**

1 – Independentemente da sua qualificação como gerais ou especiais, as carreiras são unicategoriais ou pluricategoriais.

2 – São unicategoriais as carreiras a que corresponde uma única categoria.

3 – São pluricategoriais as carreiras que se desdobram em mais do que uma categoria.

4 – Apenas podem ser criadas carreiras pluricategoriais quando a cada uma das categorias da carreira corresponde um conteúdo funcional distinto do das restantes.

5 – O conteúdo funcional das categorias superiores integra o das que lhe sejam inferiores.

Artigo 43.º – **Conteúdo funcional**

1 – A cada carreira, ou a cada categoria em que se desdobre, corresponde um conteúdo funcional legalmente descrito.

2 – O conteúdo funcional de cada carreira ou categoria deve ser descrito de forma abrangente, dispensando pormenorizações relativas às tarefas nele abrangidas.

3 – A descrição do conteúdo funcional não pode, em caso algum, e sem prejuízo do disposto no n.º 3 do artigo 271.º da Constituição, constituir fundamento para o não cumprimento do dever de obediência e não prejudica a atribuição ao trabalhador de funções, não expressamente mencionadas, que lhe

Regimes de Vinculação, de Carreiras e de Remunerações dos Trabalhadores ... 303

sejam afins ou funcionalmente ligadas, para as quais o trabalhador detenha a qualificação profissional adequada e que não impliquem desvalorização profissional.

Artigo 44.º – **Graus de complexidade funcional**

1 – Em função da titularidade do nível habilitacional em regra exigida para integração em cada carreira, estas classificam-se em três graus de complexidade funcional, nos seguintes termos:

a) De grau 1, quando se exija a titularidade da escolaridade obrigatória, ainda que acrescida de formação profissional adequada;

b) De grau 2, quando se exija a titularidade do 12.º ano e escolaridade ou de curso que lhe seja equiparado;

c) De grau 3, quando se exija a titularidade de licenciatura ou de grau académico superior a esta.

2 – O diploma que crie a carreira faz referência ao respectivo grau de complexidade funcional.

3 – As carreiras pluricategoriais podem apresentar mais do que um grau de complexidade funcional, cada um deles referenciado a categorias, quando a integração nestas dependa, em regra, da titularidade de níveis habilitacionais diferentes.

Artigo 45.º – **Posições remuneratórias**

1 – A cada categoria das carreiras corresponde um número variável de posições remuneratórias.

2 – À categoria da carreira unicategorial corresponde um número mínimo de oito posições remuneratórias.

3 – Nas carreiras pluricategoriais, o número de posições remuneratórias de cada categoria obedece às seguintes regras:

a) À categoria inferior corresponde um número mínimo de oito posições remuneratórias;

b) A cada uma das categorias sucessivamente superiores corresponde um número proporcionalmente decrescente de posições remuncratórias por forma a que:

i) Estando a carreira desdobrada em duas categorias, seja de quatro o número mínimo das posições remuneratórias da categoria superior;

ii) Estando a carreira desdobrada em três categorias, seja de cinco e de duas o número mínimo das posições remuneratórias das categorias sucessivamente superiores;

iii) Estando a carreira desdobrada em quatro categorias, seja de seis, quatro e duas o número mínimo das posições remuneratórias das categorias sucessivamente superiores.

304            *Novo Estatuto da Função Pública*

ARTIGO 46.º – **Alteração do posicionamento remuneratório: Opção gestionária**

1 – Tendo em consideração as verbas orçamentais destinadas a suportar o tipo de encargos previstos na alínea *b*) do n.º 1 do artigo 7.º, o dirigente máximo do órgão ou serviço decide, nos termos dos n.$^{os}$ 3 e 4 do mesmo artigo, se, e em que medida, este se propõe suportar encargos decorrentes de alterações do posicionamento remuneratório na categoria dos trabalhadores do órgão ou serviço.

2 – A decisão referida no número anterior fixa, fundamentadamente, o montante máximo, com as desagregações necessárias, dos encargos que o órgão ou serviço se propõe suportar, bem como o universo das carreiras e categorias onde as alterações do posicionamento remuneratório na categoria podem ter lugar.

3 – O universo referido no número anterior pode ainda ser desagregado, quando assim o entenda o dirigente máximo, em função:

*a*) Da atribuição, competência ou actividade que os trabalhadores integrados em determinada carreira ou titulares de determinada categoria devam cumprir ou executar;

*b*) Da área de formação académica ou profissional dos trabalhadores integrados em determinada carreira ou titulares de determinada categoria, quando tal área de formação tenha sido utilizada na caracterização dos postos de trabalho contidos nos mapas de pessoal.

4 – Para os efeitos do disposto nos números anteriores, as alterações podem não ter lugar em todas as carreiras, ou em todas as categorias de uma mesma carreira ou ainda relativamente a todos os trabalhadores integrados em determinada carreira ou titulares de determinada categoria.

5 – A decisão é tornada pública por afixação no órgão ou serviço e inserção em página electrónica.

ARTIGO 47.º – **Alteração do posicionamento remuneratório: Regra**

1 – Preenchem os universos definidos nos termos do artigo anterior os trabalhadores do órgão ou serviço, onde quer que se encontrem em exercício de funções, que, na falta de lei especial em contrário, tenham obtido, nas últimas avaliações do seu desempenho referido às funções exercidas durante o posicionamento remuneratório em que se encontram:

*a*) Duas menções máximas, consecutivas;

*b*) Três menções imediatamente inferiores às máximas, consecutivas; ou

*c*) Cinco menções imediatamente inferiores às referidas na alínea anterior, desde que consubstanciem desempenho positivo, consecutivas.

2 – Determinados os trabalhadores que preenchem cada um dos universos definidos, são ordenados, dentro de cada universo, por ordem decrescente da classificação quantitativa obtida na última avaliação do seu desempenho.

Regimes de Vinculação, de Carreiras e de Remunerações dos Trabalhadores ... 305

3 – Em face da ordenação referida no número anterior o montante máximo dos encargos fixado por cada universo, nos termos dos n.ᵒˢ 2 e 3 do artigo anterior, é distribuído, pela ordem mencionada, por forma a que cada trabalhador altere o seu posicionamento na categoria para a posição remuneratória imediatamente seguinte àquela em que se encontra.

4 – Não há lugar a alteração do posicionamento remuneratório quando, não obstante reunidos os requisitos previstos no n.º 1, o montante máximo dos encargos fixado para o universo em causa se tenha previsivelmente esgotado, no quadro da execução orçamental em curso, com a alteração relativa a trabalhador ordenado superiormente.

5 – Para efeitos do disposto nas alíneas *b)* e *c)* do n.º 1 são também consideradas as menções obtidas que sejam superiores às nelas referidas.

6 – Há lugar a alteração obrigatória para a posição remuneratória imediatamente seguinte àquela em que o trabalhador se encontra, quando a haja, independentemente dos universos definidos nos termos do artigo anterior, quando aquele, na falta de lei especial em contrário, tenha acumulado 10 pontos nas avaliações do seu desempenho referido às funções exercidas durante o posicionamento remuneratório em que se encontra, contados nos seguintes termos:

*a)* Três pontos por cada menção máxima;

*b)* Dois pontos por cada menção imediatamente inferior à máxima;

*c)* Um ponto por cada menção imediatamente inferior à referida na alínea anterior, desde que consubstancie desempenho positivo;

*d)* Um ponto negativo por cada menção correspondente ao mais baixo nível de avaliação.

7 – Na falta de lei especial em contrário, a alteração do posicionamento remuneratório reporta-se a 1 de Janeiro do ano em que tem lugar.

Artigo 48.º – **Alteração do posicionamento remuneratório: Excepção**

1 – Ainda que não se encontrem reunidos os requisitos previstos no n.º 1 do artigo anterior, o dirigente máximo do órgão ou serviço, ouvido o Conselho Coordenador da Avaliação, ou o órgão com competência equiparada, e nos limites fixados pela decisão referida nos n.ᵒˢ 2 e 3 do artigo 46.º, pode alterar, para a posição remuneratória imediatamente seguinte àquela em que se encontra, o posicionamento remuneratório de trabalhador em cuja última avaliação do desempenho tenha obtido a menção máxima ou a imediatamente inferior.

2 – Da mesma forma, nos limites fixados pela decisão referida nos n.ᵒˢ 2 e 3 do artigo 46.º, o dirigente máximo do órgão ou serviço, ouvido o Conselho Coordenador da Avaliação, ou o órgão com competência equiparada, pode determinar que a alteração do posicionamento na categoria de trabalhador referido no n.º 3 do artigo anterior se opere para qualquer outra posição remuneratória seguinte àquela em que se encontra.

# 306 · Novo Estatuto da Função Pública

3 – O disposto no número anterior tem como limite a posição remuneratória máxima para a qual tenham alterado o seu posicionamento os trabalhadores que, no âmbito do mesmo universo, se encontrem ordenados superiormente.

4 – As alterações do posicionamento remuneratório previstas no presente artigo são particularmente fundamentadas e tornadas públicas, com o teor integral da respectiva fundamentação e do parecer do Conselho Coordenador da Avaliação, ou do órgão com competência equiparada, por publicação em espaço próprio da 2.ª série do *Diário da República,* por afixação no órgão ou serviço e por inserção em página electrónica.

5 – É aplicável o disposto no n.º 7 do artigo anterior.

SECÇÃO II – **Carreiras gerais**

ARTIGO 49.º – **Enumeração e caracterização**

1 – São gerais as carreiras de:

*a)* Técnico superior;

*b)* Assistente técnico;

*c)* Assistente operacional.

2 – A caracterização das carreiras gerais em função do número e designação das categorias em que se desdobram, dos conteúdos funcionais, dos graus de complexidade funcional e do número de posições remuneratórias de cada categoria consta do anexo à presente lei, de que é parte integrante.

3 – A previsão, nos mapas de pessoal, de postos de trabalho que devam ser ocupados por coordenadores técnicos da carreira de assistente técnico depende da existência de unidades orgânicas flexíveis com o nível de secção ou da necessidade de coordenar, pelo menos, 10 assistentes técnicos do respectivo sector de actividade.

4 – A previsão, nos mapas de pessoal, de postos de trabalho que devam ser ocupados por encarregados gerais operacionais da carreira de assistente operacional depende da necessidade de coordenar, pelo menos, três encarregados operacionais do respectivo sector de actividade.

5 – A previsão, nos mapas de pessoal, de postos de trabalho que devam ser ocupados por encarregados operacionais da carreira de assistente operacional depende da necessidade de coordenar, pelo menos, 10 assistentes operacionais do respectivo sector de actividade.

## CAPÍTULO III
### Recrutamento

ARTIGO 50.º – **Procedimento concursal**

1 – Decidido pelo dirigente máximo da entidade empregadora pública, nos termos do n.º 2 do artigo 6.º e da alínea *b)* do n.º 1 e dos n.ºˢ 3 e 4 do artigo

7.º, promover o recrutamento de trabalhadores necessários à ocupação de todos ou de alguns postos de trabalho previstos, e não ocupados, nos mapas de pessoal aprovados, é publicitado o respectivo procedimento concursal, designadamente através de publicação na 2.ª série do *Diário da República*.

2 – O procedimento concursal referido no número anterior observa as injunções decorrentes do disposto nos n.ᵒˢ 3 a 7 do artigo 6.º

3 – Da publicitação do procedimento concursal consta, com clareza, a referência ao número de postos de trabalho a ocupar e a sua caracterização em função da atribuição, competência ou actividade a cumprir ou a executar, carreira, categoria e, quando imprescindível, área de formação académica ou profissional que lhes correspondam.

4 – Para os efeitos do disposto no número anterior, a publicitação do procedimento faz referência:

a) À área de formação académica quando, nos casos da alínea c) do n.º 1 do artigo 44.º, exista mais do que uma no mesmo nível habilitacional;

b) À área de formação profissional quando, nos casos das alíneas a) e b) do n.º 1 do artigo 44.º, a integração na carreira não dependa, ou não dependa exclusivamente, de habilitações literárias.

Artigo 51.º – **Exigência de nível habilitacional**

1 – Em regra, pode apenas ser candidato ao procedimento quem seja titular do nível habilitacional e, quando seja o caso, da área de formação, correspondentes ao grau de complexidade funcional da carreira e categoria caracterizadoras dos postos de trabalho para cuja ocupação o procedimento é publicitado.

2 – A publicitação do procedimento pode, porém, prever a possibilidade de candidatura de quem, não sendo titular da habilitação exigida, considere dispor da formação e, ou, experiência profissionais necessárias e suficientes para a substituição daquela habilitação.

3 – A substituição da habilitação nos termos referidos no número anterior não é admissível quando, para o exercício de determinada profissão ou função, implicadas na caracterização dos postos de trabalho em causa, lei especial exija título ou o preenchimento de certas condições.

4 – O júri, preliminarmente, analisa a formação e, ou, a experiência profissionais e delibera sobre a admissão do candidato ao procedimento concursal.

5 – Em caso de admissão, a deliberação, acompanhada do teor integral da sua fundamentação, é notificada aos restantes candidatos.

Artigo 52.º – **Outros requisitos de recrutamento**

1 – Quando se trate de carreiras unicategoriais ou da categoria inferior de carreiras pluricategoriais, podem candidatar-se ao procedimento:

a) Trabalhadores integrados na mesma carreira, a cumprir ou a executar diferente atribuição, competência ou actividade, do órgão ou serviço em causa;

308    *Novo Estatuto da Função Pública*

*b)* Trabalhadores integrados na mesma carreira, a cumprir ou a executar qualquer atribuição, competência ou actividade, de outro órgão ou serviço ou que se encontrem em situação de mobilidade especial;

*c)* Trabalhadores integrados em outras carreiras;

*d)* Sendo o caso, trabalhadores que exerçam os respectivos cargos em comissão de serviço ou que sejam sujeitos de outras relações jurídicas de emprego público por tempo determinado ou determinável e indivíduos sem relação jurídica de emprego público previamente estabelecida.

2 – Na falta de lei especial em contrário, quando se trate de categorias superiores de carreiras pluricategoriais, podem candidatar-se ao procedimento, para além dos referidos no número anterior, trabalhadores integrados na mesma carreira, em diferente categoria, do órgão ou serviço em causa, que se encontrem a cumprir ou a executar idêntica atribuição, competência ou actividade.

ARTIGO 53.º – **Métodos de selecção**

1 – Sem prejuízo do disposto nos números seguintes, os métodos de selecção a utilizar obrigatoriamente no recrutamento são os seguintes:

*a)* Provas de conhecimentos, destinadas a avaliar se, e em que medida, os candidatos dispõem das competências técnicas necessárias ao exercício da função; e

*b)* Avaliação psicológica destinada a avaliar se, e em que medida, os candidatos dispõem das restantes competências exigíveis ao exercício da função.

2 – Excepto quando afastados, por escrito, pelos candidatos que, cumulativamente, sejam titulares da categoria e se encontrem ou, tratando-se de candidatos colocados em situação de mobilidade especial, se tenham por último encontrado, a cumprir ou a executar a atribuição, competência ou actividade caracterizadoras dos postos de trabalho para cuja ocupação o procedimento foi publicitado, os métodos de selecção a utilizar no seu recrutamento são os seguintes:

*a)* Avaliação curricular incidente especialmente sobre as funções que têm desempenhado na categoria e no cumprimento ou execução da atribuição, competência ou actividade em causa e o nível de desempenho nelas alcançado; e

*b)* Entrevista de avaliação das competências exigíveis ao exercício da função.

3 – Podem ainda ser adoptados, facultativamente, outros métodos de selecção legalmente previstos.

4 – Em casos excepcionais, devidamente fundamentados, designadamente quando o número de candidatos seja de tal modo elevado que a utilização dos métodos de selecção referidos nos números anteriores se torne impraticável, a entidade empregadora pública pode limitar-se a utilizar, em qualquer recrutamento, os referidos nas alíneas *a)* dos n.ºˢ 1 ou 2.

ARTIGO 54.º – **Tramitação do procedimento concursal**

1 – O procedimento concursal é simplificado e urgente, obedecendo aos seguintes princípios:
  a) O júri do procedimento é composto por trabalhadores da entidade empregadora pública, de outro órgão ou serviço e, quando a área de formação exigida revele a sua conveniência, de entidades privadas;
  b) Inexistência de actos ou de listas preparatórias da ordenação final dos candidatos;
  c) A ordenação final dos candidatos é unitária, ainda que lhes tenham sido aplicados métodos de selecção diferentes;
  d) O recrutamento efectua-se pela ordem decrescente da ordenação final dos candidatos colocados em situação de mobilidade especial e, esgotados estes, dos restantes candidatos.

2 – A tramitação do procedimento concursal, incluindo a do destinado a constituir reservas de recrutamento em cada órgão ou serviço ou em entidade centralizada, é regulamentada por portaria do membro do Governo responsável pela área da Administração Pública ou, tratando-se de carreira especial relativamente à qual aquela tramitação se revele desadequada, por portaria deste membro do Governo e daquele cujo âmbito de competência abranja órgão ou serviço em cujo mapa de pessoal se contenha a previsão da carreira.

ARTIGO 55.º – **Determinação do posicionamento remuneratório**

1 – Quando esteja em causa posto de trabalho relativamente ao qual a modalidade da relação jurídica de emprego público seja o contrato, o posicionamento do trabalhador recrutado numa das posições remuneratórias da categoria é objecto de negociação com a entidade empregadora pública e tem lugar:
  a) Imediatamente após o termo do procedimento concursal; ou
  b) Aquando da aprovação em curso de formação específico ou da aquisição de certo grau académico ou de certo título profissional, nos termos da alínea c) do n.º 3 do artigo 41.º, que decorram antes da celebração do contrato.

2 – Para os efeitos do disposto na alínea d) do n.º 1 do artigo anterior, a negociação com os candidatos colocados em situação de mobilidade especial antecede a que tenha lugar com os restantes candidatos.

3 – Sem prejuízo de contactos informais que possam e devam ter lugar, a negociação entre a entidade empregadora pública e cada um dos candidatos, pela ordem em que figurem na ordenação final, efectua-se por escrito.

4 – Em casos excepcionais, devidamente fundamentados, designadamente quando o número de candidatos seja de tal modo elevado que a negociação se torne impraticável, a entidade empregadora pública pode tomar a iniciativa de a consubstanciar numa proposta de adesão a um determinado posicionamento remuneratório enviada a todos os candidatos.

310           *Novo Estatuto da Função Pública*

5 – O eventual acordo obtido ou a proposta de adesão são objecto de fundamentação escrita pela entidade empregadora pública.

6 – Em cada um dos universos de candidatos referidos na alínea *d*) do n.º 1 do artigo anterior, bem como relativamente à ordenação de todos os candidatos, a falta de acordo com determinado candidato determina a negociação com o que se lhe siga na ordenação, ao qual, em caso algum, pode ser proposto posicionamento remuneratório superior ao máximo que tenha sido proposto a, e não aceite por, qualquer dos candidatos que o antecedam naquela ordenação.

7 – Após o seu encerramento, a documentação relativa aos processos negociais em causa é pública e de livre acesso.

8 – Quando esteja em causa posto de trabalho relativamente ao qual a modalidade da relação jurídica de emprego público seja a nomeação, lei especial pode tornar-lhe aplicável o disposto nos números anteriores.

9 – Não usando da faculdade prevista no número anterior, o posicionamento do trabalhador recrutado tem lugar na ou numa das posições remuneratórias da categoria que tenham sido publicitadas conjuntamente com os elementos referidos no n.º 3 do artigo 50.º

### Artigo 56.º – **Curso de Estudos Avançados em Gestão Pública**

1 – Observados os condicionalismos referidos no n.º 1 do artigo 50.º relativamente a actividades de natureza permanente, o dirigente máximo da entidade empregadora pública pode optar, em alternativa à publicitação de procedimento concursal nele previsto, pelo recurso a diplomados pelo Curso de Estudos Avançados em Gestão Pública (CEAGP).

2 – Para efeitos do disposto no número anterior, a entidade empregadora pública remete ao Instituto Nacional de Administração (INA) lista do número de postos de trabalho a ocupar, bem como a respectiva caracterização nos termos dos n.ºs 3 e 4 do artigo 50.º

3 – A caracterização dos postos de trabalho cujo número consta da lista toma em consideração que os diplomados com o CEAGP apenas podem ser integrados na carreira geral de técnico superior e para cumprimento ou execução das atribuições, competências ou actividades que a respectiva regulamentação identifique.

4 – A remessa da lista ao INA compromete a entidade empregadora pública a, findo o CEAGP, integrar o correspondente número de diplomados.

5 – O recrutamento para frequência do CEAGP observa as injunções decorrentes do disposto nos n.ºs 4 a 7 do artigo 6.º

6 – A integração na carreira geral de técnico superior efectua-se na primeira posição remuneratória ou naquela cujo nível remuneratório seja idêntico ou, na sua falta, imediatamente superior ao nível remuneratório correspondente ao posicionamento do candidato na categoria de origem, quando dela seja titular no âmbito de uma relação jurídica de emprego público constituída por tempo indeterminado.

Regimes de Vinculação, de Carreiras e de Remunerações dos Trabalhadores ... 311

7 – O CEAGP pode igualmente decorrer em outras instituições de ensino superior nos termos fixados em portaria dos membros do Governo responsáveis pela Administração Pública e ensino superior, sendo, neste caso, a Direcção-
-Geral da Administração e do Emprego Público a entidade competente para a gestão de todo o procedimento.

8 – O CEAGP é regulamentado por portaria do membro do Governo responsável pela área da Administração Pública.

ARTIGO 57.º – **Formação profissional**

1 – Não se tratando de carreira especial para cuja integração tenha sido exigida a aprovação em curso de formação específico, o início de funções do trabalhador recrutado tem lugar com um período de formação em sala e em exercício, cuja duração e conteúdo dependem da prévia situação jurídico--funcional do trabalhador.

2 – Os trabalhadores têm o direito e o dever de frequentar, todos os anos, acções de formação e aperfeiçoamento profissional na actividade em que exercem funções.

## CAPÍTULO IV
### Mobilidade geral

ARTIGO 58.º* – **Cedência de interesse público**

1 – Há lugar à celebração de acordo de cedência de interesse público quando um trabalhador de entidade excluí da do âmbito de aplicação objectivo da presente lei deva exercer funções, ainda que a tempo parcial, em órgão ou serviço a que a presente lei é aplicável e, inversamente, quando um trabalhador de órgão ou serviço deva exercer funções, ainda que no mesmo regime, em entidade excluída daquele âmbito de aplicação.

2 – O acordo pressupõe a concordância escrita do órgão ou serviço, do membro do Governo respectivo, da entidade e do trabalhador e implica, na falta de disposição em contrário, a suspensão do estatuto de origem deste.

3 – A cedência de interesse público sujeita o trabalhador às ordens e instruções do órgão ou serviço ou da entidade onde vai prestar funções, sendo remunerado por estes com respeito pelas disposições normativas aplicáveis ao exercício daquelas funções.

4 – O exercício do poder disciplinar compete à entidade cessionária, excepto quando esteja em causa a aplicação de penas disciplinares expulsivas.

5 – Os comportamentos do trabalhador cedido têm relevância no âmbito da relação jurídica de emprego de origem, devendo o procedimento disciplinar que apure as infracções disciplinares respeitar o estatuto disciplinar de origem.

312       *Novo Estatuto da Função Pública*

6 – O trabalhador cedido tem direito:

*a)* À contagem, na categoria de origem, do tempo de serviço prestado em regime de cedência;

*b)* A optar pela manutenção do regime de protecção social de origem, incidindo os descontos sobre o montante da remuneração que lhe competiria na categoria de origem;

*c)* A ocupar, nos termos legais, diferente posto de trabalho no órgão ou serviço ou na entidade de origem ou em outro órgão ou serviço.

7 – No caso previsto na alínea *c)* do número anterior, o acordo de cedência de interesse público caduca com a ocupação do novo posto de trabalho.

8 – O acordo pode ser feito cessar, a todo o tempo, por iniciativa de qualquer das partes que nele tenham intervindo, com aviso prévio de 30 dias.

9 – Não pode haver lugar, durante o prazo de um ano, a cedência de interesse público para o mesmo órgão ou serviço ou para a mesma entidade de trabalhador que se tenha encontrado cedido e tenha regressado à situação jurídico-funcional de origem.

10 – No caso previsto na primeira parte do n.º 1, o exercício de funções no órgão ou serviço é titulado através da modalidade adequada de constituição da relação jurídica de emprego público.

11 – As funções a exercer em órgão ou serviço correspondem a um cargo ou a uma carreira, categoria, actividade e, quando imprescindível, área de formação académica ou profissional.

12 – Quando as funções correspondam a um cargo dirigente, o acordo de cedência de interesse público é precedido da observância dos requisitos e procedimentos legais de recrutamento.

13 – O acordo de cedência de interesse público para o exercício de funções em órgão ou serviço a que a presente lei é aplicável *tem a duração máxima de um ano\*\**, excepto quando tenha sido celebrado para o exercício de um cargo ou esteja em causa órgão ou serviço, designadamente temporário, que não possa constituir relações jurídicas de emprego público por tempo indeterminado, casos em que a sua duração é indeterminada.

14 – No caso previsto na alínea *b)* do n.º 6, o órgão ou serviço ou a entidade comparticipam:

*a)* No financiamento do regime de protecção social aplicável em concreto com a importância que se encontre legalmente estabelecida para a contribuição das entidades empregadoras;

*b)* Sendo o caso, nas despesas de administração de subsistemas de saúde da função pública, nos termos legais aplicáveis.

15 – Quando um trabalhador de órgão ou serviço deva exercer funções em central sindical ou confederação patronal, ou em entidade privada com representatividade equiparada nos sectores económico e social, o acordo pode prever que continue a ser remunerado, bem como as correspondentes comparticipações asseguradas, pelo órgão ou serviço.

*Regimes de Vinculação, de Carreiras e de Remunerações dos Trabalhadores ...* 313

16 – No caso previsto no número anterior, o número máximo de trabalhadores cedidos é de quatro por cada central sindical e de dois por cada uma das restantes entidades.

*(\* Por força do disposto no art. 37.º, n.º 5 da Lei n.º 64-A/2008, de 31 de Dezembro, que aprovou o OGE para 2009, este artigo entrou em vigor a 1 de Janeiro de 2009)*

*(\*\* Por força do disposto no art. 1.º do Dec.-Lei n.º 269/2009, de 30 de Setembro, para as situações de mobilidade existentes à data da entrada em vigor do presente decreto-lei (a saber, 1 de Outubro de 2009), o prazo previsto neste n.º 13 pode ser prorrogado até 31 de Dezembro de 2010, mediante acordo celebrado, nos termos previstos no n.º 2 do artigo 58.º)*

ARTIGO 59.º \* – **Mobilidade interna a órgãos ou serviços**

1 – Quando haja conveniência para o interesse público, designadamente quando a economia, a eficácia e a eficiência dos órgãos ou serviços o imponham, os trabalhadores podem ser sujeitos a mobilidade interna.

2 – A mobilidade referida no número anterior é sempre devidamente fundamentada e pode operar-se:

a) Dentro da mesma modalidade de constituição da relação jurídica de emprego público por tempo indeterminado ou entre ambas as modalidades;

b) Dentro do mesmo órgão ou serviço ou entre dois órgãos ou serviços;

c) Abrangendo indistintamente trabalhadores em actividade ou que se encontrem colocados em situação de mobilidade especial;

d) A tempo inteiro ou a tempo parcial, conforme o acordado entre os sujeitos que devam dar o seu acordo.

*(\* Por força do disposto no art. 37.º, n.º 5 da Lei n.º 64-A/2008, de 31 de Dezembro, que aprovou o OGE para 2009, este artigo entrou em vigor a 1 de Janeiro de 2009)*

ARTIGO 60.º\* – **Modalidades de mobilidade interna**

1 – A mobilidade interna reveste as modalidades de mobilidade na categoria e de mobilidade intercarreiras ou categorias.

2 – A mobilidade na categoria opera-se para o exercício de funções inerentes à categoria de que o trabalhador é titular, na mesma actividade ou em diferente actividade para que detenha habilitação adequada.

3 – A mobilidade intercarreiras ou categorias opera-se para o exercício de funções não inerentes à categoria de que o trabalhador é titular e inerentes:

a) A categoria superior ou inferior da mesma carreira; ou

b) A carreira de grau de complexidade funcional igual, superior ou inferior ao da carreira em que se encontra integrado ou ao da categoria de que é titular.

314  *Novo Estatuto da Função Pública*

4 – A mobilidade intercarreiras ou categorias depende da titularidade de habilitação adequada do trabalhador e não pode modificar substancialmente a sua posição.

*(\* Por força do disposto no art. 37.º, n.º 5 da Lei n.º 64-A/2008, de 31 de Dezembro, que aprovou o OGE para 2009, este artigo entrou em vigor a 1 de Janeiro de 2009)*

ARTIGO 61.º\* – **Acordos**

1 – Em regra, a mobilidade interna depende do acordo do trabalhador e dos órgãos ou serviços de origem e de destino.

2 – Sem prejuízo do disposto nos números seguintes, é dispensado o acordo do trabalhador para efeitos de mobilidade interna, em qualquer das suas modalidades, quando:

    *a)* Se opere para órgão, serviço ou unidade orgânica situados no concelho do seu órgão, serviço ou unidade orgânica de origem ou no da sua residência;

    *b)* O órgão, serviço ou unidade orgânica de origem ou a sua residência se situe no concelho de Lisboa ou no do Porto e a mobilidade se opere para órgão, serviço ou unidade orgânica situados em concelho confinante com qualquer daqueles;

    *c)* Se opere para qualquer outro concelho, desde que se verifiquem cumulativamente as seguintes condições, aferidas em função da utilização de transportes públicos:

        *i)* Não implique despesas mensais para deslocações entre a residência e o local de trabalho, em ambos os sentidos, superiores a 8% da remuneração líquida mensal ou, sendo superiores, que não ultrapassem as des-pesas mensais para deslocações entre a residência e o órgão, serviço ou unidade orgânica de origem;

        *ii)* O tempo gasto naquelas deslocações não exceda 25% do horário de trabalho ou, excedendo-o, não ultrapasse o tempo gasto nas deslocações entre a residência e o órgão, serviço ou unidade orgânica de origem.

3 – O disposto na alínea *c)* do número anterior não é aplicável quando o trabalhador invoque e comprove que da mobilidade interna lhe adviria prejuízo sério para a sua vida pessoal.

4 – Quando a mobilidade interna se opere para categoria inferior da mesma carreira ou para carreira de grau de complexidade funcional inferior ao da carreira em que se encontra integrado ou ao da categoria de que é titular, o acordo do trabalhador nunca pode ser dispensado.

5 – Quando a mobilidade interna se opere para órgão ou serviço, designadamente temporário, que não possa constituir relações jurídicas de emprego público por tempo indeterminado e se preveja que possa ter duração superior a um ano, o acordo do trabalhador que não se encontre colocado em situação de mobilidade especial nunca pode ser dispensado.

Regimes de Vinculação, de Carreiras e de Remunerações dos Trabalhadores ... 315

6 – No âmbito dos serviços referidos nos n.ᵒˢ 1 e 2 do artigo 3.º, é dispensado o acordo do serviço de origem para efeitos de mobilidade interna, em qualquer das suas modalidades, quando se opere:

*a*) Para serviço ou unidade orgânica situados fora das áreas metropolitanas de Lisboa e do Porto;

*b*) Por iniciativa do trabalhador, desde que se verifique fundado interesse do serviço de destino, reconhecido por despacho do respectivo membro do Governo.

*(\* Por força do disposto no art. 37.º, n.º 5 da Lei n.º 64-A/2008, de 31 de Dezembro, que aprovou o OGE para 2009, este artigo entrou em vigor a 1 de Janeiro de 2009)*

Artigo 62.º\* – **Remuneração**

1 – O trabalhador em mobilidade na categoria, em órgão ou serviço diferente ou cuja situação jurídico-funcional de origem seja a de colocado em situação de mobilidade especial, pode ser remunerado pela posição remuneratória imediatamente seguinte àquela em que se encontre posicionado na categoria ou, em caso de inexistência, pelo nível remuneratório que suceda ao correspondente à sua posição na tabela remuneratória única.

2 – O trabalhador em mobilidade intercarreiras ou categorias em caso algum é afectado na remuneração correspondente à categoria de que é titular.

3 – No caso referido no número anterior, a remuneração do trabalhador é acrescida para o nível remuneratório superior mais próximo daquele que corresponde ao seu posicionamento na categoria de que é titular que se encontre previsto na categoria cujas funções vai exercer, desde que a primeira posição remuneratória desta categoria corresponda a nível remuneratório superior ao nível remuneratório da primeira posição daquela de que é titular.

4 – Não se verificando a hipótese prevista no número anterior, pode o trabalhador ser remunerado nos termos do n.º 1.

5 – Excepto acordo diferente entre os órgãos ou serviços, o trabalhador em mobilidade interna é remunerado pelo órgão ou serviço de destino.

*(\* Por força do disposto no art. 37.º, n.º 5 da Lei n.º 64-A/2008, de 31 de Dezembro, que aprovou o OGE para 2009, este artigo entrou em vigor a 1 de Janeiro de 2009)*

Artigo 63.º\* – **Duração**

1 – A mobilidade interna tem a *duração máxima de um ano\*\**, excepto quando esteja em causa órgão ou serviço, designadamente temporário, que não possa constituir relações jurídicas de emprego público por tempo indeterminado, caso em que a sua duração é indeterminada.

2 – Não pode haver lugar, durante o prazo de um ano, a mobilidade interna para o mesmo órgão, serviço ou unidade orgânica de trabalhador que

se tenha encontrado em mobilidade interna e tenha regressado à situação jurídico-funcional de origem.

*(\* Por força do disposto no art. 37.º, n.º 5 da Lei n.º 64-A/2008, de 31 de Dezembro, que aprovou o OGE para 2009, este artigo entrou em vigor a 1 de Janeiro de 2009)*

*(\*\* Por força do disposto no art. 1.º do Dec.-Lei n.º 269/2009, de 30 de Setembro, para as situações de mobilidade existentes à data da entrada em vigor do presente decreto-lei (a saber, 1 de Outubro de 2009), o prazo previsto neste n.º 1 pode ser prorrogado até 31 de Dezembro de 2010, mediante acordo celebrado, nos termos previstos no n.º 1 do artigo 61.º)*

ARTIGO 64.º\* – **Consolidação da mobilidade na categoria**

1 – A mobilidade na categoria que se opere dentro do mesmo órgão ou serviço consolida-se definitivamente, por decisão do respectivo dirigente máximo:

a) Independentemente de acordo do trabalhador, se não tiver sido exigido para o seu início, ou com o seu acordo, no caso contrário, quando se tenha operado na mesma actividade;

b) Com o acordo do trabalhador, quando se tenha operado em diferente actividade.

2 – A consolidação referida no número anterior não é precedida nem sucedida de qualquer período experimental.

*(\* Por força do disposto no art. 37.º, n.º 5 da Lei n.º 64-A/2008, de 31 de Dezembro, que aprovou o OGE para 2009, este artigo entrou em vigor a 1 de Janeiro de 2009).*

ARTIGO 65.º\* – **Avaliação do desempenho e tempo de serviço em mobilidade interna**

A menção obtida na avaliação do desempenho, bem como o tempo de exercício de funções em carreira e categoria decorrentes de mobilidade interna do trabalhador reportam-se, em alternativa, à sua situação jurídico-funcional de origem ou à correspondente à mobilidade interna em que se encontrou, conforme, entretanto, o trabalhador não venha ou venha, respectivamente, a constituir uma relação jurídica de emprego público por tempo indeterminado, sem interrupção de funções, na última situação jurídico-funcional.

*(\* Por força do disposto no art. 37.º, n.º 5 da Lei n.º 64-A/2008, de 31 de Dezembro, que aprovou o OGE para 2009, este artigo entrou em vigor a 1 de Janeiro de 2009)*

# TÍTULO V
## Regime de remunerações

### CAPÍTULO I
### Remunerações

Secção I – **Componentes da remuneração**

Artigo 66.º – **Direito à remuneração**

1 – O direito à remuneração devida por motivo de exercício de funções em órgão ou serviço a que a presente lei é aplicável constitui-se, em regra, com a aceitação da nomeação, ou acto equiparado, ou, não devendo estes ter lugar, com o início do exercício efectivo de funções.

2 – O disposto no número anterior não prejudica regime diferente legalmente previsto, designadamente no n.º 2 do artigo 18.º

3 – A remuneração, quando seja periódica, é paga mensalmente.

4 – A lei prevê as situações e condições em que o direito à remuneração é total ou parcialmente suspenso.

5 – O direito à remuneração cessa com a cessação de qualquer das modalidades de vinculação, designadamente das relações jurídicas de emprego público constituídas.

Artigo 67.º – **Componentes da remuneração**

A remuneração dos trabalhadores que exerçam funções ao abrigo de relações jurídicas de emprego público é composta por:
a) Remuneração base;
b) Suplementos remuneratórios;
c) Prémios de desempenho.

Secção II – **Remuneração base**

Artigo 68.º – **Tabela remuneratória única**

1 – A tabela remuneratória única contém a totalidade dos níveis remuneratórios susceptíveis de ser utilizados na fixação da remuneração base dos trabalhadores que exerçam funções ao abrigo de relações jurídicas de emprego público.

2 – O número de níveis remuneratórios e o montante pecuniário correspondente a cada um é fixado em portaria conjunta do Primeiro-Ministro e do membro do Governo responsável pela área das finanças.

318       *Novo Estatuto da Função Pública*

3 – A alteração do número de níveis remuneratórios é objecto de negociação colectiva, nos termos da lei.

4 – A alteração do montante pecuniário correspondente a cada nível remuneratório é objecto de negociação colectiva anual, nos termos da lei, devendo, porém, manter-se a proporcionalidade relativa entre cada um dos níveis.

### ARTIGO 69.º – **Fixação da remuneração base**

1 – A identificação dos níveis remuneratórios correspondentes às posições remuneratórias das categorias, bem como aos cargos exercidos em comissão de serviço, é efectuada por decreto regulamentar.

2 – Na identificação dos níveis remuneratórios correspondentes às posições remuneratórias das categorias observam-se, tendencialmente, as seguintes regras:

*a)* Tratando-se de carreiras pluricategoriais, os intervalos entre aqueles níveis são decrescentemente mais pequenos à medida que as correspondentes posições se tornam superiores;

*b)* Nenhum nível remuneratório correspondente às posições das várias categorias da carreira se encontra sobreposto, verificando-se um movimento único crescente desde o nível correspondente à primeira posição da categoria inferior até ao correspondente à última posição da categoria superior;

*c)* Excepcionalmente, o nível correspondente à última posição remuneratória de uma categoria pode ser idêntico ao da primeira posição da categoria imediatamente superior;

*d)* Tratando-se de carreiras unicategoriais, os intervalos entre aqueles níveis são constantes.

### ARTIGO 70.º – **Conceito de remuneração base**

1 – A remuneração base mensal é o montante pecuniário correspondente ao nível remuneratório, conforme os casos, da posição remuneratória onde o trabalhador se encontra na categoria de que é titular ou do cargo exercido em comissão de serviço.

2 – A remuneração base está referenciada à titularidade, respectivamente, de uma categoria e ao respectivo posicionamento remuneratório do trabalhador ou à de um cargo exercido em comissão de serviço.

3 – A remuneração base anual é paga em 14 mensalidades, correspondendo uma delas ao subsídio de Natal e outra ao subsídio de férias, nos termos da lei.

### ARTIGO 71.º – **Remuneração horária**

1 – O valor da hora normal de trabalho é calculado através da fórmula $Rb \times 12/52 \times N$, sendo $Rb$ a remuneração base mensal e $N$ o número de horas da normal duração semanal do trabalho.

2 – A fórmula referida no número anterior serve de base ao cálculo da remuneração correspondente a qualquer outra fracção do tempo de trabalho.

Artigo 72.º – **Opção de remuneração base**

Quando a relação jurídica de emprego público se constitua por comissão de serviço, ou haja lugar a cedência de interesse público, o trabalhador tem o direito de optar, a todo o tempo, pela remuneração base devida na situação jurídico-funcional de origem que esteja constituída por tempo indeterminado.

Secção III – **Suplementos remuneratórios**

Artigo 73.º – **Condições de atribuição dos suplementos remuneratórios**

1 – São suplementos remuneratórios os acréscimos remuneratórios devidos pelo exercício de funções em postos de trabalho que apresentam condições mais exigentes relativamente a outros postos de trabalho caracterizados por idêntico cargo ou por idênticas carreira e categoria.

2 – Os suplementos remuneratórios estão referenciados ao exercício de funções nos postos de trabalho referidos na primeira parte do número anterior, sendo apenas devidos a quem os ocupe.

3 – São devidos suplementos remuneratórios quando trabalhadores, em postos de trabalho determinados nos termos do n.º 1, sofram, no exercício das suas funções, condições de trabalho mais exigentes:

*a)* De forma anormal e transitória, designadamente as decorrentes de prestação de trabalho extraordinário, nocturno, em dias de descanso semanal, complementar e feriados e fora do local normal de trabalho; ou

*b)* De forma permanente, designadamente as decorrentes de prestação de trabalho arriscado, penoso ou insalubre, por turnos, em zonas periféricas, com isenção de horário e de secretariado de direcção*.

4 – Os suplementos remuneratórios são apenas devidos enquanto perdurem as condições de trabalho que determinaram a sua atribuição.

5 – Os suplementos remuneratórios são apenas devidos enquanto haja exercício de funções, efectivo ou como tal considerado por acto legislativo da Assembleia da República*.

6 – Com observância do disposto nos números anteriores, os suplementos remuneratórios são criados e regulamentados por lei e ou no caso das relações jurídicas de emprego público constituídas por contrato, por instrumento de regulamentação colectiva de trabalho.

7 – Com observância do disposto nos números anteriores, os suplementos remuneratórios são criados e regulamentados por lei e, ou, no caso das relações jurídicas de emprego público constituídas por contrato, por acordo colectivo de trabalho*.

*(* Redacção introduzida pelo art. 37.º, n.º 1 da Lei n.º 64-A/2008, de 31 de Dezembro, que aprovou o OGE para 2009)*

SECÇÃO IV – **Prémios de desempenho**

ARTIGO 74.º – **Preparação da atribuição**

1 – Tendo em consideração as verbas orçamentais destinadas a suportar o tipo de encargos previstos na alínea *c*) do n.º 1 e no n.º 5 do artigo 7.º, o dirigente máximo do órgão ou serviço fixa, fundamentadamente, no prazo de 15 dias após o início da execução do orçamento, o universo dos cargos e o das carreiras e categorias onde a atribuição de prémios de desempenho pode ter lugar, com as desagregações necessárias do montante disponível em função de tais universos.

2 – É aplicável à atribuição de prémios de desempenho, com as necessárias adaptações, o disposto nos n.ºˢ 3 a 5 do artigo 46.º

ARTIGO 75.º – **Condições da atribuição dos prémios de desempenho**

1 – Preenchem os universos definidos nos termos do artigo anterior os trabalhadores que, cumulativamente, exerçam funções no órgão ou serviço e, na falta de lei especial em contrário, tenham obtido, na última avaliação do seu desempenho, a menção máxima ou a imediatamente inferior a ela.

2 – Determinados os trabalhadores que preenchem cada um dos universos definidos, são ordenados, dentro de cada universo, por ordem decrescente da classificação quantitativa obtida naquela avaliação.

3 – Em face da ordenação referida no número anterior, e após exclusão dos trabalhadores que, nesse ano, tenham alterado o seu posicionamento remuneratório na categoria por cujo nível remuneratório se encontrem a auferir a remuneração base, o montante máximo dos encargos fixado por cada universo nos termos do artigo anterior é distribuído, pela ordem mencionada, por forma a que cada trabalhador receba o equivalente à sua remuneração base mensal.

4 – Não há lugar a atribuição de prémio de desempenho quando, não obstante reunidos os requisitos previstos no n.º 1, o montante máximo dos encargos fixado para o universo em causa se tenha esgotado com a atribuição de prémio a trabalhador ordenado superiormente.

5 – Os prémios de desempenho estão referenciados ao desempenho do trabalhador objectivamente revelado e avaliado.

ARTIGO 76.º – **Outros sistemas de recompensa do desempenho**

1 – Nos limites do previsto na alínea *c*) do n.º 1 e no n.º 5 do artigo 7.º, por lei e, ou, no caso das relações jurídicas de emprego público constituídas por contrato, por *instrumento de regulamentação colectiva de trabalho**, podem ser criados e regulamentados outros sistemas de recompensa do desempenho, designadamente em função de resultados obtidos em equipa ou do desempenho de trabalhadores que se encontrem posicionados na última posição remuneratória da respectiva categoria.

## Regimes de Vinculação, de Carreiras e de Remunerações dos Trabalhadores ...

2 – Os sistemas referidos no número anterior podem afastar a aplicação do previsto na presente secção.

*(\* Redacção introduzida pelo art. 37.º, n.º 3 da Lei n.º 64-A/2008, de 31 de Dezembro, que aprovou o OGE para 2009)*

## CAPÍTULO II
### Descontos

Artigo 77.º – **Enumeração**

1 – Sobre as remunerações devidas pelo exercício de funções em órgão ou serviço a que a presente lei é aplicável incidem:
*a)* Descontos obrigatórios;
*b)* Descontos facultativos.

2 – São obrigatórios os descontos que resultam de imposição legal.

3 – São facultativos os descontos que, sendo permitidos por lei, carecem de autorização expressa do titular do direito à remuneração.

4 – Na falta de lei especial em contrário, os descontos são efectuados directamente através de retenção na fonte.

Artigo 78.º – **Descontos obrigatórios**

Constituída a relação jurídica de emprego público, são descontos obrigatórios os seguintes:
*a)* Imposto sobre o rendimento das pessoas singulares;
*b)* Quotizações para o regime de protecção social aplicável.

Artigo 79.º – **Descontos facultativos**

1 – Constituída a relação jurídica de emprego público, são descontos facultativos, designadamente, os seguintes:
*a)* Prémios de seguros de doença ou de acidentes pessoais, de seguros de vida e complementos de reforma e planos de poupança-reforma;
*b)* Quota sindical.

2 – Desde que solicitado pelos trabalhadores nomeados ou em comissão de serviço, as quotas sindicais são obrigatoriamente descontadas na fonte.

3 – São subsidiariamente aplicáveis aos descontos referidos no número anterior, com as necessárias adaptações, as disposições adequadas do RCTFP.

# TÍTULO VI

## Regime jurídico-funcional das modalidades de constituição da relação jurídica de emprego público

ARTIGO 80.º – **Fontes normativas da nomeação**

1 – As fontes normativas do regime jurídico-funcional aplicável aos trabalhadores que, enquanto sujeitos de uma relação jurídica de emprego público diferente da comissão de serviço, se encontrem nas condições referidas no artigo 10.º são, por esta ordem:

   *a)* A presente lei e a legislação que a regulamenta, na parte aplicável;
   *b)* As leis gerais cujo âmbito de aplicação subjectivo abranja todos os trabalhadores, independentemente da modalidade de constituição da relação jurídica de emprego público ao abrigo da qual exercem as respectivas funções, na parte aplicável;
   *c)* As leis especiais aplicáveis às correspondentes carreiras especiais, nas matérias que, face ao disposto na lei, possam regular;
   *d)* Subsidiariamente, as leis gerais cujo âmbito de aplicação subjectivo se circunscreva aos então designados funcionários e agentes.

2 – São, designadamente, leis gerais previstas na alínea *b)* do número anterior as que definam:

   *a)* O regime da reorganização de serviços e da colocação de pessoal em situação de mobilidade especial;
   *b)* O estatuto do pessoal dirigente;
   *c)* Os sistemas de avaliação do desempenho dos serviços, dos dirigentes e dos trabalhadores;
   *d)* O estatuto disciplinar.

3 – São, designadamente, matérias reguladas pelas leis especiais previstas na alínea *c)* do n.º 1 as que definam:

   *a)* A estruturação das carreiras especiais;
   *b)* Os requisitos de recrutamento e a subsequente determinação do posicionamento remuneratório;
   *c)* Os níveis remuneratórios das posições das categorias das carreiras;
   *d)* Os suplementos remuneratórios;
   *e)* Outros sistemas de recompensa do desempenho;
   *f)* Sistemas adaptados e específicos de avaliação do desempenho;
   *g)* Estatutos disciplinares especiais;
   *h)* O regime aplicável em matérias não reguladas nas leis previstas nas alíneas *a)* e *b)* do n.º 1.

ARTIGO 81.º – **Fontes normativas do contrato**

1 – As fontes normativas do regime jurídico-funcional aplicável aos trabalhadores que, enquanto sujeitos de uma relação jurídica de emprego público

diferente da comissão de serviço, se encontrem em condições diferentes das referidas no artigo 10.º são, por esta ordem:

a) A presente lei e a legislação que a regulamenta, na parte aplicável;

b) As leis gerais cujo âmbito de aplicação subjectivo abranja todos os trabalhadores, independentemente da modalidade de constituição da relação jurídica de emprego público ao abrigo da qual exercem as respectivas funções, na parte aplicável;

c) As leis especiais aplicáveis às correspondentes carreiras especiais, nas matérias que, face ao disposto na lei, possam regular;

d) O RCTFP;

e) Subsidiariamente, as leis gerais cujo âmbito de aplicação subjectivo se circunscreva aos então designados funcionários e agentes;

f) Subsidiariamente, as disposições do contrato.

2 – São ainda fonte normativa, nas matérias que, face ao disposto na lei, possam regular, os *instrumentos de regulamentação colectiva de trabalho\** que integrem ou derroguem disposições ou regimes constantes das fontes referidas nas alíneas *a*) a *d*) do número anterior, desde que mais favoráveis aos trabalhadores, designadamente sobre:

a) Suplementos remuneratórios;

b) Outros sistemas de recompensa do desempenho;

c) Sistemas adaptados e específicos de avaliação do desempenho;

d) O regime aplicável em matérias não reguladas nas leis previstas nas alíneas *a*) e *b*) do n.º 1 quando expressamente as possam regular.

3 – São igualmente fonte normativa, nas matérias que, face ao disposto na lei ou em instrumento de regulamentação colectiva de trabalho, possam regular, as disposições do contrato que integrem ou derroguem disposições ou regimes constantes das fontes referidas nos números anteriores desde que mais favoráveis aos trabalhadores\*.

4 – É aplicável, com as necessárias adaptações, o disposto nos n.ºs 2 e 3 do artigo anterior, excepto no que se refere à alínea *b*) do último, cujo conteúdo se restringe aos requisitos de recrutamento\*.

(\* *Redacção introduzida pelo art. 37.º, n.ᵒˢ 1 e 3 da Lei n.º 64-A/2008, de 31 de Dezembro, que aprovou o OGE para 2009*)

### Artigo 82.º – **Fontes normativas da comissão de serviço**

1 – As fontes normativas do regime jurídico-funcional aplicável aos trabalhadores cuja relação jurídica de emprego público está constituída por comissão de serviço são, por esta ordem:

a) A presente lei e a legislação que a regulamenta, na parte aplicável;

b) As leis gerais cujo âmbito de aplicação subjectivo abranja todos os trabalhadores, independentemente da modalidade de constituição da relação jurídica de emprego público ao abrigo da qual exercem funções, na parte aplicável;

324         *Novo Estatuto da Função Pública*

*c)* As leis especiais aplicáveis à correspondente comissão de serviço, nas matérias que, face ao disposto na lei, possam regular;

*d)* Subsidiariamente, as aplicáveis à relação jurídica de emprego público de origem, quando a haja e subsista;

*e)* As previstas no artigo 80.º, quando não haja ou não subsista relação jurídica de emprego público de origem.

2 – É aplicável, com as necessárias adaptações, o disposto no n.º 2 e nas alíneas *b)*, primeira parte, e *c)* a *h)* do n.º 3 do artigo 80.º

# TÍTULO VII
## Disposições finais e transitórias

ARTIGO 83.º – **Jurisdição competente**

1 – Os tribunais da jurisdição administrativa e fiscal são os competentes para apreciar os litígios emergentes das relações jurídicas de emprego público.

2 – O disposto no número anterior é irrelevante para a competência que se encontre fixada no momento da entrada em vigor do RCTFP.

ARTIGO 84.º – **Continuidade do exercício de funções públicas**

O exercício de funções ao abrigo de qualquer modalidade de constituição da relação jurídica de emprego público em qualquer dos órgãos ou serviços a que a presente lei é aplicável releva como exercício de funções públicas ou na carreira, na categoria e, ou, na posição remuneratória, conforme os casos, quando os trabalhadores, mantendo aquele exercício de funções, mudem definitivamente de órgão ou serviço.

ARTIGO 85.º – **Remuneração de categoria e de exercício**

1 – A remuneração base integra a remuneração de categoria e a remuneração de exercício, iguais, respectivamente, a cinco sextos e a um sexto da remuneração base.

2 – A lei prevê as situações e condições em que se perde o direito à remuneração de exercício.

ARTIGO 86.º – **Prevalência**

Excepto quando dela resulte expressamente o contrário, o disposto na presente lei prevalece sobre quaisquer leis especiais e instrumentos de regulamentação colectiva de trabalho.

ARTIGO 87.º – **Aprovação do RCTFP**

O RCTFP é aprovado por lei.

ARTIGO 88.º – **Transição de modalidade de constituição da relação jurídica de emprego público por tempo indeterminado**

1 – Os actuais trabalhadores nomeados definitivamente que exercem funções nas condições referidas no artigo 10.º mantêm a nomeação definitiva.

2 – Os actuais trabalhadores contratados por tempo indeterminado que exercem funções nas condições referidas no artigo 10.º transitam, sem outras formalidades, para a modalidade de nomeação definitiva.

3 – Os actuais trabalhadores contratados por tempo indeterminado que exercem funções em condições diferentes das referidas no artigo 10.º mantêm o contrato por tempo indeterminado, com o conteúdo decorrente da presente lei.

4 – Os actuais trabalhadores nomeados definitivamente que exercem funções em condições diferentes das referidas no artigo 10.º mantêm os regimes de cessação da relação jurídica de emprego público e de reorganização de serviços e colocação de pessoal em situação de mobilidade especial próprios da nomeação definitiva e transitam, sem outras formalidades, para a modalidade de contrato por tempo indeterminado, com o conteúdo decorrente da presente lei*.

*(\* Redacção introduzida pelo art. 37.º, n.º 1 da Lei n.º 64-A/2008, de 31 de Dezembro, que aprovou o OGE para 2009)*

ARTIGO 89.º – **Conversão das nomeações provisórias e das comissões de serviço durante o período probatório**

1 – Os actuais trabalhadores provisoriamente nomeados e em comissão de serviço durante o período probatório transitam, nos condicionalismos previstos nos n.ºs 1 e 4 do artigo anterior, conforme os casos:

  *a)* Para a modalidade de nomeação definitiva, em período experimental;

  *b)* Para a modalidade de contrato por tempo indeterminado, em período experimental.

2 – No período experimental é imputado o tempo decorrido em nomeação provisória ou em comissão de serviço.

ARTIGO 90.º **Conversão das comissões de serviço extraordinárias e de outras comissões de serviço**

1 – Os actuais trabalhadores em comissão de serviço extraordinária para a realização do estágio transitam, nos condicionalismos previstos nos n.ºs 1 e 4 do artigo 88.º, conforme os casos:

  *a)* Para a modalidade de nomeação definitiva, em período experimental;

  *b)* Para a modalidade de contrato por tempo indeterminado, em período experimental.

326　　　*Novo Estatuto da Função Pública*

2 – No período experimental é imputado o tempo decorrido em comissão de serviço extraordinária.

3 – Os actuais trabalhadores em comissão de serviço, ainda que extraordinária, em serviços em regime de instalação transitam para a modalidade adequada de mobilidade interna.

4 – Os actuais trabalhadores em comissão de serviço em outras situações transitam para a modalidade de comissão de serviço com o conteúdo decorrente da presente lei.

### Artigo 91.º – **Conversão dos contratos administrativos de provimento**

1 – Sem prejuízo do disposto no artigo 108.º, os actuais trabalhadores em contrato administrativo de provimento transitam, em conformidade com a natureza das funções exercidas e com a previsível duração do contrato:

*a)* Para a modalidade de nomeação definitiva, em período experimental;
*b)* Para a modalidade de nomeação transitória;
*c)* Para a modalidade de contrato por tempo indeterminado, em período experimental;
*d)* Para a modalidade de contrato a termo resolutivo certo ou incerto.

2 – No período experimental é imputado o tempo decorrido em contrato administrativo de provimento.

3 – Aos trabalhadores que transitem nos termos da alínea *c)* do n.º 1 é aplicável após o período experimental, com as necessárias adaptações, o disposto no n.º 4 do artigo 88.º

4 – Para efeitos da transição referida nas alíneas *b)* e *d)* do n.º 1 considera-se termo inicial das respectivas relações jurídicas de emprego público a data da entrada em vigor do RCTFP.

### Artigo 92.º – **Conversão dos contratos a termo resolutivo**

1 – Os actuais trabalhadores em contrato a termo resolutivo para o exercício de funções nas condições referidas no artigo 10.º transitam para a modalidade de nomeação transitória.

2 – Os demais trabalhadores em contrato a termo resolutivo mantêm o contrato, com o conteúdo decorrente da presente lei.

### Artigo 93.º* – **Conversão das substituições em cargos não dirigentes**

1 – Os trabalhadores que, actualmente, se encontrem em substituição em cargo não dirigente transitam para a modalidade adequada de mobilidade interna.

2 – Sem prejuízo da consideração do tempo de serviço anteriormente prestado em substituição nos termos e para os efeitos do n.º 3 do artigo 23.º do Decreto-Lei n.º 427/89, de 7 de Dezembro, na redacção dada pelo Decreto-Lei n.º 102/96, de 31 de Julho, considera-se termo inicial da transição referida

*Regimes de Vinculação, de Carreiras e de Remunerações dos Trabalhadores ...* 327

no número anterior a data da entrada em vigor do diploma referido no n.º 5
do artigo 118.º

*(\* Por força do disposto no art. 37.º, n.º 5 da Lei n.º 64-A/2008, de 31 de
Dezembro, que aprovou o OGE para 2009, este artigo entrou em vigor a 1 de Janeiro
de 2009)*

Artigo 94.º – **Reapreciação dos contratos de prestação de serviços**

1 – Aquando da eventual renovação dos contratos de prestação de serviços
vigentes, os órgãos e serviços procedem à sua reapreciação à luz do regime ora
aprovado.

2 – É aplicável ao incumprimento do disposto no número anterior, com
as necessárias adaptações, o regime previsto no artigo 36.º

Artigo 95.º – **Transição para a carreira geral de técnico superior**

1 – Transitam para a carreira geral de técnico superior os actuais trabalhadores que:
  *a)* Se encontrem integrados nas carreiras de técnico superior de regime
    geral;
  *b)* Se encontrem integrados nas carreiras de técnico de regime geral;
  *c)* Se encontrem integrados em carreiras diferentes das referidas nas alíneas
    anteriores cujos grau de complexidade funcional e conteúdo funcional
    sejam idênticos aos daquela.

2 – Transitam ainda para a carreira geral de técnico superior os actuais
trabalhadores que:
  *a)* Se encontrem integrados em carreiras com designação diferente da das
    referidas nas alíneas do número anterior cujos grau de complexidade
    funcional e conteúdo funcional sejam idênticos aos daquela;
  *b)* Não se encontrando integrados em carreiras, o grau de complexidade
    funcional e o conteúdo funcional das funções que exercem sejam
    idênticos aos daquela.

3 – As carreiras referidas no n.º 1 constam de decreto-lei a publicar no
prazo de 180 dias.

4 – As transições referidas no n.º 2 carecem de homologação do membro
do Governo respectivo e do responsável pela Administração Pública, prévia à
lista nominativa referida no artigo 109.º

Artigo 96.º – **Transição para a categoria de coordenador técnico**

1 – Transitam para a categoria de coordenador técnico da carreira geral
de assistente técnico os actuais trabalhadores que:
  *a)* Sejam titulares da categoria de chefe de secção;
  *b)* Sejam titulares da categoria de coordenador das carreiras de técnico-
    -profissional de regime geral;

328 *Novo Estatuto da Função Pública*

c) Sejam titulares de categorias diferentes das referidas nas alíneas anteriores cujos grau de complexidade funcional e conteúdo funcional sejam idênticos aos daquela categoria.

2 – Transitam ainda para a categoria de coordenador técnico da carreira geral de assistente técnico os actuais trabalhadores que:

a) Sejam titulares de categorias com designação diferente da das referidas nas alíneas do número anterior cujos grau de complexidade funcional e conteúdo funcional sejam idênticos aos daquela categoria;

b) Não sendo titulares de categorias, o grau de complexidade funcional e o conteúdo funcional das funções que exercem sejam idênticos aos daquela categoria.

3 – As categorias referidas no n.º 1 constam de decreto-lei a publicar no prazo de 180 dias.

4 – As transições referidas no n.º 2 carecem de homologação do membro do Governo respectivo e do responsável pela Administração Pública, prévia à lista nominativa referida no artigo 109.º

Artigo 97.º – **Transição para a categoria de assistente técnico**

1 – Transitam para a categoria de assistente técnico da carreira geral de assistente técnico os actuais trabalhadores que:

a) Se encontrem integrados nas carreiras de assistente administrativo de regime geral;

b) Se encontrem integrados nas carreiras de tesoureiro de regime geral;

c) Sem prejuízo do disposto no artigo anterior, se encontrem integrados nas carreiras de técnico profissional de regime geral;

d) Se encontrem integrados em carreiras ou sejam titulares de categorias diferentes das referidas nas alíneas anteriores cujos grau de complexidade funcional e conteúdo funcional sejam idênticos aos daquela categoria.

2 – Transitam ainda para a categoria de assistente técnico da carreira geral de assistente técnico os actuais trabalhadores que:

a) Se encontrem integrados em carreiras ou sejam titulares de categorias com designação diferente da das referidas nas alíneas do número anterior cujos grau de complexidade funcional e conteúdo funcional sejam idênticos aos daquela categoria;

b) Não se encontrando integrados em carreiras nem sendo titulares de categorias, o grau de complexidade funcional e o conteúdo funcional das funções que exercem sejam idênticos aos daquela categoria.

3 – As carreiras e categorias referidas no n.º 1 constam de decreto-lei a publicar no prazo de 180 dias.

4 – As transições referidas no n.º 2 carecem de homologação do membro do Governo respectivo e do responsável pela Administração Pública, prévia à lista nominativa referida no artigo 109.º

Regimes de Vinculação, de Carreiras e de Remunerações dos Trabalhadores ... 329

ARTIGO 98.º – **Transição para a categoria de encarregado geral operacional**

1 – Transitam para a categoria de encarregado geral operacional da carreira geral de assistente operacional os actuais trabalhadores que:

a) Sejam titulares da categoria de encarregado geral das carreiras de pessoal operário de regime geral;

b) Sejam titulares de categorias diferentes da referida na alínea anterior cujos grau de complexidade funcional e conteúdo funcional sejam idênticos aos daquela categoria.

2 – Transitam ainda para a categoria de encarregado geral operacional da carreira geral de assistente operacional os actuais trabalhadores que:

a) Sejam titulares de categorias com designação diferente da das referidas nas alíneas do número anterior cujos grau de complexidade funcional e conteúdo funcional sejam idênticos aos daquela categoria;

b) Não sendo titulares de categorias, o grau de complexidade funcional e o conteúdo funcional das funções que exercem sejam idênticos aos daquela categoria.

3 – As categorias referidas no n.º 1 constam de decreto-lei a publicar no prazo de 180 dias.

4 – As transições referidas no n.º 2 carecem de homologação do membro do Governo respectivo e do responsável pela Administração Pública, prévia à lista nominativa referida no artigo 109.º

ARTIGO 99.º – **Transição para a categoria de encarregado operacional**

1 – Transitam para a categoria de encarregado operacional da carreira geral de assistente operacional os actuais trabalhadores que:

a) Sejam titulares da categoria de encarregado das carreiras de pessoal operário de regime geral;

b) Sejam titulares de categorias diferentes da referida na alínea anterior cujos grau de complexidade funcional e conteúdo funcional sejam idênticos aos daquela categoria.

2 – Transitam ainda para a categoria de encarregado operacional da carreira geral de assistente operacional os actuais trabalhadores que:

a) Sejam titulares de categorias com designação diferente da das referidas nas alíneas do número anterior cujos grau de complexidade funcional e conteúdo funcional sejam idênticos aos daquela categoria;

b) Não sendo titulares de categorias, o grau de complexidade funcional e o conteúdo funcional das funções que exercem sejam idênticos aos daquela categoria.

3 – As categorias referidas no n.º 1 constam de decreto-lei a publicar no prazo de 180 dias.

4 – As transições referidas no n.º 2 carecem de homologação do membro do Governo respectivo e do responsável pela Administração Pública, prévia à lista nominativa referida no artigo 109.º

330       *Novo Estatuto da Função Pública*

ARTIGO 100.º – **Transição para a categoria de assistente operacional**

1 – Sem prejuízo do disposto nos artigos 98.º e 99.º, transitam para a categoria de assistente operacional da carreira geral de assistente operacional os actuais trabalhadores que:

*a)* Se encontrem integrados nas carreiras de pessoal operário de regime geral;

*b)* Se encontrem integrados nas carreiras de pessoal auxiliar de regime geral;

*c)* Se encontrem integrados em carreiras ou sejam titulares de categorias diferentes das referidas nas alíneas anteriores cujos grau de complexidade funcional e conteúdo funcional sejam idênticos aos daquela categoria.

2 – Sem prejuízo do disposto nos artigos 98.º e 99.º, transitam ainda para a categoria de assistente operacional da carreira geral de assistente operacional os actuais trabalhadores que:

*a)* Se encontrem integrados em carreiras ou sejam titulares de categorias com designação diferente da das referidas nas alíneas do número anterior cujos grau de complexidade funcional e conteúdo funcional sejam idênticos aos daquela categoria;

*b)* Não se encontrando integrados em carreiras nem sendo titulares de categorias, o grau de complexidade funcional e o conteúdo funcional das funções que exercem sejam idênticos aos daquela categoria.

3 – As carreiras e categorias referidas no n.º 1 constam de decreto-lei a publicar no prazo de 180 dias.

4 – As transições referidas no n.º 2 carecem de homologação do membro do Governo respectivo e do responsável pela Administração Pública, prévia à lista nominativa referida no artigo 109.º

ARTIGO 101.º – **Revisão das carreiras e corpos especiais**

1 – As carreiras de regime especial e os corpos especiais são revistos no prazo de 180 dias por forma a que:

*a)* Sejam convertidos, com respeito pelo disposto na presente lei, em carreiras especiais; ou

*b)* Sejam absorvidos por carreiras gerais.

2 – Sendo convertidos em carreiras especiais, à sua caracterização é aplicável o disposto no n.º 2 do artigo 49.º

3 – Em qualquer caso, os diplomas de revisão definem as regras de transição dos trabalhadores.

ARTIGO 102.º * – **Conversão das situações de mobilidade para, ou de, outras entidades**

1 – Os actuais trabalhadores em situação de mobilidade para, ou de, entidade excluída do âmbito de aplicação objectivo da presente lei transitam para a situação jurídico-funcional de cedência de interesse público.

*Regimes de Vinculação, de Carreiras e de Remunerações dos Trabalhadores ...* 331

2 – Considera-se termo inicial da cedência referida no número anterior a data da entrada em vigor do diploma referido no n.º 5 do artigo 118.º

*(\* Por força do disposto no art. 37.º, n.º 5 da Lei n.º 64-A/2008, de 31 de Dezembro, que aprovou o OGE para 2009, este artigo entrou em vigor a 1 de Janeiro de 2009)*

### Artigo 103.º\* – **Conversão das requisições, destacamentos, cedências ocasionais e especiais e afectações específicas**

1 – Os actuais trabalhadores requisitados, destacados, ocasional e especialmente cedidos e em afectação específica de, e em, órgão ou serviço a que a presente lei é aplicável transitam para a modalidade adequada de mobilidade interna.

2 – Considera-se termo inicial da mobilidade interna referida no número anterior a data da entrada em vigor do diploma referido no n.º 5 do artigo 118.º

*(\* Por força do disposto no art. 37.º, n.º 5 da Lei n.º 64-A/2008, de 31 de Dezembro, que aprovou o OGE para 2009, este artigo entrou em vigor a 1 de Janeiro de 2009)*

### Artigo 103.º-A\* – **Posições remuneratórias complementares**

1 – Transitoriamente, com vista a garantir e ou elevar as expectativas de evolução remuneratória nas anteriores carreiras e, ou, categorias de regime geral por parte dos actuais trabalhadores, pode o decreto regulamentar referido no n.º 1 do artigo 69.º criar posições remuneratórias complementares, para além das que resultam do n.º 2 do artigo 49.º

2 – Os níveis remuneratórios correspondentes às posições remuneratórias complementares podem não observar a tendência referida nas alíneas *b)* e *c)* do n.º 2 do artigo 69.º

*(\* Aditado pelo art. 37.º, n.º 2 da Lei n.º 64-A/2008, de 31 de Dezembro, que aprovou o OGE para 2009)*

### Artigo 104.º – **Reposicionamento remuneratório**

1 – Na transição para as novas carreira e categoria, os trabalhadores são reposicionados na posição remuneratória a que corresponda nível remuneratório cujo montante pecuniário seja idêntico ao montante pecuniário correspondente à remuneração base a que actualmente têm direito, ou a que teriam por aplicação da alínea *b)* do n.º 1 do artigo 112.º, nela incluindo adicionais e diferenciais de integração eventualmente devidos.

2 – Em caso de falta de identidade, os trabalhadores são reposicionados na posição remuneratória, automaticamente criada, de nível remuneratório não inferior ao da primeira posição da categoria para a qual transitam cujo montante pecuniário seja idêntico ao montante pecuniário correspondente à remuneração base a que actualmente têm direito, ou a que teriam por aplicação da alínea *b)* do n.º 1 do artigo 112.º

332            *Novo Estatuto da Função Pública*

3 – No caso previsto no número anterior, os trabalhadores, até ulterior alteração do posicionamento remuneratório, da categoria ou da carreira, mantêm o direito à remuneração base que vêm, ou viriam, auferindo, a qual é objecto de alteração em idêntica proporção à que resulte da aplicação do n.º 4 do artigo 68.º

4 – *(Revogado pelo art. 37.º, n.º 1 da Lei n.º 64-A/2008, de 31 de Dezembro, que aprovou o OGE para 2009).*

5 – No caso previsto no n.º 2, quando, em momento ulterior, os trabalhadores devam alterar a sua posição remuneratória na categoria, e da alteração para a posição seguinte resultasse um acréscimo remuneratório inferior a um montante pecuniário fixado na portaria referida no n.º 2 do artigo 68.º, aquela alteração tem lugar para a posição que se siga a esta, quando a haja\*.

6 – O montante pecuniário referido no número anterior pode ser alterado na sequência da negociação prevista no n.º 4 do artigo 68.º\*.

*(\* Aditado pelo art. 37.º, n.º 1 da Lei n.º 64-A/2008, de 31 de Dezembro, que aprovou o OGE para 2009)*

### Artigo 105.º – **Remuneração dos estagiários**

1 – Durante o período experimental, os actuais estagiários mantêm o direito ao montante pecuniário correspondente à remuneração que vêm auferindo.

2 – Concluído com sucesso o período experimental, os actuais estagiários mantêm igualmente aquele direito quando ao nível remuneratório da posição remuneratória que devam ocupar corresponda um montante pecuniário inferior ao que vêm auferindo.

3 – É aplicável, com as necessárias adaptações, o disposto no n.º 3 do artigo anterior.

### Artigo 106.º – **Carreiras subsistentes**

1 – Tornando-se impossível a transição dos trabalhadores nos termos dos artigos 95.º a 101.º em virtude do grau de complexidade funcional e, ou, do conteúdo funcional da carreira em que se encontram integrados ou da categoria de que são titulares e, ou, das regras do reposicionamento remuneratório previstas no artigo 104.º, as carreiras e, ou, categorias correspondentes subsistem nos termos em que actualmente se encontram previstas, aplicando-se-lhes, com as necessárias adaptações, o disposto nos artigos 46.º a 48.º e 113.º

2 – Enquanto existam trabalhadores integrados nas carreiras ou titulares das categorias referidas no número anterior, os órgãos ou serviços onde exerçam funções adoptam as providências legais necessárias, designadamente as previstas nos n.ºˢ 2 e seguintes do artigo 51.º, à sua integração em outras carreiras ou categorias.

3 – Os montantes pecuniários correspondentes às remunerações base das carreiras e categorias referidas no n.º 1 são objecto de alteração em idêntica proporção à que resulte da aplicação do n.º 4 do artigo 68.º

*Regimes de Vinculação, de Carreiras e de Remunerações dos Trabalhadores ...* 333

4 – As carreiras e, ou, categorias referidas no n.º 1 constam de decreto--lei a publicar no prazo de 180 dias.

5 – Os órgãos ou serviços não podem recrutar ou recorrer a mobilidade geral de trabalhadores não integrados nas carreiras ou não titulares das categorias referidas no n.º 1 para o exercício das funções que lhes correspondam.

6 – O decreto-lei referido no n.º 4 pode prever uma categoria de carreira geral por cuja integração os trabalhadores que devessem manter-se integrados nas carreiras ou titulares das categorias que subsistam podem optar nos termos que nele sejam fixados*.

*(* Aditado pelo art. 37.º, n.º 1 da Lei n.º 64-A/2008, de 31 de Dezembro, que aprovou o OGE para 2009)*

Artigo 107.º – **Níveis remuneratórios das comissões de serviço**

As remunerações base dos cargos e funções que devam ser exercidos em comissão de serviço são revistas no prazo de 180 dias tendo em vista a sua conformação com o disposto na presente lei.

Artigo 108.º – **Transição dos aprendizes e ajudantes**

1 – Os actuais aprendizes e ajudantes transitam para a modalidade de contrato a termo resolutivo certo.

2 – Considera-se termo inicial do contrato referido no número anterior a data da entrada em vigor do RCTFP.

3 – Até à cessação dos contratos referidos nos números anteriores aplica-se, com as necessárias adaptações, o disposto nos n.ºs 2, 3, 6 e 7 do artigo 13.º do Decreto-Lei n.º 404-A/98, de 18 de Dezembro.

4 – Os montantes pecuniários correspondentes aos índices referidos nas disposições legais mencionadas no número anterior são objecto de alteração em idêntica proporção à que resulte da aplicação do n.º 4 do artigo 68.º

Artigo 109.º – **Lista nominativa das transições e manutenções**

1 – As transições referidas nos artigos 88.º e seguintes, bem como a manutenção das situações jurídico-funcionais neles prevista, são executadas, em cada órgão ou serviço, através de lista nominativa notificada a cada um dos trabalhadores e tornada pública por afixação no órgão ou serviço e inserção em página electrónica.

2 – Sem prejuízo do que na presente lei se dispõe em contrário, as transições produzem efeitos desde a data da entrada em vigor do RCTFP.

3 – Da lista nominativa consta, relativamente a cada trabalhador do órgão ou serviço, entre outros elementos, a referência à modalidade de constituição da sua relação jurídica de emprego público, às situações de mobilidade geral do, ou no, órgão ou serviço e ao seu cargo ou carreira, categoria, atribuição, competência ou actividade que cumpre ou executa, posição remuneratória e nível remuneratório.

334  *Novo Estatuto da Função Pública*

4 – Relativamente aos trabalhadores referidos no n.º 4 do artigo 88.º, da lista nominativa consta ainda nota de que a cada um deles mantém os regimes ali mencionados, bem como o referido no n.º 2 do artigo 114.º

5 – Ao pessoal colocado em situação de mobilidade especial é igualmente aplicável, na parte adequada, o disposto nos números anteriores.

6 – O pretérito exercício de funções, por parte dos trabalhadores constantes da lista, ao abrigo de qualquer modalidade de constituição da relação jurídica de emprego público releva, nos termos legais então vigentes, como exercício de funções públicas ou no cargo ou na carreira, na categoria ou na posição remuneratória, conforme os casos, que resultem da transição*.

*(\* Aditado pelo art. 37.º, n.º 1 da Lei n.º 64-A/2008, de 31 de Dezembro, que aprovou o OGE para 2009)*

### Artigo 110.º – **Concursos de recrutamento e selecção de pessoal**

1 – As relações jurídicas de emprego público decorrentes de concursos de recrutamento e selecção concluídos e válidos à data de entrada em vigor do RCTFP constituem-se com observância das regras previstas no presente título.

2 – O disposto no número anterior aplica-se ainda aos concursos de recrutamento e selecção pendentes à data de entrada em vigor do RCTFP desde que tenham sido abertos antes da entrada em vigor da presente lei.

3 – Caducam os restantes concursos de recrutamento e selecção de pessoal pendentes na data referida no número anterior, independentemente da sua modalidade e situação.

### Artigo 111.º – **Procedimentos em curso relativos a pessoal**

1 – Caducam os procedimentos em curso tendentes à prática de actos de administração e de gestão de pessoal que, face ao disposto na presente lei, tenham desaparecido da ordem jurídica.

2 – Os procedimentos em curso tendentes à prática de actos de administração e de gestão de pessoal cujos requisitos substanciais e formais de validade e, ou, de eficácia, face ao disposto na presente lei, se tenham modificado prosseguem, sendo procedimentalmente possível e útil, em ordem à verificação e aplicação de tais requisitos.

### Artigo 112.º – **Revisão dos suplementos remuneratórios**

1 – Tendo em vista a sua conformação com o disposto na presente lei, os suplementos remuneratórios que tenham sido criados por lei especial são revistos no prazo de 180 dias por forma a que:

    *a)* Sejam mantidos, total ou parcialmente, como suplementos remuneratórios;

    *b)* Sejam integrados, total ou parcialmente, na remuneração base;

    *c)* Deixem de ser auferidos.

Regimes de Vinculação, de Carreiras e de Remunerações dos Trabalhadores ... 335

2 – Quando, por aplicação do disposto no número anterior, os suplementos remuneratórios não sejam, total ou parcialmente, mantidos como tal ou integrados na remuneração base, o seu exacto montante pecuniário, ou a parte que dele sobre, continua a ser auferido pelos trabalhadores até ao fim da sua vida activa na carreira ou na categoria por causa de cuja integração ou titularidade adquiriram direito a eles.

3 – O montante pecuniário referido no número anterior é insusceptível de qualquer alteração.

4 – Ao montante pecuniário referido no n.º 2 é aplicável o regime então em vigor do respectivo suplemento remuneratório.

5 – Não é aplicável o disposto nos n.ᵒˢ 2 e seguintes quando o suplemento remuneratório tenha sido criado ou alterado por acto não legislativo depois da entrada em vigor da Lei n.º 43/2005, de 29 de Agosto.

ARTIGO 113.º – **Relevância das avaliações na alteração do posicionamento remuneratório e nos prémios de desempenho**

1 – Para efeitos do disposto nos n.ᵒˢ 1 e 6 do artigo 47.º e no n.º 1 do artigo 75.º, as avaliações dos desempenhos ocorridos nos anos de 2004 a 2007, ambos inclusive, relevam nos termos dos números seguintes, desde que cumulativamente:

*a)* Se refiram às funções exercidas durante a colocação no escalão e índice actuais ou na posição a que corresponda a remuneração base que os trabalhadores venham auferindo;

*b)* Tenham tido lugar nos termos das Leis n.ᵒˢ 10/2004, de 22 de Março, e 15/2006, de 26 de Abril.

2 – Para efeitos do disposto no n.º 6 do artigo 47.º, e sem prejuízo do disposto nos números seguintes, a relevância das avaliações do desempenho referida no número anterior obedece às seguintes regras:

*a)* Quando o sistema de avaliação do desempenho aplicado preveja cinco menções ou níveis de avaliação, o número de pontos a atribuir é de três, dois, um, zero e um negativo, respectivamente do mais para o menos elevado;

*b)* Quando o sistema de avaliação do desempenho aplicado preveja quatro menções ou níveis de avaliação, o número de pontos a atribuir é de dois, um, zero e um negativo, respectivamente do mais para o menos elevado;

*c)* Quando o sistema de avaliação do desempenho aplicado preveja três menções ou níveis de avaliação, o número de pontos a atribuir é de dois, um e um negativo, respectivamente do mais para o menos elevado;

*d)* Quando o sistema de avaliação do desempenho aplicado preveja duas menções ou níveis de avaliação, o número de pontos a atribuir é de um e meio para a menção ou nível correspondente a desempenho positivo e de um negativo para a menção ou nível correspondente a desempenho negativo.

336      *Novo Estatuto da Função Pública*

3 – Quando tenha sido obtida menção ou nível de avaliação negativos, são atribuídos pontos nos seguintes termos:

a) Zero pontos quando tenha sido obtida uma única menção ou nível de avaliação negativos;

b) Um ponto negativo por cada menção ou nível de avaliação negativos que acresça à menção ou nível referidos na alínea anterior.

4 – Quando o sistema de avaliação do desempenho aplicado ao abrigo do n.º 2 do artigo 2.º e do n.º 1 do artigo 4.º da Lei n.º 15/2006, de 26 de Abril, não estabelecesse percentagens máximas, em obediência ao princípio da diferenciação de desempenhos consagrado no artigo 15.º da Lei n.º 10/2004, de 22 de Março, os três e dois pontos previstos nas alíneas *a*) a *c*) do n.º 2 são atribuídos tendo ainda em conta as seguintes regras:

a) No caso da alínea *a*), três pontos para as menções ou níveis de avaliação máximos mais elevados, até ao limite de 5% do total dos trabalhadores, e dois pontos para as restantes menções ou níveis de avaliação máximos, quando os haja, e para os imediatamente inferiores aos máximos, até ao limite de 20% do total dos trabalhadores;

b) No caso das alíneas *b*) e *c*), dois pontos para as menções ou níveis de avaliação máximos mais elevados, até ao limite de 25 % do total dos trabalhadores.

5 – Quando o sistema de avaliação do desempenho aplicado não permitisse a diferenciação prevista no número anterior, designadamente por não existirem classificações quantitativas, o número de pontos a atribuir obedece ao disposto na alínea *d*) do n.º 2.

6 – Quando os sistemas específicos de avaliação de desempenho prevêem periodicidade de avaliação não anual, cada classificação ou menção de avaliação atribuída repercute-se em cada um dos anos decorridos no período avaliado.

7 – O número de pontos a atribuir aos trabalhadores cujo desempenho não tenha sido avaliado, designadamente por não aplicabilidade ou não aplicação efectiva da legislação em matéria de avaliação do desempenho, é o de um por cada ano não avaliado.

8 – O número de pontos atribuído ao abrigo do presente artigo é comunicado pelo órgão ou serviço a cada trabalhador, com a discriminação anual e respectiva fundamentação.

9 – Em substituição dos pontos atribuídos nos termos da alínea *d*) do n.º 2 e dos n.ᵒˢ 5 a 7, a requerimento do trabalhador, apresentado no prazo de cinco dias úteis após a comunicação referida no número anterior, é realizada avaliação através de ponderação curricular, nos termos previstos no sistema de avaliação de desempenho dos trabalhadores da Administração Pública, aplicado com as necessárias adaptações, por avaliador designado pelo dirigente máximo do órgão ou serviço.

10 – As menções propostas nos termos do número anterior são homologadas pelo dirigente máximo do órgão ou serviço e por ele apresentadas ao respectivo

membro do Governo para ratificação, visando a verificação do equilíbrio da distribuição das menções pelos vários níveis de avaliação, em obediência ao princípio da diferenciação de desempenhos, bem como o apuramento de eventuais responsabilidades dos titulares dos cargos dirigentes para os efeitos então previstos no n.º 2 do artigo 4.º da Lei n.º 15/2006, de 26 de Abril.

11 – Após a ratificação referida no número anterior, é atribuído, nos termos do n.º 6 do artigo 47.º, o número de pontos correspondente à menção obtida referido ao ano ou anos relativamente aos quais se operou a ponderação curricular.

12 – Quando a aplicação em concreto do disposto nos n.ºs 1 dos artigos 47.º e 75.º imponha a existência de classificações quantitativas e o sistema de avaliação do desempenho aplicado não as forneça, procede-se a ponderação curricular, nos termos previstos no sistema de avaliação de desempenho referido no n.º 9, dos trabalhadores aos quais aqueles preceitos sejam em concreto aplicáveis, de forma a obter a referida quantificação.

ARTIGO 114.º – **Protecção social e benefícios sociais**

1 – Todos os trabalhadores têm direito, nos termos da lei, a protecção social, a outros benefícios sociais e a subsídio de refeição.

2 – Os trabalhadores referidos nos artigos 88.º e seguintes mantêm o regime de protecção social de que vinham beneficiando, sem prejuízo da sua convergência com os regimes do sistema de segurança social, nos termos do artigo 104.º da Lei n.º 4/2007, de 16 de Janeiro.

ARTIGO 115.º – **Níveis habilitacionais transitórios**

1 – Na falta de lei especial em contrário, enquanto os trabalhadores se mantenham integrados na carreira resultante da transição prevista no presente título, não lhes é exigido o nível habilitacional correspondente ao grau de complexidade funcional da carreira em causa, ainda que se candidatem a procedimento concursal publicitado para ocupação de postos de trabalho, no órgão ou serviço onde exercem funções ou em outro órgão ou serviço, correspondentes a idêntica ou a diferente categoria da carreira.

2 – Sem prejuízo do disposto no número anterior e nos n.ºs 2 e seguintes do artigo 51.º, quando as atribuições, competências ou actividades dos órgãos ou serviços o imponham, pode lei especial admitir que, até 31 de Dezembro de 2012, titulares de curso superior que não confira grau de licenciatura se candidatem a procedimento concursal publicitado para ocupação de postos de trabalho correspondentes a carreiras ou categorias de grau 3 de complexidade funcional.

ARTIGO 116.º – **Revogações**

São revogadas todas as disposições legais contrárias ao disposto na presente lei, designadamente:

a) As que tenham aprovado ou alterado os quadros de pessoal dos órgãos ou serviços a que a presente lei é aplicável;

338                         

*b)* O Decreto n.º 16 563, de 2 de Março de 1929;

*c)* O Decreto-Lei n.º 719/74, de 18 de Dezembro;

*d)* O artigo 2.º do Decreto-Lei n.º 729/74, de 20 de Dezembro;

*e)* O Decreto-Lei n.º 485/76, de 21 de Junho;

*f)* O Decreto-Lei n.º 191-E/79, de 26 de Junho;

*g)* O artigo 3.º do Decreto-Lei n.º 465/80, de 14 de Outubro;

*h)* O artigo 25.º do Decreto-Lei n.º 110-A/81, de 14 de Maio;

*i)* O Decreto-Lei n.º 65/83, de 4 de Fevereiro;

*j)* O Decreto Regulamentar n.º 82/83, de 30 de Novembro;

*l)* O Decreto-Lei n.º 41/84, de 3 de Fevereiro;

*m)* O Decreto-Lei n.º 85/85, de 1 de Abril;

*n)* O Decreto Regulamentar n.º 20/85, de 1 de Abril;

*o)* O Decreto-Lei n.º 248/85, de 15 de Julho;

*p)* O artigo 2.º do Decreto-Lei n.º 12/87, de 8 de Janeiro;

*q)* O Decreto-Lei n.º 247/87, de 17 de Junho;

*r)* O Decreto-Lei n.º 265/88, de 28 de Julho;

*s)* O Decreto-Lei n.º 184/89, de 2 de Junho;

*t)* O Decreto-Lei n.º 244/89, de 5 de Agosto;

*u)* O Decreto-Lei n.º 353-A/89, de 16 de Outubro;

*v)* O Decreto-Lei n.º 381/89, de 28 de Outubro, com excepção dos seus artigos 4.º e 5.º;

*x)* O Decreto-Lei n.º 427/89, de 7 de Dezembro;

*z)* O Decreto-Lei n.º 407/91, de 17 de Outubro;

*aa)* O Decreto-Lei n.º 409/91, de 17 de Outubro;

*ab)* O Decreto-Lei n.º 413/93, de 23 de Dezembro;

*ac)* O artigo 29.º do Decreto-Lei n.º 77/94, de 9 de Março;

*ad)* O Decreto-Lei n.º 230/94, de 14 de Setembro;

*ae)* O artigo 2.º do Decreto-Lei n.º 233/94, de 15 de Setembro;

*af)* O artigo 20.º do Decreto-Lei n.º 45/95, de 2 de Março;

*ag)* O Decreto-Lei n.º 159/95, de 6 de Julho;

*ah)* O Decreto-Lei n.º 121/96, de 9 de Agosto;

*ai)* O Decreto-Lei n.º 226/96, de 29 de Novembro;

*aj)* Os artigos 18.º e 19.º do Decreto-Lei n.º 13/97, de 17 de Janeiro;

*al)* O Despacho Normativo n.º 70/97, publicado em 22 de Novembro de 1997;

*am)* O Decreto-Lei n.º 22/98, de 9 de Fevereiro;

*an)* O Decreto-Lei n.º 53-A/98, de 11 de Março;

*ao)* O Decreto-Lei n.º 175/98, de 2 de Julho;

*ap)* O Decreto-Lei n.º 204/98, de 11 de Julho;

*aq)* O Decreto-Lei n.º 404-A/98, de 18 de Dezembro;

*ar)* O Decreto-Lei n.º 412-A/98, de 30 de Dezembro;

*as)* O artigo 33.º do Decreto-Lei n.º 84/99, de 19 de Março;

*at)* O Decreto-Lei n.º 238/99, de 25 de Junho;

*Regimes de Vinculação, de Carreiras e de Remunerações dos Trabalhadores ...* 339

*au*) Os artigos 5.º e 6.º do Decreto-Lei n.º 324/99, de 18 de Agosto;
*av*) Os artigos 6.º a 8.º do Decreto-Lei n.º 325/99, de 18 de Agosto;
*ax*) Os artigos 10.º e 11.º do Decreto-Lei n.º 326/99, de 18 de Agosto;
*az*) A Portaria n.º 807/99, de 21 de Setembro;
*ba*) O Decreto-Lei n.º 497/99, de 19 de Novembro;
*bb*) O Decreto-Lei n.º 518/99, de 10 de Dezembro;
*bc*) O Decreto-Lei n.º 54/2000, de 7 de Abril;
*bd*) O Decreto-Lei n.º 218/2000, de 9 de Setembro;
*be*) A Resolução do Conselho de Ministros n.º 12/2001, de 8 de Fevereiro;
*bf*) O Decreto-Lei n.º 142/2001, de 24 de Abril;
*bg*) A Resolução do Conselho de Ministros n.º 97/2002, de 18 de Maio,
e despachos complementares;
*bh*) O Decreto-Lei n.º 149/2002, de 21 de Maio;
*bi*) O Decreto-Lei n.º 101/2003, de 23 de Maio;
*bj*) O artigo 6.º da Lei n.º 99/2003, de 27 de Agosto.

Artigo 117.º – **Aplicação dos novos regimes**

1 – Os regimes de vinculação, de carreiras e de remunerações definidos
e regulados pela presente lei aplicam-se nos termos dos números seguintes.

2 – A partir da data de entrada em vigor da presente lei, as relações
jurídicas de emprego público constituem-se:

*a*) Para o exercício de cargos abrangidos pela alínea *a*) do n.º 4 do artigo
9.º e de funções em carreiras cujo conteúdo funcional se insira nas
actividades referidas no artigo 10.º, por comissão de serviço ou por
nomeação, respectivamente, nos termos do Decreto-Lei n.º 184/89, de
2 de Junho e respectiva legislação complementar;

*b*) Para o exercício de cargos e funções não abrangidos pela alínea
anterior, por contrato de trabalho, nos termos da Lei n.º 23/2004, de
22 de Junho.

3 – Os contratos de trabalho são celebrados para as carreiras, categorias
e posições remuneratórias de ingresso, previstas na lei, em regulamento ou em
instrumento de regulamentação colectiva de trabalho em vigor.

4 – A partir da data de entrada em vigor da presente lei, as alterações de
posicionamento remuneratório processam-se nos termos previstos nos artigos
46.º a 48.º e 113.º da presente lei nas actuais carreiras e, ou, categorias, considerando-se que as referências legais feitas a escalão e mudança de escalão
correspondem a posição remuneratória e a alteração de posicionamento remuneratório, respectivamente.

5 – A partir da data de entrada em vigor da presente lei, há lugar à
atribuição de prémios de desempenho nos termos previstos nos artigos 74.º a
76.º e 113.º da presente lei.

6 – As relações jurídicas de emprego público decorrentes de concursos de
recrutamento e selecção de pessoal ou outros processos de recrutamento abertos

340       *Novo Estatuto da Função Pública*

antes da data de entrada em vigor da presente lei constituem-se com observância do disposto no n.º 2.

7 – Sem prejuízo da obrigação de apresentação de mapas de pessoal e da preparação da proposta de orçamento para 2009 nos termos previstos nos artigos 4.º, 5.º e 7.º, durante o ano de 2008 e para os efeitos previstos na presente lei:

    *a)* Os quadros de pessoal em vigor constituem os mapas de pessoal dos órgãos e serviços a que se referem aqueles artigos;

    *b)* Os serviços que não tenham quadro de pessoal aprovado devem elaborar mapas de acordo com o disposto no artigo 5.º

8 – As referências legais feitas aos quadros de pessoal e a lugares dos quadros consideram-se feitas a mapas de pessoal e a postos de trabalho, respectivamente.

9 – O disposto nos n.ᵒˢ 4 e 5 não é aplicável ao pessoal a que se refere o artigo 1.º do Estatuto da Carreira Docente dos Educadores de Infância e dos Professores dos Ensinos Básico e Secundário, aprovado pelo Decreto-Lei n.º 139-A/90, de 28 de Abril, rectificado por Declaração publicada no *Diário da República,* 1.ª série, n.º 149, suplemento, de 30 de Junho de 1990, e alterado pelos Decretos-Leis n.ᵒˢ 105/97, de 29 de Abril, 1/98, de 2 de Janeiro, 35/2003, de 17 de Fevereiro, 121/2005, de 26 de Julho, 229/2005, de 29 de Dezembro, 224/2006, de 13 de Novembro, 15/2007, de 19 de Janeiro, e 35/2007, de 15 de Fevereiro.

10 – O incumprimento das revisões previstas nos artigos 101.º, 107.º e 112.º da presente lei determina a não actualização dos montantes dos suplementos remuneratórios previstos no artigo 112.º, a partir da data da entrada em vigor do RCTFP, e a redução dos orçamentos dos serviços em que são abonados, no montante total correspondente aos abonos a realizar no exercício orçamental corrente.

11 – Os regimes que decorrem do presente artigo prevalecem sobre quaisquer leis especiais vigentes à data de entrada em vigor da presente lei.

### Artigo 118.º – **Entrada em vigor e produção de efeitos**

1 – Sem prejuízo do disposto no número seguinte, a presente lei entra em vigor no 1.º dia do mês seguinte ao da sua publicação e produz efeitos nos termos dos n.ᵒˢ 3 a 7.

2 – O n.º 2 do artigo 54.º, o artigo 87.º, os n.ᵒˢ 3 dos artigos 95.º a 100.º e os artigos 101.º, 106.º, n.º 4, 107.º, 112.º e 118.º entram em vigor no dia seguinte ao da publicação da presente lei.

3 – De forma a permitir a aplicação dos regimes prevista no artigo anterior, produzem efeitos com a entrada em vigor da presente lei os artigos 1.º a 5.º, 7.º e 8.º, a alínea *a)* do n.º 4 do artigo 9.º, o artigo 10.º, os artigos 46.º a 48.º, o artigo 67.º, na parte em que consagra os prémios de desempenho, os artigos 74.º a 76.º e os artigos 113.º e 117.º

4 – Produzem igualmente efeitos com a entrada em vigor da presente lei os artigos 25.º a 30.º, 35.º a 38.º e 94.º

5 – Os artigos 58.º a 65.º, 93.º, 102.º e 103.º produzem efeitos na data definida no diploma que proceder a alterações à Lei n.º 53/2006, de 7 de Dezembro.

6 – Os artigos 50.º a 53.º, o n.º 1 do artigo 54.º e os artigos 55.º a 57.º produzem efeitos na data da entrada em vigor da portaria prevista no n.º 2 do artigo 54.º

7 – As restantes disposições da presente lei produzem efeitos na data de entrada em vigor do RCTFP.

Aprovada em 18 de Janeiro de 2008.

O Presidente da Assembleia da República, *Jaime Gama.*

Promulgada em 20 de Fevereiro de 2008.

Publique-se.

O Presidente da República, ANÍBAL CAVACO SILVA.

Referendada em 20 de Fevereiro de 2008.

O Primeiro-Ministro, *José Sócrates Carvalho Pinto de Sousa.*

## ANEXO
### (referido no n.º 2 do artigo 49.º)
### Caracterização das carreiras gerais

| Carreira | Categorias | Conteúdo funcional | Grau de comple-xidade funcional | Número de posições remunera-tórias |
|---|---|---|---|---|
| Técnico superior | Técnico superior | Funções consultivas, de estudo, planeamento, programação, avaliação e aplicação de métodos e processos de natureza técnica e ou científica, que fundamentam e preparam a decisão.<br>Elaboração, autonomamente ou em grupo, de pareceres e projectos, com diversos graus de complexidade, e execução de outras actividades de apoio geral ou especializado nas áreas de actuação comuns, instrumentais e operativas dos órgãos e serviços.<br>Funções exercidas com responsabilidade e autonomia técnica, ainda que com enquadramento superior qualificado. Representação do órgão ou serviço em assuntos da sua especialidade, tomando opções de índole técnica, enquadradas por directivas ou orientações superiores. | 3 | 14 |
| Assistente técnico | Coordenador técnico | Funções de chefia técnica e administrativa em uma subunidade orgânica ou equipa de suporte, por cujos resultados é responsável.<br>Realização das actividades de programação e organização do trabalho do pessoal que coordena, segundo orientações e directivas superiores. Execução de trabalhos de natureza técnica e administrativa de maior complexidade.<br>Funções exercidas com relativo grau de autonomia e responsabilidade. | 2 | 4 |
| | Assistente técnico | Funções de natureza executiva, de aplicação de métodos e processos, com base em directivas bem definidas e instruções gerais, de grau médio de complexidade, nas áreas de actuação comuns e instrumentais e nos vários domínios de actuação dos órgãos e serviços. | 2 | 9 |

*Regimes de Vinculação, de Carreiras e de Remunerações dos Trabalhadores ...* 343

| Carreira | Categorias | Conteúdo funcional | Grau de comple-xidade funcional | Número de posições remunera-tórias |
|---|---|---|---|---|
| Assistente opera-cional | Encarre-gado geral operacio-nal | Funções de chefia do pessoal da carreira de assistente operacional.<br>Coordenação geral de todas as tarefas realizadas pelo pessoal afecto aos secto-res de actividade sob sua supervisão. | 1 | 2 |
| | Encarre-gado operacional | Funções de coordenação dos assistentes operacionais afectos ao seu sector de actividade, por cujos resultados é res-ponsável.<br>Realização das tarefas de programação, organização e controlo dos trabalhos a executar pelo pessoal sob sua coorde-nação.<br>Substituição do encarregado geral nas suas ausências e impedimentos. | | 5 |
| | Assistente operacional | Funções de natureza executiva, de carác-ter manual ou mecânico, enquadradas em directivas gerais bem definidas e com graus de complexidade variáveis.<br>Execução de tarefas de apoio elementa-res, indispensáveis ao funcionamento dos órgãos e serviços, podendo com-portar esforço físico.<br>Responsabilidade pelos equipamentos sob sua guarda e pela sua correcta utili-zação, procedendo, quando necessário, à manutenção e reparação dos mesmos. | | 8 |

# ADAPTAÇÃO À ADMINISTRAÇÃO PÚBLICA REGIONAL DOS AÇORES DOS REGIMES DE VINCULAÇÃO, DE CARREIRAS E DE REMUNERAÇÕES DOS TRABALHADORES QUE EXERCEM FUNÇÕES PÚBLICAS

## Decreto Legislativo Regional n.º 26/2008/A, de 24 de Julho

## (Alterado pelo DLR n.º 17/2009/A, de 14 de Outubro)

A Lei n.º 12-A/2008, de 27 de Fevereiro, veio definir e regular os regimes de vinculação, de carreiras e de remunerações dos trabalhadores que exercem funções públicas, preceituando o seu n.º 2 do artigo 3.º que a sua adaptação às Regiões Autónomas seja efectivada mediante decreto legislativo regional.

O presente diploma visa, pois, dar exequibilidade àquele normativo, procedendo a um conjunto de adaptações que resultam da natureza e características próprias da estrutura organizativa da administração regional dos Açores.

Nesse sentido, este diploma mantém os quadros regionais de ilha, regime instituído pelo Decreto Legislativo Regional n.º 49/2006/A, de 11 de Dezembro, na redacção atribuída pelo artigo 9.º do Decreto Legislativo Regional n.º 27//2007/A, de 10 de Dezembro, bem como o regime de mobilidade dos trabalhadores da administração regional estabelecido no Decreto Legislativo Regional n.º 29/2007/A, de 10 de Dezembro, e a bolsa de emprego público – Açores (BEP-Açores) previsto no Decreto Legislativo Regional n.º 50/2006/A, de 12 de Dezembro, porque se consideram diplomas estruturantes da forma de organização da administração pública regional, constituindo instrumentos privilegiados na gestão dos recursos humanos, que urge adequar ao novo regime instituído.

Consagra, ainda, um conjunto de normas instrumentais que visam a intervenção dos membros do Governo Regional com competência nas áreas das finanças e da Administração Pública, no sentido de determinados procedimentos

346 *Novo Estatuto da Função Pública*

administrativos carecerem de prévia autorização, designadamente, em matérias de orçamentação e gestão das despesas com pessoal e no recrutamento de trabalhadores.

Por fim, estabelece algumas regras, de carácter transitório, designadamente as que se referem à manutenção e conversão da relação jurídica de emprego público, à integração nos quadros regionais de ilha dos trabalhadores em situação de precariedade profissional e que vêm desempenhando funções correspondentes a necessidades permanentes dos serviços, bem como à relevância do tempo de serviço, designadamente do período de congelamento das progressões, para efeitos do primeiro reposicionamento remuneratório dos trabalhadores que exercem funções públicas.

O presente diploma foi objecto de negociação sindical nos termos da legislação em vigor.

Assim, a Assembleia Legislativa da Região Autónoma dos Açores decreta, nos termos das alíneas *a*) do n.º 1 do artigo 227.º da Constituição da República e *c*) do n.º 1 do artigo 31.º do Estatuto Político-Administrativo da Região Autónoma dos Açores, o seguinte:

ARTIGO 1.º – **Objecto e âmbito**

1 – O presente diploma adapta à administração regional autónoma da Região Autónoma dos Açores a Lei n.º 12-A/2008, de 27 de Fevereiro, que estabelece os regimes de vinculação, de carreiras e de remunerações dos trabalhadores que exercem funções públicas, bem como a definição do regime jurídico-funcional aplicável a cada modalidade de constituição da relação jurídica de emprego público.

2 – O presente diploma aplica-se também à Assembleia Legislativa da Região Autónoma dos Açores, com as adaptações impostas pela observância das correspondentes competências.

ARTIGO 2.º – **Quadros regionais de ilha e outros quadros de pessoal**

1 – As referências a mapas de pessoal reportam-se, na Região, aos quadros regionais de ilha aprovados ao abrigo do disposto no Decreto Legislativo Regional n.º 49/2006/A, de 11 de Dezembro, na redacção atribuída pelo artigo 9.º do Decreto Legislativo Regional n.º 27/2007/A, de 10 de Dezembro, assim como aos quadros do pessoal docente e não docente dos estabelecimentos de ensino não superior, cujo regime se mantém em vigor.

2 – Tendo em conta o disposto na parte final do número anterior, aquando da regulamentação da integração daquele pessoal nos quadros regionais de ilha, serão fixadas as regras de gestão do mesmo.

3 – As referências feitas a mapas de pessoal reportam-se, igualmente, ao quadro de pessoal da Assembleia Legislativa da Região Autónoma dos Açores, aprovado pelo Decreto Legislativo Regional n.º 54/2006/A, de 22 de Dezembro, com as alterações introduzidas pelo Decreto Legislativo Regional n.º 3/2009/

*Adaptação à Administração Pública Regional ...* 347

/A, de 6 de Março, sem prejuízo da criação de mapas de pessoal quanto às admissões em regime de contrato de trabalho em funções públicas*.

4 – Para efeitos do disposto no artigo 57.° do Decreto Legislativo Regional n.° 54/2006/A, de 22 de Dezembro, com as alterações introduzidas pelo Decreto Legislativo Regional n.° 3/2009/A, de 6 de Março, consideram-se automaticamente criados no mapa de pessoal da Assembleia Legislativa da Região Autónoma dos Açores os postos de trabalho necessários à integração daqueles trabalhadores*.

5 – Para efeitos de orçamentação e gestão de recursos humanos a que se refere o artigo 7.° da Lei n.° 12-A/2008, de 27 de Fevereiro, as verbas orçamentais dos órgãos e serviços relativas a despesas com o pessoal visam satisfazer os encargos com os trabalhadores que se lhe encontram afectos ou a afectar, nos termos da legislação regional em vigor*.

6 – A proposta de orçamento dos órgãos e serviços será acompanhada de informação que indique o número de postos de trabalho que lhes estão afectos, bem como dos que carecem para o desenvolvimento das respectivas actividades, caracterizando-os em função:

  *a)* Da atribuição, competência ou actividade que o seu ocupante se destine a cumprir ou a executar;
  *b)* Do cargo ou da carreira e categoria e posição remuneratória que lhes correspondam;
  *c)* Dentro de cada carreira e ou categoria, quando imprescindível, da área de formação académica ou profissional de que o seu ocupante é ou deva ser titular*.

7 – Na informação referida no número anterior deve igualmente constar o número de postos de trabalho que podem ser disponibilizados tendo em conta as necessidades de afectação a outros órgãos e serviços*.

8 – A informação a que se refere este artigo deve igualmente ser remetida ao membro do Governo Regional responsável pela área da Administração Pública*.

*(* Redacção dada pelo art. 5.° do DLR n.° 17/2009/A, de 14 de Outubro, através do aditamento dos n.ᵒˢ 3 a 8)*

### Artigo 3.° – **Publicitação das modalidades de vinculação**

Todos os actos relativos às modalidades de vinculação em que legalmente se exige a respectiva publicitação em jornal oficial ou afixação no órgão ou serviço interessado são efectuados na bolsa de emprego público da Região Autónoma dos Açores (BEP Açores), nos termos determinados pelo Decreto Legislativo Regional n.° 50/2006/A, de 12 de Dezembro, sem prejuízo das adaptações que lhe vierem a ser introduzidas.

348     *Novo Estatuto da Função Pública*

ARTIGO 4.º – **Regime de mobilidade**

O regime de mobilidade dos trabalhadores da administração regional autónoma é o estabelecido no Decreto Legislativo Regional n.º 29/2007/A, de 10 de Dezembro, sem prejuízo das adaptações que lhe vierem a ser introduzidas.

ARTIGO 5.º – **Orçamentação e gestão das despesas com pessoal**

1 – As alterações do posicionamento remuneratório, mesmo as que resultarem de um processo de negociação com o trabalhador, carecem de prévia autorização dos membros do Governo Regional responsáveis pelas áreas das finanças e da Administração Pública, mediante proposta fundamentada do membro do Governo Regional da tutela.

2 – O regime de orçamentação e gestão das despesas com pessoal aplicáveis aos dirigentes máximos do serviço é extensível aos chefes de gabinete que tenham competências em matéria de pessoal.

3 – Carece, igualmente, de prévia autorização das entidades referidas no n.º 1 a celebração de contratos de prestação de serviços.

ARTIGO 6.º – **Procedimento concursal**

1 – O recrutamento de trabalhadores necessários à ocupação dos postos de trabalho carece de prévia autorização dos membros do Governo Regional com competência nas áreas das finanças e da Administração Pública.

2 – O procedimento concursal, bem como o regime aplicável ao universo dos trabalhadores para a ocupação dos postos de trabalho, observa o disposto no Decreto Legislativo Regional n.º 49/2006/A, de 11 de Dezembro, na redacção atribuída pelo artigo 9.º do Decreto Legislativo Regional n.º 27/2007/A, de 10 de Dezembro, assim como no Decreto Legislativo Regional n.º 29/2007/A, de 10 de Dezembro.

3 – A possibilidade de candidatura a procedimento concursal a quem não seja titular da habilitação exigida carece de autorização prévia do membro do Governo Regional com competência na área da Administração Pública.

4 – *(Revogado pelo DLR n.º 17/2009/A, de 14 de Outubro)*

5 – O dirigente máximo do serviço pode optar, em alternativa à publicitação de procedimento concursal, pelo recurso a diplomados com o curso de Estudos Avançados em Gestão Pública (CEAGP) ou de outros cursos de idêntica natureza desde que devidamente reconhecidos por despacho conjunto dos membros do Governo Regional com competência nas áreas das finanças e da Administração Pública.

6 – A determinação do posicionamento remuneratório nos termos do artigo 55.º da Lei n.º 12-A/2008, de 27 de Fevereiro, é antecedida de parecer favorável dos membros do Governo Regional responsáveis pelas áreas das finanças e da Administração Pública, quando esteja em causa posição remuneratória superior à do início de cada carreira ou categoria*.

*Adaptação à Administração Pública Regional ...*    349

7 – A tramitação do procedimento concursal, incluindo a do destinado a constituir reservas de recrutamento em entidade centralizada, bem como a referente a carreiras especiais à qual aquela tramitação se revele desadequada, é regulamentada por resolução do Governo Regional*.

8 – Os métodos de selecção a que se refere a alínea b) dos n.os 1 e 2 do artigo 53.º da Lei n.º 12-A/2008, de 27 de Fevereiro, podem ser substituídos por entrevista profissional de selecção nos termos a definir no diploma a que alude o número anterior*.

9 – Na tramitação do procedimento concursal não se aplica o disposto na alínea d) do n.º 1 do artigo 54.º da Lei n.º 12-A/2008, de 27 de Fevereiro*.

*(* Redacção dada pelo art. 5.º do DLR n.º 17/2009/A, de 14 de Outubro, através do aditamento dos n.os 6 a 9).*

ARTIGO 7.º – **Manutenção e conversão da relação jurídica de emprego público**

1 – Os actuais trabalhadores da administração regional nomeados definitivamente mantêm a nomeação definitiva, sem prejuízo de, caso assim o entendam, manifestarem por escrito, no prazo de 90 dias, a intenção de transitarem nos termos fixados da Lei n.º 12-A/2008, de 27 de Fevereiro, para a modalidade de contrato por tempo indeterminado.

2 – Os actuais trabalhadores provisoriamente nomeados em comissão de serviço durante o período probatório, bem como em contrato administrativo de provimento para a realização de estágio e em comissão de serviço extraordinária, transitam para a modalidade de nomeação definitiva, aplicando-se o disposto na parte final do número anterior.

3 – Os trabalhadores que actualmente se encontrem em substituição em cargo não dirigente mantêm essa situação de acordo com o regime em que foi constituída, até à alteração do Decreto Legislativo Regional n.º 29/2007/A, de 10 de Dezembro*.

*(* De acordo com o disposto no art. 6.º do DLR n.º 17/2009/A, de 14 de Outubro, sob a epígrafe «Conversão das substituições em cargos não dirigentes», os trabalhadores a que se refere este n.º 3 «transitam para a modalidade adequada de afectação interna ou externa»)*

ARTIGO 8.º – **Integração nos quadros regionais de ilha**

1 – Os actuais trabalhadores em regime de contrato administrativo de provimento e de contrato a termo resolutivo que, à data da entrada em vigor do presente diploma, exerçam, naquelas modalidades contratuais, ininterruptamente funções correspondentes a necessidades permanentes e com horário completo, há mais de dois anos, nos serviços ou organismos da administração pública regional, são integrados nos quadros de pessoal a que se refere o artigo 2.º, na situação de nomeados definitivamente na base das carreiras onde se

encontram contratados ou a desempenhar funções, após aprovação num processo de selecção sumário, com respeito pelas habilitações legais exigidas.

2 – São irrelevantes, para os efeitos do número anterior, as interrupções de serviço que a lei equipara a prestação efectiva de serviço, bem como as interrupções de serviço verificadas nos últimos dois anos contados até à data da entrada em vigor do presente diploma, que não excedam 5 % da totalidade do período de tempo de exercício de funções nas modalidades contratuais referidas no número anterior.

3 – São igualmente abrangidos pelo processo de integração nos quadros regionais de ilha os actuais trabalhadores que exerçam ininterruptamente funções nos moldes referidos no n.º 1, nos serviços ou organismos da administração pública regional, em regime de prestação de serviços ou nas modalidades contratuais aí referidas, há pelo menos quatro anos.

4 – Para efeitos do cômputo do tempo a que se refere o número anterior, são irrelevantes as interrupções de serviço que, no seu conjunto, não ultrapassem os 30 dias.

5 – A integração a que se refere o presente artigo abrange, também, os actuais trabalhadores dos hospitais da Região que, à data da entrada em vigor do Decreto Legislativo Regional n.º 2/2007/A, de 24 de Janeiro, possuíam dois anos de serviço efectivo nos moldes referidos no n.º 1, sendo a aplicação do regime previsto no n.º 2 reportada àquela data.

6 – Os actuais trabalhadores em regime de contrato administrativo de provimento que, à data da publicação do presente diploma, exerçam funções naquela modalidade contratual, correspondentes a necessidades permanentes e com horário completo nos serviços ou organismos da administração pública regional, são integrados nos quadros de pessoal referidos no artigo 3.º do Decreto Legislativo Regional n.º 27/2007/A, de 10 de Dezembro, em regime de contrato de trabalho por tempo indeterminado, na base das carreiras onde se encontram contratados, após aprovação num processo de selecção sumário, nos termos dos números seguintes e com respeito pelas habilitações legais exigidas.

7 – No processo de selecção a que se refere o n.º 1, é utilizado como método de selecção a avaliação curricular, só podendo ser opositores ao mesmo os trabalhadores do respectivo serviço ou organismo abrangidos pelo presente diploma.

8 – Concluído o processo de selecção, a integração dos trabalhadores nos quadros de pessoal efectua-se mediante despacho conjunto dos membros do Governo Regional da tutela e dos que tem a seu cargo as áreas da Administração Pública e das finanças, sendo aditados automaticamente o número de lugares considerados necessários para o efeito.

9 – O disposto no presente artigo não se aplica ao pessoal docente dos estabelecimentos de ensino não superior.

## Adaptação à Administração Pública Regional ...

Artigo 9.º – **Trabalhadores em situação de mobilidade**

Os actuais trabalhadores requisitados, destacados, ocasional e especialmente cedidos e em afectação mantêm a respectiva situação resultante da aplicação do Decreto Legislativo Regional n.º 29/2007/A, de 10 de Dezembro, enquanto este não for revisto.

Artigo 10.º – **Concursos, reclassificações e reconversões**

São válidos os procedimentos relativos a concursos de recrutamento e selecção, reclassificações e reconversões profissionais de pessoal pendentes à data da entrada em vigor do presente diploma ou do Regime do Contrato de Trabalho em Funções Públicas (RCTFP).

Artigo 11.º – **Relevância do tempo de serviço**

1 – O tempo de serviço prestado de 2004 a 2008, ambos inclusive, releva para efeitos do reposicionamento remuneratório imediatamente a seguir ao resultante da integração nas novas carreiras, de acordo com os módulos de tempo exigidos no regime anterior para a progressão nas carreiras.

2 – Quando tenha havido alteração da posição remuneratória, por efeito, designadamente, de promoção ocorrida durante aquele período, a contagem de tempo efectua-se a partir daquela mudança.

3 – No ano em que se tenha verificado alteração da posição remuneratória, a classificação de serviço atribuída nesse ano não releva para efeitos de futuro reposicionamento remuneratório.

4 – Para efeitos do reposicionamento remuneratório, são consideradas as classificações de serviço de *Muito Bom e Bom,* atribuídas no período relevante, ao abrigo do Decreto Regulamentar Regional n.º 11/84/A, de 8 de Março, ou outro sistema de avaliação específico, equiparadas no novo sistema de avaliação de desempenho à menção de *Relevante.*

5 – O disposto no número anterior aplica-se igualmente ao pessoal que, naquele período, não foi objecto de classificação de serviço.

6 – A partir do ano de 2009 será aplicado o novo regime da avaliação do desempenho dos trabalhadores que exercem funções públicas na administração regional – SIADAPRA.

7 – Sem prejuízo do disposto nos artigos 9.º e 10.º do Decreto Legislativo Regional n.º 21/2007/A, de 30 de Agosto, aos docentes dos estabelecimentos de ensino não superior que à data da entrada em vigor do presente diploma se encontrem a prestar serviço no Sistema Educativo Regional, o tempo de serviço prestado neste sistema durante o período de congelamento, ocorrido de 30 de Agosto de 2005 a 31 de Dezembro de 2007, é relevado, na actual carreira, para efeitos de progressão, de acordo com os módulos de tempo naquela previstos, nos seguintes termos:

a) 50 % daquele período de congelamento a partir da data da entrada em vigor do presente diploma;

352       *Novo Estatuto da Função Pública*

*b)* 50 % daquele período de congelamento a partir de 1 de Setembro de 2009.

8 – A relevância do tempo de serviço nos termos dos n.ᵒˢ 1 a 6 do presente artigo abrange igualmente os trabalhadores que se mantenham integrados em carreiras subsistentes a que alude o artigo 106.º da Lei n.º 12-A/2008, de 27 de Fevereiro, com efeitos a 1 de Janeiro de 2009*.

*(\* Redacção dada pelo art. 5.º do DLR n.º 17/2009/A, de 14 de Outubro, através do aditamento deste n.º 8)*

### Artigo 12.º – **Remuneração complementar regional**

A remuneração complementar regional mantém o regime jurídico definido no Decreto Legislativo Regional n.º 8/2002/A, de 10 de Abril, com as alterações introduzidas pelo Decreto Legislativo Regional n.º 22/2007/A, de 23 de Outubro.

### Artigo 13.º – **Suplementos remuneratórios**

Os suplementos remuneratórios em vigor são mantidos, integralmente, como tal enquanto não forem extintos ou integrados, total ou parcialmente, na remuneração base.

### Artigo 14.º – **Norma de prevalência**

O regime estabelecido no presente diploma prevalece sobre quaisquer normas que versem sobre a mesma matéria.

### Artigo 15.º – **Entrada em vigor e produção de feitos**

1 – O presente diploma entra em vigor no dia seguinte ao da sua publicação.

2 – O n.º 1 do artigo 7.º produz efeitos à data da entrada em vigor do diploma que aprova o RCTFP.

3 – O disposto no número anterior aplica-se, com as necessárias adaptações, às situações previstas no n.º 2 do artigo 7.º

Aprovado pela Assembleia Legislativa da Região Autónoma dos Açores, na Horta, em 18 de Junho de 2008.

O Presidente da Assembleia Legislativa, *Fernando Manuel Machado Menezes.*

Assinado em Angra do Heroísmo em 15 de Julho de 2008.

Publique-se.

O Representante da República para a Região Autónoma dos Açores, *José António Mesquita.*

# ADAPTAÇÃO À REGIÃO AUTÓNOMA DA MADEIRA DOS REGIMES DE VINCULAÇÃO, DE CARREIRAS E DE REMUNERAÇÕES DOS TRABALHADORES QUE EXERCEM FUNÇÕES PÚBLICAS

## Decreto Legislativo Regional n.º 1/2009/M, de 12 de Janeiro

A Lei n.º 12-A/2008, de 27 de Fevereiro, estabeleceu os regimes de vinculação, de carreiras e de remunerações dos trabalhadores que exercem funções públicas e estatuiu no n.º 2 do artigo 3.º a sua adaptação às Regiões Autónomas, à qual se procede através do presente diploma.

Nesse sentido, são introduzidas normas que adaptam competências em matérias de natureza orçamental e de gestão de despesas relativas às situações de emprego, já constituídas ou a constituir, e salvaguarda-se a validade de situações relativas ao recrutamento e mobilidade de pessoal que se encontrem pendentes.

São também estabelecidas regras de vigência transitória relativas à manutenção ou conversão da relação jurídica de emprego público.

Foram cumpridos os procedimentos decorrentes da Lei n.º 23/98, de 26 de Maio.

Assim:

A Assembleia Legislativa da Região Autónoma da Madeira, ao abrigo da alínea *a*) do n.º 1 do artigo 227.º e do n.º 1 do artigo 232.º da Constituição da República Portuguesa, da alínea *c*) do n.º 1 do artigo 37.º, da alínea *qq*) do artigo 40.º e do n.º 1 do artigo 41.º do Estatuto Político-Administrativo da Região Autónoma da Madeira, aprovado pela Lei n.º 13/91, de 5 de Junho, alterado pela Lei n.º 130/99, de 21 de Agosto, e pela Lei n.º 12/2000, de 21 de Junho, e do n.º 2 do artigo 3.º da Lei n.º 12-A/2008, de 27 de Fevereiro, decreta o seguinte:

Artigo 1.º – **Objecto**

O presente diploma adapta à administração regional autónoma da Madeira a Lei n.º 12-A/2008, de 27 de Fevereiro, que estabelece os regimes de vinculação, de carreiras e de remunerações dos trabalhadores que exercem funções públicas.

354         *Novo Estatuto da Função Pública*

ARTIGO 2.º – **Publicações**

Todas as referências a publicações a efectuar no *Diário da República,* constantes da Lei n.º 12-A/2008, de 27 de Fevereiro, reportam-se ao *Jornal Oficial* da Região Autónoma da Madeira.

ARTIGO 3.º – **Orçamentação e gestão das despesas com pessoal**

A competência dos dirigentes máximos em matéria de orçamentação e gestão das despesas com pessoal abrange os chefes de gabinete que tenham competências em matéria de pessoal.

ARTIGO 4.º – **Manutenção e conversão da relação jurídica de emprego público**

1 – Os actuais trabalhadores da administração regional autónoma nomeados definitivamente mantêm a nomeação definitiva, sem prejuízo de poderem optar pela transição para o regime de contrato por tempo indeterminado, nos termos previstos na Lei n.º 12-A/2008, caso manifestem essa intenção por escrito, no prazo de 90 dias, contados da entrada em vigor do presente diploma ou do Regime do Contrato de Trabalho em Funções Públicas (RCTFP).

2 – Os actuais trabalhadores provisoriamente nomeados ou em comissão de serviço durante o período probatório, bem como em contrato administrativo de provimento para a realização de estágio ou em comissão de serviço extraordinária, findos os respectivos períodos probatórios ou os estágios e reunidos os demais requisitos de ingresso previstos nos regimes que lhes deram origem, transitam para a modalidade de nomeação definitiva, aplicando-se o disposto na parte final do número anterior.

3 – Os trabalhadores que actualmente se encontrem no exercício de funções nomeados em substituição, em cargos não dirigentes, mantêm essa situação no regime em que foi constituída, até à alteração do Decreto Legislativo Regional n.º 9/2008/M, de 27 de Março.

4 – Os actuais trabalhadores que se encontrem requisitados, destacados ou abrangidos em alguma situação de mobilidade geral mantêm a respectiva situação em que se encontram até à alteração do diploma referido no número anterior.

ARTIGO 5.º – **Concursos, reclassificações e reconversões**

São válidos os procedimentos relativos a concursos de recrutamento e selecção, reclassificações e reconversões profissionais de pessoal pendentes à data da entrada em vigor do presente diploma ou do RCTFP.

ARTIGO 6.º – **Complemento regional de remuneração**

O complemento regional de remuneração mantém o regime de atribuição definido no Decreto Legislativo Regional n.º 24/91/M, de 5 de Dezembro.

Artigo 7.º – **Norma de prevalência**

O regime definido no presente diploma prevalece sobre quaisquer disposições relativas à mesma matéria.

Artigo 8.º – **Entrada em vigor e produção de efeitos**

1 – O presente diploma entra em vigor no dia seguinte ao da sua publicação.

2 – O n.º 1 do artigo 4.º produz efeitos à data da entrada em vigor do diploma que aprova o Regime do Contrato de Trabalho em Funções Públicas (RCTFP).

3 – O disposto no número anterior aplica-se, com as necessárias adaptações, às situações previstas no n.º 2 do artigo 4.º

Aprovado em sessão plenária da Assembleia Legislativada Região Autónoma da Madeira em 16 de Dezembro de 2008.

O Presidente da Assembleia Legislativa, *José Miguel Jardim d'Olival Mendonça.*

Assinado em 29 de Dezembro de 2008.

Publique-se.

O Representante da República para a Região Autónoma da Madeira, *Antero Alves Monteiro Diniz.*

# EXTINÇÃO DAS CARREIRAS E CATEGORIAS CUJOS TRABALHADORES TRANSITADOS PARA AS CARREIRAS GERAIS

## Decreto-Lei n.º 121/2008, de 11 de Julho

No âmbito do programa de reformas da Administração Pública, assumem especial relevância os novos regimes de vinculação, de carreiras e de remunerações dos trabalhadores que exercem funções públicas, constantes da Lei n.º 12-A/2008, de 27 de Fevereiro.

Um dos princípios fundamentais subjacentes a essa reforma é o da redução do número de carreiras existentes por forma que apenas se prevejam carreiras especiais nos casos em que as especificidades do conteúdo e dos deveres funcionais, e também a formação ou habilitação de base, claramente o justifiquem, o que exige a análise das carreiras de regime especial e dos corpos especiais até agora existentes no sentido de se concluir ou não pela absoluta necessidade da sua consagração como carreiras especiais.

Por outro lado, a actual profusão de carreiras de regime geral, com as mais diversas designações e, em muitos casos, completamente desadequadas face às actuais necessidades da Administração, demonstra bem a necessidade de se proceder ao seu enquadramento nas novas carreiras gerais cujos conteúdos funcionais abrangentes assim o permitem.

A fusão destas carreiras nas novas carreiras gerais que agora se promove mediante a transição para aquelas carreiras dos trabalhadores integrados nas carreiras ou titulares das categorias identificadas neste diploma não significa, contudo, o desaparecimento das especificidades das profissões existentes e dos postos de trabalho, mas tão só que essas especificidades serão acolhidas na caracterização que deles se fará no mapa de pessoal de cada um dos órgãos ou serviços. Como prevê a lei acima referida, os mapas de pessoal indicarão os postos de trabalho necessários ao desenvolvimento das actividades dos órgãos e serviços. Os postos de trabalho serão caracterizados em função da atribuição, competência ou actividade em cujo exercício se inserem, das carreiras e categorias que lhes correspondem e, quando imprescindível, em função da área de formação académica ou profissional de que o ocupante do posto de trabalho deva ser titular. Assim, a carreira deve passar a ser encarada como um instrumento de integração do trabalhador na dinâmica de gestão de recursos humanos dos órgãos e serviços públicos e de previsão e de salvaguarda do seu percurso profissional, e não como a tradução jurídica da sua actividade profissional.

Este diploma visa, portanto, concretizar a extinção das actuais carreiras de regime geral ou especial, de categorias específicas e de corpos especiais cujos conteúdos funcionais e requisitos habilitacionais permitem o seu enquadramento nas novas carreiras gerais, mediante a transição dos trabalhadores nelas actualmente integrados para essas novas carreiras. Nessa transição, como resulta de outras disposições da lei acima referida, os trabalhadores não terão quaisquer perdas de natureza remuneratória. Com o presente diploma extinguem--se 1716 carreiras e categorias.

As transições que agora se concretizam pelo presente decreto-lei, em cumprimento de preceitos constantes de lei formal da República, abrangem titulares de carreiras e de categorias do âmbito da administração directa e indirecta do Estado, das administrações regionais e autárquicas e de outros órgãos do Estado.

Com as integrações e extinções que agora se operam e com as regras adoptadas na lei acima referida em matéria de concursos e selecção de pessoal, a simplicidade e rapidez nos procedimentos de gestão de pessoal e as possibilidades dos trabalhadores se moverem no interior da Administração aumentarão muito. Alguns dos aspectos que suportam a tão referida rigidez da gestão de recursos humanos na Administração desaparecerão.

Subsiste, contudo, um conjunto de situações em que se revelou impossível a transição dos respectivos trabalhadores para as novas carreiras, as quais se encontram abrangidas pelo disposto no artigo 106.º da Lei n.º 12-A/2008, de 27 de Fevereiro, e se identificam num dos anexos do presente diploma.

Contudo, consagram-se normas específicas para trabalhadores integrados nessas carreiras ou titulares das categorias identificadas como subsistentes, aos quais é permitida, sempre que possível, a integração numa categoria de determinada carreira, desde que o montante pecuniário correspondente à remuneração base a que actualmente têm direito não seja inferior ao montante pecuniário correspondente ao nível remuneratório da primeira posição daquela categoria.

Igualmente se prevê que os trabalhadores que devessem manter-se integrados nas carreiras ou titulares das categorias identificadas como subsistentes podem exercer o direito de opção, em algumas situações, pela sua integração nas novas carreiras ou categorias.

Por último, optou-se por identificar um vasto conjunto de diplomas e normas que dispõem sobre as carreiras e categorias agora extintas com o propósito de tornar clara e inequívoca a sua não subsistência na ordem jurídica.

Foram ouvidos os órgãos de governo próprio das Regiões Autónomas e a Associação Nacional de Municípios Portugueses.

Foi promovida a audição à Associação Nacional de Freguesias.

Foram observados os procedimentos decorrentes da Lei n.º 23/98, de 26 de Maio.

Assim:

Ao abrigo do disposto nos n.ᵒˢ 3 dos artigos 95.º a 100.º e 4 do artigo 106.º da Lei n.º 12 A/2008, de 27 de Fevereiro, e nos termos da alínea *a*) do n.º 1 do artigo 198.º da Constituição, o Governo decreta o seguinte:

### Artigo 1.º – **Objecto**

1 – O presente decreto-lei identifica e extingue as carreiras e categorias cujos trabalhadores integrados ou delas titulares transitam para as carreiras gerais de técnico superior, assistente técnico e assistente operacional previstas no n.º 1 do artigo 49.º da Lei n.º 12-A/2008, de 27 de Fevereiro, doravante designada por lei.

2 – O presente decreto-lei identifica, ainda, as carreiras e categorias que subsistem por impossibilidade de se efectuar a transição dos trabalhadores nelas integrados ou delas titulares para as carreiras gerais, nos termos previstos no n.º 1 do artigo 106.º da lei.

### Artigo 2.º – **Transição para a carreira de técnico superior**

Transitam para a carreira geral de técnico superior, nos termos do n.º 1 do artigo 95.º da lei, os trabalhadores que se encontrem integrados nas carreiras, ou que sejam titulares das categorias, identificadas no mapa I anexo ao presente decreto-lei e que dele faz parte integrante.

### Artigo 3.º – **Transição para a categoria de coordenador técnico**

Transitam para a categoria de coordenador técnico da carreira geral de assistente técnico, nos termos do n.º 1 do artigo 96.º da lei, os trabalhadores que sejam titulares das categorias identificadas no mapa II anexo ao presente decreto-lei e que dele faz parte integrante.

### Artigo 4.º – **Transição para a categoria de assistente técnico**

Transitam para a categoria de assistente técnico da carreira geral de assistente técnico, nos termos do n.º 1 do artigo 97.º da lei, os trabalhadores que se encontrem integrados nas carreiras, ou que sejam titulares das categorias, identificadas no mapa III anexo ao presente decreto-lei e que dele faz parte integrante.

### Artigo 5.º – **Transição para a categoria de encarregado geral operacional**

Transitam para a categoria de encarregado geral operacional da carreira geral de assistente operacional, nos termos do n.º 1 do artigo 98.º da lei, os trabalhadores que sejam titulares das categorias identificadas no mapa IV anexo ao presente decreto-lei e que dele faz parte integrante.

360     *Novo Estatuto da Função Pública*

ARTIGO 6.º – **Transição para a categoria de encarregado operacional**

Transitam para a categoria de encarregado operacional da carreira geral de assistente operacional, nos termos do n.º 1 do artigo 99.º da lei, os trabalhadores que sejam titulares das categorias identificadas no mapa V anexo ao presente decreto-lei e que dele faz parte integrante.

ARTIGO 7.º – **Transição para a categoria de assistente operacional**

Transitam para a categoria de assistente operacional da carreira geral de assistente operacional, nos termos do n.º 1 do artigo 100.º da lei, os trabalhadores que se encontrem integrados nas carreiras, ou que sejam titulares das categorias, identificadas no mapa VI anexo ao presente decreto-lei e que dele faz parte integrante.

ARTIGO 8.º – **Carreiras e categorias subsistentes**

1 – Subsistem, nos termos do artigo 106.º da lei, as carreiras e categorias identificadas no mapa VII anexo ao presente decreto-lei e que dele faz parte integrante.

2 – Os trabalhadores integrados nas carreiras ou titulares das categorias identificadas no mapa VII como subsistentes são, nos termos do artigo 104.º da lei, reposicionados na categoria de transição, quando aquele mapa a preveja, desde que o montante pecuniário correspondente à remuneração base a que actualmente têm ou teriam direito não seja inferior ao montante pecuniário correspondente ao nível remuneratório da primeira posição daquela categoria.

3 – Os trabalhadores que devessem manter-se integrados nas carreiras ou titulares das categorias identificadas no mapa VII como subsistentes podem optar, até ao início de vigência do presente decreto-lei, pela sua integração na categoria de opção, quando aquele mapa a preveja.

4 – A opção referida no número anterior é comunicada ao dirigente máximo do órgão ou serviço e determina o exercício de funções correspondentes ao conteúdo funcional da categoria por cuja integração o trabalhador optou.

5 – Nos termos do n.º 5 do artigo 106.º da lei, os órgãos ou serviços não podem recrutar ou recorrer a mobilidade geral de trabalhadores não integrados nas carreiras ou não titulares das categorias referidas no n.º 1 para o exercício das funções que lhes correspondam.

ARTIGO 9.º – **Extinção de carreiras e categorias**

São extintas as carreiras e categorias constantes dos mapas I a VI anexos ao presente decreto-lei.

ARTIGO 10.º – **Expressão da actividade profissional**

1 – A actividade profissional que fosse inerente à designação das carreiras ou categorias ora extintas obtém expressão, nos termos da alínea *a*) do n.º 1

*Extinção das Carreiras e Categorias cujos Trabalhadores ...* 361

do artigo 5.º da lei, na caracterização dos postos de trabalho, previstos nos mapas de pessoal, em função da atribuição, competência ou actividade que o seu ocupante se destina a cumprir ou a executar.

2 – A descrição pormenorizada das tarefas e funções correspondentes às atribuições, competências ou actividades caracterizadoras dos postos de trabalho consta do regulamento interno do órgão ou serviço, previsto no regime do contrato de trabalho em funções públicas, na parte reservada à emissão de normas de organização e disciplina do trabalho.

ARTIGO 11.º – **Norma revogatória**

São revogadas todas as disposições normativas que criem ou regulamentem as carreiras e categorias identificadas nos mapas I a VI anexos, designadamente:

a) As constantes do mapa VIII anexo ao presente decreto-lei e que dele faz parte integrante;

b) Outras que tenham aprovado ou alterado conteúdos funcionais, condições de ingresso e de acesso, regulamentos de estágio e estatutos remuneratórios.

ARTIGO 12.º – **Entrada em vigor**

O presente decreto-lei entra em vigor na data do início de vigência do regime do contrato de trabalho em funções públicas, aprovado nos termos do artigo 87.º da Lei n.º 12-A/2008, de 27 de Fevereiro.

Visto e aprovado em Conselho de Ministros de 29 de Maio de 2008. – *José Sócrates Carvalho Pinto de Sousa – Fernando Teixeira dos Santos.*

Promulgado em 1 de Julho de 2008.

Publique-se.

O Presidente da República, ANÍBAL CAVACO SILVA.

Referendado em 3 de Julho de 2008.

O Primeiro-Ministro, *José Sócrates Carvalho Pinto de Sousa.*

MAPA I

**Carreiras/categorias cujos titulares transitam
para a carreira geral de técnico superior**

Actuário (carreira técnica superior de regime geral adjectivada).

Advogado síndico (carreira técnica superior de regime geral adjectivada).

Animador sócio-cultural de bibliotecas escolares (carreira técnica superior de regime geral adjectivada).

362 *Novo Estatuto da Função Pública*

Antropólogo (carreira técnica superior de regime geral adjectivada).

Apoio à investigação e fiscalização (categoria de especialista desta carreira de regime especial do Serviço de Estrangeiros e Fronteiras).

Apoio à investigação e fiscalização (categoria de especialista superior desta carreira de regime especial do Serviço de Estrangeiros e Fronteiras).

Apoio especializado – jurídico e contencioso (carreira do grupo profissional I – pessoal técnico superior do Instituto da Segurança Social, I. P., com as categorias de consultor, assessor e técnico superior, prevista no regulamento de pessoal publicado no aviso n.º 13 132-A/2006, no *Diário da República,* 2.ª série, n.º 235, de 7 de Dezembro de 2006).

Apoio geral – técnico da segurança social (carreira do grupo profissional II – pessoal técnico do Instituto da Segurança Social, I. P., com as categorias de técnico especializado principal, técnico especializado e técnico, prevista no regulamento de pessoal publicado no aviso n.º 13 132-A/2006, no *Diário da República,* 2.ª série, n.º 235, de 7 de Dezembro de 2006).

Apoio geral – técnico superior da segurança social (carreira do grupo profissional I – pessoal técnico superior do Instituto da Segurança Social, I. P., com as categorias de consultor, assessor e técnico superior, prevista no regulamento de pessoal publicado no aviso n.º 13 132-A/2006, no *Diário da República,* 2.ª série, n.º 235, de 7 de Dezembro de 2006).

Arqueólogo (carreira de pessoal específica da área funcional de arqueologia prevista no Decreto Regulamentar n.º 28/97, de 21 de Julho).

Arqueólogo (carreira técnica superior de regime geral adjectivada).

Arquitecto (carreira da administração local prevista no Decreto-Lei n.º 412-A/98, de 30 de Dezembro).

Arquitecto (carreira técnica superior de regime geral adjectivada).

Arquitecto paisagista (carreira da administração local prevista no Decreto--Lei n.º 412 A/98, de 30 de Dezembro).

Arquitecto paisagista (carreira técnica superior de regime geral adjectivada).

Assessor (categoria profissional do ex-Instituto Nacional de Habitação prevista no regulamento interno homologado pela Portaria n.º 180/97, de 12 de Março).

Assessor (categoria profissional do mapa de pessoal em regime de contrato individual de trabalho da Universidade de Évora constante do anexo III do despacho n.º 17 599/2007, publicado no *Diário da República,* 2.ª série, n.º 153, de 9 de Agosto de 2007).

Assessor (categoria profissional do mapa de pessoal em regime de contrato individual de trabalho da Reitoria da Universidade Nova de Lisboa constante do anexo IV do despacho n.º 13 009/2007, publicado no *Diário da República,* 2.ª série, n.º 120, de 25 de Junho de 2007).

Assessor (categoria profissional do mapa de pessoal em regime de contrato individual de trabalho dos Serviços de Acção Social da Universidade Nova de Lisboa constante do despacho n.º 23 010 -M/2007, publicado no *Diário da República,* 2.ª série, n.º 191, de 3 de Outubro de 2007).

Assessor (categoria profissional do mapa de pessoal em regime de contrato individual de trabalho do Instituto Superior de Ciências do Trabalho e da Empresa constante da deliberação n.º 689/2008, publicado no *Diário da República*, 2.ª série, n.º 50, de 11 de Março de 2008).

Assessor (categoria profissional prevista no regulamento aprovado pela deliberação n.º 1335 -I/2007, do senado da Universidade de Aveiro).

Assessor (categoria profissional prevista no regulamento aprovado pela deliberação n.º 1748/2006, do senado da Universidade de Coimbra).

Assessor (categoria profissional prevista no regulamento aprovado pela deliberação n.º 899/2006, do senado da Universidade do Porto).

Assessor (categoria profissional prevista no regulamento n.º 257-A/2007, aprovado por despacho reitoral de 2 de Julho de 2007, da Universidade Aberta).

Assessor autárquico (carreira da administração local em extinção prevista no Decreto-Lei n.º 412-A/98, de 30 de Dezembro).

Assessor de gestão e acompanhamento de projectos (actividade do grupo profissional de gestão e acompanhamento de projectos da UMIC – Agência para a Sociedade do Conhecimento, I. P., prevista no regulamento aprovado pelo Despacho Normativo n.º 13/2005, de 21 de Fevereiro).

Assessor de tecnologia (actividade do grupo profissional de tecnologia da UMIC – Agência para a Sociedade do Conhecimento, I. P., prevista no regulamento aprovado pelo Despacho Normativo n.º 13/2005, de 21 de Fevereiro).

Astrónomo (carreira técnica superior de regime geral adjectivada).

Auditor (categoria profissional do mapa de pessoal em regime de contrato individual de trabalho da Reitoria da Universidade Nova de Lisboa constante do anexo IV do despacho n.º 13 009/2007, publicado no *Diário da República*, 2.ª série, n.º 120, de 25 de Junho de 2007).

Auditor (categoria profissional do mapa de pessoal em regime de contrato individual de trabalho da Universidade de Évora constante do anexo III do despacho n.º 17 599/2007, publicado no *Diário da República*, 2.ª série, n.º 153, de 9 de Agosto de 2007).

Auditor (categoria profissional do mapa de pessoal em regime de contrato individual de trabalho do Instituto Superior de Ciências do Trabalho e da Empresa constante da deliberação n.º 689/2008, publicado no *Diário da República*, 2.ª série, n.º 50, de 11 de Março de 2008).

Auditor (categoria profissional do mapa de pessoal em regime de contrato individual de trabalho dos Serviços de Acção Social da Universidade Nova de Lisboa constante do despacho n.º 23 010 -M/2007, publicado no *Diário da República*, 2.ª série, n.º 191, de 3 de Outubro de 2007).

Auditor (categoria profissional prevista no regulamento aprovado pela deliberação n.º 1335-I/2007, do senado da Universidade de Aveiro).

Auditor (categoria profissional prevista no regulamento aprovado pela deliberação n.º 1748/2006, do senado da Universidade de Coimbra).

Auditor (categoria profissional prevista no regulamento aprovado pela deliberação n.º 899/2006, do senado da Universidade do Porto).

364   *Novo Estatuto da Função Pública*

Auditor (categoria profissional prevista no Regulamento Interno da Universidade de Lisboa Aplicável aos Contratos Individuais de Trabalho, aprovado pela deliberação n.º 361/2007, da comissão coordenadora do senado).

Auditor (categoria profissional prevista no regulamento n.º 257-A/2007, aprovado por despacho reitoral de 2 de Julho de 2007, da Universidade Aberta).

Bibliotecário (carreira da administração local prevista no Decreto-Lei n.º 412-A/98, de 30 de Dezembro).

Bibliotecário (carreira técnica superior de regime geral adjectivada).

Bibliotecário arquivista (carreira da administração local prevista no Decreto-Lei n.º 412-A/98, de 30 de Dezembro).

Biólogo (carreira técnica superior de regime geral adjectivada).

Chefe de repartição (categoria prevista no Decreto-Lei n.º 404-A/98, de 18 de Dezembro, e no Decreto-Lei n.º 412-A/98, de 30 de Dezembro).

Conselheiro (categoria do ex-Conselho Superior de Obras Públicas, Transportes e Comunicações prevista no Decreto-Lei n.º 45/99, de 12 de Fevereiro, revogado pelo Decreto Regulamentar n.º 62/2007, de 29 de Maio, que no seu artigo 12.º previu a integração dos funcionários detentores desta categoria num quadro transitório cujos lugares se extinguem com a vacatura).

Conselheiro de orientação profissional (carreira da Região Autónoma dos Açores prevista no Decreto Regulamentar Regional n.º 2/2007/A, de 30 de Janeiro).

Conservador (carreira do pessoal das áreas de museologia e da conservação e restauro do património cultural específica da Região Autónoma da Madeira prevista no Decreto Legislativo Regional n.º 23/2002/M, de 4 de Dezembro).

Conservador (carreira do pessoal de museologia, conservação e restauro prevista no Decreto-Lei n.º 55/2001, de 15 de Fevereiro).

Conservador (museus) (carreira da administração local prevista no Decreto-Lei n.º 412-A/98, de 30 de Dezembro).

Conservador de museu (carreira do quadro de pessoal da ex-Biblioteca Nacional).

Conservador-restaurador (carreira do pessoal das áreas de museologia e da conservação e restauro do património cultural específica da Região Autónoma da Madeira prevista no Decreto Legislativo Regional n.º 23/2002/M, de 4 de Dezembro).

Conservador-restaurador (carreira do pessoal de museologia, conservação e restauro prevista no Decreto-Lei n.º 55/2001, de 15 de Fevereiro).

Consultor (carreira do Instituto das Tecnologias de Informação na Justiça, I. P., prevista no regulamento aprovado pelo despacho n.º 6984/2002, de 15 de Março).

Consultor (carreira do Instituto Nacional de Aviação Civil, I. P., prevista no regulamento aprovado pelo despacho conjunto n.º 38/2000, de 14 de Janeiro).

Consultor (categoria profissional do mapa de pessoal em regime de contrato individual de trabalho da Reitoria da Universidade Nova de Lisboa constante

*Extinção das Carreiras e Categorias cujos Trabalhadores ...* 365

do anexo IV do despacho n.º 13 009/2007, publicado no *Diário da República*, 2.ª série, n.º 120, de 25 de Junho de 2007).

Consultor (categoria profissional do mapa de pessoal em regime de contrato individual de trabalho da Universidade de Évora constante do anexo III do despacho n.º 17 599/2007, publicado no *Diário da República*, 2.ª série, n.º 153, de 9 de Agosto de 2007).

Consultor (categoria profissional do mapa de pessoal em regime de contrato individual de trabalho do Instituto Superior de Ciências do Trabalho e da Empresa constante da deliberação n.º 689/2008, publicado no *Diário da República*, 2.ª série, n.º 50, de 11 de Março de 2008).

Consultor (categoria profissional do mapa de pessoal em regime de contrato individual de trabalho dos Serviços de Acção Social da Universidade Nova de Lisboa constante do despacho n.º 23 010-M/2007, publicado no *Diário da República*, 2.ª série, n.º 191, de 3 de Outubro de 2007).

Consultor (categoria profissional prevista no regulamento aprovado pela deliberação n.º 1335-I/2007, do senado da Universidade de Aveiro).

Consultor (categoria profissional prevista no regulamento aprovado pela deliberação n.º 1748/2006, do senado da Universidade de Coimbra).

Consultor (categoria profissional prevista no regulamento aprovado pela deliberação n.º 899/2006, do senado da Universidade do Porto).

Consultor (categoria profissional prevista no Regulamento Interno da Universidade de Lisboa Aplicável aos Contratos Individuais de Trabalho, aprovado pela deliberação n.º 361/2007, da comissão coordenadora do senado).

Consultor (categoria profissional prevista no regulamento n.º 257-A/2007, aprovado por despacho reitoral de 2 de Julho de 2007, da Universidade Aberta).

Consultor de gestão e acompanhamento de projectos (actividade do grupo profissional de gestão e acompanhamento de projectos da UMIC – Agência para a Sociedade do Conhecimento, I. P., prevista no regulamento aprovado pelo Despacho Normativo n.º 13/2005, de 21 de Fevereiro).

Consultor de tecnologia (actividade do grupo profissional de tecnologia da UMIC – Agência para a Sociedade do Conhecimento, I. P., prevista no regulamento aprovado pelo Despacho Normativo n.º 13/2005, de 21 de Fevereiro).

Consultor jurídico (carreira do pessoal não docente do ensino básico e secundário da Região Autónoma da Madeira prevista no Decreto Legislativo Regional n.º 29/2006/M, de 19 de Julho).

Consultor jurídico (carreira específica da Região Autónoma da Madeira prevista no Decreto Legislativo Regional n.º 18/2004/M, de 28 de Julho).

Consultor jurídico (carreira técnica superior de regime geral adjectivada).

*Designer* (carreira técnica de regime geral adjectivada).

Documentalista (carreira técnica do pessoal civil do Exército).

Economista (carreira técnica superior de regime geral adjectivada).

Encarregado de trabalhos (categoria do pessoal não docente dos estabelecimentos de ensino superior e do Estádio de 15 de Janeiro).

Engenheiro (carreira da administração local prevista no Decreto-Lei n.º 412-A/98, de 30 de Dezembro).

Engenheiro (carreira técnica superior de regime geral adjectivada).

Engenheiro agrícola (carreira técnica superior de regime geral adjectivada).

Engenheiro agrónomo (carreira técnica superior de regime geral adjectivada).

Engenheiro biofísico (carreira técnica superior de regime geral adjectivada).

Engenheiro civil (carreira técnica superior de regime geral adjectivada).

Engenheiro de minas (carreira técnica superior de regime geral adjectivada).

Engenheiro do ambiente (carreira técnica superior de regime geral adjectivada).

Engenheiro do território (carreira técnica superior de regime geral adjectivada).

Engenheiro electrotécnico (carreira técnica superior de regime geral adjectivada).

Engenheiro geógrafo (carreira técnica superior de regime geral adjectivada).

Engenheiro geotécnico (carreira técnica superior de regime geral adjectivada).

Engenheiro mecânico (carreira técnica superior de regime geral adjectivada).

Engenheiro químico (carreira técnica superior de regime geral adjectivada).

Engenheiro sanitarista (carreira técnica superior de regime geral adjectivada).

Engenheiro silvicultor (carreira técnica superior de regime geral adjectivada).

Engenheiro técnico (carreira da administração local prevista no Decreto-Lei n.º 412-A/98, de 30 de Dezembro).

Engenheiro técnico (carreira técnica de regime geral adjectivada).

Engenheiro técnico agrário (carreira da administração local prevista no Decreto-Lei n.º 412-A/98, de 30 de Dezembro).

Engenheiro técnico agrário (carreira de pessoal não docente do ensino não superior prevista no Decreto-Lei n.º 184/2004, de 29 de Julho – a extinguir).

Engenheiro técnico agrário (carreira técnica de regime geral adjectivada).

Engenheiro técnico civil (carreira técnica de regime geral adjectivada).

Engenheiro técnico civil e do ambiente (carreira técnica de regime geral adjectivada).

Engenheiro técnico de electricidade (carreira técnica de regime geral adjectivada).

Engenheiro técnico de máquinas (carreira técnica de regime geral adjectivada).

Engenheiro técnico de mecânica (carreira técnica de regime geral adjectivada).

Engenheiro técnico electromecânico (carreira técnica de regime geral adjectivada).

Engenheiro técnico electrotécnico (carreira técnica de regime geral adjectivada).

Engenheiro técnico geotécnico (carreira técnica de regime geral adjectivada).

Engenheiro técnico mecânico (carreira técnica de regime geral adjectivada).

Engenheiro técnico químico (carreira técnica de regime geral adjectivada).

Engenheiro técnico topógrafo (carreira técnica de regime geral adjectivada).

Engenheiro zootécnico (carreira técnica superior de regime geral adjectivada).

Especialista (carreira do Instituto das Tecnologias de Informação na Justiça, I. P., prevista no regulamento aprovado pelo despacho n.º 6984/2002, de 15 de Março).

Especialista de gestão e acompanhamento de projectos (actividade do grupo profissional de gestão e acompanhamento de projectos da UMIC – Agência para a Sociedade do Conhecimento, I. P., prevista no regulamento aprovado pelo Despacho Normativo n.º 13/2005, de 21 de Fevereiro).

Especialista de tecnologia (actividade do grupo profissional de tecnologia da UMIC – Agência para a Sociedade do Conhecimento, I. P., prevista no regulamento aprovado pelo Despacho Normativo n.º 13/2005, de 21 de Fevereiro).

Filologia germânica (carreira técnica superior de regime geral adjectivada).

Filosofia (carreira técnica superior de regime geral adjectivada).

Formador ambiental (carreira do ex-Instituto Nacional do Ambiente prevista no Decreto-Lei n.º 34/89, de 30 de Janeiro).

Geofísico (carreira técnica superior de regime geral adjectivada).

Geógrafo (carreira técnica superior de regime geral adjectivada).

Geólogo (carreira técnica superior de regime geral adjectivada).

Inspector médico (categoria da Direcção-Geral da Saúde prevista no Decreto Regulamentar n.º 23/91, de 19 de Abril).

Investigador (categoria do ex-quadro de efectivos interdepartamentais do Ministério das Finanças prevista no Decreto Regulamentar n.º 1/93, de 13 de Janeiro).

Investigador (categoria do Ministério da Agricultura, do Desenvolvimento Rural e das Pescas prevista no Decreto Regulamentar n.º 43/91, de 20 de Agosto).

Investigador (categorias de investigador e investigador principal dos serviços dependentes da ex-Secretaria de Estado da Cultura previstas no Decreto Regulamentar n.º 26/91, de 7 de Maio).

Jurista (carreira técnica superior de regime geral adjectivada).

Jurista (carreira do mapa de pessoal em regime de contrato individual de trabalho da Reitoria da Universidade Técnica de Lisboa aprovado pelo despacho n.º 8199/2007, publicado no *Diário da República,* 2.ª série, n.º 88, de 8 de Maio de 2007).

368                 *Novo Estatuto da Função Pública*

Matemático (carreira técnica superior de regime geral adjectivada).

Médico (carreira da administração local prevista no Decreto-Lei n.º 412--A/98, de 30 de Dezembro).

Médico (carreira técnica superior de regime geral adjectivada).

Médico (categorias de médico especialista e de 1.ª e 2.ª classes do ex--quadro de efectivos interdepartamentais do Ministério das Finanças previstas no Decreto Regulamentar n.º 1/93, de 13 de Janeiro).

Médico do trabalho (carreira da Inspecção Regional do Trabalho da Região Autónoma dos Açores prevista no Decreto Regulamentar Regional n.º 2/2007/ /A, de 30 de Janeiro).

Médico veterinário (carreira da administração local prevista no Decreto--Lei n.º 412 A/98, de 30 de Dezembro).

Médico veterinário (carreira técnica superior de regime geral adjectivada).

Médico veterinário (categoria do ex-Instituto de Reinserção Social prevista no Decreto Regulamentar n.º 13/91, de 11 de Abril).

Meteorologista (carreira técnica superior de regime geral adjectivada).

Pessoal técnico (de diversas categorias profissionais do Instituto do Vinho do Porto em contrato individual de trabalho).

Produtor-realizador (carreira prevista no Decreto Regulamentar n.º 24/88, de 9 de Junho).

Provador (carreira de regime especial do Instituto da Vinha e do Vinho, I. P., prevista nos Decretos -Leis n.ºˢ 223/89, de 5 de Julho, e 353-A/89, de 16 de Outubro).

Psicólogo (carreira de pessoal não docente do ensino não superior prevista no Decreto-Lei n.º 184/2004, de 29 de Julho).

Psicólogo (carreira de pessoal não docente dos estabelecimentos públicos de educação pré-escolar e dos ensinos básico e secundário prevista no regulamento aprovado pelo despacho n.º 17 460/2006, de 29 de Agosto).

Psicólogo (carreira dos Serviços de Psicologia e Orientação do Ministério da Educação prevista no Decreto-Lei n.º 300/97, de 31 de Outubro).

Psicólogo (carreira técnica superior de regime geral adjectivada).

Psicólogo escolar (carreira do pessoal não docente do Sistema Educativo Regional da Região Autónoma dos Açores prevista no Decreto Legislativo Regional n.º 11/2006/A, de 21 de Março).

Realizador (carreira do pessoal de mediatização prevista no Decreto-Lei n.º 269/89, de 18 de Agosto).

Redactor (carreira técnica adjectivada da Região Autónoma dos Açores prevista no Decreto Regulamentar Regional n.º 30/2006/A, de 31 de Outubro).

Sociólogo (carreira técnica superior de regime geral adjectivada).

Sonoplasta (carreira do pessoal de mediatização prevista no Decreto-Lei n.º 269/89, de 18 de Agosto).

Técnica (carreira do mapa de pessoal em regime de contrato individual de trabalho da Universidade da Beira Interior aprovado pela deliberação

*Extinção das Carreiras e Categorias cujos Trabalhadores ...* 369

n.º 1983-O/2007, publicado no *Diário da República,* 2.ª série, n.º 191, de 3 de Outubro de 2007).

Técnica superior (carreira do mapa de pessoal em regime de contrato individual de trabalho da Universidade da Beira Interior aprovado pela deliberação n.º 1983-O/2007, publicado no *Diário da República,* 2.ª série, n.º 191, de 3 de Outubro de 2007).

Técnica superior (carreira do mapa de pessoal em regime de contrato individual de trabalho da Reitoria da Universidade Técnica de Lisboa aprovado pelo despacho n.º 8199/2007, publicado no *Diário da República,* 2.ª série, n.º 88, de 8 de Maio de 2007).

Técnico de finanças (carreira de regime especial da Inspecção-Geral de Finanças).

Técnico (carreira da administração local prevista no Decreto-Lei n.º 412-A/98, de 30 de Dezembro).

Técnico (carreira do ex-IMOPPI, actual Instituto da Construção e do Imobiliário, I. P., prevista no regulamento publicitado pelo anúncio n.º 129/2005, publicado no *Diário da República,* 2.ª série, n.º 151, de 8 de Agosto de 2005).

Técnico (carreira do grupo profissional técnico do ex-Instituto Nacional de Intervenção e Garantia Agrícola com as categorias de técnico A, B, C, D, E, F, G, H, I e J).

Técnico (carreira do pessoal não docente das creches, jardins-de-infância e infantários da rede pública da Região Autónoma da Madeira prevista no Decreto Legislativo Regional n.º 14/2007/M, de 24 de Abril).

Técnico (carreira do pessoal não docente do ensino básico e secundário da Região Autónoma da Madeira prevista no Decreto Legislativo Regional n.º 29/2006/M, de 19 de Julho).

Técnico (carreira II do Instituto Nacional de Aviação Civil, I. P., prevista no regulamento aprovado pelo despacho conjunto n.º 38/2000, de 14 de Janeiro).

Técnico (carreira prevista no Decreto-Lei n.º 404-A/98, de 18 de Dezembro).

Técnico (categoria da carreira de apoio especializado – acção social do grupo profissional IV – pessoal de acção social integrada – estabelecimentos (apoio especializado) do Instituto da Segurança Social, I. P., prevista no regulamento de pessoal publicado no aviso n.º 13 132-A/2006, no *Diário da República,* 2.ª série, n.º 235, de 7 de Dezembro de 2006).

Técnico (categoria do grupo de qualificação do pessoal técnico do Instituto Nacional da Propriedade Industrial).

Técnico (categoria profissional do mapa de pessoal em regime de contrato individual de trabalho do Instituto Superior de Ciências do Trabalho e da Empresa constante da deliberação n.º 689/2008, publicado no *Diário da República,* 2.ª série, n.º 50, de 11 de Março de 2008).

Técnico contabilista (carreira da Direcção Regional do Orçamento e Tesouro da Região Autónoma dos Açores prevista no Decreto Legislativo Regional n.º 6/2001/A, de 21 de Março).

370      *Novo Estatuto da Função Pública*

Técnico contabilista (carreira de regime especial da Direcção-Geral do Orçamento).

Técnico contabilista (carreira técnica de regime geral adjectivada).

Técnico de 1.ª classe (alimentação) (categoria a extinguir do Exército prevista no Decreto Regulamentar n.º 17/2000, de 22 de Novembro).

Técnico de acção social escolar (carreira técnica adjectivada da administração local).

Técnico de administração (carreira técnica de regime geral adjectivada).

Técnico de administração autárquica (carreira técnica de regime geral adjectivada).

Técnico de ambiente (carreira técnica de regime geral adjectivada).

Técnico de apoio ao ensino e à investigação científica (carreira técnica de regime geral adjectivada).

Técnico de assessoria jurídica (actividade do grupo profissional de apoio especializado da UMIC – Agência para a Sociedade do Conhecimento, I. P., prevista no regulamento aprovado pelo Despacho Normativo n.º 13/2005, de 21 de Fevereiro).

Técnico de biotecnologia (carreira técnica de regime geral adjectivada).

Técnico de ciências naturais (carreira técnica de regime geral adjectivada).

Técnico de conservação e restauro (carreira do pessoal das áreas de museologia e da conservação e restauro do património cultural específica da Região Autónoma da Madeira prevista no Decreto Legislativo Regional n.º 23//2002/M, de 4 de Dezembro).

Técnico de conservação e restauro (carreira do pessoal de museologia, conservação e restauro prevista no Decreto-Lei n.º 55/2001, de 15 de Fevereiro).

Técnico de contabilidade (actividade do grupo profissional de administração geral da UMIC – Agência para a Sociedade do Conhecimento, I. P., prevista no regulamento aprovado pelo Despacho Normativo n.º 13/2005, de 21 de Fevereiro).

Técnico de contabilidade (carreira técnica de regime geral adjectivada).

Técnico de contabilidade e administração (carreira da administração local prevista no Decreto-Lei n.º 412-A/98, de 30 de Dezembro).

Técnico de contabilidade e administração (carreira técnica de regime geral adjectivada).

Técnico de controlo (carreira técnica de regime geral adjectivada).

Técnico de educação (carreira técnica de regime geral adjectivada).

Técnico de educação (pessoal técnico da Casa Pia de Lisboa, I. P.).

Técnico de electrotecnia (carreira técnica de regime geral adjectivada).

Técnico de engenharia civil e minas (carreira técnica superior de regime geral adjectivada).

Técnico de engenharia electrotécnica (carreira técnica superior de regime geral adjectivada).

Técnico de fazenda (carreira de regime especial da Direcção-Geral do Tesouro).

*Extinção das Carreiras e Categorias cujos Trabalhadores ...*

Técnico de física (carreira técnica de regime geral adjectivada).

Técnico de formação (pessoal técnico da Casa Pia de Lisboa, I. P.).

Técnico de formação ambiental (carreira do ex-Instituto Nacional do Ambiente prevista no Decreto-Lei n.º 34/89, de 30 de Janeiro).

Técnico de formação profissional (carreira do Instituto do Emprego e Formação Profissional prevista no Decreto-Lei n.º 131/90, de 20 de Abril).

Técnico de gestão (carreira técnica de regime geral adjectivada).

Técnico de gestão de hotelaria (carreira técnica de regime geral adjectivada).

Técnico de gestão financeira (actividade do grupo profissional de administração geral da UMIC – Agência para a Sociedade do Conhecimento, I. P., prevista no regulamento aprovado pelo Despacho Normativo n.º 13/2005, de 21 de Fevereiro).

Técnico de higiene e saúde ambiental (carreira técnica de regime geral adjectivada).

Técnico de informação (carreira técnica de regime geral adjectivada).

Técnico de laboratório (carreira técnica de regime geral adjectivada).

Técnico de manutenção (carreira técnica de regime geral adjectivada).

Técnico de *marketing* e comunicação (actividade do grupo profissional de apoio especializado da UMIC – Agência para a Sociedade do Conhecimento, I. P., prevista no regulamento aprovado pelo Despacho Normativo n.º 13/2005, de 21 de Fevereiro).

Técnico de navios (carreira específica da Região Autónoma da Madeira prevista no Decreto Legislativo Regional n.º 18/2004/M, de 28 de Julho).

Técnico de oceanografia (carreira do pessoal civil do Instituto Hidrográfico).

Técnico de planeamento e projectos (carreira técnica de regime geral adjectivada).

Técnico de produção (carreira técnica de regime geral adjectivada).

Técnico de promoção (carreira técnica de regime geral adjectivada).

Técnico de promoção e animação turística (carreira técnica de regime geral adjectivada).

Técnico de promoção turística (carreira técnica de regime geral adjectivada).

Técnico de química (carreira técnica de regime geral adjectivada).

Técnico de relações internacionais (actividade do grupo profissional de apoio especializado da UMIC – Agência para a Sociedade do Conhecimento, I. P., prevista no regulamento aprovado pelo Despacho Normativo n.º 13/2005, de 21 de Fevereiro).

Técnico de relações públicas (carreira técnica de regime geral adjectivada).

Técnico de restauro (carreira técnica de regime geral adjectivada).

Técnico de secretariado (carreira técnica de regime geral adjectivada).

Técnico de serviço social (carreira da administração local em extinção prevista no Decreto-Lei n.º 412-A/98, de 30 de Dezembro).

Técnico de serviço social (carreira técnica de regime geral adjectivada).

Técnico de serviços gráficos (carreira técnica do pessoal civil do Exército).

Técnico de turismo (carreira técnica de regime geral adjectivada).

Técnico *designer* (carreira técnica de regime geral adjectivada).

Técnico economista superior (carreira de regime especial da ex-Direcção-Geral de Estudos e Previsão).

Técnico especialista (categoria profissional do ex-Instituto Nacional de Habitação prevista no regulamento interno homologado pela Portaria n.º 180/97, de 12 de Março).

Técnico especializado (categoria da carreira de apoio especializado – acção social do grupo profissional V – pessoal de acção social integrada – estabelecimentos (apoio especializado) do Instituto da Segurança Social, I. P., prevista no regulamento de pessoal publicado no aviso n.º 13 132-A/2006, no *Diário da República,* 2.ª série, n.º 235, de 7 de Dezembro de 2006).

Técnico especializado principal (categoria da carreira de apoio especializado – acção social do grupo profissional V – pessoal de acção social integrada – estabelecimentos (apoio especializado) do Instituto da Segurança Social, I. P., prevista no regulamento de pessoal publicado no aviso n.º 13 132--A/2006, no *Diário da República,* 2.ª série, n.º 235, de 7 de Dezembro de 2006).

Técnico experimentador (carreira técnica específica do Laboratório Nacional de Engenharia Civil prevista no Decreto-Lei n.º 236/89, de 26 de Julho).

Técnico geofísico (carreira do ex-instituto Nacional de Meteorologia e Geofísica prevista no Decreto-Lei n.º 45/97, de 24 de Fevereiro).

Técnico meteorologista (carreira do ex-Instituto Nacional de Meteorologia e Geofísica prevista no Decreto-Lei n.º 45/97, de 24 de Fevereiro).

Técnico superior (carreira da administração local prevista no Decreto-Lei n.º 412-A/98, de 30 de Dezembro).

Técnico superior (carreira da Secretaria-Geral da Presidência da República prevista no Decreto-Lei n.º 15/2006, de 25 de Janeiro).

Técnico superior (carreira do ex-IMOPPI, actual Instituto da Construção e do Imobiliário, I. P., prevista no regulamento publicitado pelo anúncio n.º 129/2005, publicado no *Diário da República,* 2.ª série, n.º 151, de 8 de Agosto de 2005).

Técnico superior (carreira do Instituto Nacional de Emergência Médica, I. P., prevista no regulamento aprovado pelo Despacho Normativo n.º 46/2005, de 19 de Outubro).

Técnico superior (carreira do pessoal não docente das creches, jardins-de--infância e infantários da rede pública da Região Autónoma da Madeira prevista no Decreto Legislativo Regional n.º 14/2007/M, de 24 de Abril).

Técnico superior (carreira I do Instituto Nacional de Aviação Civil, I. P., prevista no regulamento aprovado pelo despacho conjunto n.º 38/2000, de 14 de Janeiro).

Técnico superior (carreira prevista no Decreto-Lei n.º 404-A/98, de 18 de Dezembro).

*Extinção das Carreiras e Categorias cujos Trabalhadores ...*     373

Técnico superior (categoria do grupo de qualificação do pessoal técnico do Instituto Nacional da Propriedade Industrial).

Técnico superior (categoria profissional do ex-Instituto Nacional de Habitação prevista no regulamento interno homologado pela Portaria n.º 180/97, de 12 de Março).

Técnico superior (categoria profissional prevista no regulamento aprovado pela deliberação n.º 1335-I/2007, do senado da Universidade de Aveiro).

Técnico superior (categoria profissional prevista no regulamento aprovado pela deliberação n.º 899/2006, do senado da Universidade do Porto).

Técnico superior (categoria profissional prevista no Regulamento Interno da Universidade de Lisboa Aplicável aos Contratos Individuais de Trabalho aprovado pela deliberação n.º 361/2007, da comissão coordenadora do senado).

Técnico superior (carreira do mapa de pessoal em regime de contrato individual de trabalho da Reitoria da Universidade Técnica de Lisboa aprovado pelo despacho n.º 8199/2007, publicado no *Diário da República,* 2.ª série, n.º 88, de 8 de Maio de 2007).

Técnico superior (categoria profissional do mapa de pessoal em regime de contrato individual de trabalho da Reitoria da Universidade Nova de Lisboa constante do anexo IV do despacho n.º 13 009/2007, publicado no *Diário da República,* 2.ª série, n.º 120, de 25 de Junho de 2007).

Técnico superior (categoria do mapa de pessoal em regime de contrato individual de trabalho da Universidade da Madeira constante do anexo II do despacho n.º 19 386/2006, publicado no *Diário da República,* 2.ª série, n.º 183, de 21 de Setembro de 2006).

Técnico superior (categoria profissional do mapa de pessoal em regime de contrato individual de trabalho da Universidade de Évora constante do anexo III do despacho n.º 17 599/2007, publicado no *Diário da República,* 2.ª série, n.º 153, de 9 de Agosto de 2007).

Técnico superior (categoria profissional do mapa de pessoal em regime de contrato individual de trabalho do Instituto Superior de Ciências do Trabalho e da Empresa constante da deliberação n.º 689/2008, publicado no *Diário da República,* 2.ª série, n.º 50, de 11 de Março de 2008).

Técnico superior (categoria profissional do mapa de pessoal em regime de contrato individual de trabalho dos Serviços de Acção Social da Universidade Nova de Lisboa constante do despacho n.º 23 010 -M/2007, publicado no *Diário da República,* 2.ª série, n.º 191, de 3 de Outubro de 2007).

Técnico superior (categoria profissional prevista no regulamento aprovado pela deliberação n.º 1748/2006, do senado da Universidade de Coimbra).

Técnico superior (categoria profissional prevista no regulamento n.º 257--A/2007, aprovado por despacho reitoral de 2 de Julho de 2007, da Universidade Aberta).

Técnico superior agrário (carreira técnica superior de regime geral adjecti-vada).

Técnico superior arquitecto paisagista (carreira técnica superior de regime geral adjectivada).

Técnico superior consultor (carreira técnica superior de regime geral adjectivada).

Técnico superior consultor jurídico (carreira técnica superior de regime geral adjectivada).

Técnico superior da área de animação sócio-cultural de bibliotecas escolares (carreira do pessoal não docente do ensino básico e secundário da Região Autónoma da Madeira prevista no Decreto Legislativo Regional n.º 29//2006/M, de 19 de Julho).

Técnico superior da área de biblioteca e documentação (carreira do pessoal não docente do ensino básico e secundário da Região Autónoma da Madeira prevista no Decreto Legislativo Regional n.º 29/2006/M, de 19 de Julho).

Técnico superior da área de psicologia (carreira do pessoal não docente do ensino básico e secundário da Região Autónoma da Madeira prevista no Decreto Legislativo Regional n.º 29/2006/M, de 19 de Julho).

Técnico superior da área de serviço social (carreira do pessoal não docente do ensino básico e secundário da Região Autónoma da Madeira prevista no Decreto Legislativo Regional n.º 29/2006/M, de 19 de Julho).

Técnico superior da área de museus (carreira técnica superior de regime geral adjectivada).

Técnico superior da área de organização e gestão (carreira técnica superior de regime geral adjectivada).

Técnico superior da área de psicologia (carreira técnica superior de regime geral adjectivada).

Técnico superior da área de recursos humanos (carreira técnica superior de regime geral adjectivada).

Técnico superior da área de sociologia (carreira técnica superior de regime geral adjectivada).

Técnico superior de administração pública local e regional (carreira técnica superior de regime geral adjectivada).

Técnico superior de administração universitária (carreira técnica superior de regime geral adjectivada).

Técnico superior de ambiente (carreira técnica superior de regime geral adjectivada).

Técnico superior de animação cultural (carreira técnica superior de regime geral adjectivada).

Técnico superior de apoio ao ensino e à investigação científica (carreira técnica superior de regime geral adjectivada).

Técnico superior de arquitectura (carreira técnica superior de regime geral adjectivada).

Técnico superior de arquivo (carreira da Secretaria-Geral da Presidência da República prevista no Decreto-Lei n.º 15/2006, de 25 de Janeiro).

Técnico superior de arquivo (carreira do pessoal de biblioteca e documentação e de arquivo prevista no Decreto-Lei n.º 247/91, de 10 de Julho).

Técnico superior de arte e *design* (carreira técnica superior de regime geral adjectivada).

Técnico superior de artes decorativas (carreira técnica superior de regime geral adjectivada).

Técnico superior de biblioteca e documentação (carreira do pessoal de biblioteca e documentação e de arquivo prevista no Decreto-Lei n.º 247/91, de 10 de Julho).

Técnico superior de biologia (carreira técnica superior de regime geral adjectivada).

Técnico superior de biotecnologia (carreira técnica superior de regime geral adjectivada).

Técnico superior de ciências sociais (carreira técnica superior de regime geral adjectivada).

Técnico superior de comunicação social (carreira técnica superior de regime geral adjectivada).

Técnico superior de conservação e restauro (carreira técnica superior de regime geral adjectivada).

Técnico superior de contabilidade (carreira técnica superior de regime geral adjectivada).

Técnico superior de contabilidade e administração (carreira técnica superior de regime geral adjectivada).

Técnico superior de *design* (carreira técnica superior de regime geral adjectivada).

Técnico superior de desporto (carreira técnica superior de regime geral adjectivada).

Técnico superior de economia (carreira técnica superior de regime geral adjectivada).

Técnico superior de economia e gestão (carreira técnica superior de regime geral adjectivada).

Técnico superior de economia, finanças e gestão (carreira técnica superior de regime geral adjectivada).

Técnico superior de educação (carreira do pessoal não docente do Sistema Educativo Regional da Região Autónoma dos Açores prevista no Decreto Legislativo Regional n.º 11/2006/A, de 21 de Março).

Técnico superior de educação (carreira técnica superior de regime geral adjectivada).

Técnico superior de educação física e desportos (carreira técnica superior de regime geral adjectivada).

Técnico superior de educação pré-escolar (carreira técnica superior de regime geral adjectivada).

Técnico superior de engenharia civil (carreira técnica superior de regime geral adjectivada).

Técnico superior de engenharia electrotécnica (carreira técnica superior de regime geral adjectivada).

Técnico superior de ergonomia, higiene e segurança (carreira técnica superior de regime geral adjectivada).

Técnico superior de estatística (carreira técnica superior de regime geral adjectivada).

Técnico superior de farmácia (carreira técnica superior de regime geral adjectivada).

Técnico superior de finanças (carreira técnica superior de regime geral adjectivada).

Técnico superior de física (carreira técnica superior de regime geral adjectivada).

Técnico superior de física química (carreira técnica superior de regime geral adjectivada).

Técnico superior de física tecnológica (carreira técnica superior de regime geral adjectivada).

Técnico superior de fotografia (carreira técnica superior de regime geral adjectivada).

Técnico superior de geografia (carreira técnica superior de regime geral adjectivada).

Técnico superior de geologia (carreira técnica superior de regime geral adjectivada).

Técnico superior de gestão (carreira técnica superior de regime geral adjectivada).

Técnico superior de gestão autárquica (carreira técnica superior de regime geral adjectivada).

Técnico superior de gestão da informação (carreira técnica superior de regime geral adjectivada).

Técnico superior de gestão de recursos humanos (carreira técnica superior de regime geral adjectivada).

Técnico superior de gestão hoteleira (carreira técnica superior de regime geral adjectivada).

Técnico superior de história (carreira técnica superior de regime geral adjectivada).

Técnico superior de história da arte (carreira técnica superior de regime geral adjectivada).

Técnico superior de laboratório (carreira técnica superior de regime geral adjectivada).

Técnico superior de *marketing* e publicidade (carreira técnica superior de regime geral adjectivada).

Técnico superior de matemática (carreira técnica superior de regime geral adjectivada).

Técnico superior de museografia (carreira técnica superior de regime geral adjectivada).

Técnico superior de museologia (carreira da Secretaria-Geral da Presidência da República prevista no Decreto-Lei n.º 15/2006, de 25 de Janeiro).

Técnico superior de oceanografia (carreira do pessoal civil do Instituto Hidrográfico).

Técnico superior de orçamento e conta (carreira de regime especial da Direcção-Geral do Orçamento).

Técnico superior de organização e gestão (carreira técnica superior de regime geral adjectivada).

Técnico superior de planeamento e desenvolvimento regional (carreira técnica superior de regime geral adjectivada).

Técnico superior de planeamento regional e urbano (carreira técnica superior de regime geral adjectivada).

Técnico superior de polícia municipal (carreira da administração local prevista no Decreto-Lei n.º 39/2000, de 17 de Março).

Técnico superior de psicologia (carreira técnica superior de regime geral adjectivada).

Técnico superior de psicologia (pessoal técnico superior da Casa Pia de Lisboa, I. P.).

Técnico superior de química (carreira técnica superior de regime geral adjectivada).

Técnico superior de relações internacionais (carreira técnica superior de regime geral adjectivada).

Técnico superior de relações públicas (carreira técnica superior de regime geral adjectivada).

Técnico superior de relações públicas e comunicação (carreira técnica superior de regime geral adjectivada).

Técnico superior de relações públicas e publicidade (carreira técnica superior de regime geral adjectivada).

Técnico superior de saúde ambiental (carreira técnica superior de regime geral adjectivada).

Técnico superior de saúde pública (carreira técnica superior de regime geral adjectivada).

Técnico superior de secretariado (carreira técnica superior de regime geral adjectivada).

Técnico superior de segurança, higiene e saúde no trabalho (carreira técnica superior de regime geral adjectivada).

Técnico superior de serviço social (carreira da administração local prevista no Decreto-Lei n.º 412-A/98, de 30 de Dezembro).

Técnico superior de serviço social (carreira de pessoal não docente do ensino não superior prevista no Decreto-Lei n.º 184/2004, de 29 de Julho).

Técnico superior de serviço social (carreira de pessoal não docente dos estabelecimentos públicos de educação pré-escolar e dos ensinos básico e secundário prevista no regulamento aprovado pelo despacho n.º 17 460/2006, de 29 de Agosto).

378 *Novo Estatuto da Função Pública*

Técnico superior de serviço social (carreira do pessoal não docente do Sistema Educativo Regional da Região Autónoma dos Açores prevista no Decreto Legislativo Regional n.º 11/2006/A, de 21 de Março).

Técnico superior de serviço social (carreira técnica superior prevista no Decreto-Lei n.º 296/91, de 16 de Agosto).

Técnico superior de serviço social (pessoal técnico superior da Casa Pia de Lisboa, I. P.).

Técnico superior de sistemas e computadores (carreira técnica superior de regime geral adjectivada).

Técnico superior de telecomunicações (carreira técnica superior de regime geral adjectivada).

Técnico superior de termalismo (carreira técnica superior de regime geral adjectivada).

Técnico superior de tradução e interpretação (carreira técnica superior de regime geral adjectivada).

Técnico superior de tradução e retroversão (carreira técnica superior de regime geral adjectivada).

Técnico superior de turismo (carreira técnica superior de regime geral adjectivada).

Técnico superior de urbanismo (carreira técnica superior de regime geral adjectivada).

Técnico superior de vigilância (carreira técnica superior de regime geral adjectivada).

Técnico superior do tesouro (carreira de regime especial da Direcção--Geral do Tesouro).

Técnico superior economista (carreira técnica superior de regime geral adjectivada).

Técnico superior na área de gestão (carreira da Secretaria-Geral da Presidência da República prevista no Decreto-Lei n.º 15/2006, de 25 de Janeiro).

Técnico superior na área de relações públicas (carreira da Secretaria-Geral da Presidência da República prevista no Decreto-Lei n.º 15/2006, de 25 de Janeiro).

Técnico superior na área de tradução de estudos e pareceres (carreira da Secretaria-Geral da Presidência da República prevista no Decreto-Lei n.º 15/ /2006, de 25 de Janeiro).

Técnico superior oceanógrafo (carreira técnica superior de regime geral adjectivada).

Técnico superior tradutor (carreira técnica superior de regime geral adjectivada).

Técnico superior urbanista (carreira técnica superior de regime geral adjectivada).

Técnico tradutor (carreira técnica de regime geral adjectivada).

Técnico verificador (carreira técnica de regime geral adjectivada).

*Extinção das Carreiras e Categorias cujos Trabalhadores ...* 379

Tecnólogo educativo (carreira do pessoal de mediatização prevista no Decreto-Lei n.º 269/89, de 18 de Agosto).

## MAPA II

**Carreiras/categorias cujos titulares transitam
para a categoria de coordenador
técnico da carreira geral de assistente técnico**

Chefe de secção (categoria da administração local prevista no Decreto-Lei n.º 412-A/98, de 30 de Dezembro).

Chefe de secção (categoria do pessoal não docente do ensino básico e secundário da Região Autónoma da Madeira prevista no Decreto Legislativo Regional n.º 29/2006/M, de 19 de Julho).

Chefe de secção (categoria prevista no Decreto-Lei n.º 404-A/98, de 18 de Dezembro).

Chefe de serviço de cemitério (categoria da administração local prevista no Decreto-Lei n.º 412-A/98, de 30 de Dezembro).

Chefe de serviço de teatro (categoria da administração local prevista no Decreto-Lei n.º 412-A/98, de 30 de Dezembro).

Chefe de serviço de turismo (categoria da administração local em extinção prevista no Decreto-Lei n.º 412-A/98, de 30 de Dezembro).

Chefe de serviço de turismo em município urbano de 1.ª ordem e outros municípios que sejam sede de zonas de jogo (categoria da administração local em extinção prevista no Decreto-Lei n.º 412-A/98, de 30 de Dezembro).

Chefe de serviços (categoria do pessoal não docente dos estabelecimentos de ensino superior e do Estádio Universitário prevista no Decreto Regulamentar n.º 2/2002, de 15 de Janeiro).

Chefe de serviços administrativos (categoria do Ministério da Saúde prevista no Decreto Regulamentar n.º 23/91, de 19 de Abril).

Chefe dos serviços gráficos (categoria da Santa Casa da Misericórdia de Lisboa prevista no Decreto Regulamentar n.º 17/91, de 11 de Abril).

Coordenador (categoria da carreira de aferidor de pesos e medidas prevista no Decreto-Lei n.º 412-A/98, de 30 de Dezembro).

Coordenador (categoria da carreira de agente técnico agrário prevista no Decreto-Lei n.º 412-A/98, de 30 de Dezembro).

Coordenador (categoria da carreira de desenhador prevista no Decreto-Lei n.º 412-A/98, de 30 de Dezembro).

Coordenador (categoria da carreira de guia intérprete prevista no Decreto--Lei n.º 412 A/98, de 30 de Dezembro).

Coordenador (categoria da carreira técnico-profissional analista prevista no Decreto-Lei n.º 412-A/98, de 30 de Dezembro).

Coordenador (categoria da carreira técnico-profissional de apoio ao ensino e à investigação).

Coordenador (categoria da carreira técnico-profissional de arquivo).

Coordenador (categoria da carreira técnico-profissional de biblioteca e documentação).

Coordenador (categoria da carreira técnico-profissional de construção civil prevista no Decreto-Lei n.º 412-A/98, de 30 de Dezembro).

Coordenador (categoria da carreira técnico-profissional de gestão).

Coordenador (categoria da carreira técnico-profissional de laboratório prevista no Decreto-Lei n.º 412-A/98, de 30 de Dezembro).

Coordenador (categoria da carreira técnico-profissional de radioterapia prevista no Decreto -Lei n.º 412-A/98, de 30 de Dezembro).

Coordenador (categoria da carreira técnico-profissional de serviço social prevista no Decreto-Lei n.º 412-A/98, de 30 de Dezembro).

Coordenador (categoria da carreira técnico-profissional maquinista – Lisboa – prevista no Decreto-Lei n.º 412-A/98, de 30 de Dezembro).

Coordenador (categoria da carreira técnico-profissional prevista no Decreto-Lei n.º 412-A/98, de 30 de Dezembro).

Coordenador (categoria da carreira técnico-profissional sanitário prevista no Decreto-Lei n.º 412-A/98, de 30 de Dezembro).

Coordenador (categoria da carreira técnico-profissional terapeuta prevista no Decreto-Lei n.º 412-A/98, de 30 de Dezembro).

Coordenador (categoria da carreira de topógrafo prevista no Decreto-Lei n.º 412-A/98, de 30 de Dezembro).

Coordenador (categoria da carreira de tradutor-correspondente-intérprete prevista no Decreto-Lei n.º 412-A/98, de 30 de Dezembro).

Coordenador (categoria da carreira técnico-profissional de segurança social do Instituto de Gestão de Regimes da Segurança Social da Região Autónoma dos Açores previsto no Decreto Regulamentar Regional n.º 9/91/A, de 7 de Março).

Coordenador (categoria da carreira técnico-profissional prevista no Decreto-Lei n.º 404-A/98, de 18 de Dezembro).

Coordenador auxiliar (categoria específica da Região Autónoma da Madeira prevista no Decreto Legislativo Regional n.º 23/99/M, de 26 de Agosto).

Secretário de finanças-coordenador (categoria da carreira de técnico de finanças, carreira de regime especial da Inspecção-Geral de Finanças).

Tesoureiro especialista (categoria da carreira de tesoureiro da administração local prevista no Decreto-Lei n.º 412-A/98, de 30 de Dezembro).

Extinção das Carreiras e Categorias cujos Trabalhadores ...

MAPA III

**Carreiras/categorias cujos titulares transitam
para a categoria de assistente
técnico da carreira geral de assistente técnico**

Acompanhador musical (categoria do pessoal não docente dos estabelecimentos de ensino superior e do Estádio Universitário prevista no Decreto Regulamentar n.º 2/2002, de 15 de Janeiro).

Adjunto de chefe de secção (categoria residual das administrações regionais de saúde prevista no Decreto Regulamentar n.º 23/91, de 19 de Abril).

Adjunto técnico de 1.ª classe (categoria do pessoal do Hospital Geral de Santo António prevista no Decreto Regulamentar n.º 23/91, de 19 de Abril).

Adjunto técnico de 2.ª classe (categoria do ex-quadro de efectivos interdepartamentais do Ministério das Finanças prevista no Decreto Regulamentar n.º 51/91, de 24 de Setembro).

Adjunto técnico principal (categoria residual da Maternidade Dr. Alfredo da Costa prevista no Decreto Regulamentar n.º 23/91, de 19 de Abril).

Administrativa (carreira do Instituto das Tecnologias de Informação na Justiça, I. P., prevista no regulamento aprovado pelo despacho n.º 6984/2002, de 15 de Março).

Administrativo (actividade do grupo profissional de administração geral da UMIC – Agência para a Sociedade do Conhecimento, I. P., prevista no regulamento aprovado pelo Despacho Normativo n.º 13/2005, de 21 de Fevereiro).

Aferidor de pesos e medidas (carreira da administração local prevista no Decreto-Lei n.º 412-A/98, de 30 de Dezembro, com excepção da categoria de coordenação).

Agente de desenvolvimento (carreira específica da Região Autónoma da Madeira prevista no Decreto Legislativo Regional n.º 23/99/M, de 26 de Agosto).

Agente de economia doméstica (carreira adjectivada da Região Autónoma dos Açores prevista no Decreto Regulamentar Regional n.º 1/2006/A, de 10 de Janeiro).

Agente de educação familiar (carreira em extinção adjectivada da Região Autónoma dos Açores prevista no Decreto Regulamentar Regional n.º 10/2000/ /A, de 14 de Março).

Agente de educação familiar (carreira técnico-profissional de regime geral adjectivada).

Agente de educação familiar rural (carreira adjectivada da Região Autónoma dos Açores prevista no Decreto Regulamentar Regional n.º 1/2006/ /A, de 10 de Janeiro).

Agente de informação de tráfego de aeródromo (carreira da administração local prevista no Decreto-Lei n.º 412-A/98, de 30 de Dezembro).

382      *Novo Estatuto da Função Pública*

Agente técnico agrário (carreira da administração local prevista no Decreto-Lei n.º 412-A/98, de 30 de Dezembro, com excepção da categoria de coordenação).

Agente técnico agrário (carreira técnico-profissional de regime geral adjectivada).

Agente técnico agrícola (carreira em extinção específica da Região Autónoma da Madeira prevista no Decreto Legislativo Regional n.º 6/2004/M, de 29 de Abril).

Agente técnico agrícola (carreira de pessoal não docente do ensino não superior prevista no Decreto-Lei n.º 184/2004, de 29 de Julho – a extinguir).

Agente técnico agrícola (carreira técnico-profissional de regime geral adjectivada).

Agente técnico de frio (carreira do ex-Ministério da Agricultura, Pescas e Alimentação prevista nos Decretos Regulamentares n.ᵒˢ 24/89, de 11 de Agosto, e 40/90, de 28 de Novembro).

Almoxarife (categoria da administração local prevista no Decreto-Lei n.º 412-A/98, de 30 de Dezembro).

Animador cultural (carreira técnico-profissional de regime geral adjectivada).

Apoio à investigação e fiscalização (categoria de especialista-adjunto principal desta carreira de regime especial do Serviço de Estrangeiros e Fronteiras).

Apoio à investigação e fiscalização (categoria de especialista-adjunto desta carreira de regime especial do Serviço de Estrangeiros e Fronteiras).

Apoio qualificado (carreira IV do Instituto Nacional de Aviação Civil, I. P., prevista no regulamento aprovado pelo despacho conjunto n.º 38/2000, de 14 de Janeiro).

Armarias e restauro (carreira técnico-profissional do pessoal civil do Exército).

Arqueador de 1.ª classe (categoria da ex-quadro de efectivos interdepartamentais do Ministério das Obras Públicas, Transportes e Comunicações prevista no Decreto Regulamentar n.º 16/91, de 11 de Abril).

Arqueador-chefe (categoria da ex-quadro de efectivos interdepartamentais do Ministério das Obras Públicas, Transportes e Comunicações prevista no Decreto Regulamentar n.º 16/91, de 11 de Abril).

Assistente (carreira do ex-IMOPPI, actual Instituto da Construção e do Imobiliário, I. P., prevista no regulamento publicitado pelo anúncio n.º 129/2005, publicado no *Diário da República*, 2.ª série, n.º 151, de 8 de Agosto de 2005).

Assistente administrativo (carreira da administração local prevista no Decreto-Lei n.º 412-A/98, de 30 de Dezembro).

Assistente administrativo (carreira do pessoal não docente das creches, jardins-de-infância e infantários da rede pública da Região Autónoma da Madeira prevista no Decreto Legislativo Regional n.º 14/2007/M, dc 24 de Abril).

*Extinção das Carreiras e Categorias cujos Trabalhadores ...* 383

Assistente administrativo (carreira prevista no Decreto-Lei n.º 404-A/98, de 18 de Dezembro).

Assistente administrativo (categoria do grupo de qualificação do pessoal paratécnico e administrativo do Instituto Nacional da Propriedade Industrial).

Assistente administrativo (carreira do mapa de pessoal em regime de contrato individual de trabalho da Universidade da Beira Interior aprovado pela deliberação n.º 1983-O/2007, publicado no *Diário da República*, 2.ª série, n.º 191, de 3 de Outubro de 2007).

Assistente de acção educativa (carreira da administração local prevista no Decreto-Lei n.º 234-A/2000, de 25 de Setembro).

Assistente de acção educativa (carreira de pessoal não docente do ensino não superior prevista no Decreto-Lei n.º 184/2004, de 29 de Julho).

Assistente de acção educativa (carreira de pessoal não docente dos estabelecimentos públicos de educação pré-escolar e dos ensinos básico e secundário prevista no regulamento aprovado pelo despacho n.º 17 460/2006, de 29 de Agosto).

Assistente de acção educativa (carreira do pessoal não docente de apoio educativo do Sistema Educativo Regional da Região Autónoma dos Açores prevista no Decreto Legislativo Regional n.º 11/2006/A, de 21 dc Março).

Assistente de acção educativa (carreira do pessoal não docente do ensino básico e secundário da Região Autónoma da Madeira prevista no Decreto Legislativo Regional n.º 29/2006/M, de 19 de Julho).

Assistente de acção educativa (pessoal de apoio educativo da Casa Pia de Lisboa, I. P.).

Assistente de administração escolar (carreira de pessoal não docente do ensino não superior prevista no Decreto-Lei n.º 184/2004, de 29 de Julho).

Assistente de administração escolar (carreira de pessoal não docente dos estabelecimentos públicos de educação pré-escolar e dos ensinos básico e secundário prevista no regulamento aprovado pelo despacho n.º 17 460/2006, de 29 de Agosto, com excepção da categoria dc chefe de serviços de administração escolar).

Assistente de administração escolar (carreira do pessoal não docente do ensino básico e secundário da Região Autónoma da Madeira prevista no Decreto Legislativo Regional n.º 29/2006/M, de 19 de Julho). Assistente de administração escolar (carreira do pessoal não docente de administração escolar do Sistema Educativo Regional da Região Autónoma dos Açores prevista no Decreto Legislativo Regional n.º 11/2006/A, de 21 de Março).

Assistente de arqueólogo (carreira dc pessoal específica da área funcional de arqueologia prevista no Decreto Regulamentar n.º 28/97, de 21 de Julho).

Assistente de conservador de museus (carreira da administração local prevista no Decreto-Lei n.º 412-A/98, de 30 de Dezembro).

Assistente de gestão (carreira técnico-profissional de regime geral adjectivada).

384 *Novo Estatuto da Função Pública*

Assistente de relações públicas (categoria da ex-Direcção-Geral de Portos, Navegação e Transportes Marítimos prevista no Decreto Regulamentar n.º 16//91, de 11 de Abril).

Assistente de relações públicas (carreira técnico-profissional de regime geral adjectivada).

Assistente técnico (categorias de assistente técnico principal, de 1.ª e 2.ª classes dos serviços dependentes da ex-Secretaria de Estado da Cultura previstas no Decreto Regulamentar n.º 26/91, de 7 de Maio).

Assistente técnico gráfico (categoria da ex-Direcção-Geral da Comunicação Social prevista no Decreto Regulamentar n.º 26/91, de 7 de Maio).

Auxiliar de contabilidade (carreira de regime especial da Direcção-Geral do Orçamento).

Cartorário (categoria das administrações regionais de saúde prevista nos Decretos Regulamentares n.ºs 23/91, de 19 de Abril, e 36/92, de 22 de Dezembro).

Chefe de campo (categoria da administração local em extinção prevista no Decreto-Lei n.º 412-A/98, de 30 de Dezembro).

Chefe de contabilidade (categoria de pessoal do Ministério dos Negócios Estrangeiros prevista no Decreto Regulamentar n.º 22/91, de 17 de Abril).

Chefe de secretaria (categoria das administrações regionais de saúde e da Direcção-Geral da Saúde prevista no Decreto Regulamentar n.º 23/91, de 19 de Abril).

Chefe de serviços administrativos (categoria da Comissão para a Igualdade e para os Direitos das Mulheres prevista no Decreto Regulamentar n.º 26/91, de 7 de Maio).

Chefe de serviços de almoxarifado (Lisboa/Porto) (categoria da administração local em extinção prevista no Decreto-Lei n.º 412-A/98, de 30 de Dezembro).

Chefe de serviços de protocolo (Lisboa) (categoria da administração local em extinção prevista no Decreto-Lei n.º 412-A/98, de 30 de Dezembro).

Chefe de vendas (categoria do Ministério da Agricultura, do Desenvolvimento Rural e das Pescas prevista no Decreto Regulamentar n.º 38/92, de 31 de Dezembro).

Compositor (categorias de 1.ª e 2.ª classes da Santa Casa da Misericórdia de Lisboa previstas no Decreto Regulamentar n.º 17/91, de 11 de Abril).

Compositor de 1.ª classe (categoria da ex-Direcção-Geral da Comunicação Social prevista no Decreto Regulamentar n.º 26/91, de 7 de Maio).

Compositor-processador de texto (carreira do pessoal de mediatização prevista no Decreto-Lei n.º 269/89, de 18 de Agosto).

Conferencista-demonstrador (carreira do pessoal civil da Marinha).

Conselheiro de consumo (carreira da administração local prevista no Decreto-Lei n.º 412-A/98, de 30 de Dezembro).

Contramestre de classe A (categoria do Instituto do Emprego e Formação Profissional prevista no Decreto Regulamentar n.º 17/91, de 11 de Abril).

Coordenador de impressão do *Jornal Oficial* (carreira específica da Região Autónoma da Madeira prevista no Decreto Legislativo Regional n.º 23/99/M, de 26 de Agosto).

Técnico de finanças (carreira de regime especial da Inspecção-Geral de Finanças, com excepção da categoria de secretário de finanças-coordenador).

Decorador de interiores (carreira técnico-profissional de regime geral adjectivada).

Depósito – identificação de material (carreira técnico-profissional de regime geral adjectivada do pessoal civil da Força Aérea).

Desenhador (carreira da administração local prevista no Decreto-Lei n.º 412-A/98, de 30 de Dezembro, com excepção da categoria de coordenação).

Desenhador (carreira técnico-profissional de regime geral adjectivada).

Desenhador biológico (carreira técnico-profissional de regime geral adjectivada).

Desenhador cartógrafo (carreira técnico-profissional de regime geral adjectivada).

Desenhador de arqueologia (carreira de pessoal específica da área funcional de arqueologia prevista no Decreto Regulamentar n.º 28/97, de 21 de Julho).

Desenhador de artes gráficas (carreira técnico-profissional de regime geral adjectivada).

Desenhador de artes gráficas e animação (carreira técnico-profissional de regime geral adjectivada).

Desenhador de cartografia (carreira técnico-profissional de regime geral adjectivada).

Desenhador de construção civil (carreira da Região Autónoma dos Açores prevista no Decreto Regulamentar Regional n.º 13/2007/A, de 24 de Abril).

Desenhador de construção civil (carreira técnico-profissional de regime geral adjectivada).

Desenhador de electrotecnia (carreira técnico-profissional de regime geral adjectivada).

Desenhador de especialidade (carreira do ex-Instituto de Reinserção Social prevista no Decreto-Lei n.º 204-A/2001, de 26 de Julho, do pessoa civil da Força Aérea e do Estado-Maior-General das Forças Armadas, do ex-Instituto Nacional do Ambiente, entre outros).

Desenhador de especialidade da área de construção civil (carreira técnico--profissional de regime geral adjectivada).

Desenhador de especialidade da área de electrotecnia (carreira técnico--profissional de regime geral adjectivada).

Desenhador de máquinas (carreira técnico-profissional de regime geral adjectivada).

Desenhador de máquinas e construção civil (carreira técnico-profissional de regime geral adjectivada).

Desenhador de topografia (carreira técnico-profissional de regime geral adjectivada).

Desenhador-decorador (carreira técnico-profissional de regime geral adjectivada).

Desenhador-projectista (carreira técnico-profissional de regime geral adjectivada).

*Designer* (carreira técnico-profissional de regime geral adjectivada).

*Designer* de artes gráficas (carreira técnico-profissional de regime geral adjectivada).

Director de estabelecimento (categoria da administração local em extinção prevista no Decreto-Lei n.º 412-A/98, de 30 de Dezembro).

Director de museu etnográfico (Porto) (categoria da administração local em extinção prevista no Decreto-Lei n.º 412-A/98, de 30 de Dezembro).

Ecónomo (carreira do pessoal não docente do ensino básico e secundário da Região Autónoma da Madeira prevista no Decreto Legislativo Regional n.º 29/2006/M, de 19 de Julho).

Ecónomo (carreira específica da Região Autónoma da Madeira prevista no Decreto Legislativo Regional n.º 23/99/M, de 26 de Agosto).

Educador (carreira técnico-profissional de regime geral adjectivada).

Educador de juventude (carreira a extinguir do pessoal da Casa Pia de Lisboa).

Educador social (carreira adjectivada da Região Autónoma dos Açores prevista no Decreto Regulamentar Regional n.º 10/2000/A, de 14 de Março).

Educador social (carreira prevista no Decreto-Lei n.º 304/89, de 4 de Setembro).

Encarregado de composição (categoria da Santa Casa da Misericórdia de Lisboa prevista no Decreto Regulamentar n.º 17/91, de 11 de Abril).

Encarregado de impressão (categoria da Santa Casa da Misericórdia de Lisboa prevista no Decreto Regulamentar n.º 17/91, de 11 de Abril).

Equitador (carreira técnico-profissional de regime geral adjectivada).

Fotógrafo (carreira técnico-profissional de regime geral adjectivada).

Fotógrafo de arte (carreira técnico-profissional de regime geral adjectivada).

Fotógrafo-lofoscopista (carreira técnico-profissional de regime geral adjectivada).

Fotomontador (categoria de pessoal técnico do Ministério dos Negócios Estrangeiros prevista no Decreto Regulamentar n.º 22/91, de 17 de Abril).

Fundidor-montador (categoria da Santa Casa da Misericórdia de Lisboa prevista no Decreto Regulamentar n.º 17/91, de 11 de Abril).

Geotécnico (carreira técnico-profissional de regime geral adjectivada).

Guia-intérprete (carreira da administração local prevista no Decreto-Lei n.º 412-A/98, de 30 de Dezembro, com excepção da categoria de coordenação).

Hidrometrista (carreira da Região Autónoma dos Açores prevista no Decreto Regulamentar Regional n.º 13/2007/A, de 24 de Abril).

Hidrometrista (carreira técnico-profissional de regime geral adjectivada).

Identificação e classificação de material (carreira técnico-profissional do pessoal civil do Exército).

Impressor (categoria de pessoal técnico do Ministério dos Negócios Estrangeiros prevista no Decreto Regulamentar n.º 22/91, de 17 de Abril).

Impressor (categorias de 1.ª e 2.ª classes da Santa Casa da Misericórdia de Lisboa previstas no Decreto Regulamentar n.º 17/91, de 11 de Abril).

Impressor de *offset* (categorias de 1.ª e 2.ª classes da Santa Casa da Misericórdia de Lisboa previstas no Decreto Regulamentar n.º 17/91, de 11 de Abril).

Instrutor de educação física (categoria da administração local em extinção prevista no Decreto-Lei n.º 412-A/98, de 30 de Dezembro).

Instrutor desportivo (carreira técnico-profissional de regime geral adjectivada do pessoal civil da Força Aérea).

Maquetista-paginador (categoria de pessoal técnico do Ministério dos Negócios Estrangeiros prevista no Decreto Regulamentar n.º 22/91, de 17 de Abril).

Maquinista [categoria do ex-Instituto Regulador e Orientador de Mercados Agrícolas (IROMA) prevista no Decreto Regulamentar n.º 53/91, de 9 de Outubro].

Mecanógrafa principal (categoria das administrações regionais de saúde prevista no Decreto Regulamentar n.º 23/91, de 19 de Abril).

Medidor-orçamentista (carreira da Região Autónoma dos Açores prevista no Decreto Regulamentar Regional n.º 13/2007/A, de 24 de Abril).

Medidor-orçamentista (carreira técnico-profissional de regime geral adjectivada).

Mestre de 1.ª classe (administração) (categoria a extinguir do Exército prevista no Decreto Regulamentar n.º 17/2000, de 22 de Novembro).

Monitor (categorias de monitor especialista, principal e de 1.ª e 2.ª classes do Ministério da Agricultura, do Desenvolvimento Rural e das Pescas previstas no Decreto Regulamentar n.º 43/91, de 20 de Agosto).

Monitor de educação física (categoria dos ex-centros de saúde mental prevista no Decreto Regulamentar n.º 23/91, de 19 de Abril).

Monitor de formação (carreira do pessoal da Casa Pia de Lisboa, I. P.).

Monitor de formação profissional (carreira do Instituto do Emprego e Formação Profissional prevista no Decreto-Lei n.º 131/90, de 20 de Abril).

Monitor de formação profissional (categorias do Instituto do Emprego e Formação Profissional de especialista, principal, 1.ª e 2.ª classes e estagiário previstas no Decreto Regulamentar n.º 17/91, de 11 de Abril).

Monitor de internato (carreira técnico-profissional de regime geral adjectivada do pessoal civil do Exército).

Monitor de museus (carreira da administração local prevista no Decreto-Lei n.º 412-A/98, de 30 de Dezembro).

Monitor de natação (carreira técnico-profissional de regime geral adjectivada).

Monitor de pecuária (carreira adjectivada da Região Autónoma dos Açores prevista no Decreto Regulamentar Regional n.º 1/2006/A, de 10 de Janeiro).

388            *Novo Estatuto da Função Pública*

Monitor desportivo (carreira técnico-profissional de regime geral adjectivada).

Monitor oficinal (carreira técnico-profissional de regime geral adjectivada).

Observador meteorológico-adjunto (categoria do ex-quadro de efectivos interdepartamentais do Ministério das Finanças prevista no Decreto Regulamentar n.º 1/93, de 13 de Janeiro).

Operador de áudio-visual (carreira técnico-profissional de regime geral adjectivada).

Operador de câmara de vídeo (carreira do pessoal de mediatização prevista no Decreto-Lei n.º 269/89, de 18 de Agosto).

Operador de fotogrametria (carreira técnico-profissional de regime geral adjectivada).

Operador de frio principal [categoria do ex-Instituto Regulador e Orientador de Mercados Agrícolas (IROMA) prevista no Decreto Regulamentar n.º 53/91, de 9 de Outubro].

Operador de imagem principal (categoria do Ministério da Agricultura, do Desenvolvimento Rural e das Pescas previstas no Decreto Regulamentar n.º 43//91, de 20 de Agosto).

Operador de meios áudio-visuais (carreira adjectivada da Região Autónoma dos Açores prevista no Decreto Regulamentar Regional n.º 9/2006/A, de 9 de Fevereiro).

Operador de meios áudio-visuais (carreira do Laboratório Nacional de Engenharia Civil prevista no Decreto-Lei n.º 71/92, de 28 de Abril).

Operador de meios áudio-visuais (carreira em extinção do pessoal não docente do Sistema Educativo Regional da Região Autónoma dos Açores prevista no Decreto Legislativo Regional n.º 11/2006/A, de 21 de Março).

Operador de meios áudio-visuais (carreira técnico-profissional de regime geral adjectivada).

Operador de meios áudio-visuais (carreira técnico-profissional de regime geral adjectivada).

Operador de raios X indust. (categorias do Instituto do Emprego e Formação Profissional de principal, 1.ª e 2.ª classes previstas no Decreto Regulamentar n.º 17/91, de 11 de Abril).

Operador de telecomunicações (carreira da Região Autónoma dos Açores prevista no Decreto Regulamentar Regional n.º 24/2003/A, de 14 de Julho).

Operador de telecomunicações (carreira técnico-profissional de regime geral adjectivada).

Operador de telecomunicações (categoria dos Serviços de Apoio dos Gabinetes dos Representantes da República para as Regiões Autónomas dos Açores e da Madeira prevista nos Decretos Regulamentares n.os 10/2002, de 8 de Março, e 8/2002, de 20 de Fevereiro, respectivamente).

Operador mecanógrafo (categoria de serviços e organismos do Ministério do Trabalho e da Solidariedade Social prevista no Decreto Regulamentar n.º 17/91, de 11 de Abril).

Operador psicotécnico (carreira de regime especial da ex-Direcção-Geral de Viação prevista no Decreto-Lei n.º 484/99, de 10 de Novembro, entretanto revogado pelo Decreto-Lei n.º 77/2007, de 29 de Março).

Operador técnico de estação de tratamento de lixos (carreira específica da Região Autónoma da Madeira prevista no Decreto Legislativo Regional n.º 23//99/M, de 26 de Agosto).

Operador-chefe (microfilmagem) (categoria da Santa Casa da Misericórdia de Lisboa prevista no Decreto Regulamentar n.º 17/91, de 11 de Abril; categoria de serviços e organismos do Ministério do Trabalho e da Solidariedade Social prevista no Decreto Regulamentar n.º 17/91, de 11 de Abril).

Orçamentista (carreira técnico-profissional de regime geral adjectivada).

Orientador social (carreira técnico-profissional de regime geral adjectivada da Direcção Geral dos Serviços Prisionais).

Paratécnico (categoria do grupo de qualificação do pessoal paratécnico e administrativo do Instituto Nacional da Propriedade Industrial).

Preceptor (carreira técnico-profissional de regime geral adjectivada).

Preparador de laboratório (carreira técnico-profissional de regime geral adjectivada).

Primeiro-oficial intérprete (categoria das administrações regionais de saúde prevista no Decreto Regulamentar n.º 23/91, de 19 de Abril).

Primeiro-verificador (categoria dos Serviços Sociais da Presidência do Conselho de Ministros prevista no Decreto Regulamentar n.º 26/91, de 7 de Maio).

Professor de moral (categoria do ex-quadro de efectivos interdepartamentais do Ministério das Obras Públicas, Transportes e Comunicações prevista no Decreto Regulamentar n.º 21/91, de 17 de Abril).

Provador (carreira profissional do Instituto do Vinho do Porto em contrato individual de trabalho).

Realizador-adjunto (carreira do pessoal de mediatização prevista no Decreto-Lei n.º 269/89, de 18 de Agosto).

Recepcionista de turismo (carreira da Região Autónoma dos Açores prevista no Decreto Regulamentar Regional n.º 21/2006/A, de 16 de Junho).

Reconhecedor cartógrafo (carreira técnico-profissional de regime geral adjectivada).

Redactor (carreira adjectivada da Região Autónoma dos Açores prevista no Decreto Regulamentar Regional n.º 1/2006/A, de 10 de Janeiro).

Redactor (categoria de pessoal técnico do Ministério dos Negócios Estrangeiros prevista no Decreto Regulamentar n.º 22/91, de 17 de Abril).

Regente (categoria das escolas superiores de enfermagem prevista no Decreto Regulamentar n.º 23/91, de 19 de Abril).

Regente de internato (carreira técnico-profissional do pessoal civil do Exército).

Revisor de filmes (carreira técnico-profissional de regime geral adjectivada).

Secretária (carreira profissional do Instituto do Vinho do Porto em contrato individual de trabalho).

Secretária de serviços de saúde (carreira técnico-profissional de regime geral adjectivada).

Secretária do director (categoria de serviços e organismos do Ministério do Trabalho e da Solidariedade Social prevista no Decreto Regulamentar n.º 17/91, de 11 de Abril).

Secretária dos serviços de saúde (carreira técnico-profissional de regime geral adjectivada).

Secretária-recepcionista (carreira adjectivada da Direcção Regional da Juventude da Região Autónoma dos Açores prevista no Decreto Regulamentar Regional n.º 2/2007/A, de 30 de Janeiro).

Secretariado (actividade do grupo profissional de administração geral da UMIC – Agência para a Sociedade do Conhecimento, I. P., prevista no regulamento aprovado pelo Despacho Normativo n.º 13/2005, de 21 de Fevereiro).

Secretário-esteno-dactilógrafo (categoria da ex-Direcção-Geral da Empresa prevista no Decreto Regulamentar n.º 24/2002, de 5 de Abril).

Secretária-recepcionista (carreira do mapa de pessoal em regime de contrato individual de trabalho da Reitoria da Universidade Técnica de Lisboa aprovado pelo despacho n.º 8199/2007, publicado no *Diário da República,* 2.ª série, n.º 88, de 8 de Maio de 2007).

Secretária-recepcionista (carreira técnico-profissional de regime geral adjectivada).

Secretário-recepcionista (carreira adjectivada da Região Autónoma dos Açores prevista no Decreto Regulamentar Regional n.º 9/2006/A, de 9 de Fevereiro).

Secretário-recepcionista (carreira do pessoal de museologia, conservação e restauro prevista no Decreto-Lei n.º 55/2001, de 15 de Fevereiro).

Secretário-recepcionista (carreira técnico-profissional de regime geral adjectivada).

Segundo-ajudante de conservatórias e registos (categoria do ex-quadro de efectivos interdepartamentais do Ministério das Finanças prevista no Decreto Regulamentar n.º 1/93, de 13 de Janeiro).

Solicitador (carreira da administração local prevista no Decreto-Lei n.º 412-A/98, de 30 de Dezembro).

Soprador de artigos de laboratório (categoria do quadro complementar do ex-Instituto Nacional de Investigação Científica prevista no Decreto Regulamentar n.º 15/91, de 11 de Abril).

Subchefe dos serviços gráficos (categoria da Santa Casa da Misericórdia de Lisboa prevista no Decreto Regulamentar n.º 17/91, de 11 de Abril).

Técnica (carreira do Instituto das Tecnologias de Informação na Justiça, I. P., prevista no regulamento aprovado pelo despacho n.º 6984/2002, de 15 de Março).

Técnico (categoria do mapa de pessoal em regime de contrato individual de trabalho da Universidade da Madeira constante do anexo II do despacho n.º 19 386/2006, publicado no *Diário da República*, 2.ª série, n.º 183, de 21 de Setembro de 2006).

Técnico (categoria profissional do mapa de pessoal em regime de contrato individual de trabalho da Universidade de Évora constante do anexo III do despacho n.º 17 599/2007, publicado no *Diário da República*, 2.ª série, n.º 153, de 9 de Agosto de 2007).

Técnico (categoria profissional prevista no regulamento aprovado pela deliberação n.º 899/2006, do senado da Universidade do Porto).

Técnico (categoria profissional prevista no Regulamento Interno da Universidade de Lisboa Aplicável aos Contratos Individuais de Trabalho aprovado pela deliberação n.º 361/2007, da comissão coordenadora do senado).

Técnico administrativo (carreira do grupo profissional técnico administrativo do ex-Instituto Nacional de Intervenção e Garantia Agrícola com as categorias de técnico profissional A, B, C, D e E).

Técnico administrativo (carreira do Instituto Nacional de Emergência Médica, I. P., prevista no regulamento aprovado pelo Despacho Normativo n.º 46/2005, de 19 de Outubro).

Técnico administrativo (categoria da carreira de apoio geral do grupo profissional III – pessoal de apoio e administração geral do Instituto da Segurança Social, I. P., prevista no regulamento de pessoal publicado no aviso n.º 13 132--A/2006, no *Diário da República*, 2.ª série, n.º 235, de 7 de Dezembro de 2006).

Técnico administrativo (categoria profissional do ex-Instituto Nacional de Habitação prevista no regulamento interno homologado pela Portaria n.º 180/97, de 12 de Março).

Técnico administrativo (categoria profissional do mapa de pessoal em regime de contrato individual de trabalho do Instituto Superior de Ciências do Trabalho e da Empresa constante da deliberação n.º 689/2008, publicado no *Diário da República*, 2.ª série, n.º 50, de 11 de Março de 2008).

Técnico administrativo (categoria profissional do mapa de pessoal em regime de contrato individual de trabalho dos Serviços de Acção Social da Universidade Nova de Lisboa constante do despacho n.º 23 010-M/2007, publicado no *Diário da República*, 2.ª série, n.º 191, de 3 de Outubro de 2007).

Técnico administrativo (categoria profissional prevista no regulamento aprovado pela deliberação n.º 1335-I/2007, do senado da Universidade de Aveiro).

Técnico administrativo (categoria profissional prevista no regulamento aprovado pela deliberação n.º 1748/2006, do senado da Universidade de Coimbra).

Técnico administrativo (categoria profissional prevista no regulamento aprovado pela deliberação n.º 899/2006, do senado da Universidade do Porto).

Técnico administrativo (categoria profissional prevista no Regulamento Interno da Universidade de Lisboa Aplicável aos Contratos Individuais de Trabalho aprovado pela deliberação n.º 361/2007, da comissão coordenadora do senado).

Técnico administrativo (categoria profissional prevista no Regulamento n.º 257-A/2007, aprovado por despacho reitoral de 2 de Julho de 2007, da Universidade Aberta).

Técnico assistente (categoria profissional do ex-Instituto Nacional de Habitação prevista no regulamento interno homologado pela Portaria n.º 180/ /97, de 12 de Março).

Técnico auxiliar contabilista (categorias de técnico auxiliar contabilista de 1.ª e de 2.ª classes do Ministério da Saúde previstas no Decreto Regulamentar n.º 23/91, de 19 de Abril).

Técnico auxiliar de administração principal (categoria da Santa Casa da Misericórdia de Lisboa prevista no Decreto Regulamentar n.º 17/91, de 11 de Abril).

Técnico auxiliar de arqueologia (carreira específica da área funcional de arqueologia a extinguir conforme prevê o Decreto Regulamentar n.º 28/97, de 21 de Julho).

Técnico auxiliar de conservação e restauro de objectos etnográficos e documentos gráficos (categorias de técnico auxiliar de conservação e restauro de objectos etnográficos e de documentos gráficos principal e de 1.ª e 2.ª classes do Instituto de Investigação Científica e Tropical previstas no Decreto Regulamentar n.º 21/91, de 17 de Abril).

Técnico auxiliar de contabilidade (carreira profissional do Instituto do Vinho do Porto em contrato individual de trabalho).

Técnico auxiliar de contabilidade (categorias de técnico auxiliar de contabilidade de 1.ª e de 2.ª classes do ex-quadro de efectivos interdepartamentais do Ministério das Finanças previstas no Decreto Regulamentar n.º 51/91, de 24 de Setembro).

Técnico auxiliar de contabilidade (categorias de técnico auxiliar de contabilidade de 1.ª e de 2.ª classes do Instituto do Desporto de Portugal previstas no Decreto Regulamentar n.º 4/92, de 2 de Abril).

Técnico auxiliar de educação (categoria do ex-quadro de efectivos interdepartamentais do Ministério das Obras Públicas, Transportes e Comunicações prevista no Decreto Regulamentar n.º 21/91, de 17 de Abril).

Técnico auxiliar de emergência médica (categorias de técnico auxiliar de emergência médica principal e de 1.ª e 2.ª classes previstas no Decreto Regulamentar n.º 23/91, de 19 de Abril).

Técnico auxiliar de programação (categorias de técnico auxiliar de programação de 1.ª e de 2.ª classes do Instituto do Desporto de Portugal previstas no Decreto Regulamentar n.º 4/92, de 2 de Abril).

Técnico auxiliar de saúde pública (categoria das administrações regionais de saúde prevista no Decreto Regulamentar n.º 23/91, de 19 de Abril).

Técnico auxiliar de serviço social de 1.ª classe (categoria do ex-quadro de efectivos interdepartamentais do Ministério das Finanças prevista no Decreto Regulamentar n.º 1/93, de 13 de Janeiro.

Técnico auxiliar de vigilância (categoria da Direcção-Geral dos Serviços Prisionais prevista no Decreto Regulamentar n.º 13/91, de 11 de Abril).

Técnico auxiliar sanitário (categorias de técnico auxiliar sanitário coordenador, principal e de 1.ª e 2.ª classes das administrações regionais de saúde previstas no Decreto Regulamentar n.º 23/91, de 19 de Abril).

Técnico calculador (categoria do pessoal não docente dos estabelecimentos de ensino superior e do Estádio Universitário prevista no Decreto Regulamentar n.º 2/2002, de 15 de Janeiro).

Técnico de 3.ª classe (categoria a extinguir do Exército prevista no Decreto Regulamentar n.º 17/2000, de 22 de Novembro).

Técnico de 3.ª classe (categoria do ex-Instituto de Reinserção Social prevista no Decreto Regulamentar n.º 13/91, de 11 de Abril).

Técnico de ambiente (carreira do ex-Instituto Nacional do Ambiente prevista no Decreto-Lei n.º 34/89, de 30 de Janeiro).

Técnico de animação cultural (categorias de 1.ª e 2.ª classes da Secretaria-Geral do ex-Ministério do Emprego e da Segurança Social prevista no Decreto Regulamentar n.º 17/91, de 11 de Abril).

Técnico de apoio informático (actividade do grupo profissional de administração geral da UMIC – Agência para a Sociedade do Conhecimento, I. P., prevista no regulamento aprovado pelo Despacho Normativo n.º 13/2005, de 21 de Fevereiro).

Técnico de áudio-visuais (carreira técnico-profissional de regime geral adjectivada).

Técnico de educação (carreira da administração local em extinção prevista no Decreto-Lei n.º 412-A/98, de 30 de Dezembro).

Técnico de electromedicina de 1.ª classe (categoria da Direcção-Geral da Saúde prevista no Decreto Regulamentar n.º 23/91, de 19 de Abril).

Técnico de emprego (categorias do Instituto do Emprego e Formação Profissional de especialista, principal, 1.ª e 2.ª classes e estagiário previstas no Decreto Regulamentar n.º 17/91, de 11 de Abril).

Técnico de experimentação (categoria do pessoal não docente dos estabelecimentos de ensino superior e do Estádio Universitário prevista no Decreto Regulamentar n.º 2/2002, de 15 de Janeiro).

Técnico de finanças (carreira específica da Região Autónoma da Madeira prevista no Decreto Legislativo Regional n.º 23/99/M, de 26 de Agosto).

Técnico de gestão patrimonial (carreira específica da Região Autónoma da Madeira prevista no Decreto Legislativo Regional n.º 23/99/M, de 26 de Agosto).

Técnico de instrumentos musicais (carreira da Região Autónoma dos Açores prevista no Decreto Regulamentar Regional n.º 3/2006/A, de 10 de Janeiro).

394 *Novo Estatuto da Função Pública*

Técnico de meios áudio e vídeo (carreira do pessoal de mediatização prevista no Decreto-Lei n.º 269/89, de 18 de Agosto).

Técnico de relações exteriores (categoria do Instituto Português do Sangue prevista no Decreto Regulamentar n.º 23/91, de 19 de Abril).

Técnico de serviços gráficos (categoria a extinguir da Força Aérea prevista no Decreto Regulamentar n.º 17/2000, de 22 de Novembro).

Técnico especialista (carreira III do Instituto Nacional de Aviação Civil, I. P., prevista no regulamento aprovado pelo despacho conjunto n.º 38/2000, de 14 de Janeiro).

Técnico especializado (categoria da Reitoria da Universidade Nova de Lisboa prevista no anexo IV do despacho n.º 13 009/2007, de 9 de Maio, publicado no *Diário da República,* 2.ª série, n.º 120, de 25 de Junho de 2007).

Técnico especializado (categoria profissional do mapa de pessoal em regime de contrato individual de trabalho dos Serviços de Acção Social da Universidade Nova de Lisboa constante do despacho n.º 23 010-M/2007, publicado no *Diário da República,* 2.ª série, n.º 191, de 3 de Outubro de 2007).

Técnico gráfico de 2.ª classe (categoria do pessoal não docente dos estabelecimentos de ensino superior e do Estádio Universitário prevista no Decreto Regulamentar n.º 2/2002, de 15 de Janeiro).

Técnico oficial de cartografia (carreira técnico-profissional de regime geral adjectivada).

Técnico oficial de ensino profissional (carreira técnico-profissional de regime geral adjectivada).

Técnico operador de telecomunicações de emergência (carreira do Instituto Nacional de Emergência Médica, I. P., prevista no regulamento aprovado pelo Despacho Normativo n.º 46/2005, de 19 de Outubro).

Técnico profissional (carreira da administração local prevista no Decreto-Lei n.º 412-A/98, de 30 de Dezembro, com excepção da categoria de coordenador).

Técnico profissional (carreira do grupo profissional técnico-profissional do ex-Instituto Nacional de Intervenção e Garantia Agrícola com as categorias de técnico profissional A, B, C, D e E).

Técnico profissional (carreira do Instituto Nacional de Emergência Médica, I. P., prevista no regulamento aprovado pelo Despacho Normativo n.º 46/2005, de 19 de Outubro).

Técnico profissional (carreira do mapa de pessoal em regime de contrato individual de trabalho da Reitoria da Universidade Técnica de Lisboa aprovado pelo despacho n.º 8199/2007, publicado no *Diário da República,* 2.ª série, n.º 88, de 8 de Maio de 2007).

Técnico profissional (carreira do pessoal não docente das creches, jardins--de-infância e infantários da rede pública da Região Autónoma da Madeira prevista no Decreto Legislativo Regional n.º 14/2007/M, de 24 de Abril).

Técnico profissional (carreira prevista no Decreto-Lei n.º 404-A/98, de 18 de Dezembro, com excepção da categoria de coordenador).

Técnico profissional (categoria da carreira de apoio especializado – acção social do grupo profissional V – pessoal de acção social integrada – estabelecimentos (apoio especializado) do Instituto da Segurança Social, I. P., prevista no regulamento de pessoal publicado no aviso n.º 13 132-A/2006, no *Diário da República,* 2.ª série, n.º 235, de 7 de Dezembro de 2006).

Técnico profissional (categoria do grupo de qualificação do pessoal paratécnico e administrativo do Instituto Nacional da Propriedade Industrial).

Técnico profissional (categoria profissional prevista no regulamento aprovado pela deliberação n.º 1335-I/2007, do senado da Universidade de Aveiro).

Técnico profissional (laboratório de solos) (carreira técnico-profissional de regime geral adjectivada do pessoal civil da Força Aérea).

Técnico profissional administrativo (carreira profissional do Instituto do Vinho do Porto em contrato individual de trabalho).

Técnico profissional agrícola (carreira técnico-profissional de regime geral adjectivada).

Técnico profissional analista (carreira da administração local prevista no Decreto-Lei n.º 412-A/98, de 30 de Dezembro, com excepção da categoria de coordenação).

Técnico profissional analista (carreira técnico-profissional de regime geral adjectivada).

Técnico profissional animador juvenil (carreira técnico-profissional de regime geral adjectivada).

Técnica profissional de BD (carreira do mapa de pessoal em regime de contrato individual de trabalho da Universidade da Beira Interior aprovado pela deliberação n.º 1983-O/2007, publicado no *Diário da República,* 2.ª série, n.º 191, de 3 de Outubro de 2007).

Técnico profissional contabilista (carreira técnico-profissional de regime geral adjectivada).

Técnico profissional da área de animação desportiva (carreira técnico--profissional de regime geral adjectivada).

Técnico profissional da área de museografia (carreira técnico-profissional de regime geral adjectivada).

Técnico profissional da área de pintura decorativa (carreira técnico-profissional de regime geral adjectivada).

Técnico profissional de acção social (carreira técnico-profissional de regime geral adjectivada).

Técnico profissional de acção social educativa (carreira técnico-profissional de regime geral adjectivada).

Técnico profissional de acção social escolar (carreira de pessoal não docente do ensino não superior prevista no Decreto-Lei n.º 184/2004, de 29 de Julho).

Técnico profissional de acção social escolar (carreira de pessoal não docente dos estabelecimentos públicos de educação pré-escolar e dos ensinos básico e secundário prevista no regulamento aprovado pelo despacho n.º 17 460/2006, de 29 de Agosto).

Técnico profissional de acção social escolar (carreira do pessoal não docente do Sistema Educativo Regional da Região Autónoma dos Açores prevista no Decreto Legislativo Regional n.º 11/2006/A, de 21 de Março).

Técnico profissional de acção social escolar (carreira em extinção do pessoal não docente do ensino básico e secundário da Região Autónoma da Madeira prevista no Decreto Legislativo Regional n.º 29/2006/M, de 19 de Julho).

Técnico profissional de acção social na juventude (carreira técnico-profissional de regime geral adjectivada).

Técnico profissional de acção sócio-cultural (carreira técnico-profissional de regime geral adjectivada).

Técnico profissional de actividade física e animação desportiva (carreira técnico-profissional de regime geral adjectivada).

Técnico profissional de actividades de tempos livres (carreira técnico-profissional de regime geral adjectivada).

Técnico profissional de actividades económicas (carreira técnico-profissional de regime geral adjectivada).

Técnico profissional de administração (carreira técnico-profissional de regime geral adjectivada).

Técnico profissional de administração pública (carreira técnico-profissional de regime geral adjectivada).

Técnico profissional de agricultura (carreira técnico-profissional de regime geral prevista no Decreto Regulamentar Regional n.º 1/2006/A, de 10 de Janeiro).

Técnico profissional de agricultura e silvicultura (carreira técnico-profissional de regime geral adjectivada).

Técnico profissional de ambiente (carreira específica da Região Autónoma dos Açores prevista no Decreto Regulamentar Regional n.º 13/2007/A, de 24 de Abril).

Técnico profissional de ambiente (carreira técnico-profissional de regime geral adjectivada).

Técnico profissional de animação cultural (carreira técnico-profissional de regime geral adjectivada).

Técnico profissional de animação cultural e desporto (carreira técnico-profissional de regime geral adjectivada).

Técnico profissional de animação de turismo (carreira específica da Região Autónoma da Madeira prevista no Decreto Legislativo Regional n.º 23/99/M, de 26 de Agosto).

Técnico profissional de animação sócio-cultural (carreira técnico-profissional de regime geral adjectivada).

Técnico profissional de apoio à reitoria, unidades e serviços (carreira técnico-profissional de regime geral adjectivada).

Técnico profissional de apoio ao cooperativismo (carreira adjectivada da Região Autónoma dos Açores prevista no Decreto Regulamentar Regional n.º 21/2006/A, de 16 de Junho).

Técnico profissional de apoio ao ensino e investigação (carreira técnico-profissional de regime geral adjectivada).

Técnico profissional de apoio psicossocial (carreira técnico-profissional de regime geral adjectivada).

Técnico profissional de aquariologia (carreira do pessoal do quadro civil da Marinha).

Técnico profissional de arquivo (carreira do pessoal de biblioteca e documentação e de arquivo prevista no Decreto-Lei n.º 247/91, de 10 de Julho com excepção da categoria de coordenador).

Técnico profissional de arquivo e biblioteca (carreira adjectivada da Região Autónoma dos Açores prevista no Decreto Regulamentar Regional n.º 21/2006/A, de 16 de Junho).

Técnico profissional de arrendamento e gestão social (carreira técnico-profissional de regime geral adjectivada).

Técnico profissional de artes gráficas (carreira técnico-profissional de regime geral adjectivada).

Técnico profissional de artes gráficas e animação (carreira técnico-profissional de regime geral adjectivada).

Técnico profissional de assessoria de planeamento (carreira técnico-profissional de regime geral adjectivada).

Técnico profissional de áudio-visuais (carreira técnico-profissional de regime geral adjectivada).

Técnico profissional de biblioteca, arquivo e documentação (BAD) (carreira técnico-profissional de regime geral adjectivada).

Técnico profissional de biblioteca e documentação (carreira de pessoal não docente dos estabelecimentos públicos de educação pré-escolar e dos ensinos básico e secundário prevista no regulamento aprovado pelo despacho n.º 17 460/2006, de 29 de Agosto).

Técnico profissional de biblioteca e documentação (carreira de pessoal não docente do ensino não superior prevista no Decreto-Lei n.º 184/2004, de 29 de Julho).

Técnico profissional de biblioteca e documentação (carreira do pessoal de biblioteca e documentação e de arquivo prevista no Decreto-Lei n.º 247/91, de 10 de Julho, com excepção da categoria de coordenador).

Técnico profissional de biblioteca e documentação (carreira do pessoal não docente do ensino básico e secundário da Região Autónoma da Madeira prevista no Decreto Legislativo Regional n.º 29/2006/M, de 19 de Julho).

Técnico profissional de biblioteca e documentação (carreira do pessoal não docente do Sistema Educativo Regional da Região Autónoma dos Açores prevista no Decreto Legislativo Regional n.º 11/2006/A, de 21 de Março).

Técnico profissional de campismo (carreira técnico-profissional de regime geral adjectivada).

Técnico profissional de cartografia e fotogrametria (carreira técnico-profissional de regime geral adjectivada).

Técnico profissional de ciências naturais (carreira técnico-profissional de regime geral adjectivada).

Técnico profissional de cinema (carreira técnico-profissional de regime geral adjectivada).

Técnico profissional de combustíveis (carreira técnico-profissional de regime geral adjectivada).

Técnico profissional de comércio (carreira adjectivada da Região Autónoma dos Açores prevista no Decreto Regulamentar Regional n.º 21/2006/A, de 16 de Junho).

Técnico profissional de conservação (carreira técnico-profissional de regime geral adjectivada).

Técnico profissional de conservação (carreira técnico-profissional de regime geral prevista no Decreto-Lei n.º 296/92, de 30 de Dezembro).

Técnico profissional de conservação e restauro (carreira do pessoal de museologia, da conservação e do restauro prevista no Decreto-Lei n.º 55/2001, de 15 de Fevereiro).

Técnico profissional de conservação e restauro (carreira do pessoal das áreas de museologia e da conservação e restauro do património cultural específica da Região Autónoma da Madeira prevista no Decreto Legislativo Regional n.º 23/2002/M, de 4 de Dezembro).

Técnico profissional de construção civil (carreira da administração local prevista no Decreto-Lei n.º 412-A/98, de 30 de Dezembro, com excepção da categoria de coordenação).

Técnico profissional de construção civil (carreira técnico-profissional de regime geral adjectivada).

Técnico profissional de contabilidade (carreira técnico-profissional de regime geral adjectivada).

Técnico profissional de contabilidade e administração (carreira técnico-profissional de regime geral adjectivada).

Técnico profissional de controlo (carreira do pessoal de matadouros da Região Autónoma dos Açores prevista no Decreto Regulamentar Regional n.º 47/92/A, de 27 de Novembro).

Técnico profissional de cooperação financeira (carreira adjectivada da Região Autónoma dos Açores prevista no Decreto Regulamentar Regional n.º 9/2006/A, de 9 de Fevereiro).

Técnico profissional de culinária (carreira técnico-profissional de regime geral adjectivada).

Técnico profissional de depósito – identificação de material (carreira técnico-profissional de regime geral adjectivada do pessoal civil do Exército).

Técnico profissional de depósito (carreira técnico-profissional de regime geral adjectivada).

Técnico profissional de desenho de cartografia (carreira do pessoal civil do Instituto Hidrográfico).

Técnico profissional de desenho de especialidade (carreira do pessoal civil da Marinha).

Técnico profissional de desenvolvimento local (carreira técnico-profissional de regime geral adjectivada).

Técnico profissional de *design* e artes gráficas (carreira técnico-profissional de regime geral adjectivada).

Técnico profissional de despacho (carreira do pessoal civil da Marinha).

Técnico profissional de desporto (carreira da Região Autónoma dos Açores prevista no Decreto Regulamentar Regional n.º 2/2007/A, de 30 de Janeiro).

Técnico profissional de desporto (carreira técnico-profissional de regime geral adjectivada).

Técnico profissional de educação (carreira técnico-profissional de regime geral adjectivada).

Técnico profissional de educação especial (carreira em extinção do pessoal não docente do Sistema Educativo Regional da Região Autónoma dos Açores prevista no Decreto Legislativo Regional n.º 11/2006/A, de 21 de Março).

Técnico profissional de electricidade (carreira técnico-profissional de regime geral adjectivada).

Técnico profissional de electromecânica (carreira técnico-profissional de regime geral adjectivada).

Técnico profissional de electromecânica e electrónica (carreira técnico-profissional de regime geral adjectivada).

Técnico profissional de electromedicina (carreira técnico-profissional de regime geral adjectivada).

Técnico profissional de electromedicina e electrónica (carreira técnico-profissional de regime geral adjectivada).

Técnico profissional de electrónica (carreira técnico-profissional de regime geral adjectivada).

Técnico profissional de electrónica e electricidade (carreira técnico-profissional de regime geral adjectivada).

Técnico profissional de electrónica e electrotecnia (carreira técnico-profissional de regime geral adjectivada).

Técnico profissional de electrotecnia (carreira técnico-profissional de regime geral adjectivada).

Técnico profissional de electrotecnia e máquinas (carreira técnico-profissional de regime geral adjectivada).

Técnico profissional de energia (carreira adjectivada da Região Autónoma dos Açores prevista no Decreto Regulamentar Regional n.º 21/2006/A, de 16 de Junho).

Técnico profissional de energia (carreira técnico-profissional de regime geral adjectivada).

Técnico profissional de ensino profissional (carreira técnico-profissional de regime geral adjectivada).

Técnico profissional de ensino profissional (carreira técnico-profissional de regime geral adjectivada).

Técnico profissional de estatística (carreira adjectivada da Região Autónoma dos Açores prevista nos Decretos Regulamentares Regionais n.os 9/2006/ /A, de 9 de Fevereiro, e 2/2007/A, de 30 de Janeiro).

Técnico profissional de estatística e gestão da informação (carreira técnico- -profissional de regime geral adjectivada).

Técnico profissional de execuções fiscais (carreira técnico-profissional de regime geral adjectivada).

Técnico profissional de física (carreira técnico-profissional de regime geral adjectivada).

Técnico profissional de formação (carreira adjectivada da Região Autónoma dos Açores prevista no Decreto Regulamentar Regional n.º 9/2006/A, de 9 de Fevereiro).

Técnico profissional de fotocomposição (carreira técnico-profissional de regime geral adjectivada).

Técnico profissional de fotografia (carreira técnico-profissional de regime geral adjectivada).

Técnico profissional de fotografia e cinema (carreira técnico-profissional de regime geral adjectivada).

Técnico profissional de fotografia e radiologia (carreira técnico-profissional de regime geral adjectivada).

Técnico profissional de fotografia ou microfilmagem (carreira técnico- -profissional de regime geral adjectivada).

Técnico profissional de fotomecânica (carreira técnico-profissional de regime geral adjectivada).

Técnico profissional de geologia (carreira técnico-profissional de regime geral adjectivada).

Técnico profissional de geotecnia (carreira técnico-profissional de regime geral adjectivada).

Técnico profissional de gestão (carreira técnico-profissional de regime geral adjectivada).

Técnico profissional de gestão ambiental (carreira técnico-profissional de regime geral adjectivada).

Técnico profissional de gestão de património cultural (carreira técnico- -profissional de regime geral adjectivada).

Técnico profissional de gestão do ambiente e recursos naturais (carreira técnico-profissional de regime geral adjectivada).

Técnico profissional de hidrografia (carreira do pessoal civil do Instituto Hidrográfico).

*Extinção das Carreiras e Categorias cujos Trabalhadores ...* 401

Técnico profissional de higiene e segurança (carreira técnico-profissional de regime geral adjectivada).

Técnico profissional de higiene e segurança no trabalho (carreira técnico--profissional de regime geral adjectivada).

Técnico profissional de indústria (carreira adjectivada da Região Autónoma dos Açores prevista no Decreto Regulamentar Regional n.º 21/2006/A, de 16 de Junho).

Técnico profissional de informação (carreira técnico-profissional de regime geral adjectivada).

Técnico profissional de informação de tráfego de aeródromo (carreira da administração local prevista no Decreto-Lei n.º 412-A/98, de 30 de Dezembro).

Técnico profissional de instrumentação (carreira técnico-profissional de regime geral adjectivada).

Técnico profissional de investigação (carreira técnico-profissional de regime geral adjectivada).

Técnico profissional de laboratório (carreira adjectivada da Região Autónoma dos Açores prevista no Decreto Regulamentar Regional n.º 21/2006//A, de 16 de Junho).

Técnico profissional de laboratório (carreira da administração local prevista no Decreto-Lei n.º 412-A/98, de 30 de Dezembro, com excepção da categoria de coordenação).

Técnico profissional de laboratório (carreira de pessoal não docente do ensino não superior prevista no Decreto-Lei n.º 184/2004, de 29 de Julho).

Técnico profissional de laboratório (carreira de pessoal não docente dos estabelecimentos públicos de educação-escolar e dos ensinos básico e secundário prevista no regulamento aprovado pelo despacho n.º 17 460/2006, de 29 de Agosto).

Técnico profissional de laboratório (carreira do pessoal de matadouros da Região Autónoma dos Açores prevista no Decreto Regulamentar Regional n.º 47/92/A, de 27 de Novembro).

Técnico profissional de laboratório (carreira do pessoal não docente do ensino básico e secundário da Região Autónoma da Madeira prevista no Decreto Legislativo Regional n.º 29/2006/M, de 19 de Julho).

Técnico profissional de laboratório (carreira do pessoal não docente do Sistema Educativo Regional da Região Autónoma dos Açores prevista no Decreto Legislativo Regional n.º 11/2006/A, de 21 de Março).

Técnico profissional de laboratório (carreira profissional do Instituto do Vinho do Porto em contrato individual de trabalho).

Técnico profissional de laboratório (carreira técnico-profissional de regime geral adjectivada).

Técnico profissional de laboratório (carreira técnico-profissional de regime geral prevista no Decreto Regulamentar Regional n.º 1/2006/A, de 10 de Janeiro).

402 *Novo Estatuto da Função Pública*

Técnico profissional de locução (carreira técnico-profissional de regime geral adjectivada).

Técnico profissional de manutenção (carreira técnico-profissional de regime geral adjectivada).

Técnico profissional de manutenção de telecomunicações (carreira técnico--profissional de regime geral adjectivada).

Técnico profissional de matemática (carreira técnico-profissional de regime geral adjectivada).

Técnico profissional de mecanotecnia (carreira técnico-profissional de regime geral adjectivada).

Técnico profissional de mecanotecnia, mecânica ou electricidade (carreira técnico-profissional de regime geral adjectivada).

Técnico profissional de medições e orçamentos (carreira técnico-profissional de regime geral adjectivada).

Técnico profissional de meios áudio-visuais (carreira adjectivada da Região Autónoma dos Açores prevista nos Decretos Regulamentares Regionais n.ᵒˢ 30/2006/A, de 31 de Outubro, e 2/2007/A, de 30 de Janeiro).

Técnico profissional de meios áudio-visuais (carreira do pessoal não docente do ensino básico e secundário da Região Autónoma da Madeira prevista no Decreto Legislativo Regional n.º 29/2006/M, de 19 de Julho).

Técnico profissional de meios áudio-visuais (carreira técnico-profissional de regime geral adjectivada).

Técnico profissional de meios áudio-visuais e imagem (carreira do Laboratório Nacional de Engenharia Civil prevista no Decreto Regulamentar n.º 31/ /99, de 20 de Dezembro).

Técnico profissional de mercados agrícolas (carreira técnico-profissional de regime geral adjectivada).

Técnico profissional de microfilmagem (carreira do Instituto de Gestão de Regimes da Segurança Social da Região Autónoma dos Açores prevista no Decreto Regulamentar Regional n.º 9/91/A, de 7 de Março).

Técnico profissional de microfilmagem (carreira específica da Região Autónoma da Madeira prevista no Decreto Legislativo Regional n.º 23/99/M, de 26 de Agosto).

Técnico profissional de microfilmagem (carreira técnico-profissional de regime geral adjectivada).

Técnico profissional de mineralogia (carreira técnico-profissional de regime geral adjectivada).

Técnico profissional de modelação (carreira do Laboratório Nacional de Engenharia Civil prevista no Decreto Regulamentar n.º 31/99, de 20 de Dezembro).

Técnico profissional de munições (carreira técnico-profissional de regime geral adjectivada).

Técnico profissional de museografia (carreira do pessoal das áreas de museologia e da conservação e restauro do património cultural específica da

*Extinção das Carreiras e Categorias cujos Trabalhadores ...* 403

Região Autónoma da Madeira prevista no Decreto Legislativo Regional n.º 23/ /2002/M, de 4 de Dezembro).

Técnico profissional de museografia (carreira do pessoal de museologia, conservação e restauro prevista no Decreto-Lei n.º 55/2001, de 15 de Fevereiro).

Técnico profissional de museologia (carreira técnico-profissional de regime geral adjectivada).

Técnico profissional de oceanografia (carreira do pessoal civil do Instituto Hidrográfico).

Técnico profissional de organização e métodos (carreira técnico-profissional de regime geral adjectivada).

Técnico profissional de paleografia (carreira do pessoal da Universidade do Minho prevista no Decreto-Lei n.º 217/96, de 20 de Novembro).

Técnico profissional de património cultural (carreira técnico-profissional de regime geral adjectivada).

Técnico profissional de pecuária (carreira técnico-profissional de regime geral adjectivada).

Técnico profissional de pecuária (carreira técnico-profissional de regime geral prevista no Decreto Regulamentar Regional n.º 1/2006/A, de 10 de Janeiro).

Técnico profissional de pescas (carreira técnico-profissional de regime geral adjectivada).

Técnico profissional de planeamento (carreira adjectivada da Região Autónoma dos Açores prevista no Decreto Regulamentar Regional n.º 9/2006/ /A, de 9 de Fevereiro).

Técnico profissional de planeamento (carreira técnico-profissional de regime geral adjectivada).

Técnico profissional de produção (carreira técnico-profissional de regime geral adjectivada).

Técnico profissional de promoção turística (carreira técnico-profissional de regime geral adjectivada).

Técnico profissional de protecção civil (carreira técnico-profissional de regime geral adjectivada).

Técnico profissional de química (carreira técnico-profissional de regime geral adjectivada).

Técnico profissional de quimicotecnia (carreira técnico-profissional de regime geral adjectivada).

Técnico profissional de radiotecnia (carreira técnico-profissional de regime geral adjectivada).

Técnico profissional de radioterapia (carreira da administração local prevista no Decreto-Lei n.º 412-A/98, de 30 de Dezembro, com excepção da categoria de coordenação).

Técnico profissional de recepção e atendimento (carreira técnico-profissional de regime geral adjectivada).

Técnico profissional de recursos marinhos (carreira técnico-profissional de regime geral adjectivada).

Técnico profissional de redes telefónicas (carreira técnico-profissional de regime geral adjectivada).

Técnico profissional de relações públicas (carreira adjectivada da Região Autónoma dos Açores prevista nos Decretos Regulamentares Regionais n.os 21/ /2006/A, de 16 de Junho, e 30/2006/A, de 31 de Outubro).

Técnico profissional de relações públicas (carreira profissional do Instituto do Vinho do Porto em contrato individual de trabalho).

Técnico profissional de relações públicas (carreira técnico-profissional de regime geral adjectivada).

Técnico profissional de reparação de edifícios (carreira técnico-profissional de regime geral adjectivada).

Técnico profissional de reprodução (carreira técnico-profissional de regime geral adjectivada).

Técnico profissional de restauro e conservação (carreira técnico-profissional de regime geral adjectivada).

Técnico profissional de secretariado (carreira técnico-profissional de regime geral adjectivada).

Técnico profissional de secretariado de direcção (carreira técnico-profissional de regime geral adjectivada).

Técnico profissional de secretariado e relações públicas (carreira técnico-profissional de regime geral adjectivada).

Técnico profissional de secretariado técnico e de direcção (carreira técnico-profissional de regime geral adjectivada).

Técnico profissional de segurança no trabalho (carreira da Região Autónoma dos Açores prevista no Decreto Regulamentar Regional n.º 2/2007/A, de 30 de Janeiro).

Técnico profissional de segurança social (carreira do Instituto de Gestão de Regimes da Segurança Social da Região Autónoma dos Açores prevista no Decreto Regulamentar Regional n.º 9/91/A, de 7 de Março, com excepção da categoria de coordenação).

Técnico profissional de serviço social (carreira da administração local prevista no Decreto-Lei n.º 412-A/98, de 30 de Dezembro, com excepção da categoria de coordenação).

Técnico profissional de serviço social (carreira técnico-profissional de regime geral adjectivada).

Técnico profissional de serviço social de 1.ª classe (categoria da Cruz Vermelha Portuguesa prevista no Decreto Regulamentar n.º 17/2000, de 22 de Novembro).

Técnico profissional de sonoplastia (carreira técnico-profissional de regime geral adjectivada).

Técnico profissional de termodinâmica (carreira técnico-profissional de regime geral adjectivada).

Técnico profissional de trânsito (carreira técnico-profissional de regime geral adjectivada).

Técnico profissional de turismo (carreira técnico-profissional de regime geral adjectivada).

Técnico profissional de verificação (carreira da Direcção-Geral do Tribunal de Contas).

Técnico profissional de verificação e controlo (carreira do pessoal de matadouros da Região Autónoma dos Açores prevista no Decreto Regulamentar Regional n.º 47/92/A, de 27 de Novembro).

Técnico profissional do livro (carreira técnico-profissional de regime geral adjectivada).

Técnico profissional experimentador (carreira do Laboratório Nacional de Engenharia Civil prevista no Decreto Regulamentar n.º 31/99, de 20 de Dezembro).

Técnico profissional maquinista (Lisboa – carreira da administração local em extinção prevista no Decreto-Lei n.º 412-A/98, de 30 de Dezembro, com excepção da categoria de coordenação).

Técnico profissional na área de planeamento e gestão (carreira da Secretaria-Geral da Presidência da República prevista no Decreto-Lei n.º 15//2006, de 25 de Janeiro).

Técnico profissional na área de secretariado (carreira da Secretaria-Geral da Presidência da República prevista no Decreto-Lei n.º 15/2006, de 25 de Janeiro).

Técnico profissional oficial (carreira do Laboratório Nacional de Engenharia Civil prevista no Decreto Regulamentar n.º 31/99, de 20 de Dezembro).

Técnico profissional oficial de electricidade (carreira técnico-profissional de regime geral adjectivada).

Técnico profissional oficial de marcenaria (carreira técnico-profissional de regime geral adjectivada).

Técnico profissional oficial de mecânica (carreira técnico-profissional de regime geral adjectivada).

Técnico profissional oficial gráfica (carreira técnico-profissional de regime geral adjectivada).

Técnico profissional operador de áudio-visuais (carreira técnico-profissional de regime geral adjectivada).

Técnico profissional operador de central de comunicações (carreira técnico-profissional de regime geral adjectivada).

Técnico profissional operador de reactor (carreira técnico-profissional de regime geral adjectivada).

Técnico profissional sanitário (carreira específica da Região Autónoma da Madeira prevista no Decreto Legislativo Regional n.º 23/99/M, de 26 de Agosto).

Técnico profissional sanitário (carreira da administração local prevista no Decreto-Lei n.º 412-A/98, de 30 de Dezembro, com excepção da categoria de coordenação).

406      *Novo Estatuto da Função Pública*

Técnico profissional sócio-cultural (carreira técnico-profissional de regime geral adjectivada).

Técnico profissional soprador de vidro (carreira técnico-profissional de regime geral adjectivada).

Técnico profissional terapeuta (carreira da administração local prevista no Decreto-Lei n.º 412-A/98, de 30 de Dezembro, com excepção da categoria de coordenação).

Técnico auxiliar de contabilidade de 2.ª classe (categoria da ex-Direcção--Geral dos Transportes Terrestres prevista no Decreto Regulamentar n.º 16/91, de 11 de Abril).

Tesoureiro (carreira do pessoal não docente do ensino básico e secundário da Região Autónoma da Madeira prevista no Decreto Legislativo Regional n.º 29/2006/M, de 19 de Julho).

Tesoureiro (carreira do pessoal não docente do Sistema Educativo Regional da Região Autónoma dos Açores prevista no Decreto Legislativo Regional n.º 11/2006/A, de 21 de Março).

Tesoureiro (carreira prevista no Decreto-Lei n.º 404-A/98, de 18 de Dezembro).

Tesoureiro (carreira profissional do Instituto do Vinho do Porto em contrato individual de trabalho).

Tesoureiro (categorias de tesoureiro e de tesoureiro principal da carreira de tesoureiro da administração local prevista no Decreto-Lei n.º 412-A/98, de 30 de Dezembro).

Tesoureiro da alfândega (categoria em extinção da carreira de tesoureiro da Direcção-Geral das Alfândegas e dos Impostos Especiais sobre o Consumo).

Topógrafo (carreira adjectivada da Região Autónoma dos Açores prevista no Decreto Regulamentar Regional n.º 1/2006/A, de 10 de Janeiro).

Topógrafo (carreira da administração local prevista no Decreto-Lei n.º 412-A/98, de 30 de Dezembro, com excepção da categoria de coordenação).

Topógrafo (carreira da Região Autónoma dos Açores prevista no Decreto Regulamentar Regional n.º 13/2007/A, de 24 de Abril).

Topógrafo (carreira técnico-profissional de regime geral adjectivada).

Tradutor (carreira técnico-profissional de regime geral adjectivada).

Tradutor-correspondente (carreira técnico-profissional de regime geral adjectivada).

Tradutor-correspondente-intérprete (carreira adjectivada da Região Autónoma dos Açores prevista no Decreto Regulamentar Regional n.º 1/2006/ /A, de 10 de Janeiro).

Tradutor-correspondente-intérprete (carreira da administração local prevista no Decreto-Lei n.º 412-A/98, de 30 de Dezembro, com excepção da categoria de coordenação).

Tradutor-correspondente-intérprete (carreira técnico-profissional de regime geral adjectivada).

*Extinção das Carreiras e Categorias cujos Trabalhadores ...* 407

Tradutor-correspondente-intérprete (categoria do ex-quadro de efectivos interdepartamentais do ex-Ministério do Comércio e Turismo prevista no Decreto Regulamentar n.º 18/91, de 11 de Abril).

Tradutor-intérprete (categoria de pessoal do Ministério dos Negócios Estrangeiros prevista no Decreto Regulamentar n.º 22/91, de 17 de Abril).

Vendedor (carreira profissional do Instituto do Vinho do Porto em contrato individual de trabalho).

Vigilante-recepcionista (carreira do pessoal de museologia, conservação e restauro prevista no Decreto-Lei n.º 55/2001, de 15 de Fevereiro).

Visitador escolar (carreira em extinção da Direcção Regional do Desporto da Região Autónoma dos Açores prevista no Decreto Regulamentar Regional n.º 2/2007/A, de 30 de Janeiro).

Visitador escolar (categoria dos organismos e serviços centrais e regionais do Ministério da Educação prevista no Decreto Regulamentar n.º 15/91, de 11 de Abril).

Visitadora sanitária (categoria das administrações regionais de saúde e da Direcção Geral da Saúde prevista no Decreto Regulamentar n.º 23/91, de 19 de Abril).


## MAPA IV

### Carreiras/categorias cujos titulares transitam para a categoria de encarregado geral operacional da carreira geral de assistente operacional

Coordenador-geral (carreira do pessoal auxiliar dos serviços e estabelecimentos dependentes da segurança social específica da Região Autónoma da Madeira prevista no Decreto Legislativo Regional n.º 11/2007/M, de 11 de Abril).

Encarregado de lotas e entrepostos frigoríficos (categoria específica da Região Autónoma da Madeira prevista no Decreto Legislativo Regional n.º 23/ /99/M, de 26 de Agosto).

Encarregado geral de serviços de matadouros (categoria específica da Região Autónoma da Madeira prevista no Decreto Legislativo Regional n.º 23/ /99/M, de 26 de Agosto).

Encarregado geral (cargo de chefia do pessoal operário previsto no Decreto-Lei n.º 149/2002, de 21 de Maio).

408  *Novo Estatuto da Função Pública*

## MAPA V

**Carreiras/categorias cujos titulares transitam
para a categoria de encarregado
operacional da carreira geral de assistente operacional**

Capataz (categoria específica da Região Autónoma da Madeira prevista no Decreto Legislativo Regional n.º 23/99/M, de 26 de Agosto).

Chefe de armazém (categoria específica da Região Autónoma da Madeira prevista no Decreto Legislativo Regional n.º 23/99/M, de 26 de Agosto).

Chefe de armazém/encarregado de armazém (categorias específicas da Região Autónoma da Madeira previstas no Decreto Legislativo Regional n.º 23/99/M, de 26 de Agosto).

Chefe de economato (carreira/categoria específica da Região Autónoma da Madeira prevista no Decreto Legislativo Regional n.º 23/99/M, de 26 de Agosto).

Chefe de oficinas (categoria específica da Região Autónoma da Madeira prevista no Decreto Legislativo Regional n.º 23/99/M, de 26 de Agosto).

Chefe de serviços auxiliares (categoria do pessoal auxiliar dos serviços da segurança social prevista no Decreto Regulamentar n.º 30-C/98, de 31 de Dezembro).

Chefe de serviços gerais (categoria dos serviços gerais dos estabelecimentos e serviços de saúde prevista no Decreto-Lei n.º 231/92, de 21 de Outubro).

Controlador (categoria específica da Região Autónoma da Madeira prevista no Decreto Legislativo Regional n.º 23/99/M, de 26 de Agosto).

Coordenador de telecomunicações de emergência (categoria do Instituto Nacional de Emergência Médica prevista no Decreto Regulamentar n.º 23/91, de 19 de Abril).

Encarregado (cargo de chefia do pessoal operário previsto no Decreto-Lei n.º 149/2002, de 21 de Maio).

Encarregado (categoria de chefia do pessoal operário semiqualificado prevista no Decreto-Lei n.º 518/99, de 10 de Dezembro).

Encarregado (SRAFP) (categoria específica da Região Autónoma da Madeira prevista no Decreto Legislativo Regional n.º 23/99/M, de 26 de Agosto).

Encarregado (SRESA) (categoria específica da Região Autónoma da Madeira prevista no Decreto Legislativo Regional n.º 23/99/M, de 26 de Agosto).

Encarregado agrícola (categoria da carreira de operário agrícola prevista no Decreto Regulamentar Regional n.º 1/2006/A, de 10 de Janeiro).

Encarregado de armazéns (categoria específica da Região Autónoma da Madeira prevista no Decreto Legislativo Regional n.º 23/99/M, de 26 de Agosto).

Extinção das Carreiras e Categorias cujos Trabalhadores ... 409

Encarregado de arquivo e economato (categoria específica da Região Autónoma da Madeira prevista no Decreto Legislativo Regional n.º 23/99/M, de 26 de Agosto).

Encarregado de canil (categoria da administração local prevista no Decreto--Lei n.º 412-A/98, de 30 de Dezembro).

Encarregado de cantina (categoria específica da Região Autónoma da Madeira prevista no Decreto Legislativo Regional n.º 23/99/M, de 26 de Agosto).

Encarregado de cemitério (categoria da administração local prevista no Decreto-Lei n.º 412-A/98, de 30 de Dezembro).

Encarregado de instalações (categoria dos Serviços de Apoio dos Gabinetes dos Representantes da República para as Regiões Autónomas dos Açores e da Madeira prevista nos Decretos Regulamentares n.ºs 10/2002, de 8 de Março, e 8/2002, de 20 de Fevereiro, respectivamente).

Encarregado de instalações desportivas (categoria do pessoal não docente dos estabelecimentos de ensino superior e do Estádio Universitário prevista no Decreto Regulamentar n.º 2/2002, de 15 de Janeiro).

Encarregado de instalações desportivas (categoria específica da Região Autónoma da Madeira prevista no Decreto Legislativo Regional n.º 23/99/M, de 26 de Agosto).

Encarregado de instalações e equipamento (categoria específica da Região Autónoma da Madeira prevista no Decreto Legislativo Regional n.º 23/99/M, de 26 de Agosto).

Encarregado de mercado (categoria da administração local prevista no Decreto-Lei n.º 412-A/98, de 30 de Dezembro).

Encarregado de oficinas (categoria do pessoal não docente dos estabelecimentos de ensino superior e do Estádio Universitário prevista no Decreto Regulamentar n.º 2/2002, de 15 de Janeiro).

Encarregado de oficinas, viaturas e alfaias (categoria prevista no Decreto Regulamentar Regional n.º 1/2006/A, de 10 de Janeiro).

Encarregado de parque de máquinas (categoria prevista no Decreto Regulamentar Regional n.º 12/98/A, de 6 de Maio).

Encarregado de parque de transportes (categoria prevista no Decreto Regulamentar Regional n.º 12/98/A, de 6 de Maio).

Encarregado de parque de viaturas automóveis (categoria prevista no Decreto Regulamentar Regional n.º 12/98/A, de 6 de Maio).

Encarregado de parques de máquinas, de parques de viaturas automóveis ou de transportes (categoria da administração local prevista no Decreto-Lei n.º 412-A/98, de 30 de Dezembro).

Encarregado de parques desportivos e ou recreativos (categoria da administração local prevista no Decreto-Lei n.º 412-A/98, de 30 de Dezembro).

Encarregado de parques desportivos e recreativos (categoria específica da Região Autónoma da Madeira prevista no Decreto Legislativo Regional n.º 23/ /99/M, de 26 de Agosto).

410  *Novo Estatuto da Função Pública*

Encarregado de sector (categoria dos serviços gerais dos estabelecimentos e serviços de saúde prevista no Decreto-Lei n.º 231/92, de 21 de Outubro).

Encarregado de serviços (carreira do pessoal auxiliar dos serviços e estabelecimentos dependentes da segurança social específica da Região Autónoma da Madeira prevista no Decreto Legislativo Regional n.º 11/2007/ /M, de 11 de Abril).

Encarregado de serviços de higiene e limpeza (categoria da administração local prevista no Decreto-Lei n.º 412-A/98, de 30 de Dezembro).

Encarregado de serviços de matadouros (categoria específica da Região Autónoma da Madeira prevista no Decreto Legislativo Regional n.º 23/99/M, de 26 de Agosto).

Encarregado de serviços gerais (carreira do pessoal auxiliar dos serviços da segurança social prevista no Decreto Regulamentar n.º 30-C/98, de 31 de Dezembro).

Encarregado de serviços gerais (carreira dos serviços gerais dos estabelecimentos e serviços de saúde prevista no Decreto-Lei n.º 231/92, de 21 de Outubro).

Encarregado de serviços gerais (categoria de chefia do pessoal não docente das creches, jardins-de-infância e infantários da rede pública da Região Autónoma da Madeira prevista no Decreto Legislativo Regional n.º 14/2007/M, de 24 de Abril).

Encarregado de supermercado (categoria da ex-Obra Social do Ministério das Obras Públicas, Transportes e Comunicações prevista no Decreto-Lei n.º 360/90, de 14 de Novembro, entretanto revogado pelo Decreto Regulamentar n.º 49/2007, de 27 de Abril).

Encarregado de viaturas automóveis ou de transportes (categoria da administração local prevista no Decreto-Lei n.º 412-A/98, de 30 de Dezembro).

Encarregado geral (categoria do ex-quadro de efectivos interdepartamentais do ex-Ministério do Comércio e Turismo prevista no Decreto Regulamentar n.º 18/91, de 11 de Abril).

Encarregado geral (categoria específica da Região Autónoma da Madeira prevista no Decreto Legislativo Regional n.º 23/99/M, de 26 de Agosto).

Encarregado geral (SRPC) (categoria específica da Região Autónoma da Madeira prevista no Decreto Legislativo Regional n.º 23/99/M, de 26 de Agosto).

Encarregado geral de armazém (categoria do Ministério da Agricultura, do Desenvolvimento Rural e das Pescas prevista no Decreto Regulamentar n.º 43/ /91, de 20 de Agosto).

Encarregado geral de oficina mecânica (categoria do Ministério da Agricultura, do Desenvolvimento Rural e das Pescas prevista no Decreto Regulamentar n.º 43/91, de 20 de Agosto). Revisor de transportes colectivos (categoria da administração local prevista nos Decretos-Leis n.ºˢ 412-A/98, de 30 de Dezembro, 498/99, de 19 de Novembro, e 207/2000, de 2 de Setembro).

# MAPA VI
## Carreiras/categorias cujos titulares transitam
## para a categoria de assistente
## operacional da carreira geral de assistente operacional

Adegueiro (categoria específica da Região Autónoma da Madeira prevista no Decreto Legislativo Regional n.º 23/99/M, de 26 de Agosto).

Administrativo (carreira do grupo profissional de apoio geral do ex--Instituto Nacional de Intervenção e Garantia Agrícola com as categorias de técnico profissional A, B, C e D).

Administrativo (carreira do mapa de pessoal em regime de contrato individual de trabalho da Universidade da Beira Interior aprovado pela deliberação n.º 1983-O/2007, publicado no *Diário da República,* 2.ª série, n.º 191, de 3 de Outubro de 2007).

Agente auxiliar verificador técnico principal (categoria do ex-quadro de efectivos interdepartamentais do ex-Ministério do Comércio e Turismo prevista no Decreto Regulamentar n.º 18/91, de 11 de Abril). Agente de educação familiar (categoria da Santa Casa da Misericórdia de Lisboa prevista no Decreto Regulamentar n.º 17/91, de 11 de Abril).

Agente sanitário (categoria da ex-Inspecção-Geral das Actividades Económicas).

Agente sanitário de 2.ª classe (categoria da Cruz Vermelha Portuguesa prevista no Decreto Regulamentar n.º 17/2000, de 22 de Novembro).

Agente sanitário de 2.ª classe (categoria do ex-quadro de efectivos interdepartamentais do Ministério das Finanças prevista no Decreto Regulamentar n.º 1/93, de 13 de Janeiro).

Agente técnico sanitário (categoria da ex-Direcção-Geral da Inspecção Económica prevista no Decreto Regulamentar n.º 18/91, de 11 de Abril).

Agente único de transportes colectivos (carreira da administração local prevista nos Decretos-Leis n.ºˢ 412-A/98, de 30 de Dezembro, 498/99, de 19 de Novembro, e 207/2000, de 2 de Setembro).

Agente verificador técnico (categorias de chefe, principal e de 1.ª classe do ex-quadro de efectivos interdepartamentais do ex-Ministério do Comércio e Turismo previstas no Decreto Regulamentar n.º 18/91, de 11 de Abril).

Ajudante (categoria do ex-quadro de efectivos interdepartamentais do ex--Ministério do Comércio e Turismo prevista no Decreto Regulamentar n.º 18//91, de 11 de Abril).

Ajudante (categoria do Instituto do Emprego e Formação Profissional prevista no Decreto Regulamentar n.º 17/91, de 11 de Abril).

Ajudante (categoria do Instituto Nacional de Administração prevista no Decreto Regulamentar n.º 26/91, de 7 de Maio).

Ajudante [categoria do ex-Instituto Regulador e Orientador de Mercados Agrícolas (IROMA) prevista no Decreto Regulamentar n.º 53/91, de 9 de Outubro].

412      *Novo Estatuto da Função Pública*

Ajudante de acção de apoio e vigilância (carreira do pessoal auxiliar de apoio aos serviços e estabelecimentos da segurança social da Região Autónoma da Madeira prevista no Decreto Legislativo Regional n.º 17/2000/M, de 1 de Agosto).

Ajudante de acção directa (carreira do pessoal auxiliar de apoio aos serviços e estabelecimentos da segurança social da Região Autónoma da Madeira prevista no Decreto Legislativo Regional n.º 17/2000/M, de 1 de Agosto).

Ajudante de acção directa (carreira do pessoal auxiliar dos serviços da segurança social prevista no Decreto-Lei n.º 414/99, de 15 de Outubro).

Ajudante de acção familiar (carreira do pessoal auxiliar de apoio aos serviços e estabelecimentos da segurança social da Região Autónoma da Madeira prevista no Decreto Legislativo Regional n.º 17/2000/M, de 1 de Agosto).

Ajudante de acção sócio-educativa (carreira do pessoal auxiliar dos serviços da segurança social prevista no Decreto-Lei n.º 414/99, de 15 de Outubro).

Ajudante de acção sócio-educativa (carreira do pessoal auxiliar de apoio aos estabelecimentos de educação da Região Autónoma da Madeira prevista no Decreto Legislativo Regional n.º 17/2000/M, de 1 de Agosto).

Ajudante de acção sócio-educativa (carreira do pessoal não docente das creches, jardins-de-infância e infantários da rede pública da Região Autónoma da Madeira prevista no Decreto Legislativo Regional n.º 14/2007/M, de 24 de Abril).

Ajudante de acção sócio-educativa do ensino especial (carreira do pessoal auxiliar dos serviços da segurança social prevista no Decreto-Lei n.º 414/99, de 15 de Outubro).

Ajudante de acção sócio-educativa do ensino especial (carreira do pessoal auxiliar de apoio aos estabelecimentos de educação da Região Autónoma da Madeira prevista no Decreto Legislativo Regional n.º 17/2000/M, de 1 de Agosto).

Ajudante de apoio integrado (categoria da carreira de apoio especializado – acção social do grupo profissional IV – pessoal de acção social integrada – estabelecimentos (apoio especializado) do Instituto da Segurança Social, I. P., prevista no regulamento de pessoal publicado no aviso n.º 13 132-A/2006, no *Diário da República*, 2.ª série, n.º 235, de 7 de Dezembro de 2006).

Ajudante de campo (categoria da ex-quadro de efectivos interdepartamentais do Ministério das Obras Públicas, Transportes e Comunicações prevista no Decreto Regulamentar n.º 16/91, de 11 de Abril).

Ajudante de carpinteiro (categoria do Ministério da Agricultura, do Desenvolvimento Rural e das Pescas prevista no Decreto Regulamentar n.º 43/91, de 20 de Agosto).

Ajudante de condutor de máquinas (categoria do Ministério da Agricultura, do Desenvolvimento Rural e das Pescas prevista no Decreto Regulamentar n.º 43/91, de 20 de Agosto).

Ajudante de cozinha (categoria da carreira de cozinheiro específica da Região Autónoma da Madeira prevista no Decreto Legislativo Regional n.º 23/ /99/M, de 26 de Agosto).

*Extinção das Carreiras e Categorias cujos Trabalhadores ...*   413

Ajudante de cozinha (categoria do Instituto Superior de Polícia Judiciária e Ciências Criminais prevista no Decreto Regulamentar n.º 13/91, de 11 de Abril).

Ajudante de cozinha (categoria do pessoal não docente dos estabelecimentos de ensino superior e do Estádio Universitário prevista no Decreto Regulamentar n.º 2/2002, de 15 de Janeiro).

Ajudante de cozinha (categoria dos organismos e serviços centrais e regionais do Ministério da Educação prevista no Decreto Regulamentar n.º 15//91, de 11 de Abril).

Ajudante de cozinha (categoria dos serviços e organismos do Ministério do Trabalho e da Segurança Social prevista no Decreto Regulamentar n.º 17//91, de 11 de Abril).

Ajudante de cozinheiro (categoria da ex-Junta Autónoma de Estradas prevista nos Decretos Regulamentares n.ᵒˢ 16/91, de 11 de Abril, e 8/2008, de 5 de Março).

Ajudante de cozinheiro (categoria do Instituto do Emprego e Formação Profissional prevista no Decreto Regulamentar n.º 17/91, de 11 de Abril).

Ajudante de cozinheiro (categoria do pessoal com funções não policiais da Polícia de Segurança Pública prevista no Decreto Regulamentar n.º 31/2002, de 22 de Abril).

Ajudante de creche (categoria do ex-quadro de efectivos interdepartamentais do Ministério das Obras Públicas, Transportes e Comunicações prevista no Decreto Regulamentar n.º 21/91, de 17 de Abril).

Ajudante de creche e jardim-de-infância [categoria do ex-Instituto Regulador e Orientador de Mercados Agrícolas (IROMA) prevista no Decreto Regulamentar n.º 53/91, de 9 de Outubro].

Ajudante de creche e jardim-de-infância (categoria do pessoal auxiliar dos serviços da segurança social prevista no Decreto Regulamentar n.º 30-C//98, de 31 de Dezembro).

Ajudante de creche e jardim-de-infância (categoria dos organismos e serviços centrais e regionais do Ministério da Educação prevista no Decreto Regulamentar n.º 15/91, de 11 de Abril).

Ajudante de desenhador (categoria da ex -quadro de efectivos interdepartamentais do Ministério das Obras Públicas, Transportes e Comunicações prevista no Decreto Regulamentar n.º 16/91, de 11 de Abril).

Ajudante de electricista (categoria do Ministério da Agricultura, do Desenvolvimento Rural e das Pescas prevista no Decreto Regulamentar n.º 38/92, de 31 de Dezembro).

Ajudante de encadernador (categoria da ex-Direcção-Geral da Comunicação Social prevista no Decreto Regulamentar n.º 26/91, de 7 de Maio).

Ajudante de encarregado (categoria da ex-Obra Social do Ministério das Obras Públicas, Transportes e Comunicações prevista no Decreto Regulamentar n.º 8/2008, de 5 de Março).

414     *Novo Estatuto da Função Pública*

Ajudante de encarregado de vendas [categoria do ex-Instituto Regulador e Orientador de Mercados Agrícolas (IROMA) prevista no Decreto Regulamentar n.º 53/91, de 9 de Outubro].

Ajudante de enfermaria (categoria do pessoal auxiliar dos serviços da segurança social prevista no Decreto Regulamentar n.º 30-C/98, de 31 de Dezembro).

Ajudante de exportação de 3.ª classe (categoria do ex-quadro de efectivos interdepartamentais do Ministério das Finanças prevista no Decreto Regulamentar n.º 1/93, de 13 de Janeiro.

Ajudante de fiel de armazém (categoria das administrações regionais de saúde prevista no Decreto Regulamentar n.º 23/91, de 19 de Abril).

Ajudante de jardineiro (categoria do Ministério da Agricultura, do Desenvolvimento Rural e das Pescas prevista no Decreto Regulamentar n.º 43/91, de 20 de Agosto).

Ajudante de laboratório (da área de diagnóstico e terapêutica) (categoria do pessoal não docente dos estabelecimentos de ensino superior e do Estádio Universitário prevista no Decreto Regulamentar n.º 2/2002, de 15 de Janeiro).

Ajudante de Laboratório de 1.ª classe (categoria a extinguir do Exército prevista no Decreto Regulamentar n.º 17/2000, de 22 de Novembro).

Ajudante de lar e centro de dia (categoria do pessoal auxiliar dos serviços da segurança social prevista no Decreto Regulamentar n.º 30-C/98, de 31 de Dezembro).

Ajudante de lar e centro de dia (categoria dos Serviços Sociais da Presidência do Conselho de Ministros prevista no Decreto Regulamentar n.º 26/91, de 7 de Maio).

Ajudante de maquinista (categoria da ex-Direcção-Geral de Portos, Navegação e Transportes Marítimos prevista no Decreto Regulamentar n.º 16/91, de 11 de Abril).

Ajudante de maquinista (categoria específica da Região Autónoma da Madeira prevista no Decreto Legislativo Regional n.º 23/99/M, de 26 de Agosto).

Ajudante de microfilmagem (carreira do pessoal auxiliar de regime geral).

Ajudante de motorista [categoria do ex -Instituto Regulador e Orientador de Mercados Agrícolas (IROMA) prevista no Decreto Regulamentar n.º 53/91, de 9 de Outubro].

Ajudante de motorista sem carta (categoria da administração local e extinção prevista no Decreto-Lei n.º 412-A/98, de 30 de Dezembro).

Ajudante de ocupação (carreira do pessoal auxiliar de apoio aos serviços e estabelecimentos da segurança social da Região Autónoma da Madeira prevista no Decreto Legislativo Regional n.º 17/2000/M, de 1 de Agosto).

Ajudante de ocupação (carreira do pessoal auxiliar dos serviços da segurança social prevista no Decreto-Lei n.º 414/99, de 15 de Outubro).

Ajudante de ocupação (categoria do pessoal auxiliar dos serviços da segurança social prevista no Decreto Regulamentar n.º 30-C/98, de 31 de Dezembro – a extinguir).

Ajudante de operador fotogrametrista (categorias de ajudante de operador fotogrametrista principal e de 1.ª e 2.ª classes do Instituto Geográfico Português previstas no Decreto Regulamentar n.º 21/91, de 17 de Abril).

Ajudante de pedreiro (categoria do Ministério da Agricultura, do Desenvolvimento Rural e das Pescas prevista no Decreto Regulamentar n.º 43/91, de 20 de Agosto).

Ajudante de preparador (categoria do pessoal não docente dos estabelecimentos de ensino superior e do Estádio Universitário prevista no Decreto Regulamentar n.º 2/2002, de 15 de Janeiro).

Ajudante de prospecção parasitológica (categoria das administrações regionais de saúde prevista no Decreto Regulamentar n.º 23/91, de 19 de Abril).

Ajudante de serralheiro (categoria do Ministério da Agricultura, do Desenvolvimento Rural e das Pescas prevista no Decreto Regulamentar n.º 43//91, de 20 de Agosto).

Ajudante de tractorista (categoria do Ministério da Agricultura, do Desenvolvimento Rural e das Pescas prevista no Decreto Regulamentar n.º 43//91, de 20 de Agosto).

Ajudante de tractorista (categoria do pessoal não docente dos estabelecimentos de ensino superior e do Estádio Universitário prevista no Decreto Regulamentar n.º 2/2002, de 15 de Janeiro).

Ajudante de vendas [categoria do ex-Instituto Regulador e Orientador de Mercados Agrícolas (IROMA) prevista no Decreto Regulamentar n.º 53/91, de 9 de Outubro].

Ajudante familiar (categoria específica da Região Autónoma da Madeira prevista no Decreto Legislativo Regional n.º 23/99/M, de 26 de Agosto).

Ajudante mecânico (categoria do Ministério da Agricultura, do Desenvolvimento Rural e das Pescas prevista no Decreto Regulamentar n.º 43/91, de 20 de Agosto).

Alfaiate (categoria do ex-quadro de efectivos interdepartamentais do Ministério das Obras Públicas, Transportes e Comunicações prevista no Decreto Regulamentar n.º 21/91, de 17 de Abril).

Almoxarife (categoria do pessoal de museologia, conservação e restauro prevista no Decreto-Lei n.º 55/2001, de 15 de Fevereiro – a extinguir).

Anotador-pesador [categorias de anotador-pesador principal e de 1.ª e 2.ª classes do ex-Instituto Regulador e Orientador de Mercados Agrícolas (IROMA) previstas no Decreto Regulamentar n.º 53/91, de 9 de Outubro].

Apicultor (categoria do Ministério da Agricultura, do Desenvolvimento Rural e das Pescas prevista no Decreto Regulamentar n.º 43/91, de 20 de Agosto).

Apoio geral (carreira V do Instituto Nacional de Aviação Civil, I. P., prevista no regulamento aprovado pelo despacho conjunto n.º 38/2000, de 14 de Janeiro).

Apontador (carreira da administração local prevista no Decreto-Lei n.º 412-A/98, de 30 de Dezembro).

416      *Novo Estatuto da Função Pública*

Apontador (carreira prevista no Decreto Regulamentar Regional n.º 12/ /98/A, de 6 de Maio).

Apontador-ferramenteiro [categorias de apontador ferramenteiro de 1.ª, 2.ª e 3.ª classes do ex-Instituto Regulador e Orientador de Mercados Agrícolas (IROMA) previstas no Decreto Regulamentar n.º 53/91, de 9 de Outubro].

Apontador-vendedor (categoria específica da Região Autónoma da Madeira prevista no Decreto Legislativo Regional n.º 23/99/M, de 26 de Agosto).

Archeiro (categoria do pessoal não docente dos estabelecimentos de ensino superior e do Estádio Universitário prevista no Decreto Regulamentar n.º 2/ /2002, de 15 de Janeiro).

Arquivista (categoria do ex-quadro de efectivos interdepartamentais do Ministério das Finanças prevista no Decreto Regulamentar n.º 51/91, de 24 de Setembro).

Artesão (carreira específica da Região Autónoma da Madeira prevista no Decreto Legislativo Regional n.º 23/99/M, de 26 de Agosto).

Artífice (carreira do pessoal das áreas de museologia e da conservação e restauro do património cultural específica da Região Autónoma da Madeira prevista no Decreto Legislativo Regional n.º 23/2002/M, de 4 de Dezembro).

Artífice (carreira do pessoal de museologia, conservação e restauro prevista no Decreto-Lei n.º 55/2001, de 15 de Fevereiro).

Artífice (categoria do pessoal não docente dos estabelecimentos de ensino superior e do Estádio Universitário prevista no Decreto Regulamentar n.º 2/ /2002, de 15 de Janeiro).

Assistente de dador (categoria do Ministério da Saúde prevista no Decreto Regulamentar n.º 23/91, de 19 de Abril).

Auxiliar (carreira do ex-IMOPPI, actual Instituto da Construção e do Imobiliário, I. P., prevista no regulamento publicitado pelo anúncio n.º 129/2005, publicado no *Diário da República,* 2.ª série, n.º 151, de 8 de Agosto de 2005).

Auxiliar (carreira do Instituto Nacional de Emergência Médica, I. P., prevista no regulamento aprovado pelo Despacho Normativo n.º 46/2005, de 19 de Outubro).

Auxiliar (categoria do ex-quadro de efectivos interdepartamentais do Ministério das Obras Públicas, Transportes e Comunicações aditada ao Decreto Regulamentar n.º 16/91, de 11 de Abril, pelo Decreto Regulamentar n.º 16/93, de 13 de Maio).

Auxiliar (categoria profissional do ex-Instituto Nacional de Habitação prevista no regulamento interno homologado pela Portaria n.º 180/97, de 12 de Março).

Auxiliar (categoria profissional do mapa de pessoal em regime de contrato individual de trabalho da Universidade de Évora constante do anexo III do despacho n.º 17 599/2007, publicado no *Diário da República,* 2.ª série, n.º 153, de 9 de Agosto de 2007).

Auxiliar (categoria profissional do mapa de pessoal em regime de contrato individual de trabalho do Instituto Superior de Ciências do Trabalho e da Empresa constante da deliberação n.º 689/2008, publicado no *Diário da República*, 2.ª série, n.º 50, de 11 de Março de 2008).

Auxiliar (categoria profissional prevista no regulamento aprovado pela deliberação n.º 1335-I/2007, do senado da Universidade de Aveiro).

Auxiliar (categoria profissional prevista no regulamento aprovado pela deliberação n.º 1748/2006, do senado da Universidade de Coimbra).

Auxiliar (categoria profissional prevista no regulamento aprovado pela deliberação n.º 899/2006, do senado da Universidade do Porto).

Auxiliar (categoria profissional prevista no Regulamento Interno da Universidade de Lisboa Aplicável aos Contratos Individuais de Trabalho aprovado pela deliberação n.º 361/2007, da comissão coordenadora do senado).

Auxiliar (categoria profissional prevista no regulamento n.º 257-A/2007, aprovado por despacho reitoral de 2 de Julho de 2007, da Universidade Aberta).

Auxiliar administrativo (carreira da administração local prevista no Decreto-Lei n.º 412-A/98, de 30 de Dezembro).

Auxiliar administrativo (carreira prevista no Decreto-Lei n.º 404-A/98, de 18 de Dezembro).

Auxiliar administrativo (carreira profissional do Instituto do Vinho do Porto em contrato individual de trabalho).

Auxiliar administrativo (categoria da carreira de apoio geral do grupo profissional III – pessoal de apoio e administração geral do Instituto da Segurança Social, I. P., prevista no regulamento de pessoal publicado no aviso n.º 13 132-A/2006, no *Diário da República*, 2.ª série, n.º 235, de 7 de Dezembro de 2006).

Auxiliar administrativo (categoria do grupo de qualificação do pessoal de apoio geral do Instituto Nacional da Propriedade Industrial).

Auxiliar agrícola (carreira de pessoal não docente do ensino não superior prevista no Decreto-Lei n.º 184/2004, de 29 de Julho – a extinguir).

Auxiliar agrícola [categoria do ex -Instituto Regulador e Orientador de Mercados Agrícolas (IROMA) prevista no Decreto Regulamentar n.º 53/91, de 9 de Outubro].

Auxiliar agrícola (categoria do Ministério da Agricultura, do Desenvolvimento Rural e das Pescas prevista no Decreto Regulamentar n.º 43/91, de 20 de Agosto).

Auxiliar agrícola (categoria do pessoal não docente dos estabelecimentos de ensino superior e do Estádio Universitário prevista no Decreto Regulamentar n.º 2/2002, de 15 de Janeiro).

Auxiliar de acção educativa (carreira de pessoal não docente do ensino não superior prevista no Decreto-Lei n.º 184/2004, de 29 de Julho).

. Auxiliar de acção educativa (carreira de pessoal não docente dos estabelecimentos públicos de educação pré-escolar e dos ensinos básico e secundário prevista no regulamento aprovado pelo despacho n.º 17 460/2006, de 29 de Agosto).

418          *Novo Estatuto da Função Pública*

Auxiliar de acção educativa (carreira do pessoal não docente de apoio educativo do Sistema Educativo Regional da Região Autónoma dos Açores prevista no Decreto Legislativo Regional n.º 11/2006/A, de 21 de Março).

Auxiliar de acção educativa (carreira do pessoal não docente do ensino básico e secundário da Região Autónoma da Madeira prevista no Decreto Legislativo Regional n.º 29/2006/M, de 19 de Julho).

Auxiliar de acção educativa (carreira da administração local prevista no Decreto-Lei n.º 412-A/98, de 30 de Dezembro, e no Decreto-Lei n.º 241/2004, de 30 de Dezembro).

Auxiliar de acção educativa (categoria do pessoal não docente dos estabelecimentos de ensino superior e do Estádio Universitário prevista no Decreto Regulamentar n.º 2/2002, de 15 de Janeiro).

Auxiliar de acção educativa (pessoal auxiliar da Casa Pia de Lisboa, I. P.).

Auxiliar de acção médica (carreira dos serviços gerais dos estabelecimentos e serviços de saúde prevista no Decreto-Lei n.º 231/92, de 21 de Outubro).

Auxiliar de acção médica (categoria do pessoal civil dos serviços departamentais das Forças Armadas prevista no Decreto Regulamentar n.º 17/2000, de 22 de Novembro).

Auxiliar de aeródromo (carreira da administração local prevista no Decreto-Lei n.º 412-A/98, de 30 de Dezembro).

Auxiliar de agente de educação familiar (categoria de serviços e organismos do Ministério do Trabalho e da Solidariedade Social prevista no Decreto Regulamentar n.º 17/91, de 11 de Abril).

Auxiliar de alimentação (carreira do pessoal não docente das creches, jardins-de-infância e infantários da rede pública da Região Autónoma da Madeira prevista no Decreto Legislativo Regional n.º 14/2007/M, de 24 de Abril).

Auxiliar de alimentação (categoria a extinguir do pessoal auxiliar da Direcção-Geral dos Impostos).

Auxiliar de alimentação (categoria do pessoal auxiliar dos serviços da segurança social prevista no Decreto Regulamentar n.º 30-C/98, de 31 de Dezembro).

Auxiliar de alimentação (categoria do pessoal civil dos serviços departamentais das Forças Armadas prevista no Decreto Regulamentar n.º 17/2000, de 22 de Novembro).

Auxiliar de alimentação (categoria do pessoal não docente dos estabelecimentos de ensino superior e do Estádio Universitário prevista no Decreto Regulamentar n.º 2/2002, de 15 de Janeiro).

Auxiliar de alimentação (categoria dos serviços gerais dos estabelecimentos e serviços de saúde prevista no Decreto-Lei n.º 231/92, de 21 de Outubro).

Auxiliar de alimentação de 1.ª classe (categoria de serviços e organismos do Ministério do Trabalho e da Solidariedade Social prevista no Decreto Regulamentar n.º 17/91, de 11 de Abril).

*Extinção das Carreiras e Categorias cujos Trabalhadores ...* 419

Auxiliar de animação cultural (carreira específica da Região Autónoma dos Açores prevista no Decreto Regulamentar Regional n.º 13/2001/A, de 7 de Novembro).

Auxiliar de apoio (categoria específica da Região Autónoma da Madeira prevista no Decreto Legislativo Regional n.º 23/99/M, de 26 de Agosto).

Auxiliar de apoio e vigilância (carreira dos serviços gerais dos estabelecimentos e serviços de saúde prevista no Decreto-Lei n.º 231/92, de 21 de Outubro).

Auxiliar de apoio e vigilância (categoria específica da Região Autónoma da Madeira prevista no Decreto Legislativo Regional n.º 23/99/M, de 26 de Agosto).

Auxiliar de apoio residencial (pessoal auxiliar da Casa Pia de Lisboa, I. P.).

Auxiliar de armazém (categoria do pessoal não docente dos estabelecimentos de ensino superior e do Estádio Universitário prevista no Decreto Regulamentar n.º 2/2002, de 15 de Janeiro).

Auxiliar de artesanato (categoria específica da Região Autónoma da Madeira prevista no Decreto Legislativo Regional n.º 23/99/M, de 26 de Agosto).

Auxiliar de biblioteca (carreira do pessoal auxiliar de regime geral).

Auxiliar de campo (categoria do Ministério da Agricultura, do Desenvolvimento Rural e das Pescas prevista no Decreto Regulamentar n.º 43/91, de 20 de Agosto).

Auxiliar de cantina e cafetaria (categoria específica da Região Autónoma da Madeira prevista no Decreto Legislativo Regional n.º 23/99/M, de 26 de Agosto).

Auxiliar de cardiografista (categoria do Ministério da Saúde prevista no Decreto Regulamentar n.º 23/91, de 19 de Abril).

Auxiliar de casa mortuária (categoria a extinguir do Exército prevista no Decreto Regulamentar n.º 17/2000, de 22 de Novembro).

Auxiliar de central dessalinizadora (categoria específica da Região Autónoma da Madeira prevista no Decreto Legislativo Regional n.º 23/99/M, de 26 de Agosto).

Auxiliar de centro de trabalho protegido (categoria específica da Região Autónoma da Madeira prevista no Decreto Legislativo Regional n.º 23/99/M, de 26 de Agosto).

Auxiliar de cozinha (categoria das escolas superiores de enfermagem prevista no Decreto Regulamentar n.º 23/91, de 19 de Abril).

Auxiliar de cozinha (categoria do ex-quadro de efectivos interdepartamentais do ex-Ministério do Comércio e Turismo prevista no Decreto Regulamentar n.º 18/91, de 11 de Abril).

Auxiliar de diagnóstico e terapêutica (categoria do pessoal não docente dos estabelecimentos de ensino superior e do Estádio Universitário prevista no Decreto Regulamentar n.º 2/2002, de 15 de Janeiro).

420  *Novo Estatuto da Função Pública*

Auxiliar de educação (carreira específica da Região Autónoma dos Açores prevista nos Decretos Legislativos Regionais n.os 29/2000/A, de 11 de Agosto, e 11/2006, de 21 de Março).

Auxiliar de educação (categoria da ex-Junta Autónoma de Estradas prevista nos Decretos Regulamentares n.os 16/91, de 11 de Abril, e 8/2008, de 5 de Março).

Auxiliar de educação (categoria da ex-Obra Social do Ministério das Obras Públicas, Transportes e Comunicações prevista no Decreto Regulamentar n.º 8/2008, de 5 de Março).

Auxiliar de educação (categoria da Santa Casa da Misericórdia de Lisboa prevista no Decreto Regulamentar n.º 17/91, de 11 de Abril).

Auxiliar de educação (categoria do ex-Instituto de Reinserção Social prevista no Decreto Regulamentar n.º 13/91, de 11 de Abril).

Auxiliar de educação (categoria do pessoal não docente dos estabeleci-mentos de ensino superior e do Estádio Universitário prevista no Decreto Regulamentar n.º 2/2002, de 15 de Janeiro).

Auxiliar de educação (categoria dos organismos e serviços centrais e regionais do Ministério da Educação prevista no Decreto Regulamentar n.º 15/ /91, de 11 de Abril).

Auxiliar de educação de 1.ª classe (categoria a extinguir do Instituto de Acção Social das Forças Armadas prevista no Decreto Regulamentar n.º 17/2000, de 22 de Novembro).

Auxiliar de educação de infância (categoria do Ministério da Saúde pre-vista no Decreto Regulamentar n.º 23/91, de 19 de Abril).

Auxiliar de educação familiar (categoria da Secretaria-Geral do ex--Ministério do Emprego e da Segurança Social prevista no Decreto Regulamentar n.º 17/91, de 11 de Abril).

Auxiliar de enfermagem (categoria da administração local em extinção prevista no Decreto-Lei n.º 412-A/98, de 30 de Dezembro).

Auxiliar de enfermagem (categoria do ex-Instituto de Reinserção Social prevista no Decreto Regulamentar n.º 13/91, de 11 de Abril).

Auxiliar de enfermagem (categoria do ex-quadro de efectivos interdepar-tamentais do Ministério das Finanças prevista no Decreto Regulamentar n.º 1/ /93, de 13 de Janeiro).

Auxiliar de enfermagem (categoria do Ministério da Saúde prevista no Decreto Regulamentar n.º 23/91, de 19 de Abril).

Auxiliar de enfermagem hospitalar (categoria do Ministério da Saúde prevista no Decreto Regulamentar n.º 23/91, de 19 de Abril).

Auxiliar de ensaios (carreira do Laboratório Nacional de Engenharia Civil prevista no Decreto Regulamentar n.º 31/99, de 20 de Dezembro).

Auxiliar de farmácia hospitalar (categoria do Ministério da Saúde prevista no Decreto Regulamentar n.º 23/91, de 19 de Abril).

Auxiliar de fisioterapeuta (categoria do Ministério da Saúde prevista no Decreto Regulamentar n.º 23/91, de 19 de Abril).

Auxiliar de instalações desportivas (carreira da Direcção Regional do Desporto da Região Autónoma dos Açores prevista no Decreto Regulamentar Regional n.º 2/2007/A, de 30 de Janeiro).

Auxiliar de instalações desportivas (categoria específica da Região Autónoma da Madeira prevista no Decreto Legislativo Regional n.º 23/99/M, de 26 de Agosto).

Auxiliar de laboratório (carreira profissional do Instituto do Vinho do Porto em contrato individual de trabalho).

Auxiliar de laboratório (categoria da Santa Casa da Misericórdia de Lisboa prevista no Decreto Regulamentar n.º 17/91, de 11 de Abril).

Auxiliar de laboratório (categoria do ex-quadro de efectivos interdepartamentais do Ministério das Finanças prevista no Decreto Regulamentar n.º 1//93, de 13 de Janeiro).

Auxiliar de laboratório (categoria do Instituto Nacional de Aviação Civil prevista no Decreto Regulamentar n.º 8/2008, de 5 de Março).

Auxiliar de laboratório (categoria do Ministério da Saúde prevista no Decreto Regulamentar n.º 23/91, de 19 de Abril).

Auxiliar de laboratório (categoria do pessoal não docente dos estabelecimentos de ensino superior e do Estádio Universitário prevista no Decreto Regulamentar n.º 2/2002, de 15 de Janeiro).

Auxiliar de laboratório (da área de diagnóstico e terapêutica) (categoria do pessoal não docente dos estabelecimentos de ensino superior e do Estádio Universitário prevista no Decreto Regulamentar n.º 2/2002, de 15 de Janeiro).

Auxiliar de limpeza (carreira prevista no Decreto-Lei n.º 404-A/98, de 18 de Dezembro).

Auxiliar de luta (categoria das administrações regionais de saúde prevista no Decreto Regulamentar n.º 23/91, de 19 de Abril).

Auxiliar de manutenção (carreira de pessoal não docente do ensino não superior prevista no Decreto-Lei n.º 184/2004, de 29 de Julho – a extinguir).

Auxiliar de manutenção (carreira do pessoal não docente do ensino básico e secundário da Região Autónoma da Madeira prevista no Decreto Legislativo Regional n.º 29/2006/M, de 19 de Julho).

Auxiliar de manutenção (categoria da Santa Casa da Misericórdia de Lisboa prevista no Decreto Regulamentar n.º 17/91, de 11 de Abril).

Auxiliar de manutenção [categoria do ex-Instituto Regulador e Orientador de Mercados Agrícolas (IROMA) prevista no Decreto Regulamentar n.º 53/91, de 9 de Outubro].

Auxiliar de manutenção (categoria do Instituto de Oftalmologia do Dr. Gama Pinto prevista no Decreto Regulamentar n.º 23/91, de 19 de Abril).

Auxiliar de manutenção (categoria do Ministério da Agricultura, do Desenvolvimento Rural e das Pescas prevista no Decreto Regulamentar n.º 43//91, de 20 de Agosto).

Auxiliar de manutenção (categoria do pessoal civil dos serviços departamentais das Forças Armadas prevista no Decreto Regulamentar n.º 17/2000, de 22 de Novembro).

Auxiliar de manutenção (categoria do pessoal não docente dos estabelecimentos de ensino superior e do Estádio Universitário prevista no Decreto Regulamentar n.º 2/2002, de 15 de Janeiro).

Auxiliar de manutenção (categoria dos organismos e serviços centrais e regionais do Ministério da Educação prevista no Decreto Regulamentar n.º 15//91, de 11 de Abril).

Auxiliar de manutenção de instalações (carreira do pessoal auxiliar não docente do Sistema Educativo Regional da Região Autónoma dos Açores prevista no Decreto Legislativo Regional n.º 11/2006/A, de 21 de Março).

Auxiliar de meios áudio-visuais (categoria específica da Região Autónoma da Madeira prevista no Decreto Legislativo Regional n.º 23/99/M, de 26 de Agosto).

Auxiliar de Neurofisiografia (categoria do Ministério da Saúde prevista no Decreto Regulamentar n.º 23/91, de 19 de Abril).

Auxiliar de oficina (categoria do ex-Serviço de Informação Científica e Técnica do ex-Ministério do Emprego e da Segurança Social prevista no Decreto Regulamentar n.º 17/91, de 11 de Abril).

Auxiliar de oficinas (categoria do pessoal com funções não policiais da Polícia de Segurança Pública prevista no Decreto Regulamentar n.º 31/2002, de 22 de Abril).

Auxiliar de oficinas (categoria do pessoal não docente dos estabelecimentos de ensino superior e do Estádio Universitário prevista no Decreto Regulamentar n.º 2/2002, de 15 de Janeiro).

Auxiliar de ortóptica (categoria do Ministério da Saúde prevista no Decreto Regulamentar n.º 23/91, de 19 de Abril).

Auxiliar de pecuária (categoria do pessoal civil dos serviços departamentais das Forças Armadas prevista no Decreto Regulamentar n.º 17/2000, de 22 de Novembro).

Auxiliar de prep. de análises clínicas (categoria do Ministério da Saúde prevista no Decreto Regulamentar n.º 23/91, de 19 de Abril).

Auxiliar de prep. de anatomia patológica (categoria do Ministério da Saúde prevista no Decreto Regulamentar n.º 23/91, de 19 de Abril).

Auxiliar de preparações farmacêuticas (categoria do Ministério da Saúde prevista no Decreto Regulamentar n.º 23/91, de 19 de Abril).

Auxiliar de professor de corte e lavores (categoria de serviços e organismos do Ministério do Trabalho e da Solidariedade Social prevista no Decreto Regulamentar n.º 17/91, de 11 de Abril).

Auxiliar de radiografista (categoria do Ministério da Saúde prevista no Decreto Regulamentar n.º 23/91, de 19 de Abril).

Auxiliar de reconhecimento cartográfico (categoria do Instituto Geográfico Português prevista no Decreto Regulamentar n.º 21/91, de 17 de Abril).

Auxiliar de refeitório (categoria da ex-Junta Autónoma de Estradas prevista no Decreto Regulamentar n.º 16/91, de 11 de Abril).

Auxiliar de regente de lar (categoria do Instituto de Oftalmologia do Dr. Gama Pinto prevista no Decreto Regulamentar n.º 23/91, de 19 de Abril).

Auxiliar de rouparia (categoria de pessoal auxiliar da Secretaria-Geral da Presidência da República prevista no Decreto Regulamentar n.º 21/2001, de 22 de Dezembro).

Auxiliar de saúde pública (categoria das administrações regionais de saúde prevista no Decreto Regulamentar n.º 23/91, de 19 de Abril).

Auxiliar de segurança (carreira do grupo de pessoal auxiliar dos funcionários de justiça).

Auxiliar de segurança [categorias de agente de segurança e de agente de segurança principal da carreira de agente de segurança da Secretaria-Geral do Ministério da Justiça, a extinguir nos termos do artigo 25.º do Decreto-Lei n.º 83/2001, de 9 de Março, mantido em vigor pela alínea c) do artigo 12.º do Decreto Regulamentar n.º 50/2007, de 27 de Abril].

Auxiliar de segurança (categorias de encarregado, de agente de segurança principal e de agente de segurança do pessoal civil dos serviços departamentais das Forças Armadas previstas no Decreto Regulamentar n.º 17/2000, de 22 de Novembro).

Auxiliar de serviço doméstico (categoria do Ministério da Agricultura, do Desenvolvimento Rural e das Pescas prevista no Decreto Regulamentar n.º 43//91, de 20 de Agosto).

Auxiliar de serviços (categoria do pessoal civil dos serviços departamentais das Forças Armadas prevista no Decreto Regulamentar n.º 17/2000, de 22 de Novembro).

Auxiliar de serviços domésticos (categoria de serviços e organismos do Ministério do Trabalho e da Solidariedade Social prevista no Decreto Regulamentar n.º 17/91, de 11 de Abril).

Auxiliar de serviços gerais (carreira da administração local prevista no Decreto-Lei n.º 412-A/98, de 30 de Dezembro).

Auxiliar de serviços gerais (carreira do ex-Instituto de Reinserção Social prevista no Decreto-Lei n.º 204-A/2001, de 26 de Julho).

Auxiliar de serviços gerais (carreira do pessoal auxiliar de regime geral).

Auxiliar de serviços gerais (carreira do pessoal não docente das creches, jardins-de-infância e infantários da rede pública da Região Autónoma da Madeira prevista no Decreto Legislativo Regional n.º 14/2007/M, de 24 de Abril).

Auxiliar de serviços gerais (categoria da ex-Direcção-Geral de Portos, Navegação e Transportes Marítimos prevista nos Decretos Regulamentares n.os 16/91, de 11 de Abril, e 8/2008, de 5 de Março).

Auxiliar de serviços gerais [categoria do ex-Instituto Regulador e Orientador de Mercados Agrícolas (IROMA) prevista no Decreto Regulamentar n.º 53/91, de 9 de Outubro].

424 *Novo Estatuto da Função Pública*

Auxiliar de serviços gerais (categoria do pessoal auxiliar dos serviços da segurança social prevista no Decreto Regulamentar n.º 30-C/98, de 31 de Dezembro).

Auxiliar de tanatologia (categoria do Instituto Português de Oncologia de Francisco Gentil prevista no Decreto Regulamentar n.º 23/91, de 19 de Abril).

Auxiliar de topografia (carreira específica da Região Autónoma da Madeira prevista no Decreto Legislativo Regional n.º 23/99/M, de 26 de Agosto).

Auxiliar geral (categoria da carreira de apoio geral do grupo profissional IV – pessoal de acção social integrada – estabelecimentos (apoio especializado) do Instituto da Segurança Social, I. P., prevista no regulamento de pessoal publicado no aviso n.º 13 132-A/2006, no *Diário da República,* 2.ª série, n.º 235, de 7 de Dezembro de 2006).

Auxiliar gráfico (categoria da ex-Direcção-Geral da Comunicação Social prevista no Decreto Regulamentar n.º 26/91, de 7 de Maio).

Auxiliar mecânico auto (categoria do Instituto Nacional de Emergência Médica prevista no Decreto Regulamentar n.º 23/91, de 19 de Abril).

Auxiliar protésico (categoria do Ministério da Saúde prevista no Decreto Regulamentar n.º 23/91, de 19 de Abril).

Auxiliar social (categoria das administrações regionais de saúde prevista no Decreto Regulamentar n.º 23/91, de 19 de Abril).

Auxiliar técnico (carreira da administração local em extinção prevista no Decreto-Lei n.º 412-A/98, de 30 de Dezembro).

Auxiliar técnico (carreira de pessoal não docente do ensino não superior prevista no Decreto-Lei n.º 184/2004, de 29 de Julho – a extinguir).

Auxiliar técnico (carreira do pessoal não docente do Sistema Educativo Regional da Região Autónoma dos Açores prevista no Decreto Legislativo Regional n.º 11/2006/A, de 21 de Março).

Auxiliar técnico (carreira do mapa de pessoal em regime de contrato individual de trabalho da Reitoria da Universidade Técnica de Lisboa aprovado pelo despacho n.º 8199/2007, publicado no *Diário da República,* 2.ª série, n.º 88, de 8 de Maio de 2007).

Auxiliar técnico (carreira em extinção do pessoal não docente do ensino básico e secundário da Região Autónoma da Madeira prevista no Decreto Legislativo Regional n.º 29/2006/M, de 19 de Julho).

Auxiliar técnico (carreira prevista no Decreto-Lei n.º 404-A/98, de 18 de Dezembro).

Auxiliar técnico (categoria do ex-Serviço de Informação Científica e Técnica do ex-Ministério do Emprego e da Segurança Social prevista no Decreto Regulamentar n.º 17/91, de 11 de Abril).

Auxiliar técnico administrativo (carreira do pessoal auxiliar de regime geral).

Auxiliar técnico biotério (carreira de auxiliar técnico de regime geral adjectivada).

*Extinção das Carreiras e Categorias cujos Trabalhadores ...* 425

Auxiliar técnico de agricultura e pecuária (categoria da Direcção-Geral dos Serviços Prisionais prevista no Decreto Regulamentar n.º 13/91, de 11 de Abril).

Auxiliar técnico de agricultura e silvicultura (carreira de auxiliar técnico de regime geral adjectivada).

Auxiliar técnico de análises (carreira da administração local prevista no Decreto-Lei n.º 412-A/98, de 30 de Dezembro).

Auxiliar técnico de apoio ao ensino e à investigação (carreira de auxiliar técnico de regime geral adjectivada).

Auxiliar técnico de arquivo e documentação (carreira de auxiliar técnico de regime geral adjectivada).

Auxiliar técnico de BAD (carreira da Direcção Regional da Ciência e Tecnologia da Região Autónoma dos Açores prevista no Decreto Regulamentar Regional n.º 2/2007/A, de 30 de Janeiro).

Auxiliar técnico de biblioteca (carreira de auxiliar técnico de regime geral adjectivada).

Auxiliar técnico de biblioteca e documentação (carreira de auxiliar técnico de regime geral adjectivada).

Auxiliar técnico de biblioteca, arquivo e documentação (BAD) (carreira em extinção prevista no Decreto-Lei n.º 247/91, de 10 de Julho).

Auxiliar técnico de bibliotecas, arquivos e documentação (carreira da administração local em extinção prevista no Decreto-Lei n.º 412-A/98, de 30 de Dezembro).

Auxiliar técnico de campismo (carreira da administração local prevista no Decreto-Lei n.º 412-A/98, de 30 de Dezembro).

Auxiliar técnico de conservação e restauro (carreira da Região Autónoma dos Açores prevista no Decreto Regulamentar Regional n.º 13/2001/A, de 7 de Novembro).

Auxiliar técnico de construção civil (categoria do Instituto do Emprego e Formação Profissional prevista no Decreto Regulamentar n.º 17/91, de 11 de Abril).

Auxiliar técnico de contas de 2.ª classe (categoria das administrações regionais de saúde prevista no Decreto Regulamentar n.º 23/91, de 19 de Abril).

Auxiliar técnico de desporto (carreira de auxiliar técnico de regime geral adjectivada).

Auxiliar técnico de diagnóstico e terapêutica (categoria do ex-quadro de efectivos interdepartamentais do Ministério das Finanças prevista no Decreto Regulamentar n.º 1/93, de 13 de Janeiro.

Auxiliar técnico de documentação (carreira de auxiliar técnico de regime geral adjectivada).

Auxiliar técnico de educação (carreira da administração local prevista no Decreto-Lei n.º 412-A/98, de 30 de Dezembro).

Auxiliar técnico de ensaio (carreira de auxiliar técnico de regime geral adjectivada).

426  *Novo Estatuto da Função Pública*

Auxiliar técnico de estomatologia (categoria do pessoal não docente dos estabelecimentos de ensino superior e do Estádio Universitário prevista no Decreto Regulamentar n.º 2/2002, de 15 de Janeiro).

Auxiliar técnico de fotografia e cinema (carreira adjectivada da Direcção Regional da Juventude da Região Autónoma dos Açores prevista no Decreto Regulamentar Regional n.º 2/2007/A, de 30 de Janeiro).

Auxiliar técnico de laboratório (carreira de auxiliar técnico de regime geral adjectivada).

Auxiliar técnico de laboratório (carreira do pessoal de matadouros da Região Autónoma dos Açores prevista no Decreto Regulamentar Regional n.º 47/92/A, de 27 de Novembro).

Auxiliar técnico de laboratório (carreira prevista no Decreto Regulamentar Regional n.º 1/2006/A, de 10 de Janeiro).

Auxiliar técnico de laboratório principal (categoria do ex-quadro de efectivos interdepartamentais do ex-Ministério do Comércio e Turismo prevista no Decreto Regulamentar n.º 18/91, de 11 de Abril).

Auxiliar técnico de limpeza (carreira de auxiliar técnico de regime geral adjectivada).

Auxiliar técnico de museografia (carreira da administração local prevista no Decreto-Lei n.º 412-A/98, de 30 de Dezembro).

Auxiliar técnico de museografia (carreira da Região Autónoma dos Açores prevista no Decreto Regulamentar Regional n.º 13/2001/A, de 7 de Novembro).

Auxiliar técnico de pecuária (carreira de pessoal auxiliar de regime geral adjectivada).

Auxiliar técnico de pecuária (carreira prevista no Decreto Regulamentar Regional n.º 1/2006/A, de 10 de Janeiro).

Auxiliar técnico de sala (categoria de pessoal do Ministério dos Negócios Estrangeiros prevista no Decreto Regulamentar n.º 22/91, de 17 de Abril).

Auxiliar técnico de turismo (carreira da administração local prevista no Decreto-Lei n.º 412-A/98, de 30 de Dezembro).

Auxiliar técnico principal [categoria do ex-Instituto Regulador e Orientador de Mercados Agrícolas (IROMA) prevista no Decreto Regulamentar n.º 53/91, de 9 de Outubro].

Banheiro (carreira específica da Região Autónoma da Madeira prevista no Decreto Legislativo Regional n.º 23/99/M, de 26 de Agosto).

Banheiro (carreira específica da Região Autónoma dos Açores prevista no Decreto Legislativo Regional n.º 43/2003/A, de 22 de Novembro, e no Decreto Regulamentar Regional n.º 21/2006/A, de 16 de Junho).

Banheiro (categoria do Centro Hospitalar das Caldas da Rainha prevista no Decreto Regulamentar n.º 23/91, de 19 de Abril).

Barbeiro (categoria do pessoal civil dos serviços departamentais das Forças Armadas prevista no Decreto Regulamentar n.º 17/2000, de 22 de Novembro).

Barbeiro-cabeleireiro (carreira dos serviços gerais dos estabelecimentos e serviços de saúde prevista no Decreto-Lei n.º 231/92, de 21 de Outubro).

Bilheteiro (carreira da administração local prevista no Decreto-Lei n.º 412-A/98, de 30 de Dezembro).

Bombeiro (categorias de bombeiro e de bombeiro principal da Força Aérea, a extinguir, previstas no Decreto Regulamentar n.º 17/2000, de 22 de Novembro).

Cabeleireiro (categoria do pessoal auxiliar dos serviços da segurança social prevista no Decreto Regulamentar n.º 30-C/98, de 31 de Dezembro).

Cafeteiro de 1.ª classe (categoria da Santa Casa da Misericórdia de Lisboa prevista no Decreto Regulamentar n.º 17/91, de 11 de Abril).

Caixa (categoria específica da Região Autónoma da Madeira prevista no Decreto Legislativo Regional n.º 23/99/M, de 26 de Agosto).

Calculador (categorias de calculador principal e de 1.ª e 2.ª classes da ex-Junta Autónoma de Estradas previstas no Decreto Regulamentar n.º 16/91, de 11 de Abril).

Calculador de 2.ª classe (categoria a extinguir do Exército prevista no Decreto Regulamentar n.º 17/2000, de 22 de Novembro).

Calista (categoria do pessoal auxiliar dos serviços da segurança social prevista no Decreto Regulamentar n.º 30-C/98, de 31 de Dezembro).

Canalizador (carreira do pessoal não docente do ensino básico e secundário da Região Autónoma da Madeira prevista no Decreto Legislativo Regional n.º 29/2006/M, de 19 de Julho).

Cantoneiro de limpeza (carreira da administração local prevista no Decreto-Lei n.º 412-A/98, de 30 de Dezembro).

Cantoneiro de limpeza (categoria do ex-quadro de efectivos interdepartamentais do Ministério das Obras Públicas, Transportes e Comunicações prevista no Decreto Regulamentar n.º 21/91, de 17 de Abril).

Carpinteiro (carreira do pessoal não docente do ensino básico e secundário da Região Autónoma da Madeira prevista no Decreto Legislativo Regional n.º 29/2006/M, de 19 de Julho).

Carpinteiro principal [categoria do ex-Instituto Regulador e Orientador de Mercados Agrícolas (IROMA) prevista no Decreto Regulamentar n.º 53/91, de 9 de Outubro].

Carroceiro (categoria da administração local em extinção prevista no Decreto-Lei n.º 412-A/98, de 30 de Dezembro).

Cesteiro (categoria de serviços e organismos do Ministério do Trabalho e da Solidariedade Social prevista no Decreto Regulamentar n.º 17/91, de 11 de Abril).

Chefe de armazém (categorias de chefe de armazém principal e de 1.ª, 2.ª e 3.ª classes da carreira de chefe de armazém específica da Região Autónoma da Madeira prevista no Decreto Legislativo Regional n.º 23/99/M, de 26 de Agosto).

Classificador (categorias de classificador principal e de 1.ª e 2.ª classes do Ministério da Agricultura, do Desenvolvimento Rural e das Pescas previstas no Decreto Regulamentar n.º 43/91, de 20 de Agosto).

428     *Novo Estatuto da Função Pública*

Classificador de algodão-em-rama principal (categoriado ex-quadro de efectivos interdepartamentais do ex-Ministério do Comércio e Turismo prevista no Decreto Regulamentar n.º 18/91, de 11 de Abril).

Cobrador de transportes colectivos (carreira da administração local prevista no Decreto-Lei n.º 412-A/98, de 30 de Dezembro).

Cocheiro (categoria do Ministério da Agricultura, do Desenvolvimento Rural e das Pescas prevista no Decreto Regulamentar n.º 43/91, de 20 de Agosto).

Colector de amostras (carreira prevista no Decreto Regulamentar n.º 3/86, de 8 de Janeiro).

Compositor de artes gráficas (categoria do ex-quadro de efectivos interdepartamentais do Ministério das Obras Públicas, Transportes e Comunicações prevista no Decreto Regulamentar n.º 21/91, de 17 de Abril).

Condutor de cilindros (carreira da administração local prevista no Decreto--Lei n.º 412-A/98, de 30 de Dezembro).

Condutor de empilhador [categoria do ex-Instituto Regulador e Orientador de Mercados Agrícolas (IROMA) prevista no Decreto Regulamentar n.º 53/91, de 9 de Outubro].

Condutor de empilhador (categoria do Ministério da Agricultura, do Desenvolvimento Rural e das Pescas prevista no Decreto Regulamentar n.º 43/ /91, de 20 de Agosto).

Condutor de empilhador (categoria específica da Região Autónoma da Madeira prevista no Decreto Legislativo Regional n.º 23/99/M, de 26 de Agosto).

Condutor de máquinas (categoria da Direcção-Geral dos Serviços Prisionais prevista no Decreto Regulamentar n.º 13/91, de 11 de Abril).

Condutor de máquinas pesadas (carreira prevista no Decreto Regulamentar Regional n.º 12/98/A, de 6 de Maio).

Condutor de máquinas pesadas (carreira prevista no Decreto-Lei n.º 404--A/98, de 18 de Dezembro).

Condutor de máquinas pesadas e veículos especiais (carreira da administração local prevista no Decreto-Lei n.º 412-A/98, de 30 de Dezembro).

Condutor de obras (categoria da Direcção-Geral da Saúde prevista no Decreto Regulamentar n.º 23/91, de 19 de Abril).

Conferente (categoria do Ministério da Agricultura, do Desenvolvimento Rural e das Pescas prevista no Decreto Regulamentar n.º 43/91, de 20 de Agosto).

Conferidor de padrão de algodão-em-rama (categoria do ex-quadro de efectivos interdepartamentais do ex-Ministério do Comércio e Turismo prevista no Decreto Regulamentar n.º 18/91, de 11 de Abril).

Conservador de material cirúrgico (categoria dos ex-Hospitais Civis de Lisboa prevista no Decreto Regulamentar n.º 23/91, de 19 de Abril).

Contínuo (carreira profissional do Instituto do Vinho do Porto em contrato individual de trabalho).

Contramestre (categoria específica da Região Autónoma da Madeira prevista no Decreto Legislativo Regional n.º 23/99/M, de 26 de Agosto).

Controlador de serviços de matadouros (categoria específica da Região Autónoma da Madeira prevista no Decreto Legislativo Regional n.º 23/99/M, de 26 de Agosto).

Copeiro (categoria do ex-Instituto de Reinserção Social prevista no Decreto Regulamentar n.º 13/91, de 11 de Abril).

Copeiro (categoria do pessoal civil dos serviços departamentais das Forças Armadas prevista no Decreto Regulamentar n.º 17/2000, de 22 de Novembro).

Copeiro (categoria do pessoal com funções não policiais da Polícia de Segurança Pública prevista no Decreto Regulamentar n.º 31/2002, de 22 de Abril).

Correio (categoria da Procuradoria-Geral da República prevista no Decreto Regulamentar n.º 13/91, de 11 de Abril).

Correio (categoria da Secretaria-Geral do ex-Ministério do Emprego e da Segurança Social prevista no Decreto Regulamentar n.º 17/91, de 11 de Abril).

Correio (categoria das administrações regionais de saúde e da Direcção--Geral da Saúde prevista no Decreto Regulamentar n.º 23/91, de 19 de Abril).

Correio (categoria de serviços e organismos do Ministério do Trabalho e da Solidariedade Social prevista no Decreto Regulamentar n.º 17/91, de 11 de Abril).

Correio (categoria do Ministério da Agricultura, do Desenvolvimento Rural e das Pescas prevista no Decreto Regulamentar n.º 43/91, de 20 de Agosto).

Cortador (categoria do pessoal civil dos serviços departamentais das Forças Armadas prevista no Decreto Regulamentar n.º 17/2000, de 22 de Novembro).

Cortador de carnes (carreira dos serviços sociais universitários).

Cortador de carnes (categoria específica da Região Autónoma da Madeira prevista no Decreto Legislativo Regional n.º 23/99/M, de 26 de Agosto).

Costureira (carreira dos serviços gerais dos estabelecimentos e serviços de saúde prevista no Decreto-Lei n.º 231/92, de 21 de Outubro).

Costureira (categoria do ex-quadro de efectivos interdepartamentais do Ministério das Obras Públicas, Transportes e Comunicações prevista no Decreto Regulamentar n.º 21/91, de 17 de Abril).

Costureira [categorias de costureira e de costureira principal do ex-Instituto Regulador e Orientador de Mercados Agrícolas (IROMA) previstas no Decreto Regulamentar n.º 53/91, de 9 de Outubro].

Costureira (categorias de costureira e de costureira principal do pessoal operário qualificado da Secretaria-Geral da Presidência da República previstas no Decreto Regulamentar n.º 21/2001, de 22 de Dezembro).

Costureiro (carreira de pessoal não docente do ensino não superior prevista no Decreto-Lei n.º 184/2004, de 29 de Julho – a extinguir).

Costureiro (carreira do pessoal não docente das creches, jardins-de-infância e infantários da rede pública da Região Autónoma da Madeira prevista no Decreto Legislativo Regional n.º 14/2007/M, de 24 de Abril).

Costureiro (categoria do pessoal auxiliar dos serviços da segurança social prevista no Decreto Regulamentar n.º 30-C/98, de 31 de Dezembro).

Coveiro (carreira da administração local prevista no Decreto-Lei n.º 412--A/98, de 30 de Dezembro).

Cozinheiro (carreira de pessoal não docente do ensino não superior prevista no Decreto-Lei n.º 184/2004, de 29 de Julho).

Cozinheiro (carreira do Laboratório Nacional de Engenharia Civil prevista no Decreto Regulamentar n.º 31/99, de 20 de Dezembro).

Cozinheiro (carreira do pessoal auxiliar dos serviços da segurança social prevista no Decreto Regulamentar n.º 30-C/98, de 31 de Dezembro).

Cozinheiro (carreira do pessoal auxiliar não docente do Sistema Educativo Regional da Região Autónoma dos Açores prevista no Decreto Legislativo Regional n.º 11/2006/A, de 21 de Março).

Cozinheiro (carreira do pessoal de matadouros da Região Autónoma dos Açores prevista no Decreto Legislativo Regional n.º 29/2000/A, de 11 de Agosto).

Cozinheiro (carreira do pessoal não docente das creches, jardins-de--infância e infantários da rede pública da Região Autónoma da Madeira prevista no Decreto Legislativo Regional n.º 14/2007/M, de 24 de Abril).

Cozinheiro (carreira do pessoal não docente do ensino básico e secundário da Região Autónoma da Madeira prevista no Decreto Legislativo Regional n.º 29/2006/M, de 19 de Julho).

Cozinheiro (carreira dos serviços gerais dos estabelecimentos e serviços de saúde prevista no Decreto-Lei n.º 231/92, de 21 de Outubro).

Cozinheiro (categoria da carreira de cozinheiro específica da Região Autónoma da Madeira prevista no Decreto Legislativo Regional n.º 23/99/M, de 26 de Agosto).

Cozinheiro (categoria da Direcção-Geral dos Serviços Prisionais prevista no Decreto Regulamentar n.º 13/91, de 11 de Abril).

Cozinheiro (categoria da Secretaria-Geral da Presidência do Conselho de Ministros prevista no Decreto Regulamentar n.º 26/91, de 7 de Maio).

Cozinheiro (categoria das administrações regionais de saúde prevista no Decreto Regulamentar n.º 23/91, de 19 de Abril).

Cozinheiro (categoria das escolas superiores de enfermagem prevista no Decreto Regulamentar n.º 23/91, de 19 de Abril).

Cozinheiro (categoria de pessoal auxiliar da Secretaria-Geral da Presidência da República prevista no Decreto Regulamentar n.º 21/2001, de 22 de Dezembro).

Cozinheiro (categoria do ex-Instituto de Reinserção Social prevista no Decreto Regulamentar n.º 13/91, de 11 de Abril).

Cozinheiro (categoria do ex-quadro de efectivos interdepartamentais do Ministério das Obras Públicas, Transportes e Comunicações prevista no Decreto Regulamentar n.º 21/91, de 17 de Abril).

Cozinheiro (categoria do ex-quadro de efectivos interdepartamentais do ex-Ministério do Comércio e Turismo prevista no Decreto Regulamentar n.º 18/ /91, de 11 de Abril).

Cozinheiro (categoria do ex-Serviço Nacional de Bombeiros prevista no Decreto Regulamentar n.º 31/2002, de 22 de Abril).

Cozinheiro (categoria do Instituto do Emprego e Formação Profissional prevista no Decreto Regulamentar n.º 17/91, de 11 de Abril).

Cozinheiro (categoria do Instituto Nacional de Administração prevista no Decreto Regulamentar n.º 26/91, de 7 de Maio).

Cozinheiro (categoria específica da Região Autónoma da Madeira prevista no Decreto Legislativo Regional n.º 23/99/M, de 26 de Agosto).

Cozinheiro (categoria específica da Região Autónoma da Madeira prevista no Decreto Legislativo Regional n.º 26/2004/M, de 20 de Agosto).

Cozinheiro (categorias de cozinheiro e cozinheiro principal do pessoal não docente dos estabelecimentos públicos de educação pré-escolar e dos ensinos básico e secundário previstas no regulamento aprovado pelo despacho n.º 17 460/2006, de 29 de Agosto).

Cozinheiro (categorias de cozinheiro e cozinheiro principal dos Serviços de Apoio do Gabinete do Representante da República para a Região Autónoma dos Açores prevista no Decreto Regulamentar n.º 10/2002, de 8 de Março).

Cozinheiro (categorias de cozinheiro e cozinheiro-chefe dos organismos e serviços centrais e regionais do Ministério da Educação previstas no Decreto Regulamentar n.º 15/91, de 11 de Abril).

Cozinheiro (categorias de cozinheiro e de cozinheiro-chefe da ex-Junta Autónoma de Estradas previstas nos Decretos Regulamentares n.ᵒˢ 16/91, de 11 de Abril, e 8/2008, de 5 de Março).

Cozinheiro (categorias de cozinheiro e de cozinheiro-chefe da ex-Obra Social do Ministério das Obras Públicas, Transportes e Comunicações previstas no Decreto Regulamentar n.º 8/2008, de 5 de Março).

Cozinheiro (categorias de cozinheiro principal e de cozinheiro da carreira de cozinheiro da administração local previstas no Decreto-Lei n.º 412-A/98, de 30 de Dezembro).

Cozinheiro (categorias de cozinheiro principal e de cozinheiro do pessoal não docente dos estabelecimentos de ensino superior e do Estádio Universitário previstas no Decreto Regulamentar n.º 2/2002, de 15 de Janeiro).

Cozinheiro [categorias de cozinheiro principal e de cozinheiro do ex- -Instituto Regulador e Orientador de Mercados Agrícolas (IROMA) previstas no Decreto Regulamentar n.º 53/91, de 9 de Outubro].

Cozinheiro (categorias de cozinheiro-chefe e de cozinheiro do pessoal civil dos serviços departamentais das Forças Armadas previstas no Decreto Regulamentar n.º 17/2000, de 22 de Novembro).

Cozinheiro (categorias do Ministério da Agricultura, do Desenvolvimento Rural e das Pescas prevista no Decreto Regulamentar n.º 43/91, de 20 de Agosto).

Cozinheiro-chefe (categoria da carreira de cozinheiro específica da Região Autónoma da Madeira prevista no Decreto Legislativo Regional n.º 23/99/M, de 26 de Agosto).

Cozinheiro-chefe (categoria do Instituto Superior de Polícia Judiciária e Ciências Criminais prevista no Decreto Regulamentar n.º 13/91, de 11 de Abril).

Despenseiro (categoria de serviços e organismos do Ministério do Trabalho e da Solidariedade Social prevista no Decreto Regulamentar n.º 17/91, de 11 de Abril).

Despenseiro (categoria do ex-Instituto de Reinserção Social prevista no Decreto Regulamentar n.º 13/91, de 11 de Abril).

Despenseiro (categoria do pessoal civil dos serviços departamentais das Forças Armadas prevista no Decreto Regulamentar n.º 17/2000, de 22 de Novembro).

Despenseiro (categoria do pessoal com funções não policiais da Polícia de Segurança Pública prevista no Decreto Regulamentar n.º 31/2002, de 22 de Abril).

Despenseiro (categoria dos organismos e serviços centrais e regionais do Ministério da Educação prevista no Decreto Regulamentar n.º 15/91, de 11 de Abril).

Destilador (categoria do Ministério da Agricultura, do Desenvolvimento Rural e das Pescas prevista no Decreto Regulamentar n.º 38/92, de 31 de Dezembro).

Distribuidor [categorias de distribuidor principal e de 1.ª e 2.ª classes do ex-Instituto Regulador e Orientador de Mercados Agrícolas (IROMA) previstas no Decreto Regulamentar n.º 53/91, de 9 de Outubro].

Ecónomo (carreira da administração local em extinção prevista no Decreto--Lei n.º 412-A/98, de 30 de Dezembro).

Ecónomo (carreira do Instituto de Gestão de Regimes da Segurança Social da Região Autónoma dos Açores prevista nos Decretos Regulamentares Regionais n.ºˢ 9/91/A, de 7 de Março, e 1/92/A, de 13 de Janeiro).

Ecónomo (categoria a extinguir do Exército prevista no Decreto Regulamentar n.º 17/2000, de 22 de Novembro).

Ecónomo (categoria da Santa Casa da Misericórdia de Lisboa prevista no Decreto Regulamentar n.º 17/91, de 11 de Abril).

Ecónomo (categoria das administrações regionais de saúde prevista no Decreto Regulamentar n.º 23/91, de 19 de Abril).

Ecónomo (categoria do pessoal não docente dos estabelecimentos de ensino superior e do Estádio Universitário prevista no Decreto Regulamentar n.º 2/2002, de 15 de Janeiro).

Ecónomo (categorias de ecónomo-chefe e ecónomo de serviços e organismos do Ministério do Trabalho e da Solidariedade Social previstas no Decreto Regulamentar n.º 17/91, de 11 de Abril).

Electricista (carreira do pessoal não docente do ensino básico e secundário da Região Autónoma da Madeira prevista no Decreto Legislativo Regional n.º 29/2006/M, de 19 de Julho).

Electricista principal [categoria do ex-Instituto Regulador e Orientador de Mercados Agrícolas (IROMA) prevista no Decreto Regulamentar n.º 53/91, de 9 de Outubro].

Embalador [categoria do ex-Instituto Regulador e Orientador de Mercados Agrícolas (IROMA) prevista no Decreto Regulamentar n.º 53/91, de 9 de Outubro].

Embaladora (categoria do ex-quadro de efectivos interdepartamentais do Ministério das Finanças prevista no Decreto Regulamentar n.º 1/93, de 13 de Janeiro).

Empregada auxiliar (categoria de serviços e organismos do Ministério do Trabalho e da Solidariedade Social prevista no Decreto Regulamentar n.º 17/ /91, de 11 de Abril).

Empregada auxiliar (categoria do Ministério da Saúde prevista no Decreto Regulamentar n.º 23/91, de 19 de Abril).

Empregada de bar (categoria do ex-quadro de efectivos interdepartamentais do Ministério das Obras Públicas, Transportes e Comunicações prevista no Decreto Regulamentar n.º 21/91, de 17 de Abril).

Empregado agrícola (carreira específica da Região Autónoma da Madeira prevista no Decreto Legislativo Regional n.º 23/99/M, de 26 de Agosto).

Empregado auxiliar (categoria da Santa Casa da Misericórdia de Lisboa prevista no Decreto Regulamentar n.º 17/91, de 11 de Abril).

Empregado auxiliar (categoria específica da Região Autónoma da Madeira prevista no Decreto Legislativo Regional n.º 23/99/M, de 26 de Agosto).

Empregado de andar(es) quarto(s) (categoria do pessoal não docente dos estabelecimentos de ensino superior e do Estádio Universitário prevista no Decreto Regulamentar n.º 2/2002, de 15 de Janeiro).

Empregado de bar/*snack* (categoria do pessoal não docente dos estabelecimentos de ensino superior e do Estádio Universitário prevista no Decreto Regulamentar n.º 2/2002, de 15 de Janeiro).

Empregado de cantina (categoria da ex-Direcção-Geral de Portos, Navegação e Transportes Marítimos prevista no Decreto Regulamentar n.º 16/91, de 11 de Abril).

Empregado de cantina (categoria do ex-quadro de efectivos interdepartamentais do Ministério das Finanças prevista no Decreto Regulamentar n.º 1/ /93, de 13 de Janeiro).

Empregado de cantina, bar e caixa (categoria do ex-Instituto Marítimo-Portuário prevista no Decreto Regulamentar n.º 8/2008, de 5 de Março).

Empregado de mesa (categoria do pessoal civil dos serviços departamentais das Forças Armadas prevista no Decreto Regulamentar n.º 17/2000, de 22 de Novembro).

434 *Novo Estatuto da Função Pública*

Empregado de mesa (categoria específica da Região Autónoma da Madeira prevista no Decreto Legislativo Regional n.º 23/99/M, de 26 de Agosto).

Empregado de serviço de acção médica (categoria de serviços e organismos do Ministério do Trabalho e da Solidariedade Social prevista no Decreto Regulamentar n.º 17/91, de 11 de Abril).

Empregado diferenciado (categoria da Santa Casa da Misericórdia de Lisboa prevista no Decreto Regulamentar n.º 17/91, de 11 de Abril).

Empregado diferenciado (categoria do Ministério da Saúde prevista no Decreto Regulamentar n.º 23/91, de 19 de Abril).

Empregado geral (categoria de serviços e organismos do Ministério do Trabalho e da Solidariedade Social prevista no Decreto Regulamentar n.º 17//91, de 11 de Abril).

Empregado geral (categoria do Ministério da Saúde prevista no Decreto Regulamentar n.º 23/91, de 19 de Abril).

Encadernador principal [categoria do ex-Instituto Regulador e Orientador de Mercados Agrícolas (IROMA) prevista no Decreto Regulamentar n.º 53/91, de 9 de Outubro].

Encadernador-dourador (categoria do Instituto do Emprego e Formação Profissional prevista no Decreto Regulamentar n.º 17/91, de 11 de Abril).

Engarrafadeira (categoria específica da Região Autónoma da Madeira prevista no Decreto Legislativo Regional n.º 23/99/M, de 26 de Agosto).

Enotecário (carreira profissional do Instituto do Vinho do Porto em contrato individual de trabalho).

Equitador (categoria específica da Região Autónoma da Madeira prevista no Decreto Legislativo Regional n.º 23/99/M, de 26 de Agosto).

Escanção (carreira profissional do Instituto do Vinho do Porto em contrato individual de trabalho).

Escanção de 1.ª classe (categoria do Ministério da Agricultura, do Desenvolvimento Rural e das Pescas prevista no Decreto Regulamentar n.º 43/91, de 20 de Agosto).

Escolhedor/verificador de pesagem (categoria específica da Região Autónoma da Madeira prevista no Decreto Legislativo Regional n.º 23/99/M, de 26 de Agosto).

Estivador [categorias de estivador principal e de 1.ª e 2.ª classes do ex--Instituto Regulador e Orientador de Mercados Agrícolas (IROMA) previstas no Decreto Regulamentar n.º 53/91, de 9 de Outubro].

Ferramenteiro (categoria do pessoal civil dos serviços departamentais das Forças Armadas prevista no Decreto Regulamentar n.º 17/2000, de 22 de Novembro).

Fiel (categoria da ex-Direcção-Geral da Aviação Civil prevista nos Decretos Regulamentares n.ºs 16/91, de 11 de Abril, e 8/2008, de 5 de Março).

Fiel (categoria da ex-Direcção-Geral da Comunicação Social prevista no Decreto Regulamentar n.º 26/91, de 7 de Maio).

Fiel (categoria de serviços e organismos do Ministério do Trabalho e da Solidariedade Social prevista no Decreto Regulamentar n.º 17/91, de 11 de Abril).

Fiel (categoria dos organismos e serviços centrais e regionais do Ministério da Educação prevista no Decreto Regulamentar n.º 15/91, de 11 de Abril).

Fiel auxiliar (categoria de serviços e organismos do Ministério do Trabalho e da Solidariedade Social prevista no Decreto Regulamentar n.º 17/91, de 11 de Abril).

Fiel auxiliar (categoria do Instituto do Emprego e Formação Profissional prevista no Decreto Regulamentar n.º 17/91, de 11 de Abril).

Fiel auxiliar (categoria do Ministério da Agricultura, do Desenvolvimento Rural e das Pescas prevista no Decreto Regulamentar n.º 43/91, de 20 de Agosto).

Fiel auxiliar de alimentação de 1.ª classe (categoria de serviços e organismos do Ministério do Trabalho e da Solidariedade Social prevista no Decreto Regulamentar n.º 17/91, de 11 de Abril).

Fiel auxiliar de armazém (carreira prevista no Decreto Regulamentar Regional n.º 1/2006/A, de 10 de Janeiro).

Fiel auxiliar de armazém (categoria do pessoal auxiliar dos serviços da segurança social prevista no Decreto Regulamentar n.º 30-C/98, de 31 de Dezembro).

Fiel auxiliar de depósito (categoria da ex-Direcção-Geral de Portos, Navegação e Transportes Marítimos prevista no Decreto Regulamentar n.º 16//91, de 11 de Abril).

Fiel condutor (categoria da Santa Casa da Misericórdia de Lisboa prevista no Decreto Regulamentar n.º 17/91, de 11 de Abril).

Fiel de aeródromo (carreira da administração local prevista no Decreto--Lei n.º 412-A/98, de 30 de Dezembro).

Fiel de armazém (carreira da administração local prevista no Decreto-Lei n.º 412-A/98, de 30 de Dezembro).

Fiel de armazém (carreira de pessoal não docente do ensino não superior prevista no Decreto-Lei n.º 184/2004, de 29 de Julho – a extinguir).

Fiel de armazém (carreira do Instituto Nacional de Emergência Médica, I. P., prevista no regulamento aprovado pelo Despacho Normativo n.º 46/2005, de 19 de Outubro).

Fiel de armazém (carreira do Laboratório Nacional de Engenharia Civil prevista no Decreto Regulamentar n.º 31/99, de 20 de Dezembro).

Fiel de armazém (carreira do pessoal de matadouros da Região Autónoma dos Açores prevista no Decreto Legislativo Regional n.º 29/2000/A, de 11 de Agosto).

Fiel de armazém (carreira do pessoal não docente do Sistema Educativo Regional da Região Autónoma dos Açores prevista no Decreto Legislativo Regional n.º 11/2006/A, de 21 de Março).

Fiel de armazém (carreira prevista no Decretos Regulamentares Regionais n.ºˢ 12/98/A, de 6 de Maio, e 1/2006/A, de 10 de Janeiro).

Fiel de armazém (carreira profissional do Instituto do Vinho do Porto em contrato individual de trabalho).

Fiel de armazém (carreira do quadro de pessoal do Instituto Português da Juventude, I. P.).

Fiel de armazém (categoria da Cruz Vermelha Portuguesa prevista no Decreto Regulamentar n.º 17/2000, de 22 de Novembro).

Fiel de armazém (categoria da Direcção-Geral dos Serviços Prisionais prevista no Decreto Regulamentar n.º 13/91, de 11 de Abril).

Fiel de armazém (categoria da ex-Junta Autónoma de Estradas prevista nos Decretos Regulamentares n.ºˢ 16/91, de 11 de Abril, e 8/2008, de 5 de Março).

Fiel de armazém (categoria da ex-Obra Social do Ministério das Obras Públicas, Transportes e Comunicações previstas no Decreto Regulamentar n.º 8/2008, de 5 de Março).

Fiel de armazém (categoria da Santa Casa da Misericórdia de Lisboa prevista no Decreto Regulamentar n.º 17/91, de 11 de Abril).

Fiel de armazém (categoria da Secretaria-Geral do Ministério das Obras Públicas, Transportes e Comunicações prevista no Decreto Regulamentar n.º 8//2008, de 5 de Março).

Fiel de armazém (categoria de pessoal do Ministério dos Negócios Estrangeiros prevista no Decreto Regulamentar n.º 22/91, de 17 de Abril).

Fiel de armazém (categoria de serviços e organismos do Ministério do Trabalho e da Solidariedade Social prevista no Decreto Regulamentar n.º 17//91, de 11 de Abril).

Fiel de armazém (categoria do ex-Gabinete da Área de Sines prevista no Decreto Regulamentar n.º 21/91, de 17 de Abril).

Fiel de armazém (categoria do ex-Instituto de Reinserção Social prevista no Decreto Regulamentar n.º 13/91, de 11 de Abril).

Fiel de armazém [categoria do ex-Instituto Regulador e Orientador de Mercados Agrícolas (IROMA) prevista no Decreto Regulamentar n.º 53/91, de 9 de Outubro].

Fiel de armazém (categoria do ex-quadro de efectivos interdepartamentais do Ministério das Finanças prevista no Decreto Regulamentar n.º 1/93, de 13 de Janeiro).

Fiel de armazém (categoria do ex-quadro de efectivos interdepartamentais do Ministério das Finanças prevista no Decreto Regulamentar n.º 51/91, de 24 de Setembro).

Fiel de armazém (categoria do ex-quadro de efectivos interdepartamentais do ex-Ministério do Comércio e Turismo prevista no Decreto Regulamentar n.º 18/91, de 11 de Abril).

Fiel de armazém (categoria do Instituto do Desporto de Portugal prevista no Decreto Regulamentar n.º 4/92, de 2 de Abril).

Fiel de armazém (categoria do Instituto do Emprego e Formação Profissional prevista no Decreto Regulamentar n.º 17/91, de 11 de Abril).

Fiel de armazém (categoria do Instituto de Meteorologia prevista no Decreto Regulamentar n.º 29/2002, de 8 de Abril).

Fiel de armazém (categoria do Instituto Nacional de Emergência Médica prevista no Decreto Regulamentar n.º 23/91, de 19 de Abril).

Fiel de armazém (categoria do Instituto Nacional de Engenharia, Tecnologia e Inovação prevista no Decreto Regulamentar n.º 24/2002, de 5 de Abril).

Fiel de armazém (categoria do Instituto Tecnológico e Nuclear prevista nos Decretos Regulamentares n.ºs 18/2000, de 22 de Novembro, e 29/2002, de 8 de Abril).

Fiel de armazém (categoria do Ministério da Agricultura, do Desenvolvimento Rural e das Pescas prevista no Decreto Regulamentar n.º 43/91, de 20 de Agosto).

Fiel de armazém (categoria do Ministério da Saúde prevista no Decreto Regulamentar n.º 23/91, de 19 de Abril).

Fiel de armazém (categoria do pessoal não docente dos estabelecimentos de ensino superior e do Estádio Universitário prevista no Decreto Regulamentar n.º 2/2002, de 15 de Janeiro).

Fiel de armazém (categoria do quadro único do ex-Ministério do Planeamento e da Administração do Território prevista no Decreto Regulamentar n.º 21/91, de 17 de Abril).

Fiel de armazém (categoria do quadro único do Ministério da Administração Interna, do ex-Serviço Nacional de Protecção Civil e do pessoal civil da Guarda Nacional Republicana prevista no Decreto Regulamentar n.º 31/2002, de 22 de Abril).

Fiel de armazém (categoria dos organismos e serviços centrais e regionais do Ministério da Educação prevista no Decreto Regulamentar n.º 15/91, de 11 de Abril).

Fiel de armazém (categoria dos serviços dependentes da ex-Secretaria de Estado da Cultura prevista no Decreto Regulamentar n.º 26/91, de 7 de Maio).

Fiel de armazém (categoria específica da Região Autónoma da Madeira prevista no Decreto Legislativo Regional n.º 23/99/M, de 26 de Agosto).

Fiel de armazém (categoria específica da Região Autónoma da Madeira prevista no Decreto Legislativo Regional n.º 26/2004/M, de 20 de Agosto).

Fiel de armazém auxiliar (categoria do Ministério da Agricultura, do Desenvolvimento Rural e das Pescas prevista no Decreto Regulamentar n.º 43//91, de 20 de Agosto).

Fiel de depósito e armazém (categoria do pessoal civil dos serviços departamentais das Forças Armadas prevista no Decreto Regulamentar n.º 17//2000, de 22 de Novembro).

Fiel de frigorífico (carreira da administração local prevista no Decreto-Lei n.º 412-A/98, de 30 de Dezembro).

438 *Novo Estatuto da Função Pública*

Fiel de mercados e feiras (carreira da administração local prevista no Decreto-Lei n.º 412-A/98, de 30 de Dezembro).

Fiel de refeitório (carreira da administração local prevista no Decreto-Lei n.º 412-A/98, de 30 de Dezembro).

Fiel de refeitório (categoria específica da Região Autónoma da Madeira prevista no Decreto Legislativo Regional n.º 23/99/M, de 26 de Agosto).

Fiel de rouparia (carreira da administração local prevista no Decreto-Lei n.º 412-A/98, de 30 de Dezembro).

Fiel de rouparia (categoria do ex-quadro de efectivos interdepartamentais do Ministério das Obras Públicas, Transportes e Comunicações prevista no Decreto Regulamentar n.º 21/91, de 17 de Abril).

Fiel dos paços do concelho (categoria específica da Região Autónoma da Madeira prevista no Decreto Legislativo Regional n.º 23/99/M, de 26 de Agosto).

Fiel ferramenteiro (categoria da ex-Junta Autónoma de Estradas prevista nos Decretos Regulamentares n.os 16/91, de 11 de Abril, e 8/2008, de 5 de Março).

Fiscal (categorias de fiscal principal e de 1.ª e 2.ª classes do Ministério da Agricultura, do Desenvolvimento Rural e das Pescas previstas no Decreto Regulamentar n.º 43/91, de 20 de Agosto).

Fogueiro (carreira do pessoal de matadouros específica da Região Autónoma dos Açores prevista no Decreto Regulamentar Regional n.º 47/92/A, de 27 de Novembro, e no Decreto Legislativo Regional n.º 29/2000/A, de 11 de Agosto).

Fogueiro (categoria dos ex-Hospitais Civis de Lisboa prevista no Decreto Regulamentar n.º 23/91, de 19 de Abril).

Fotógrafo (categoria da administração local em extinção prevista no Decreto-Lei n.º 412-A/98, de 30 de Dezembro).

Fotógrafo (categoria do ex-quadro de efectivos interdepartamentais do Ministério das Finanças prevista no Decreto Regulamentar n.º 51/91, de 24 de Setembro).

Fotógrafo (categoria do Instituto de Genética Médica Doutor Jacinto de Magalhães prevista no Decreto Regulamentar n.º 23/91, de 19 de Abril).

Fotógrafo de 2.ª classe (categoria do Instituto de Genética Médica Doutor Jacinto de Magalhães prevista no Decreto Regulamentar n.º 23/91, de 19 de Abril).

Governante de residência (categoria do pessoal não docente dos estabelecimentos de ensino superior e do Estádio Universitário prevista no Decreto Regulamentar n.º 2/2002, de 15 de Janeiro).

Guarda (categoria do ex-quadro de efectivos interdepartamentais do Ministério das Obras Públicas, Transportes e Comunicações prevista no Decreto Regulamentar n.º 21/91, de 17 de Abril).

Guarda agrícola [categoria do ex-Instituto Regulador e Orientador de Mercados Agrícolas (IROMA) prevista no Decreto Regulamentar n.º 53/91, de 9 de Outubro].

Guarda agrícola (categoria do Ministério da Agricultura, do Desenvolvimento Rural e das Pescas prevista no Decreto Regulamentar n.º 43/91, de 20 de Agosto).

Guarda agrícola (categoria do pessoal com funções não policiais da Polícia de Segurança Pública prevista no Decreto Regulamentar n.º 31/2002, de 22 de Abril).

Guarda agrícola (categoria específica da Região Autónoma da Madeira prevista no Decreto Legislativo Regional n.º 23/99/M, de 26 de Agosto).

Guarda auxiliar de 4.ª classe (categoria do ex-quadro de efectivos interdepartamentais do Ministério das Finanças prevista no Decreto Regulamentar n.º 1/93, de 13 de Janeiro).

Guarda campestre (carreira da administração local prevista no Decreto-Lei n.º 412-A/98, de 30 de Dezembro).

Guarda campestre (categoria do ex-quadro de efectivos interdepartamentais do Ministério das Obras Públicas, Transportes e Comunicações prevista no Decreto Regulamentar n.º 21/91, de 17 de Abril).

Guarda da natureza (categoria do Instituto do Desporto de Portugal prevista no Decreto Regulamentar n.º 4/92, de 2 de Abril).

Guarda de 1.ª classe (categoria das administrações regionais de saúde prevista no Decreto Regulamentar n.º 23/91, de 19 de Abril).

Guarda de 1.ª classe (categoria do ex-quadro de efectivos interdepartamentais do Ministério das Finanças prevista no Decreto Regulamentar n.º 1//93, de 13 de Janeiro).

Guarda de 2.ª classe (categoria do ex-quadro de efectivos interdepartamentais do Ministério das Finanças prevista no Decreto Regulamentar n.º 1/93, de 13 de Janeiro).

Guarda de 2.ª classe (categoria do Ministério da Agricultura, do Desenvolvimento Rural e das Pescas prevista no Decreto Regulamentar n.º 43/91, de 20 de Agosto).

Guarda de água de rega (categoria específica da Região Autónoma da Madeira prevista no Decreto Legislativo Regional n.º 23/99/M, de 26 de Agosto).

Guarda de armazém (categoria do Ministério da Agricultura, do Desenvolvimento Rural e das Pescas prevista no Decreto Regulamentar n.º 43/91, de 20 de Agosto).

Guarda de estação termal (carreira específica da Região Autónoma dos Açores prevista nos Decretos Legislativos Regionais n.ᵒˢ 29/2000/A, de 11 de Agosto, e 43/2003/A, de 22 de Novembro, e no Decreto Regulamentar Regional n.º 21/2006/A, de 16 de Junho).

Guarda de museu (carreira em extinção do pessoal das áreas de museologia e da conservação e restauro do património cultural específica da Região Autóno-

440       *Novo Estatuto da Função Pública*

ma da Madeira prevista no Decreto Legislativo Regional n.º 23/2002/M, de 4 de Dezembro).

Guarda de museu (categoria do pessoal de museologia, conservação e restauro prevista no Decreto-Lei n.º 55/2001, de 15 de Fevereiro – a extinguir).

Guarda de sanidade pecuária de 2.ª classe (categoria de timor do ex-quadro de efectivos interdepartamentais do Ministério das Finanças prevista no Decreto Regulamentar n.º 18/95, de 3 de Junho).

Guarda florestal (categoria do ex-Instituto de Reinserção Social prevista no Decreto Regulamentar n.º 13/91, de 11 de Abril).

Guarda florestal (categoria do pessoal não docente dos estabelecimentos de ensino superior e do Estádio Universitário prevista no Decreto Regulamentar n.º 2/2002, de 15 de Janeiro).

Guarda-mor (categoria do pessoal não docente dos estabelecimentos de ensino superior e do Estádio Universitário prevista no Decreto Regulamentar n.º 2/2002, de 15 de Janeiro).

Guarda-nocturno (carreira de pessoal não docente do ensino não superior prevista no Decreto-Lei n.º 184/2004, de 29 de Julho – a extinguir).

Guarda-nocturno (carreira do pessoal não docente das creches, jardins-de-infância e infantários da rede pública da Região Autónoma da Madeira prevista no Decreto Legislativo Regional n.º 14/2007/M, de 24 de Abril).

Guarda-nocturno (carreira do pessoal não docente do Sistema Educativo Regional da Região Autónoma dos Açores prevista no Decreto Legislativo Regional n.º 11/2006/A, de 21 de Março).

Guarda-nocturno (carreira em extinção do pessoal não docente do ensino básico e secundário da Região Autónoma da Madeira prevista no Decreto Legislativo Regional n.º 29/2006/M, de 19 de Julho).

Guarda-nocturno (carreira prevista no Decreto-Lei n.º 404 -A/98, de 18 de Dezembro).

Heliógrafo (carreira do Laboratório Nacional de Engenharia Civil prevista no Decreto Regulamentar n.º 31/99, de 20 de Dezembro).

Hortelão (categoria do pessoal civil dos serviços departamentais das Forças Armadas prevista no Decreto Regulamentar n.º 17/2000, de 22 de Novembro).

Iluminador de cinema (categoria dos serviços dependentes da ex-Secretaria de Estado da Cultura prevista no Decreto Regulamentar n.º 26/91, de 7 de Maio).

Impressor de fotolitografia principal (categoria do ex-quadro de efectivos interdepartamentais do ex-Ministério do Comércio e Turismo prevista no Decreto Regulamentar n.º 18/91, de 11 de Abril).

Impressor de *offset* (categorias de impressor de *offset* de 1.ª e 2.ª classe da ex-Direcção-Geral da Comunicação Social prevista no Decreto Regulamentar n.º 26/91, de 7 de Maio).

Impressor de *offset* (categorias de impressor de *offset* de 1.ª e 2.ª classe de serviços e organismos do Ministério do Trabalho e da Solidariedade Social previstas no Decreto Regulamentar n.º 17/91, de 11 de Abril).

Jardineiro (carreira de pessoal não docente do ensino não superior prevista no Decreto-Lei n.º 184/2004, de 29 de Julho – a extinguir).

Jardineiro (carreira de pessoal operário qualificado da Região Autónoma dos Açores prevista no Decreto Regulamentar Regional n.º 30/2006/A, de 31 de Outubro).

Jardineiro (carreira do Laboratório Nacional de Engenharia Civil prevista no Decreto Regulamentar n.º 31/99, de 20 de Dezembro).

Jardineiro (carreira do pessoal não docente das creches, jardins-de-infância e infantários da rede pública da Região Autónoma da Madeira prevista no Decreto Legislativo Regional n.º 14/2007/M, de 24 de Abril).

Jardineiro (carreira do pessoal não docente do ensino básico e secundário da Região Autónoma da Madeira prevista no Decreto Legislativo Regional n.º 29/2006/M, de 19 de Julho).

Jardineiro principal (categoria do Ministério da Agricultura, do Desenvolvimento Rural e das Pescas prevista no Decreto Regulamentar n.º 43/91, de 20 de Agosto).

Lavadeira (categoria das administrações regionais de saúde prevista no Decreto Regulamentar n.º 23/91, de 19 de Abril).

Lavadeira (categoria do Instituto do Emprego e Formação Profissional prevista no Decreto Regulamentar n.º 17/91, de 11 de Abril).

Lavadeira (categoria específica da Região Autónoma da Madeira prevista no Decreto Legislativo Regional n.º 23/99/M, de 26 de Agosto).

Lavador auto [categoria do ex -Instituto Regulador e Orientador de Mercados Agrícolas (IROMA) prevista no Decreto Regulamentar n.º 53/91, de 9 de Outubro].

Leitor-cobrador (categoria específica da Região Autónoma da Madeira prevista no Decreto Legislativo Regional n.º 23/99/M, de 26 de Agosto).

Leitor-cobrador de consumos (carreira da administração local prevista no Decreto-Lei n.º 412-A/98, de 30 de Dezembro).

Levadeiro (categoria específica da Região Autónoma da Madeira prevista no Decreto Legislativo Regional n.º 23/99/M, de 26 de Agosto).

Limpa-colectores (carreira da administração local prevista no Decreto-Lei n.º 412-A/98, de 30 de Dezembro).

Lubrificador auto [categoria do ex-Instituto Regulador e Orientador de Mercados Agrícolas (IROMA) prevista no Decreto Regulamentar n.º 53/91, de 9 de Outubro].

Lubrificador auto (categoria do pessoal civil dos serviços departamentais das Forças Armadas prevista no Decreto Regulamentar n.º 17/2000, de 22 de Novembro).

Maioral (categoria do Ministério da Agricultura, do Desenvolvimento Rural e das Pescas previstas no Decreto Regulamentar n.º 43/91, de 20 de Agosto).

Manipulador de laboratório (categoria da Cruz Vermelha Portuguesa prevista no Decreto Regulamentar n.º 17/2000, de 22 de Novembro).

442     *Novo Estatuto da Função Pública*

Manutenção (carreira do mapa de pessoal em regime de contrato individual de trabalho da Universidade da Beira Interior aprovado pela deliberação n.º 1983-O/2007, publicado no *Diário da República*, 2.ª série, n.º 191, de 3 de Outubro de 2007).

Maquetista (categoria do ex-quadro de efectivos interdepartamentais do ex-Ministério do Comércio e Turismo prevista no Decreto Regulamentar n.º 18//91, de 11 de Abril).

Maquinista (carreira prevista no Decreto Regulamentar Regional n.º 12//98/A, de 6 de Maio).

Maquinista desinfectador (categoria do Ministério da Agricultura, do Desenvolvimento Rural e das Pescas prevista no Decreto Regulamentar n.º 43//91, de 20 de Agosto).

Maquinista teatral (categoria da carreira de maquinista teatral da administração local prevista no Decreto-Lei n.º 412-A/98, de 30 de Dezembro).

Mecânico-chefe (categoria do Ministério da Agricultura, do Desenvolvimento Rural e das Pescas previstas no Decreto Regulamentar n.º 43/91, de 20 de Agosto).

Mecanógrafo (categoria do Ministério da Agricultura, do Desenvolvimento Rural e das Pescas prevista no Decreto Regulamentar n.º 43/91, de 20 de Agosto).

Meio-oficial [categoria do ex -Instituto Regulador e Orientador de Mercados Agrícolas (IROMA) prevista no Decreto Regulamentar n.º 53/91, de 9 de Outubro].

Meio-oficial (categoria do pessoal civil dos serviços departamentais das Forças Armadas prevista no Decreto Regulamentar n.º 17/2000, de 22 de Novembro).

Meio-oficial cortador especializado [categoria do ex-Instituto Regulador e Orientador de Mercados Agrícolas (IROMA) prevista no Decreto Regulamentar n.º 53/91, de 9 de Outubro].

Mestre costureira (categoria de serviços e organismos do Ministério do Trabalho e da Solidariedade Social prevista no Decreto Regulamentar n.º 17//91, de 11 de Abril).

Mestre de oficinas (categoria do Ministério da Agricultura, do Desenvolvimento Rural e das Pescas prevista no Decreto Regulamentar n.º 43/91, de 20 de Agosto).

Mestre florestal (categoria da Direcção-Geral dos Serviços Prisionais prevista no Decreto Regulamentar n.º 13/91, de 11 de Abril).

Mestre principal de 2.ª classe (categoria das administrações regionais de saúde prevista no Decreto Regulamentar n.º 36/92, de 22 de Dezembro).

Modelador naval (carreira do pessoal civil da Marinha).

Monitor (categorias de monitor de 1.ª, 2.ª e 3.ª classes dos ex-centros de saúde mental previstas no Decreto Regulamentar n.º 23/91, de 19 de Abril).

Monitor auxiliar (carreira do pessoal auxiliar de regime geral).

Monitor de ATL de 2.ª classe (categoria da Santa Casa da Misericórdia de Lisboa prevista no Decreto Regulamentar n.º 17/91, de 11 de Abril).

Monitor de internato (categoria da administração local em extinção prevista no Decreto-Lei n.º 412-A/98, de 30 de Dezembro).

Monitor de internato (categoria do ex-quadro de efectivos interdepartamentais do Ministério das Obras Públicas, Transportes e Comunicações prevista no Decreto Regulamentar n.º 21/91, de 17 de Abril).

Monitor escolar (categoria do ex-quadro de efectivos interdepartamentais do Ministério das Finanças prevista no Decreto Regulamentar n.º 1/93, de 13 de Janeiro).

Monitor-vigilante de 2.ª classe (categoria da Santa Casa da Misericórdia de Lisboa prevista no Decreto Regulamentar n.º 17/91, de 11 de Abril).

Montador-transportador de fotolitografia principal (categoria do ex-quadro de efectivos interdepartamentais do ex-Ministério do Comércio e Turismo prevista no Decreto Regulamentar n.º 18/91, de 11 de Abril).

Mordomo (carreira específica da Região Autónoma dos Açores prevista no Decreto Legislativo Regional n.º 29/2000/A, de 11 de Agosto).

Mordomo (categoria de pessoal do Ministério dos Negócios Estrangeiros prevista no Decreto Regulamentar n.º 22/91, de 17 de Abril).

Motociclista (categoria da administração local em extinção prevista no Decreto-Lei n.º 412-A/98, de 30 de Dezembro).

Motorista (actividade do grupo profissional de administração geral da UMIC – Agência para a Sociedade do Conhecimento, I. P., prevista no regulamento aprovado pelo Despacho Normativo n.º 13/2005, de 21 de Fevereiro).

Motorista (carreira do grupo profissional de apoio geral do ex-Instituto Nacional de Intervenção e Garantia Agrícola com as categorias de técnico profissional A, B e C).

Motorista (carreira do Instituto Nacional de Emergência Médica, I. P., prevista no regulamento aprovado pelo Despacho Normativo n.º 46/2005, de 19 de Outubro).

Motorista (carreira do mapa de pessoal em regime de contrato individual de trabalho da Universidade da Beira Interior aprovado pela deliberação n.º 1983-O/2007, publicado no *Diário da República,* 2.ª série, n.º 191, de 3 de Outubro de 2007).

Motorista (carreira profissional do Instituto do Vinho do Porto em contrato individual de trabalho).

Motorista (categoria da carreira de apoio geral do grupo profissional III – pessoal de apoio e administração geral do Instituto da Segurança Social, I. P., prevista no regulamento de pessoal publicado no aviso n.º 13 132-A/2006, no *Diário da República,* 2.ª série, n.º 235, de 7 de Dezembro de 2006).

Motorista (categoria do grupo de qualificação do pessoal de apoio geral do Instituto Nacional da Propriedade Industrial).

Motorista (categoria profissional de veículos colectivos ou ligeiros prevista no regulamento aprovado pela deliberação n.º 1335-I/2007, do senado da Universidade de Aveiro).

444            *Novo Estatuto da Função Pública*

Motorista (categoria profissional do mapa de pessoal em regime de contrato individual de trabalho da Reitoria da Universidade Nova de Lisboa constante do anexo IV do despacho n.º 13 009/2007, publicado no *Diário da República,* 2.ª série, n.º 120, de 25 de Junho de 2007).

Motorista (categoria profissional do mapa de pessoal em regime de contrato individual de trabalho da Universidade de Évora constante do anexo III do despacho n.º 17 599/2007, publicado no *Diário da República,* 2.ª série, n.º 153, de 9 de Agosto de 2007).

Motorista (categoria profissional do mapa de pessoal em regime de contrato individual de trabalho do Instituto Superior de Ciências do Trabalho e da Empresa constante da deliberação n.º 689/2008, publicado no *Diário da República,* 2.ª série, n.º 50, de 11 de Março de 2008).

Motorista (categoria profissional prevista no regulamento aprovado pela deliberação n.º 1748/2006, do senado da Universidade de Coimbra).

Motorista (categoria profissional prevista no regulamento aprovado pela deliberação n.º 899/2006, do senado da Universidade do Porto).

Motorista (categoria profissional prevista no regulamento n.º 257-A/2007, aprovado por despacho reitoral de 2 de Julho de 2007, da Universidade Aberta).

Motorista (categoria profissional prevista no Regulamento Interno da Universidade de Lisboa Aplicável aos Contratos Individuais de Trabalho aprovado pela deliberação n.º 361/2007, da comissão coordenadora do Senado).

Motorista de ligeiros (carreira da administração local prevista no Decreto-Lei n.º 412-A/98, de 30 de Dezembro).

Motorista de ligeiros (carreira de pessoal não docente do ensino não superior prevista no Decreto-Lei n.º 184/2004, de 29 de Julho – a extinguir).

Motorista de ligeiros (carreira prevista no Decreto-Lei n.º 404-A/98, de 18 de Dezembro).

Motorista de ligeiros [categoria do ex-Instituto Regulador e Orientador de Mercados Agrícolas (IROMA) prevista no Decreto Regulamentar n.º 53/91, de 9 de Outubro].

Motorista de pesados (carreira da administração local prevista no Decreto-Lei n.º 412-A/98, de 30 de Dezembro).

Motorista de pesados (carreira de pessoal não docente do ensino não superior prevista no Decreto-Lei n.º 184/2004, de 29 de Julho – a extinguir).

Motorista de pesados (carreira do pessoal não docente do ensino básico e secundário da Região Autónoma da Madeira prevista no Decreto Legislativo Regional n.º 29/2006/M, de 19 de Julho).

Motorista de pesados (carreira prevista no Decreto-Lei n.º 404-A/98, de 18 de Dezembro).

Motorista de t. colectivos (categoria da carreira de apoio geral do grupo profissional III – pessoal de apoio e administração geral do Instituto da Segurança Social, I. P., prevista no regulamento de pessoal publicado no aviso n.º 13 132-A/2006, no *Diário da República,* 2.ª série, n.º 235, de 7 de Dezembro de 2006).

Motorista de transportes colectivos (carreira da administração local prevista nos Decretos-Leis n.ᵒˢ 412-A/98, de 30 de Dezembro, e 102/2002, de 12 de Abril).

Motorista de transportes colectivos (carreira do pessoal não docente do Sistema Educativo Regional da Região Autónoma dos Açores prevista no Decreto Legislativo Regional n.º 11/2006/A, de 21 de Março).

Motorista de transportes colectivos (carreira prevista no Decreto-Lei n.º 404-A/98, de 18 de Dezembro).

Motorista-distribuidor (categoria da Santa Casa da Misericórdia de Lisboa prevista no Decreto Regulamentar n.º 17/91, de 11 de Abril).

Motorista-distribuidor [categorias de motorista distribuidor principal e de 1.ª e 2.ª classes do ex-Instituto Regulador e Orientador de Mercados Agrícolas (IROMA) previstas no Decreto Regulamentar n.º 53/91, de 9 de Outubro].

Motorista-distribuidor principal (categoria do Instituto de Investigação Científica e Tropical prevista nos Decretos Regulamentares n.ᵒˢ 18/2000, de 22 de Novembro, e 29/2002, de 8 de Abril).

Motorista-distribuidor (carreira do pessoal de matadouros específica da Região Autónoma dos Açores prevista no Decreto Regulamentar Regional n.º 47/92/A, de 27 de Novembro, e no Decreto Legislativo Regional n.º 29/2000/A, de 11 de Agosto).

Motorista-distribuidor principal (categoria do pessoal civil dos serviços departamentais das Forças Armadas prevista no Decreto Regulamentar n.º 17/2000, de 22 de Novembro).

Nadador-salvador (carreira da administração local prevista no Decreto-Lei n.º 412-A/98, de 30 de Dezembro).

Nadador-salvador (categoria específica da Região Autónoma da Madeira prevista no Decreto Legislativo Regional n.º 23/99/M, de 26 de Agosto).

Oficial cortador especializado [categoria do ex-Instituto Regulador e Orientador de Mercados Agrícolas (IROMA) prevista no Decreto Regulamentar n.º 53/91, de 9 de Outubro].

Oficial de diligências (carreira da administração local em extinção prevista no Decreto-Lei n.º 412-A/98, de 30 de Dezembro).

Oficial de diligências (dos ex-Tribunais Municipais de Lisboa/Porto) (categoria da administração local em extinção prevista no Decreto-Lei n.º 412-A//98, de 30 de Dezembro).

Oficial de matança (carreira do pessoal de matadouros específica da Região Autónoma dos Açores prevista no Decreto Regulamentar Regional n.º 47/92//A, de 27 de Novembro, e no Decreto Legislativo Regional n.º 29/2000/A, de 11 de Agosto).

Oficial de matança [categoria de oficial de matança principal e de 1.ª e 2.ª classes do ex-Instituto Regulador e Orientador de Mercados Agrícolas (IROMA) previstas no Decreto Regulamentar n.º 53/91, de 9 de Outubro]. Oficial de matança (categoria específica da Região Autónoma da Madeira prevista no Decreto Legislativo Regional n.º 23/99/M, de 26 de Agosto).

446 *Novo Estatuto da Função Pública*

Oficial especializado [categoria do ex-Instituto Regulador e Orientador de Mercados Agrícolas (IROMA) prevista no Decreto Regulamentar n.º 53/91, de 9 de Outubro].

Oficial especializado (categoria do pessoal civil dos serviços departamentais das Forças Armadas prevista no Decreto Regulamentar n.º 17/2000, de 22 de Novembro).

Oficial especializado de matança (categoria do pessoal não docente dos estabelecimentos de ensino superior e do Estádio Universitário prevista no Decreto Regulamentar n.º 2/2002, de 15 de Janeiro).

Oficial impressor (categoria do Instituto do Emprego e Formação Profissional prevista no Decreto Regulamentar n.º 17/91, de 11 de Abril).

Oficial piloto B (categoria do ex-quadro de efectivos interdepartamentais do Ministério das Finanças prevista no Decreto Regulamentar n.º 1/93, de 13 de Janeiro).

Oficial porteiro (carreira do grupo de pessoal auxiliar dos funcionários de justiça).

Operador (categoria dos serviços dependentes da ex-Secretaria de Estado da Cultura prevista no Decreto Regulamentar n.º 26/91, de 7 de Maio).

Operador acondicionador (categoria do ex-quadro de efectivos interdepartamentais do ex-Ministério do Comércio e Turismo prevista no Decreto Regulamentar n.º 18/91, de 11 de Abril).

Operador acondicionador de lã (categoria do ex-quadro de efectivos interdepartamentais do ex-Ministério do Comércio e Turismo prevista no Decreto Regulamentar n.º 18/91, de 11 de Abril).

Operador de armazém (categorias de operador de armazém e de operador de armazém principal do Ministério da Agricultura, do Desenvolvimento Rural e das Pescas previstas no Decreto Regulamentar n.º 43/91, de 20 de Agosto).

Operador de armazém [categorias de operador de armazém e de operador de armazém principal do ex-Instituto Regulador e Orientador de Mercados Agrícolas (IROMA) previstas no Decreto Regulamentar n.º 53/91, de 9 de Outubro].

Operador de caixa (categoria da ex -Obra Social do Ministério das Obras Públicas, Transportes e Comunicações previstas no Decreto Regulamentar n.º 8/2008, de 5 de Março).

Operador de caixa (categoria do pessoal não docente dos estabelecimentos de ensino superior e do Estádio Universitário prevista no Decreto Regulamentar n.º 2/2002, de 15 de Janeiro).

Operador de comunicações (carreira específica da Região Autónoma da Madeira prevista no Decreto Legislativo Regional n.º 23/99/M, de 26 de Agosto).

Operador de equipamento automóvel (categoria de serviços e organismos do Ministério do Trabalho e da Solidariedade Social prevista no Decreto Regulamentar n.º 17/91, de 11 de Abril).

Operador de equipamento laboratorial (categoria do pessoal auxiliar de regime geral).

*Extinção das Carreiras e Categorias cujos Trabalhadores ...*    447

Operador de estação (categoria específica da Região Autónoma da Madeira prevista no Decreto Legislativo Regional n.º 23/99/M, de 26 de Agosto).

Operador (categoria da carreira de operador de estações elevatórias, de tratamento ou depuradoras da administração local prevista no Decreto-Lei n.º 412-A/98, de 30 de Dezembro).

Operador de fotocomposição (categoria do ex-quadro de efectivos interdepartamentais do Ministério das Finanças prevista no Decreto Regulamentar n.º 51/91, de 24 de Setembro).

Operador de fotografia (carreira específica da Região Autónoma da Madeira prevista no Decreto Legislativo Regional n.º 23/99/M, de 26 de Agosto).

Operador de frio (carreira do pessoal de matadouros específica da Região Autónoma dos Açores prevista no Decreto Regulamentar Regional n.º 47/92//A, de 27 de Novembro, e no Decreto Legislativo Regional n.º 29/2000/A, de 11 de Agosto).

Operador de grua (categoria específica da Região Autónoma da Madeira prevista no Decreto Legislativo Regional n.º 23/99/M, de 26 de Agosto).

Operador de laboratório (categoria a extinguir do Exército prevista no Decreto Regulamentar n.º 17/2000, de 22 de Novembro).

Operador de lavandaria (carreira do pessoal não docente das creches, jardins-de-infância e infantários da rede pública da Região Autónoma da Madeira prevista no Decreto Legislativo Regional n.º 14/2007/M, de 24 de Abril).

Operador de lavandaria (carreira dos serviços gerais dos estabelecimentos e serviços de saúde prevista no Decreto-Lei n.º 231/92, de 21 de Outubro).

Operador de lavandaria (categoria do pessoal auxiliar dos serviços da segurança social prevista no Decreto Regulamentar n.º 30-C/98, de 31 de Dezembro).

Operador de lavandaria (categoria do pessoal civil dos serviços departamentais das Forças Armadas prevista no Decreto Regulamentar n.º 17/2000, de 22 de Novembro).

Operador de lavandaria (categoria do pessoal não docente dos estabelecimentos de ensino superior e do Estádio Universitário prevista no Decreto Regulamentar n.º 2/2002, de 15 de Janeiro).

Operador de máquina de endereçar (categoria da ex-Direcção-Geral da Comunicação Social prevista no Decreto Regulamentar n.º 26/91, de 7 de Maio).

Operador de máquinas auxiliares (categoria da Santa Casa da Misericórdia de Lisboa prevista no Decreto Regulamentar n.º 17/91, de 11 de Abril).

Operador de máquinas copiadoras e calculadoras (carreira do grupo de pessoal auxiliar do pessoal civil do Exército).

Operador de máquinas de endereçar (carreira da administração local prevista no Decreto-Lei n.º 412-A/98, de 30 de Dezembro).

Operador de máquinas ligeiras (categoria do pessoal civil dos serviços departamentais das Forças Armadas prevista no Decreto Regulamentar n.º 17//2000, de 22 de Novembro).

448 *Novo Estatuto da Função Pública*

Operador de máquinas pesadas (carreira do pessoal auxiliar de regime geral).

Operador de microfilmagem (categorias de operador de microfilmagem especialista, principal e de 1.ª e 2.ª classes do ex-quadro de efectivos interdepartamentais do Ministério das Finanças prevista no Decreto Regulamentar n.º /51/91, de 24 de Setembro).

Operador de microfilmagem (categorias de operador de microfilmagem e de operador de microfilmagem principal da ex-Direcção-Geral da Aviação Civil previstas nos Decretos Regulamentares n.ºs 16/91, de 11 de Abril, e 8/2008, de 5 de Março).

Operador de microfilmagem (categorias de operador de microfilmagem e de operador de microfilmagem principal do Ministério da Agricultura, do Desenvolvimento Rural e das Pescas previstas no Decreto Regulamentar n.º 43/ /91, de 20 de Agosto).

Operador de microfilmagem (categorias de operador de microfilmagem de 1.ª e 2.ª classes do Instituto de Meteorologia previstas no Decreto Regulamentar n.º 29/2002, de 8 de Abril).

Operador de rádio (categoria do Ministério da Agricultura, do Desenvolvimento Rural e das Pescas prevista no Decreto Regulamentar n.º 43/91, de 20 de Agosto).

Operador de rádio (categoria do quadro único do ex-Ministério do Planeamento e da Administração do Território prevista no Decreto Regulamentar n.º 21/91, de 17 de Abril).

Operador de reprografia (carreira da administração local prevista no Decreto-Lei n.º 412-A/98, de 30 de Dezembro).

Operador de reprografia (carreira em extinção do pessoal não docente do ensino básico e secundário da Região Autónoma da Madeira prevista no Decreto Legislativo Regional n.º 29/2006/M, de 19 de Julho).

Operador de reprografia (carreira prevista no Decreto-Lei n.º 404-A/98, de 18 de Dezembro).

Operador de reprografia (categoria do grupo de qualificação do pessoal de apoio geral do Instituto Nacional da Propriedade Industrial).

Operador de som e imagem (carreira específica da Região Autónoma da Madeira prevista no Decreto Legislativo Regional n.º 23/99/M, de 26 de Agosto).

Operador de telex (categoria do ex-Gabinete de Macau da Presidência do Conselho de Ministros prevista no Decreto Regulamentar n.º 26/91, de 7 de Maio).

Operador de varadouro (categoria específica da Região Autónoma da Madeira prevista no Decreto Legislativo Regional n.º 23/99/M, de 26 de Agosto).

Operário (categoria da carreira de apoio geral do grupo profissional III – pessoal de apoio e administração geral do Instituto da Segurança Social, I. P.,

*Extinção das Carreiras e Categorias cujos Trabalhadores ...* 449

prevista no regulamento de pessoal publicado com o aviso n.º 13 132-A/2006, no *Diário da República*, 2.ª série, n.º 235, de 7 de Dezembro de 2006).

Operário (carreira do mapa de pessoal em regime de contrato individual de trabalho da Universidade da Beira Interior aprovado pela deliberação n.º 1983-O/2007, publicado no *Diário da República*, 2.ª série, n.º 191, de 3 de Outubro de 2007).

Operário (categoria profissional do mapa de pessoal em regime de contrato individual de trabalho da Universidade de Évora constante do anexo III do despacho n.º 17 599/2007, publicado no *Diário da República*, 2.ª série, n.º 153, de 9 de Agosto de 2007).

Operário (categoria profissional do mapa de pessoal em regime de contrato individual de trabalho do Instituto Superior de Ciências do Trabalho e da Empresa constante da deliberação n.º 689/2008, publicado no *Diário da República*, 2.ª série, n.º 50, de 11 de Março de 2008).

Operário (categoria profissional prevista no regulamento aprovado pela deliberação n.º 1748/2006, do senado da Universidade de Coimbra).

Operário (categoria profissional prevista no regulamento aprovado pela deliberação n.º 899/2006, do senado da Universidade do Porto).

Operário (categoria profissional prevista no Regulamento Interno da Universidade de Lisboa Aplicável aos Contratos Individuais de Trabalho aprovado pela deliberação n.º 361/2007, da comissão coordenadora do senado).

Operário (categoria profissional prevista no regulamento n.º 257-A/2007, aprovado por despacho reitoral de 2 de Julho de 2007, da Universidade Aberta).

Operário agrícola (carreira prevista no Decreto Regulamentar Regional n.º 1/2006/A, de 10 de Janeiro, exceptuando a categoria de encarregado agrícola).

Operário altamente qualificado (carreira prevista no Decreto-Lei n.º 518/99, de 10 de Dezembro, e na qual se incluem todas as profissões de pessoal operário nela integradas, designadamente as constantes da Portaria n.º 807/99, de 21 de Setembro, e dos Decreto-Leis n.ºs 84/2002, de 5 de Abril, 143/2002 e 144/2002, ambos de 20 de Maio, 148/2002, de 21 de Maio, e 154/2002, de 28 de Maio).

Operário auxiliar de classe A (categoria do Instituto do Emprego e Formação Profissional prevista no Decreto Regulamentar n.º 17/91, de 11 de Abril).

Operário auxiliar de classe B (categoria do Instituto do Emprego e Formação Profissional prevista no Decreto Regulamentar n.º 17/91, de 11 de Abril).

Operário auxiliar de classe C (categoria do Instituto do Emprego e Formação Profissional prevista no Decreto Regulamentar n.º 17/91, de 11 de Abril).

Operário canalizador de classe especial (categoria do Instituto do Emprego e Formação Profissional prevista no Decreto Regulamentar n.º 17/91, de 11 de Abril).

Operário carpinteiro de classe A (categoria do Instituto do Emprego e Formação Profissional prevista no Decreto Regulamentar n.º 17/91, de 11 de Abril).

Operário carpinteiro de classe especial (categoria do Instituto do Emprego e Formação Profissional prevista no Decreto Regulamentar n.º 17/91, de 11 de Abril).

Operário de 1.ª classe (categoria do Ministério da Agricultura, do Desenvolvimento Rural e das Pescas prevista no Decreto Regulamentar n.º 43/91, de 20 de Agosto).

Operário de arqueologia (carreira de pessoal específica da área funcional de arqueologia prevista no Decreto Regulamentar n.º 28/97, de 21 de Julho).

Operário de equipamento auto (categoria dos ex-centros de saúde mental prevista no Decreto Regulamentar n.º 23/91, de 19 de Abril).

Operário de máquinas (categoria do Ministério da Agricultura, do Desenvolvimento Rural e das Pescas prevista no Decreto Regulamentar n.º 43/91, de 20 de Agosto).

Operário electromecânico (categoria do Instituto do Emprego e Formação Profissional prevista no Decreto Regulamentar n.º 17/91, de 11 de Abril).

Operário especializado (carreira específica da Região Autónoma da Madeira prevista no Decreto Legislativo Regional n.º 23/99/M, de 26 de Agosto).

Operário especializado (categoria do Ministério da Agricultura, do Desenvolvimento Rural e das Pescas prevista no Decreto Regulamentar n.º 43/91, de 20 de Agosto).

Operário especializado principal (categoria do Ministério da Agricultura, do Desenvolvimento Rural e das Pescas prevista no Decreto Regulamentar n.º 43/91, de 20 de Agosto).

Operário fresador de classe B (categoria do Instituto do Emprego e Formação Profissional prevista no Decreto Regulamentar n.º 17/91, de 11 de Abril).

Operário indiferenciado (carreira específica da Região Autónoma da Madeira prevista no Decreto Legislativo Regional n.º 23/99/M, de 26 de Agosto).

Operário pedreiro (categoria do Instituto do Emprego e Formação Profissional prevista no Decreto Regulamentar n.º 17/91, de 11 de Abril).

Operário pedreiro de classe especial (categoria do Instituto do Emprego e Formação Profissional prevista no Decreto Regulamentar n.º 17/91, de 11 de Abril).

Operário principal (carreira do mapa de pessoal em regime de contrato individual de trabalho da Universidade da Beira Interior aprovado pela deliberação n.º 1983-O/2007, publicado no *Diário da República,* 2.ª série, n.º 191, de 3 de Outubro de 2007).

Operário qualificado (carreira de pessoal não docente do ensino não superior prevista no Decreto-Lei n.º 184/2004, de 29 de Julho – a extinguir).

Operário qualificado (carreira prevista no Decreto-Lei n.º 404-A/98, de 18 de Dezembro e na qual se incluem todas as profissões de pessoal operário nela integradas, designadamente as constantes da Portaria n.º 807/99, de 21 de Setembro).

Operário rural (carreira prevista no Decreto Regulamentar Regional n.º 1/ /2006/A, de 10 de Janeiro).

Operário semiqualificado (carreira prevista no Decreto-Lei n.º 404-A/98, de 18 de Dezembro, e na qual se incluem todas as profissões de pessoal operário nela integradas, designadamente as constantes da Portaria n.º 807/99, de 21 de Setembro).

Operário serralheiro civil de classe B (categoria do Instituto do Emprego e Formação Profissional prevista no Decreto Regulamentar n.º 17/91, de 11 de Abril).

Operário serralheiro civil de classe especial (categoria do Instituto do Emprego e Formação Profissional prevista no Decreto Regulamentar n.º 17/91, de 11 de Abril).

Operário serralheiro mecânico (categoria do Instituto do Emprego e Formação Profissional prevista no Decreto Regulamentar n.º 17/91, de 11 de Abril).

Operário têxtil de classe A (categoria do Instituto do Emprego e Formação Profissional prevista no Decreto Regulamentar n.º 17/91, de 11 de Abril).

Operário torneiro mecânico de classe A (categoria do Instituto do Emprego e Formação Profissional prevista no Decreto Regulamentar n.º 17/91, de 11 de Abril).

Operário torneiro mecânico de classe B (categoria do Instituto do Emprego e Formação Profissional prevista no Decreto Regulamentar n.º 17/91, de 11 de Abril).

Operativa (carreira do Instituto Nacional de Emergência Médica, I. P., prevista no regulamento aprovado pelo Despacho Normativo n.º 46/2005, de 19 de Outubro).

Organista (categoria do pessoal não docente dos estabelecimentos de ensino superior e do Estádio Universitário prevista no Decreto Regulamentar n.º 2/2002, de 15 de Janeiro).

Ornamentista (carreira específica da Região Autónoma da Madeira prevista no Decreto Legislativo Regional n.º 23/99/M, de 26 de Agosto).

Padeiro (categoria do ex-quadro de efectivos interdepartamentais do Ministério das Obras Públicas, Transportes e Comunicações prevista no Decreto Regulamentar n.º 21/91, de 17 de Abril).

Pagador de 1.ª classe (categoria do pessoal não docente dos estabelecimentos de ensino superior e do Estádio Universitário prevista no Decreto Regulamentar n.º 2/2002, de 15 de Janeiro).

Patrão (categoria da Escola de Pesca e da Marinha de Comércio prevista no Decreto Regulamentar n.º 16/91, de 11 de Abril).

Pedreiro (carreira do pessoal não docente do ensino básico e secundário da Região Autónoma da Madeira prevista no Decreto Legislativo Regional n.º 29/2006/M, de 19 de Julho).

Pedreiro (categoria dos ex-Hospitais Civis de Lisboa prevista no Decreto Regulamentar n.º 23/91, de 19 de Abril).

452     *Novo Estatuto da Função Pública*

Piloto aviador (categoria do ex-quadro de efectivos interdepartamentais do Ministério das Finanças prevista no Decreto Regulamentar n.º 1/93, de 13 de Janeiro.

Piloto de porto (categoria do ex-quadro de efectivos interdepartamentais do Ministério das Finanças prevista no Decreto Regulamentar n.º 1/93, de 13 de Janeiro.

Pintor (carreira do pessoal não docente do ensino básico e secundário da Região Autónoma da Madeira prevista no Decreto Legislativo Regional n.º 29/ /2006/M, de 19 de Julho).

Pintor de miniaturas navais (carreira do pessoal civil da Marinha).

Porta-miras (categoria do ex-Gabinete da Área de Sines prevista no Decreto Regulamentar n.º 21/91, de 17 de Abril).

Porta-miras (categoria do ex-quadro de efectivos interdepartamentais do Ministério das Obras Públicas, Transportes e Comunicações prevista no Decreto Regulamentar n.º 21/91, de 17 de Abril).

Porteiro (carreira profissional do Instituto do Vinho do Porto em contrato individual de trabalho).

Praticante de desenhador (categoria do ex-quadro de efectivos interde- partamentais do Ministério das Obras Públicas, Transportes e Comunicações prevista no Decreto Regulamentar n.º 21/91, de 17 de Abril).

Praticante de desenhador (categoria do Instituto do Emprego e Formação Profissional prevista no Decreto Regulamentar n.º 17/91, de 11 de Abril).

Praticante de desenhador (categoria do quadro único do ex-Ministério do Planeamento e da Administração do Território prevista no Decreto Regulamentar n.º 15/2000, de 2 de Outubro).

Praticante de desenho (categoria da administração local em extinção prevista no Decreto-Lei n.º 412-A/98, de 30 de Dezembro).

Praticante de topógrafo (categoria da administração local em extinção prevista no Decreto-Lei n.º 412-A/98, de 30 de Dezembro).

Praticante de topógrafo (categoria do quadro único do ex-Ministério do Equipamento e da Administração do Território prevista no Decreto Regulamentar n.º 15/2000, de 2 de Outubro).

Prático agrícola (categoria de serviços e organismos do Ministério do Trabalho e da Solidariedade Social prevista no Decreto Regulamentar n.º 17/ /91, de 11 de Abril).

Preceptor (categoria do Ministério da Agricultura, do Desenvolvimento Rural e das Pescas prevista no Decreto Regulamentar n.º 43/91, de 20 de Agosto).

Preparador (categoria do pessoal não docente dos estabelecimentos de ensino superior e do Estádio Universitário prevista no Decreto Regulamentar n.º 2/2002, de 15 de Janeiro).

Preparador de análises clínicas (categoria do Ministério da Saúde prevista no Decreto Regulamentar n.º 23/91, de 19 de Abril).

Preparador de conservação e restauro de obras de arte (carreira específica da Região Autónoma dos Açores em extinção prevista no Decreto Legislativo

Regional n.º 29/2000/A, de 11 de Agosto, e no Decreto Regulamentar Regional n.º 3/2006/A, de 10 de Janeiro).

Preparador de espécies zoológicas (carreira específica da Região Autónoma dos Açores prevista no Decreto Legislativo Regional n.º 29/2000/A, de 11 de Agosto).

Preparador de laboratório (categoria do ex-quadro de efectivos interdepartamentais do Ministério das Finanças prevista no Decreto Regulamentar n.º 1/93, de 13 de Janeiro).

Preparador de laboratório (categoria do pessoal não docente dos estabelecimentos de ensino superior e do Estádio Universitário prevista no Decreto Regulamentar n.º 2/2002, de 15 de Janeiro).

Primeiro-subchefe (categoria do ex-quadro de efectivos interdepartamentais do Ministério das Finanças prevista no Decreto Regulamentar n.º 1/93, de 13 de Janeiro.

Primeiro-técnico (categoria do Instituto Português de Oncologia de Francisco Gentil prevista no Decreto Regulamentar n.º 23/91, de 19 de Abril).

Primeiro-verificador (refeitório) (categoria dos organismos e serviços centrais e regionais do Ministério da Educação prevista no Decreto Regulamentar n.º 15/91, dc 11 de Abril).

Programista principal (categoria da Secretaria-Geral do ex-Ministério do Emprego e da Segurança Social prevista no Decreto Regulamentar n.º 17/91, de 11 de Abril).

Recepcionista principal (categoria do Ministério da Agricultura, do Desenvolvimento Rural e das Pescas prevista no Decreto Regulamentar n.º 43/91, de 20 de Agosto).

Regente (categoria da Direcção-Geral da Saúde e das escolas superiores de enfermagem prevista no Decreto Regulamentar n.º 23/91, de 19 de Abril).

Resineiro (categoria do Ministério da Agricultura, do Desenvolvimento Rural e das Pescas prevista no Decreto Regulamentar n.º 43/91, de 20 de Agosto).

Restaurador de bens museológicos (carreira específica da Região Autónoma dos Açores prevista no Decreto Legislativo Regional n.º 29/2000/A, de 11 de Agosto).

Revisor (categoria da ex-Direcção-Geral da Comunicação Social prevista no Decreto Regulamentar n.º 26/91, de 7 de Maio).

Revisor (categoria da ex-Direcção-Geral do Turismo prevista no Decreto Regulamentar n.º 18/91, de 11 de Abril).

Revisor de filmes (categoria dos serviços dependentes da ex-Secretaria de Estado da Cultura prevista no Decreto Regulamentar n.º 26/91, de 7 de Maio).

Revisor de filmes principal (categoria da Secretaria-Geral do ex-Ministério do Emprego e da Segurança Social prevista no Decreto Regulamentar n.º 17//91, de 11 de Abril).

Roupeiro (categoria de serviços e organismos do Ministério do Trabalho e da Solidariedade Social prevista no Decreto Regulamentar n.º 17/91, de 11 de Abril).

Roupeiro (categoria do ex-Instituto de Reinserção Social prevista no Decreto Regulamentar n.º 13/91, de 11 de Abril).

Roupeiro (categoria do Ministério da Agricultura, do Desenvolvimento Rural e das Pescas prevista no Decreto Regulamentar n.º 43/91, de 20 de Agosto).

Roupeiro (categoria específica da Região Autónoma da Madeira prevista no Decreto Legislativo Regional n.º 23/99/M, de 26 de Agosto).

Sapateiro (categoria do ex-quadro de efectivos interdepartamentais do Ministério das Obras Públicas, Transportes e Comunicações prevista no Decreto Regulamentar n.º 21/91, de 17 de Abril).

Secretário do tribunal administrativo (categoria do ex-quadro de efectivos interdepartamentais do Ministério das Finanças prevista no Decreto Regulamentar n.º 1/93, de 13 de Janeiro).

Segundo-técnico radiografista (categoria do Ministério da Saúde prevista no Decreto Regulamentar n.º 23/91, de 19 de Abril).

Serralheiro civil (carreira do pessoal não docente do ensino básico e secundário da Região Autónoma da Madeira prevista no Decreto Legislativo Regional n.º 29/2006/M, de 19 de Julho).

Servente (carreira do Instituto de Gestão de Regimes da Segurança Social da Região Autónoma dos Açores prevista no Decreto Regulamentar Regional n.º 9/91/A, de 7 de Março).

Servente (carreira prevista no Decreto-Lei n.º 404-A/98, de 18 de Dezembro).

Servente (categoria da administração local em extinção prevista nos Decretos-Leis n.ºs 412-A/98, de 30 de Dezembro, e 35/2001, de 8 de Fevereiro).

Servente de armazém (categoria de serviços e organismos do Ministério do Trabalho e da Solidariedade Social prevista no Decreto Regulamentar n.º 17/91, de 11 de Abril).

Servente de cantina (categoria de serviços e organismos do Ministério do Trabalho e da Solidariedade Social prevista no Decreto Regulamentar n.º 17/ /91, de 11 de Abril).

Servente de limpeza (carreira do pessoal auxiliar de regime geral).

Servente de limpeza (carreira prevista no Decreto Regulamentar Regional n.º 12/98/A, de 6 de Maio).

Servente de obras (carreira prevista no Decreto Regulamentar Regional n.º 12/98/A, de 6 de Maio).

Servente de oficinas (carreira prevista no Decreto Regulamentar Regional n.º 12/98/A, de 6 de Maio).

Servente de parque (carreira do pessoal auxiliar de regime geral).

Servente florestal (carreira prevista no Decreto Regulamentar Regional n.º 1/2006/A, de 10 de Janeiro).

Servente florestal (categoria do Ministério da Agricultura, do Desenvolvimento Rural e das Pescas previstas no Decreto Regulamentar n.º 43/91, de 20 de Agosto).

Serventuário (categoria do ex-Instituto de Reinserção Social prevista no Decreto Regulamentar n.º 13/91, de 11 de Abril).

Serventuário (categoria do Instituto de Investigação Científica e Tropical prevista no Decreto Regulamentar n.º 21/91, de 17 de Abril).

Sonoplasta (categoria da carreira de sonoplasta da administração local prevista no Decreto-Lei n.º 412-A/98, de 30 de Dezembro).

Subchefe de sector (categoria das administrações regionais de saúde prevista no Decreto Regulamentar n.º 23/91, de 19 de Abril).

Supervisor de oficinas (categoria do Instituto do Emprego e Formação Profissional prevista no Decreto Regulamentar n.º 17/91, de 11 de Abril).

Técnico auxiliar (diagnóstico e terapêutica) (categoria do quadro complementar do ex-Instituto Nacional de Investigação Científica prevista no Decreto Regulamentar n.º 15/91, de 11 de Abril).

Técnico auxiliar de laboratório (carreira do grupo de pessoal auxiliar do pessoal civil do Exército).

Técnico de manutenção de sistemas de telecomunicações (categorias de técnico de manutenção de sistemas de telecomunicações de sistemas de 1.ª e de 2.ª classes do ex-quadro de efectivos interdepartamentais do Ministério das Finanças previstas no Decreto Regulamentar n.º 1/93, de 13 de Janeiro).

Técnico de obras de 2.ª classe (categoria do cx-quadro de efectivos inter-departamentais do Ministério das Obras Públicas, Transportes e Comunicações prevista no Decreto Regulamentar n.º 21/91, de 17 de Abril).

Técnico de serviço (categoria a extinguir do Exército prevista no Decreto Regulamentar n.º 17/2000, de 22 de Novembro).

Técnico de serviços (carreira do grupo de pessoal auxiliar do pessoal civil do Exército).

Técnico de telecomunicações de emergência (carreira do Instituto Nacional de Emergência Médica, I. P., prevista no regulamento aprovado pelo Despacho Normativo n.º 46/2005, de 19 de Outubro).

Telefonista (carreira da administração local prevista no Decreto-Lei n.º 412-A/98, de 30 de Dezembro).

Telefonista (carreira do grupo profissional de apoio geral do ex-Instituto Nacional de Intervenção e Garantia Agrícola com as categorias de técnico profissional A, B, C e D).

Telefonista (carreira do Instituto Nacional de Emergência Médica, I. P., prevista no regulamento aprovado pelo Despacho Normativo n.º 46/2005, de 19 de Outubro).

Telefonista (carreira do mapa de pessoal em regime de contrato individual de trabalho da Universidade da Beira Interior aprovado pela deliberação n.º 1983-O/2007, publicado no *Diário da República,* 2.ª série, n.º 191, de 3 de Outubro de 2007).

Telefonista (carreira do pessoal não docente do Sistema Educativo Regional da Região Autónoma dos Açores prevista no Decreto Legislativo Regional n.º 11/2006/A, de 21 de Março).

456 *Novo Estatuto da Função Pública*

Telefonista (carreira em extinção do pessoal não docente do ensino básico e secundário da Região Autónoma da Madeira prevista no Decreto Legislativo Regional n.º 29/2006/M, de 19 de Julho).

Telefonista (carreira prevista no Decreto-Lei n.º 404-A/98, de 18 de Dezembro).

Telefonista (carreira profissional do Instituto do Vinho do Porto em contrato individual de trabalho).

Telefonista (categoria da carreira de apoio geral do grupo profissional III – pessoal de apoio e administração geral do Instituto da Segurança Social, I. P., prevista no regulamento de pessoal publicado no aviso n.º 13 132-A/2006, no *Diário da República*, 2.ª série, n.º 235, de 7 de Dezembro de 2006).

Telefonista (categoria do grupo de qualificação do pessoal de apoio geral do Instituto Nacional da Propriedade Industrial).

Trabalhador agrícola (categoria de serviços e organismos do Ministério do Trabalho e da Solidariedade Social prevista no Decreto Regulamentar n.º 17/91, de 11 de Abril).

Trabalhador de armazém (categoria do ex-quadro de efectivos interdepartamentais do ex-Ministério do Comércio e Turismo prevista no Decreto Regulamentar n.º 18/91, de 11 de Abril).

Trabalhador de armazém (categoria do Ministério da Agricultura, do Desenvolvimento Rural e das Pescas prevista no Decreto Regulamentar n.º 43/91, de 20 de Agosto).

Trabalhador rural (categoria de serviços e organismos do Ministério do Trabalho e da Solidariedade Social prevista no Decreto Regulamentar n.º 17/ /91, de 11 de Abril).

Trabalhador rural (categoria do ex-Gabinete da área de Sines prevista no Decreto Regulamentar n.º 21/91, de 17 de Abril).

Trabalhador rural (categoria do Ministério da Agricultura, do Desenvolvimento Rural e das Pescas prevista no Decreto Regulamentar n.º 43/91, de 20 de Agosto).

Trabalhador rural (categoria do pessoal civil dos serviços departamentais das Forças Armadas prevista no Decreto Regulamentar n.º 17/2000, de 22 de Novembro).

Trabalhador rural (categoria do pessoal não docente dos estabelecimentos de ensino superior e do Estádio Universitário prevista no Decreto Regulamentar n.º 2/2002, de 15 de Janeiro).

Trabalhador rural (categoria do quadro único do ex-Ministério do Planeamento e da Administração do Território prevista no Decreto Regulamentar n.º 21/91, de 17 de Abril).

Trabalhador rural (categoria dos ex-centros de saúde mental prevista no Decreto Regulamentar n.º 36/92, de 22 de Dezembro).

Trabalhador rural (categoria específica da Região Autónoma da Madeira prevista no Decreto Legislativo Regional n.º 23/99/M, de 26 de Agosto).

Tractorista (carreira da administração local prevista no Decreto-Lei n.º 412-A/98, de 30 de Dezembro).

Tractorista (carreira prevista no Decreto Regulamentar Regional n.º 1/ /2006/A, de 10 de Janeiro).

Tractorista (categoria de serviços e organismos do Ministério do Trabalho e da Solidariedade Social prevista no Decreto Regulamentar n.º 17/91, de 11 de Abril).

Tractorista (categoria do ex-Gabinete da Área de Sines prevista no Decreto Regulamentar n.º 21/91, de 17 de Abril).

Tractorista (categoria do ex-Instituto de Reinserção Social prevista no Decreto Regulamentar n.º 13/91, de 11 de Abril).

Tractorista [categoria do ex-Instituto Regulador e Orientador de Mercados Agrícolas (IROMA) prevista no Decreto Regulamentar n.º 53/91, de 9 de Outubro].

Tractorista (categoria do Ministério da Agricultura, do Desenvolvimento Rural e das Pescas prevista no Decreto Regulamentar n.º 43/91, de 20 de Agosto).

Tractorista (categoria do pessoal auxiliar de regime geral prevista no Decreto Regulamentar n.º 4/92, de 2 de Abril).

Tractorista (categoria do pessoal civil dos serviços departamentais das Forças Armadas prevista no Decreto Regulamentar n.º 17/2000, de 22 de Novembro).

Tractorista (categoria do quadro único do ex-Ministério do Planeamento e da Administração do Território prevista no Decreto Regulamentar n.º 21/91, de 17 de Abril).

Tractorista (categoria dos ex-centros de saúde mental prevista no Decreto Regulamentar n.º 23/91, de 19 de Abril).

Tractorista (categoria específica da Região Autónoma da Madeira prevista no Decreto Legislativo Regional n.º 23/99/M, de 26 de Agosto).

Tractorista de 1.ª classe (categoria do Instituto do Emprego e Formação Profissional prevista no Decreto Regulamentar n.º 17/91, de 11 de Abril).

Tradutor (categoria do Instituto Português de Oncologia de Francisco Gentil prevista no Decreto Regulamentar n.º 23/91, de 19 de Abril).

Transcritor de braille (categoria de serviços e organismos do Ministério do Trabalho e da Solidariedade Social prevista no Decreto Regulamentar n.º 17/91, de 11 de Abril).

Transfusionista (categoria dos ex-Hospitais Civis de Lisboa prevista no Decreto Regulamentar n.º 23/91, de 19 de Abril).

Tratador de animais (carreira de pessoal não docente do ensino não superior prevista no Decreto-Lei n.º 184/2004, de 29 de Julho – a extinguir).

Tratador de animais (carreira prevista no Decreto Regulamentar Regional n.º 1/2006/A, de 10 de Janeiro).

Tratador de animais (categoria da Santa Casa da Misericórdia de Lisboa prevista no Decreto Regulamentar n.º 17/91, de 11 de Abril).

458 *Novo Estatuto da Função Pública*

Tratador de animais (categoria do ex-Instituto de Reinserção Social prevista no Decreto Regulamentar n.º 13/91, de 11 de Abril).

Tratador de animais [categoria do ex-Instituto Regulador e Orientador de Mercados Agrícolas (IROMA) prevista no Decreto Regulamentar n.º 53/91, de 9 de Outubro].

Tratador de animais (categoria do Ministério da Agricultura, do Desenvolvimento Rural e das Pescas prevista no Decreto Regulamentar n.º 43/91, de 20 de Agosto).

Tratador de animais (categoria do pessoal civil dos serviços departamentais das Forças Armadas prevista no Decreto Regulamentar n.º 17/2000, de 22 de Novembro).

Tratador de animais (categoria do pessoal não docente dos estabelecimentos de ensino superior e do Estádio Universitário prevista no Decreto Regulamentar n.º 2/2002,de 15 de Janeiro).

Tratador de animais (categoria do quadro único do ex-Ministério do Planeamento e da Administração do Território prevista no Decreto Regulamentar n.º 21/91, de 17 de Abril).

Tratador de animais (categoria dos ex-centros de saúde mental prevista no Decreto Regulamentar n.º 23/91, de 19 de Abril).

Tratador de animais (categoria específica da Região Autónoma da Madeira prevista no Decreto Legislativo Regional n.º 23/99/M, de 26 de Agosto).

Tratador de campos desportivos (carreira de pessoal operário qualificado da Direcção Regional do Desporto da Região da Região Autónoma dos Açores prevista no Decreto Regulamentar Regional n.º 2/2007/A, de 30 de Janeiro).

Tratador de campos desportivos (carreira específica da Região Autónoma da Madeira prevista no Decreto Legislativo Regional n.º 23/99/M, de 26 de Agosto).

Tratador-apanhador de animais (carreira da administração local prevista no Decreto-Lei n.º 412-A/98, de 30 de Dezembro).

Tricotadora (categoria de serviços e organismos do Ministério do Trabalho e da Solidariedade Social prevista no Decreto Regulamentar n.º 17/91, de 11 de Abril).

Tripeira [categorias de tripeira e de tripeira principal do ex-Instituto Regulador e Orientador de Mercados Agrícolas (IROMA) previstas no Decreto Regulamentar n.º 53/91, de 9 de Outubro].

Tripulante (categoria das administrações regionais de saúde prevista no Decreto Regulamentar n.º 23/91, de 19 de Abril).

Varejador (carreira da administração local prevista no Decreto-Lei n.º 412--A/98, de 30 de Dezembro).

Vendedeira-embaladora [categoria do ex-Instituto Regulador e Orientador de Mercados Agrícolas (IROMA) prevista no Decreto Regulamentar n.º 53/91, de 9 de Outubro].

Vigilante (carreira do pessoal não docente do Sistema Educativo Regional da Região Autónoma dos Açores prevista no Decreto Legislativo Regional n.º 11/2006/A, de 21 de Março).

Vigilante (categoria do Instituto Nacional de Saúde Dr. Ricardo Jorge prevista no Decreto Regulamentar n.º 23/91, de 19 de Abril).

Vigilante (categoria do pessoal auxiliar dos serviços da segurança social prevista no Decreto Regulamentar n.º 30-C/98, de 31 de Dezembro – a extinguir).

Vigilante (categoria do pessoal civil dos serviços departamentais das Forças Armadas prevista no Decreto Regulamentar n.º 17/2000, de 22 de Novembro – a extinguir no caso da Marinha).

Vigilante (categoria do pessoal não docente dos estabelecimentos de ensino superior e do Estádio Universitário prevista no Decreto Regulamentar n.º 2/2002, de 15 de Janeiro).

Vigilante de infantário ou jardim infantil (categoria do pessoal não docente dos estabelecimentos de ensino superior e do Estádio Universitário prevista no Decreto Regulamentar n.º 2/2002, de 15 de Janeiro).

Vigilante de jardins e parques infantis (carreira da administração local prevista no Decreto-Lei n.º 412-A/98, de 30 de Dezembro).

Visitadora (categoria da administração local em extinção prevista no Decreto-Lei n.º 412-A/98, de 30 de Dezembro).

Visitadora (categoria das administrações regionais de saúde prevista no Decreto Regulamentar n.º 23/91, de 19 de Abril).

Viveirista (categoria específica da Região Autónoma da Madeira prevista no Decreto Legislativo Regional n.º 23/99/M, de 26 de Agosto).

## MAPA VII

| Carreiras e categorias subsistentes | Categoria de opção | Categoria de transição |
|---|---|---|
| Adjunto administrativo [categoria do ex-Instituto Regulador e Orientador de Mercados Agrícolas (IROMA) prevista no Decreto Regulamentar n.º 53/91, de 9 de Outubro]. | — | — |
| Adjunto de administração (categoria de diversos organismos do Ministério da Saúde-Escola Superior de Enfermagem de Francisco Gentil e Hospital de São João, Maternidade de Júlio Dinis, Instituto Nacional de Saúde Dr. Ricardo Jorge, Hospital Senhora da Oliveira, ex-Centro de Saúde Mental de Portalegre – prevista no Decreto Regulamentar n.º 23/91, de 19 de Abril). | — | — |
| Adjunto de chefe de divisão (categoria do Ministério da Agricultura, do Desenvolvimento Rural e das Pescas prevista no Decreto Regulamentar n.º 43/91, de 20 de Agosto). | — | — |
| Adjunto de director de serviços clínicos (categoria dos ex-Serviços Médico-Sociais prevista no Decreto Regulamentar n.º 23/91, de 19 de Abril). | — | — |
| Adjunto de serviço de relações e cooperação internacionais (categoria do Ministério da Agricultura, do Desenvolvimento Rural e das Pescas prevista no Decreto Regulamentar n.º 43/91, de 20 de Agosto). | — | — |
| Adjunto dos serviços gerais (categoria do Instituto do Emprego e Formação Profissional prevista no Decreto Regulamentar n.º 17/91, de 11 de Abril). | — | — |
| Administrador (delegação) (categoria do Instituto Nacional de Saúde Dr. Ricardo Jorge prevista no Decreto Regulamentar n.º 23/91, de 19 de Abril). | — | — |
| Administrador do Instituto (categoria do Instituto Português de Oncologia de Francisco Gentil prevista no Decreto Regulamentar n.º 23/91, de 19 de Abril). | — | — |
| Agente de métodos de classe A (categoria do Instituto do Emprego e Formação Profissional prevista no Decreto Regulamentar n.º 17/91, de 11 de Abril). | Assistente técnico | — |

# Extinção das Carreiras e Categorias cujos Trabalhadores ...

| | | |
|---|---|---|
| Agente de verificação técnica (categoria do Ministério da Agricultura, do Desenvolvimento Rural e das Pescas prevista no Decreto Regulamentar n.º 43//91, de 20 de Agosto). | — | — |
| Ajudante de acção sócio-educativa da educação pré-escolar (carreira do pessoal não docente do ensino básico e secundário da Região Autónoma da Madeira prevista no Decreto Legislativo Regional n.º 29/2006//M, de 19 de Julho). | Assistente operacional. | — |
| Ajudante de creche e jardim-de-infância (carreira do pessoal de educação de infância do Instituto de Gestão de Regimes da Segurança Social da Região Autónoma dos Açores prevista no Decreto Regulamentar Regional n.º 9/91/A, de 7 de Março). | — | — |
| Ajudante de notariado (Lisboa) (carreira da administração local em extinção prevista no Decreto-Lei n.º 412-A/98, de 30 de Dezembro). | Assistente operacional. | — |
| Ajudante de secretaria (categoria do Hospital de José Luciano de Castro – Anadia – prevista no Decreto Regulamentar n.º 23/91, de 19 de Abril). | Assistente operacional. | — |
| Assistente de acção educativa (carreira do pessoal de apoio educativo do Instituto de Gestão de Regimes da Segurança Social da Região Autónoma dos Açores prevista no Decreto Regulamentar Regional n.º 9/91/A, de 7 de Março). | Assistente técnico. | — |
| Assistente de dador (categoria dos ex-Serviços Médico--Sociais prevista no Decreto Regulamentar n.º 23/91, de 19 de Abril). | — | — |
| Assistente de informação e acolhimento (carreira de pessoal aeroportuário específica da Região Autónoma da Madeira prevista no Decreto Legislativo Regional n.º 23/99/M, de 26 de Agosto). | — | — |
| Assistente de investigação estagiário (categoria do Ministério da Agricultura, do Desenvolvimento Rural e das Pescas prevista no Decreto Regulamentar n.º 43//91, de 20 de Agosto). | — | — |
| Assistente de operações aeroportuárias (carreira específica da Região Autónoma dos Açores prevista no Decreto Legislativo Regional n.º 21/2004/A, de 3 de Junho). | — | — |

| | | |
|---|---|---|
| Assistente de operações de socorros (carreira de pessoal aeroportuário específica da Região Autónoma da Madeira prevista no Decreto Legislativo Regional n.º 23/99/M, de 26 de Agosto). | — | — |
| Assistente religioso (categoria da Direcção-Geral dos Serviços Prisionais e do ex-Instituto de Reinserção Social prevista no Decreto Regulamentar n.º 13/91, de 11 de Abril). | — | — |
| Auxiliar de contabilidade (carreira da Direcção Regional do Orçamento e Tesouro da Região Autónoma dos Açores prevista no Decreto Legislativo Regional n.º 6/ /2001/A, de 21 de Março). | — | — |
| Auxiliar de telecomunicações de emergência (categorias de auxiliar de telecomunicações de emergência principal e de 1.ª e 2.ª classes do Instituto Nacional de Emergência Médica previstas no Decreto Regulamentar n.º 23/91, de 19 de Abril). | Assistente operacional | Assistente técnico |
| Bombeiro de aeroporto (carreira de pessoal aeroportuário específica da Região Autónoma da Madeira prevista no Decreto Legislativo Regional n.º 23/99/M, de 26 de Agosto). | — | — |
| Capataz [categoria do ex-Instituto Regulador e Orientador de Mercados Agrícolas (IROMA) prevista no Decreto Regulamentar n.º 53/91, de 9 de Outubro]. | Assistente operacional. | — |
| Capataz agrícola (carreira de pessoal não docente do ensino não superior prevista no Decreto-Lei n.º 184/ /2004, de 29 de Julho – a extinguir) | Assistente operacional. | — |
| Capelão (categoria da Santa Casa da Misericórdia de Lisboa prevista no Decreto Regulamentar n.º 17/91, de 11 de Abril). | — | — |
| Capelão (categoria de serviços e organismos do Ministério do Trabalho e da Solidariedade Social prevista no Decreto Regulamentar n.º 17/91, de 11 de Abril). | — | — |
| Capelão (categoria do pessoal não docente dos estabelecimentos de ensino superior e do Estádio Universitário prevista no Decreto Regulamentar n.º 2/2002, de 15 de Janeiro). | — | — |
| Capelão hospitalar (categoria do Ministério da Saúde prevista no Decreto Regulamentar n.º 23/91, de 19 de Abril). | — | — |

## Extinção das Carreiras e Categorias cujos Trabalhadores ...

| | | |
|---|---|---|
| Capelão-coordenador (categoria do Ministério da Saúde prevista no Decreto Regulamentar n.º 23/91, de 19 de Abril). | — | — |
| Capitão da marinha mercante (categoria da ex-Direcção--Geral de Portos, Navegação e Transportes Marítimos prevista no Decreto Regulamentar n.º 16//91, de 11 de Abril). | — | — |
| Chefe de armazém (categoria da administração local prevista no Decreto-Lei n.º 412-A/98, de 30 de Dezembro). | Encarregado operacional. | Encarregado geral operacional. |
| Chefe de armazém (categoria da Santa Casa da Misericórdia de Lisboa prevista no Decreto Regulamentar n.º 17/91, de 11 de Abril). | Encarregado operacional. | Encarregado geral operacional. |
| Chefe de armazém (categoria da Secretaria-Geral do Ministério da Saúde prevista no Decreto Regulamentar n.º 23/91, de 19 de Abril). | Assistente operacional. | — |
| Chefe de armazém [categoria do ex-Instituto Regulador e Orientador de Mercados Agrícolas (IROMA) prevista no Decreto Regulamentar n.º 53/91, de 9 de Outubro]. Assistente operacional. | — | — |
| Chefe de armazém (categoria do pessoal civil dos serviços departamentais das Forças Armadas prevista no Decreto Regulamentar n.º 17/2000, de 22 de Novembro). | Encarregado operacional. | Encarregado geral operacional. |
| Chefe de armazém (categoria prevista no Decreto Regulamentar Regional n.º 12/98/A, de 6 de Maio). | Encarregado operacional. | Encarregado geral operacional. |
| Chefe de armazém (categorias – duas – do Ministério da Agricultura, do Desenvolvimento Rural e das Pescas previstas no Decreto Regulamentar n.º 43/91, de 20 de Agosto). | 1 – Assistente operacional (para a categoria com escala indiciária composta por quatro escalões, índices 238, 244, 249 e 259, respectivamente). | 1 – Encarregado operacional. |

| | | |
|---|---|---|
| | 2 – Encarregado operacional (para a categoria com escala indiciária composta por cinco escalões, índices 280, 290, 300, 311 e 321, respectivamente). | 2 – Encarregado geral operacional. |
| Chefe de armazém de frigoríficos (categoria do Ministério da Agricultura, do Desenvolvimento Rural e das Pescas prevista no Decreto Regulamentar n.º 43/91, de 20 de Agosto). | Encarregado operacional. | Encarregado geral operacional. |
| Chefe de armazém e depósito (categoria do Instituto de Investigação Científica e Tropical prevista no Decreto Regulamentar n.º 21/91, de 17 de Abril). | Assistente operacional | Encarregado operacional |
| Chefe de contabilidade (categoria da Secretaria-Geral do Ministério da Saúde prevista no Decreto Regulamentar n.º 23/91, de 19 de Abril). | Assistente técnico | Coordenador técnico |
| Chefe de contabilidade (categoria de diversos organismos do Ministério da saúde – Escola Superior de Enfermagem de Francisco Gentil e Hospital de São João, Maternidade de Júlio Dinis, Instituto Nacional de Saúde Dr. Ricardo Jorge, Hospital Senhora da Oliveira, ex-Centro de Saúde Mental de Portalegre – prevista no Decreto Regulamentar n.º 23/91, de 19 de Abril). | Coordenador técnico | — |
| Chefe de cozinha (categoria do Instituto Nacional de Saúde Dr. Ricardo Jorge prevista no Decreto Regulamentar n.º 23/91, de 19 de Abril). | Assistente operacional | — |
| Chefe de departamento (categoria de chefia específica da Região Autónoma da Madeira prevista no Decreto Legislativo Regional n.º 23/99/M, de 26 de Agosto). | — | — |
| Chefe de departamento (categoria do pessoal não docente do ensino básico e secundário da Região Autónoma da Madeira prevista no Decreto Legislativo Regional n.º 29/2006/M, de 19 de Julho). | — | — |

| | | |
|---|---|---|
| Chefe de departamento (categoria a extinguir do quadro de pessoal da Secretaria-Geral do Ministério da Cultura). | Encarregado operacional | — |
| Chefe de guarda-fios (categoria de Timor do ex-quadro de efectivos interdepartamentais do Ministério das Finanças prevista no Decreto Regulamentar n.º 18/95, de 3 de Junho). | Encarregado operacional | — |
| Chefe de iluminação (categoria dos serviços dependentes da ex-Secretaria de Estado da Cultura prevista no Decreto Regulamentar n.º 26/91, de 7 de Maio). | Assistente técnico | Coordenador técnico |
| Chefe de mesa (categoria do pessoal civil dos serviços departamentais das Forças Armadas prevista no Decreto Regulamentar n.º 17/2000, de 22 de Novembro). | Assistente operacional | — |
| Chefe de oficinas de encadernação (categoria de serviços e organismos do Ministério do Trabalho e da Solidariedade Social prevista no Decreto Regulamentar n.º 17/ /91, de 11 de Abril). | Assistente operacional | Encarregado operacional |
| Chefe de oficinas gráficas (categoria de serviços e organismos do Ministério do Trabalho e da Solidariedade Social prevista no Decreto Regulamentar n.º 17/91, de 11 de Abril). | Assistente operacional | Encarregado operacional |
| Chefe de polícia florestal (Lisboa) (categoria da administração local em extinção prevista no Decreto-Lei n.º 412-A/98, de 30 de Dezembro). | — | — |
| Chefe de secretaria (categoria de diversos organismos do Ministério da saúde – Escola Superior de Enfermagem de Francisco Gentil e Hospital de São João, Maternidade de Júlio Dinis, Instituto Nacional de Saúde Dr. Ricardo Jorge, Hospital Senhora da Oliveira, ex-Centro de Saúde Mental de Portalegre – prevista no Decreto Regulamentar n.º 23/91, de 19 de Abril). | Coordenador técnico | — |
| Chefe de sector (categoria do Instituto Português do Sangue e das escolas superiores de enfermagem prevista no Decreto Regulamentar n.º 23/91, de 19 de Abril). | Assistente operacional | Encarregado operacional |
| Chefe de sector administrativo [categoria do ex-Instituto Regulador e Orientador de Mercados Agrícolas (IROMA) prevista no Decreto Regulamentar n.º 53/91, de 9 de Outubro]. | Assistente técnico | Coordenador técnico |

| | | |
|---|---|---|
| Chefe de sector comercial [categoria do ex-Instituto Regulador e Orientador de Mercados Agrícolas (IROMA) prevista no Decreto Regulamentar n.º 53/91, de 9 de Outubro]. | Assistente técnico | Coordenador técnico |
| Chefe de sector técnico [categoria do ex-Instituto Regulador e Orientador de Mercados Agrícolas (IROMA) prevista no Decreto Regulamentar n.º 53/91, de 9 de Outubro]. | Assistente técnico | Coordenador técnico |
| Chefe de serviço [categoria da ex-quadro de efectivos interdepartamentais do Ministério das Obras Públicas, Transportes e Comunicações prevista no Decreto Regulamentar n.º 16/91, de 11 de Abril]. | Assistente técnico | Coordenador técnico |
| Chefe de serviço (categoria da Secretaria-Geral do Ministério da Saúde prevista no Decreto Regulamentar n.º 23//91, de 19 de Abril). | Assistente técnico | Coordenador técnico |
| Chefe de serviço (categoria do Instituto Português de Oncologia de Francisco Gentil prevista no Decreto Regulamentar n.º 23/91, de 19 de Abril). | Assistente técnico | Coordenador técnico |
| Chefe de serviço de apoio geral (categoria do Hospital Psiquiátrico do Lorvão prevista no Decreto Regulamentar n.º 23/91, de 19 de Abril). | Assistente técnico | Coordenador técnico |
| Chefe de serviço de fiscalização (grupo de actividades 1 e 7) (categoria da administração local em extinção prevista no Decreto-Lei n.º 412-A/98, de 30 de Dezembro). | Assistente técnico | Coordenador técnico |
| Chefe de serviços (categoria do ex-Instituto de Promoção Turística prevista no Decreto Regulamentar n.º 18/91, de 11 de Abril). | Assistente técnico | — |
| Chefe de serviços de administração escolar (categoria da carreira de assistente de administração escolar do pessoal não docente dos estabelecimentos públicos de educação pré-escolar e dos ensinos básico e secundário prevista no Regulamento aprovado pelo Despacho n.º 17460/2006, de 29 de Agosto). | Coordenador técnico | — |
| Chefe de Serviços de administração escolar (categoria de pessoal não docente do ensino não superior prevista no Decreto-Lei n.º 184/2004, de 29 de Julho). | Coordenador técnico | — |

## Extinção das Carreiras e Categorias cujos Trabalhadores ...

| | | |
|---|---|---|
| Chefe de serviços de administração escolar (categoria do pessoal não docente do ensino básico e secundário da Região Autónoma da Madeira prevista no Decreto Legislativo Regional n.º 29/2006/M, de 19 de Julho). | Coordenador técnico | — |
| Chefe de serviços de administração escolar (categoria do pessoal não docente de administração escolar do Sistema Educativo Regional da Região Autónoma dos Açores prevista no Decreto Legislativo Regional n.º 11/ /2006/A, de 21 de Março). | Coordenador técnico | — |
| Chefe de serviços de limpeza (categoria da administração local prevista no Decreto-Lei n.º 412-A/98, de 30 de Dezembro). | Encarregado operacional | Encarregado geral operacional |
| Chefe de serviços técnicos Gerais (categoria do Instituto Nacional de Saúde Dr. Ricardo Jorge prevista no Decreto Regulamentar n.º 23/91, de 19 de Abril). | Assistente operacional | Encarregado geral operacional |
| Chefe de transportes mecânicos (categoria da administração local prevista no Decreto-Lei n.º 412-A/98, de 30 de Dezembro). | Encarregado operacional | Encarregado geral operacional |
| Comandante B (categoria do ex-quadro de efectivos interdepartamentais do Ministério das Finanças prevista no Decreto Regulamentar n.º 1/93, de 13 de Janeiro. | Encarregado geral operacional | — |
| Controlador-coordenador (categoria do Ministério da Agricultura, do Desenvolvimento Rural e das Pescas previstas no Decreto Regulamentar n.º 43/91, de 20 de Agosto). | Coordenador técnico | — |
| Coordenador (carreira de chefia específica da Região Autónoma da Madeira prevista nos Decretos Legislativos Regionais n.ºs 23/99/M, de 26 de Agosto, 27/2003/M, de 22 de Novembro, 16/2004/M, de 16 de Julho, 18/ /2004/M, dc 28 de Julho, e 26/2004/M, de 20 de Agosto). | — | — |
| Coordenador (SRPC) (categoria de chefia específica da Região Autónoma da Madeira prevista no Decreto Legislativo Regional n.º 23/99/M, de 26 de Agosto). | — | — |
| Coordenador de finanças (categoria de chefia específica da Região Autónoma da Madeira prevista no Decreto Legislativo Regional n.º 23/99/M, de 26 de Agosto). | Coordenador técnico | — |
| Coordenador de vendas (categoria do Ministério da Agricultura, do Desenvolvimento Rural e das Pescas prevista no Decreto Regulamentar n.º 43/91, de 20 de Agosto). | Assistente técnico | Coordenador técnico |

| | | |
|---|---|---|
| Coordenador Especialista (SRPC) (categoria de chefia específica da Região Autónoma da Madeira prevista no Decreto Legislativo Regional n.º 23/99/M, de 26 de Agosto). | — | — |
| Coordenador técnico (categoria de coordenação específica da Região Autónoma da Madeira prevista no Decreto Legislativo Regional n.º 23/99/M, de 26 de Agosto). | — | — |
| Coordenador técnico administrativo (categoria da ex-Direcção Geral da Comunicação Social prevista no Decreto Regulamentar n.º 26/91, de 7 de Maio). | — | — |
| Coordenador técnico administrativo (categoria do ex--quadro de efectivos interdepartamentais do Ministério das Obras Públicas, Transportes e Comunicações prevista no Decreto Regulamentar n.º 21/91, de 17 de Abril). | — | — |
| Delegado (categoria do ex-quadro de efectivos interdepartamentais do ex-Ministério do Comércio e Turismo prevista no Decreto Regulamentar n.º 18//91, de 11 de Abril). | — | — |
| Delegado regional (categoria do ex-Instituto Regulador e Orientador de Mercados Agrícolas (IROMA) prevista no Decreto Regulamentar n.º 53/91, de 9 de Outubro). | — | — |
| Delegado regional (categoria do Ministério da Agricultura, do Desenvolvimento Rural e das Pescas previstas no Decreto Regulamentar n.º 43/91, de 20 de Agosto). | — | — |
| Director (delegação) (categoria do Instituto Nacional de Saúde Dr. Ricardo Jorge prevista no Decreto Regulamentar n.º 23/91, de 19 de Abril). | — | — |
| Director de estabelecimento (categoria da Santa Casa da Misericórdia de Lisboa prevista no Decreto Regulamentar n.º 17/91, de 11 de Abril). | — | — |
| Director de estabelecimento (categoria de serviços e organismos do Ministério do Trabalho e da Solidariedade Social prevista no Decreto Regulamentar n.º 17/91, de 11 de Abril). | — | — |
| Director de estabelecimento (categoria do ex-quadro de efectivos interdepartamentais do Ministério das Obras Públicas, Transportes e Comunicações prevista no Decreto Regulamentar n.º 21/91, de 17 de Abril). | — | — |

## Extinção das Carreiras e Categorias cujos Trabalhadores ...

| | | |
|---|---|---|
| Director de serviços clínicos (categoria dos ex-Serviços Médico Sociais prevista no Decreto Regulamentar n.º 23/91, de 19 de Abril). | — | — |
| Educador de infância (carreira do pessoal de educação de Infância do Instituto de Gestão de Regimes da Segurança Social da Região Autónoma dos Açores prevista no Decreto Regulamentar Regional n.º 9/91/A, de 7 de Março). | — | — |
| Educador de infância (categoria do ex-quadro de efectivos interdepartamentais do Ministério das Obras Públicas, Transportes e Comunicações prevista no Decreto Regulamentar n.º 21/91, de 17 de Abril). | — | — |
| Educador de infância de 1.ª classe (categoria do ex-quadro de efectivos interdepartamentais do Ministério das Finanças prevista no Decreto Regulamentar n.º 1/93, de 13 de Janeiro. | — | — |
| Encarregado (categoria da carreira de operador de estações elevatórias, de tratamento ou depuradoras da administração local prevista no Decreto-Lei n.º 412-A/98, de 30 de Dezembro). | Assistente operacional | Encarregado operacional |
| Encarregado (categoria do Instituto de Desporto de Portugal prevista no Decreto Regulamentar n.º 4/92, de 2 de Abril). | Assistente operacional | Encarregado operacional |
| Encarregado (categoria de contrato individual de trabalho dos Serviços de Acção Social da Universidade da Beira Interior). | Assistente operacional | — |
| Encarregado da segurança e das instalações (categoria do ex-quadro de efectivos interdepartamentais do Ministério das Finanças prevista no Decreto Regulamentar n.º 51/91, de 24 de Setembro). | Assistente operacional | Encarregado operacional |
| Encarregado de 1.ª classe [categoria do ex-Instituto Regulador e Orientador de Mercados Agrícolas (IROMA) prevista no Decreto Regulamentar n.º 53/91, de 9 de Outubro]. | Encarregado operacional | Encarregado geral operacional |
| Encarregado de 1.ª classe de matadouro [categoria do ex-Instituto Regulador e Orientador de Mercados Agrícolas (IROMA) prevista no Decreto Regulamentar n.º 53/91, de 9 de Outubro]. | Encarregado operacional | Encarregado geral operacional |

| | | |
|---|---|---|
| Encarregado de 2.ª classe de matadouro [categoria do ex-Instituto Regulador e Orientador de Mercados Agrícolas (IROMA) prevista no Decreto Regulamentar n.º 53/91, de 9 de Outubro]. | Assistente operacional | Encarregado operacional |
| Encarregado de armazém (categoria da ex-Direcção--Geral da Aviação Civil prevista no Decreto Regulamentar n.º 16/91, de 11 de Abril). | Assistente operacional | — |
| Encarregado de armazém (categoria das administrações regionais de saúde prevista nos Decretos Regulamentares n.ᵒˢ 23/91, de 19 de Abril, e 36/92, de 22 de Dezembro). | Assistente operacional | — |
| Encarregado de armazém (categoria de serviços e organismos do Ministério do Trabalho e da Solidariedade Social prevista no Decreto Regulamentar n.º 17/91, de 11 de Abril). | Assistente operacional | Encarregado operacional |
| Encarregado de armazém (categoria do pessoal não docente dos estabelecimentos de ensino superior e do Estádio Universitário prevista no Decreto Regulamentar n.º 2/2002, de 15 de Janeiro). | Assistente operacional | Encarregado operacional |
| Encarregado de arquivo (categoria do Instituto Nacional de Saúde Dr. Ricardo Jorge prevista no Decreto Regulamentar n.º 23/91, de 19 de Abril). | Assistente operacional | — |
| Encarregado de arquivo (categoria específica da Região Autónoma da Madeira prevista no Decreto Legislativo Regional n.º 23/99/M, de 26 de Agosto). | Assistente operacional | — |
| Encarregado de bagagem (categoria de pessoal do Ministério dos Negócios Estrangeiros prevista no Decreto Regulamentar n.º 22/91, de 17 de Abril). | Assistente operacional | — |
| Encarregado de biblioteca (categoria dos serviços dependentes da ex-Secretaria de Estado da Cultura prevista no Decreto Regulamentar n.º 26/91, de 7 de Maio). | Assistente operacional | — |
| Encarregado de brigada de limpa-colectores (categoria da administração local prevista no Decreto-Lei n.º 412--A/98, de 30 de Dezembro). | Assistente operacional | Encarregado operacional |
| Encarregado de brigada dos serviços de limpeza (categoria da administração local prevista no Decreto-Lei n.º 412-A/98, de 30 de Dezembro). | Assistente operacional | Encarregado operacional |

## Extinção das Carreiras e Categorias cujos Trabalhadores ... 471

| | | |
|---|---|---|
| Encarregado de câmara escura (categoria do Ministério da Saúde prevista no Decreto Regulamentar n.º 23/91, de 19 de Abril). | Assistente operacional | Encarregado operacional |
| Encarregado de centro de trabalho protegido (categoria específica da Região Autónoma da Madeira prevista no Decreto Legislativo Regional n.º 23//99/M, de 26 de Agosto). | Assistente operacional | Encarregado operacional |
| Encarregado de conservação e manutenção de instalações (categoria das administrações regionais de saúde prevista no Decreto Regulamentar n.º 23/91, de 19 de Abril). | Assistente operacional | — |
| Encarregado de cozinha (categoria de serviços e organismos do Ministério do Trabalho e da Solidariedade Social prevista no Decreto Regulamentar n.º 17/91, de 11 de Abril). | Assistente operacional | Encarregado operacional |
| Encarregado de delegação (categoria do Ministério da Agricultura, do Desenvolvimento Rural e das Pescas previstas no Decreto Regulamentar n.º 43/91, de 20 de Agosto). | Assistente operacional | Encarregado operacional |
| Encarregado de estação termal (carreira específica da Região Autónoma dos Açores prevista no Decreto Legislativo Regional n.º 29/2000/A, de 11 de Agosto, e no Decreto Regulamentar Regional n.º 21/2006/A, de 16 de Junho). | Assistente operacional | Encarregado operacional |
| Encarregado de exploração (categoria de serviços e organismos do Ministério do Trabalho e da Solidariedade Social prevista no Decreto Regulamentar n.º 17/91, de 11 de Abril). | Assistente operacional | — |
| Encarregado de garagem (categoria do ex-Gabinete da Área de Sines prevista no Decreto Regulamentar n.º 21//91, de 17 de Abril). | Assistente operacional | Encarregado operacional |
| Encarregado de garagem (categoria do quadro único do ex-Ministério do Planeamento e da Administração do Território prevista no Decreto Regulamentar n.º 21/91, de 17 de Abril). | Assistente operacional | Encarregado operacional |
| Encarregado de guardaria (categoria do pessoal de museologia, conservação e restauro prevista no Decreto--Lei n.º 55/2001, de 15 de Fevereiro – a extinguir). | Assistente operacional | Encarregado operacional |

| | | |
|---|---|---|
| Encarregado de impressão (categoria do Ministério da Agricultura, do Desenvolvimento Rural e das Pescas previstas no Decreto Regulamentar n.º 43//91, de 20 de Agosto). | Assistente operacional | Encarregado operacional |
| Encarregado de inalações (categoria do Centro Hospitalar das Caldas da Rainha prevista no Decreto Regulamentar n.º 23/91, de 19 de Abril). | Assistente operacional | — |
| Encarregado de instalações (carreira do Instituto de Gestão de Regimes da Segurança Social da Região Autónoma dos Açores prevista nos Decretos Regulamentares Regionais n.ºs 9/91/A, de 7 de Março, e 1/92/A, de 13 de Janeiro). | Assistente operacional | — |
| Encarregado de instalações (categoria de serviços e organismos do Ministério do Trabalho e da Solidariedade Social prevista no Decreto Regulamentar n.º 17/91, de 11 de Abril). | Assistente operacional | — |
| Encarregado de instalações desportivas (categoria do Instituto de Desporto de Portugal prevista no Decreto Regulamentar n.º 4/92, de 2 de Abril). | Assistente operacional | Encarregado operacional |
| Encarregado de internato (categoria da administração local em extinção prevista no Decreto-Lei n.º 412-A/98, de 30 de Dezembro). | Assistente operacional | — |
| Encarregado de jardim (categoria do Ministério da Agricultura, do Desenvolvimento Rural e das Pescas previstas no Decreto Regulamentar n.º 43/91, de 20 de Agosto). | Assistente operacional | Encarregado operacional |
| Encarregado de jardineiros (categoria em extinção da Região Autónoma dos Açores prevista no Decreto Regulamentar Regional n.º 30/2006/A, de 31 de Outubro). | Encarregado operacional | — |
| Encarregado de limpeza (categoria da ex-Junta Autónoma de Estradas prevista no Decreto Regulamentar n.º 16//91, de 11 de Abril). | Assistente operacional | — |
| Encarregado de lubrif. inst. mec electr. (categoria das administrações regionais de saúde prevista no Decreto Regulamentar n.º 23/91, de 19 de Abril). | Assistente operacional | — |
| Encarregado de manutenção e conservação de instalações (categoria da Direcção-Geral da Saúde prevista no Decreto Regulamentar n.º 23/91, de 19 de Abril). | Assistente operacional | — |

## Extinção das Carreiras e Categorias cujos Trabalhadores ...

| | | |
|---|---|---|
| Encarregado de matadouro (carreira do pessoal de matadouros específica da Região Autónoma dos Açores prevista no Decreto Regulamentar Regional n.º 47/92//A, de 27 de Novembro, e no Decreto Legislativo Regional n.º 29/2000/A, de 11 de Agosto). | Encarregado operacional | — |
| Encarregado de matança e oficinas de 1.ª classe [categoria do ex-Instituto Regulador e Orientador de Mercados Agrícolas (IROMA) prevista no Decreto Regulamentar n.º 53/91, de 9 de Outubro]. | Assistente operacional | Encarregado geral operacional |
| Encarregado de matança e oficinas de 2.ª classe [categoria do ex-Instituto Regulador e Orientador de Mercados Agrícolas (IROMA) prevista no Decreto Regulamentar n.º 53/91, de 9 de Outubro]. | Assistente operacional | Encarregado operacional |
| Encarregado de movimento (chefe de tráfego – categoria da administração local prevista nos Decretos-Lei n.ºs 412-A/98, de 30 de Dezembro, 498/99, de 19 de Novembro, e 207/2000, de 2 de Setembro). | Assistente operacional | Encarregado geral operacional |
| Encarregado de oficinas (categoria do Ministério da Agricultura, do Desenvolvimento Rural e das Pescas previstas no Decreto Regulamentar n.º 43/91, de 20 de Agosto). | Assistente operacional | Encarregado operacional |
| Encarregado de oficinas de encadernação (categoria do ex-quadro de efectivos interdepartamentais do Ministério das Finanças prevista no Decreto Regulamentar n.º 51//91, de 24 de Setembro). | Assistente operacional | Encarregado operacional |
| Encarregado de oficinas de impressão (categoria do ex-quadro de efectivos interdepartamentais do Ministério das Finanças prevista no Decreto Regulamentar n.º 51//91, de 24 de Setembro). | Assistente operacional | Encarregado operacional |
| Encarregado de orquestra (categoria a extinguir do quadro de pessoal da Secretaria-Geral do Ministério da Cultura). | — | — |
| Encarregado de parque de máquinas e viaturas automóveis (categoria do Ministério da Agricultura, do Desenvolvimento Rural e das Pescas prevista no Decreto Regulamentar n.º 43/91, de 20 de Agosto). | Assistente operacional | Encarregado operacional |
| Encarregado de parque de viaturas (categoria do pessoal auxiliar de regime geral). | Assistente operacional | — |

| | | |
|---|---|---|
| Encarregado de parque de viaturas automóveis (categoria das administrações regionais de saúde prevista no Decreto Regulamentar n.º 23/91, de 19 de Abril). | Assistente operacional | Encarregado operacional |
| Encarregado de parques de viaturas automóveis (categoria específica da Região Autónoma da Madeira prevista no Decreto Legislativo Regional n.º 26//2004/M, de 20 de Agosto). | — | — |
| Encarregado de pessoal (categoria do pessoal auxiliar da ex-Biblioteca Nacional). | Assistente operacional | — |
| Encarregado de pessoal auxiliar (categoria da administração local prevista no Decreto-Lei n.º 412-A/98, de 30 de Dezembro). | Assistente operacional | — |
| Encarregado de pessoal auxiliar (categoria dos serviços dependentes da ex-Secretaria de Estado da Cultura prevista no Decreto Regulamentar n.º 26//91, de 7 de Maio). | Assistente operacional | — |
| Encarregado de pessoal auxiliar (categoria prevista no Decreto-Lei n.º 404-A/98, de 18 de Dezembro). | Assistente operacional | — |
| Encarregado de pessoal auxiliar de acção educativa (categoria em extinção do pessoal não docente do ensino básico e secundário da Região Autónoma da Madeira prevista no Decreto Legislativo Regional n.º 29/2006/ /M, de 19 de Julho). | Assistente operacional | Encarregado operacional |
| Encarregado de pessoal de serviço doméstico (categoria de serviços e organismos do Ministério do Trabalho e da Solidariedade Social prevista no Decreto Regulamentar n.º 17/91, de 11 de Abril). | Assistente operacional | — |
| Encarregado de pessoal doméstico (categoria de serviços e organismos do Ministério do Trabalho e da Solidariedade Social prevista no Decreto Regulamentar n.º 17/ /91, de 11 de Abril). | Assistente operacional | — |
| Encarregado de refeitório (categoria da obra social do Ministério das Obras Públicas, Transportes e Comunicações prevista no Decreto-Lei n.º 360/90, de 14 de Novembro, entretanto revogado pelo Decreto Regulamentar n.º 49/2007, de 27 de Abril). | Assistente operacional | Encarregado operacional |

## Extinção das Carreiras e Categorias cujos Trabalhadores ...

| | | |
|---|---|---|
| Encarregado de refeitório (categoria do Instituto Nacional de Administração prevista no Decreto Regulamentar n.º 26/91, dc 7 dc Maio). | Assistente operacional | — |
| Encarregado de refeitório/bar/*snack* (categoria do pessoal não docente dos estabelecimentos de ensino superior e do Estádio Universitário prevista no Decreto Regulamentar n.º 2/2002, de 15 de Janeiro). | Assistente operacional | Encarregado operacional |
| Encarregado de reprografia [categoria do ex-Instituto Regulador e Orientador de Mercados Agrícolas (IROMA) prevista no Decreto Regulamentar n.º 53/91, de 9 de Outubro]. | Assistente operacional | Encarregado operacional |
| Encarregado de residência (carreira do Laboratório Nacional de Engenharia Civil prevista no Decreto Regulamentar n.º 31/99, de 20 de Dezembro). | Assistente operacional | Encarregado operacional |
| Encarregado de residência (categoria da ex-quadro de efectivos interdepartamentais do Ministério das Obras Públicas, Transportes e Comunicações prevista no Decreto Regulamentar n.º 16/91, de 11 de Abril). | Assistente operacional | Encarregado operacional |
| Encarregado de secção (categoria do Instituto de Investigação Científica e Tropical prevista no Decreto Regulamentar n.º 21/91, de 17 de Abril). | Assistente operacional | Encarregado operacional |
| Encarregado de secção (categoria dos serviços dependentes da ex-Secretaria de Estado da Cultura prevista no Decreto Regulamentar n.º 26/91, de 7 de Maio). | Assistente operacional | Encarregado operacional |
| Encarregado de sector (categoria a extinguir do pessoal auxiliar dos serviços da segurança social prevista no Decreto Regulamentar n.º 30-C/98, de 31 de Dezembro). | Assistente operacional | — |
| Encarregado de sector (categoria de chefia do pessoal auxiliar dos serviços da segurança social prevista no Decreto Regulamentar n.º 30-C/98, de 31 de Dezembro). | Assistente operacional | Encarregado operacional |
| Encarregado de sector de abastecimento (categoria da Obra Social do Ministério das Obras Públicas, Transportes e Comunicações prevista no Decreto-Lei n.º 360/90, de 14 de Novembro, entretanto revogado pelo Decreto Regulamentar n.º 49/2007, de 27 de Abril). | Assistente operacional | Encarregado operacional |
| Encarregado de serviço automóvel (categoria da Secretaria-Geral da Presidência do Conselho de Ministros prevista no Decreto Regulamentar n.º 26/91, de 7 de Maio). | Assistente operacional | Encarregado operacional |

| | | |
|---|---|---|
| Encarregado de serviços (categoria a extinguir do Exército prevista no Decreto Regulamentar n.º 17/2000, de 22 de Novembro). | Assistente operacional | — |
| Encarregado de serviços (categoria do pessoal civil dos serviços departamentais das Forças Armadas prevista no Decreto Regulamentar n.º 17/2000, de 22 de Novembro). | Assistente operacional | — |
| Encarregado de serviços domésticos (categoria a extinguir do pessoal auxiliar dos serviços da segurança social prevista no Decreto Regulamentar n.º 30-C/98, de 31 de Dezembro). | Assistente operacional | — |
| Encarregado de serviços domésticos (categoria de serviços e organismos do Ministério do Trabalho e da Solidariedade Social prevista no Decreto Regulamentar n.º 17//91, de 11 de Abril). | Assistente operacional | — |
| Encarregado de Serviços Domésticos (categoria do pessoal não docente dos Estabelecimentos de Ensino Superior e do Estádio Universitário prevista no Decreto Regulamentar n.º 2/2002, de 15 de Janeiro) | Assistente operacional | — |
| Encarregado de serviços gerais (categoria de serviços e organismos do Ministério do Trabalho e da Solidariedade Social prevista no Decreto Regulamentar n.º 17/91, de 11 de Abril). | Assistente operacional | — |
| Encarregado de transportes (categoria da ex-Direcção-Geral da Aviação Civil prevista no Decreto Regulamentar n.º 16/91, de 11 de Abril). | Assistente operacional | Encarregado operacional |
| Encarregado de vendas [categoria do ex-Instituto Regulador e Orientador de Mercados Agrícolas (IROMA) prevista no Decreto Regulamentar n.º 53/91, de 9 de Outubro]. | Assistente operacional | Encarregado operacional |
| Encarregado de viveiros (categoria do Ministério da Agricultura, do Desenvolvimento Rural e das Pescas prevista no Decreto Regulamentar n.º 43/91, de 20 de Agosto). | Assistente operacional | — |
| Encarregado de viveiros (categoria dos serviços dependentes da ex-Secretaria de Estado da Cultura prevista no Decreto Regulamentar n.º 26/91, de 7 de Maio). | Assistente operacional | — |

## Extinção das Carreiras e Categorias cujos Trabalhadores ...

| | | |
|---|---|---|
| Encarregado do parque de viaturas automóveis (categoria de Pessoal do Ministério dos Negócios Estrangeiros prevista no Decreto Regulamentar n.º 22/91, de 17 de Abril). | Assistente operacional | Encarregado operacional |
| Encarregado do parque de viaturas automóveis (categoria de pessoal auxiliar da Secretaria-Geral da Presidência da República prevista no Decreto Regulamentar n.º 21//2001, de 22 de Dezembro). | Assistente operacional | Encarregado operacional |
| Encarregado do pessoal assistente de acção educativa (carreira do pessoal de apoio educativo do Instituto de Gestão de Regimes da Segurança Social da Região Autónoma dos Açores prevista no Decreto Regulamentar Regional n.º 9/91/A, de 7 de Março). | Assistente operacional | Encarregado operacional |
| Encarregado dos Serviços Sociais (categoria do Ministério da Agricultura, do Desenvolvimento Rural e das Pescas prevista no Decreto Regulamentar n.º 43/91, de 20 de Agosto). | Assistente operacional | Encarregado operacional |
| Encarregado geral de matadouro [categoria do ex-Instituto Regulador e Orientador de Mercados Agrícolas (IROMA) prevista no Decreto Regulamentar n.º 53/91, de 9 de Outubro]. | Assistente operacional | Encarregado geral operacional |
| Encarregado geral de matança e oficinas [categoria do ex-Instituto Regulador e Orientador de Mercados Agrícolas (IROMA) prevista no Decreto Regulamentar n.º 53/91, de 9 de Outubro]. | Assistente operacional | Encarregado geral operacional |
| Encarregado geral de oficinas (categoria do pessoal não docente dos estabelecimentos de ensino superior e do Estádio Universitário prevista no Decreto Regulamentar n.º 2/2002, de 15 de Janeiro). | Assistente operacional | Encarregado geral operacional |
| Encarregado geral do sector gráfico (categoria do ex-quadro de efectivos interdepartamentais do Ministério das Finanças prevista no Decreto Regulamentar n.º 51//91, de 24 de Setembro). | Assistente operacional | Encarregado geral operacional |
| Encarregado-geral (categoria do Ministério da Agricultura, do Desenvolvimento Rural e das Pescas prevista no Decreto Regulamentar n.º 43/91, de 20 de Agosto). | Assistente operacional | — |
| Enfermeiro (categoria do ex-quadro de efectivos interdepartamentais do Ministério das Finanças prevista no Decreto Regulamentar n.º 1/93, de 13 de Janeiro). | — | — |

| | | |
|---|---|---|
| Enfermeiro de 2.ª classe (categoria do Instituto de Oftalmologia do Dr. Gama Pinto prevista no Decreto Regulamentar n.º 23/91, de 19 de Abril). | — | — |
| Enfermeiro de 3.ª classe (categoria da administração local em extinção prevista no Decreto-Lei n.º 412-A/98, de 30 de Dezembro). | — | — |
| Enfermeiro de 3.ª classe (categoria do Ministério da Saúde prevista no Decreto Regulamentar n.º 23/91, de 19 de Abril). | — | — |
| Enfermeiro de 3.ª classe (categoria específica da Região Autónoma da Madeira prevista no Decreto Legislativo Regional n.º 23/99/M, de 26 de Agosto). | — | — |
| Enfermeiro-geral (categoria do Ministério da Saúde prevista no Decreto Regulamentar n.º 23/91, de 19 de Abril). | — | — |
| Farmacêutico (categoria do Ministério da Saúde prevista no Decreto Regulamentar n.º 23/91, de 19 de Abril). | — | — |
| Fiel de armazém de serviços de matadouros (categoria específica da Região Autónoma da Madeira prevista no Decreto Legislativo Regional n.º 23/99/M, de 26 de Agosto). | Assistente operacional | — |
| Gerente (categoria de diversos organismos do Ministério da saúde – Escola Superior de Enfermagem de Francisco Gentil e Hospital de São João, Maternidade de Júlio Dinis, Instituto Nacional de Saúde Dr. Ricardo Jorge, Hospital Senhora da Oliveira, ex-Centro de Saúde Mental de Portalegre – prevista no Decreto Regulamentar n.º 23/91, de 19 de Abril). | — | — |
| Gerente dos centros de saúde (categoria de chefia específica da Região Autónoma dos Açores prevista no Decreto Regulamentar Regional n.º 3/86/A, de 24 de Janeiro, e no Decreto Legislativo Regional n.º 24/2000//A, de 9 de Agosto). | — | — |
| Guarda florestal (categoria da Direcção-Geral dos Serviços Prisionais prevista no Decreto Regulamentar n.º 13/91, de 11 de Abril). | — | — |
| Guarda florestal (categoria específica da Região Autónoma da Madeira prevista no Decreto Regulamentar Regional n.º 1/99/M, de 22 de Janeiro, com as alterações introduzidas pelo Decreto Regulamentar Regional n.º 12/2003/M, de 24 de Abril, e pelo Decreto Legislativo Regional n.º 24/2003/M, de 19 de Agosto). | — | — |

| | | |
|---|---|---|
| Inspector de agências (categorias da Santa Casa da Misericórdia de Lisboa de inspector de agências principal, de 1.ª e 2.ª classes e de estagiário previstas o Decreto Regulamentar n.º 17/91, de 11 de Abril). | — | — |
| Inspector técnico (categorias de inspector técnico principal, de 1.ª e 2.ª classes e de inspector técnico do Ministério da Agricultura, do Desenvolvimento Rural e das Pescas previstas no Decreto Regulamentar n.º 43/ /91, de 20 de Agosto). | — | — |
| Inspector-chefe (categoria dos serviços dependentes da ex-Secretaria de Estado da Cultura prevista no Decreto Regulamentar n.º 26/91, de 7 de Maio). | — | — |
| Inspector-geral (categoria do ex-quadro de efectivos interdepartamentais do Ministério das Obras Públicas, Transportes e comunicações prevista no Decreto Regulamentar n.º 21/91, de 17 de Abril). | — | — |
| Maquinista teatral-chefe (categoria da carreira de maquinista teatral da administração local prevista no Decreto-Lei n.º 412-A/98, de 30 de Dezembro). | Assistente operacional | — |
| Marinheiro (carreira de pessoal marítimo específica da Região Autónoma da Madeira prevista no Decreto Legislativo Regional n.º 23/99/M, de 26 de Agosto). | — | — |
| Médico de clínica geral ou de valência (categoria do Ministério da Saúde prevista no Decreto Regulamentar n.º 23/91, de 19 de Abril). | — | — |
| Médico escolar (categoria das escolas superiores de enfermagem prevista no Decreto Regulamentar n.º 23/ /91, de 19 de Abril). | — | — |
| Mestre (carreira de pessoal marítimo específica da Região Autónoma da Madeira prevista no Decreto Legislativo Regional n.º 23/99/M, de 26 de Agosto). | — | — |
| Monitor de formação profissional (carreira específica da Região Autónoma dos Açores prevista no Decreto Legislativo Regional n.º 37/2004/A, de 20 de Outubro). | — | — |
| Monitor de formação profissional (carreira específica da Região Autónoma da Madeira prevista no Decreto Legislativo Regional n.º 16/2000/M, de 15 de Julho). | — | — |

| | | |
|---|---|---|
| Observador geofísico (carreira do pessoal de meteorologia prevista no Decreto-Lei n.º 553/99, de 15 de Dezembro). | Assistente operacional | — |
| Observador meteorológico (carreira do pessoal de Meteorologia prevista no Decreto-Lei n.º 553/99, de 15 de Dezembro). | Assistente operacional | — |
| Odontologista (categoria do Serviço Nacional de Saúde prevista no Decreto-Lei n.º 233/98, de 22 de Julho). | — | — |
| Operador de emergência (carreira do pessoal de emergência específica da Região Autónoma dos Açores em extinção revista no Decreto Legislativo Regional n.º 29//2000/A, de 11 de Agosto). | — | — |
| Pagador (categoria específica da Região Autónoma da Madeira prevista no Decreto Legislativo Regional n.º 23//99/M, de 26 de Agosto). | — | — |
| Parteira (categoria a extinguir do Exército prevista no Decreto Regulamentarn.º 17/2000, de 22 de Novembro). | — | — |
| Parteira (categoria do Ministério da Saúde prevista no Decreto Regulamentar n.º 23/91, de 19 de Abril). | — | — |
| Perito (categoria de pessoal do Ministério dos Negócios Estrangeiros prevista no Decreto Regulamentar n.º 22//91, de 17 de Abril). | — | — |
| Preparador de anatomia patológica auxiliar (categoria específica da Região Autónoma da Madeira prevista no Decreto Legislativo Regional n.º 23/99/M, de 26 de Agosto). | — | — |
| Professor auxiliar (categoria da Escola de Pesca e da Marinha de Comércio prevista no Decreto Regulamentar n.º 16/91, de 11 de Abril). | — | — |
| Professor de disciplinas não especificadas (categoria da Escola de Pesca e da Marinha de Comércio prevista no Decreto Regulamentar n.º 16/91, de 11 de Abril). | — | — |
| Professor de electricidade (categoria da Escola de Pesca e da Marinha de Comércio prevista no Decreto Regulamentar n.º 16/91, de 11 de Abril). | — | — |
| Professor do curso de educação pela arte (categoria do quadro transitório do pessoal docente do Conservatório Nacional prevista no Decreto-Lei n.º 310/83, de 1 de Julho, e no Decreto Regulamentar n.º 4/92, de 2 de Abril). | — | — |

| | | |
|---|---|---|
| Professor de máquinas (categoria da Escola de Pesca e da Marinha de Comércio prevista no Decreto Regulamentar n.º 16/91, de 11 de Abril). | — | — |
| Professor de marinharia (categoria da Escola de Pesca e da Marinha de Comércio prevista no Decreto Regulamentar n.º 16/91, de 11 de Abril). | — | — |
| Professor do 8.º grupo do ensino liceal (categoria do Instituto Português do Sangue prevista no Decreto Regulamentar n.º 23/91, de 19 de Abril). | — | — |
| Professor do ensino preparatório (categoria do ex-quadro de efectivos interdepartamentais do Ministério das Finanças prevista no Decreto Regulamentar n.º 1/93, de 13 de Janeiro). | — | — |
| Professor do ensino primário (categoria do ex-quadro de efectivos interdepartamentais do Ministério das Finanças prevista no Decreto Regulamentar n.º 1/93, de 13 de Janeiro). | — | — |
| Professor do ensino secundário (categoria do ex-quadro de efectivos interdepartamentais do Ministério das Finanças prevista no Decreto Regulamentar n.º 1/93, de 13 de Janeiro). | — | — |
| Professor do ICBR (categoria da Santa Casa da Misericórdia de Lisboa prevista no Decreto Regulamentar n.º 17/91, de 11 de Abril). | — | — |
| Professor efectivo (categoria das ex-Escolas de Regentes Agrícolas de Santarém, Coimbra e Évora prevista nos Decretos Regulamentares n.ºˢ 4/92, de 2 de Abril, e 55//97, de 26 de Dezembro). | — | — |
| Professor provisório (categoria do ex-quadro de efectivos interdepartamentais do Ministério da Educação prevista no Decreto Regulamentar n.º 11/93, de 3 de Maio). | — | — |
| Radiologista auxiliar (categoria específica da Região Autónoma da Madeira prevista no Decreto Legislativo Regional n.º 23/99/M, de 26 de Agosto). | — | — |
| Regente de internato efectivo (categoria do ex-quadro de efectivos interdepartamentais do Ministério da Educação prevista no Decreto Regulamentar n.º 11/93, de 3 de Maio). | — | — |

| | | |
|---|---|---|
| Regente de internato provisório (categoria do ex-quadro de efectivos interdepartamentais do Ministério da Educação prevista no Decreto Regulamentar n.º 11/93, de 3 de Maio). | — | — |
| Regente de trabalhos provisório (categoria do ex-quadro de efectivos interdepartamentais do Ministério da Educação prevista no Decreto Regulamentar n.º 11/93, de 3 de Maio). | — | — |
| Regente de trabalhos provisórios (categoria do pessoal não docente dos estabelecimentos de ensino superior e do Estádio Universitário prevista no Decreto Regulamentar n.º 2/2002, de 15 de Janeiro). | — | — |
| Secretário (categoria de diversos organismos do Ministério da Saúde – Escola Superior de Enfermagem de Francisco Gentil e Hospital de São João, Maternidade de Júlio Dinis, Instituto Nacional de Saúde Dr. Ricardo Jorge, Hospital Senhora da Oliveira, ex-Centro de Saúde Mental de Portalegre – prevista no Decreto Regulamentar n.º 23/91, de 19 de Abril). | — | — |
| Secretário (categoria de diversos organismos do Ministério da saúde prevista no Decreto Regulamentar n.º 23/ /91, de 19 de Abril). | — | — |
| Secretário (categoria dos organismos e serviços centrais e regionais do Ministério da Educação prevista no Decreto Regulamentar n.º 15/91, de 11 de Abril). | — | — |
| Secretário-geral (categoria da Santa Casa da Misericórdia de Lisboa prevista no Decreto Regulamentar n.º 17/91, de 11 de Abril). | — | — |
| Sonoplasta-chefe (categoria da carreira de sonoplasta da administração local prevista no Decreto-Lei n.º 412-A/ /98, de 30 de Dezembro). Assistente operacional. | — | — |
| Subchefe de polícia florestal (Lisboa) (categoria da administração local em extinção prevista no Decreto-Lei n.º 412-A/98, de 30 de Dezembro). | — | — |
| Subcoordenador (categoria de chefia da Região Autónoma dos Açores prevista no Decreto Regulamentar Regional n.º 9/2006/A, de 9 de Fevereiro). | — | — |

| | | |
|---|---|---|
| Subdelegado de saúde (categoria das administrações regionais de saúde prevista no Decreto Regulamentar n.º 23/91, de 19 de Abril). | — | — |
| Subdirector (categoria das escolas de hotelaria e turismo prevista no Decreto Regulamentar n.º 18/91, de 11 de Abril). | — | — |
| Subinspector (categoria do Instituto do Emprego e Formação Profissional prevista no Decreto Regulamentar n.º 17/91, de 11 de Abril). | — | — |
| Subinspector (categorias de 1.ª e de 2.ª classes da ex-Inspecção-Geral do Trabalho previstas no Decreto Regulamentar n.º 17/91, de 11 de Abril). | — | — |
| Subinspector (carreira do ex-Gabinete de Gestão do Fundo de Desemprego). | — | — |
| Subinspector de 2.ª classe (categoria da Secretaria-Geral do ex-Ministério do Emprego e da Segurança Social prevista no Decreto Regulamentar n.º 17//91, de 11 de Abril). | — | — |
| Técnico (categorias de técnico especialista principal e de 1.ª e 2.ª classes dos serviços dependentes da ex-Secretaria de Estado da Cultura previstas no Decreto Regulamentar n.º 26/91, de 7 de Maio). | — | — |
| Técnico (categoria profissional prevista no regulamento aprovado pela deliberação n.º 1748/2006, do Senado da Universidade de Coimbra). | — | — |
| Técnico (categoria profissional prevista no regulamento n.º 257-A/2007, aprovado por despacho reitoral de 2 de Julho de 2007, da Universidade Aberta). | — | — |
| Técnico administrativo (categoria do mapa de pessoal em regime de contrato individual de trabalho da Universidade da Madeira constante do anexo II ao despacho n.º 19 386/2006 publicado no *Diário da República, 2.ª* série, n.º 183, de 21 de Setembro de 2006). | — | — |
| Técnico assistente do SOA (carreira de pessoal aeroportuário específica da Região Autónoma da Madeira prevista no Decreto Legislativo Regional n.º 23/99/M, de 26 de Agosto). | — | — |

| | | |
|---|---|---|
| Técnico auxiliar (categoria da carreira técnico-profissional específica da Região Autónoma da Madeira prevista no Decreto Legislativo Regional n.º 23//99/M, de 26 de Agosto). | — | — |
| Técnico auxiliar de farmácia (categoria específica da Região Autónoma da Madeira prevista no Decreto Legislativo Regional n.º 23/99/M, de 26 de Agosto). | — | — |
| Técnico contabilista (carreira da Região Autónoma dos Açores prevista no Decreto Regulamentar Regional n.º 2/2007/A, de 30 de Janeiro). | — | — |
| Técnico de Conservação e restauro de documentação gráfica (categorias de técnico de conservação e restauro de documentação gráfica principal e de 1.ª e 2.ª classes do Instituto de Investigação Científica e Tropical previstas no Decreto Regulamentar n.º 21/91, de 17 de Abril). | — | — |
| Técnico de conservação e restauro de objectos arquitectónicos e etnográficos (categorias de técnico de conservação e restauro de objectos arquitectónicos e etnográficos principal e de 1.ª e 2.ª classe do Instituto de Investigação Científica e Tropical previstas no Decreto Regulamentar n.º 21/91, de 17 de Abril). | Assistente técnico | — |
| Técnico de crédito público (carreira da ex-Direcção-Geral da Junta do Crédito Público prevista nos Decretos-Lei n.ºˢ 193/90, de 9 de Junho, e 177/91, de 14 de Maio). | — | — |
| Técnico de diagnóstico para obras de arte (carreira específica da Região Autónoma dos Açores em extinção prevista no Decreto Legislativo Regional n.º 29/2000/ /A, de 11 de Agosto, e no Decreto Regulamentar Regional n.º 3/2006/A, de 10 de Janeiro). | Assistente técnico | — |
| Técnico de emprego (carreira específica da Região Autónoma da Madeira prevista no Decreto Legislativo Regional n.º 16/2000/M, de 15 de Julho). | — | — |
| Técnico de emprego (carreira específica da Região Autónoma dos Açores prevista no Decreto Legislativo Regional n.º 37/2004/A, de 20 de Outubro). | — | — |
| Técnico de fotografia e radiografia para a conservação (carreira do pessoal demuseologia, conservação e restauro prevista no Decreto-Lei n.º 55/2001, de 15 de Fevereiro). | — | — |

## Extinção das Carreiras e Categorias cujos Trabalhadores ...

| | | |
|---|---|---|
| Técnico de fotografia e radiografia para a conservação (carreira do pessoal das áreas de museologia e da conservação e restauro do património cultural específica da Região Autónoma da Madeira prevista no Decreto Legislativo Regional n.º 23/2002/M, de 4 de Dezembro). | — | — |
| Técnico de manutenção de equipamento aeroportuário (carreira de pessoal aeroportuário específica da Região Autónoma da Madeira prevista no Decreto Legislativo Regional n.º 23/99/M, de 26 de Agosto). | — | — |
| Técnico de manutenção eléctrica de aeroporto (carreira de pessoal aeroportuário específica da Região Autónoma da Madeira prevista no Decreto Legislativo Regional n.º 23/99/M, de 26 de Agosto). | — | — |
| Técnico de património (carreira da Região Autónoma dos Açores prevista no Decreto Regulamentar Regional n.º 9/2006/A, de 9 de Fevereiro, e a que se aplicam os Decretos Regulamentares Regionais n.ºˢ 26/90/A, de 8 de Agosto – artigos 1.º, 4.º, 6.º e 8.º a 11.º –, e 17/92//A, de 22 de Abril). | — | — |
| Técnico de património (carreira de regime especial da ex-Direcção-Geral do Património). | — | — |
| Técnico de promoção e divulgação de exposições e eventos culturais (carreira específica da Região Autónoma dos Açores em extinção prevista no Decreto Legislativo Regional n.º 29/2000/A, de 11 de Agosto, e no Decreto Regulamentar Regional n.º 3/2006/A, de 10 de Janeiro). | Assistente técnico | — |
| Técnico de verificação dos produtos da pesca (categorias de verificador-chefe, de verificador principal, de 1.ª e de 2.ª classes e de verificador auxiliar de 1.ª e 2.ª classes do Ministério da Agricultura, do Desenvolvimento Rural e das Pescas previstas no Decreto Regulamentar n.º 43//91, de 20 de Agosto). | — | — |
| Técnico exactor (carreira do pessoal das tesourarias da Região Autónoma dos Açores previsto no Decreto Legislativo Regional n.º 33/2004/A, de 25 de Agosto). | — | — |
| Técnico experimentador principal (categoria do pessoal não docente dos estabelecimentos de ensino superior e do Estádio Universitário prevista no Decreto Regulamentar n.º 2/2002, de 15 de Janeiro). | Assistente técnico | — |

| | | |
|---|---|---|
| Técnico monitor (carreira específica da Região Autónoma da Madeira prevista no Decreto Legislativo Regional n.º 23/99/M, de 26 de Agosto). | — | — |
| Técnico tesoureiro (carreira do pessoal das tesourarias da Região Autónoma dos Açores previsto no Decreto Legislativo Regional n.º 33/2004/A, de 25 de Agosto). | — | — |
| Tesoureiro-chefe (categoria de chefia específica da Região Autónoma da Madeira prevista nos Decretos Legislativos Regionais n.ºs 23/99/M, de 26 de Agosto, 27/2003/M, de 22 de Novembro, e 26/2004/M, de 20 de Agosto). | — | — |
| Tesoureiro-chefe (Lisboa e Porto) (categoria da administração local prevista no Decreto-Lei n.º 412-A/98, de 30 de Dezembro). | — | — |

## MAPA VIII

### Disposições normativas revogadas

Artigos 11.º, 15.º a 19.º, 22.º a 26.º e 28.º a 33.º do Decreto-Lei n.º 124//79, de 10 de Maio.

Despacho Normativo n.º 269/79, publicado em 13 de Setembro de 1979.

Despacho Normativo n.º 126/80, publicado em 15 de Abril de 1980.

Artigos 50.º a 65.º do Decreto Regulamentar n.º 19/80, de 26 de Maio.

Decreto-Lei n.º 183/80, de 4 de Junho.

Artigo 11.º, n.º 3 do artigo 12.º e artigos 15.º a 17.º do Decreto Regulamentar n.º 44/80, de 30 de Agosto.

Artigos 14.º a 18.º do Decreto-Lei n.º 404/80, de 26 de Setembro.

Artigos 15.º a 19.º do Decreto-Lei n.º 409/80, de 27 de Setembro.

Artigos 69.º, 72.º, 76.º, 112.º, 114.º, 115.º e 117.º do Decreto-Lei n.º 252--A/82, de 28 de Junho.

Artigos 8.º a 11.º do Decreto-Lei n.º 200/83, de 19 de Maio.

Artigos 3.º a 8.º do Decreto-Lei n.º 1/84, de 2 de Janeiro.

Artigos 11.º a 15.º do Decreto-Lei n.º 295/85, de 24 de Julho.

Artigos 45.º a 56.º do Decreto Regulamentar n.º 68/85, de 24 de Outubro.

Artigos 43.º a 52.º do Decreto Regulamentar n.º 70/85, de 30 de Outubro.

Artigos 3.º e 4.º do Decreto-Lei n.º 482/85, de 14 de Novembro.

Artigos 18.º a 20.º, 22.º e 24.º e anexo II do Decreto Regulamentar n.º 3//86, de 8 de Janeiro.

Artigos 35.º a 48.º do Decreto Regulamentar n.º 52/86, de 6 de Outubro.

Artigos 34.º a 45.º do Decreto Regulamentar n.º 62/86, de 6 de Novembro.

Artigos 34.º a 40.º do Decreto Regulamentar n.º 1/87, de 2 de Janeiro.

N.º 3 do artigo 35.º e artigos 36.º a 42.º do Decreto Regulamentar n.º 8/87, de 23 de Janeiro.

Artigos 41.º a 47.º do Decreto-Lei n.º 20/88, de 28 de Janeiro.

Decreto-Lei n.º 323/88, de 23 de Setembro.

Artigos 28.º a 33.º e anexo II do Decreto-Lei n.º 34/89, de 30 de Janeiro.

Artigo 1.º do Decreto-Lei n.º 223/89, de 5 de Julho.

Decreto Regulamentar n.º 23/89, de 11 de Agosto, com excepção das disposições relativas à carreira de inspector vitivinícola.

Artigos 13.º, 15.º, 16.º, 18.º, 22.º a 50.º e 52.º a 64.º e mapa IV do Decreto Regulamentar n.º 24/89, de 11 de Agosto, na parte que não respeita às carreiras de inspector vitivinícola, de técnico de verificação dos produtos da pesca e de verificador técnico.

Decreto Regulamentar n.º 25/89, de 17 de Agosto, com excepção do artigo 3.º, do mapa II anexo e das disposições relativas às categorias de chefe de armazém, chefe de mesa, encarregado de serviços e parteira. Decreto-Lei n.º 269/89, de 18 de Agosto.

Decreto-Lei n.º 278/89, de 23 de Agosto.

Decreto-Lei n.º 304/89, de 4 de Setembro.

Artigos 5.º a 11.º e 16.º e mapa III anexo do Decreto-Lei n.º 131/90, de 20 de Abril, com excepção do que respeita à carreira de técnico superior de inspecção.

N.º 3 do artigo 2.º do Decreto-Lei n.º 274/90, de 7 de Setembro.

N.ºs 2 e 3 do artigo 27.º e anexo II do Decreto Regulamentar n.º 40/90, de 28 de Novembro.

Decreto-Lei n.º 393/90, de 11 de Dezembro.

Decreto Regulamentar n.º 13/91, de 11 de Abril, com excepção do artigo 3.º e das disposições relativas às categorias subsistentes.

Decreto Regulamentar n.º 14/91, de 11 de Abril.

Decreto Regulamentar n.º 15/91, de 11 de Abril, com excepção das disposições relativas às categorias subsistentes.

Decreto Regulamentar n.º 16/91, de 11 de Abril, com excepção das disposições relativas às categorias subsistentes e de maquinista marítimo de 1.ª, 2.ª e 3.ª classes, de marinheiro de 1.ª e 2.ª classes e de mestre de tráfego local de 1.ª, 2.ª e 3.ª classes.

Decreto Regulamentar n.º 17/91, de 11 de Abril, com excepção das disposições relativas às categorias subsistentes.

Decreto Regulamentar n.º 18/91, de 11 de Abril, com excepção da parte relativa à categoria de subdirector das escolas de hotelaria e turismo.

Decreto Regulamentar n.º 20/91, de 17 de Abril.

Decreto Regulamentar n.º 21/91, de 17 de Abril, com excepção das disposições relativas às categorias subsistentes e de marinheiro.

Decreto Regulamentar n.º 22/91, de 17 de Abril, com excepção do n.º 3 do artigo 5.º e das disposições relativas às categorias subsistentes.

Decreto Regulamentar n.º 23/91, de 19 de Abril, com excepção do n.º 2 do artigo 2.º, do artigo 3.º e de outras disposições relativas às categorias subsistentes e de mestre de embarcação.

Decreto Regulamentar n.º 24/91, de 27 de Abril.

Decreto Regulamentar n.º 26/91, de 7 de Maio, com excepção das disposições relativas às categorias subsistentes.

Decreto-Lei n.º 177/91, de 14 de Maio.

Decreto-Lei n.º 204/91, de 7 de Junho.

Decreto-Lei n.º 247/91, de 10 de Julho.

Decreto Regulamentar n.º 43/91, de 20 de Agosto, com excepção das disposições relativas às categorias subsistentes.

Decreto Regulamentar n.º 45/91, de 29 de Agosto.

Decreto Regulamentar n.º 49/91, de 20 de Setembro.

Decreto Regulamentar n.º 51/91, de 24 de Setembro, com excepção das disposições relativas às categorias subsistentes.

Decreto Regulamentar n.º 53/91, de 9 de Outubro, com excepção das disposições relativas às categorias subsistentes.

Decreto-Lei n.º 420/91, de 29 de Outubro.

Decreto Regulamentar n.º 4/92, de 2 de Abril, com excepção das disposições relativas às categorias subsistentes.

Decreto Regulamentar n.º 5/92, de 6 de Abril.

Decreto-Lei n.º 61/92, de 15 de Abril.

Decreto-Lei n.º 71/92, de 28 de Abril, com excepção do n.º 1 do artigo 2.º, do artigo 8.º e do anexo I.

Decreto-Lei n.º 137/92, de 16 de Julho.

Decreto-Lei n.º 231/92, de 21 de Outubro.

Decreto Regulamentar n.º 36/92, de 22 de Dezembro, com excepção das disposições relativas às categorias subsistentes.

Decreto-Lei n.º 296/92, de 30 de Dezembro.

Decreto Regulamentar n.º 38/92, de 31 de Dezembro.

Decreto Regulamentar n.º 1/93, de 13 de Janeiro, com excepção das disposições relativas às categorias subsistentes.

Decreto Regulamentar n.º 16/93, de 13 de Maio.

Decreto Regulamentar n.º 12/94, de 4 de Maio.

Decreto Regulamentar n.º 13/94, de 26 de Maio.

Decreto Regulamentar n.º 18/95, de 3 de Junho, com excepção das disposições relativas às categorias subsistentes.

Decreto-Lei n.º 276/95, de 25 de Outubro.

Decreto Regulamentar n.º 11/96, de 15 de Outubro.

Decreto-Lei n.º 217/96, de 20 de Novembro, com excepção dos artigos 1.º e 2.º

Decreto Regulamentar n.º 16/96, de 28 de Novembro.
Decreto-Lei n.º 45/97, de 24 de Fevereiro.
Regulamento interno aprovado pela Portaria n.º 180/97, de 12 de Março, com excepção dos artigos 4.º, 5.º, 10.º, 11.º e 14.º
Decreto Regulamentar n.º 27/97, de 18 de Junho.
Decreto Regulamentar n.º 28/97, de 21 de Julho.
Decreto Regulamentar n.º 39/97, de 1 de Outubro.
Decreto-Lei n.º 300/97, de 31 de Outubro.
Decreto Regulamentar n.º 51/97, de 24 de Novembro.
Decreto-Lei n.º 113/98, de 4 de Maio.
Decreto-Lei n.º 182/98, de 3 de Julho, com excepção do artigo 1.º
Artigos 25.º e 26.º do Decreto-Lei n.º 249/98, de 11 de Agosto.
Decreto-Lei n.º 312/98, de 15 de Outubro.
Decreto Regulamentar n.º 30-A/98, de 31 de Dezembro.
Decreto Regulamentar n.º 30-B/98, de 31 de Dezembro.
Decreto Regulamentar n.º 30-C/98, de 31 de Dezembro, com excepção das disposições relativas às categorias subsistentes.
Artigos 4.º e 5.º e alíneas *m*) e *n*) do mapa I anexo, todos do Estatuto aprovado pelo Decreto-Lei n.º 343/99, de 26 de Agosto.
Decreto-Lei n.º 413/99, de 15 de Outubro.
Decreto-Lei n.º 414/99, de 15 de Outubro.
Decreto-Lei n.º 419/99, de 21 de Outubro.
Decreto-Lei n.º 420/99, de 21 de Outubro.
Artigos 5.º a 7.º do Decreto-Lei n.º 460/99, de 5 de Novembro.
Decreto-Lei n.º 498/99, de 19 de Novembro.
Decreto-Lei n.º 536/99, de 13 de Dezembro.
Decreto Regulamentar n.º 31/99, de 20 de Dezembro, com excepção das disposições relativas às categorias subsistentes.
Regulamentos de carreiras e retributivo aprovados pelo despacho conjunto n.º 38/2000, de 14 de Janeiro.
N.º 1 do artigo 8.º, artigos 9.º e 10.º, mapa I do anexo II na parte referente à carreira de técnico superior de polícia municipal e mapa II do anexo III do Decreto-Lei n.º 39/2000, de 17 de Março.
Decreto-Lei n.º 199/2000, de 24 de Agosto.
Decreto-Lei n.º 234-A/2000, de 25 de Setembro.
Decreto Regulamentar n.º 15/2000, de 2 de Outubro.
N.º 3 do artigo 57.º do Decreto-Lei n.º 252/2000, de 16 de Outubro.
Decreto Regulamentar n.º 17/2000, de 22 de Novembro, com excepção das disposições relativas às categorias subsistentes.
Decreto Regulamentar n.º 18/2000, de 22 de Novembro.
Decreto-Lei n.º 199/2000, de 24 de Agosto.
Alíneas *a*) a *d*) do n.º 5 do artigo 62.º e artigos 73.º a 76.º, 133.º a 136.º e 140.º a 142.º do Decreto-Lei n.º 275-A/2000, de 9 de Novembro.

490 *Novo Estatuto da Função Pública*

Decreto-Lei n.º 35/2001, de 8 de Fevereiro.

Decreto-Lei n.º 55/2001, de 15 de Fevereiro, com excepção das disposições relativas às categorias subsistentes.

N.ᵒˢ 1 a 3 do artigo 25.º do Decreto-Lei n.º 83/2001, de 9 de Março.

Artigos 65.º e 66.º e anexos IV e V do Decreto-Lei n.º 204-A/2001, de 26 de Julho.

Lei n.º 89/2001, de 10 de Agosto.

N.º 2 do artigo 2.º, artigos 36.º a 46.º, 48.º, 57.º a 61.º e 63.º e mapa III do Estatuto aprovado pelo Decreto-Lei n.º 290-A/2001, de 17 de Novembro.

Decreto Regulamentar n.º 21/2001, de 22 de Dezembro, com excepção das disposições relativas às categorias subsistentes.

Decreto Regulamentar n.º 2/2002, de 15 de Janeiro, com excepção das disposições relativas às categorias subsistentes, de maquinista marítimo de 1.ª, 2.ª e 3.ª classes e de marinheiro de 2.ª classe.

Decreto Regulamentar n.º 8/2002, de 20 de Fevereiro.

Decreto Regulamentar n.º 10/2002, de 8 de Março.

Regulamento interno aprovado pelo despacho n.º 6984/2002, publicado no *Diário da República,* 2.ª série, n.º 79, de 4 de Abril de 2002, nas disposições relativas às carreiras de consultor, especialista, técnica e administrativa.

Tabela remuneratória aprovada pelo despacho n.º 6985/2002, publicado no *Diário da República,* 2.ª série, n.º 79, de 4 de Abril de 2002, na parte relativa às carreiras de consultor, especialista e administrativa.

N.ᵒˢ 2.º e 8.º e anexo n.º 2 da Portaria n.º 358/2002, de 3 de Abril.

Decreto-Lei n.º 84/2002, de 5 de Abril.

Decreto Regulamentar n.º 24/2002, de 5 de Abril.

Decreto Regulamentar n.º 29/2002, de 8 de Abril.

Decreto Regulamentar n.º 31/2002, de 22 de Abril.

Decreto-Lei n.º 102/2002, de 12 de Abril.

Decreto-Lei n.º 143/2002, de 20 de Maio.

Decreto-Lei n.º 144/2002, de 20 de Maio.

Decreto-Lei n.º 148/2002, de 20 de Maio.

Decreto-Lei n.º 154/2002, de 28 de Maio.

Decreto-Lei n.º 89/2004, de 20 de Abril.

N.ᵒˢ 2 e 3 do artigo 2.º, artigos 8.º a 20.º, n.ᵒˢ 2 e 3 do artigo 45.º, artigos 47.º, 48.º e 53.º a 56.º e anexos I a V e VII do Decreto-Lei n.º 184/2004, de 29 de Julho, exceptuando as disposições relativas às categorias de capataz agrícola de chefe de serviço de administração escolar.

Decreto-Lei n.º 241/2004, de 30 de Dezembro.

Regulamento de carreiras aprovado pelo Despacho Normativo n.º 13//2005, de 21 de Fevereiro, com excepção dos artigos 11.º e 12.º

Regulamento de carreiras e retributivo aprovado por despacho conjunto, publicitado em anexo ao anúncio n.º 129/2005, publicado no *Diário da Repú-*

*blica*, 2.ª série, n.º 151, de 8 de Agosto de 2005, com excepção das disposições relativas à carreira de inspector.

N.ᵒˢ 1.4 a 1.9, 2.2 e 2.4 a 2.9 do anexo I e n.ᵒˢ III e V a XIII do anexo II do regulamento interno aprovado pelo Despacho Normativo n.º 46/2005, de 19 de Outubro.

Artigo 3.º do Decreto-Lei n.º 15/2006, de 25 de Janeiro.

Regulamento de pessoal do Instituto da Segurança Social, I. P., publicado no aviso n.º 13 132-A/2006, no *Diário da República*, n.º 235, de 7 de Dezembro de 2006, com excepção das disposições relativas às carreiras de apoio especializado – informática, de diagnóstico e terapêutica, de educador de infância e de enfermagem).

Regulamento interno homologado pelo despacho n.º 17 460/2006, publicado no *Diário da República*, 2.ª série, n.º 166, de 29 de Agosto de 2006, com excepção das disposições relativas à categoria de chefe de serviços de administração escolar.

Artigo 12.º do Decreto Regulamentar n.º 62/2007, de 29 de Maio.

Decreto Regulamentar n.º 8/2008, de 5 de Março, com excepção das disposições relativas às categorias de maquinista marítimo de 1.ª classe, de marinheiro de 1.ª e de 2.ª classes e de mestre de tráfego local de 1.ª e de 2.ª classes.

# NÍVEIS DA TABELA REMUNERATÓRIA ÚNICA CORRESPONDENTES ÀS POSIÇÕES REMUNERATÓRIAS DAS CATEGORIAS DAS CARREIRAS GERAIS DE TÉCNICO SUPERIOR, DE ASSISTENTE TÉCNICO E DE ASSISTENTE OPERACIONAL

## Decreto Regulamentar n.º 14/2008, de 31 de Julho

A Lei n.º 12-A/2008, de 27 de Fevereiro, que define e regula os regimes de vinculação, de carreiras e de remunerações dos trabalhadores que exercem funções públicas, criou, no seu artigo 49.º, as carreiras gerais de técnico superior, assistente técnico e assistente operacional, sendo a primeira uma carreira unicategorial e as demais pluricategoriais.

O mesmo diploma legal prevê, no n.º 1 do seu artigo 69.º, que, por decreto regulamentar, se identifiquem os níveis remuneratórios correspondentes às posições remuneratórias das categorias.

Ora, o objecto do presente decreto regulamentar é dar concretização àquela previsão legal no que às carreiras gerais respeita.

São, pois, identificados os níveis remuneratórios correspondentes às posições remuneratórias daquelas carreiras e respectivas categorias, em estreita conformidade com os princípios e regras estabelecidos na Lei n.º 12-A/2008, de 27 de Fevereiro.

O presente decreto regulamentar cria, ainda, nas carreiras de assistente técnico e de assistente operacional posições remuneratórias complementares para os actuais trabalhadores.

Com essas posições complementares permite-se que os actuais trabalhadores mantenham e aumentem as expectativas criadas na legislação anterior aplicável às carreiras de regime geral comuns à administração central, regional e local. Assim, os actuais trabalhadores com relação jurídica de emprego público constituída por tempo indeterminado até à data da entrada em vigor do presente decreto regulamentar poderão mudar para as posições remuneratórias constantes do anexo IV, desde que verificados os requisitos legais. Refira-se, aliás, que a

494         *Novo Estatuto da Função Pública*

solução concretamente adoptada permite mesmo que aqueles que já atingiram ou pudessem atingir, no anterior sistema, o nível remuneratório máximo tenham agora uma nova perspectiva de evolução remuneratória.

Foram ouvidos os órgãos de governo próprio das Regiões Autónomas e a Associação Nacional dos Municípios Portugueses.

Foi promovida a audição à Associação Nacional de Freguesias.

Foram observados os procedimentos decorrentes da Lei n.º 23/98, de 26 de Maio.

Assim:

Nos termos do n.º 1 do artigo 69.º da Lei n.º 12-A/2008, de 27 de Fevereiro, e da alínea *c*) do artigo 199.º da Constituição, o Governo decreta o seguinte:

### ARTIGO 1.º – **Objecto**

O presente decreto regulamentar identifica os níveis da tabela remuneratória única dos trabalhadores que exercem funções públicas correspondentes às posições remuneratórias das categorias das carreiras gerais de técnico superior, de assistente técnico e de assistente operacional.

### ARTIGO 2.º – **Níveis remuneratórios das categorias das carreiras gerais**

Os níveis remuneratórios correspondentes às posições remuneratórias das categorias das carreiras de técnico superior, de assistente técnico e de assistente operacional constam dos anexos I, II e III ao presente decreto regulamentar, do qual fazem parte integrante.

### ARTIGO 3.º – **Posições remuneratórias complementares**

1 – Nas categorias das carreiras de assistente técnico e de assistente operacional são criadas as posições remuneratórias complementares a que correspondem os níveis remuneratórios constantes do anexo IV ao presente decreto regulamentar, do qual faz parte integrante.

2 – As posições remuneratórias complementares referidas no número anterior são consideradas para efeitos de aplicação do disposto no artigo 104.º da Lei n.º 12-A/2008, de 27 de Fevereiro.

3 – Todos os trabalhadores que constem da lista nominativa referida no artigo 109.º da Lei n.º 12-A/2008, de 27 de Fevereiro, podem vir a ser posicionados, verificados os requisitos legais, nas posições remuneratórias complementares.

### ARTIGO 4.º – **Entrada em vigor**

O presente decreto regulamentar entra em vigor na data de início de vigência do regime do contrato de trabalho em funções públicas, aprovado nos termos do artigo 87.º da Lei n.º 12-A/2008, de 27 de Fevereiro.

Visto e aprovado em Conselho de Ministros de 29 de Maio de 2008. – *José Sócrates Carvalho Pinto de Sousa – Fernando Teixeira dos Santos.*

Promulgado em 14 de Julho de 2008.

Publique-se.

O Presidente da República, Aníbal Cavaco Silva.

Referendado em 15 de Julho de 2008.

O Primeiro-Ministro, *José Sócrates Carvalho Pinto de Sousa.*

## ANEXO I

### Carreira de técnico superior

### Categoria de técnico superior

| Posições remuneratórias | 1.ª | 2.ª | 3.ª | 4.ª | 5.ª | 6.ª | 7.ª | 8.ª | 9.ª | 10.ª | 11.ª | 12.ª | 13.ª | 14.ª |
|---|---|---|---|---|---|---|---|---|---|---|---|---|---|---|
| Níveis remuneratórios da tabela única | 11 | 15 | 19 | 23 | 27 | 31 | 35 | 39 | 42 | 45 | 48 | 51 | 54 | 57 |

## ANEXO II

### Carreira de assistente técnico

### Categoria de coordenador técnico

| Posições remuneratórias | 1.ª | 2.ª | 3.ª | 4.ª |
|---|---|---|---|---|
| Níveis remuneratórios da tabela única | 14 | 17 | 20 | 22 |

### Categoria de assistente técnico

| Posições remuneratórias | 1.ª | 2.ª | 3.ª | 4.ª | 5.ª | 6.ª | 7.ª | 8.ª | 9.ª |
|---|---|---|---|---|---|---|---|---|---|
| Níveis remuneratórios da tabela única | 5 | 7 | 8 | 9 | 10 | 11 | 12 | 13 | 14 |

## ANEXO III

### Carreira de assistente operacional
### Categoria de encarregado geral operacional

| Posições remuneratórias | 1.ª | 2.ª |
|---|---|---|
| Níveis remuneratórios da tabela única | 12 | 14 |

### Categoria de encarregado operacional

| Posições remuneratórias | 1.ª | 2.ª | 3.ª | 4.ª | 5.ª |
|---|---|---|---|---|---|
| Níveis remuneratórios da tabela única | 8 | 9 | 10 | 11 | 12 |

### Categoria de assistente operacional

| Posições remuneratórias | 1.ª | 2.ª | 3.ª | 4.ª | 5.ª | 6.ª | 7.ª | 8.ª |
|---|---|---|---|---|---|---|---|---|
| Níveis remuneratórios da tabela única | 1 | 2 | 3 | 4 | 5 | 6 | 7 | 8 |

## ANEXO IV

### Posições remuneratórias complementares
### Carreira de assistente técnico

Categoria de coordenador técnico

| Posições remuneratórias complementares | 5.ª | 6.ª |
|---|---|---|
| Níveis remuneratórios da tabela única | 23 | 24 |

Categoria de assistente técnico

| Posições remuneratórias complementares | 10.ª | 11.ª | 12.ª |
|---|---|---|---|
| Níveis remuneratórios da tabela única | 15 | 16 | 17 |

## Carreira de assistente operacional

Categoria de encarregado geral operacional

| Posições remuneratórias complementares | 3.ª | 4.ª |
|---|---|---|
| Níveis remuneratórios da tabela única | 15 | 16 |

Categoria de encarregado operacional

| Posições remuneratórias complementares | 6.ª | 7.ª |
|---|---|---|
| Níveis remuneratórios da tabela única | 13 | 14 |

Categoria de assistente operacional

| Posições remuneratórias complementares | 9.ª | 10.ª | 11.ª | 12.ª |
|---|---|---|---|---|
| Níveis remuneratórios da tabela única | 9 | 10 | 11 | 12 |

# TABELA REMUNERATÓRIA ÚNICA DOS TRABALHADORES QUE EXERCEM FUNÇÕES PÚBLICAS

## Portaria n.º 1553-C/2008, de 31 de Dezembro

A presente portaria aprova a tabela remuneratória única dos trabalhadores que exercem funções públicas, assim se completando as disposições de natureza remuneratória essenciais à execução da Lei n.º 12-A/2008, de 27 de Fevereiro, e se estabelecendo o enquadramento das remunerações base de todos aqueles trabalhadores.

Nos termos do artigo 109.º da Lei n.º 12-A/2008, de 27 de Fevereiro, os trabalhadores serão reposicionados remuneratoriamente na tabela a partir de 1 de Janeiro de 2009. Para o efeito, porém, há que proceder à actualização das suas remunerações base actuais.

Remunerações que não devam, nunca, ser absorvidas pela tabela remuneratória única são também actualizadas em igual percentagem.

São também actualizados os suplementos do «abono para falhas» e pelo exercício de funções de secretariado, adoptando já a regra da fixação em montantes pecuniários exactos, decorrente da Lei n.º 12-A/2008, de 27 de Fevereiro.

Cumprindo o que oportunamente se acordou em sede de negociação sindical, fixa-se em € 28 o mínimo do primeiro acréscimo remuneratório resultante de alteração de posição remuneratória que deva ter lugar após a transição dos trabalhadores para os novos regimes de vinculação, carreiras e remuncrações.

Assim:

Ao abrigo dos n.ᵒˢ 2 e 4 do artigo 68.º da Lei n.º 12-A/2008, de 27 de Fevereiro:

Manda o Governo, pelo Primeiro-Ministro e pelo Ministro de Estado e das Finanças, o seguinte:

1.º É aprovada a tabela remuneratória única dos trabalhadores que exercem funções públicas, em anexo à presente portaria, contendo o número de níveis remuneratórios e o montante pecuniário correspondente a cada um.

2.º Nos termos da subalínea *i*) da alínea *b*) do artigo 18.º da Lei do Orçamento do Estado para 2009 e dos n.ᵒˢ 3 e 4 do artigo 4.º do Decreto-Lei n.º 353-A/89, de 16 de Outubro, os índices 100 de todas as escalas salariais são actualizados em 2,9%.

3.º A actualização referida no número anterior não prejudica a actualização em montante superior, na medida do estritamente necessário para fazer equivaler à retribuição mínima mensal garantida as remunerações base que fossem inferiores.

4.º São actualizadas, nos termos previstos nos números anteriores:

*a)* As remunerações base que não coincidam com qualquer índice das escalas salariais;

*b)* As remunerações base de titulares de cargos equiparados a funções dirigentes, mas que não detenham o efectivo exercício das competências de chefia, bem como as do pessoal dirigente constante do anexo II do Decreto-Lei n.º 406/82, de 27 de Setembro, que não esteja integrado no designado «novo sistema retributivo da função pública».

5.º Os montantes pecuniários referidos no n.º 3 do artigo 106.º e no n.º 4 do artigo 108.º, ambos da Lei n.º 12-A/2008, de 27 de Fevereiro, são actualizados nos termos previstos no n.º 2.º

6.º As gratificações previstas nas alíneas *b)* e *c)* do n.º 1 do artigo 6.º do Decreto-Lei n.º 110-A/81, de 14 de Maio, são actualizadas em 2,9%.

7.º O adicional à remuneração criado pelo artigo 5.º do Decreto-Lei n.º 61/92, de 15 de Abril, continua a ser abonado aos trabalhadores dos corpos especiais abrangidos pela alínea *a)* do n.º 1 do artigo 18.º da Lei do Orçamento do Estado para 2009, nas mesmas condições em que actualmente o vêm percebendo.

8.º O adicional à remuneração dos trabalhadores, quer dos corpos especiais referidos no número anterior, quer dos corpos especiais já revistos, é actualizado em 2,9%.

9.º Nos termos do n.º 1 do artigo 4.º do Decreto-Lei n.º 4/89, de 6 de Janeiro, o montante pecuniário do «abono para falhas» é de € 86,29.

10.º Nos termos do n.º 5 do artigo 33.º da Lei n.º 2/2004, de 15 de Janeiro, o montante pecuniário do suplemento remuneratório pelo exercício de funções de secretariado é de € 116,63.

11.º Nos termos do n.º 5 do artigo 104.º da Lei n.º 12-A/2008, de 27 de Fevereiro, o montante pecuniário ali referido é de € 28.

12.º A presente portaria produz efeitos desde 1 de Janeiro de 2009.

Em 31 de Dezembro de 2008.

Pelo Primeiro-Ministro, *Fernando Teixeira dos Santos,*

Ministro de Estado e das Finanças. – O Ministro de Estado e das Finanças, *Fernando Teixeira dos Santos.*

## ANEXO
### (a que se refere o n.º 1.º)
### Tabela remuneratória única

Níveis remuneratórios        Montante pecuniário (euros)

| Níveis remuneratórios | Montante pecuniário (euros) |
|---|---|
| 1 | RMMG (*a*) |
| 2 | 532,08 |
| 3 | 583,58 |
| 4 | 635,07 |
| 5 | 683,13 |
| 6 | 738,05 |
| 7 | 789,54 |
| 8 | 837,60 |
| 9 | 892,53 |
| 10 | 944,02 |
| 11 | 995,51 |
| 12 | 1 047 |
| 13 | 1 098,50 |
| 14 | 1 149,99 |
| 15 | 1 201,48 |
| 16 | 1 252,97 |
| 17 | 1 304,46 |
| 18 | 1 355,96 |
| 19 | 1 407,45 |
| 20 | 1 458,94 |
| 21 | 1 510,43 |
| 22 | 1 561,92 |
| 23 | 1 613,42 |
| 24 | 1 664,91 |
| 25 | 1 716,40 |
| 26 | 1 767,89 |
| 27 | 1 819,38 |
| 28 | 1 870,88 |
| 29 | 1 922,37 |
| 30 | 1 973,86 |
| 31 | 2 025,35 |
| 32 | 2 076,84 |
| 33 | 2 128,34 |
| 34 | 2 179,83 |
| 35 | 2 231,32 |
| 36 | 2 282,81 |
| 37 | 2 334,30 |

| | |
|---|---|
| 38 | 2 385,80 |
| 39 | 2 437,29 |
| 40 | 2 488,78 |
| 41 | 2 540,27 |
| 42 | 2 591,76 |
| 43 | 2 643,26 |
| 44 | 2 694,75 |
| 45 | 2 746,24 |
| 46 | 2 797,73 |
| 47 | 2 849,22 |
| 48 | 2 900,72 |
| 49 | 2 952,21 |
| 50 | 3 003,70 |
| 51 | 3 055,19 |
| 52 | 3 106,68 |
| 53 | 3 158,18 |
| 54 | 3 209,67 |
| 55 | 3 261,16 |
| 56 | 3 312,65 |
| 57 | 3 364,14 |
| 58 | 3 415,64 |
| 59 | 3 467,13 |
| 60 | 3 518,62 |
| 61 | 3 570,11 |
| 62 | 3 621,60 |
| 63 | 3 673,10 |
| 64 | 3 724,59 |
| 65 | 3 776,08 |
| 66 | 3 827,57 |
| 67 | 3 879,06 |
| 68 | 3 930,56 |
| 69 | 3 982,05 |
| 70 | 4 033,54 |
| 71 | 4 085,03 |
| 72 | 4 136,52 |
| 73 | 4 188,02 |
| 74 | 4 239,51 |
| 75 | 4 291 |
| 76 | 4 342,49 |
| 77 | 4 393,98 |
| 78 | 4 445,48 |
| 79 | 4 496,97 |
| 80 | 4 548,46 |

| | |
|---|---|
| 81 | 4 599,95 |
| 82 | 4 651,44 |
| 83 | 4 702,94 |
| 84 | 4 754,43 |
| 85 | 4 805,92 |
| 86 | 4 857,41 |
| 87 | 4 908,90 |
| 88 | 4 960,40 |
| 89 | 5 011,89 |
| 90 | 5 063,38 |
| 91 | 5 114,87 |
| 92 | 5 166,36 |
| 93 | 5 217,86 |
| 94 | 5 269,35 |
| 95 | 5 320,84 |
| 96 | 5 372,33 |
| 97 | 5 423,82 |
| 98 | 5 475,32 |
| 99 | 5 526,81 |
| 100 | 5 578,30 |
| 101 | 5 629,79 |
| 102 | 5 681,28 |
| 103 | 5 732,78 |
| 104 | 5 784,27 |
| 105 | 5 835,76 |
| 106 | 5 887,25 |
| 107 | 5 938,74 |
| 108 | 5 990,24 |
| 109 | 6 041,73 |
| 110 | 6 093,22 |
| 111 | 6 144,71 |
| 112 | 6 196,20 |
| 113 | 6 247,70 |
| 114 | 6 299,19 |
| 115 | 6 350,68 |

(*a*) Retribuição mínima mensal garantida (RMMG).

# REMUNERAÇÕES E OUTRAS PRESTAÇÕES PECUNIÁRIAS DA FUNÇÃO PÚBLICA – ACTUALIZAÇÃO 2009

## Portaria n.º 1553-D/2008, de 31 de Dezembro

A presente portaria procede à revisão anual das tabelas de ajudas de custo, subsídios de refeição e de viagem, bem como dos suplementos remuneratórios, para os trabalhadores em funções públicas.

São também actualizadas as pensões de aposentação e sobrevivência a cargo da Caixa Geral de Aposentações (CGA) com acto determinante até 31 de Dezembro de 2007.

São aumentadas em 2,9% as pensões de aposentação, reforma e invalidez de montante até 1,5 vezes o indexante dos apoios sociais (IAS) e as pensões de sobrevivência, de preço de sangue e outras de valor global até 0,75 vezes o IAS; em 2,4% as pensões de aposentação, reforma e invalidez de montante superior a 1,5 vezes o IAS e igual ou inferior a 6 vezes o IAS e as pensões de sobrevivência, de preço de sangue e outras de valor global superior a 0,75 vezes o IAS e igual ou inferior a 3 vezes o IAS, e em 1,5% as pensões de aposentação, reforma e invalidez de montante superior a 6 vezes o IAS e igual ou inferior a 12 vezes o IAS e as pensões de sobrevivência, de preço de sangue e outras de valor global superior a 3 vezes o IAS e igual ou inferior a 6 vezes o IAS.

As pensões de aposentação, reforma e invalidez de montante superior a 12 vezes o IAS e as pensões de sobrevivência, de preço de sangue e outras de montante superior a 6 vezes o IAS não são actualizadas.

Tal como nos anos anteriores, mantém-se o esquema de pensões mínimas de aposentação, reforma e invalidez e de sobrevivência, com base em escalões de tempo de serviço a partir de cinco anos, cujos valores são actualizados, para o ano de 2009, em 2,9%.

As pensões fixadas com base em tempo de serviço inferior a cinco anos e de valor até ao da correspondente pensão mínima que vigorou em 2008 (€ 220,99 e € 110,50, respectivamente, para as pensões de aposentação, reforma

506 *Novo Estatuto da Função Pública*

e invalidez e para as pensões de sobrevivência) beneficiam, do mesmo modo, de uma actualização de 2,9%.

É igualmente actualizado o subsídio de refeição para € 4,27, o que representa um aumento de 4% relativamente ao montante actualmente em vigor.

As tabelas de ajudas de custo em território nacional e ou no estrangeiro são revistas em percentagem igual à das remunerações base, ou seja, em 2,9%.

A actualização de todas estas prestações pecuniárias é reportada a 1 de Janeiro de 2009. Nos termos da lei, a matéria do presente diploma foi objecto de apreciação e discussão, no âmbito da negociação colectiva, com as associações sindicais dos trabalhadores da Administração Pública.

Assim:

Ao abrigo do n.º 3 do artigo 5.º do Decreto-Lei n.º 57-B/84, de 20 de Fevereiro, do artigo 22.º da Lei n.º 64-A/2008, de 31 de Dezembro, e do n.º 4 do artigo 6.º da Lei n.º 52/2007, de 31 de Agosto:

Manda o Governo, pelo Ministro de Estado e das Finanças, o seguinte:

1.º O montante do subsídio de refeição é actualizado para € 4,27.

2.º As ajudas de custo a que se refere o artigo 38.º do Decreto-Lei n.º 106//98, de 24 de Abril, passam a ter os seguintes valores:

 *a)* Membros do Governo – e 69,19;

 *b)* Trabalhadores que exercem funções públicas:

  *i)* Com remunerações base superiores ao valor do nível remuneratório 18 – e 62,75;

  *ii)* Com remunerações base que se situam entre os valores dos níveis remuneratórios 18 e 9 – e 51,05;

  *iii)* Outros trabalhadores – e 46,86.

3.º Os níveis remuneratórios referidos no número anterior são os da tabela remuneratória única dos trabalhadores que exercem funções públicas.

4.º Em 2009, os quantitativos dos subsídios de transporte a que se refere o artigo 38.º do Decreto-Lei n.º 106/98, de 24 de Abril, são os seguintes:

 *a)* Transporte em automóvel próprio – e 0,40 por quilómetro;

 *b)* Transporte em veículos adstritos a carreiras de serviço público – e 0,12 por quilómetro;

 *c)* Transporte em automóvel de aluguer:

  *i)* Um trabalhador – e 0,38 por quilómetro;

  *ii)* Trabalhadores transportados em comum:

 1) Dois trabalhadores – € 0,16 cada um por quilómetro;

 2) Três ou mais trabalhadores – € 0,12 cada um por quilómetro.

5.º Sem prejuízo das situações excepcionais devidamente documentadas, as ajudas de custo diárias a abonar ao pessoal em missão oficial ao estrangeiro e no estrangeiro, nos termos do artigo 4.º do Decreto-Lei n.º 192/95, de 26 de Julho, têm os seguintes valores, a partir de 1 de Janeiro de 2009:

 *a)* Membros do Governo – e 167,07;

*Remunerações e Outras Prestações Pecuniárias da Função Pública ...* 507

*b)* Trabalhadores que exercem funções públicas:
  *i)* Com remunerações base superiores ao valor do nível remuneratório 18 – e 148,91;
  *ii)* Com remunerações base que se situam entre os valores dos níveis remuneratórios 18 e 9 – e 131,54;
  *iii)* Outros trabalhadores – e 111,88.

6.º Os suplementos remuneratórios não mencionados na presente portaria são actualizados em 2,9%.

7.º São aumentadas as seguintes pensões pagas pela CGA, com acto determinante até 31 de Dezembro de 2007, com excepção das resultantes de condecorações, das Leis n.ᵒˢ 1942, de 27 de Julho de 1936, e 2127, de 3 de Agosto de 1965, e do Decreto-Lei n.º 503/99, de 20 de Novembro:

*a)* Em 2,9% as pensões de aposentação, reforma e invalidez de montante igual ou inferior a e 628,83 (1,5 IAS) e as pensões de sobrevivência, de preço de sangue e outras de valor global até e 314,42 (0,75 IAS);

*b)* Em 2,4% as pensões de aposentação, reforma e invalidez de montante superior a e 628,83 (1,5 IAS) e igual ou inferior a e 2515,32 (6 IAS) e as pensões de sobrevivência, de preço de sangue e outras de valor global supcrior a e 314,42 (0,75 IAS) e igual ou inferior a e 1257,66 (3 IAS);

*c)* Em 1,5% as pensões de aposentação, reforma e invalidez de montante superior a e 2515,32 (6 IAS) e igual ou inferior a e 5030,64 (12IAS) e as pensões de sobrevivência, de preço de sangue e outras de valor global superior a e 1257,66 (3 IAS) e igual ou inferior a e 2515,32 (6 IAS).

8.º O valor da actualização das pensões não pode ser inferior a:

*a)* e 18,24 e e 9,12 respectivamente para as pensões de aposentação, reforma e invalidez e pensões de sobrevivência, de preço de sangue referidas na alínea *b)* do n.º 7.º;

*b)* e 60,37 e e 30,18 respectivamente para as pensões de aposentação, reforma e invalidez e pensões de sobrevivência, de preço de sangue referidas na alínea *c)* do n.º 7.º

9.º As pensões fixadas pela CGA com base em tcmpo de serviço inferior a cinco anos e de valor até € 220,99, para as pensões de aposentação, reforma e invalidez, ou até € 110,50, para as pensões de sobrevivência, são aumentadas em 2,9%.

10.º Os valores mínimos garantidos às pensões de aposentação, reforma e invalidez e de sobrevivência pagas pela CGA, em função do tempo de serviço considerado no respectivo cálculo, são aumentados em 2,9%, a que corresponde a seguinte tabela:

**(Em euros)**

| Tempo de serviço | Pensões de aposentação, reforma e invalidez | Pensões de sobrevivência (montante global) |
|---|---|---|
| De 5 até 12 anos ................. | 227,40 | 113,70 |
| Mais de 12 e até 18 anos .... | 237,03 | 118,51 |
| Mais de 18 e até 24 anos .... | 269,41 | 134,71 |
| Mais de 24 e até 30 anos .... | 301,48 | 150,73 |
| Mais de 30 anos ................. | 399,45 | 199,72 |

11.º Os aposentados, os reformados e os demais pensionistas da CGA, bem como os funcionários que se encontrem na situação de reserva e desligados do serviço, aguardando aposentação ou reforma, com excepção do pessoal que no ano de passagem a qualquer das referidas situações receba subsídio de férias, têm direito a receber, em cada ano civil, um 14.º mês, pagável em Julho, de montante igual à pensão que perceberem nesse mês.

12.º O abono do 14.º mês é pago pela CGA ou pela entidade de que dependa o interessado, consoante se encontre, respectivamente, na situação de pensionista ou na situação de reserva e a aguardar aposentação ou reforma, sem prejuízo de, nos termos legais, o respectivo encargo ser suportado pelas entidades responsáveis pela aposentação do seu pessoal.

13.º A presente portaria produz efeitos desde 1 de Janeiro de 2009.

O Ministro de Estado e das Finanças, *Fernando Teixeira dos Santos,* em 31 de Dezembro de 2008.

# MODELOS DE TERMO DE ACEITAÇÃO DA NOMEAÇÃO E DE TERMO DE POSSE APLICÁVEIS AO EXERCÍCIO DE CARGOS EM COMISSÃO DE SERVIÇO

## Portaria n.º 62/2009, de 22 de Janeiro

A Lei n.º 12-A/2008, de 27 de Fevereiro, que aprovou os novos regimes de vinculação, de carreiras e de remunerações, prevê a aprovação, por portaria do membro do Governo responsável pela área da Administração Pública, dos modelos de termo de aceitação da nomeação e de termo de posse aplicáveis ao exercício de cargos em comissão de serviço.

Assim:

Ao abrigo do disposto no n.º 2 do artigo 15.º e do n.º 3 do artigo 24.º, ambos da Lei n.º 12-A/2008, de 27 de Fevereiro, manda o Governo, pelo Ministro de Estado e das Finanças, o seguinte:

Artigo 1.º – **Modelos de termos de aceitação e de posse**

São aprovados os modelos de termos de aceitação da nomeação e de termo de posse constantes dos anexos I e II à presente portaria, que dela fazem parte integrante.

Artigo 2.º – **Entrada em vigor**

A presente portaria produz efeitos a 1 de Janeiro de 2009.

O Ministro de Estado e das Finanças, *Fernando Teixeira dos Santos,* em 15 de Janeiro de 2009.

# ANEXO I

## Termo de aceitação

**Órgão/Serviço**

---

**Identificação do Nomeado**

Nome completo

Bilhete de identidade/Cartão de cidadão n.º          Validade: ___/___/___

---

**Nomeação**

Carreira/Categoria

Modalidade da nomeação:          Transitória: ☐          Definitiva: ☐

Entidade que nomeou:                              Em: ___/___/___

Por competência própria ☐          Por delegação ☐

Publicação/Publicitação:

---

**Aceitação**

**Afirmo solenemente que cumprirei as funções que me são confiadas com respeito pelos deveres que decorrem da Constituição e da lei.**

Local:                                        Data: ___/___/___

**O Nomeado**

_____

Entidade que preside à aceitação (nome e cargo/categoria):

_____

Por competência própria ☐                              Por delegação ☐

| Observações |
| --- |
| |

## ANEXO II

### Termo de posse

---

**Órgão/Serviço**

---

**Identificação do Empossado**

Nome completo

Bilhete de identidade/Cartão de cidadão n.º                    Validade: ____/____/____

---

**Comissão de Serviço**

Cargo

Entidade que nomeou:                                           Em: ____/____/____

Por competência própria ☐                    Por delegação ☐

Publicação:

---

**Posse**

**Afirmo solenemente que cumprirei as funções que me são confiadas com respeito pelos deveres que decorrem da Constituição e da lei.**

Local:                                                        Data: ____/____/____

**O Empossado**

_____

Entidade que confere a posse (nome e cargo/categoria):

_____

Por competência própria ☐                                    Por delegação ☐

| Observações |
| --- |
|  |

# ESTATUTO DISCIPLINAR DOS TRABALHADORES QUE EXERCEM FUNÇÕES PÚBLICAS

## Lei n.º 58/2008, de 9 de Setembro

A Assembleia da República decreta, nos termos da alínea *c*) do artigo 161.º da Constituição, o seguinte:

ARTIGO 1.º – **Objecto**

É aprovado o Estatuto Disciplinar dos Trabalhadores Que Exercem Funções Públicas, doravante designado por Estatuto, publicado em anexo à presente lei e que dela faz parte integrante.

ARTIGO 2.º – **Contagem dos prazos**

Os prazos referidos no Estatuto contam-se nos termos previstos no Código do Procedimento Administrativo.

ARTIGO 3.º – **Trabalhadores referidos no n.º 4 do artigo 88.º da Lei n.º 12-A/2008, de 27 de Fevereiro**

1 – Sem prejuízo do disposto no número seguinte, aos trabalhadores referidos no n.º 4 do artigo 88.º da Lei n.º 12-A/2008, de 27 de Fevereiro, é aplicável o disposto no Estatuto quanto aos trabalhadores que exercem funções na modalidade de contrato de trabalho em funções públicas.

2 – O disposto na alínea *h*) do n.º 1 do artigo 18.º e nos artigos 69.º a 71.º do Estatuto é estendido aos trabalhadores referidos no n.º 4 do artigo 88.º da Lei n.º 12-A/2008, de 27 de Fevereiro, aos quais é aplicável a pena de demissão.

ARTIGO 4.º – **Aplicação no tempo**

1 – Sem prejuízo do disposto nos números seguintes, o Estatuto é imediatamente aplicável aos factos praticados, aos processos instaurados e às penas em curso de execução na data da sua entrada em vigor, quando o seu regime se revele, em concreto, mais favorável ao trabalhador e melhor garanta a sua audiência e defesa.

516       *Novo Estatuto da Função Pública*

2 – O regime referido no número anterior abrange as disposiçõcs normativas do Estatuto relativas aos deveres funcionais, à sua violação e sancionamento, bem como ao respectivo procedimento, designadamente no que respeita à não previsão do anteriormente vigente instituto da infracção directamente constatada.

3 – Os prazos de prescrição do procedimento disciplinar e das penas, bem como os de reabilitação e o período referido no n.º 4 do artigo 6.º do Estatuto, contam-se a partir da data da entrada em vigor do Estatuto, mas não prejudicam a aplicação dos prazos anteriormente vigentes quando estes se revelem, em concreto, mais favoráveis ao trabalhador.

4 – O disposto no n.º 5 do artigo 6.º do Estatuto não se aplica:

*a)* Aos processos de inquérito e de sindicância que se encontrem instaurados, no que se refere ao prazo ali previsto para a sua instauração;

*b)* Aos procedimentos disciplinares comuns que se encontrem instaurados, no que se refere ao prazo ali previsto para a sua instauração.

5 – A pena de inactividade que se encontre proposta, aplicada ou em curso de execução é automaticamente convertida em pena de suspensão, pelo seu limite máximo:

*a)* Cessando, ou não se aplicando, os efeitos que produzia e que não sejam produzidos pela pena de suspensão; e

*b)* Cessando imediatamente a sua execução quando aquele limite já se encontre atingido ou ultrapassado.

6 – A pena de perda de dias de férias que se encontre proposta, aplicada ou em curso de execução é convertida, a requerimento do trabalhador apresentado no prazo de 30 dias contados da data de entrada em vigor da presente lei, em pena de multa, pelo seu limite máximo.

7 – A pena de aposentação compulsiva que se encontre proposta ou aplicada mas ainda não executada determina a reavaliação do processo, por quem a tenha proposto ou aplicado, respectivamente, com vista à sua manutenção ou conversão em pena de suspensão, com os efeitos que cada uma deva produzir.

8 – Cessa imediatamente a execução das penas e a produção dos respectivos efeitos que se encontrem em curso relativamente a trabalhadores aposentados por motivo distinto do da aplicação de pena de aposentação compulsiva desde que tais trabalhadores não tenham constituído nova relação jurídica de emprego público.

9 – As restantes penas em curso de execução, bem como todas as que se encontrem suspensas, ainda que tenham sido convertidas ao abrigo do disposto nos números anteriores, cessam tal execução ou suspensão, produzindo apenas os efeitos ora previstos:

*a)* Quando atinjam o limite máximo ora previsto; ou

*b)* Imediatamente, quando tal limite já se encontre atingido ou ultrapassado.

10 – Cessam os efeitos que se encontrem a ser produzidos por penas já executadas quando as penas ora correspondentes ou aquelas em que se devessem converter ou pelas quais devessem ser substituídas, nos termos dos números

Estatuto Disciplinar dos Trabalhadores que Exercem Funções Públicas 517

anteriores, os não prevejam ou os produzam por período que se encontre atingido ou ultrapassado.

11 – Cessa a perda do vencimento de exercício, e é reembolsado aquele que tenha sido perdido, aos arguidos ainda não condenados que se encontrem ou tenham encontrado preventivamente suspensos.

12 – Relativamente aos processos que já tenham sido remetidos para decisão e em que esta ainda não tenha sido proferida, observa-se o seguinte:

*a*) Mantém-se a competência anteriormente vigente para aplicação das penas;

*b*) O prazo referido no n.º 3 do artigo 55.º conta-se a partir da data da entrada em vigor do Estatuto quando a entidade competente para punir entenda ordenar a realização de novas diligências ou solicitar a emissão de parecer e ainda o não tenha feito;

*c*) O prazo referido no n.º 4 do artigo 55.º conta-se a partir da data da entrada em vigor do Estatuto quando a entidade competente para punir concorde com as conclusões do relatório final ou se encontre expirado o prazo que tenha marcado para realização de novas diligências ou o fixado para emissão de parecer.

13 – Os anteriormente designados processos por falta de assiduidade são automaticamente convertidos em processos disciplinares comuns.

14 – Os anteriormente designados processos de averiguações são automaticamente convertidos em processos de inquérito.

ARTIGO 5.º – **Norma revogatória**

É revogado o Decreto-Lei n.º 24/84, de 16 de Janeiro.

ARTIGO 6.º – **Remissões**

As remissões de normas contidas em actos legislativos ou regulamentares para o Estatuto Disciplinar aprovado pelo Decreto-Lei n.º 24/84, de 16 de Janeiro, consideram-se efectuadas para as disposições correspondentes do Estatuto Disciplinar ora aprovado.

ARTIGO 7.º – **Entrada em vigor**

A presente lei entra em vigor na data do início de vigência do Regime do Contrato de Trabalho em Funções Públicas, aprovado nos termos do artigo 87.º da Lei n.º 12-A/2008, de 27 de Fevereiro.

Aprovada em 18 de Julho de 2008.

O Presidente da Assembleia da República, *Jaime Gama.*

Promulgada em 26 de Agosto de 2008.

Publique-se.

O Presidente da República, ANÍBAL CAVACO SILVA.

Referendada em 27 de Agosto de 2008.

O Primeiro-Ministro, *José Sócrates Carvalho Pinto de Sousa.*

518 *Novo Estatuto da Função Pública*

## ANEXO

# ESTATUTO DISCIPLINAR DOS TRABALHADORES QUE EXERCEM FUNÇÕES PÚBLICAS

## CAPÍTULO I
### Âmbito de aplicação

### Artigo 1.º – Âmbito de aplicação subjectivo

1 – O presente Estatuto é aplicável a todos os trabalhadores que exercem funções públicas, independentemente da modalidade de constituição da relação jurídica de emprego público ao abrigo da qual exercem as respectivas funções.

2 – O presente Estatuto é também aplicável, com as necessárias adaptações, aos actuais trabalhadores com a qualidade de funcionário ou agente de pessoas colectivas que se encontrem excluídas do seu âmbito de aplicação objectivo.

3 – Exceptuam-se do disposto nos números anteriores os trabalhadores que possuam estatuto disciplinar especial.

### Artigo 2.º – Âmbito de aplicação objectivo

1 – O presente Estatuto é aplicável aos serviços da administração directa e indirecta do Estado.

2 – O presente Estatuto é também aplicável, com as necessárias adaptações, designadamente no que respeita às competências em matéria administrativa dos correspondentes órgãos de governo próprio, aos serviços das administrações regionais e autárquicas.

3 – O presente Estatuto é ainda aplicável, com as adaptações impostas pela observância das correspondentes competências, aos órgãos e serviços de apoio do Presidente da República, da Assembleia da República, dos tribunais e do Ministério Público e respectivos órgãos de gestão e de outros órgãos independentes.

4 – A aplicabilidade do presente Estatuto aos serviços periféricos externos do Estado, quer relativamente aos trabalhadores recrutados localmente quer aos que, de outra forma recrutados, neles exerçam funções, não prejudica a vigência:

*a)* Das normas e princípios de direito internacional que disponham em contrário;

*b)* Dos regimes legais que sejam localmente aplicáveis.

5 – Sem prejuízo do disposto no n.º 2 do artigo anterior, o presente Estatuto não é aplicável às entidades públicas empresariais nem aos gabinetes de apoio quer dos membros do Governo quer dos titulares dos órgãos referidos nos n.ºˢ 2 e 3.

## CAPÍTULO II
### Princípios fundamentais

Artigo 3.º – **Infracção disciplinar**

1 – Considera-se infracção disciplinar o comportamento do trabalhador, por acção ou omissão, ainda que meramente culposo, que viole deveres gerais ou especiais inerentes à função que exerce.

2 – São deveres gerais dos trabalhadores:

*a)* O dever de prossecução do interesse público;
*b)* O dever de isenção;
*c)* O dever de imparcialidade;
*d)* O dever de informação;
*e)* O dever de zelo;
*f)* O dever de obediência;
*g)* O dever de lealdade;
*h)* O dever de correcção;
*i)* O dever de assiduidade;
*j)* O dever de pontualidade.

3 – O dever de prossecução do interesse público consiste na sua defesa, no respeito pela Constituição, pelas leis e pelos direitos e interesses legalmente protegidos dos cidadãos.

4 – O dever de isenção consiste em não retirar vantagens, directas ou indirectas, pecuniárias ou outras, para si ou para terceiro, das funções que exerce.

5 – O dever de imparcialidade consiste em desempenhar as funções com equidistância relativamente aos interesses com que seja confrontado, sem discriminar positiva ou negativamente qualquer deles, na perspectiva do respeito pela igualdade dos cidadãos.

6 – O dever de informação consiste em prestar ao cidadão, nos termos legais, a informação que seja solicitada, com ressalva daquela que, naqueles termos, não deva ser divulgada.

7 – O dever de zelo consiste em conhecer e aplicar as normas legais e regulamentares e as ordens e instruções dos superiores hierárquicos, bem como exercer as funções de acordo com os objectivos que tenham sido fixados e utilizando as competências que tenham sido consideradas adequadas.

8 – O dever de obediência consiste em acatar e cumprir as ordens dos legítimos superiores hierárquicos, dadas em objecto de serviço e com a forma legal.

9 – O dever de lealdade consiste em desempenhar as funções com subordinação aos objectivos do órgão ou serviço.

10 – O dever de correcção consiste em tratar com respeito os utentes dos órgãos ou serviços e os restantes trabalhadores e superiores hierárquicos.

11 – Os deveres de assiduidade e de pontualidade consistem em comparecer ao serviço regular e continuamente e nas horas que estejam designadas.

520 *Novo Estatuto da Função Pública*

Artigo 4.º – **Sujeição ao poder disciplinar**

1 – Todos os trabalhadores são disciplinarmente responsáveis perante os seus superiores hierárquicos.

2 – Os titulares dos órgãos dirigentes dos serviços da administração indirecta são disciplinarmente responsáveis perante o membro do Governo que exerça a respectiva superintendência ou tutela.

3 – Os trabalhadores ficam sujeitos ao poder disciplinar desde a aceitação da nomeação, a celebração do contrato ou a posse ou desde o início legal de funções quando este anteceda aqueles actos.

4 – A cessação da relação jurídica de emprego público ou a alteração da situação jurídico-funcional não impedem a punição por infracções cometidas no exercício da função.

Artigo 5.º – **Exclusão da responsabilidade disciplinar**

1 – É excluída a responsabilidade disciplinar do trabalhador que actue no cumprimento de ordens ou instruções emanadas de legítimo superior hierárquico e em matéria de serviço, quando previamente delas tenha reclamado ou exigido a sua transmissão ou confirmação por escrito.

2 – Considerando ilegal a ordem ou instrução recebidas, o trabalhador faz expressamente menção desse facto ao reclamar ou ao pedir a sua transmissão ou confirmação por escrito.

3 – Quando a decisão da reclamação ou a transmissão ou confirmação da ordem ou instrução por escrito não tenham lugar dentro do tempo em que, sem prejuízo, o cumprimento destas possa ser demorado, o trabalhador comunica, também por escrito, ao seu imediato superior hierárquico, os termos exactos da ordem ou instrução recebidas e da reclamação ou do pedido formulados, bem como a não satisfação destes, executando seguidamente a ordem ou instrução.

4 – Quando a ordem ou instrução sejam dadas com menção de cumprimento imediato e sem prejuízo do disposto nos n.ᵒˢ 1 e 2, a comunicação referida na parte final do número anterior é efectuada após a execução da ordem ou instrução.

5 – Cessa o dever de obediência sempre que o cumprimento das ordens ou instruções implique a prática de qualquer crime.

Artigo 6.º – **Prescrição do procedimento disciplinar**

1 – O direito de instaurar procedimento disciplinar prescreve passado um ano sobre a data em que a infracção tenha sido cometida.

2 – Prescreve igualmente quando, conhecida a infracção por qualquer superior hierárquico, não seja instaurado o competente procedimento disciplinar no prazo de 30 dias.

3 – Quando o facto qualificado como infracção disciplinar seja também considerado infracção penal, aplicam-se ao direito de instaurar procedimento disciplinar os prazos de prescrição estabelecidos na lei penal.

*Estatuto Disciplinar dos Trabalhadores que Exercem Funções Públicas*     521

4 – Suspendem o prazo prescricional referido nos números anteriores, por um período até seis meses, a instauração de processo de sindicância aos órgãos ou serviços, bem como a de processo de inquérito ou disciplinar, mesmo que não dirigidos contra o trabalhador a quem a prescrição aproveite, quando em qualquer deles venham a apurar-se infracções por que seja responsável.

5 – A suspensão do prazo prescricional apenas opera quando, cumulativamente:

a) Os processos referidos no número anterior tenham sido instaurados nos 30 dias seguintes à suspeita da prática de factos disciplinarmente puníveis;

b) O procedimento disciplinar subsequente tenha sido instaurado nos 30 dias seguintes à recepção daqueles processos, para decisão, pela entidade competente; e

c) À data da instauração dos processos e procedimento referidos nas alíneas anteriores, não se encontre já prescrito o direito de instaurar procedimento disciplinar.

6 – O procedimento disciplinar prescreve decorridos 18 meses contados da data em que foi instaurado quando, nesse prazo, o arguido não tenha sido notificado da decisão final.

7 – A prescrição do procedimento disciplinar referida no número anterior suspende-se durante o tempo em que, por força de decisão jurisdicional ou de apreciação jurisdicional de qualquer questão, a marcha do correspondente processo não possa começar ou continuar a ter lugar.

8 – A prescrição volta a correr a partir do dia em que cesse a causa da suspensão.

Artigo 7.º – **Efeitos da pronúncia e da condenação em processo penal**

1 – Quando o agente de um crime cujo julgamento seja da competência do tribunal de júri ou do tribunal colectivo seja um trabalhador a que o presente Estatuto é aplicável, a secretaria do tribunal por onde corra o processo, no prazo de vinte e quatro horas sobre o trânsito em julgado do despacho de pronúncia ou equivalente, entrega, por termo nos autos, cópia de tal despacho ao Ministério Público, a fim de que este a remeta ao órgão ou serviço em que o trabalhador desempenha funções.

2 – Quando um trabalhador a que o presente Estatuto é aplicável seja condenado pela prática de crime, aplica-se, com as necessárias adaptações, o disposto no número anterior.

3 – A condenação em processo penal não prejudica o exercício da acção disciplinar quando a infracção penal constitua também infracção disciplinar.

Artigo 8.º – **Factos passíveis de ser considerados infracção penal**

Quando os factos sejam passíveis de ser considerados infracção penal, dá--se obrigatoriamente notícia deles ao Ministério Público competente para promover o procedimento criminal, nos termos do artigo 242.º do Código de Processo Penal.

# CAPÍTULO III
## Penas disciplinares e seus efeitos

ARTIGO 9.º – **Escala das penas**

1 – As penas aplicáveis aos trabalhadores pelas infracções que cometam são as seguintes:
a) Repreensão escrita;
b) Multa;
c) Suspensão;
d) Demissão ou despedimento por facto imputável ao trabalhador.

2 – Aos titulares de cargos dirigentes e equiparados é aplicável a pena de cessação da comissão de serviço.

3 – Não pode ser aplicada mais de uma pena por cada infracção, pelas infracções acumuladas que sejam apreciadas num único processo ou pelas infracções apreciadas em processos apensados.

4 – As penas são sempre registadas no processo individual do trabalhador.

5 – As amnistias não destroem os efeitos já produzidos pela aplicação da pena, sendo, porém, averbadas no processo individual.

ARTIGO 10.º – **Caracterização das penas**

1 – A pena de repreensão escrita consiste em mero reparo pela irregularidade praticada.

2 – A pena de multa é fixada em quantia certa e não pode exceder o valor correspondente a seis remunerações base diárias por cada infracção e um valor total correspondente à remuneração base de 90 dias por ano.

3 – A pena de suspensão consiste no afastamento completo do trabalhador do órgão ou serviço durante o período da pena.

4 – A pena de suspensão varia entre 20 e 90 dias por cada infracção, num máximo de 240 dias por ano.

5 – A pena de demissão consiste no afastamento definitivo do órgão ou serviço do trabalhador nomeado, cessando a relação jurídica de emprego público.

6 – A pena de despedimento por facto imputável ao trabalhador consiste no afastamento definitivo do órgão ou serviço do trabalhador contratado, cessando a relação jurídica de emprego público.

7 – A pena de cessação da comissão de serviço consiste na cessação compulsiva do exercício de cargo dirigente ou equiparado.

ARTIGO 11.º – **Efeitos das penas**

1 – As penas disciplinares produzem unicamente os efeitos previstos no presente Estatuto.

2 – A pena de suspensão determina, por tantos dias quantos os da sua duração, o não exercício de funções e a perda das remunerações correspondentes e da contagem do tempo de serviço para antiguidade.

*Estatuto Disciplinar dos Trabalhadores que Exercem Funções Públicas* 523

3 – A aplicação da pena de suspensão não prejudica o direito dos trabalhadores à manutenção, nos termos legais, das prestações do respectivo regime de protecção social.

4 – As penas de demissão e de despedimento por facto imputável ao trabalhador importam a perda de todos os direitos do trabalhador, salvo quanto à aposentação ou à reforma por velhice, nos termos e condições previstos na lei, mas não o impossibilitam de voltar a exercer funções em órgão ou serviço que não exijam as particulares condições de dignidade e confiança que aquelas de que foi demitido ou despedido exigiam.

5 – A pena de cessação da comissão de serviço implica o termo do exercício do cargo dirigente ou equiparado e a impossibilidade de exercício de qualquer cargo dirigente ou equiparado durante o período de três anos contados da data da notificação da decisão.

ARTIGO 12.º – **Penas aplicáveis em caso de cessação da relação jurídica de emprego público**

Em caso de cessação da relação jurídica de emprego público, as penas previstas nas alíneas *b)* a *d)* do n.º 1 do artigo 9.º são executadas desde que os trabalhadores constituam nova relação jurídica de emprego público.

## CAPÍTULO IV
### Competência disciplinar

ARTIGO 13.º – **Princípio geral**

A competência disciplinar dos superiores envolve sempre a dos seus inferiores hierárquicos dentro do órgão ou serviço.

ARTIGO 14.º – **Competência para aplicação das penas**

1 – A aplicação da pena prevista na alínea *a)* do n.º 1 do artigo 9.º é da competência de todos os superiores hierárquicos em relação aos seus subordinados.

2 – A aplicação das restantes penas previstas nos n.ºs 1 e 2 do artigo 9.º é da competência do dirigente máximo do órgão ou serviço.

3 – Compete ao membro do Governo respectivo a aplicação de qualquer pena aos dirigentes máximos dos órgãos ou serviços.

4 – Nas autarquias locais, associações e federações de municípios, bem como nos serviços municipalizados, a aplicação das penas previstas nos n.ºs 1 e 2 do artigo 9.º é da competência, respectivamente, dos correspondentes órgãos executivos, bem como dos conselhos de administração.

5 – Nas assembleias distritais, a aplicação das penas previstas nos n.ºs 1 e 2 do artigo 9.º é da competência do respectivo plenário.

6 – A competência prevista nos n.ºs 1, 2, 4 e 5 é indelegável.

# CAPÍTULO V
## Factos a que são aplicáveis as penas

ARTIGO 15.º – **Repreensão escrita**

A pena de repreensão escrita é aplicável por infracções leves de serviço.

ARTIGO 16.º – **Multa**

A pena de multa é aplicável a casos de negligência ou má compreensão dos deveres funcionais, nomeadamente aos trabalhadores que:
*a*) Não observem os procedimentos estabelecidos ou cometam erros por negligência, de que não resulte prejuízo relevante para o serviço;
*b*) Desobedeçam às ordens dos superiores hierárquicos, sem consequências importantes;
*c*) Não usem de correcção para com os superiores hierárquicos, subordinados ou colegas ou para com o público;
*d*) Pelo defeituoso cumprimento ou desconhecimento das disposições legais e regulamentares ou das ordens superiores, demonstrem falta de zelo pelo serviço;
*e*) Não façam a comunicação referida no n.º 6 do artigo 30.º da Lei n.º 12-A/2008, de 27 de Fevereiro.

ARTIGO 17.º – **Suspensão**

A pena de suspensão é aplicável aos trabalhadores que actuem com grave negligência ou com grave desinteresse pelo cumprimento dos deveres funcionais e àqueles cujos comportamentos atentem gravemente contra a dignidade e o prestígio da função, nomeadamente quando:
*a*) Dêem informação errada a superior hierárquico;
*b*) Compareçam ao serviço em estado de embriaguez ou sob o efeito de estupefacientes ou drogas equiparadas;
*c*) Exerçam funções em acumulação, sem autorização ou apesar de não autorizados ou, ainda, quando a autorização tenha sido concedida com base em informações ou elementos, por eles fornecidos, que se revelem falsos ou incompletos;
*d*) Demonstrem desconhecimento de normas essenciais reguladoras do serviço, do qual haja resultado prejuízos para o órgão ou serviço ou para terceiros;
*e*) Dispensem tratamento de favor a determinada entidade, singular ou colectiva;
*f*) Omitam informação que possa ou deva ser prestada ao cidadão ou, com violação da lei em vigor sobre acesso à informação, revelem factos ou documentos relacionados com os procedimentos administrativos, em curso ou concluídos;

*Estatuto Disciplinar dos Trabalhadores que Exercem Funções Públicas*   525

*g)* Desobedeçam escandalosamente, ou perante o público e em lugar aberto ao mesmo, às ordens superiores;

*h)* Prestem falsas declarações sobre justificação de faltas;

*i)* Violem os procedimentos da avaliação do desempenho, incluindo a aposição de datas sem correspondência com o momento da prática do acto;

*j)* Agridam, injuriem ou desrespeitem gravemente superior hierárquico, colega, subordinado ou terceiro, fora dos locais de serviço, por motivos relacionados com o exercício das funções;

*l)* Recebam fundos, cobrem receitas ou recolham verbas de que não prestem contas nos prazos legais;

*m)* Violem, com culpa grave ou dolo, o dever de imparcialidade no exercício das funções;

*n)* Usem ou permitam que outrem use ou se sirva de quaisquer bens pertencentes aos órgãos ou serviços, cuja posse ou utilização lhes esteja confiada, para fim diferente daquele a que se destinam;

*o)* Violem os deveres referidos nos n.$^{os}$ 1 e 2 do artigo 30.º da Lei n.º 12--A/2008, de 27 de Fevereiro.

Artigo 18.º – **Demissão e despedimento por facto imputável ao trabalhador**

1 – As penas de demissão e de despedimento por facto imputável ao trabalhador são aplicáveis em caso de infracção que inviabilize a manutenção da relação funcional, nomeadamente aos trabalhadores que:

*a)* Agridam, injuriem ou desrespeitem gravemente superior hierárquico, colega, subordinado ou terceiro, em serviço ou nos locais de serviço;

*b)* Pratiquem actos de grave insubordinação ou indisciplina ou incitem à sua prática;

*c)* No exercício das suas funções, pratiquem actos manifestamente ofensivos das instituições e princípios consagrados na Constituição;

*d)* Pratiquem ou tentem praticar qualquer acto que lese ou contrarie os superiores interesses do Estado em matéria de relações internacionais;

*e)* Voltem a praticar os factos referidos nas alíneas *c)*, *h)* e *i)* do artigo anterior;

*f)* Dolosamente participem infracção disciplinar supostamente cometida por outro trabalhador;

*g)* Dentro do mesmo ano civil dêem 5 faltas seguidas ou 10 interpoladas sem justificação;

*h)* Sendo nomeados ou, não sendo titulares de cargos dirigentes ou equiparados, exerçam as suas funções em comissão de serviço, cometam reiterada violação do dever de zelo, indiciada em processo de averiguações instaurado após a obtenção de duas avaliações de desempenho negativas consecutivas apesar da frequência de formação adequada aquando da primeira avaliação negativa;

526      *Novo Estatuto da Função Pública*

*i)* Divulguem informação que, nos termos legais, não deva ser divulgada;

*j)* Em resultado da função que exercem, solicitem ou aceitem, directa ou indirectamente, dádivas, gratificações, participações em lucros ou outras vantagens patrimoniais, ainda que sem o fim de acelerar ou retardar qualquer serviço ou procedimento;

*l)* Comparticipem em oferta ou negociação de emprego público;

*m)* Sejam encontrados em alcance ou desvio de dinheiros públicos;

*n)* Tomem parte ou interesse, directamente ou por interposta pessoa, em qualquer contrato celebrado ou a celebrar por qualquer órgão ou serviço;

*o)* Com intenção de obter, para si ou para terceiro, benefício económico ilícito, faltem aos deveres funcionais, não promovendo atempadamente os procedimentos adequados, ou lesem, em negócio jurídico ou por mero acto material, designadamente por destruição, adulteração ou extravio de documentos ou por viciação de dados para tratamento informático, os interesses patrimoniais que, no todo ou em parte, lhes cumpre, em razão das suas funções, administrar, fiscalizar, defender ou realizar;

*p)* Autorizem o exercício de qualquer actividade remunerada nas modalidades que estão vedadas aos trabalhadores que, colocados em situação de mobilidade especial, se encontrem no gozo de licença extraordinária.

2 – Tornando-se inviável a manutenção da relação funcional, as penas de demissão e de despedimento por facto imputável ao trabalhador são ainda aplicáveis aos trabalhadores que, encontrando-se em situação de mobilidade especial:

*a)* Exerçam qualquer actividade remunerada fora dos casos previstos na lei;

*b)* No gozo de licença extraordinária, exerçam qualquer actividade remunerada nas modalidades que lhes estão vedadas.

Artigo 19.º – **Cessação da comissão de serviço**

1 – A pena de cessação da comissão de serviço é aplicável, a título principal, aos titulares de cargos dirigentes e equiparados que:

*a)* Não procedam disciplinarmente contra os trabalhadores seus subordinados pelas infracções de que tenham conhecimento;

*b)* Não participem criminalmente infracção disciplinar de que tenham conhecimento no exercício das suas funções, que revista carácter penal;

*c)* Autorizem, informem favoravelmente ou omitam informação, relativamente à situação jurídico-funcional de trabalhadores, em violação das normas que regulam a relação jurídica de emprego público;

*d)* Violem as normas relativas à celebração de contratos de prestação de serviços.

2 – A pena de cessação da comissão de serviço é sempre aplicada acessoriamente aos titulares de cargos dirigentes e equiparados por qualquer infracção disciplinar punida com pena igual ou superior à de multa.

Estatuto Disciplinar dos Trabalhadores que Exercem Funções Públicas    527

ARTIGO 20.º – **Escolha e medida das penas**

Na aplicação das penas atende-se aos critérios gerais enunciados nos artigos 15.º a 19.º, à natureza, missão e atribuições do órgão ou serviço, ao cargo ou categoria do arguido, às particulares responsabilidades inerentes à modalidade da sua relação jurídica de emprego público, ao grau de culpa, à sua personalidade e a todas as circunstâncias em que a infracção tenha sido cometida que militem contra ou a favor dele.

ARTIGO 21.º – **Circunstâncias dirimentes**

São circunstâncias dirimentes da responsabilidade disciplinar:
a) A coacção física;
b) A privação acidental e involuntária do exercício das faculdades intelectuais no momento da prática da infracção;
c) A legítima defesa, própria ou alheia;
d) A não exigibilidade de conduta diversa;
e) O exercício de um direito ou o cumprimento de um dever.

ARTIGO 22.º – **Circunstâncias atenuantes especiais**

São circunstâncias atenuantes especiais da infracção disciplinar:
a) A prestação de mais de 10 anos de serviço com exemplar comportamento e zelo;
b) A confissão espontânea da infracção;
c) A prestação de serviços relevantes ao povo português e a actuação com mérito na defesa da liberdade e da democracia;
d) A provocação;
e) O acatamento bem intencionado de ordem ou instrução de superior hierárquico, nos casos em que não fosse devida obediência.

ARTIGO 23.º – **Atenuação extraordinária**

Quando existam circunstâncias atenuantes que diminuam substancialmente a culpa do arguido, a pena pode ser atenuada, aplicando-se pena inferior.

ARTIGO 24.º – **Circunstâncias agravantes especiais**

1 – São circunstâncias agravantes especiais da infracção disciplinar:
a) A vontade determinada de, pela conduta seguida, produzir resultados prejudiciais ao órgão ou serviço ou ao interesse geral, independentemente de estes se terem verificado;
b) A produção efectiva de resultados prejudiciais ao órgão ou serviço ou ao interesse geral, nos casos em que o arguido pudesse prever essa consequência como efeito necessário da sua conduta;
c) A premeditação;
d) A comparticipação com outros indivíduos para a sua prática;

528            *Novo Estatuto da Função Pública*

*e)* O facto de ter sido cometida durante o cumprimento de pena disciplinar ou enquanto decorria o período de suspensão da pena;

*f)* A reincidência;

*g)* A acumulação de infracções.

2 – A premeditação consiste no desígnio para o cometimento da infracção, formado, pelo menos, vinte e quatro horas antes da sua prática.

3 – A reincidência ocorre quando a infracção é cometida antes de decorrido um ano sobre o dia em que tenha findado o cumprimento da pena aplicada por virtude de infracção anterior.

4 – A acumulação ocorre quando duas ou mais infracções são cometidas na mesma ocasião ou quando uma é cometida antes de ter sido punida a anterior.

ARTIGO 25.º – **Suspensão das penas**

1 – As penas previstas nas alíneas *a)* a *c)* do n.º 1 do artigo 9.º podem ser suspensas quando, atendendo à personalidade do arguido, às condições da sua vida, à sua conduta anterior e posterior à infracção e às circunstâncias desta, se conclua que a simples censura do comportamento e a ameaça da pena realizam de forma adequada e suficiente as finalidades da punição.

2 – O tempo de suspensão não é inferior a seis meses para as penas de repreensão escrita e de multa e a um ano para a pena de suspensão nem superior a um e dois anos, respectivamente.

3 – Os tempos previstos no número anterior contam-se desde a data da notificação ao arguido da respectiva decisão.

4 – A suspensão caduca quando o trabalhador venha a ser, no seu decurso, condenado novamente em processo disciplinar.

ARTIGO 26.º – **Prescrição das penas**

Sem prejuízo do disposto no artigo 12.º, as penas prescrevem nos prazos seguintes, contados da data em que a decisão se tornou inimpugnável:

*a)* Um mês, para a pena de repreensão escrita;

*b)* Três meses, para a pena de multa;

*c)* Seis meses, para a pena de suspensão;

*d)* Um ano, para as penas de demissão, de despedimento por facto imputável ao trabalhador e de cessação da comissão de serviço.

## CAPÍTULO VI
### Procedimento disciplinar

SECÇÃO I – **Disposições gerais**

ARTIGO 27.º – **Formas de processo**

1 – O processo disciplinar é comum e especial.

*Estatuto Disciplinar dos Trabalhadores que Exercem Funções Públicas*   529

2 – O processo especial aplica-se nos casos expressamente previstos na lei e o comum em todos os casos a que não corresponda processo especial.

3 – Os processos especiais regulam-se pelas disposições que lhes são próprias e, na parte nelas não prevista, pelas disposições respeitantes ao processo comum.

ARTIGO 28.º – **Obrigatoriedade de processo disciplinar**

1 – As penas de multa e superiores são sempre aplicadas precedendo o apuramento dos factos em processo disciplinar.

2 – A pena de repreensão escrita é aplicada sem dependência de processo, mas com audiência e defesa do arguido.

3 – A requerimento do arguido é lavrado auto das diligências referidas no número anterior, na presença de duas testemunhas por ele indicadas.

4 – Para os efeitos do disposto no n.º 2, o arguido tem o prazo máximo de cinco dias para, querendo, produzir a sua defesa por escrito.

ARTIGO 29.º – **Competência para a instauração do procedimento**

1 – Sem prejuízo do disposto no n.º 3 do artigo 40.º, é competente para instaurar ou mandar instaurar procedimento disciplinar contra os respectivos subordinados qualquer superior hierárquico, ainda que não seja competente para punir.

2 – Compete ao membro do Governo respectivo a instauração de procedimento disciplinar contra os dirigentes máximos dos órgãos ou serviços.

ARTIGO 30.º – **Local da instauração e mudança de órgão ou serviço na pendência do processo**

1 – O procedimento disciplinar é sempre instaurado no órgão ou serviço em que o trabalhador exerce funções à data da infracção.

2 – Quando, após a prática de uma infracção disciplinar ou já na pendência do respectivo processo, o trabalhador mude de órgão ou serviço, a pena é aplicada pela entidade competente à data em que tenha de ser proferida decisão, sem prejuízo de o procedimento ter sido mandado instaurar e ter sido instruído no âmbito do órgão ou serviço em que o arguido exercia funções à data da infracção.

ARTIGO 31.º – **Apensação de processos**

1 – Para todas as infracções ainda não punidas cometidas por um trabalhador é instaurado um único processo.

2 – Tendo sido instaurados diversos processos, são todos apensados àquele que primeiro tenha sido instaurado.

ARTIGO 32.º – **Arguido em acumulação de funções**

1 – Quando, antes da decisão de um procedimento, sejam instaurados novos procedimentos disciplinares contra o mesmo trabalhador por infracção

530 *Novo Estatuto da Função Pública*

cometida no desempenho de funções, em acumulação, em outros órgãos ou serviços, os novos procedimentos são apensados ao primeiro, ficando a instrução de todos eles a cargo do instrutor deste.

2 – A instauração dos procedimentos disciplinares é comunicada aos órgãos ou serviços em que o trabalhador desempenha funções, de igual modo se procedendo em relação à decisão proferida.

ARTIGO 33.º – **Natureza secreta do processo**

1 – O processo disciplinar é de natureza secreta até à acusação, podendo, contudo, ser facultado ao arguido, a seu requerimento, para exame, sob condição de não divulgar o que dele conste.

2 – O indeferimento do requerimento a que se refere o número anterior é comunicado ao arguido no prazo de três dias.

3 – Não obstante a sua natureza secreta, é permitida a passagem de certidões quando destinadas à defesa de interesses legalmente protegidos e em face de requerimento especificando o fim a que se destinam, podendo ser proibida, sob pena de desobediência, a sua publicação.

4 – A passagem de certidões é autorizada pelo instrutor até ao termo da fase de defesa do arguido, sendo gratuita quando requerida por este.

5 – Ao arguido que divulgue matéria de natureza secreta, nos termos do presente artigo, é instaurado, por esse facto, novo procedimento disciplinar.

ARTIGO 34.º – **Forma dos actos**

A forma dos actos, quando não seja regulada por lei, ajusta-se ao fim que se tem em vista e limita-se ao indispensável para atingir essa finalidade.

ARTIGO 35.º – **Constituição de advogado**

1 – O arguido pode constituir advogado em qualquer fase do processo, nos termos gerais de direito.

2 – O advogado exerce os direitos que a lei reconhece ao arguido.

ARTIGO 36.º – **Actos oficiosos**

Nos casos omissos, o instrutor pode adoptar as providências que se afigurem convenientes para a descoberta da verdade, em conformidade com os princípios gerais do processo penal.

ARTIGO 37.º – **Nulidades**

1 – É insuprível a nulidade resultante da falta de audiência do arguido em artigos de acusação, bem como a que resulte de omissão de quaisquer diligências essenciais para a descoberta da verdade.

2 – As restantes nulidades consideram-se supridas quando não sejam reclamadas pelo arguido até à decisão final.

*Estatuto Disciplinar dos Trabalhadores que Exercem Funções Públicas* 531

3 – Do despacho que indefira o requerimento de quaisquer diligências probatórias cabe recurso hierárquico ou tutelar para o respectivo membro do Governo, a interpor no prazo de cinco dias.

4 – O recurso referido no número anterior sobe imediatamente nos próprios autos, considerando-se procedente quando, no prazo de 10 dias, não seja proferida decisão que expressamente o indefira.

Artigo 38.º – **Alteração da situação jurídico-funcional do arguido**

O trabalhador arguido em processo disciplinar, ainda que suspenso preventivamente, não está impedido de alterar, nos termos legais, a sua situação jurídico-funcional, designadamente candidatando-se a procedimentos concursais.

Secção II – **Procedimento disciplinar comum**

Subsecção I – Disposição geral

Artigo 39.º – **Início e termo da instrução**

1 – A instrução do processo disciplinar inicia-se no prazo máximo de 10 dias contados da data da notificação ao instrutor do despacho que o mandou instaurar e ultima-se no prazo de 45 dias, só podendo ser excedido este prazo por despacho da entidade que o mandou instaurar, sob proposta fundamentada do instrutor, nos casos de excepcional complexidade.

2 – O prazo de 45 dias referido no número anterior conta-se da data de início da instrução, determinada nos termos do número seguinte.

3 – O instrutor informa a entidade que o tenha nomeado, bem como o arguido e o participante, da data em que dê início à instrução.

4 – O procedimento disciplinar é urgente, sem prejuízo das garantias de audiência e defesa do arguido.

Subsecção II – Fase de instrução do processo

Artigo 40.º – **Participação ou queixa**

1 – Todos os que tenham conhecimento de que um trabalhador praticou infracção disciplinar podem participá-la a qualquer superior hierárquico daquele.

2 – Quando se verifique que a entidade que recebeu a participação ou queixa não tem competência para instaurar procedimento disciplinar, aquelas são imediatamente remetidas à entidade competente para o efeito.

3 – Para os efeitos do disposto no número seguinte, quando um trabalhador deixe de comparecer ao serviço, sem justificação, durante 5 dias seguidos ou 10 interpolados, o respectivo superior hierárquico participa o facto, de imediato, ao dirigente máximo do órgão ou serviço.

532 *Novo Estatuto da Função Pública*

4 – O dirigente máximo do órgão ou serviço pode considerar, do ponto de vista disciplinar, justificada a ausência, determinando o imediato arquivamento da participação quando o trabalhador faça prova de motivos que considere atendíveis.

5 – As participações ou queixas verbais são sempre reduzidas a escrito por quem as receba.

6 – Quando conclua que a participação é infundada e dolosamente apresentada no intuito de prejudicar o trabalhador ou que contém matéria difamatória ou injuriosa, a entidade competente para punir participa o facto criminalmente, sem prejuízo de instauração de procedimento disciplinar quando o participante seja trabalhador a que o presente Estatuto é aplicável.

Artigo 41.º – **Despacho liminar**

1 – Assim que seja recebida participação ou queixa, a entidade competente para instaurar procedimento disciplinar decide se a ele deve ou não haver lugar.

2 – Quando entenda que não há lugar a procedimento disciplinar, a entidade referida no número anterior manda arquivar a participação ou queixa.

3 – No caso contrário, instaura ou determina que se instaure procedimento disciplinar.

4 – Quando não tenha competência para aplicação da pena e entenda que não há lugar a procedimento disciplinar, a entidade referida no n.º 1 sujeita o assunto a decisão da entidade competente.

Artigo 42.º – **Nomeação do instrutor**

1 – A entidade que instaure procedimento disciplinar nomeia um instrutor, escolhido de entre trabalhadores do mesmo órgão ou serviço, titular de cargo ou de carreira ou categoria de complexidade funcional superior à do arguido ou, quando impossível, com antiguidade superior no mesmo cargo ou em carreira ou categoria de complexidade funcional idêntica ou no exercício de funções públicas, preferindo os que possuam adequada formação jurídica.

2 – Em casos justificados, a entidade referida no número anterior pode solicitar ao respectivo dirigente máximo a nomeação de instrutor de outro órgão ou serviço.

3 – O instrutor pode escolher secretário de sua confiança, cuja nomeação compete à entidade que o nomeou, e, bem assim, requisitar a colaboração de técnicos.

4 – As funções de instrução preferem a quaisquer outras que o instrutor tenha a seu cargo, ficando exclusivamente adstrito àquelas.

Artigo 43.º – **Suspeição do instrutor**

1 – O arguido e o participante podem deduzir a suspeição do instrutor do processo disciplinar quando ocorra circunstância por causa da qual possa

# Estatuto Disciplinar dos Trabalhadores que Exercem Funções Públicas    533

razoavelmente suspeitar-se da sua isenção e da rectidão da sua conduta, designadamente:

a) Quando o instrutor tenha sido directa ou indirectamente atingido pela infracção;

b) Quando o instrutor seja parente na linha recta ou até ao 3.º grau na linha colateral do arguido, do participante ou de qualquer trabalhador ou particular ofendido ou de alguém que, com os referidos indivíduos, viva em economia comum;

c) Quando esteja pendente processo jurisdicional em que o instrutor e o arguido ou o participante sejam intervenientes;

d) Quando o instrutor seja credor ou devedor do arguido ou do participante ou de algum seu parente na linha recta ou até ao 3.º grau na linha colateral;

e) Quando haja inimizade grave ou grande intimidade entre o arguido e o instrutor ou entre este e o participante ou o ofendido.

2 – A entidade que tenha mandado instaurar o procedimento disciplinar decide, em despacho fundamentado, no prazo máximo de quarenta e oito horas.

### Artigo 44.º – **Medidas cautelares**

Compete ao instrutor tomar, desde a sua nomeação, as medidas adequadas para que não se possa alterar o estado dos factos e documentos em que se descobriu ou se presume existir alguma irregularidade nem subtrair as provas desta.

### Artigo 45.º – **Suspensão preventiva**

1 – O arguido pode ser, sob proposta da entidade que tenha instaurado o procedimento disciplinar ou do instrutor, e mediante despacho do dirigente máximo do órgão ou serviço, preventivamente suspenso do exercício das suas funções, sem perda da remuneração base, até decisão do procedimento, mas por prazo não superior a 90 dias, sempre que a sua presença se revele inconveniente para o serviço ou para o apuramento da verdade.

2 – A suspensão prevista no número anterior pode apenas ter lugar em caso de infracção punível com pena de suspensão ou superior.

3 – A notificação da suspensão preventiva é acompanhada de indicação, ainda que genérica, da infracção ou infracções de cuja prática o trabalhador é arguido.

### Artigo 46.º – **Instrução do processo**

1 – O instrutor faz autuar o despacho com a participação ou queixa e procede à instrução, ouvindo o participante, as testemunhas por este indicadas e as mais que julgue necessárias, procedendo a exames e mais diligências que possam esclarecer a verdade e fazendo juntar aos autos o certificado de registo disciplinar do arguido.

2 – O instrutor ouve o arguido, a requerimento deste e sempre que o entenda conveniente, até se ultimar a instrução, e pode também acareá-lo com as testemunhas ou com o participante.

3 – Durante a fase de instrução, o arguido pode requerer ao instrutor que promova as diligências para que tenha competência e consideradas por aquele essenciais para apuramento da verdade.

4 – Quando o instrutor julgue suficiente a prova produzida, pode, em despacho devidamente fundamentado, indeferir o requerimento referido no número anterior.

5 – As diligências que tenham de ser feitas fora do lugar onde corra o processo disciplinar podem ser requisitadas à respectiva autoridade administrativa ou policial.

6 – Durante a fase de instrução e até à elaboração do relatório final, podem ser ouvidos, a requerimento do arguido, representantes da associação sindical a que o mesmo pertença.

### Artigo 47.º – **Testemunhas na fase de instrução**

1 – Na fase de instrução do processo o número de testemunhas é ilimitado.

2 – É aplicável à inquirição de testemunhas o disposto nos n.$^{os}$ 4 e 5 do artigo anterior.

### Artigo 48.º – **Termo da instrução**

1 – Concluída a instrução, quando o instrutor entenda que os factos constantes dos autos não constituem infracção disciplinar, que não foi o arguido o agente da infracção ou que não é de exigir responsabilidade disciplinar por virtude de prescrição ou de outro motivo, elabora, no prazo de cinco dias, o seu relatório final, que remete imediatamente com o respectivo processo à entidade que o tenha mandado instaurar, com proposta de arquivamento.

2 – No caso contrário, deduz, articuladamente, no prazo de 10 dias, a acusação.

3 – A acusação contém a indicação dos factos integrantes da mesma, bem como das circunstâncias de tempo, modo e lugar da prática da infracção e das que integram atenuantes e agravantes, acrescentando sempre a referência aos preceitos legais respectivos e às penas aplicáveis.

Subsecção III – **Fase de defesa do arguido**

### Artigo 49.º – **Notificação da acusação**

1 – Da acusação extrai-se cópia, no prazo de quarenta e oito horas, para ser entregue ao arguido mediante notificação pessoal ou, não sendo esta possível, por carta registada com aviso de recepção, marcando-se-lhe um prazo entre 10 e 20 dias para apresentar a sua defesa escrita.

*Estatuto Disciplinar dos Trabalhadores que Exercem Funções Públicas* 535

2 – Quando não seja possível a notificação nos termos do número anterior, designadamente por ser desconhecido o paradeiro do arguido, é publicado aviso na 2.ª série do *Diário da República,* notificando-o para apresentar a sua defesa em prazo não inferior a 30 nem superior a 60 dias contados da data da publicação.

3 – O aviso deve apenas conter a menção de que se encontra pendente contra o arguido procedimento disciplinar e o prazo fixado para apresentar a sua defesa.

4 – Quando o processo seja complexo, pelo número e natureza das infracções ou por abranger vários arguidos, e precedendo autorização da entidade que mandou instaurar o procedimento, o instrutor pode conceder prazo superior ao do n.º 1, até ao limite de 60 dias.

5 – Quando sejam susceptíveis de aplicação as penas de demissão, de despedimento por facto imputável ao trabalhador ou de cessação da comissão de serviço, esta quando seja acessória daquelas ou, em qualquer caso, quando o trabalhador não seja titular de relação jurídica de emprego público constituída em diferente modalidade, a cópia da acusação é igualmente remetida, no prazo referido no n.º 1, à comissão de trabalhadores respectiva.

6 – No caso referido no número anterior, quando o arguido seja representante sindical é ainda remetida cópia da acusação à associação sindical respectiva.

7 – A remessa de cópia da acusação nos termos dos n.ºs 5 e 6 não tem lugar quando o arguido a ela se tenha oposto por escrito durante a fase de instrução.

Artigo 50.º – **Incapacidade física ou mental**

1 – Quando o arguido esteja incapacitado de organizar a sua defesa por motivo de doença ou incapacidade física devidamente comprovadas, pode nomear um representante especialmente mandatado para o efeito.

2 – Quando o arguido não possa exercer o direito referido no número anterior, o instrutor nomeia-lhe imediatamente um curador, preferindo a pessoa a quem competiria a tutela no caso de interdição, nos termos da lei civil.

3 – A nomeação referida no número anterior é restrita ao procedimento disciplinar, podendo o representante usar de todos os meios de defesa facultados ao arguido.

4 – Quando o instrutor tenha dúvidas sobre se o estado mental do arguido o inibe de organizar a sua defesa, solicita uma perícia psiquiátrica nos termos do n.º 6 do artigo 159.º do Código de Processo Penal, aplicável com as necessárias adaptações.

5 – A realização da perícia psiquiátrica pode também ser solicitada nos termos do n.º 7 do artigo 159.º do Código de Processo Penal, aplicável com as necessárias adaptações.

Artigo 51.º – **Exame do processo e apresentação da defesa**

1 – Sem prejuízo do disposto no artigo seguinte, durante o prazo para apresentação da defesa, pode o arguido ou o seu representante ou curador

536 *Novo Estatuto da Função Pública*

referidos no artigo anterior, bem como o advogado por qualquer deles constituído, examinar o processo a qualquer hora de expediente.

2 – A resposta é assinada pelo arguido ou por qualquer dos seus representantes referidos no número anterior e é apresentada no lugar onde o procedimento tenha sido instaurado.

3 – Quando remetida pelo correio, a resposta considera-se apresentada na data da sua expedição.

4 – Na resposta o arguido expõe com clareza e concisão os factos e as razões da sua defesa.

5 – A resposta que revele ou se traduza em infracções estranhas à acusação e que não interesse à defesa é autuada, dela se extraindo certidão, que passa a ser considerada como participação para efeitos de novo procedimento.

6 – Com a resposta o arguido pode apresentar o rol das testemunhas e juntar documentos, requerendo também quaisquer diligências.

7 – A falta de resposta dentro do prazo marcado vale como efectiva audiência do arguido para todos os efeitos legais.

ARTIGO 52.º – **Confiança do processo**

O processo pode ser confiado ao advogado do arguido, nos termos e sob a cominação previstos nos artigos 169.º a 171.º do Código de Processo Civil, aplicáveis com as necessárias adaptações.

ARTIGO 53.º – **Produção da prova oferecida pelo arguido**

1 – As diligências requeridas pelo arguido podem ser recusadas em despacho do instrutor, devidamente fundamentado, quando manifestamente impertinentes e desnecessárias.

2 – Não podem ser ouvidas mais de três testemunhas por cada facto, podendo as que não residam no lugar onde corre o processo, quando o arguido não se comprometa a apresentá-las, ser ouvidas por solicitação a qualquer autoridade administrativa.

3 – O instrutor pode recusar a inquirição das testemunhas quando considere suficientemente provados os factos alegados pelo arguido.

4 – A autoridade a quem seja solicitada a inquirição, nos termos da parte final do n.º 2, pode designar instrutor *ad hoc* para o acto requerido.

5 – As diligências para a inquirição de testemunhas são sempre notificadas ao arguido.

6 – Aplica-se à inquirição referida na parte final do n.º 2, com as necessárias adaptações, o disposto nos artigos 111.º e seguintes do Código de Processo Penal.

7 – O advogado do arguido pode estar presente e intervir na inquirição das testemunhas.

8 – O instrutor inquire as testemunhas e reúne os demais elementos de prova oferecidos pelo arguido no prazo de 20 dias, o qual pode ser prorrogado,

*Estatuto Disciplinar dos Trabalhadores que Exercem Funções Públicas*     537

por despacho, até 40 dias quando o exijam as diligências referidas na parte final do n.º 2.

9 – Finda a produção da prova oferecida pelo arguido, podem ainda ordenar-se, em despacho, novas diligências que se tornem indispensáveis para o completo esclarecimento da verdade.

Subsecção IV – Fase de relatório final

Artigo 54.º – **Relatório final do instrutor**

1 – Finda a fase de defesa do arguido, o instrutor elabora, no prazo de cinco dias, um relatório final completo e conciso donde constem a existência material das faltas, a sua qualificação e gravidade, importâncias que porventura haja a repor e seu destino, bem como a pena que entenda justa ou a proposta para que os autos se arquivem por ser insubsistente a acusação, designadamente por inimputabilidade do arguido.

2 – A entidade competente para a decisão pode, quando a complexidade do processo o exija, prorrogar o prazo fixado no número anterior até ao limite total de 20 dias.

3 – O processo, depois de relatado, é remetido no prazo de vinte e quatro horas à entidade que o tenha mandado instaurar, a qual, quando não seja competente para decidir, o envia dentro de dois dias a quem deva proferir a decisão.

4 – Quando seja proposta a aplicação das penas de demissão, de despedimento por facto imputável ao trabalhador ou de cessação da comissão de serviço, esta quando seja acessória daquelas ou, em qualquer caso, quando o trabalhador não seja titular de relação jurídica de emprego público constituída em diferente modalidade, a entidade competente para a decisão apresenta o processo, por cópia integral, à comissão de trabalhadores e, quando o arguido seja representante sindical, à associação sindical respectiva, que podem, no prazo de cinco dias, juntar o seu parecer fundamentado.

5 – É correspondentemente aplicável o disposto no n.º 7 do artigo 49.º

Subsecção V – Fase de decisão disciplinar e sua execução

Artigo 55.º – **Decisão**

1 – Junto o parecer referido no n.º 4 do artigo anterior, ou decorrido o prazo para o efeito, sendo o caso, a entidade competente analisa o processo, concordando ou não com as conclusões do relatório final, podendo ordenar novas diligências, a realizar no prazo que para tal estabeleça.

2 – Antes da decisão, a entidade competente pode solicitar ou determinar a emissão, no prazo de 10 dias, de parecer por parte do superior hierárquico do arguido ou de unidades orgânicas do órgão ou serviço a que o mesmo pertença.

538           *Novo Estatuto da Função Pública*

3 – O despacho que ordene a realização de novas diligências ou que solicite a emissão de parecer é proferido no prazo máximo de 30 dias contados da data da recepção do processo.

4 – A decisão do procedimento é sempre fundamentada quando não concordante com a proposta formulada no relatório final do instrutor, sendo proferida no prazo máximo de 30 dias contados das seguintes datas:

a) Da recepção do processo, quando a entidade competente para punir concorde com as conclusões do relatório final;

b) Do termo do prazo que marque, quando ordene novas diligências;

c) Do termo do prazo fixado para emissão de parecer.

5 – Na decisão não podem ser invocados factos não constantes da acusação nem referidos na resposta do arguido, excepto quando excluam, dirimam ou atenuem a sua responsabilidade disciplinar.

6 – O incumprimento dos prazos referidos nos n.ᵒˢ 3 e 4 determina a caducidade do direito de aplicar a pena.

### Artigo 56.º – **Pluralidade de arguidos**

1 – Quando vários trabalhadores sejam arguidos do mesmo facto ou de factos entre si conexos, a entidade que tenha competência para punir o trabalhador de cargo ou de carreira ou categoria de complexidade funcional superior decide relativamente a todos os arguidos.

2 – Quando os arguidos sejam titulares do mesmo cargo ou de carreira ou categoria de complexidade funcional idêntica, a decisão cabe à entidade que tenha competência para punir o arguido com antiguidade superior no exercício de funções públicas.

### Artigo 57.º – **Notificação da decisão**

1 – A decisão é notificada ao arguido, observando-se, com as necessárias adaptações, o disposto no artigo 49.º

2 – A entidade que tenha decidido o procedimento pode autorizar que a notificação do arguido seja protelada pelo prazo máximo de 30 dias quando se trate de pena que implique suspensão ou cessação de funções por parte do infractor, desde que da execução da decisão disciplinar resultem para o serviço inconvenientes mais graves do que os decorrentes da permanência do trabalhador punido no exercício das suas funções.

3 – Na data em que se faça a notificação ao arguido é igualmente notificado o instrutor e o participante, este desde que o tenha requerido.

4 – Quando o processo tenha sido apresentado nos termos e para os efeitos do disposto no n.º 4 do artigo 54.º, a decisão é igualmente comunicada à comissão de trabalhadores e à associação sindical.

### Artigo 58.º – **Início de produção de efeitos das penas**

As decisões que apliquem penas disciplinares não carecem de publicação, começando a produzir os seus efeitos legais no dia seguinte ao da notificação

Estatuto Disciplinar dos Trabalhadores que Exercem Funções Públicas    539

do arguido ou, não podendo este ser notificado, 15 dias após a publicação de aviso nos termos do n.º 2 do artigo 49.º

SUBSECÇÃO VI – **Impugnações**

ARTIGO 59.º – **Meios impugnatórios**

Os actos proferidos em processo disciplinar podem ser impugnados hierárquica ou tutelarmente, nos termos dos artigos 60.º a 62.º do Código do Procedimento Administrativo, ou jurisdicionalmente, nos termos dos artigos 63.º a 65.º do Código de Processo nos Tribunais Administrativos.

ARTIGO 60.º – **Recurso hierárquico ou tutelar**

1 – O arguido e o participante podem interpor recurso hierárquico ou tutelar dos despachos e das decisões que não sejam de mero expediente proferidos pelo instrutor ou pelos superiores hierárquicos daquele.

2 – O recurso interpõe-se directamente para o membro do Governo no prazo de 15 dias contados da notificação do despacho ou da decisão ou de 20 dias contados da publicação do aviso a que se refere o n.º 2 do artigo 49.º

3 – Quando o despacho ou a decisão não tenham sido notificados ou quando não tenha sido publicado aviso, o prazo conta-se a partir do conhecimento do despacho ou da decisão.

4 – O recurso hierárquico ou tutelar suspende a eficácia do despacho ou da decisão recorridos, excepto quando o seu autor considere que a sua não execução imediata causa grave prejuízo ao interesse público.

5 – O membro do Governo pode revogar a decisão de não suspensão referida no número anterior ou tomá-la quando o autor do despacho ou da decisão recorridos o não tenha feito.

6 – Nas autarquias locais, associações e federações de municípios, bem como nos serviços municipalizados, não há lugar a recurso tutelar.

7 – A pena pode ser agravada ou substituída por pena mais grave apenas em resultado de recurso do participante.

ARTIGO 61.º – **Outros meios de prova**

1 – Com o requerimento de interposição do recurso, o recorrente pode requerer novos meios de prova ou juntar documentos que entenda convenientes desde que não pudessem ter sido requeridos ou utilizados em devido tempo.

2 – O membro do Governo pode também determinar a realização de novas diligências probatórias.

3 – As diligências referidas nos números anteriores são autorizadas ou determinadas no prazo de cinco dias, iniciam-se em idêntico prazo e concluem-se no prazo que o membro do Governo entenda fixar.

540     *Novo Estatuto da Função Pública*

Artigo 62.º – **Regime de subida dos recursos**

1 – Sem prejuízo do disposto no n.º 4 do artigo 37.º e nos números seguintes deste artigo, os recursos dos despachos ou das decisões que não ponham termo ao procedimento sobem apenas com o da decisão final, quando dela se recorra.

2 – Sobem imediatamente nos próprios autos os recursos hierárquicos ou tutelares que, ficando retidos, percam por esse facto o efeito útil.

3 – Sobe imediatamente nos próprios autos o recurso hierárquico ou tutelar interposto do despacho que não admita a dedução da suspeição do instrutor ou não aceite os fundamentos invocados para a mesma.

Artigo 63.º – **Renovação do procedimento disciplinar**

1 – Quando o acto de aplicação da pena tenha sido jurisdicionalmente impugnado com fundamento em preterição de formalidade essencial ao decurso do processo disciplinar, a instauração do procedimento disciplinar pode ser renovada até ao termo do prazo para contestar a acção jurisdicional.

2 – O disposto no número anterior é apenas aplicável quando, cumulativamente:

    *a)* O prazo referido no n.º 1 do artigo 6.º não se encontre ainda decorrido à data da renovação do procedimento;

    *b)* O fundamento da impugnação não tenha sido previamente apreciado em recurso hierárquico ou tutelar que tenha sido rejeitado ou indeferido; e

    *c)* Seja a primeira vez que se opere a renovação do procedimento.

Artigo 64.º – **Efeitos da invalidade**

1 – Quando tenha sido jurisdicionalmente anulado ou declarado nulo ou inexistente o acto de aplicação das penas de demissão, de despedimento por facto imputável ao trabalhador ou de cessação da comissão de serviço, esta quando seja acessória daquelas ou, em qualquer caso, quando o trabalhador não seja titular de relação jurídica de emprego público constituída em diferente modalidade, o órgão ou serviço é condenado:

    *a)* A indemnizar o trabalhador por todos os danos, patrimoniais e não patrimoniais, causados;

    *b)* Ao pagamento de uma compensação ao trabalhador, determinada nos termos dos números seguintes; e

    *c)* À reconstituição da situação jurídico-funcional actual hipotética do trabalhador.

2 – Para os efeitos do disposto na alínea *b)* do número anterior, o trabalhador tem direito a receber a remuneração que deixou de auferir desde a data de produção de efeitos do acto de aplicação da pena até ao trânsito em julgado da decisão jurisdicional.

3 – Ao montante apurado nos termos do número anterior deduzem-se as importâncias que o trabalhador tenha comprovadamente obtido com a cessação da relação jurídica de emprego público e que não receberia se não fosse a pena aplicada.

*Estatuto Disciplinar dos Trabalhadores que Exercem Funções Públicas* 541

4 – O montante do subsídio de desemprego eventualmente auferido pelo trabalhador é deduzido na compensação, devendo o órgão ou serviço entregar essa quantia à segurança social.

5 – É ainda deduzido na compensação o montante da remuneração respeitante ao período decorrido desde a data de produção de efeitos do acto de aplicação da pena até 30 dias antes da data da sua impugnação jurisdicional quando esta não tenha tido lugar nos 30 dias subsequentes àquela data de produção de efeitos.

Artigo 65.º – **Indemnização em substituição da reconstituição da situação**

1 – Quando tenha sido jurisdicionalmente impugnado o acto de aplicação das penas de demissão, de despedimento por facto imputável ao trabalhador ou de cessação da comissão de serviço, esta quando seja acessória daquelas ou, em qualquer caso, quando o trabalhador não seja titular de relação jurídica de emprego público constituída em diferente modalidade, o trabalhador, até à data da decisão jurisdicional e na hipótese de esta anular ou declarar nulo ou inexistente aquele acto, pode optar, em alternativa à reconstituição da sua situação jurídico--funcional actual hipotética, pelo recebimento de uma indemnização.

2 – Na falta de instrumento de regulamentação colectiva de trabalho em contrário, a indemnização tem o seguinte montante cumulável:

a) De uma remuneração base mensal por cada ano completo, ou respectiva proporção no caso de fracção de ano, de exercício de funções públicas, quando a pena seja a de demissão ou de despedimento por facto imputável ao trabalhador;

b) De uma remuneração base mensal por cada mês completo, ou respectiva proporção no caso de fracção de mês, que faltasse para o termo da comissão de serviço, quando a pena seja a de cessação da comissão de serviço.

3 – O tempo decorrido desde a data de produção de efeitos da pena até ao trânsito em julgado da decisão jurisdicional é considerado exercício de funções públicas para os efeitos do disposto na alínea a) do número anterior.

4 – Em qualquer caso, a indemnização referida na alínea a) do n.º 2 não é inferior a seis remunerações base mensais e a referida na alínea b) do mesmo número a três.

5 – Efectuada a opção nos termos dos números anteriores, o tribunal condena o órgão ou serviço em conformidade.

Secção III – **Procedimento disciplinar especial**

Subsecção I – **Processos de inquérito e de sindicância**

Artigo 66.º – **Inquérito e sindicância**

1 – Os membros do Governo e os dirigentes máximos dos órgãos ou serviços podem ordenar inquéritos ou sindicâncias aos órgãos, serviços ou unidades orgânicas na sua dependência ou sujeitos à sua superintendência ou tutela.

542 Novo Estatuto da Função Pública

2 – O inquérito tem por fim apurar factos determinados e a sindicância destina-se a uma averiguação geral acerca do funcionamento do órgão, serviço ou unidade orgânica.

ARTIGO 67.º – **Anúncios e editais**

1 – No processo de sindicância, o sindicante, logo que a ele dê início, fá-lo constar por anúncios publicados em dois jornais, um de expansão nacional e outro de expansão regional, e por meio de editais, cuja afixação é requisitada às autoridades policiais ou administrativas.

2 – Nos anúncios e editais declara-se que toda a pessoa que tenha razão de queixa ou de agravo contra o regular funcionamento dos órgãos, serviços ou unidades orgânicas sindicados se pode apresentar ao sindicante, no prazo designado, ou a ele apresentar queixa por escrito e pelo correio.

3 – A queixa por escrito contém os elementos completos de identificação do queixoso.

4 – No prazo de quarenta e oito horas após a recepção da queixa, o sindicante notifica o queixoso, marcando-lhe dia, hora e local para prestar declarações.

5 – A publicação dos anúncios pela imprensa é obrigatória para os periódicos a que sejam remetidos, aplicando-se, em caso de recusa, a pena correspondente ao crime de desobediência qualificada, sendo a despesa a que dê causa documentada pelo sindicante, para efeitos de pagamento.

ARTIGO 68.º – **Relatório e trâmites ulteriores**

1 – Concluída a instrução, o inquiridor ou sindicante elabora, no prazo de 10 dias, o seu relatório, que remete imediatamente à entidade que mandou instaurar o procedimento.

2 – O prazo fixado no número anterior pode ser prorrogado pela entidade que mandou instaurar o procedimento até ao limite máximo, improrrogável, de 30 dias, quando a complexidade do processo o justifique.

3 – Verificando-se a existência de infracções disciplinares, a entidade que instaurou os procedimentos instaura os procedimentos disciplinares a que haja lugar.

4 – O processo de inquérito ou de sindicância pode constituir, por decisão da entidade referida no n.º 2, a fase de instrução do processo disciplinar, deduzindo o instrutor, no prazo de quarenta e oito horas, a acusação do arguido ou dos arguidos, seguindo-se os demais termos previstos no presente Estatuto.

5 – Nos processos de inquérito os trabalhadores visados podem, a todo o tempo, constituir advogado.

SUBSECÇÃO II – **Processo de averiguações**

ARTIGO 69.º – **Instauração**

1 – Quando um trabalhador nomeado ou, não sendo titular de cargo dirigente ou equiparado, que exerça as suas funções em comissão de serviço tenha

Estatuto Disciplinar dos Trabalhadores que Exercem Funções Públicas    543

obtido duas avaliações do desempenho negativas consecutivas, o dirigente máximo do órgão ou serviço instaura obrigatória e imediatamente processo de averiguações, sem prejuízo das decisões que deva tomar quanto ao plano de desenvolvimento profissional e ao melhor aproveitamento das capacidades do trabalhador, identificando, para o efeito, as correspondentes necessidades de formação.

2 – O processo de averiguações destina-se a apurar se o desempenho que justificou aquelas avaliações constitui infracção disciplinar imputável ao trabalhador avaliado por violação culposa de deveres funcionais, designadamente do dever de zelo.

3 – É causa de exclusão da culpabilidade da violação dos deveres funcionais a não frequência de formação, ou a frequência de formação inadequada, aquando da primeira avaliação negativa do trabalhador.

4 – O procedimento de averiguações prescreve decorridos três meses contados da data em que foi instaurado quando, nesse prazo, não tenha tido lugar a recepção do relatório final pela entidade competente.

5 – É correspondentemente aplicável o disposto nos n.$^{os}$ 7 e 8 do artigo 6.º

6 – Quando, no processo de averiguações, sejam detectados indícios de violação de outros deveres funcionais por parte de quaisquer intervenientes nos processos de avaliação do desempenho, o instrutor participa-os ao dirigente máximo do órgão ou serviço para efeitos de eventual instauração do correspondente procedimento de inquérito ou disciplinar.

ARTIGO 70.º – **Tramitação**

1 – O dirigente máximo do órgão ou serviço nomeia o averiguante de entre dirigentes que nunca tenham avaliado o trabalhador ou na falta destes solicita a outro dirigente máximo de outro órgão ou serviço que o nomeie.

2 – O averiguante reúne todos os documentos respeitantes às avaliações e à formação frequentada e ouve, obrigatoriamente, o trabalhador e todos os avaliadores que tenham tido intervenção nas avaliações negativas.

3 – Quando algum avaliador não possa ser ouvido, o averiguante justifica circunstanciadamente esse facto no relatório final referindo e documentando, designadamente, todas as diligências feitas para o conseguir.

4 – O trabalhador pode indicar o máximo de três testemunhas, que o averiguante ouve obrigatoriamente, e juntar documentos até ao termo da instrução.

5 – Todas as diligências instrutórias são concluídas no prazo máximo de 20 dias contados da data da instauração do procedimento, o que é comunicado ao dirigente máximo do órgão ou serviço e ao trabalhador.

ARTIGO 71.º – **Relatório e decisão**

1 – No prazo de 10 dias contados da data de conclusão da instrução, o averiguante elabora o relatório final fundamentado, que remete ao dirigente máximo do órgão ou serviço, no qual pode propor:

544 *Novo Estatuto da Função Pública*

*a)* O arquivamento do processo, quando entenda que não deve haver lugar a procedimento disciplinar por ausência de violação dos deveres funcionais;

*b)* A instauração de procedimento disciplinar por violação de deveres funcionais.

2 – Quando o dirigente máximo do órgão ou serviço tenha sido um dos avaliadores do trabalhador, o processo é remetido ao membro do Governo para decisão.

3 – O disposto no número anterior não é aplicável nas autarquias locais, associações e federações de municípios, bem como nos serviços municipalizados.

4 – É aplicável ao processo de averiguações, com as necessárias adaptações, o disposto nos n.ᵒˢ 4 e 5 do artigo 68.º

5 – Proposta a instauração de procedimento disciplinar, a infracção ou infracções consideram-se cometidas, para todos os efeitos legais, designadamente os previstos no artigo 6.º, na data daquela proposta.

Subsecção III – **Revisão do procedimento disciplinar**

Artigo 72.º – **Requisitos da revisão**

1 – A revisão do procedimento disciplinar é admitida, a todo o tempo, quando se verifiquem circunstâncias ou meios de prova susceptíveis de demonstrar a inexistência dos factos que determinaram a condenação, desde que não pudessem ter sido utilizados pelo trabalhador no procedimento disciplinar.

2 – A simples ilegalidade, de forma ou de fundo, do procedimento e da decisão disciplinares não constitui fundamento para a revisão.

3 – A revisão pode conduzir à revogação ou à alteração da decisão proferida no procedimento revisto, não podendo em caso algum ser agravada a pena.

4 – A pendência de recurso hierárquico ou tutelar ou de acção jurisdicional não prejudica o requerimento de revisão do procedimento disciplinar.

Artigo 73.º – **Legitimidade**

1 – O interessado na revisão do procedimento disciplinar ou, nos casos previstos no n.º 1 do artigo 50.º, o seu representante apresenta requerimento nesse sentido à entidade que tenha aplicado a pena disciplinar.

2 – O requerimento indica as circunstâncias ou meios de prova não considerados no procedimento disciplinar que ao requerente parecem justificar a revisão e é instruído com os documentos indispensáveis.

Artigo 74.º – **Decisão sobre o requerimento**

1 – Recebido o requerimento, a entidade que tenha aplicado a pena disciplinar resolve, no prazo de 30 dias, se deve ou não ser concedida a revisão do procedimento.

## Estatuto Disciplinar dos Trabalhadores que Exercem Funções Públicas 545

2 – O despacho que não conceda a revisão é impugnável nos termos do Código de Processo nos Tribunais Administrativos.

Artigo 75.º – **Trâmites**

Quando seja concedida a revisão, o requerimento e o despacho são apensos ao processo disciplinar, nomeando-se instrutor diferente do primeiro, que marca ao trabalhador prazo não inferior a 10 nem superior a 20 dias para responder por escrito aos artigos da acusação constantes do procedimento a rever, seguindo--se os termos dos artigos 49.º e seguintes.

Artigo 76.º – **Efeito sobre o cumprimento da pena**

O processo de revisão do procedimento não suspende o cumprimento da pena.

Artigo 77.º – **Efeitos da revisão procedente**

1 – Julgando-se procedente a revisão, é revogada ou alterada a decisão proferida no procedimento revisto.

2 – A revogação produz os seguintes efeitos:

*a)* Cancelamento do registo da pena no processo individual do trabalhador;

*b)* Anulação dos efeitos da pena.

3 – Em caso de revogação ou de alteração das penas de demissão ou de despedimento por facto imputável ao trabalhador, o trabalhador tem direito a restabelecer a relação jurídica de emprego público na modalidade em que se encontrava constituída.

4 – Em qualquer caso de revogação ou de alteração de pena, o trabalhador tem ainda direito a:

*a)* Reconstituir a situação jurídico-funcional actual hipotética;

*b)* Ser indemnizado, nos termos gerais de direito, pelos danos morais e patrimoniais sofridos.

Secção IV – **Reabilitação**

Artigo 78.º – **Regime aplicável**

1 – Os trabalhadores condenados em quaisquer penas podem ser reabilitados independentemente da revisão do procedimento disciplinar, sendo competente para o efeito a entidade com competência para a aplicação da pena.

2 – A reabilitação é concedida a quem a tenha merecido pela sua boa conduta, podendo o interessado utilizar para o comprovar todos os meios de prova admitidos em direito.

3 – A reabilitação é requerida pelo trabalhador ou pelo seu representante, decorridos os prazos seguintes sobre a aplicação das penas de repreensão escrita, demissão, despedimento por facto imputável ao trabalhador e cessação

da comissão de serviço ou sobre o cumprimento das penas de multa e suspensão, bem como sobre o decurso do tempo de suspensão de qualquer pena:

    *a)* Seis meses, no caso de repreensão escrita;
    *b)* Um ano, no caso de multa;
    *c)* Dois anos, no caso de suspensão e de cessação da comissão de serviço;
    *d)* Três anos, no caso de demissão e de despedimento por facto imputável ao trabalhador.

4 – A reabilitação faz cessar as incapacidades e demais efeitos da condenação ainda subsistentes, sendo registada no processo individual do trabalhador.

5 – A concessão da reabilitação não atribui ao trabalhador a quem tenha sido aplicada pena de demissão ou de despedimento por facto imputável ao trabalhador o direito de, por esse facto, restabelecer a relação jurídica de emprego público previamente constituída.

## CAPÍTULO VII
### Multas

Artigo 79.º – **Destino das multas**

Sem prejuízo do disposto no artigo seguinte, as multas aplicadas nos termos do presente Estatuto constituem receita do Estado.

Artigo 80.º – **Outros destinos das multas**

A importância das multas aplicadas constitui receita dos órgãos ou serviços referidos nos n.ᵒˢ 2 e 3 do artigo 2.º quando o trabalhador, no momento da prática da infracção, neles exercesse funções, qualquer que fosse a sua situação jurídico-funcional na data da aplicação da pena.

Artigo 81.º – **Não pagamento voluntário**

1 – Quando o arguido condenado em multa ou na reposição de qualquer quantia não a pague no prazo de 30 dias contados da notificação ou não utilize, relativamente à multa ou à reposição, a faculdade prevista no artigo 38.º do Decreto-Lei n.º 155/92, de 28 de Julho, a respectiva importância é descontada na remuneração que lhe seja devida.

2 – O desconto previsto no número anterior é efectuado em prestações mensais que não excedam a sexta parte da remuneração até perfazerem o valor total em dívida, segundo decisão da entidade que aplicou a pena, a qual fixa o valor de cada prestação.

Artigo 82.º – **Execução**

1 – O disposto no artigo anterior não prejudica, quando necessário, a execução, que segue os termos do processo de execução fiscal.

2 – O título executivo é a certidão da decisão condenatória.

# REGIME DO CONTRATO DE TRABALHO EM FUNÇÕES PÚBLICAS

## Lei n.º 59/2008, de 11 de Setembro

A Assembleia da República decreta, nos termos da alínea *c*) do artigo 161.º da Constituição, o seguinte:

ARTIGO 1.º – **Objecto**

1 – É aprovado o Regime do Contrato de Trabalho em Funções Públicas, abreviadamente designado por RCTFP, e respectivo Regulamento, que se publicam em anexo à presente lei e que dela fazem parte integrante.

2 – Os anexos a que se refere o número anterior são identificados como anexos I, «Regime», e II, «Regulamento».

ARTIGO 2.º – **Cessação da comissão de serviço**

1 – A infracção do disposto nos artigos 93.º e 103.º do Regime pode constituir causa de destituição judicial dos dirigentes responsáveis pela celebração e, ou, renovação do contrato a termo.

2 – Os serviços de inspecção, quando se verifique a existência da infracção referida no número anterior, cumprem os trâmites previstos no artigo 15.º do Decreto-Lei n.º 276/2007, de 31 de Julho.

ARTIGO 3.º – **Âmbito de aplicação objectivo**

1 – O âmbito de aplicação objectivo da presente lei é o que se encontra definido no artigo 3.º da Lei n.º 12-A/2008, de 27 de Fevereiro, com as especialidades constantes dos números seguintes.

2 – A emissão de regulamentos de extensão a trabalhadores representados por associações sindicais de âmbito regional e a entidades empregadoras públicas regionais é da competência da respectiva região autónoma.

3 – As regiões autónomas podem estabelecer, de acordo com as suas tradições, outros feriados, para além dos fixados na presente lei, desde que correspondam a usos e práticas já consagrados.

548  *Novo Estatuto da Função Pública*

Artigo 4.º – **Duração dos contratos a termo certo para a execução de projectos de investigação e desenvolvimento**

1 – Nos contratos a termo certo para a execução de projectos de investigação e desenvolvimento a que se refere o artigo 122.º da Lei n.º 62/2007, de 10 de Setembro, o termo estipulado deve corresponder à duração previsível dos projectos, não podendo exceder seis anos.

2 – Os contratos a que se refere o número anterior podem ser renovados uma única vez, por período igual ou inferior ao inicialmente contratado, desde que a duração máxima do contrato, incluindo a renovação, não exceda seis anos.

3 – Os contratos de duração superior a três anos estão sujeitos a autorização dos membros do Governo responsáveis pelas áreas das finanças e da Administração Pública e da tutela:

*a)* No momento da celebração do contrato, quando o período inicialmente contratado seja superior a três anos; ou

*b)* No momento da renovação do contrato, quando a duração do mesmo, incluindo a renovação, seja superior a três anos.

Artigo 5.º – **Duração e organização do tempo de trabalho do pessoal das carreiras de saúde**

O regime de duração e organização do tempo de trabalho aplicável ao pessoal das carreiras de saúde é o estabelecido nos respectivos diplomas legais.

Artigo 6.º – **Aplicação do estatuto do pessoal dirigente** aos trabalhadores contratados

1 – O estatuto do pessoal dirigente dos serviços e organismos da administração central, regional e local do Estado, aprovado pela Lei n.º 2/2004, de 15 de Janeiro, é aplicável, com as necessárias adaptações, aos trabalhadores que exercem funções públicas na modalidade de contrato.

2 – As comissões de serviço exercidas ao abrigo dos artigos 244.º a 248.º do Código do Trabalho, aprovado pela Lei n.º 99/2003, de 27 de Agosto, mantêm-se até ao final do respectivo prazo ou até à revisão do estatuto referido no número anterior.

Artigo 7.º – **Aplicação da Lei n.º 23/2004, de 22 de Junho**

1 – Em caso de reorganização de órgão ou serviço, observados os procedimentos previstos no artigo 10.º do Decreto-Lei n.º 200/2006, de 25 de Outubro, e na Lei n.º 53/2006, de 7 de Dezembro, quando for o caso, aplica-se excepcionalmente o estatuído nos artigos 16.º a 18.º da Lei n.º 23/2004, de 22 de Junho, sem prejuízo do disposto no artigo 33.º da Lei n.º 12-A/2008, de 27 de Fevereiro.

2 – A racionalização de efectivos ocorre, mediante proposta do dirigente máximo do serviço, por despacho conjunto dos membros do Governo da tutela e responsáveis pelas áreas das finanças e da Administração Pública.

*Regime do Contrato de Trabalho em Funções Públicas* 549

ARTIGO 8.º – **Disposições aplicáveis aos trabalhadores que exercem funções públicas na modalidade de nomeação**

Sem prejuízo do disposto em lei especial, são aplicáveis aos trabalhadores que exercem funções públicas na modalidade de nomeação, com as necessárias adaptações, as seguintes disposições do RCTFP:

a) Artigos 6.º a 12.º do Regime e 1.º a 3.º do Regulamento, sobre direitos de personalidade;

b) Artigos 13.º a 20.º, 22.º e 23.º do Regime e 4.º a 14.º do Regulamento, sobre igualdade e não discriminação;

c) Artigos 21.º do Regime e 15.º a 39.º do Regulamento, sobre protecção do património genético;

d) Artigos 24.º a 43.º do Regime e 40.º a 86.º do Regulamento, sobre protecção da maternidade e da paternidade;

e) Artigos 52.º a 58.º do Regime e 87.º a 96.º do Regulamento, sobre estatuto do trabalhador -estudante;

f) Artigos 221.º a 229.º do Regime e 132.º a 204.º do Regulamento, sobre segurança, higiene e saúde no trabalho;

g) Artigos 298.º a 307.º do Regime e 205.º a 239.º do Regulamento, sobre constituição de comissões de trabalhadores;

h) Artigos 308.º a 339.º do Regime e 240.º a 253.º do Regulamento, sobre liberdade sindical;

i) Artigos 392.º a 407.º do Regime, sobre direito à greve.

ARTIGO 9.º – **Alteração ao Decreto -Lei n.º 503/99, de 20 de Novembro**

São alterados os artigos 1.º e 2.º do Decreto-Lei n.º 503/99, de 20 de Novembro, que passam a ter a seguinte redacção:

«ARTIGO 1.º – [...]

O presente decreto-lei estabelece o regime jurídico dos acidentes de trabalho e das doenças profissionais ocorridos ao serviço de entidades empregadoras públicas.

ARTIGO 2.º – [...]

1 – O disposto no presente decreto-lei é aplicável a todos os trabalhadores que exercem funções públicas, nas modalidades de nomeação ou de contrato de trabalho em funções públicas, nos serviços da administração directa e indirecta do Estado.

2 – O disposto no presente decreto-lei é também aplicável aos trabalhadores que exercem funções públicas nos serviços das administrações regionais e autárquicas e nos órgãos e serviços de apoio do Presidente da República, da Assembleia da República, dos tribunais e do Ministério Público e respectivos órgãos de gestão e de outros órgãos independentes.

550 *Novo Estatuto da Função Pública*

3 – O disposto no presente decreto-lei é ainda aplicável aos membros dos gabinetes de apoio quer dos membros do Governo quer dos titulares dos órgãos referidos no número anterior.

4 – Aos trabalhadores que exerçam funções em entidades públicas empresariais ou noutras entidades não abrangidas pelo disposto nos números anteriores é aplicável o regime de acidentes de trabalho previsto no Código do Trabalho, aprovado pela Lei n.º 99/2003, de 27 de Agosto, devendo as respectivas entidades empregadoras transferir a responsabilidade pela reparação dos danos emergentes de acidentes de trabalho nos termos previstos naquele Código.

5 – O disposto nos números anteriores não prejudica a aplicação do regime de protecção social na eventualidade de doença profissional aos trabalhadores inscritos nas instituições de segurança social.

6 – As referências legais feitas a acidentes em serviço consideram-se feitas a acidentes de trabalho.»

Artigo 10.º – **Alteração ao Estatuto dos Tribunais Administrativos e Fiscais**

É alterado o artigo 4.º do Estatuto dos Tribunais Administrativos e Fiscais, aprovado pela Lei n.º 13/2002, de 19 de Fevereiro, que passa a ter a seguinte redacção:

«Artigo 4.º – [...]

1 – ..............................................................................................

2 – ..............................................................................................

3 – Ficam igualmente excluídas do âmbito da jurisdição administrativa e fiscal:

*a)* ..............................................................................................

*b)* ..............................................................................................

*c)* ..............................................................................................

*d)* A apreciação de litígios emergentes de contratos individuais de trabalho, ainda que uma das partes seja uma pessoa colectiva de direito público, com excepção dos litígios emergentes de contratos de trabalho em funções públicas.»

Artigo 11.º – **Alteração ao Código de Processo nos Tribunais Administrativos**

São alterados os artigos 180.º e 187.º do Código de Processo nos Tribunais Administrativos, aprovado pela Lei n.º 15/2002, de 22 de Fevereiro, que passam a ter a seguinte redacção:

«Artigo 180.º – [...]

1 – Sem prejuízo do disposto em lei especial, pode ser constituído tribunal arbitral para o julgamento de:

*Regime do Contrato de Trabalho em Funções Públicas* 551

*a*) ......................................................................................................
*b*) ......................................................................................................
*c*) ......................................................................................................
*d*) Litígios emergentes de relações jurídicas de emprego público, quando não estejam em causa direitos indisponíveis e quando não resultem de acidente de trabalho ou de doença profissional.
2 – ...................................................................................................

Artigo 187.º – [...]

1 – O Estado pode, nos termos da lei, autorizar a instalação de centros de arbitragem permanente destinados à composição de litígios no âmbito das seguintes matérias:
*a*) ......................................................................................................
*b*) ......................................................................................................
*c*) Relações jurídicas de emprego público;
*d*) ......................................................................................................
*e*) ......................................................................................................
2 – ...................................................................................................
3 – ............................................................................................... »

Artigo 12.º – **Alteração ao Código dos Contratos Públicos**

É alterado o artigo 4.º do Código dos Contratos Públicos, aprovado pelo Decreto-Lei n.º 18/2008, de 29 de Janeiro, que passa a ter a seguinte redacção:

«Artigo 4.º – [...]

1 –
2 – O presente Código não é igualmente aplicável aos seguintes contratos:
*a*) Contratos de trabalho em funções públicas e contratos individuais de trabalho;
*b*) ......................................................................................................
*c*) ......................................................................................................
*d*) ............................................................................................... »

Artigo 13.º – **Aditamento ao Decreto-Lei n.º 100/99, de 31 de Março**

É aditado ao Decreto-Lei n.º 100/99, de 31 de Março, o artigo 101.º-A, com a seguinte redacção:

«Artigo 101.º-A – **Licença especial para desempenho de funções em associação sindical**

1 – A requerimento da associação sindical interessada, e para nela prestar serviço, pode ser concedida licença sem vencimento a trabalhador nomeado que conte mais de três anos de antiguidade no exercício de funções públicas.

552     *Novo Estatuto da Função Pública*

2 – O requerimento previsto no número anterior é instruído com declaração expressa do trabalhador manifestando o seu acordo.

3 – A licença prevista no n.º 1 tem a duração de um ano e é sucessiva e tacitamente renovável.»

ARTIGO 14.º – **Contratos a termo resolutivo certo em execução**

1 – Aos contratos a termo certo em execução à data da entrada em vigor da presente lei cujo prazo inicial seja superior a dois anos ou que, tendo sido objecto de renovação, tenham uma duração superior a dois anos aplica-se o regime constante dos números seguintes.

2 – Decorrido o período de três anos ou verificado o número máximo de renovações a que se refere o artigo 103.º do Regime, o contrato pode, no entanto, ser objecto de mais uma renovação desde que a respectiva duração não seja inferior a um nem superior a três anos.

3 – A renovação prevista no número anterior deve ser objecto de especial fundamentação e depende de autorização dos membros do Governo responsáveis pelas áreas das finanças e da Administração Pública.

4 – Nas situações previstas nas alíneas *f*), *h*) e *i*) do n.º 1 do artigo 93.º do Regime, a renovação prevista no n.º 2, quando implique que a duração do contrato seja superior a cinco anos, equivale ao reconhecimento pela entidade empregadora pública da necessidade de ocupação de um posto de trabalho com recurso à constituição de uma relação jurídica de emprego público por tempo indeterminado, determinando:

    *a)* A alteração do mapa de pessoal do órgão ou serviço, de forma a prever aquele posto de trabalho;

    *b)* A imediata publicitação de procedimento concursal para recrutamento de trabalhadores com relação jurídica de emprego público por tempo indeterminado;

5 – O procedimento concursal para recrutamento de trabalhadores com relação jurídica de emprego público por tempo determinado ou determinável ou sem relação jurídica de emprego público previamente estabelecida depende de parecer favorável dos membros do Governo responsáveis pelas áreas das finanças e da Administração Pública, nos termos previstos no n.º 6 do artigo 6.º da Lei n.º 12-A/2008, de 27 de Fevereiro.

ARTIGO 15.º – **Convenções vigentes**

É aplicável aos instrumentos de regulamentação colectiva de trabalho negociais vigentes o disposto no artigo 364.º do Regime.

ARTIGO 16.º – **Remissões**

As remissões de normas contidas em diplomas legais ou regulamentares para a legislação revogada por efeito do artigo 18.º consideram-se feitas para as disposições correspondentes do Regime e do Regulamento.

Regime do Contrato de Trabalho em Funções Públicas 553

Artigo 17.º – **Transição entre modalidades de relação jurídica de emprego público**

1 – As disposições do capítulo VII do título II do Regime, sobre cessação do contrato, não são aplicáveis aos actuais trabalhadores nomeados definitivamente que, nos termos do n.º 4 do artigo 88.º da Lei n.º 12-A/2008, de 27 de Fevereiro, devam transitar para a modalidade de contrato por tempo indeterminado.

2 – Sem prejuízo do disposto no artigo 109.º da Lei n.º 12-A/2008, de 27 de Fevereiro, a transição dos trabalhadores que, nos termos daquele diploma, se deva operar, designadamente das modalidades de nomeação e de contrato individual de trabalho, para a modalidade de contrato de trabalho em funções públicas é feita sem dependência de quaisquer formalidades, considerando-se que os documentos que suportam a relação jurídica anteriormente constituída são título bastante para sustentar a relação jurídica de emprego público constituída por contrato.

3 – É obrigatoriamente celebrado contrato escrito, nos termos do artigo 72.º do Regime, quando ocorra qualquer alteração da situação jurídico-funcional do trabalhador.

4 – O disposto no n.º 2 é aplicável, com as necessárias adaptações, à transição dos trabalhadores que se deva operar para a modalidade de nomeação.

Artigo 18.º – **Norma revogatória**

Com a entrada em vigor do RCTFP são revogados os seguintes diplomas e disposições:

*a)* O n.º 3 do artigo 1.º da Lei n.º 23/98, de 26 de Maio;
*b)* O Decreto-Lei n.º 84/99, de 19 de Março;
*c)* O Decreto-Lei n.º 488/99, de 17 de Novembro;
*d)* O artigo 5.º da Lei n.º 99/2003, de 27 de Agosto;
*e)* Os n.ºˢ 2 do artigo 1.º e 3 do artigo 452.º da Lei n.º 35/2004, de 29 de Julho;
*f)* A Lei n.º 23/2004, de 22 de Junho, com excepção dos seus artigos 16.º, 17.º e 18.º

Artigo 19.º – **Regras especiais de aplicação no tempo relativas à protecção social dos trabalhadores que exercem funções públicas**

1 – As normas do Regime e do Regulamento relativas a regimes de segurança social ou protecção social aplicam-se aos trabalhadores que exercem funções públicas que sejam beneficiários do regime geral de segurança social e que estejam inscritos nas respectivas instituições para todas as eventualidades.

2 – Os demais trabalhadores a integrar no regime de protecção social convergente mantêm-se sujeitos às normas que lhes eram aplicáveis à data de entrada em vigor da presente lei em matéria de protecção social ou segurança social, designadamente nas eventualidades de maternidade, paternidade e adopção e de doença.

554 *Novo Estatuto da Função Pública*

3 – Até à regulamentação do regime de protecção social convergente, os trabalhadores referidos no número anterior mantêm-se sujeitos às demais normas que lhes eram aplicáveis à data de entrada em vigor da presente lei, designadamente as relativas à manutenção do direito à remuneração, justificação, verificação e efeitos das faltas por doença e por maternidade, paternidade e adopção.

4 – A aplicação das normas previstas no n.º 1 aos trabalhadores referidos nos n.os 2 e 3 é feita nos termos dos diplomas que venham a regulamentar o regime de protecção social convergente, em cumprimento do disposto no artigo 104.º da Lei n.º 4/2007, de 16 de Janeiro, e no n.º 2 do artigo 114.º da Lei n.º 12-A/2008, de 27 de Fevereiro.

5 – O disposto no n.º 1 do artigo 232.º do Regime, quando a suspensão resultar de doença, aplica-se aos trabalhadores referidos nos n.os 2 e 3 a partir da data da entrada em vigor dos diplomas previstos no número anterior.

6 – Em caso de faltas para assistência a membros do agregado familiar previstas na lei, o trabalhador integrado no regime de protecção social convergente tem direito a um subsídio nos termos da respectiva legislação.

Artigo 20.º – **Validade das convenções colectivas**

1 – As disposições constantes de instrumentos de regulamentação colectiva de trabalho que disponham de modo contrário às normas do Regime e do Regulamento têm de ser alteradas no prazo de 12 meses após a entrada em vigor da presente lei, sob pena de nulidade.

2 – O disposto no número anterior não convalida as disposições de instrumento de regulamentação colectiva de trabalho nulas ao abrigo da legislação revogada.

Artigo 21.º – **Trabalho nocturno**

O trabalhador que tenha prestado, nos 12 meses anteriores à publicação da presente lei, pelo menos cinquenta horas entre as 20 e as 22 horas ou cento e cinquenta horas de trabalho nocturno depois das 22 horas mantém o direito ao acréscimo de remuneração sempre que realizar a sua prestação entre as 20 e as 22 horas.

Artigo 22.º – **Protecção da maternidade, paternidade e adopção**

A entrada em vigor do diploma que regular a matéria da protecção da maternidade e da paternidade, revogando as disposições dos artigos 33.º a 52.º do Código do Trabalho, aprovado pela Lei n.º 99/2003, de 27 de Agosto, e dos artigos 66.º a 113.º da respectiva regulamentação, aprovada pela Lei n.º 35/2004, de 29 de Julho, determina a cessação da vigência dos artigos 24.º a 43.º do Regime e 40.º a 86.º do Regulamento, aplicando-se de imediato aos trabalhadores que exerçam funções públicas, nas modalidades de contrato de trabalho em funções públicas e de nomeação, com as necessárias adaptações, o disposto naqueles diplomas sobre a mesma matéria.

*Regime do Contrato de Trabalho em Funções Públicas* 555

ARTIGO 23.º – **Entrada em vigor**
A presente lei entra em vigor em 1 de Janeiro de 2009.

Aprovada em 18 de Julho de 2008.

O Presidente da Assembleia da República, *Jaime Gama.*

Promulgada em 27 de Agosto de 2008.

Publique-se.

O Presidente da República, ANÍBAL CAVACO SILVA.

Referendada em 27 de Agosto de 2008.

O Primeiro-Ministro, *José Sócrates Carvalho Pinto de Sousa.*

# ANEXO I

# REGIME

## TÍTULO I

### Fontes e aplicação do direito

ARTIGO 1.º – **Fontes específicas**
O contrato de trabalho em funções públicas, abreviadamente designado por contrato, está sujeito, em especial, aos instrumentos de regulamentação colectiva de trabalho, nos termos do n.º 2 do artigo 81.º da Lei n.º 12-A/2008, de 27 de Fevereiro.

ARTIGO 2.º – **Instrumentos de regulamentação colectiva de trabalho**
1 – Os instrumentos de regulamentação colectiva de trabalho podem ser negociais ou não negociais.
2 – Os instrumentos de regulamentação colectiva de trabalho negociais são o acordo colectivo de trabalho, o acordo de adesão e a decisão de arbitragem voluntária.
3 – Os acordos colectivos de trabalho podem ser:
*a)* Acordos colectivos de carreira – os acordos aplicáveis a uma carreira ou a um conjunto de carreiras, independentemente dos órgãos ou serviços onde os trabalhadores nelas integrados exerçam funções;

556      *Novo Estatuto da Função Pública*

*b)* Acordos colectivos de entidade empregadora pública – os acordos aplicáveis a uma entidade empregadora pública, com ou sem personalidade jurídica.

4 – Os instrumentos de regulamentação colectiva de trabalho não negociais são o regulamento de extensão e a decisão de arbitragem necessária.

ARTIGO 3.º – **Subsidiariedade**

Os regulamentos de extensão só podem ser emitidos na falta de instrumentos de regulamentação colectiva de trabalho negociais.

ARTIGO 4.º – **Princípio do tratamento mais favorável**

1 – As normas do Regime do Contrato de Trabalho em Funções Públicas (RCTFP) podem ser afastadas por instrumento de regulamentação colectiva de trabalho quando este estabeleça condições mais favoráveis para o trabalhador e se daquelas normas não resultar o contrário.

2 – As normas do RCTFP e dos instrumentos de regulamentação colectiva de trabalho não podem ser afastadas por contrato, salvo quando daquelas normas resultar o contrário e este estabeleça condições mais favoráveis para o trabalhador.

ARTIGO 5.º – **Lei aplicável ao contrato**

1 – O contrato rege-se pela lei escolhida pelas partes.

2 – Na falta de escolha de lei aplicável, o contrato é regulado pela lei do Estado com o qual apresente uma conexão mais estreita.

3 – Na determinação da conexão mais estreita, além de outras circunstâncias, atende-se:

*a)* À lei do Estado em que o trabalhador, no cumprimento do contrato, presta habitualmente o seu trabalho, mesmo que esteja temporariamente a prestar a sua actividade noutro Estado;

*b)* À lei do Estado em que esteja situado o órgão ou serviço onde o trabalhador foi contratado, se este não presta habitualmente o seu trabalho no mesmo Estado.

4 – Os critérios enunciados no número anterior podem não ser atendidos quando, do conjunto de circunstâncias aplicáveis à situação, resulte que o contrato apresenta uma conexão mais estreita com outro Estado, caso em que se aplicará a respectiva lei.

5 – Sendo aplicável a lei de determinado Estado, por força dos critérios enunciados nos números anteriores, pode ser dada prevalência às disposições imperativas da lei de outro Estado com o qual a situação apresente uma conexão estreita se, e na medida em que, de acordo com o direito deste último Estado essas disposições forem aplicáveis, independentemente da lei reguladora do contrato.

*Regime do Contrato de Trabalho em Funções Públicas*     557

6 – Para efeito do disposto no número anterior, deve ter-se em conta a natureza e o objecto das disposições imperativas, bem como as consequências resultantes tanto da aplicação como da não aplicação de tais preceitos.

7 – A escolha pelas partes da lei aplicável ao contrato não pode ter como consequência privar o trabalhador da protecção que lhe garantem as disposições imperativas deste Regime caso fosse a lei portuguesa a aplicável nos termos do n.º 2.

# TÍTULO II
## Contrato

## CAPÍTULO I
### Disposições gerais

SECÇÃO I – **Sujeitos**

SUBSECÇÃO I – Direitos de personalidade

### ARTIGO 6.º – **Liberdade de expressão e de opinião**

É reconhecida no âmbito do órgão ou serviço a liberdade de expressão e de divulgação do pensamento e opinião, com respeito dos direitos de personalidade do trabalhador e da entidade empregadora pública, incluindo as pessoas singulares que a representam, e do normal funcionamento do órgão ou serviço.

### ARTIGO 7.º – **Reserva da intimidade da vida privada**

1 – A entidade empregadora pública e o trabalhador devem respeitar os direitos de personalidade da contraparte, cabendo-lhes, designadamente, guardar reserva quanto à intimidade da vida privada.

2 – O direito à reserva da intimidade da vida privada abrange quer o acesso quer a divulgação de aspectos atinentes à esfera íntima e pessoal das partes, nomeadamente relacionados com a vida familiar, afcctiva e sexual, com o estado de saúde e com as convicções políticas e religiosas.

### ARTIGO 8.º – **Protecção de dados pessoais**

1 – A entidade empregadora pública não pode exigir ao candidato a emprego ou ao trabalhador que preste informações relativas à sua vida privada, salvo quando estas sejam estritamente necessárias e relevantes para avaliar da respectiva aptidão no que respeita à execução do contrato e seja fornecida por escrito a respectiva fundamentação.

558  *Novo Estatuto da Função Pública*

2 – A entidade empregadora pública não pode exigir ao candidato a emprego ou ao trabalhador que preste informações relativas à sua saúde ou estado de gravidez, salvo quando particulares exigências inerentes à natureza da actividade profissional o justifiquem e seja fornecida por escrito a respectiva fundamentação.

3 – As informações previstas no número anterior são prestadas a médico, que só pode comunicar à entidade empregadora pública se o trabalhador está ou não apto a desempenhar a actividade, salvo autorização escrita deste.

4 – O candidato a emprego ou o trabalhador que haja fornecido informações de índole pessoal goza do direito ao controlo dos respectivos dados pessoais, podendo tomar conhecimento do seu teor e dos fins a que se destinam, bem como exigir a sua rectificação e actualização.

5 – Os ficheiros e acessos informáticos utilizados pela entidade empregadora pública para tratamento de dados pessoais do candidato a emprego ou trabalhador ficam sujeitos à legislação em vigor relativa à protecção de dados pessoais.

ARTIGO 9.º – **Integridade física e moral**

A entidade empregadora pública, incluindo as pessoas singulares que a representam, e o trabalhador gozam do direito à respectiva integridade física e moral.

ARTIGO 10.º – **Testes e exames médicos**

1 – Para além das situações previstas na legislação relativa a segurança, higiene e saúde no trabalho, a entidade empregadora pública não pode, para efeitos de admissão ou permanência no emprego, exigir ao candidato a emprego ou ao trabalhador a realização ou apresentação de testes ou exames médicos, de qualquer natureza, para comprovação das condições físicas ou psíquicas, salvo quando estes tenham por finalidade a protecção e segurança do trabalhador ou de terceiros, ou quando particulares exigências inerentes à actividade o justifiquem, devendo em qualquer caso ser fornecida por escrito ao candidato a emprego ou trabalhador a respectiva fundamentação.

2 – A entidade empregadora pública não pode, em circunstância alguma, exigir à candidata a emprego ou à trabalhadora a realização ou apresentação de testes ou exames de gravidez.

3 – O médico responsável pelos testes e exames médicos só pode comunicar à entidade empregadora pública se o trabalhador está ou não apto para desempenhar a actividade, salvo autorização escrita deste.

ARTIGO 11.º – **Meios de vigilância à distância**

1 – A entidade empregadora pública não pode utilizar meios de vigilância à distância no local de trabalho, mediante o emprego de equipamento tecnológico, com a finalidade de controlar o desempenho profissional do trabalhador.

Regime do Contrato de Trabalho em Funções Públicas

2 – A utilização do equipamento identificado no número anterior é lícita sempre que tenha por finalidade a protecção e segurança de pessoas e bens ou quando particulares exigências inerentes à natureza da actividade o justifiquem.

3 – Nos casos previstos no número anterior, a entidade empregadora pública deve informar o trabalhador sobre a existência e finalidade dos meios de vigilância utilizados.

Artigo 12.º – **Confidencialidade de mensagens e de acesso a informação**

1 – O trabalhador goza do direito de reserva e confidencialidade relativamente ao conteúdo das mensagens de natureza pessoal e acesso a informação de carácter não profissional que envie, receba ou consulte, nomeadamente através do correio electrónico.

2 – O disposto no número anterior não prejudica o poder de a entidade empregadora pública estabelecer regras de utilização dos meios de comunicação no órgão ou serviço, nomeadamente do correio electrónico.

Subsecção II – **Igualdade e não discriminação**

DIVISÃO I

**Disposições gerais**

Artigo 13.º – **Direito à igualdade no acesso ao emprego e no trabalho**

1 – Todos os trabalhadores têm direito à igualdade de oportunidades e de tratamento no que se refere ao acesso ao emprego, à formação e promoção profissionais e às condições de trabalho.

2 – Nenhum trabalhador ou candidato a emprego pode ser privilegiado, beneficiado, prejudicado, privado de qualquer direito ou isento de qualquer dever em razão, nomeadamente, de ascendência, idade, sexo, orientação sexual, estado civil, situação familiar, património genético, capacidade de trabalho reduzida, deficiência, doença crónica, nacionalidade, origem étnica, religião, convicções políticas ou ideológicas e filiação sindical.

Artigo 14.º – **Proibição de discriminação**

1 – A entidade empregadora pública não pode praticar qualquer discriminação, directa ou indirecta, baseada, nomeadamente, na ascendência, idade, sexo, orientação sexual, estado civil, situação familiar, património genético, capacidade de trabalho reduzida, deficiência ou doença crónica, nacionalidade, origem étnica, religião, convicções políticas ou ideológicas e filiação sindical.

2 – Não constitui discriminação o comportamento baseado num dos factores indicados no número anterior sempre que, em virtude da natureza das actividades profissionais em causa ou do contexto da sua execução, esse factor constitua um requisito justificável e determinante para o exercício da actividade profissional, devendo o objectivo ser legítimo e o requisito proporcional.

560       *Novo Estatuto da Função Pública*

3 – Cabe a quem alegar a discriminação fundamentá-la, indicando o trabalhador ou trabalhadores em relação aos quais se considera discriminado, incumbindo à entidade empregadora pública provar que as diferenças de condições de trabalho não assentam em nenhum dos factores indicados no n.º 1.

ARTIGO 15.º – **Assédio**

1 – Constitui discriminação o assédio a candidato a emprego e a trabalhador.

2 – Entende-se por assédio todo o comportamento indesejado relacionado com um dos factores indicados no n.º 1 do artigo anterior, praticado aquando do acesso ao emprego ou no próprio emprego, trabalho ou formação profissional, com o objectivo ou o efeito de afectar a dignidade da pessoa ou criar um ambiente intimidativo, hostil, degradante, humilhante ou desestabilizador.

3 – Constitui, em especial, assédio todo o comportamento indesejado de carácter sexual, sob forma verbal, não verbal ou física, com o objectivo ou o efeito referidos no número anterior.

ARTIGO 16.º – **Medidas de acção positiva**

Não são consideradas discriminatórias as medidas de carácter temporário concretamente definido de natureza legislativa que beneficiem certos grupos desfavorecidos, nomeadamente em função do sexo, capacidade de trabalho reduzida, deficiência ou doença crónica, nacionalidade ou origem étnica, com o objectivo de garantir o exercício, em condições de igualdade, dos direitos previstos neste Regime e de corrigir uma situação factual de desigualdade que persista na vida social.

ARTIGO 17.º – **Obrigação de indemnização**

A prática de qualquer acto discriminatório lesivo de um trabalhador ou candidato a emprego confere-lhe o direito a uma indemnização, por danos patrimoniais e não patrimoniais, nos termos da lei.

## DIVISÃO II

### Igualdade e não discriminação em função do sexo

ARTIGO 18.º – **Acesso ao emprego, actividade profissional e formação**

1 – Toda a exclusão ou restrição de acesso de um candidato a emprego ou trabalhador em razão do respectivo sexo a qualquer tipo de actividade profissional ou à formação exigida para ter acesso a essa actividade constitui uma discriminação em função do sexo.

2 – Os anúncios de ofertas de emprego e outras formas de publicidade ligadas à pré-selecção e ao recrutamento não podem conter, directa ou indirectamente, qualquer restrição, especificação ou preferência baseada no sexo.

### Artigo 19.º – **Condições de trabalho**

1 – É assegurada a igualdade de condições de trabalho, em particular quanto à remuneração, entre trabalhadores de ambos os sexos.

2 – As diferenciações remuneratórias não constituem discriminação se assentes em critérios objectivos, comuns a homens e mulheres, sendo admissíveis, nomeadamente, distinções em função do mérito, produtividade, assiduidade ou antiguidade dos trabalhadores.

3 – Os sistemas de descrição de tarefas e de avaliação de funções devem assentar em critérios objectivos comuns a homens e mulheres de forma a excluir qualquer discriminação baseada no sexo.

### Artigo 20.º – **Carreira profissional**

Todos os trabalhadores, independentemente do respectivo sexo, têm direito ao pleno desenvolvimento da respectiva carreira profissional.

### Artigo 21.º – **Protecção do património genético**

1 – São proibidos ou condicionados os trabalhos que sejam considerados, por regulamentação em legislação especial, susceptíveis de implicar riscos para o património genético do trabalhador ou dos seus descendentes.

2 – As disposições legais previstas no número anterior devem ser revistas periodicamente, em função dos conhecimentos científicos e técnicos, e, de acordo com esses conhecimentos, ser actualizadas, revogadas ou tornadas extensivas a todos os trabalhadores.

3 – A violação do disposto no n.º 1 do presente artigo confere ao trabalhador direito a indemnização, por danos patrimoniais e não patrimoniais, nos termos gerais.

### Artigo 22.º – **Regras contrárias ao princípio da igualdade**

1 – As disposições de qualquer instrumento de regulamentação colectiva de trabalho que se refiram a profissões e categorias profissionais que se destinem especificamente a trabalhadores do sexo feminino ou masculino têm-se por aplicáveis a ambos os sexos.

2 – Os instrumentos de regulamentação colectiva de trabalho devem incluir, sempre que possível, disposições que visem a efectiva aplicação das normas da presente divisão.

### Artigo 23.º – **Legislação complementar**

O desenvolvimento do regime previsto na presente subsecção consta do anexo II, «Regulamento».

562        *Novo Estatuto da Função Pública*

SUBSECÇÃO III – **Protecção da maternidade e da paternidade**

*(Por força do disposto no art. 22.º da Lei n.º 59/2008, de 11 de Setembro, os artigos 24.º a 43.º desta Subsecção encontram-se revogados na sequência da publicação do novo Código do Trabalho, aprovado pela Lei n.º 7/2009, de 12 de Fevereiro, e da entrada em vigor das suas normas sobre protecção na parentalidade, ocorrida no dia 1 de Maio, data do início da produção dos efeitos da respectiva regulamentação aprovada pelo Dec.-Lei n.º 89/2009, de 9 de Abril)*

SUBSECÇÃO IV – **Trabalhador com capacidade de trabalho reduzida**

ARTIGO 44.º – **Princípio geral**

1 – A entidade empregadora pública deve facilitar o emprego ao trabalhador com capacidade de trabalho reduzida, proporcionando-lhe adequadas condições de trabalho, nomeadamente a adaptação do posto de trabalho, remuneração e promovendo ou auxiliando acções de formação e aperfeiçoamento profissional apropriadas.

2 – O Estado deve estimular e apoiar, pelos meios que forem tidos por convenientes, a acção dos órgãos e serviços na realização dos objectivos definidos no número anterior.

3 – Independentemente do disposto nos números anteriores, podem ser estabelecidas, por lei ou instrumento de regulamentação colectiva de trabalho, especiais medidas de protecção dos trabalhadores com capacidade de trabalho reduzida, particularmente no que respeita à sua admissão e condições de prestação da actividade, tendo sempre em conta os interesses desses trabalhadores e das entidades empregadoras públicas.

ARTIGO 45.º – **Legislação complementar**

O regime da presente subsecção é objecto de regulamentação em legislação especial.

SUBSECÇÃO V – **Trabalhador com deficiência ou doença crónica**

ARTIGO 46.º – **Igualdade de tratamento**

1 – O trabalhador com deficiência ou doença crónica é titular dos mesmos direitos e está adstrito aos mesmos deveres dos demais trabalhadores no acesso ao emprego, à formação e promoção profissionais e às condições de trabalho, sem prejuízo das especificidades inerentes à sua situação.

2 – O Estado deve estimular e apoiar a acção da entidade empregadora pública na contratação de trabalhadores com deficiência ou doença crónica.

Regime do Contrato de Trabalho em Funções Públicas

3 – O Estado deve estimular e apoiar a acção da entidade empregadora pública na readaptação profissional de trabalhador com deficiência ou doença crónica superveniente.

Artigo 47.º – **Medidas de acção positiva da entidade empregadora pública**

1 – A entidade empregadora pública deve promover a adopção de medidas adequadas para que uma pessoa com deficiência ou doença crónica tenha acesso a um emprego, o possa exercer ou nele progredir, ou para que lhe seja ministrada formação profissional, excepto se tais medidas implicarem encargos desproporcionados para a entidade empregadora pública.

2 – O Estado deve estimular e apoiar, pelos meios que forem tidos por convenientes, a acção da entidade empregadora pública na realização dos objectivos referidos no número anterior.

3 – Os encargos referidos no n.º 1 não são considerados desproporcionados quando forem, nos termos previstos em legislação especial, compensados por apoios do Estado em matéria de pessoa com deficiência ou doença crónica.

Artigo 48.º – **Dispensa de horários de trabalho com adaptabilidade**

O trabalhador com deficiência ou doença crónica tem direito a dispensa de horários de trabalho organizados de acordo com o regime de adaptabilidade do tempo de trabalho se for apresentado atestado médico do qual conste que tal prática pode prejudicar a sua saúde ou a segurança no trabalho.

Artigo 49.º – **Trabalho extraordinário**

O trabalhador com deficiência ou doença crónica não está sujeito à obrigação de prestar trabalho extraordinário.

Artigo 50.º – **Trabalho no período nocturno**

O trabalhador com deficiência ou doença crónica é dispensado de prestar trabalho entre as 20 horas de um dia e as 7 horas do dia seguinte se for apresentado atestado médico do qual conste que tal prática pode prejudicar a sua saúde ou a segurança no trabalho.

Artigo 51.º – **Medidas de protecção**

Independentemente do disposto na presente subsecção, podem ser estabelecidas por lei ou instrumento de regulamentação colectiva de trabalho especiais medidas de protecção do trabalhador com deficiência ou doença crónica, particularmente no que respeita à sua admissão, condições de prestação da actividade, adaptação de postos de trabalho e incentivos ao trabalhador e à entidade empregadora pública, tendo sempre em conta os respectivos interesses.

564 *Novo Estatuto da Função Pública*

SUBSECÇÃO VI – **Trabalhador-estudante**

ARTIGO 52.º – **Noção**

1 – Considera-se trabalhador-estudante aquele que frequenta qualquer nível de educação escolar, bem como curso de pós-graduação, mestrado ou doutoramento em instituição de ensino, ou ainda curso de formação profissional com duração igual ou superior a seis meses.

2 – A manutenção do estatuto do trabalhador-estudante é condicionada pela obtenção de aproveitamento escolar, nos termos previstos no anexo II, «Regulamento».

ARTIGO 53.º – **Horário de trabalho**

1 – O trabalhador-estudante deve beneficiar de horários de trabalho específicos, com flexibilidade ajustável à frequência das aulas e à inerente deslocação para os respectivos estabelecimentos de ensino.

2 – Quando não seja possível a aplicação do regime previsto no número anterior, o trabalhador-estudante beneficia de dispensa de trabalho para frequência de aulas, nos termos previstos em legislação especial.

ARTIGO 54.º – **Prestação de provas de avaliação**

O trabalhador-estudante tem direito a ausentar-se para prestação de provas de avaliação, nos termos previstos em legislação especial.

ARTIGO 55.º – **Regime de turnos**

1 – O trabalhador-estudante que preste serviço em regime de turnos tem os direitos conferidos no artigo 53.º desde que o ajustamento dos períodos de trabalho não seja totalmente incompatível com o funcionamento daquele regime.

2 – Nos casos em que não seja possível a aplicação do disposto no número anterior, o trabalhador tem preferência na ocupação de postos de trabalho compatíveis com a sua aptidão profissional e com a possibilidade de participar nas aulas que se proponha frequentar.

ARTIGO 56.º – **Férias e licenças**

1 – O trabalhador-estudante tem direito a marcar as férias de acordo com as suas necessidades escolares, salvo se daí resultar comprovada incompatibilidade com o mapa de férias elaborado pela entidade empregadora pública.

2 – O trabalhador-estudante tem direito, em cada ano civil, a beneficiar de licença prevista no anexo II, «Regulamento».

ARTIGO 57.º – **Efeitos profissionais da valorização escolar**

Ao trabalhador-estudante devem ser proporcionadas oportunidades de promoção profissional adequadas à valorização obtida nos cursos ou pelos conhecimentos adquiridos.

Regime do Contrato de Trabalho em Funções Públicas     565

ARTIGO 58.º – **Legislação complementar**

O desenvolvimento do regime previsto na presente subsecção consta do anexo II, «Regulamento».

SUBSECÇÃO VII – **Trabalhador estrangeiro**

ARTIGO 59.º – **Âmbito**

Sem prejuízo do estabelecido quanto à lei aplicável, a prestação de trabalho subordinado em território português por cidadão estrangeiro está sujeita às normas desta subsecção.

ARTIGO 60.º – **Igualdade de tratamento**

O trabalhador estrangeiro que esteja autorizado a exercer uma actividade profissional subordinada em território português goza dos mesmos direitos e está sujeito aos mesmos deveres do trabalhador com nacionalidade portuguesa.

ARTIGO 61.º – **Formalidades**

1 – O contrato celebrado com um cidadão estrangeiro, para a prestação de actividade executada em território português, para além de revestir a forma escrita, deve cumprir as formalidades reguladas no anexo II, «Regulamento».

2 – O disposto neste artigo não é aplicável à celebração de contratos com cidadãos nacionais dos países membros do espaço económico europeu e dos países que consagrem a igualdade de tratamento com os cidadãos nacionais em matéria de livre exercício de actividades profissionais.

ARTIGO 62.º – **Deveres de comunicação**

1 – A celebração ou cessação de contratos a que se refere esta subsecção determina o cumprimento de deveres de comunicação à entidade competente, regulados no anexo II, «Regulamento».

2 – O disposto no número anterior não é aplicável à celebração de contratos com cidadãos nacionais dos países membros do espaço económico europeu ou outros relativamente aos quais vigore idêntico regime.

ARTIGO 63.º – **Apátridas**

O regime constante desta subsecção aplica-se ao trabalho de apátridas em território português.

566      *Novo Estatuto da Função Pública*

SECÇÃO II – **Formação do contrato**

SUBSECÇÃO I – **Negociação**

ARTIGO 64.º – **Culpa na formação do contrato**

Quem negoceia com outrem para a conclusão de um contrato deve, tanto nos preliminares como na formação dele, proceder segundo as regras da boa fé, sob pena de responder pelos danos culposamente causados.

SUBSECÇÃO II – **Contrato de adesão**

ARTIGO 65.º – **Contrato de adesão**

1 – A vontade contratual pode manifestar-se, por parte da entidade empregadora pública, através dos regulamentos internos do órgão ou serviço e, por parte do trabalhador, pela adesão expressa ou tácita aos ditos regulamentos.

2 – Presume-se a adesão do trabalhador quando este não se opuser por escrito no prazo de 21 dias a contar do início da execução do contrato ou da divulgação do regulamento, se esta for posterior.

ARTIGO 66.º – **Cláusulas contratuais gerais**

O regime das cláusulas contratuais gerais aplica-se aos aspectos essenciais do contrato em que não tenha havido prévia negociação individual, mesmo na parte em que o seu conteúdo se determine por remissão para cláusulas de instrumento de regulamentação colectiva de trabalho.

SUBSECÇÃO III – **Informação**

ARTIGO 67.º – **Dever de informação**

1 – A entidade empregadora pública tem o dever de informar o trabalhador sobre aspectos relevantes do contrato.

2 – O trabalhador tem o dever de informar a entidade empregadora pública sobre aspectos relevantes para a prestação da actividade laboral.

ARTIGO 68.º – **Objecto do dever de informação**

1 – A entidade empregadora pública deve prestar ao trabalhador, pelo menos, as seguintes informações relativas ao contrato:
   *a)* A respectiva identificação;
   *b)* O local de trabalho, bem como a sede ou localização da entidade empregadora pública;
   *c)* A categoria do trabalhador e a caracterização sumária do seu conteúdo;
   *d)* A data de celebração do contrato e a do início da actividade;

*Regime do Contrato de Trabalho em Funções Públicas* 567

*e)* O prazo ou a duração previsível do contrato, se este for sujeito a termo resolutivo;

*f)* A duração das férias ou, se não for possível conhecer essa duração, os critérios para a sua determinação;

*g)* Os prazos de aviso prévio a observar pela entidade empregadora pública e pelo trabalhador para a cessação do contrato ou, se não for possível conhecer essa duração, os critérios para a sua determinação;

*h)* O valor da remuneração;

*i)* O período normal de trabalho diário e semanal, especificando os casos em que é definido em termos médios;

*j)* O instrumento de regulamentação colectiva de trabalho aplicável, quando seja o caso.

2 – A entidade empregadora pública deve ainda prestar ao trabalhador a informação relativa a outros direitos e deveres que decorram do contrato.

3 – A informação sobre os elementos referidos na segunda parte da alínea *c)* e nas alíneas *f)*, *g)*, *h)* e *i)* do n.º 1 pode ser substituída pela referência às disposições pertinentes da lei ou do instrumento de regulamentação colectiva de trabalho aplicável.

ARTIGO 69.º – **Meio de informação**

1 – A informação prevista no artigo anterior deve ser prestada por escrito, podendo constar de um só ou de vários documentos, os quais devem ser assinados pela entidade empregadora pública.

2 – O dever prescrito no n.º 1 do artigo anterior considera-se cumprido quando do contrato constem os elementos de informação em causa.

3 – Os documentos referidos nos números anteriores devem ser entregues ao trabalhador nos 60 dias subsequentes ao início da execução do contrato.

4 – A obrigação estabelecida no número anterior deve ser observada ainda que o contrato cesse antes de decorridos os 60 dias aí previstos.

ARTIGO 70.º – **Informação relativa à prestação de trabalho no estrangeiro**

1 – Se o trabalhador cujo contrato seja regulado pela lei portuguesa exercer a sua actividade no território de outro Estado, por período superior a um mês, a entidade empregadora pública deve prestar-lhe, por escrito e até à sua partida, as seguintes informações complementares:

*a)* Duração previsível do período de trabalho a prestar no estrangeiro;

*b)* Moeda em que é efectuada a remuneração e respectivo lugar do pagamento;

*c)* Condições de eventual repatriamento;

*d)* Acesso a cuidados de saúde.

2 – As informações referidas nas alíneas *b)* e *c)* do número anterior podem ser substituídas pela referência às disposições legais ou aos instrumentos de regulamentação colectiva de trabalho que fixem as matérias nelas referidas.

568    *Novo Estatuto da Função Pública*

Artigo 71.º – **Informação sobre alterações**

1 – Havendo alteração de qualquer dos elementos referidos nos n.ᵒˢ 1 do artigo 68.º e 1 do artigo anterior, a entidade empregadora pública deve comunicar esse facto ao trabalhador, por escrito, nos 30 dias subsequentes à data em que a alteração produz efeitos.

2 – O disposto no número anterior não é aplicável quando a alteração resultar da lei, do instrumento de regulamentação colectiva de trabalho aplicável ou do regulamento interno do órgão ou serviço.

3 – O trabalhador deve prestar à entidade empregadora pública informação sobre todas as alterações relevantes para a prestação da actividade laboral, no prazo previsto no n.º 1.

Subsecção IV – **Forma**

Artigo 72.º – **Forma**

1 – O contrato está sempre sujeito à forma escrita e dele deve constar a assinatura das partes.

2 – Do contrato devem constar, pelo menos, as seguintes indicações:

*a*) Nome ou denominação e domicílio ou sede dos contraentes;

*b*) Modalidade de contrato e respectivo prazo ou duração previsível, quando aplicável;

*c*) Actividade contratada, carreira, categoria e remuneração do trabalhador;

*d*) Local e período normal de trabalho, especificando os casos em que é definido em termos médios;

*e*) Data do início da actividade;

*f*) Data de celebração do contrato;

*g*) Identificação da entidade que autorizou a contratação.

3 – Na falta da indicação exigida pela alínea *e*) do número anterior, considera-se que o contrato tem início na data da sua celebração.

4 – Quando o contrato não contenha a assinatura das partes ou qualquer das indicações referidas no n.º 2, a entidade empregadora pública deve proceder à sua correcção, no prazo de 30 dias a contar de requerimento do trabalhador para o efeito.

5 – Sem prejuízo do disposto no n.º 1, os membros do Governo responsáveis pelas áreas das finanças e da Administração Pública podem, por portaria, aprovar modelos oficiais de contratos, bem como prever a sua informatização e desmaterialização.

Secção III – **Período experimental**

Artigo 73.º – **Noção**

1 – O período experimental corresponde ao tempo inicial de execução do contrato e destina-se a comprovar se o trabalhador possui as competências exigidas pelo posto de trabalho que vai ocupar.

Regime do Contrato de Trabalho em Funções Públicas 569

2 – Ao acompanhamento, avaliação final, conclusão com sucesso e contagem do tempo de serviço decorrido no período experimental são aplicáveis as regras previstas na Lei n.º 12-A/2008, de 27 de Fevereiro, para o período experimental da nomeação definitiva.

3 – À conclusão sem sucesso do período experimental são ainda aplicáveis as regras previstas na Lei n.º 12-A/2008, de 27 de Fevereiro, para o período experimental da nomeação definitiva, com as necessárias adaptações.

ARTIGO 74.º – **Denúncia pelo trabalhador**

Durante o período experimental, o trabalhador pode denunciar o contrato sem aviso prévio nem necessidade de invocação de justa causa, não havendo direito a indemnização.

ARTIGO 75.º – **Contagem do período experimental**

1 – O período experimental começa a contar-se a partir do início da execução da prestação do trabalhador, compreendendo as acções de formação ministradas pela entidade empregadora pública ou frequentadas por determinação desta, desde que não excedam metade do período experimental.

2 – Para efeitos da contagem do período experimental, não são tidos em conta os dias de faltas, ainda que justificadas, de licença e de dispensa, bem como de suspensão do contrato.

ARTIGO 76.º – **Contratos por tempo indeterminado**

1 – Nos contratos por tempo indeterminado, o período experimental tem a seguinte duração:
- *a)* 90 dias para os trabalhadores integrados na carreira de assistente operacional e noutras carreiras ou categorias com idêntico grau de complexidade funcional;
- *b)* 180 dias para os trabalhadores integrados na carreira de assistente técnico e noutras carreiras ou categorias com idêntico grau de complexidade funcional;
- *c)* 240 dias para os trabalhadores integrados na carreira de técnico superior e noutras carreiras ou categorias com idêntico grau de complexidade funcional.

2 – Os diplomas que disponham sobre carreiras especiais podem estabelecer outra duração para o respectivo período experimental.

ARTIGO 77.º – **Contratos a termo**

1 – Nos contratos a termo, o período experimental tem a seguinte duração:
- *a)* 30 dias para contratos de duração igual ou superior a seis meses;
- *b)* 15 dias nos contratos a termo certo de duração inferior a seis meses e nos contratos a termo incerto cuja duração se preveja não vir a ser superior àquele limite.

2 – Nos contratos a termo, o júri do período experimental é substituído pelo respectivo superior hierárquico imediato.

### Artigo 78.º – **Redução e exclusão do período experimental e denúncia do contrato**

1 – A duração do período experimental pode ser reduzida por instrumento de regulamentação colectiva de trabalho.

2 – O período experimental não pode ser excluído por instrumento de regulamentação colectiva de trabalho.

3 – São nulas as disposições do contrato ou de instrumento de regulamentação colectiva de trabalho que estabeleçam qualquer pagamento de indemnização em caso de denúncia do contrato durante o período experimental.

## Secção IV – **Objecto**

### Artigo 79.º – **Objecto do contrato**

A definição da actividade contratada é feita por remissão para o conteúdo funcional de categoria legalmente descrito, ou de carreira quando se trate de carreira unicategorial, e, sendo o caso, para o elenco das funções ou das tarefas que, no regulamento interno ou no mapa de pessoal da entidade empregadora pública contratante, caracterizam o posto de trabalho a ocupar.

### Artigo 80.º – **Autonomia técnica**

A sujeição à autoridade e direcção da entidade empregadora pública por força da celebração de contrato não prejudica a autonomia técnica inerente à actividade para que o trabalhador foi contratado, nos termos das regras legais ou deontológicas aplicáveis.

### Artigo 81.º – **Título profissional**

1 – Sempre que o exercício de determinada actividade se encontre legalmente condicionado à posse de carteira profissional ou título com valor legal equivalente, a sua falta determina a nulidade do contrato.

2 – Se posteriormente à celebração do contrato, por decisão que já não admite recurso, a carteira profissional ou título com valor legal equivalente vier a ser retirado ao trabalhador, o contrato caduca logo que as partes disso sejam notificadas pela entidade competente.

3 – O disposto nos números anteriores não prejudica a aplicação de outras sanções previstas na lei.

SECÇÃO V – **Invalidade do contrato**

ARTIGO 82.º – **Invalidade parcial do contrato**

1 – A nulidade ou a anulação parcial não determina a invalidade de todo o contrato, salvo quando se mostre que este não teria sido concluído sem a parte viciada.

2 – As cláusulas do contrato que violem normas imperativas consideram-se substituídas por estas.

ARTIGO 83.º – **Efeitos da invalidade do contrato**

1 – O contrato declarado nulo ou anulado produz efeitos como se fosse válido em relação ao tempo durante o qual esteve em execução.

2 – Aos actos modificativos inválidos do contrato aplica-se o disposto no número anterior desde que não afectem as garantias do trabalhador.

ARTIGO 84.º – **Invalidade e cessação do contrato**

1 – Aos factos extintivos ocorridos antes da declaração de nulidade ou anulação do contrato aplicam-se as normas sobre cessação do contrato.

2 – Se, porém, for declarado nulo ou anulado o contrato celebrado a termo e já extinto, a indemnização a que haja lugar tem por limite o valor estabelecido nos artigos 279.º e 287.º, respectivamente para os casos de despedimento ilícito ou de denúncia sem aviso prévio.

3 – À invocação da invalidade pela parte de má fé, estando a outra de boa fé, seguida de imediata cessação da prestação de trabalho, aplica-se o regime da indemnização prevista no n.º 1 do artigo 278.º ou no artigo 287.º para o despedimento ilícito ou para a denúncia sem aviso prévio, conforme os casos.

4 – A má fé consiste na celebração do contrato ou na manutenção deste com o conhecimento da causa de invalidade.

ARTIGO 85.º – **Convalidação do contrato**

Cessando a causa da invalidade durante a execução do contrato, este considera-se convalidado desde o início.

SECÇÃO VI – **Direitos, deveres e garantias das partes**

SUBSECÇÃO I – **Disposições gerais**

ARTIGO 86.º – **Princípio geral**

1 – A entidade empregadora pública e o trabalhador, no cumprimento das respectivas obrigações, assim como no exercício dos correspondentes direitos, devem proceder de boa fé.

2 – Na execução do contrato devem as partes colaborar na obtenção da maior qualidade de serviço e produtividade, bem como na promoção humana, profissional e social do trabalhador.

### Artigo 87.º – **Deveres da entidade empregadora pública**

Sem prejuízo de outras obrigações, a entidade empregadora pública deve:
a) Respeitar e tratar com urbanidade e probidade o trabalhador;
b) Pagar pontualmente a remuneração, que deve ser justa e adequada ao trabalho;
c) Proporcionar boas condições de trabalho, tanto do ponto de vista físico como moral;
d) Contribuir para a elevação do nível de produtividade do trabalhador, nomeadamente proporcionando-lhe formação profissional;
e) Respeitar a autonomia técnica do trabalhador que exerça actividades cuja regulamentação profissional a exija;
f) Possibilitar o exercício de cargos em organizações representativas dos trabalhadores;
g) Prevenir riscos e doenças profissionais, tendo em conta a protecção da segurança e saúde do trabalhador, devendo indemnizá-lo dos prejuízos resultantes de acidentes de trabalho;
h) Adoptar, no que se refere à higiene, segurança e saúde no trabalho, as medidas que decorram, para o órgão ou serviço ou actividade, da aplicação das prescrições legais e convencionais vigentes;
i) Fornecer ao trabalhador a informação e a formação adequadas à prevenção de riscos de acidente e doença;
j) Manter permanentemente actualizado o registo do pessoal em cada um dos seus órgãos ou serviços, com indicação dos nomes, datas de nascimento e admissão, modalidades dos contratos, categorias, promoções, remunerações, datas de início e termo das férias e faltas que impliquem perda da remuneração ou diminuição dos dias de férias.

### Artigo 88.º – **Deveres do trabalhador**

O trabalhador está sujeito aos deveres previstos na lei, designadamente no Estatuto Disciplinar dos Trabalhadores que Exercem Funções Públicas, e em instrumento de regulamentação colectiva de trabalho.

### Artigo 89.º – **Garantias do trabalhador**

É proibido à entidade empregadora pública:
a) Opor-se, por qualquer forma, a que o trabalhador exerça os seus direitos, bem como despedi-lo, aplicar-lhe outras sanções ou tratá-lo desfavoravelmente por causa desse exercício;
b) Obstar, injustificadamente, à prestação efectiva do trabalho;
c) Exercer pressão sobre o trabalhador para que actue no sentido de influir desfavoravelmente nas condições de trabalho dele ou dos companheiros;

*Regime do Contrato de Trabalho em Funções Públicas* 573

*d*) Diminuir a remuneração, salvo nos casos previstos na lei;
*e*) Baixar a categoria do trabalhador, salvo nos casos previstos na lei;
*f*) Sujeitar o trabalhador a mobilidade geral ou especial, salvo nos casos previstos na lei;
*g*) Ceder trabalhadores do mapa de pessoal próprio para utilização de terceiros que sobre esses trabalhadores exerçam os poderes de autoridade e direcção próprios da entidade empregadora pública ou por pessoa por ela indicada, salvo nos casos especialmente previstos;
*h*) Obrigar o trabalhador a adquirir bens ou a utilizar serviços fornecidos pela entidade empregadora pública ou por pessoa por ela indicada;
*i*) Explorar, com fins lucrativos, quaisquer cantinas, refeitórios, economatos ou outros estabelecimentos directamente relacionados com o trabalho, para fornecimento de bens ou prestação de serviços aos trabalhadores;
*j*) Fazer cessar o contrato e readmitir o trabalhador, mesmo com o seu acordo, havendo o propósito de o prejudicar em direitos ou garantias decorrentes da antiguidade.

Subsecção II – **Formação profissional**

Artigo 90.º – **Princípio geral**

1 – A entidade empregadora pública deve proporcionar ao trabalhador acções de formação profissional adequadas à sua qualificação.

2 – O trabalhador deve participar de modo diligente nas acções de formação profissional que lhe sejam proporcionadas, salvo se houver motivo atendível.

3 – Compete ao Estado, em particular, garantir o acesso dos cidadãos à formação profissional, permitindo a todos a aquisição e a permanente actualização dos conhecimentos e competências, desde a entrada na vida activa, e proporcionar os apoios públicos ao funcionamento do sistema de formação profissional.

4 – São aplicáveis à formação profissional do trabalhador as regras e os princípios que regem a formação profissional na Administração Pública.

Secção VII – **Cláusulas acessórias**

Subsecção I – **Termo**

Artigo 91.º – **Princípio geral**

Ao contrato pode ser aposto, por escrito, termo resolutivo, nos termos gerais.

Artigo 92.º – **Termo resolutivo**

1 – Ao contrato a termo resolutivo são aplicáveis os preceitos da subsecção seguinte e os n.ºs 2 e 3 do presente artigo, que não podem ser afastados por instrumento de regulamentação colectiva de trabalho.

574 *Novo Estatuto da Função Pública*

2 – O contrato a termo resolutivo não se converte, em caso algum, em contrato por tempo indeterminado, caducando no termo do prazo máximo de duração previsto no presente Regime ou, tratando-se de contrato a termo incerto, quando deixe de se verificar a situação que justificou a sua celebração.

3 – Sem prejuízo da produção plena dos seus efeitos durante o tempo em que tenham estado em execução, a celebração ou a renovação de contratos a termo resolutivo com violação do disposto no presente Regime implica a sua nulidade e gera responsabilidade civil, disciplinar e financeira dos dirigentes máximos dos órgãos ou serviços que os tenham celebrado ou renovado.

SUBSECÇÃO II – **Termo resolutivo**

## DIVISÃO I
### Disposições gerais

ARTIGO 93.º – **Pressupostos do contrato**

1 – Nos contratos só pode ser aposto termo resolutivo nas seguintes situações fundamentadamente justificadas:

*a)* Substituição directa ou indirecta de trabalhador ausente ou que, por qualquer razão, se encontre temporariamente impedido de prestar serviço;

*b)* Substituição directa ou indirecta de trabalhador em relação ao qual esteja pendente em juízo acção de apreciação da licitude do despedimento;

*c)* Substituição directa ou indirecta de trabalhador em situação de licença sem remuneração;

*d)* Substituição de trabalhador a tempo completo que passe a prestar trabalho a tempo parcial por período determinado;

*e)* Para assegurar necessidades urgentes de funcionamento das entidades empregadoras públicas;

*f)* Execução de tarefa ocasional ou serviço determinado precisamente definido e não duradouro;

*g)* Para o exercício de funções em estruturas temporárias das entidades empregadoras públicas;

*h)* Para fazer face ao aumento excepcional e temporário da actividade do órgão ou serviço;

*i)* Para o desenvolvimento de projectos não inseridos nas actividades normais dos órgãos ou serviços;

*j)* Quando a formação, ou a obtenção de grau académico ou título profissional, dos trabalhadores no âmbito das entidades empregadoras públicas envolva a prestação de trabalho subordinado;

*l)* Quando se trate de órgãos ou serviços em regime de instalação.

2 – Para efeitos da alínea *a*) do número anterior, consideram -se ausentes, designadamente:

*a*) Os trabalhadores em situação de mobilidade geral;

*b*) Os trabalhadores que se encontrem em comissão de serviço;

*c*) Os trabalhadores que se encontrem a exercer funções noutra carreira, categoria ou órgão ou serviço no decurso do período experimental.

3 – É vedada a celebração de contrato a termo resolutivo para substituição de trabalhador colocado em situação de mobilidade especial.

4 – No caso da alínea *e*) do n.º 1, o contrato, incluindo as suas renovações, não pode ter duração superior a um ano.

5 – Os contratos para o exercício de funções nos órgãos ou serviços referidos na alínea *l*) do n.º 1 são obrigatoriamente celebrados a termo resolutivo nos termos previstos em lei especial.

Artigo 94.º – **Justificação do termo**

A prova dos factos que justificam a celebração de contrato a termo cabe à entidade empregadora pública.

Artigo 95.º – **Formalidades**

1 – Do contrato a termo resolutivo devem constar as indicações previstas no n.º 2 do artigo 72.º e ainda:

*a*) A indicação do motivo justificativo do termo estipulado;

*b*) A data da respectiva cessação, sendo o contrato a termo certo.

2 – Para efeitos da alínea *a*) do número anterior, a indicação do motivo justificativo da aposição do termo deve ser feita pela menção expressa dos factos que o integram, devendo estabelecer-se a relação entre a justificação invocada e o termo estipulado.

Artigo 96.º – **Contratos sucessivos**

1 – A cessação, por motivo não imputável ao trabalhador, de contrato a termo impede nova admissão a termo para o mesmo posto de trabalho, antes de decorrido um período de tempo equivalente a um terço da duração do contrato, incluindo as suas renovações.

2 – O disposto no número anterior não é aplicável nos seguintes casos:

*a*) Nova ausência do trabalhador substituído, quando o contrato a termo tenha sido celebrado para a sua substituição;

*b*) Acréscimos excepcionais da actividade do órgão ou serviço, após a cessação do contrato.

Artigo 97.º – **Informações**

1 – A entidade empregadora pública deve comunicar, no prazo máximo de cinco dias úteis, à comissão de trabalhadores e às associações sindicais representativas, designadamente àquela em que o trabalhador esteja filiado, a cele-

bração, com indicação do respectivo fundamento legal, e a cessação do contrato a termo.

2 – A entidade empregadora pública deve comunicar, no prazo máximo de cinco dias úteis, à entidade que tenha competência na área da igualdade de oportunidades entre homens e mulheres o motivo da não renovação de contrato a termo sempre que estiver em causa uma trabalhadora grávida, puérpera ou lactante.

3 – A entidade empregadora pública deve afixar informação relativa à existência de postos de trabalho permanentes que se encontrem disponíveis no órgão ou serviço.

### Artigo 98.º – **Obrigações sociais**

O trabalhador admitido a termo é incluído, segundo um cálculo efectuado com recurso à média no ano civil anterior, no total dos trabalhadores do órgão ou serviço para determinação das obrigações sociais relacionadas com o número de trabalhadores ao serviço.

### Artigo 99.º – **Preferência na admissão**

1 – O trabalhador contratado a termo que se candidate, nos termos legais, a procedimento concursal de recrutamento publicitado durante a execução do contrato ou até 90 dias após a cessação do mesmo, para ocupação de posto de trabalho com características idênticas às daquele para que foi contratado, na modalidade de contrato por tempo indeterminado, tem preferência, na lista de ordenação final dos candidatos, em caso de igualdade de classificação.

2 – A violação do disposto no número anterior obriga a entidade empregadora pública a indemnizar o trabalhador no valor correspondente a três meses de remuneração base.

3 – Cabe ao trabalhador alegar a violação da preferência prevista no n.º 1 e à entidade empregadora pública a prova do cumprimento do disposto nesse preceito.

### Artigo 100.º – **Igualdade de tratamento**

O trabalhador contratado a termo tem os mesmos direitos e está adstrito aos mesmos deveres do trabalhador permanente numa situação comparável, salvo se razões objectivas justificarem um tratamento diferenciado.

### Artigo 101.º – **Formação**

A entidade empregadora pública deve proporcionar formação profissional ao trabalhador contratado a termo.

### Artigo 102.º – **Taxa social única**

A taxa social única pode ser aumentada relativamente à entidade empregadora pública em função do número de trabalhadores contratados a termo no órgão ou serviço e da respectiva duração dos seus contratos, nos termos previstos no anexo II, «Regulamento».

## DIVISÃO II
### Termo certo

Artigo 103.º – **Duração**

O contrato a termo certo dura pelo período acordado, não podendo exceder três anos, incluindo renovações, nem ser renovado mais de duas vezes, sem prejuízo do disposto em lei especial.

Artigo 104.º – **Renovação do contrato**

1 – Por acordo das partes, o contrato a termo certo pode não estar sujeito a renovação.

2 – O contrato a termo certo não está sujeito a renovação automática.

3 – A renovação do contrato está sujeita à verificação das exigências materiais da sua celebração, bem como a forma escrita.

4 – Considera-se como único contrato aquele que seja objecto de renovação.

Artigo 105.º – **Estipulação de prazo inferior a seis meses**

1 – Nos contratos celebrados por prazo inferior a seis meses o termo estipulado deve corresponder à duração previsível da tarefa ou serviço a realizar.

2 – Os contratos celebrados por prazo inferior a seis meses podem ser renovados uma única vez, por período igual ou inferior ao inicialmente contratado.

## DIVISÃO III
### Termo incerto

Artigo 106.º – **Pressupostos**

Só é admitida a celebração de contratos a termo incerto nas situações previstas nas alíneas *a*) a *d*) e *f*) a *l*) do n.º 1 do artigo 93.º

Artigo 107.º – **Duração**

O contrato a termo incerto dura por todo o tempo necessário para a substituição do trabalhador ausente ou para a conclusão da tarefa ou serviço cuja execução justifica a celebração.

Subsecção III – **Cláusulas de limitação da liberdade de trabalho**

Artigo 108.º – **Pacto de não concorrência**

1 – São nulas as cláusulas dos contratos e de instrumento de regulamentação colectiva de trabalho que, por qualquer forma, possam prejudicar o exercício da liberdade de trabalho, após a cessação do contrato.

2 – É lícita, porém, a cláusula pela qual se limite a actividade do trabalhador no período máximo de dois anos subsequentes à cessação do contrato se ocorrerem cumulativamente as seguintes condições:

a) Constar tal cláusula, por forma escrita, do contrato ou do acordo de cessação deste;

b) Tratar-se de actividade cujo exercício possa efectivamente causar prejuízo à entidade empregadora pública;

c) Atribuir-se ao trabalhador uma compensação durante o período de limitação da sua actividade, que pode sofrer redução equitativa quando a entidade empregadora pública houver despendido somas avultadas com a sua formação profissional.

3 – Em caso de despedimento declarado ilícito ou de resolução com justa causa pelo trabalhador com fundamento em acto ilícito da entidade empregadora pública, o montante da compensação referida na alínea c) do número anterior é elevado até ao equivalente à remuneração base devida no momento da cessação do contrato, sob pena de não poder ser invocada a cláusula de não concorrência.

4 – São deduzidas no montante da compensação referida no número anterior as importâncias percebidas pelo trabalhador no exercício de qualquer actividade profissional iniciada após a cessação do contrato até ao montante fixado nos termos da alínea c) do n.º 2.

5 – Tratando-se de trabalhador afecto ao exercício de actividades cuja natureza suponha especial relação de confiança ou com acesso a informação particularmente sensível no plano da concorrência, a limitação a que se refere o n.º 2 pode ser prolongada até três anos.

ARTIGO 109.º – **Pacto de permanência**

1 – É lícita a cláusula pela qual as partes convencionem, sem diminuição de remuneração, a obrigatoriedade de prestação de serviço durante certo prazo, não superior a três anos, como compensação de despesas extraordinárias comprovadamente feitas pela entidade empregadora pública na formação profissional do trabalhador, podendo este desobrigar-se restituindo a soma das importâncias despendidas.

2 – Em caso de resolução do contrato pelo trabalhador com justa causa ou quando, tendo sido declarado ilícito o despedimento, o trabalhador não opte pela reintegração, não existe a obrigação de restituir a soma referida no número anterior.

ARTIGO 110.º – **Limitação de liberdade de trabalho**

São proibidos quaisquer acordos entre entidades empregadoras públicas no sentido de limitarem a admissão de trabalhadores que a elas tenham prestado serviço.

# CAPÍTULO II
## Prestação do trabalho

SECÇÃO I – **Disposições gerais**

ARTIGO 111.º – **Princípio geral**

As condições de prestação de trabalho devem favorecer a compatibilização da vida profissional com a vida familiar do trabalhador, bem como assegurar o respeito das normas aplicáveis em matéria de segurança, higiene e saúde no trabalho.

ARTIGO 112.º – **Poder de direcção**

Compete à entidade empregadora pública, dentro dos limites decorrentes do contrato e das normas que o regem, fixar os termos em que deve ser prestado o trabalho.

ARTIGO 113.º – **Funções desempenhadas**

1 – O trabalhador deve, em princípio, exercer funções correspondentes à actividade para que foi contratado.

2 – A actividade contratada não prejudica o exercício, de forma esporádica, das funções que lhe sejam afins ou funcionalmente ligadas, para as quais o trabalhador detenha a qualificação profissional adequada e que não impliquem desvalorização profissional.

3 – O disposto no número anterior confere ao trabalhador, sempre que o exercício das funções acessórias exigir especiais qualificações, o direito a formação profissional não inferior a dez horas anuais.

4 – A entidade empregadora pública deve procurar atribuir a cada trabalhador, no âmbito da actividade para que foi contratado, as funções mais adequadas às suas aptidões e qualificação profissional.

ARTIGO 114.º – **Efeitos remuneratórios**

A determinação pela entidade empregadora pública do exercício das funções a que se refere o n.º 2 do artigo anterior confere ao trabalhador o direito a auferir pelo nível remuneratório imediatamente superior àquele por que aufere que se encontre previsto na categoria a que correspondem aquelas funções.

ARTIGO 115.º – **Regulamento interno do órgão ou serviço**

1 – A entidade empregadora pública pode elaborar regulamentos internos do órgão ou serviço contendo normas de organização e disciplina do trabalho.

2 – Na elaboração do regulamento interno do órgão ou serviço é ouvida a comissão de trabalhadores ou, na sua falta, a comissão sindical ou intersindical ou os delegados sindicais.

580      *Novo Estatuto da Função Pública*

3 – A entidade empregadora pública deve dar publicidade ao conteúdo do regulamento interno do órgão ou serviço, designadamente afixando-o na sede do órgão ou serviço e nos locais de trabalho, de modo a possibilitar o seu pleno conhecimento, a todo o tempo, pelos trabalhadores.

4 – A elaboração de regulamento interno do órgão ou serviço sobre determinadas matérias pode ser tornada obrigatória por instrumento de regulamentação colectiva de trabalho negocial.

SECÇÃO II – **Local de trabalho**

ARTIGO 116.º – **Noção**

1 – O trabalhador deve, em princípio, realizar a sua prestação no local de trabalho contratualmente definido, sem prejuízo do regime de mobilidade geral aplicável às relações jurídicas de emprego público constituídas por tempo indeterminado.

2 – O trabalhador encontra-se adstrito às deslocações inerentes às suas funções ou indispensáveis à sua formação profissional.

SECÇÃO III – **Duração e organização do tempo de trabalho**

SUBSECÇÃO I – **Noções e princípios gerais**

ARTIGO 117.º – **Tempo de trabalho**

Considera-se tempo de trabalho qualquer período durante o qual o trabalhador está a desempenhar a actividade ou permanece adstrito à realização da prestação, bem como as interrupções e os intervalos previstos no artigo seguinte.

ARTIGO 118.º – **Interrupções e intervalos**

Consideram-se compreendidos no tempo de trabalho:

*a)* As interrupções de trabalho como tal consideradas em instrumento de regulamentação colectiva de trabalho ou em regulamento interno do órgão ou serviço;

*b)* As interrupções ocasionais no período de trabalho diário, quer as inerentes à satisfação de necessidades pessoais inadiáveis do trabalhador quer as resultantes do consentimento da entidade empregadora pública;

*c)* As interrupções de trabalho ditadas por motivos técnicos, nomeadamente limpeza, manutenção ou afinação de equipamentos, mudança dos programas de produção, carga ou descarga de mercadorias, falta de matéria-prima ou energia, ou factores climatéricos que afectem a actividade do órgão ou serviço, ou por motivos económicos, designadamente quebra de encomendas;

*d)* Os intervalos para refeição em que o trabalhador tenha de permanecer no espaço habitual de trabalho ou próximo dele, adstrito à realização da prestação, para poder ser chamado a prestar trabalho normal em caso de necessidade;

*e)* As interrupções ou pausas nos períodos de trabalho impostas por normas especiais de segurança, higiene e saúde no trabalho.

ARTIGO 119.º – **Período de descanso**

Entende-se por período de descanso todo aquele que não seja tempo de trabalho.

ARTIGO 120.º – **Período normal de trabalho**

O tempo de trabalho que o trabalhador se obriga a prestar, medido em número de horas por dia e por semana, denomina-se período normal de trabalho.

ARTIGO 121.º – **Horário de trabalho**

1 – Entende-se por horário de trabalho a determinação das horas do início e do termo do período normal de trabalho diário, bem como dos intervalos de descanso.

2 – O horário de trabalho delimita o período de trabalho diário e semanal.

3 – O início e o termo do período de trabalho diário podem ocorrer em dias de calendário consecutivos.

ARTIGO 122.º – **Período de funcionamento**

1 – Entende-se por período de funcionamento o intervalo de tempo diário durante o qual os órgãos ou serviços podem exercer a sua actividade.

2 – Em regra, o período de funcionamento dos órgãos ou serviços não pode iniciar-se antes das 8 horas nem terminar depois das 20 horas, sendo obrigatoriamente afixado de modo visível nos locais de trabalho.

ARTIGO 123.º – **Período de atendimento**

1 – Entende-se por período de atendimento o intervalo de tempo diário durante o qual os órgãos ou serviços estão abertos para atender o público, podendo este período ser igual ou inferior ao período de funcionamento.

2 – O período de atendimento deve, tendencialmente, ter a duração mínima de sete horas diárias e abranger os períodos da manhã e da tarde, devendo ser obrigatoriamente afixadas, de modo visível ao público, nos locais de atendimento, as horas do seu início e do seu termo.

ARTIGO 124.º – **Ritmo de trabalho**

A entidade empregadora pública que pretenda organizar a actividade laboral segundo um certo ritmo deve observar o princípio geral da adaptação

582 *Novo Estatuto da Função Pública*

do trabalho ao homem, com vista, nomeadamente, a atenuar o trabalho monótono e o trabalho cadenciado em função do tipo de actividade e das exigências em matéria de segurança e saúde, em especial no que se refere às pausas durante o tempo de trabalho.

ARTIGO 125.º – **Registo**

1 – A entidade empregadora pública deve manter um registo que permita apurar o número de horas de trabalho prestadas pelo trabalhador, por dia e por semana, com indicação da hora de início e de termo do trabalho, bem como dos intervalos efectuados.

2 – Nos órgãos ou serviços com mais de 50 trabalhadores, o registo previsto no número anterior é efectuado por sistemas automáticos ou mecânicos.

3 – Em casos excepcionais e devidamente fundamentados, o dirigente máximo ou órgão de direcção do serviço pode dispensar o registo por sistemas automáticos ou mecânicos.

SUBSECÇÃO II – **Limites à duração do trabalho**

ARTIGO 126.º – **Limites máximos dos períodos normais de trabalho**

1 – O período normal de trabalho não pode exceder sete horas por dia nem trinta e cinco horas por semana.

2 – O trabalho a tempo completo corresponde ao período normal de trabalho semanal e constitui o regime regra de trabalho dos trabalhadores integrados nas carreiras gerais, correspondendo-lhe as remunerações base mensais legalmente previstas.

3 – Há tolerância de quinze minutos para as transacções, operações e serviços começados e não acabados na hora estabelecida para o termo do período normal de trabalho diário, não sendo, porém, de admitir que tal tolerância deixe de revestir carácter excepcional, devendo o acréscimo de trabalho ser pago quando perfizer quatro horas ou no termo de cada ano civil.

4 – O período normal de trabalho diário dos trabalhadores que prestem trabalho exclusivamente nos dias de descanso semanal dos restantes trabalhadores do órgão ou serviço pode ser aumentado, no máximo, em quatro horas diárias, sem prejuízo do disposto em instrumento de regulamentação colectiva de trabalho.

ARTIGO 127.º – **Adaptabilidade**

1 – Por instrumento de regulamentação colectiva de trabalho, o período normal de trabalho pode ser definido em termos médios, caso em que o limite diário fixado no n.º 1 do artigo anterior pode ser aumentado até ao máximo de três horas, sem que a duração do trabalho semanal exceda cinquenta horas, só não contando para este limite o trabalho extraordinário prestado por motivo de força maior.

*Regime do Contrato de Trabalho em Funções Públicas* 583

2 – O período normal de trabalho definido nos termos previstos no número anterior não pode exceder quarenta e cinco horas semanais em média num período de dois meses.

Artigo 128.º – **Período de referência**

1 – A duração média do trabalho deve ser apurada por referência ao período que esteja fixado em instrumento de regulamentação colectiva de trabalho aplicável, não podendo ser superior a 12 meses, ou, na falta de fixação do período de referência em instrumento de regulamentação colectiva de trabalho, por referência a períodos máximos de 4 meses.

2 – O período de referência de quatro meses referido no número anterior pode ser alargado para seis meses nas seguintes situações:

*a)* Havendo afastamento entre o local de trabalho e o local de residência do trabalhador ou entre diferentes locais de trabalho do trabalhador;

*b)* Trabalhadores directamente afectos a actividades de vigilância, transporte e tratamento de sistemas electrónicos de segurança.

3 – O disposto no número anterior é ainda aplicável a actividades rizadas pela necessidade de assegurar a continuidade do serviço, nomeadamente:

*a)* Recepção, tratamento ou cuidados de saúde em estabelecimentos e serviços prestadores de cuidados de saúde, instituições residenciais, prisões e centros educativos, incluindo os médicos em formação;

*b)* Serviço de ambulâncias, bombeiros ou protecção civil;

*c)* Distribuição e abastecimento de água;

*d)* Recolha de lixo ou instalações de incineração;

*e)* Actividades em que o processo de trabalho não possa ser interrompido por motivos técnicos;

*f)* Investigação e desenvolvimento;

*g)* Havendo acréscimo previsível de actividade no turismo;

*h)* Caso fortuito ou motivo de força maior;

*i)* Em caso de acidente ou de risco de acidente iminente.

4 – Salvo quando expressamente previsto em instrumento de regulamentação colectiva de trabalho, o período de referência apenas pode ser alterado durante a sua execução quando justificado por circunstâncias objectivas e o total de horas de trabalho prestadas for inferior ou igual às que teriam sido realizadas caso não vigorasse um regime de adaptabilidade.

5 – Nas semanas em que a duração do trabalho seja inferior a trinta e cinco horas, a redução diária não pode ser superior a duas horas mas as partes podem também acordar na redução da semana de trabalho em dias ou meios dias, sem prejuízo do direito ao subsídio de refeição.

584 *Novo Estatuto da Função Pública*

ARTIGO 129.º – **Excepções aos limites máximos dos períodos normais de trabalho**

1 – Os limites dos períodos normais de trabalho fixados no artigo 126.º só podem ser ultrapassados nos casos expressamente previstos neste Regime, salvo o disposto no número seguinte.

2 – O acréscimo dos limites do período normal de trabalho pode ser determinado em instrumento de regulamentação colectiva de trabalho:

*a)* Desde que se mostre absolutamente incomportável a sujeição do período de trabalho do trabalhador a esses limites;

*b)* Em relação às pessoas cujo trabalho seja acentuadamente intermitente ou de simples presença.

3 – Sempre que as situações referidas na alínea *a)* do número anterior tenham carácter industrial, o período normal de trabalho é fixado de modo a não ultrapassar a média de quarenta horas por semana no termo do número de semanas estabelecido no respectivo instrumento de regulamentação colectiva de trabalho.

ARTIGO 130.º – **Redução dos limites máximos dos períodos normais de trabalho**

1 – A redução dos limites máximos dos períodos normais de trabalho pode ser estabelecida por instrumento de regulamentação colectiva de trabalho.

2 – Da redução dos limites máximos dos períodos normais de trabalho não pode resultar diminuição da remuneração dos trabalhadores.

ARTIGO 131.º – **Duração média do trabalho**

1 – Sem prejuízo dos limites previstos nos artigos 126.º a 129.º, a duração média do trabalho semanal, incluindo trabalho extraordinário, não pode exceder quarenta e duas horas, num período de referência fixado em instrumento de regulamentação colectiva de trabalho, não devendo, em caso algum, ultrapassar 12 meses ou, na falta de fixação do período de referência em instrumento de regulamentação colectiva de trabalho, num período de referência de 4 meses, que pode ser de 6 meses nos casos previstos nos n.os 2 e 3 do artigo 128.º

2 – No cálculo da média referida no número anterior, os dias de férias são subtraídos ao período de referência em que são gozados.

3 – Os dias de ausência por doença, bem como os dias de licença por maternidade e paternidade e de licença especial do pai ou da mãe para assistência a pessoa com deficiência e a doente crónico, são considerados com base no correspondente período normal de trabalho.

## Subsecção III – Horário de trabalho

### Artigo 132.º – Definição do horário de trabalho

1 – Compete à entidade empregadora pública definir os horários de trabalho dos trabalhadores ao seu serviço, dentro dos condicionalismos legais.

2 – As comissões de trabalhadores ou, na sua falta, as comissões inter-sindicais, as comissões sindicais ou os delegados sindicais devem ser consultados previamente sobre a definição e a organização dos horários de trabalho.

### Artigo 133.º – Horário de trabalho e períodos de funcionamento e de atendimento

A entidade empregadora pública deve respeitar os períodos de funcionamento e de atendimento na organização dos horários de trabalho para os trabalhadores ao seu serviço.

### Artigo 134.º – Critérios especiais de definição do horário de trabalho

1 – Na definição do horário de trabalho, a entidade empregadora pública deve facilitar ao trabalhador a frequência de cursos escolares, em especial os de formação técnica ou profissional.

2 – Na definição do horário de trabalho são prioritárias as exigências de protecção da segurança e saúde dos trabalhadores.

3 – Havendo trabalhadores pertencentes ao mesmo agregado familiar, a fixação do horário de trabalho deve tomar sempre em conta esse facto.

### Artigo 135.º – Alteração do horário de trabalho

1 – Não podem ser unilateralmente alterados os horários individualmente acordados.

2 – Todas as alterações dos horários de trabalho devem ser fundamentadas e precedidas de consulta aos trabalhadores afectados, à comissão de trabalhadores ou, na sua falta, à comissão sindical ou intersindical ou aos delegados sindicais e ser afixadas no órgão ou serviço com antecedência de sete dias, ainda que vigore um regime de adaptabilidade.

3 – Exceptua-se do disposto no n.º 2 a alteração do horário de trabalho cuja duração não exceda uma semana, não podendo a entidade empregadora pública recorrer a este regime mais de três vezes por ano, desde que seja registada em livro próprio com a menção de que foi previamente informada e consultada a comissão de trabalhadores ou, na sua falta, a comissão sindical ou intersindical ou os delegados sindicais.

4 – As alterações que impliquem acréscimo de despesas para os trabalhadores conferem o direito a compensação económica.

ARTIGO 136.º – **Intervalo de descanso**

A jornada de trabalho diária deve ser interrompida por um intervalo de descanso, de duração não inferior a uma hora nem superior a duas, de modo que os trabalhadores não prestem mais de cinco horas de trabalho consecutivo.

ARTIGO 137.º – **Redução ou dispensa de intervalo de descanso**

1 – Por instrumento de regulamentação colectiva de trabalho pode ser estabelecida a prestação de trabalho até seis horas consecutivas e o intervalo diário de descanso ser reduzido, excluído ou ter uma duração superior à prevista no artigo anterior, bem como ser determinada a frequência e a duração de quaisquer outros intervalos de descanso do período de trabalho diário.

2 – Não é permitida a alteração aos intervalos de descanso prevista no número anterior se ela implicar a prestação de mais de seis horas consecutivas de trabalho, excepto quanto a actividades de vigilância, transporte e tratamento de sistemas electrónicos de segurança e a actividades que não possam ser interrompidas por motivos técnicos.

ARTIGO 138.º – **Descanso diário**

1 – É garantido ao trabalhador um período mínimo de descanso de onze horas seguidas entre dois períodos diários de trabalho consecutivos.

2 – O disposto no número anterior não é aplicável quando seja necessária a prestação de trabalho extraordinário por motivo de força maior ou por ser indispensável para prevenir ou reparar prejuízos graves para o órgão ou serviço devidos a acidente ou a risco de acidente iminente.

3 – A regra constante do n.º 1 não é aplicável quando os períodos normais de trabalho sejam fraccionados ao longo do dia com fundamento nas características da actividade, nomeadamente no caso dos serviços de limpeza.

4 – O disposto no n.º 1 não é aplicável a actividades caracterizadas pela necessidade de assegurar a continuidade do serviço, nomeadamente as actividades a seguir indicadas, desde que através de instrumento de regulamentação colectiva de trabalho sejam garantidos ao trabalhador os correspondentes descansos compensatórios:

a) Actividades de vigilância, transporte e tratamento de sistemas electrónicos de segurança;

b) Recepção, tratamento e cuidados dispensados em estabelecimentos e serviços prestadores de cuidados de saúde, instituições residenciais, prisões e centros educativos;

c) Distribuição e abastecimento de água;

d) Ambulâncias, bombeiros ou protecção civil;

e) Recolha de lixo e incineração;

f) Actividades em que o processo de trabalho não possa ser interrompido por motivos técnicos;

g) Investigação e desenvolvimento.

# Regime do Contrato de Trabalho em Funções Públicas

5 – O disposto no número anterior é extensivo aos casos de acréscimo previsível de actividade no turismo.

ARTIGO 139.º – **Condições de isenção de horário de trabalho**

1 – Os trabalhadores titulares de cargos dirigentes e que chefiem equipas multidisciplinares gozam de isenção de horário de trabalho, nos termos dos respectivos estatutos.

2 – Podem ainda gozar de isenção de horário outros trabalhadores, mediante celebração de acordo escrito com a respectiva entidade empregadora pública, desde que tal isenção seja admitida por lei ou por instrumento de regulamentação colectiva de trabalho.

ARTIGO 140.º – **Efeitos da isenção de horário de trabalho**

1 – A isenção de horário pode compreender as seguintes modalidades:
*a)* Não sujeição aos limites máximos dos períodos normais de trabalho;
*b)* Possibilidade de alargamento da prestação a um determinado número de horas, por dia ou por semana;
*c)* Observância dos períodos normais de trabalho acordados.

2 – A isenção de horário dos trabalhadores referidos no n.º 1 do artigo anterior implica, em qualquer circunstância, a não sujeição aos limites máximos dos períodos normais de trabalho, nos termos dos respectivos estatutos.

3 – Nos casos previstos no n.º 2 do artigo anterior, a escolha da modalidade de isenção de horário obedece ao disposto na lei ou em instrumento de regulamentação colectiva de trabalho.

4 – Na falta de lei, instrumento de regulamentação colectiva de trabalho ou estipulação das partes, o regime de isenção de horário segue o disposto na alínea *b)* do n.º 1, não podendo o alargamento da prestação de trabalho ser superior a duas horas por dia ou a dez horas por semana.

5 – A isenção não prejudica o direito aos dias de descanso semanal obrigatório, aos feriados obrigatórios e aos dias e meios dias de descanso complementar nem ao descanso diário a que se refere o n.º 1 do artigo 138.º, excepto nos casos previstos no n.º 2 desse artigo e no n.º 1 do artigo 139.º

6 – Nos casos previstos nos n.ᵒˢ 2 do artigo 138.º e 1 do artigo 139.º, deve ser observado um período de descanso que permita a recuperação do trabalhador entre dois períodos diários de trabalho consecutivos.

ARTIGO 141.º – **Mapas de horário de trabalho**

1 – Sem prejuízo do disposto no n.º 3 do artigo 135.º, em todos os locais de trabalho deve ser afixado, em lugar bem visível, um mapa de horário de trabalho, elaborado pela entidade empregadora pública de harmonia com as disposições legais e com os instrumentos de regulamentação colectiva de trabalho aplicáveis.

588 *Novo Estatuto da Função Pública*

2 – As condições de publicidade dos horários de trabalho do pessoal afecto à condução de veículos automóveis são estabelecidas em despacho conjunto dos membros do Governo responsáveis pela área da Administração Pública e pelo sector dos transportes, ouvidas as organizações sindicais interessadas.

SUBSECÇÃO IV – **Trabalho a tempo parcial**

ARTIGO 142.º – **Noção**

1 – Considera-se trabalho a tempo parcial o que corresponda a um período normal de trabalho semanal inferior ao praticado a tempo completo.

2 – O trabalho a tempo parcial pode, salvo estipulação em contrário, ser prestado em todos ou alguns dias da semana, sem prejuízo do descanso semanal, devendo o número de dias de trabalho ser fixado por acordo.

3 – Para efeitos da presente subsecção, se o período normal de trabalho não for igual em cada semana, é considerada a respectiva média num período de quatro meses ou período diferente estabelecido por instrumento de regulamentação colectiva de trabalho.

ARTIGO 143.º – **Liberdade de celebração**

A liberdade de celebração de contratos a tempo parcial não pode ser excluída por aplicação de disposições constantes de instrumentos de regulamentação colectiva de trabalho.

ARTIGO 144.º – **Preferência na admissão ao trabalho a tempo parcial**

Os instrumentos de regulamentação colectiva de trabalho devem estabelecer, para a admissão em regime de tempo parcial, preferências em favor dos trabalhadores com responsabilidades familiares, dos trabalhadores com capacidade de trabalho reduzida, pessoa com deficiência ou doença crónica e dos trabalhadores que frequentem estabelecimentos de ensino médio ou superior.

ARTIGO 145.º – **Forma e formalidades**

1 – Do contrato a tempo parcial deve constar a indicação do período normal de trabalho diário e semanal com referência comparativa ao trabalho a tempo completo.

2 – Se faltar no contrato a indicação do período normal de trabalho semanal, presume-se que o contrato foi celebrado para a duração máxima do período normal de trabalho admitida para o contrato a tempo parcial pela lei ou por instrumento de regulamentação colectiva de trabalho aplicável.

ARTIGO 146.º – **Condições de trabalho**

1 – Ao trabalho a tempo parcial é aplicável o regime previsto na lei e na regulamentação colectiva que, pela sua natureza, não implique a prestação de trabalho a tempo completo, não podendo os trabalhadores a tempo parcial ter

um tratamento menos favorável do que os trabalhadores a tempo completo, a menos que um tratamento diferente seja justificado por motivos objectivos.

2 – As razões objectivas atendíveis nos termos do n.º 1 podem ser definidas por instrumento de regulamentação colectiva de trabalho.

3 – Os instrumentos de regulamentação colectiva de trabalho, sempre que tal for consentido pela natureza das actividades ou profissões abrangidas, devem conter normas sobre o regime de trabalho a tempo parcial.

4 – O trabalhador a tempo parcial tem direito à remuneração base prevista na lei, em proporção do respectivo período normal de trabalho semanal.

5 – São ainda calculados em proporção do período normal de trabalho semanal do trabalhador a tempo parcial os suplementos remuneratórios devidos pelo exercício de funções em postos de trabalho que apresentem condições mais exigentes de forma permanente, bem como os prémios de desempenho, previstos na lei ou em instrumento de regulamentação colectiva de trabalho.

6 – O trabalhador a tempo parcial tem ainda direito a subsídio de refeição, excepto quando a sua prestação de trabalho diário seja inferior a metade da duração diária do trabalho a tempo completo, sendo então calculado em proporção do respectivo período normal de trabalho semanal.

Artigo 147.º – **Alteração da duração do trabalho**

1 – O trabalhador a tempo parcial pode passar a trabalhar a tempo completo, ou o inverso, a título definitivo ou por período determinado, mediante acordo escrito com a entidade empregadora pública.

2 – O acordo referido no número anterior pode cessar por iniciativa do trabalhador até ao 7.º dia seguinte à data da respectiva celebração, mediante comunicação escrita enviada à entidade empregadora pública.

3 – Quando a passagem de trabalho a tempo completo para trabalho a tempo parcial, nos termos do n.º 1, se verificar por período determinado, até ao máximo de três anos, o trabalhador tem direito a retomar a prestação de trabalho a tempo completo.

4 – No caso previsto no número anterior, o trabalhador não pode retomar antecipadamente a prestação de trabalho a tempo completo quando, nos termos da alínea *d*) do n.º 1 do artigo 93.º, se tenha verificado a sua substituição por um trabalhador contratado a termo certo e enquanto esta durar.

5 – O prazo previsto no n.º 3 pode ser elevado por instrumento de regulamentação colectiva de trabalho ou por acordo entre as partes.

Artigo 148.º – **Deveres da entidade empregadora pública**

1 – Sempre que possível, a entidade empregadora pública deve tomar em consideração:

*a*) O pedido de mudança do trabalhador a tempo completo para um trabalho a tempo parcial que se torne disponível no órgão ou serviço;

590      *Novo Estatuto da Função Pública*

*b)* O pedido de mudança do trabalhador a tempo parcial para um trabalho a tempo completo ou de aumento do seu tempo de trabalho, se surgir esta possibilidade;

*c)* As medidas destinadas a facilitar o acesso ao trabalho a tempo parcial em todos os níveis do órgão ou serviço, incluindo os postos de trabalho qualificados, e, se pertinente, as medidas destinadas a facilitar o acesso do trabalhador a tempo parcial à formação profissional, para favorecer a progressão e a mobilidade profissionais.

2 – A entidade empregadora pública deve, ainda:

*a)* Fornecer, em tempo oportuno, informação sobre os postos de trabalho a tempo parcial e a tempo completo disponíveis no órgão ou serviço de modo a facilitar as mudanças a que se referem as alíneas *a)* e *b)* do número anterior;

*b)* Fornecer aos órgãos de representação dos trabalhadores informações adequadas sobre o trabalho a tempo parcial no órgão ou serviço.

SUBSECÇÃO V – Trabalho por turnos

### ARTIGO 149.º – **Noção**

Considera-se trabalho por turnos qualquer modo de organização do trabalho em equipa em que os trabalhadores ocupem sucessivamente os mesmos postos de trabalho, a um determinado ritmo, incluindo o ritmo rotativo, que pode ser de tipo contínuo ou descontínuo, o que implica que os trabalhadores podem executar o trabalho a horas diferentes no decurso de um dado período de dias ou semanas.

### ARTIGO 150.º – **Organização**

1 – Devem ser organizados turnos de pessoal diferente sempre que o período de funcionamento ultrapasse os limites máximos dos períodos normais de trabalho.

2 – Os turnos devem, na medida do possível, ser organizados de acordo com os interesses e as preferências manifestados pelos trabalhadores.

3 – A duração de trabalho de cada turno não pode ultrapassar os limites máximos dos períodos normais de trabalho.

4 – O trabalhador só pode ser mudado de turno após o dia de descanso semanal obrigatório.

5 – Os turnos no regime de laboração contínua e dos trabalhadores que assegurem serviços que não possam ser interrompidos, nomeadamente trabalhadores directamente afectos a actividades de vigilância, transporte e tratamento de sistemas electrónicos de segurança, devem ser organizados de modo que aos trabalhadores de cada turno seja concedido, pelo menos, um dia de descanso em cada período de sete dias, sem prejuízo do período excedente de descanso a que o trabalhador tenha direito.

Regime do Contrato de Trabalho em Funções Públicas 591

Artigo 151.º – **Protecção em matéria de segurança, higiene e saúde**

1 – Sem prejuízo do disposto nos artigos 221.º a 229.º, a entidade empregadora pública deve organizar as actividades de segurança, higiene e saúde no trabalho de forma que os trabalhadores por turnos beneficiem de um nível de protecção em matéria de segurança e saúde adequado à natureza do trabalho que exercem.

2 – A entidade empregadora pública deve assegurar que os meios de protecção e prevenção em matéria de segurança e saúde dos trabalhadores por turnos sejam equivalentes aos aplicáveis aos restantes trabalhadores e se encontrem disponíveis a qualquer momento.

Artigo 152.º – **Registo dos trabalhadores em regime de turnos**

A entidade empregadora pública que organize um regime de trabalho por turnos deve ter registo separado dos trabalhadores incluídos em cada turno.

Subsecção VI – **Trabalho nocturno**

Artigo 153.º – **Noção**

1 – Considera-se período de trabalho nocturno o que tenha a duração mínima de sete horas e máxima de onze horas, compreendendo o intervalo entre as 0 e as 5 horas.

2 – Os instrumentos de regulamentação colectiva de trabalho podem estabelecer o período de trabalho nocturno, com observância do disposto no número anterior.

3 – Na ausência de fixação por instrumento de regulamentação colectiva de trabalho, considera-se período de trabalho nocturno o compreendido entre as 22 horas de um dia e as 7 horas do dia seguinte.

Artigo 154.º – **Trabalhador nocturno**

Entende-se por trabalhador nocturno aquele que execute, pelo menos, três horas de trabalho normal nocturno em cada dia ou que possa realizar durante o período nocturno uma certa parte do seu tempo de trabalho anual, definida por instrumento de regulamentação colectiva de trabalho ou, na sua falta, correspondente a três horas por dia.

Artigo 155.º – **Duração**

1 – O período normal de trabalho diário do trabalhador nocturno, quando vigore regime de adaptabilidade, não deve ser superior a sete horas diárias, em média semanal, salvo disposição diversa estabelecida em instrumento de regulamentação colectiva de trabalho.

2 – Para o apuramento da média referida no número anterior não se contam os dias de descanso semanal obrigatório ou complementar e os dias feriados.

3 – O trabalhador nocturno cuja actividade implique riscos especiais ou uma tensão física ou mental significativa não deve prestá-la por mais de sete horas num período de vinte e quatro horas em que execute trabalho nocturno.

4 – O disposto nos números anteriores não é aplicável a trabalhadores titulares de cargos dirigentes e a chefes de equipas multidisciplinares.

5 – O disposto no n.º 3 não é igualmente aplicável:

*a*) Quando seja necessária a prestação de trabalho extraordinário por motivo de força maior ou por ser indispensável para prevenir ou reparar prejuízos graves para o órgão ou serviço devido a acidente ou a risco de acidente iminente;

*b*) A actividades caracterizadas pela necessidade de assegurar a continuidade do serviço, nomeadamente as actividades indicadas no número seguinte, desde que através de instrumento de regulamentação colectiva de trabalho negocial sejam garantidos ao trabalhador os correspondentes descansos compensatórios.

6 – Para efeito do disposto na alínea *b*) do número anterior, atender-se-á às seguintes actividades:

*a*) Actividades de vigilância, transporte e tratamento de sistemas electrónicos de segurança;

*b*) Recepção, tratamento e cuidados dispensados em estabelecimentos e serviços prestadores de cuidados de saúde, instituições residenciais, prisões e centros educativos;

*c*) Distribuição e abastecimento de água;

*d*) Ambulâncias, bombeiros ou protecção civil;

*e*) Recolha de lixo e incineração;

*f*) Actividades em que o processo de trabalho não possa ser interrompido por motivos técnicos;

*g*) Investigação e desenvolvimento.

7 – O disposto no número anterior é extensivo aos casos de acréscimo previsível de actividade no turismo.

### Artigo 156.º – **Protecção do trabalhador nocturno**

1 – A entidade empregadora pública deve assegurar que o trabalhador nocturno, antes da sua colocação e, posteriormente, a intervalos regulares e no mínimo anualmente, beneficie de um exame médico gratuito e sigiloso destinado a avaliar o seu estado de saúde.

2 – A entidade empregadora pública deve assegurar, sempre que possível, a mudança de local de trabalho do trabalhador nocturno que sofra de problemas de saúde relacionados com o facto de executar trabalho nocturno para um trabalho diurno que esteja apto a desempenhar.

3 – Aplica-se ao trabalhador nocturno o disposto no artigo 151.º

Artigo 157.º – **Garantia**

São definidas em legislação especial as condições ou garantias a que está sujeita a prestação de trabalho nocturno por trabalhadores que corram riscos de segurança ou de saúde relacionados com o trabalho durante o período nocturno, bem como as actividades que impliquem para o trabalhador nocturno riscos especiais ou uma tensão física ou mental significativa, conforme o referido no n.º 3 do artigo 155.º

Subsecção VII – **Trabalho extraordinário**

Artigo 158.º – **Noção**

1 – Considera-se trabalho extraordinário todo aquele que é prestado fora do horário de trabalho.

2 – Nos casos em que tenha sido limitada a isenção de horário de trabalho a um determinado número de horas de trabalho, diário ou semanal, considera--se trabalho extraordinário o que seja prestado fora desse período.

3 – Quando tenha sido estipulado que a isenção de horário de trabalho não prejudica o período normal de trabalho diário ou semanal, considera-se trabalho extraordinário aquele que exceda a duração do período normal de trabalho diário ou semanal.

4 – Não se compreende na noção de trabalho extraordinário:

*a)* O trabalho prestado por trabalhador isento de horário de trabalho em dia normal de trabalho, sem prejuízo do previsto no número anterior;

*b)* O trabalho prestado para compensar suspensões de actividade, independentemente da causa, de duração não superior a quarenta e oito horas seguidas ou interpoladas por um dia de descanso ou feriado, quando haja acordo entre a entidade empregadora pública e o trabalhador;

*c)* A tolerância de quinze minutos prevista no n.º 3 do artigo 126.º;

*d)* A formação profissional, ainda que realizada fora do horário de trabalho, desde que não exceda duas horas diárias.

Artigo 159.º – **Obrigatoriedade**

O trabalhador é obrigado a realizar a prestação de trabalho extraordinário, salvo quando, havendo motivos atendíveis, expressamente solicite a sua dispensa.

Artigo 160.º – **Condições da prestação de trabalho extraordinário**

1 – O trabalho extraordinário só pode ser prestado quando o órgão ou serviço tenha de fazer face a acréscimos eventuais e transitórios de trabalho e não se justifique a admissão de trabalhador.

2 – O trabalho extraordinário pode ainda ser prestado havendo motivo de força maior ou quando se torne indispensável para prevenir ou reparar prejuízos graves para o órgão ou serviço.

594       *Novo Estatuto da Função Pública*

3 – O trabalho extraordinário previsto no número anterior apenas fica sujeito aos limites decorrentes do n.º 1 do artigo 131.º

ARTIGO 161.º – **Limites da duração do trabalho extraordinário**

1 – O trabalho extraordinário previsto no n.º 1 do artigo anterior fica sujeito, por trabalhador, aos seguintes limites:
   *a)* Cem horas de trabalho por ano;
   *b)* Duas horas por dia normal de trabalho;
   *c)* Um número de horas igual ao período normal de trabalho diário nos dias de descanso semanal, obrigatório ou complementar, e nos feriados;
   *d)* Um número de horas igual a meio período normal de trabalho diário em meio dia de descanso complementar.

2 – Os limites fixados no número anterior podem ser ultrapassados desde que não impliquem uma remuneração por trabalho extraordinário superior a 60% da remuneração base do trabalhador:
   *a)* Quando se trate de trabalhadores que ocupem postos de trabalho de motoristas ou telefonistas e de outros trabalhadores integrados nas carreiras de assistente operacional e de assistente técnico, cuja manutenção ao serviço para além do horário de trabalho seja fundamentadamente reconhecida como indispensável;
   *b)* Em circunstâncias excepcionais e delimitadas no tempo, mediante autorização do membro do Governo competente ou, quando esta não for possível, mediante confirmação da mesma entidade, a proferir nos 15 dias posteriores à ocorrência.

3 – O limite máximo a que se refere a alínea *a)* do n.º 1 pode ser aumentado até duzentas horas por ano, por instrumento de regulamentação colectiva de trabalho.

ARTIGO 162.º – **Trabalho a tempo parcial**

1 – O limite anual de horas de trabalho extraordinário para fazer face a acréscimos eventuais de trabalho, aplicável a trabalhador a tempo parcial, é de oitenta horas por ano ou o correspondente à proporção entre o respectivo período normal de trabalho e o de trabalhador a tempo completo quando superior.

2 – O limite previsto no número anterior pode ser aumentado até duzentas horas por ano por instrumento de regulamentação colectiva de trabalho.

ARTIGO 163.º – **Descanso compensatório**

1 – A prestação de trabalho extraordinário em dia útil, em dia de descanso semanal complementar e em dia feriado confere ao trabalhador o direito a um descanso compensatório remunerado, correspondente a 25% das horas de trabalho extraordinário realizado.

2 – O descanso compensatório vence-se quando perfizer um número de horas igual ao período normal de trabalho diário e deve ser gozado nos 90 dias seguintes.

*Regime do Contrato de Trabalho em Funções Públicas*   595

3 – Nos casos de prestação de trabalho em dia de descanso semanal obrigatório, o trabalhador tem direito a um dia de descanso compensatório remunerado, a gozar num dos três dias úteis seguintes.

4 – Na falta de acordo, o dia do descanso compensatório é fixado pela entidade empregadora pública.

ARTIGO 164.º – **Casos especiais**

1 – Nos casos de prestação de trabalho extraordinário em dia de descanso semanal obrigatório motivado pela falta imprevista do trabalhador que deveria ocupar o posto de trabalho no turno seguinte, quando a sua duração não ultrapassar duas horas, o trabalhador tem direito a um descanso compensatório de duração igual ao período de trabalho extraordinário prestado naquele dia, ficando o seu gozo sujeito ao regime do n.º 2 do artigo anterior.

2 – Quando o descanso compensatório for devido por trabalho extraordinário não prestado em dias de descanso semanal, obrigatório ou complementar, pode o mesmo, por acordo entre a entidade empregadora pública e o trabalhador, ser substituído por prestação de trabalho remunerado com um acréscimo não inferior a 100%.

ARTIGO 165.º – **Registo**

1 – A entidade empregadora pública deve possuir um registo de trabalho extraordinário onde, antes do início da prestação e logo após o seu termo, são anotadas as horas de início e termo do trabalho extraordinário.

2 – O registo das horas de trabalho extraordinário deve ser visado pelo trabalhador imediatamente a seguir à sua prestação.

3 – Do registo previsto no número anterior deve constar sempre a indicação expressa do fundamento da prestação de trabalho extraordinário, além de outros elementos fixados no anexo II, «Regulamento».

4 – No mesmo registo devem ser anotados os períodos de descanso compensatório gozados pelo trabalhador.

5 – A entidade empregadora pública deve possuir e manter durante cinco anos a relação nominal dos trabalhadores que efectuaram trabalho extraordinário, com discriminação do número de horas prestadas ao abrigo dos n.[os] 1 ou 2 do artigo 160.º e indicação do dia em que gozaram o respectivo descanso compensatório, para fiscalização da Inspecção-Geral de Finanças ou outro serviço de inspecção legalmente competente.

6 – A violação do disposto nos n.[os] 1 a 4 confere ao trabalhador, por cada dia em que tenha desempenhado a sua actividade fora do horário de trabalho, o direito à remuneração correspondente ao valor de duas horas de trabalho extraordinário.

# 596 *Novo Estatuto da Função Pública*

SUBSECÇÃO VIII – **Descanso semanal**

ARTIGO 166.º – **Semana de trabalho e descanso semanal**

1 – A semana de trabalho é, em regra, de cinco dias.

2 – Os trabalhadores têm direito a um dia de descanso semanal obrigatório, acrescido de um dia de descanso semanal complementar, que devem coincidir com o domingo e o sábado, respectivamente.

3 – Os dias de descanso referidos no número anterior só podem deixar de coincidir com o domingo e o sábado, respectivamente, quando o trabalhador exerça funções em órgão ou serviço que encerre a sua actividade noutros dias da semana.

4 – Os dias de descanso semanal podem ainda deixar de coincidir com o domingo e o sábado nos seguintes casos:

*a)* De trabalhador necessário para assegurar a continuidade de serviços que não possam ser interrompidos ou que devam ser desempenhados em dia de descanso de outros trabalhadores;

*b)* Do pessoal dos serviços de limpeza ou encarregado de outros trabalhos preparatórios e complementares que devam necessariamente ser efectuados no dia de descanso dos restantes trabalhadores;

*c)* De trabalhador directamente afecto a actividades de vigilância, transporte e tratamento de sistemas electrónicos de segurança;

*d)* De trabalhador que exerça actividade em exposições e feiras;

*e)* De pessoal dos serviços de inspecção de actividades que não encerrem ao sábado e, ou, ao domingo;

*f)* Nos demais casos previstos em legislação especial.

5 – Quando a natureza do órgão ou serviço ou razões de interesse público o exijam, pode o dia de descanso complementar ser gozado, segundo opção do trabalhador, do seguinte modo:

*a)* Dividido em dois períodos imediatamente anteriores ou posteriores ao dia de descanso semanal obrigatório;

*b)* Meio dia imediatamente anterior ou posterior ao dia de descanso semanal obrigatório, sendo o tempo restante deduzido na duração do período normal de trabalho dos restantes dias úteis, sem prejuízo da duração do período normal de trabalho semanal.

6 – Sempre que seja possível, a entidade empregadora pública deve proporcionar aos trabalhadores que pertençam ao mesmo agregado familiar o descanso semanal nos mesmos dias.

ARTIGO 167.º – **Duração do descanso semanal obrigatório**

1 – Quando o dia de descanso complementar não seja contíguo ao dia de descanso semanal obrigatório, adiciona-se a este um período de onze horas, correspondente ao período mínimo de descanso diário estabelecido no artigo 138.º

Regime do Contrato de Trabalho em Funções Públicas

2 – O disposto no número anterior não é aplicável a trabalhadores titulares de cargos dirigentes e a chefes de equipas multidisciplinares.

3 – O disposto no n.º 1 não é igualmente aplicável:

a) Quando seja necessária a prestação de trabalho extraordinário por motivo de força maior ou por ser indispensável para prevenir ou reparar prejuízos graves para o órgão ou serviço devidos a acidente ou a risco de acidente iminente;

b) Quando os períodos normais de trabalho são fraccionados ao longo do dia com fundamento nas características da actividade, nomeadamente serviços de limpeza;

c) A actividades caracterizadas pela necessidade de assegurar a continuidade do serviço, nomeadamente as actividades indicadas no número seguinte, desde que através de instrumento de regulamentação colectiva de trabalho ou de acordo individual sejam garantidos ao trabalhador os correspondentes descansos compensatórios.

4 – Para efeitos do disposto na alínea c) do número anterior, atender-se-á às seguintes actividades:

a) Actividades de vigilância, transporte e tratamento de sistemas electrónicos de segurança;

b) Recepção, tratamento e cuidados dispensados em estabelecimentos e serviços prestadores de cuidados de saúde, instituições residenciais, prisões e centros educativos;

c) Ambulâncias, bombeiros ou protecção civil;

d) Recolha de lixo e incineração;

e) Actividades em que o processo de trabalho não possa ser interrompido por motivos técnicos;

f) Investigação e desenvolvimento.

5 – O disposto na alínea c) do n.º 3 é extensivo aos casos de acréscimo previsível de actividade no turismo.

Subsecção IX – **Feriados**

Artigo 168.º – **Feriados obrigatórios**

1 – São feriados obrigatórios:

1 de Janeiro;
Sexta-Feira Santa;
Domingo de Páscoa;
25 de Abril;
1 de Maio;
Corpo de Deus (festa móvel);
10 de Junho;
15 de Agosto;
5 de Outubro;

598 *Novo Estatuto da Função Pública*

1 de Novembro;
1, 8 e 25 de Dezembro.

2 – O feriado de Sexta-Feira Santa pode ser observado noutro dia com significado local no período da Páscoa.

3 – Mediante legislação especial, determinados feriados obrigatórios podem ser observados na segunda-feira da semana subsequente.

ARTIGO 169.º – **Feriados facultativos**

1 – Além dos feriados obrigatórios, apenas podem ser observados a terça-feira de Carnaval e o feriado municipal da localidade.

2 – Em substituição de qualquer dos feriados referidos no número anterior, pode ser observado, a título de feriado, qualquer outro dia em que acordem entidade empregadora pública e trabalhador.

ARTIGO 170.º – **Imperatividade**

São nulas as disposições de contrato ou de instrumento de regulamentação colectiva de trabalho que estabeleçam feriados diferentes dos indicados nos artigos anteriores.

SUBSECÇÃO X – **Férias**

ARTIGO 171.º – **Direito a férias**

1 – O trabalhador tem direito a um período de férias remuneradas em cada ano civil.

2 – O direito a férias deve efectivar-se de modo a possibilitar a recuperação física e psíquica do trabalhador e assegurar-lhe condições mínimas de disponibilidade pessoal, de integração na vida familiar e de participação social e cultural.

3 – O direito a férias é irrenunciável e, fora dos casos previstos na lei, o seu gozo efectivo não pode ser substituído, ainda que com o acordo do trabalhador, por qualquer compensação económica ou outra.

4 – O direito a férias reporta-se, em regra, ao trabalho prestado no ano civil anterior e não está condicionado à assiduidade ou efectividade de serviço, sem prejuízo do disposto no n.º 2 do artigo 193.º

ARTIGO 172.º – **Aquisição do direito a férias**

1 – O direito a férias adquire-se com a celebração do contrato e vence-se no dia 1 de Janeiro de cada ano civil, salvo o disposto nos números seguintes.

2 – No ano da contratação, o trabalhador tem direito, após seis meses completos de execução do contrato, a gozar 2 dias úteis de férias por cada mês de duração do contrato, até ao máximo de 20 dias úteis.

3 – No caso de sobrevir o termo do ano civil antes de decorrido o prazo referido no número anterior ou antes de gozado o direito a férias, pode o trabalhador usufruí-lo até 30 de Junho do ano civil subsequente.

Regime do Contrato de Trabalho em Funções Públicas 599

4 – Da aplicação do disposto nos n.ᵒˢ 2 e 3 não pode resultar para o trabalhador o direito ao gozo de um período de férias, no mesmo ano civil, superior a 30 dias úteis, sem prejuízo do disposto em instrumento de regulamentação colectiva de trabalho.

Artigo 173.º – **Duração do período de férias**

1 – O período anual de férias tem, em função da idade do trabalhador, a seguinte duração:
 *a)* 25 dias úteis até o trabalhador completar 39 anos de idade;
 *b)* 26 dias úteis até o trabalhador completar 49 anos de idade;
 *c)* 27 dias úteis até o trabalhador completar 59 anos de idade;
 *d)* 28 dias úteis a partir dos 59 anos de idade.

2 – A idade relevante para efeitos de aplicação do número anterior é aquela que o trabalhador completar até 31 de Dezembro do ano em que as férias se vencem.

3 – Ao período de férias previsto no n.º 1 acresce um dia útil de férias por cada 10 anos de serviço efectivamente prestado.

4 – A duração do período de férias pode ainda ser aumentada no quadro de sistemas de recompensa do desempenho, nos termos previstos na lei ou em instrumento de regulamentação colectiva de trabalho.

5 – Para efeitos de férias, são úteis os dias da semana de segunda-feira a sexta-feira, com excepção dos feriados, não podendo as férias ter início em dia de descanso semanal do trabalhador.

6 – O trabalhador pode renunciar parcialmente ao direito a férias, recebendo a remuneração e o subsídio respectivos, sem prejuízo de ser assegurado o gozo efectivo de 20 dias úteis de férias.

Artigo 174.º – **Direito a férias nos contratos de duração inferior a seis meses**

1 – O trabalhador admitido com contrato cuja duração total não atinja seis meses tem direito a gozar dois dias úteis de férias por cada mês completo de duração do contrato.

2 – Para efeitos da determinação do mês completo devem contar-se todos os dias, seguidos ou interpolados, em que foi prestado trabalho.

3 – Nos contratos cuja duração total não atinja seis meses, o gozo das férias tem lugar no momento imediatamente anterior ao da cessação, salvo acordo das partes.

Artigo 175.º – **Cumulação de férias**

1 – As férias devem ser gozadas no decurso do ano civil em que se vencem, não sendo permitido acumular no mesmo ano férias de dois ou mais anos.

2 – As férias podem, porém, ser gozadas no 1.º trimestre do ano civil seguinte, em acumulação ou não com as férias vencidas no início deste, por

600 *Novo Estatuto da Função Pública*

acordo entre entidade empregadora pública e trabalhador ou sempre que este pretenda gozar as férias com familiares residentes no estrangeiro.

3 – Entidade empregadora pública e trabalhador podem ainda acordar na acumulação, no mesmo ano, de metade do período de férias vencido no ano anterior com o vencido no início desse ano.

Artigo 176.º – **Marcação do período de férias**

1 – O período de férias é marcado por acordo entre entidade empregadora pública e trabalhador.

2 – Na falta de acordo, cabe à entidade empregadora pública marcar as férias e elaborar o respectivo mapa, ouvindo para o efeito a comissão de trabalhadores ou, na sua falta, a comissão sindical ou intersindical ou os delegados sindicais.

3 – A entidade empregadora pública só pode marcar o período de férias entre 1 de Maio e 31 de Outubro, salvo parecer favorável em contrário das estruturas representativas referidas no número anterior ou disposição diversa de instrumento de regulamentação colectiva de trabalho.

4 – Na marcação das férias, os períodos mais pretendidos devem ser rateados, sempre que possível, beneficiando, alternadamente, os trabalhadores em função dos períodos gozados nos dois anos anteriores.

5 – Salvo se houver prejuízo grave para a entidade empregadora pública, devem gozar férias em idêntico período os cônjuges que trabalhem no mesmo órgão ou serviço, bem como as pessoas que vivam em união de facto ou economia comum nos termos previstos em legislação especial.

6 – O gozo do período de férias pode ser interpolado, por acordo entre a entidade empregadora pública e o trabalhador e desde que, num dos períodos, sejam gozados, no mínimo, 11 dias úteis consecutivos.

7 – O mapa de férias, com indicação do início e termo dos períodos de férias de cada trabalhador, deve ser elaborado até 15 de Abril de cada ano e afixado nos locais de trabalho entre esta data e 31 de Outubro.

Artigo 177.º – **Alteração da marcação do período de férias**

1 – Se, depois de marcado o período de férias, exigências imperiosas do funcionamento do órgão ou serviço determinarem o adiamento ou a interrupção das férias já iniciadas, o trabalhador tem direito a ser indemnizado pela entidade empregadora pública dos prejuízos que comprovadamente haja sofrido na pressuposição de que gozaria integralmente as férias na época fixada.

2 – A interrupção das férias não pode prejudicar o gozo seguido de metade do período a que o trabalhador tenha direito.

3 – Há lugar a alteração do período de férias sempre que o trabalhador, na data prevista para o seu início, esteja temporariamente impedido por facto que não lhe seja imputável, cabendo à entidade empregadora pública, na falta

Regime do Contrato de Trabalho em Funções Públicas 601

de acordo, a nova marcação do período de férias, sem sujeição ao disposto no n.º 3 do artigo anterior.

4 – Terminando o impedimento antes de decorrido o período anteriormente marcado, o trabalhador deve gozar os dias de férias ainda compreendidos neste, aplicando-se quanto à marcação dos dias restantes o disposto no número anterior.

5 – Nos casos em que a cessação do contrato esteja sujeita a aviso prévio, a entidade empregadora pública pode determinar que o período de férias seja antecipado para o momento imediatamente anterior à data prevista para a cessação do contrato.

ARTIGO 178.º – **Doença no período de férias**

1 – No caso de o trabalhador adoecer durante o período de férias, são as mesmas suspensas desde que a entidade empregadora pública seja do facto informada, prosseguindo, logo após a alta, o gozo dos dias de férias compreendidos ainda naquele período, cabendo à entidade empregadora pública, na falta de acordo, a marcação dos dias de férias não gozados, sem sujeição ao disposto no n.º 3 do artigo 176.º

2 – Cabe à entidade empregadora pública, na falta de acordo, a marcação dos dias de férias não gozados, que podem decorrer em qualquer período, aplicando-se neste caso o n.º 3 do artigo seguinte.

3 – A prova da doença prevista no n.º 1 é feita por estabelecimento hospitalar, por declaração do centro de saúde ou por atestado médico.

4 – A doença referida no número anterior pode ser fiscalizada por médico designado pela segurança social, mediante requerimento da entidade empregadora pública.

5 – No caso de a segurança social não indicar o médico a que se refere o número anterior no prazo de vinte e quatro horas, a entidade empregadora pública designa o médico para efectuar a fiscalização, não podendo este ter qualquer vínculo contratual anterior à entidade empregadora pública.

6 – Em caso de desacordo entre os pareceres médicos referidos nos números anteriores, pode ser requerida por qualquer das partes a intervenção de junta médica.

7 – Em caso de incumprimento das obrigações previstas no artigo anterior e nos n.ºs 1 e 2, bem como de oposição, sem motivo atendível, à fiscalização referida nos n.ºs 4, 5 e 6, os dias de alegada doença são considerados dias de férias.

8 – O desenvolvimento do disposto no presente artigo consta do anexo II, «Regulamento».

ARTIGO 179.º – **Efeitos da suspensão do contrato por impedimento prolongado**

1 – No ano da suspensão do contrato por impedimento prolongado, respeitante ao trabalhador, se se verificar a impossibilidade total ou parcial do

gozo do direito a férias já vencido, o trabalhador tem direito à remuneração correspondente ao período de férias não gozado e respectivo subsídio.

2 – No ano da cessação do impedimento prolongado o trabalhador tem direito às férias nos termos previstos no n.º 2 do artigo 172.º

3 – No caso de sobrevir o termo do ano civil antes de decorrido o prazo referido no número anterior ou antes de gozado o direito a férias, pode o trabalhador usufruí-lo até 30 de Abril do ano civil subsequente.

4 – Cessando o contrato após impedimento prolongado respeitante ao trabalhador, este tem direito à remuneração e ao subsídio de férias correspondentes ao tempo de serviço prestado no ano de início da suspensão.

ARTIGO 180.º – **Efeitos da cessação do contrato**

1 – Cessando o contrato, o trabalhador tem direito a receber a remuneração correspondente a um período de férias proporcional ao tempo de serviço prestado até à data da cessação, bem como ao respectivo subsídio.

2 – Se o contrato cessar antes de gozado o período de férias vencido no início do ano da cessação, o trabalhador tem ainda direito a receber a remuneração e o subsídio correspondentes a esse período, o qual é sempre considerado para efeitos de antiguidade.

3 – Da aplicação do disposto nos números anteriores ao contrato cuja duração não atinja, por qualquer causa, 12 meses não pode resultar um período de férias superior ao proporcional à duração do vínculo, sendo esse período considerado para efeitos de remuneração, subsídio e antiguidade.

4 – O disposto no número anterior aplica-se ainda sempre que o contrato cesse no ano subsequente ao da admissão.

ARTIGO 181.º – **Violação do direito a férias**

Caso a entidade empregadora pública, com culpa, obste ao gozo das férias nos termos previstos nos artigos anteriores, o trabalhador recebe, a título de compensação, o triplo da remuneração correspondente ao período em falta, que deve obrigatoriamente ser gozado no 1.º trimestre do ano civil subsequente.

ARTIGO 182.º – **Exercício de outra actividade durante as férias**

1 – O trabalhador não pode exercer durante as férias qualquer outra actividade remunerada, salvo se já a viesse exercendo cumulativamente ou a entidade empregadora pública o autorizar a isso.

2 – A violação do disposto no número anterior, sem prejuízo da eventual responsabilidade disciplinar do trabalhador, dá à entidade empregadora pública o direito de reaver a remuneração correspondente às férias e respectivo subsídio, da qual metade reverte para o Instituto de Gestão Financeira da Segurança Social, no caso de o trabalhador ser beneficiário do regime geral de segurança social para todas as eventualidades, ou constitui receita do Estado nos restantes casos.

Regime do Contrato de Trabalho em Funções Públicas 603

3 – Para os efeitos previstos no número anterior, a entidade empregadora pública pode proceder a descontos na remuneração do trabalhador até ao limite de um sexto, em relação a cada um dos períodos de vencimento posteriores.

Artigo 183.º – **Contacto em período de férias**

Antes do início das férias, o trabalhador deve indicar, se possível, à respectiva entidade empregadora pública, a forma como pode ser eventualmente contactado.

Subsecção XI – **Faltas**

Artigo 184.º – **Noção**

1 – Falta é a ausência do trabalhador no local de trabalho e durante o período em que devia desempenhar a actividade a que está adstrito.

2 – Nos casos de ausência do trabalhador por períodos inferiores ao período de trabalho a que está obrigado, os respectivos tempos são adicionados para determinação dos períodos normais de trabalho diário em falta.

3 – Para efeito do disposto no número anterior, caso os períodos de trabalho diário não sejam uniformes, considera-se sempre o de menor duração relativo a um dia completo de trabalho.

Artigo 185.º – **Tipos de faltas**

1 – As faltas podem ser justificadas ou injustificadas.

2 – São consideradas faltas justificadas:

*a)* As dadas, durante 15 dias seguidos, por altura do casamento;

*b)* As motivadas por falecimento do cônjuge, parentes ou afins, nos termos do artigo 187.º;

*c)* As motivadas pela prestação de provas em estabelecimento de ensino, nos termos da legislação especial;

*d)* As motivadas por impossibilidade de prestar trabalho devido a facto que não seja imputável ao trabalhador, nomeadamente doença, acidente ou cumprimento de obrigações legais;

*e)* As motivadas pela necessidade de prestação de assistência inadiável e imprescindível a membros do seu agregado familiar, nos termos previstos neste Regime e no anexo II, «Regulamento»;

*f)* As motivadas pela necessidade de tratamento ambulatório, realização de consultas médicas e exames complementares de diagnóstico que não possam efectuar-se fora do período normal de trabalho e só pelo tempo estritamente necessário;

*g)* As motivadas por isolamento profiláctico;

*h)* As ausências não superiores a quatro horas e só pelo tempo estritamente necessário, justificadas pelo responsável pela educação de menor, uma

604         *Novo Estatuto da Função Pública*

vez por trimestre, para deslocação à escola tendo em vista inteirar-se da situação educativa do filho menor;

*i)* As dadas para doação de sangue e socorrismo;

*j)* As motivadas pela necessidade de submissão a métodos de selecção em procedimento concursal;

*l)* As dadas por conta do período de férias;

*m)* As dadas pelos trabalhadores eleitos para as estruturas de representação colectiva, nos termos do artigo 293.º;

*n)* As dadas por candidatos a eleições para cargos públicos, durante o período legal da respectiva campanha eleitoral;

*o)* As que por lei forem como tal qualificadas, designadamente as previstas nos Decretos-Leis n.ºs 220/84, de 4 de Julho, 272/88, de 3 de Agosto, 282/89, de 23 de Agosto, e 190/99, de 5 de Junho.

3 – O disposto na alínea *f)* do número anterior é extensivo à assistência ao cônjuge ou equiparado, ascendentes, descendentes, adoptandos, adoptados e enteados, menores ou deficientes, em regime de tratamento ambulatório, quando comprovadamente o trabalhador seja a pessoa mais adequada para o fazer.

4 – São consideradas injustificadas as faltas não previstas nos n.ºs 2 e 3.

ARTIGO 186.º – **Imperatividade**

As disposições relativas aos tipos de faltas e à sua duração não podem ser objecto de instrumento de regulamentação colectiva de trabalho, salvo tratando-se das situações previstas na alínea *m)* do n.º 2 do artigo anterior.

ARTIGO 187.º – **Faltas por motivo de falecimento de parentes ou afins**

1 – Nos termos da alínea *b)* do n.º 2 do artigo 185.º, o trabalhador pode faltar justificadamente:

*a)* Cinco dias consecutivos por falecimento de cônjuge não separado de pessoas e bens ou de parente ou afim no 1.º grau na linha recta;

*b)* Dois dias consecutivos por falecimento de outro parente ou afim na linha recta ou em 2.º grau da linha colateral.

2 – Aplica-se o disposto na alínea *a)* do número anterior ao falecimento de pessoa que viva em união de facto ou economia comum com o trabalhador nos termos previstos em legislação especial.

ARTIGO 188.º – **Faltas por conta do período de férias**

1 – Sem prejuízo do disposto em lei especial, o trabalhador pode faltar 2 dias por mês por conta do período de férias, até ao máximo de 13 dias por ano, os quais podem ser utilizados em períodos de meios dias.

2 – As faltas previstas no número anterior relevam, segundo opção do interessado, no período de férias do próprio ano ou do seguinte.

3 – As faltas por conta do período de férias devem ser comunicadas com a antecedência mínima de vinte e quatro horas ou, se não for possível, no próprio

Regime do Contrato de Trabalho em Funções Públicas          605

dia e estão sujeitas a autorização, que pode ser recusada se forem susceptíveis de causar prejuízo para o normal funcionamento do órgão ou serviço.

Artigo 189.º – **Comunicação da falta justificada**

1 – As faltas justificadas, quando previsíveis, são obrigatoriamente comunicadas à entidade empregadora pública com a antecedência mínima de cinco dias.

2 – Quando imprevisíveis, as faltas justificadas são obrigatoriamente comunicadas à entidade empregadora pública logo que possível.

3 – A comunicação tem de ser reiterada para as faltas justificadas imediatamente subsequentes às previstas nas comunicações indicadas nos números anteriores.

Artigo 190.º – **Prova da falta justificada**

1 – A entidade empregadora pública pode, nos 15 dias seguintes à comunicação referida no artigo anterior, exigir ao trabalhador prova dos factos invocados para a justificação.

2 – A prova da situação de doença prevista na alínea *d*) do n.º 2 do artigo 185.º é feita por estabelecimento hospitalar, por declaração do centro de saúde ou por atestado médico.

3 – A doença referida no número anterior pode ser fiscalizada por médico, mediante requerimento da entidade empregadora pública dirigido à segurança social.

4 – No caso de a segurança social não indicar o médico a que se refere o número anterior no prazo de vinte e quatro horas, a entidade empregadora pública designa o médico para efectuar a fiscalização, não podendo este ter qualquer vínculo contratual anterior à entidade empregadora pública.

5 – Em caso de desacordo entre os pareceres médicos referidos nos números anteriores, pode ser requerida a intervenção de junta médica.

6 – Em caso de incumprimento das obrigações previstas no artigo anterior e nos n.ºs 1 e 2 deste artigo, bem como de oposição, sem motivo atendível, à fiscalização referida nos n.ºs 3, 4 e 5, as faltas são consideradas injustificadas.

7 – O desenvolvimento do disposto no presente artigo consta do anexo II, «Regulamento».

Artigo 191.º – **Efeitos das faltas justificadas**

1 – As faltas justificadas não determinam a perda ou prejuízo de quaisquer direitos do trabalhador, salvo o disposto no número seguinte.

2 – Sem prejuízo de outras previsões legais, determinam a perda de remuneração as seguintes faltas ainda que justificadas:

*a*) Por motivo de doença, desde que o trabalhador beneficie de um regime de protecção social na doença;

*b*) As previstas na alínea *o*) do n.º 2 do artigo 185.º, quando superiores a 30 dias por ano.

3 – Nos casos previstos na alínea *d*) do n.º 2 do artigo 185.º, se o impedimento do trabalhador se prolongar efectiva ou previsivelmente para além de um mês, aplica-se o regime de suspensão da prestação do trabalho por impedimento prolongado.

4 – No caso previsto na alínea *n*) do n.º 2 do artigo 185.º, as faltas justificadas conferem, no máximo, direito à remuneração relativa a um terço do período de duração da campanha eleitoral, só podendo o trabalhador faltar meios dias ou dias completos com aviso prévio de quarenta e oito horas.

Artigo 192.º – **Efeitos das faltas injustificadas**

1 – As faltas injustificadas constituem violação do dever de assiduidade e determinam perda da remuneração correspondente ao período de ausência, o qual será descontado na antiguidade do trabalhador.

2 – Tratando-se de faltas injustificadas a um ou meio período normal de trabalho diário, imediatamente anteriores ou posteriores aos dias ou meios dias de descanso ou feriados, considera-se que o trabalhador praticou uma infracção grave.

3 – No caso de a apresentação do trabalhador, para início ou reinício da prestação de trabalho, se verificar com atraso injustificado superior a trinta ou sessenta minutos, pode a entidade empregadora pública recusar a aceitação da prestação durante parte ou todo o período normal de trabalho, respectivamente.

Artigo 193.º – **Efeitos das faltas no direito a férias**

1 – As faltas não têm efeito sobre o direito a férias do trabalhador, salvo o disposto no número seguinte.

2 – Nos casos em que as faltas determinem perda de remuneração, as ausências podem ser substituídas, se o trabalhador expressamente assim o preferir, por dias de férias, na proporção de 1 dia de férias por cada dia de falta, desde que seja salvaguardado o gozo efectivo de 20 dias úteis de férias ou da correspondente proporção, se se tratar de férias no ano de admissão.

3 – O disposto no número anterior não é aplicável às faltas previstas na alínea *l*) do n.º 2 do artigo 185.º

Secção IV – **Teletrabalho**

Artigo 194.º – **Noção**

Para efeitos deste Regime, considera-se teletrabalho a prestação laboral realizada com subordinação jurídica, habitualmente fora do órgão ou serviço da entidade empregadora pública, e através do recurso a tecnologias de informação e de comunicação.

Regime do Contrato de Trabalho em Funções Públicas 607

ARTIGO 195.º – **Formalidades**

1 – Do contrato para prestação subordinada de teletrabalho devem constar as seguintes indicações:

*a)* Identificação dos contraentes;
*b)* Cargo ou funções a desempenhar, com menção expressa do regime de teletrabalho;
*c)* Duração do trabalho em regime de teletrabalho;
*d)* Actividade antes exercida pelo teletrabalhador ou, não estando este vinculado à entidade empregadora pública, aquela que exercerá aquando da cessação do trabalho em regime de teletrabalho, se for esse o caso;
*e)* Propriedade dos instrumentos de trabalho a utilizar pelo teletrabalhador, bem como a entidade responsável pela respectiva instalação e manutenção e pelo pagamento das inerentes despesas de consumo e de utilização;
*f)* Identificação do estabelecimento ou unidade orgânica do órgão ou serviço ao qual deve reportar o teletrabalhador;
*g)* Identificação do superior hierárquico ou de outro interlocutor do órgão ou serviço com o qual o teletrabalhador pode contactar no âmbito da respectiva prestação laboral.

2 – Não se considera sujeito ao regime de teletrabalho o acordo não escrito ou em que falte a menção referida na alínea *b)* do número anterior.

ARTIGO 196.º – **Liberdade contratual**

1 – O trabalhador pode passar a trabalhar em regime de teletrabalho por acordo escrito celebrado com a entidade empregadora pública, cuja duração inicial não pode exceder três anos.

2 – O acordo referido no número anterior pode cessar por decisão de qualquer das partes durante os primeiros 30 dias da sua execução.

3 – Cessado o acordo, o trabalhador tem direito a retomar a prestação de trabalho, nos termos previstos no contrato ou em instrumento de regulamentação colectiva de trabalho.

4 – O prazo referido no n.º 1 pode ser modificado por instrumento de regulamentação colectiva de trabalho.

ARTIGO 197.º – **Igualdade de tratamento**

O teletrabalhador tem os mesmos direitos e está adstrito às mesmas obrigações dos trabalhadores que não exerçam a sua actividade em regime de teletrabalho tanto no que se refere à formação e promoção profissionais como às condições de trabalho.

ARTIGO 198.º – **Privacidade**

1 – A entidade empregadora pública deve respeitar a privacidade do teletrabalhador e os tempos de descanso e de repouso da família, bem como proporcionar-lhe boas condições de trabalho tanto do ponto de vista físico como moral.

608 *Novo Estatuto da Função Pública*

2 – Sempre que o teletrabalho seja realizado no domicílio do trabalhador, as visitas ao local de trabalho só devem ter por objecto o controlo da actividade laboral daquele, bem como dos respectivos equipamentos, e apenas podem ser efectuadas entre a 9 e as 19 horas, com a assistência do trabalhador ou de pessoa por ele designada.

### Artigo 199.º – Instrumentos de trabalho

1 – Na ausência de qualquer estipulação contratual, presume-se que os instrumentos de trabalho utilizados pelo teletrabalhador no manuseamento de tecnologias de informação e de comunicação constituem propriedade da entidade empregadora pública, a quem compete a respectiva instalação e manutenção, bem como o pagamento das inerentes despesas.

2 – O teletrabalhador deve observar as regras de utilização e funcionamento dos equipamentos e instrumentos de trabalho que lhe forem disponibilizados.

3 – Salvo acordo em contrário, o teletrabalhador não pode dar aos equipamentos e instrumentos de trabalho que lhe forem confiados pela entidade empregadora pública uso diverso do inerente ao cumprimento da sua prestação de trabalho.

### Artigo 200.º – Segurança, higiene e saúde no trabalho

1 – O teletrabalhador é abrangido pelo regime jurídico relativo à segurança, higiene e saúde no trabalho, bem como pelo regime jurídico dos acidentes de trabalho e doenças profissionais.

2 – A entidade empregadora pública é responsável pela definição e execução de uma política de segurança, higiene e saúde que abranja os teletrabalhadores, aos quais devem ser proporcionados, nomeadamente, exames médicos periódicos e equipamentos de protecção visual.

### Artigo 201.º – Período normal de trabalho

O teletrabalhador está sujeito aos limites máximos do período normal de trabalho diário e semanal aplicáveis aos trabalhadores que não exercem a sua actividade em regime de teletrabalho.

### Artigo 202.º – Isenção de horário de trabalho

O teletrabalhador pode estar isento de horário de trabalho.

### Artigo 203.º – Deveres secundários

1 – A entidade empregadora pública deve proporcionar ao teletrabalhador formação específica para efeitos de utilização e manuseamento das tecnologias de informação e de comunicação necessárias ao exercício da respectiva prestação laboral.

Regime do Contrato de Trabalho em Funções Públicas 609

2 – A entidade empregadora pública deve proporcionar ao teletrabalhador contactos regulares com o órgão ou serviço e demais trabalhadores a fim de evitar o seu isolamento.

3 – O teletrabalhador deve, em especial, guardar segredo sobre as informações e as técnicas que lhe tenham sido confiadas pela entidade empregadora pública.

ARTIGO 204.º – **Participação e representação colectivas**

1 – O teletrabalhador é considerado para o cálculo do limiar mínimo exigível para efeitos de constituição das estruturas representativas dos trabalhadores previstas neste Regime, podendo candidatar-se a essas estruturas.

2 – O teletrabalhador pode participar nas reuniões promovidas no local de trabalho pelas comissões de trabalhadores ou associações sindicais, nomeadamente através do emprego das tecnologias de informação e de comunicação que habitualmente utiliza na prestação da sua actividade laboral.

3 – As comissões de trabalhadores e as associações sindicais podem, com as necessárias adaptações, exercer, através das tecnologias de informação e de comunicação habitualmente utilizadas pelo teletrabalhador na prestação da sua actividade laboral, o respectivo direito de afixação e divulgação de textos, convocatórias, comunicações ou informações relativos à vida sindical e aos interesses sócio-profissionais dos trabalhadores.


# CAPÍTULO III
**Remuneração e outras atribuições patrimoniais**

SECÇÃO I – **Disposições gerais**

ARTIGO 205.º – **Princípios gerais**

Sem prejuízo da aplicação ao contrato dos princípios e normas que regem as remunerações dos trabalhadores que exercem funções ao abrigo de relações jurídicas de emprego público, à remuneração é aplicável o disposto nos artigos seguintes.

ARTIGO 206.º – **Imperatividade**

As disposições legais em matéria de remunerações não podem ser afastadas ou derrogadas por instrumento de regulamentação colectiva de trabalho, salvo quando prevejam sistemas de recompensa do desempenho.

ARTIGO 207.º – **Subsídio de Natal**

1 – O trabalhador tem direito a um subsídio de Natal de valor igual a um mês de remuneração base mensal, que deve ser pago em Novembro de cada ano.

2 – O valor do subsídio de Natal é proporcional ao tempo de serviço prestado no ano civil, nas seguintes situações:

*a)* No ano de admissão do trabalhador;

610 *Novo Estatuto da Função Pública*

b) No ano da cessação do contrato;
c) Em caso de suspensão do contrato, salvo se por doença do trabalhador.

ARTIGO 208.º – **Remuneração do período de férias**

1 – A remuneração do período de férias corresponde à que o trabalhador receberia se estivesse em serviço efectivo, à excepção do subsídio de refeição.

2 – Além da remuneração mencionada no número anterior, o trabalhador tem direito a um subsídio de férias de valor igual a um mês de remuneração base mensal, que deve ser pago por inteiro no mês de Junho de cada ano.

3 – A suspensão do contrato por doença do trabalhador não prejudica o direito ao subsídio de férias, nos termos do número anterior.

4 – O aumento ou a redução do período de férias previstos nos n.ºˢ 3 e 4 do artigo 173.º e 2 do artigo 193.º, respectivamente, não implicam o aumento ou a redução correspondentes na remuneração ou no subsídio de férias.

ARTIGO 209.º – **Isenção de horário de trabalho**

1 – O trabalhador isento de horário de trabalho nas modalidades previstas nas alíneas a) e b) do n.º 1 do artigo 140.º tem direito a um suplemento remuneratório, nos termos fixados por lei ou por instrumento de regulamentação colectiva de trabalho.

2 – O disposto no número anterior não se aplica a carreiras especiais e a cargos, designadamente a cargos dirigentes, bem como a chefes de equipas multidisciplinares, em que o regime de isenção de horário de trabalho constitua o regime normal de prestação do trabalho.

ARTIGO 210.º – **Trabalho nocturno**

1 – O trabalho nocturno deve ser remunerado com um acréscimo de 25% relativamente à remuneração do trabalho equivalente prestado durante o dia.

2 – O acréscimo remuneratório previsto no número anterior pode ser fixado em instrumento de regulamentação colectiva de trabalho através de uma redução equivalente dos limites máximos do período normal de trabalho.

3 – O disposto no n.º 1 não se aplica ao trabalho prestado durante o período nocturno, salvo se previsto em instrumento de regulamentação colectiva de trabalho:

a) Ao serviço de actividades que sejam exercidas exclusiva ou predominantemente durante esse período, designadamente as de espectáculos e diversões públicas;
b) Ao serviço de actividades que, pela sua natureza ou por força da lei, devam necessariamente funcionar à disposição do público durante o mesmo período;
c) Quando o acréscimo remuneratório pela prestação de trabalho nocturno se encontre integrado na remuneração base.

Regime do Contrato de Trabalho em Funções Públicas     611

Artigo 211.º – **Trabalho por turnos**

1 – Desde que um dos turnos seja total ou parcialmente coincidente com o período de trabalho nocturno, os trabalhadores por turnos têm direito a um acréscimo remuneratório cujo montante varia em função do número de turnos adoptado, bem como da natureza permanente ou não do funcionamento do serviço.

2 – O acréscimo referido no número anterior, relativamente à remuneração base, varia entre:

a) 25% e 22%, quando o regime de turnos for permanente, total ou parcial;
b) 22% e 20%, quando o regime de turnos for semanal prolongado, total ou parcial;
c) 20% e 15%, quando o regime de turnos for semanal, total ou parcial.

3 – A fixação das percentagens, nos termos do número anterior, tem lugar em regulamento interno ou em instrumento de regulamentação colectiva de trabalho.

4 – O regime de turnos é permanente quando o trabalho é prestado em todos os sete dias da semana, semanal prolongado quando é prestado em todos os cinco dias úteis e no sábado ou no domingo e semanal quando é prestado apenas de segunda-feira a sexta-feira.

5 – O regime de turnos é total quando é prestado em, pelo menos, três períodos de trabalho diário e parcial quando é prestado apenas em dois períodos.

6 – O acréscimo remuneratório inclui o que fosse devido por trabalho nocturno mas não afasta o que seja devido por prestação de trabalho extraordinário.

7 – O acréscimo remuneratório é considerado para efeitos de quotização para o regime de protecção social aplicável e de cálculo da correspondente pensão de reforma ou de aposentação.

Artigo 212.º – **Trabalho extraordinário**

1 – A prestação de trabalho extraordinário em dia normal de trabalho confere ao trabalhador o direito aos seguintes acréscimos:

a) 50% da remuneração na primeira hora;
b) 75% da remuneração, nas horas ou fracções subsequentes.

2 – O trabalho extraordinário prestado em dia de descanso semanal, obrigatório ou complementar, e em dia feriado confere ao trabalhador o direito a um acréscimo de 100% da remuneração por cada hora de trabalho efectuado.

3 – A compensação horária que serve de base ao cálculo do trabalho extraordinário é apurada segundo a fórmula do artigo 215.º, considerando-se, nas situações de determinação do período normal de trabalho semanal em termos médios, que $N$ significa o número médio de horas do período normal de trabalho semanal efectivamente praticado no órgão ou serviço.

4 – Os montantes remuneratórios previstos nos números anteriores podem ser fixados em instrumento de regulamentação colectiva de trabalho.

5 – É exigível o pagamento de trabalho extraordinário cuja prestação tenha sido prévia e expressamente determinada.

ARTIGO 213.º – **Feriados**

1 – O trabalhador tem direito à remuneração correspondente aos feriados, sem que a entidade empregadora pública os possa compensar com trabalho extraordinário.

2 – O trabalhador que realiza a prestação em órgão ou serviço legalmente dispensado de suspender o trabalho em dia feriado obrigatório tem direito a um descanso compensatório de igual duração ou ao acréscimo de 100% da remuneração pelo trabalho prestado nesse dia, cabendo a escolha à entidade empregadora pública.

SECÇÃO II – **Determinação do valor da remuneração**

ARTIGO 214.º – **Princípios gerais**

Na determinação do valor da remuneração deve ter-se em conta a quantidade, natureza e qualidade do trabalho, observando-se o princípio de que para trabalho igual salário igual.

ARTIGO 215.º – **Cálculo do valor da remuneração horária**

O valor da hora normal de trabalho é calculado através da fórmula ($RB \times$ $\times$ 12): (52 $\times$ $N$), sendo $RB$ a remuneração base mensal e $N$ o período normal de trabalho semanal.

SECÇÃO III – **Retribuição mínima**

ARTIGO 216.º – **Retribuição mínima mensal garantida**

A tabela remuneratória única não pode prever níveis remuneratórios de montante inferior ao da retribuição mínima mensal garantida prevista no Código do Trabalho, aprovado pela Lei n.º 99/2003, de 27 de Agosto.

SECÇÃO IV – **Cumprimento**

ARTIGO 217.º – **Forma do cumprimento**

1 – O montante da remuneração deve estar à disposição do trabalhador na data do vencimento ou no dia útil imediatamente anterior.

2 – No acto do pagamento da remuneração, a entidade empregadora pública deve entregar ao trabalhador documento do qual constem a identificação daquela e o nome completo deste, o número de inscrição na instituição de protecção social respectiva, a categoria profissional, o período a que respeita a remuneração, discriminando a remuneração base e as demais prestações, os descontos e deduções efectuados e o montante líquido a receber.

Regime do Contrato de Trabalho em Funções Públicas 613

Artigo 218.º – **Tempo do cumprimento**

1 – A obrigação de satisfazer a remuneração, quando esta seja periódica, vence-se mensalmente.

2 – O cumprimento deve efectuar-se nos dias úteis.

3 – A entidade empregadora pública fica constituída em mora se o trabalhador, por facto que não lhe for imputável, não puder dispor do montante da remuneração na data do vencimento.

Secção V – **Garantias**

Artigo 219.º – **Compensações e descontos**

1 – Na pendência do contrato, a entidade empregadora pública não pode compensar a remuneração em dívida com créditos que tenha sobre o trabalhador nem fazer quaisquer descontos ou deduções no montante da referida remuneração.

2 – O disposto no número anterior não se aplica:

*a)* Aos descontos a favor do Estado, da segurança social ou de outras entidades, ordenados por lei, por decisão judicial transitada em julgado ou por auto de conciliação, quando da decisão ou do auto tenha sido notificada a entidade empregadora pública;

*b)* Às indemnizações devidas pelo trabalhador à entidade empregadora pública, quando se acharem liquidadas por decisão judicial transitada em julgado ou por auto de conciliação;

*c)* Às multas ou a reposição de qualquer quantia em que o trabalhador tenha sido condenado no âmbito de procedimento disciplinar e não tenha procedido ao respectivo pagamento voluntário;

*d)* Aos preços de refeições no local de trabalho, de utilização de telefones, de fornecimento de géneros, de combustíveis ou de materiais, quando solicitados pelo trabalhador, bem como a outras despesas efectuadas pela entidade empregadora pública por conta do trabalhador, e consentidas por este;

*e)* A outros descontos ou deduções previstos na lei.

3 – Com excepção da alínea *a)*, os descontos referidos no número anterior não podem exceder, no seu conjunto, um sexto da remuneração.

4 – Os preços de refeições ou de outros fornecimentos ao trabalhador, quando relativos à utilização de cooperativas de consumo, podem, obtido o acordo destas e dos trabalhadores, ser descontados na remuneração em percentagem superior à mencionada no número anterior.

Artigo 220.º – **Insusceptibilidade de cessão**

O trabalhador não pode ceder, a título gratuito ou oneroso, os seus créditos a remunerações na medida em que estes sejam impenhoráveis.

614 *Novo Estatuto da Função Pública*

## CAPÍTULO IV
### Segurança, higiene e saúde no trabalho

ARTIGO 221.º – **Princípios gerais**

1 – O trabalhador tem direito à prestação de trabalho em condições de segurança, higiene e saúde asseguradas pela entidade empregadora pública.

2 – A entidade empregadora pública é obrigada a organizar as actividades de segurança, higiene e saúde no trabalho que visem a prevenção de riscos profissionais e a promoção da saúde do trabalhador.

3 – A execução de medidas em todas as fases da actividade do órgão ou serviço destinadas a assegurar a segurança e saúde no trabalho assenta nos seguintes princípios de prevenção:

*a)* Planificação e organização da prevenção de riscos profissionais;

*b)* Eliminação dos factores de risco e de acidente;

*c)* Avaliação e controlo dos riscos profissionais;

*d)* Informação, formação, consulta e participação dos trabalhadores e seus representantes;

*e)* Promoção e vigilância da saúde dos trabalhadores.

4 – A aplicação das normas deste capítulo pode ser afastada quando estejam em causa actividades condicionadas por critérios de segurança ou de emergência, designadamente actividades de protecção civil, na estrita medida das necessidades determinadas por aqueles critérios.

ARTIGO 222.º – **Obrigações gerais da entidade empregadora pública**

1 – A entidade empregadora pública é obrigada a assegurar aos trabalhadores condições de segurança, higiene e saúde em todos os aspectos relacionados com o trabalho.

2 – Para efeitos do disposto no número anterior, a entidade empregadora pública deve aplicar as medidas necessárias, tendo em conta os seguintes princípios de prevenção:

*a)* Proceder, na concepção das instalações, dos locais e processos de trabalho, à identificação dos riscos previsíveis, combatendo-os na origem, anulando-os ou limitando os seus efeitos, por forma a garantir um nível eficaz de protecção;

*b)* Integrar no conjunto das actividades do órgão ou serviço e a todos os níveis a avaliação dos riscos para a segurança e saúde dos trabalhadores, com a adopção de convenientes medidas de prevenção;

*c)* Assegurar que as exposições aos agentes químicos, físicos e biológicos nos locais de trabalho não constituam risco para a saúde dos trabalhadores;

*d)* Planificar a prevenção no órgão ou serviço num sistema coerente que tenha em conta a componente técnica, a organização do trabalho, as relações sociais e os factores materiais inerentes ao trabalho;

# Regime do Contrato de Trabalho em Funções Públicas 615

*e)* Ter em conta, na organização dos meios, não só os trabalhadores como também terceiros susceptíveis de serem abrangidos pelos riscos da realização dos trabalhos quer nas instalações quer no exterior;

*f)* Dar prioridade à protecção colectiva em relação às medidas de protecção individual;

*g)* Organizar o trabalho, procurando, designadamente, eliminar os efeitos nocivos do trabalho monótono e do trabalho cadenciado sobre a saúde dos trabalhadores;

*h)* Assegurar a vigilância adequada da saúde dos trabalhadores em função dos riscos a que se encontram expostos no local de trabalho;

*i)* Estabelecer, em matéria de primeiros socorros, de combate a incêndios e de evacuação de trabalhadores, as medidas que devem ser adoptadas e a identificação dos trabalhadores responsáveis pela sua aplicação, bem como assegurar os contactos necessários com as entidades exteriores competentes para realizar aquelas operações e as de emergência médica;

*j)* Permitir unicamente a trabalhadores com aptidão e formação adequadas e apenas quando e durante o tempo necessário o acesso a zonas de risco grave;

*l)* Adoptar medidas e dar instruções que permitam aos trabalhadores, em caso de perigo grave e iminente que não possa ser evitado, cessar a sua actividade ou afastar-se imediatamente do local de trabalho, sem que possam retomar a actividade enquanto persistir esse perigo, salvo em casos excepcionais e desde que assegurada a protecção adequada;

*m)* Substituir o que é perigoso pelo que é isento de perigo ou menos perigoso;

*n)* Dar instruções adequadas aos trabalhadores;

*o)* Ter em consideração se os trabalhadores têm conhecimentos e aptidões em matérias de segurança e saúde no trabalho que lhes permitam exercer com segurança as tarefas de que os incumbir.

3 – Na aplicação das medidas de prevenção, a entidade empregadora pública deve mobilizar os meios necessários, nomeadamente nos domínios da prevenção técnica, da formação e da informação, e os serviços adequados, internos ou exteriores ao órgão ou serviço, bem como o equipamento de protecção que se torne necessário utilizar, tendo em conta, em qualquer caso, a evolução da técnica.

4 – Quando vários órgãos ou serviços desenvolvam, simultaneamente, actividades com os respectivos trabalhadores no mesmo local de trabalho, devem as entidades empregadoras públicas, tendo em conta a natureza das actividades que cada um desenvolve, cooperar no sentido da protecção da segurança e da saúde, sendo as obrigações asseguradas pelas seguintes entidades:

*a)* O órgão ou serviço em cujas instalações os trabalhadores prestam serviço;

# 616      *Novo Estatuto da Função Pública*

*b*) Nos restantes casos, as várias entidades empregadoras públicas, que devem coordenar-se para a organização das actividades de segurança, higiene e saúde no trabalho, sem prejuízo das obrigações de cada entidade empregadora pública relativamente aos respectivos trabalhadores.

5 – A entidade empregadora pública deve, no órgão ou serviço, observar as prescrições legais e as estabelecidas em instrumentos de regulamentação colectiva de trabalho, assim como as directrizes da Autoridade para as Condições de Trabalho e outras entidades competentes respeitantes à segurança, higiene e saúde no trabalho.

### Artigo 223.º – **Obrigações gerais do trabalhador**

1 – Constituem obrigações dos trabalhadores:

*a*) Cumprir as prescrições de segurança, higiene e saúde no trabalho estabelecidas nas disposições legais e em instrumentos de regulamentação colectiva de trabalho, bem como as instruções determinadas com esse fim pela entidade empregadora pública;

*b*) Zelar pela sua segurança e saúde, bem como pela segurança e saúde das outras pessoas que possam ser afectadas pelas suas acções ou omissões no trabalho;

*c*) Utilizar correctamente e segundo as instruções transmitidas pela entidade empregadora pública máquinas, aparelhos, instrumentos, substâncias perigosas e outros equipamentos e meios postos à sua disposição, designadamente os equipamentos de protecção colectiva e individual, bem como cumprir os procedimentos de trabalho estabelecidos;

*d*) Cooperar, no órgão ou serviço, para a melhoria do sistema de segurança, higiene e saúde no trabalho;

*e*) Comunicar imediatamente ao superior hierárquico ou, não sendo possível, aos trabalhadores que tenham sido designados para se ocuparem de todas ou algumas das actividades de segurança, higiene e saúde no trabalho as avarias e deficiências por si detectadas que se lhe afigurem susceptíveis de originar perigo grave e iminente, assim como qualquer defeito verificado nos sistemas de protecção;

*f*) Em caso de perigo grave e iminente, não sendo possível estabelecer contacto imediato com o superior hierárquico ou com os trabalhadores que desempenhem funções específicas nos domínios da segurança, higiene e saúde no local de trabalho, adoptar as medidas e instruções estabelecidas para tal situação.

2 – Os trabalhadores não podem ser prejudicados por causa dos procedimentos adoptados na situação referida na alínea *f*) do número anterior, nomeadamente em virtude de, em caso de perigo grave e iminente que não possa ser evitado, se afastarem do seu posto de trabalho ou de uma área perigosa ou tomar noutras medidas para a sua própria segurança ou a de terceiros.

*Regime do Contrato de Trabalho em Funções Públicas* 617

3 – Se a conduta do trabalhador tiver contribuído para originar a situação de perigo, o disposto no número anterior não prejudica a sua responsabilidade, nos termos gerais.

4 – As medidas e actividades relativas à segurança, higiene e saúde no trabalho não implicam encargos financeiros para os trabalhadores, sem prejuízo da responsabilidade disciplinar e civil emergente do incumprimento culposo das respectivas obrigações.

5 – As obrigações dos trabalhadores no domínio da segurança e saúde nos locais de trabalho não excluem a responsabilidade da entidade empregadora pública pela segurança e a saúde daqueles em todos os aspectos relacionados com o trabalho.

Artigo 224.º – **Informação e consulta dos trabalhadores**

1 – Os trabalhadores, assim como os seus representantes no órgão ou serviço, devem dispor de informação actualizada sobre:

    *a)* Os riscos para a segurança e saúde, bem como as medidas de protecção e de prevenção e a forma como se aplicam, relativos quer ao posto de trabalho ou função quer, em geral, ao órgão ou serviço;

    *b)* As medidas e as instruções a adoptar em caso de perigo grave e iminente;

    *c)* As medidas de primeiros socorros, de combate a incêndios e de evacuação dos trabalhadores em caso de sinistro, bem como os trabalhadores ou serviços encarregados de as pôr em prática.

2 – Sem prejuízo da formação adequada, a informação a que se refere o número anterior deve ser sempre proporcionada ao trabalhador nos seguintes casos:

    *a)* Admissão no órgão ou serviço;

    *b)* Mudança de posto de trabalho ou de funções;

    *c)* Introdução de novos equipamentos de trabalho ou alteração dos existentes;

    *d)* Adopção de uma nova tecnologia;

    *e)* Actividades que envolvam trabalhadores de diversos órgãos ou serviços.

3 – A entidade empregadora pública deve consultar por escrito e, pelo menos, duas vezes por ano, previamente ou em tempo útil, os representantes dos trabalhadores ou, na sua falta, os próprios trabalhadores sobre:

    *a)* A avaliação dos riscos para a segurança e saúde no trabalho, incluindo os respeitantes aos grupos de trabalhadores sujeitos a riscos especiais;

    *b)* As medidas de segurança, higiene e saúde antes de serem postas em prática ou, logo que seja possível, em caso de aplicação urgente das mesmas;

    *c)* As medidas que, pelo seu impacte nas tecnologias e nas funções, tenham repercussão sobre a segurança, higiene e saúde no trabalho;

    *d)* O programa e a organização da formação no domínio da segurança, higiene e saúde no trabalho;

618        *Novo Estatuto da Função Pública*

*e)* A designação e a exoneração dos trabalhadores que desempenhem funções específicas nos domínios da segurança, higiene e saúde no local de trabalho;

*f)* A designação dos trabalhadores responsáveis pela aplicação das medidas de primeiros socorros, de combate a incêndios e de evacuação de trabalhadores, a respectiva formação e o material disponível;

*g)* O recurso a serviços exteriores ao órgão ou serviço ou a técnicos qualificados para assegurar o desenvolvimento de todas ou parte das actividades de segurança, higiene e saúde no trabalho;

*h)* O material de protecção que seja necessário utilizar;

*i)* As informações referidas na alínea *a)* do n.º 1;

*j)* A lista anual dos acidentes de trabalho mortais e dos que ocasionem incapacidade para o trabalho superior a três dias úteis, elaborada até ao final de Março do ano subsequente;

*l)* Os relatórios dos acidentes de trabalho;

*m)* As medidas tomadas de acordo com o disposto nos n.ºˢ 6 e 9.

4 – Os trabalhadores e os seus representantes podem apresentar propostas de modo a minimizar qualquer risco profissional.

5 – Para efeitos do disposto nos números anteriores, deve ser facultado o acesso:

*a)* Às informações técnicas objecto de registo e aos dados médicos colectivos não individualizados;

*b)* Às informações técnicas provenientes de serviços de inspecção e outros organismos competentes no domínio da segurança, higiene e saúde no trabalho.

6 – A entidade empregadora pública deve informar os trabalhadores com funções específicas no domínio da segurança, higiene e saúde no trabalho sobre as matérias referidas nas alíneas *a)*, *b)*, *h)*, *j)* e *l)* do n.º 3 e no n.º 5 deste artigo.

7 – As consultas, respectivas respostas e propostas referidas nos n.ºˢ 3 e 4 deste artigo devem constar de registo em livro próprio organizado pelo órgão ou serviço.

8 – A entidade empregadora pública deve informar os serviços e os técnicos qualificados exteriores ao órgão ou serviço que exerçam actividades de segurança, higiene e saúde no trabalho sobre os factores que reconhecida ou presumivelmente afectam a segurança e saúde dos trabalhadores e as matérias referidas nas alíneas *a)* do n.º 1 e *f)* do n.º 3 deste artigo.

9 – O órgão ou serviço em cujas instalações os trabalhadores prestam serviço deve informar as respectivas entidades empregadoras públicas sobre as matérias referidas nas alíneas *a)* do n.º 1 e *f)* do n.º 3 deste artigo, devendo também ser assegurada informação aos trabalhadores.

Artigo 225.º – **Serviços de segurança, higiene e saúde no trabalho**

A entidade empregadora pública deve garantir a organização e o funcionamento dos serviços de segurança, higiene e saúde no trabalho, nos termos previstos em legislação especial.

*Regime do Contrato de Trabalho em Funções Públicas* 619

ARTIGO 226.º – **Representantes dos trabalhadores**

1 – Os representantes dos trabalhadores para a segurança, higiene e saúde no trabalho são eleitos pelos trabalhadores por voto directo e secreto, segundo o princípio da representação pelo método de Hondt.

2 – Só podem concorrer listas apresentadas pelas organizações sindicais que tenham trabalhadores representados no órgão ou serviço ou listas que se apresentem subscritas, no mínimo, por 20% dos trabalhadores do órgão ou serviço, não podendo nenhum trabalhador subscrever ou fazer parte de mais de uma lista.

3 – Cada lista deve indicar um número de candidatos efectivos igual ao dos lugares elegíveis e igual número de candidatos suplentes.

4 – Os representantes dos trabalhadores não poderão exceder:

*a)* Órgãos ou serviços com menos de 61 trabalhadores – um representante;

*b)* Órgãos ou serviços de 61 a 150 trabalhadores – dois representantes;

*c)* Órgãos ou serviços de 151 a 300 trabalhadores – três representantes;

*d)* Órgãos ou serviços de 301 a 500 trabalhadores – quatro representantes;

*e)* Órgãos ou serviços de 501 a 1000 trabalhadores – cinco representantes;

*f)* Órgãos ou serviços de 1001 a 1500 trabalhadores – seis representantes;

*g)* Órgãos ou serviços com mais de 1500 trabalhadores – sete representantes.

5 – O mandato dos representantes dos trabalhadores é de três anos.

6 – A substituição dos representantes dos trabalhadores só é admitida no caso de renúncia ou impedimento definitivo, cabendo a mesma aos candidatos efectivos e suplentes pela ordem indicada na respectiva lista.

7 – Os representantes dos trabalhadores dispõem, para o exercício das suas funções, de um crédito de cinco horas por mês.

8 – O crédito de horas referido no número anterior não é acumulável com créditos de horas de que o trabalhador beneficie por integrar outras estruturas representativas dos trabalhadores.

ARTIGO 227.º – **Formação dos trabalhadores**

1 – O trabalhador deve receber uma formação adequada no domínio da segurança, higiene e saúde no trabalho, tendo em atenção o posto de trabalho e o exercício de actividades de risco elevado.

2 – Aos trabalhadores e seus representantes, designados para se ocuparem de todas ou algumas das actividades de segurança, higiene e saúde no trabalho, deve ser assegurada, pela entidade empregadora pública, a formação permanente para o exercício das respectivas funções.

3 – A formação dos trabalhadores do órgão ou serviço sobre segurança, higiene e saúde no trabalho deve ser assegurada de modo que não possa resultar prejuízo para os mesmos.

ARTIGO 228.º – **Inspecção**

1 – A fiscalização do cumprimento da legislação relativa a segurança, higiene e saúde no trabalho, assim como a aplicação das correspondentes

620 *Novo Estatuto da Função Pública*

sanções, compete ao serviço com competência inspectiva do ministério responsável pela área laboral, sem prejuízo de competência fiscalizadora específica atribuída a outras entidades.

2 – Compete ao serviço com competência inspectiva do ministério responsável pela área laboral a realização de inquéritos em caso de acidente de trabalho mortal ou que evidencie uma situação particularmente grave.

3 – Nos casos de doença profissional ou de quaisquer outros danos para a saúde ocorridos durante o trabalho ou com ele relacionados, a Direcção-Geral da Saúde, através das autoridades de saúde, bem como o Centro Nacional de Protecção contra os Riscos Profissionais, podem, igualmente, promover a realização dos inquéritos.

4 – Os representantes dos trabalhadores podem apresentar as suas observações por ocasião das visitas e fiscalizações efectuadas ao órgão ou serviço pelo serviço com competência inspectiva do ministério responsável pela área laboral ou outra autoridade competente, bem como solicitar a sua intervenção se as medidas adoptadas e os meios fornecidos pela entidade empregadora pública forem insuficientes para assegurar a segurança, higiene e saúde no trabalho.

Artigo 229.º – **Legislação complementar**

O desenvolvimento do regime previsto no presente capítulo consta do anexo II, «Regulamento».

# CAPÍTULO V
## Vicissitudes contratuais

Secção I – **Redução da actividade e suspensão do contrato**

Subsecção I – **Disposições gerais**

Artigo 230.º – **Factos que determinam a redução ou a suspensão**

1 – A redução do período normal de trabalho ou a suspensão do contrato pode fundamentar-se na impossibilidade temporária, respectivamente, parcial ou total, da prestação do trabalho, por facto respeitante ao trabalhador, e no acordo das partes.

2 – Permite também a redução do período normal de trabalho ou a suspensão do contrato a celebração, entre trabalhador e entidade empregadora pública, de um acordo de pré-reforma.

Artigo 231.º – **Efeitos da redução e da suspensão**

1 – Durante a redução ou suspensão mantêm-se os direitos, deveres e garantias das partes na medida em que não pressuponham a efectiva prestação do trabalho.

*Regime do Contrato de Trabalho em Funções Públicas*   621

2 – O tempo de redução ou suspensão conta-se para efeitos de antiguidade.

3 – A redução ou suspensão não interrompe o decurso do prazo para efeitos de caducidade, nem obsta a que qualquer das partes faça cessar o contrato nos termos gerais.

SUBSECÇÃO II – **Suspensão do contrato
por facto respeitante ao trabalhador**

ARTIGO 232.º – **Factos determinantes**

1 – Determina a suspensão do contrato o impedimento temporário por facto não imputável ao trabalhador que se prolongue por mais de um mês, nomeadamente doença.

2 – O contrato considera-se suspenso, mesmo antes de decorrido o prazo de um mês, a partir do momento em que seja previsível que o impedimento vai ter duração superior àquele prazo.

3 – O contrato caduca no momento em que se torne certo que o impedimento é definitivo.

4 – O impedimento temporário por facto imputável ao trabalhador determina a suspensão do contrato nos casos previstos na lei.

ARTIGO 233.º – **Regresso do trabalhador**

No dia imediato ao da cessação do impedimento, o trabalhador deve apresentar-se à entidade empregadora pública, para retomar a actividade, sob pena de incorrer em faltas injustificadas.

SUBSECÇÃO III – **Licenças**

ARTIGO 234.º – **Concessão e recusa da licença**

1 – A entidade empregadora pública pode conceder ao trabalhador, a pedido deste, licenças sem remuneração.

2 – Sem prejuízo do disposto em legislação especial ou em instrumento de regulamentação colectiva de trabalho, o trabalhador tem direito a licenças sem remuneração de longa duração para frequência de cursos de formação ministrados sob responsabilidade de uma instituição de ensino ou de formação profissional ou no âmbito de programa específico aprovado por autoridade competente e executado sob o seu controlo pedagógico ou frequência de cursos ministrados em estabelecimento de ensino.

3 – A entidade empregadora pública pode recusar a concessão da licença prevista no número anterior nas seguintes situações:

   *a)* Quando ao trabalhador tenha sido proporcionada formação profissional adequada ou licença para o mesmo fim, nos últimos 24 meses;

   *b)* Quando a antiguidade do trabalhador no órgão ou serviço seja inferior a três anos;

622 *Novo Estatuto da Função Pública*

c) Quando o trabalhador não tenha requerido a licença com uma antecedência mínima de 90 dias em relação à data do seu início;

d) Para além das situações referidas nas alíneas anteriores, tratando-se de
trabalhadores titulares de cargos dirigentes que chefiem equipas multidisciplinares ou integrados em carreiras ou categorias de grau 3 de
complexidade funcional, quando não seja possível a substituição dos
mesmos durante o período da licença, sem prejuízo sério para o funcionamento do órgão ou serviço.

4 – Para efeitos do disposto no n.º 2, considera-se de longa duração a
licença superior a 60 dias.

5 – As licenças sem remuneração para acompanhamento de cônjuge colocado no estrangeiro e para o exercício de funções em organismos internacionais
são concedidas nos termos previstos na lei aplicável ao pessoal nomeado.

Artigo 235.º – **Efeitos**

1 – A concessão da licença determina a suspensão do contrato, com os
efeitos previstos nos n.ºs 1 e 3 do artigo 231.º

2 – O período de tempo da licença não conta para efeitos de antiguidade,
sem prejuízo do disposto no número seguinte.

3 – Nas licenças previstas no n.º 5 do artigo anterior e noutras licenças
fundadas em circunstâncias de interesse público, o trabalhador pode requerer
que lhe seja contado o tempo para efeitos de reforma, aposentação e fruição
de benefícios sociais, mantendo os correspondentes descontos com base na
remuneração auferida à data da concessão da licença.

4 – Nas licenças de duração inferior a um ano, nas previstas no n.º 5 do
artigo anterior e noutras licenças fundadas em circunstâncias de interesse público,
o trabalhador tem direito à ocupação de um posto de trabalho no órgão ou
serviço quando terminar a licença.

5 – Nas restantes licenças, o trabalhador que pretenda regressar ao serviço
e cujo posto de trabalho se encontre ocupado, deve aguardar a previsão, no
mapa de pessoal, de um posto de trabalho não ocupado, podendo candidatar-
se a procedimento concursal para outro órgão ou serviço para o qual reúna os
requisitos exigidos.

6 – Ao regresso antecipado do trabalhador em gozo de licença sem
remuneração é aplicável o disposto no número anterior.

Subsecção IV – **Pré-reforma**

Artigo 236.º – **Noção de pré-reforma**

Considera-se pré-reforma a situação de redução ou de suspensão da prestação do trabalho em que o trabalhador com idade igual ou superior a 55 anos

mantém o direito a receber da entidade empregadora pública uma prestação pecuniária mensal até à data da verificação de qualquer das situações previstas no n.º 1 do artigo 241.º

ARTIGO 237.º – **Acordo de pré-reforma**

1 – A situação de pré-reforma constitui-se por acordo entre a entidade empregadora pública e o trabalhador e depende da prévia autorização dos membros do Governo responsáveis pelas áreas das finanças e da Administração Pública.

2 – Do acordo de pré-reforma devem constar as seguintes indicações:
*a)* Data de início da situação de pré-reforma;
*b)* Montante da prestação de pré-reforma;
*c)* Forma de organização do tempo de trabalho no caso de redução da prestação de trabalho.

3 – A entidade empregadora pública deve remeter o acordo de pré-reforma à segurança social ou, sendo o caso, à Caixa Geral de Aposentações, conjuntamente com a folha de remunerações relativa ao mês da sua entrada em vigor.

ARTIGO 238.º – **Direitos do trabalhador**

1 – O trabalhador em situação de pré-reforma tem os direitos constantes do acordo celebrado com a entidade empregadora pública, sem prejuízo do disposto nos artigos seguintes.

2 – O trabalhador em situação de pré-reforma pode desenvolver outra actividade profissional remunerada, nos termos previstos nos artigos 25.º a 30.º da Lei n.º 12-A/2008, de 27 de Fevereiro.

ARTIGO 239.º – **Prestação de pré-reforma**

1 – Na situação de pré -reforma que corresponda à redução da prestação do trabalho, a prestação de pré-reforma é fixada com base na última remuneração auferida pelo trabalhador, em proporção do período normal de trabalho semanal acordado.

2 – A prestação referida no número anterior é actualizada anualmente em percentagem igual à do aumento de remuneração de que o trabalhador beneficiaria se estivesse no pleno exercício das suas funções.

3 – As regras para a fixação da prestação a atribuir na situação de pré-reforma que corresponda à suspensão da prestação de trabalho são fixadas por decreto regulamentar.

ARTIGO 240.º – **Não pagamento pontual da prestação de pré-reforma**

No caso de falta de pagamento pontual da prestação de pré-reforma, se a mora se prolongar por mais de 30 dias, o trabalhador tem direito a retomar o pleno exercício de funções, sem prejuízo da sua antiguidade, ou a resolver o contrato, com direito à indemnização prevista nos n.[os] 2 e 3 do artigo seguinte.

# 624 *Novo Estatuto da Função Pública*

ARTIGO 241.° – **Extinção da situação de pré-reforma**

1 – A situação de pré-reforma extingue-se:

a) Com a passagem à situação de pensionista por limite de idade ou invalidez;

b) Com o regresso ao pleno exercício de funções por acordo entre o trabalhador e a entidade empregadora pública ou nos termos do artigo anterior;

c) Com a cessação do contrato.

2 – Sempre que a extinção da situação de pré-reforma resulte de cessação do contrato que conferisse ao trabalhador direito a indemnização ou compensação caso estivesse no pleno exercício das suas funções, aquele tem direito a uma indemnização correspondente ao montante das prestações de pré-reforma até à idade legal de reforma.

3 – A indemnização referida no número anterior tem por base a última prestação de pré-reforma devida à data da cessação do contrato.

ARTIGO 242.° – **Requerimento da reforma por velhice**

O trabalhador em situação de pré-reforma é considerado requerente da reforma ou aposentação por velhice logo que complete a idade legal, salvo se até essa data tiver ocorrido a extinção da situação de pré-reforma.

## CAPÍTULO VI
### Incumprimento do contrato

SECÇÃO I – **Disposições gerais**

ARTIGO 243.° – **Princípio geral**

Se uma das partes faltar culposamente ao cumprimento dos seus deveres torna-se responsável pelo prejuízo causado à contraparte.

ARTIGO 244.° – **Mora**

Se a entidade empregadora pública faltar culposamente ao cumprimento de prestações pecuniárias constitui-se na obrigação de pagar os correspondentes juros de mora.

SECÇÃO II – **Prescrição**

ARTIGO 245.° – **Prescrição e regime de provas dos créditos resultantes do contrato**

1 – Todos os créditos resultantes do contrato e da sua violação ou cessação, pertencentes à entidade empregadora pública ou ao trabalhador, extinguem-

Regime do Contrato de Trabalho em Funções Públicas 625

-se por prescrição, decorrido um ano a partir do dia seguinte àquele em que cessou o contrato.

2 – Os créditos resultantes da indemnização por falta do gozo de férias, pela aplicação de sanções que venham a ser declaradas inválidas ou pela realização de trabalho extraordinário, vencidos há mais de cinco anos, só podem, todavia, ser provados por documento idóneo.

## CAPÍTULO VII
### Cessação do contrato

Secção I – **Disposições gerais**

### Artigo 246.º – **Proibição de despedimento sem justa causa**

São proibidos os despedimentos sem justa causa ou por motivos políticos ou ideológicos.

### Artigo 247.º – **Natureza imperativa**

1 – O regime fixado no presente capítulo não pode ser afastado ou modificado por instrumento de regulamentação colectiva de trabalho, salvo o disposto nos números seguintes ou noutra disposição legal.

2 – Os critérios de definição de indemnizações, os prazos de procedimento e os prazos de aviso prévio consagrados neste capítulo podem ser regulados por instrumento de regulamentação colectiva de trabalho.

3 – Os valores de indemnizações podem, dentro dos limites fixados neste Regime, ser regulados por instrumento de regulamentação colectiva de trabalho.

### Artigo 248.º – **Modalidades de cessação do contrato**

Sem prejuízo do disposto no Estatuto Disciplinar dos Trabalhadores Que Exercem Funções Públicas, o contrato pode cessar por:
a) Caducidade;
b) Revogação;
c) Resolução;
d) Denúncia.

### Artigo 249.º – **Documentos a entregar ao trabalhador**

1 – Quando cesse o contrato, a entidade empregadora pública é obrigada a entregar ao trabalhador um certificado de trabalho, indicando as datas de admissão e de saída, bem como o cargo ou cargos que desempenhou.

2 – O certificado não pode conter quaisquer outras referências, salvo pedido do trabalhador nesse sentido.

626 *Novo Estatuto da Função Pública*

3 – Além do certificado de trabalho, a entidade empregadora pública é obrigada a entregar ao trabalhador outros documentos destinados a fins oficiais que por aquele devam ser emitidos e que este solicite, designadamente os previstos na legislação de protecção social.

ARTIGO 250.º – **Devolução de instrumentos de trabalho**

Cessando o contrato, o trabalhador deve devolver imediatamente à entidade empregadora pública os instrumentos de trabalho e quaisquer outros objectos que sejam pertença desta, sob pena de incorrer em responsabilidade civil pelos danos causados.

SECÇÃO II – **Caducidade**

ARTIGO 251.º – **Causas de caducidade**

O contrato caduca nos termos gerais, nomeadamente:
a) Verificando-se o seu termo;
b) Em caso de impossibilidade superveniente, absoluta e definitiva de o trabalhador prestar o seu trabalho;
c) Com a reforma ou aposentação do trabalhador, por velhice ou invalidez.

ARTIGO 252.º – **Caducidade do contrato a termo certo**

1 – O contrato caduca no termo do prazo estipulado desde que a entidade empregadora pública ou o trabalhador não comuniquem, por escrito, 30 dias antes de o prazo expirar, a vontade de o renovar.

2 – Na falta da comunicação pelo trabalhador presume-se a vontade deste de renovar o contrato.

3 – A caducidade do contrato a termo certo que decorra da não comunicação, pela entidade empregadora pública, da vontade de o renovar confere ao trabalhador o direito a uma compensação correspondente a três ou dois dias de remuneração base por cada mês de duração do vínculo, consoante o contrato tenha durado por um período que, respectivamente, não exceda ou seja superior a seis meses.

4 – Para efeitos da compensação prevista no número anterior a duração do contrato que corresponda a fracção de mês é calculada proporcionalmente.

ARTIGO 253.º – **Caducidade do contrato a termo incerto**

1 – O contrato caduca quando, prevendo-se a ocorrência do termo incerto, a entidade empregadora pública comunique ao trabalhador a cessação do mesmo, com a antecedência mínima de 7, 30 ou 60 dias, conforme o contrato tenha durado até seis meses, de seis meses até dois anos ou por período superior.

2 – Tratando-se da situação prevista na alínea i) do n.º 1 do artigo 93.º, que dê lugar à contratação de vários trabalhadores, a comunicação a que se

*Regime do Contrato de Trabalho em Funções Públicas*      627

refere o número anterior deve ser feita, sucessivamente, a partir da verificação da diminuição gradual da respectiva ocupação, com a aproximação da conclusão do projecto para o desenvolvimento do qual foram contratados.

3 – A falta da comunicação a que se refere o n.º 1 implica para a entidade empregadora pública o pagamento da remuneração correspondente ao período de aviso prévio em falta.

4 – A cessação do contrato confere ao trabalhador o direito a uma compensação calculada nos termos dos n.ºs 3 e 4 do artigo anterior.

ARTIGO 254.º – **Reforma por velhice**

1 – O contrato caduca pela reforma do trabalhador por velhice ou, em qualquer caso, quando o trabalhador complete 70 anos de idade.

2 – São aplicáveis ao trabalhador reformado, com as necessárias adaptações, os regimes de incompatibilidades e de cumulação de remunerações dos trabalhadores aposentados.

3 – Para os efeitos dos números anteriores, o Centro Nacional de Pensões notifica, simultaneamente, o trabalhador beneficiário e a entidade empregadora pública da atribuição da pensão de velhice e da data a que o início da mesma se reporta.

4 – A caducidade do contrato verifica-se decorridos 30 dias sobre o conhecimento, por ambas as partes, da reforma do trabalhador por velhice.

5 – O disposto no n.º 1 aplica-se aos contratos celebrados com trabalhadores que sejam subscritores da Caixa Geral de Aposentações.

SECÇÃO III – **Revogação**

ARTIGO 255.º – **Cessação por acordo**

A entidade empregadora pública e o trabalhador podem fazer cessar o contrato por acordo, nos termos do disposto nos artigos seguintes.

ARTIGO 256.º – **Acordo de cessação**

O acordo de cessação é regulamentado por portaria dos membros do Governo responsáveis pelas áreas das finanças e da Administração Pública com observância das seguintes regras:

*a)* A compensação a atribuir ao trabalhador toma como referência a sua remuneração base mensal, sendo o respectivo montante aferido em função do número de anos completos, e com a respectiva proporção no caso de fracção de ano, de exercício de funções públicas;

*b)* A sua celebração gera a incapacidade do trabalhador para constituir uma relação de vinculação, a título de emprego público ou outro, com os órgãos e serviços das administrações directa e indirecta do Estado, regionais e autárquicas, incluindo as respectivas entidades públicas empresariais, e com os outros órgãos do Estado, durante o número de meses igual ao dobro do número resultante da divisão do montante da compensação atribuída pelo da sua remuneração base mensal, calculado com aproximação por excesso.

### Artigo 257.º – **Forma**

1 – O acordo de cessação deve constar de documento assinado por ambas as partes, ficando cada uma com um exemplar.

2 – O acordo de cessação deve discriminar as quantias pagas a título de compensação pela cessação do contrato e, sendo o caso, as decorrentes de créditos já vencidos ou exigíveis em virtude dessa cessação, bem como mencionar expressamente a data da celebração do acordo e a de início da produção dos respectivos efeitos.

### Artigo 258.º – **Cessação do acordo de revogação**

1 – Os efeitos do acordo de revogação do contrato podem cessar por decisão do trabalhador até ao 7.º dia seguinte à data da respectiva celebração, mediante comunicação escrita.

2 – No caso de não ser possível assegurar a recepção da comunicação prevista no número anterior, o trabalhador deve remetê-la à entidade empregadora pública, por carta registada com aviso de recepção, no dia útil subsequente ao fim desse prazo.

3 – A cessação prevista no n.º 1 só é eficaz se, em simultâneo com a comunicação, o trabalhador entregar ou puser por qualquer forma à disposição da entidade empregadora pública, na totalidade, o valor das compensações pecuniárias eventualmente pagas em cumprimento do acordo, ou por efeito da cessação do contrato.

Secção IV – **Cessação por iniciativa da entidade empregadora pública**

Subsecção I – **Resolução**

## DIVISÃO I
### Despedimento por inadaptação

### Artigo 259.º – **Noção**

Constitui fundamento de despedimento do trabalhador a sua inadaptação superveniente ao posto de trabalho, nos termos dos artigos seguintes.

### Artigo 260.º – **Situações de inadaptação**

1 – A inadaptação verifica-se em qualquer das situações previstas nas alíneas seguintes, quando, sendo determinadas pelo modo de exercício de fun-

Regime do Contrato de Trabalho em Funções Públicas 629

ções do trabalhador, tornem praticamente impossível a subsistência da relação de trabalho:

a) Redução continuada de produtividade ou de qualidade;
b) Avarias repetidas nos meios afectos ao posto de trabalho;
c) Riscos para a segurança e saúde do próprio, dos restantes trabalhadores ou de terceiros.

2 – Verifica-se ainda inadaptação do trabalhador quando, tratando-se de carreiras ou categorias de grau 3 de complexidade funcional, não tenham sido cumpridos os objectivos previamente fixados e formalmente aceites por escrito, sendo tal determinado pelo modo de exercício de funções e desde que se torne praticamente impossível a subsistência da relação de trabalho.

3 – O não cumprimento de objectivos a que se refere o número anterior é verificado em processo de avaliação de desempenho, nos termos previstos em lei que regule ou adapte o sistema de avaliação do desempenho dos trabalhadores da Administração Pública.

ARTIGO 261.º – **Requisitos**

1 – O despedimento por inadaptação a que se refere o n.º 1 do artigo anterior só pode ter lugar desde que, cumulativamente, se verifiquem os seguintes requisitos:

a) Tenham sido introduzidas modificações no posto de trabalho resultantes de alterações nos processos de trabalho, da introdução de novas tecnologias ou equipamentos baseados em diferente ou mais complexa tecnologia, nos seis meses anteriores ao início do procedimento previsto no artigo 268.º;
b) Tenha sido ministrada acção de formação profissional adequada às modificações introduzidas no posto de trabalho, sob controlo pedagógico da autoridade competente ou de entidade por esta credenciada;
c) Tenha sido facultado ao trabalhador, após a formação, um período não inferior a 30 dias de adaptação ao posto de trabalho ou, fora deste, sempre que o exercício de funções naquele posto seja susceptível de causar prejuízos ou riscos para a segurança e saúde do próprio, dos restantes trabalhadores ou de terceiros;
d) Não exista no órgão ou serviço outro posto de trabalho disponível e compatível com a categoria do trabalhador;
e) A situação de inadaptação não tenha sido determinada pela falta de condições de segurança, higiene e saúde no trabalho imputável à entidade empregadora pública;
f) Seja posta à disposição do trabalhador a compensação devida.

2 – A cessação do contrato prevista no n.º 2 do artigo anterior só pode ter lugar desde que, cumulativamente, se verifiquem os seguintes requisitos:

a) A introdução de novos processos de trabalho, de novas tecnologias ou equipamentos baseados em diferente ou mais complexa tecnologia implique modificação nas funções relativas ao posto de trabalho;

630       *Novo Estatuto da Função Pública*

*b)* A situação de inadaptação não tenha sido determinada pela falta de condições de segurança, higiene e saúde no trabalho imputável à entidade empregadora pública;

*c)* Seja posta à disposição do trabalhador a compensação devida.

ARTIGO 262.º – **Reocupação do anterior posto de trabalho**

O trabalhador que, nos três meses anteriores à data do início do procedimento previsto no artigo 268.º, tenha sido colocado em posto de trabalho em relação ao qual se verifique a inadaptação tem direito a reocupar o posto de trabalho anterior, com garantia da mesma remuneração base, salvo se este tiver sido extinto.

ARTIGO 263.º – **Aviso prévio**

1 – A decisão de despedimento, com menção expressa do motivo, deve ser comunicada, por escrito, a cada trabalhador com uma antecedência não inferior a 60 dias relativamente à data prevista para a cessação do contrato.

2 – A inobservância do aviso prévio a que se refere o número anterior não determina a imediata cessação do vínculo e implica para a entidade empregadora pública o pagamento da remuneração correspondente ao período de antecedência em falta.

ARTIGO 264.º – **Crédito de horas**

1 – Durante o prazo de aviso prévio o trabalhador tem direito a utilizar um crédito de horas correspondente a dois dias de trabalho por semana, sem prejuízo da remuneração.

2 – O crédito de horas pode ser dividido por alguns ou por todos os dias da semana, por iniciativa do trabalhador.

3 – O trabalhador deve comunicar à entidade empregadora pública o modo de utilização do crédito de horas com três dias de antecedência, salvo motivo atendível.

ARTIGO 265.º – **Denúncia**

Durante o prazo de aviso prévio, o trabalhador pode, mediante declaração com a antecedência mínima de três dias úteis, denunciar o contrato, sem prejuízo do direito à compensação.

ARTIGO 266.º – **Compensação**

1 – O trabalhador cujo contrato cesse em virtude de despedimento por inadaptação tem direito a uma compensação correspondente a um mês de remuneração base por cada ano completo de antiguidade no exercício de funções públicas.

2 – No caso de fracção de ano, o valor de referência previsto no número anterior é calculado proporcionalmente.

*Regime do Contrato de Trabalho em Funções Públicas*   631

3 – A compensação a que se refere o n.º 1 não pode ser inferior a três meses de remuneração base.

4 – Presume-se que o trabalhador aceita o despedimento quando recebe a compensação prevista neste artigo.

Artigo 267.º – **Manutenção do nível de emprego**

1 – Da cessação do contrato com fundamento na inadaptação do trabalhador não pode resultar diminuição do volume de emprego no órgão ou serviço.

2 – A manutenção do volume de emprego deve ser assegurada no prazo de 180 dias, a contar da cessação do contrato, admitindo-se, para o efeito, qualquer das seguintes situações:

a) Admissão de trabalhador;

b) Colocação de outro trabalhador no posto de trabalho no decurso do processo, visando a extinção do seu anterior posto de trabalho.

Subsecção II – **Procedimento**

## DIVISÃO I
### Despedimento por inadaptação

Artigo 268.º – **Comunicações**

1 – No caso de despedimento por inadaptação, a entidade empregadora pública comunica, por escrito, ao trabalhador, à comissão de trabalhadores e às associações sindicais representativas, designadamente àquela em que o trabalhador esteja filiado, a necessidade de fazer cessar o contrato.

2 – A comunicação a que se refere o número anterior é acompanhada de:

a) Indicação dos motivos invocados para a cessação do contrato;

b) Indicação das modificações introduzidas no posto de trabalho, dos resultados da formação ministrada e do período de adaptação facultado, nos casos do n.º 1 do artigo 261.º;

c) Indicação da inexistência de outro posto de trabalho que seja compatível com a categoria do trabalhador, no caso da alínea d) do n.º 1 do artigo 261.º

Artigo 269.º – **Consultas**

1 – Dentro do prazo de 10 dias a contar da comunicação a que se refere o artigo anterior, a estrutura representativa dos trabalhadores emite parecer fundamentado quanto aos motivos invocados para o despedimento.

2 – Dentro do mesmo prazo o trabalhador pode deduzir oposição à cessação do contrato, oferecendo os meios de prova que considere pertinentes.

## ARTIGO 270.º – Decisão

1 – Decorridos cinco dias sobre o termo do prazo a que se refere o n.º 1 do artigo anterior, em caso de cessação do contrato, e sem prejuízo da eventual colocação do trabalhador em situação de mobilidade especial, nos termos da lei, a entidade empregadora pública profere, por escrito, decisão fundamentada de que constc:
   a) Motivo da cessação do contrato;
   b) Verificação dos requisitos previstos no artigo 261.º, com justificação de inexistência de posto de trabalho alternativo ou menção da recusa de aceitação das alternativas propostas;
   c) Montante da compensação, assim como a forma e o lugar do seu pagamento;
   d) Data da cessação do contrato.

2 – A decisão é comunicada, por cópia ou transcrição, ao trabalhador e às estruturas de representação colectiva de trabalhadores nos termos estabelecidos no n.º 1 do artigo 268.º

SUBSECÇÃO III – **Ilicitude do despedimento**

## ARTIGO 271.º – Princípio geral

Sem prejuízo do disposto nos artigos seguintes e em legislação especial, qualquer tipo de despedimento é ilícito:
   a) Se não tiver sido precedido do respectivo procedimento;
   b) Se se fundar em motivos políticos, ideológicos, étnicos ou religiosos, ainda que com invocação de motivo diverso;
   c) Se forem declarados improcedentes os motivos justificativos invocados para o despedimento.

## ARTIGO 272.º – Despedimento por inadaptação

O despedimento por inadaptação é ainda ilícito se:
   a) Faltarem os requisitos do artigo 261.º;
   b) Não tiverem sido feitas as comunicações previstas no artigo 268.º;
   c) Não tiver sido posta à disposição do trabalhador despedido, até ao termo do prazo de aviso prévio, a compensação a que se refere o artigo 266.º e bem assim os créditos vencidos ou exigíveis em virtude da cessação do contrato.

## ARTIGO 273.º – Suspensão do despedimento

O trabalhador pode requerer a suspensão da eficácia do acto de despedimento nos termos do Código de Processo nos Tribunais Administrativos.

## ARTIGO 274.º – Impugnação do despedimento

1 – O acto de despedimento pode ser objecto de apreciação jurisdicional nos termos do Código de Processo nos Tribunais Administrativos.

Regime do Contrato de Trabalho em Funções Públicas   633

2 – A acção tem de ser intentada no prazo de um ano a contar da data do despedimento.

3 – A entidade empregadora pública apenas pode invocar factos e fundamentos constantes da decisão de despedimento comunicada ao trabalhador.

ARTIGO 275.º – **Efeitos da ilicitude**

Sendo o despedimento declarado ilícito, a entidade empregadora pública é condenada:

   a) A indemnizar o trabalhador por todos os danos, patrimoniais e não patrimoniais, causados;

   b) A reintegrá-lo no seu posto de trabalho sem prejuízo da sua categoria e antiguidade.

ARTIGO 276.º – **Compensação**

1 – Sem prejuízo da indemnização prevista na alínea a) do artigo anterior, o trabalhador tem direito a receber as remunerações que deixou de auferir desde a data do despedimento até ao trânsito em julgado da decisão do tribunal.

2 – Ao montante apurado nos termos da segunda parte do número anterior deduzem-se as importâncias que o trabalhador tenha comprovadamente obtido com a cessação do contrato e que não receberia se não fosse o despedimento.

3 – O montante do subsídio de desemprego auferido pelo trabalhador é deduzido na compensação, devendo a entidade empregadora pública entregar essa quantia à segurança social, no caso de ter sido esta a entidade pagadora da prestação.

4 – Da importância calculada nos termos da segunda parte do n.º 1 é deduzido o montante das remunerações respeitantes ao período decorrido desde a data do despedimento até 30 dias antes da data da propositura da acção, se esta não for proposta nos 30 dias subsequentes ao despedimento.

ARTIGO 277.º – **Reintegração**

O trabalhador pode optar pela reintegração no órgão ou serviço até à sentença do tribunal.

ARTIGO 278.º – **Indemnização em substituição da reintegração**

1 – Em substituição da reintegração pode o trabalhador optar por uma indemnização, cabendo ao tribunal fixar o montante, entre 15 e 45 dias de remuneração base por cada ano completo ou fracção de antiguidade no exercício de funções públicas, atendendo ao valor da remuneração e ao grau de ilicitude decorrente do disposto no artigo 271.º

2 – Para efeitos do número anterior, o tribunal deve atender a todo o tempo decorrido desde a data do despedimento até ao trânsito em julgado da decisão jurisdicional.

634            *Novo Estatuto da Função Pública*

3 – A indemnização prevista no n.º 1 não pode ser inferior a três meses de remuneração base.

ARTIGO 279.º – **Regras especiais relativas ao contrato a termo**

1 – Ao contrato a termo aplicam-se as regras gerais de cessação do contrato, com as alterações constantes do número seguinte.

2 – Sendo o despedimento declarado ilícito, a entidade empregadora pública é condenada:

    *a*) No pagamento da indemnização pelos prejuízos causados, não devendo o trabalhador receber uma compensação inferior à importância correspondente ao valor das remunerações que deixou de auferir desde a data do despedimento até ao termo certo ou incerto do contrato, ou até ao trânsito em julgado da decisão do tribunal, se aquele termo ocorrer posteriormente;

    *b*) Na reintegração do trabalhador, sem prejuízo da sua categoria, caso o termo ocorra depois do trânsito em julgado da decisão do tribunal.

SECÇÃO V – **Cessação por iniciativa do trabalhador**

SUBSECÇÃO I – **Resolução**

ARTIGO 280.º – **Regras gerais**

1 – Ocorrendo justa causa, pode o trabalhador fazer cessar imediatamente o contrato.

2 – Constituem justa causa de resolução do contrato pelo trabalhador, nomeadamente, os seguintes comportamentos da entidade empregadora pública:

    *a*) Falta culposa de pagamento pontual da remuneração;

    *b*) Violação culposa das garantias legais ou convencionais do trabalhador;

    *c*) Aplicação de sanção ilegal;

    *d*) Falta culposa de condições de segurança, higiene e saúde no trabalho;

    *e*) Lesão culposa de interesses patrimoniais sérios do trabalhador;

    *f*) Ofensas à integridade física ou moral, liberdade, honra ou dignidade do trabalhador, puníveis por lei, praticadas pela entidade empregadora pública ou seu representante legítimo.

3 – Constitui ainda justa causa de resolução do contrato pelo trabalhador:

    *a*) Necessidade de cumprimento de obrigações legais incompatíveis com a continuação ao serviço;

    *b*) Alteração substancial e duradoura das condições de trabalho no exercício legítimo de poderes da entidade empregadora pública;

    *c*) Falta não culposa de pagamento pontual da remuneração.

4 – Para apreciação da justa causa deve atender-se ao grau de lesão dos interesses do trabalhador e às demais circunstâncias que no caso se mostrem relevantes.

Regime do Contrato de Trabalho em Funções Públicas 635

ARTIGO 281.º – **Procedimento**

1 – A declaração de resolução deve ser feita por escrito, com indicação sucinta dos factos que a justificam, nos 30 dias subsequentes ao conhecimento desses factos.

2 – Se o fundamento da resolução for o da alínea *a*) do n.º 3 do artigo anterior, o trabalhador deve notificar a entidade empregadora pública logo que possível.

ARTIGO 282.º – **Indemnização devida ao trabalhador**

1 – A resolução do contrato com fundamento nos factos previstos no n.º 2 do artigo 280.º confere ao trabalhador o direito a uma indemnização por todos os danos patrimoniais e não patrimoniais sofridos, devendo esta corresponder a uma indemnização a fixar entre 15 e 45 dias de remuneração base por cada ano completo de antiguidade no exercício de funções públicas.

2 – No caso de fracção de ano, o valor de referência previsto na segunda parte do número anterior é calculado proporcionalmente, mas, independentemente da antiguidade do trabalhador, a indemnização nunca pode ser inferior a três meses de remuneração base.

3 – No caso de contrato a termo, a indemnização prevista nos números anteriores não pode ser inferior à quantia correspondente às remunerações vincendas.

ARTIGO 283.º – **Impugnação da resolução**

1 – A resolução do contrato pode ser objecto de apreciação jurisdicional nos termos do Código de Processo nos Tribunais Administrativos.

2 – A acção tem de ser intentada no prazo de um ano a contar da data da resolução.

3 – Na acção em que for apreciada a ilicitude da resolução apenas são atendíveis para a justificar os factos constantes da comunicação referida no n.º 1 do artigo 281.º

ARTIGO 284.º – **Resolução ilícita**

No caso de ter sido impugnada a resolução do contrato com base em ilicitude do procedimento previsto no n.º 1 do artigo 281.º, o trabalhador pode corrigir o vício até ao termo do prazo para contestar, não se aplicando, no entanto, este regime mais de uma vez.

ARTIGO 285.º – **Responsabilidade do trabalhador em caso de resolução ilícita**

A resolução do contrato pelo trabalhador com invocação de justa causa, quando esta não tenha sido provada, confere à entidade empregadora pública o direito a uma indemnização pelos prejuízos causados não inferior ao montante calculado nos termos do artigo 287.º

# Novo Estatuto da Função Pública

SUBSECÇÃO II – **Denúncia**

ARTIGO 286.º – **Aviso prévio**

1 – O trabalhador pode denunciar o contrato independentemente de justa causa, mediante comunicação escrita enviada à entidade empregadora pública com a antecedência mínima de 30 ou 60 dias, conforme tenha, respectivamente, até dois anos ou mais de dois anos de antiguidade no órgão ou serviço.

2 – Sendo o contrato a termo, o trabalhador que se pretenda desvincular antes do decurso do prazo acordado deve avisar a entidade empregadora pública com a antecedência mínima de 30 dias, se o contrato tiver duração igual ou superior a seis meses, ou de 15 dias, se for de duração inferior.

3 – No caso de contrato a termo incerto, para o cálculo do prazo de aviso prévio a que se refere o número anterior atender-se-á ao tempo de duração efectiva do contrato.

ARTIGO 287.º – **Falta de cumprimento do prazo de aviso prévio**

Se o trabalhador não cumprir, total ou parcialmente, o prazo de aviso prévio estabelecido no artigo anterior, fica obrigado a pagar à entidade empregadora pública uma indemnização de valor igual à remuneração base correspondente ao período de antecedência em falta, sem prejuízo da responsabilidade civil pelos danos eventualmente causados em virtude da inobservância do prazo de aviso prévio ou emergentes da violação de obrigações assumidas em pacto de permanência.

ARTIGO 288.º – **Não produção de efeitos da declaração de cessação do contrato**

1 – A declaração de cessação do contrato por iniciativa do trabalhador, tanto por resolução como por denúncia, pode por este ser revogada por qualquer forma até ao 7.º dia seguinte à data em que chega ao poder da entidade empregadora pública.

2 – No caso de não ser possível assegurar a recepção da comunicação prevista no número anterior, o trabalhador deve remetê-la à entidade empregadora pública, por carta registada com aviso de recepção, no dia útil subsequente ao fim desse prazo.

3 – A cessação prevista no n.º 1 só é eficaz se, em simultâneo com a comunicação, o trabalhador entregar ou puser por qualquer forma à disposição da entidade empregadora pública, na totalidade, o valor das compensações pecuniárias eventualmente pagas em consequência da cessação do contrato.

4 – Para a cessação do vínculo, a entidade empregadora pública pode exigir que os documentos de onde conste a declaração prevista no n.º 1 do artigo 281.º e o aviso prévio a que se refere o n.º 1 do artigo 286.º tenham a assinatura do trabalhador objecto de reconhecimento notarial presencial.

# TÍTULO III
# Direito colectivo

## SUBTÍTULO I
### Sujeitos

## CAPÍTULO I
### Estruturas de representação colectiva dos trabalhadores

SECÇÃO I – **Princípios**

SUBSECÇÃO I – **Disposições gerais**

ARTIGO 289.º – **Estruturas de representação colectiva dos trabalhadores**

Para defesa e prossecução colectivas dos seus direitos e interesses, podem os trabalhadores constituir:
*a*) Comissões de trabalhadores e subcomissões de trabalhadores;
*b*) Associações sindicais.

ARTIGO 290.º – **Autonomia e independência**

1 – Sem prejuízo das formas de apoio previstas na lei, não podem as entidades empregadoras públicas promover a constituição, manter ou financiar o funcionamento, por quaisquer meios, das estruturas de representação colectiva dos trabalhadores ou, por qualquer modo, intervir na sua organização e direcção, assim como impedir ou dificultar o exercício dos seus direitos.

2 – As estruturas de representação colectiva são independentes do Estado, dos partidos políticos, das instituições religiosas e de quaisquer associações de outra natureza, sendo proibida qualquer ingerência destes na sua organização e direcção, bem como o seu recíproco financiamento.

3 – O Estado pode apoiar as estruturas de representação colectiva dos trabalhadores, nos termos previstos na lei.

4 – O Estado não pode discriminar as estruturas de representação colectiva dos trabalhadores relativamente a quaisquer outras entidades associativas.

ARTIGO 291.º – **Proibição de actos discriminatórios**

É proibido e considerado nulo todo o acordo ou acto que vise:
*a*) Subordinar o emprego do trabalhador à condição de este se filiar ou não se filiar numa associação sindical ou de se retirar daquela em que esteja inscrito;

638 *Novo Estatuto da Função Pública*

b) Despedir, mudar de local de trabalho ou, por qualquer modo, prejudicar um trabalhador devido ao exercício dos direitos relativos à participação em estruturas de representação colectiva ou pela sua filiação ou não filiação sindical.

SUBSECÇÃO II – **Protecção especial dos representantes dos trabalhadores**

ARTIGO 292.º – **Crédito de horas**

1 – Beneficiam de crédito de horas, nos termos previstos neste Regime, os trabalhadores eleitos para as estruturas de representação colectiva.

2 – O crédito de horas é referido ao período normal de trabalho e conta como tempo de serviço efectivo.

3 – Sempre que pretendam exercer o direito ao gozo do crédito de horas, os trabalhadores devem avisar, por escrito, a entidade empregadora pública com a antecedência mínima de dois dias, salvo motivo atendível.

ARTIGO 293.º – **Faltas**

1 – As ausências dos trabalhadores eleitos para as estruturas de representação colectiva no desempenho das suas funções e que excedam o crédito de horas consideram-se faltas justificadas e contam, salvo para efeito de remuneração, como tempo de serviço efectivo.

2 – Relativamente aos delegados sindicais, apenas se consideram justificadas, para além das que correspondam ao gozo do crédito de horas, as ausências motivadas pela prática de actos necessários e inadiáveis no exercício das suas funções, as quais contam, salvo para efeito de remuneração, como tempo de serviço efectivo.

3 – As ausências a que se referem os números anteriores são comunicadas, por escrito, com um dia de antecedência, com referência às datas e ao número de dias de que os respectivos trabalhadores necessitam para o exercício das suas funções, ou, em caso de impossibilidade de previsão, nas quarenta e oito horas imediatas ao primeiro dia de ausência.

4 – A inobservância do disposto no número anterior torna as faltas injustificadas.

ARTIGO 294.º – **Protecção em caso de procedimento disciplinar e despedimento**

1 – A suspensão preventiva de trabalhador eleito para as estruturas de representação colectiva não obsta a que o mesmo possa ter acesso aos locais e actividades que se compreendam no exercício normal dessas funções.

2 – O despedimento de trabalhador candidato a corpos sociais das associações sindicais, bem como do que exerça ou haja exercido funções nos mesmos corpos sociais há menos de três anos, presume-se feito sem justa causa ou motivo justificativo.

*Regime do Contrato de Trabalho em Funções Públicas* 639

3 – No caso de o trabalhador despedido ser representante sindical ou membro de comissão de trabalhadores, tendo sido interposta providência cautelar de suspensão da eficácia do acto de despedimento, esta só não é decretada se o tribunal concluir pela existência de probabilidade séria de verificação da justa causa ou do motivo justificativo invocados.

4 – As acções administrativas que tenham por objecto litígios relativos ao despedimento dos trabalhadores referidos no número anterior têm natureza urgente.

5 – Sem prejuízo do disposto no número seguinte, não havendo justa causa ou motivo justificativo, o trabalhador despedido tem o direito de optar entre a reintegração no órgão ou serviço e uma indemnização calculada nos termos previstos no n.º 1 do artigo 278.º ou estabelecida em instrumento de regulamentação colectiva de trabalho, e nunca inferior à remuneração base correspondente a seis meses.

6 – No caso de despedimento decidido em procedimento disciplinar, a indemnização em substituição da reintegração a que se refere o número anterior é calculada nos termos previstos no Estatuto Disciplinar dos Trabalhadores Que Exercem Funções Públicas.

Artigo 295.º – **Protecção em caso de mudança de local de trabalho**

1 – Os trabalhadores eleitos para as estruturas de representação colectiva, bem como na situação de candidatos e até dois anos após o fim do respectivo mandato, não podem ser mudados de local de trabalho sem o seu acordo expresso e sem audição da estrutura a que pertencem.

2 – O disposto no número anterior não é aplicável quando a mudança de local de trabalho resultar da mudança de instalações do órgão ou serviço ou decorrer de normas legais aplicáveis a todos os seus trabalhadores.

Subsecção III – **Informação e consulta**

Artigo 296.º – **Deveres de informação e consulta**

A entidade empregadora pública é obrigada a prestar informações e a proceder a consultas, nos termos da lei.

Artigo 297.º – **Justificação e controlo**

1 – A não prestação de informações ou a não realização de consultas a que se refere o artigo anterior devem ser justificadas por escrito, com base em critérios legais objectivamente aferíveis.

2 – A recusa de prestação de informações ou de realização de consultas podem ser objecto de apreciação administrativa e jurisdicional, nos termos da lei sobre acesso a informação administrativa e do Código de Processo nos Tribunais Administrativos.

640 *Novo Estatuto da Função Pública*

SECÇÃO II – **Comissões de trabalhadores**

SUBSECÇÃO I – **Constituição, estatutos e eleição das comissões
e das subcomissões de trabalhadores**

ARTIGO 298.º – **Princípios gerais**

1 – É direito dos trabalhadores criarem em cada órgão ou serviço uma comissão de trabalhadores para defesa dos seus interesses e para o exercício dos direitos previstos na Constituição.

2 – Nos órgãos ou serviços com estabelecimentos periféricos ou unidades orgânicas desconcentradas os respectivos trabalhadores podem constituir subcomissões de trabalhadores.

3 – Podem ser criadas comissões coordenadoras para articulação de actividades das comissões de trabalhadores constituídas nos órgãos ou serviços do mesmo ministério ou nos órgãos ou serviços de diferentes ministérios que prossigam atribuições de natureza análoga, bem como para o desempenho de outros direitos consignados na lei.

ARTIGO 299.º – **Personalidade e capacidade**

1 – As comissões de trabalhadores adquirem personalidade jurídica pelo registo dos seus estatutos no ministério responsável pela área da Administração Pública.

2 – A capacidade das comissões de trabalhadores abrange todos os direitos e obrigações necessários ou convenientes para a prossecução dos fins previstos na lei.

ARTIGO 300.º – **Remissão**

A constituição, estatutos e eleição das comissões, das subcomissões de trabalhadores e das comissões coordenadoras é regulada pelo anexo II, «Regulamento».

ARTIGO 301.º – **Composição das comissões de trabalhadores**

O número de membros das comissões de trabalhadores não pode exceder:
*a)* Em órgãos ou serviços com menos de 50 trabalhadores – 2 membros;
*b)* Em órgãos ou serviços com 51 a 200 trabalhadores – 3 membros;
*c)* Em órgãos ou serviços com 201 a 500 trabalhadores – 3 a 5 membros;
*d)* Em órgãos ou serviços com 501 a 1000 trabalhadores – 5 a 7 membros;
*e)* Em órgãos ou serviços com mais de 1000 trabalhadores – 7 a 11 membros.

ARTIGO 302.º – **Subcomissões de trabalhadores**

1 – O número de membros das subcomissões de trabalhadores não pode exceder:

*Regime do Contrato de Trabalho em Funções Públicas* 641

*a)* Nos estabelecimentos ou unidades orgânicas com 50 a 200 trabalhadores – 3 membros;

*b)* Nos estabelecimentos ou unidades orgânicas com mais de 200 trabalhadores – 5 membros.

2 – Nos estabelecimentos ou unidades orgânicas com menos de 50 trabalhadores, a função das subcomissões de trabalhadores é assegurada por um só trabalhador.

SUBSECÇÃO II – **Direitos em geral**

ARTIGO 303.º – **Direitos das comissões e das subcomissões de trabalhadores**

1 – As comissões de trabalhadores têm os direitos que lhes são conferidos na Constituição, regulamentados no anexo II, «Regulamento».

2 – Os direitos das subcomissões de trabalhadores são regulados no anexo II, «Regulamento».

3 – As comissões e as subcomissões de trabalhadores não podem, através do exercício dos seus direitos e do desempenho das suas funções, prejudicar o normal funcionamento do órgão ou serviço.

ARTIGO 304.º – **Crédito de horas**

1 – Para o exercício da sua actividade, cada um dos membros das seguintes entidades dispõe de crédito de horas não inferior aos seguintes montantes:

*a)* Subcomissões de trabalhadores – oito horas mensais;

*b)* Comissões de trabalhadores – vinte e cinco horas mensais;

*c)* Comissões coordenadoras – vinte horas mensais.

2 – Nos órgãos ou serviços com menos de 50 trabalhadores o crédito de horas referido no número anterior é reduzido a metade.

3 – Nos órgãos ou serviços com mais de 1000 trabalhadores, as comissões de trabalhadores podem optar:

*a)* Por um montante global, que é apurado pela seguinte fórmula: $C = n \times 25$, em que $C$ é o crédito de horas e $n$ o número de membros da comissão de trabalhadores; ou

*b)* Por dispor de um dos seus membros durante metade do seu período normal de trabalho, independentemente dos créditos referidos no n.º 1.

4 – Tem de ser tomada por unanimidade a opção prevista no número anterior, bem como, no caso da alínea *a)*, a distribuição do montante global do crédito de horas pelos diversos membros da comissão de trabalhadores, não podendo ser atribuídas a cada um mais de quarenta horas mensais.

5 – Os membros das entidades referidas no n.º 1 ficam obrigados, para além do limite aí estabelecido, e ressalvado o disposto nos n.ºs 2 a 4, à prestação de trabalho nas condições normais.

6 – Não pode haver lugar a acumulação de crédito de horas pelo facto de um trabalhador pertencer a mais de uma das entidades referidas no n.º 1.

## Artigo 305.º – **Reuniões dos trabalhadores**

1 – Salvo o disposto nos números seguintes, as comissões de trabalhadores devem marcar as reuniões gerais a realizar nos locais de trabalho fora do horário de trabalho observado pela generalidade dos trabalhadores e sem prejuízo da execução normal da actividade no caso de trabalho por turnos ou de trabalho extraordinário.

2 – Podem realizar-se reuniões gerais de trabalhadores nos locais de trabalho durante o horário de trabalho observado pela generalidade dos trabalhadores até um máximo de quinze horas por ano, desde que se assegure o funcionamento dos serviços de natureza urgente e essencial.

3 – Para efeito do número anterior, as comissões ou as subcomissões de trabalhadores são obrigadas a comunicar aos órgãos de direcção do órgão ou serviço a realização das reuniões com a antecedência mínima de quarenta e oito horas.

## Artigo 306.º – **Apoio às comissões de trabalhadores**

1 – Os órgãos de direcção dos órgãos e serviços devem pôr à disposição das comissões ou subcomissões de trabalhadores as instalações adequadas, bem como os meios materiais e técnicos necessários ao desempenho das suas atribuições.

2 – As comissões e subcomissões de trabalhadores têm igualmente direito a distribuir informação relativa aos interesses dos trabalhadores, bem como à sua afixação em local adequado que for destinado para esse efeito.

## Artigo 307.º – **Exercício abusivo**

1 – O exercício dos direitos por parte dos membros das comissões de trabalhadores, comissões coordenadoras e subcomissões de trabalhadores, quando considerado abusivo, é passível de responsabilidade disciplinar, civil ou criminal, nos termos gerais.

2 – Durante a tramitação do respectivo processo judicial, o membro ou membros visados mantêm-se em funções, não podendo ser prejudicados, quer nas suas funções no órgão a que pertençam, quer na sua actividade profissional.

### Secção III – **Associações sindicais**

#### Subsecção I – **Disposições preliminares**

## Artigo 308.º – **Direito de associação sindical**

1 – Os trabalhadores têm o direito de constituir associações sindicais a todos os níveis para defesa e promoção dos seus interesses sócio-profissionais.

2 – As associações sindicais abrangem sindicatos, federações, uniões e confederações.

Regime do Contrato de Trabalho em Funções Públicas    643

3 – Os estatutos das federações, uniões ou confederações podem admitir a representação directa dos trabalhadores não representados em sindicatos.

ARTIGO 309.º – **Noções**

Entende-se por:

*a*) «Sindicato» – associação permanente de trabalhadores para defesa e promoção dos seus interesses sócio-profissionais;

*b*) «Federação» – associação de sindicatos de trabalhadores da mesma profissão ou do mesmo sector de actividade;

*c*) «União» – associação de sindicatos de base regional;

*d*) «Confederação» – associação nacional de sindicatos;

*e*) «Secção sindical de órgão ou serviço» – conjunto de trabalhadores de um órgão ou serviço, estabelecimento periférico ou unidade orgânica desconcentrada filiados no mesmo sindicato;

*f*) «Comissão sindical de órgão ou serviço» – organização dos delegados sindicais do mesmo sindicato no órgão ou serviço, estabelecimento periférico ou unidade orgânica desconcentrada;

*g*) «Comissão intersindical de órgão ou serviço» – organização dos delegados das comissões sindicais do órgão ou serviço de uma confederação, desde que abranjam no mínimo cinco delegados sindicais, ou de todas as comissões sindicais do órgão ou serviço, estabelecimento periférico ou unidade orgânica desconcentrada.

ARTIGO 310.º – **Direitos**

1 – As associações sindicais têm, nomeadamente, o direito de:

*a*) Celebrar acordos colectivos de trabalho;

*b*) Prestar serviços de carácter económico e social aos seus associados;

*c*) Participar na elaboração da legislação do trabalho;

*d*) Participar nos procedimentos relativos aos trabalhadores no âmbito de processos de reorganização de órgãos ou serviços;

*e*) Estabelecer relações ou filiar-se em organizações sindicais internacionais.

2 – É reconhecida às associações sindicais legitimidade processual para defesa dos direitos e interesses colectivos e para a defesa colectiva dos direitos e interesses individuais legalmente protegidos dos trabalhadores que representem.

3 – As associações sindicais beneficiam da isenção do pagamento das custas para defesa dos direitos e interesses colectivos, aplicando-se no demais o regime previsto no Regulamento das Custas Processuais.

ARTIGO 311.º – **Princípios**

As associações sindicais devem reger-se pelos princípios da organização e da gestão democráticas.

644 *Novo Estatuto da Função Pública*

ARTIGO 312.º – **Liberdade sindical individual**

1 – No exercício da liberdade sindical, é garantida aos trabalhadores, sem qualquer discriminação, a liberdade de inscrição em sindicato que, na área da sua actividade, represente a categoria respectiva.

2 – O trabalhador não pode estar simultaneamente filiado a título da mesma profissão ou actividade em sindicatos diferentes.

3 – Pode manter a qualidade de associado o prestador de trabalho que deixe de exercer a sua actividade, mas não passe a exercer outra não representada pelo mesmo sindicato ou não perca a condição de trabalhador subordinado.

4 – O trabalhador pode retirar-se a todo o tempo do sindicato em que esteja filiado, mediante comunicação escrita enviada com a antecedência mínima de 30 dias.

SUBSECÇÃO II – **Organização sindical**

ARTIGO 313.º – **Auto-regulamentação, eleição e gestão**

As associações sindicais regem-se por estatutos e regulamentos por elas aprovados, elegem livre e democraticamente os titulares dos corpos sociais de entre os associados e organizam a sua gestão e actividade.

ARTIGO 314.º – **Independência**

É incompatível o exercício de cargos de direcção de associações sindicais com o exercício de quaisquer cargos de direcção em partidos políticos, instituições religiosas ou outras associações relativamente às quais exista conflito de interesses.

ARTIGO 315.º – **Regime subsidiário**

1 – As associações sindicais estão sujeitas ao regime geral do direito de associação em tudo o que não contrarie este Regime ou a natureza específica da autonomia sindical.

2 – Não são aplicáveis às associações sindicais as normas do regime geral do direito de associação susceptíveis de determinar restrições inadmissíveis à liberdade de organização dos sindicatos.

ARTIGO 316.º – **Registo e aquisição de personalidade**

1 – As associações sindicais adquirem personalidade jurídica pelo registo dos seus estatutos no ministério responsável pela área laboral.

2 – O requerimento do registo de qualquer associação sindical, assinado pelo presidente da mesa da assembleia constituinte ou de assembleia de representantes de associados, deve ser acompanhado dos estatutos aprovados, de certidão ou cópia certificada da acta da assembleia, com as folhas de presenças e respectivos termos de abertura e encerramento.

Regime do Contrato de Trabalho em Funções Públicas    645

3 – O ministério responsável pela área laboral, após o registo:
*a)* Publica os estatutos no *Boletim do Trabalho e Emprego* nos 30 dias posteriores à sua recepção;
*b)* Remete certidão ou fotocópia certificada da acta da assembleia constituinte ou de assembleia de representantes de associados, dos estatutos e do pedido de registo, acompanhados de uma apreciação fundamentada sobre a legalidade da constituição da associação e dos estatutos, dentro do prazo de oito dias a contar da publicação, ao magistrado do Ministério Público no tribunal competente.

4 – No caso de a constituição ou os estatutos da associação serem desconformes com a lei, o magistrado do Ministério Público promove, dentro do prazo de 15 dias, a contar da recepção, a declaração judicial de extinção da associação.

5 – As associações sindicais só podem iniciar o exercício das respectivas actividades depois da publicação dos estatutos no *Boletim do Trabalho e Emprego* ou, na falta desta, depois de decorridos 30 dias após o registo.

6 – O ministério responsável pela área laboral remete, oficiosamente, ao membro do Governo responsável pela área da Administração Pública cópia dos estatutos da associação sindical.

### Artigo 317.º – **Alterações dos estatutos**

1 – A alteração dos estatutos fica sujeita a registo e ao disposto nos n.$^{os}$ 2 a 4 e 6 do artigo anterior, com as necessárias adaptações.

2 – As alterações a que se refere o número anterior só produzem efeitos em relação a terceiros após a publicação dos estatutos no *Boletim do Trabalho e Emprego* ou, na falta desta, depois de decorridos 30 dias a contar do registo.

### Artigo 318.º – **Conteúdo dos estatutos**

1 – Com os limites dos artigos seguintes, os estatutos devem conter e regular:
*a)* A denominação, a localidade da sede, o âmbito subjectivo, objectivo e geográfico, os fins e a duração, quando a associação não se constitua por período indeterminado;
*b)* A aquisição e a perda da qualidade de associado, bem como os respectivos direitos e deveres;
*c)* Os princípios gerais em matéria disciplinar;
*d)* Os respectivos órgãos, entre os quais deve haver uma assembleia geral ou uma assembleia de representantes de associados, um órgão colegial de direcção e um conselho fiscal, bem como o número de membros e o funcionamento daqueles;
*e)* No caso de estar prevista uma assembleia de representantes, os princípios reguladores da respectiva eleição, tendo em vista a representatividade desse órgão;
*f)* O exercício do direito de tendência;

646       *Novo Estatuto da Função Pública*

*g*) O regime de administração financeira, o orçamento e as contas;

*h*) O processo de alteração dos estatutos;

*i*) A extinção, dissolução e consequente liquidação, bem como o destino do respectivo património.

2 – A denominação deve identificar o âmbito subjectivo, objectivo e geográfico da associação e não pode confundir-se com a denominação de outra associação existente.

3 – As associações sindicais têm obrigatoriamente sede em território nacional.

4 – No caso de os estatutos preverem a existência de uma assembleia de representantes de associados, nomeadamente um congresso ou conselho geral, esta exerce os direitos previstos na lei para a assembleia geral.

ARTIGO 319.º – **Princípios da organização e da gestão democráticas**

No respeito pelos princípios da organização e da gestão democráticas, as associações sindicais devem reger-se, nomeadamente, em obediência às seguintes regras:

*a*) Todo o associado no gozo dos seus direitos sindicais tem o direito de participar na actividade da associação, incluindo o de eleger e ser eleito para a direcção e ser nomeado para qualquer cargo associativo, sem prejuízo de poderem estabelecer-se requisitos de idade e de tempo de inscrição;

*b*) A assembleia geral reúne-se ordinariamente, pelo menos, uma vez por ano;

*c*) Deve ser possibilitado a todos os associados o exercício efectivo do direito de voto, podendo os estatutos prever para tanto a realização simultânea de assembleias gerais por áreas regionais ou secções de voto, ou outros sistemas compatíveis com as deliberações a tomar;

*d*) Nenhum associado pode estar representado em mais do que um dos órgãos electivos;

*e*) São asseguradas iguais oportunidades a todas as listas concorrentes às eleições para a direcção, devendo constituir-se para fiscalizar o processo eleitoral uma comissão eleitoral composta pelo presidente da mesa da assembleia geral e por representantes de cada uma das listas concorrentes;

*f*) Com as listas, os proponentes apresentam o seu programa de acção, o qual, juntamente com aquelas, deve ser amplamente divulgado, por forma que todos os associados dele possam ter conhecimento prévio, nomeadamente pela sua exposição em lugar bem visível na sede da associação durante o prazo mínimo de oito dias;

*g*) O mandato dos membros da direcção não pode ter duração superior a quatro anos, sendo permitida a reeleição para mandatos sucessivos;

*h*) Os corpos sociais podem ser destituídos por deliberação da assembleia geral, devendo os estatutos regular os termos da destituição e da gestão da associação sindical até ao início de funções de novos corpos sociais;

*i)* As assembleias gerais devem ser convocadas com ampla publicidade, indicando-se a hora, local e objecto, e devendo ser publicada a convocatória com antecedência mínima de três dias em um dos jornais da localidade da sede da associação sindical ou, não o havendo, em um dos jornais aí mais lidos;

*j)* A convocação das assembleias gerais compete ao presidente da respectiva mesa, por sua iniciativa ou a pedido da direcção, ou de 10% ou 200 dos associados.

ARTIGO 320.º – **Participação nos processos eleitorais**

Os associados têm os direitos previstos no anexo II, «Regulamento», em matéria de participação em processos eleitorais que se desenvolvam no âmbito da associação sindical.

ARTIGO 321.º – **Regime disciplinar**

O regime disciplinar deve assegurar o procedimento escrito e o direito de defesa do associado, devendo a sanção de expulsão ser apenas aplicada aos casos de grave violação de deveres fundamentais.

ARTIGO 322.º – **Aquisição e impenhorabilidade de bens**

1 – Os bens móveis e imóveis cuja utilização seja estritamente indispensável ao funcionamento das associações sindicais são impenhoráveis.

2 – Os bens imóveis destinados ao exercício de actividades compreendidas nos fins próprios das associações sindicais não gozam da impenhorabilidade estabelecida no número anterior sempre que, cumulativamente, se verifiquem as seguintes condições:

*a)* A aquisição, construção, reconstrução, modificação ou beneficiação desses bens seja feita mediante recurso a financiamento por terceiros com garantia real, previamente registada;

*b)* O financiamento por terceiros e as condições de aquisição sejam objecto de deliberação da assembleia geral de associados ou de órgão deliberativo estatutariamente competente.

ARTIGO 323.º – **Publicidade dos membros da direcção**

1 – O presidente da mesa da assembleia geral deve remeter a identificação dos membros da direcção, bem como cópia da acta da assembleia que os elegeu, ao ministério responsável pela área laboral no prazo de 10 dias após a eleição, para publicação imediata no *Boletim do Trabalho e Emprego*.

2 – O ministério responsável pela área laboral remete, oficiosamente, ao membro do Governo responsável pela área da Administração Pública cópia da documentação referida no número anterior.

648        *Novo Estatuto da Função Pública*

ARTIGO 324.º – **Dissolução e destino dos bens**

Em caso de dissolução de uma associação sindical, os respectivos bens não podem ser distribuídos pelos associados.

ARTIGO 325.º – **Cancelamento do registo**

1 – A extinção judicial ou voluntária da associação sindical deve ser comunicada ao ministério responsável pela área laboral que procede ao cancelamento do respectivo registo, produzindo efeitos a partir da respectiva publicação no *Boletim do Trabalho e Emprego*.

2 – O ministério responsável pela área laboral comunica, oficiosamente, ao membro do Governo responsável pela área da Administração Pública o cancelamento do registo da associação sindical.

SUBSECÇÃO III – **Quotização sindical**

ARTIGO 326.º – **Garantias**

1 – O trabalhador não pode ser obrigado a pagar quotas para associação sindical em que não esteja inscrito.

2 – A aplicação do sistema de cobrança e entrega de quotas sindicais não pode implicar para o trabalhador qualquer discriminação, nem o pagamento de outras quotas ou indemnizações, ou provocar-lhe sanções que, de qualquer modo, atinjam a sua liberdade de trabalho.

3 – A entidade empregadora pública pode proceder ao tratamento automatizado de dados pessoais dos trabalhadores, referentes a filiação sindical, desde que, nos termos da lei, sejam exclusivamente utilizados no processamento do sistema de cobrança e entrega de quotas sindicais, previsto nesta secção.

ARTIGO 327.º – **Carteiras profissionais**

A falta de pagamento das quotas não pode prejudicar a passagem de carteiras profissionais ou de quaisquer outros documentos essenciais à actividade profissional do trabalhador, quando a emissão desses documentos seja da competência das associações sindicais.

ARTIGO 328.º – **Cobrança de quotas**

1 – O sistema de cobrança e entrega de quotas sindicais determina para a entidade empregadora pública a obrigação de proceder à dedução do valor da quota sindical na remuneração do trabalhador, entregando essa quantia à associação sindical em que aquele está inscrito até ao dia 15 do mês seguinte.

2 – A responsabilidade pelas despesas necessárias para a entrega à associação sindical do valor da quota deduzida pela entidade empregadora pública pode ser definida por instrumento de regulamentação colectiva de trabalho ou por acordo entre entidade empregadora pública e trabalhador.

Regime do Contrato de Trabalho em Funções Públicas 649

3 – O sistema de cobrança e entrega de quotas sindicais referido no n.º 1 pode resultar de:

a) Instrumento de regulamentação colectiva de trabalho;

b) Pedido expresso do trabalhador dirigido à entidade empregadora pública.

4 – Na situação prevista na alínea a) do número anterior, a cobrança de quotas por dedução na remuneração do trabalhador com a consequente entrega à respectiva associação sindical depende ainda de declaração do trabalhador autorizando a referida dedução.

5 – Na situação prevista na alínea b) do n.º 3, o pedido expresso do trabalhador constitui manifestação inequívoca da sua vontade de lhe serem descontadas na remuneração as quotas sindicais.

ARTIGO 329.º – **Declaração, pedido e revogação**

1 – O sistema de cobrança e entrega de quotas sindicais, previsto no artigo anterior, mantém-se em vigor enquanto o trabalhador não revogar a sua declaração com as seguintes indicações:

a) Nome e assinatura do trabalhador;

b) Sindicato em que o trabalhador está inscrito;

c) Valor da quota estatutariamente estabelecida.

2 – O trabalhador deve enviar cópia ao sindicato respectivo da declaração de autorização ou do pedido de cobrança, previstos no artigo anterior, bem como da respectiva revogação.

3 – A declaração de autorização ou o pedido de cobrança, previstos no artigo anterior, bem como a respectiva revogação, produzem efeitos a partir do 1.º dia do mês seguinte ao da sua entrega à entidade empregadora pública.

SUBSECÇÃO IV – **Exercício da actividade sindical no órgão ou serviço**

ARTIGO 330.º – **Acção sindical no órgão ou serviço**

1 – Os trabalhadores e os sindicatos têm direito a desenvolver actividade sindical no interior do órgão ou serviço, nomeadamente através de delegados sindicais, comissões sindicais e comissões intersindicais.

2 – O exercício do direito referido no número anterior não pode comprometer a realização do interesse público e o normal funcionamento dos órgãos ou serviços.

ARTIGO 331.º – **Reuniões de trabalhadores**

1 – Os trabalhadores podem reunir-se nos locais de trabalho, fora do horário de trabalho observado pela generalidade dos trabalhadores, mediante convocação do órgão competente da associação sindical, do delegado sindical ou da comissão sindical ou intersindical, sem prejuízo do normal funcionamento, no caso de trabalho por turnos ou de trabalho extraordinário.

650            *Novo Estatuto da Função Pública*

2 – Os trabalhadores podem reunir-se durante o horário de trabalho observado pela generalidade dos trabalhadores até um período máximo de quinze horas por ano, que contam como tempo de serviço efectivo, desde que assegurem o funcionamento dos serviços de natureza urgente e essencial.

3 – A convocação das reuniões referidas nos números anteriores é regulada nos termos previstos no anexo II, «Regulamento».

### ARTIGO 332.º – **Delegado sindical, comissão sindical e comissão intersindical**

1 – Os delegados sindicais são eleitos e destituídos nos termos dos estatutos dos respectivos sindicatos, em escrutínio directo e secreto.

2 – Nos órgãos ou serviços em que o número de delegados o justifique, ou que compreendam estabelecimentos periféricos ou unidades orgânicas desconcentradas, podem constituir-se comissões sindicais de delegados.

3 – Sempre que num órgão ou serviço existam delegados de mais de um sindicato pode constituir-se uma comissão intersindical de delegados.

### ARTIGO 333.º – **Comunicação à entidade empregadora pública sobre eleição e destituição dos delegados sindicais**

1 – As direcções dos sindicatos comunicam por escrito à entidade empregadora pública a identificação dos delegados sindicais, bem como daqueles que fazem parte de comissões sindicais e intersindicais de delegados, sendo o teor dessa comunicação publicitado nos locais reservados às informações sindicais.

2 – O mesmo deve ser observado no caso de substituição ou cessação de funções.

### ARTIGO 334.º – **Número de delegados sindicais**

O número máximo de delegados sindicais que beneficiam do regime de protecção previsto neste Regime é determinado da seguinte forma:

*a)* Órgão ou serviço, estabelecimento periférico ou unidade orgânica desconcentrada com menos de 50 trabalhadores sindicalizados – um membro;

*b)* Órgão ou serviço, estabelecimento periférico ou unidade orgânica desconcentrada com 50 a 99 trabalhadores sindicalizados – dois membros;

*c)* Órgão ou serviço, estabelecimento periférico ou unidade orgânica desconcentrada com 100 a 199 trabalhadores sindicalizados – três membros;

*d)* Órgão ou serviço, estabelecimento periférico ou unidade orgânica desconcentrada com 200 a 499 trabalhadores sindicalizados – seis membros;

*e)* Órgão ou serviço, estabelecimento periférico ou unidade orgânica desconcentrada com 500 ou mais trabalhadores sindicalizados – seis membros, acrescendo um por cada 200 trabalhadores sindicalizados.

*Regime do Contrato de Trabalho em Funções Públicas* 651

ARTIGO 335.º – **Direito a instalações**

Os titulares de cargos dirigentes dos órgãos ou serviços, estabelecimentos periféricos ou unidades orgânicas desconcentradas põem à disposição dos delegados sindicais, sempre que estes o requeiram e as condições físicas das instalações o permitam, um local apropriado ao exercício das suas funções.

ARTIGO 336.º – **Direito de afixação e informação sindical**

Os delegados sindicais têm o direito de afixar, no interior do órgão ou serviço e em local apropriado, para o efeito reservado pela entidade empregadora pública, textos, convocatórias, comunicações ou informações relativos à vida sindical e aos interesses sócio-profissionais dos trabalhadores, bem como proceder à sua distribuição, mas sem prejuízo, em qualquer dos casos, do funcionamento normal do órgão ou serviço.

ARTIGO 337.º – **Direito a informação e consulta**

1 – Os delegados sindicais gozam do direito a informação e consulta relativamente às matérias constantes das suas atribuições.

2 – O direito a informação e consulta abrange, para além de outras referidas na lei ou identificadas em acordo colectivo de trabalho, as seguintes matérias:

   *a)* A informação sobre a evolução recente e a evolução provável das actividades do órgão ou serviço, do estabelecimento periférico ou da unidade orgânica desconcentrada e a sua situação financeira;

   *b)* A informação e consulta sobre a situação, a estrutura e a evolução provável do emprego no órgão ou serviço e sobre as eventuais medidas de antecipação previstas, nomeadamente em caso de ameaça para o emprego;

   *c)* A informação e consulta sobre as decisões susceptíveis de desencadear mudanças substanciais a nível da organização do trabalho ou dos contratos de trabalho.

3 – Os delegados sindicais devem requerer, por escrito, respectivamente, ao órgão de direcção do órgão ou serviço ou ao dirigente do estabelecimento periférico ou da unidade orgânica desconcentrada, os elementos de informação respeitantes às matérias referidas nos números anteriores.

4 – As informações são-lhes prestadas, por escrito, no prazo de 10 dias, salvo se, pela sua complexidade, se justificar prazo maior, que nunca deve ser superior a 30 dias.

5 – Quando esteja em causa a tomada de decisões por parte da entidade empregadora pública no exercício dos poderes de direcção e de organização decorrentes do contrato de trabalho, os procedimentos de informação e consulta deverão ser conduzidos, por ambas as partes, no sentido de alcançar, sempre que possível, o consenso.

652 *Novo Estatuto da Função Pública*

Artigo 338.º – **Crédito de horas dos delegados sindicais**

1 – Cada delegado sindical dispõe, para o exercício das suas funções, de um crédito de doze horas por mês.

2 – O crédito de horas a que se refere o número anterior é atribuído nos termos previstos no n.º 8 do artigo 250.º do anexo II, «Regulamento», com as necessárias adaptações.

Subsecção V – **Membros da direcção das associações sindicais**

Artigo 339.º – **Crédito de horas e faltas dos membros da direcção**

1 – Para o exercício das suas funções cada membro da direcção beneficia de um crédito de horas por mês e do direito a faltas justificadas para o exercício de funções sindicais.

2 – O crédito de horas a que se refere o número anterior, bem como o regime aplicável às faltas justificadas para o exercício de funções sindicais, é definido nos termos previstos no anexo II, «Regulamento».

SUBTÍTULO II
**Instrumentos de regulamentação colectiva de trabalho**

CAPÍTULO I
**Princípios gerais**

Secção I – **Disposições gerais**

Artigo 340.º – **Forma**

Os instrumentos de regulamentação colectiva de trabalho revestem a forma escrita, sob pena de nulidade.

Artigo 341.º – **Limites**

Os instrumentos de regulamentação colectiva de trabalho não podem conferir eficácia retroactiva a qualquer das suas cláusulas, salvo tratando-se de cláusulas de natureza pecuniária.

Artigo 342.º – **Publicidade**

A entidade empregadora pública deve afixar no órgão ou serviço, em local apropriado, a indicação dos instrumentos de regulamentação colectiva de trabalho aplicáveis.

*Regime do Contrato de Trabalho em Funções Públicas* 653

SECÇÃO II – **Concorrência e articulação entre instrumentos de regulamentação colectiva de trabalho**

ARTIGO 343.º – **Articulação entre acordos colectivos de trabalho**

1 – Os acordos colectivos de trabalho são articulados, devendo o acordo colectivo de carreira indicar as matérias que podem ser reguladas pelos acordos colectivos de entidade empregadora pública.

2 – Na falta de acordo colectivo de carreira ou da indicação referida no número anterior, o acordo colectivo de entidade empregadora pública apenas pode regular as matérias de duração e organização do tempo de trabalho, excluindo as respeitantes a suplementos remuneratórios, e de segurança, higiene e saúde no trabalho.

ARTIGO 344.º – **Instrumentos de regulamentação colectiva** de trabalho não negociais

1 – Sempre que existir concorrência entre instrumentos de regulamentação colectiva de trabalho de natureza não negocial, a decisão de arbitragem necessária afasta a aplicação dos outros instrumentos.

2 – Em caso de concorrência entre os regulamentos de extensão, compete aos trabalhadores escolherem, por maioria, no prazo de 30 dias, o instrumento aplicável, comunicando a escolha à entidade empregadora pública.

3 – A declaração e a deliberação previstas no número anterior são irrevogáveis até ao termo da vigência do instrumento por eles adoptado.

4 – Na ausência de escolha pelos trabalhadores, é aplicável o instrumento de publicação mais recente.

5 – No caso de os instrumentos concorrentes terem sido publicados na mesma data, aplica-se o que regular a principal actividade da entidade empregadora pública.

ARTIGO 345.º – **Instrumentos de regulamentação colectiva de trabalho negociais e não negociais**

A entrada em vigor de um instrumento de regulamentação colectiva de trabalho negocial afasta a aplicação, no respectivo âmbito, de um anterior instrumento de regulamentação colectiva de trabalho não negocial.

## CAPÍTULO II
### Acordo colectivo de trabalho

SECÇÃO I – **Princípio geral**

ARTIGO 346.º – **Promoção da contratação colectiva**

O Estado deve promover a contratação colectiva, de modo que os regimes previstos em acordos colectivos de trabalho sejam aplicáveis ao maior número de trabalhadores e entidades empregadoras públicas.

654 *Novo Estatuto da Função Pública*

SECÇÃO II – **Legitimidade, representação, objecto e conteúdo**

ARTIGO 347.º – **Legitimidade e representação**

1 – Têm legitimidade para celebrar acordos colectivos de carreiras gerais:
*a)* Pelas associações sindicais:
  *i)* As confederações sindicais com assento na Comissão Permanente de Concertação Social;
  *ii)* As associações sindicais com um número de trabalhadores sindicalizados que corresponda a, pelo menos, 5% do número total de trabalhadores que exercem funções públicas;
  *iii)* As associações sindicais que representem trabalhadores de todas as administrações públicas e, na administração do Estado, em todos os ministérios, desde que o número de trabalhadores sindicalizados corresponda a, pelo menos, 2,5% do número total de trabalhadores que exercem funções públicas;
*b)* Pelas entidades empregadoras públicas, os membros do Governo responsáveis pelas áreas das finanças e da Administração Pública.

2 – Têm legitimidade para celebrar acordos colectivos de carreiras especiais:
*a)* Pelas associações sindicais, as confederações sindicais com assento na Comissão Permanente de Concertação Social e as associações sindicais que representem, pelo menos, 5% do número total de trabalhadores integrados na carreira especial em causa;
*b)* Pelas entidades empregadoras públicas, os membros do Governo responsáveis pelas áreas das finanças e da Administração Pública e os restantes membros do Governo interessados em função das carreiras objecto dos acordos.

3 – Têm legitimidade para celebrar acordos colectivos de entidade empregadora pública:
*a)* Pelas associações sindicais, as confederações sindicais com assento na Comissão Permanente de Concertação Social e as restantes associações sindicais representativas dos respectivos trabalhadores;
*b)* Pela entidade empregadora pública, os membros do Governo responsáveis pelas áreas das finanças e da Administração Pública e o que superintenda no órgão ou serviço, bem como a própria entidade empregadora pública.

4 – Têm ainda legitimidade para celebrar acordos colectivos de carreiras gerais as associações sindicais que apresentem uma única proposta de celebração ou de revisão de um acordo colectivo de trabalho e que, em conjunto, cumpram os critérios das subalíneas *ii)* ou *iii)* da alínea *a)* do n.º 1.

5 – No caso previsto no número anterior o processo negocial decorre conjuntamente.

6 – Os acordos colectivos de trabalho são assinados pelos representantes das associações sindicais determinadas nos termos dos números anteriores, bem

Regime do Contrato de Trabalho em Funções Públicas     655

como pelos membros do Governo e entidade referidos naqueles números, ou respectivos representantes.

7 – Para efeitos do disposto no número anterior, consideram-se representantes das associações sindicais:

*a)* Os membros das respectivas direcções com poderes para contratar;

*b)* As pessoas, singulares ou colectivas, mandatadas pelas direcções das associações sindicais.

8 – A revogação do mandato só é eficaz após comunicação escrita à outra parte até à data da assinatura do acordo colectivo de trabalho.

9 – Para efeitos do disposto no n.º 6, é representante da entidade empregadora pública, tenha ou não personalidade jurídica, o respectivo dirigente máximo ou aquele no qual tenha sido delegada tal competência.

Artigo 348.º – **Conteúdo**

Os acordos colectivos de trabalho devem, designadamente, regular:

*a)* As relações entre as partes outorgantes, em particular quanto à verificação do cumprimento do acordo colectivo de trabalho e aos meios de resolução de conflitos decorrentes da sua aplicação e revisão;

*b)* O âmbito temporal, nomeadamente a sobrevigência e o prazo de denúncia;

*c)* Os direitos e deveres recíprocos dos trabalhadores e das entidades empregadoras públicas;

*d)* Os processos de resolução dos litígios emergentes de contratos, instituindo mecanismos de conciliação, mediação e arbitragem;

*e)* A definição de serviços mínimos e dos meios necessários para os assegurar em caso de greve.

Artigo 349.º – **Comissão paritária**

1 – O acordo colectivo de trabalho deve prever a constituição de uma comissão formada por igual número de representantes das entidades signatárias com competência para interpretar e integrar as suas cláusulas.

2 – O funcionamento da comissão é regulado pelo acordo colectivo de trabalho.

3 – A comissão paritária só pode deliberar desde que esteja presente metade dos representantes de cada parte.

4 – A deliberação tomada por unanimidade considera-se para todos os efeitos como integrando o acordo colectivo de trabalho a que respeita, devendo ser depositada e publicada nos mesmos termos do acordo colectivo de trabalho.

5 – A deliberação tomada por unanimidade pode ser objecto de regulamento de extensão.

Artigo 350.º – **Conteúdo obrigatório**

O acordo colectivo de trabalho deve referir:

*a)* Designação das entidades celebrantes;

656 *Novo Estatuto da Função Pública*

b) Nome e qualidade em que intervêm os representantes das entidades celebrantes;
c) Âmbito de aplicação;
d) Data de celebração;
e) Acordo colectivo de trabalho alterado e respectiva data de publicação, caso exista;
f) Prazo de vigência, caso exista;
g) Estimativa pelas entidades celebrantes do número de órgãos ou serviços e de trabalhadores abrangidos pelo acordo colectivo de trabalho.

Secção III – Negociação

Artigo 351.º – **Proposta**

1 – O processo de negociação inicia-se com a apresentação à outra parte da proposta de celebração ou de revisão de um acordo colectivo de trabalho.

2 – A proposta deve revestir forma escrita, ser devidamente fundamentada e conter os seguintes elementos:
a) Designação das entidades que a subscrevem em nome próprio e em representação de outras;
b) Indicação do acordo colectivo de trabalho que se pretende rever, sendo caso disso, e respectiva data de publicação.

Artigo 352.º – **Resposta**

1 – A entidade destinatária da proposta deve responder, de forma escrita e fundamentada, nos 30 dias seguintes à recepção daquela, salvo se houver prazo convencionado ou prazo mais longo indicado pelo proponente.

2 – A resposta deve exprimir uma posição relativa a todas as cláusulas da proposta, aceitando, recusando ou contrapropondo.

3 – A falta de resposta ou de contraproposta, no prazo fixado no n.º 1 e nos termos do número anterior, legitima a entidade proponente a requerer a conciliação.

Artigo 353.º – **Prioridade em matéria negocial**

1 – As partes devem, sempre que possível, atribuir prioridade às matérias dos suplementos remuneratórios, dos prémios de desempenho e da duração e organização do tempo de trabalho, tendo em vista o ajuste do acréscimo global de encargos daí resultante, bem como à segurança, higiene e saúde no trabalho.

2 – A inviabilidade do acordo inicial sobre as matérias referidas no número anterior não justifica a ruptura de negociação.

Artigo 354.º – **Boa fé na negociação**

1 – As partes devem respeitar, no processo de negociação colectiva, o princípio de boa fé, nomeadamente respondendo com a máxima brevidade

Regime do Contrato de Trabalho em Funções Públicas 657

possível às propostas e contrapropostas, observando, caso exista, o protocolo negocial e fazendo-se representar em reuniões e contactos destinados à prevenção ou resolução de conflitos.

2 – Os representantes das partes no processo de negociação colectiva devem, oportunamente, fazer as necessárias consultas aos trabalhadores e às entidades empregadoras públicas interessadas, não podendo, no entanto, invocar tal necessidade para obterem a suspensão ou interrupção de quaisquer actos.

3 – Cada uma das partes do processo deve, na medida em que daí não resulte prejuízo para a defesa dos seus interesses, facultar à outra os elementos ou informações que ela solicitar.

4 – Não pode ser recusado, no decurso de processos de negociação dos acordos colectivos de entidade empregadora pública, o fornecimento de planos e relatórios de actividades e de orçamentos dos órgãos ou serviços e, em qualquer caso, a indicação do número de trabalhadores, por categoria, que se situem no âmbito de aplicação do acordo a celebrar.

ARTIGO 355.º – **Apoio técnico da Administração**

Na preparação da proposta e respectiva resposta e durante as negociações, a Direcção-Geral da Administração e do Emprego Público e os demais órgãos e serviços fornecem às partes a informação necessária de que dispõem e que por elas seja requerida.

SECÇÃO IV – **Depósito**

ARTIGO 356.º – **Depósito**

1 – O acordo colectivo de trabalho, bem como a respectiva revogação, é entregue para depósito, na Direcção-Geral da Administração e do Emprego Público, nos cinco dias subsequentes à data da assinatura.

2 – O depósito considera-se feito se não for recusado nos 15 dias seguintes à recepção do acordo colectivo de trabalho nos serviços referidos no número anterior.

ARTIGO 357.º – **Recusa de depósito**

1 – O depósito dos acordos colectivos de trabalho é recusado:

a) Se não obedecerem ao disposto no artigo 350.º;
b) Se não forem acompanhados dos títulos de representação exigidos no artigo 347.º;
c) Se os sujeitos outorgantes carecerem de capacidade para a sua celebração;
d) Se não tiver decorrido o prazo de 10 meses após a data da entrada em vigor do acordo colectivo de trabalho;
e) Se não for entregue o texto consolidado, no caso de ter havido três revisões.

658      *Novo Estatuto da Função Pública*

2 – A decisão de recusa do depósito, com a respectiva fundamentação, é imediatamente notificada às partes e devolvido o respectivo acordo colectivo de trabalho.

### ARTIGO 358.º – **Alteração dos acordos**

1 – Por acordo das partes, e enquanto o depósito não for efectuado ou recusado, pode ser introduzida qualquer alteração formal ou substancial ao conteúdo do acordo colectivo de trabalho entregue para esse efeito.

2 – A alteração referida no número anterior interrompe o prazo previsto no n.º 2 do artigo 356.º

### SECÇÃO V – **Âmbito pessoal**

### ARTIGO 359.º – **Princípio da filiação**

1 – O acordo colectivo de trabalho obriga as entidades empregadoras públicas abrangidas pelo seu âmbito de aplicação e os trabalhadores ao seu serviço que sejam membros das associações sindicais outorgantes.

2 – O acordo colectivo de trabalho outorgado pelas uniões, federações e confederações obriga os trabalhadores inscritos nos sindicatos representados nos termos dos estatutos daquelas organizações.

### ARTIGO 360.º – **Efeitos da filiação**

Os acordos colectivos de trabalho abrangem os trabalhadores que estejam filiados nas associações signatárias no momento do início do processo negocial, bem como os que nelas se filiem durante o período de vigência dos mesmos acordos.

### ARTIGO 361.º – **Efeitos da desfiliação**

1 – Em caso de desfiliação dos trabalhadores ou das respectivas associações, dos sujeitos outorgantes, o acordo colectivo de trabalho aplica-se até ao final do prazo que dele expressamente constar ou, sendo o acordo objecto de alteração, até à sua entrada em vigor.

2 – No caso de o acordo colectivo de trabalho não ter prazo de vigência, os trabalhadores ou as respectivas associações que se tenham desfiliado dos sujeitos outorgantes são abrangidos durante o prazo mínimo de um ano.

### ARTIGO 362.º – **Efeitos da sucessão nas atribuições**

1 – Em caso de reorganização de órgãos ou serviços com transferência das suas atribuições ou competências para outro órgão ou serviço, os acordos colectivos de entidade empregadora pública que vinculam aqueles órgãos ou serviços são aplicáveis ao órgão ou serviço integrador até ao termo dos respectivos prazos de vigência, e no mínimo durante 12 meses a contar da data da transferência, salvo se, entretanto, outro acordo colectivo de entidade empregadora pública passar a aplicar-se ao órgão ou serviço integrador.

Regime do Contrato de Trabalho em Funções Públicas 659

2 – Em caso de transferência de atribuições ou de responsabilidade de gestão de órgão ou serviço para entidades públicas empresariais ou entidades privadas sob qualquer forma, o instrumento de regulamentação colectiva de trabalho que vincula aquele órgão ou serviço é aplicável a estas entidades até ao termo do respectivo prazo de vigência, e no mínimo durante 12 meses a contar da data da transferência, salvo se, entretanto, outro instrumento de regulamentação colectiva de trabalho negocial passar a aplicar-se às mesmas entidades.

SECÇÃO VI – **Âmbito temporal**

ARTIGO 363.º – **Vigência**

1 – O acordo colectivo de trabalho vigora pelo prazo que dele constar, não podendo ser inferior a um ano.

2 – Decorrido o prazo de vigência aplica-se o seguinte regime:

*a)* O acordo colectivo de trabalho renova-se nos termos nele previstos;

*b)* No caso de o acordo colectivo de trabalho não regular a matéria prevista na alínea anterior, renova-se sucessivamente por períodos de um ano.

3 – O acordo colectivo de trabalho pode ter diferentes períodos de vigência para cada matéria ou grupo homogéneo de cláusulas.

4 – O disposto nos números anteriores não prejudica a aplicação do regime previsto no artigo seguinte.

ARTIGO 364.º – **Sobrevigência**

1 – Qualquer acordo colectivo de trabalho pode ser denunciado, independentemente do período de vigência ou das cláusulas de renovação nele previstas, decorrido o prazo de 10 anos contado desde a sua entrada em vigor ou, sendo o caso, da sua última revisão global.

2 – Havendo denúncia, o acordo colectivo de trabalho renova-se por um período de 18 meses, devendo as partes promover os procedimentos conducentes à celebração de novo acordo.

3 – Decorrido o período referido no número anterior o acordo colectivo de trabalho caduca, mantendo-se, até à entrada em vigor de um outro acordo colectivo de trabalho ou decisão arbitral, os efeitos definidos por acordo das partes ou, na sua falta, os já produzidos pelo mesmo acordo nos contratos no que respeita a:

*a)* Remuneração do trabalhador;

*b)* Duração do tempo de trabalho.

4 – Para além dos efeitos referidos no número anterior, o trabalhador beneficia dos demais direitos e garantias decorrentes da aplicação do presente Regime.

5 – Decorrido o prazo de um ano após a caducidade do acordo colectivo de trabalho sem que tenha sido celebrado um novo acordo e esgotados os meios de resolução de conflitos colectivos, qualquer das partes pode accionar

660 *Novo Estatuto da Função Pública*

a arbitragem necessária, mediante comunicação à parte que se lhe contrapõe na negociação do acordo colectivo de trabalho e à Direcção-Geral da Administração e do Emprego Público.

### Artigo 365.º – **Denúncia**

1 – O acordo colectivo de trabalho pode ser denunciado, por qualquer dos outorgantes, mediante comunicação escrita dirigida à outra parte, desde que seja acompanhada de uma proposta negocial.

2 – A denúncia deve ser feita com uma antecedência de, pelo menos, três meses, relativamente ao termo do prazo de vigência previsto no artigo 363.º ou no n.º 1 do artigo 364.º

### Artigo 366.º – **Cessação**

O acordo colectivo de trabalho pode cessar:
*a)* Mediante revogação por acordo das partes;
*b)* Por caducidade, nos termos do artigo 364.º

### Artigo 367.º – **Sucessão de acordos colectivos de trabalho**

1 – O acordo colectivo de trabalho posterior revoga integralmente o acordo anterior, salvo nas matérias expressamente ressalvadas pelas partes.

2 – A mera sucessão de acordos colectivos de trabalho não pode ser invocada para diminuir o nível de protecção global dos trabalhadores.

3 – Os direitos decorrentes de acordo colectivo de trabalho só podem ser reduzidos por novo acordo de cujo texto conste, em termos expressos, o seu carácter globalmente mais favorável.

4 – No caso previsto no número anterior, o novo acordo colectivo de trabalho prejudica os direitos decorrentes de acordo anterior, salvo se, no novo acordo, forem expressamente ressalvados pelas partes.

### Secção VII – **Cumprimento**

### Artigo 368.º – **Execução**

1 – No cumprimento do acordo colectivo de trabalho devem as partes, tal como os respectivos filiados, proceder de boa fé.

2 – Durante a execução do acordo colectivo de trabalho atende-se às circunstâncias em que as partes fundamentaram a decisão de contratar.

### Artigo 369.º – **Incumprimento**

A parte outorgante do acordo colectivo de trabalho, bem como os respectivos filiados que faltem culposamente ao cumprimento das obrigações dele emergentes são responsáveis pelo prejuízo causado, nos termos gerais.

Regime do Contrato de Trabalho em Funções Públicas — 661

## CAPÍTULO III
### Acordo de adesão

ARTIGO 370.º – **Adesão a acordos colectivos de trabalho e a decisões arbitrais**

1 – As associações sindicais e, no caso de acordos colectivos de entidade empregadora pública, as entidades empregadoras públicas, podem aderir a acordos colectivos de trabalho ou decisões arbitrais em vigor.

2 – A adesão opera-se por acordo entre a entidade interessada e aquela ou aquelas que se lhe contraporiam na negociação do acordo, se nela tivessem participado.

3 – Da adesão não pode resultar modificação do conteúdo do acordo colectivo de trabalho ou da decisão arbitral ainda que destinada a aplicar-se somente no âmbito da entidade aderente.

4 – Aos acordos de adesão aplicam-se as regras referentes à legitimidade, à assinatura, ao depósito e à publicação dos acordos colectivos de trabalho.

## CAPÍTULO IV
### Arbitragem

SECÇÃO I – **Arbitragem voluntária**

ARTIGO 371.º – **Admissibilidade**

A todo o tempo as partes podem acordar em submeter a arbitragem, nos termos que definirem ou, na falta de definição, segundo o disposto nos artigos seguintes, as questões laborais que resultem, nomeadamente, da interpretação, integração, celebração ou revisão de um acordo colectivo de trabalho.

ARTIGO 372.º – **Funcionamento**

1 – A arbitragem é realizada por três árbitros, um nomeado por cada uma das partes e o terceiro escolhido por estes.

2 – No caso de não ter sido feita a designação do terceiro árbitro, a Direcção-Geral da Administração e do Emprego Público procede ao respectivo sorteio de entre os árbitros constantes da lista de árbitros presidentes, no prazo de cinco dias úteis.

3 – A Direcção-Geral da Administração e do Emprego Público deve ser informada pelas partes do início e do termo do respectivo procedimento.

4 – Os árbitros podem ser assistidos por peritos e têm o direito a obter das partes, da Direcção-Geral da Administração e do Emprego Público e dos demais órgãos e serviços a informação necessária de que estes disponham.

5 – Os árbitros enviam o texto da decisão às partes e à Direcção-Geral da Administração e do Emprego Público, para efeitos de depósito e publicação, no prazo de 15 dias a contar da decisão.

6 – O regime geral da arbitragem voluntária é subsidiariamente aplicável.

ARTIGO 373.º – **Efeitos da decisão arbitral**

1 – A decisão arbitral produz os efeitos do acordo colectivo de trabalho.

2 – Aplicam-se às decisões arbitrais, com as necessárias adaptações, as regras sobre conteúdo obrigatório e depósito previstas para os acordos colectivos de trabalho.

SECÇÃO II – **Arbitragem necessária**

ARTIGO 374.º – **Funcionamento**

1 – A arbitragem necessária é accionada mediante comunicação fundamentada de qualquer das partes à parte que se lhe contrapõe na negociação do acordo colectivo de trabalho e à Direcção-Geral da Administração e do Emprego Público.

2 – Nas quarenta e oito horas subsequentes à comunicação a que se refere o número anterior, as partes nomeiam o respectivo árbitro, cuja identificação é comunicada, no prazo de vinte e quatro horas, à outra parte e à Direcção-Geral da Administração e do Emprego Público.

3 – No prazo de setenta e duas horas a contar da comunicação referida no número anterior, os árbitros procedem à escolha do terceiro árbitro, cuja identificação é comunicada, nas vinte e quatro horas subsequentes, às entidades referidas na parte final do número anterior.

4 – No caso de não ter sido feita a nomeação do árbitro por uma das partes, a Direcção-Geral da Administração e do Emprego Público procede, no prazo de cinco dias úteis, ao sorteio do árbitro em falta de entre os constantes da lista de árbitros dos representantes dos trabalhadores ou das entidades empregadoras públicas, consoante os casos, podendo a parte faltosa oferecer outro, em sua substituição, nas quarenta e oito horas seguintes, procedendo, neste caso, os árbitros nomeados à escolha do terceiro árbitro, nos termos do número anterior.

5 – No caso de não ter sido feita a escolha do terceiro árbitro, a Direcção--Geral da Administração e do Emprego Público procede ao respectivo sorteio de entre os árbitros constantes da lista de árbitros presidentes, no prazo de cinco dias úteis.

6 – A Direcção-Geral da Administração e do Emprego Público notifica os representantes da parte trabalhadora e das entidades empregadoras públicas do dia e hora do sorteio, realizando -se este à hora marcada na presença de todos os representantes ou, na falta destes, uma hora depois com os que estiverem presentes.

7 – O regime da arbitragem voluntária estabelecido na secção anterior é subsidiariamente aplicável, sem prejuízo da regulamentação prevista no anexo II, «Regulamento».

Artigo 375.º – **Listas de árbitros**

1 – As listas de árbitros dos representantes dos trabalhadores e das entidades empregadoras públicas são compostas por oito árbitros e elaboradas, no prazo de três meses após a entrada em vigor do RCTFP, pelas confederações sindicais e pelo membro do Governo responsável pela área da Administração Pública, respectivamente.

2 – No caso de as listas de árbitros dos representantes dos trabalhadores e, ou, das entidades empregadoras públicas não terem sido elaboradas nos termos do número anterior, a competência para a sua elaboração é deferida ao presidente do Conselho Económico e Social, que a constitui no prazo de um mês.

3 – A lista de árbitros presidentes é constituída por juízes ou magistrados jubilados, indicados, em número de três, por cada uma das seguintes entidades:

*a)* Conselho Superior da Magistratura;
*b)* Conselho Superior dos Tribunais Administrativos e Fiscais;
*c)* Conselho Superior do Ministério Público.

4 – Cada lista vigora durante um período de três anos.

5 – As listas de árbitros são comunicadas à Direcção-Geral da Administração e do Emprego Público, que garante a sua permanente actualização.

Artigo 376.º – **Efeitos da decisão arbitral**

A decisão arbitral produz os efeitos da arbitragem voluntária.

Artigo 377.º – **Legislação complementar**

O desenvolvimento do regime previsto na presente secção consta do anexo II, «Regulamento».

## CAPÍTULO V
### Regulamento de extensão

Artigo 378.º – **Extensão de acordos colectivos de trabalho ou decisões arbitrais**

O âmbito de aplicação definido nos acordos colectivos de trabalho ou decisões arbitrais pode ser estendido, após a sua entrada em vigor, por regulamentos de extensão.

Artigo 379.º – **Competência**

Compete aos membros do Governo responsáveis pelas áreas das finanças e da Administração Pública a emissão de regulamentos de extensão, nos termos dos artigos seguintes.

664 *Novo Estatuto da Função Pública*

Artigo 380.º – **Admissibilidade de emissão de regulamentos de extensão**

1 – A emissão de um regulamento de extensão só é possível estando em causa circunstâncias sociais e económicas que fundamentadamente a justifiquem e após esgotadas todas as diligências legalmente previstas para a celebração de instrumentos de regulamentação colectiva negociais.

2 – Verificados os pressupostos referidos no número anterior, os membros do Governo responsáveis pelas áreas das finanças e da Administração Pública podem, através da emissão de um regulamento, determinar a extensão, total ou parcial, de:

*a)* Acordos colectivos de carreira ou decisões arbitrais a outros trabalhadores, desde que os mesmos se encontrem abrangidos pelo âmbito de aplicação daqueles instrumentos;

*b)* Acordos colectivos de entidade empregadora pública ou decisões arbitrais a outra ou outras entidades empregadoras públicas.

Artigo 381.º – **Procedimento de elaboração do regulamento de extensão**

1 – Os membros do Governo responsáveis pelas áreas das finanças e da Administração Pública mandam publicar o projecto de regulamento de extensão na 2.ª série do *Diário da República*.

2 – Nos 15 dias seguintes ao da publicação do aviso, podem os interessados no procedimento de extensão deduzir, por escrito, oposição fundamentada.

3 – Têm legitimidade para intervir no procedimento quaisquer particulares, pessoas singulares ou colectivas, que possam ser, ainda que indirectamente, afectados pela emissão do regulamento de extensão.

4 – O regime previsto no Código do Procedimento Administrativo é subsidiariamente aplicável.

CAPÍTULO VI

**Publicação e entrada em vigor**

Artigo 382.º – **Publicação e entrada em vigor dos instrumentos de regulamentação colectiva de trabalho**

1 – Os instrumentos de regulamentação colectiva de trabalho, bem como a sua revogação, são publicados na 2.ª série do *Diário da República* e entram em vigor, após a sua publicação, nos mesmos termos das leis.

2 – Compete à Direcção-Geral da Administração e do Emprego Público proceder à publicação na 2.ª série do *Diário da República* de avisos sobre a data da cessação da vigência de acordos colectivos de trabalho.

3 – Os instrumentos de regulamentação colectiva de trabalho que sejam objecto de três revisões são integralmente republicados.

*Regime do Contrato de Trabalho em Funções Públicas*       665

## SUBTÍTULO III
### Conflitos colectivos

## CAPÍTULO I
### Resolução de conflitos colectivos

SECÇÃO I – **Princípio geral**

ARTIGO 383.º – **Boa fé**

Na pendência de um conflito colectivo de trabalho as partes devem agir de boa fé.

SECÇÃO II – **Conciliação**

ARTIGO 384.º – **Admissibilidade**

1 – Os conflitos colectivos de trabalho, designadamente os que resultam da celebração ou revisão de um acordo colectivo de trabalho, podem ser dirimidos por conciliação.

2 – Na falta de regulamentação convencional da conciliação, aplicam-se as disposições constantes dos artigos seguintes.

ARTIGO 385.º – **Funcionamento**

1 – A conciliação pode ser promovida em qualquer altura:
   *a)* Por acordo das partes;
   *b)* Por uma das partes, no caso de falta de resposta à proposta de celebração ou de revisão, ou fora desse caso, mediante aviso prévio de oito dias, por escrito, à outra parte.

2 – Do requerimento de conciliação deve constar a indicação do respectivo objecto.

3 – A conciliação é efectuada, caso seja requerida por uma ou por ambas as partes, por um dos árbitros presidentes a que se refere o n.º 3 do artigo 375.º, assessorado pela Direcção-Geral da Administração e do Emprego Público.

4 – O árbitro a que se refere o número anterior é sorteado pela Direcção--Geral da Administração e do Emprego Público de entre os árbitros constantes da lista de árbitros presidentes, no prazo de cinco dias úteis.

5 – No caso de a conciliação não ter sido requerida nos termos do n.º 3, a Direcção-Geral da Administração e do Emprego Público deve ser informada pelas partes do início e do termo do respectivo procedimento.

6 – No procedimento conciliatório é sempre dada prioridade à definição das matérias sobre as quais o mesmo vai incidir.

## 666 — Novo Estatuto da Função Pública

Artigo 386.º – **Procedimento de conciliação**

1 – Tendo sido requerida nos termos do n.º 3 do artigo anterior, as partes são convocadas para o início do procedimento de conciliação, nos 15 dias seguintes à apresentação do pedido.

2 – A Direcção-Geral da Administração e do Emprego Público deve convidar a participar na conciliação que tenha por objecto a revisão de um acordo colectivo de trabalho as partes no processo de negociação que não requeiram a conciliação.

3 – As partes referidas no número anterior devem responder ao convite no prazo de cinco dias úteis.

4 – As partes são obrigadas a comparecer nas reuniões de conciliação.

Artigo 387.º – **Transformação da conciliação em mediação**

A conciliação pode ser transformada em mediação, nos termos dos artigos seguintes.

Secção III – **Mediação**

Artigo 388.º – **Admissibilidade**

1 – As partes podem a todo o tempo acordar em submeter a mediação os conflitos colectivos, nomeadamente os que resultem da celebração ou revisão de um acordo colectivo de trabalho.

2 – Para os efeitos previstos no número anterior, as partes podem recorrer a serviços públicos de mediação ou outros sistemas de mediação laboral.

3 – Na falta do acordo previsto no n.º 1, uma das partes pode requerer, um mês após o início da conciliação, a intervenção de uma das personalidades constantes da lista de árbitros presidentes para desempenhar as funções de mediador.

4 – Do requerimento de mediação deve constar a indicação do respectivo objecto.

Artigo 389.º – **Funcionamento**

1 – A mediação é efectuada, caso seja requerida por uma ou por ambas as partes, por um dos árbitros presidentes a que se refere o n.º 3 do artigo 375.º, assessorado pela Direcção-Geral da Administração e do Emprego Público.

2 – O árbitro a que se refere o número anterior é sorteado pela Direcção-Geral da Administração e do Emprego Público de entre os árbitros constantes da lista de árbitros presidentes, no prazo de cinco dias úteis.

3 – No caso de a mediação não ter sido requerida nos termos do número anterior, a Direcção-Geral da Administração e do Emprego Público deve ser informada pelas partes do início e do termo do respectivo procedimento.

4 – Se a mediação for requerida apenas por uma das partes, o mediador deve solicitar à outra parte que se pronuncie sobre o respectivo objecto.

Regime do Contrato de Trabalho em Funções Públicas    667

5 – Se as partes discordarem sobre o objecto da mediação, o mediador decide tendo em consideração a viabilidade de acordo das partes.

6 – Para a elaboração da proposta, o mediador pode solicitar às partes e a qualquer órgão ou serviço os dados e informações de que estes disponham e que aquele considere necessários.

7 – O mediador deve remeter às partes a sua proposta por carta registada no prazo de 30 dias a contar da sua nomeação.

8 – A proposta do mediador considera-se recusada se não houver comunicação escrita de ambas as partes a aceitá-la no prazo de 10 dias a contar da sua recepção.

9 – Decorrido o prazo fixado no número anterior, o mediador comunica, em simultâneo, a cada uma das partes, no prazo de cinco dias, a aceitação ou recusa das partes.

10 – O mediador está obrigado a guardar sigilo de todas as informações colhidas no decurso do procedimento que não sejam conhecidas da outra parte.

ARTIGO 390.º – **Convocatória pelo mediador**

1 – Até ao termo do prazo referido na parte final do n.º 7 do artigo anterior, o mediador pode realizar todos os contactos, com cada uma das partes em separado, que considere convenientes e viáveis no sentido da obtenção de um acordo.

2 – As partes são obrigadas a comparecer nas reuniões convocadas pelo mediador.

SECÇÃO IV – **Arbitragem**

ARTIGO 391.º **Arbitragem**

Os conflitos colectivos podem ser dirimidos por arbitragem nos termos previstos nos artigos 371.º a 377.º

# CAPÍTULO II
## Greve

ARTIGO 392.º – **Direito à greve**

1 – A greve constitui, nos termos da Constituição, um direito dos trabalhadores.

2 – Compete aos trabalhadores definir o âmbito de interesses a defender através da greve.

3 – O direito à greve é irrenunciável.

ARTIGO 393.º – **Competência para declarar a greve**

1 – O recurso à greve é decidido pelas associações sindicais.

668      *Novo Estatuto da Função Pública*

2 – Sem prejuízo do direito reconhecido às associações sindicais no número anterior, as assembleias de trabalhadores podem decidir do recurso à greve, por voto secreto, desde que no respectivo órgão ou serviço a maioria dos trabalhadores não esteja representada por associações sindicais e que a assembleia seja expressamente convocada para o efeito por 20% ou 200 trabalhadores.

3 – As assembleias referidas no número anterior deliberam validamente desde que participe na votação a maioria dos trabalhadores do órgão ou serviço e que a declaração de greve seja aprovada pela maioria dos votantes.

Artigo 394.º – **Representação dos trabalhadores**

1 – Os trabalhadores em greve serão representados pela associação ou associações sindicais ou por uma comissão eleita para o efeito, no caso a que se refere o n.º 2 do artigo anterior.

2 – As entidades referidas no número anterior podem delegar os seus poderes de representação.

Artigo 395.º – **Piquetes de greve**

A associação sindical ou a comissão de greve pode organizar piquetes para desenvolver actividades tendentes a persuadir os trabalhadores a aderirem à greve, por meios pacíficos, sem prejuízo do reconhecimento da liberdade de trabalho dos não aderentes.

Artigo 396.º – **Aviso prévio**

1 – As entidades com legitimidade para decidirem o recurso à greve devem dirigir à entidade empregadora pública, ao membro do Governo responsável pela área da Administração Pública e aos restantes membros do Governo competentes, por meios idóneos, nomeadamente por escrito ou através dos meios de comunicação social, um aviso prévio, com o prazo mínimo de cinco dias úteis.

2 – Para os casos dos n.ºs 1 e 2 do artigo 399.º, o prazo de aviso prévio é de 10 dias úteis.

3 – O aviso prévio deve conter uma proposta de definição dos serviços necessários à segurança e manutenção do equipamento e instalações, bem como, sempre que a greve se realize em órgão ou serviço que se destine à satisfação de necessidades sociais impreteríveis, uma proposta de definição de serviços mínimos.

Artigo 397.º – **Proibição de substituição dos grevistas**

1 – A entidade empregadora pública não pode, durante a greve, substituir os grevistas por pessoas que à data do aviso prévio referido no número anterior não trabalhavam no respectivo órgão ou serviço, nem pode, desde aquela data, admitir novos trabalhadores para aquele efeito.

2 – A concreta tarefa desempenhada pelo trabalhador em greve não pode, durante esse período, ser realizada por empresa especialmente contratada para o efeito, salvo no caso de não estarem garantidos a satisfação das necessidades

Regime do Contrato de Trabalho em Funções Públicas 669

sociais impreteríveis ou os serviços necessários à segurança e manutenção do equipamento e instalações.

Artigo 398.º – **Efeitos da greve**

1 – A greve suspende, no que respeita aos trabalhadores que a ela aderirem, as relações emergentes do contrato, nomeadamente o direito à remuneração e, em consequência, desvincula-os dos deveres de subordinação e assiduidade.

2 – Relativamente aos vínculos laborais dos grevistas, mantêm-se, durante a greve, os direitos, deveres e garantias das partes na medida em que não pressuponham a efectiva prestação do trabalho, assim como os direitos previstos na legislação sobre protecção social e as prestações devidas por acidentes de trabalho e doenças profissionais.

3 – O período de suspensão não pode prejudicar a antiguidade e os efeitos dela decorrentes, nomeadamente no que respeita à contagem de tempo de serviço.

Artigo 399.º – **Obrigações durante a greve**

1 – Nos órgãos ou serviços que se destinem à satisfação de necessidades sociais impreteríveis ficam as associações sindicais e os trabalhadores obrigados a assegurar, durante a greve, a prestação dos serviços mínimos indispensáveis para ocorrer à satisfação daquelas necessidades.

2 – Para efeitos do disposto no número anterior, consideram se órgãos ou serviços que se destinam à satisfação de necessidades sociais impreteríveis os que se integram, nomeadamente, em alguns dos seguintes sectores:

*a)* Segurança pública, quer em meio livre quer em meio institucional;

*b)* Correios e telecomunicações;

*c)* Serviços médicos, hospitalares e medicamentosos;

*d)* Salubridade pública, incluindo a realização de funerais;

*e)* Serviços de energia e minas, incluindo o abastecimento de combustíveis;

*f)* Distribuição e abastecimento de água;

*g)* Bombeiros;

*h)* Serviços de atendimento ao público que assegurem a satisfação de necessidades essenciais cuja prestação incumba ao Estado;

*i)* Transportes relativos a passageiros, animais e géneros alimentares deterioráveis e a bens essenciais à economia nacional, abrangendo as respectivas cargas e descargas;

*j)* Transporte e segurança de valores monetários.

3 – As associações sindicais e os trabalhadores ficam obrigados a prestar, durante a greve, os serviços necessários à segurança e manutenção do equipamento e instalações.

Artigo 400.º – **Definição dos serviços mínimos**

1 – Os serviços mínimos previstos nos n.os 1 e 3 do artigo anterior devem ser definidos por instrumento de regulamentação colectiva de trabalho ou por acordo com os representantes dos trabalhadores.

2 – Na ausência de previsão em instrumento de regulamentação colectiva de trabalho e não havendo acordo anterior ao aviso prévio quanto à definição dos serviços mínimos previstos no n.º 1 do artigo anterior, o membro do Governo responsável pela área da Administração Pública convoca os representantes dos trabalhadores referidos no artigo 394.º e os representantes das entidades empregadoras públicas interessadas, tendo em vista a negociação de um acordo quanto aos serviços mínimos e quanto aos meios necessários para os assegurar.

3 – Na falta de um acordo até ao termo do 3.º dia posterior ao aviso prévio de greve, a definição dos serviços e dos meios referidos no número anterior compete a um colégio arbitral composto por três árbitros constantes das listas de árbitros previstas no artigo 375.º, nos termos previstos no anexo II, «Regulamento».

4 – A decisão do colégio arbitral produz efeitos imediatamente após a sua notificação aos representantes referidos no n.º 2 e deve ser afixada nas instalações do órgão ou serviço, nos locais habitualmente destinados à informação dos trabalhadores.

5 – Os representantes dos trabalhadores a que se refere o artigo 394.º devem designar os trabalhadores que ficam adstritos à prestação dos serviços referidos no artigo anterior, até vinte e quatro horas antes do início do período de greve, e, se não o fizerem, deve a entidade empregadora pública proceder a essa designação.

6 – A definição dos serviços mínimos deve respeitar os princípios da necessidade, da adequação e da proporcionalidade.

Artigo 401.º – **Regime de prestação dos serviços mínimos**

1 – Os trabalhadores afectos à prestação de serviços mínimos mantêm-se, na estrita medida necessária à prestação desses serviços, sob a autoridade e direcção da entidade empregadora pública, tendo direito, nomeadamente, à remuneração.

2 – O disposto no número anterior é aplicável a trabalhadores que prestem durante a greve os serviços necessários à segurança e manutenção do equipamento e instalações.

Artigo 402.º – **Incumprimento da obrigação de prestação dos serviços mínimos**

No caso de não cumprimento da obrigação de prestação de serviços mínimos, sem prejuízo dos efeitos gerais, o Governo pode determinar a requisição ou mobilização, nos termos previstos em legislação especial.

Artigo 403.º – **Termo da greve**

A greve termina por acordo entre as partes ou por deliberação das entidades que a tiverem declarado, cessando imediatamente os efeitos previstos no artigo 398.º

Artigo 404.º – **Proibição de discriminações devidas à greve**

É nulo e de nenhum efeito todo o acto que implique coacção, prejuízo ou discriminação sobre qualquer trabalhador por motivo de adesão ou não à greve.

Artigo 405.º – **Inobservância da lei**

1 – A greve declarada ou executada de forma contrária à lei faz incorrer os trabalhadores grevistas no regime de faltas injustificadas.

2 – O disposto no número anterior não prejudica a aplicação, quando a tal haja lugar, dos princípios gerais em matéria de responsabilidade civil.

Artigo 406.º – *Lock-out*

1 – É proibido o *lock-out*.

2 – Considera-se *lock-out* qualquer decisão unilateral da entidade empregadora pública que se traduza na paralisação total ou parcial do órgão ou serviço ou na interdição do acesso aos locais de trabalho a alguns ou à totalidade dos trabalhadores e, ainda, na recusa em fornecer trabalho, condições e instrumentos de trabalho que determine ou possa determinar a paralisação de todos ou alguns sectores do órgão ou serviço ou desde que, em qualquer caso, vise atingir finalidades alheias à normal actividade do órgão ou serviço.

Artigo 407.º – **Contratação colectiva**

1 – Para além das matérias referidas no n.º 1 do artigo 400.º, pode a contratação colectiva estabelecer normas especiais relativas a procedimentos de resolução dos conflitos susceptíveis de determinar o recurso à greve, assim como limitações, durante a vigência do instrumento de regulamentação colectiva de trabalho, à declaração de greve por parte dos sindicatos outorgantes com a finalidade de modificar o conteúdo desse acordo colectivo de trabalho.

2 – As limitações previstas na segunda parte do número anterior não prejudicam, nomeadamente a declaração de greve com fundamento:

*a)* Na alteração anormal das circunstâncias a que se refere o n.º 2 do artigo 368.º;

*b)* No incumprimento do acordo colectivo de trabalho.

3 – O trabalhador não pode ser responsabilizado pela adesão a greve declarada em incumprimento das limitações previstas no n.º 1.

672 *Novo Estatuto da Função Pública*

# ANEXO II

# REGULAMENTO

## CAPÍTULO I
### Direitos de personalidade

ARTIGO 1.º – **Dados biométricos**

1 – A entidade empregadora pública só pode tratar dados biométricos do trabalhador após notificação à Comissão Nacional de Protecção de Dados.

2 – O tratamento de dados biométricos só é permitido se os dados a utilizar forem necessários, adequados e proporcionais aos objectivos a atingir.

3 – Os dados biométricos são conservados durante o período necessário para a prossecução das finalidades do tratamento a que se destinam, devendo ser destruídos no momento da mudança de local de trabalho ou da cessação do contrato.

4 – A notificação a que se refere o n.º 1 deve ser acompanhada de parecer da comissão de trabalhadores ou, 10 dias após a consulta, de comprovativo do pedido de parecer.

ARTIGO 2.º – **Utilização de meios de vigilância a distância**

1 – Para efeitos do n.º 2 do artigo 11.º do Regime, a utilização de meios de vigilância a distância no local de trabalho está sujeita a autorização da Comissão Nacional de Protecção de Dados.

2 – A autorização referida no número anterior só pode ser concedida se a utilização dos meios for necessária, adequada e proporcional aos objectivos a atingir.

3 – Os dados pessoais recolhidos através dos meios de vigilância a distância são conservados durante o período necessário para a prossecução das finalidades da utilização a que se destinam, devendo ser destruídos no momento da mudança de local de trabalho ou da cessação do contrato.

4 – O pedido de autorização a que se refere o n.º 1 deve ser acompanhado de parecer da comissão de trabalhadores ou, 10 dias após a consulta, comprovativo do pedido de parecer.

ARTIGO 3.º – **Informação sobre meios de vigilância a distância**

Para efeitos do n.º 3 do artigo 11.º do Regime, a entidade empregadora pública deve afixar nos locais de trabalho em que existam meios de vigilância a distância os seguintes dizeres, consoante os casos: «Este local encontra-se sob vigilância de um circuito fechado de televisão» ou «Este local encontra-se sob vigilância de um circuito fechado de televisão, procedendo-se à gravação de imagem e som», seguido de símbolo identificativo.

*Regime do Contrato de Trabalho em Funções Públicas*     673

# CAPÍTULO II
## Igualdade e não discriminação

Secção I – **Âmbito**

Artigo 4.º – **Âmbito**

O presente capítulo regula o artigo 23.º do Regime.

Secção II – **Igualdade e não discriminação**

Subsecção I – **Disposições gerais**

Artigo 5.º – **Dever de informação**

A entidade empregadora pública deve afixar no órgão ou serviço, em local apropriado, a informação relativa aos direitos e deveres do trabalhador em matéria de igualdade e não discriminação.

Artigo 6.º – **Conceitos**

1 – Constituem factores de discriminação, além dos previstos no n.º 1 do artigo 14.º do Regime, nomeadamente, o território de origem, língua, raça, instrução, situação económica, origem ou condição social.

2 – Considera-se:

*a)* Discriminação directa sempre que, em razão de um dos factores indicados no referido preceito legal, uma pessoa seja sujeita a tratamento menos favorável do que aquele que é, tenha sido ou venha a ser dado a outra pessoa em situação comparável;

*b)* Discriminação indirecta sempre que uma disposição, critério ou prática aparentemente neutra seja susceptível de colocar pessoas que se incluam num dos factores característicos indicados no referido preceito legal numa posição de desvantagem comparativamente com outras, a não ser que essa disposição, critério ou prática seja objectivamente justificada por um fim legítimo e que os meios para o alcançar sejam adequados e necessários;

*c)* Trabalho igual aquele em que as funções desempenhadas na mesma entidade empregadora pública são iguais ou objectivamente semelhantes em natureza, qualidade e quantidade;

*d)* Trabalho de valor igual aquele que corresponde a um conjunto de funções, prestadas à mesma entidade empregadora pública, consideradas equivalentes, atendendo, nomeadamente, às qualificações ou experiência exigida, às responsabilidades atribuídas, ao esforço físico e psíquico e às condições em que o trabalho é efectuado.

3 – Constitui discriminação uma ordem ou instrução que tenha a finalidade de prejudicar pessoas em razão de um factor referido no n.º 1 deste artigo ou no n.º 1 do artigo 14.º do Regime.

674       *Novo Estatuto da Função Pública*

Artigo 7.º – **Direito à igualdade nas condições de acesso e no trabalho**

1 – O direito à igualdade de oportunidades e de tratamento no que se refere ao acesso ao emprego, à formação e promoção profissionais e às condições de trabalho respeita:

*a)* Aos critérios de selecção e às condições de contratação, em qualquer sector de actividade e a todos os níveis hierárquicos;

*b)* Ao acesso a todos os tipos de orientação e formação profissional de qualquer nível, incluindo a aquisição de experiência prática;

*c)* À remuneração, promoções a todos os níveis hierárquicos e aos critérios que servem de base para a selecção dos trabalhadores a despedir;

*d)* À filiação ou participação em organizações de trabalhadores ou em qualquer outra organização cujos membros exercem uma determinada profissão, incluindo os benefícios por elas atribuídos.

2 – O disposto no número anterior não prejudica a aplicação das disposições legais relativas:

*a)* Ao exercício de uma actividade profissional por estrangeiro ou apátrida;

*b)* À especial protecção da gravidez, maternidade, paternidade, adopção e outras situações respeitantes à conciliação da actividade profissional com a vida familiar.

3 – Nos aspectos referidos no n.º 1, são permitidas diferenças de tratamento baseadas na idade que sejam necessárias e apropriadas à realização de um objectivo legítimo, designadamente de política de emprego, mercado de trabalho ou formação profissional.

4 – As disposições legais ou de instrumentos de regulamentação colectiva de trabalho que justifiquem os comportamentos referidos no n.º 3 devem ser avaliadas periodicamente e revistas se deixarem de se justificar.

Artigo 8.º – **Protecção contra actos de retaliação**

É inválido qualquer acto que prejudique o trabalhador em consequência de rejeição ou submissão a actos discriminatórios.

Artigo 9.º – **Extensão da protecção em situações de discriminação**

Em caso de invocação de qualquer prática discriminatória no acesso ao trabalho, à formação profissional e nas condições de trabalho, nomeadamente por motivo de licença por maternidade, dispensa para consultas pré-natais, protecção da segurança e saúde e de despedimento de trabalhadora grávida, puérpera ou lactante, licença parental ou faltas para assistência a menores, aplica-se o regime previsto no n.º 3 do artigo 14.º do Regime em matéria de ónus da prova, sem prejuízo da aplicação de regimes legais mais favoráveis.

Regime do Contrato de Trabalho em Funções Públicas    675

Subsecção II – **Igualdade e não discriminação em função do sexo**

# DIVISÃO I
## Princípios gerais

Artigo 10.º – **Formação profissional**

Nas acções de formação profissional dirigidas a profissões exercidas predominantemente por trabalhadores de um dos sexos deve ser dada, sempre que se justifique, preferência a trabalhadores do sexo com menor representação, bem como, em quaisquer acções de formação profissional, a trabalhadores com escolaridade reduzida, sem qualificação ou responsáveis por famílias monoparentais ou no caso de licença por maternidade, paternidade ou adopção.

Artigo 11.º – **Igualdade de remuneração**

1 – Para efeitos do n.º 1 do artigo 19.º do Regime, a igualdade de remuneração implica, nomeadamente, a eliminação de qualquer discriminação fundada no sexo, no conjunto de elementos de que depende a sua determinação.

2 – Sem prejuízo do disposto no n.º 2 do artigo 19.º do Regime, a igualdade de remuneração implica que para trabalho igual ou de valor igual:
   *a)* Qualquer modalidade de remuneração variável seja estabelecida na base da mesma unidade de medida;
   *b)* A remuneração calculada em função do tempo de trabalho seja a mesma.

3 – Não podem constituir fundamento das diferenciações remuneratórias, a que se refere o n.º 2 do artigo 19.º do Regime, as licenças, faltas e dispensas relativas à protecção da maternidade e da paternidade.

Artigo 12.º – **Sanção sem motivo justificativo**

Presume-se sem motivo justificativo o despedimento ou a aplicação de qualquer sanção sob a aparência de punição de outra falta, quando tenha lugar até um ano após a data da reclamação, queixa ou propositura da acção jurisdicional contra a entidade empregadora pública.

Artigo 13.º – **Regras contrárias ao princípio da igualdade**

1 – As disposições de estatutos das organizações representativas de trabalhadores, bem como os regulamentos internos de órgão ou serviço que restrinjam o acesso a qualquer emprego, actividade profissional, formação profissional, condições de trabalho ou carreira profissional exclusivamente a trabalhadores masculinos ou femininos, fora dos casos previstos no n.º 2 do artigo 14.º e no artigo 21.º do Regime, têm-se por aplicáveis a ambos os sexos.

2 – As disposições de instrumentos de regulamentação colectiva de trabalho, bem como os regulamentos internos de órgão ou serviço que estabeleçam

condições de trabalho aplicáveis exclusivamente a trabalhadores masculinos ou femininos para categorias profissionais com conteúdo funcional igual ou equivalente consideram-se substituídas pela disposição mais favorável, a qual passa a abranger os trabalhadores de ambos os sexos.

3 – Para efeitos do número anterior, considera-se que a categoria profissional tem igual conteúdo funcional ou é equivalente quando a respectiva descrição de funções corresponder, respectivamente, a trabalho igual ou trabalho de valor igual, nos termos das alíneas *c*) e *d*) do n.º 2 do artigo 6.º

Artigo 14.º – **Registos**

Todas as entidades empregadoras públicas devem manter durante cinco anos registo dos recrutamentos feitos donde constem, por sexos, nomeadamente, os seguintes elementos:

*a*) Publicitação de procedimentos concursais;
*b*) Número de candidaturas apresentadas;
*c*) Número de candidatos presentes nos métodos de selecção;
*d*) Resultados dos métodos de selecção utilizados;
*e*) Ordenação final dos candidatos;
*f*) Balanços sociais relativos a dados que permitam analisar a existência de eventual discriminação de um dos sexos no acesso ao emprego, formação e promoção profissionais e condições de trabalho.

## DIVISÃO II
### Protecção do património genético

Artigo 15.º – **Agentes susceptíveis de implicar riscos para o património genético**

1 – Os agentes biológicos, físicos ou químicos susceptíveis de implicar riscos para o património genético do trabalhador ou dos seus descendentes constam de lista elaborada pelo serviço competente do ministério responsável pela saúde e aprovada por portaria dos ministros responsáveis pelas áreas da saúde e laboral.

2 – A lista referida no número anterior deve ser revista em função dos conhecimentos científicos e técnicos, competindo a promoção da sua actualização ao ministério responsável pela saúde.

3 – A regulamentação das actividades que são proibidas ou condicionadas por serem susceptíveis de implicar riscos para o património genético do trabalhador ou dos seus descendentes consta dos artigos 16.º a 39.º

## DIVISÃO III
### Actividades proibidas que envolvam agentes biológicos, físicos ou químicos proibidos

ARTIGO 16.º – **Agentes biológicos, físicos ou químicos proibidos**

São proibidas aos trabalhadores as actividades que envolvam a exposição aos agentes biológicos, físicos ou químicos susceptíveis de implicar riscos para o património genético do trabalhador ou dos seus descendentes, que constam da lista referida no n.º 1 do artigo anterior com indicação de que determinam a proibição das mesmas.

ARTIGO 17.º – **Utilizações permitidas de agentes proibidos**

1 – A utilização dos agentes proibidos referidos no artigo anterior é permitida:
*a*) Para fins exclusivos de investigação científica;
*b*) Em actividades destinadas à respectiva eliminação.

2 – Nas utilizações previstas no número anterior, deve ser evitada a exposição dos trabalhadores aos agentes em causa, nomeadamente através de medidas que assegurem que a sua utilização decorra durante o tempo mínimo possível e que se realize num único sistema fechado, do qual só possam ser retirados na medida em que for necessário ao controlo do processo ou à manutenção do sistema.

3 – A entidade empregadora pública apenas pode fazer uso da permissão referida no n.º 1 após ter comunicado ao organismo do ministério responsável pela área laboral competente em matéria de segurança, higiene e saúde no trabalho as seguintes informações:
*a*) Agente e respectiva quantidade utilizada anualmente;
*b*) Actividades, reacções ou processos implicados;
*c*) Número de trabalhadores expostos;
*d*) Medidas técnicas e de organização tomadas para prevenir a exposição dos trabalhadores.

4 – A comunicação prevista no número anterior deve ser realizada com 15 dias de antecedência, podendo no caso da alínea *b*) do n.º 1 o prazo ser inferior desde que devidamente fundamentado.

5 – O organismo referido no n.º 3 confirma a recepção da comunicação com as informações necessárias, indicando, sendo caso disso, as medidas complementares de protecção dos trabalhadores que a entidade empregadora pública deve aplicar.

6 – A entidade empregadora pública deve, sempre que for solicitado, facultar às entidades fiscalizadoras os documentos referidos nos números anteriores.

678 *Novo Estatuto da Função Pública*

## DIVISÃO IV
### Actividades condicionadas que envolvam agentes biológicos, físicos ou químicos condicionados

ARTIGO 18.º – **Disposições gerais**

1 – São condicionadas aos trabalhadores as actividades que envolvam a exposição aos agentes biológicos, físicos ou químicos susceptíveis de implicar riscos para o património genético do trabalhador ou dos seus descendentes que constam da lista referida no n.º 1 do artigo 15.º com indicação de que determinam o condicionamento das mesmas.

2 – As actividades referidas no número anterior estão sujeitas ao disposto nos artigos 19.º a 31.º, bem como às disposições específicas constantes dos artigos 32.º a 39.º

ARTIGO 19.º – **Início da actividade**

1 – A actividade susceptível de provocar exposição a agentes biológicos, físicos ou químicos que possam envolver riscos para o património genético só pode iniciar-se após a avaliação dos riscos e a adopção das medidas de prevenção adequadas.

2 – A entidade empregadora pública deve notificar o organismo do ministério responsável pela área laboral competente em matéria de segurança, higiene e saúde no trabalho e a Direcção-Geral da Saúde com, pelo menos, 30 dias de antecedência do início de actividades em que sejam utilizados, pela primeira vez, agentes biológicos, físicos ou químicos susceptíveis de implicar riscos para o património genético.

3 – A notificação deve conter os seguintes elementos:

*a)* Nome e endereço do órgão ou serviço;

*b)* Nome e habilitação do responsável pelo serviço de segurança, higiene e saúde no trabalho e, se for pessoa diferente, do médico do trabalho;

*c)* Resultado da avaliação dos riscos e a espécie do agente;

*d)* As medidas preventivas e de protecção previstas.

4 – O organismo do ministério responsável pela área laboral competente em matéria de segurança, higiene e saúde no trabalho pode determinar que a notificação seja feita em impresso de modelo apropriado ao tratamento informático dos seus elementos.

5 – Se houver modificações substanciais nos procedimentos com possibilidade de repercussão na saúde dos trabalhadores, deve ser feita, com quarenta e oito horas de antecedência, uma nova notificação.

ARTIGO 20.º – **Avaliação dos riscos**

1 – Nas actividades susceptíveis de exposição a agentes biológicos, físicos ou químicos que possam implicar riscos para o património genético, a enti-

Regime do Contrato de Trabalho em Funções Públicas 679

dade empregadora pública deve avaliar os riscos para a saúde dos trabalhadores, determinando a natureza, o grau e o tempo de exposição.

2 – Nas actividades que impliquem a exposição a várias espécies de agentes, a avaliação dos riscos deve ser feita com base no perigo resultante da presença de todos esses agentes.

3 – A avaliação dos riscos deve ser repetida trimestralmente, bem como sempre que houver alterações das condições de trabalho susceptíveis de afectar a exposição dos trabalhadores a agentes referidos no número anterior e, ainda, nas situações previstas no n.º 5 do artigo 28.º

4 – A avaliação dos riscos deve ter em conta todas as formas de exposição e vias de absorção, tais como a absorção pela pele ou através desta.

5 – A entidade empregadora pública deve atender, na avaliação dos riscos, aos resultados disponíveis de qualquer vigilância da saúde já efectuada aos eventuais efeitos sobre a saúde de trabalhadores particularmente sensíveis aos riscos a que estejam expostos, bem como identificar os trabalhadores que necessitem de medidas de protecção especiais.

6 – O resultado da avaliação dos riscos deve constar de documento escrito.

Artigo 21.º – **Substituição e redução de agentes**

1 – A entidade empregadora pública deve evitar ou reduzir a utilização de agentes biológicos, físicos ou químicos susceptíveis de implicar riscos para o património genético, substituindo-os por substâncias, preparações ou processos que, nas condições de utilização, não sejam perigosos ou impliquem menor risco para os trabalhadores.

2 – Se não for tecnicamente possível a aplicação do disposto no número anterior, a entidade empregadora pública deve assegurar que a produção ou a utilização do agente se faça em sistema fechado.

3 – Se a aplicação de um sistema fechado não for tecnicamente possível, a entidade empregadora pública deve assegurar que o nível de exposição dos trabalhadores seja reduzido ao nível mais baixo possível e não ultrapasse os valores limite estabelecidos em legislação especial sobre agentes cancerígenos ou mutagénicos.

Artigo 22.º – **Redução dos riscos de exposição**

Nas actividades em que sejam utilizados agentes biológicos, físicos ou químicos susceptíveis de implicar riscos para o património genético, a entidade empregadora pública deve, além dos procedimentos referidos no artigo anterior, aplicar as seguintes medidas:

   a) Limitação das quantidades do agente no local de trabalho;

   b) Redução ao mínimo possível do número de trabalhadores expostos ou susceptíveis de o serem, da duração e do respectivo grau de exposição;

   c) Adopção de procedimentos de trabalho e de medidas técnicas que evitem ou minimizem a libertação de agentes no local de trabalho;

680           *Novo Estatuto da Função Pública*

*d*) Eliminação dos agentes na fonte por aspiração localizada ou ventilação geral adequada e compatível com a protecção da saúde pública e do ambiente;

*e*) Utilização de métodos apropriados de medição de agentes, em particular para a detecção precoce de exposições anormais resultantes de acontecimento imprevisível;

*f*) Adopção de medidas de protecção colectiva adequadas ou, se a exposição não puder ser evitada por outros meios, medidas de protecção individual;

*g*) Adopção de medidas de higiene, nomeadamente a limpeza periódica dos pavimentos, paredes e outras superfícies;

*h*) Delimitação das zonas de riscos e utilização de adequada sinalização de segurança e de saúde, incluindo de proibição de fumar em áreas onde haja riscos de exposição a esses agentes;

*i*) Instalação de dispositivos para situações de emergência susceptíveis de originar exposições anormalmente elevadas;

*j*) Verificação da presença de agentes biológicos utilizados fora do confinamento físico primário, sempre que for necessário e tecnicamente possível;

*l*) Meios que permitam a armazenagem, manuseamento e transporte sem riscos, nomeadamente mediante a utilização de recipientes herméticos e rotulados de forma clara e legível;

*m*) Meios seguros de recolha, armazenagem e evacuação dos resíduos, incluindo a utilização de recipientes herméticos e rotulados de forma clara e legível, de modo a não constituírem fonte de contaminação dos trabalhadores e dos locais de trabalho, de acordo com a legislação especial sobre resíduos e protecção do ambiente;

*n*) Afixação de sinais de perigo bem visíveis, nomeadamente o sinal indicativo de perigo biológico;

*o*) Elaboração de planos de acção em casos de acidentes que envolvam agentes biológicos.

Artigo 23.º – **Informação das autoridades competentes**

1 – Se a avaliação revelar a existência de riscos, a entidade empregadora pública deve conservar e manter disponíveis as informações sobre:

*a*) As actividades e os processos industriais em causa, as razões por que são utilizados agentes biológicos, físicos ou químicos susceptíveis de implicar riscos para o património genético e os eventuais casos de substituição;

*b*) Os elementos utilizados para efectuar a avaliação e o seu resultado;

*c*) As quantidades de substâncias ou preparações fabricadas ou utilizadas que contenham agentes biológicos, físicos ou químicos susceptíveis de implicar riscos para o património genético;

*d*) O número de trabalhadores expostos, bem como natureza, grau e tempo de exposição;

*Regime do Contrato de Trabalho em Funções Públicas* 681

*e)* As medidas de prevenção tomadas e os equipamentos de protecção utilizados.

2 – O organismo do ministério responsável pela área laboral competente em matéria de segurança, higiene e saúde no trabalho e as autoridades de saúde têm acesso às informações referidas no número anterior, sempre que o solicitem.

3 – A entidade empregadora pública deve ainda informar as entidades mencionadas no número anterior, a pedido destas, sobre o resultado de investigações que promova sobre a substituição e redução de agentes biológicos, físicos ou químicos susceptíveis de implicar riscos para o património genético e a redução dos riscos de exposição.

4 – A entidade empregadora pública deve informar, no prazo de vinte e quatro horas, o organismo do ministério responsável pela área laboral competente em matéria de segurança, higiene e saúde no trabalho e a Direcção-Geral da Saúde de qualquer acidente ou incidente que possa ter provocado a disseminação de um agente susceptível de implicar riscos para o património genético.

ARTIGO 24.º – **Exposição previsível**

Nas actividades em que seja previsível um aumento significativo de exposição, se for impossível a aplicação de medidas técnicas preventivas suplementares para limitar a exposição, a entidade empregadora pública deve:

*a)* Reduzir ao mínimo a exposição dos trabalhadores e assegurar a sua protecção durante a realização dessas actividades;
*b)* Colocar à disposição dos trabalhadores vestuário de protecção e equipamento individual de protecção respiratória, a ser utilizado enquanto durar a exposição;
*c)* Assegurar que a exposição de cada trabalhador não tenha carácter permanente e seja limitada ao estritamente necessário;
*d)* Delimitar e assinalar as zonas onde se realizam essas actividades;
*e)* Só permitir acesso às zonas onde se realizam essas actividades a pessoas autorizadas.

ARTIGO 25.º – **Exposição imprevisível**

Nas situações imprevisíveis em que o trabalhador possa estar sujeito a uma exposição anormal a agentes biológicos, físicos ou químicos susceptíveis de implicar riscos para o património genético, a entidade empregadora pública deve informar o trabalhador, os representantes dos trabalhadores para a segurança, higiene e saúde no trabalho e tomar, até ao restabelecimento da situação normal, as seguintes medidas:

*a)* Limitar o número de trabalhadores na zona afectada aos indispensáveis à execução das reparações e de outros trabalhos necessários;
*b)* Colocar à disposição dos trabalhadores referidos na alínea anterior vestuário de protecção e equipamento individual de protecção respiratória;
*c)* Impedir a exposição permanente e limitá-la ao estritamente necessário para cada trabalhador;

682 *Novo Estatuto da Função Pública*

*d*) Impedir que qualquer trabalhador não protegido permaneça na área afectada.

ARTIGO 26.º – **Acesso às áreas de riscos**

A entidade empregadora pública deve assegurar que o acesso às áreas onde decorrem actividades susceptíveis de exposição a agentes biológicos, físicos ou químicos que possam implicar riscos para o património genético seja limitado aos trabalhadores que nelas tenham de entrar por causa das suas funções.

ARTIGO 27.º – **Comunicação de acidente ou incidente**

O trabalhador deve comunicar imediatamente qualquer acidente ou incidente que envolva a manipulação de agentes biológicos, físicos ou químicos susceptíveis de implicar riscos para o património genético à entidade empregadora pública e ao responsável pelos serviços de segurança, higiene e saúde no trabalho.

ARTIGO 28.º – **Vigilância da saúde**

1 – A entidade empregadora pública deve assegurar a vigilância da saúde do trabalhador em relação ao qual o resultado da avaliação revele a existência de riscos, através de exames de saúde de admissão, periódicos e ocasionais, devendo os exames, em qualquer caso, ser realizados antes da exposição aos riscos.

2 – A vigilância da saúde deve permitir a aplicação de medidas de saúde individuais, dos princípios e práticas da medicina do trabalho, de acordo com os conhecimentos mais recentes, e incluir os seguintes procedimentos:

*a*) Registo da história clínica e profissional de cada trabalhador;

*b*) Avaliação individual do seu estado de saúde;

*c*) Vigilância biológica, sempre que necessária;

*d*) Rastreio de efeitos precoces e reversíveis.

3 – A entidade empregadora pública deve tomar, em relação a cada trabalhador, as medidas preventivas ou de protecção propostas pelo médico responsável pela vigilância da saúde do trabalhador.

4 – Se um trabalhador sofrer de uma doença identificável ou um efeito nocivo que possa ter sido provocado pela exposição a agentes biológicos, físicos ou químicos susceptíveis de implicar riscos para o património genético, a entidade empregadora pública deve:

*a*) Assegurar a vigilância contínua da saúde do trabalhador;

*b*) Repetir a avaliação dos riscos;

*c*) Rever as medidas tomadas para eliminar ou reduzir os riscos, tendo em conta o parecer do médico responsável pela vigilância da saúde do trabalhador e incluindo a possibilidade de afectar o trabalhador a outro posto de trabalho em que não haja riscos de exposição.

5 – Nas situações referidas no número anterior, o médico responsável pela vigilância da saúde do trabalhador pode exigir que se proceda à vigilância da

Regime do Contrato de Trabalho em Funções Públicas 683

saúde de qualquer outro trabalhador que tenha estado sujeito a exposição idêntica, devendo nestes casos ser repetida a avaliação dos riscos.

6 – O trabalhador tem direito de conhecer os exames e o resultado da vigilância da saúde que lhe digam respeito e pode solicitar a revisão desse resultado.

7 – A entidade empregadora pública deve informar o médico responsável pela vigilância da saúde do trabalhador sobre a natureza e, se possível, o grau das exposições ocorridas, incluindo as exposições imprevisíveis.

8 – Devem ser prestados ao trabalhador informações e conselho sobre a vigilância da saúde a que deve ser submetido depois de terminar a exposição aos riscos.

9 – O médico responsável pela vigilância da saúde deve comunicar ao organismo do ministério responsável pela área laboral competente em matéria de segurança, higiene e saúde no trabalho os casos de cancro identificados como resultantes da exposição a um agente biológico, físico ou químico susceptível de implicar riscos para o património genético.

Artigo 29.º – **Higiene e protecção individual**

1 – Nas actividades susceptíveis de contaminação por agentes biológicos, físicos ou químicos que possam implicar riscos para o património genético, a entidade empregadora pública deve:

a) Impedir os trabalhadores de fumar, comer ou beber nas áreas de trabalho em que haja riscos de contaminação;

b) Fornecer vestuário de protecção adequado;

c) Assegurar que os equipamentos de protecção são guardados em local apropriado, verificados e limpos, se possível antes e, obrigatoriamente, após cada utilização, bem como reparados ou substituídos se tiverem defeitos ou estiverem danificados;

d) Pôr à disposição dos trabalhadores instalações sanitárias e vestiários adequados para a sua higiene pessoal.

2 – Em actividades em que são utilizados agentes biológicos susceptíveis de implicar riscos para o património genético, a entidade empregadora pública deve:

a) Definir procedimentos para a recolha, manipulação e tratamento de amostras de origem humana ou animal;

b) Assegurar a existência de colírios e anti-sépticos cutâneos em locais apropriados, quando se justificarem.

3 – Antes de abandonar o local de trabalho, o trabalhador deve retirar o vestuário de trabalho e os equipamentos de protecção individual que possam estar contaminados e guardá-los em locais apropriados e separados.

4 – A entidade empregadora pública deve assegurar a descontaminação, limpeza e, se necessário, destruição do vestuário e dos equipamentos de protecção individual referidos no número anterior.

5 – A utilização de equipamento de protecção individual das vias respiratórias deve:

684             *Novo Estatuto da Função Pública*

*a)* Ser limitada ao tempo mínimo necessário, não podendo ultrapassar quatro horas diárias;

*b)* Tratando-se de aparelhos de protecção respiratória isolantes com pressão positiva, a sua utilização deve ser excepcional, por tempo não superior a quatro horas diárias, as quais, se forem seguidas, devem ser intercaladas por uma pausa de, pelo menos, trinta minutos.

ARTIGO 30.º – **Registo e arquivo de documentos**

1 – A entidade empregadora pública deve organizar registos de dados e conservar arquivos actualizados sobre:

*a)* Os resultados da avaliação dos riscos a que se referem os artigos 20.º, 32.º e 34.º, bem como os critérios e procedimentos da avaliação, os métodos de medição, análises e ensaios utilizados;

*b)* A lista dos trabalhadores expostos a agentes biológicos, físicos ou químicos susceptíveis de implicar riscos para o património genético, com a indicação da natureza e, se possível, do agente e do grau de exposição a que cada trabalhador esteve sujeito;

*c)* Os registos de acidentes e incidentes.

2 – O médico responsável pela vigilância da saúde deve organizar registos de dados e conservar arquivo actualizado sobre os resultados da vigilância da saúde de cada trabalhador, com a indicação do respectivo posto de trabalho, dos exames médicos e complementares realizados e de outros elementos que considere úteis.

ARTIGO 31.º – **Conservação de registos e arquivos**

1 – Os registos e arquivos referidos no artigo anterior devem ser conservados durante, pelo menos, 40 anos após ter terminado a exposição do trabalhador a que respeita.

2 – Se o órgão ou serviço for extinto, os registos e arquivos devem ser transferidos para o organismo do ministério responsável pela área laboral competente em matéria de segurança, higiene e saúde no trabalho, que assegura a sua confidencialidade.

3 – Ao cessar o contrato, o médico responsável pela vigilância da saúde deve entregar ao trabalhador, a pedido deste, cópia da sua ficha clínica.

DIVISÃO V

**Actividades condicionadas que envolvam agentes biológicos condicionados**

ARTIGO 32.º – **Avaliação dos riscos**

A avaliação dos riscos de exposição a agentes biológicos susceptíveis de implicar riscos para o património genético deve, sem prejuízo do disposto no artigo 20.º, ter em conta todas as informações disponíveis, nomeadamente:

*a*) Os riscos suplementares que os agentes biológicos podem constituir para trabalhadores cuja sensibilidade possa ser afectada, nomeadamente por doença anterior, medicação, deficiência imunitária, gravidez ou aleitamento;

*b*) As recomendações da Direcção-Geral da Saúde sobre as medidas de controlo de agentes nocivos à saúde dos trabalhadores;

*c*) As informações técnicas existentes sobre doenças relacionadas com a natureza do trabalho;

*d*) Os potenciais efeitos alérgicos ou tóxicos resultantes do trabalho;

*e*) O conhecimento de doença verificada num trabalhador que esteja directamente relacionada com o seu trabalho.

ARTIGO 33.º – **Vacinação dos trabalhadores**

1 – A entidade empregadora pública deve promover a informação do trabalhador que esteja ou possa estar exposto a agentes biológicos sobre as vantagens e inconvenientes da vacinação e da sua falta.

2 – O médico responsável pela vigilância da saúde deve determinar que o trabalhador não imunizado contra os agentes biológicos a que esteja ou possa estar exposto seja sujeito a vacinação.

3 – A vacinação deve respeitar as recomendações da Direcção-Geral da Saúde, sendo anotada na ficha clínica do trabalhador e registada no seu boletim individual de saúde.

## DIVISÃO VI

### Actividades condicionadas que envolvam agentes químicos condicionados

ARTIGO 34.º – **Avaliação dos riscos**

1 – Se a avaliação revelar a existência de agentes químicos susceptíveis de implicar riscos para o património genético, a entidade empregadora pública deve avaliar os riscos para os trabalhadores tendo em conta, sem prejuízo do disposto no artigo 20.º, nomeadamente:

*a*) As informações relativas à saúde constantes das fichas de dados de segurança de acordo com a legislação especial sobre classificação, embalagem e rotulagem das substâncias e preparações perigosas e outras informações suplementares necessárias à avaliação dos riscos fornecidas pelo fabricante, em especial a avaliação específica dos riscos para os utilizadores;

*b*) As condições de trabalho que impliquem a presença desses agentes, incluindo a sua quantidade;

*c*) Os valores limite obrigatórios e os valores limite de exposição profissional com carácter indicativo estabelecidos em legislação especial.

686        *Novo Estatuto da Função Pública*

2 – No caso em que for possível identificar a susceptibilidade do trabalhador para determinado agente químico a que seja exposto durante a actividade, deve esta situação ser considerada na avaliação dos riscos, bem como para a necessidade da mudança do posto de trabalho.

3 – A avaliação dos riscos deve ser repetida sempre que ocorram alterações significativas, nas situações em que tenha sido ultrapassado um valor limite de exposição profissional obrigatório ou um valor limite biológico e nas situações em que os resultados da vigilância da saúde o justifiquem.

ARTIGO 35.º – **Medição da exposição**

1 – A entidade empregadora pública deve proceder à medição da concentração de agentes químicos susceptíveis de implicar riscos para o património genético, tendo em atenção os valores limite de exposição profissional constantes de legislação especial.

2 – A medição referida no número anterior deve ser periodicamente repetida, bem como se houver alteração das condições susceptíveis de se repercutirem na exposição dos trabalhadores a agentes químicos que possam implicar riscos para o património genético.

3 – A entidade empregadora pública deve tomar o mais rapidamente possível as medidas de prevenção e protecção adequadas se o resultado das medições demonstrar que foi excedido um valor limite de exposição profissional.

ARTIGO 36.º – **Operações específicas**

A entidade empregadora pública deve tomar as medidas técnicas e organizativas adequadas à natureza da actividade, incluindo armazenagem, manuseamento e separação de agentes químicos incompatíveis, pela seguinte ordem de prioridade:

*a)* Prevenir a presença de concentrações perigosas de substâncias inflamáveis ou de quantidades perigosas de substâncias quimicamente instáveis;

*b)* Se a natureza da actividade não permitir a aplicação do disposto na alínea anterior, evitar a presença de fontes de ignição que possam provocar incêndios e explosões ou de condições adversas que possam fazer que substâncias ou misturas de substâncias quimicamente instáveis provoquem efeitos físicos nocivos;

*c)* Atenuar os efeitos nocivos para a saúde dos trabalhadores no caso de incêndio ou explosão resultante da ignição de substâncias inflamáveis ou os efeitos físicos nocivos provocados por substâncias ou misturas de substâncias quimicamente instáveis.

ARTIGO 37.º – **Acidentes, incidentes e situações de emergência**

1 – A entidade empregadora pública deve dispor de um plano de acção, em cuja elaboração e execução devem participar as entidades competentes, com as

*Regime do Contrato de Trabalho em Funções Públicas* 687

medidas adequadas a aplicar em situação de acidente, incidente ou de emergência resultante da presença no local de trabalho de agentes químicos susceptíveis de implicar riscos para o património genético.

2 – O plano de acção referido no número anterior deve incluir a realização periódica de exercícios de segurança e a disponibilização dos meios adequados de primeiros socorros.

3 – Se ocorrer alguma das situações referidas no n.º 1, a entidade empregadora pública deve adoptar imediatamente as medidas adequadas, informar os trabalhadores envolvidos e só permitir a presença na área afectada de trabalhadores indispensáveis à execução das reparações ou outras operações estritamente necessárias.

4 – Os trabalhadores autorizados a exercer temporariamente funções na área afectada, nos termos do número anterior, devem utilizar vestuário de pro-tecção, equipamento de protecção individual e equipamento e material de segurança específico adequados à situação.

5 – A entidade empregadora pública deve instalar sistemas de alarme e outros sistemas de comunicação necessários para assinalar os riscos acrescidos para a saúde, de modo a permitir a adopção de medidas imediatas adequadas, incluindo operações de socorro, evacuação e salvamento.

ARTIGO 38.º – **Instalações e equipamentos de trabalho**

A entidade empregadora pública deve assegurar que:

a) Haja controlo suficiente de instalações, equipamento e máquinas ou equipamentos de prevenção ou limitação dos efeitos de explosões ou ainda que sejam adoptadas medidas imediatas adequadas para reduzir a pressão de explosão;

b) O conteúdo dos recipientes e canalizações utilizados por agentes químicos seja claramente identificado de acordo com a legislação respeitante à classificação, embalagem e rotulagem das substâncias e preparações perigosas e à sinalização de segurança no local de trabalho.

ARTIGO 39.º – **Informação sobre as medidas de emergência**

1 – A entidade empregadora pública deve assegurar que as informações sobre as medidas de emergência respeitantes a agentes químicos susceptíveis de implicar riscos para o património genético sejam prestadas aos serviços de segurança, higiene e saúde no trabalho, bem como a outras entidades internas e externas que intervenham em situação de emergência ou acidente.

2 – As informações referidas no número anterior devem incluir:

a) Avaliação prévia dos perigos da actividade exercida, os modos de os identificar, as precauções e os procedimentos adequados para que os serviços de emergência possam preparar os planos de intervenção e as medidas de precaução;

b) Informações disponíveis sobre os perigos específicos verificados ou que possam ocorrer num acidente ou numa situação de emergência, incluindo as informações relativas aos procedimentos previstos no artigo 37.º

688        *Novo Estatuto da Função Pública*

## CAPÍTULO III
### Protecção da maternidade e da paternidade

*(Por força do disposto no art. 22.º da Lei n.º 59/2008, de 11 de Setembro, os artigos 40.º a 86.º deste Capítulo encontram-se revogados na sequência da publicação do novo Código do Trabalho, aprovado pela Lei n.º 7/2009, de 12 de Fevereiro, e da entrada em vigor das suas normas sobre protecção na parentalidade, ocorrida no dia 1 de Maio, data do início da produção dos efeitos da respectiva regulamentação aprovada pelo Dec.-Lei n.º 89/2009, de 9 de Abril)*

## CAPÍTULO IV
### Trabalhador-estudante

ARTIGO 87.º – **Âmbito**

O presente capítulo regula o artigo 58.º, bem como a alínea *c*) do n.º 2 artigo 185.º do Regime.

ARTIGO 88.º – **Concessão do estatuto de trabalhador-estudante**

1 – Para poder beneficiar do regime previsto nos artigos 52.º a 58.º do Regime, o trabalhador-estudante deve comprovar perante a entidade empregadora pública a sua condição de estudante, apresentando igualmente o respectivo horário escolar.

2 – Para efeitos do n.º 2 do artigo 52.º do Regime, o trabalhador deve comprovar:

    *a*) Perante a entidade empregadora pública, no final de cada ano lectivo, o respectivo aproveitamento escolar;

    *b*) Perante o estabelecimento de ensino, a sua qualidade de trabalhador.

3 – Para efeitos do número anterior considera-se aproveitamento escolar o trânsito de ano ou a aprovação em, pelo menos, metade das disciplinas em que o trabalhador-estudante esteja matriculado ou, no âmbito do ensino recorrente por unidades capitalizáveis no 3.º ciclo do ensino básico e no ensino secundário, a capitalização de um número de unidades igual ou superior ao dobro das disciplinas em que aquele se matricule, com um mínimo de uma unidade de cada uma dessas disciplinas.

4 – É considerado com aproveitamento escolar o trabalhador que não satisfaça o disposto no número anterior por causa de ter gozado a licença por maternidade ou licença parental não inferior a um mês ou devido a acidente de trabalho ou doença profissional.

5 – O trabalhador-estudante tem o dever de escolher, de entre as possibilidades existentes no respectivo estabelecimento de ensino, o horário escolar compatível com as suas obrigações profissionais, sob pena de não poder beneficiar dos inerentes direitos.

## Regime do Contrato de Trabalho em Funções Públicas

Artigo 89.º – **Dispensa de trabalho**

1 – Para efeitos do n.º 2 do artigo 53.º do Regime, o trabalhador-estudante beneficia de dispensa de trabalho até seis horas semanais, sem perda de quaisquer direitos, contando como prestação efectiva de serviço, se assim o exigir o respectivo horário escolar.

2 – A dispensa de trabalho para frequência de aulas prevista no n.º 1 pode ser utilizada de uma só vez ou fraccionadamente, à escolha do trabalhador--estudante, dependendo do período normal de trabalho semanal aplicável, nos seguintes termos:

   a) Igual ou superior a vinte horas e inferior a trinta horas – dispensa até três horas semanais;
   b) Igual ou superior a trinta horas e inferior a trinta e quatro horas – dispensa até quatro horas semanais;
   c) Igual ou superior a trinta e quatro horas – dispensa até cinco horas semanais.

3 – A entidade empregadora pública pode, nos 15 dias seguintes à utilização da dispensa de trabalho, exigir a prova da frequência de aulas, sempre que o estabelecimento de ensino proceder ao controlo da frequência.

Artigo 90.º – **Trabalho extraordinário e adaptabilidade**

1 – Ao trabalhador-estudante não pode ser exigida a prestação de trabalho extraordinário, excepto por motivo de força maior, nem exigida a prestação de trabalho em regime de adaptabilidade, sempre que colidir com o seu horário escolar ou com a prestação de provas de avaliação.

2 – No caso de o trabalhador realizar trabalho em regime de adaptabilidade tem direito a um dia por mês de dispensa de trabalho, sem perda de quaisquer direitos, contando como prestação efectiva de serviço.

3 – No caso de o trabalhador-estudante realizar trabalho extraordinário, o descanso compensatório previsto no artigo 163.º do Regime é, pelo menos, igual ao número de horas de trabalho extraordinário prestado.

Artigo 91.º – **Prestação de provas de avaliação**

1 – Para efeitos do artigo 54.º do Regime, o trabalhador-estudante tem direito a faltar justificadamente ao trabalho para prestação de provas de avaliação nos seguintes termos:

   a) Até dois dias por cada prova de avaliação, sendo um o da realização da prova e o outro o imediatamente anterior, aí se incluindo sábados, domingos e feriados;
   b) No caso de provas em dias consecutivos ou de mais de uma prova no mesmo dia, os dias anteriores são tantos quantas as provas de avaliação a efectuar, aí se incluindo sábados, domingos e feriados;
   c) Os dias de ausência referidos nas alíneas anteriores não podem exceder um máximo de quatro por disciplina em cada ano lectivo.

690     *Novo Estatuto da Função Pública*

2 – O direito previsto no número anterior só pode ser exercido em dois anos lectivos relativamente a cada disciplina.

3 – Consideram-se ainda justificadas as faltas dadas pelo trabalhador--estudante na estrita medida das necessidades impostas pelas deslocações para prestar provas de avaliação, não sendo remuneradas, independentemente do número de disciplinas, mais de 10 faltas.

4 – Para efeitos de aplicação deste artigo, consideram-se provas de avaliação os exames e outras provas escritas ou orais, bem como a apresentação de trabalhos, quando estes os substituem ou os complementam, desde que determinem directa ou indirectamente o aproveitamento escolar.

ARTIGO 92.º – **Férias e licenças**

1 – Para efeitos do n.º 1 do artigo 56.º do Regime, o trabalhador-estudante tem direito a marcar o gozo de 15 dias de férias interpoladas, sem prejuízo do número de dias de férias a que tem direito.

2 – Para efeitos do n.º 2 do artigo 56.º do Regime, o trabalhador-estudante, justificando-se por motivos escolares, pode utilizar em cada ano civil, seguida ou interpoladamente, até 10 dias úteis de licença sem remuneração, desde que o requeira nos seguintes termos:

    *a)* Com quarenta e oito horas de antecedência ou, sendo inviável, logo que possível, no caso de pretender um dia de licença;

    *b)* Com oito dias de antecedência, no caso de pretender dois a cinco dias de licença;

    *c)* Com 15 dias de antecedência, caso pretenda mais de 5 dias de licença.

ARTIGO 93.º – **Cessação de direitos**

1 – Os direitos conferidos ao trabalhador-estudante em matéria de horário de trabalho, de férias e licenças, previstos nos artigos 53.º e 56.º do Regime e nos artigos 89.º e 92.º, cessam quando o trabalhador-estudante não conclua com aproveitamento o ano escolar ao abrigo de cuja frequência beneficiou desses mesmos direitos.

2 – Os restantes direitos conferidos ao trabalhador-estudante cessam quando este não tenha aproveitamento em dois anos consecutivos ou três interpolados.

3 – Os direitos dos trabalhadores-estudantes cessam imediatamente no ano lectivo em causa em caso de falsas declarações relativamente aos factos de que depende a concessão do estatuto ou a factos constitutivos de direitos, bem como quando tenham sido utilizados para fins diversos.

4 – No ano lectivo subsequente àquele em que cessaram os direitos previstos no Regime e neste capítulo, pode ao trabalhador-estudante ser novamente concedido o exercício dos mesmos, não podendo esta situação ocorrer mais do que duas vezes.

*Regime do Contrato de Trabalho em Funções Públicas* 691

ARTIGO 94.º – **Excesso de candidatos à frequência de cursos**

1 – Sempre que a pretensão formulada pelo trabalhador-estudante no sentido de lhe ser aplicado o disposto no artigo 53.º do Regime e no artigo 89.º se revele, manifesta e comprovadamente, comprometedora do normal funcionamento do órgão ou serviço, fixa-se, por acordo entre a entidade empregadora pública, trabalhador interessado e comissão de trabalhadores ou, na sua falta, comissão intersindical, comissões sindicais ou delegados sindicais, as condições em que é decidida a pretensão apresentada.

2 – Na falta do acordo previsto na segunda parte do número anterior, a entidade empregadora pública decide fundamentadamente, informando por escrito o trabalhador interessado.

ARTIGO 95.º – **Especificidades da frequência de estabelecimento de ensino**

1 – O trabalhador-estudante não está sujeito à frequência de um número mínimo de disciplinas de determinado curso, em graus de ensino em que isso seja possível, nem a regimes de prescrição ou que impliquem mudança de estabelecimento de ensino.

2 – O trabalhador-estudante não está sujeito a qualquer disposição legal que faça depender o aproveitamento escolar de frequência de um número mínimo de aulas por disciplina.

3 – O trabalhador-estudante não está sujeito a limitações quanto ao número de exames a realizar na época de recurso.

4 – No caso de não haver época de recurso, o trabalhador-estudante tem direito, na medida em que for legalmente admissível, a uma época especial de exame em todas as disciplinas.

5 – O estabelecimento de ensino com horário pós-laboral deve assegurar que os exames e as provas de avaliação, bem como serviços mínimos de apoio ao trabalhador-estudante decorram, na medida do possível, no mesmo horário.

6 – O trabalhador-estudante tem direito a aulas de compensação ou de apoio pedagógico que sejam consideradas imprescindíveis pelos órgãos do estabelecimento de ensino.

ARTIGO 96.º – **Cumulação de regimes**

O trabalhador-estudante não pode cumular perante o estabelecimento de ensino e a entidade empregadora pública os benefícios conferidos no Regime e neste capítulo com quaisquer regimes que visem os mesmos fins, nomeadamente no que respeita à inscrição, dispensa de trabalho para frequência de aulas, licenças por motivos escolares ou prestação de provas de avaliação.

# CAPÍTULO V
## Trabalhadores estrangeiros e apátridas

Artigo 97.º – **Âmbito**

O presente capítulo regula o n.º 1 do artigo 61.º e o n.º 1 do artigo 62.º do Regime.

Artigo 98.º – **Formalidades**

1 – Para efeitos do n.º 1 do artigo 61.º do Regime, o contrato deve conter, para além das indicações e dos requisitos previstos nos n.ºs 1 e 2 do artigo 72.º do Regime, ou no n.º 1 do artigo 95.º do mesmo Regime, se se tratar de contrato a termo resolutivo, a referência ao visto de trabalho ou ao título de autorização de residência ou permanência do trabalhador em território português, nos termos da legislação em vigor.

2 – Para efeitos do n.º 1 do artigo 61.º do Regime, o trabalhador deve ainda anexar ao contrato a identificação e o domicílio da pessoa ou pessoas beneficiárias de pensão em caso de morte resultante de acidente de trabalho ou doença profissional.

3 – A entidade empregadora pública deve guardar, junto com o exemplar do contrato, os documentos comprovativos do cumprimento das obrigações legais relativas à entrada e à permanência ou residência do cidadão estrangeiro em Portugal.

Artigo 99.º – **Comunicação da celebração e da cessação**

1 – Para efeitos do n.º 1 do artigo 62.º do Regime, antes do início da prestação de trabalho por parte do trabalhador estrangeiro ou apátrida, a entidade empregadora pública deve comunicar, por escrito, a celebração do contrato à Inspecção-Geral de Finanças.

2 – Verificando -se a cessação do contrato, a entidade empregadora pública deve comunicar, por escrito, esse facto, no prazo de 15 dias, à Inspecção-Geral de Finanças.

3 – O disposto nos números anteriores não é aplicável à celebração de contratos com cidadãos nacionais de países membros do espaço económico europeu ou outros relativamente aos quais vigore idêntico regime.


# CAPÍTULO VI
## Taxa social única

Artigo 100.º – **Âmbito**

O presente capítulo regula o artigo 102.º do Regime.

ARTIGO 101.º – **Taxa social única**

A parcela da taxa social única a cargo de entidade empregadora pública, cuja percentagem de trabalhadores contratados a termo certo seja igual ou superior a 15%, é aumentada, relativamente a todos os trabalhadores contratados a termo certo, em:

*a)* 0,6% a partir do início do 4.º ano da duração do contrato e até ao final do 5.º;

*b)* 1% a partir do início do 6.º ano da duração do contrato.

ARTIGO 102.º – **Determinação do número de trabalhadores**

A percentagem de trabalhadores contratados a termo prevista no artigo anterior é calculada com base nos números médios do total de trabalhadores contratados a termo certo e do total de trabalhadores do órgão ou serviço, relativos ao mês precedente.

ARTIGO 103.º – **Compensação do aumento da taxa social única**

1 – No caso de posto de trabalho ocupado por trabalhador contratado a termo certo que passe a ser ocupado por trabalhador contratado por tempo indeterminado, a entidade empregadora pública tem direito a compensar o aumento da parcela da taxa social única com uma redução, igual em percentagem e período do aumento ocorrido nos termos do artigo 101.º

2 – A redução referida no número anterior não é cumulável com qualquer outra redução da parcela da taxa social única a cargo da entidade empregadora pública e relativa a trabalhador que ocupe o mesmo posto de trabalho.

## CAPÍTULO VII
### Mapas de horário de trabalho

ARTIGO 104.º – **Âmbito**

O presente capítulo regula o n.º 1 do artigo 141.º do Regime.

ARTIGO 105.º – **Mapa de horário de trabalho**

1 – Do mapa de horário de trabalho deve constar:

*a)* Identificação da entidade empregadora pública;

*b)* Sede e local de trabalho;

*c)* Começo e termo do período de funcionamento do órgão ou serviço;

*d)* Horas de início e termo dos períodos normais de trabalho, com indicação dos intervalos de descanso;

*e)* Dias de descanso semanal obrigatório e complementar;

*f)* Instrumento de regulamentação colectiva de trabalho aplicável, se o houver;

694                    *Novo Estatuto da Função Pública*

*g)* Regime resultante do acordo individual que institui a adaptabilidade, se o houver.

2 – Quando as indicações referidas no número anterior não forem comuns a todos os trabalhadores, devem também constar dos mapas de horário de trabalho os nomes dos trabalhadores cujo regime seja diferente do estabelecido para os restantes, sem prejuízo do n.º 4.

3 – Sempre que os horários de trabalho incluam turnos de pessoal diferente, devem constar ainda do respectivo mapa:

*a)* Número de turnos;

*b)* Escala de rotação, se a houver;

*c)* Horas de início e termo dos períodos normais de trabalho, com indicação dos intervalos de descanso;

*d)* Dias de descanso do pessoal de cada turno.

4 – A composição dos turnos, de harmonia com a respectiva escala, se a houver, é registada em livro próprio ou em suporte informático e faz parte integrante do mapa de horário de trabalho.

ARTIGO 106.º – **Afixação do mapa de horário de trabalho**

1 – A entidade empregadora pública procede à afixação nos locais de trabalho do mapa de horário de trabalho.

2 – Quando vários órgãos ou serviços desenvolvam, simultaneamente, actividades no mesmo local de trabalho, deve a entidade empregadora pública em cujas instalações os trabalhadores prestam serviço afixar os diferentes mapas de horário de trabalho.

ARTIGO 107.º – **Alteração do mapa de horário de trabalho**

A alteração de qualquer elemento constante do mapa de horário de trabalho está sujeita às normas fixadas para a sua elaboração e afixação.


## CAPÍTULO VIII
### Condições ou garantias da prestação
### do trabalho nocturno

ARTIGO 108.º – **Âmbito**

O presente capítulo regula o artigo 157.º do Regime.

ARTIGO 109.º – **Actividades**

Entende-se que implicam para o trabalhador nocturno riscos especiais ou uma tensão física ou mental significativa as actividades:

*a)* Monótonas, repetitivas, cadenciadas e isoladas;

Regime do Contrato de Trabalho em Funções Públicas 695

b) Realizadas em obras de construção, escavação, movimentação de terras, túneis, com riscos de quedas de altura ou de soterramento, demolição e intervenção em ferrovias e rodovias sem interrupção de tráfego;
c) Realizadas na indústria extractiva;
d) Realizadas no fabrico, transporte e utilização de explosivos e pirotecnia;
e) Que envolvam contactos com correntes eléctricas de média e alta tensão;
f) Realizadas na produção e transporte de gases comprimidos, liquefeitos ou dissolvidos ou com utilização significativa dos mesmos;
g) Que, em função da avaliação dos riscos a ser efectuada pela entidade empregadora pública, assumam a natureza de particular penosidade, perigosidade, insalubridade ou toxicidade.

ARTIGO 110.º – **Avaliação de riscos**

1 – A entidade empregadora pública deve avaliar os riscos inerentes à actividade do trabalhador, tendo presente, nomeadamente, a sua condição física e psíquica, em momento anterior ao início da actividade e posteriormente, de seis em seis meses, bem como antes da alteração das condições de trabalho.

2 – A avaliação referida no número anterior consta de documento que deve ser facultado ao serviço com competência inspectiva do ministério responsável pela área laboral sempre que solicitado.

ARTIGO 111.º – **Consulta**

A entidade empregadora pública deve consultar os representantes dos trabalhadores para a segurança, higiene e saúde no trabalho ou, na falta destes, os próprios trabalhadores relativamente ao início da prestação de trabalho nocturno, às formas de organização do trabalho nocturno que melhor se adapte ao trabalhador, bem como sobre as medidas de segurança, higiene e saúde a adoptar para a prestação desse trabalho.

## CAPÍTULO IX
### Registo do trabalho extraordinário

ARTIGO 112.º – **Âmbito**

O presente capítulo regula o n.º 3 do artigo 165.º do Regime.

ARTIGO 113.º – **Registo**

1 – Sem prejuízo do n.º 2 do artigo 165.º do Regime, o visto do registo das horas de início e termo do trabalho extraordinário é dispensado quando o registo for directamente efectuado pelo trabalhador.

2 – O registo de trabalho extraordinário deve conter os elementos e ser efectuado de acordo com o modelo aprovado por portaria do membro do Governo responsável pela área da Administração Pública.

696          *Novo Estatuto da Função Pública*

3 – O registo referido no número anterior é efectuado em suporte documental adequado, nomeadamente em impressos adaptados a sistemas de relógio de ponto, mecanográficos ou informáticos, devendo reunir as condições para a sua imediata consulta e impressão, sempre que necessário.

4 – Os suportes documentais de registo de trabalho extraordinário devem encontrar-se permanentemente actualizados, sem emendas nem rasuras não ressalvadas.

Artigo 114.º – **Actividade realizada no exterior do órgão ou serviço**

1 – O trabalhador que realize o trabalho extraordinário no exterior do órgão ou serviço deve visar imediatamente o registo do trabalho extraordinário após o seu regresso ou mediante devolução do registo devidamente visado.

2 – O órgão ou serviço deve possuir, devidamente visado, o registo de trabalho extraordinário no prazo máximo de 15 dias a contar da prestação.

## CAPÍTULO X
### Fiscalização de doenças durante as férias

Secção I – **Âmbito**

Artigo 115.º – **Âmbito**

O presente capítulo regula o n.º 8 do artigo 178.º do Regime.

Secção II – **Verificação da situação de doença
por médico designado pela segurança social**

Artigo 116.º – **Requerimento**

1 – Para efeitos de verificação da situação de doença do trabalhador, a entidade empregadora pública deve requerer a designação de médico aos serviços da segurança social da área da residência habitual do trabalhador.

2 – A entidade empregadora pública deve, na mesma data, informar o trabalhador do requerimento referido no número anterior.

Artigo 117.º – **Designação de médico**

1 – Os serviços da segurança social devem, no prazo de vinte e quatro horas a contar da recepção do requerimento:

*a)* Designar o médico de entre os que integram comissões de verificação de incapacidade temporária;

*b)* Comunicar a designação do médico à entidade empregadora pública;

*c)* Convocar o trabalhador para o exame médico, indicando o local, dia e hora da sua realização, que deve ocorrer nas setenta e duas horas seguintes;

*Regime do Contrato de Trabalho em Funções Públicas* 697

*d)* Informar o trabalhador de que a sua não comparência ao exame médico, sem motivo atendível, tem como consequência que os dias de alegada doença são considerados dias de férias, bem como que deve apresentar, aquando da sua observação, informação clínica e os elementos auxiliares de diagnóstico de que disponha, comprovativos da sua incapacidade.

2 – Os serviços de segurança social, caso não possam cumprir o disposto no número anterior, devem, dentro do mesmo prazo, comunicar essa impossibilidade à entidade empregadora pública.

### Secção III – **Verificação da situação de doença por médico designado pela entidade empregadora pública**

Artigo 118.º – **Designação de médico**

1 – A entidade empregadora pública pode designar um médico para efectuar a verificação da situação de doença do trabalhador:

*a)* Não se tendo realizado o exame no prazo previsto na alínea *c)* do n.º 1 do artigo 117.º por motivo não imputável ao trabalhador ou, sendo caso disso, do n.º 2 do artigo 122.º;

*b)* Tendo recebido a comunicação prevista no n.º 2 do artigo 117.º ou, na falta desta, se não tiver obtido indicação do médico por parte dos serviços da segurança social nas vinte e quatro horas após a apresentação do requerimento previsto no n.º 1 do artigo 116.º

2 – Na mesma data da designação prevista no número anterior a entidade empregadora pública deve dar cumprimento ao disposto nas alíneas *c)* e *d)* do n.º 1 do artigo 117.º

### Secção IV – **Reavaliação da situação de doença**

Artigo 119.º – **Comissão de reavaliação**

1 – Para efeitos do n.º 6 do artigo 178.º do Regime, a reavaliação da situação de doença do trabalhador é feita por intervenção de comissão de reavaliação dos serviços da segurança social da área da residência habitual deste.

2 – Sem prejuízo do previsto no número seguinte, a comissão de reavaliação é constituída por três médicos, um designado pelos serviços da segurança social, que preside com o respectivo voto de qualidade, devendo ser, quando se tenha procedido à verificação da situação de doença ao abrigo do artigo 117.º, o médico que a realizou, um indicado pelo trabalhador e outro pela entidade empregadora pública.

3 – A comissão de reavaliação é constituída por apenas dois médicos no caso de:

*a)* O trabalhador ou entidade empregadora pública não ter procedido à respectiva designação;

698          *Novo Estatuto da Função Pública*

b) O trabalhador e entidade empregadora pública não terem procedido à respectiva designação, cabendo aos serviços de segurança social a designação de outro médico.

ARTIGO 120.º – **Requerimento**

1 – Qualquer das partes pode requerer a reavaliação da situação de doença nas vinte e quatro horas subsequentes ao conhecimento do resultado da verificação da mesma, devendo, na mesma data, comunicar esse pedido à contraparte.

2 – O requerente deve indicar o médico referido no n.º 3 do artigo anterior ou declarar que prescinde dessa faculdade.

3 – A contraparte pode indicar o médico nas vinte e quatro horas seguintes ao conhecimento do pedido.

ARTIGO 121.º – **Procedimento**

1 – Os serviços da segurança social devem, no prazo de vinte e quatro horas a contar da recepção do requerimento, dar cumprimento ao disposto nas alíneas c) e d) do n.º 1 do artigo 117.º

2 – No prazo de oito dias a contar da apresentação do requerimento, a comissão deve proceder à reavaliação da situação de doença do trabalhador e comunicar o resultado da mesma a este e à entidade empregadora pública.

SECÇÃO V – **Disposições comuns**

ARTIGO 122.º – **Impossibilidade de comparência ao exame médico**

1 – O trabalhador convocado para exame médico fora do seu domicílio que, justificadamente, não se possa deslocar deve, em qualquer caso, informar dessa impossibilidade a entidade que o tiver convocado, até à data prevista para o exame ou, se não tiver sido possível, nas vinte e quatro horas seguintes.

2 – Consoante a natureza do impedimento do trabalhador, é determinada nova data para o exame e, se necessário, a sua realização no domicílio do trabalhador, dentro das quarenta e oito horas seguintes.

ARTIGO 123.º – **Comunicação do resultado da verificação**

1 – O médico que proceda à verificação da situação de doença só pode comunicar à entidade empregadora pública se o trabalhador está ou não apto para desempenhar a actividade, salvo autorização deste.

2 – O médico que proceda à verificação da situação de doença deve proceder à comunicação prevista no número anterior nas vinte e quatro horas subsequentes.

*Regime do Contrato de Trabalho em Funções Públicas* 699

Artigo 124.º – **Comunicações**

As comunicações previstas no presente capítulo devem ser efectuadas por escrito e por meio célere, designadamente telegrama, telefax ou correio electrónico.

Artigo 125.º – **Eficácia do resultado da verificação da situação de doença**

A entidade empregadora pública não pode fundamentar qualquer decisão desfavorável para o trabalhador no resultado da verificação da situação de doença do mesmo, efectuada nos termos dos artigos 117.º ou 118.º, enquanto decorrer o prazo para requerer a intervenção da comissão de reavaliação, nem até à decisão final, se esta for requerida.

Secção VI – **Taxas**

Artigo 126.º – **Taxas**

O requerente da nomeação de médico pelos serviços da segurança social ou da intervenção da comissão de reavaliação está sujeito a taxa, a fixar por portaria conjunta dos ministros responsáveis pelas áreas das finanças e laboral.

CAPÍTULO XI

**Faltas para assistência à família**

Artigo 127.º – **Âmbito**

O presente capítulo regula a alínea *e*) do n.º 2 do artigo 185.º do Regime.

Artigo 128.º – **Faltas para assistência a membros do agregado familiar**

1 – O trabalhador tem direito a faltar ao trabalho até 15 dias por ano para prestar assistência inadiável e imprescindível em caso de doença ou acidente ao cônjuge, parente ou afim na linha recta ascendente ou no 2.º grau da linha colateral, filho, adoptado ou enteado com mais de 10 anos de idade.

2 – Aos 15 dias previstos no número anterior acresce um dia por cada filho, adoptado ou enteado além do primeiro.

3 – O disposto nos números anteriores é aplicável aos trabalhadores a quem tenha sido deferida a tutela de outra pessoa ou confiada a guarda de menor com mais de 10 anos, por decisão judicial ou administrativa.

4 – Para justificação de faltas, a entidade empregadora pública pode exigir ao trabalhador:

a) Prova do carácter inadiável e imprescindível da assistência;
b) Declaração de que os outros membros do agregado familiar, caso exer-çam actividade profissional, não faltaram pelo mesmo motivo ou estão impossibilitados de prestar a assistência.

700      *Novo Estatuto da Função Pública*

Artigo 129.º – **Efeitos**

As faltas previstas no artigo anterior não determinam a perda de quaisquer direitos e são consideradas, salvo quanto à remuneração, como prestação efectiva de serviço.

## CAPÍTULO XII
### Fiscalização de doença

Artigo 130.º – **Âmbito**

O presente capítulo regula o n.º 7 do artigo 190.º do Regime.

Artigo 131.º – **Regime**

1 – Aplica-se ao presente capítulo o regime previsto nos artigos 116.º a 126.º, sem prejuízo do disposto no número seguinte.

2 – A entidade que proceder à convocação do trabalhador para o exame médico deve informá-lo de que a sua não comparência ao exame médico, sem motivo atendível, tem como consequência a não justificação das faltas dadas por doença, bem como que deve apresentar, aquando da sua observação, informação clínica e os elementos auxiliares de diagnóstico de que disponha, comprovativos da sua incapacidade.

## CAPÍTULO XIII
### Segurança, higiene e saúde no trabalho

Secção I – **Âmbito**

Artigo 132.º – **Âmbito**

O presente capítulo regula o artigo 229.º do Regime.

Secção II – **Disposições gerais**

Artigo 133.º – **Conceitos**

1 – Para efeitos do disposto nos artigos 221.º a 227.º do Regime, bem como no presente capítulo, entende-se por:

    *a)* «Representante dos trabalhadores» – o trabalhador eleito para exercer funções de representação dos trabalhadores nos domínios da segurança, higiene e saúde no trabalho;

    *b)* «Componentes materiais do trabalho» – o local de trabalho, o ambiente de trabalho, as ferramentas, as máquinas e materiais, as substâncias e agentes químicos, físicos e biológicos, os processos de trabalho e a organização do trabalho;

*Regime do Contrato de Trabalho em Funções Públicas* 701

c) «Prevenção» – conjunto de actividades ou medidas adoptadas ou previstas em todas as fases de actividade do órgão ou serviço, com o fim de evitar, eliminar ou diminuir os riscos profissionais.

2 – Consideram -se de risco elevado:

a) Trabalhos em obras de construção, escavação, movimentação de terras, túneis, com riscos de quedas de altura ou de soterramento, demolições e intervenção em ferrovias e rodovias sem interrupção de tráfego;

b) Trabalhos em indústrias extractivas;

c) Trabalho hiperbárico;

d) Trabalhos que envolvam a utilização ou armazenagem de quantidades significativas de produtos químicos perigosos susceptíveis de provocar acidentes graves;

e) Fabrico, transporte e utilização de explosivos e pirotecnia;

f) Trabalhos em indústria siderúrgica e construção naval;

g) Trabalhos que envolvam contacto com correntes eléctricas de média e alta tensão;

h) Produção e transporte de gases comprimidos, liquefeitos ou dissolvidos, ou a utilização significativa dos mesmos;

i) Trabalhos que impliquem a exposição a radiações ionizantes;

j) Trabalhos que impliquem a exposição a agentes cancerígenos, muta-génicos ou tóxicos para a reprodução;

l) Trabalhos que impliquem a exposição a agentes biológicos do grupo 3 ou 4;

m) Trabalhos que envolvam risco de silicose.

ARTIGO 134.º – **Consulta e participação**

Na promoção e avaliação, a nível nacional, das medidas de política sobre segurança, higiene e saúde no trabalho deve assegurar-se a consulta e a partici-pação das organizações mais representativas dos trabalhadores.

ARTIGO 135.º – **Comissões de segurança, higiene e saúde no trabalho**

1 – Por instrumento de regulamentação colectiva de trabalho negocial, podem ser criadas comissões de segurança, higiene e saúde no trabalho, de composição paritária.

2 – A comissão de segurança, higiene e saúde no trabalho criada nos termos do número anterior é constituída pelos representantes dos trabalhadores para a segurança, higiene e saúde no trabalho, de acordo com a proporcionalidade dos resultados da eleição prevista nos artigos 181.º a 195.º

ARTIGO 136.º – **Formação dos representantes dos trabalhadores**

1 – A entidade empregadora pública deve proporcionar condições para que os representantes dos trabalhadores para a segurança, higiene e saúde no trabalho recebam formação adequada, concedendo, se necessário, licença com remuneração

702 *Novo Estatuto da Função Pública*

ou sem remuneração nos casos em que outra entidade atribua aos trabalhadores um subsídio específico.

2 – Para efeitos do disposto no número anterior, a entidade empregadora pública pode solicitar o apoio dos serviços públicos competentes quando careça dos meios e condições necessários à realização da formação, bem como as estruturas de representação colectiva dos trabalhadores no que se refere à formação dos respectivos representantes.

ARTIGO 137.º – **Formação dos trabalhadores**

1 – Sem prejuízo do disposto no artigo 227.º do Regime, a entidade empregadora pública deve formar, em número suficiente, tendo em conta a dimensão do órgão ou serviço e os riscos existentes, os trabalhadores responsáveis pela aplicação das medidas de primeiros socorros, de combate a incêndios e de evacuação de trabalhadores, bem como facultar-lhes material adequado.

2 – Para efeitos da formação dos trabalhadores, é aplicável o disposto na primeira parte do n.º 2 do artigo anterior.

SECÇÃO III – **Serviços de segurança, higiene e saúde no trabalho**

SUBSECÇÃO I – **Disposições gerais**

ARTIGO 138.º – **Âmbito**

A presente secção regula o artigo 225.º do Regime.

SUBSECÇÃO II – **Organização dos serviços**

# DIVISÃO I
## Disposições gerais

ARTIGO 139.º – **Modalidades**

1 – Na organização dos serviços de segurança, higiene e saúde no trabalho, a entidade empregadora pública pode adoptar, sem prejuízo do disposto no número seguinte, uma das seguintes modalidades:

*a)* Serviços internos;
*b)* Serviços partilhados;
*c)* Serviços externos.

2 – As actividades integradas no funcionamento dos serviços de segurança, higiene e saúde no trabalho podem ainda ser asseguradas, no todo ou em parte, por um ou mais trabalhadores designados para o efeito que tenham formação adequada nos termos do artigo 142.º e disponham do tempo e dos meios necessários.

Regime do Contrato de Trabalho em Funções Públicas     703

3 – O exercício das actividades previsto no número anterior depende de autorização concedida pelo organismo do ministério responsável pela área laboral competente em matéria de prevenção da segurança, higiene e saúde no trabalho.

4 – Os trabalhadores designados nos termos do n.º 2 não devem ser prejudicados por causa do exercício das actividades.

5 – A autorização referida no n.º 3 é revogada se o órgão ou serviço apresentar, por mais de uma vez num período de cinco anos, taxas de incidência e de gravidade de acidentes de trabalho superiores à média do respectivo sector.

6 – No caso referido no número anterior, a entidade empregadora pública deve adoptar outra modalidade de organização dos serviços de segurança e higiene no trabalho no prazo de três meses.

7 – A entidade empregadora pública pode adoptar diferentes modalidades de organização em cada estabelecimento periférico ou unidade orgânica desconcentrada.

8 – As actividades de saúde podem ser organizadas separadamente das de segurança e higiene, observando-se, relativamente a cada uma, o disposto no número anterior.

9 – Os serviços organizados em qualquer das modalidades referidas no n.º 1 devem ter capacidade para exercer as actividades principais de segurança, higiene e saúde no trabalho.

10 – A utilização de serviços partilhados ou de serviços externos não isenta a entidade empregadora pública das responsabilidades que lhe são atribuídas pela legislação sobre segurança, higiene e saúde no trabalho.

### ARTIGO 140.º – **Primeiros socorros, combate a incêndios e evacuação de trabalhadores**

O órgão ou serviço, qualquer que seja a organização dos serviços de segurança, higiene e saúde no trabalho, deve ter uma estrutura interna que assegure as actividades de primeiros socorros, de combate a incêndios e de evacuação de trabalhadores em situações de perigo grave e iminente, designando os trabalhadores responsáveis por essas actividades.

### ARTIGO 141.º – **Representante da entidade empregadora pública**

Se forem adoptadas as modalidades de serviços partilhados ou de serviços externos, a entidade empregadora pública deve designar, em cada estabelecimento periférico ou unidade orgânica desconcentrada, um trabalhador com formação adequada que a represente para acompanhar e coadjuvar a adequada execução das actividades de prevenção.

### ARTIGO 142.º – **Formação adequada**

Para efeitos do artigo anterior, considera-se formação adequada a que permita a aquisição de competências básicas em matéria de segurança e higiene no trabalho, saúde, ergonomia, ambiente e organização do trabalho, que seja validada pelo organismo do ministério responsável pela área laboral competente

704        *Novo Estatuto da Função Pública*

em matéria de segurança, higiene e saúde no trabalho, ou inserida no sistema educativo, ou promovida por departamentos da Administração Pública com responsabilidade no desenvolvimento de formação profissional.

## DIVISÃO II
### Serviços internos

ARTIGO 143.º – **Serviços internos**

1 – Os serviços internos são criados pela entidade empregadora pública e abrangem exclusivamente os trabalhadores que prestam serviço no órgão ou serviço.

2 – Os serviços internos fazem parte da estrutura do órgão ou serviço e dependem da entidade empregadora pública.

ARTIGO 144.º – **Taxas de incidência e de gravidade de acidentes de trabalho**

Para efeitos dos artigos anteriores, as taxas de incidência e de gravidade de acidentes de trabalho médias do sector são apuradas pelo serviço competente do ministério responsável pela área laboral.

## DIVISÃO III
### Serviços partilhados

ARTIGO 145.º – **Serviços partilhados**

Os serviços partilhados funcionam nos termos da lei.

## DIVISÃO IV
### Serviços externos

ARTIGO 146.º – **Serviços externos**

1 – Os serviços externos são contratados pelas entidades empregadoras públicas a outras entidades, públicas ou privadas.

2 – Os serviços externos têm as seguintes modalidades:

a) Associativos – prestados por associações com personalidade jurídica sem fins lucrativos;

b) Cooperativos – prestados por cooperativas cujo objecto estatutário compreenda, exclusivamente, a actividade de segurança, higiene e saúde no trabalho;

c) Privados – prestados por sociedades de cujo pacto social conste o exercício de actividades de segurança, higiene e saúde no trabalho, ou por pessoa individual com habilitação e formação legais adequadas;

*Regime do Contrato de Trabalho em Funções Públicas* 705

*d)* Convencionados – prestados por qualquer entidade da Administração Pública central, regional ou local, instituto público ou instituição integrada no Serviço Nacional de Saúde.

3 – A entidade empregadora pública pode adoptar um modo de organização dos serviços externos diferente das modalidades previstas no número anterior, desde que seja previamente autorizada, nos termos dos artigos 147.º a 154.º

4 – O contrato entre a entidade empregadora pública e a entidade que assegura a prestação de serviços externos é celebrado por escrito e deve conter os seguintes elementos:

*a)* A identificação completa da entidade prestadora dos serviços;

*b)* O local ou locais da prestação dos serviços;

*c)* As datas do início e do termo da actividade;

*d)* A identificação do técnico responsável pelo serviço e, se for pessoa diferente, do médico do trabalho;

*e)* O número de trabalhadores potencialmente abrangidos;

*f)* O número de horas mensais de afectação de pessoal da entidade prestadora de serviços à entidade empregadora pública;

*g)* Os actos excluídos do âmbito do contrato.

## DIVISÃO V
### Autorização de serviços externos

ARTIGO 147.º – **Autorização**

1 – Os serviços externos, com excepção dos prestados por instituição integrada no Serviço Nacional de Saúde, carecem de autorização para o exercício da actividade de segurança, higiene e saúde no trabalho.

2 – A autorização pode ser concedida para actividades das áreas de segurança, higiene e saúde, de segurança e higiene ou de saúde, para todos ou alguns sectores de actividade, bem como para determinadas actividades de risco elevado.

3 – A autorização depende da satisfação dos seguintes requisitos:

*a)* Recursos humanos suficientes com as qualificações legalmente exigidas, no mínimo dois técnicos superiores de segurança e higiene no trabalho e um médico do trabalho, para autorização das actividades de segurança e higiene e de saúde, respectivamente;

*b)* Instalações devidamente equipadas, com condições adequadas ao exercício da actividade;

*c)* Equipamentos e utensílios de avaliação das condições de segurança, higiene e saúde no trabalho nos órgãos ou serviços e equipamentos de protecção individual a utilizar pelo pessoal técnico do requerente;

*d)* Qualidade técnica dos procedimentos;

*e)* Recurso a subcontratação de serviços apenas em relação a tarefas de elevada complexidade e pouco frequentes.

706　　　*Novo Estatuto da Função Pública*

4 – A autorização para actividades de risco elevado depende de a qualificação dos recursos humanos, as instalações e os equipamentos serem adequados às mesmas.

5 – O serviço externo pode requerer que a autorização seja ampliada ou reduzida no que respeita a áreas de segurança, higiene e saúde no trabalho, a sectores de actividade e a actividades de risco elevado.

Artigo 148.º – **Requerimento de autorização de serviços externos**

1 – O requerimento de autorização de serviços externos deve ser apresentado pelo respectivo titular ao organismo do ministério responsável pela área laboral competente em matéria de prevenção da segurança, higiene e saúde no trabalho.

2 – O requerimento deve indicar a modalidade de serviço externo, as áreas de segurança, higiene e saúde, de segurança e saúde ou de saúde, os sectores de actividade, bem como, sendo caso disso, as actividades de risco elevado para que se pretende autorização, e conter os seguintes elementos:

*a)* A identificação do requerente através do nome, estado civil, profissão e residência ou, consoante os casos, do nome e número de identificação de pessoa colectiva, ou ainda da designação da entidade da Administração Pública central, regional ou local ou de instituto público;

*b)* O objecto social, se o requerente for pessoa colectiva;

*c)* A localização da sede e dos seus estabelecimentos.

3 – O requerimento deve, ainda, ser acompanhado de:

*a)* Cópia autenticada da respectiva escritura pública e das alterações e indicação da publicação no *Diário da República,* no caso de pessoa colectiva;

*b)* Enumeração do pessoal técnico superior e técnico de segurança e higiene do trabalho, médico do trabalho e enfermeiro, consoante as actividades de segurança, higiene e saúde, de segurança e saúde ou de saúde para que se pretende autorização, com indicação da natureza dos respectivos vínculos e dos períodos normais de trabalho ou tempos mensais de afectação;

*c)* Enumeração de outros recursos humanos, com a indicação das qualificações, das funções, da natureza dos respectivos vínculos e dos períodos normais de trabalho ou tempos mensais de afectação;

*d)* Organograma funcional;

*e)* Área geográfica em que se propõe exercer a actividade;

*f)* Indicação do número de trabalhadores que pretende abranger com os serviços em estabelecimentos industriais e em estabelecimentos comerciais;

*g)* Indicação das actividades ou funções para as quais se prevê o recurso a subcontratação;

*h)* Memória descritiva e plantas das instalações;

*i)* Inventário dos equipamentos de trabalho a utilizar na sede e nos seus estabelecimentos;

## Regime do Contrato de Trabalho em Funções Públicas

*j)* Inventário dos utensílios e equipamentos a utilizar na avaliação das condições de segurança, higiene e saúde, de segurança e saúde ou de saúde no trabalho, com indicação das respectivas características técnicas, marcas e modelos;

*l)* Inventário dos equipamentos de protecção individual a utilizar em certas tarefas ou actividades que comportem risco específico para a segurança e saúde, com indicação das respectivas marcas e modelos e, quando se justifique, dos códigos de marcação;

*m)* Manual de procedimentos no âmbito da gestão do serviço, nomeadamente sobre a política de qualidade, o planeamento das actividades e a política de subcontratação, bem como no âmbito dos procedimentos técnicos nas áreas de actividade para que se requer autorização, com referência aos diplomas aplicáveis, a guias de procedimentos de organismos internacionais reconhecidos, a códigos de boas práticas e a listas de verificação.

4 – Se for requerida autorização para determinadas actividades de risco elevado, o requerimento deve ser acompanhado de elementos comprovativos de que a qualificação dos recursos humanos e os utensílios e equipamentos são adequados às mesmas.

ARTIGO 149.º – **Instrução e vistoria**

1 – A direcção da instrução do procedimento de autorização de serviços externos compete ao organismo da matéria de segurança, higiene e saúde no trabalho.

2 – O organismo que assegura a direcção da instrução remete à Direcção-Geral da Saúde cópia do requerimento e dos elementos que o acompanham, podendo esta solicitar àquele os elementos necessários à instrução do requerimento, bem como esclarecimentos ou informações complementares.

3 – O organismo que assegura a direcção da instrução pode solicitar ao requerente os elementos, esclarecimentos ou informações necessárias.

4 – Depois de verificada a conformidade dos requisitos susceptíveis de apreciação documental, o organismo que assegura a direcção da instrução notifica o requerente para que indique um prazo, não superior a 30 dias, após o qual a vistoria é realizada.

5 – Mediante pedido fundamentado, o organismo que assegura a direcção da instrução pode prorrogar por mais 10 dias o prazo referido no número anterior.

6 – As instalações, bem como os equipamentos e utensílios referidos nas alíneas *i)*, *j)* e *l)* do n.º 3 do artigo anterior, são objecto de vistoria realizada pelas entidades seguintes:

*a)* A Direcção-Geral da Saúde e o serviço com competência inspectiva do ministério responsável pela área laboral, no que respeita às instalações, tendo em conta as condições de segurança, higiene e saúde no trabalho;

708     *Novo Estatuto da Função Pública*

b) A Direcção-Geral da Saúde, no que respeita às condições de funcionamento do serviço na área da saúde no trabalho, em matéria de equipamentos de trabalho na sede e nos respectivos estabelecimentos e de equipamentos para avaliar as condições de saúde no trabalho;

c) O organismo que assegura a direcção da instrução, no que respeita a condições de funcionamento do serviço na área da segurança e higiene no trabalho, em matéria de equipamentos de trabalho a utilizar na sede e nos respectivos estabelecimentos, de utensílios e equipamentos para a avaliação da segurança e higiene no trabalho e de equipamentos de protecção individual.

7 – As entidades referidas no número anterior elaboram os relatórios das vistorias no prazo de 15 dias.

Artigo 150.º – **Elementos de apreciação**

1 – O requerimento de autorização é objecto de apreciação tendo em conta os elementos referidos no n.º 3 do artigo 147.º, bem como a natureza jurídica e o objecto social do requerente, se for pessoa colectiva.

2 – Constituem elementos de apreciação no domínio dos recursos humanos:

a) Técnicos com as qualificações legalmente exigidas, tendo em conta as actividades das áreas de segurança, higiene e saúde no trabalho para que se pede autorização;

b) A natureza dos vínculos e os períodos normais de trabalho ou tempos mensais de afectação do pessoal técnico superior e técnico de segurança e higiene do trabalho, do médico do trabalho e enfermeiro, consoante as áreas para que se pretende autorização.

3 – Constituem elementos de apreciação das condições de segurança, higiene e saúde no trabalho nas instalações do requerente:

a) Conformidade das instalações e dos equipamentos com as prescrições mínimas de segurança e saúde no trabalho;

b) Adequação dos equipamentos de trabalho às tarefas a desenvolver e ao número máximo de trabalhadores que, em simultâneo, deles possam necessitar.

4 – Constituem elementos de apreciação no domínio dos equipamentos e utensílios de avaliação das condições de segurança, higiene e saúde, de segurança e saúde ou de saúde no trabalho nos órgãos ou serviços, consoante o conteúdo do requerimento:

a) Características dos equipamentos e utensílios a utilizar na avaliação das condições de segurança, higiene e saúde no trabalho, tendo em conta os riscos potenciais dos sectores de actividade para que se pretende autorização;

b) Procedimentos no domínio da metrologia relativos aos equipamentos e utensílios referidos na alínea anterior.

Regime do Contrato de Trabalho em Funções Públicas    709

5 – Constituem elementos de apreciação no domínio da qualidade técnica dos procedimentos as especificações do manual referido na alínea *m*) do n.º 3 do artigo 148.º

Artigo 151.º – **Alteração da autorização**

1 – Ao requerimento de alteração da autorização, no que respeita a actividades de segurança, higiene e saúde, de segurança e saúde ou de saúde no trabalho, a sectores de actividade em que são exercidas, ou a actividades de risco elevado em que o serviço pode ser prestado, é aplicável o disposto nos artigos anteriores, tendo em consideração apenas os elementos que devam ser modificados por causa da alteração.

2 – Há lugar a uma nova vistoria se os elementos modificados por causa da alteração da autorização incluírem as instalações, bem como os equipamentos e os utensílios referidos nas alíneas *i*), *j*) e *l*) do n.º 3 do artigo 148.º

Artigo 152.º – **Audiência do interessado**

1 – Se os elementos constantes do procedimento conduzirem a uma decisão desfavorável ao requerente, o organismo que assegura a direcção da instrução deve informá-lo, sendo caso disso, na audiência do interessado, da possibilidade de reduzir o pedido no que respeita a áreas de segurança, higiene e saúde no trabalho e a sectores de actividade potencialmente abrangidos.

2 – No caso de o pedido abranger a actividade de saúde no trabalho, a informação ao requerente referida no número anterior efectua-se de harmonia com parecer prévio emitido pela Direcção-Geral da Saúde.

3 – Considera-se favorável o parecer que não for emitido no prazo de 15 dias a contar da data da sua solicitação pelo organismo que assegura a direcção da instrução.

Artigo 153.º – **Pagamento de taxas**

1 – Depois de definido o prazo após o qual a vistoria pode ser realizada, de acordo com os n.ºˢ 4 ou 5 do artigo 149.º, o organismo que assegura a direcção da instrução notifica o requerente para o pagamento prévio da taxa referente à vistoria.

2 – Após a instrução do procedimento de autorização ou para alteração desta, o organismo que assegura a direcção da instrução notifica o requerente, antes de apresentar o relatório com a proposta de decisão, para pagar a taxa devida pela apreciação do requerimento.

Artigo 154.º – **Decisão**

1 – A autorização do serviço externo, a sua alteração e revogação são decididas por despacho conjunto dos ministros responsáveis pela área laboral e pelo sector da saúde.

2 – O procedimento relativo aos actos referidos no número anterior é regulado pelo Código do Procedimento Administrativo, considerando-se haver indeferimento tácito se o requerimento não tiver decisão final no prazo de 90 dias.

3 – A autorização deve especificar as áreas de segurança, higiene e saúde, os sectores de actividade e, se for caso disso, as actividades de risco elevado abrangidas.

## DIVISÃO VI
### Qualificação dos restantes serviços

ARTIGO 155.º – **Qualificação**

A organização dos serviços internos e dos serviços partilhados deve atender aos requisitos definidos nas alíneas *b*) a *e*) do n.º 3 do artigo 147.º, bem como, quanto aos recursos humanos, ao disposto nos artigos 159.º e 166.º

SUBSECÇÃO III – **Funcionamento dos serviços de segurança, higiene e saúde no trabalho**

## DIVISÃO I
### Princípios gerais

ARTIGO 156.º – **Objectivos**

A acção dos serviços de segurança, higiene e saúde no trabalho tem os seguintes objectivos:

*a*) Estabelecimento e manutenção de condições de trabalho que assegurem a integridade física e mental dos trabalhadores;

*b*) Desenvolvimento de condições técnicas que assegurem a aplicação das medidas de prevenção previstas no artigo 222.º do Regime;

*c*) Informação e formação dos trabalhadores no domínio da segurança, higiene e saúde no trabalho;

*d*) Informação e consulta dos representantes dos trabalhadores ou, na sua falta, dos próprios trabalhadores.

ARTIGO 157.º – **Actividades principais**

1 – Os serviços de segurança, higiene e saúde no trabalho devem tomar as medidas necessárias para prevenir os riscos profissionais e promover a segurança e a saúde dos trabalhadores.

2 – Os serviços de segurança, higiene e saúde no trabalho devem realizar, nomeadamente, as seguintes actividades:

*a*) Informação técnica, na fase de projecto e de execução, sobre as medidas de prevenção relativas às instalações, locais, equipamentos e processos de trabalho;

Regime do Contrato de Trabalho em Funções Públicas     711

*b)* Identificação e avaliação dos riscos para a segurança e saúde no local de trabalho e controlo periódico da exposição a agentes químicos, físicos e biológicos;

*c)* Planeamento da prevenção, integrando, a todos os níveis e para o conjunto das actividades do órgão ou serviço, a avaliação dos riscos e as respectivas medidas de prevenção;

*d)* Elaboração de um programa de prevenção de riscos profissionais;

*e)* Promoção e vigilância da saúde, bem como a organização e manutenção dos registos clínicos e outros elementos informativos relativos a cada trabalhador;

*f)* Informação e formação sobre os riscos para a segurança e saúde, bem como sobre as medidas de prevenção e protecção;

*g)* Organização dos meios destinados à prevenção e protecção, colectiva e individual, e coordenação das medidas a adoptar em caso de perigo grave e iminente;

*h)* Afixação de sinalização de segurança nos locais de trabalho;

*i)* Análise dos acidentes de trabalho e das doenças profissionais;

*j)* Recolha e organização dos elementos estatísticos relativos à segurança e saúde no órgão ou serviço;

*l)* Coordenação de inspecções internas de segurança sobre o grau de controlo e sobre a observância das normas e medidas de prevenção nos locais de trabalho.

3 – Os serviços de segurança, higiene e saúde no trabalho devem, ainda, manter actualizados, para efeitos de consulta, os seguintes elementos:

*a)* Resultados das avaliações dos riscos relativas aos grupos de trabalhadores a eles expostos;

*b)* Lista de acidentes de trabalho que tenham ocasionado ausência por incapacidade para o trabalho;

*c)* Relatórios sobre acidentes de trabalho que tenham ocasionado ausência por incapacidade para o trabalho superior a três dias;

*d)* Lista das situações de baixa por doença e do número de dias de ausência ao trabalho, a ser remetidos pelo serviço de pessoal e, no caso de doenças profissionais, a respectiva identificação;

*e)* Lista das medidas, propostas ou recomendações formuladas pelos serviços de segurança e saúde no trabalho.

4 – Se as actividades referidas nos números anteriores implicarem a adopção de medidas cuja concretização dependa essencialmente de outros responsáveis do órgão ou serviço, os serviços de segurança, higiene e saúde no trabalho devem informá-los sobre as mesmas e cooperar na sua execução.

# DIVISÃO II
## Segurança e higiene no trabalho

### Artigo 158.º – Actividades técnicas

1 – As actividades técnicas de segurança e higiene no trabalho são exercidas por técnicos superiores ou técnicos com formação especializada na área, certificados pelo organismo do ministério responsável pela área laboral competente em matéria de prevenção da segurança, higiene e saúde no trabalho, nos termos de legislação especial.

2 – Os profissionais referidos nos números anteriores exercem as respectivas actividades com autonomia técnica.

### Artigo 159.º – Garantia mínima de funcionamento

1 – A actividade dos serviços de segurança e higiene deve ser assegurada regularmente no próprio órgão ou serviço, durante o tempo necessário.

2 – A afectação dos técnicos às actividades de segurança e higiene no trabalho é estabelecida nos seguintes termos:

*a*) Em órgão ou serviço com um número igual ou inferior a 50 trabalhadores, 1 técnico;

*b*) Em órgão ou serviço com um número superior a 50 trabalhadores, 2 técnicos, por cada 3000 trabalhadores abrangidos ou fracção, sendo, pelo menos, um deles técnico superior.

3 – O organismo do ministério responsável pela área laboral competente em matéria de segurança, higiene e saúde no trabalho, mediante parecer das autoridades com competência fiscalizadora, pode determinar uma duração maior da actividade dos serviços de segurança e higiene em órgão ou serviço em que, independentemente do número de trabalhadores, a natureza ou a gravidade dos riscos profissionais, bem como os indicadores de sinistralidade, justifiquem uma acção mais eficaz.

### Artigo 160.º – Informação técnica

1 – A entidade empregadora pública deve fornecer aos serviços de segurança e higiene no trabalho os elementos técnicos sobre os equipamentos e a composição dos produtos utilizados.

2 – Os serviços de segurança e higiene no trabalho devem ser informados sobre todas as alterações dos componentes materiais do trabalho e consultados, previamente, sobre todas as situações com possível repercussão na segurança e higiene dos trabalhadores.

3 – As informações referidas nos números anteriores ficam sujeitas a sigilo profissional, sem prejuízo de as informações pertinentes para a protecção da segurança e saúde deverem ser comunicadas aos trabalhadores envolvidos e aos representantes dos trabalhadores para a segurança, higiene e saúde no trabalho, sempre que tal se mostre necessário.

# Regime do Contrato de Trabalho em Funções Públicas

## DIVISÃO III
### Saúde no trabalho

ARTIGO 161.º – **Vigilância da saúde**

1 – A responsabilidade técnica da vigilância da saúde cabe ao médico do trabalho.

2 – Nos órgãos ou serviços com mais de 200 trabalhadores, a responsabilidade técnica da vigilância da saúde cabe ao médico e ao enfermeiro do trabalho.

ARTIGO 162.º – **Exames de saúde**

1 – A entidade empregadora pública deve promover a realização de exames de saúde, tendo em vista verificar a aptidão física e psíquica do trabalhador para o exercício da actividade, bem como a repercussão desta e das condições em que é prestada na saúde do mesmo.

2 – Sem prejuízo do disposto em legislação especial, devem ser realizados os seguintes exames de saúde:

    *a)* Exames de admissão, antes do início da prestação de trabalho ou, se a urgência da admissão o justificar, nos 15 dias seguintes;

    *b)* Exames periódicos, anuais para os trabalhadores com idade superior a 50 anos e de dois em dois anos para os restantes trabalhadores;

    *c)* Exames ocasionais, sempre que haja alterações substanciais nos componentes materiais de trabalho que possam ter repercussão nociva na saúde do trabalhador, bem como no caso de regresso ao trabalho depois de uma ausência superior a 30 dias por motivo de doença ou acidente.

3 – Para completar a observação e formular uma opinião precisa sobre o estado de médico do trabalho pode solicitar exames complementares ou pareceres médicos especializados.

4 – O médico do trabalho, face ao estado de saúde do trabalhador e aos resultados da prevenção dos riscos profissionais no órgão ou serviço, pode reduzir ou aumentar a periodicidade dos exames, devendo, contudo, realizá-los dentro do período em que está estabelecida a obrigatoriedade de novo exame.

5 – O médico do trabalho deve ter em consideração o resultado de exames a que o trabalhador tenha sido submetido e que mantenham actualidade, devendo instituir-se a cooperação necessária com o médico assistente.

ARTIGO 163.º – **Ficha clínica**

1 – As observações clínicas relativas aos exames de saúde são anotadas na ficha clínica do trabalhador.

2 – A ficha clínica está sujeita ao segredo profissional, só podendo ser facultada às autoridades de saúde e aos médicos do serviço com competência inspectiva do ministério responsável pela área laboral.

3 – O médico responsável pela vigilância da saúde deve entregar ao trabalhador que deixar de prestar serviço no órgão ou serviço, a pedido deste, cópia da ficha clínica.

714        *Novo Estatuto da Função Pública*

ARTIGO 164.º – **Ficha de aptidão**

1 – Face ao resultado do exame de admissão, periódico ou ocasional, o médico do trabalho deve preencher uma ficha de aptidão e remeter uma cópia ao responsável dos recursos humanos do órgão ou serviço.

2 – Se o resultado do exame de saúde revelar a inaptidão do trabalhador, o médico do trabalho deve indicar, sendo caso disso, outras funções que aquele possa desempenhar.

3 – A ficha de aptidão não pode conter elementos que envolvam segredo profissional.

4 – Sempre que a repercussão do trabalho e das condições em que o mesmo é prestado se revelar nociva para a saúde do trabalhador, o médico do trabalho deve, ainda, comunicar tal facto ao responsável pelos serviços de segurança, higiene e saúde no trabalho e, bem assim, se o estado de saúde o justificar, solicitar o seu acompanhamento pelo médico assistente do centro de saúde, ou outro médico indicado pelo trabalhador.

5 – O modelo da ficha de aptidão é fixado por portaria do ministro responsável pela área laboral.

ARTIGO 165.º – **Informação técnica**

O médico e o enfermeiro do trabalho têm acesso às informações referidas nos n.ᵒˢ 1 e 2 do artigo 160.º, sujeitas a sigilo profissional nos termos do n.º 3 do mesmo artigo.

ARTIGO 166.º – **Garantia mínima de funcionamento**

1 – O médico do trabalho deve prestar actividade durante o número de horas necessário à realização dos actos médicos, de rotina ou de emergência, e outros trabalhos que deva coordenar.

2 – O médico e o enfermeiro do trabalho devem conhecer os componentes materiais do trabalho com influência sobre a saúde dos trabalhadores desenvolvendo para este efeito a actividade no órgão ou serviço, pelo menos uma hora por mês por cada grupo de 20 trabalhadores ou fracção.

3 – Ao médico do trabalho é proibido assegurar a vigilância da saúde de um número de trabalhadores a que correspondam mais de cento e cinquenta horas de actividade por mês.

DIVISÃO IV

**Acompanhamento e auditoria dos serviços externos**

ARTIGO 167.º – **Acompanhamento**

Os serviços externos, com excepção dos serviços convencionados, devem comunicar ao organismo do ministério responsável pela área laboral competente em matéria de segurança, higiene e saúde no trabalho, no prazo de 30 dias após a ocorrência, a interrupção ou cessação do seu funcionamento, bem como

Regime do Contrato de Trabalho em Funções Públicas

quaisquer alterações que afectem a natureza jurídica e objecto social, localização da sede ou dos seus estabelecimentos, bem como os requisitos referidos no n.º 3 do artigo 147.º, designadamente as que se reportem a:

a) Diminuição do número ou da qualificação dos técnicos;
b) Redução dos recursos técnicos necessários à avaliação das condições de segurança, higiene e saúde no trabalho;
c) Aumento do recurso a subcontratação de serviços.

ARTIGO 168.º – **Auditoria**

1 – A capacidade dos serviços externos autorizados é avaliada através de auditoria, que incide sobre os requisitos referidos no n.º 3 do artigo 147.º, concretizados nos termos dos n.ᵒˢ 2, 3, 4 e 5 do artigo 150.º

2 – A auditoria é realizada pelos serviços a seguir referidos, por sua iniciativa ou, sendo caso disso, na sequência das comunicações referidas no artigo anterior:

a) A Direcção-Geral da Saúde e o serviço com competência inspectiva do ministério responsável pela área laboral, no que respeita às instalações, tendo em conta as condições de segurança, higiene e saúde no trabalho;
b) A Direcção-Geral da Saúde, no que respeita às condições de funcionamento do serviço na área da saúde no trabalho, nomeadamente o efectivo de pessoal técnico, recurso a subcontratação, equipamentos de trabalho na sede e nos estabelecimentos e equipamentos para avaliar as condições de saúde;
c) O organismo do ministério responsável pela área laboral competente em matéria de segurança, higiene e saúde no trabalho, em relação às condições de funcionamento do serviço na área da segurança e higiene no trabalho, nomeadamente o efectivo de pessoal técnico, recurso a subcontratação, equipamentos de trabalho na sede e nos estabelecimentos, equipamentos para a avaliação da segurança e higiene no trabalho e equipamentos de protecção individual, sem prejuízo das competências atribuídas por lei ao serviço com competência inspectiva do ministério responsável pela área laboral.

3 – As entidades referidas no número anterior, no desempenho das competências aí previstas, podem recorrer à contratação externa de serviços de técnicos especializados, atendendo à complexidade ou especialização técnica das tarefas a realizar.

4 – Tendo em consideração as alterações comunicadas nos termos do artigo anterior ou verificadas através de auditoria, ou a falta de requisitos essenciais ao funcionamento dos serviços externos, o organismo do ministério responsável pela área laboral competente em matéria de segurança, higiene e saúde no trabalho promove a revogação da autorização ou a sua redução no que respeita a áreas de actividade de segurança, higiene e saúde no trabalho ou a sectores de actividade.

716 *Novo Estatuto da Função Pública*

SUBSECÇÃO IV – **Informação e consulta e deveres dos trabalhadores**

ARTIGO 169.º – **Informação e consulta**

A entidade empregadora pública, se não acolher o parecer dos representantes dos trabalhadores para a segurança, higiene e saúde no trabalho ou, na sua falta, dos próprios trabalhadores, consultados nos termos das alíneas *e*), *f*) e *g*) do n.º 3 do artigo 224.º do Regime, deve informá-los dos fundamentos:

a) Do recurso a técnicos qualificados para assegurar o desenvolvimento de todas ou parte das actividades de segurança, higiene e saúde no trabalho;

b) Da designação dos trabalhadores responsáveis pelas actividades de primeiros socorros, combate a incêndios e evacuação de trabalhadores;

c) Da designação do representante da entidade empregadora pública que acompanha a actividade dos serviços partilhados ou dos serviços externos;

d) Da designação dos trabalhadores que prestam actividades de segurança e higiene no trabalho;

e) Do recurso a serviços partilhados ou a serviços externos.

ARTIGO 170.º – **Consulta**

1 – Na consulta dos representantes dos trabalhadores ou, na sua falta, dos próprios trabalhadores, nos termos do n.º 3 do artigo 224.º do Regime, o respectivo parecer deve ser emitido no prazo de 15 dias ou em prazo superior fixado pela entidade empregadora pública atendendo à extensão ou complexidade da matéria.

2 – Decorrido o prazo referido no número anterior sem que o parecer tenha sido entregue à entidade empregadora pública, considera-se satisfeita a exigência da consulta.

ARTIGO 171.º – **Deveres dos trabalhadores**

1 – Os trabalhadores devem cooperar para que seja assegurada a segurança, higiene e saúde no trabalho e, em especial:

a) Tomar conhecimento da informação prestada pela entidade empregadora pública sobre segurança, higiene e saúde no trabalho;

b) Comparecer às consultas e exames médicos determinados pelo médico do trabalho.

2 – Os titulares de cargos dirigentes e os chefes de equipas multidisciplinares devem cooperar, de modo especial, em relação aos serviços sob o seu enquadramento hierárquico e técnico, com os serviços de segurança, higiene e saúde no trabalho na execução das medidas de prevenção e de vigilância da saúde.

SUBSECÇÃO V – **Disposições finais**

ARTIGO 172.º – **Médico do trabalho**

1 – Considera-se médico do trabalho o licenciado em Medicina com especialidade de medicina do trabalho reconhecida pela Ordem dos Médicos.

Regime do Contrato de Trabalho em Funções Públicas                   717

2 – Considera-se, ainda, médico do trabalho aquele a quem for reconhecida idoneidade técnica para o exercício das respectivas funções, nos termos de legislação especial.

3 – No caso de insuficiência comprovada de médicos do trabalho qualificados nos termos referidos nos números anteriores, a Direcção-Geral da Saúde pode autorizar outros licenciados em medicina a exercer as respectivas funções, os quais, no prazo de três anos a contar da respectiva autorização, devem apresentar prova da obtenção de especialidade em medicina do trabalho, sob pena de lhes ser vedada a continuação do exercício das referidas funções.

ARTIGO 173.º – **Comunicação ao serviço com competência inspectiva do ministério responsável pela área laboral**

1 – Sem prejuízo de outras notificações previstas em legislação especial, a entidade empregadora pública deve comunicar ao serviço com competência inspectiva do ministério responsável pela área laboral os acidentes mortais ou que evidenciem uma situação particularmente grave, nas vinte e quatro horas seguintes à ocorrência.

2 – A comunicação prevista no número anterior deve ser acompanhada de informação, e respectivos registos, sobre todos os tempos de trabalho prestado pelo trabalhador nos 30 dias que antecederam o acidente.

ARTIGO 174.º – **Notificações**

1 – A entidade empregadora pública deve notificar o organismo do ministério responsável pela área laboral competente em matéria de segurança, higiene e saúde no trabalho da modalidade adoptada para a organização dos serviços de segurança, higiene e saúde, bem como da sua alteração, nos 30 dias seguintes à verificação de qualquer dos factos.

2 – O modelo da notificação é fixado por portaria do ministro responsável pela área laboral.

3 – O organismo do ministério responsável pela área laboral competente em matéria de prevenção da segurança, higiene e saúde no trabalho remete à Direcção-Geral da Saúde a notificação prevista no n.º 1.

4 – A entidade empregadora pública deve comunicar ao organismo do ministério responsável pela área laboral competente em matéria de prevenção da segurança, higiene e saúde no trabalho e à Direcção-Geral da Saúde, no prazo de 30 dias a contar do início da actividade dos serviços externos, os seguintes elementos:

*a)* Identificação completa da entidade prestadora dos serviços externos;

*b)* O local ou locais da prestação do serviço;

*c)* Data de início da actividade;

*d)* Termo da actividade, quando tenha sido fixado;

*e)* Identificação do técnico responsável pelo serviço e, se for pessoa diferente, do médico do trabalho;

718          *Novo Estatuto da Função Pública*

*f)* Número de trabalhadores potencialmente abrangidos;

*g)* Número de horas mensais de afectação de pessoal ao órgão ou serviço;

*h)* Actos excluídos do âmbito do contrato.

5 – A entidade empregadora pública deve comunicar ao organismo do ministério responsável pela área laboral competente em matéria de prevenção da segurança, higiene e saúde no trabalho e à Direcção-Geral da Saúde, no prazo de 30 dias a contar do início da actividade dos serviços partilhados, os elementos referidos no número anterior.

6 – As alterações aos elementos referidos nos n.ᵒˢ 4 e 5 devem ser comunicadas nos 30 dias subsequentes.

Artigo 175.º – **Relatório de actividades**

1 – A entidade empregadora pública deve elaborar, para cada um dos estabelecimentos periféricos ou unidades orgânicas desconcentradas, um relatório anual da actividade dos serviços de segurança, higiene e saúde no trabalho.

2 – O modelo do relatório é fixado por portaria do ministro responsável pela área laboral.

3 – O relatório deve ser apresentado, no mês de Abril do ano seguinte àquele a que respeita, ao delegado concelhio de saúde e ao organismo do ministério responsável pela área laboral competente em matéria de segurança, higiene e saúde no trabalho da área de localização do estabelecimento periférico ou unidade orgânica desconcentrada ou, se estes mudarem de localização durante o ano a que o relatório respeita, da área da sede da entidade empregadora pública.

4 – Se a entidade empregadora pública tiver mais de 10 trabalhadores, o relatório deve ser apresentado por meio informático.

5 – A entidade empregadora pública com até 10 trabalhadores pode apresentar o relatório por meio informático, nomeadamente em suporte digital ou correio electrónico, ou em suporte de papel.

6 – Os elementos auxiliares necessários ao preenchimento do relatório são fornecidos pelo serviço competente do ministério responsável pela área laboral, em endereço electrónico adequadamente publicitado.

7 – O modelo de suporte de papel do relatório anual é impresso e distribuído pela Imprensa Nacional Casa da Moeda, S. A.

8 – O organismo do ministério responsável pela área laboral competente em matéria de segurança, higiene e saúde no trabalho deve remeter cópias dos relatórios anuais ao serviço referido no n.º 6, para efeitos estatísticos.

Artigo 176.º – **Documentação**

A entidade empregadora pública deve manter à disposição das entidades com competência fiscalizadora a documentação relativa à realização das actividades a que se refere o artigo 157.º, durante cinco anos.

*Regime do Contrato de Trabalho em Funções Públicas* 719

Artigo 177.º – **Encargos**

A entidade empregadora pública suporta os encargos com a organização e funcionamento dos serviços de segurança, higiene e saúde no trabalho, incluindo exames, avaliações de exposições, testes e demais acções realizadas para a prevenção dos riscos profissionais e a vigilância da saúde.

Artigo 178.º – **Taxas**

1 – Estão sujeitos a taxas os seguintes actos relativos à autorização ou avaliação da capacidade de serviços externos:
   *a)* Apreciação de requerimento de autorização ou alteração desta;
   *b)* Vistoria prévia à decisão do requerimento de autorização ou alteração desta;
   *c)* Auditoria de avaliação da capacidade do serviço externo realizada na sequência da comunicação referida no artigo 167.º ou por iniciativa dos serviços competentes se a autorização for reduzida ou revogada.

2 – As taxas referidas no número anterior são estabelecidas em portaria conjunta dos ministros responsáveis pelas áreas das finanças e laboral, tendo em conta os tipos de actos, as áreas de segurança, higiene e saúde no trabalho a que os mesmos respeitam e as actividades de risco elevado integradas nos sectores de actividade a que a autorização se refere.

Artigo 179.º – **Produto das taxas**

O produto das taxas referidas no artigo anterior reverte para o organismo do ministério responsável pela área laboral competente em matéria de segurança, higiene e saúde no trabalho e para a Direcção-Geral da Saúde, na seguinte proporção:
   *a)* 70% para o organismo do ministério responsável pela área laboral competente em matéria de segurança, higiene e saúde no trabalho e 30% para a Direcção-Geral da Saúde, no caso de vistoria ou apreciação de requerimento para autorização ou alteração desta, referente a serviços de segurança, higiene e saúde no trabalho, ou saúde no trabalho;
   *b)* 100% para o organismo do ministério responsável pela área laboral competente em matéria de segurança, higiene e saúde no trabalho, no caso de vistoria ou apreciação de requerimento para autorização ou alteração desta, referente a serviços de segurança e higiene no trabalho.

Secção IV – **Representantes dos trabalhadores para a segurança, higiene e saúde no trabalho**

Subsecção I – **Disposição geral**

Artigo 180.º – **Âmbito**

A presente secção regula o artigo 226.º do Regime.

# 720 — Novo Estatuto da Função Pública

SUBSECÇÃO II – **Eleição dos representantes dos trabalhadores para a segurança, higiene e saúde no trabalho**

ARTIGO 181.º – **Capacidade eleitoral**

Nenhum trabalhador do órgão ou serviço pode ser prejudicado nos seus direitos de eleger e ser eleito, nomeadamente por motivo de idade ou função.

ARTIGO 182.º – **Promoção da eleição**

1 – Os trabalhadores ou o sindicato que tenha trabalhadores representados no órgão ou serviço promovem a eleição dos representantes dos trabalhadores para a segurança, higiene e saúde no trabalho.

2 – No caso do acto eleitoral ser promovido pelos trabalhadores, a convocatória deve ser subscrita, no mínimo, por 100 ou 20% dos trabalhadores do órgão ou serviço.

3 – Os trabalhadores ou o sindicato que promovem a eleição comunicam aos serviços competentes do ministério responsável pela área laboral e à entidade empregadora pública, com a antecedência mínima de 90 dias, a data do acto eleitoral.

ARTIGO 183.º – **Publicidade**

Após a recepção da comunicação prevista no artigo anterior:
*a)* Os serviços competentes do ministério responsável pela área laboral procedem de imediato à publicação da comunicação no *Boletim do Trabalho e Emprego;*
*b)* A entidade empregadora pública deve afixá-la de imediato em local apropriado no órgão ou serviço, devendo juntar uma referência à obrigatoriedade de publicação no *Boletim do Trabalho e Emprego.*

ARTIGO 184.º – **Comissão eleitoral**

1 – A comissão eleitoral é constituída por:
*a)* Um presidente: trabalhador com mais antiguidade no órgão ou serviço e, em caso de igualdade, o que tiver mais idade e, mantendo-se a igualdade, o que tiver mais habilitações;
*b)* Um secretário: trabalhador com menos antiguidade no órgão ou serviço, desde que superior a dois anos e, em caso de igualdade, o que tiver mais idade e, mantendo-se a igualdade, o que tiver mais habilitações;
*c)* Dois trabalhadores escolhidos de acordo com os critérios fixados nas alíneas anteriores, salvo tratando-se de órgão ou serviço com menos de 50 trabalhadores;
*d)* Um representante de cada lista.

2 – Em caso de recusa de participação na comissão eleitoral, procede-se a nova escolha de acordo com os critérios previstos no número anterior.

Regime do Contrato de Trabalho em Funções Públicas 721

3 – O presidente, o secretário e os trabalhadores escolhidos de acordo com a alínea *c*) do n.º 1 são investidos nas funções, após declaração de aceitação, no prazo de cinco dias a contar da publicação da convocatória do acto eleitoral no *Boletim do Trabalho e Emprego.*

4 – Os representantes das listas integram a comissão eleitoral, após declaração de aceitação, no dia subsequente à decisão de admissão das listas.

5 – A composição da comissão eleitoral deve ser comunicada à entidade empregadora pública no prazo de quarenta e oito horas, a contar da declaração de aceitação dos membros referidos no n.º 1.

Artigo 185.º – **Competência e funcionamento da comissão eleitoral**

1 – Compete ao presidente da comissão eleitoral afixar as datas de início e termo do período para apresentação de listas, em local apropriado no órgão ou serviço, o qual não pode ser inferior a cinco nem superior a 15 dias, bem como dirigir a actividade da comissão.

2 – Compete à comissão eleitoral dirigir o procedimento da eleição, nomeadamente:

*a*) Receber as listas de candidaturas;

*b*) Verificar a regularidade das listas, em especial no que respeita aos proponentes, número de candidatos e a sua qualidade de trabalhadorcs do órgão ou serviço;

*c*) Afixar as listas no órgão ou serviço;

*d*) Fixar o período durante o qual as listas candidatas podem afixar comunicados nos locais apropriados no órgão ou serviço;

*e*) Fixar o número e a localização das secções de voto;

*f*) Realizar o apuramento global do acto eleitoral;

*g*) Proclamar os resultados;

*h*) Comunicar os resultados da eleição aos serviços competentes do ministério responsável pela área laboral;

*i*) Resolver dúvidas e omissões do procedimento da eleição.

3 – A comissão eleitoral delibera por maioria, tendo o presidente voto de qualidade.

Artigo 186.º – **Caderno eleitoral**

1 – A entidade empregadora pública deve entregar à comissão eleitoral, no prazo de quarenta e oito horas após a recepção da comunicação que identifica o presidente e o secretário, o caderno eleitoral, procedendo aquela à imediata afixação no órgão ou serviço, estabelecimento periférico ou unidade orgânica desconcentrada.

2 – O caderno eleitoral deve conter o nome dos trabalhadores do órgão ou serviço e, sendo caso disso, identificados por estabelecimento periférico ou unidade orgânica desconcentrada, à data da marcação do acto eleitoral.

722 *Novo Estatuto da Função Pública*

Artigo 187.º – **Reclamações**

1 – Os trabalhadores do órgão ou serviço podem reclamar, no prazo de cinco dias a contar da afixação prevista no n.º 1 do artigo anterior, para a comissão eleitoral de quaisquer erros ou omissões constantes do caderno eleitoral.

2 – A comissão eleitoral decide as reclamações apresentadas no prazo máximo de 10 dias, após o qual afixa as correcções do caderno eleitoral que se tenham verificado.

Artigo 188.º – **Listas**

1 – As listas de candidaturas devem ser entregues, acompanhadas de declaração de aceitação dos respectivos trabalhadores, ao presidente da comissão eleitoral.

2 – A comissão eleitoral decide sobre a admissão das listas apresentadas nos cinco dias seguintes ao termo do período de apresentação.

3 – Em caso de rejeição de admissibilidade de qualquer lista apresentada, os seus proponentes podem sanar os vícios existentes no prazo de quarenta e oito horas.

4 – Após a decisão da admissão de cada lista, o presidente da comissão eleitoral atribui-lhe uma letra do alfabeto de acordo com a ordem de apresentação.

5 – As listas devem ser imediatamente afixadas, em locais apropriados, no órgão ou serviço, estabelecimento periférico e unidade orgânica desconcentrada.

Artigo 189.º – **Boletins de voto e urnas**

1 – Os boletins de voto são elaborados pela comissão eleitoral nos 15 dias anteriores à data do acto eleitoral.

2 – Os boletins de voto devem conter por ordem alfabética de admissão as listas concorrentes.

3 – As urnas devem ser providenciadas pela comissão eleitoral, devendo assegurar a segurança dos boletins.

Artigo 190.º – **Secções de voto**

1 – Em cada estabelecimento periférico ou unidade orgânica desconcentrada com um mínimo de 10 trabalhadores deve existir, pelo menos, uma secção de voto.

2 – A cada secção de voto não podem corresponder mais de 500 eleitores.

3 – Cada mesa de voto é composta por um presidente, que dirige a respectiva votação, e um secretário, escolhidos pelo presidente da comissão eleitoral nos termos do artigo 184.º, e por um representante de cada lista, ficando, para esse efeito, dispensados da respectiva prestação de trabalho.

Artigo 191.º – **Acto eleitoral**

1 – As urnas de voto são colocadas nos locais de trabalho, de modo a permitir que todos os trabalhadores possam votar sem prejudicar o normal funcionamento do órgão ou serviço.

Regime do Contrato de Trabalho em Funções Públicas 723

2 – A votação é efectuada no local e durante as horas de trabalho.

3 – A votação deve ter a duração mínima de três horas e máxima de cinco, competindo à comissão eleitoral fixar o seu horário de funcionamento, cinco dias antes da data do acto eleitoral, não podendo o encerramento ocorrer depois das 21 horas.

4 – No caso de trabalho por turnos ou de horários diferenciados no órgão ou serviço, o acto eleitoral do turno da noite deve preceder o do turno de dia.

5 – Os trabalhadores podem votar durante o seu horário de trabalho, para o que cada um dispõe do tempo para tanto indispensável.

6 – Nos estabelecimentos periféricos ou unidades orgânicas desconcentradas, o acto eleitoral realiza-se em todos eles no mesmo dia, horário e nos mesmos termos.

7 – Quando, devido ao trabalho por turno ou outros motivos, não seja possível respeitar o disposto no número anterior, deve ser simultânea a abertura das urnas de voto para o respectivo apuramento em todos os estabelecimentos periféricos ou unidades orgânicas desconcentradas.

8 – Os votantes devem ser identificados e registados em documento próprio, com termo de abertura e encerramento, assinado e rubricado em todas as folhas pela mesa eleitoral.

### Artigo 192.º – **Apuramento do acto eleitoral**

1 – O apuramento do acto eleitoral deve realizar-se imediatamente após o encerramento das urnas.

2 – O apuramento do resultado da votação na secção de voto é realizado pela respectiva mesa, competindo ao seu presidente comunicar de imediato os resultados à comissão eleitoral.

3 – O apuramento global do acto eleitoral é feito pela comissão eleitoral.

### Artigo 193.º – **Acta**

1 – A acta deve conter as deliberações da comissão eleitoral e das mesas de voto, bem como tudo o que se passar no procedimento eleitoral, nomeadamente quaisquer incidentes ocorridos e o apuramento do resultado.

2 – Os membros da comissão eleitoral e das mesas de voto aprovam, rubricam e assinam as respectivas actas.

3 – O documento previsto no n.º 8 do artigo 191.º deve ser anexo à acta da respectiva secção de voto.

### Artigo 194.º – **Publicidade do resultado da eleição**

1 – A comissão eleitoral deve proceder à afixação dos elementos de identificação dos representantes eleitos, bem como da cópia da acta da respectiva eleição, durante 15 dias, a partir da data do apuramento, no local ou locais em que a eleição teve lugar e remetê-los, dentro do mesmo prazo, ao ministério responsável pela área laboral, bem como aos órgãos de direcção do órgão ou serviço.

724          *Novo Estatuto da Função Pública*

2 – O ministério responsável pela área laboral regista o resultado da eleição e publica-o imediatamente no *Boletim do Trabalho e Emprego*.

ARTIGO 195.º – **Início de actividades**

Os representantes dos trabalhadores só podem iniciar o exercício das respectivas actividades depois da publicação da eleição no *Boletim do Trabalho e Emprego*.

SUBSECÇÃO III – **Protecção dos representantes dos trabalhadores para a segurança, higiene e saúde no trabalho**

ARTIGO 196.º – **Crédito de horas**

1 – Cada representante dos trabalhadores para a segurança, higiene e saúde no trabalho dispõe, para o exercício das suas funções, de um crédito de cinco horas por mês.

2 – O crédito de horas é referido ao período normal de trabalho e conta como tempo de serviço efectivo.

3 – Sempre que pretenda exercer o direito ao gozo do crédito de horas, o representante dos trabalhadores para a segurança, higiene e saúde no trabalho deve avisar, por escrito, a entidade empregadora pública com a antecedência mínima de dois dias, salvo motivo atendível.

ARTIGO 197.º – **Faltas**

1 – As ausências dos representantes dos trabalhadores para a segurança, higiene e saúde no trabalho no desempenho das suas funções e que excedam o crédito de horas consideram-se faltas justificadas e contam, salvo para efeito de remuneração, como tempo de serviço efectivo.

2 – As ausências a que se refere o número anterior são comunicadas, por escrito, com um dia de antecedência, com referência às datas e ao número de dias de que os respectivos trabalhadores necessitam para o exercício das suas funções, ou, em caso de impossibilidade de previsão, nas quarenta e oito horas imediatas ao primeiro dia de ausência.

3 – A inobservância do disposto no número anterior torna as faltas injustificadas.

ARTIGO 198.º – **Protecção em caso de procedimento disciplinar e despedimento**

1 – A suspensão preventiva de representante dos trabalhadores para a segurança, higiene e saúde no trabalho não obsta a que o mesmo possa ter acesso aos locais e actividades que se compreendam no exercício normal dessas funções.

2 – O despedimento de trabalhador candidato a representante dos trabalhadores para a segurança, higiene e saúde no trabalho, bem como do que

Regime do Contrato de Trabalho em Funções Públicas

exerça ou haja exercido essas funções há menos de três anos, presume-se feito sem justa causa ou motivo justificativo.

3 – No caso de representante dos trabalhadores para a segurança, higiene e saúde no trabalho ser despedido e ter sido interposta providência cautelar de suspensão da eficácia do acto de despedimento, esta só não é decretada se o tribunal concluir pela existência de probabilidade séria de verificação da justa causa ou do motivo justificativo invocados.

4 – As acções administrativas que tenham por objecto litígios relativos ao despedimento de representantes dos trabalhadores para a segurança, higiene e saúde no trabalho têm natureza urgente.

5 – Sem prejuízo do disposto no número seguinte, não havendo justa causa ou motivo justificativo, o trabalhador despedido tem o direito de optar entre a reintegração no órgão ou serviço e uma indemnização calculada nos termos previstos no n.º 1 do artigo 278.º do Regime ou estabelecida em instrumento de regulamentação colectiva de trabalho, e nunca inferior à remuneração base correspondente a seis meses.

6 – No caso de despedimento decidido em procedimento disciplinar, a indemnização em substituição da reintegração a que se refere o número anterior é calculada nos termos previstos no Estatuto Disciplinar dos Trabalhadores que Exercem Funções Públicas.

Artigo 199.º – **Protecção em caso de mudança de local de trabalho**

Os representantes dos trabalhadores para a segurança, higiene e saúde no trabalho não podem ser mudados de local de trabalho sem o seu acordo, salvo quando a mudança de local de trabalho resultar da mudança de instalações do órgão ou serviço ou decorrer de normas legais aplicáveis a todo o pessoal.

Subsecção IV – **Direitos**

Artigo 200.º – **Apoio aos representantes dos trabalhadores**

1 – Os órgãos de direcção dos órgãos ou serviços devem pôr à disposição dos representantes dos trabalhadores para a segurança, higiene e saúde no trabalho as instalações adequadas, bem como os meios materiais e técnicos necessários ao desempenho das suas funções.

2 – Os representantes dos trabalhadores têm igualmente direito a distribuir informação relativa à segurança, higiene e saúde no trabalho, bem como à sua afixação em local adequado que for destinado para esse efeito.

Artigo 201.º – **Reuniões com os órgãos de direcção do órgão ou serviço**

1 – Os representantes dos trabalhadores para a segurança, higiene e saúde no trabalho têm o direito de reunir periodicamente com o órgão de direcção do órgão ou serviço para discussão e análise dos assuntos relacionados com a segurança, higiene e saúde no trabalho, devendo realizar-se, pelo menos, uma reunião em cada mês.

726       *Novo Estatuto da Função Pública*

2 – Da reunião referida no número anterior é lavrada acta, que deve ser assinada por todos os presentes.

ARTIGO 202.º – **Exercício abusivo**

1 – O exercício dos direitos por parte dos representantes dos trabalhadores para a segurança, higiene e saúde no trabalho, quando considerado abusivo, é passível de responsabilidade disciplinar, civil ou criminal, nos termos gerais.

2 – Durante a tramitação do respectivo processo judicial, o membro visado mantém-se em funções, não podendo ser prejudicado, quer nas suas funções no órgão a que pertença, quer na sua actividade profissional.

SUBSECÇÃO V – **Informação e consulta**

ARTIGO 203.º – **Deveres de informação e consulta**

A entidade empregadora pública é obrigada a prestar informações e a proceder a consultas, nos termos da lei.

ARTIGO 204.º – **Justificação e controlo**

1 – A não prestação de informações ou a não realização de consultas a que se refere o artigo anterior devem ser justificadas por escrito, com base em critérios legais objectivamente aferíveis.

2 – A recusa de prestação de informações ou de realização de consultas podem ser objecto de apreciação administrativa e jurisdicional, nos termos da lei sobre acesso a informação administrativa e do Código de Processo nos Tribunais Administrativos.

CAPÍTULO XIV
**Comissões de trabalhadores: constituição,
estatutos e eleição**

SECÇÃO I – **Âmbito**

ARTIGO 205.º – **Âmbito**

O presente capítulo regula o artigo 300.º do Regime.

SECÇÃO II – **Constituição e estatutos da comissão de trabalhadores**

ARTIGO 206.º – **Constituição da comissão de trabalhadores e aprovação
dos estatutos**

1 – Os trabalhadores deliberam a constituição e aprovam os estatutos da comissão de trabalhadores mediante votação.

Regime do Contrato de Trabalho em Funções Públicas 727

2 – A votação é convocada com a antecedência mínima de 15 dias por, no mínimo, 100 ou 20% dos trabalhadores do órgão ou serviço, com ampla publicidade e menção expressa do dia, local, horário e objecto, devendo ser remetida simultaneamente cópia da convocatória ao órgão de direcção do órgão ou serviço.

3 – Os projectos de estatutos submetidos a votação são propostos por, no mínimo, 100 ou 20% dos trabalhadores do órgão ou serviço, devendo ser neste publicitados com a antecedência mínima de 10 dias.

ARTIGO 207.º – **Estatutos**

1 – A comissão de trabalhadores é regulada pelos seus estatutos, os quais devem prever, nomeadamente:

a) A composição, eleição, duração do mandato e regras de funcionamento da comissão eleitoral, de que tem o direito de fazer parte um delegado designado por cada uma das listas concorrentes, à qual compete convocar e presidir ao acto eleitoral, bem como apurar o resultado do mesmo, na parte não prevista no Regime;

b) O número, regras da eleição, na parte não prevista neste capítulo, e duração do mandato dos membros da comissão de trabalhadores, bem como o modo de preenchimento das vagas dos respectivos membros;

c) O funcionamento da comissão, resolvendo as questões relativas a empate de deliberações;

d) A articulação da comissão com as subcomissões de trabalhadores e a comissão coordenadora de que seja aderente;

e) A forma de vinculação, a qual deve exigir a assinatura da maioria dos seus membros, com um mínimo de duas assinaturas;

f) O modo de financiamento das actividades da comissão, o qual não pode, em caso algum, ser assegurado por uma entidade alheia ao conjunto dos trabalhadores do órgão ou serviço;

g) O processo de alteração de estatutos.

2 – Os estatutos podem prever a existência de subcomissões de trabalhadores em órgãos ou serviços com estabelecimentos periféricos ou unidades orgânicas desconcentradas.

ARTIGO 208.º – **Capacidade**

Nenhum trabalhador do órgão ou serviço pode ser prejudicado nos seus direitos, nomeadamente de participar na constituição da comissão de trabalhadores, na aprovação dos estatutos ou de eleger e ser eleito, designadamente por motivo de idade ou função.

ARTIGO 209.º – **Regulamento**

1 – Com a convocação da votação deve ser publicitado o respectivo regulamento.

2 – A elaboração do regulamento é da responsabilidade dos trabalhadores que procedam à convocação da votação.

Artigo 210.º – **Caderno eleitoral**

1 – A entidade empregadora pública deve entregar o caderno eleitoral aos trabalhadores que procedem à convocação da votação dos estatutos, no prazo de quarenta e oito horas após a recepção da cópia da convocatória, procedendo estes à sua imediata afixação no órgão ou serviço, estabelecimento periférico ou unidade orgânica desconcentrada.

2 – O caderno eleitoral deve conter o nome dos trabalhadores do órgão ou serviço e, sendo caso disso, agrupados por estabelecimentos periféricos ou unidades orgânicas desconcentradas, à data da convocação da votação.

Artigo 211.º – **Secções de voto**

1 – Em cada estabelecimento periférico ou unidade orgânica desconcentrada com um mínimo de 10 trabalhadores deve haver, pelo menos, uma secção de voto.

2 – A cada mesa de voto não podem corresponder mais de 500 votantes.

3 – Cada secção de voto é composta por um presidente e dois vogais, que dirigem a respectiva votação, ficando, para esse efeito dispensados da respectiva prestação de trabalho.

4 – Cada grupo de trabalhadores proponente de um projecto de estatutos pode designar um representante em cada mesa, para acompanhar a votação.

Artigo 212.º – **Votação**

1 – A votação da constituição da comissão de trabalhadores e dos projectos de estatutos é simultânea, com votos distintos.

2 – As urnas de voto são colocadas nos locais de trabalho, de modo a permitir que todos os trabalhadores possam votar e a não prejudicar o normal funcionamento do órgão ou serviço.

3 – A votação é efectuada durante as horas de trabalho.

4 – A votação inicia-se, pelo menos, trinta minutos antes do começo e termina, pelo menos, sessenta minutos depois do termo do período de funcionamento do órgão ou serviço.

5 – Os trabalhadores podem votar durante o respectivo horário de trabalho, para o que cada um dispõe do tempo para tanto indispensável.

6 – Nos estabelecimentos periféricos ou unidades orgânicas desconcentradas, a votação realiza-se em todos eles no mesmo dia, horário e nos mesmos termos.

7 – Quando, devido ao trabalho por turno ou outros motivos, não seja possível respeitar o disposto no número anterior, a abertura das urnas de voto para o respectivo apuramento deve ser simultânea em todos os estabelecimentos periféricos ou unidades orgânicas desconcentradas.

Artigo 213.º – **Acta**

1 – De tudo o que se passar na votação é lavrada acta que, depois de lida e aprovada pelos membros da mesa de voto, é por estes assinada e rubricada.

Regime do Contrato de Trabalho em Funções Públicas 729

2 – Os votantes devem ser identificados e registados em documento próprio, com termos de abertura e encerramento, assinado e rubricado em todas as folhas pelos membros da mesa, o qual constitui parte integrante da acta.

ARTIGO 214.º – **Apuramento global**

1 – O apuramento global da votação da constituição da comissão de trabalhadores e dos estatutos é feito por uma comissão eleitoral.

2 – De tudo o que se passar no apuramento global é lavrada acta que, depois de lida e aprovada pelos membros da comissão eleitoral, é por estes assinada e rubricada.

ARTIGO 215.º – **Deliberação**

1 – A deliberação de constituir a comissão de trabalhadores deve ser aprovada por maioria simples dos votantes.

2 – São aprovados os estatutos que recolherem o maior número de votos.

3 – A validade da aprovação dos estatutos depende da aprovação da deliberação de constituir a comissão de trabalhadores.

ARTIGO 216.º – **Publicidade do resultado da votação**

A comissão eleitoral deve, no prazo de 15 dias a contar da data do apuramento, proceder à afixação dos resultados da votação, bem como de cópia da respectiva acta no local ou locais em que a votação teve lugar e comunicá-los ao órgão de direcção do órgão ou serviço.

ARTIGO 217.º – **Alteração dos estatutos**

À alteração dos estatutos é aplicável o disposto nos artigos anteriores, com as necessárias adaptações.

SECÇÃO III – **Eleição da comissão
e das subcomissões de trabalhadores**

ARTIGO 218.º – **Regras gerais da eleição**

1 – Os membros da comissão de trabalhadores e das subcomissões de trabalhadores são eleitos, de entre as listas apresentadas pelos trabalhadores do respectivo órgão ou serviço, estabelecimento periférico ou unidade orgânica desconcentrada, por voto directo e secreto, e segundo o princípio de representação proporcional.

2 – O acto eleitoral é convocado com a antecedência de 15 dias, salvo se os estatutos fixarem um prazo superior, pela comissão eleitoral constituída nos termos dos estatutos ou, na sua falta, por, no mínimo, 100 ou 20% dos trabalhadores do órgão ou serviço, com ampla publicidade e menção expressa do dia, local, horário e objecto, devendo ser remetida simultaneamente cópia da convocatória ao órgão de direcção do órgão ou serviço.

730        *Novo Estatuto da Função Pública*

3 – Só podem concorrer as listas que sejam subscritas por, no mínimo, 100 ou 20% dos trabalhadores do órgão ou serviço ou, no caso de listas de subcomissões de trabalhadores, 10% dos trabalhadores do estabelecimento periférico ou unidade orgânica desconcentrada, não podendo qualquer trabalhador subscrever ou fazer parte de mais de uma lista concorrente à mesma estrutura.

4 – A eleição dos membros da comissão de trabalhadores e das subcomissões de trabalhadores decorre em simultâneo, sendo aplicável o disposto nos artigos 210.º a 214.º, com as necessárias adaptações.

5 – Na falta da comissão eleitoral eleita nos termos dos estatutos, a mesma é constituída por um representante de cada uma das listas concorrentes e igual número de representantes dos trabalhadores que convocaram a eleição.

Artigo 219.º – **Publicidade do resultado da eleição**

À publicidade dos resultados da eleição é aplicável o disposto no artigo 216.º

Artigo 220.º – **Início de actividades**

A comissão de trabalhadores e as subcomissões de trabalhadores só podem iniciar as respectivas actividades depois da publicação dos estatutos da primeira e dos resultados da eleição na 2.ª série do *Diário da República*.

Artigo 221.º – **Duração dos mandatos**

O mandato dos membros da comissão de trabalhadores e das subcomissões de trabalhadores não pode exceder quatro anos, sendo permitida a reeleição para mandatos sucessivos.

Secção IV – **Constituição e estatutos da comissão coordenadora**

Artigo 222.º – **Constituição e estatutos**

1 – A comissão coordenadora é constituída com a aprovação dos seus estatutos pelas comissões de trabalhadores que ela se destina a coordenar.

2 – Os estatutos da comissão coordenadora estão sujeitos ao disposto no n.º 1 do artigo 207.º, com as necessárias adaptações.

3 – As comissões de trabalhadores aprovam os estatutos da comissão coordenadora, por voto secreto de cada um dos seus membros, em reunião de que deve ser elaborada acta assinada por todos os presentes, a que deve ficar anexo o documento de registo dos votantes.

4 – A reunião referida no número anterior deve ser convocada com a antecedência de 15 dias, por pelo menos duas comissões de trabalhadores que a comissão coordenadora se destina a coordenar.

Regime do Contrato de Trabalho em Funções Públicas 731

Artigo 223.º – **Número de membros**

O número de membros da comissão coordenadora não pode exceder o número das comissões de trabalhadores que a mesma coordena, nem o máximo de 11 membros.

Artigo 224.º – **Duração dos mandatos**

À duração do mandato dos membros das comissões coordenadoras aplica-se o disposto no artigo 221.º

Artigo 225.º – **Participação das comissões de trabalhadores**

1 – Os trabalhadores do órgão ou serviço deliberam sobre a participação da respectiva comissão de trabalhadores na constituição da comissão coordenadora e a adesão à mesma, bem como a revogação da adesão, por iniciativa da comissão de trabalhadores ou de 100 ou 10% dos trabalhadores do órgão ou serviço.

2 – As deliberações referidas no número anterior são adoptadas por votação realizada nos termos dos artigos 206.º e 208.º a 214.º, com as necessárias adaptações.

Secção V – **Eleição da comissão coordenadora**

Artigo 226.º – **Eleição**

1 – Os membros das comissões de trabalhadores aderentes elegem, de entre si, os membros da comissão coordenadora.

2 – A eleição deve ser convocada com a antecedência de 15 dias, por pelo menos duas comissões de trabalhadores aderentes.

3 – A eleição é feita por listas, por voto directo e secreto, e segundo o princípio da representação proporcional, em reunião de que deve ser elaborada acta assinada por todos os presentes, a que deve ficar anexo o documento de registo dos votantes.

4 – Cada lista concorrente deve ser subscrita por, no mínimo, 20% dos membros das comissões de trabalhadores aderentes, sendo apresentada até cinco dias antes da votação.

Artigo 227.º – **Início de funções**

A comissão coordenadora só pode iniciar as respectivas actividades depois da publicação dos seus estatutos e dos resultados da eleição na 2.ª série do *Diário da República*.

Secção VI – **Registo e publicação**

Artigo 228.º – **Registo**

1 – A comissão eleitoral referida no n.º 1 do artigo 214.º deve, no prazo de 15 dias a contar da data do apuramento, requerer ao ministério responsável

732      *Novo Estatuto da Função Pública*

pela área da Administração Pública o registo da constituição da comissão de trabalhadores e da aprovação dos estatutos ou das suas alterações, juntando os estatutos aprovados ou alterados, bem como cópias certificadas das actas da comissão eleitoral e das mesas de voto, acompanhadas dos documentos de registo dos votantes.

2 – A comissão eleitoral referida nos n.$^{os}$ 2 ou 5 do artigo 218.º deve, no prazo de 15 dias a contar da data do apuramento, requerer ao ministério responsável pela área da Administração Pública o registo da eleição dos membros da comissão de trabalhadores e das subcomissões de trabalhadores, juntando cópias certificadas das listas concorrentes, bem como das actas da comissão eleitoral e das mesas de voto, acompanhadas dos documentos de registo dos votantes.

3 – As comissões de trabalhadores que participaram na constituição da comissão coordenadora devem, no prazo de 15 dias, requerer ao ministério responsável pela área da Administração Pública o registo da constituição da comissão coordenadora e da aprovação dos estatutos ou das suas alterações, juntando os estatutos aprovados ou alterados, bem como cópias certificadas da acta da reunião em que foi constituída a comissão e do documento de registo dos votantes.

4 – As comissões de trabalhadores que participaram na eleição da comissão coordenadora devem, no prazo de 15 dias, requerer ao ministério responsável pela área da Administração Pública o registo da eleição dos membros da comissão coordenadora, juntando cópias certificadas das listas concorrentes, bem como da acta da reunião e do documento de registo dos votantes.

5 – O ministério responsável pela área da Administração Pública regista, no prazo de 10 dias:

    *a)* A constituição da comissão de trabalhadores e da comissão coordenadora, bem como a aprovação dos respectivos estatutos ou das suas alterações;

    *b)* A eleição dos membros da comissão de trabalhadores, das subcomissões de trabalhadores e da comissão coordenadora e publica a respectiva composição.

### Artigo 229.º – **Publicação**

O ministério responsável pela área da Administração Pública procede à publicação na 2.ª série do *Diário da República*:

    *a)* Dos estatutos da comissão de trabalhadores e da comissão coordenadora, ou das suas alterações;

    *b)* Da composição da comissão de trabalhadores, das subcomissões de trabalhadores e da comissão coordenadora.

### Artigo 230.º – **Controlo de legalidade da constituição e dos estatutos das comissões**

1 – Após o registo da constituição da comissão de trabalhadores e da aprovação dos estatutos ou das suas alterações, o ministério responsável pela

Regime do Contrato de Trabalho em Funções Públicas

área da Administração Pública remete, dentro do prazo de oito dias a contar da publicação, cópias certificadas das actas da comissão eleitoral e das mesas de voto, dos documentos de registo dos votantes, dos estatutos aprovados ou alterados e do requerimento de registo, bem como a apreciação fundamentada sobre a legalidade da constituição da comissão de trabalhadores e dos estatutos ou das suas alterações, ao magistrado do Ministério Público da área da sede do respectivo órgão ou serviço.

2 – O disposto no número anterior é aplicável, com as necessárias adaptações, à constituição e aprovação dos estatutos da comissão coordenadora.

## CAPÍTULO XV
### Direitos das comissões e subcomissões de trabalhadores

SECÇÃO I – Âmbito

ARTIGO 231.º – **Âmbito**

O presente capítulo regula os n.ºˢ 1 e 2 do artigo 303.º do Regime.

SECÇÃO II – **Direitos em geral**

ARTIGO 232.º – **Direitos das comissões e das subcomissões de trabalhadores**

1 – Constituem direitos das comissões de trabalhadores, nomeadamente:
a) Receber todas as informações necessárias ao exercício da sua actividade;
b) Exercer o controlo de gestão nos respectivos órgãos ou serviços;
c) Participar nos procedimentos relativos aos trabalhadores no âmbito dos processos de reorganização de órgãos ou serviços;
d) Participar na elaboração da legislação do trabalho, directamente ou por intermédio das respectivas comissões coordenadoras.

2 – As subcomissões de trabalhadores podem:
a) Exercer os direitos previstos nas alíneas a), b) e c) do número anterior, que lhes sejam delegados pelas comissões de trabalhadores;
b) Informar a comissão de trabalhadores dos assuntos que entenderem de interesse para a normal actividade desta;
c) Fazer a ligação entre os trabalhadores dos estabelecimentos periféricos ou unidades orgânicas desconcentradas e as respectivas comissões de trabalhadores, ficando vinculadas à orientação geral por estas estabelecida.

3 – As comissões e as subcomissões de trabalhadores não podem, através do exercício dos seus direitos e do desempenho das suas funções, prejudicar o normal funcionamento do órgão ou serviço.

734        *Novo Estatuto da Função Pública*

Artigo 233.º – **Reuniões da comissão de trabalhadores com o dirigente máximo ou órgão de direcção do órgão ou serviço**

1 – A comissão de trabalhadores tem o direito de reunir periodicamente com o dirigente máximo ou órgão de direcção do órgão ou serviço para discussão e análise dos assuntos relacionados com o exercício dos seus direitos, devendo realizar-se, pelo menos, uma reunião em cada mês.

2 – Da reunião referida no número anterior é lavrada acta, elaborada pelo órgão ou serviço, que deve ser assinada por todos os presentes.

3 – O disposto nos números anteriores aplica-se igualmente às subcomissões de trabalhadores em relação aos dirigentes dos respectivos estabelecimentos periféricos ou unidades orgânicas desconcentradas.

Secção III – **Informação e consulta**

Artigo 234.º – **Conteúdo do direito a informação**

O direito a informação abrange as seguintes matérias:
*a)* Plano e relatório de actividades;
*b)* Orçamento;
*c)* Gestão dos recursos humanos, em função dos mapas de pessoal;
*d)* Prestação de contas, incluindo balancetes, contas de gerência e relatórios de gestão;
*e)* Projectos de reorganização do órgão ou serviço.

Artigo 235.º – **Obrigatoriedade de parecer prévio**

1 – Têm de ser obrigatoriamente precedidos de parecer escrito da comissão de trabalhadores os seguintes actos da entidade empregadora pública:
*a)* Regulação da utilização de equipamento tecnológico para vigilância a distância no local de trabalho;
*b)* Tratamento de dados biométricos;
*c)* Elaboração de regulamentos internos do órgão ou serviço;
*d)* Definição e organização dos horários de trabalho aplicáveis a todos ou a parte dos trabalhadores do órgão ou serviço;
*e)* Elaboração do mapa de férias dos trabalhadores do órgão ou serviço;
*f)* Quaisquer medidas de que resulte uma diminuição substancial do número de trabalhadores do órgão ou serviço ou agravamento substancial das suas condições de trabalho e, ainda, as decisões susceptíveis de desencadear mudanças substanciais no plano da organização de trabalho ou dos contratos.

2 – O parecer referido no número anterior deve ser emitido no prazo máximo de 10 dias a contar da recepção do escrito em que for solicitado, se outro maior não for concedido em atenção da extensão ou complexidade da matéria.

Regime do Contrato de Trabalho em Funções Públicas     735

3 – Nos casos a que se refere a alínea *c*) do n.º 1, o prazo de emissão de parecer é de cinco dias.

4 – Quando seja solicitada a prestação de informação sobre as matérias relativamente às quais seja requerida a emissão de parecer ou quando haja lugar à realização de reunião nos termos do n.º 1 do artigo 233.º, o prazo conta-se a partir da prestação das informações ou da realização da reunião.

5 – Decorridos os prazos referidos nos n.ºˢ 2 e 3 sem que o parecer tenha sido entregue à entidade que o tiver solicitado considera-se preenchida a exigência referida no n.º 1.

### Artigo 236.º – **Prestação de informações**

1 – Os membros das comissões e subcomissões devem requerer, por escrito, respectivamente, ao dirigente máximo ou órgão de direcção do órgão ou serviço ou ao dirigente do estabelecimento periférico ou da unidade orgânica desconcentrada os elementos de informação respeitantes às matérias referidas nos artigos anteriores.

2 – As informações são -lhes prestadas, por escrito, no prazo de oito dias, salvo se, pela sua complexidade, se justificar prazo maior, que nunca deve ser superior a 15 dias.

3 – O disposto nos números anteriores não prejudica o direito à recepção de informações nas reuniões previstas no artigo 233.º

### Secção IV – **Exercício do controlo de gestão no órgão ou serviço**

### Artigo 237.º – **Finalidade do controlo de gestão**

O controlo de gestão visa promover o empenhamento responsável dos trabalhadores na vida do respectivo órgão ou serviço.

### Artigo 238.º – **Conteúdo do controlo de gestão**

No exercício do direito do controlo de gestão, as comissões de trabalhadores podem:

*a*) Apreciar e emitir parecer sobre os orçamentos do órgão ou serviço e respectivas alterações, bem como acompanhar a respectiva execução;

*b*) Promover a adequada utilização dos recursos técnicos, humanos e financeiros;

*c*) Promover, junto dos órgãos de direcção e dos trabalhadores, medidas que contribuam para a melhoria da actividade do órgão ou serviço, designadamente nos domínios dos equipamentos técnicos e da simplificação administrativa;

*d*) Apresentar aos órgãos competentes do órgão ou serviço sugestões, recomendações ou críticas tendentes à qualificação inicial e à formação contínua dos trabalhadores e, em geral, à melhoria da qualidade de vida no trabalho e das condições de segurança, higiene e saúde;

736 *Novo Estatuto da Função Pública*

*e*) Defender junto dos órgãos de direcção e fiscalização do órgão ou serviço e das autoridades competentes os legítimos interesses dos trabalhadores.

ARTIGO 239.º – **Exclusões do controlo de gestão**

1 – O controlo de gestão não pode ser exercido em relação às seguintes actividades:
*a*) Defesa nacional;
*b*) Representação externa do Estado;
*c*) Informações de segurança;
*d*) Investigação criminal;
*e*) Segurança pública, quer em meio livre quer em meio institucional;
*f*) Inspecção.

2 – Excluem-se igualmente do controlo de gestão as actividades que envolvam, por via directa ou delegada, competências dos órgãos de soberania, bem como das assembleias regionais e dos governos regionais.

## CAPÍTULO XVI
### Exercício da actividade sindical

SECÇÃO I – **Actos eleitorais**

ARTIGO 240.º – **Âmbito**

A presente secção regula o artigo 320.º do Regime.

ARTIGO 241.º – **Participação nos processos eleitorais**

1 – Para a realização de assembleias constituintes de associações sindicais ou para efeitos de alteração dos estatutos ou eleição dos corpos gerentes, os trabalhadores gozam dos seguintes direitos:
*a*) Dispensa de serviço para os membros da assembleia geral eleitoral e da comissão fiscalizadora eleitoral, até ao limite de sete membros, pelo período máximo de 10 dias úteis, com possibilidade de utilização de meios dias;
*b*) Dispensa de serviço para os elementos efectivos e suplentes que integram as listas candidatas pelo período máximo de seis dias úteis, com possibilidade de utilização de meios dias;
*c*) Dispensa de serviço para os membros da mesa, até ao limite de três ou até ao limite do número de listas concorrentes, se o número destas for superior a três, por período não superior a um dia;
*d*) Dispensa de serviço aos trabalhadores com direito de voto, pelo tempo necessário para o exercício do respectivo direito;

*Regime do Contrato de Trabalho em Funções Públicas* 737

*e*) Dispensa de serviço aos trabalhadores que participem em actividades de fiscalização do acto eleitoral durante o período de votação e contagem dos votos.

2 – A pedido das associações sindicais ou das comissões promotoras da respectiva constituição, é permitida a instalação e funcionamento de mesas de voto nos locais de trabalho durante as horas de serviço.

3 – As dispensas de serviço previstas no n.º 1 não são imputadas noutros créditos previstos na lei.

4 – As dispensas de serviço previstas no n.º 1 são equiparadas a serviço efectivo, para todos os efeitos legais.

5 – O exercício dos direitos previstos no presente artigo só pode ser impedido com fundamento, expresso e por escrito, em grave prejuízo para a realização do interesse público.

Artigo 242.º – **Formalidades**

1 – A comunicação para a instalação e funcionamento das mesas de voto deve ser, por meios idóneos e seguros, apresentada ao dirigente máximo do órgão ou serviço com antecedência não inferior a 10 dias, e dela deve constar:
*a*) A identificação do acto eleitoral;
*b*) A indicação do local pretendido;
*c*) A identificação dos membros da mesa ou substitutos;
*d*) O período de funcionamento.

2 – A instalação e o funcionamento das mesas de voto consideram-se autorizados se nos três dias imediatos à apresentação da comunicação não for proferido despacho em contrário e notificado à associação sindical ou comissão promotora.

Artigo 243.º – **Votação**

1 – A votação decorre dentro do período normal de funcionamento do órgão ou serviço.

2 – O funcionamento das mesas não pode prejudicar o normal funcionamento dos órgãos e serviços.

Artigo 244.º – **Votação em local diferente**

Os trabalhadores que devam votar em local diferente daquele em que exerçam funções só nele podem permanecer pelo tempo indispensável ao exercício do seu direito de voto.

Artigo 245.º – **Extensão**

No caso de consultas eleitorais estatutariamente previstas ou de outras respeitantes a interesses colectivos dos trabalhadores, designadamente congressos ou outras de idêntica natureza, podem ser concedidas facilidades aos trabalhadores, em termos a definir, caso a caso, por despacho do membro do Governo responsável pela área da Administração Pública.

738                    *Novo Estatuto da Função Pública*

Secção II – **Reuniões de trabalhadores**

Artigo 246.º – **Âmbito**

A presente secção regula o n.º 3 do artigo 331.º do Regime.

Artigo 247.º – **Convocação de reuniões de trabalhadores**

1 – Para efeitos do n.º 2 do artigo 331.º do Regime, as reuniões podem ser convocadas:

*a)* Pela comissão sindical ou pela comissão intersindical;
*b)* Excepcionalmente, pelas associações sindicais ou os respectivos delegados.

2 – Cabe exclusivamente às associações sindicais reconhecer a existência das circunstâncias excepcionais que justificam a realização da reunião.

Artigo 248.º – **Procedimento**

1 – Os promotores das reuniões devem comunicar à entidade empregadora pública, com a antecedência mínima de vinte e quatro horas, a data, hora, número previsível de participantes e local em que pretendem que elas se efectuem, devendo afixar as respectivas convocatórias.

2 – No caso das reuniões a realizar durante o horário de trabalho, os promotores devem apresentar uma proposta que assegure o funcionamento dos serviços de natureza urgente e essencial.

3 – Após a recepção da comunicação referida no n.º 1 e, sendo caso disso, da proposta prevista no número anterior, a entidade empregadora pública deve pôr à disposição dos promotores das reuniões, desde que estes o requeiram e as condições físicas das instalações o permitam, um local apropriado à realização das mesmas, tendo em conta os elementos da comunicação e da proposta, bem como a necessidade de respeitar o disposto na parte final dos n.ºs 1 e 2 do artigo 331.º do Regime.

4 – Os membros da direcção das associações sindicais que não trabalhem no órgão ou serviço podem participar nas reuniões mediante comunicação dos promotores à entidade empregadora pública com a antecedência mínima de seis horas.

CAPÍTULO XVII

**Associações sindicais**

Artigo 249.º – **Âmbito**

O presente capítulo regula o n.º 2 do artigo 339.º do Regime.

Artigo 250.º – **Crédito de horas dos membros da direcção**

1 – Sem prejuízo do disposto em instrumento de regulamentação colectiva de trabalho, o número máximo de membros da direcção da associação sindical que beneficiam do crédito de horas é determinado da seguinte forma:

*a*) Associações sindicais com um número igual ou inferior a 200 associados – 1 membro;

*b*) Associações sindicais com mais de 200 associados – 1 membro por cada 200 associados ou fracção, até ao limite máximo de 50 membros.

2 – Nas associações sindicais cuja organização interna compreenda estruturas de direcção de base regional ou distrital beneficiam ainda do crédito de horas, numa das seguintes soluções:

*a*) Nas estruturas de base regional, até ao limite máximo de sete – 1 membro por cada 200 associados ou fracção correspondente a, pelo menos, 100 associados, até ao limite máximo de 20 membros da direcção de cada estrutura;

*b*) Nas estruturas de base distrital, até ao limite máximo de 18 – 1 membro por cada 200 associados ou fracção correspondente a, pelo menos, 100 associados, até ao limite máximo de 7 membros da direcção de cada estrutura.

3 – Da aplicação conjugada dos n.$^{os}$ 1 e 2 deve corrigir-se o resultado por forma a que não se verifique um número inferior a 1,5 do resultado da aplicação do disposto na alínea *b*) do n.º 1, considerando-se, para o efeito, que o limite máximo aí referido é de 100 membros.

4 – Quando as associações sindicais compreendam estruturas distritais no continente e estruturas nas regiões autónomas aplica-se-lhes o disposto na alínea *b*) do n.º 2 e o disposto na alínea *a*) do mesmo número até ao limite máximo de 2 estruturas.

5 – Em alternativa ao disposto nos números anteriores, sem prejuízo do disposto em instrumento de regulamentação colectiva de trabalho, o número máximo de membros da direcção de associações sindicais representativas de trabalhadores das autarquias locais que beneficiam do crédito de horas é determinado da seguinte forma:

*a*) Município em que exercem funções entre 25 e 50 trabalhadores sindicalizados – 1 membro;

*b*) Município em que exercem funções 50 a 99 trabalhadores sindicalizados – 2 membros;

*c*) Município em que exercem funções 100 a 199 trabalhadores sindicalizados – 3 membros;

*d*) Município em que exercem funções 200 a 499 trabalhadores sindicalizados – 4 membros;

*e*) Município em que exercem funções 500 a 999 trabalhadores sindicalizados – 6 membros;

*f*) Município em que exercem funções 1000 a 1999 trabalhadores sindicalizados – 7 membros;

*g*) Município em que exercem funções 2000 a 4999 trabalhadores sindicalizados – 8 membros;

*h*) Município em que exercem funções 5000 a 9999 trabalhadores sindicalizados – 10 membros;

*i)* Município em que exercem funções 10 000 ou mais trabalhadores sindicalizados – 12 membros.

6 – Para o exercício das suas funções, cada membro da direcção beneficia, nos termos dos números anteriores, do crédito de horas correspondente a quatro dias de trabalho por mês, que pode utilizar em períodos de meio dia, mantendo o direito à remuneração.

7 – A associação sindical deve comunicar a identificação dos membros que beneficiam do crédito de horas à Direcção-Geral da Administração e do Emprego Público e ao órgão ou serviço em que exercem funções, até 15 de Janeiro de cada ano civil e nos 15 dias posteriores a qualquer alteração da composição da respectiva direcção, salvo se especificidade do ciclo de actividade justificar calendário diverso.

8 – A associação sindical deve comunicar aos órgãos ou serviços onde exercem funções os membros da direcção referidos nos números anteriores as datas e o número de dias de que os mesmos necessitam para o exercício das respectivas funções com um dia de antecedência ou, em caso de impossibilidade, num dos dois dias úteis imediatos.

9 – O previsto nos números anteriores não prejudica a possibilidade de a direcção da associação sindical atribuir créditos de horas a outros membros da mesma, ainda que pertencentes a serviços diferentes, e independentemente de estes se integrarem na administração directa ou indirecta do Estado, na administração regional, na administração autárquica ou noutra pessoa colectiva pública, desde que, em cada ano civil, não ultrapasse o montante global do crédito de horas atribuído nos termos dos n.os 1 a 3 e comunique tal facto à Direcção-Geral da Administração e do Emprego Público e ao órgão ou serviço em que exercem funções com a antecedência mínima de 15 dias.

10 – Os membros da direcção de federação, união ou confederação não beneficiam de crédito de horas, aplicando-se-lhes o disposto no número seguinte.

11 – Os membros da direcção de federação, união ou confederação podem celebrar acordos de cedência de interesse público para o exercício de funções sindicais naquelas estruturas de representação colectiva, sendo as respectivas remunerações asseguradas pela entidade empregadora pública cedente até ao seguinte número máximo de membros da direcção:

*a)* 4 membros, no caso das confederações sindicais que representem pelo menos 5% do universo dos trabalhadores que exercem funções públicas;

*b)* No caso de federações, 2 membros por cada 10 000 associados ou fracção correspondente, pelo menos, a 5000 associados, até ao limite máximo de 10 membros;

*c)* 1 membro quando se trate de união de âmbito distrital ou regional e represente pelo menos 5% do universo dos trabalhadores que exerçam funções na respectiva área.

12 – Para os efeitos previstos na alínea *b)* do número anterior, deve atender-se ao número de trabalhadores filiados nas associações que fazem parte daquelas estruturas de representação colectiva de trabalhadores.

Regime do Contrato de Trabalho em Funções Públicas 741

13 – A Direcção-Geral da Administração e do Emprego Público, bem como entidade em que esta em razão da especificidade das carreiras delegue essa função, mantém actualizado mecanismos de acompanhamento e controlo do sistema de créditos previstos nos números anteriores.

ARTIGO 251.º – **Não cumulação de crédito de horas**

Não pode haver lugar a cumulação do crédito de horas pelo facto de o trabalhador pertencer a mais de uma estrutura de representação colectiva dos trabalhadores.

ARTIGO 252.º – **Faltas**

1 – Os membros da direcção referidos nos n.$^{os}$ 6 e 9 do artigo 250.º cuja identificação é comunicada à Direcção-Geral da Administração e do Emprego Público e ao órgão ou serviço em que exercem funções, nos termos do n.$^{os}$ 7 e 9 do mesmo artigo, para além do crédito de horas, usufruem ainda do direito a faltas justificadas, que contam para todos os efeitos legais como serviço efectivo, salvo quanto à remuneração.

2 – Os demais membros da direcção usufruem do direito a faltas justificadas até ao limite de 33 faltas por ano, que contam para todos os efeitos legais como serviço efectivo, salvo quanto à remuneração.

ARTIGO 253.º – **Suspensão do contrato**

1 – Quando as faltas determinadas pelo exercício de actividade sindical, previstas no artigo anterior, se prolongarem para além de um mês aplica-se o regime de suspensão do contrato por facto respeitante ao trabalhador.

2 – O disposto no número anterior não é aplicável aos membros da direcção cuja ausência no local de trabalho, para além de um mês, seja determinada pela cumulação do crédito de horas.

## CAPÍTULO XVIII
### Arbitragem necessária

SECÇÃO I – **Âmbito**

ARTIGO 254.º – **Âmbito**

O presente capítulo regula o artigo 377.º do Regime.

SECÇÃO II – **Designação de árbitros**

ARTIGO 255.º – **Escolha dos árbitros**

1 – Para efeitos do n.º 4 do artigo 374.º do Regime, a Direcção-Geral da Administração e do Emprego Público comunica às partes a escolha por sorteio

do árbitro em falta ou, em sua substituição, a nomeação do árbitro pela parte faltosa.

2 – A comunicação referida no número anterior deve ser feita decorridas quarenta e oito horas após o sorteio.

### Artigo 256.º – **Escolha do terceiro árbitro**

Para efeitos do n.º 4 do artigo 374.º do Regime, os árbitros indicados comunicam a escolha do terceiro árbitro à Direcção-Geral da Administração e do Emprego Público e às partes, no prazo de vinte e quatro horas.

### Artigo 257.º – **Sorteio de árbitros**

1 – Para efeitos dos n.ºs 4, 5 e 6 do artigo 374.º do Regime, cada uma das listas de árbitros dos trabalhadores, das entidades empregadoras públicas e presidentes é ordenada alfabeticamente.

2 – O sorteio do árbitro efectivo e do suplente deve ser feito através de tantas bolas numeradas quantos os árbitros que não estejam legalmente impedidos no caso concreto, correspondendo a cada número o nome de um árbitro.

3 – A Direcção-Geral da Administração e do Emprego Público notifica os representantes da parte trabalhadora e das entidades empregadoras públicas do dia e hora do sorteio, com a antecedência mínima de vinte e quatro horas.

4 – Se um ou ambos os representantes não estiverem presentes, a Direcção--Geral da Administração e do Emprego Público designa trabalhadores da direcção--geral, em igual número, para estarem presentes no sorteio.

5 – A Direcção-Geral da Administração e do Emprego Público elabora a acta do sorteio, que deve ser assinada pelos presentes e comunicada imediatamente às partes.

6 – A Direcção-Geral da Administração e do Emprego Público comunica imediatamente o resultado do sorteio aos árbitros que constituem o tribunal arbitral, aos suplentes e às partes que não tenham estado representadas no sorteio.

7 – A ordenação alfabética a que se refere o n.º 1 serve igualmente para a fixação sequencial de uma lista anual de árbitros, para eventual constituição do colégio arbitral previsto no n.º 3 do artigo 400.º do Regime, correspondendo a cada mês do ano civil três árbitros, um dos trabalhadores, um das entidades empregadoras públicas e um presidente.

### Artigo 258.º – **Notificações e comunicações**

As notificações e comunicações referidas nos artigos anteriores devem ser efectuadas por escrito e por meio célere, designadamente telegrama, telefax ou correio electrónico.

Secção III – **Árbitros**

Artigo 259.º – **Listas de árbitros**

1 – Para efeitos do artigo 375.º do Regime, os árbitros que fazem parte das listas de árbitros devem assinar, perante o presidente do Conselho Económico e Social, um termo de aceitação.

2 – Após a assinatura dos termos de aceitação, as listas de árbitros são comunicadas à Direcção-Geral da Administração e do Emprego Público e publicadas na 2.ª série do *Diário da República*.

Artigo 260.º – **Constituição do tribunal arbitral**

1 – O tribunal arbitral é declarado constituído pelo árbitro presidente depois de concluído o processo de nomeação dos árbitros, ao abrigo do artigo 374.º e, sendo o caso, do artigo 375.º do Regime, e após a assinatura por cada um deles do termo de aceitação.

2 – Após a aceitação prevista no número anterior, os árbitros não podem recusar o exercício das suas funções, salvo tratando-se de renúncia mediante declaração dirigida ao presidente do Conselho Económico e Social, produzindo a renúncia efeitos 30 dias após a declaração.

3 – Se o prazo referido no número anterior terminar no decurso de uma arbitragem, a renúncia do árbitro que nela participe só produz efeitos a partir do termo da mesma.

Artigo 261.º – **Substituição de árbitros na composição do tribunal arbitral**

1 – Qualquer árbitro deve ser substituído na composição do tribunal arbitral em caso de morte ou incapacidade.

2 – No caso previsto no número anterior aplicam-se as regras relativas à nomeação de árbitros.

Artigo 262.º – **Substituição na lista de árbitros**

1 – Qualquer árbitro deve ser substituído na respectiva lista em caso de morte, renúncia ou incapacidade permanente.

2 – O artigo anterior aplica-se aos casos de substituição de árbitros.

Artigo 263.º – **Limitações de actividades**

Os árbitros que tenham intervindo num processo de arbitragem ficam impedidos, nos dois anos subsequentes ao seu termo, de ser membros da direcção ou prestar actividade à associação sindical parte nesse processo ou de exercer funções em entidade empregadora pública que tenha interesse no processo de arbitragem.

# 744        *Novo Estatuto da Função Pública*

### ARTIGO 264.º – **Sanção**

A violação do disposto no número anterior determina a imediata substituição do árbitro na composição do tribunal arbitral e, sendo caso disso, na respectiva lista, bem como a impossibilidade de integrar tribunal arbitral ou qualquer lista de árbitros durante cinco anos e a devolução dos honorários recebidos.

### ARTIGO 265.º – **Competência do presidente do Conselho Económico e Social**

Compete ao presidente do Conselho Económico e Social decidir sobre a verificação de qualquer situação que implique a substituição de árbitro na composição do tribunal arbitral ou na lista de árbitros, bem como promover os actos necessários à respectiva substituição.

#### SECÇÃO IV – **Do funcionamento da arbitragem**

##### SUBSECÇÃO I – **Disposições gerais**

### ARTIGO 266.º – **Supletividade**

1 – As partes podem acordar sobre as regras do processo da arbitragem, salvo no que se refere aos prazos previstos neste capítulo.

2 – O acordo referido no número anterior deve ser comunicado ao árbitro presidente até ao início da arbitragem.

3 – Na falta das regras previstas no n.º 1, aplicam-se os artigos 274.º a 280.º

### ARTIGO 267.º – **Presidente**

1 – O processo arbitral é presidido pelo árbitro designado pelos árbitros nomeados pelas partes ou, na sua falta, pelo designado por sorteio de entre os árbitros constantes da lista de árbitros presidentes.

2 – Compete ao presidente do tribunal arbitral preparar o processo, dirigir a instrução e conduzir os trabalhos.

### ARTIGO 268.º – **Impedimento e suspeição**

O requerimento de impedimento apresentado pelas partes, bem como o pedido de escusa é decidido pelo presidente do Conselho Económico e Social.

### ARTIGO 269.º – **Questões processuais**

O tribunal arbitral decide todas as questões processuais.

### ARTIGO 270.º – **Contagem dos prazos**

Os prazos previstos neste capítulo suspendem-se aos sábados, domingos e feriados.

Regime do Contrato de Trabalho em Funções Públicas

ARTIGO 271.º – **Língua**

Em todos os actos da arbitragem é utilizada a língua portuguesa.

ARTIGO 272.º – **Dever de sigilo**

Todas as pessoas que, pelo exercício das suas funções, tenham contacto com o processo de arbitragem ficam sujeitas ao dever de sigilo.

SUBSECÇÃO II – **Audição das partes**

ARTIGO 273.º – **Início da arbitragem**

A arbitragem tem início nas quarenta e oito horas subsequentes à designação do árbitro presidente.

ARTIGO 274.º – **Audição das partes**

1 – Nas quarenta e oito horas seguintes ao início da arbitragem, o tribunal arbitral notifica cada uma das partes para que apresentem, por escrito, a posição e respectivos documentos sobre cada uma das matérias objecto da arbitragem.

2 – As partes devem apresentar a posição e respectivos documentos no prazo de cinco dias a contar da notificação.

ARTIGO 275.º – **Alegações escritas**

1 – O tribunal arbitral deve enviar, no prazo de quarenta e oito horas, a cada uma das partes a posição escrita da contraparte e respectivos documentos, previstos no artigo anterior, fixando um prazo para que se pronuncie sobre estes.

2 – A posição de cada uma das partes deve ser acompanhada de todos os documentos probatórios.

3 – O prazo previsto no n.º 1 não pode ser inferior a cinco nem superior a 20 dias.

ARTIGO 276.º – **Alegações orais**

1 – O tribunal arbitral pode ainda decidir ouvir as partes, no prazo máximo de cinco dias a contar da recepção das alegações escritas.

2 – Para efeitos do disposto no número anterior, o tribunal arbitral deve convocar as partes com a antecedência de quarenta e oito horas.

SUBSECÇÃO III – **Tentativa de acordo**

ARTIGO 277.º – **Tentativa de acordo**

Decorridas as alegações, o tribunal arbitral deve convocar as partes para uma tentativa de acordo, total ou parcial, sobre o objecto da arbitragem.

# 746 Novo Estatuto da Função Pública

Artigo 278.º – **Redução ou extinção da arbitragem**

1 – No caso de acordo parcial, a arbitragem prossegue em relação à parte restante do seu objecto.

2 – No caso de as partes chegarem a acordo sobre todo o objecto da arbitragem, esta considera-se extinta.

Subsecção IV – **Instrução**

Artigo 279.º – **Instrução**

1 – A prova admitida pela lei do processo civil pode ser produzida perante o tribunal arbitral por sua iniciativa ou a requerimento de qualquer das partes, imediatamente após as alegações escritas.

2 – As partes podem assistir à produção de prova.

Artigo 280.º – **Peritos**

1 – O tribunal arbitral pode nomear um perito.

2 – As partes são ouvidas sobre a nomeação do perito, podendo sugerir quem deve realizar a diligência.

Subsecção V – **Decisão**

Artigo 281.º – **Decisão**

1 – A decisão é proferida no prazo máximo de 30 dias a contar do início da arbitragem, devendo dela constar, sendo caso disso, o acordo parcial a que se refere o artigo 277.º

2 – O prazo previsto no número anterior pode ser prorrogado, em caso de acordo entre o tribunal e as partes, por mais 15 dias.

3 – Caso não tenha sido possível formar a maioria de votos para a decisão, esta é tomada unicamente pelo presidente do tribunal arbitral.

Subsecção VI – **Apoio técnico e administrativo**

Artigo 282.º – **Apoio técnico**

O tribunal arbitral pode requerer à Direcção-Geral da Administração e do Emprego Público, aos demais órgãos e serviços e às partes a informação necessária de que disponham.

Artigo 283.º – **Apoio administrativo**

A Direcção-Geral da Administração e do Emprego Público assegura o apoio administrativo ao funcionamento do tribunal arbitral.

Regime do Contrato de Trabalho em Funções Públicas 747

Artigo 284.º – **Local**

1 – A arbitragem realiza-se em local indicado pelo presidente do Conselho Económico e Social, só sendo permitida a utilização de instalações de quaisquer das partes no caso de estas e os árbitros estarem de acordo.

2 – Compete ao ministério responsável pela área da Administração Pública a disponibilização de instalações para a realização da arbitragem sempre que se verifique indisponibilidade das instalações indicadas pelo presidente do Conselho Económico e Social.

Artigo 285.º – **Honorários dos árbitros e peritos**

Os honorários dos árbitros e peritos são fixados por portaria do membro do Governo responsável pela área da Administração Pública, precedida de audição das confederações sindicais com assento na Comissão Permanente de Concertação Social.

Artigo 286.º – **Encargos do processo**

1 – Os encargos resultantes do recurso à arbitragem são suportados pelo Orçamento do Estado, através da Direcção-Geral da Administração e do Emprego Público.

2 – Constituem encargos do processo:

*a*) Os honorários, despesas de deslocação e estada dos árbitros;

*b*) Os honorários, despesas de deslocação e estada dos peritos.

3 – O disposto nos números anteriores e no artigo 285.º aplica-se, com as devidas adaptações, aos processos de conciliação, mediação e arbitragem voluntária sempre que o conciliador, o mediador ou o árbitro presidente sejam escolhidos de entre a lista de árbitros presidentes prevista no artigo 375.º do Regime.

CAPÍTULO XIX

**Arbitragem dos serviços mínimos**

Secção I – **Âmbito**

Artigo 287.º – **Âmbito**

O presente capítulo regula o n.º 3 do artigo 400.º do Regime.

Secção II – **Designação de árbitros**

Artigo 288.º – **Constituição do colégio arbitral**

1 – No 4.º dia posterior ao aviso prévio de greve o membro do Governo responsável pela área da Administração Pública declara constituído o colégio arbitral nos termos do n.º 3 do artigo 400.º do Regime, de tal notificando as partes e os árbitros.

748          *Novo Estatuto da Função Pública*

2 – Para eventual constituição do colégio arbitral previsto no número anterior, cada uma das listas de árbitros dos trabalhadores, das entidades empregadoras públicas e presidentes é ordenada alfabeticamente.

3 – O sorteio do árbitro efectivo e do suplente deve ser feito através de tantas bolas numeradas quantos os árbitros que não estejam legalmente impedidos no caso concreto, correspondendo a cada número o nome de um árbitro.

4 – A Direcção-Geral da Administração e do Emprego Público notifica os representantes da parte trabalhadora e das entidades empregadoras públicas do dia e hora do sorteio, com a antecedência mínima de vinte e quatro horas.

5 – Se um ou ambos os representantes não estiverem presentes, a Direcção-Geral da Administração e do Emprego Público designa trabalhadores dessa direcção-geral, em igual número, para estarem presentes no sorteio.

6 – A Direcção-Geral da Administração e do Emprego Público elabora a acta do sorteio, que deve ser assinada pelos presentes e comunicada imediatamente às partes.

7 – A Direcção-Geral da Administração e do Emprego Público comunica imediatamente o resultado do sorteio aos árbitros que constituem o tribunal arbitral, aos suplentes e às partes que não tenham estado representadas no sorteio.

SECÇÃO III – **Do funcionamento da arbitragem**

SUBSECÇÃO I – **Disposições gerais**

ARTIGO 289.º – **Impedimento e suspeição**

1 – Sendo caso disso, as partes e os árbitros devem apresentar imediatamente após a comunicação prevista no artigo anterior o requerimento de impedimento e o pedido de escusa, respectivamente.

2 – A decisão do requerimento e do pedido previstos no número anterior compete ao presidente do Conselho Económico e Social.

SUBSECÇÃO II – **Audição das partes**

ARTIGO 290.º – **Início e desenvolvimento da arbitragem**

A arbitragem tem imediatamente início após a notificação dos árbitros sorteados, podendo desenvolver-se em qualquer dia do calendário.

ARTIGO 291.º – **Audição das partes**

1 – O colégio arbitral notifica cada uma das partes para que apresentem, por escrito, a posição e respectivos documentos quanto à definição dos serviços mínimos e quanto aos meios necessários para os assegurar.

2 – As partes devem apresentar a posição e respectivos documentos no prazo fixado pelo colégio arbitral.

Regime do Contrato de Trabalho em Funções Públicas 749

Artigo 292.º – **Redução da arbitragem**

No caso de acordo parcial, incidindo este sobre a definição dos serviços mínimos, a arbitragem prossegue em relação aos meios necessários para os assegurar.

Artigo 293.º – **Peritos**

O colégio arbitral pode ser assistido por peritos.

Subsecção III – **Decisão**

Artigo 294.º – **Decisão**

1 – A notificação da decisão é efectuada até quarenta e oito horas antes do início do período da greve.

2 – No caso de o aviso prévio ser de cinco dias úteis, a notificação da decisão é efectuada até vinte e quatro horas antes do início do período da greve.

Artigo 295.º – **Designação dos trabalhadores**

Na situação referida no n.º 2 do artigo anterior, os representantes dos trabalhadores a que se refere o artigo 394.º do Regime devem designar os trabalhadores que ficam adstritos à prestação dos serviços mínimos até doze horas antes do início do período de greve e, se não o fizerem, deve a entidade empregadora pública proceder a essa designação.

Artigo 296.º – **Subsidiariedade**

O regime geral previsto nos artigos 254.º a 286.º é subsidiariamente aplicável, com excepção do disposto nos artigos 266.º, 273.º, 274.º, 275.º, 276.º, 277.º e 279.º

## CAPÍTULO XX
### Disposições finais e transitórias

Artigo 297.º – **Atribuições**

A Comissão para a Igualdade no Trabalho e no Emprego é a entidade que tem por objectivo promover a igualdade e não discriminação entre homens e mulheres no trabalho, no emprego e na formação profissional, a protecção da maternidade e da paternidade e a conciliação da actividade profissional com a vida familiar, no sector privado e no sector público.

Artigo 298.º – **Composição**

A Comissão para a Igualdade no Trabalho e no Emprego tem a seguinte composição:

*a)* Dois representantes do ministério responsável pela área laboral, um dos quais preside;

750         *Novo Estatuto da Função Pública*

*b)* Um representante do ministro responsável pela área da Administração Pública;
*c)* Um representante do ministro responsável pela área da administração local;
*d)* Um representante da Comissão para a Cidadania e Igualdade de Género;
*e)* Dois representantes das associações sindicais;
*f)* Dois representantes das associações de empregadores.

Artigo 299.º – **Competências**

1 – Compete à Comissão para a Igualdade no Trabalho e no Emprego:
*a)* Emitir pareceres, em matéria de igualdade no trabalho e no emprego, sempre que solicitados pelo serviço com competência inspectiva do ministério responsável pela área laboral, pelo tribunal, pelos ministérios, pelas associações sindicais e de empregadores, ou por qualquer interessado;
*b)* Emitir o parecer prévio ao despedimento de trabalhadoras grávidas, puérperas e lactantes;
*c)* Emitir parecer prévio no caso de intenção de recusa, pelo empregador, de autorização para trabalho a tempo parcial ou com flexibilidade de horário a trabalhadores com filhos menores de 12 anos;
*d)* Comunicar de imediato, ao serviço com competência inspectiva do ministério responsável pela área laboral, os pareceres da Comissão que confirmem ou indiciem a existência de prática laboral discriminatória para acção inspectiva, a qual pode ser acompanhada por técnicos desta Comissão;
*e)* Determinar a realização de visitas aos locais de trabalho ou solicitá-las ao serviço com competência inspectiva do ministério responsável pela área laboral, com a finalidade de comprovar quaisquer práticas discriminatórias;
*f)* Organizar o registo das decisões judiciais que lhe sejam enviadas pelos tribunais em matéria de igualdade e não discriminação entre homens e mulheres no trabalho, no emprego e na formação profissional e informar sobre o registo de qualquer decisão já transitada em julgado;
*g)* Analisar as comunicações dos empregadores sobre a não renovação de contrato de trabalho a termo sempre que estiver em causa uma trabalhadora grávida, puérpera ou lactante.

2 – No exercício da sua competência a Comissão para a Igualdade no Trabalho e no Emprego pode solicitar informações e pareceres a qualquer entidade pública ou privada, bem como a colaboração de assessores de que careça.

3 – As informações e os pareceres referidos no número anterior devem ser fornecidos com a maior brevidade e de forma tão completa quanto possível.

Artigo 300.º – **Deliberação**

1 – A Comissão para a Igualdade no Trabalho e no Emprego só pode deliberar validamente com a presença da maioria dos seus membros.

*Regime do Contrato de Trabalho em Funções Públicas*    751

2 – As deliberações são tomadas por maioria dos votos dos membros presentes.

3 – O presidente tem voto de qualidade.

ARTIGO 301.º – **Recursos humanos e financeiros**

1 – O apoio administrativo é facultado à Comissão para a Igualdade no Trabalho e no Emprego pelo Instituto do Emprego e da Formação Profissional, I. P. (IEFP, I. P.)

2 – Os encargos com o pessoal e o funcionamento da Comissão para a Igualdade no Trabalho e no Emprego são suportados pelo orçamento do IEFP, I. P.

ARTIGO 302.º – **Regulamento de funcionamento**

O regulamento de funcionamento da Comissão para Igualdade no Trabalho e no Emprego é aprovado por despacho conjunto dos ministros responsáveis pelas áreas das finanças e laboral.

# REGULAMENTAÇÃO DA TRAMITAÇÃO DO PROCEDIMENTO CONCURSAL NA ADMINISTRAÇÃO PÚBLICA

## Portaria n.º 83-A/2009, de 22 de Janeiro

Com o início de vigência, no passado dia 1 de Janeiro, dos novos regimes de vinculação, de carreiras e de remunerações começou um novo ciclo de gestão dos recursos humanos na Administração Pública centrado, basicamente, no equilíbrio entre a necessidade de ocupação dos postos de trabalho essenciais à execução das actividades dos órgãos ou serviços e a remuneração, de forma perene ou isolada, do desempenho dos trabalhadores que neles já exercem as suas funções. O procedimento concursal para ocupação de postos de trabalho, constitucionalmente exigido, desempenha, por isso, um papel fulcral na gestão do pessoal que exerce funções públicas.

A presente portaria tem por objectivo regulamentar tal procedimento em toda a amplitude que lhe é permitida pela Lei n.º 12-A/2008, de 27 de Fevereiro, isto é, quer na vertente da ocupação imediata de postos de trabalho quer na de constituição de reservas de recrutamento, ora em cada órgão ou serviço, ora em entidade centralizada.

Em qualquer delas, naturalmente, adoptam-se soluções que dão plena consagração aos princípios constitucionais e legais da liberdade de candidatura, da igualdade de condições e da igualdade de oportunidade para todos os candidatos, bem como ao da imparcialidade e isenção da composição do júri.

Foram ouvidos os órgãos de governo próprio das Regiões Autónomas, a Associação Nacional de Municípios e a Associação Nacional de Freguesias.

Foram observados os procedimentos decorrentes da Lei n.º 23/98, de 26 de Maio.

Assim:

Ao abrigo do disposto no n.º 2 do artigo 54.º da Lei n.º 12-A/2008, de 27 de Fevereiro:

Manda o Governo, pelo Ministro de Estado e das Finanças, o seguinte:

# CAPÍTULO I
## Objecto e definições

ARTIGO 1.º – **Objecto**

1 – A presente portaria regulamenta a tramitação do procedimento concursal nos termos do n.º 2 do artigo 54.º da Lei n.º 12-A/2008, de 27 de Fevereiro (LVCR).

2 – A presente portaria não é aplicável ao recrutamento para posto de trabalho que deva ser ocupado por trabalhador integrado em carreira especial, quando, nos termos do n.º 2 do artigo 54.º da LVCR, exista regulamentação própria para a tramitação do respectivo procedimento concursal.

3 – A presente portaria não é igualmente aplicável ao recrutamento para cargos dirigentes.

ARTIGO 2.º – **Definições**

Para os efeitos da presente portaria, entende-se por:

*a)* «Recrutamento» o conjunto de procedimentos que visa atrair candidatos potencialmente qualificados, capazes de satisfazer as necessidades de pessoal de uma entidade empregadora pública ou de constituir reservas para satisfação de necessidades futuras;

*b)* «Procedimento concursal» o conjunto de operações que visa a ocupação de postos de trabalho necessários ao desenvolvimento das actividades e à prossecução dos objectivos de órgãos ou serviços;

*c)* «Selecção de pessoal» o conjunto de operações, enquadrado no processo de recrutamento, que, mediante a utilização de métodos e técnicas adequadas, permite avaliar e classificar os candidatos de acordo com as competências indispensáveis à execução das actividades inerentes ao posto de trabalho a ocupar;

*d)* «Métodos de selecção» as técnicas específicas de avaliação da adequação dos candidatos às exigências de um determinado posto de trabalho, tendo como referência um perfil de competências previamente definido.

# CAPÍTULO II
## Disposições gerais e comuns

ARTIGO 3.º – **Modalidades do procedimento concursal**

O procedimento concursal pode revestir as seguintes modalidades:

*a)* Comum, sempre que se destine ao imediato recrutamento para ocupação de postos de trabalho previstos, e não ocupados, nos mapas de pessoal dos órgãos ou serviços;

*b)* Para constituição de reservas de recrutamento, sempre que se destine à constituição de reservas de pessoal para satisfação de necessidades futuras

*Regulamentação da Tramitação do Procedimento Concursal ...* 755

da entidade empregadora pública ou de um conjunto de entidades empregadoras públicas.

ARTIGO 4.º – **Articulação dos procedimentos concursais**

1 – Identificada a necessidade de recrutamento que não possa ser satisfeita por recurso à reserva constituída no próprio órgão ou serviço, o seu dirigente máximo consulta a entidade centralizada para constituição de reservas de recrutamento (ECCRC) no sentido de confirmar a existência ou não de candidatos, em reserva, que permita satisfazer as características dos postos de trabalho a ocupar, tal como definidas no mapa de pessoal.

2 – Existindo candidatos em reserva, procede-se nos termos previstos no artigo 47.º

3 – A inexistência de candidatos em reserva permite ao dirigente máximo do órgão ou serviço a publicitação de procedimento concursal comum.

4 – A existência de candidatos em reserva, que seja subsequente à consulta referida no n.º 1 com vista à ocupação de determinados postos de trabalho, não prejudica a validade, a prossecução e a produção de efeitos de procedimentos concursais comuns ou para constituição de reservas de recrutamento em órgão ou serviço com vista à ocupação de postos de trabalho idênticos, que tenham sido publicitados com observância do disposto no número anterior e no n.º 5 do artigo 40.º, respectivamente.

ARTIGO 5.º – **Âmbito do recrutamento**

O âmbito do recrutamento é o definido nos n.ºs 3 a 7 do artigo 6.º da LVCR.

ARTIGO 6.º – **Métodos de selecção obrigatórios**

1 – Os métodos de selecção obrigatórios são os definidos nos n.ºs 1, 2 e 4 do artigo 53.º da LVCR, quando se trate da constituição de relações jurídicas de emprego público por tempo indeterminado, ou nos n.ºs 2 e 4 do mesmo artigo e diploma, nos restantes casos.

2 – Para efeitos do disposto no n.º 4 do artigo 53.º da LVCR, a publicitação do procedimento concursal identifica o requisito cuja verificação em concreto conduzirá à utilização de um único método de selecção obrigatório.

3 – A ponderação, para a valoração final, das provas de conhecimentos ou da avaliação curricular não pode ser inferior a 30% e a da avaliação psicológica ou da entrevista de avaliação de competências não pode ser inferior a 25%.

4 – No caso previsto no n.º 2, a ponderação do único método de selecção obrigatório não pode ser inferior a 55%.

ARTIGO 7.º – **Métodos de selecção facultativos ou complementares**

1 – Para além dos métodos de selecção obrigatórios, a entidade responsável pela realização do procedimento pode, de acordo com o conjunto de tarefas e

756 *Novo Estatuto da Função Pública*

responsabilidades inerentes aos postos de trabalho a ocupar e o perfil de competências previamente definido, determinar a utilização de métodos de selecção facultativos ou complementares de entre os seguintes:
  *a*) Entrevista profissional de selecção;
  *b*) Avaliação de competências por *portfolio;*
  *c*) Provas físicas;
  *d*) Exame médico;
  *e*) Curso de formação específica.
2 – A ponderação, para a valoração final, de cada método de selecção facultativo ou complementar não pode ser superior a 30%.

ARTIGO 8.º – **Utilização faseada dos métodos de selecção**

1 – Quando, em procedimento concursal comum, estejam em causa razões de celeridade, designadamente quando o recrutamento seja urgente ou tenham sido admitidos candidatos em número igual ou superior a 100, o dirigente máximo do órgão ou serviço pode fasear a utilização dos métodos de selecção, da seguinte forma:
  *a*) Aplicação, num primeiro momento, à totalidade dos candidatos, apenas do primeiro método obrigatório;
  *b*) Aplicação do segundo método e dos métodos seguintes apenas a parte dos candidatos aprovados no método imediatamente anterior, a convocar por tranches sucessivas, por ordem decrescente de classificação, respeitando a prioridade legal da sua situação jurídico-funcional, até à satisfação das necessidades;
  *c*) Dispensa de aplicação do segundo método ou dos métodos seguintes aos restantes candidatos, que se consideram excluídos, quando os candidatos aprovados nos termos das alíneas anteriores satisfaçam as necessidades que deram origem à publicitação do procedimento concursal.
2 – A opção pela utilização faseada dos métodos de selecção pode ter lugar até ao início de tal utilização.
3 – A fundamentação da opção referida no número anterior, quando ocorra depois de publicitado o procedimento, é publicitada pelos meios em que o tenha sido o procedimento concursal.

ARTIGO 9.º – **Provas de conhecimentos**

1 – As provas de conhecimentos visam avaliar os conhecimentos académicos e, ou, profissionais e as competências técnicas dos candidatos necessárias ao exercício de determinada função.
2 – As competências técnicas traduzem-se na capacidade para aplicar os conhecimentos a situações concretas e à resolução de problemas, no âmbito da actividade profissional.
3 – As provas de conhecimentos incidem sobre conteúdos de natureza genérica e, ou, específica directamente relacionados com as exigências da função, nomeadamente o adequado conhecimento da língua portuguesa.

*Regulamentação da Tramitação do Procedimento Concursal ...* 757

4 – As provas de conhecimentos podem assumir a forma escrita ou oral, revestindo natureza teórica, prática ou de simulação, são de realização individual ou colectiva e podem ser efectuadas em suporte de papel ou electrónico e comportar mais do que uma fase.

5 – As provas teóricas podem ser constituídas por questões de desenvolvimento, de resposta condicionada, de lacuna, de escolha múltipla e de pergunta directa.

6 – As provas práticas e de simulação devem considerar parâmetros de avaliação tais como percepção e compreensão da tarefa, qualidade de realização, celeridade na execução e grau de conhecimentos técnicos demonstrados.

7 – A bibliografia ou a legislação necessárias à preparação dos temas indicados na publicitação do procedimento é divulgada até 30 dias, contados continuamente, antes da realização da prova de conhecimentos.

Artigo 10.º – **Avaliação psicológica**

1 – A avaliação psicológica visa avaliar, através de técnicas de natureza psicológica, aptidões, características de personalidade e competências comportamentais dos candidatos e estabelecer um prognóstico de adaptação às exigências do posto de trabalho a ocupar, tendo como referência o perfil de competências previamente definido.

2 – A aplicação deste método de selecção é obrigatoriamente efectuada por entidade especializada pública ou, quando fundamentadamente se torne inviável, privada, conhecedora do contexto específico da Administração Pública.

3 – A avaliação psicológica pode comportar uma ou mais fases.

4 – Por cada candidato submetido a avaliação psicológica é elaborada uma ficha individual, contendo a indicação das aptidões e, ou, competências avaliadas, nível atingido em cada uma delas e o resultado final obtido.

5 – A ficha referida no número anterior deve garantir a privacidade da avaliação psicológica perante terceiros.

6 – A revelação ou transmissão de elementos relativos à avaliação psicológica, para além dos constantes da ficha referida no n.º 4, a outra pessoa que não o próprio candidato constitui quebra do dever de sigilo e responsabiliza disciplinarmente o seu autor pela infracção.

7 – O resultado da avaliação psicológica tem uma validade de 18 meses, contados da data da homologação da lista de ordenação final, podendo, durante esse período, o resultado ser aproveitado para outros procedimentos de recrutamento para postos de trabalho idênticos realizados pela mesma entidade avaliadora.

8 – O disposto no número anterior releva, apenas, para os candidatos a quem tenha sido aplicada a totalidade do método.

Artigo 11.º – **Avaliação curricular**

1 – A avaliação curricular visa analisar a qualificação dos candidatos, designadamente a habilitação académica ou profissional, percurso profissional,

relevância da experiência adquirida e da formação realizada, tipo de funções exercidas e avaliação de desempenho obtida.

2 – Na avaliação curricular são considerados e ponderados os elementos de maior relevância para o posto de trabalho a ocupar, entre os quais obrigatoriamente os seguintes:

a) A habilitação académica ou nível de qualificação certificado pelas entidades competentes;

b) A formação profissional, considerando-se as áreas de formação e aperfeiçoamento profissional relacionadas com as exigências e as competências necessárias ao exercício da função;

c) A experiência profissional com incidência sobre a execução de actividades inerentes ao posto de trabalho e o grau de complexidade das mesmas;

d) A avaliação do desempenho relativa ao último período, não superior a três anos, em que o candidato cumpriu ou executou atribuição, competência ou actividade idênticas às do posto de trabalho a ocupar.

ARTIGO 12.º – **Entrevista de avaliação de competências**

1 – A entrevista de avaliação de competências visa obter, através de uma relação interpessoal, informações sobre comportamentos profissionais directamente relacionados com as competências consideradas essenciais para o exercício da função.

2 – O método deve permitir uma análise estruturada da experiência, qualificações e motivações profissionais, através de descrições comportamentais ocorridas em situações reais e vivenciadas pelo candidato.

3 – A entrevista de avaliação de competências é realizada por técnicos de gestão de recursos humanos, com formação adequada para o efeito, ou por outros técnicos, desde que previamente formados para a utilização desse método.

4 – A aplicação deste método baseia-se num guião de entrevista composto por um conjunto de questões directamente relacionadas com o perfil de competências previamente definido.

5 – O guião referido no número anterior deve estar associado a uma grelha de avaliação individual que traduza a presença ou a ausência dos comportamentos em análise.

ARTIGO 13.º – **Entrevista profissional de selecção**

1 – A entrevista profissional de selecção visa avaliar, de forma objectiva e sistemática, a experiência profissional e aspectos comportamentais evidenciados durante a interacção estabelecida entre o entrevistador e o entrevistado, nomeadamente os relacionados com a capacidade de comunicação e de relacionamento interpessoal.

2 – Por cada entrevista profissional de selecção é elaborada uma ficha individual contendo o resumo dos temas abordados, os parâmetros de avaliação e a classificação obtida em cada um deles, devidamente fundamentada.

3 – A entrevista profissional de selecção é realizada pelo júri, na presença de todos os seus elementos, ou por, pelo menos, dois técnicos devidamente credenciados de uma entidade especializada pública ou, quando fundamentadamente se torne inviável, privada.

4 – A entrevista profissional de selecção é pública, podendo a ela assistir todos os interessados, sendo o local, data e hora da sua realização atempadamente afixados em local visível e público das instalações da entidade empregadora pública e disponibilizados na sua página electrónica.

ARTIGO 14.º – **Avaliação de competências por *portfolio***

1 – A avaliação de competências por *portfolio* visa confirmar a experiência e, ou, os conhecimentos do candidato em áreas técnicas específicas, designadamente de natureza artística, através da análise de uma colecção organizada de trabalhos que demonstrem as competências técnicas detidas directamente relacionadas com as funções a que se candidata.

2 – A aplicação do método é obrigatoriamente efectuada por um técnico com formação na actividade inerente ao posto de trabalho a ocupar.

3 – Quando o candidato esteja presente, é aplicável à avaliação de competências por *portfolio,* com as necessárias adaptações, o disposto no n.º 4 do artigo anterior.

ARTIGO 15.º – **Provas físicas**

1 – As provas físicas destinam-se a avaliar as aptidões físicas dos candidatos necessárias à execução das actividades inerentes aos postos de trabalho a ocupar.

2 – As provas físicas podem comportar uma ou mais fases.

3 – As condições específicas de realização e os parâmetros de avaliação das provas constam obrigatoriamente da publicitação do procedimento concursal.

ARTIGO 16.º – **Exame médico**

1 – O exame médico visa avaliar as condições de saúde física e psíquica dos candidatos exigidas para o exercício da função.

2 – É aplicável o disposto no n.º 1 do artigo 10.º do Regime do Contrato de Trabalho em Funções Públicas, aprovado pela Lei n.º 59/2008, de 11 de Setembro.

3 – É garantida a privacidade do exame médico, sendo o resultado, nos termos do n.º 3 do artigo 10.º do Regime referido no número anterior, transmitido ao júri do procedimento sob a forma de apreciação global referente à aptidão do candidato para as funções a exercer.

4 – A revelação ou transmissão de elementos que fundamentam o resultado final do exame médico a outra pessoa que não o próprio candidato constitui quebra do dever de sigilo e responsabiliza disciplinarmente o seu autor pela infracção.

760 *Novo Estatuto da Função Pública*

ARTIGO 17.º – **Curso de formação específica**

1 – O curso de formação específica visa promover o desenvolvimento de competências do candidato através da aprendizagem de conteúdos e temáticas direccionados para o exercício da função.

2 – Os conteúdos do curso, bem como o sistema de avaliação, constam de regulamento próprio do órgão ou serviço que é identificado na publicitação do procedimento concursal.

ARTIGO 18.º – **Valoração dos métodos de selecção**

1 – Na valoração dos métodos de selecção são adoptadas diferentes escalas de classificação, de acordo com a especificidade de cada método, sendo os resultados convertidos para a escala de 0 a 20 valores.

2 – Nas provas de conhecimentos é adoptada a escala de 0 a 20 valores, considerando-se a valoração até às centésimas.

3 – A avaliação psicológica é valorada da seguinte forma:

*a)* Em cada fase intermédia do método, através das menções classificativas de *Apto* e *Não apto;*

*b)* Na última fase do método, para os candidatos que o tenham completado, através dos níveis classificativos de *Elevado, Bom, Suficiente, Reduzido* e *Insuficiente,* aos quais correspondem, respectivamente, as classificações de 20, 16, 12, 8 e 4 valores.

4 – A avaliação curricular é expressa numa escala de 0 a 20 valores, com valoração até às centésimas, sendo a classificação obtida através da média aritmética simples ou ponderada das classificações dos elementos a avaliar.

5 – A entrevista de avaliação de competências é avaliada segundo os níveis classificativos de *Elevado, Bom, Suficiente, Reduzido* e *Insuficiente,* aos quais correspondem, respectivamente, as classificações de 20, 16, 12, 8 e 4 valores.

6 – A entrevista profissional de selecção é avaliada segundo os níveis classificativos de *Elevado, Bom, Suficiente, Reduzido* e *Insuficiente,* aos quais correspondem, respectivamente, as classificações de 20, 16, 12, 8 e 4 valores.

7 – Sempre que a entrevista profissional de selecção seja realizada pelo júri, a classificação a atribuir a cada parâmetro de avaliação resulta de votação nominal e por maioria, sendo o resultado final obtido através da média aritmética simples das classificações dos parâmetros a avaliar.

8 – A avaliação de competências por *portfolio* é expressa numa escala de 0 a 20 valores, com valoração até às centésimas.

9 – As provas físicas são avaliadas através das menções classificativas de *Apto* e *Não apto.*

10 – O exame médico é avaliado através das menções classificativas de *Apto* e *Não apto.*

11 – O curso de formação específica é classificado de 0 a 20 valores, com valoração até às centésimas, de acordo com o aproveitamento obtido pelo candidato nas matérias ministradas e o nível de competências por ele alcançado.

*Regulamentação da Tramitação do Procedimento Concursal ...* 761

12 – Cada um dos métodos de selecção, bem como cada uma das fases que comportem, é eliminatório pela ordem enunciada na lei, quanto aos obrigatórios, e pela ordem constante na publicitação, quanto aos facultativos.

13 – É excluído do procedimento o candidato que tenha obtido uma valoração inferior a 9,5 valores num dos métodos ou fases, não lhe sendo aplicado o método ou fase seguintes.

## CAPÍTULO III
### Procedimento concursal comum

Secção I – **Publicitação do procedimento**

Artigo 19.º – **Publicitação do procedimento**

1 – O procedimento concursal é publicitado, pela entidade responsável pela sua realização, pelos seguintes meios:
   *a)* Na 2.ª série do *Diário da República,* por publicação integral;
   *b)* Na bolsa de emprego público (www.bep.gov.pt), através do preenchimento de formulário próprio, devendo este estar disponível para consulta no 1.º dia útil seguinte à publicação referida na alínea anterior;
   *c)* Na página electrónica da entidade, por extracto disponível para consulta a partir da data da publicação no *Diário da República;*
   *d)* Em jornal de expansão nacional, por extracto, no prazo máximo de três dias úteis contados da data da publicação no *Diário da República.*

2 – A entidade responsável pela realização do procedimento pode ainda proceder à publicitação através de outros meios de divulgação.

3 – A publicação integral contém, designadamente, os seguintes elementos:
   *a)* Identificação do acto que autoriza o procedimento e da entidade que o realiza;
   *b)* Identificação do número de postos de trabalho a ocupar e da respectiva modalidade da relação jurídica de emprego público a constituir;
   *c)* Identificação do local de trabalho onde as funções vão ser exercidas;
   *d)* Caracterização dos postos de trabalho, em conformidade com o estabelecido no mapa de pessoal aprovado, tendo em conta a atribuição, competência ou actividade a cumprir ou a executar, a carreira e categoria e, sendo a nomeação a modalidade da relação jurídica de emprego público a constituir, a posição remuneratória correspondente;
   *e)* Requisitos de admissão previstos no artigo 8.º da LVCR;
   *f)* Indicação sobre a necessidade de se encontrar previamente estabelecida uma relação jurídica de emprego público e, em caso afirmativo, sobre a sua determinabilidade;

*g)* Identificação do parecer dos membros do Governo, quando possam ser recrutados trabalhadores com relação jurídica de emprego público por tempo determinado ou determinável ou sem relação jurídica de emprego público previamente estabelecida;

*h)* Nível habilitacional exigido e área de formação académica ou profissional, quando prevista no mapa de pessoal;

*i)* Indicação da possibilidade de substituição do nível habilitacional por formação ou experiência profissional, sempre que tal se pretenda e não exista impedimento legal;

*j)* Requisitos legais especialmente previstos para a titularidade da categoria;

*l)* Indicação de que não podem ser admitidos candidatos que, cumulativamente, se encontrem integrados na carreira, sejam titulares da categoria e, não se encontrando em mobilidade, ocupem postos de trabalho previstos no mapa de pessoal do órgão ou serviço idênticos aos postos de trabalho para cuja ocupação se publicita o procedimento;

*m)* Forma e prazo de apresentação da candidatura;

*n)* Local e endereço postal ou electrónico onde deve ser apresentada a candidatura;

*o)* Métodos de selecção, incluindo a eventual identificação do requisito referido no n.º 2 do artigo 6.º, respectiva ponderação e sistema de valoração final, bem como as restantes indicações relativas aos métodos exigidas pela presente portaria;

*p)* Indicação da possibilidade de opção por métodos de selecção nos termos do n.º 2 do artigo 53.º da LVCR;

*q)* Sendo o caso, fundamentação da opção pela utilização dos métodos de selecção de forma faseada, nos termos do n.º 1 do artigo 8.º;

*r)* Tipo, forma e duração das provas de conhecimentos, bem como as respectivas temáticas;

*s)* Composição e identificação do júri;

*t)* Indicação de que as actas do júri, onde constam os parâmetros de avaliação e respectiva ponderação de cada um dos métodos de selecção a utilizar, a grelha classificativa e o sistema de valoração final do método, são facultadas aos candidatos sempre que solicitadas;

*u)* Identificação dos documentos exigidos para efeitos de admissão ou avaliação dos candidatos e indicação sobre a possibilidade da sua apresentação por via electrónica;

*v)* Forma de publicitação da lista unitária de ordenação final dos candidatos.

4 – A publicação por extracto deve mencionar a identificação da entidade que realiza o procedimento, o número e caracterização dos postos de trabalho a ocupar, identificando a carreira, categoria e área de formação académica ou profissional exigida, o prazo de candidatura, bem como a referência ao *Diário da República* onde se encontra a publicação integral.

Regulamentação da Tramitação do Procedimento Concursal ... 763

SECÇÃO II – **Júri**

ARTIGO 20.º – **Designação do júri**

1 – A publicitação de procedimento concursal implica a designação e constituição de um júri.

2 – O júri é designado pelo dirigente máximo do órgão ou serviço.

3 – No mesmo acto são designados o membro do júri que substitui o presidente nas suas faltas e impedimentos, bem como os suplentes dos vogais efectivos.

ARTIGO 21.º – **Composição do júri**

1 – O júri é composto por um presidente e por dois vogais, trabalhadores da entidade que realiza o procedimento e, ou, de outro órgão ou serviço, sem prejuízo do disposto no n.º 5.

2 – O presidente e, pelo menos, um dos outros membros do júri devem possuir formação ou experiência na actividade inerente ao posto de trabalho a ocupar.

3 – Os membros do júri não podem estar integrados em carreira ou categoria com grau de complexidade funcional inferior ao correspondente ao posto de trabalho a que se refere a publicitação, excepto quando exerçam cargos de direcção superior.

4 – A composição do júri deve, sempre que possível, garantir que um dos seus membros exerça funções ou possua experiência na área de gestão de recursos humanos.

5 – Sempre que a área de formação caracterizadora do posto de trabalho revele fundamentadamente a sua conveniência, um dos membros do júri pode ser oriundo de entidade privada e deve dispor de reconhecida competência em tal área.

6 – Sempre que um dos membros do júri seja oriundo de entidade privada, tem direito a receber, por cada reunião em que efectivamente participe, uma senha de presença de valor a fixar por despacho dos membros do Governo responsáveis pelas áreas das finanças e da Administração Pública.

7 – Sempre que sejam candidatos ao procedimento titulares de cargos de direcção superior de 1.º ou de 2.º graus do órgão ou serviço que realiza o procedimento, o júri é obrigatoriamente oriundo de fora desse órgão ou serviço.

8 – A composição do júri pode ser alterada por motivos de força maior, devidamente fundamentados, nomeadamente em caso de falta de quórum.

9 – No caso previsto no número anterior, a identificação do novo júri é publicitada pelos meios em que o tenha sido o procedimento concursal.

10 – O novo júri dá continuidade e assume integralmente todas as operações do procedimento já efectuadas.

ARTIGO 22.º – **Competência do júri**

1 – Compete ao júri assegurar a tramitação do procedimento concursal, desde a data da sua designação até à elaboração da lista de ordenação final,

ainda que, por iniciativa ou decisão do dirigente máximo, o procedimento possa ser parcialmente realizado por entidade especializada pública ou, quando fundamentadamente se torne inviável, privada, designadamente no que se refere à aplicação de métodos de selecção.

2 – É da competência do júri a prática, designadamente, dos seguintes actos:

*a)* Decidir das fases que comportam os métodos de selecção, obrigatoriamente ouvidas as entidades que os vão aplicar;

*b)* Seleccionar os temas a abordar nas provas de conhecimentos;

*c)* Fixar os parâmetros de avaliação, a sua ponderação, a grelha classificativa e o sistema de valoração final de cada método de selecção;

*d)* Requerer ao órgão ou serviço onde o candidato tenha exercido ou exerça funções, ou ao próprio candidato, as informações profissionais e, ou, habilitacionais que considere relevantes para o procedimento;

*e)* Deliberar e fundamentar, por escrito, sobre a admissão dos candidatos que, não sendo titulares do nível habilitacional exigido, apresentem a candidatura ao procedimento, bem como notificá-los, e aos restantes candidatos, dessa deliberação, nos termos dos n.ᵒˢ 2 a 5 do artigo 51.º da LVCR;

*f)* Admitir e excluir candidatos do procedimento, fundamentando por escrito as respectivas deliberações;

*g)* Notificar por escrito os candidatos, sempre que tal seja exigido;

*h)* Solicitar ao dirigente máximo do órgão ou serviço que realiza o procedimento a colaboração de entidades especializadas públicas ou, quando fundamentadamente se torne inviável, privadas, quando necessário, para a realização de parte do procedimento;

*i)* Dirigir a tramitação do procedimento concursal, em articulação e cooperação com as entidades envolvidas, designadamente no que respeita à apreciação dos resultados dos métodos de selecção por elas aplicados;

*j)* Garantir aos candidatos o acesso às actas e aos documentos e a emissão de certidões ou reproduções autenticadas, no prazo de três dias úteis contados da data da entrada, por escrito, do pedido.

3 – Os elementos referidos na alínea *c)* do número anterior são definidos em momento anterior à publicitação do procedimento.

4 – A calendarização a que o júri se propõe obedecer para o cumprimento dos prazos estabelecidos na presente portaria é definida, obrigatoriamente, nos 10 dias úteis subsequentes à data limite de apresentação de candidaturas.

Artigo 23.º – **Funcionamento do júri**

1 – O júri delibera com a participação efectiva e presencial de todos os seus membros, devendo as respectivas deliberações ser tomadas por maioria e sempre por votação nominal.

Regulamentação da Tramitação do Procedimento Concursal... 765

2 – As deliberações do júri devem ser fundamentadas e registadas por escrito, podendo os candidatos ter acesso, nos termos da lei, às actas e aos documentos em que elas assentam.

3 – Em caso de impugnação, as deliberações escritas são facultadas à entidade que sobre ela tenha que decidir.

4 – O júri pode ser secretariado por pessoa a designar para esse efeito pelo dirigente máximo do órgão ou serviço.

ARTIGO 24.º – **Prevalência das funções de júri**

1 – O procedimento concursal é urgente, devendo as funções próprias de júri prevalecer sobre todas as outras.

2 – Os membros do júri incorrem em responsabilidade disciplinar quando, injustificadamente, não cumpram os prazos previstos na presente portaria e os que venham a calendarizar.

SECÇÃO III – **Candidatura**

ARTIGO 25.º – **Requisitos de admissão**

1 – Apenas podem ser admitidos ao procedimento os candidatos que reúnam os requisitos legalmente exigidos, fixados na respectiva publicitação.

2 – A verificação da reunião dos requisitos é efectuada em dois momentos:

*a)* Na admissão ao procedimento concursal, por deliberação do júri;

*b)* Na constituição da relação jurídica de emprego público, pela entidade empregadora pública.

3 – O candidato deve reunir os requisitos referidos no n.º 1 até à data limite de apresentação da candidatura.

ARTIGO 26.º – **Prazo de candidatura**

A entidade que autoriza o procedimento estabelece, no respectivo acto, um prazo de apresentação de candidaturas, entre um mínimo de 10 e um máximo de 15 dias úteis contados da data da publicação no *Diário da República*.

ARTIGO 27.º – **Forma de apresentação da candidatura**

1 – A apresentação da candidatura é efectuada em suporte de papel ou electrónico, designadamente através do preenchimento de formulário tipo, caso em que é de utilização obrigatória, e contém, entre outros, os seguintes elementos:

*a)* Identificação do procedimento concursal, com indicação da carreira, categoria e actividade caracterizadoras do posto de trabalho a ocupar;

*b)* Identificação da entidade que realiza o procedimento, quando não conste expressamente do documento que suporta a candidatura;

*c)* Identificação do candidato pelo nome, data de nascimento, sexo, nacionalidade, número de identificação fiscal e endereço postal e electrónico, caso exista;

766 *Novo Estatuto da Função Pública*

*d*) Situação perante cada um dos requisitos de admissão exigidos, designadamente:
  *i*) Os previstos no artigo 8.º da LVCR;
  *ii*) A identificação da relação jurídica de emprego público previamente estabelecida, quando exista, bem como da carreira e categoria de que seja titular, da actividade que executa e do órgão ou serviço onde exerce funções;
  *iii*) Os relativos ao nível habilitacional e à área de formação académica ou profissional;
  *iv*) A formação ou experiência profissional que possa substituir o nível habilitacional, sendo o caso;
  *v*) Os que lei especial preveja para a titularidade da categoria correspondente;
*e*) Opção por métodos de selecção nos termos do n.º 2 do artigo 53.º da LVCR, quando aplicável;
*f*) Menção de que o candidato declara serem verdadeiros os factos constantes da candidatura.

2 – A apresentação da candidatura em suporte de papel é efectuada pessoalmente ou através de correio registado, com aviso de recepção, para o endereço postal do órgão ou serviço, até à data limite fixada na publicitação.

3 – No acto de recepção da candidatura efectuada pessoalmente é obrigatória a passagem de recibo.

4 – Na apresentação da candidatura ou de documentos através de correio registado com aviso de recepção atende-se à data do respectivo registo.

5 – Quando estiver expressamente prevista na publicitação a possibilidade de apresentação da candidatura por via electrónica, a validação electrónica deve ser feita por submissão do formulário disponibilizado para esse efeito, acompanhado do respectivo currículo sempre que este seja exigido, devendo o candidato guardar o comprovativo.

### Artigo 28.º – **Apresentação de documentos**

1 – A reunião dos requisitos legalmente exigidos para o recrutamento é comprovada através de documentos apresentados aquando da candidatura ou da constituição da relação jurídica de emprego público.

2 – A habilitação académica e profissional é comprovada pela fotocópia do respectivo certificado ou outro documento idóneo, legalmente reconhecido para o efeito.

3 – Sempre que haja lugar à utilização dos métodos de avaliação curricular e de entrevista de avaliação de competências, o candidato deve apresentar o currículo.

4 – Quando o método de avaliação curricular seja utilizado no procedimento, pode ser exigida aos candidatos a apresentação de documentos compro-

vativos de factos por eles referidos no currículo que possam relevar para a apreciação do seu mérito e que se encontrem deficientemente comprovados.

5 – Os órgãos ou serviços emitem a documentação solicitada, exigível para a candidatura, no prazo de três dias úteis contados da data do pedido.

6 – Sempre que um ou mais candidatos exerçam funções no órgão ou serviço que procedeu à publicitação do procedimento, os documentos exigidos são solicitados pelo júri ao respectivo serviço de pessoal e àquele entregues oficiosamente.

7 – Aos candidatos referidos no número anterior não é exigida a apresentação de outros documentos comprovativos dos factos indicados no currículo desde que expressamente refiram que os mesmos se encontram arquivados no seu processo individual.

8 – Os documentos exigidos para efeitos de admissão ou avaliação dos candidatos são apresentados por via electrónica, quando expressamente previsto na publicitação, pessoalmente ou enviados por correio registado, com aviso de recepção, para o endereço postal do órgão ou serviço, até à data limite fixada na publicitação.

9 – A não apresentação dos documentos exigidos, nos termos da presente portaria, determina:

*a)* A exclusão do candidato do procedimento, quando, nos termos da publicitação, a falta desses documentos impossibilite a sua admissão ou avaliação;

*b)* A impossibilidade de constituição da relação jurídica de emprego público, nos restantes casos.

10 – O júri ou a entidade empregadora pública, conforme os casos, pode, por sua iniciativa ou a requerimento do candidato, conceder um prazo suplementar razoável para apresentação dos documentos exigidos quando seja de admitir que a sua não apresentação atempada se tenha devido a causas não imputáveis a dolo ou negligência do candidato.

11 – A concessão do prazo referido no número anterior é obrigatória quando se trate de trabalhador colocado em situação de mobilidade especial cuja candidatura tenha sido apresentada apenas pela entidade gestora da mobilidade.

12 – A apresentação de documento falso determina a participação à entidade competente para efeitos de procedimento disciplinar e, ou, penal.

Artigo 29.º – **Apreciação das candidaturas**

1 – Terminado o prazo para apresentação de candidaturas, o júri procede, nos 10 dias úteis seguintes, à verificação dos elementos apresentados pelos candidatos, designadamente a reunião dos requisitos exigidos e a apresentação dos documentos essenciais à admissão ou avaliação.

2 – Não havendo lugar à exclusão de qualquer candidato, nos cinco dias úteis seguintes à conclusão do procedimento previsto no número anterior convo-

768         *Novo Estatuto da Função Pública*

cam-se os candidatos nos termos do n.º 3 do artigo seguinte e do n.º 1 do artigo 32.º e iniciam-se os procedimentos relativos à utilização dos restantes métodos.

3 – Havendo lugar à exclusão de candidatos, aplica-se o disposto na secção seguinte.

Secção IV – **Exclusão e notificação de candidatos**

Artigo 30.º – **Exclusão e notificação**

1 – Nos cinco dias úteis seguintes à conclusão do procedimento previsto no n.º 1 do artigo anterior, os candidatos excluídos são notificados para a realização da audiência dos interessados nos termos do Código do Procedimento Administrativo.

2 – Os candidatos referidos no n.º 5 do artigo 51.º da LVCR são notificados em prazo idêntico.

3 – A notificação dos candidatos é efectuada por uma das seguintes formas:

    *a)* *E-mail* com recibo de entrega da notificação;
    *b)* Ofício registado;
    *c)* Notificação pessoal;
    *d)* Aviso publicado na 2.ª série do *Diário da República* informando da afixação em local visível e público das instalações da entidade empregadora pública e da disponibilização na sua página electrónica.

Artigo 31.º – **Pronúncia dos interessados**

1 – O prazo para os interessados se pronunciarem é contado:

    *a)* Da data do recibo de entrega do *e-mail;*
    *b)* Da data do registo do ofício, respeitada a dilação de três dias do correio;
    *c)* Da data da notificação pessoal;
    *d)* Da data da publicação do aviso na 2.ª série do *Diário da República.*

2 – Realizada a audiência dos interessados, o júri aprecia as questões suscitadas no prazo de 10 dias úteis.

3 – Quando os interessados ouvidos sejam em número superior a 100, o prazo referido no número anterior é de 20 dias úteis.

4 – Findo o prazo referido no número anterior sem que tenha sido proferida deliberação, o júri justifica, por escrito, a razão excepcional dessa omissão e tem-se por definitivamente adoptado o projecto de deliberação.

5 – As alegações a apresentar pelos candidatos e a deliberação a proferir sobre as mesmas podem ter por suporte um formulário tipo, caso em que é de utilização obrigatória.

6 – Os candidatos excluídos são notificados nos termos do n.º 3 do artigo anterior.

*Regulamentação da Tramitação do Procedimento Concursal ...* 769

Artigo 32.º – **Início da utilização dos métodos de selecção**

1 – Os candidatos admitidos são convocados, no prazo de cinco dias úteis e pela forma prevista no n.º 3 do artigo 30.º, para a realização dos métodos de selecção, com indicação do local, data e horário em que os mesmos devam ter lugar.

2 – No mesmo prazo iniciam-se os procedimentos relativos à utilização dos métodos que não exijam a presença dos candidatos.

Secção V – **Resultados, ordenação final e recrutamento dos candidatos**

Artigo 33.º – **Publicitação dos resultados dos métodos de selecção**

1 – A publicitação dos resultados obtidos em cada método de selecção intercalar é efectuada através de lista, ordenada alfabeticamente, afixada em local visível e público das instalações da entidade empregadora pública e disponibilizada na sua página electrónica.

2 – Os candidatos aprovados em cada método são convocados para a realização do método seguinte pela forma prevista no n.º 3 do artigo 30.º

Artigo 34.º – **Ordenação final dos candidatos**

1 – A ordenação final dos candidatos que completem o procedimento é efectuada de acordo com a escala classificativa de 0 a 20 valores, em resultado da média aritmética ponderada das classificações quantitativas obtidas em cada método de selecção.

2 – A lista de ordenação final dos candidatos é unitária, ainda que, no mesmo procedimento, lhes tenham sido aplicados diferentes métodos de selecção.

3 – A lista de ordenação final é elaborada no prazo de 10 dias úteis após a realização do último método de selecção.

Artigo 35.º – **Critérios de ordenação preferencial**

1 – Em situações de igualdade de valoração, têm preferência na ordenação final os candidatos que:

*a)* Se encontrem na situação prevista no n.º 1 do artigo 99.º do Regime do Contrato de Trabalho em Funções Públicas, aprovado pela Lei n.º 59/2008, de 11 de Setembro;

*b)* Se encontrem em outras situações configuradas pela lei como preferenciais.

2 – A ordenação dos candidatos que se encontrem em igualdade de valoração e em situação não configurada pela lei como preferencial é efectuada, de forma decrescente:

*a)* Em função da valoração obtida no primeiro método utilizado;

*b)* Subsistindo o empate, pela valoração sucessivamente obtida nos métodos seguintes, quando outra forma de desempate não tenha sido fixada na publicitação do procedimento.

Artigo 36.º – **Audiência dos interessados e homologação**

1 – À lista unitária de ordenação final dos candidatos aprovados e às exclusões ocorridas no decurso da aplicação dos métodos de selecção é aplicável, com as necessárias adaptações, o disposto nos n.ºˢ 1 e 3 do artigo 30.º e nos n.ºˢ 1 a 5 do artigo 31.º

2 – No prazo de cinco dias úteis após a conclusão da audiência dos interessados, a lista unitária de ordenação final dos candidatos aprovados, acompanhada das restantes deliberações do júri, incluindo as relativas à admissão e exclusão de candidatos, ou da entidade responsável pela realização do procedimento, é submetida a homologação do dirigente máximo do órgão ou serviço que procedeu à sua publicitação.

3 – No caso previsto no n.º 7 do artigo 21.º, bem como quando o dirigente máximo seja membro do júri, a homologação da lista é da responsabilidade do membro do Governo que detém os poderes de direcção, superintendência ou tutela sobre o órgão ou serviço.

4 – Os candidatos, incluindo os que tenham sido excluídos no decurso da aplicação dos métodos de selecção, são notificados do acto de homologação da lista de ordenação final.

5 – A notificação referida no número anterior é efectuada pela forma prevista no n.º 3 do artigo 30.º

6 – A lista unitária de ordenação final, após homologação, é publicada na 2.ª série do *Diário da República,* afixada em local visível e público das instalações da entidade empregadora pública e disponibilizada na sua página electrónica.

Artigo 37.º – **Recrutamento**

1 – O recrutamento opera-se nos termos previstos na alínea *d)* do n.º 1 do artigo 54.º e no artigo 55.º da LVCR.

2 – Não podem ser recrutados candidatos que, apesar de aprovados e ordenados na lista unitária de ordenação final, se encontrem nas seguintes situações:

*a)* Recusem o recrutamento;

*b)* Recusem o acordo ou a proposta de adesão a um determinado posicionamento remuneratório proposto pela entidade empregadora pública;

*c)* Apresentem documentos inadequados, falsos ou inválidos que não comprovem as condições necessárias para a constituição da relação jurídica de emprego público;

*d)* Apresentem os documentos obrigatoriamente exigidos fora do prazo que lhes seja fixado pela entidade empregadora pública;

*e)* Não compareçam à outorga do contrato ou à aceitação, no prazo legal, por motivos que lhes sejam imputáveis.

3 – Os candidatos que se encontrem nas situações referidas no número anterior são retirados da lista unitária de ordenação final.

## Regulamentação da Tramitação do Procedimento Concursal ...

ARTIGO 38.º – **Cessação do procedimento concursal**

1 – O procedimento concursal cessa com a ocupação dos postos de trabalho constantes da publicitação ou, quando os postos não possam ser totalmente ocupados, por:
  a) Inexistência ou insuficiência de candidatos à prossecução do procedimento;
  b) Falta de acordo na negociação do posicionamento remuneratório entre a entidade empregadora pública e os candidatos constantes da lista unitária de ordenação final.

2 – Excepcionalmente, o procedimento concursal pode, ainda, cessar por acto devidamente fundamentado da entidade responsável pela sua realização, homologado pelo respectivo membro do Governo, desde que não se tenha ainda procedido à ordenação final dos candidatos.

SECÇÃO VI – **Garantias**

ARTIGO 39.º – **Impugnação administrativa**

1 – Da exclusão do candidato do procedimento concursal pode ser interposto recurso hierárquico ou tutelar.

2 – Quando a decisão do recurso seja favorável ao recorrente, este mantém o direito a completar o procedimento.

3 – Da homologação da lista de ordenação final pode ser interposto recurso hierárquico ou tutelar.

## CAPÍTULO IV

### Procedimento concursal para constituição de reservas de recrutamento

SECÇÃO I – **Em órgão ou serviço**

ARTIGO 40.º – **Reservas de recrutamento em órgão ou serviço**

1 – Sempre que, em resultado de procedimento concursal comum, publicitado por um órgão ou serviço, a lista de ordenação final, devidamente homologada, contenha um número de candidatos aprovados superior ao dos postos de trabalho a ocupar, é sempre constituída uma reserva de recrutamento interna.

2 – A reserva de recrutamento é utilizada sempre que, no prazo máximo de 18 meses contados da data da homologação da lista de ordenação final, haja necessidade de ocupação de idênticos postos de trabalho, aplicando-se, com as necessárias adaptações, o disposto nos artigos 37.º e 38.º

3 – No caso referido no n.º 1, o procedimento concursal cessa, o mais tardar, findo o prazo mencionado no número anterior.

4 – O órgão ou serviço pode igualmente publicitar procedimento concursal exclusivamente destinado à constituição de reservas de recrutamento, aplicando--se-lhe, com as necessárias adaptações, o disposto no capítulo III e nos n.ᵒˢ 2 e 3.

5 – A publicitação do procedimento concursal referido no número anterior depende da inexistência de candidatos em reserva constituída nos termos do n.º 1, bem como junto da ECCRC.

Secção II – Em entidade centralizada

#### Artigo 41.º – **Âmbito**

1 – Podem ser realizados procedimentos concursais para constituição de reservas de recrutamento em entidade centralizada sempre que se destinem a ocupar postos de trabalho previstos nos mapas de pessoal de mais do que um órgão ou serviço, qualquer que seja a carreira, geral ou especial, e, ou, categoria a que correspondam.

2 – A realização dos procedimentos concursais para constituição de reservas de recrutamento em entidade centralizada constitui atribuição de entidade especializada na área do recrutamento e selecção, designada por ECCRC.

3 – A ECCRC pode, ainda, aplicar métodos de selecção em outros procedimentos concursais, quando tal lhe for solicitado pelos órgãos ou serviços que os realizem.

4 – Para efeitos do disposto no número anterior, o membro do Governo responsável pela área da Administração Pública aprova a tabela referente ao valor a cobrar pela aplicação, pela ECCRC, dos métodos de selecção.

#### Artigo 42.º – **Oportunidade da realização do procedimento**

1 – Em função das previsíveis necessidades de pessoal e quando o entenda conveniente, o membro do Governo responsável pela área da Administração Pública determina que a ECCRC realize procedimento concursal para constituição de reservas de recrutamento com vista à ocupação de postos de trabalho que caracterizará.

2 – Por iniciativa, ou com o acordo, de mais do que um órgão ou serviço, e precedendo autorização do membro do Governo responsável pela área da Administração Pública, pode igualmente a ECCRC realizar procedimento para constituição de reservas de recrutamento com vista à ocupação de outros postos de trabalho.

3 – Ao procedimento referido nos números anteriores aplica-se, com as necessárias adaptações, e sem prejuízo das disposições da presente secção, o disposto no capítulo III.

Regulamentação da Tramitação do Procedimento Concursal ... 773

ARTIGO 43.º – **Publicitação do procedimento e candidaturas**

1 – Para além da publicitação inicial do procedimento, que se deve manter activa na bolsa de emprego público e na página electrónica da ECCRC, esta entidade pública, mensalmente, aviso na 2.ª série do *Diário da República* e em jornal de expansão nacional dando conta daquela publicitação, tendo em vista o disposto no número seguinte.

2 – A candidatura ao procedimento tem lugar a todo o tempo, através de inscrição na página electrónica da ECCRC, utilizando-se formulário tipo disponível para o efeito.

3 – O acesso à Internet para efeitos de inscrição é, sempre que necessário, disponibilizado aos candidatos nas instalações da ECCRC ou de outro órgão ou serviço que seja solicitado para o efeito por esta entidade.

ARTIGO 44.º – **Apreciação das candidaturas e aplicação dos métodos de selecção**

Em cada período de dois meses ou quando, entretanto, tenham sido recebidas, pelo menos, 50 candidaturas, o júri procede à apreciação das candidaturas, à exclusão e notificação de candidatos e à aplicação dos métodos de selecção.

ARTIGO 45.º – **Actualização da ordenação final dos candidatos**

1 – A aplicação do disposto no artigo anterior ao segundo período ou ao segundo conjunto de candidaturas, bem como aos seguintes, obriga à inclusão dos candidatos aprovados, de acordo com a valoração obtida, na lista unitária de ordenação final previamente existente.

2 – A lista unitária de ordenação final dos candidatos, actualizada, é publicitada nos termos previstos no n.º 6 do artigo 36.º

ARTIGO 46.º – **Validade da ordenação final dos candidatos**

A inclusão de um candidato na lista unitária de ordenação final é válida por um período de 18 meses contados da data da sua homologação.

ARTIGO 47.º – **Ocupação de postos de trabalho pelas reservas constituídas**

1 – Consultada a ECCRC, em cumprimento do disposto no n.º 1 do artigo 4.º, e existindo candidatos em reserva, é comunicada a lista unitária de ordenação final que se encontre actualizada no termo do mês em que se realiza a consulta.

2 – A comunicação referida no número anterior é publicitada pela ECCRC através de aviso afixado em local visível e público das suas instalações e disponibilizado na sua página electrónica.

3 – A entidade empregadora pública finaliza o procedimento com a realização de uma entrevista profissional de selecção assegurada por um júri designado para o efeito, ao qual é aplicável, com as necessárias adaptações, o disposto nos artigos 20.º a 24.º

774          *Novo Estatuto da Função Pública*

4 – O dirigente máximo do órgão ou serviço, por razões de celeridade processual, pode determinar que o método referido no número anterior seja aplicado numa proporção de três candidatos para um posto de trabalho, com respeito pela sua ordenação, bem como pela prioridade legal da respectiva situação jurídico-funcional.

5 – A ponderação, para a valoração final, da entrevista profissional de selecção é de 20%, reduzindo-se, proporcionalmente, a ponderação de cada um dos métodos de selecção anteriormente utilizados.

6 – É subsequentemente aplicável, com as necessárias adaptações, o disposto nos artigos 34.º a 39.º, com as seguintes alterações:

*a)* A lista unitária de ordenação final não é publicada na 2.ª série do *Diário da República*;

*b)* O disposto no n.º 3 do artigo 37.º não se repercute na lista unitária de ordenação final constituída junto da ECCRC.

7 – A entidade empregadora pública comunica à ECCRC o recrutamento efectuado.

ARTIGO 48.º – **Cessação do procedimento**

1 – Sem prejuízo do disposto no número seguinte, o procedimento concursal para constituição de reservas de recrutamento em entidade centralizada cessa apenas quando a entidade competente entenda fundamentadamente pôr termo às respectivas inscrições, publicitando tal acto pelos meios utilizados para a publicitação do procedimento.

2 – Relativamente a cada um dos candidatos incluídos na lista unitária de ordenação final constituída junto da ECCRC, o procedimento referido no número anterior cessa com sua desistência de inclusão na lista, com a ocupação de um posto de trabalho em entidade empregadora pública ou com o termo do período de validade da sua inclusão naquela lista, devendo dela ser suprimidos.

## CAPÍTULO V
### Disposições finais e transitórias

ARTIGO 49.º – **Restituição e destruição de documentos**

1 – É destruída a documentação apresentada pelos candidatos quando a sua restituição não seja solicitada no prazo máximo de um ano após a cessação do respectivo procedimento concursal.

2 – A documentação apresentada pelos candidatos respeitante a procedimentos concursais que tenham sido objecto de impugnação jurisdicional só pode ser destruída ou restituída após a execução da decisão jurisdicional.

ARTIGO 50.º – **Execução de decisão jurisdicional procedente**

Para reconstituição da situação actual hipotética decorrente da procedência de impugnação jurisdicional de acto procedimental que tenha impedido a imediata constituição de uma relação jurídica de emprego público em órgão ou serviço responsável pela realização do procedimento, o impugnante tem o direito a ocupar idêntico posto de trabalho, não ocupado ou a criar no mapa de pessoal, nos termos da lei.

ARTIGO 51.º – **Modelos de formulários**

1 – São aprovados por despacho do membro do Governo responsável pela área da Administração Pública os modelos de formulário tipo a seguir mencionados:

*a*) Formulário de candidatura;

*b*) Formulário para o exercício do direito de participação dos interessados.

2 – Os formulários referidos do número anterior são de utilização obrigatória.

ARTIGO 52.º – **Aplicação no tempo**

A presente portaria aplica-se aos procedimentos concursais que sejam publicitados após a data da sua entrada em vigor.

ARTIGO 53.º – **Norma revogatória**

São revogados os programas de provas de conhecimentos gerais e específicos, sem prejuízo da sua aplicação aos procedimentos concursais que se encontrem e mantenham pendentes à data da entrada em vigor da presente portaria.

ARTIGO 54.º – **Funcionamento transitório da ECCRC**

Compete à Direcção-Geral da Administração e do Emprego Público (DGAEP) assegurar transitoriamente a realização do procedimento concursal para constituição de reservas de recrutamento em entidade centralizada.

ARTIGO 55.º – **Entrada em vigor**

A presente portaria entra em vigor no dia seguinte ao da sua publicação.

O Ministro de Estado e das Finanças, *Fernando Teixeira dos Santos*, em 21 de Janeiro de 2009.

# CÓDIGO DO TRABALHO
# – PROTECÇÃO NA PARENTALIDADE

## Aprovado pela Lei n.º 7/2009, de 12 de Fevereiro

(...)

**ESTATUTO SOBRE A PROTECÇÃO NA PARENTALIDADE**

LIVRO I

**Parte geral**

(...)

TÍTULO II

**Contrato de trabalho**

CAPÍTULO I

**Disposições gerais**

(...)

SECÇÃO II – **Sujeitos**

(...)

SUBSECÇÃO IV – **Parentalidade**

ARTIGO 33.º – **Parentalidade**

1 – A maternidade e a paternidade constituem valores sociais eminentes.

2 – Os trabalhadores têm direito à protecção da sociedade e do Estado na realização da sua insubstituível acção em relação ao exercício da parentalidade.

778      *Novo Estatuto da Função Pública*

Artigo 34.º – **Articulação com regime de protecção social**

1 – A protecção social nas situações previstas na presente subsecção, designadamente os regimes de concessão de prestações sociais para os diferentes períodos de licença por parentalidade, consta de legislação específica.

2 – Para efeitos do disposto na presente subsecção, consideram-se equivalentes a períodos de licença parental os períodos de concessão das prestações sociais correspondentes, atribuídas a um dos progenitores no âmbito do subsistema de solidariedade e do sistema previdencial da segurança social ou outro regime de protecção social de enquadramento obrigatório.

Artigo 35.º – **Protecção na parentalidade**

1 – A protecção na parentalidade concretiza-se através da atribuição dos seguintes direitos:
  *a)* Licença em situação de risco clínico durante a gravidez;
  *b)* Licença por interrupção de gravidez;
  *c)* Licença parental, em qualquer das modalidades;
  *d)* Licença por adopção;
  *e)* Licença parental complementar em qualquer das modalidades;
  *f)* Dispensa da prestação de trabalho por parte de trabalhadora grávida, puérpera ou lactante, por motivo de protecção da sua segurança e saúde;
  *g)* Dispensa para consulta pré-natal;
  *h)* Dispensa para avaliação para adopção;
  *i)* Dispensa para amamentação ou aleitação;
  *j)* Faltas para assistência a filho;
  *l)* Faltas para assistência a neto;
  *m)* Licença para assistência a filho;
  *n)* Licença para assistência a filho com deficiência ou doença crónica;
  *o)* Trabalho a tempo parcial de trabalhador com responsabilidades familiares;
  *p)* Horário flexível de trabalhador com responsabilidades familiares;
  *q)* Dispensa de prestação de trabalho em regime de adaptabilidade;
  *r)* Dispensa de prestação de trabalho suplementar;
  *s)* Dispensa de prestação de trabalho no período nocturno.

2 – Os direitos previstos no número anterior apenas se aplicam, após o nascimento do filho, a trabalhadores progenitores que não estejam impedidos ou inibidos totalmente do exercício do poder paternal, com excepção do direito de a mãe gozar 14 semanas de licença parental inicial e dos referentes a protecção durante a amamentação.

Artigo 36.º – **Conceitos em matéria de protecção da parentalidade**

1 – No âmbito do regime de protecção da parentalidade, entende-se por:
  *a)* Trabalhadora grávida, a trabalhadora em estado de gestação que informe o empregador do seu estado, por escrito, com apresentação de atestado médico;

*Código do Trabalho – Protecção na Parentalicade*   779

b) Trabalhadora puérpera, a trabalhadora parturiente e durante um período de 120 dias subsequentes ao parto que informe o empregador do seu estado, por escrito, com apresentação de atestado médico ou certidão de nascimento do filho;

c) Trabalhadora lactante, a trabalhadora que amamenta o filho e informe o empregador do seu estado, por escrito, com apresentação de atestado médico.

2 – O regime de protecção da parentalidade é ainda aplicável desde que o empregador tenha conhecimento da situação ou do facto relevante.

ARTIGO 37.º – **Licença em situação de risco clínico durante a gravidez**

1 – Em situação de risco clínico para a trabalhadora grávida ou para o nascituro, impeditivo do exercício de funções, independentemente do motivo que determine esse impedimento e esteja este ou não relacionado com as condições de prestação do trabalho, caso o empregador não lhe proporcione o exercício de actividade compatível com o seu estado e categoria profissional, a trabalhadora tem direito a licença, pelo período de tempo que por prescrição médica for considerado necessário para prevenir o risco, sem prejuízo da licença parental inicial.

2 – Para o efeito previsto no número anterior, a trabalhadora informa o empregador e apresenta atestado médico que indique a duração previsível da licença, prestando essa informação com a antecedência de 10 dias ou, em caso de urgência comprovada pelo médico, logo que possível.

3 – Constitui contra-ordenação muito grave a violação do disposto no n.º 1.

ARTIGO 38.º – **Licença por interrupção da gravidez**

1 – Em caso de interrupção da gravidez, a trabalhadora tem direito a licença com duração entre 14 e 30 dias.

2 – Para o efeito previsto no número anterior, a trabalhadora informa o empregador e apresenta, logo que possível, atestado médico com indicação do período da licença.

3 – Constitui contra-ordenação muito grave a violação do disposto no n.º 1.

ARTIGO 39.º – **Modalidades de licença parental**

A licença parental compreende as seguintes modalidades:

a) Licença parental inicial;

b) Licença parental inicial exclusiva da mãe;

c) Licença parental inicial a gozar pelo pai por impossibilidade da mãe;

d) Licença parental exclusiva do pai.

780 *Novo Estatuto da Função Pública*

ARTIGO 40.º – **Licença parental inicial**

1 – A mãe e o pai trabalhadores têm direito, por nascimento de filho, a licença parental inicial de 120 ou 150 dias consecutivos, cujo gozo podem par-tilhar após o parto, sem prejuízo dos direitos da mãe a que se refere o artigo seguinte.

2 – A licença referida no número anterior é acrescida em 30 dias, no caso de cada um dos progenitores gozar, em exclusivo, um período de 30 dias consecutivos, ou dois períodos de 15 dias consecutivos, após o período de gozo obrigatório pela mãe a que se refere o n.º 2 do artigo seguinte.

3 – No caso de nascimentos múltiplos, o período de licença previsto nos números anteriores é acrescido de 30 dias por cada gémeo além do primeiro.

4 – Em caso de partilha do gozo da licença, a mãe e o pai informam os respectivos empregadores, até sete dias após o parto, do início e termo dos períodos a gozar por cada um, entregando para o efeito, declaração conjunta.

5 – Caso a licença parental não seja partilhada pela mãe e pelo pai, e sem prejuízo dos direitos da mãe a que se refere o artigo seguinte, o progenitor que gozar a licença informa o respectivo empregador, até sete dias após o parto, da duração da licença e do início do respectivo período, juntando declaração do outro progenitor da qual conste que o mesmo exerce actividade profissional e que não goza a licença parental inicial.

6 – Na falta da declaração referida nos n.ᵒˢ 4 e 5 a licença é gozada pela mãe.

7 – Em caso de internamento hospitalar da criança ou do progenitor que estiver a gozar a licença prevista nos n.ᵒˢ 1, 2 ou 3 durante o período após o parto, o período de licença suspende-se, a pedido do progenitor, pelo tempo de duração do internamento.

8 – A suspensão da licença no caso previsto no número anterior é feita mediante comunicação ao empregador, acompanhada de declaração emitida pelo estabelecimento hospitalar.

9 – Constitui contra-ordenação muito grave a violação do disposto nos n.ᵒˢ 1, 2, 3, 7 ou 8.

ARTIGO 41.º – **Períodos de licença parental exclusiva da mãe**

1 – A mãe pode gozar até 30 dias da licença parental inicial antes do parto.

2 – É obrigatório o gozo, por parte da mãe, de seis semanas de licença a seguir ao parto.

3 – A trabalhadora que pretenda gozar parte da licença antes do parto deve informar desse propósito o empregador e apresentar atestado médico que indique a data previsível do parto, prestando essa informação com a antecedência de 10 dias ou, em caso de urgência comprovada pelo médico, logo que possível.

4 – Constitui contra-ordenação muito grave a violação do disposto nos n.ᵒˢ 1 ou 2.

ARTIGO 42.º – **Licença parental inicial a gozar por um progenitor em caso de impossibilidade do outro**

1 – O pai ou a mãe tem direito a licença, com a duração referida nos n.os 1, 2 ou 3 do artigo 40.º, ou do período remanescente da licença, nos casos seguintes:
   a) Incapacidade física ou psíquica do progenitor que estiver a gozar a licença, enquanto esta se mantiver;
   b) Morte do progenitor que estiver a gozar a licença.

2 – Apenas há lugar à duração total da licença referida no n.º 2 do artigo 40.º caso se verifiquem as condições aí previstas, à data dos factos referidos no número anterior.

3 – Em caso de morte ou incapacidade física ou psíquica da mãe, a licença parental inicial a gozar pelo pai tem a duração mínima de 30 dias.

4 – Em caso de morte ou incapacidade física ou psíquica de mãe não trabalhadora nos 120 dias a seguir ao parto, o pai tem direito a licença nos termos do n.º 1, com a necessária adaptação, ou do número anterior.

5 – Para efeito do disposto nos números anteriores, o pai informa o empregador, logo que possível e, consoante a situação, apresenta atestado médico comprovativo ou certidão de óbito e, sendo caso disso, declara o período de licença já gozado pela mãe.

6 – Constitui contra-ordenação muito grave a violação do disposto nos n.os 1 a 4.

ARTIGO 43.º – **Licença parental exclusiva do pai**

1 – É obrigatório o gozo pelo pai de uma licença parental de 10 dias úteis, seguidos ou interpolados, nos 30 dias seguintes ao nascimento do filho, cinco dos quais gozados de modo consecutivos imediatamente a seguir a este.

2 – Após o gozo da licença prevista no número anterior, o pai tem ainda direito a 10 dias úteis de licença, seguidos ou interpolados, desde que gozados em simultâneo com o gozo da licença parental inicial por parte da mãe.

3 – No caso de nascimentos múltiplos, à licença prevista nos números anteriores acrescem dois dias por cada gémeo além do primeiro.

4 – Para efeitos do disposto nos números anteriores, o trabalhador deve avisar o empregador com a antecedência possível que, no caso previsto no n.º 2, não deve ser inferior a cinco dias.

5 – Constitui contra-ordenação muito grave a violação do disposto nos n.os 1, 2 ou 3.

ARTIGO 44.º – **Licença por adopção**

1 – Em caso de adopção de menor de 15 anos, o candidato a adoptante tem direito à licença referida nos n.os 1 ou 2 do artigo 40.º

2 – No caso de adopções múltiplas, o período de licença referido no número anterior é acrescido de 30 dias por cada adopção além da primeira.

782     *Novo Estatuto da Função Pública*

3 – Havendo dois candidatos a adoptantes, a licença deve ser gozada nos termos dos n.ºˢ 1 e 2 do artigo 40.º

4 – O candidato a adoptante não tem direito a licença em caso de adopção de filho do cônjuge ou de pessoa com quem viva em união de facto.

5 – Em caso de incapacidade ou falecimento do candidato a adoptante durante a licença, o cônjuge sobrevivo, que não seja candidato a adoptante e com quem o adoptando viva em comunhão de mesa e habitação, tem direito a licença correspondente ao período não gozado ou a um mínimo de 14 dias.

6 – A licença tem início a partir da confiança judicial ou administrativa, nos termos do regime jurídico da adopção.

7 – Quando a confiança administrativa consistir na confirmação da permanência do menor a cargo do adoptante, este tem direito a licença, pelo período remanescente, desde que a data em que o menor ficou de facto a seu cargo tenha ocorrido antes do termo da licença parental inicial.

8 – Em caso de internamento hospitalar do candidato a adoptante ou do adoptando, o período de licença é suspenso pelo tempo de duração do internamento, devendo aquele comunicar esse facto ao empregador, apresentando declaração comprovativa passada pelo estabelecimento hospitalar.

9 – Em caso de partilha do gozo da licença, os candidatos a adoptantes informam os respectivos empregadores, com a antecedência de 10 dias ou, em caso de urgência comprovada, logo que possível, fazendo prova da confiança judicial ou administrativa do adoptando e da idade deste, do início e termo dos períodos a gozar por cada um, entregando para o efeito declaração conjunta.

10 – Caso a licença por adopção não seja partilhada, o candidato a adoptante que gozar a licença informa o respectivo empregador, nos prazos referidos no número anterior, da duração da licença e do início do respectivo período.

11 – Constitui contra-ordenação muito grave a violação do disposto nos n.ºˢ 1 a 3, 5, 7 ou 8.

### Artigo 45.º – **Dispensa para avaliação para a adopção**

Para efeitos de realização de avaliação para a adopção, os trabalhadores têm direito a três dispensas de trabalho para deslocação aos serviços da segurança social ou recepção dos técnicos em seu domicílio, devendo apresentar a devida justificação ao empregador.

### Artigo 46.º – **Dispensa para consulta pré-natal**

1 – A trabalhadora grávida tem direito a dispensa do trabalho para consultas pré-natais, pelo tempo e número de vezes necessários.

2 – A trabalhadora deve, sempre que possível, comparecer a consulta pré-natal fora do horário de trabalho.

3 – Sempre que a consulta pré-natal só seja possível durante o horário de trabalho, o empregador pode exigir à trabalhadora a apresentação dc prova desta circunstância e da realização da consulta ou declaração dos mesmos factos.

Código do Trabalho – Protecção na Parentalicade 783

4 – Para efeito dos números anteriores, a preparação para o parto é equiparada a consulta pré-natal.

5 – O pai tem direito a três dispensas do trabalho para acompanhar a trabalhadora às consultas pré-natais.

6 – Constitui contra-ordenação grave a violação do disposto neste artigo.

ARTIGO 47.º – **Dispensa para amamentação ou aleitação**

1 – A mãe que amamenta o filho tem direito a dispensa de trabalho para o efeito, durante o tempo que durar a amamentação.

2 – No caso de não haver amamentação, desde que ambos os progenitores exerçam actividade profissional, qualquer deles ou ambos, consoante decisão conjunta, têm direito a dispensa para aleitação, até o filho perfazer um ano.

3 – A dispensa diária para amamentação ou aleitação é gozada em dois períodos distintos, com a duração máxima de uma hora cada, salvo se outro regime for acordado com o empregador.

4 – No caso de nascimentos múltiplos, a dispensa referida no número anterior é acrescida de mais 30 minutos por cada gémeo além do primeiro.

5 – Se qualquer dos progenitores trabalhar a tempo parcial, a dispensa diária para amamentação ou aleitação é reduzida na proporção do respectivo período normal de trabalho, não podendo ser inferior a 30 minutos.

6 – Na situação referida no número anterior, a dispensa diária é gozada em período não superior a uma hora e, sendo caso disso, num segundo período com a duração remanescente, salvo se outro regime for acordado com o empregador.

7 – Constitui contra-ordenação grave a violação do disposto neste artigo.

ARTIGO 48.º – **Procedimento de dispensa para amamentação ou aleitação**

1 – Para efeito de dispensa para amamentação, a trabalhadora comunica ao empregador, com a antecedência de 10 dias relativamente ao início da dispensa, que amamenta o filho, devendo apresentar atestado médico se a dispensa se prolongar para além do primeiro ano de vida do filho.

2 – Para efeito de dispensa para aleitação, o progenitor:

*a)* Comunica ao empregador que aleita o filho, com a antecedência de 10 dias relativamente ao início da dispensa;

*b)* Apresenta documento de que conste a decisão conjunta;

*c)* Declara qual o período de dispensa gozado pelo outro progenitor, sendo caso disso;

*d)* Prova que o outro progenitor exerce actividade profissional e, caso seja trabalhador por conta de outrem, que informou o respectivo empregador da decisão conjunta.

ARTIGO 49.º – **Falta para assistência a filho**

1 – O trabalhador pode faltar ao trabalho para prestar assistência inadiável e imprescindível, em caso de doença ou acidente, a filho menor de 12 anos ou,

784           *Novo Estatuto da Função Pública*

independentemente da idade, a filho com deficiência ou doença crónica, até 30 dias por ano ou durante todo o período de eventual hospitalização.

2 – O trabalhador pode faltar ao trabalho até 15 dias por ano para prestar assistência inadiável e imprescindível em caso de doença ou acidente a filho com 12 ou mais anos de idade que, no caso de ser maior, faça parte do seu agregado familiar.

3 – Aos períodos de ausência previstos nos números anteriores acresce um dia por cada filho além do primeiro.

4 – A possibilidade de faltar prevista nos números anteriores não pode ser exercida simultaneamente pelo pai e pela mãe.

5 – Para efeitos de justificação da falta, o empregador pode exigir ao trabalhador:

*a)* Prova do carácter inadiável e imprescindível da assistência;

*b)* Declaração de que o outro progenitor tem actividade profissional e não falta pelo mesmo motivo ou está impossibilitado de prestar a assistência;

*c)* Em caso de hospitalização, declaração comprovativa passada pelo estabelecimento hospitalar.

6 – No caso referido no n.º 3 do artigo seguinte, o pai ou a mãe informa o respectivo empregador da prestação de assistência em causa, sendo o seu direito referido nos n.ºs 1 ou 2 reduzido em conformidade.

7 – Constitui contra-ordenação grave a violação do disposto nos n.ºs 1, 2 ou 3.

### Artigo 50.º – **Falta para assistência a neto**

1 – O trabalhador pode faltar até 30 dias consecutivos, a seguir ao nascimento de neto que consigo viva em comunhão de mesa e habitação e que seja filho de adolescente com idade inferior a 16 anos.

2 – Se houver dois titulares do direito, há apenas lugar a um período de faltas, a gozar por um deles, ou por ambos em tempo parcial ou em períodos sucessivos, conforme decisão conjunta.

3 – O trabalhador pode também faltar, em substituição dos progenitores, para prestar assistência inadiável e imprescindível, em caso de doença ou acidente, a neto menor ou, independentemente da idade, com deficiência ou doença crónica.

4 – Para efeitos dos n.ºs 1 e 2, o trabalhador informa o empregador com a antecedência de cinco dias, declarando que:

*a)* O neto vive consigo em comunhão de mesa e habitação;

*b)* O neto é filho de adolescente com idade inferior a 16 anos;

*c)* O cônjuge do trabalhador exerce actividade profissional ou se encontra física ou psiquicamente impossibilitado de cuidar do neto ou não vive em comunhão de mesa e habitação com este.

5 – O disposto neste artigo é aplicável a tutor do adolescente, a trabalhador a quem tenha sido deferida a confiança judicial ou administrativa do mesmo, bem como ao seu cônjuge ou pessoa em união de facto.

*Código do Trabalho – Protecção na Parentalicade* 785

6 – No caso referido no n.º 3, o trabalhador informa o empregador, no prazo previsto nos n.ᵒˢ 1 ou 2 do artigo 253.º, declarando:

*a)* O carácter inadiável e imprescindível da assistência;

*b)* Que os progenitores são trabalhadores e não faltam pelo mesmo motivo ou estão impossibilitados de prestar a assistência, bem como que nenhum outro familiar do mesmo grau falta pelo mesmo motivo.

7 – Constitui contra-ordenação grave a violação do disposto nos n.ᵒˢ 1, 2 ou 3.

Artigo 51.º – **Licença parental complementar**

1 – O pai e a mãe têm direito, para assistência a filho ou adoptado com idade não superior a seis anos, a licença parental complementar, em qualquer das seguintes modalidades:

*a)* Licença parental alargada, por três meses;

*b)* Trabalho a tempo parcial durante 12 meses, com um período normal de trabalho igual a metade do tempo completo;

*c)* Períodos intercalados de licença parental alargada e de trabalho a tempo parcial em que a duração total da ausência e da redução do tempo de trabalho seja igual aos períodos normais de trabalho de três meses;

*d)* Ausências interpoladas ao trabalho com duração igual aos períodos normais de trabalho de três meses, desde que previstas em instrumento de regulamentação colectiva de trabalho.

2 – O pai e a mãe podem gozar qualquer das modalidades referidas no número anterior de modo consecutivo ou até três períodos interpolados, não sendo permitida a cumulação por um dos progenitores do direito do outro.

3 – Se ambos os progenitores pretenderem gozar simultaneamente a licença e estiverem ao serviço do mesmo empregador, este pode adiar a licença de um deles com fundamento em exigências imperiosas ligadas ao funcionamento da empresa ou serviço, desde que seja fornecida por escrito a respectiva fundamentação.

4 – Durante o período de licença parental complementar em qualquer das modalidades, o trabalhador não pode exercer outra actividade incompatível com a respectiva finalidade, nomeadamente trabalho subordinado ou prestação continuada de serviços fora da sua residência habitual.

5 – O exercício dos direitos referidos nos números anteriores depende de informação sobre a modalidade pretendida e o início e o termo de cada período, dirigida por escrito ao empregador com antecedência de 30 dias relativamente ao seu início.

6 – Constitui contra-ordenação grave a violação do disposto nos n.ᵒˢ 1, 2 ou 3.

Artigo 52.º – **Licença para assistência a filho**

1 – Depois de esgotado o direito referido no artigo anterior, os progenitores têm direito a licença para assistência a filho, de modo consecutivo ou inter-polado, até ao limite de dois anos.

786        *Novo Estatuto da Função Pública*

2 – No caso de terceiro filho ou mais, a licença prevista no número anterior tem o limite de três anos.

3 – O trabalhador tem direito a licença se o outro progenitor exercer actividade profissional ou estiver impedido ou inibido totalmente de exercer o poder paternal.

4 – Se houver dois titulares, a licença pode ser gozada por qualquer deles ou por ambos em períodos sucessivos.

5 – Durante o período de licença para assistência a filho, o trabalhador não pode exercer outra actividade incompatível com a respectiva finalidade, nomeadamente trabalho subordinado ou prestação continuada de serviços fora da sua residência habitual.

6 – Para exercício do direito, o trabalhador informa o empregador, por escrito e com a antecedência de 30 dias:

*a)* Do início e do termo do período em que pretende gozar a licença;

*b)* Que o outro progenitor tem actividade profissional e não se encontra ao mesmo tempo em situação de licença, ou que está impedido ou inibido totalmente de exercer o poder paternal;

*c)* Que o menor vive com ele em comunhão de mesa e habitação;

*d)* Que não está esgotado o período máximo de duração da licença.

7 – Na falta de indicação em contrário por parte do trabalhador, a licença tem a duração de seis meses.

8 – À prorrogação do período de licença pelo trabalhador, dentro dos limites previstos nos n.$^{os}$ 1 e 2, é aplicável o disposto no n.º 6.

9 – Constitui contra-ordenação grave a violação do disposto nos n.$^{os}$ 1 ou 2.

ARTIGO 53.º – **Licença para assistência a filho com deficiência ou doença crónica**

1 – Os progenitores têm direito a licença por período até seis meses, prorrogável até quatro anos, para assistência de filho com deficiência ou doença crónica.

2 – Caso o filho com deficiência ou doença crónica tenha 12 ou mais anos de idade a necessidade de assistência é confirmada por atestado médico.

3 – É aplicável à licença prevista no n.º 1 o regime constante dos n.$^{os}$ 3 a 8 do artigo anterior.

4 – Constitui contra-ordenação grave a violação do disposto no n.º 1.

ARTIGO 54.º – **Redução do tempo de trabalho para assistência a filho menor com deficiência ou doença crónica**

1 – Os progenitores de menor com deficiência ou doença crónica, com idade não superior a um ano, têm direito a redução de cinco horas do período normal de trabalho semanal, ou outras condições de trabalho especiais, para assistência ao filho.

Código do Trabalho – Protecção na Parentalicade

2 – Não há lugar ao exercício do direito referido no número anterior quando um dos progenitores não exerça actividade profissional e não esteja impedido ou inibido totalmente de exercer o poder paternal.

3 – Se ambos os progenitores forem titulares do direito, a redução do período normal de trabalho pode ser utilizada por qualquer deles ou por ambos em períodos sucessivos.

4 – O empregador deve adequar o horário de trabalho resultante da redução do período normal de trabalho tendo em conta a preferência do trabalhador, sem prejuízo de exigências imperiosas do funcionamento da empresa.

5 – A redução do período normal de trabalho semanal não implica diminuição de direitos consagrados na lei, salvo quanto à retribuição, que só é devida na medida em que a redução, em cada ano, exceda o número de faltas substituíveis por perda de gozo de dias de férias.

6 – Para redução do período normal de trabalho semanal, o trabalhador deve comunicar ao empregador a sua intenção com a antecedência de 10 dias, bem como:

a) Apresentar atestado médico comprovativo da deficiência ou da doença crónica;

b) Declarar que o outro progenitor tem actividade profissional ou que está impedido ou inibido totalmente de exercer o poder paternal e, sendo caso disso, que não exerce ao mesmo tempo este direito.

7 – Constitui contra-ordenação grave a violação do disposto nos n.ᵒˢ 1, 3, 4 ou 5.

Artigo 55.º – **Trabalho a tempo parcial de trabalhador com responsabilidades familiares**

1 – O trabalhador com filho menor de 12 anos ou, independentemente da idade, filho com deficiência ou doença crónica que com ele viva em comunhão de mesa e habitação tem direito a trabalhar a tempo parcial.

2 – O direito pode ser exercido por qualquer dos progenitores ou por ambos em períodos sucessivos, depois da licença parental complementar, em qualquer das suas modalidades.

3 – Salvo acordo em contrário, o período normal de trabalho a tempo parcial corresponde a metade do praticado a tempo completo numa situação comparável e, conforme o pedido do trabalhador, é prestado diariamente, de manhã ou de tarde, ou em três dias por semana.

4 – A prestação de trabalho a tempo parcial pode ser prorrogada até dois anos ou, no caso de terceiro filho ou mais, três anos, ou ainda, no caso de filho com deficiência ou doença crónica, quatro anos.

5 – Durante o período dc trabalho em regime de tempo parcial, o trabalhador não pode exercer outra actividade incompatível com a respectiva finalidade, nomeadamente trabalho subordinado ou prestação continuada de serviços fora da sua residência habitual.

788                    *Novo Estatuto da Função Pública*

6 – A prestação de trabalho a tempo parcial cessa no termo do período para que foi concedida ou no da sua prorrogação, retomando o trabalhador a prestação de trabalho a tempo completo.

7 – Constitui contra-ordenação grave a violação do disposto neste artigo.

ARTIGO 56.º – **Horário flexível de trabalhador com responsabilidades familiares**

1 – O trabalhador com filho menor de 12 anos ou, independentemente da idade, filho com deficiência ou doença crónica que com ele viva em comunhão de mesa e habitação tem direito a trabalhar em regime de horário de trabalho flexível, podendo o direito ser exercido por qualquer dos progenitores ou por ambos.

2 – Entende-se por horário flexível aquele em que o trabalhador pode escolher, dentro de certos limites, as horas de início e termo do período normal de trabalho diário.

3 – O horário flexível, a elaborar pelo empregador, deve:

*a)* Conter um ou dois períodos de presença obrigatória, com duração igual a metade do período normal de trabalho diário;

*b)* Indicar os períodos para início e termo do trabalho normal diário, cada um com duração não inferior a um terço do período normal de trabalho diário, podendo esta duração ser reduzida na medida do necessário para que o horário se contenha dentro do período de funcionamento do estabelecimento;

*c)* Estabelecer um período para intervalo de descanso não superior a duas horas.

4 – O trabalhador que trabalhe em regime de horário flexível pode efectuar até seis horas consecutivas de trabalho e até dez horas de trabalho em cada dia e deve cumprir o correspondente período normal de trabalho semanal, em média de cada período de quatro semanas.

5 – Constitui contra-ordenação grave a violação do disposto no n.º 1.

ARTIGO 57.º – **Autorização de trabalho a tempo parcial ou em regime de horário flexível**

1 – O trabalhador que pretenda trabalhar a tempo parcial ou em regime de horário de trabalho flexível deve solicitá-lo ao empregador, por escrito, com a antecedência de 30 dias, com os seguintes elementos:

*a)* Indicação do prazo previsto, dentro do limite aplicável;

*b)* Declaração da qual conste:

    *i)* Que o menor vive com ele em comunhão de mesa e habitação;

    *ii)* No regime de trabalho a tempo parcial, que não está esgotado o período máximo de duração;

*Código do Trabalho – Protecção na Parentalicade* 789

*iii*) No regime de trabalho a tempo parcial, que o outro progenitor tem actividade profissional e não se encontra ao mesmo tempo em situação de trabalho a tempo parcial ou que está impedido ou inibido totalmente de exercer o poder paternal;

*c*) A modalidade pretendida de organização do trabalho a tempo parcial.

2 – O empregador apenas pode recusar o pedido com fundamento em exigências imperiosas do funcionamento da empresa, ou na impossibilidade de substituir o trabalhador se este for indispensável.

3 – No prazo de 20 dias contados a partir da recepção do pedido, o empregador comunica ao trabalhador, por escrito, a sua decisão.

4 – No caso de pretender recusar o pedido, na comunicação o empregador indica o fundamento da intenção de recusa, podendo o trabalhador apresentar, por escrito, uma apreciação no prazo de cinco dias a partir da recepção.

5 – Nos cinco dias subsequentes ao fim do prazo para apreciação pelo trabalhador, o empregador envia o processo para apreciação pela entidade competente na área da igualdade de oportunidades entre homens e mulheres, com cópia do pedido, do fundamento da intenção de o recusar e da apreciação do trabalhador.

6 – A entidade referida no número anterior, no prazo de 30 dias, notifica o empregador e o trabalhador do seu parecer, o qual se considera favorável à intenção do empregador se não for emitido naquele prazo.

7 – Se o parecer referido no número anterior for desfavorável, o empregador só pode recusar o pedido após decisão judicial que reconheça a existência de motivo justificativo.

8 – Considera-se que o empregador aceita o pedido do trabalhador nos seus precisos termos:

*a*) Se não comunicar a intenção de recusa no prazo de 20 dias após a recepção do pedido;

*b*) Se, tendo comunicado a intenção de recusar o pedido, não informar o trabalhador da decisão sobre o mesmo nos cinco dias subsequentes à notificação referida no n.º 6 ou, consoante o caso, ao fim do prazo estabelecido nesse número;

*c*) Se não submeter o processo à apreciação da entidade competente na área da igualdade de oportunidades entre homens e mulheres dentro do prazo previsto no n.º 5.

9 – Ao pedido de prorrogação é aplicável o disposto para o pedido inicial.

10 – Constitui contra-ordenação grave a violação do disposto nos n.ºs 2, 3, 5 ou 7.

### Artigo 58.º – **Dispensa de algumas formas de organização do tempo de trabalho**

1 – A trabalhadora grávida, puérpera ou lactante tem direito a ser dispensada de prestar trabalho em horário de trabalho organizado de acordo com regime de adaptabilidade, de banco de horas ou de horário concentrado.

790 *Novo Estatuto da Função Pública*

2 – O direito referido no número anterior aplica-se a qualquer dos progenitores em caso de aleitação, quando a prestação de trabalho nos regimes nele referidos afecte a sua regularidade.

3 – Constitui contra-ordenação grave a violação do disposto neste artigo.

Artigo 59.º – **Dispensa de prestação de trabalho suplementar**

1 – A trabalhadora grávida, bem como o trabalhador ou trabalhadora com filho de idade inferior a 12 meses, não está obrigada a prestar trabalho suplementar.

2 – A trabalhadora não está obrigada a prestar trabalho suplementar durante todo o tempo que durar a amamentação se for necessário para a sua saúde ou para a da criança.

3 – Constitui contra-ordenação grave a violação do disposto neste artigo.

Artigo 60.º – **Dispensa de prestação de trabalho no período nocturno**

1 – A trabalhadora tem direito a ser dispensada de prestar trabalho entre as 20 horas de um dia e as 7 horas do dia seguinte:
  a) Durante um período de 112 dias antes e depois do parto, dos quais pelo menos metade antes da data previsível do mesmo;
  b) Durante o restante período de gravidez, se for necessário para a sua saúde ou para a do nascituro;
  c) Durante todo o tempo que durar a amamentação, se for necessário para a sua saúde ou para a da criança.

2 – À trabalhadora dispensada da prestação de trabalho nocturno deve ser atribuído, sempre que possível, um horário de trabalho diurno compatível.

3 – A trabalhadora é dispensada do trabalho sempre que não seja possível aplicar o disposto no número anterior.

4 – A trabalhadora que pretenda ser dispensada de prestar trabalho nocturno deve informar o empregador e apresentar atestado médico, no caso da alínea b) ou c) do n.º 1, com a antecedência de 10 dias.

5 – Em situação de urgência comprovada pelo médico, a informação referida no número anterior pode ser feita independentemente do prazo.

6 – Sem prejuízo do disposto nos números anteriores, a dispensa da prestação de trabalho nocturno deve ser determinada por médico do trabalho sempre que este, no âmbito da vigilância da saúde dos trabalhadores, identificar qualquer risco para a trabalhadora grávida, puérpera ou lactante.

7 – Constitui contra-ordenação grave a violação do disposto nos n.ᵒˢ 1, 2 ou 3.

Artigo 61.º – **Formação para reinserção profissional**

O empregador deve facultar ao trabalhador, após a licença para assistência a filho ou para assistência a pessoa com deficiência ou doença crónica, a participação em acções de formação e actualização profissional, de modo a promover a sua plena reinserção profissional.

## Código do Trabalho – Protecção na Parentalicade

ARTIGO 62.º – **Protecção da segurança e saúde de trabalhadora grávida, puérpera ou lactante**

1 – A trabalhadora grávida, puérpera ou lactante tem direito a especiais condições de segurança e saúde nos locais de trabalho, de modo a evitar a exposição a riscos para a sua segurança e saúde, nos termos dos números seguintes.

2 – Sem prejuízo de outras obrigações previstas em legislação especial, em actividade susceptível de apresentar um risco específico de exposição a agentes, processos ou condições de trabalho, o empregador deve proceder à avaliação da natureza, grau e duração da exposição de trabalhadora grávida, puérpera ou lactante, de modo a determinar qualquer risco para a sua segurança e saúde e as repercussões sobre a gravidez ou a amamentação, bem como as medidas a tomar.

3 – Nos casos referidos no número anterior, o empregador deve tomar a medida necessária para evitar a exposição da trabalhadora a esses riscos, nomeadamente:

*a)* Proceder à adaptação das condições de trabalho;

*b)* Se a adaptação referida na alínea anterior for impossível, excessivamente demorada ou demasiado onerosa, atribuir à trabalhadora outras tarefas compatíveis com o seu estado e categoria profissional;

*c)* Se as medidas referidas nas alíneas anteriores não forem viáveis, dispensar a trabalhadora de prestar trabalho durante o período necessário.

4 – Sem prejuízo dos direitos de informação e consulta previstos em legislação especial, a trabalhadora grávida, puérpera ou lactante tem direito a ser informada, por escrito, dos resultados da avaliação referida no n.º 2 e das medidas de protecção adoptadas.

5 – É vedado o exercício por trabalhadora grávida, puérpera ou lactante de actividades cuja avaliação tenha revelado riscos de exposição a agentes ou condições de trabalho que ponham em perigo a sua segurança ou saúde ou o desenvolvimento do nascituro.

6 – As actividades susceptíveis de apresentarem um risco específico de exposição a agentes, processos ou condições de trabalho referidos no n.º 2, bem como os agentes e condições de trabalho referidos no número anterior, são determinados em legislação específica.

7 – A trabalhadora grávida, puérpera ou lactante, ou os seus representantes, têm direito de requerer ao serviço com competência inspectiva do ministério responsável pela área laboral uma acção de fiscalização, a realizar com prioridade e urgência, se o empregador não cumprir as obrigações decorrentes deste artigo.

8 – Constitui contra-ordenação muito grave a violação do disposto nos n.ᵒˢ 1, 2, 3 ou 5 e constitui contra-ordenação grave a violação do disposto no n.º 4.

# Artigo 63.º – **Protecção em caso de despedimento**

1 – O despedimento de trabalhadora grávida, puérpera ou lactante ou de trabalhador no gozo de licença parental carece de parecer prévio da entidade competente na área da igualdade de oportunidades entre homens e mulheres.

2 – O despedimento por facto imputável a trabalhador que se encontre em qualquer das situações referidas no número anterior presume-se feito sem justa causa.

3 – Para efeitos do número anterior, o empregador deve remeter cópia do processo à entidade competente na área da igualdade de oportunidade entre homens e mulheres:

*a)* Depois das diligências probatórias referidas no n.º 2 do artigo 356.º, no despedimento por facto imputável ao trabalhador;

*b)* Depois da fase de informações e negociação prevista no artigo 361.º, no despedimento colectivo;

*c)* Depois das consultas referidas no n.º 1 do artigo 370.º, no despedimento por extinção de posto de trabalho;

*d)* Depois das consultas referidas no artigo 377.º, no despedimento por inadaptação.

4 – A entidade competente deve comunicar o parecer referido no n.º 1 ao empregador e ao trabalhador, nos 30 dias subsequentes à recepção do processo, considerando-se em sentido favorável ao despedimento quando não for emitido dentro do referido prazo.

5 – Cabe ao empregador provar que solicitou o parecer a que se refere o n.º 1.

6 – Se o parecer for desfavorável ao despedimento, o empregador só o pode efectuar após decisão judicial que reconheça a existência de motivo justificativo, devendo a acção ser intentada nos 30 dias subsequentes à notificação do parecer.

7 – A suspensão judicial do despedimento só não é decretada se o parecer for favorável ao despedimento e o tribunal considerar que existe probabilidade séria de verificação da justa causa.

8 – Se o despedimento for declarado ilícito, o empregador não se pode opor à reintegração do trabalhador nos termos do n.º 1 do artigo 392.º e o trabalhador tem direito, em alternativa à reintegração, a indemnização calculada nos termos do n.º 3 do referido artigo.

9 – Constitui contra-ordenação grave a violação do disposto nos n.ºˢ 1 ou 6.

## Artigo 64.º – **Extensão de direitos atribuídos a progenitores**

1 – O adoptante, o tutor, a pessoa a quem for deferida a confiança judicial ou administrativa do menor, bem como o cônjuge ou a pessoa em união de facto com qualquer daqueles ou com o progenitor, desde que viva em comunhão de mesa e habitação com o menor, beneficia dos seguintes direitos:

*a)* Dispensa para aleitação;

*Código do Trabalho – Protecção na Parentalicade* 793

b) Licença parental complementar em qualquer das modalidades, licença para assistência a filho e licença para assistência a filho com deficiência ou doença crónica;

c) Falta para assistência a filho ou a neto;

d) Redução do tempo de trabalho para assistência a filho menor com deficiência ou doença crónica;

e) Trabalho a tempo parcial de trabalhador com responsabilidades familiares;

f) Horário flexível de trabalhador com responsabilidades familiares.

2 – Sempre que o exercício dos direitos referidos nos números anteriores dependa de uma relação de tutela ou confiança judicial ou administrativa do menor, o respectivo titular deve, para que o possa exercer, mencionar essa qualidade ao empregador.

Artigo 65.º – **Regime de licenças, faltas e dispensas**

1 – Não determinam perda de quaisquer direitos, salvo quanto à retribuição, e são consideradas como prestação efectiva de trabalho as ausências ao trabalho resultantes de:

a) Licença em situação de risco clínico durante a gravidez;

b) Licença por interrupção de gravidez;

c) Licença parental, em qualquer das modalidades;

d) Licença por adopção;

e) Licença parental complementar em qualquer das modalidades;

f) Falta para assistência a filho;

g) Falta para assistência a neto;

h) Dispensa de prestação de trabalho no período nocturno;

i) Dispensa da prestação de trabalho por parte de trabalhadora grávida, puérpera ou lactante, por motivo de protecção da sua segurança e saúde;

j) Dispensa para avaliação para adopção.

2 – A dispensa para consulta pré-natal, amamentação ou aleitação não determina perda de quaisquer direitos e é considerada como prestação efectiva de trabalho.

3 – As licenças por situação de risco clínico durante a gravidez, por interrupção de gravidez, por adopção e licença parental em qualquer modalidade:

a) Suspendem o gozo das férias, devendo os dias remanescentes ser gozados após o seu termo, mesmo que tal se verifique no ano seguinte;

b) Não prejudicam o tempo já decorrido de estágio ou acção ou curso de formação, devendo o trabalhador cumprir apenas o período em falta para o completar;

c) Adiam a prestação de prova para progressão na carreira profissional, a qual deve ter lugar após o termo da licença.

4 – A licença parental e a licença parental complementar, em quaisquer das suas modalidades, por adopção, para assistência a filho e para assistência a filho com deficiência ou doença crónica:

*a*) Suspendem-se por doença do trabalhador, se este informar o empregador e apresentar atestado médico comprovativo, e prosseguem logo após a cessação desse impedimento;

*b*) Não podem ser suspensas por conveniência do empregador;

*c*) Não prejudicam o direito do trabalhador a aceder à informação periódica emitida pelo empregador para o conjunto dos trabalhadores;

*d*) Terminam com a cessação da situação que originou a respectiva licença que deve ser comunicada ao empregador no prazo de cinco dias.

5 – No termo de qualquer situação de licença, faltas, dispensa ou regime de trabalho especial, o trabalhador tem direito a retomar a actividade contratada, devendo, no caso previsto na alínea *d*) do número anterior, retomá-la na primeira vaga que ocorrer na empresa ou, se esta entretanto se não verificar, no termo do período previsto para a licença.

6 – A licença para assistência a filho ou para assistência a filho com deficiência ou doença crónica suspende os direitos, deveres e garantias das partes na medida em que pressuponham a efectiva prestação de trabalho, designadamente a retribuição, mas não prejudica os benefícios complementares de assistência médica e medicamentosa a que o trabalhador tenha direito.

7 – Constitui contra-ordenação grave a violação do disposto nos n.ᵒˢ 1, 2, 3 ou 4.

# PROTECÇÃO NA PARENTALIDADE NO REGIME DE PROTECÇÃO SOCIAL CONVERGENTE

## Decreto-Lei n.º 89/2009, de 9 de Abril

No âmbito da concretização do direito à segurança social de todos os trabalhadores, a Lei n.º 4/2009, de 29 de Janeiro, definiu a protecção social dos trabalhadores que exercem funções públicas. Para o efeito, determinou a integração no regime geral de segurança social de todos os trabalhadores cuja relação jurídica de emprego público tenha sido constituída após 1 de Janeiro de 2006 e bem assim a manutenção dos trabalhadores que, àquela data, nele se encontravam inscritos.

Quanto aos trabalhadores que até 31 de Dezembro de 2005 se encontravam abrangidos pelo denominado regime de protecção social da função pública, foi criado o regime de protecção social convergente, inequivocamente enquadrado no sistema de segurança social, com respeito pelos seus princípios, conceitos, objectivos e condições gerais, bem como os específicos do seu sistema previdencial, visando, num plano de igualdade, uma protecção efectiva e integrada em todas as eventualidades.

O regime de protecção social convergente possui, assim, uma disciplina jurídica idêntica à do regime geral de segurança social no que se refere à regulamentação da protecção nas diferentes eventualidades, designadamente quanto aos respectivos objectos, objectivos, natureza, condições gerais e específicas, regras de cálculo dos montantes e outras condições de atribuição das prestações. Por razões de aproveitamento de meios, foi mantido o modelo de organização e gestão actualmente existente, bem como o sistema de financiamento próprio, não resultando, no entanto, qualquer aumento da taxa das quotizações presentemente aplicável aos trabalhadores nele integrados.

Neste quadro, importa agora dar cumprimento às determinações daquela lei no domínio da sua regulamentação.

Consciente da complexidade e da delicadeza do tema, o Governo optou por iniciar a regulamentação relativa à parentalidade, no âmbito da eventualidade maternidade, paternidade e adopção, por ser aquela em que as diferenças entre o regime geral e o da protecção social da função pública são mais profundas, ultrapassando assim as injustiças que actualmente se verificam entre os trabalhadores que exercem funções públicas.

Destaque-se que o presente decreto-lei obedece aos princípios e regras do regime geral de segurança social, na protecção da parentalidade, no âmbito da eventualidade maternidade, paternidade e adopção, pretendendo-se, tão-só e em convergência com aquele, garantir os mesmos direitos, procedendo às adaptações tidas por necessárias em face da organização e financiamento próprios.

Assim, introduz-se uma abordagem completamente diferente, distinguindo as prestações pagas como contrapartida do trabalho prestado (a remuneração), que relevam do direito laboral, das prestações sociais substitutivas do rendimento de trabalho, quando este não é prestado, que relevam do direito da segurança social.

No entanto, de acordo com a organização própria do regime de protecção social convergente, as duas áreas de competências, embora legalmente distintas, permanecem sob a responsabilidade da mesma entidade, a entidade empregadora.

Por outro lado, sendo mantido o esquema de financiamento anterior, não são devidos descontos para esta eventualidade por parte do trabalhador, nem da entidade empregadora, suportando esta, porém, os respectivos encargos.

A não prestação de trabalho efectivo, por motivo de maternidade, paternidade e adopção, constitui, assim, uma situação legalmente equiparada à entrada de contribuições em relação às eventualidades cujo direito dependa do pagamento destas.

Constitui igualmente aspecto inovador, o facto de os subsídios passarem a ser calculados com base nos valores ilíquidos das respectivas remunerações, donde resultam, na maior parte das situações protegidas, montantes superiores aos anteriormente auferidos.

Face aos novos direitos concedidos pela legislação laboral no âmbito da parentalidade, o presente decreto-lei concretiza a protecção social dos trabalhadores que exercem funções públicas integrados no regime de protecção social convergente, em articulação com aquela legislação. Neste sentido, os meios de prova previstos naquela legislação, a apresentar pelos trabalhadores para efeitos de justificação das suas ausências ao trabalho, são considerados idóneos para efeitos de atribuição das prestações sociais, evitando-se, deste modo, a duplicação de documentos que seriam apresentados ao mesmo serviço, na dupla qualidade de entidade empregadora e entidade gestora da protecção social.

É ainda prevista a atribuição de um subsídio para assistência a familiares para os trabalhadores nomeados, face ao direito já consagrado no Regime do Contrato de Trabalho em Funções Públicas.

Finalmente, dá-se execução ao III Plano Nacional para a Igualdade, Cidadania e Género (2007-2010), através de medidas que contribuem significativamente para a melhoria da conciliação entre a vida familiar e profissional e a promoção da igualdade de género. São ainda reforçados os direitos do pai perante as várias situações protegidas, com acentuado incentivo à partilha das responsabilidades familiares nesta eventualidade.

Foram ouvidos os órgãos de governo próprio das Regiões Autónomas, a Associação Nacional de Municípios Portugueses e a Associação Nacional de Freguesias.

Foram observados os procedimentos decorrentes da Lei n.º 23/98, de 26 de Maio.

Assim:

No desenvolvimento do regime jurídico estabelecido pela Lei n.º 4/2009, de 29 de Janeiro, e nos termos da alínea *c*) do n.º 1 do artigo 198.º da Constituição, o Governo decreta o seguinte:

## CAPÍTULO I
### Disposições gerais

ARTIGO 1.º – **Objecto**

O presente decreto-lei regulamenta a protecção na parentalidade, no âmbito da eventualidade maternidade, paternidade e adopção, no regime de protecção social convergente.

ARTIGO 2.º – **Âmbito subjectivo**

São beneficiários do regime de protecção social convergente os trabalhadores previstos no artigo 11.º da Lei n.º 4/2009, de 29 de Janeiro.

ARTIGO 3.º – **Objectivo e natureza da protecção social**

A protecção na parentalidade, no âmbito da eventualidade maternidade, paternidade e adopção, adiante designada por protecção, destina-se a compensar a perda de remuneração presumida, em consequência da ocorrência de situações determinantes de impedimento temporário para o trabalho, previstas na legislação laboral.

ARTIGO 4.º – **Âmbito material**

1 – A protecção é efectivada através da atribuição de prestações pecuniárias, denominadas por subsídios, cujas modalidades são as seguintes:
*a*) Subsídio de risco clínico durante a gravidez;
*b*) Subsídio por interrupção da gravidez;
*c*) Subsídio por adopção;
*d*) Subsídio parental, inicial ou alargado;
*e*) Subsídio por risco específico;
*f*) Subsídio por assistência a filho em caso de doença ou acidente;
*g*) Subsídio para assistência a neto;
*h*) Subsídio para assistência a filho com deficiência ou doença crónica.
2 – O subsídio parental inicial compreende as seguintes modalidades:
*a*) Subsídio parental inicial;

# Novo Estatuto da Função Pública

*b*) Subsídio parental inicial exclusivo da mãe;
*c*) Subsídio parental inicial de um progenitor em caso de impossibilidade do outro;
*d*) Subsídio parental inicial exclusivo do pai.

ARTIGO 5.º – **Carreira contributiva**

1 – Os períodos de impedimento temporário para o trabalho pela ocorrência das situações previstas no artigo anterior são equivalentes à entrada de contribuições e quotizações para efeitos das eventualidades invalidez, velhice e morte.

2 – Os períodos de impedimento temporário para o trabalho são ainda equivalentes a exercício de funções equiparado a carreira contributiva para efeitos das eventualidades doença e desemprego.

3 – Os períodos correspondentes ao gozo de licença para assistência a filho, prevista no artigo 52.º do Código do Trabalho, são equivalentes à entrada de contribuições e quotizações para efeitos da taxa de formação das pensões de invalidez, velhice e morte, correspondente à segunda parcela com a designação «P2», nos termos da Lei n.º 60/2005, de 29 de Dezembro, mediante a comunicação do facto por parte da entidade empregadora à Caixa Geral de Aposentações (CGA).

4 – Durante os períodos de trabalho a tempo parcial do trabalhador com responsabilidades familiares, nos termos previstos no artigo 55.º do Código do Trabalho, para efeitos das eventualidades invalidez, velhice e morte, são consideradas as remunerações correspondentes ao trabalho a tempo completo, havendo lugar à equivalência à entrada de contribuições relativamente à diferença entre a remuneração auferida e a que auferiria se estivesse a tempo completo, mediante a comunicação do facto por parte da entidade empregadora à CGA.

## CAPÍTULO II
### Condições de atribuição dos subsídios

SECÇÃO I – **Condições gerais**

ARTIGO 6.º – **Reconhecimento do direito**

1 – O reconhecimento do direito aos subsídios previstos no presente decreto-lei depende do cumprimento das condições de atribuição à data do facto determinante da protecção.

2 – Considera-se data do facto determinante da protecção o 1.º dia de impedimento para o trabalho.

3 – Constituem condições gerais de reconhecimento do direito:
*a*) O impedimento para o trabalho, que determine a perda de remuneração, em virtude da ocorrência das situações previstas no artigo 4.º, nos termos da legislação laboral aplicável;
*b*) O cumprimento do prazo de garantia.

## Protecção na Parentabilidade no Regime de Protecção Social Convergente 799

4 – A protecção conferida aos progenitores nos termos do presente decreto-lei é extensiva aos beneficiários adoptantes, tutores, pessoa a quem for deferida a confiança judicial ou administrativa do menor, bem como cônjuges ou pessoas em união de facto com qualquer daqueles ou com o progenitor, desde que vivam em comunhão de mesa e habitação com o menor, sempre que, nos termos da legislação laboral, lhes seja reconhecido o direito às correspondentes licenças, faltas e dispensas.

5 – Os direitos previstos no presente decreto-lei apenas se aplicam aos beneficiários que não estejam impedidos ou inibidos totalmente do exercício do poder paternal, com excepção do direito da mãe a gozar 14 semanas de licença parental inicial e dos referentes à protecção durante a amamentação.

### Artigo 7.º – **Prazo de garantia**

1 – A atribuição dos subsídios depende de o beneficiário, à data do facto determinante da protecção, ter cumprido um prazo de garantia de seis meses civis, seguidos ou interpolados, com prestação de trabalho efectivo ou equivalente a exercício de funções.

2 – Para efeitos do número anterior, releva, se necessário, o mês em que ocorre o facto determinante desde que no mesmo se verifique prestação de trabalho efectivo.

3 – Nos casos de não prestação de trabalho efectivo durante seis meses consecutivos, a contagem do prazo de garantia tem início a partir da data em que ocorra nova prestação de trabalho efectivo.

4 – Para efeitos do n.º 1, consideram-se equivalentes a exercício de funções os períodos:

a) De não prestação de trabalho efectivo decorrente das demais eventualidades;

b) Em que, nos termos legais, haja percepção de remuneração sem a correspondente prestação de trabalho efectivo.

### Artigo 8.º – **Totalização de períodos contributivos ou situação equiparada**

Para efeitos do cumprimento do prazo de garantia são considerados, desde que não se sobreponham, os períodos de registo de remunerações ou de situação legalmente equiparada, em quaisquer regimes obrigatórios de protecção social, nacionais ou estrangeiros, que assegurem prestações pecuniárias de protecção na eventualidade maternidade, paternidade e adopção.

### Secção II – **Caracterização e condições específicas de atribuição**

### Artigo 9.º – **Subsídio por risco clínico durante a gravidez**

O subsídio por risco clínico durante a gravidez é atribuído nas situações em que se verifique a existência de risco clínico, para a grávida ou para o nasci-

800     *Novo Estatuto da Função Pública*

turo, certificado por médico da especialidade, durante o período de tempo necessário para prevenir o risco, o qual deve constar expressamente do certificado.

Artigo 10.º – **Subsídio por interrupção da gravidez**

O subsídio por interrupção da gravidez é atribuído nas situações de interrupção da gravidez, durante um período variável entre 14 e 30 dias consecutivos, nos termos da correspondente certificação médica.

Artigo 11.º – **Subsídio parental inicial**

1 – O subsídio parental inicial é atribuído pelo período até 120 ou 150 dias consecutivos, que os progenitores podem partilhar livremente após o parto, consoante opção dos mesmos, sem prejuízo dos direitos da mãe a que se refere o artigo seguinte.

2 – Aos períodos de 120 e de 150 dias podem acrescer 30 dias consecutivos de atribuição do subsídio, no caso de partilha da licença em que cada um dos progenitores goze, em exclusivo, um período de 30 dias consecutivos ou dois períodos de 15 dias consecutivos, após o período obrigatório de licença parental inicial exclusiva da mãe.

3 – No caso de nascimentos múltiplos, aos períodos previstos nos números anteriores acrescem 30 dias consecutivos por cada gémeo além do primeiro.

4 – A atribuição do subsídio parental inicial depende de declaração dos beneficiários dos períodos a gozar, de modo exclusivo ou partilhado.

5 – No caso em que não seja apresentada declaração de partilha da licença parental inicial e sem prejuízo dos direitos da mãe a que se refere o artigo seguinte, há lugar à atribuição do subsídio parental inicial ao progenitor que justifique, perante a entidade empregadora, o gozo da respectiva licença, desde que o outro progenitor exerça actividade profissional e não a tenha gozado.

6 – Quando o outro progenitor seja trabalhador independente, a justificação a que se refere o número anterior é substituída pela apresentação de certificado de não ter sido requerido o correspondente subsídio, emitido pelas respectivas entidades competentes.

7 – Caso não seja apresentada declaração de partilha e o pai não justifique o gozo da licença, o direito ao subsídio parental inicial é reconhecido à mãe.

8 – O subsídio parental inicial pelos períodos de 150, 180 ou o acréscimo de 30 dias por cada gémeo além do primeiro é atribuído apenas no caso de nado-vivo.

Artigo 12.º – **Subsídio parental inicial exclusivo da mãe**

O subsídio parental inicial exclusivo da mãe pode ser atribuído por um período de até 30 dias antes do parto e, obrigatoriamente, por um período de seis semanas após o parto, os quais se integram no período de atribuição de subsídio parental inicial.

Protecção na Parentabilidade no Regime de Protecção Social Convergente       801

Artigo 13.º – **Subsídio parental inicial de um progenitor em caso de impossibilidade do outro**

1 – O subsídio parental inicial de um progenitor em caso de impossibilidade do outro é atribuído até ao limite do período remanescente que corresponda ao período de licença parental inicial não gozada, em caso de:
  *a*) Incapacidade física ou psíquica, medicamente certificada, enquanto se mantiver;
  *b*) Morte.
2 – Apenas há lugar à atribuição do subsídio pela totalidade do período previsto no n.º 2 do artigo 11.º caso se verifiquem as condições aí previstas à data dos factos referidos no número anterior.
3 – Em caso de morte ou incapacidade física ou psíquica da mãe, o subsídio parental inicial a gozar pelo pai tem a duração mínima de 30 dias.
4 – Em caso de morte ou incapacidade física ou psíquica de mãe não trabalhadora nos 120 dias a seguir ao parto, o pai tem direito ao remanescente do subsídio parental inicial nos termos do n.º 1, com as devidas adaptações, ou do número anterior.
5 – O disposto no n.º 1 é aplicável apenas no caso de nado-vivo.

Artigo 14.º – **Subsídio parental inicial exclusivo do pai**

1 – O subsídio parental inicial exclusivo do pai é atribuído pelos períodos seguintes:
  *a*) 10 dias úteis obrigatórios, seguidos ou interpolados, nos 30 dias seguintes ao nascimento do filho, cinco dos quais gozados de modo consecutivo imediatamente a seguir a este;
  *b*) 10 dias úteis facultativos, seguidos ou interpolados, desde que coincidam com a licença parental inicial gozada pela mãe.
2 – No caso de nascimentos múltiplos, o subsídio previsto no número anterior é acrescido de dois dias úteis por cada gémeo além do primeiro, a gozar imediatamente seguir a cada um dos períodos.
3 – O subsídio previsto na alínea *b*) do n.º 1 bem como o correspondente aos dias acrescidos em caso de nascimentos múltiplos só são atribuídos no caso de nado-vivo.

Artigo 15.º – **Subsídio por adopção**

1 – O subsídio por adopção é atribuído aos candidatos a adoptantes nas situações de adopção de menores de 15 anos, devidamente comprovadas, excepto se se tratar de adopção de filho do cônjuge do beneficiário ou da pessoa com quem este viva em união de facto, e corresponde, com as devidas adaptações, ao subsídio parental inicial.
2 – Em caso de incapacidade física ou psíquica, medicamente comprovada, ou de morte, do beneficiário candidato a adoptante, sem que este tenha esgotado o direito ao subsídio, o cônjuge que seja beneficiário tem direito ao subsídio

pelo período remanescente ou a um mínimo de 14 dias, ainda que não seja candidato a adoptante, desde que viva em comunhão de mesa e habitação com o adoptado.

3 – No caso de adopções múltiplas, aos períodos previstos nos números anteriores acrescem 30 dias por cada adopção além da primeira.

ARTIGO 16.º – **Subsídio parental alargado**

O subsídio parental alargado é atribuído por período até três meses a qualquer um ou a ambos os progenitores ou adoptantes, alternadamente, durante o gozo de licença parental complementar alargada para assistência a filho integrado no agregado familiar, desde que gozada imediatamente após o período de atribuição do subsídio parental inicial ou do subsídio parental alargado do outro progenitor.

ARTIGO 17.º – **Subsídio por riscos específicos**

1 – Constituem riscos específicos para a segurança e a saúde da grávida, puérpera ou lactante as actividades condicionadas ou proibidas, bem como a prestação de trabalho nocturno, nos termos de legislação especial.

2 – O subsídio por riscos específicos é atribuído nas situações em que haja lugar a dispensa do exercício da actividade laboral, determinada pela existência de risco específico para a grávida, puérpera ou lactante, bem como dispensa de prestação de trabalho nocturno.

ARTIGO 18.º – **Subsídio para assistência a filho em caso de doença ou acidente**

1 – O subsídio para assistência a filho é atribuído nas situações de necessidade de lhe prestar assistência inadiável e imprescindível, em caso de doença ou acidente, medicamente certificadas, nos seguintes termos:

*a)* Menor de 12 anos ou, independentemente da idade, no caso de filho com deficiência ou doença crónica, um período máximo de 30 dias, seguidos ou interpolados, em cada ano civil, ou durante todo o período de eventual hospitalização;

*b)* Maior de 12 anos, um período máximo de 15 dias, seguidos ou interpolados, em cada ano civil.

2 – Aos períodos referidos no número anterior acresce um dia por cada filho além do primeiro.

3 – A atribuição do subsídio para assistência a filho depende de:

*a)* O outro progenitor ter actividade profissional e não exercer o direito ao respectivo subsídio pelo mesmo motivo ou, em qualquer caso, estar impossibilitado de prestar assistência; e

*b)* No caso de filho maior, de este se integrar no agregado familiar do beneficiário.

*Protecção na Parentabilidade no Regime de Protecção Social Convergente* 803

4 – No caso de filho com deficiência ou com doença crónica, a certificação médica apenas é exigida a primeira vez.

5 – Relevam para o cômputo dos períodos máximos de atribuição do subsídio os períodos de atribuição do subsídio para assistência a netos, nos termos da alínea *b*) do n.º 1 do artigo 19.º

Artigo 19.º – **Subsídio para assistência a neto**

1 – O subsídio para assistência a neto concretiza-se nas seguintes modalidades:

*a*) Subsídio para assistência em caso de nascimento de neto, correspondente a um período de até 30 dias consecutivos, após o nascimento de neto que resida com o beneficiário em comunhão de mesa e habitação e seja filho de adolescente menor de 16 anos;

*b*) Subsídio para assistência a neto menor ou, independentemente da idade, com deficiência ou doença crónica, correspondente aos dias de faltas remanescentes não gozados pelos progenitores nos termos previstos no artigo anterior, com as devidas adaptações.

2 – A atribuição do subsídio para assistência em caso de nascimento de neto depende de declaração médica comprovativa do parto e de declaração dos beneficiários relativa aos períodos a gozar ou gozados, de modo exclusivo ou partilhado.

3 – O subsídio para assistência em caso de nascimento de neto, nas situações em que não é partilhado pelos avós, é atribuído desde que o outro avô exerça actividade profissional e não tenha requerido o subsídio ou, em qualquer caso, esteja impossibilitado de prestar assistência.

4 – O subsídio para assistência a neto é atribuído desde que os progenitores exerçam actividade profissional e não exerçam o direito ao respectivo subsídio pelo mesmo motivo ou, em qualquer caso, estejam impossibilitados de prestar a assistência.

Artigo 20.º – **Subsídio para assistência a filho com deficiência ou doença crónica**

1 – O subsídio para assistência a filho com deficiência ou doença crónica é atribuído nas situações de necessidade de lhe prestar assistência por período até 6 meses, prorrogável até ao limite de quatro anos.

2 – A atribuição do subsídio depende de:

*a*) O filho viver em comunhão de mesa e habitação com o beneficiário;

*b*) O outro progenitor ter actividade profissional e não exercer o direito ao respectivo subsídio pelo mesmo motivo ou, em qualquer caso, estar impossibilitado de prestar assistência.

# CAPÍTULO III
## Cálculo e montante dos subsídios

ARTIGO 21.º – **Cálculo dos subsídios**

O montante diário dos subsídios previstos no presente decreto-lei é calculado pela aplicação de uma percentagem ao valor da remuneração de referência do beneficiário.

ARTIGO 22.º – **Remuneração de referência**

1 – A remuneração de referência a considerar é definida por $R/180$, em que $R$ representa o total das remunerações auferidas nos seis meses civis imediatamente anteriores ao segundo anterior ao da data do facto determinante da protecção.

2 – Nos meses em que não tenha sido auferida remuneração, durante o período referido no número anterior, devido à ocorrência de outra eventualidade, é considerado o montante da remuneração de referência que serviu de base de cálculo à atribuição da correspondente prestação social, sem prejuízo do disposto no n.º 5.

3 – Nas situações em que se verifique a totalização de períodos contributivos ou de situação legalmente equiparada, se o beneficiário não apresentar, no período em referência previsto no n.º 1, seis meses de remunerações auferidas, a remuneração de referência é definida por $R/ (30 \times n)$, em que $R$ representa o total de remunerações auferidas desde o início do período de referência até ao início do mês em que se verifique o facto determinante da protecção e no número de meses a que as mesmas se reportam.

4 – Para efeitos dos números anteriores, consideram-se as remunerações que constituem base de incidência contributiva nos termos fixados em diploma próprio.

5 – Na determinação do total das remunerações auferidas são considerados os montantes relativos aos subsídios de férias e de Natal.

ARTIGO 23.º – **Montante dos subsídios**

1 – O montante diário dos subsídios por risco clínico durante a gravidez e por interrupção da gravidez corresponde a 100% da remuneração de referência da beneficiária.

2 – O montante diário do subsídio parental inicial corresponde às seguintes percentagens da remuneração de referência do beneficiário:

    *a)* No período relativo à licença de 120 dias, nos termos do n.º 1 do artigo 11.º, 100%;

    *b)* No período relativo à licença de 150 dias, nos termos do n.º 1 do artigo 11.º, 80%;

    *c)* No período relativo à licença de 150 dias, nos termos do n.º 2 do artigo 11.º, 100%;

*Protecção na Parentabilidade no Regime de Protecção Social Convergente*     805

*d)* No período relativo à licença de 180 dias, nos termos do n.º 2 do artigo 11.º, 83%.

3 – O montante diário do subsídio parental inicial devido pelos períodos acrescidos, nos termos do n.º 3 do artigo 11.º, é de 100% da remuneração de referência do beneficiário.

4 – O montante diário dos restantes subsídios previstos no presente decreto-lei corresponde às seguintes percentagens da remuneração de referência do beneficiário:

*a)* Subsídio parental exclusivo do pai, 100%;

*b)* Subsídio parental alargado, 25%;

*c)* Subsídio por adopção é igual ao previsto nos n.ºˢ 2 e 3;

*d)* Subsídios por riscos específicos e para assistência a filho, 65%;

*e)* Subsídio para assistência a filho com deficiência ou doença crónica, 65%, tendo como limite máximo mensal o valor correspondente a duas vezes o indexante dos apoios sociais (IAS);

*f)* Subsídio para assistência a neto:

    *i)* Nos casos previstos na alínea *a)* do n.º 1 do artigo 19.º, 100%;

    *ii)* Nos casos previstos na alínea *b)* do n.º 1 do artigo 19.º, 65%.

Artigo 24.º – **Montante mínimo dos subsídios**

1 – O montante diário mínimo dos subsídios previstos no presente decreto-lei não pode ser inferior a 80% de 1/30 do valor do IAS, sem prejuízo do disposto no número seguinte.

2 – O montante diário mínimo do subsídio parental alargado não pode ser inferior a 40% de 1/30 do IAS.

## CAPÍTULO IV
### Suspensão, cessação e articulação dos subsídios

Secção I – **Suspensão e cessação**

Artigo 25.º – **Suspensão**

A atribuição do subsídio parental inicial é suspensa durante o período de internamento hospitalar do progenitor que estiver a gozar a licença ou da criança, mediante comunicação do beneficiário acompanhada de certificação do respectivo estabelecimento.

Artigo 26.º – **Cessação**

1 – O direito aos subsídios cessa quando terminarem as causas que lhes deram origem.

2 – O direito aos subsídios cessa ainda nos casos de reinício da actividade profissional, independentemente da prova de inexistência de remuneração.

# 806 Novo Estatuto da Função Pública

Secção II – **Articulação e acumulação dos subsídios**

Artigo 27.º – **Articulação com a protecção na eventualidade desemprego**

1 – A protecção dos beneficiários que estejam a receber prestações de desemprego concretiza-se através da atribuição dos seguintes subsídios:
   *a)* Subsídio por risco clínico durante a gravidez;
   *b)* Subsídio por interrupção da gravidez;
   *c)* Subsídio por parentalidade inicial;
   *d)* Subsídio por adopção.

2 – A atribuição dos subsídios referidos no número anterior determina a suspensão do pagamento das prestações de desemprego, durante o período de duração daqueles subsídios, nos termos do respectivo regime jurídico.

Artigo 28.º – **Inacumulabilidade com rendimentos de trabalho e com prestações sociais**

1 – Os subsídios previstos no presente decreto-lei não são acumuláveis com:
   *a)* Rendimentos de trabalho ou outras prestações pecuniárias regulares pagas pelas entidades empregadoras sem a correspondente prestação de trabalho efectivo;
   *b)* Prestações sociais substitutivas de rendimento de trabalho, excepto com pensões de invalidez, velhice e sobrevivência concedidas no âmbito do regime de protecção social convergente, do regime geral de segurança social ou de outros regimes obrigatórios de protecção social;
   *c)* Prestações sociais concedidas no âmbito do subsistema de solidariedade, excepto com o rendimento social de inserção e com o complemento solidário para idosos;
   *d)* Prestações de pré-reforma, sem prejuízo do disposto n.º 3.

2 – Para efeitos do disposto no número anterior, são tomadas em consideração prestações sociais concedidas por sistemas de segurança social estrangeiros, sem prejuízo do disposto em instrumentos internacionais aplicáveis.

3 – Na situação de pré-reforma em que haja lugar a prestação de trabalho podem ser atribuídas as prestações previstas no presente decreto-lei, calculadas com base na remuneração correspondente ao trabalho prestado, nos termos a definir em diploma próprio.

Artigo 29.º – **Acumulação com indemnizações e pensões por riscos profissionais**

Os subsídios previstos no presente decreto-lei são cumuláveis com pensões, atribuídas no âmbito da protecção na eventualidade acidente de trabalho e doença profissional, ou com outras pensões a que seja reconhecida natureza indemnizatória.

*Protecção na Parentabilidade no Regime de Protecção Social Convergente*     807

## CAPÍTULO V
### Deveres dos beneficiários

ARTIGO 30.º – **Deveres**

1 – Os factos determinantes da cessação do direito aos subsídios previstos no presente decreto-lei são obrigatoriamente comunicados pelos beneficiários à entidade empregadora, no prazo de cinco dias úteis subsequentes à data da verificação dos mesmos.

2 – O incumprimento dos deveres previstos no presente decreto-lei, por acção ou omissão, bem como a utilização de qualquer meio fraudulento de que resulte a atribuição indevida dos subsídios, determina responsabilidade disciplinar e financeira dos beneficiários.

## CAPÍTULO VI
### Organização e gestão do regime

ARTIGO 31.º – **Responsabilidades**

1 – A organização e a gestão do regime de protecção são da responsabilidade da entidade empregadora do beneficiário.

2 – A atribuição das prestações não depende da apresentação de requerimento.

3 – Em caso de falecimento de beneficiário, os montantes relativos aos subsídios previstos no presente decreto-lei, vencidos e não recebidos à data do facto, devem ser pagos aos titulares do direito ao subsídio por morte ou, não os havendo, aos herdeiros nos termos da lei geral.

ARTIGO 32.º – **Comunicação da atribuição dos subsídios**

A entidade empregadora deve comunicar ao beneficiário as decisões sobre a atribuição dos subsídios, nos termos do Código do Procedimento Administrativo.

ARTIGO 33.º – **Pagamento dos subsídios**

Os subsídios previstos no presente decreto-lei são pagos mensalmente na data do pagamento das remunerações dos trabalhadores, com referência expressa aos dias e mês a que corresponde o impedimento para o trabalho.

ARTIGO 34.º – **Articulações**

1 – As entidades empregadoras promovem a articulação entre si ou com serviços competentes em matéria de protecção social, com vista a comprovar a verificação dos requisitos de que depende a atribuição e manutenção dos subsídios e o correcto enquadramento das situações a proteger.

2 – Para efeitos do disposto no número anterior, a comprovação pode ser efectuada por troca de informação, designadamente através de utilização de suporte electrónico.

# CAPÍTULO VII
## Disposições complementares

SECÇÃO I – **Salvaguarda do nível de protecção**

ARTIGO 35.º – **Benefício complementar dos subsídios**

Para efeitos do disposto no n.º 4 do artigo 29.º da Lei n.º 4/2009, de 29 de Janeiro, sempre que, em cada caso concreto, o montante dos subsídios previstos no presente decreto-lei resulte inferior ao valor da remuneração líquida que seria devida nos termos do regime aplicável em 31 de Dezembro de 2008, a entidade empregadora atribui um benefício complementar de valor igual à diferença.

SECÇÃO II – **Beneficiários cujo regime de vinculação seja a nomeação**

ARTIGO 36.º – **Subsídio por assistência a familiares**

1 – Ao beneficiário, cujo regime de vinculação seja a nomeação, é atribuído o subsídio por assistência a familiares que visa compensar a perda de remuneração presumida motivada pela necessidade de assistência inadiável e imprescindível a membros do seu agregado familiar que determine incapacidade temporária para o trabalho.

2 – Para efeitos do disposto no número anterior, integram o agregado familiar:

*a)* O cônjuge ou equiparado;

*b)* Parente ou afim na linha recta ascendente ou do 2.º grau da linha colateral.

3 – Para efeitos do cálculo e montante do subsídio, é aplicável o disposto nos artigos 21.º, 22.º, na alínea *d*) do n.º 4 do artigo 23.º e no artigo 24.º.

4 – Mantêm-se em vigor os artigos 85.º e 86.º do Regulamento constante do anexo II da Lei n.º 59/2008, de 11 de Setembro, até à revisão do Regime do Contrato de Trabalho em Funções Públicas.

# CAPÍTULO VIII
## Disposições transitórias e finais

ARTIGO 37.º – **Regime subsidiário**

Em tudo o que não se encontre especificamente regulado no presente decreto-lei é subsidiariamente aplicável o disposto na legislação do regime geral de segurança social relativa à protecção na parentalidade, no âmbito da eventualidade maternidade, paternidade e adopção, salvo no que respeita à organização e ao financiamento.

## Protecção na Parentabilidade no Regime de Protecção Social Convergente 809

ARTIGO 38.º – **Regime transitório**

1 – A atribuição dos subsídios previstos na alínea *c*) do n.º 1 e nas alíneas *a*), *b*) e *c*) do n.º 2 do artigo 4.º, nos termos do disposto no presente decreto-lei, é aplicável às situações em que esteja a ser paga a remuneração correspondente à licença por maternidade, paternidade ou adopção, ao abrigo da legislação anterior, desde que tenha sido efectuada nova declaração pelo trabalhador dos períodos a gozar, nos termos do n.º 2 do artigo 13.º da Lei n.º 7/2009, de 12 de Fevereiro, que aprova a revisão do Código do Trabalho.

2 – Sem prejuízo do disposto no número anterior, nas situações de licenças ou de faltas, em curso à data de entrada em vigor do Código do Trabalho, revisto pela Lei n.º 7/2009, de 12 de Fevereiro, em que esteja a ser paga remuneração nos termos da legislação anterior, passa a ser atribuído subsídio, calculado com base na remuneração de referência.

3 – Para efeitos de delimitação dos períodos de atribuição dos subsídios, são tidas em consideração as licenças ou faltas já gozadas até à data de entrada em vigor do Código do Trabalho, revisto pela Lei n.º 7/2009, de 12 de Fevereiro.

4 – A atribuição do subsídio parental inicial exclusivo do pai pelo período a que se refere o n.º 1 do artigo 14.º, apenas é aplicável nas situações em que o facto determinante do direito tenha ocorrido após a entrada em vigor do Código do Trabalho, revisto pela Lei n.º 7/2009, de 12 de Fevereiro.

5 – As diferenças entre os montantes das remunerações efectivamente pagas, após a entrada em vigor do Código do Trabalho, revisto pela Lei n.º 7/2009, de 12 de Fevereiro, e os valores apurados em relação a cada um dos subsídios nos termos dos números anteriores, são pagos pelas respectivas entidades empregadoras.

6 – Nos casos em que não tenha sido entregue a nova declaração prevista no n.º 1, a entidade empregadora notifica o trabalhador, nos três dias úteis seguintes à data de entrada em vigor do presente decreto-lei, da possibilidade de exercer aquele direito no prazo de 15 dias.

ARTIGO 39.º – **Entrada em vigor**

O presente decreto-lei entra em vigor no 1.º dia do mês seguinte ao da sua publicação.

Visto e aprovado em Conselho de Ministros de 11 de Março de 2009. – *José Sócrates Carvalho Pinto de Sousa – Emanuel Augusto dos Santos – José António Fonseca Vieira da Silva – Ana Maria Teodoro Jorge.*

Promulgado em 1 de Abril de 2009.

Publique-se.

O Presidente da República, ANÍBAL CAVACO SILVA.

Referendado em 3 de Abril de 2009.

O Primeiro-Ministro, *José Sócrates Carvalho Pinto de Sousa.*

# PROTECÇÃO NA PARENTALIDADE NO SISTEMA PREVIDENCIAL

## Decreto-Lei n.º 91/2009, de 9 de Abril

O XVII Governo Constitucional reconhece, no seu Programa, o contributo imprescindível das famílias para a coesão, equilíbrio social e o desenvolvimento sustentável do País.

Reconhecendo a importância e a necessidade de criar medidas que contribuam para a criação de condições favoráveis ao aumento da natalidade, por um lado, mas também à melhoria da conciliação da vida familiar e profissional e aos cuidados da primeira infância, o Governo elaborou um conjunto de medidas de alteração do regime de protecção na parentalidade, primeiro no âmbito do Acordo Tripartido para um Novo Sistema de Regulação das Relações Laborais, das Políticas de Emprego e da Protecção Social em Portugal e mais recentemente plasmadas no Código do Trabalho.

Também no III Plano Nacional para a Igualdade-Cidadania e Género (2007-2010) está prevista a adopção de medidas e acções destinadas a combater as desigualdades de género, promover a igualdade entre mulheres e homens bem como a conciliação entre a vida profissional, familiar e pessoal, elegendo-se como prioridade, nomeadamente, a criação de condições de paridade na harmonização das responsabilidades profissionais e familiares.

No âmbito da protecção à parentalidade, que constitui um direito constitucionalmente reconhecido, a segurança social intervém através da atribuição de subsídios de natureza pecuniária que visam a substituição dos rendimentos perdidos por força da situação de incapacidade ou indisponibilidade para o trabalho por motivo de maternidade, paternidade e adopção.

O novo regime de protecção social elege como prioridades o incentivo à natalidade e a igualdade de género através do reforço dos direitos do pai e do incentivo à partilha da licença, ao mesmo tempo que promove a conciliação entre a vida profissional e familiar e melhora os cuidados às crianças na primeira infância através da atribuição de prestações pecuniárias na situação de impedimento para o exercício de actividade profissional.

O presente decreto-lei alarga o esquema de protecção social na parentalidade dos trabalhadores independentes, que passam a beneficiar do subsídio parental exclusivo do pai e do subsídio para assistência a filho com deficiência ou doença crónica.

Por outro lado, por força das sucessivas alterações à lei da maternidade, o regime por adopção tem hoje uma protecção menor do que a prevista para a maternidade, pelo que se impõe, por uma questão de justiça social, o reconhecimento ao instituto da adopção do estatuto que lhe é devido através da equiparação deste regime ao regime de protecção na parentalidade, corrigindo-se assim uma injustiça que se vinha verificando desde há alguns anos a esta parte.

São reforçados os direitos do pai por nascimento de filho, quer no que se refere aos direitos de gozo obrigatório quer no que se refere aos direitos de gozo facultativo, e aumenta-se o período de licença parental no caso de partilha da licença parental por ambos os progenitores, garantindo-se um maior período de acompanhamento da criança nos primeiros tempos de vida e possibilitando-se uma maior partilha e flexibilização dos progenitores na conciliação da vida familiar com a gestão da sua carreira profissional.

Ademais, cria-se a possibilidade de prolongamento da licença parental inicial por mais seis meses adicionais subsidiados pela segurança social. O subsídio parental alargado com a duração de três meses é concedido a um ou a ambos os cônjuges alternadamente, desde que a respectiva licença seja gozada no período imediatamente subsequente à licença parental inicial ou à licença complementar, na «modalidade de alargada, pelo outro cônjuge.

Com o objectivo de incentivar a natalidade e melhorar os cuidados às crianças na primeira infância o trabalho a tempo parcial para acompanhamento de filho durante os 12 primeiros anos de vida é contado em dobro para efeitos de atribuições de prestações de segurança social, com o limite da remuneração correspondente ao tempo completo.

No âmbito da assistência a filhos, em caso de doença ou acidente, procede-se ao alargamento das situações passíveis de protecção através da atribuição de subsídio durante o correspondente período de faltas e reforça-se a protecção conferida em caso de filho com deficiência ou doença crónica.

Assim, as faltas para assistência a menor de 12 anos ou, independentemente da idade, no caso de filho com deficiência ou doença crónica, são subsidiadas durante o período máximo de 30 dias por ano civil ou durante todo o período de eventual hospitalização, sendo as faltas para assistência a maiores de 12 anos subsidiadas durante o período máximo de 15 dias também por ano civil, acrescidos de um dia por cada filho além do primeiro.

Reforçam-se os direitos dos avós e promove-se a possibilidade de uma melhor flexibilização da gestão e organização da vida familiar através da criação de um subsídio para as faltas dos avós que, em substituição dos pais, prestam assistência aos netos menores doentes ou, independentemente da idade, com deficiência ou doença crónica.

Aumenta-se em dobro o limite máximo do subsídio para assistência a filho com deficiência ou doença crónica discriminando positivamente as situações em que se verificam necessidades especiais na assistência à família.

Protecção na Parentabilidade no Sistema Previdencial 813

São ainda simplificados os meios de prova no sentido de permitir uma maior facilidade ao cidadão em requerer as respectivas prestações, prevendo-se a possibilidade de dispensa de requerimento quando as situações são certificadas através do Certificado de Incapacidade Temporária para o Trabalho, sem prejuízo de se manter a possibilidade de requerimento em papel e *online* através da segurança social directa. Deixa de ser exigível a comprovação do período de impedimento pelas respectivas entidades empregadoras, excepto na situação de risco específico.

Neste contexto, o presente decreto-lei estabelece o regime de protecção social na parentalidade em adequação à recente alteração do quadro jurídico-laboral, constante do Código do Trabalho, e promove a consolidação jurídica, num único texto normativo, do regime de protecção social do sistema previdencial e do subsistema de solidariedade tendo em vista assegurar uma maior equidade, clareza e facilidade no acesso aos direitos que assistem aos seus destinatários.

Foram ouvidos os órgãos de governo próprio das Regiões Autónomas.

Foram ouvidos, a título facultativo, os parceiros sociais com assento na Comissão Permanente de Concertação Social.

Assim:

No desenvolvimento do regime jurídico estabelecido na Lei n.º 4/2007, de 16 de Janeiro, e nos termos das alíneas *a*) e *c*) do n.º 1 do artigo 198.º da Constituição, o Governo decreta o seguinte:

## CAPÍTULO I
### Disposições gerais

ARTIGO 1.º – **Objecto e âmbito**

O presente decreto-lei define e regulamenta a protecção na parentalidade no âmbito da eventualidade maternidade, paternidade e adopção do sistema previdencial e do subsistema de solidariedade.

ARTIGO 2.º – **Protecção na parentalidade no âmbito do sistema previdencial**

1 – A protecção prevista no âmbito do sistema previdencial concretiza-se na atribuição de prestações pecuniárias destinadas a compensar a perda de rendimentos de trabalho em consequência da ocorrência da eventualidade.

2 – A protecção estabelecida no âmbito do sistema previdencial abrange as situações de risco clínico durante a gravidez, de interrupção da gravidez, de parentalidade, de adopção, de risco específico, de assistência a filho, em caso de doença ou acidente, de assistência a filho com deficiência ou doença crónica e de assistência a neto determinantes de impedimento temporário para o trabalho.

814       *Novo Estatuto da Função Pública*

Artigo 3.º – **Protecção na parentalidade no âmbito do subsistema de solidariedade**

1 – A protecção prevista no âmbito do subsistema de solidariedade concretiza-se na atribuição de prestações pecuniárias destinadas a garantir rendimentos substitutivos da ausência ou da perda de rendimentos de trabalho, em situações de carência económica, determinadas pela inexistência ou insuficiência de carreira contributiva em regime de protecção social de enquadramento obrigatório ou no seguro social voluntário que garanta protecção na eventualidade, ou pela exclusão da atribuição dos correspondentes subsídios no âmbito do sistema previdencial.

2 – A protecção estabelecida no âmbito do subsistema de solidariedade abrange as situações de risco clínico durante a gravidez, de interrupção da gravidez, de parentalidade, de adopção e de riscos específicos.

## CAPÍTULO II
### Protecção no âmbito do sistema previdencial

Secção I – **Âmbito, caracterização dos subsídios e registo de remunerações por equivalência**

Subsecção I – **Âmbito pessoal e material**

Artigo 4.º – **Âmbito pessoal**

1 – A protecção regulada no presente capítulo abrange os beneficiários do sistema previdencial integrados no regime dos trabalhadores por conta de outrem e no regime dos trabalhadores independentes.

2 – Estão igualmente abrangidos pelo disposto no presente capítulo os beneficiários enquadrados no regime do seguro social voluntário desde que o respectivo esquema de protecção social integre a eventualidade.

Artigo 5.º – **Extensão dos direitos atribuídos aos progenitores**

1 – A protecção conferida aos progenitores através dos subsídios previstos no presente capítulo é extensiva aos beneficiários do regime geral dos trabalhadores por conta de outrem, adoptantes, tutores, pessoas a quem for deferida a confiança judicial ou administrativa do menor, bem como cônjuges ou pessoas em união de facto com qualquer daqueles ou com o progenitor desde que vivam em comunhão de mesa e habitação com o menor, sempre que, nos termos do Código de Trabalho, lhes seja reconhecido direito às correspondentes faltas, licenças e dispensas.

2 – O previsto no número anterior aplica-se, em igualdade de circunstâncias, aos beneficiários do regime de segurança social dos trabalhadores independentes e do seguro social voluntário.

## Protecção na Parentabilidade no Sistema Previdencial

### Artigo 6.º – **Beneficiários em situação de pré-reforma**

Os titulares de prestações de pré-reforma têm direito aos subsídios previstos no presente capítulo, desde que exerçam actividade enquadrada em qualquer dos regimes a que se refere o artigo 4.º, sendo os respectivos subsídios calculados com base na remuneração do trabalho efectivamente auferida.

### Artigo 7.º – **Âmbito material**

1 – A protecção regulada no presente capítulo concretiza-se na atribuição dos seguintes subsídios:
   *a)* Subsídio por risco clínico durante a gravidez;
   *b)* Subsídio por interrupção da gravidez;
   *c)* Subsídio parental;
   *d)* Subsídio parental alargado;
   *e)* Subsídio por adopção;
   *f)* Subsídio por riscos específicos;
   *g)* Subsídio para assistência a filho;
   *h)* Subsídio para assistência a filho com deficiência ou doença crónica;
   *i)* Subsídio para assistência a neto.

2 – O direito aos subsídios previstos nas alíneas *c)* a *h)* do número anterior apenas é reconhecido, após o nascimento do filho, aos beneficiários que não estejam impedidos ou inibidos totalmente do exercício do poder paternal, com excepção do direito da mãe ao subsídio parental inicial de 14 semanas e do subsídio por riscos específicos durante a amamentação.

3 – A protecção conferida aos trabalhadores independentes não integra os subsídios previstos nas alíneas *g)* e *i)* do número anterior.

### Artigo 8.º – **Articulação com o regime de protecção social no desemprego**

1 – A protecção dos beneficiários que estejam a receber prestações de desemprego concretiza-se na atribuição dos seguintes subsídios:
   *a)* Subsídio por risco clínico durante a gravidez;
   *b)* Subsídio por interrupção da gravidez;
   *c)* Subsídio parental;
   *d)* Subsídio por adopção.

2 – A atribuição dos subsídios referidos no número anterior determina a suspensão do pagamento das prestações de desemprego, durante o período de concessão daqueles subsídios, nos termos regulados no respectivo regime jurídico.

Subsecção II – Caracterização dos subsídios

### Artigo 9.º – **Subsídio por risco clínico durante a gravidez**

O subsídio por risco clínico durante a gravidez é concedido nas situações em que se verifique a existência de risco clínico, para a grávida ou para o

816     *Novo Estatuto da Função Pública*

nascituro, medicamente certificado, impeditivo do exercício de actividade laboral, durante o período de tempo considerado necessário para prevenir o risco.

ARTIGO 10.º – **Subsídio por interrupção da gravidez**

O subsídio por interrupção da gravidez é concedido nas situações de interrupção de gravidez impeditivas do exercício de actividade laboral, medicamente certificadas, durante um período variável entre 14 e 30 dias.

ARTIGO 11.º – **Subsídio parental**

O subsídio parental é concedido durante o período de impedimento para o exercício da actividade laboral e compreende as seguintes modalidades:
   *a*) Subsídio parental inicial;
   *b*) Subsídio parental inicial exclusivo da mãe;
   *c*) Subsídio parental inicial de um progenitor em caso de impossibilidade do outro;
   *d*) Subsídio parental inicial exclusivo do pai.

ARTIGO 12.º – **Subsídio parental inicial**

1 – O subsídio parental inicial é concedido pelo período até 120 ou 150 dias consecutivos, consoante opção dos progenitores, cujo gozo podem partilhar após o parto, sem prejuízo dos direitos da mãe a que se refere o artigo seguinte.

2 – Os períodos referidos no número anterior são acrescidos de 30 dias consecutivos nas situações de partilha da licença, no caso de cada um dos progenitores gozar, em exclusivo, um período de 30 dias consecutivo, ou dois períodos de 15 dias consecutivos, após o período de gozo de licença parental inicial exclusiva da mãe, correspondente a seis semanas após o parto.

3 – No caso de nascimentos múltiplos, aos períodos previstos nos números anteriores acrescem 30 dias por cada gémeo além do primeiro.

4 – A concessão do subsídio parental inicial depende de declaração dos beneficiários dos períodos a gozar ou gozados pelos progenitores, de modo exclusivo ou partilhado.

5 – Caso a licença parental inicial não seja partilhada pela mãe e pelo pai, e sem prejuízo dos direitos da mãe a que se refere o artigo seguinte, há lugar à concessão do subsídio parental inicial ao progenitor que o requeira nas situações em que o outro progenitor exerça actividade profissional e não tenha requerido o correspondente subsídio.

6 – Caso não seja apresentada a declaração de partilha, o direito ao subsídio parental inicial é reconhecido à mãe.

ARTIGO 13.º – **Subsídio parental inicial exclusivo da mãe**

O subsídio parental inicial exclusivo da mãe é concedido por um período facultativo até 30 dias antes do parto e seis semanas obrigatórias após o parto,

Protecção na Parentabilidade no Sistema Previdencial 817

os quais se integram no período de concessão correspondente ao subsídio parental inicial.

Artigo 14.º – **Subsídio parental inicial de um progenitor em caso de impossibilidade do outro**

1 – O subsídio parental inicial de um progenitor em caso de impossibilidade do outro é concedido até ao limite do período remanescente que corresponda à licença parental inicial não gozada, em caso de:
a) Incapacidade física ou psíquica, medicamente certificada, enquanto se mantiver;
b) Morte.

2 – Apenas há lugar ao período total de concessão previsto no n.º 2 do artigo 12.º caso se verifiquem as condições aí previstas, à data dos factos referidos no número anterior.

3 – Em caso de morte ou incapacidade física ou psíquica de mãe o subsídio parental inicial a gozar pelo pai tem a duração mínima de 30 dias.

4 – Em caso de morte ou incapacidade física ou psíquica de mãe não trabalhadora nos 120 dias a seguir ao parto o pai tem direito ao remanescente do subsídio parental inicial nos termos do n.º 1, com as devidas adaptações, ou do número anterior.

Artigo 15.º – **Subsídio parental inicial exclusivo do pai**

1 – O subsídio parental inicial exclusivo do pai é concedido pelos períodos seguintes:
a) 10 dias úteis de gozo obrigatório, seguidos ou interpolados, dos quais 5 gozados de modo consecutivo imediatamente após o nascimento e os restantes 5 nos 30 dias seguintes a este;
b) 10 dias úteis de gozo facultativo, seguidos ou interpolados, desde que gozados, após o período referido na alínea anterior e em simultâneo com a licença parental inicial por parte da mãe.

2 – No caso de nascimentos múltiplos, aos períodos previstos no número anterior acrescem dois dias por cada gémeo além do primeiro, a gozar imediatamente após os referidos períodos.

3 – A atribuição do subsídio parental inicial exclusivo do pai depende de declaração dos períodos a gozar ou gozados pelo mesmo.

Artigo 16.º – **Subsídio parental alargado**

O subsídio parental alargado é concedido por um período até três meses a qualquer um ou a ambos os progenitores alternadamente, nas situações de exercício de licença parental alargada para assistência a filho integrado no agregado familiar, impeditivas do exercício de actividade laboral, desde que gozado imediatamente após o período de concessão do subsídio parental inicial ou subsídio parental alargado do outro progenitor.

818　　　*Novo Estatuto da Função Pública*

Artigo 17.º – **Subsídio por adopção**

1 – O subsídio por adopção é concedido aos candidatos a adoptantes nas situações de adopção de menor de 15 anos, impeditivas do exercício de actividade laboral, excepto se se tratar de adopção de filho do cônjuge do beneficiário ou da pessoa com quem o beneficiário viva em união de facto e corresponde, com as devidas adaptações, ao subsídio parental inicial e ao subsídio parental alargado.

2 – Em caso de incapacidade física ou psíquica, medicamente comprovada, ou de morte do beneficiário candidato a adoptante sem que este tenha esgotado o direito ao subsídio, o cônjuge que seja beneficiário tem direito ao subsídio pelo período remanescente ou a um mínimo de 14 dias, ainda que não seja candidato a adoptante, desde que viva em comunhão de mesa e habitação com o adoptado.

3 – No caso de adopções múltiplas, aos períodos previstos nos números anteriores acrescem 30 dias por cada adopção além da primeira.

Artigo 18.º – **Subsídio por riscos específicos**

1 – O subsídio por riscos específicos é concedido nas situações de impedimento para o exercício de actividade laboral determinadas pela existência de risco específico para a beneficiária grávida, puérpera e lactante que desempenhe trabalho nocturno ou esteja exposta a agentes, processos ou condições de trabalho, que constituam risco para a sua segurança e saúde nos termos definidos na lei, durante o período necessário para prevenir o risco e na impossibilidade de o empregador lhe conferir outras tarefas.

2 – No caso de trabalhadoras independentes ou abrangidas pelo seguro social voluntário, a comprovação do risco de desempenho de trabalho nocturno ou de exposição a agente ou processos ou condições de trabalho é efectuada por médico do trabalho ou por instituição ou serviço integrado no Serviço Nacional de Saúde.

Artigo 19.º – **Subsídio para assistência a filho**

1 – O subsídio para assistência a filho é concedido, nas situações de impedimento para o exercício de actividade laboral determinadas pela necessidade de prestar assistência inadiável e imprescindível a filhos, em caso de doença ou acidente, medicamente certificadas, nos seguintes termos:

*a)* Menor de 12 anos ou, independentemente da idade, no caso de filho com deficiência ou doença crónica, um período máximo de 30 dias, seguidos ou interpolados, em cada ano civil ou durante todo o período de eventual hospitalização;

*b)* Maior de 12 anos, um período máximo de 15 dias, seguidos ou interpolados, em cada ano civil.

2 – Aos períodos referidos no número anterior acresce um dia por cada filho além do primeiro.

Protecção na Parentabilidade no Sistema Previdencial 819

3 – A concessão do subsídio para assistência a filho depende de o outro progenitor ter actividade profissional, não exercer o direito ao respectivo subsídio pelo mesmo motivo ou estar impossibilitado de prestar a assistência e, ainda, no caso de filho maior, este se integrar no agregado familiar do beneficiário.

4 – Relevam para o cômputo dos períodos máximos de concessão do subsídio para assistência a filho os períodos de concessão do subsídio para assistência a netos, nos termos da alínea *b*) do n.º 1 do artigo 21.º

Artigo 20.º – **Subsídio para assistência a filho com deficiência ou doença crónica**

1 – O subsídio para assistência a filho com deficiência ou doença crónica, concedido nas situações de impedimento para o exercício de actividade laboral determinadas pela necessidade de prestar assistência a filho com deficiência ou doença crónica é concedido por período até seis meses, prorrogável até ao limite de quatro anos.

2 – A concessão do subsídio para assistência a filho com deficiência ou doença crónica depende de:

*a*) O filho viver em comunhão de mesa e habitação com o beneficiário;

*b*) O outro progenitor ter actividade profissional e não exercer o direito ao respectivo subsídio pelo mesmo motivo ou estar impossibilitado de prestar a assistência.

Artigo 21.º – **Subsídio para assistência a neto**

1 – O subsídio para assistência a neto concretiza-se nas seguintes modalidades de prestações garantidas durante o período de impedimento para o exercício de actividade laboral:

*a*) Subsídio para assistência em caso de nascimento de neto, correspondente a um período até 30 dias consecutivos após o nascimento de neto que resida com o beneficiário em comunhão de mesa e habitação e seja filho de adolescente menor de 16 anos;

*b*) Subsídio para assistência a neto menor ou, independentemente da idade, com deficiência ou doença crónica, pelo período correspondente aos dias de faltas remanescentes não gozados pelos progenitores, nos termos previstos no artigo 19.º, com as devidas adaptações.

2 – A concessão do subsídio para assistência em caso de nascimento de neto depende de declaração dos beneficiários dos períodos a gozar ou gozados pelos avós, de modo exclusivo ou partilhado.

3 – O subsídio para assistência em caso de nascimento de neto, nas situações em que não é partilhado pelos avós, é concedido desde que o outro avô exerça actividade profissional, esteja impossibilitado de prestar assistência e não tenha requerido o correspondente subsídio.

4 – O subsídio para assistência a neto é concedido desde que os progenitores exerçam actividade profissional, estejam impossibilitados de prestar a assis-

820     *Novo Estatuto da Função Pública*

tência e não exerçam o direito ao respectivo subsídio pelo mesmo motivo, e, ainda, que nenhum outro familiar do mesmo grau falte pelo mesmo motivo.

### SUBSECÇÃO III – Registo de remunerações por equivalência

ARTIGO 22.º – **Registo de remunerações por equivalência à entrada de contribuições**

1 – O reconhecimento do direito aos subsídios previstos neste capítulo dá lugar ao registo de remunerações por equivalência à entrada de contribuições durante o respectivo período de concessão, sendo considerado como trabalho efectivamente prestado.

2 – Durante os períodos de trabalho a tempo parcial de trabalhador com responsabilidades familiares, nos termos previstos no artigo 55.º do Código do Trabalho, há lugar a registo adicional de remunerações por equivalência à entrada de contribuições por valor igual ao das remunerações registadas a título de trabalho a tempo parcial efectivamente prestado, com o limite do valor da remuneração média registada a título de trabalho a tempo completo, mediante comunicação do facto, por parte do trabalhador, à instituição de segurança social que o abranja, nos termos a regulamentar em legislação própria.

3 – Os períodos de licença para assistência a filho, previstos no artigo 52.º do Código do Trabalho, são tomados em consideração para a taxa de formação no cálculo das pensões de invalidez e velhice do regime geral de segurança social, mediante comunicação do facto, por parte do trabalhador, à instituição de segurança social que o abranja.

### SECÇÃO II – Condições de atribuição

ARTIGO 23.º – **Disposição geral**

1 – O reconhecimento do direito aos subsídios previstos no presente capítulo depende do cumprimento das condições de atribuição à data do facto determinante da protecção.

2 – Considera-se como data do facto determinante da protecção o 1.º dia de impedimento para o trabalho.

ARTIGO 24.º – **Condições comuns**

1 – Constituem condições comuns do reconhecimento do direito:
   *a)* O gozo das respectivas licenças, faltas e dispensas não retribuídas nos termos do Código do Trabalho ou de períodos equivalentes;
   *b)* O cumprimento do prazo de garantia.

2 – Para efeitos do disposto na alínea *a)* do número anterior consideram--se equivalentes os períodos em que não se verifique o gozo das licenças, faltas ou dispensas atentas as características específicas do exercício de actividade

*Protecção na Parentabilidade no Sistema Previdencial* 821

profissional, designadamente no caso de actividade independente, ou pela sua inexistência, nas situações de desemprego subsidiado.

3 – A opção pelo subsídio parental inicial por 150 dias prevista no n.º 1 do artigo 12.º bem como o disposto nas disposições constantes nos n.ºˢ 2 e 3 do mesmo artigo, no artigo 14.º, na alínea *b*) do n.º 1 e no n.º 2 do artigo 15.º e no artigo 16.º apenas são aplicáveis em situação de nado vivo.

ARTIGO 25.º – **Prazo de garantia**

1 – O prazo de garantia para atribuição dos subsídios previstos no presente capítulo é de seis meses civis, seguidos ou interpolados, com registo de remunerações, à data do facto determinante da protecção.

2 – Para efeitos do número anterior releva, se necessário, o mês em que ocorre o evento desde que no mesmo se verifique registo de remunerações.

3 – Na ausência de registo de remunerações durante seis meses consecutivos, a contagem do prazo de garantia tem início a partir da data em que ocorra um novo registo de remunerações.

ARTIGO 26.º – **Totalização de períodos contributivos**

Para efeitos de cumprimento do prazo de garantia para atribuição dos subsídios previstos no presente capítulo são considerados, desde que não se sobreponham, os períodos de registo de remunerações em quaisquer regimes obrigatórios de protecção social, nacionais ou estrangeiros, que assegurem prestações pecuniárias de protecção na eventualidade, incluindo o da função pública.

SECÇÃO III – **Montantes dos subsídios**

ARTIGO 27.º – **Determinação dos montantes dos subsídios**

O montante diário dos subsídios previstos no presente capítulo é calculado pela aplicação de uma percentagem ao valor da remuneração de referência do beneficiário.

ARTIGO 28.º – **Remuneração de referência**

1 – A remuneração de referência a considerar é definida por $R/180$, em que $R$ representa o total das remunerações registadas nos primeiros seis meses civis que precedem o segundo mês anterior ao da data do facto determinante da protecção.

2 – Nas situações em que se verifique a totalização de períodos contributivos, se os beneficiários não apresentarem no período de referência previsto no número anterior seis meses com registo de remunerações, a remuneração de referência é definida por $R/(30 \times n)$, em que $R$ representa o total das remunerações registadas desde o início do período de referência até ao início do mês em que se verifique o facto determinante da protecção e $n$ o número de meses a que as mesmas se reportam.

822 *Novo Estatuto da Função Pública*

3 – Na determinação do total de remunerações registadas são consideradas as importâncias relativas aos subsídios de férias, de Natal ou outros de natureza análoga.

ARTIGO 29.º – **Montante dos subsídios por risco clínico durante a gravidez e por interrupção da gravidez**

O montante diário dos subsídios por risco clínico durante a gravidez e por interrupção da gravidez é igual a 100% da remuneração de referência da beneficiária.

ARTIGO 30.º – **Montante do subsídio parental inicial**

O montante diário do subsídio parental inicial é o seguinte:
*a)* No período correspondente à licença de 120 dias, o montante diário é igual a 100% da remuneração de referência do beneficiário;
*b)* No caso de opção pelo período de licença de 150 dias, o montante diário é igual a 80% da remuneração de referência do beneficiário;
*c)* No caso de opção pelo período de licença de 150 dias nas situações em que cada um dos progenitores goze pelo menos 30 dias consecutivos, ou dois períodos de 15 dias igualmente consecutivos, o montante diário é igual a 100% da remuneração de referência do beneficiário;
*d)* No caso de opção pelo período de licença de 180 dias, nas situações em que cada um dos progenitores goze pelo menos 30 dias consecutivos, ou dois períodos de 15 dias igualmente consecutivos, o montante diário é igual a 83% da remuneração de referência do beneficiário.

ARTIGO 31.º – **Montante do subsídio parental exclusivo do pai**

O montante diário do subsídio parental exclusivo do pai é igual a 100% da remuneração de referência do beneficiário.

ARTIGO 32.º – **Montante do acréscimo ao valor dos subsídios por nascimentos múltiplos**

O montante diário dos subsídios devido nos períodos de acréscimo à licença parental inicial pelo nascimento de gémeos é igual a 100% da remuneração de referência do beneficiário.

ARTIGO 33.º – **Montante do subsídio parental alargado**

O montante diário do subsídio parental alargado é igual a 25% da remuneração de referência do beneficiário.

ARTIGO 34.º – **Montante do subsídio por adopção**

O montante diário do subsídio por adopção é igual ao previsto em cada uma das alíneas do artigo 30.º, consoante a modalidade a que corresponda, e no artigo 32.º em caso de adopções múltiplas.

*Protecção na Parentabilidade no Sistema Previdencial* 823

Artigo 35.º – **Montante dos subsídios por riscos específicos e para assistência a filho**

O montante diário dos subsídios por riscos específicos e para assistência a filho é igual a 65% da remuneração de referência do beneficiário.

Artigo 36.º – **Montante do subsídio para assistência a filho com deficiência ou doença crónica**

O montante diário do subsídio para assistência a filho com deficiência ou doença crónica é igual a 65% da remuneração de referência do beneficiário, tendo como limite máximo mensal o valor correspondente a duas vezes o indexante dos apoios sociais (IAS).

Artigo 37.º – **Montante do subsídio para assistência a neto**

O montante diário do subsídio para assistência a neto é, consoante a modalidade, o seguinte:

*a)* No caso de subsídio para assistência em caso de nascimento de neto, igual a 100% da remuneração de referência do beneficiário;

*b)* No caso de subsídio para assistência a neto, igual a 65% da remuneração de referência do beneficiário.

Artigo 38.º – **Montante mínimo**

1 – O montante diário mínimo dos subsídios previstos no presente capítulo não pode ser inferior a 80% de um 30 avos do valor do IAS, sem prejuízo do disposto no número seguinte.

2 – O montante diário mínimo do subsídio parental alargado não pode ser inferior a 40% de um 30 avos do valor do IAS.

Secção IV – **Duração e acumulação dos subsídios**

Subsecção I – **Início e duração dos subsídios**

Artigo 39.º – **Início dos subsídios**

Os subsídios previstos no presente capítulo têm início no 1.º dia de impedimento para o trabalho a que não corresponda retribuição.

Artigo 40.º – **Período de concessão**

Os subsídios previstos no presente capítulo são concedidos:

*a)* Durante os períodos de duração das faltas, licenças ou dispensas previstas no Código do Trabalho;

*b)* Durante o período de impedimento para o trabalho no caso de exercício de actividade independente ou de enquadramento no regime do seguro social voluntário;

824 *Novo Estatuto da Função Pública*

*c*) Durante o período de concessão das prestações de desemprego, nos termos do artigo 8.º

Artigo 41.º – **Suspensão do período de concessão dos subsídios**

1 – Em caso de doença de beneficiário que esteja a receber subsídios parental, parental alargado, por adopção, para assistência a filho com deficiência ou doença crónica, a prestação é suspensa, mediante comunicação do interessado à instituição de segurança social competente e apresentação de certificação médica.

2 – Em caso de internamento hospitalar do progenitor ou da criança, a concessão do subsídio parental inicial é suspensa, mediante comunicação do interessado e certificação do hospital.

Subsecção II – **Acumulação dos subsídios**

Artigo 42.º – **Inacumulabilidade com rendimentos de trabalho**

Os subsídios previstos no presente capítulo não são acumuláveis com rendimentos de trabalho.

Artigo 43.º – **Inacumulabilidade com prestações**

1 – Os subsídios previstos no presente capítulo não são acumuláveis com prestações emergentes do mesmo facto desde que respeitantes ao mesmo interesse protegido, ainda que atribuídas por outros regimes de protecção social.

2 – Os subsídios previstos no presente capítulo não são acumuláveis com outras prestações compensatórias da perda de retribuição, excepto com pensões de invalidez, velhice e sobrevivência concedidas no âmbito do sistema previdencial ou de outros regimes obrigatórios de protecção social.

3 – Os subsídios previstos no presente capítulo não são acumuláveis com prestações concedidas no âmbito do subsistema de solidariedade, excepto com o rendimento social de inserção e com o complemento solidário para idosos.

4 – Para efeitos do disposto nos números anteriores são tomadas em consideração prestações concedidas por sistemas de segurança social estrangeiros, sem prejuízo do disposto em instrumentos internacionais aplicáveis.

Artigo 44.º – **Acumulação com indemnizações e pensões por riscos profissionais**

Os subsídios previstos no presente capítulo são acumuláveis com indemnizações e pensões por doença profissional ou por acidente de trabalho.

CAPÍTULO III
**Protecção no âmbito do subsistema
de solidariedade**
**(...)**

Protecção na Parentabilidade no Sistema Previdencial     825

## CAPÍTULO IV
### Deveres dos beneficiários

ARTIGO 63.º – **Deveres dos titulares do direito aos subsídios**

1 – Constitui dever dos beneficiários a comunicação, às instituições gestoras, dos factos determinantes da cessação do direito aos subsídios, relativamente às situações previstas na alínea *a*) do n.º 1 do artigo 24.º, no artigo 51.º e nas alíneas *a*) e *b*) do n.º 1 do artigo 78.º, no prazo de cinco dias úteis subsequentes à data da verificação dos mesmos.

2 – O incumprimento dos deveres previstos no número anterior, por acção ou omissão, bem como a utilização de qualquer meio fraudulento de que resulte a concessão indevida dos subsídios, determinam a sua restituição nos termos da legislação aplicável.

## CAPÍTULO V
### Disposições complementares

SECÇÃO I – **Regime sancionatório**

(...)

SECÇÃO II – **Gestão e organização dos processos**

ARTIGO 65.º – **Entidades competentes**

A gestão dos subsídios previstos no presente decreto-lei compete, no âmbito das respectivas atribuições:

*a*) Ao Instituto da Segurança Social, I. P., através dos centros distritais da área de residência dos beneficiários;

*b*) Às caixas de actividade ou de empresa subsistentes;

*c*) Aos órgãos competentes das administrações das Regiões Autónomas.

ARTIGO 66.º – **Requerimento e prazo**

1 – A atribuição dos subsídios previstos neste decreto-lei depende da apresentação de requerimento, em formulário de modelo próprio, junto das entidades competentes ou *online,* no sítio da Internet da segurança social, através do serviço segurança social directa, caso a entidade competente seja o Instituto da Segurança Social, I. P., ou os órgãos competentes das administrações das Regiões Autónomas.

2 – O requerimento deve ser apresentado no prazo de seis meses a contar da data da ocorrência do facto determinante da protecção.

3 – A entrega do requerimento fora do prazo previsto no número anterior nos casos em que a mesma seja efectuada durante o período legal de concessão

826    *Novo Estatuto da Função Pública*

dos subsídios determina a redução no período de concessão pelo período de tempo respeitante ao atraso verificado.

4 – O requerimento é subscrito pelos titulares do direito, ou, em seu nome, pelos respectivos representantes legais.

5 – Consideram-se válidos para a atribuição dos subsídios sociais previstos no capítulo III os requerimentos dos correspondentes subsídios previstos no capítulo II que tenham sido indeferidos.

ARTIGO 67.º – **Dispensa de requerimento**

1 – A apresentação do requerimento é dispensada nas situações em que a certificação médica seja emitida pelos estabelecimentos ou serviços de saúde competentes do Serviço Nacional de Saúde através de formulário próprio para efeitos de atribuição dos seguintes subsídios:

*a)* Subsídio por risco clínico durante a gravidez;
*b)* Subsídio por interrupção da gravidez;
*c)* Subsídio para assistência a filho;
*d)* Subsídio para assistência a neto, na modalidade prevista na alínea *b)* do artigo 21.º

2 – O disposto no número anterior é aplicável aos correspondentes subsídios sociais concedidos no âmbito do subsistema de solidariedade.

3 – Para efeitos do n.º 1, consideram-se serviços competentes as entidades prestadoras de cuidados de saúde, designadamente centros de saúde e hospitais, com excepção dos serviços de urgência.

SECÇÃO III – **Instrução do processo**

ARTIGO 68.º – **Meios de prova**

1 – Os factos determinantes da atribuição dos subsídios, bem como os períodos de impedimento para o trabalho, são declarados no requerimento, o qual, consoante os casos, é acompanhado dos documentos de identificação civil e ou da certificação médica, nas situações em que esta não seja emitida pelos estabelecimentos ou serviços de saúde competentes nos termos dos n.ºˢ 1 e 3 do artigo anterior e, ainda, de outros documentos comprovativos previstos no presente decreto-lei.

2 – Nas situações em que o requerimento seja apresentado *online*, os meios de prova que o instruem podem ser apresentados pela mesma via desde que correctamente digitalizados e integralmente apreensíveis.

3 – Os beneficiários têm o dever de conservar os originais dos meios de prova, pelo prazo de cinco anos, bem como o dever de os apresentar sempre que solicitados pelos serviços competentes.

Protecção na Parentabilidade no Sistema Previdencial 827

Artigo 69.º – **Dispensa de apresentação de meios de prova**

1 – É dispensada a apresentação dos meios de prova que instruem o requerimento sempre que as entidades gestoras possam, com base nos elementos constantes do requerimento e da certificação médica ou hospitalar, comprovar oficiosamente os requisitos de atribuição dos subsídios.

2 – Os requerentes podem ser dispensados da apresentação dos elementos exigíveis caso esteja salvaguardado o acesso à informação em causa por parte da segurança social, designadamente por efeito de processos de interconexão de dados com outros organismos da Administração Pública.

Artigo 70.º – **Meios de prova do subsídio por risco clínico durante a gravidez e por interrupção da gravidez**

A atribuição dos subsídios por risco clínico durante a gravidez e por interrupção da gravidez depende da apresentação de certificação médica que indique o período de impedimento.

Artigo 71.º – **Meios de prova do subsídio parental inicial, parental inicial exclusivo do pai e do subsídio para assistência em caso de nascimento de neto**

A atribuição dos subsídios parentais iniciais e do subsídio para assistência em caso de nascimento de neto depende da apresentação de declaração do médico do estabelecimento ou serviço de saúde comprovativa do parto ou de documento de identificação civil do descendente.

Artigo 72.º – **Meios de prova do subsídio parental inicial por impossibilidade do outro progenitor**

A atribuição do subsídio parental inicial por impossibilidade do outro progenitor depende da apresentação de certificação médica da incapacidade física ou psíquica do outro progenitor ou de certidão de óbito.

Artigo 73.º – **Meios de prova do subsídio por adopção**

1 – A atribuição do subsídio por adopção depende da apresentação da declaração da confiança administrativa ou judicial do menor adoptado.

2 – Nas situações a que se refere o n.º 2 do artigo 17.º são exigidos os meios de prova previstos no artigo anterior.

Artigo 74.º – **Meios de prova do subsídio por riscos específicos**

A atribuição do subsídio por riscos específicos depende da apresentação dos seguintes elementos:

*a)* Declaração do empregador da impossibilidade de atribuição de outras tarefas à beneficiária grávida, puérpera ou lactante que desempenhe trabalho nocturno ou esteja exposta a agentes ou processos ou condições de trabalho que constituam risco;

828 *Novo Estatuto da Função Pública*

*b*) No caso dos trabalhadores independentes e abrangidos pelo seguro social voluntário a comprovação de desempenho de trabalho nocturno ou de exposição a agente ou processos ou condições de trabalho que constituam risco é efectuada por médico do trabalho ou por instituição ou serviço integrado no Serviço Nacional de Saúde.

ARTIGO 75.º – **Meios de prova do subsídio para assistência a filho**

1 – A atribuição do subsídio para assistência a filho depende da apresentação de certificação médica ou declaração hospitalar.

2 – A certificação médica de deficiência, na situação de filho com deficiência com 12 ou mais anos de idade, é dispensada no caso de estar a ser atribuída uma prestação por deficiência.

3 – A certificação médica de doença crónica, na situação de filho com doença crónica com 12 ou mais anos de idade, apenas é exigível aquando da apresentação do primeiro requerimento.

ARTIGO 76.º – **Meios de prova do subsídio para assistência a filho com deficiência ou doença crónica**

1 – A atribuição do subsídio para assistência a filho com deficiência ou doença crónica depende de apresentação da certificação médica que comprove a necessidade de assistência.

2 – É aplicável à concessão deste subsídio o disposto nos n.$^{os}$ 2 e 3 do artigo anterior.

3 – A prorrogação da concessão do subsídio depende de comunicação do beneficiário de que a licença para assistência a filho com deficiência ou doença crónica se mantém, no prazo de 10 dias úteis antes do termo do período de concessão.

ARTIGO 77.º – **Meios de prova do subsídio para assistência a neto**

A atribuição do subsídio para assistência a neto depende de apresentação de certificação médica com indicação dos períodos de impedimento para o trabalho necessários para garantir a assistência inadiável e imprescindível ao neto.

ARTIGO 78.º – **Meios de prova dos subsídios sociais**

1 – Para além dos meios de prova exigidos para os correspondentes subsídios do sistema previdencial a atribuição dos subsídios sociais depende, ainda, dos seguintes elementos obtidos oficiosamente:

*a*) Composição do agregado familiar e respectivos rendimentos;

*b*) Comprovação de residência em território nacional.

2 – Na impossibilidade de obtenção oficiosa dos elementos referidos no número anterior os serviços competentes notificam os beneficiários para efectuarem a respectiva apresentação.

## Artigo 79.º – **Articulações**

1 – As instituições gestoras das prestações devem promover a articulação com as entidades e serviços com competência para comprovar os requisitos de que depende a atribuição e manutenção dos subsídios, com vista a assegurar o correcto enquadramento das situações a proteger.

2 – Para os efeitos referidos no número anterior, a comprovação pode ser efectuada por troca de informação, designadamente através da utilização de suporte electrónico.

## Artigo 80.º – **Comunicação da atribuição dos subsídios**

As instituições gestoras devem comunicar aos titulares do direito as decisões sobre a atribuição dos subsídios de acordo com o disposto no Código do Procedimento Administrativo.

## Secção IV – **Pagamento dos subsídios**

## Artigo 81.º – **Disposição geral**

1 – Os subsídios previstos no presente decreto-lei são pagos mensalmente aos titulares do direito ou aos seus representantes legais, salvo se, pela especificidade da sua duração, se justificar o pagamento de uma só vez.

2 – O pagamento do acréscimo devido por nascimento de gémeos e por adopções múltiplas é reportado aos últimos dias do período de concessão do respectivo subsídio.

## Artigo 82.º – **Prescrição**

O direito aos subsídios previstos neste decreto-lei prescreve a favor das instituições gestoras devedoras no prazo de cinco anos contados a partir da data em que a prestação é posta a pagamento com conhecimento do credor.

## CAPÍTULO VI
### Disposições transitórias e finais
### (...)

# REGRAS ESPECIAIS DE TRANSIÇÃO DO REGIME OBRIGATÓRIO DE PROTECÇÃO SOCIAL DOS FUNCIONÁRIOS PÚBLICOS PARA O REGIME GERAL DE SEGURANÇA SOCIAL DOS TRABALHADORES POR CONTA DE OUTREM

## Decreto-Lei n.º 117/2006, de 20 de Junho

A possibilidade de se estabelecer, na Administração Pública, vínculo laboral por contrato individual de trabalho surgiu da necessidade de modernização da Administração Pública. Esta abertura tem vindo a tornar-se extensiva a um maior número de serviços e organismos. Assim, assiste-se cada vez com mais frequência à inscrição no regime geral de segurança social dos trabalhadores por conta de outrem, designadamente de indivíduos que terminaram contratos administrativos de provimento e iniciaram com a mesma entidade um contrato individual de trabalho. Estes indivíduos, inscritos de novo no regime geral da segurança social e que se encontravam, por força do anterior vínculo laboral, abrangidos pelo regime de protecção social aplicável aos funcionários e agentes da Administração Pública, não devem ver a sua situação contributiva prejudicada para efeitos de atribuição das prestações deste regime no que diz respeito ao cômputo de prazos de garantia, de remuneração de referência e de índice de profissionalidade. Na verdade, pese embora que já se encontrem previstas, no regime de cada uma das eventualidades, normas que consagram a totalização de períodos contributivos inscritos em qualquer regime obrigatório de protecção social, o certo é que a determinação do montante de subsídio a atribuir ao beneficiário só tem em consideração as remunerações inscritas no regime de segurança social. Daqui resulta que ao trabalhador sejam atribuídos subsídios de montante inferior ao de que deveriam beneficiar se, durante o tempo tido por legalmente necessário, tivessem contribuído sempre para este regime. Este limite é o resultado do princípio da contributividade consagrado na lei de bases da segurança social. É, pois, neste contexto, e na harmonia entre o princípio da contributividade e o da justiça material para com os trabalhadores que ininterruptamente, de forma obrigatória, contribuíram para um sistema de segurança social, que o XVII Governo Constitucional aprova, através do presente

832      *Novo Estatuto da Função Pública*

decreto-lei, regras especiais aplicáveis às situações de transição do regime de protecção social dos funcionários e agentes da Administração Pública para o regime geral de segurança social dos trabalhadores por conta de outrem.

Atendendo a que a matéria constante do presente decreto-lei se destina exclusivamente aos trabalhadores da Administração Pública em regime de direito privado, na sua elaboração não se aplicam os procedimentos constantes da Lei n.º 23/98, de 26 de Maio, conforme resulta do disposto no seu artigo 1.º

Foram ouvidos os órgãos de governo próprio das Regiões Autónomas.

Foi promovida a audição dos parceiros sociais com assento na Comissão Permanente de Concertação Social, do Conselho Económico e Social, da Associação Nacional de Municípios Portugueses e da Associação Nacional de Freguesias.

Assim:

Nos termos da alínea *c*) do n.º 1 do artigo 198.º da Constituição, o Governo decreta o seguinte:

### Artigo 1.º – **Objecto**

O presente decreto-lei define as regras especiais aplicáveis às situações de transição do regime de protecção social dos funcionários e agentes da Administração Pública, adiante designado por protecção social, para o regime geral de segurança social dos trabalhadores por conta de outrem.

### Artigo 2.º – **Âmbito pessoal**

O presente decreto-lei aplica-se aos trabalhadores da Administração Pública que, nos termos legais, celebrem um contrato individual de trabalho com qualquer serviço ou organismo da administração directa ou indirecta do Estado, da administração regional ou local ou com entidade do sector empresarial do Estado, na sequência de um vínculo laboral em regime de direito público, sem que se verifique interrupção da prestação de trabalho.

### Artigo 3.º – **Âmbito material**

1 – As regras especiais previstas no presente decreto-lei reportam-se à protecção na doença, nas doenças profissionais, na maternidade e no desemprego.

2 – Às eventualidades previstas no número anterior, aplicam-se os regimes jurídicos do subsistema previdencial, com as particularidades previstas no presente decreto-lei.

3 – A protecção nos encargos familiares e nos domínios da deficiência e da dependência que integram o subsistema de protecção familiar subordina-se ao estabelecido nos regimes jurídicos que a regulam, sem prejuízo das regras de natureza gestionária previstas no presente decreto-lei.

### Artigo 4.º – **Beneficiários e contribuintes**

Consideram-se beneficiários e contribuintes do regime geral de segurança social dos trabalhadores por conta de outrem, respectivamente, o pessoal referido no artigo 2.º e as entidades empregadoras.

## Artigo 5.º – **Relevância dos períodos de trabalho**

1 – Nas situações em que ocorram as eventualidades de desemprego ou de doença, o período de trabalho prestado, ou equivalente, imediatamente anterior ao início do contrato individual de trabalho é considerado para efeitos do cumprimento do prazo de garantia e do índice de profissionalidade, para efeitos da prestação.

2 – A remuneração total relevante, para efeitos de apuramento da remuneração de referência, de acordo com o regime jurídico das eventualidades referidas no n.º 1 do artigo 3.º, é completada com as remunerações pagas durante o período de trabalho imediatamente anterior ao início do contrato individual de trabalho, sempre que as remunerações registadas no regime geral não sejam suficientes.

3 – Na situação prevista no número anterior, o montante da remuneração corresponde à remuneração base mensal auferida nos meses considerados.

## Artigo 6.º – **Pagamento retroactivo de contribuições**

A concessão das prestações nos termos do artigo anterior, bem como a determinação do respectivo montante, depende do pagamento retroactivo das contribuições, pela entidade empregadora, correspondentes ao número de meses contabilizados, anteriores ao início do contrato individual de trabalho.

## Artigo 7.º – **Situações especiais**

1 – Nas situações em que a transição de regime de protecção social ocorra durante o período em que se encontre a ser concedida protecção na doença, na doença profissional e na maternidade, o direito à protecção social mantém-se nos termos do regime aplicável à data em que se verificou a transição, devendo a entidade empregadora proceder aos respectivos pagamentos.

2 – Os períodos pagos pela entidade empregadora a que se refere o número anterior são considerados como equivalentes à entrada de contribuições e quotizações para os efeitos previstos no artigo 5.º

3 – Nas situações em que a transição de regime de protecção social ocorra durante o período em que se encontre a ser concedida protecção nos encargos familiares e nos domínios da deficiência e da dependência, o direito às correspondentes prestações é mantido nos termos regulamentados nos respectivos regimes jurídicos, passando a ser competente para a gestão o Instituto da Segurança Social, I. P., através dos centros distritais de segurança social da área da residência dos titulares do direito às prestações.

4 – Os descontos correspondentes à protecção social efectuados sobre as remunerações dos trabalhadores abrangidos pelo n.º 1 do presente artigo devem ser entregues pelas entidades empregadoras nos cofres do Estado na rubrica de receita 'Outras receitas correntes – Outras'.»*

*(\* Aditado pela Lei nº 53-A/2006, de 29 de Dezembro, que aprovou o Orçamento do Estado para 2007)*

ARTIGO 8.º – **Encargos**

Os encargos decorrentes da aplicação do presente decreto-lei são suportados por verbas inscritas nos orçamentos dos serviços a que os trabalhadores estão vinculados ou das correspondentes entidades empregadoras, sem prejuízo das adequadas alterações orçamentais que vier a ser necessário efectuar nos termos da legislação em vigor.

ARTIGO 9.º – **Regulamentação**

Os procedimentos a observar na execução do presente decreto-lei, designadamente os referentes à necessária comunicação entre as entidades empregadoras e as entidades da segurança social, são aprovados por portaria conjunta dos membros do Governo que tenham a seu cargo a área das finanças, da Administração Pública e da segurança social.

ARTIGO 10.º – **Norma transitória**

1 – Os trabalhadores que integram o âmbito pessoal do presente decreto-lei cujo direito à protecção na doença, na doença profissional e na maternidade não tenha sido reconhecido ou cujas prestações tenham sido atribuídas por montante inferior ao que resulta da aplicação do regime ora instituído podem requerer a apreciação ou reapreciação das respectivas situações.

2 – Os requerimentos referidos no número anterior são apresentados, no prazo de 180 dias após a publicação do presente decreto-lei, junto do competente serviço da segurança social.

3 – O pagamento das prestações sociais a assegurar nos termos do n.º 1 do artigo 7.º é feito oficiosamente pela entidade empregadora.

ARTIGO 11.º – **Entrada em vigor**

O presente decreto-lei entra em vigor no dia seguinte ao da sua publicação.

Visto e aprovado em Conselho de Ministros de 20 de Abril de 2006. – *José Sócrates Carvalho Pinto de Sousa – Fernando Teixeira dos Santos – Manuel Pedro Cunha da Silva Pereira – José António Fonseca Vieira da Silva.*

Promulgado em 7 de Junho de 2006.

Publique-se.

O Presidente da República, ANÍBAL CAVACO SILVA.

Referendado em 8 de Junho de 2006.

O Primeiro-Ministro, *José Sócrates Carvalho Pinto de Sousa.*

# PROTECÇÃO SOCIAL DOS TRABALHADORES QUE EXERCEM FUNÇÕES PÚBLICAS

## Lei n.º 4/2009, de 29 de Janeiro

A Assembleia da República decreta, nos termos da alínea *c*) do artigo 161.º da Constituição, o seguinte:

### CAPÍTULO I
### Disposições gerais

#### Secção I – Objecto e âmbito

Artigo 1.º – **Objecto**

A presente lei define a protecção social dos trabalhadores que exercem funções públicas.

Artigo 2.º – **Enquadramento no sistema de segurança social**

A protecção social dos trabalhadores que exercem funções públicas enquadra-se no sistema de segurança social, aprovado pela lei de bases da segurança social, adiante designada por lei de bases.

Artigo 3.º – **Âmbito subjectivo de aplicação**

1 – A presente lei aplica-se a todos os trabalhadores que exercem funções públicas, independentemente da modalidade de vinculação e de constituição da relação jurídica de emprego público ao abrigo da qual exercem as respectivas funções.

2 – A presente lei aplica-se ainda aos trabalhadores previstos no número anterior que, ao abrigo de instrumentos de mobilidade, não desempenham funções públicas, mas que, nos termos da lei, mantêm o respectivo regime de protecção social.

# 836     *Novo Estatuto da Função Pública*

Artigo 4.º – **Âmbito objectivo de aplicação**

1 – A presente lei é aplicável aos serviços da administração directa e indirecta do Estado, da administração regional autónoma e da administração autárquica.

2 – A presente lei é igualmente aplicável aos órgãos e serviços de apoio do Presidente da República, da Assembleia da República, dos tribunais e do Ministério Público e respectivos órgãos de gestão e outros órgãos independentes.

3 – A presente lei aplica-se ainda a outras entidades não previstas nos números anteriores que tenham ao seu serviço trabalhadores referidos no artigo anterior.

Artigo 5.º – **Entidades empregadoras**

Para efeitos do disposto na presente lei, os órgãos, serviços e outras entidades referidos no artigo anterior são considerados entidades empregadoras.

Secção II – **Concretização da protecção social**

Artigo 6.º – **Regimes da protecção social**

A protecção social dos trabalhadores que exercem funções públicas concretiza-se pela integração:

*a)* No regime geral de segurança social dos trabalhadores por conta de outrem, adiante designado por regime geral de segurança social;

*b)* No regime de protecção social convergente, definido pela presente lei, que enquadra os trabalhadores numa organização e sistema de financiamento próprios, com regulamentação de todas as eventualidades, quanto ao âmbito material, regras de formação de direitos e de atribuição das prestações, incluindo o cálculo dos respectivos montantes, em convergência com o regime geral de segurança social.

## CAPÍTULO II
### Integração no regime geral de segurança social

Artigo 7.º – **Âmbito pessoal**

São integrados no regime geral de segurança social:

*a)* Os trabalhadores titulares de relação jurídica de emprego público, independentemente da modalidade de vinculação, constituída a partir de 1 de Janeiro de 2006;

*b)* Os demais trabalhadores, titulares de relação jurídica de emprego constituída até 31 de Dezembro de 2005 com entidade empregadora, enquadrados no regime geral de segurança social.

Protecção Social dos Trabalhadores que Exercem Funções Públicas 837

Artigo 8.º – **Enquadramento no regime geral de segurança social**

Os trabalhadores previstos no artigo anterior e as respectivas entidades empregadoras são obrigatoriamente inscritos nas instituições de segurança social na qualidade de beneficiários e de contribuintes, respectivamente.

Artigo 9.º – **Obrigações contributivas**

Os beneficiários e os contribuintes estão sujeitos às obrigações contributivas, nos termos da lei de bases e demais legislação aplicável.

Artigo 10.º – **Protecção no desemprego**

1 – Sem prejuízo do disposto no número seguinte, a protecção na eventualidade de desemprego dos trabalhadores que exercem funções públicas, nas condições referidas no artigo 10.º da Lei n.º 12-A/2008, de 27 de Fevereiro, é efectuada nos termos do regime geral de segurança social.

2 – O pagamento do montante das prestações sociais na eventualidade de desemprego é efectuado pelas entidades empregadoras competentes, nos termos da regulamentação prevista no artigo 29.º

3 – O disposto nos números anteriores é aplicável aos trabalhadores referidos no n.º 4 do artigo 88.º da Lei n.º 12-A/2008, de 27 de Fevereiro, cuja relação jurídica de emprego foi constituída a partir de 1 de Janeiro de 2006.

## CAPÍTULO III
### Regime de protecção social convergente

Secção I – **Disposições gerais**

Artigo 11.º – **Âmbito pessoal**

O regime de protecção social convergente aplica-se aos trabalhadores que sejam titulares de relação jurídica de emprego público, independentemente da modalidade de vinculação, constituída até 31 de Dezembro de 2005 e que não estejam abrangidos pelo disposto na alínea b) do artigo 7.º

Artigo 12.º – **Objectivos**

1 – O regime de protecção social convergente concretiza os objectivos do sistema previdencial, através de prestações pecuniárias substitutivas de rendimentos de trabalho perdidos, as quais assumem a natureza de prestações sociais.

2 – O regime de protecção social convergente concretiza ainda os objectivos do subsistema de solidariedade relativos a situações de compensação social ou económica, em virtude de insuficiências contributivas ou equivalentes ou de insuficiências prestacionais do sistema previdencial.

ARTIGO 13.º – **Âmbito material**

O regime de protecção social convergente integra as eventualidades previstas no sistema previdencial, nomeadamente:
a) Doença;
b) Maternidade, paternidade e adopção;
c) Desemprego;
d) Acidentes de trabalho e doenças profissionais;
e) Invalidez;
f) Velhice;
g) Morte.

ARTIGO 14.º – **Conceitos**

Para os efeitos do disposto no presente capítulo e nos capítulos IV e V da presente lei e respectiva regulamentação, entende-se por:
a) «Carreira contributiva» os períodos de tempo correspondentes:
 i) À entrada de contribuições ou situação legalmente equiparada;
 ii) À equivalência à entrada de contribuições;
b) «Equivalência à entrada de contribuições» os períodos de tempo em que, não havendo prestação de trabalho efectivo por ocorrência das eventualidades referidas no artigo 13.º, não é devido o pagamento de contribuições por não haver remuneração e que, conferindo ou não direito à atribuição das correspondentes prestações, nos termos da lei, são registados para efeitos de carreira contributiva, bem como outras situações previstas na lei;
c) «Prazo de garantia» um período mínimo de contribuições ou situação legalmente equiparada que constitui condição geral de atribuição das prestações;
d) «Regime de protecção social da função pública» a protecção social, em vigor em 31 de Dezembro de 2005, aplicável aos funcionários e agentes e a outros trabalhadores da Administração Pública, constituída pelas componentes de regime especial de segurança social, subsistemas de saúde e acção social complementar;
e) «Remuneração de referência» o valor médio das remunerações registadas durante um determinado período de tempo, variável de acordo com a regulamentação de cada eventualidade, que constitui a base de cálculo das respectivas prestações;
f) «Situação legalmente equiparada a entrada de contribuições» o exercício de funções equiparado a carreira contributiva relativamente às eventualidades que não exigem o pagamento de contribuições;
g) «Totalização de períodos contributivos» a solução utilizada na articulação entre regimes de protecção social, que se traduz no facto de períodos contributivos ou situação equivalente verificados num regime sejam relevantes noutro, quer para abertura do direito à protecção, designadamente o cumprimento de prazo de garantia, quer para o cálculo do valor das prestações;

*Protecção Social dos Trabalhadores que Exercem Funções Públicas* 839

*h)* «Trabalho efectivo» o trabalho realmente prestado pelo trabalhador nas entidades empregadoras.

Artigo 15.º – **Beneficiários e contribuintes**

1 – Consideram-se beneficiários e contribuintes do regime de protecção social convergente, respectivamente, os trabalhadores previstos no artigo 11.º e as correspondentes entidades empregadoras.

2 – Os trabalhadores previstos no número anterior que vejam alterada a sua relação jurídica de emprego público, designadamente por mudança da modalidade de vinculação ou por aplicação de instrumentos de mobilidade, não perdem a qualidade de beneficiários do regime de protecção social convergente.

Artigo 16.º – **Natureza contributiva**

1 – Para efeitos do direito às prestações sociais relativas às eventualidades referidas nas alíneas *a)*, *b)*, *c)* e *d)* do artigo 13.º, o exercício de funções dos trabalhadores é equiparado a carreira contributiva.

2 – O direito às prestações sociais das eventualidades referidas nas alíneas *e)*, *f)* e *g)* do artigo 13.º depende do pagamento à Caixa Geral de Aposentações (CGA) de quotizações, por parte dos beneficiários, e de contribuições, por parte dos contribuintes.

3 – A falta de pagamento de quotizações e contribuições relativas a períodos de exercício de actividade profissional dos beneficiários que não lhes seja imputável não prejudica o direito às prestações sociais a que se refere o número anterior.

Secção II – **Enquadramento no sistema previdencial**

Artigo 17.º – **Princípios**

1 – Ao regime de protecção social convergente aplicam-se os princípios gerais constantes da lei de bases.

2 – Ao regime de protecção social convergente aplicam-se ainda os princípios e restantes disposições referentes ao sistema previdencial, constantes designadamente dos capítulos III, IV e VI da Lei n.º 4/2007, de 16 de Janeiro, sem prejuízo das necessárias adaptações decorrentes da sua organização e sistema de financiamento próprios.

Secção III – **Prestações**

Artigo 18.º – **Natureza das prestações**

1 – As prestações sociais são exigíveis administrativa e judicialmente, com regime idêntico ao das prestações do regime geral de segurança social.

2 – As prestações sociais não são consideradas, em quaisquer casos, como remuneração.

840 *Novo Estatuto da Função Pública*

Artigo 19.º – **Equivalência à entrada de quotizações e contribuições**

Os períodos em que não há prestação de trabalho efectivo, nos termos previstos na presente lei e demais legislação aplicável, bem como os correspondentes a outras situações previstas na lei, consideram-se equivalentes à entrada de quotizações e contribuições para a CGA, não havendo lugar ao pagamento das mesmas.

Artigo 20.º – **Responsabilidade civil de terceiros**

Quando o beneficiário do regime de protecção social convergente tenha recebido, como lesado, pelo mesmo facto, as prestações sociais e a indemnização suportada por terceiros, as entidades empregadoras exercem o direito de regresso com reembolso até ao limite do valor das prestações por que são responsáveis, sem prejuízo do disposto no artigo 70.º da Lei n.º 4/2007, de 16 de Janeiro.

Secção IV – **Organização e financiamento**

Artigo 21.º – **Responsabilidades pela gestão**

1 – Sem prejuízo do disposto no número seguinte, a atribuição e o pagamento das prestações sociais relativas às eventualidades previstas nas alíneas *a)*, *b)*, *c)* e *d)* do artigo 13.º são da responsabilidade directa das entidades empregadoras.

2 – A atribuição e o pagamento das prestações sociais relativas às eventualidades previstas nas alíneas *e)*, *f)* e *g)* do artigo 13.º são da responsabilidade da CGA, bem como das prestações por incapacidades permanentes e morte, resultantes de acidentes de trabalho e doenças profissionais.

3 – As entidades empregadoras reembolsam ainda a CGA dos encargos por esta suportados relativamente às prestações sociais referidas na parte final do número anterior.

Artigo 22.º – **Financiamento**

1 – As prestações sociais relativas às eventualidades previstas nas alíneas *a)*, *b)*, *c)* e *d)* do artigo 13.º constituem encargos das entidades empregadoras.

2 – As prestações sociais relativas às eventualidades previstas nas alíneas *e)*, *f)* e *g)* do artigo 13.º são financiadas através de quotizações dos trabalhadores e de contribuições das entidades empregadoras.

3 – A insuficiência das prestações substitutivas dos rendimentos de trabalho ou da carreira contributiva dos beneficiários, relativas às eventualidades referidas nos números anteriores, é financiada por transferências do Orçamento do Estado.

4 – São ainda fonte de financiamento do regime de protecção social convergente outras receitas legalmente previstas.

Artigo 23.º – **Determinação do montante das quotizações e das contribuições**

1 – Os montantes das quotizações e contribuições, previstas no n.º 2 do artigo anterior, resultam da aplicação das respectivas taxas sobre as remunerações que constituem base de incidência contributiva.

Protecção Social dos Trabalhadores que Exercem Funções Públicas 841

2 – As remunerações e as taxas previstas no número anterior são definidas por decreto-lei em convergência com os critérios do regime geral de segurança social.

## CAPÍTULO IV
### Concepção e coordenação da protecção social

Artigo 24.º – **Concepção e coordenação**

1 – A coordenação da aplicação da protecção social dos trabalhadores que exercem funções públicas, em especial do regime de protecção social convergente, é da responsabilidade dos membros do Governo responsáveis pelas áreas da Administração Pública, das finanças e da segurança social.

2 – Compete à Direcção-Geral da Administração e do Emprego Público (DGAEP), relativamente ao regime de protecção social convergente:

*a)* O apoio técnico à concepção e coordenação, em articulação com as entidades responsáveis pela respectiva gestão;

*b)* A articulação com os serviços competentes em matéria de coordenação internacional sobre segurança social.

3 – Para efeitos do cumprimento das obrigações legais relativas à obtenção e disponibilização de dados relativos à protecção social, a DGAEP articula-se com os serviços competentes.

Artigo 25.º – **Conselho Nacional de Segurança Social**

1 – A Administração Pública, na qualidade de entidade empregadora, integra o Conselho Nacional de Segurança Social, previsto no artigo 95.º da Lei n.º 4/2007, de 16 de Janeiro.

2 – Para efeitos do disposto no número anterior a designação de representante compete ao membro do Governo responsável pela área da Administração Pública.

## CAPÍTULO V
### Disposições complementares, finais e transitórias

Artigo 26.º – **Acidentes de trabalho**

1 – O regime jurídico da protecção dos acidentes de trabalho de todos os trabalhadores abrangidos pela presente lei consta de decreto-lei.

2 – O decreto-lei previsto no número anterior acolhe os princípios e direitos consagrados na lei geral, adaptando-os às especificidades da Administração Pública, definindo ainda os termos da responsabilidade da entidade empregadora pela reparação dos danos emergentes dos acidentes de trabalho, afastando o princípio da obrigatoriedade da sua transferência.

3 – Aos trabalhadores que, ao abrigo dos instrumentos de mobilidade, venham a prestar serviço às entidades previstas no n.º 3 do artigo 4.º aplica--se a lei geral.

842     *Novo Estatuto da Função Pública*

ARTIGO 27.º – **Salvaguarda de direitos**

1 – Nas situações em que não se verifique prestação de trabalho efectivo, decorrentes das eventualidades referidas nas alíneas *a*), *b*) e *d*) do artigo 13.º, independentemente do regime de protecção social aplicável, a inexistência de remuneração não determina a perda ou o prejuízo de quaisquer direitos e regalias nos termos consagrados na lei.

2 – O disposto na presente lei não afecta os regimes dos benefícios sociais usufruídos pelos trabalhadores, designadamente no âmbito da saúde e da acção social complementar.

ARTIGO 28.º – **Direito subsidiário**

Ao regime de protecção social convergente é subsidiariamente aplicável a lei de bases.

ARTIGO 29.º – **Regulamentação**

1 – A regulamentação das eventualidades referidas no artigo 13.º, no regime de protecção social convergente, é feita por decreto-lei, de acordo com os princípios, conceitos e condições gerais do sistema de segurança social e os específicos do seu sistema previdencial.

2 – A regulamentação, prevista no número anterior, inclui a definição do objecto, objectivo, natureza, condições gerais e especiais, regras de cálculo de montantes e outras condições de atribuição das prestações que efectivam o direito à protecção em todas as eventualidades, referidas no artigo 13.º, de forma idêntica à respectiva legislação aplicável no regime geral, sem prejuízo das especificidades decorrentes da organização e sistema de financiamento próprio do regime de protecção social convergente.

3 – A regulamentação do regime referido nos números anteriores, no que respeita às regras de financiamento, designadamente quanto à determinação da taxa global das contribuições, segue os critérios estabelecidos na lei de bases e legislação complementar.

4 – A regulamentação referida no n.º 2 prevê que, se, em casos concretos e em qualquer das eventualidades, dela resultar nível de protecção inferior ao assegurado pelo regime de protecção social da função pública anteriormente em vigor, é mantido esse nível de protecção, através da atribuição de benefícios sociais pela entidade empregadora.

5 – Até ao início da vigência da regulamentação prevista no presente artigo, mantêm-se em vigor os regimes legais e regulamentares que regulam as várias eventualidades do regime de protecção social convergente.

ARTIGO 30.º – **Regime transitório**

1 – Aos trabalhadores, abrangidos pelo regime de protecção social da função pública à data de entrada em vigor da presente lei e que se encontrem

Protecção Social dos Trabalhadores que Exercem Funções Públicas 843

a exercer funções em entidades referidas no n.º 3 do artigo 4.º, aplica-se o regime de protecção social convergente.

2 – Aos trabalhadores referidos na alínea *a*) do artigo 7.º, cuja relação jurídica de emprego tenha sido constituída entre 1 de Janeiro de 2006 e a data de entrada em vigor prevista no n.º 1 do artigo 32. º, é aplicável o regime constante do Decreto-Lei n.º 117/2006, de 20 de Junho, caso ocorram as eventualidades de doença, maternidade, paternidade e adopção, desemprego e doença profissional, sempre que necessário.

ARTIGO 31.º – **Norma revogatória**

1 – Sem prejuízo do disposto no número seguinte, são revogados os artigos 9.º e 10.º da Lei n.º 11/2008, de 20 de Fevereiro.

2 – A revogação prevista no número anterior só produz efeitos a partir da entrada em vigor da regulamentação da eventualidade de desemprego, do regime de protecção social convergente.

3 – É prorrogada a vigência do artigo 10.º da Lei n.º 11/2008, de 20 de Fevereiro, até à data de entrada em vigor da regulamentação prevista no número anterior.

4 – Os diplomas que regulamentam, no regime de protecção social convergente, as eventualidades previstas no artigo 13.º procedem à revogação de todas as normas que contrariem o disposto na presente lei.

ARTIGO 32.º – **Entrada em vigor**

1 – Sem prejuízo do disposto nos números seguintes, a presente lei entra em vigor na data de entrada em vigor do regime do contrato de trabalho em funções públicas previsto no artigo 87.º da Lei n.º 12-A/2008, de 27 de Fevereiro.

2 – O capítulo III entra em vigor, relativamente a cada uma das eventualidades referidas no artigo 13.º, na data de início de vigência dos decretos-lei que procedem à sua regulamentação.

3 – Os artigos 19.º, 29.º e 31.º entram em vigor no dia seguinte ao da publicação da presente lei.

Aprovada em 5 de Dezembro de 2008.

O Presidente da Assembleia da República, *Jaime Gama.*

Promulgada em 21 de Janeiro de 2009.

Publique-se.

O Presidente da República, ANÍBAL CAVACO SILVA.

Referendada em 22 de Janeiro de 2009.

O Primeiro-Ministro, *José Sócrates Carvalho Pinto de Sousa.*

# ACORDO COLECTIVO DE CARREIRAS GERAIS (ACCG)
## Acordo colectivo de trabalho n.º 1/2009

*(Publicado no Diário da República, 2.ª série, N.º 18, de 28 de Setembro de 2009)*

*Acordo Colectivo de Carreiras Gerais, entre as entidades empregadoras públicas e a Frente Sindical da Administração Pública constituída pela Federação Nacional dos Sindicatos da Educação, Sindicato Nacional dos Profissionais da Educação, Sindicato da Agricultura, Alimentação e Florestas, Sindicato dos Técnicos Superiores de Diagnóstico e Terapêutica, Sindicato Nacional e Democrático dos Professores, Sindicato da Construção, Obras Públicas e Serviços Afins, Sindicato Nacional dos Engenheiros, Federação dos Sindicatos dos Trabalhadores de Serviços e Sindicato dos Trabalhadores da Administração Pública e a Frente Sindical constituída pelo Sindicato dos Quadros Técnicos do Estado, Sindicato Nacional dos Professores Licenciados, Sindicato dos Trabalhadores dos Impostos, Sindicato dos Enfermeiros, Sindicato dos Profissionais de Polícia e Sindicato Independente dos Profissionais de Enfermagem.*

### CAPÍTULO I
#### Âmbito de aplicação e vigência

CLÁUSULA 1.ª – **Âmbito de aplicação**

1 – O presente Acordo Colectivo de Carreiras Gerais, abreviadamente designado ACCG, adopta a modalidade de acordo colectivo de carreiras e aplica-se a todos os trabalhadores filiados nas associações sindicais outorgantes que, vinculados em regime de contrato de trabalho em funções públicas por tempo indeterminado e integrados nas carreiras de técnico superior, de assistente técnico e de assistente operacional, exercem funções nas entidades empregadoras públicas abrangidas pelo âmbito de aplicação objectivo definido no artigo 3.º da Lei n.º 12-A/2008, de 27 de Fevereiro.

2 – O ACCG aplica-se ainda aos trabalhadores que, nas circunstâncias referidas no número anterior, exercem funções em entidades excluídas do âmbito de aplicação do artigo 3.º da Lei n.º 12-A/2008, de 27 de Fevereiro.

846     *Novo Estatuto da Função Pública*

Cláusula 2.ª – **Extensão do âmbito de aplicação**

1 – O ACCG aplica-se também a todos os trabalhadores filiados nas associações sindicais outorgantes que, vinculados em regime de contrato de trabalho em funções públicas por tempo indeterminado e integrados nas carreiras subsistentes constantes no Mapa VII do Decreto-Lei n.º 121/2008, de 11 de Julho, exercem funções nas entidades empregadoras públicas abrangidas pelo âmbito de aplicação objectivo definido no artigo 3.º da Lei n.º 12-A/2008, de 27 de Fevereiro.

2 – A aplicação do ACCG estende -se ainda aos trabalhadores que, nas circunstâncias referidas no número anterior, exercem funções em entidades excluídas do âmbito de aplicação do artigo 3.º da Lei n.º 12-A/2008, de 27 de Fevereiro.

Cláusula 3.ª – **Vigência, denúncia e sobrevigência**

1 – O ACCG entra em vigor no primeiro dia útil do segundo mês seguinte ao da sua publicação na 2.ª série do *Diário da República* e vigora pelo prazo de três anos.

2 – Decorrido o prazo mencionado no número anterior, este ACCG renova-se sucessivamente por períodos de um ano.

3 – A denúncia e sobrevigência deste ACCG seguem os trâmites legais previstos no Regime do Contrato de Trabalho em Funções Públicas, abreviadamente designado RCTFP.

## CAPÍTULO II
### Direitos, deveres e garantias das partes

Cláusula 4.ª – **Princípios gerais**

1 – As entidades empregadoras públicas e os trabalhadores, no cumprimento das respectivas obrigações, assim como no exercício dos correspondentes direitos, devem proceder de boa fé.

2 – Na execução do contrato de trabalho em funções públicas devem as partes colaborar na obtenção da maior qualidade de serviço, produtividade, eficácia e eficiência, bem como na promoção humana, profissional e social do trabalhador.

3 – Sem prejuízo do previsto no artigo 10.º da Lei n.º 66-B/2007, de 28 de Dezembro, podem ser previstos, em acordo colectivo de entidade empregadora pública, indicadores de medida relativos à produtividade, bem como definidos os meios e os modos de divulgação e de operacionalização dos mesmos.

Cláusula 5.ª – **Deveres das entidades empregadoras públicas e dos trabalhadores**

1 – Sem prejuízo dos deveres previstos na lei, as entidades empregadoras públicas devem:

*Acordo Colectivo de Carreiras Gerais* 847

*a)* Proporcionar aos trabalhadores, todos os anos, acções de formação e aperfeiçoamento profissional na actividade em que exercem funções, assegurando em particular o financiamento da frequência de acções de formação quando o trabalhador não tenha podido receber formação para a qual já estava previamente designado por interesse do serviço;

*b)* Abster-se de impedir a frequência de acções de formação, em regime de auto-formação, nos termos previstos em lei ou regulamento;

*c)* Dar publicidade às deliberações que directamente respeitem aos trabalhadores, designadamente afixando-as nos locais próprios e divulgando-as através de correio electrónico interno, de modo a possibilitar o seu efectivo conhecimento pelos trabalhadores interessados, ressalvados os limites e restrições impostos por lei;

*d)* Incentivar a afirmação da autonomia, flexibilidade, capacidade, competitividade e criatividade do trabalhador;

*e)* Cumprir e fazer cumprir a lei e o ACCG.

2 – Sem prejuízo dos deveres previstos na lei, o trabalhador deve:

*a)* Frequentar as acções de formação profissional que o empregador promova ou financie;

*b)* Cumprir a lei e o ACCG.

## CAPÍTULO III
### Período experimental

Cláusula 6.ª – **Período experimental**

1 – O período experimental dos trabalhadores integrados na carreira de assistente técnico é de 120 dias.

2 – O período experimental dos trabalhadores integrados na carreira de técnico superior é de 180 dias.

## CAPÍTULO IV
### Duração e organização do tempo de trabalho

Cláusula 7.ª – **Horários flexíveis**

1 – Entende-se por horário flexível aquele que permite ao trabalhador gerir os seus tempos de trabalho e a sua disponibilidade, escolhendo as horas de entrada e saída.

2 – A adopção da modalidade de horário flexível e a sua prática não podem afectar o regular funcionamento do órgão ou serviço.

3 – A adopção de horário flexível está sujeita à observância das seguintes regras:

*a)* Devem ser previstas plataformas fixas, da parte da manhã e da parte da tarde, as quais não podem ter, no seu conjunto, duração inferior a quatro horas;

848      *Novo Estatuto da Função Pública*

*b)* Não podem ser prestadas, por dia, mais de nove horas de trabalho;
*c)* O cumprimento da duração do trabalho deve ser aferido por referência a períodos de um mês.

4 – No final de cada período de referência, há lugar:

*a)* À marcação de falta, a justificar, por cada período igual ou inferior à duração média diária do trabalho;
*b)* À atribuição de créditos de horas, até ao máximo de período igual à duração média diária do trabalho.

5 – Relativamente aos trabalhadores portadores de deficiência, o débito de horas apurado no final de cada um dos períodos de aferição pode ser transposto para o período imediatamente seguinte e nele compensado, desde que não ultrapasse o limite de dez horas para o período do mês.

6 – Para efeitos do disposto no n.º 4 a duração média do trabalho é de sete horas, e, nos serviços com funcionamento ao sábado, o que resultar do respectivo regulamento.

7 – A marcação de faltas prevista na alínea *a)* do n.º 4 é reportada ao último dia ou dias do período de aferição a que o débito respeita.

8 – A atribuição de créditos prevista na alínea *b)* do n.º 4 é feita no período seguinte àquele que conferiu ao trabalhador o direito à atribuição dos mesmos.

CLÁUSULA 8.ª – **Jornada contínua**

1 – A jornada contínua consiste na prestação ininterrupta de trabalho, exceptuado um único período de descanso não superior a 30 minutos que, para todos os efeitos, se considera tempo de trabalho.

2 – A jornada contínua deve ocupar, predominantemente, um dos períodos do dia e determinar uma redução do período normal de trabalho diário nunca superior a uma hora, a fixar no respectivo regulamento.

3 – A jornada contínua pode ser autorizada nos seguintes casos:

*a)* Trabalhador progenitor com filhos até à idade de doze anos, ou, independentemente da idade, com deficiência ou doença crónica;
*b)* Trabalhador adoptante, nas mesmas condições dos trabalhadores progenitores;
*c)* Trabalhador que, substituindo-se aos progenitores, tenha a seu cargo neto com idade inferior a 12 anos;
*d)* Trabalhador adoptante, ou tutor, ou pessoa a quem foi deferida a confiança judicial ou administrativa do menor, bem como o cônjuge ou a pessoa em união de facto com qualquer daqueles ou com progenitor, desde que viva em comunhão de mesa e habitação com o menor;
*e)* Trabalhador estudante;
*f)* No interesse do trabalhador, sempre que outras circunstâncias relevantes, devidamente fundamentadas o justifiquem;
*g)* No interesse do serviço, quando devidamente fundamentado.

*Acordo Colectivo de Carreiras Gerais*                     849

CLÁUSULA 9.ª – **Isenção de horário de trabalho**

1 – Para além dos casos previstos no n.º 1 do artigo 139.º do RCTFP ou noutras disposições legais, podem gozar da isenção de horário, mediante celebração de acordo escrito com a respectiva entidade empregadora pública, os trabalhadores integrados nas seguintes carreiras e categorias:
  *a)* Técnico superior;
  *b)* Coordenador técnico;
  *c)* Encarregado geral operacional.

2 – A isenção de horário de trabalho só pode revestir a modalidade da observância dos períodos normais de trabalho acordados, prevista na alínea *c)* do n.º 1 do artigo 140.º do RCTFP.

3 – Ao trabalhador que goza de isenção de horário não podem ser impostas as horas do início e do termo do período normal de trabalho diário, bem como dos intervalos de descanso.

4 – As partes podem fazer cessar o regime de isenção, nos termos do acordo que o institua.

CLÁUSULA 10.ª – **Trabalho nocturno**

1 – Considera -se período de trabalho nocturno o trabalho compreendido entre as 20 horas de um dia e as 7 horas do dia seguinte para os trabalhadores inseridos nas seguintes carreiras e afectos às seguintes actividades:
  *a)* Carreira de assistente operacional, nas actividades de distribuição e abastecimento de água;
  *b)* Carreira de assistente operacional e assistente técnico, no serviço de ambulâncias e protecção civil;
  *c)* Carreira de assistente operacional, nas actividades de recolha de lixo e incineração.

2 – Entende-se por trabalhador nocturno aquele que realize durante o período nocturno uma certa parte do seu tempo de trabalho anual, correspondente a, pelo menos, duas horas por dia.

3 – O trabalhador nocturno integrado nas carreiras e afecto às actividades identificadas no n.º 1 não pode prestar mais de nove horas num período de vinte e quatro horas em que execute trabalho nocturno.

4 – Nos casos previstos no número anterior é aplicável, com as devidas adaptações, o regime de descanso compensatório previsto no artigo 163.º do RCTFP.

5 – As horas prestadas como trabalho nocturno por trabalhador inscrito nas carreiras e afecto às actividades identificadas no n.º 1 devem ser remuneradas nos termos do n.º 1 do artigo 210.º do RCTFP.

CLÁUSULA 11.ª – **Descanso semanal obrigatório**

1 – Quando o dia de descanso complementar não seja contíguo ao dia de descanso semanal obrigatório têm direito a um descanso compensatório os trabalhadores inseridos nas seguintes carreiras e afectos às seguintes actividades:

850      *Novo Estatuto da Função Pública*

*a)* Carreira de assistente operacional, nas actividades de distribuição e abastecimento de água;

*b)* Carreira de assistente operacional e assistente técnico, no serviço de ambulâncias e protecção civil;

*c)* Carreira de assistente operacional, nas actividades de recolha de lixo e incineração.

2 – Nos casos previstos no número anterior é aplicável, com as devidas adaptações o regime de descanso compensatório previsto no artigo 163.º do RCTFP.

CLÁUSULA 12.ª – **Limite anual da duração do trabalho extraordinário**

O limite anual da duração do trabalho extraordinário prestado nas condições previstas no n.º 1 do artigo 160.º do RCTFP é de 150 horas.

CLÁUSULA 13.ª – **Intervalos de descanso**

1 – Quando circunstâncias relevantes devidamente fundamentadas o justifiquem e mediante acordo com o trabalhador, o intervalo de descanso pode ser reduzido para 45 minutos para que uma vez por semana possa durar 2 horas.

2 – Nos casos previstos no número anterior, uma das horas do intervalo de descanso pode ser gozada nas plataformas fixas.

## CAPÍTULO V
### Férias

CLÁUSULA 14.ª – **Direito a férias relativas ao ano da contratação**

Quando no ano da contratação o trabalhador não puder gozar as férias a que tem direito, por força do n.º 2 do artigo 172.º do RCTFP, estas devem ser gozadas no ano seguinte, não se aplicando o limite dos 30 dias previsto no n.º 4 do mesmo artigo.

## CAPÍTULO VI
### Teletrabalho

CLÁUSULA 15.ª – **Duração inicial do regime de teletrabalho**

1 – Para efeitos do RCTFP, considera-se teletrabalho a prestação laboral realizada com subordinação jurídica, habitualmente fora do órgão ou serviço da entidade empregadora pública, e através do recurso a tecnologias de informação e de comunicação, designadamente, a execução de tarefas com autonomia técnica tais como elaboração de estudos, pareceres e informações de carácter técnico--científico.

2 – Para os efeitos do disposto no artigo 196.º do RCTFP, a duração inicial do acordo escrito entre a entidade empregadora pública e o trabalhador que estabeleça o regime de teletrabalho não pode exceder um ano.

*Acordo Colectivo de Carreiras Gerais* 851

3 – Cessado o acordo pelo período estipulado, o trabalhador tem direito a retomar a prestação de trabalho nos termos em que o vinha fazendo antes do exercício de funções em regime de teletrabalho, não podendo ser prejudicado nos seus direitos.

4 – Quando seja admitido um trabalhador para o exercício de funções no regime de teletrabalho, do respectivo contrato deve constar a actividade que este exercerá aquando da respectiva cessação, se for esse o caso.

## CAPÍTULO VII
### Actividade sindical

CLÁUSULA 16.ª – **Actividade sindical**

1 – A atribuição de créditos de horas pela direcção da associação sindical prevista no n.º 9 do artigo 250.º do Regulamento compreende a acumulação e cedência de créditos entre os respectivos membros beneficiários, ainda que pertencentes a serviços diferentes, independentemente de estes se integrarem na administração directa e indirecta do Estado, na administração regional, na administração autárquica ou noutra pessoa colectiva pública, desde que, em cada ano civil, não ultrapasse o montante global do crédito de horas atribuído nos termos dos n.ºˢ 1 a 3 do referido artigo e a associação sindical comunique tal facto à Direcção-Geral da Administração e Emprego Público e ao órgão ou serviço em que exercem funções com a antecedência mínima de 15 dias.

2 – A possibilidade de atribuição de créditos de horas prevista no n.º 9 do artigo 250.º do Regulamento estende-se, nas associações sindicais previstas no n.º 2 do mesmo artigo, às estruturas de direcção de base regional e distrital quanto aos respectivos membros, nos termos previstos no número anterior.

3 – A remuneração das horas cedidas nos termos dos números anteriores é suportada pelo serviço de origem do dirigente sindical que beneficia da cedência de crédito de horas.

4 – As entidades empregadoras públicas não podem opor-se, nem de qualquer forma impedir, o exercício de cargos em organizações representativas dos trabalhadores.

5 – Aos membros da direcção de associação sindical que beneficiem do crédito de horas não se aplica o regime de suspensão do contrato por facto respeitante ao trabalhador.

## CAPÍTULO VIII
### Articulação entre instrumentos de regulamentação colectiva de trabalho

CLÁUSULA 17.ª – **Articulação entre acordos colectivos de trabalho**

1 – Nos termos e para os efeitos do disposto no artigo 343.º do RCTFP, os acordos de entidade empregadora pública podem regular as seguintes matérias:

852 *Novo Estatuto da Função Pública*

a) Duração e organização do tempo de trabalho, excluindo suplementos remuneratórios;
b) Segurança, higiene e saúde no trabalho;
c) Definição dos serviços mínimos durante a greve.

2 – No âmbito da actividade sindical, os acordos de entidade empregadora pública podem ainda regular:

a) A realização de reuniões periódicas com o dirigente máximo do serviço;
b) A realização de reuniões semestrais de trabalhadores filiados nas associações sindicais outorgantes no local e horário de trabalho;
c) A inserção de documentos sindicais na intranet do órgão ou serviço.

CLÁUSULA 18.ª – **Adaptabilidade**

Quando um acordo de entidade empregadora pública estabelecer um regime de adaptabilidade o período de referência no qual deve ser apurada a duração média do trabalho não pode ser superior a seis meses.

CLÁUSULA 19.ª – **Regulamento de extensão**

A emissão de regulamento de extensão pelos membros do Governo responsáveis pelas áreas das finanças e da Administração Pública, nos termos dos artigos 379.º a 381.º do Regime da Lei n.º 59/2008, de 11 de Setembro, é sempre precedida de consulta às frentes sindicais signatárias.

## CAPÍTULO IX
### Resolução de litígios e de conflitos colectivos

CLÁUSULA 20.ª – **Resolução de litígios**

Os litígios emergentes de contratos celebrados entre as entidades empregadoras públicas e os trabalhadores ao seu serviço em regime de contrato de trabalho em funções públicas, abrangidos pelo presente ACCG, podem ser dirimidos através do Centro de Arbitragem Administrativa (CAAD), criado ao abrigo do disposto no artigo 187.º do Código de Processo nos Tribunais Administrativos, se as partes nisso acordarem.

CLÁUSULA 21.ª – **Comissão paritária**

1 – As partes outorgantes constituem uma comissão paritária com competência para interpretar e integrar as disposições deste ACCG.

2 – A comissão paritária é composta por doze membros, sendo repartidos da seguinte forma:

a) Seis representantes das entidades empregadoras; e
b) Seis representantes dos trabalhadores, divididos em igual número entre as frentes sindicais signatárias.

# Acordo Colectivo de Carreiras Gerais

3 – Cada parte representada na comissão pode ser assistida por dois assessores, sem direito a voto.

4 – Para efeitos da respectiva constituição, cada uma das partes indica à outra e à Direcção-Geral da Administração e do Emprego Público (DGAEP), no prazo de 30 dias após a publicação deste ACCG, a identificação dos seus representantes.

5 – As partes podem proceder à substituição dos seus representantes mediante comunicação à outra parte e à DGAEP, com antecedência de 15 dias sobre a data em que a substituição produz efeitos.

6 – A presidência da comissão paritária é exercida anual e alternadamente pelas partes.

7 – A comissão paritária só pode deliberar desde que estejam presentes quatro dos membros representantes de cada parte.

8 – As deliberações da comissão paritária são tomadas por unanimidade e enviadas à DGAEP, para depósito e publicação, passando a constituir parte integrante deste ACCG.

9 – As reuniões da comissão paritária podem ser convocadas por qualquer das partes, com antecedência não inferior a 15 dias, com indicação do dia, hora, agenda pormenorizada dos assuntos a serem tratados e respectiva fundamentação.

10 – As reuniões da comissão paritária realizam-se nas instalações indicadas pela DGAEP, que deve ser notificada da reunião nos termos do número anterior.

11 – Das reuniões da comissão paritária são lavradas actas, assinadas na reunião seguinte pelos presentes.

12 – As despesas emergentes do funcionamento da comissão paritária são suportadas pelas partes.

13 – As comunicações e convocatórias previstas nesta cláusula são efectuadas por carta registada com aviso de recepção.

CLÁUSULA 22.ª – **Resolução de conflitos colectivos**

1 – As partes adoptam, na resolução dos conflitos colectivos emergentes do presente ACCG, os meios e termos legalmente previstos de conciliação, mediação e arbitragem.

2 – As partes comprometem-se a usar de boa fé na condução e participação nas diligências de resolução de conflitos colectivos, designando com prontidão os seus representantes e comparecendo em todas as reuniões que para o efeito forem marcadas.

Lisboa, 11 de Setembro de 2009.

Pelas entidades empregadoras públicas:

*Gonçalo André Castilho dos Santos,* Secretário de Estado da Administração Pública.

854 *Novo Estatuto da Função Pública*

*Eduardo Arménio do Nascimento Cabrita,* Secretário de Estado Adjunto e da Administração Local.

Pelas associações sindicais:

Pela Frente Sindical da Administração Pública:

*Jorge Nobre dos Santos,* coordenador do Secretariado.

Pela Frente Sindical:

*Bettencourt Picanço,* presidente da Direcção do Sindicato dos Quadros Técnicos do Estado.

### Declaração

*Estima-se que pelo presente acordo colectivo sejam abrangidos 152 780 trabalhadores e 4520 serviços.*

*Depositado em 23 de Setembro de 2009, ao abrigo do artigo 356.º do Regime do Contrato de Trabalho em Funções Públicas, aprovado pela Lei n.º 59/2008, de 11 de Setembro, sob o n.º 1/2009, a fl. 1, do Livro n.º 1. 24 de Setembro de 2009.*

*A Directora-Geral, Carolina Ferra.*

# ÍNDICE TEMÁTICO/CRONOLÓGICO

**Duração e Horário de Trabalho dos Trabalhadores Nomeados**
Decreto-Lei n.º 259/98, de 18 de Agosto .................................... 9

**Férias, Faltas e Licenças dos Trabalhadores Nomeados**
Decreto-Lei n.º 100/99, de 31 de Março ..................................... 31

**Regime dos Acidentes em Serviço e das Doenças Profissionais**
Decreto-Lei n.º 503/99, de 20 de Novembro ............................... 73

**Regime Comum de Mobilidade entre Serviços dos Funcionários e Agentes da Administração Pública**
Decreto-Lei n.º 503/2006, de 7 de Dezembro ............................. 105

**Regime de Mobilidade dos Trabalhadores que Exercem Funções Públicas na Administração Regional Autónoma dos Açores**
Decreto Legislativo Regional n.º 17/2009/A, de 14 de Outubro.... 129

**Regime de Mobilidade dos Trabalhadores que Exercem Funções Públicas na Administração Regional Autónoma da Madeira**
Decreto Legislativo Regional n.º 9/2008/M, de 27 de Março.... 145

**Sistema Integrado de Gestão e Avaliação do Desempenho na Administração Pública**
Lei n.º 66-B/2007, de 28 de Dezembro ..................................... 151

**Sistema Integrado de Gestão e Avaliação do Desempenho na Administração Pública Regional dos Açores**
Decreto Legislativo Regional n.º 41/2008/A, de 27 de Agosto . 197

**Sistema Integrado de Gestão e Avaliação do Desempenho na Administração Pública Regional da Madeira**
Decreto Legislativo Regional n.º 27/2009/M, de 21 de Agosto. 241

856 *Novo Estatuto da Função Pública*

**Regimes de Vínculação, de Carreiras e de Remunerações dos Trabalhadores que Exercem Funções Públicas**
Lei n.º 12-A/2008, de 27 de Fevereiro .......................................... 283

**Adptação à Administração Pública Regional dos Açores dos Regimes de Vinculação, de Carreiras e de Remunerações dos Trabalhadores que Exercem Funções Públicas**
Decreto Legislativo Regional n.º 26/2008/A, de 24 de Julho .... 345

**Adptação à Região Autónoma da Madeira dos Regimes de Vinculação, de Carreiras e de Remunerações dos Trabalhadores que Exercem Funções Públicas**
Decreto Legislativo Regional n.º 1/2009/M, de 12 de Janeiro .... 353

**Extinção das Carreiras e Categorias cujos Trabalhadores Transitam para as Carreiras Gerais**
Decreto-Lei n.º 121/2008, de 11 de Julho .................................. 357

**Níveis da Tabela Remuneratória Única Correspondentes às Posições Remuneratórias das Categorias das Carreiras Gerais de Técnico Superior, de Assistente Técnico e de Assistente Operacional**
Decreto Regulamentar n.º 14/2008, de 31 de Julho .................. 493

**Tabela Remuneratória Única dos Trabalhadores que Exercem Funções Públicas**
Portaria n.º 1553-C/2008, de 31 de Dezembro ........................... 499

**Remunerações e Outras Prestações Pecuniárias da Função Pública – Actualização 2009**
Portaria n.º 1553-D/2008, de 31 de Dezembro ........................... 505

**Modelos de Termo de Aceitação da Nomeação e de Termo de Posse Aplicáveis ao Exercício de Cargos em Comissão de Serviço**
Portaria n.º 62/2009, de 22 de Janeiro ....................................... 509

**Estatuto Disciplinar dos Trabalhadores que Exercem Funções Públicas**
Lei n.º 58/2008, de 9 de Setembro .............................................. 515

**Regime de Contrato de Trabalho em Funções Públicas**
Lei n.º 59/2008, de 11 de Setembro ............................................ 547

**Regulamentação da Tramitação do Procedimento Concursal na Administração Pública**
Portaria n.º 83-A/2009, de 22 de Janeiro ................................... 753

## Código do Trabalho – Protecção na Parentalidade
Lei n.º 7/2009, de 12 de Fevereiro ................................................. 777

## Protecção na Parentalidade no Regime de Protecção Social Convergente
Decreto-Lei n.º 89/2009, de 9 de Abril ......................................... 795

## Protecção na Parentalidade no Sistema Previdencial
Decreto-Lei n.º 91/2009, de 9 de Abril ......................................... 811

## Regras Especiais de Transição do Regime Obrigatório de Protecção Social dos Funcionários Públicos para o Regime Geral de Segurança Social dos Trabalhadores por Conta de Outrém
Decreto-Lei n.º 117/2006, de 20 de Junho ..................................... 831

## Protecção Social dos Trabalhadores que Exercem Funções Públicas
Lei n.º 4/2009, de 29 de Janeiro .................................................. 835

## Acordo Colectivo de Carreiras Gerais
Acordo Colectivo de Trabalho n.º 1/2009, in DR, 2.ª Série, n.º 18, de 28 de Setembro de 2009 ......................................................... 845